東西ウイグルと中央ユーラシア

森安孝夫 ──【著】
Takao Moriyasu

名古屋大学出版会

口絵 2 美麗なマニ教写本 T II D 171 (MIK III 198) verso [ベルリン国立アジア美術館蔵, Reproduced by the courtesy of Dr. M. Yaldiz]

序　文

　本書が対象とする「ウイグル」とは，主に7世紀から14世紀にかけて中央ユーラシア東部（パミール以東）で活躍したトルコ（＝テュルク）系の民族集団名であるが，それと同時に彼らが中核となった国家名をも指す。タイトルに掲げた「東西ウイグル」とは，ウイグルが支配者として建国した東ウイグル帝国・西ウイグル王国・甘州ウイグル王国を合わせたものを含意している。本書ならびに私の研究において扱う「ウイグル」とは，全てこの古い時代のウイグルであり，現代の中国・新疆維吾爾自治区の維吾爾人たちとは截然と区別されねばならない。それゆえ，時に「古代ウイグル」とか「古ウイグル」（英語の Old Uighur に対応）と呼ぶこともあるが，本論中では単に「ウイグル」とすることも少なくない。ウイグルの漢字表記は本書の対象となる時代では迴紇・廻紇・回鶻・畏吾爾などであり，以後は輝和爾・維吾爾・裕固なども使われる。

　このウイグル人は，元来はモンゴル高原にいたモンゴロイドで，トルコ系の言語を話した騎馬遊牧民（遊牧騎馬民族）であり，744-840年に東ウイグル帝国を建設して中央ユーラシア東部に覇を唱えた。東ウイグル帝国とは，可汗の本拠地がモンゴル高原のオテュケン山地方〜オルホン河中流域にあった時代で，ウイグル可汗国とも草原ウイグル帝国とも呼ばれる。しかし830年代に自然災害と内訌によって弱体化し，840年に北方にいた同じトルコ系のキルギスの侵攻を受けて国が滅びると，天山山脈の周辺からタリム盆地・河西回廊に広がる地域に大民族移動して西ウイグル王国と甘州ウイグル王国という新国家を建設した。甘州ウイグル王国は10世紀には敦煌にあった河西帰義軍節度使政権（実質は敦煌王国）と緊密に結びついてかなりの存在感を示したが，11世紀には東方から膨張するタングート族中心の西夏王国に吸収された。一方，西ウイグル王国は，13世紀初頭にモンゴル高原東部から勃興したモンゴル族のチンギス汗に自ら服属するまでの約350年間，東部天山地方において繁栄を見せただけでなく，モンゴル帝国時代（13-14世紀）に入ってからも旧西ウイグル国人はモンゴル帝国の政治・経済・

宗教・文化などあらゆる面でめざましい活躍を見せた。ただし，この時代のウイグル人には，古くから天山地方〜タリム盆地に居住していたコーカソイドとの混血が進んだ結果，黒目・黒髪のモンゴロイドとは違う体質を持つ者が増えている。それと平行してウイグル人の間には農民・都市民となっていく現象，すなわち「ウイグルの定住化」が進行するが，誇り高き遊牧戦士が土着・定住化していくメカニズムについては未だなにほども解明されていない。

現代の新疆維吾爾自治区の維吾爾人は，ほとんどが農民でイスラム教徒であるが，古代ウイグル人は元来遊牧民であり，西ウイグル時代に入ってから数世紀を経て定住化（農民・都市民化）していったとはいえ，有力層は依然として騎馬遊牧生活を享受した。その宗教も，元来は原始的な天神崇拝とシャマニズムであったが，東ウイグル帝国時代にマニ教を取り入れて国教化し，その伝統は西ウイグル時代でも11世紀前半までは継続した。そして長い仏教の伝統を持つ高昌・伊吾・焉耆・亀茲地区を含む東部天山地方において10世紀後半から仏教への改宗が進行し，11世紀中には国教としての地位はマニ教から仏教に完全に移行した。つまりモンゴル帝国に吸収された時の旧西ウイグル国人は，その大部分が仏教徒であり，一部にネストリウス派キリスト教徒が混在していたに過ぎない。その状況はモンゴル帝国時代を通じて大きくは変化しておらず[1]，現代の新疆維吾爾自治区の東部（特にトゥルファン〜ハミ地区）にいた旧西ウイグル人を中核とする人々の多くがイスラム教に改宗するのはモンゴル帝国滅亡後のことであり，15世紀中葉に吐魯番と称された土着の仏教徒政権が倒れて，イスラム化が完了するのは16世紀に入ってからなのである[2]。

にもかかわらず，内外の学界や教育界においてウイグル人の間には11世紀頃から多数のイスラム教徒が存在したという思い込みや言説が根強く流布しているのは，カラハン朝のウイグル起源説が完全には否定されていないこと[3]，亀茲（クチャ）地区が11世紀後半には西ウイグル王国を離脱してカラハン朝に入ったこと，及び現代の新疆維吾爾自治区の西部（カシュガル〜コータン地区）を占めた旧カラハン朝治下のトルコ人の後裔を，20世紀になってから旧西ウイグル国人の後裔と合わせて維吾爾（ウイグル）人と総称するようになったからである。この現代に新たに創造された民族概念では，11世紀のカラハン朝の有名な学者カーシュガリーも維吾爾人とされてしまうのである。しかしイスラム教徒のカーシュガリーは決して本書の研究対象となるウイグル人ではない[4]。

民族と国家が一対一で対応しないことはもはや常識であるが，東西どちらの古代ウイグル国家でも国内にはウイグル人以外の人々，例えばウイグル以外のトルコ系諸民族だけでなく，言語も体質も異なるソグド人・漢人・トカラ人等々が多数存在したことを忘れてはならない。しかしこれらの人々も「ウイグル国人」であることにおいて変わりはない。以下に古代ウイグル人が中核となって建国し，統治した三つの国家の概要をまとめておこう。

東ウイグル帝国（744-840 年）
　　別名：ウイグル可汗国，草原ウイグル帝国。主な領域はゴビ砂漠以北のモンゴル高原であるが，時にアルタイ山脈を越えて天山北路から天山南路北道にまで及んだ。遊牧ウイグル人を支配者とするが，異民族の役人・農民・商人なども含む広域の多民族国家である。可汗の本拠地はモンゴル高原のオテュケン山地方〜オルホン河中流域にあった。

西ウイグル王国（9 世紀中葉〜13 世紀初頭）
　　別名：天山ウイグル王国，（西州ウイグル・高昌ウイグル・亀茲ウイグルは不完全な呼称）。主な領域は東部天山地方であるが，時に西部天山地方の一部や河西回廊（甘粛省北部）の敦煌地方にも及んだ農牧複合の中規模国家である。中心地は天山北路の北庭（ビシュバリク），南路北道の高昌・伊州・焉耆・亀茲などである。ただし亀茲は 11 世紀後半からは離脱。

甘州ウイグル王国（9 世紀末葉〜11 世紀前半）
　　別名：河西ウイグル王国。河西回廊の甘州地方にあった小国家である。中心となる甘州は城郭都市であるが，エチナ河流域の草原〜半沙漠地帯にも遊牧民が展開した。タングート民族を支配層とする西夏国に併合された。

　本書が主な対象とするのは，この三つのウイグル国家，及びモンゴル帝国時代のウイグル人たちの活動の諸相である。ただし，こうしたウイグルと密接な関係をもった諸民族・諸国家にも必然的に論及することになる。とりわけウイグルがモンゴリアから西遷して新国家を建設することになった現在の新疆維吾爾自治区の領域をめぐって覇を競ったチベットの吐蕃帝国の動向については，専論を設けている。また「シルクロード」に関してはソグド人にしばしば論及している。一方，ウイグル民族史のテーマは政治・軍事・経済・宗教・言語・文化など多岐に

亙るが，それは多分に史資料の残存状況によるものである。歴史学は偶然性に大きく左右される学問であり，文献史料や考古・美術資料などが残されていなければ，どうしようもなく，その傾向は時代を遡るほど大きくなる。

　イスラム化以前の中央ユーラシア史（従来の内陸アジア史）研究は，史料の少ない古代・中世史研究の常として，史料が残っている所から切り込んでいかざるをえない。一般的に言えば，中央ユーラシア史の史料としては量的にみて東側の漢文文献（漢籍）が最大であり，西側のイスラム文献がそれに次ぐが，いずれも間接的なものである。これに対してモンゴリアの諸碑文や敦煌・トゥルファン出土文書，さらには高昌故城やベゼクリク千仏洞などの遺跡及びそこからの出土文物は，直接のものであるだけに，いかに零細なものであれ，極めて重要なのである。これらの中から，多民族・多言語・多宗教のウイグル国家を構成した人々自身の残した貴重な史資料（文献史料，美術資料，考古資料）を探し出し，その史資料自身の語りかけるところに耳を傾けるというのが，中央ユーラシアの歴史を，その主役であった現地の諸民族自身の視点に立って内側から構築していこうと提唱した（後述）自らの立場を貫徹するために私がとってきた方法である。一つ一つの史資料はいかに零細なものであれ，それらの間にある見えざる糸をたぐり出し，可能な場合には漢籍史料やイスラム史料とも結び付け，微細な事象を扱いながらも，常に眼は中央ユーラシア史，さらには世界史全体を見据えてきたつもりである。

　ところで，本書のタイトルにも掲げた「中央ユーラシア」という術語であるが，その内容については近年の学界で議論が深まってきた。「中央ユーラシア」というのは不変不動の自然地理的概念ではなく，時代によって変遷する人文地理的・文化的概念であり，立場の違いによってその定義も変化する。私自身の中でもそれは微妙に揺れてきたし，「中央ユーラシア」という術語の由来から説き起こした最近の論文においても，複数の視点から「中央ユーラシア」を定義している[5]。とりあえずここで最も分かりやすい定義を紹介すれば，中央ユーラシアとは「ユーラシアのうちで草原と沙漠とオアシスの優越する乾燥地帯であり，住民としては遊牧民とオアシス農耕民・都市民を主とし，森林草原地帯の半牧畜半狩猟民や半農半狩猟民を従とする地域世界」である。そこに満洲と東ヨーロッパのかなりの部分やチベット高原全体は含まれるが，西アジアの大部分は含まれず，また秦嶺・淮河線以北の北中国では黄土高原は含まれる場合が多いが，関中盆地や中原

や河北平原等の低地は含まれない。

　そうした中央ユーラシアの大草原に騎馬遊牧民が出現して以来，モンゴルの世界制覇に至る約二千年間に中央ユーラシアに興亡した諸民族の歴史は，いわゆる四大文明や，近代におけるヨーロッパ諸民族の歴史に比べ，人類史上の重要性においても，華やかさにおいても，決してひけをとるものではない。火薬革命によってヨーロッパが世界を支配するようになるまでの二千年間，東アジア文明圏，南アジア文明圏，西アジア文明圏，ヨーロッパ文明圏を繋ぐ東西文明の十字路に位置し，その圧倒的な軍事力と通信・情報網を駆使して世界史を動かし続けたのは，まさしく中央ユーラシアから興起する遊牧国家（騎馬遊牧民が支配層である国家）だったのである。突厥・ウイグルを始めとするトルコ系遊牧諸民族は，それまで印欧語族が主流であった狭義の中央アジアを「トルキスタン化」すなわちトルコ語化したが，とりわけウイグルの果たした役割は，遊牧民族が農耕民族を支配する「中央ユーラシア型国家」[6]への足掛りを作り，東の契丹（遼）帝国や西夏，西のカラハン朝（さらにはガズナ朝・セルジューク朝）の成立にインパクトを与え，モンゴルのユーラシア制覇の先駆けをなした点で，際立っている。モンゴル帝国こそ世界史上最大の多民族・多言語・多宗教国家であったが，そのような複雑な国家を維持していくには軍事力だけでは不十分で，文書による行政システムと租税徴収体系の確立，シルクロード貿易の掌握と国内市場の管理を含む商業政策，さらに宗教政策，民族・言語政策など，軍事以外のあらゆる方面に亘って卓越した能力を発揮することが必要であった。そのような能力はモンゴルが一朝一夕に身に付けたものではなく，その多くを先行するウイグルに依拠しているのである。ウイグルこそは，それ以前の匈奴から突厥までと同じく，南の農耕民族に軍事的脅威を与え，略奪的に支配する遊牧国家として出発しながらも（東ウイグル帝国），ついには自らが農耕民族の世界に入り込んでこれと共存し，遊牧国家とは比較にならないほど安定した「中央ユーラシア型国家」を作り上げ（西ウイグル王国），あらゆる面でモンゴル帝国の雛形となったのである。以上のような問題意識のもとに私はこれまで中央ユーラシア古代・中世史，特にイスラム化以前のウイグル史を中核に据えつつ，ウイグルと密接な関係を持ったソグド人，チベット（吐蕃）人，漢人など中央ユーラシア史の檜舞台で活躍した人々の研究に取り組んできたわけである。

　かつての欧米人の内陸アジア史研究は，彼等が人類史の本流をなしてきたと考

える西アジア〜地中海〜ヨーロッパ文明圏と，もう一つどうしても無視することのできない歴史世界であるシナ（China, Chine, etc.）を中心とする東アジア文明圏とを結ぶパイプとして位置付けるものであった。一方，明治以後の我が国の内陸アジア史研究も，戦前は「西域史」とか「塞外史」という別名に如実に表われていたように，内陸アジアをやはり文明世界の「辺境」・「周辺」とみなし，内陸アジアをシルクロードという東西交通路の通過地とみなすものであった。

そのような学界の動向に対し，私は梅村坦と共に1973年の『史学雑誌』の「回顧と展望」において，内陸アジアの「それぞれの地域や民族を《東西南北との交渉・対立》の中心に据え，その地域ないし民族自身の歴史を内側から構築していく方向」に研究を進めていくべきであると主張した[7]。これを受けて堀川徹は，我々の立場を「従来のシルクロード的視点を痛烈に批判して，中央アジアそのものを中心に見据えた研究をめざそうとするもの」であると全面的賛意を表明しつつも，「その大上段に振りかぶった刀をどのように振り下ろすか，すなわち，各自の問題意識を研究の上にどう具現化するかについては，決して解答が得られたとは言い難い」という批評を加えられた[8]。だが幸いなことに，我々の主張が誤っていなかったことは，その後の我が国の研究動向がそれを証明し，また1984年にそれまでの日本の内陸アジア史研究を回顧し総括した間野英二の文章の中でも追認されている[9]。そして私自身は，堀川の批評にも答えるような方向で，その後2014年に至るまでに50本以上の論著を発表してきたのである。私の研究の真骨頂は，多言語にわたる零細な史料を苦心して探し出し，それを繋ぎ合わせて新しい歴史像を描き出すところにあるのであって，それを「史料不足」といって過小評価しようとする立場とは正反対のものであり，その本当の評価は後学に委ねるしかなかろう。

中央ユーラシア史の世界史的意義については，私自身，再三にわたって自説を展開してきたので[10]，もはやここで詳しく繰り返すことはしないが，ごく簡単に言えば，馬の家畜化と騎馬遊牧民の出現，その帰結としての遊牧国家の登場，そして周囲の大農耕文明圏をつなぐ交通路であるのみならず文明交流の場としての「シルクロード」の存在にある。騎馬遊牧民は銃火器が発明されるまでは地上最強の軍事力の根幹であった騎馬軍団の源泉であったし，シルクロードはいわゆる「大航海時代」以前の陸上交通中心時代においては諸文明圏を繋ぐ交通の要路であって，それが遊牧国家とオアシス都市国家の双方にとって巨大な経済力の源

泉であった。私の研究にとっては極めて重要なキーワードである「シルクロード」という術語と概念について、いわゆるシルクロード史観論争があったが、それについて私は一方の当事者であるので、論争の経過に関するレファランスを挙げるだけに留める[11]。2007年に発表した概説書『シルクロードと唐帝国』に対する間野英二の一方的であまり生産的でない書評に対しては、もはや具体的反論は行なわず、両者の見方のいずれが是であるかの審判は第三者および後学に委ねることとしたい[12]。ただ一言だけ強調しておきたいのは、「中央アジア世界は決して完結した小世界などではない」ということである。また中央ユーラシアないし広義の中央アジアにモンゴリアやチベットを含めない方々と歴史観を共有することも難しかろう。

　私は長年の大学の講義や、時々の予備校・高校での講演、そして随所での高校教員との接触などによって自分なりの世界史の構想を温めてきたが、前掲拙著でその概要を公表した。そこでは「世界史の八段階」という時代区分を提唱したが、その特長の一つは第五段階として10世紀前後に設定した「中央ユーラシア型国家優勢時代」にある。この時代区分設定の前提となる「中央ユーラシア型国家」という術語作成の背景は、上述したところでお分かりいただけたかと思うが、ウイグルの歴史がユーラシア世界史にとって重要なのは、ウイグルの最盛期が8-11世紀であって、まさにこの世界史上の一大画期と重なり、しかもその世界史の動向をリードする役割を果たしたからなのである。さらにこの時期にウイグルはその信奉する宗教を、シャマニズムからマニ教へ、そしてマニ教から仏教へと変えていったのであるから、ウイグル＝マニ教史もウイグル仏教史も目が離せない重要テーマなのである。私の研究の出発点は、世界史の中において遊牧国家とオアシス都市国家とシルクロードが卓越した時代の中央ユーラシア史への知的興味であって、その中でとりわけ古代ウイグルが目立ったのである[13]。もちろん、ウイグルに関心が向いたとはいえ、それ単独で研究するなどということは、とりわけ多民族・多言語・多宗教を特長とする中央ユーラシア世界史ではありえない。本書の構成自体が、それを雄弁に物語るであろう。

　本書は、こうして生まれた私の研究論文の中から主要なものを選び、補訂を加えて体系的にまとめ上げたものである。ここに選択したのは、私の全業績のうち、概説的論著や講演録・現地調査報告・書評・研究史・学界動向の類を除外しただ

けでなく，学術的論著であっても欧文に翻訳したものや共著はすべて除き，純粋に単著でオリジナリティの高い日本語論文だけである。とはいえ，その条件に該当するものは他にも多数あるので，先ずは歴史学的性格が強く文献学的性格が弱いものを優先し，しかも私の研究の大枠が示せる構成になるように工夫した。その結果，次のような四篇に集約することができた。

　　第一篇　東ウイグル・唐・吐蕃鼎立時代篇
　　第二篇　西ウイグル・敦煌王国・河西ウイグル時代篇
　　第三篇　シルクロード篇
　　第四篇　マニ教・仏教史篇

　各篇の構成の詳細については，「目次」のみならず「初出一覧」（pp. 735-736）を参照されたい。両者を対照すれば分かる通り，第一篇から第三篇までは全て過去に発表した論文を，ほぼそのまま再録したものである。然るに第四篇は様相を異にして，言わば書き下ろし的な論文が半分以上を占めている。その理由は，私の博士論文との関係にある。『ウイグル＝マニ教史の研究』と題する博士論文［森安 1991］は，『大阪大学文学部紀要』31/32 合併号全冊であり，単行本に等しいので本書への収載は見送らざるをえないが，私の論文集にライフワークの一つであるウイグル＝マニ教史関係のものを載せないわけにはいかない。私の博士論文は 3 章構成であり，幸い，その内容の一部は，2003 年 5 月にパリのコレージュ＝ド＝フランスで行なった 4 回連続のフランス語と英語による「ウイグル＝マニ教史特別講義」で紹介してあった。その講義の第 3 回が博士論文第 2 章に，第 1 回と第 4 回が博士論文の第 1 章と第 3 章に関係しているので，本書にはその講義録に補訂を加えて日本語にしたものを，第 15・16 論文として掲載することとした。特に第 4 回分には，博士論文以後に発見した新情報が加わっているので，それを初めて日本語で発表する意義は大きいと思われる。また東ウイグル時代のマニ教史を扱う第 14 論文も，その補記で説明するとおり，既発表論文の単純な再録ではなく拡大版である。

　さらに第四篇には，やはり書き下ろしに近い第 19 論文「西ウイグル王国史の根本史料としての棒杭文書」が含まれる。本論文は，内容的には文献学的性格が強いもので，上記の選択基準からすればやや外れるのであるが，敢えてそれを収載したのは，絶対年代を持つ史料の少ない西ウイグル史の年代決定にとって，極

めて重要な意味を持ち，他の収載論文とも密接に関わるからである。これによって今後は，ウイグル＝マニ教史とウイグル仏教史の相互関係を截然とは理解していないために生じている様々な誤解が，これ以上蔓延するのを防ぐことができるであろう。

　以上のように，第一篇から第三篇までの 13 本の論文と，第四篇の第 17・18 論文の 2 本を合わせた 15 本が既発表論文である。「凡例」に明記するように，本書に収録するこれらの既発表論文については，原載のままとすることを基本とした。ただし誤植の訂正や表記の統一など最低限必要な技術的補正は加えてある。さらに発表後の研究の進捗によって明らかとなった史料の誤読や新情報については，各論文中の〔補記〕（脚註形式）と各論文末の〔書後〕という二本立てのやり方で，可能な限り補訂するように努めた。しかしながら，いずれの論文も原型は不変であり，論旨を改めたところはない。ただ原型を変えた唯一の例外として第 13 論文の第 1 節があり，例外とせざるをえなかった理由については当該論文の補記で説明する。

註
(1)　私は，10-14 世紀に編年されるトゥルファン・敦煌出土のウイグル文手紙文書の研究において，その多くはマニ教徒・仏教徒の手になるもので，わずかにキリスト教徒の書いたものもあるとする一方，イスラム教徒（ムスリム）の手になるものは皆無であることを強調した［森安 2011「書式前編」p. 9］。もちろん私とて，西ウイグル王国にイスラム教徒が皆無であった，などと考えているわけではない。中継貿易を重視した西ウイグル王国には，西方で隣接するイスラム圏から常に一定程度のムスリム商人がやって来ており，その一部は住み着いていたと想定する方がむしろ自然である。例えば，『マニ教史』pp. 162-163 で引用した 10 世紀のアン＝ナディーム『フィフリスト』の記事などから，それが覗えよう。
　　さらにモンゴル時代の後期ウイグル仏教文献ともなれば，マイトレヤ（弥勒）を称える偽経『インサディ＝スートラ』でキリスト教のメシア・母マリア，マニ教のモジャク（慕闍）・アフタダンと共に，イスラム教のムハマッド使徒に言及していたり，反イスラム的な内容のウイグル仏教詩断片などの例がある［Tezcan 1974＝BTT 3, pp. 71-72 ; Tezcan / Zieme 1990 ; Zieme 1998, pp. 318-319 ; 小田 2010, pp. 16-17 ; Zieme 2011b, pp. 180-183］。また田坂 1964, pp. 604-610 も参照の価値がある（ただしモンゴル時代のウイグル仏教文化を回教文化より低く見るという欠点がある）。これに対して中村健太郎は一連の研究［中村（健）2006, 2007, 2009］において，「14 世紀前半の段階では，東部天山地方は，政治的にはチャガタイ＝ウルスの支配下にあったにせよ，文化・経済的には大元ウルスの圧倒的な影響下にあり，仏教文化圏であった」ことを見事に論証している［中村（健）2009, p. 161］。

（２）Cf. 堀 1975, pp. 13-17, 33；Oda 1978b, pp. 39-42；松川 1995, p. 106；濱田 1998, pp. 98-102；Oda 2003b, p. 31；松井 2004a, p. 26；松井 2008a, pp. 34-35；Matsui 2008b, p. 167, n. 29. なお松井太は最近の研究で，チャガタイ＝ウルス統治下のウイグリスタンに関する新見解を続々と打ち出し，チャガタイ＝ウルスとチベット仏教との意想外の関係まで明らかにしているが，松井 2008a, p. 34 では「チャガタイ＝ウルス全域のイスラーム化は 14 世紀後半に至っても完了したわけではなく，逆に東トルキスタンでは引き続き仏教が優勢であったことは，チャガタイ＝ウルスが仏教寺院宛てに発行した免税特許命令文書をはじめとする諸史料から判明する」と述べている。

（３）日本ではまず羽田亨が，やや躊躇しながらもウイグル起源説を唱え［羽田 1916, pp. 445-448］，その後，初期の西ウイグル国は東西トルキスタンを包含する巨大帝国であったとみなす安部健夫によって，ウイグル起源説が展開された［安部 1955『西ウ』第 6 章］。今では安部の西ウイグル大国説を支持する者は見当たらないが，最近では小田壽典が安部のウイグル起源説を支持している［小田 2003a］。私は山田信夫・代田貴文に従い，ウイグル説には与しない。代田 2001, pp. 11, 19-20 を参照。一方，海外ではプリツァク以来，カルルク説が主流である［cf. Pritsak 1951；Golden 1990, p. 354；小田 2003a, pp. 3-4；栄新江／朱麗双 2011, pp. 191-192］。ただし華濤は，ウイグル説をほぼ否認しつつも，カルルク説に対してもまた慎重な態度を維持している［華濤 1989；華濤 2000a；Hua 2008］。特に注意すべきは，この起源問題は中核を形成した集団がカルルクかウイグルかという点に視点を置いているのであり，カラハン朝の領域内におけるウイグル人の存在を否定するものではない。その点は，栄新江／朱麗双 2011, pp. 193-194 も参照。実際，私自身も本書所収の第 5 論文［森安 1977「西遷」］の第 1 節で，840 年の東ウイグル帝国崩壊後に西走したウイグル三派のうちの一つがカルルクの領域（西部天山地方～セミレチエ）に入っていったことを認めており，さらに新たに書き下ろした第 16 論文でも，その一派に由来すると思われるマニ教徒ウイグル集団がカラハン朝内部に存在したことを強調している。

（４）カーシュガリーが 11 世紀後半に編纂した『トルコ語アラビア語辞典』においてウイグル国の主要都市を五つ列挙しているが，それはいずれも東部天山地方の高昌・ビシュバリク（北庭）・ジャンバリク・ヤンギバリク・ソルミ（焉耆）であって，そこにクチャは入っていない［CTD, I, pp. 139-140］。ましてそれより西方のカシュガルやコータンが含まれるはずはなく，カシュガル出身の学者カーシュガリーが自分をウイグル人と考えていたはずもない。さらに本書第 10 論文の［書後 1, 4, 5］も参照。

（５）森安 2011「提言」pp. 8-10．なお，中央ユーラシアの再定義にあたっては，私が 2007 年から使い始めた「農牧接壌地帯」という術語・概念も重要であるが，それについては森安 2007『シルクロードと唐帝国』pp. 59-62，及び森安孝夫（編）『ソグドからウイグルへ』（東京，汲古書院，2011）への森安の序文, pp. 8-9 を参照。

（６）私が従来の「征服王朝」に替わり，それを乗り越える概念として「中央ユーラシア型国家」という術語を使ったのは，2007 年刊行の拙著『シルクロードと唐帝国』からであるが，その考え方自体は早く森安 1982「渤海から契丹へ――征服王朝の成立」に胚胎し，以後徐々に熟成してきたものであり，森安 2002「ウイグルから見た安史の乱」に至ってほぼ完成に至った。2007 年の拙著で森安 2002 を活用する際に，私の世界史観の中核となる概念を一言でうまく表現するために，「中央ユーラシア型国家」という術語を初めて導入した次第である。敢えて定義し直せば，人口の少ない「北方」の遊牧民勢力が，豊かな農耕・定

住地帯への略奪・征服あるいはその住民との協調・融和・同化に成功と失敗を繰り返してきた約2000年の経験を踏まえて，騎馬軍団による軍事力とシルクロードによる経済力に加えて文書行政などのノウハウを取り込み，元来の本拠地である草原に足場を残しながら，「南方」の大人口の農耕民・都市民を安定的に支配するシステムを構築したものが，中央ユーラシア型国家である（より詳しくはMINERVA世界史叢書第1巻『地域史と世界史』に掲載予定の杉山清彦「中央ユーラシア世界——方法から地域へ」を参照）。幸い，高校世界史教育界に影響力を持つ山川出版社の世界史リブレットの1冊として2013年に刊行された森部豊『安禄山』や，大阪大学歴史教育研究会（編）『市民のための世界史』大阪大学出版会，2014年，pp. 61-62で，これが使われているのはありがたい限りである。

(7) 梅村坦との共著「回顧と展望：内陸アジア（中央アジア・北アジア）」（『史学雑誌』82-5, 1973, pp. 235-245), p. 235. なお，この文章は史学会（編）『日本歴史学界の回顧と展望 17 内陸アジア』東京，山川出版社，1988, pp. 81-91 に再録されている。

(8) 堀川徹「中央アジア・テュルク民族史研究の展望」『東洋史研究』34-4, 1976, p. 135.

(9) 間野英二「トルキスタン」（『アジア歴史研究入門 4 内陸アジア・西アジア』京都，同朋舎，1984, pp. 41-142), p. 50.

(10) 森安 1996「中央ユーラシアから見た世界史」；森安 2002「安史」pp. 118-122；『シルクロードと唐帝国』第1章；森安 2011「提言」pp. 10-13.

(11) 護雅夫『草原とオアシスの人々』（人間の世界史 7），東京，三省堂，1984, pp. 85-107；森安孝夫「序文——シルクロード史観論争の回顧と展望」，森安孝夫（編）『中央アジア出土文物論叢』京都，朋友書店，2004, pp. i-vii；森安 2007『シルクロードと唐帝国』第1章（特に pp. 72-86)；間野英二「「シルクロード史観」再考——森安孝夫氏の批判に関連して」『史林』91-2, 2008, pp. 116-136；森安 2011「提言」全体，特に p. 11, n. 19, 及び「イスラム中心主義からの脱却」と題する pp. 26-27 を参照。

(12) 第三者の意見として，既に齋藤勝「書評：森安孝夫著『シルクロードと唐帝国』」（『唐代史研究』11, 2008, pp. 87-94) と吉田豊「ソグド人の交易活動の実態——ソグド人の通商文書などを題材に」（帯谷知可ほか編『中央アジア』朝倉世界地理講座 5，東京，朝倉書店，2012, pp. 393-406) が出ている。前者は拙著『シルクロードと唐帝国』への直接の書評であり，後者は2012年の出版ではあるが，実際には2005年の脱稿で，その pp. 393-395 においては森安 2004「序文——シルクロード史観論争の回顧と展望」に対応して，シルクロード史観論争を客観的に判定している。

(13) ここで「古代」と言ったのはあくまで相対的なものであり，世界史全体の潮流の中では「中世」ウイグルと呼ぶことも可能であろう。古代・中世・近代という区分は，もともと西欧中心主義の歴史観から生まれたものであり，もはやそのようなものに拘泥する必要はなかろう。

目　次

口　絵
序　文　i
目　次　xii
凡　例　xiv

第一篇　東ウイグル・唐・吐蕃鼎立時代篇 …………………… I

1　ウイグルから見た安史の乱　2

2　チベット語史料中に現われる北方民族　49
　　——DRU-GU と HOR——

3　吐蕃の中央アジア進出　132

4　増補：ウイグルと吐蕃の北庭争奪戦及びその後の西域情勢について　230

第二篇　西ウイグル・敦煌王国・河西ウイグル時代篇 ………… 275

5　ウイグルの西遷について　276

6　ウイグルと敦煌　299

7　敦煌と西ウイグル王国　336
　　——トゥルファンからの書簡と贈り物を中心に——

8　沙州ウイグル集団と西ウイグル王国　355

第三篇　シルクロード篇 …………………………………… 375

9　唐代における胡と仏教的世界地理　376

10　シルクロードのウイグル商人　407
　　　　──ソグド商人とオルトク商人のあいだ──
　11　シルクロード東部における通貨　436
　　　　──絹・西方銀銭・官布から銀錠へ──
　12　敦煌出土元代ウイグル文書中のキンサイ緞子　490
　13　元代ウイグル仏教徒の一書簡　511
　　　　──敦煌出土ウイグル語文献補遺──

第四篇　マニ教・仏教史篇　535

　14　東ウイグル帝国マニ教史の新展開　536
　15　西ウイグル王国時代のマニ教隆盛　558
　　　　──マニ教寺院経営の実態──
　16　西ウイグル王国におけるマニ教の衰退と仏教の台頭　590
　17　トルコ仏教の源流と古トルコ語仏典の出現　618
　18　西ウイグル仏教のクロノロジー　645
　　　　──ベゼクリクのグリュンヴェーデル編号第8窟（新編号第18窟）の壁画年代再考──
　19　西ウイグル王国史の根本史料としての棒杭文書　678

あとがき　731
初出一覧（付．本書中での引用略号）　735
漢籍使用版本一覧　737
略　号　表　738
文献目録　743
地　　図　804
図表一覧　810
索　　引　812

凡　例

一）原則として，誤植・脱漏の修正を除いて，論文初出時点における本文や註・補註を改めない原文主義を取る。引用・参考文献の表記方法などは単行本としての体裁を整えるため統一的に書き改め，漢字の旧字体も混同・誤解の恐れがない限り新字体に改めているが，実質的な変更はない。

二）本書の大きな特徴は，各論文発表後に新たに解明した点や見解を変えた箇所について各論文中の〔補記〕（脚註形式）と各論文末の〔書後〕という二本立ての追記で，最終見解の明記や追加情報の提供に努める点である。特に古ウイグル語・チベット語などの原文史料の解釈・和訳については，研究の進展により修正を加える必要が生じたところが少なからずあるので，それについては〔補記〕で断った上で最新の和訳を提示する。ただしこの史料和訳の差し替えによって本文の趣旨を変更した箇所は，第13論文の第1節を唯一の例外として，ほかには全くない。

三）本書に収載する19本の論文のうち15本は既発表論文であり（初出一覧参照），多くの論著に引用されているだけでなく，自分自身でも相互に引用している。参照の便を考えて，初出時でのページ数を，各論文のページの下に［　］で括って示すことにする。

四）原文主義に則りつつも，変更を加えるのは，見落としのあった参考文献を註で増やす場合と，以下に明記するように単行本としての体裁を整え，読みやすさに配慮する場合のみであり，いずれも本文の趣旨に影響を及ぼすものではない。

五）節の区分がなかった論文については新たに節を設けて節題を追加する。そして全論文につき，章・節のタイトルを統一した表記に改める。さらに，文脈を明確にするためのごく単純な語句の付加・修正，読点と改行を随時加える。また，同じものが別の言葉で表現されていた場合の用語の統一も行なう（例：東ウイグル可汗国→東ウイグル帝国；突騎施はトゥルギシュに統一）。

六）註の形式と引用・参考文献の表記方法を新たに統一する。すなわち脚註方式であったものも含め，原註はすべて各論文毎の後註方式とする。また，原論文の補註や追記などは，〔原補註〕〔原追記〕などとする。脚註は新たな〔補記〕のために使用する（ただし第16論文付録のテキスト訳註については例外）。引用・参考文献はできるだけ本書の巻末に一本化した上で，簡略形式［著者名＋西暦出版年］もしくは略号で表示する。

七）漢数字とアラビア数字の表記法（特に元号と西暦について）の統一，人名・地名・史料名の表記法の統一，送りがなを含む若干の言葉遣いの統一（例：現れ→現われ；

表す→表わす；語原→語源；キャラバン→キャラヴァン；尚→なお）をはかる。また，括弧の種類と斜体・太字・下線・強調符号などの使い方にもできるだけ整合性を持たせる。さらに，アルファベットのままにしてあった欧米・トルコの研究者名は原則としてカタカナ表記に直し，初出の時のみアルファベット表記を付加する。氏・女史などの敬称や代名詞も，謝辞の場合以外では省くか，当該人名に改める。

八）引用した漢文史料については，版本（主要漢籍については標点本）を特定した上で，新たにページを明記する。なお，漢籍よりの引用文中でも新字体を原則とするが，人名・地名など旧字体の方が広く通行している場合や出土文書・碑文の原文を忠実に再現したい場合などでは旧字体を使用することもある。

九）チベット文字チベット語とウイグル文字ウイグル語のテキスト転写方式を，以下のように統一する。

●チベット語転写方式：

ka	kha	ga	ṅa
ča	čha	ǰa	ña
ta	tha	da	na
pa	pha	ba	ma
tsa	tsha	dza	wa
zha	za	'a	ya
ra	la	sha	sa
ha	a		

●古ウイグル語転写方式：

a）転写に使用する小文字

子音

　　b　č　d / ṭ(＝/d/)　g　γ　k

　　l / ḷ (＝フックのない L)

　　m　n　ng　ny　p　q　r　s / ẓ (＝/s/)

　　š　t / ḍ (＝/t/)　v　x　y　z / ṣ (＝/z/)

　　（外来語専用）　w (＝W)　ž　(f, h は使わない)

母音

　　a / ạ (＝no alef or single alef)　　ä / 'ä (＝double alef) / ạ̈ (＝no alef)

　　i / ị (＝no Y)　　ï / ị̈ (＝no Y)　　o　ö / ọ̈ (not WY but W)

　　u　ü / ụ̈ (not WY but W)

b）機械的翻字にのみ使用する大文字

　　'　β　C　D　K　L　M　N　P　R

　　S　Š　T　W　X　Y　Z

c）テキスト

bold	破損して完全に欠けている文字を推定復元したもの。
italic	残画より確実に復元できる文字。
ab<u>c</u>d̈	習慣的に書かれない文字，あるいは誤って書き忘れられた文字に下線を引いて明示する。
/////	破損箇所の文字の概数。
[　　]	破損していて，文字の概数も不明。
]xyz	行頭が破損している場合，破損の大きさは不明。
xyz[	行末が破損している場合，破損の大きさは不明。
••••	残画があるが復元できない箇所の推定文字数。
«xyz»	行間ないし欄外に付加された文字。
＋	一筆で連続して書かれているが，複数の要素に分かれるもの。
・ ： ❖	原文中の句読点。

d）翻訳

[　　]	破損箇所ないし推定復元した箇所の翻訳。
(　　)	翻訳を分かりやすくするために補った箇所，あるいは翻訳者による説明や言い換え。
(*italic*)	翻訳されている単語や文句の原文を明示するもの。
//////	原文が破損していたり，読めなかったり，理解できない箇所。

第一篇

東ウイグル・唐・吐蕃鼎立時代篇

1
ウイグルから見た安史の乱

第1節　中央ユーラシアより見る世界史
第2節　ウイグル文典籍断片 Mainz 345 の紹介
第3節　ウイグルと安史の乱（年譜）
第4節　ウイグル文典籍断片 Mainz 345 の推定復元
第5節　ウイグル文典籍断片 Mainz 345 の歴史文献学的意義
第6節　早すぎた征服王朝としての安史の乱とウイグル

第1節　中央ユーラシアより見る世界史

　2002年3月2日，東京駒込の（財）東洋文庫において開かれた内陸アジア出土古文献研究会において，私は「ウイグルから見た安史の乱——早すぎた〈征服王朝〉という視点からのユーラシア史」と題する研究発表を行なった。「早すぎた征服王朝」という表現は，この数年来，私が大学の講義や研究会の席上で使い始めたものであるが，この場合の「征服王朝」とは，我が国の東洋史学界や中等教育の現場において人口に膾炙しているそれと同じであって，遼・金・元・清朝という四つの王朝のことである[1]。つまり私はこの発表で，中国と北〜東北アジアを包含するユーラシア全体の歴史の流れにおいて遼＝契丹王朝が一つの大きな画期であったとする考えを認めつつも，それには先行する雛形がいくつもあったのだという点を強調しようとした。

　かつて私は「渤海から契丹へ——征服王朝の成立」［森安 1982］と題する概説論文の中で，「海東の盛国」と呼ばれた渤海が征服王朝としての遼朝成立に直接及ぼした強い影響を指摘した。それに加えてこの度は，安史の乱を担った中央ユーラシア的勢力（中央ユーラシア出身のトルコ系・モンゴル系の遊牧騎馬民族やソグ

ド人，及びその混血や後裔など）の動向が遼（契丹）王朝にまで間接的とはいえ確実に続いているのであるという見方を提示した[2]。

　従来ほとんどの場合，安史の乱は中国史の側からマイナス評価を与えられてきたのであるが，私はユーラシア史の側から安史の乱に積極的なプラス評価を与えようとしている。本稿の大きな目的の一つはそこにある。そしてさらに，唐朝に味方して安史の乱を「つぶした」とされるウイグル（迴紇・廻紇・回鶻）についても，別の評価がありえることを主張する。換言すれば，征服王朝としての遼（契丹）王朝の雛形として，渤海と安史の乱勢力，そしてウイグル（東ウイグル帝国）の三者があったのであり，しかもその趨勢はユーラシア全体の必然的な歴史の流れ（長期波動）であった，という考えを提出したいのである。

　近代以前のユーラシア史，すなわち事実上の世界史において，中央ユーラシア草原地帯から興起した遊牧民族，とりわけ遊牧騎馬民族（より正確には遊牧騎射民族）の果たした役割が極めて大きかったことは，我が国の東洋史学界ではもはや常識といってよいであろう。最近では「中央ユーラシアより見た世界史」が構築できる，否それこそを構築すべきであるという主張さえ，決して奇矯ではなくなりつつある[3]。生産力・購買力と並んで歴史を動かしてきた大きなモーメントは軍事力である。紀元前一千年紀初めに中央ユーラシアの乾燥した大草原地帯に遊牧騎馬民族が登場し，地上最強の騎馬軍団を擁するようになってから，彼らの動向が世界を動かす原動力となったのは自然であった[4]。

　近代人の眼には，中央ユーラシアは東アジア，南アジア，西アジア，そしてヨーロッパという大農耕文明圏の外にある辺境と映ってきた。しかし，視点を変えれば，中央ユーラシアの「周辺」にこそそれらの大文明圏が位置していたといえる[5]。それ故に，中央ユーラシアは，その「周辺」に散らばる生産力・購買力豊かな文明圏を繋ぐ大動脈の役割を果たし得たのである。その大動脈がいわゆる「シルクロード」である。このシルクロードによって周辺からヒト・モノ・カネや情報が流入し，さまざまの言語・文化・宗教の渦巻く巨大な坩堝となって，中央ユーラシア自身も変容しながら周辺世界に多大の文化的影響を与えてきたことはいうまでもない。

　つまり中央ユーラシアは，近代以前の世界における最強の軍事力の保持を背景に世界史を動かし続けただけでなく，シルクロードという「東西南北」（決して「東西」だけではないことに注意）に通じる交通路を内包することによって，経済

的にも文化的にも世界に大きな影響を与え続けてきたのである。確かに騎馬軍団の中央ユーラシア的勢力は，銃火器を持つ近代ヨーロッパ諸勢力に屈した。しかし，中央ユーラシア世界がそれまでの二千年以上に亙って果たした世界史的意義は，改めて確認すべきであろう。

　さて，世界史を以上のように捉え直す立場からすれば，元来は中央ユーラシア出身の騎馬集団が「南方」の農耕地帯に入り込んで建設した政権や王朝が，実はいくらでも存在していたことに気付かれるであろう。もしこれらをも「征服王朝」という，いささか曖昧ではあるが便利な術語で呼ぶとすれば，クシャン（クシャーナ）朝，パルティア帝国，五胡十六国の大部分，ゲルマン諸王国，フン帝国，北魏，エフタル，東魏，西魏，北斉，北周，隋，フランク王国はおろか[6]，アケメネス朝ペルシア，アレクサンドロス帝国，ササン朝ペルシア，唐朝さえもがその範疇に入ってしまうのである。この認識は，19世紀以降，近代ヨーロッパ諸国の手によって彼らに都合のいいように作り上げられてきた世界史像には全く通用しない。我々は歴史認識に大きな転換を求めているのである。

　ところで「征服王朝」という用語は，アメリカのウィットフォーゲル（K. A. Wittfogel）が，文化変容理論に立脚して中国史上の政治・社会・文化における「二元性」に着目し，遼・金・元・清朝を他の諸王朝と区別するために提唱したものである。しかし，その背景には欧米中心史観の裏返しである東洋的停滞論が残っていて，もはや原義に固執する必要はなくなっている。というのも，我が国では早くから原義を離れて拡大解釈され，いまやこの術語には，北方民族の成長・発展の一段階を示すものとして遼・金・元・清朝という四つの東ユーラシア王朝をさす狭義の用法と，より一般的な，中央ユーラシア出身の騎馬民族（時に中央ユーラシアに含まれない西アジア南部の半沙漠地帯の騎駱駝民族）が農耕民とそれに寄生する都市民から成る国家や地域を軍事力で征服し，以後も軍事的優位を維持して支配している国家ないし王朝という広義の用法とが混在しているからである[7]。なお，広義の征服王朝には，ウィットフォーゲルが遼・金・元・清朝と区別して「浸透王朝」と名付けた北魏も，当然ながら含まれる。征服王朝という用語はその便利さゆえに今後も使い続けられるであろうが，ただその両義性にはくれぐれも注意を払うべきである。

　五大陸（ユーラシア，アフリカ，北アメリカ，南アメリカ，オーストラリア）でただ一つ，馬という大型有蹄類に恵まれ，まず西アジア起源の車輛と組み合わせた

馬車を開発し，それを戦車に仕立て，遂には騎馬技術を発明して遊牧騎馬民族を生み出したユーラシアの歴史においては，広義の征服王朝型国家がヘゲモニーを握ってきた。もちろん，広義の征服王朝であるから，その内実には相当程度の差が認められ，単純な歴史の「発展」をいうことはできない。例えば，クシャン朝と北魏と遼朝を比べて，いずれが進歩した形態であるとか，逆に遊牧民族には歴史的発展はなかった，などと論じることは無意味である。とはいえ，9-10世紀のユーラシアには東から順に遼朝，沙陀諸王朝（五代のうち後唐・後晋・後漢の3王朝），西夏王国，甘州ウイグル王国，西ウイグル王国，カラハン朝，ガズナ朝，ハザル帝国など，同じ様なタイプの征服王朝がずらりと並び立ち，さらにその西にややタイプは違うとはいえやはり征服王朝の範疇に入れてさしつかえないフランク王国があるのを見れば，ここがユーラシア史上の大転換期であったことは，誰しもが認めざるをえまい。すなわち，紀元前9世紀頃以降の長い時間をかけて，豊かな農耕・定住地帯への掠奪・征服あるいはその住民との協調・融和・同化に成功と失敗を繰り返してきた遊牧騎馬民族が，9-10世紀に至ってついに，大人口の農耕民・都市民を擁する地域を少ない人口で安定的に支配する組織的なノウハウ（軍事的支配制度，税制，人材登用制度，商業・情報ネットワーク，文字の導入，文書行政，都市建設など）を完成することができたのである。それらのノウハウのいくつかは既に生み出されていたものであり，それらを支える最大の基盤は，遊牧騎馬民族の軍事力とシルクロードによる財貨の蓄積であった。しかしながらそれだけでは支配は一時的に終わってしまい，より安定した強固な征服王朝を維持するには不十分である。そのために必要だったのは，いくつもの要素が複雑に絡み合った「システム」の構築であったと思われる。

　そうした「システム」の構成要素をえぐり出す作業はまだこれからの課題であるが[8]，少なくともその一つに，高度な行政システムには欠かせない文書行政があったことは確実である。その際，それを可能にするブレーンやスタッフが，日常的に文字を使ってきた先進文明圏の役人や商人や宗教者の中からリクルートされたことはほぼまちがいなかろう。ここにいう商人とは，遠隔地貿易に携わる移動商人や倉庫業・旅館業・金融業などに携わる都市の商人をさす。彼らにとって手紙や契約文書や帳簿の作成は日常茶飯事であった。また宗教者とはプリミティヴなシャーマンなどではなく，仏教・マニ教・ゾロアスター教・キリスト教・ユダヤ教・イスラム教といった創唱宗教の僧侶・指導者や信徒であり，彼らにも文字

文化は身に付いていた。移動する商人や宗教者は，時にスパイとさえなり得るほど多様な情報の持ち主であった。文書行政は郵便・駅伝制度などの迅速な情報伝達網に支えられた時，一層効力を発揮する。それは日常的に馬を扱う騎馬民族にとっては最も得意とする分野であり，その迅速性が文書行政に果たした役割の大きさも見落としてはならない。

　人口の少ない「北方」の遊牧騎馬民族が，従来からの本拠地である草原に足場を残しながらも，「南方」に位置する都市や農耕地帯を支配する征服王朝を一挙に出現させたのは，決して偶然ではありえない。長い歴史を経た「北方」勢力の水準が，武力のみに頼るのではなく，文書行政を通じて直接・間接に「南方」を支配するシステムを構築できる段階に至っていた，だからこそユーラシア全域に亙ってほぼ同じ時期に同じ様な現象が見られたと考え，そこに歴史的必然性（長期波動）を見出すべきなのである。

　私は先に「ユーラシア史の側から安史の乱に積極的なプラス評価を与えたい」と述べた。それは安史の乱が，この9-10世紀に全ユーラシアに亙って認められる歴史的動向に連動するもの，より正確にいえば先行する事象であったと認めるからなのである。もし安史の乱が成功していればそれは安史王朝となっていたであろうが，いかんせん8世紀にはまだそうなる基盤が十分には整っていなかったと考えるのである。

　安史の乱の原因を，安禄山に対する玄宗の恩寵の失墜とか[9]，安禄山と唐朝の皇太子や宰相・楊国忠との確執とか，「胡化」した河北地方の住民が中央から冷遇されていた結果とか，雑胡（あいのこ）と差別された劣等感[10]などに求める中国史の立場からは[1]，安史の乱の本質は見えてこないであろう。安史の乱はもとより，安史の乱に先行する康待賓・康順子の乱を担ったのが実はいずれも「ソグド系突厥」とか「ソグド系トルコ人」と呼ばれるべき中央ユーラシア的勢力であったこと，さらにはそれらを鎮圧する側の唐の軍隊でさえその中核は同じく中央ユーラシア出身の遊牧騎馬民族であった。このことに改めて注意を喚起した功績は，前註2に言及した森部・齋藤・中田の三氏に帰せられるべきであるが，何事も「同化」の過程とみなす中華主義的先行研究との差異を明白にする，より具体的な論証はやはりこれからの課題である。〔原補註1〕

---

[1] さらに詳しくは第6節冒頭を参照。

では，当時の中央ユーラシア的騎馬民族を代表する勢力となっていたモンゴリアのウイグル民族（東ウイグル帝国）の目には，安史の乱はどのように映っていたのであろうか。最終的に唐側に就くことによって安史の乱敗北の趨勢を決定したのが，「北」のウイグル勢力であったことは周知の事実である。しかしながら，あくまでそれは結果論であって，ウイグルは終始一貫して唐側に就いていたわけではない。ウイグルは，「南」で覇権争いをしている唐朝と安史勢力の動向を両天秤にかけながら，自己の政策を決定していたようである。このあたりの情況は，従来は漢文史料のみから論じられてきたのであるが，私は1999年に文部省在外研究員としてベルリンに滞在中，トゥルファン出土文献の中からウイグル自身が安史の乱について書き残したウイグル語史料を発見することができた[11]。それは小さな典籍断片であるが，基礎的史料が少ない分野ではどんな断簡零墨でもゆるがせにできない。本稿は，まずこの紹介を中核に据える文献学的研究であるが，テキストを復元し，その意義を考察する部分には，本節で述べたような我々の歴史観が色濃く反映されることになる。

第2節　ウイグル文典籍断片 Mainz 345 の紹介 ［図1 & 2 参照］

　本断簡はドイツのトゥルファン探検隊（四次にわたるが，今年はちょうどその第一次探検隊出発の百周年に当たる）が将来したものであるが，第二次大戦後の一時期にマインツに保管されていたことがあったので Mainz 345 という整理番号が付けられている。現在はベルリンの国立図書館 Staatsbibliothek zu Berlin の所蔵となり，実際にはベルリン＝ブランデンブルク科学アカデミーのトゥルファン研究班 Berlin-Brandenburgische Akademie der Wissenschaften, Akademievorhaben Turfanforschung によって管理されている[12]。縦横共に10cm 余り，表裏にウイグル文字が書かれた小断片である。かつてツィーメによって原寸に近い大きさの写真が発表された［Zieme 1975, BTT 5, pl. XLVIII］が，内容的には表の8行目と裏の6行目が引用されただけであり［BTT 5, p. 62, n. 618 & p. 69, n. 726］，ほとんど未研究のままであった。2000年にヴィルケンス（Jens Wilkens）によって公刊されたベルリン所蔵マニ教ウイグル文献カタログには採録されている［Wilkens 2000a, pp. 85-86, No. 61］が，そこでも内容的には表の1行目と9行目，裏の1行目と10行目のテ

8　第一篇　東ウイグル・唐・吐蕃鼎立時代篇

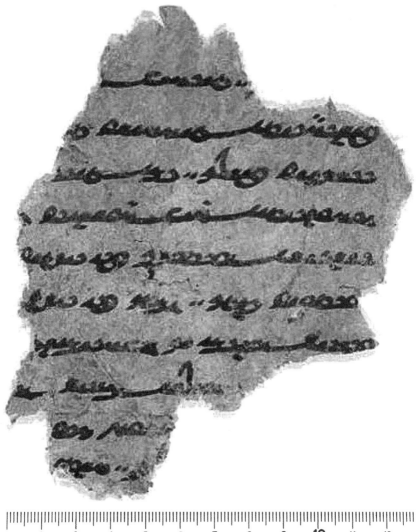

図1　Mainz 345 recto
(Reproduced by the courtesy of the Berlin-Brandenburgische Akademie der Wissenschaften, Staatsbibliothek zu Berlin - Preussischer Kulturbesitz)

[Plate I]

1　ウイグルから見た安史の乱　9

図 2　Mainz 345 verso
(Reproduced by the courtesy of the Berlin-Brandenburgische Akademie der Wissenschaften, Staatsbibliothek zu Berlin - Preussischer Kulturbesitz)

[Plate II]

キストが移録されたにとどまる。ここではまず両者の記述を受け継ぎつつ全体のテキスト移録と，その直訳を行なう。表裏の判定もここでは両人に従っておくが，ウイグル文を縦書きと見るヴィルケンスによれば表面の左端（すなわち冒頭）と下端（行末）が残っており，右端と上端は欠けているという。表裏の行は反対方向に進むので，裏面では行頭が残っていることになる。

recto（仮の表面）

01)   ] L ötükän [
         オテュケン

02)   ]• ärkän : ymä
         の時　また

03)   ]' ädgü ödkä iki *tür*lügkä
         よい時に，二つの種類に対し

04)   ]tängri bögü iligdän türlüg
         神なる牟羽王より・・・

05)   ]KWN bašan otuz uluγ
         をはじめ30人の大

06)   ]*u*lamïš ärän tängri mạr •••
         ]・・・男たちがテングリ＝マール

07)   ]•gärü yalavač kạltilär :
         へ使者としてやって来た（複数形）。

08)   ]•Y možak ol ödü*n* [
         モジャク（慕闍）はその時

09)   ]TY : ymä •[
         また

10)   ]•N ••//W[

verso（仮の裏面）

01)   ] : tavγač [
      中国

02)   balïqïnta tašγaru T [
    その城市から外へ

03) yirgärü bardï : ymä tavγ**ač** [
    土地へ行った。また中国

04) oγulïntan qač qurlayu Y [
    その息子のところから何度も

05) yalvara ötügi bizingär*ü* [
    祈願しつつ，彼の要請（言上）が我々の所へ

06) ötü*r*ü kälti : amtï bizing*ä* [
    そうしてやって来た。今，我々の所に

07) bi*l*ing ilim*i*z-ni ïčγïnmal*ï*m [
    汝よ，知れ。我々の国を我々は失うまい。

08)   ] ödün mäning 'W [
    時に，我の

09)   ]••WŠ SW*W* [

10)   ]D[ ]• : qaltï [
    残った

次いでヴィルケンス゠カタログと私の実見メモとを比較しつつ，全体の形状を再現する。ウイグル文字を縦書きと見て縦横 11.3×13.6 cm（Wilkens：11.4×13.3 cm），表裏ともに楷書体（Wilkens：relativ altertümlicher Duktus 比較的に古い書体）のウイグル文字が 10 行ずつ残存[13]，行間値は 0.9～1.4 cm（Wilkens：平均して 1.3 cm），左端の余白は 2 cm（Wilkens が 1.3 cm とするのは誤り），下端（反対面では上端）の余白は 1 cm（Wilkens：0.7 cm）である。紙色はやや赤みを帯びたベージュ beige rosé～beige（Wilkens：gelbbraun 黄褐色），厚さはガラス板に挟まれているので確実ではないが中手～中手の厚い方らしい（Wilkens：mittelgrob）。やや粗い漉き縞が僅かに見えるが，ほぼ均質，コーティングがされていて脆くなっている，全体としては中上質～中質の紙。行間値より左端の余白が広いので，冒頭行が残っていることは確実。左端には本来の頁の左辺がわずかに残るが，下端は本来の下辺ではなく，なお数ミリ程度の欠落があるらしい。本文は黒字のみで，界線もガイドラインも見えず，また朱黒二色を使った蝶ネクタイ型の典型的なマニ教的句読点もない。黒一色なので，決して豪華な冊子本ではなかったと思われるが，それでもウイグル文字は立派な楷書体である。

本断簡がマニ教文献であることは，文中に現われるテングリ＝マールやモジャク（漢文で慕闍；マニ教団第一位の高僧）などの術語から明らかである。また中央アジア出土のマニ教文献はいかなる言語のものであれ，多くは冊子本型式，一部が巻子本であり，貝葉型は例外的である[14]。Mainz 345 は表裏に本文があって巻子本ではありえないから，本断片が冊子本から離脱した1葉2頁分であることもほとんど疑いない。では本来の単葉の何割程度が残っているのであろうか。

そもそもマニ教徒が使用した冊子本の製本の仕方は，現代世界に流布している西洋式製本と同源である。つまり，1枚の紙を二つに折って4頁分の複葉を作り，それを何枚か重ねて折り目に糸を通して綴じるとリーフレットができる。そしてそういうリーフレットを糸で次々に綴じていって厚い冊子本にするのである。このような冊子本は，現代でもそうであるが，一般的には縦に細長い型式となる。ウイグル文字も本来は横書きであったソグド文字を受け継いだために，冊子本型式に製本される時には，現代の欧文の書物と同じく，ほぼ例外なく横書き扱いされている。ただし本文中にミニアチュールが挿入される場合，その方向は横書きの文章とは90度ずれており，挿し絵の下辺が常に中央の折り目側，上辺が左右の縁側にくる[15]。

冊子本は，個人間の1回かぎりの使用を目的とするいわゆる「文書」ではなく，ほとんどが多数の人々を念頭に置き，保存と流布を目的として作られる「典籍」である。従ってたいていはプロの書写人によって楷書体で丁寧に書かれるものである。また，1回限りの「文書」よりも保存を目的とする「典籍」に，より上質の，つまり高価な紙が使われるのも自然のなりゆきである。それ故，「文書」よりも「典籍」の方が紙型が小さくなる傾向にある。特に，マニ教文献中の冊子本は小型であることがよく知られている。マニ文字・ソグド文字の場合は，縦横数センチの超小型本さえ珍しくない。ウイグル文字の場合は，マニ文字・ソグド文字さらにルーン文字のものより大きい傾向にあるが，それでもなお横が8-9cmから14-15cm前後，縦がその1.2-1.3倍から1.7-1.8倍というのが一般的であり，管見の及ぶ限りで最大のT II D 171（MIK III 198）でも縦横34.8×20.6cmである。これは豪華本から離れた単葉であるが，上下左右は完全である。片面の本文が朱黒二色，反対面のコロフォンが緑・青・朱・橙・茶の五色で書かれた有名な文献である[16]。このような豪華本ではない一般的な冊子本の場合は，この大きさを越すことはまずなかったと考えてよかろう。

そうであれば，本断簡 Mainz 345 の元になった冊子本の本来の大きさは，横がせいぜい 14-15 cm で，最大でも 20 cm を越えず，縦もその 1.5 倍前後であったと推測される。Mainz 345 は，上記の縦横の数値 11.3×13.6 cm が逆転して，縦が 13.6 cm，横が 11.3 cm となるから，元来の単葉上部の半分から三分の一，各行の三分の二程度（少なくとも半分以上）は残存しているとみなして大過なかろう。とすれば，表面と裏面との間にはいささかのギャップがあり，直接にストーリーを繋げることはできないが，表裏両面の 10 行ずつについては，破損部はそれほど大きくはなく，それぞれのストーリーを復元することは不可能ではないはずである。

　では，本テキストをどのように復元すれば，これまでほとんど注目されてこなかった本断簡を，ウイグル史上に，結論を先取りして言えば，ウイグルと安史の乱とを繋ぐ史料として，生き返らせることができるであろうか。そのための準備作業として，次節では漢文史料から知られているウイグルと安史の乱との関係を，日時を追って振り返ってみよう。

第 3 節　ウイグルと安史の乱（年譜）

　以下の年譜は主に両唐書のウイグル伝，郭子儀伝，僕固懐恩伝，安禄山伝，史思明伝，並びに『資治通鑑』に基づき，谷川 1954，羽田 1957a，藤善 1966 (2000)，藤善 1972，Mackerras 1972，佐口 1972a，Kamalov 2001a などを参考にして作成したものである。各項目の冒頭に〇を置くが，●はその年次の最初の項目である。

- ●天宝十四（755）載 11 月 9 日，幽州（＝薊城，范陽，漁陽，燕京）に本拠を置く范陽節度使（平盧節度使，河東節度使も兼務）の安禄山が遂に蜂起。参謀は次男の安慶緒，漢人官僚の厳荘・高尚，蕃将の阿史那承慶（突厥王族）・孫孝哲（契丹人）。全幅の信頼を置き父子軍（養いて自己の子と為すを仮子という，その仮子の軍)(17)と命名した親衛隊 8000 余騎(18)を中心に，蕃漢 15-20 万（蕃軍には同羅・奚・契丹・室韋の曳落河(19)を含む）の勢力。
- ●天宝十五（756）載元旦，安禄山は洛陽で大燕聖武皇帝として即位。

○同年6月，玄宗の命令により，哥舒翰(かじょかん)軍は潼関より東に出撃。哥舒翰は敗北して敵の手中に。長安では楊国忠の主張により，蜀（四川）への蒙塵を決定。
○同年6月13日未明，玄宗，皇太子夫妻，楊貴妃とその一族，楊国忠一家，公主たちが，極秘裏に宮殿を脱出。
○その後，玄宗は蜀へ蒙塵し，皇太子は捲土重来を期して霊武へ向かう。霊武は西北辺境の要衝であり，かつ朔方節度使・郭子儀の本拠地。
○7月，皇太子は群臣の懇望を受けて，蜀にある玄宗を上皇にまつりあげ，粛宗として霊武で即位。至徳と改元。
○9月，粛宗はウイグルに援軍を求めるために使者を漠北のモンゴリアに派遣。使者となったのは，王族の一人（敦煌郡王承寀）とトルコ系武将の僕固懐恩とソグド系武将の石定番。10月にオルホン河畔のオルドゥバリク(シン)で会見。ウイグルの第2代可汗・磨延啜（葛勒可汗）は喜んで，可敦（qatun；可汗の正妻）の妹を自分の娘とした上で，これを承寀に娶(めあわ)す。さらにウイグルの首領を答礼の使者として派遣してきたので，粛宗はこれを彭原に出迎え，ウイグル王女を毗伽(ビルゲ)公主に封じた。
○11-12月（通鑑によれば7-12月），安史勢力側の阿史那従礼が突厥・同羅・僕骨軍5000騎を率い，河曲にあった九（姓？）府・六胡州の勢力数万も合わせて，行在＝霊武を襲わんとした[20]。郭子儀は，磨延啜自身が率いて南下してきたウイグル本軍を陰山と黄河の間にある呼延谷で迎え，これと合流。一方，これ以前に葛邏支率いるウイグル別働隊2000騎がまず范陽を攻撃したが，成功せずにそこから太原方面に移動。郭子儀軍はこれらのウイグル本軍並びに別働隊と協力して，阿史那従礼軍を斥け，河曲（黄河の大湾曲部内側の北半部，すなわちオルドスを中心に，その外側の陰山山脈以南を合わせた一帯；現在の内蒙古自治区の一部と陝西省〜寧夏回族自治区の北辺）を平定した[21]。
●至徳二（757）年元旦，安禄山は洛陽で実子の安慶緒，並びに腹心の部下によって暗殺さる。
○安禄山の盟友で，洛陽政権樹立の最大の功労者であった史思明は，いちはやく分離独立の方針を決め，莫大な軍資金を蓄積してある范陽に帰還。
○同年2月，粛宗は鳳翔に進出。前年末からこれまでに，コータン・安西・北庭・抜汗那・大食からの援軍が集結。同月，ウイグル首領の大将軍・多擥ら15人が入朝。

○同年9月，ウイグルの磨延啜可汗は太子の葉護を筆頭に，将軍の帝徳らに4000余騎（『旧唐書』安禄山伝では3000騎）を率いさせて唐に派遣。粛宗は喜び，宴会を催し，元帥の広平王・俶（後の代宗）に命じて葉護と兄弟の契りを結ばせる。
○蕃漢15万にふくれあがった唐軍は，広平王・俶を総帥とし，鳳翔を出発。扶風でウイグル軍を出迎えた郭子儀は，3日間の大宴会で接待。以後，ウイグル軍には食料として毎日，羊200匹，牛20頭，米40石が支給さる。
○同年9月17日，長安攻撃開始。朔方左廂兵馬使・僕固懐恩とウイグル軍が連携して活躍。安慶緒側の守備軍は約6万の損失を蒙って潰走。唐軍，長安を回復す。
○同年10月，反乱軍は唐側の郭子儀軍やウイグル軍により潼関・陝郡を次々に落とされ，安慶緒は洛陽を脱出して河北の鄴（ギョウ）に走る。唐側は遂に洛陽を奪回。
○同年11月，長安で粛宗と葉護が会見。粛宗は葉護を労い，司空の位を与え，忠義王に封じ，錦繡綵や金銀器皿を下賜する。さらに毎年，絹2万匹を朔方軍にて支給する事を約す。
●乾元元（758）年5-7月，ウイグルの使者・多亥阿波一行が長安に来て，公主降嫁を要請。粛宗は幼少であった実の王女を寧国公主に封じて降嫁させ，同時に磨延啜を英武威遠毗伽可汗に冊立することを決定。寧国公主と冊立使の一行がウイグルの本営に到着。
○8月，磨延啜は王子の骨啜特勤と宰相・帝徳に3000騎を率いさせて唐に派遣。粛宗は僕固懐恩にこの援軍との共同作戦の指揮を命ず。
●乾元二（759）年3月，史思明は安慶緒を殺し，4月，自ら大燕皇帝として即位。
○同年4月，ウイグルの磨延啜可汗が急逝。ウイグルは寧国公主を殉死させようとしたが，公主は抵抗し，同年8月に唐に帰国。一方，長男・葉護太子は既に罪を得て殺されていたので，末子の移地健が牟羽可汗として即位（第3代）。磨延啜在世中に，移地健のために唐に婚姻を請うため，粛宗は僕固懐恩に命じてその娘を娶せていた。それゆえ，彼女が可敦に昇格。
●上元元（760）年閏3月，史思明は洛陽に入城。再び東西両都に対立する政権。

○しかし，この後，史思明は長男の史朝義に替わって妾腹の子・史朝清を溺愛し始め，これを後継者にせんとしたため，逆に史朝義の部下が史思明を捕らえて幽閉。以後，史朝義が洛陽を保持。
○同年9月，ウイグルよりの使者として倶録莫賀達干らの一行が入朝。
●上元二（761）年2月，史思明殺され，史朝義が即位。
●宝応元（762）年4月，約2年の蟄居生活の後，玄宗が死去。わずか十余日後に粛宗も崩御。代宗が即位。宝応と改元。
○同年8月，ウイグルは史朝義から援軍要請を受け，「唐朝では天子の死去が度重なり，国は乱れ，主君がいないので，侵略して府庫を手に入れてはどうか」〈両唐書ウイグル伝〉と誘われたので，牟羽可汗自らが「国を傾けて」十万とも称される大軍を率いて南進。[2]
○同年秋，代宗は，史朝義軍を打倒するため，中使・劉清潭を派遣し，ウイグル軍の出動を要請。劉清潭は既に陰山を越えていたウイグル軍と遭遇。劉清潭が可汗に，かつて代宗がウイグルの葉護と協力して安慶緒から両京を奪還した故事，さらに唐からウイグルに毎年絹数万匹を贈っていることを訴えても，ウイグル側はこれを無視して太原方面に向かう。そこで劉清潭は長安の代宗に密使を送ってウイグル軍の現状を報告。長安中が略奪の危険を恐れて震撼。たまたま可敦が両親に会いたいと要請してきたので，僕固懐恩が太原方面に赴き，娘婿の牟羽可汗に道理を説く。その結果，ウイグルは再び唐側に就くこととなる。
○代宗は雍王适（かつ）（後の徳宗）を兵馬元帥とし，僕固懐恩らに命じて，陝州（太原倉の食料あり）でウイグル軍に合流させる。牟羽可汗は雍王を引見するに当たって，雍王が拝舞（踏舞）の礼をしないのを難詰。やりとりがあるが，結局，雍王の側近を不敬罪で棒打ち（翌日死亡）。この後，ウイグルの右シャドの軍と僕固懐恩軍とが先鋒となって戦い，遂に洛陽を奪還（10月）。史朝義は范陽に向かって敗走。雍王は霊宝に帰り，可汗は河陽（河南省孟県，黄河の北岸）に数ヵ月間駐屯。僕固懐恩の息子・僕固瑒（ちょう）の軍はウイグル軍と共に史朝義を2000余里も追跡して追いつめる。
●宝応二（763）年正月，史朝義は范陽で自殺。史朝義の首が長安に届き，安

---

[2] この時，史朝義は使節を渤海にも派遣していたという重要な指摘が，古畑徹によってなされている［古畑 2008, pp. 84-85］。

史の乱，平らぐ。

○同年2月，牟羽可汗は代宗に別れを告げて帰国。内殿にて綵200段を賜与される。

第4節　ウイグル文典籍断片 Mainz 345 の推定復元

　これまでに本断簡の内容ないし性格について言及したことがあるのは，最近のクラーク（L. V. Clark）とヴィルケンスのみである。クラークはウイグル文マニ教文献を網羅的に列挙する論文の中で，これを"Installation Hymn (?)"に分類し[22]，他方，ヴィルケンス作成の最新カタログではこれを「歴史文献」の項に入れ，"Kirchengeschichtlicher Bericht über die Verbreitung des Manichäismus im uigurischen Steppenimperium"すなわち「ウイグル草原帝国（＝東ウイグル帝国）におけるマニ教の流布に関する教会史的記録」と規定している[23]。第2節において仮に提示したテキストと試訳を見れば分かるように，ここはヴィルケンスの判断の方がよかろう。次節で述べるように，ウイグルには確かに歴史文献を作る伝統があった。

　そこで私は，これが歴史文献に違いないという前提のもとに，Mainz 345 のテキストのかなり大胆な復元を試みる。その際，表裏の判定はこれまでのツィーメ・ヴィルケンス両氏とは逆にしてある。その理由は，以後の行論により順次明らかになるはずであるが，復元内容の時間的推移に由来する。また，この判定は，冊子本の場合，頁の内側の方（糸綴じ穴に近い方）が残りやすいという一般的傾向とも合致する。

復元テキストと和訳［図1＆2参照］
recto（本来の表面）

r1)　　　　　]：tavγač-**nïng tängri oγulï ? kičiu ?**
　　　　・・・中国［の　天子？は　京兆？］

r2)　balïqïnta tašγaru **täzip ? kidinki ? ïraq ?**
　　　城市から外へ［逃げ出して？，西方の？遠い？］

r3)　yirgärü bardï：ymä tavγ**ač-nïng tängri**

土地へ行った（蒙塵）。そして中国［の天］

r4) oγulïntan qač qurlayu Y [
　　子のところから何度も［救援の軍？を］

r5) yalvara ötügi bizingärü [
　　要請しつつ，彼の請願書が我々の所へ・・・

r6) ötünü kälti : amtï bizingärü [
　　請願して来た。「今，我々の所に［敵が攻めて来ている？しかし］

r7) biling ilimiz-ni ïčγïnmalïm [
　　汝よ，知れ。我々の国を我々は失うまい。」（天子の言葉）・・・

r8) 　　　　　　　] ödün mäning 'W [
　　・・・・　　　　時に　我が　・・・・・・・

r9) 　　　　　　　]••WŠ sü [
　　・・・・・・・　　　　軍　・・・・・・

r10) 　　　　　　　]D[ ]• : qaltï [
　　・・・・・・・　　残った　・・・・・・

verso（本来の裏面）

v1) 　　　　　　　] il ötükän qut [
　　・・・・・・・イル＝オテュケン［のカリスマ］・・・

v2) 　　　　　　　]• ärkän　　: ymä
　　・・・・・・・・・の間（一方），　また

v3) **qutluγ qoluq**a ädgü ödkä iki türlügkä
　　［吉　辰］　吉　日に，（国家と宗教の）両方に対し

v4) **tükällig tä**ngri bögü iligdän törlüg
　　［完全な支配権を持つ？］神聖なる牟羽王の所より，高座のある？

v5) 　　　　　] sangun bašan otuz uluγ
　　・・・・・［将］軍を始めとして 30 人の大

v6) **sü bašïlarqa ?** ulamïš ärän tängri mar nyw
　　［軍司令官？に］附属する兵士たちが神聖なるマール・ネーウ＝

v7) **rw'n moža**k-gärü yalavač kältilär :
　　［ルワーン慕］闍のところに使者としてやって来た。

v8)　　　　　　] **tän**gri možak ol ödü*n* [
　　　・・・・神聖なる慕闍はその時・・・・・
v9)　　　　　　　　　]TY : ymä •[
　　　・・・・・・・〜した。また　・・・・・
v10)　　　　　　　　　]•N ••//W[

語註

r 1 a：tavɤač[-nïng tängri oɤulï?] 中国の天子？：もしこれでは破損部に補う文として長すぎるのであれば，tavɤač [qanï]「唐のカン＝中国皇帝」と復元することも可能である。r 2 a に引用するシネウス碑文を参照。

r 1 b：kičiu？京兆？：古代ウイグル語訳『慈恩伝（玄奘伝）』には中国の首都を指す言葉として kičiu が現われる。この kičiu が長安の別名「京兆」の音写であることは疑いない [cf. Тугушева 1980, pp. 30, 63；吉田 1994, p. 291, n. 11]。吉田豊氏によれば，『慈恩伝』の漢文原文には「西京」としか書かれていないのをウイグル語で kidinki kičiu balïq すなわち「西にある kičiu 都城」と翻訳しているのは，kičiu が既にウイグル社会に借用語として定着していたからに違いないという。

r 2 a：t [äzip?] 逃げ出して？：t [ašlap?] も可能である。täz- "to run away, fly" [ED, p. 572]；tašla- "to go out" [ED, p. 564]．磨延啜の記念碑であるシネウス碑文についてはラムシュテットのテキストと独訳 [Ramstedt 1913] が有名であったが，近年，我々が現地で再調査した結果，かなりの修正を加えることができた。その羊歳（755年）の条の続きに，私は新たに安史の乱関係の記事を読みとった。前註 21 で言及したカマロフ説とも密接に絡むので，森安 1999, pp. 181, 185, 189 より関連箇所（西面 2-4 行目）を引用する。[3]

　　　テキスト
　　　W2：──前略── qoñ yïlqa
　　　W3：///-dä olurtïm yayladïm //////////////////////////////-miš tavɤač qanï qurïya täzip barmïš ////////// oɤlïn qotdïm /////////////////////////-ki bodun ////////

---

[3] シネウス碑文の校訂テキストと訳注については，森安 1999 論文より後にさらに改善を加え，大阪大学・東洋史の森安ゼミの参加者と共同論文を発表したので，ここに引用するテキストと和訳はそれによった最新のものである［森安／鈴木／齊藤／田村／白 2009, pp. 19-20, 40, 74-76］。

/////////////-g toqïdïm anta olurup äviŋä ettim qut yaratïγ tuγïn

W4：ävim keŋ //////// bardïm ////// bodunuγ qut ///////////////////////// ävimä ekinti ay altï yaŋïqa tüšdim taqïγu yïlqa olurtïm ——後略——

和訳

W2：羊歳（755年）に，

W3：＊＊＊で，私は腰を落ち着けて，夏営した。/////////////////////////[猿歳（756年）に]/////////////////////唐のカン（皇帝，ここでは玄宗）が（首都の長安から）西の方へ亡命していったという。/////////////////彼の息子（すなわち粛宗）を私は置いた（設置した？，or 放置・黙認した？）。//＊＊＊の民衆/////////////////////＊＊＊を私は打ち立てた。そこに留まって，私はその帳幕（本営）のために幸運の装飾用纛[4]を飾り付けた。
   とく

W4：私の天幕は広く，////////私は行った。////////民衆を，幸運////////////////////////////////私の帳幕（本営）に，2月6日に下馬した。鶏歳（757年）に，私は居を定めた。（後略）

r 2 b：kidinki？ïraq？西方の？遠い？：後続の単語は yirgärü であって，三人称の人称語尾を持つ yiringärü ではないのだから，その直前に「蜀」のような固有名詞は来ないだろう。kidinki の替わりに qurïyaru / qurïya でもありえる。

r 2-3：蒙塵：カラバルガスン碑文（本稿 p. 30 並びに註48を参照）の漢文面第6行目に見える「蒙塵」に対応（次節に原文引用）。歴史的事実としては磨延啜時代の出来事であるにもかかわらず，牟羽時代に記載される。しかもそれが本断簡とカラバルガスン碑文の両方に共通している点については，次節で考察する。

r 3-4：tavγ[ač-nïng tängri] oγulïntan 中国の天子のところから：もし上の1行目

---

[4] これが漢語「纛（どう，どく，とく；GSR 1016b *d'uok）」からの借用語で，君主や将軍の標章としての旗指しもの（軍旗）を意味していることに異論はない。シネウス碑文より遅れるが，同じ東ウイグル時代のカラバルガスン碑文ソグド語面にも在証される［cf. 吉田 2011a, p. 18 = Yoshida 2011b, p. 83］。

を tavɣač [qanï] と復元するのであれば，ここは tavɣ[ač qanï-nïng] oɣulïntan「中国皇帝の息子のところから」と復元した方がよかろう。その際は当然ながら，本来の意味で蒙塵した玄宗ではなく，ここではその息子の粛宗を指すことになる。

r 4：救援の軍？：Y- で始まる適当な語として yardam / yardïm "help" があるが，これはペルシア語に由来するものらしく，ラドロフのトルコ方言辞典 VWTD やデルファーの辞典 TMEN, IV, No. 1780 を見ても，西方方言にしか見当たらない。であるから，ここに当てはめるには，さらなる論拠が必要となろう。

r 5：ötügi 請願書：私の考えでは，これこそまさしくカラバルガスン碑文のソグド語面第 9 行目に見える「（中国の天子からの）言葉＝請願書」に対応する。これに関連する箇所は，次節で吉田豊のテキストと和訳を引用する。ソグド語原文は ptškw'nh であり，これは目下から目上に向けた言葉や手紙である。本断簡に使われるウイグル語の ötüg "request, memorial to a superior"［ED, p. 51］もまた，下から上へ向けられた言葉や請願，さらにはその文書であり，神への祈願文や皇帝への上表文さえ意味することができる［cf. MOTH, glossaire；Röhrborn 1996, p. 270, n. 2068］。ここでは唐の皇帝がウイグルの可汗宛に使者に持たせた救援依頼の手紙に対し，この言葉を使っていることに注意したい。完全に可汗の方が上という扱いである。また，最初の請願書は粛宗から磨延啜に出されたはずなのに，カラバルガスン碑文ソグド面では牟羽時代に記載される。この点も，次節で考察する。

r 6：ötünü：BTT 5, p. 62, n. 618 では ötürü "dann" としているが，読み変える。ötüg ötün- でひとまとまりの表現になっている。

r 7：ičɣinmalïm 失うまい：Röhrborn 1996, p. 230, n. 1250 によれば，『慈恩伝』では ičɣin- が漢語の「失」と対応している。ičɣin- "to allow to disappear; to let slip"［ED, p. 23］なので，「破滅させまい」と訳すことも可能であろう。

r 9：sü 軍：sü は SWY ではなく SWW と書かれている。この不規則な正書法については，cf. MOTH, p. 80, n. 14.9．しかしその前の単語は uluɣ「大きい」とは読めない。

v 1：il ötükän [qut/// イル＝オテュケンのカリスマ：マニ文字で書かれたトゥルファン出土ウイグル語文献 M 919 (T. M. 417) in *Manichaica*, III, No. 15 の本

文中に 2 度 il ötükän qutï という表現が見える。これはウイグル王の別称として有名なイディクート号が現われる最初期の文献で、ルコックの紹介以後、アラト論文［Arat 1964］をはじめ幾度も取り上げられてきたものであるが、表裏の関係さえも含めてまだまだ再検討の余地がある。私は原文書に当たってテキストの一部を改善できたが、ここでは関連部分のみを試訳しておく。

テキストと和訳

recto

——前略——

r11) qara bodun buqun busušluɣ qadɣuluɣ
　　　 ただの民衆（たる我々）は、憂いと悲しみに

r12) boltumuz ärtii ∞ qaltïï yana kün tängri
　　　 くれてしまっていた。（ところが）あたかも再び日神の

r13) ornïnta yaruq ayy tängrii yašïyu bälgürä
　　　 地位に、まばゆい月神が輝きつつ現われ

r14) yarlïqarča 'iligimiz 'ïduq-qut ol'oq (or ul'uɣ)[24]
　　　 なさるように、我らの王たるイディクートがまさにその（or 大いなる）

r15) orunta bälgürä yarlïqadïï ∞ altun örgin
　　　 地位に現われなさった。黄金の玉座の

r16) üzä oluru yarlïɣ boltïï ∞ 'il ötükän
　　　 上にお就きになられた（？）。イル＝オテュケン

r17) qutïï 'ilki bögü 'iliglär qanglarïh
　　　 のカリスマが、以前の賢き王父たちや

r18) 'iliglär qutïï bu 'ïduq örgin qutïh
　　　 王たちのカリスマが、この聖なる玉座のカリスマが、

r19) tängrii 'iligimiz 'ïduq-qut üzä ornanmaqï
　　　 天神のような我らの王たるイディクートの上に着座すること

r20) bolzun ∞
　　　 あれかし。

——後略——

verso

——前略——

v10) q*a*lnïï qarasïï ∞ kök t*ä*ngridä qodïï yir
　　　大衆，　　　（上は）蒼天から下は大地の

v11) tängrii xanïnga tägii ∞ qutlar waxšiklar
　　　神たるハーンまで，　　守護霊[25]たちも

v12) barča köngültä bärü ögirä sävinü
　　　皆，　心から　　　喜んで，我々は

v13) b*u* qutluɣ künüg küsüšlüg tägin*ür*
　　　この幸運な日を念願どおり享受して（？）

v14) *ä*rtim*i*z ∞ 'il ötükän qutïï küč birü
　　　しまった。イル＝オテュケンのカリスマが力をお与えに

v15) y*a*rlïqaduq üčün biz q*a*mïɣ*ï*n barča k*ö*ngültäki
　　　なられたために，我々全てが皆，心の中にある（待望の？）

v16) qutuɣ bulu tägintükümüz üčün ∞ köngültä
　　　幸運（？）を見つけ奉ったがゆえに，心底より
　　　　　　──後略──

さらに10世紀の敦煌文書である Pelliot chinois 2988v = MOTH, No. 15, *l.* 1 にもイル＝オテュケンが現われ，ハミルトンは il ötükän [qut] 1 [uɣ] という形を推定する[26]。同氏は先の il ötükän qutï を "l'esprit gardien ou pouvoir bénéfique (*qut*) de l'Ötükän impérial (*el*)" と解釈する。私が qut を「カリスマ」と翻訳したのは，ボムバチ（A. Bombaci）らの先行研究を批判・整理し直した護雅夫説に拠っている[27]。

8世紀のタリアト碑文東面E3，並びにシネウス碑文北面N2に見えるオテュケン＝イリ ötükän ili「オテュケンの国＞オテュケン地方」[28]とは語順が逆の表現であり，意味する内容にも決定的相違がある。本断簡のここでも私は il ötükän [qutï] ないし il ötükän [qutluɣ] のいずれかであったと推定して大過ないと確信する。要するに，モンゴリアの遊牧騎馬民族の伝統的聖地であるオテュケン山を押さえた者が，そこに宿る「カリスマ」より権威・権力を保証されることによって，正統な可汗たり得るという思想が背景にあったに違いない。残念ながら護自身はウイグルに関わる M 919（T. M. 417）文書に言及することがなかったが，護 1967, pp. 24-29 と Mori 1981, Section III（＝護 1983, 第III節）とを合わせれば，突厥についてそのような結論が得られるの

である。一方，クリムカイトは Klimkeit 1979, pp. 256-257 ; Klimkeit 1982b, pp. 25-27 で，M 919 をも使いながら，ウイグルにおいてシャマニズム的な qut がマニ教的な qut と融合していく過程を描き出している。同氏の論には時に危ういところや誤解も残る[29]が，大筋では賛成できる。また最近ではヴィルケンスが，"der bekannte Schutzgeist der Ötükän-Alm"「有名なオテュケン山の守護神」が，マニ教的文脈ではマニ教の中心的な神格である"Licht-Nous"「光の智恵」(manohmēd rōšn)[30] と代替されていた可能性さえあると述べている [Wilkens 2000b, p. 229]。[5]

v 3：iki türlüg : iki türlüg は字義通りには「二つの種類；両種」の意であるが，マニ教文献では「(国家と宗教の) 両方」という特別の意味を持つ [cf. MOTH, No. 5, *l*. 55, note 5.53-56 in pp. 50-51 ; Sundermann 1992a, p. 79]。[6]

v 4 a：bögü 牟羽：bögü は "'sage, wizard'; the word seems to connote both wisdom and mysterious spiritual power" [ED, p. 324] という意味であるが，固有名詞の要素としても使われた。その実例として，例えば 8 世紀前半の突厥第二帝国時代の Bögü qaγan や，西ウイグル王国時代に属する 1008 年の棒杭文書に見える Kün Ay Tängritäg Küsänčig Körtlä Yaruq Tängri Bögü Tängrikän＝"Godlike *Bögü Tängrikän* 'Mystical Holy Spirit', who is desirable, beautiful and shining like the Sun and the Moon God" [cf. Moriyasu 2001 "Stake", pp. 161, 162 ;『マニ教史』p. 184]，同じく西ウイグル時代の 2 人の王 [cf.『マニ教史』pp. 183, 185] が知られる。しかしながら，本文書に現われる Bögü Ilig は，牟羽可汗マニ教改宗物語として有名なウイグル文書 [U 72 & U 73＝TM276 a & b in TTT II,

---

[5] 原論文では il ötükän を「イル＝オテュケン」とし，「オテュケン国」と訳さなかったのは，語順に問題があったからである。普通の古トルコ語ならば「オテュケン国」は ötükän il(i) となること，原註で言及したタリアト・シネウス両碑文に在証される通りである。然るにツィーメ発見の新出ウイグル歴史書断簡に東ウイグル帝国を指して il orqun「オルホン国」といっている実例が見つかったので [茨黙＝Zieme 2009, pp. 3-4 ; 本書第 14 論文 p. 544]，今後は il ötükän も「オテュケン国」としてよい。

[6] マニ教文献で「二種類，両種」という場合，「外」と「内」を対比させることが多いが，その際も「俗的権力」と「聖的権威」すなわち「国家」と「宗教」の両方を指す場合と，「肉体」と「精神」の両方を指す場合があることに注意したい [cf. 吉田 2000a, TuMW, p. 58]。それゆえ，Mainz 345 復元テキストの和訳で「(国家と宗教の) 両方に対し [完全な支配権を持つ?] 神聖なる牟羽王」としたところは，「(肉体と精神の) 両方に対し [完全な統制力を持つ?] 神聖なる牟羽王」と解釈する余地もある。あるいは両方を含意しているのかもしれない。Cf. Zieme 2014, pp. 58-62.

"Manichaica"〕の主人公 Tängri Ilig Bögü Xan "The Divine King Bögü Khan（クラーク訳）" (ll. 33, 52, 62) ないし Bögü Xan Tängrikän (l. 80) と同様，史上に名高いあの東ウイグル帝国第3代の牟羽可汗以外ではあり得ない。

v 4 b：törlüg 高座のある？：この törlüg と前行の türlüg は綴りが同じであるが，ここは先行する関連語句のない，いわば裸の形で現われているので，前行のような「種類」の意にはなりにくい。仮に tör "the place of honour" の派生語とみなしておく〔cf. ED, pp. 528-529 ; TMEN, II, No. 955〕。[7]

v 5 a：bašan：bašïn「を始めとして；筆頭に」と同じと見る〔cf. 庄垣内 1976b, p. 033〕。

v 5 b：uluγ：語末の -γ の尻尾が長いのは本来なら間違いである〔cf. 森安 1989, pp. 3-5 ; 『マニ教史』p. 46〕が，行末の埋め草なので長くなっている。

v 6-7：tängri mar nyw [rw'n moža]k 神聖なるマール・ネーウ＝ルワーン・慕闍：マニ教高僧の人名として「マール・ネーウ」では完結せず，必ずやもう一つの単語が連接し，その後に高僧の称号（モジャク，アフタダン＝イスパサグ，マヒスタク，等）がこなければならない。たとえば神聖なるマール・ネーウ＝マーニー・マヒスタク tängri mar nyw mani maxistak という実例があるが〔U 168＝T II D 173 a^2, in *Manichaica*, I, p. 12 ; cf. 森安 1979, p. 216 ; Clark 1997, p. 105〕，これは795年頃にモンゴリアの「教義の長」であったマヒスタクである。私は次項・次々項の語註と併せて考えて，本断簡のこの箇所には，必ずやモジャク＝慕闍が入るはずであると確信する。またマニ教の教区（大司教区）には教団最高位の慕闍は唯一人しか存在しないものである。ならば牟羽時代にウイグルを含む東方教区全体に慕闍は唯一人しか存在し得ないから，これを特定する可能性が生じる。幸いなことに吉田と私は最近，カラバルガスン碑文の中に，牟羽がマニ教に改宗した時期にコンタクトを持った慕闍を特定することができた。それが，ソグド面第12行目に見える βγy (mry) nyw(rw)'n m(w)z-'k(')〔「神であるマール・ネーウ＝ルワーン・慕闍」〔森安／吉田／片山 1999, pp. 216, 217 ; 吉田 1988 では未解読だった〕，並びにルーン面の tängri mar N//////「神聖なマール・N//////」〔森安／吉田／片山 1999, pp. 222-223〕である。1999年の共同論文の段階ではまだいささか躊躇していた

---

[7] あるいは törlük で「高座にふさわしい＞貴顕の，名誉のある」かもしれない。

が，現在ではこれらは同一人物に違いないと確信するに至っている。従って　ここの tängri mar nyw の後ろにも自信をもって [rw'n moža]k を補いたい。

v 7： [moža]k-gärü：前舌系の方向格語尾 -gärü の直前には，地名や人名が来るが，後舌系の地名（例えば tavγač）ではありえない。možak は後舌母音をもっているが，外来語であり，ウイグル語では外来語には常に前舌系の語尾が付くという原則があり，-gärü の前の語の末尾の長い尻尾は -K のそれと思われるから，この復元で問題なかろう。マニ教寺院経営令規文書には možak-kä という前舌系語尾 -kä の付く実例がある［cf.『マニ教史』p. 112］。

v 8： tängri možak 神聖なる慕闍：これは先の「神聖なるマール・ネーウ＝ルワーン・慕闍」と同じ人物を繰り返し指すと思われる。これはさらに次節で言及する牟羽可汗マニ教改宗始末記の 26 行目［TTT II, pp. 414-415, *l*. 26 ; Clark 2000, pp. 102-103］に見える tängri možak と同一人物であるに相違ない。

以上の復元テキストをまとめれば，表面がウイグルの安史の乱への介入，裏面がウイグルへのマニ教伝播を公認した牟羽可汗とマニ教団との関わりを記述したものとなる。より具体的且つ大胆に推定すれば，次のようになろう。表面の 1-3 行目が 756 年の玄宗皇帝（並びに後の粛宗皇帝）の長安からの蒙塵，3-7 行目が中国皇帝からウイグルへの書信による救援依頼，8-10 行目がウイグル軍の中国への出動，そしてその後にかなりの欠落がある。続く裏面 1-2 行目で，牟羽可汗がトルコ民族の聖なる山であるオテュケン山のカリスマ的存在（威霊；守護神そのものか？）に護られた正統な可汗として統治していることを述べた上で，3 行目以降では，さらにマニ教を受容して（或いは受容しようとして）マニ教団最高位の僧たる慕闍と交渉を持ったことを述べている。

ではこの慕闍はどこにいた者であろうか。ユーラシア全域に亙るマニ教世界においては，モンゴリアや中国を含むパミール以東には教区は一つしかなかったというのが通説である。マニ教徒のいわゆる hwr's'n p'ygws「東方教区」である[31]。従って教区のトップである慕闍もパミール以東には 1 人しかいなかったはずである[8]。西方からパミール以東の地に初めてやってきた慕闍は，開元 7 年（719 年）

---

[8] 私はこれまで終始一貫してそのように考えてきたが，最新の著書でレウリニは，異なる見方を提案しようとしている［Leurini 2013, pp. 3, 24-25, 36-40］。ただその論旨が私には今ひとつよく理解できないのであるが，どうやらその主眼は，hwr's'n p'ygws すなわち Xwarāsān

にトハリスタン（吐火羅）のチャガニヤン（支汗那）王から唐皇帝のもとに派遣されてきたその人であろう。当然，彼は長安に居を構えたにちがいない。開元19年（731年）には長安で，慕闍に次ぐランクの高僧である拂多誕（アフタダン）が勅命を受けてマニ教を紹介するために『摩尼光仏教法儀略一巻』を漢文で翻訳（正しくは原典からの直訳ではなく，漢文による翻案）している。中国のマニ教は，翌732年には禁止されるが，ソグド人を始めとする西域人にはそのまま認められた[32]。少なくとも731年までは先のトハリスタンからやって来た慕闍（ないしその後継者）が長安を動く必要はなかったが，732年以後は状況は流動的になったといえよう。牟羽可汗が部下に命じてコンタクトを取らせたマール・ネーウ＝ルワーン慕闍は，719年にトハリスタンから長安にやって来た慕闍の後継者であろうから，やはり長安にいた可能性がなくはない。しかしながら，その一方で，トゥルファン出土文献のU 1 ［published in Le Coq 1912a；＝T II K 173＝Wilkens 2000a, No. 49］に「ウイグルのボクグ汗[9]が高昌にやって来て，羊歳に」慕闍に会見したとあるボクグ汗は懐信可汗であり，その羊歳が803年（癸未歳）である蓋然性が極めて高いことから[33]，安史の乱頃までには既に慕闍はソグド人の多い天山地方の高昌（あるいは焉耆）に移ってしまっていたと考える方が真実に近いであろう[34]。760年代ともなれば，東部天山地方にはゆるやかながらもウイグル帝国の勢力が及んでいたであろうし，たとえ及んでいなくても，平和的に慕闍に会う使者を派遣することには何の障害もなかったはずである。豪華なマニ教賛美歌集 *Maḥrnāmag* が大きな喜びをもって作成し始められたのが761/762年，焉耆（えんぎ）のマニ教寺院においてであったという事実も想起されるべきである[35]。シャヴァンヌ／ペリオ両氏は，760年代のトゥルファン地方はまだウイグルの直接統治下になく，ウイグル国に1人しかいないはずの慕闍はウイグル本国に住んでいたと考えたい口振りであるが[36]，牟羽可汗のマニ教改宗から間もない早い時期に，東方教区トップの慕闍

---

  pāygōs「東方教区」と dēn ī Xwarāsān「東方教会」を区別することにあるようである。そのうち，前者の「東方教区」が全マニ教世界の十二分の一の慕闍大司教区であることは明言されているが，「東方教会」の定義が意味不明なのである。それは東方で独立して12人の慕闍を擁するマニ教会全体を指すのか，あるいは東西南北の四分の一として3人の慕闍を擁する区分であるのか，いずれにせよそれが正しければ東方マニ教史を根底から考え直さねばならないほどの重大事であるが，現時点では説明が非論理的すぎて，賛同するのは難しく，指摘するに留めておきたい。

[9] 本稿の原文では「ブグク汗」となっていたのを，本書では表記を統一するため，第14論文に合わせてすべて「ボクグ汗」に改めた。

がモンゴリアに移動して本拠を構えたという推定は決して容認できるものではない。さらにトランブレは，慕闍が当初は高昌に，次いで719年から長安に，そして763年からカラバルガスン（モンゴリアのオルホン河畔にあったウイグルの首都の遺跡名）に移り，最後に844年から高昌の寺院αに居住するようになったと言う［Tremblay 2001, pp. 51, 99］が[10]，これまた到底受け入れられる説ではない。[11]

第5節　ウイグル文典籍断片 Mainz 345 の歴史文献学的意義

　古代トルコ民族の間に歴史意識が芽生えたのは，ウイグルに先行する突厥からである。既に突厥第一帝国の時代に，ソグド人が文字をもたらし，公用語となったソグド語でブグト碑文や昭蘇県石人銘文（ブグト碑文の形状は中国的，昭蘇石人は突厥的）が記され[37]，突厥第二帝国の時代には有名なオルホン諸碑文が作成されている。後者の代表はビルゲ可汗碑文・キョル＝テギン碑文・トニュクク碑文・オンギ碑文・キュリ＝チョル碑文であり，いずれも独自のルーン文字トルコ語で書かれている[38]。護雅夫が言うように[39]，オルホン諸碑文に一人称・二人称の言葉が混じるのは，トルコ民族の文学の源流がシャマンの口を借りて語られた祖霊の言葉にまで遡るからであろうが，そこには既に膨大な歴史書の蓄積を誇っていた中国側の影響もなかったはずはなかろう。ウイグル時代になっても突厥の伝統を踏まえて第2代可汗の磨延啜の功績を記念するシネウス・タリアト・テスの3碑文が作られている[40]。以上は全てマニ教伝播以前の文献であり，本文中にマニ教の影響は一切認められない。

　いうまでもなく，ウイグルへのマニ教公伝は第3代の牟羽可汗（本名：移地健）の時（通説の762/763年より少し前であると思われることについては後述）であり，マニ教徒は教会史の伝統を持っていたのであるから[41]，牟羽時代からはそれまで以上に強い歴史意識が形成されていったことであろう。既に述べた通り，Mainz 345 は楷書体の冊子本の一部であると判断される点も考慮すれば，これが

---

[10] ここのトランブレ説は，原論文より少し追補して紹介している。

[11] 因みに上の〔補記8〕で言及したレウリニは，東方教区ではなく東方教会の本拠が，8世紀には唐朝の許可のもと安西都護府治下のクチャにあり，東ウイグル滅亡直後の840年代には高昌に移ったが，11世紀初頭にはまた高昌を離れていたと考えているようである［Leurini 2013, pp. 38-40］。ただしその論証にはとても従えない。

1　ウイグルから見た安史の乱　29

歴史文献であったことを疑う余地はない。実は，ウイグル文献中には，他にも僅かながら同様のものの存在が知られている。クリムカイトは，マニ教トルコ語（ウイグル語）の歴史書で現在知られているのは2点のみと言う[42]。そのうちの1点は，バング・ガバイン両氏によって TTT II, "Manichaica"で紹介されて以来有名な牟羽可汗マニ教改宗始末記 U 72 & U 73（= TM 276 a & b = Wilkens 2000a, Nos. 52 & 53）である。もう1点は，ハブザという名のワルチャーン王の話 U 237＋U 296（= Zieme, BTT 5, No. 21 = Wilkens 2000a, No. 58）であるが，これは聖者伝的教会史の範疇に入るもので，厳密な意味での歴史文献ではない。一方，ウイグルにはルーン文字諸碑文を受け継いで草原諸民族史のようなものを作る流行があったと指摘するクラークは，残された歴史文献として，牟羽改宗始末記と並べて U 1 [published in Le Coq 1912a ; = T II K 173 = Wilkens 2000a, No. 49] を挙げる[43]。U 1 は複葉2枚（8頁分）の冊子本断簡であり，片方の複葉の4頁目（ルコックは2頁目とするが，それは私の判断では誤り；以下の頁数も同様）にウイグルのボクグ汗が羊歳（803年）に高昌に来て慕闍に会って3人のマヒスタク設置[44]を相談したことが記され，それに先行する別の頁には突厥宰相ビルゲ＝トニュクク（1頁目），ウイグルのイルテベル（この称号は突厥支配下に与えられたもの；従ってウイグル建国以前の出来事）とバスミル（2頁目），キュセン（＝亀茲）（3頁目）が現われ，さらにもう片方の複葉には「弟がハンに任命された」と言う記事，そして粛州という地名やいくつかの人名ないし称号が現われる。これなどは正しく古代トルコ民族史の名に相応しかったものであろう[45]。その他，マール＝アンモとカムの話 U 36＋U 205e（= Wilkens 2000a, No. 47）のような聖者伝的教会史に入るものを合わせて歴史文献とすれば20点前後に達するであろうが[46]，狭義の歴史文献に限定するとわずか数点に過ぎない。その点から言っても，我々の Mainz 345 の存在価値は極めて高いのである。[12]

　第3節で見た通り，安史の乱に介入したウイグルの可汗は第2代の葛勒可汗（磨延啜）と第3代の牟羽可汗（移地健）の2人である。前者は756年に粛宗の要請を受けて即座に軍隊を出動させ，粛宗のいる行在に近いオルドス地方を安定させただけでなく，翌757年にはウイグルの皇太子的存在であった長男を筆頭に据えた援軍を派遣し，長安・洛陽奪回に多大の貢献をなした。一方，後者の牟羽可

---

[12] 本パラグラフで論じた古代トルコ民族の「歴史意識」と歴史文献については，さらに本書第14論文の第2節で再論することになる。

汗は，762年秋，最初は史朝義の誘いに乗って唐を侵略するために自らが大軍を率いて南下してきたのであるが，粛宗の後を継いだ代宗の必死の要請を受け容れ，結果的に唐側の味方となって行動し，安史の乱を終結させたのである。客観的に見れば，磨延啜と牟羽の両者とも唐に大恩を売ったわけで，いずれの功績が大きいか判別することはむずかしいはずである。いや，牟羽の可敦（可汗の正妻）が唐の臣下たる僕固懐恩の娘に過ぎなかったのに対し，磨延啜の可敦である寧国公主は粛宗皇帝の実の娘であったのであるから[47]，ウイグルにおいてはむしろ磨延啜の方が高く評価されて然るべきとさえ言えよう。

ところが，ウイグルの首都オルドゥバリクに残された第8代保義可汗時代の巨大な記念碑であり，ウイグルの重要な公式歴史文献ともいうべきカラバルガスン碑文（ウイグル語・ソグド語・漢文の3種で記述される）[48]は，安史の乱に介入して功績を挙げた者としては牟羽可汗を顕彰するばかりで，磨延啜をまったく無視しているのである。というより，そもそもカラバルガスン碑文漢文面において磨延啜に関わる部分は，我々の碑文復元案によれば[49]，19字の即位記事とそれに続いて事績を述べたわずか8文字の合計27字だけであって，牟羽の事績に400字以上を費やしているのとは極端な違いがある。ウイグル史上，磨延啜に顕彰すべき功績がほとんどなかったのならばともかく，唐との外交関係で大きな成果を挙げたのは上述の通りである。また漠北でも，対外的には西北方イェニセイ河上流域のチク族やキルギス族，西方アルタイ山地方のカルルク族に対し赫赫たる武勲を立てて東ウイグル帝国の版図を拡大し，対内的にはモンゴル草原の重要拠点にタリアト碑文とシネウス碑文を建てさせ，オルホン河畔のオルドゥバリクの造営を推進し，さらに西北のセレンゲ河の支流に沿ってソグド人と漢人のためにバイバリクという都城を建造させるなど，実子の牟羽と比べても決して遜色のない偉大な人物であった[50]。ならば，なに故にカラバルガスン碑文における記述量が両者間であれほどにかけ離れているのであろうか。私の考えでは，その理由は以下の通りである。

周知のように[51]，東ウイグル帝国を建設したヤグラカル氏の血統は第6代で断絶し，エディズ（Ädiz；阿跌＝跌跌）氏出身の骨咄禄将軍すなわち宰相イル＝オゲシ（頡于迦斯＝Il Ögäsi）が，国人に推される形をとった無血革命により，第7代懐信可汗として即位した。つまり795年，王統がヤグラカル氏からエディズ氏に代わったのである。カラバルガスン碑文はエディズ氏の懐信を嗣いだ第8代保

義可汗が，先代の功績に自分の功績を重ね合わせて書き残そうとしたものであり，はじめからヤグラカル氏の可汗6代の事績については冷淡であった。我々の碑文復元案によれば，本来は碑文の漢文テキスト全体の三分の二以上が懐信・保義2人の事績で占められていたはずである。残りの三分の一弱にあたる最初の11行のうち，冒頭2行はタイトルと碑文作成者たちの名前である。3行目から実質的な本文が始まるが，3行目行頭から5行目の半ば過ぎまでが，東ウイグル帝国成立以前，すなわち突厥支配時代の歴史，5行目の下方から11行目までの正味6行分にヤグラカル氏の可汗6代の事績を記述している。といっても，第3代の牟羽可汗以外の5人については，磨延啜の記述と大差なく，いずれもごく短い美辞麗句のみである。歴史的記述として実質があるのは，正味4行半（400字以上）に及ぶ牟羽の箇所だけであり，しかもそのうちの100字以上が安史の乱関係で，残りの260字以上がマニ教関係の記述である。牟羽可汗がマニ教のウイグル流入を公認し，安史の乱征伐中の洛陽近郊でソグド人と思しきマニ僧に出遭ってそれを本国に連れ帰り，後にマニ教が国教化する基礎を置いたことは，いまさら繰り返すまでもない有名な話であるが，牟羽可汗に対してクーデターを起こし，可汗とその側近のソグド人を大量に殺害して即位した第4代可汗頓莫賀達干（タルカン）はマニ教を迫害した［cf. 田坂 1940a］。そしてそのマニ教迫害という状況は第5-6代可汗の時も続いたが，ようやくエディズ氏の懐信可汗の時代になってマニ教は復活し，以後，本格的に国教化していった[52]。こうした情勢のもとに作られたカラバルガスン碑文は，実は単に現可汗の功績を最大限に讃えるために，建国以前の歴史から説き起こした歴史的記念碑であるだけでなく，一面ではマニ教会の歴史を述べ，以後益々の発展を願うものでもあったのである。だからこそ，血筋の異なる者であるにもかかわらず，ウイグル＝マニ教会にとっては最大の功労者である牟羽可汗について，例外的に詳しく記述したのである。バイバリク建設に見られるように，磨延啜とソグド人の関係も決して浅くはなかったのであるが，彼はソグド人の伝えたマニ教と関わりを持たなかったが故に，本碑文では称揚されなかったのである。

　カラバルガスン碑文漢文面の構成についての以上のような分析結果は，同碑文ソグド語面についても言えるのである。というよりむしろ，ソグド語面の構成が先にあって，それを元にしながら漢文面が構成されたのかもしれない。なぜなら，マニ教団には教会史の伝統があったが，ウイグルにその伝統を持ち込んだのはソ

グド人に違いないからである(53)。他方，殆どが毀損しているウイグル語面の構成についてはもはや不明であるが，それでも私が新たに判読し得た箇所を含め，現時点で僅かに残された部分にマニ教関係の術語が目に付くのは絶対に偶然ではありえない(54)。

さて，以上のようなカラバルガスン碑文に対する見方は，実はそのまま我々の扱っている断簡 Mainz 345 にも当てはまるのである。私が表と判断した面の 1-3 行目の蒙塵の主語は玄宗であり，その後の文面を素直に受け取れば，蒙塵の直後にウイグルに援軍要請の請願書を送った中国皇帝は粛宗であり，それを受け取ったウイグルの可汗は磨延啜であるはずである。しかしながら，もう一度カラバルガスン碑文に戻ると，漢文面第 6 行目に「帝蒙塵，史思明[之子史朝義]」とあるのも，ソグド語面第 9 行目に見える援軍要請の請願書が来たのも，共に牟羽可汗時代の記事となっていたことに気付かされる。

ここで改めて，カラバルガスン碑文の牟羽可汗に関する記述を見てみよう。ソグド語面は，新テキストと訳注を準備中の吉田豊氏の許可を得て和訳の全文を引用し[13]，漢文面は私が作成中の新テキストより，安史の乱に関わる部分全体と，それに続くマニ教導入に関わる部分の最初だけを原文のまま（訳注は別に発表予定）引用する。

ソグド語面

8 行目：【第 3 代牟羽】可汗として位についた，男として奇特で，すべてのあり方で特別であったから。彼が支配者の位に就いた時，四方に驚愕と畏れが広まった。（彼の）天運と幸運のゆえに［　　］と智恵のゆえに，技倆と［男らしさのゆえに］・・・

9 行目：そして（／と）言葉（＝請願書）が来た。次のように（書いてあった）：「この苦難から救って下さい。援助して下さい。」神である王（＝可汗）がこの言葉（＝請願書）を聞いた時，自ら強力な軍隊とともに天子の居所（βγwrstn；中国を指す)(55)にお進みになられた【牟羽の中国進駐】。その軍隊は・・・

---

[13] その後さらにソグド語面のテキストと解釈には吉田自身による改善が加えられている。特にマニ教導入に関わる 10 行目と 12 行目については，吉田 2011a, pp. 20-22＝Yoshida 2011b, pp. 80, 83-84 を参照。

10行目：彼らは再び戦闘を行なった。すべての外教の信者（＝異教徒）たちは神なるマール＝マーニーの宗教をそれほど［　　］したので，この 'npt / 'δptは追放された。神である王（＝可汗）は強力な軍隊とともにここオテュケンの地で［　　］を彼らは打った，取った。・・・(Fr. 6)・・・数に於いて四［人のマニ僧？］・・・

11行目：我々は［　　］に仕えている。そして逆さまの法（邪教）を保持している。悪魔に仕えている。今，神である王（＝可汗）の・・・がこの手（で？），すべての火を燃やす宗教（の代わりに？），神であるマール＝マーニーの宗教を受け入れ（た？）。それから神である王（＝可汗）は［　　］と宗教を受け入れた。・・・(Fr. 6)・・・汝らは受け入れることができない。・・・

12行目：その時，神である王（＝可汗）は同意（／満足）した。（そして）命令を発した。(曰く)：「（汝らは）受け入れなさい。そのゆえに（？）（私たちは）悪魔に仕え，お供えをし，信仰してきた。軽蔑すべき手・・・我々は偶像をγr't'kw という名前の土地ですべて焼こう（／焼いた）。偉大な神である［王（＝可汗）と］王子たち（？）・・・神であるマール＝マーニーの宗教・・・(Fr. 6)・・・下方へ神であるマール・ネーウ＝ルワーン慕闍 ßγγ (mry) nyw (rw)'n m (w) z-'k (') ［　　］が［　　］した時・・・(Paris)・・・［すべての地方？］で・・・

13行目：広まった，中断することなく。牟羽可汗が身体を棄てた（みまかった）時，かくして【第4代】Alp Qutluγ Bilgä 可汗が位に就いた。（以下省略）

漢文面

5行目：(行末) □□□□ ［子　登里］

6行目：囉没蜜施頡翳徳蜜施毗伽可汗嗣位【第2代磨延啜】。英智□□，□□経営。子　君登里囉汨没蜜施頡咄登蜜施合倶録□□ ［毗伽可汗嗣位］【第3代牟羽】。□□□□，帝特異常，宇内諸邦欽伏。自□□□□□帝蒙塵，史思明 ［之子朝義］ □□□□□□□□□

7行目：使，幣重言甘，乞師併力，欲滅唐社。可汗忿彼孤恩，竊弄神器，親統驍雄，與王師犄角，合勢齊駈，剋復京洛。皇帝□□□□□□□

□為兄弟之邦，永為□□□□。可汗乃頓軍東都，因觀風□□□□□
□□□□□□□□□［法］

8行目：将睿息等四僧入國。闡揚二祀，洞徹三際。況法師妙達明門，精通七部，才高海岳，辯若懸河。故能開正教於迴鶻。（以下省略）

ソグド語面では請願書は一度きりしか来ていないが，Mainz 345 では「何度も」来たのであり，当然ながらそれらは粛宗から磨延啜への要請と，代宗から牟羽への要請とを合わせて述べたからである。粛宗から磨延啜への要請は複数回行なわれた可能性が高いが，代宗から牟羽への要請は時間的に見て恐らく1回しかチャンスがなく，しかも牟羽はそれを南下後に中国本土内で受け取ったのである。それゆえ，Mainz 345 に見えるように「何度も」請願を受けた可汗が牟羽1人ではありえないのである。また牟羽の中国遠征はもともとは史朝義の要請に応じたものであって，唐側の要請に応じたわけではなかったのだから，Mainz 345 表面に記された事績は論理的には磨延啜のものでなければならない。

しかし，おそらくは全てが牟羽の事績として扱われているのであろう。それが第7代懐信可汗以後，マニ教会を全面的に支え，マニ教を国教とする史上唯一の国家となったエディズ朝東ウイグル帝国並びにそれを受け継ぐ西ウイグル王国の公的態度だったからに違いない。そうであれば，当然ながら，この態度，換言すれば安史の乱征伐とマニ教導入の功績を牟羽可汗に一本化する方針が，国家ないし王朝からの全面的保護を享受しているウイグル＝マニ教団全体の立場でもあり，ウイグル時代に入ってからのマニ教教会の歴史を述べる公式文献の記載もその方向に統一されたことであろう。

そもそも公式に残される歴史文献というものは，どこでも自分に都合の悪い事実を隠蔽しようとするものである。ウイグル側のカラバルガスン碑文でも，牟羽可汗の南征軍が本当は史朝義の要請に呼応し，協同で新たなる「征服王朝」を作るために出動した（これは中国側漢文史料から判明する事実）にもかかわらず，牟羽はいかにも最初から史朝義の要請を唐朝の恩顧に対する裏切り行為として断罪し，徹頭徹尾唐の味方であったかのように記述している。一方，中国側史料におけるこのような略筆，あるいは中華主義的改竄はそれこそ枚挙にいとまがない。ほんの一例を挙げれば，カラバルガスン碑文ソグド面と Mainz 345 から分かるように唐からの援軍要請はせっぱつまったものだったのに，漢籍ではニュアンスが

かなり異なる。『旧唐書』本紀 p. 243 の至徳元（756）載八月之条では，9月に粛宗が敦煌王や僕固懐恩らを派遣してウイグルの助力を依頼する前に，いかにもウイグルと吐蕃の方が先に唐に「和親を請い，助国討賊を願った」とし，『新唐書』回鶻伝 p. 6115 でも月日こそ書かないがやはりウイグルから先に願い出があったので敦煌王や僕固懐恩を派遣したというのは[56]，まさに噴飯ものである。「和親を請」わねばならなかったのは唐の方であって，絶対にウイグルや吐蕃ではなかったのである。

第6節　早すぎた征服王朝としての安史の乱とウイグル

　主として中国史研究者が，安史の乱の原因を中国の内部事情に求めてきたことは，本稿第1節［pp. 122-123］で既に指摘した通りである[14]。谷川道雄は，安史の乱に多くの異民族が参加したことに着目したにもかかわらず，「この戦乱は，あたかも北方民族の中国に対する『外寇』であるかのような感じを起こさせる。しかし，それは，あくまで，唐朝節度使安禄山が，玄宗の側近楊国忠との対立のすえにひきおこした『内乱』であった」[57]と主張した[15]。一方，藤善真澄は，恐らく陳寅恪の説を受け，安史の乱を内乱ではなく，中国民族と異民族との民族闘争であるととらえる見方を紹介したが[58]，それも賛意は半分に留めざるを得ない。またクラーク［Clark 2000, p. 114］は，安史の乱の原因を，主として中国国内に求めてきた従来の見方を批判し，ウイグル帝国の出現及びその西域（天山地方）進出に絡めようとしたが，わずか一言であって十分ではない。

---

[14] アメリカのスカッフは，両唐書や『資治通鑑』以来現代まで，伝統中国では安史の乱の原因を，蕃将を辺境の節度使などの軍事司令官に任命したことに求めてきた，とまとめている［Skaff 2000, "Barbarians at the Gates ?" p. 23］。我が国の中国史家の見方も，それが主流であった。スカッフはその見方に否定的であるが，彼自身の見解は分かりにくい。ただ，漢人と異民族との対立ととらえることを批判し［Skaff 2000, p. 32］，蕃将が唐朝にとってプラス要素であったとする点は，我々と同様である。最近では，森安 2002 も含め異なる見方が出てきたことを受けて，森部豊が改めて安史の乱の見方に関する研究史を簡潔にまとめ直している［森部 2010, pp. 14-15；森部 2011a, pp. 243-244；森部 2011b, pp. 175-177；森部 2013, p. 4］。

[15] 谷川の論旨はいつも私には把握しづらいが，後の 1980 年論文では安史の乱の要因を，まずは安禄山と唐朝中央との力関係の変化としながら，さらに「周辺民族の自立性の増大による羈縻政策の破綻」によって唐朝が辺境に常備軍を設置する必要に迫られた結果，「府兵制方式から健児制方式に転換した」ことに求めている［谷川 1980, p. 49］。

私は第1節で述べたように，長期波動で見る世界史の必然的流れの中で安史の乱を捉え，もし成功していれば「安史王朝」という名の征服王朝を樹立していたとみなす。失敗したから，「早すぎた征服王朝」というわけである。

ではなぜ安史の乱は征服王朝たりえなかったのであろうか。私の結論では，それは中央ユーラシア側勢力がまとまらなかったから，具体的にはウイグルに邪魔されたからである。安史の乱を起こし，それを維持した背景に，遊牧騎馬民族の軍事力と，シルクロード貿易による経済力の両方があったことは，既に栄新江によって指摘されている[59]。つまり征服王朝となる条件は十分に備えていたはずなのであるが，最終的には安史勢力はウイグルを味方に取り込むことができず，軍事的に破綻したのである。

ところで，私が「早すぎた征服王朝」の視点を提唱するのは，実は安史の乱勢力についてだけではない。同時にウイグルについても言っているのである。なぜウイグルは，安史の乱勢力と組んで，征服王朝を建てなかったのか。軍事的には十分に機は熟していたはずであり，まさに史朝義との連合には，その可能性があった。本節ではこの点を検討する。

ウイグルから見れば，安史の乱への介入は決して単なる援助・救援ではない。唐支配下にあった安西四鎮の一つである都市国家コータンや，さらに遠方の抜汗那・大食[60]からの援軍とは訳が違う。第1節で縷述したような中央ユーラシア史の大きな流れを踏まえるならば，ここでは磨延啜・牟羽両可汗が，治下のソグド人によってユーラシア東半部に張り巡らされていたネットワークから集めた情報をもとに，ソグド人政商やソグド系武将とも相談の上，明らかな目標を持って安史の乱に積極的に参入したのではないか，というような発想の大転換が必要である。玄宗皇帝の長安から蜀（四川）への蒙塵は天宝十五（756）載6月に起こり，翌7月に行在の霊武で即位した粛宗皇帝は，9月にウイグルの磨延啜可汗への救援要請の使節団を派遣した。それが漠北オルホン河畔にあったウイグルの本拠地に到着し，磨延啜可汗と会見したのは多分10月である。そして早くもその翌月から翌々月にはウイグル軍が唐の郭子儀軍と合流して，安史勢力側の阿史那従礼軍を撃破し，少なくともオルドス地方一帯に平安をもたらした。この間の至徳元（756）載8月に，まず最初にウイグルの方から自発的に援軍の申し出があったとする『旧唐書』本紀，p. 243 の記事を，中華主義的史家の捏造とみるか，それともそこにウイグル側の隠された意図があったとみるかは，意見の分かれるところ

であろう。

　6世紀の中葉以来,遊牧騎馬民族世界の覇者は突厥であった。同じく遊牧騎馬勢力の鮮卑拓跋部の流れを汲みつつ中国をまとめ上げた唐の実質的な建国者たる太宗・李世民との戦いに敗れて,雌伏を余儀なくされたものの,7世紀末に突厥は力強く復興した。ウイグルは長らくその支配下にあったが,740年代前半,まず同じトルコ系のバスミル・カルルクと連合して突厥を破り,次いでカルルクと共にバスミルを打倒,さらにはそのカルルクを西に放逐してモンゴリアに単独政権を樹立した。これらの軍事行動をリードしたのは初代可汗となった骨力裴羅（闕毗伽可汗）であるが,彼は即位からわずか3年後の747年には逝去し,その後を磨延啜が継いで八姓オグズ・九姓タタル・キルギス・チク・三姓カルルクなどを制圧して漠北を統一した結果,ついに西域（天山山脈～タリム盆地）～河西回廊～漠南（内モンゴリア）への進出が望めるまでになってきたのである。安史の乱が勃発したのは,まさしくそのような情勢下であった。

　ではウイグルが安史の乱に参入した真意はどこにあったのだろうか。かつてモージスは,ウイグルは唐朝に臣属していたから援助を当然の義務と考えたという中華主義的見方を斥け,突厥第二帝国の滅亡時に中国に亡命していた突厥集団を,最初は安史勢力側にいた旧突厥王族の阿史那従礼が糾合したので,ウイグルが対抗措置をとったのであるという見解を示した。そしてそれは最近の杉山正明・カマロフ両氏にも受け継がれている。

　杉山は次のように言う：「崩壊しかけた唐朝の支配は,新興のウイグル遊牧国家の援軍によって救われた。ウイグル側からすれば,たんに唐朝からの救援要請にこたえたというだけでなく,自分たちが倒した東突厥が,安氏王朝と姿を変えて,中華帝国として復活するのを座視できなかった面も考えられる」[61]。

　カマロフの見解はさらに詳しい。安史の乱勢力側には,阿史那従礼や阿史那承慶のような突厥の王族が加わっており,三度目の突厥帝国復興を狙っていた。またウイグルが属する部族連合体であった九姓鉄勒の中にも,ウイグルに背いて敵側に与する同羅のような集団がいた。このように中央ユーラシア東部世界においてもウイグルの支配が未だ万全ではなく,突厥復興の可能性がある限り,ウイグルの利害は唐朝のそれと完全に合致した。それゆえウイグルは,磨延啜自らの遠征を始め,全力を挙げて安史勢力打倒に邁進したのである,という。つまり同氏の見方を図式化すれば,「安史の乱勢力＋旧突厥＋九姓鉄勒の一部」対「唐朝＋

ウイグル＋九姓鉄勒の大部分」という構図になろう(62)。16

　確かに磨延啜時代に限っていえば，このような旧突厥勢力の復活阻止という一面があった可能性は認められる。しかし，繰り返し述べたように，牟羽可汗の時代に入り，ウイグルは史朝義の勢力と組んで，唐王朝自身を打倒するために中国に侵入しているのであるから，このような見方を全体に及ぼすと，単なる結果論に陥ってしまう。特にこの時ゴビ砂漠を越えてきた牟羽可汗軍には，少なく見積もっても4000の壮丁と4万の軍馬，そして可敦を始めとする老幼子女が1万以上，牛羊は無数にいたというから(63)，征服後の本格的移住まで視野に入れていたと思われる。

　さらに忘れてならないのは，牟羽可汗は，安史の乱が終息した763年の8月，唐側の僕固懐恩が反乱を起こすと17，やはり中央ユーラシア勢力として成長著しい吐蕃と手を組んで，妻の実父である僕固懐恩を助けようとしたことである。いうまでもなく僕固懐恩はウイグルと同じ九姓鉄勒に所属する僕固（僕骨）部出身のトルコ人武将であり，その配下に遊牧騎馬民族出身の軍団を率いていたのである。懐恩側勢力はウイグル・吐蕃・吐谷渾・党項・奴剌を合わせて20万以上に達したという。実はここにも征服王朝成立の芽はあったのであるが，懐恩の病死後，ウイグルは吐蕃と袂を分かち，再び唐についた。

　しかしながら，この後も牟羽は決して中国侵攻の意志を放棄していない。大暦13年（778年），頓莫賀達干(タルカン)をして太原地方に侵入させ，羊馬数万を獲得しただけでなく，翌大暦14年（779年）には，本格的な中国征服を企図したのである。すなわちこの年5月，中国で代宗が逝去し，徳宗が即位すると，牟羽は側近のソグド人の意見をいれ，国を挙げて中国を目指し南下しようとしたのである(64)。これがいかに大事件であったかを，さすがに羽田亨は認識していた。同氏は，牟羽の治世全体を見渡して「此の時代には回鶻の勢力は全く唐を抑圧し，唐は其の下に在りて，辛ふじて社稷を保つに過ぎざりしが如し」と総括すると共に，「此の（南下の）計画にして実現せられしならば，その結果の史上に残されしもの，

16　宮崎市定は戦前すでに「安禄山の謀叛は単純な内乱ではなく，北方遊牧民族の内地移動と見るべきものである」とか，安史の乱は「塞外に於ける突厥・廻紇争覇戦を中国内地に延長したかの如き観を呈する」などと述べ，突厥×ウイグルという覇権争いが中国内地に持ち込まれたと考えていた［cf.『アジア史概説』宮崎全集18, pp. 136, 198；『読史箚記』宮崎全集17, p. 87］。これを杉山正明が受け継ぎ，別にカマロフもそう考えたのだろうか。

17　僕固懐恩の乱の背景については，cf. 中田（美）2007, pp. 44-46.

決して他の侵寇の場合に於るが如きに止まらざりしなる可きを信じて疑わず」と述べている⁽⁶⁵⁾。ただしこの牟羽の壮図は，従父兄の頓莫賀達干らのクーデターによって挫かれ，牟羽はその与党と側近のソグド人（九姓胡）を合わせた約 2000 人と共に殺されたのである。田坂興道によれば，「（頓莫賀達干らは）恐らく摩尼教徒を中心とする九姓胡一派の跳梁に快らず，平生密かにその勢力転覆の機を窺っていた反動的・守旧的な国粋党であったに相違ない。頓莫賀の一挙は彼等一派の回紇社会内に台頭した新興勢力打倒の運動に他ならぬ」⁽⁶⁶⁾という。つまり，マニ教の公伝を許しただけでなく，自らもマニ教に改宗し，マニ教徒と表裏一体であるソグド人を優遇した牟羽の「革新的」政策は，いまだ国人の圧倒的支持を得るには至らなかったということである。

ところでクラークはつい最近，マニ教典籍断片 U 111（＝T II D 180 in TTT II, pp. 425-6；マニ文字；ウイグル語とパルティア語）の再解釈により，牟羽可汗がマニ教に改宗したのは 762/763 年，中国遠征中に洛陽近郊でマニ僧と出会った時であるとするシャヴァンヌ・ペリオ以来の定説を斥け，761 年以前に本国内か西域のどこかであるという新説を提唱する大論文を発表した［Clark 2000］。その論拠をいちいち検証する作業はここでは避けるが¹⁸，その結論の大枠は偶然にも私が昭和 46（1971）年度に東京大学文学部に提出した卒業論文「東ウィグル帝国の摩尼教に就いて」と合致する。私の卒論では，牟羽可汗を中心とするウイグル人たちのマニ教への改宗の理由として，シルクロード貿易を押さえるソグド人を活用するためという経済的理由を第一に挙げ⁽⁶⁷⁾，そうであれば 762/763 年の中国遠征を待つ必要はなく，むしろもっと前であるべきだと推測した。そして改宗に伴ってますます多くのソグド人を抱え込んだ結果として文字文化が流入し，後の西ウイグル時代に顕著になる定住化への方向性が決まったと考えた。本稿に引きつけて言い換えれば，牟羽のマニ教改宗と中国征服の意図とは，ソグド人の存在と活動を介することによって，密接に結びついていたと考えられるのである。

ソグド人という優秀なスタッフを抱えたウイグルが，さらに進んで「征服王朝」（第1節参照）となるには，自らが漠南か西域に進出しなければならない。私は牟羽可汗には一貫してその意志があり，しかもそれをソグド人側近が支えていたと推測する。しかしながらウイグル全体としては未だそのような意識にまで達

---

[18] これについては，森安 2013「東ウ＝マニ教」＝本書第14論文で改めて論じている。

していなかった。則ち，第1節で見たように，狭義の征服王朝へと向かっていく遊牧騎馬民族史の長期的流れ（長期波動）の中において，牟羽の政策はまだ「早すぎた」のである。

　安史の乱もウイグルも，いずれも征服王朝樹立にまで至らなかったのには，いろいろな理由があったであろうが，私は，要するに中央ユーラシア側の遊牧騎馬民族勢力が一本化して「南方」を支配する「システム」（第1節参照）が熟しておらず，時期尚早であったと考えるのである[19]。しかしながら，両者が中央ユーラシア史上に演じた役割は極めて大きかった。次の時代になって，ウイグルは自らが西ウイグル王国と甘州ウイグル王国という中型・小型の征服王朝を作ったが，それだけでなく，トルコ系沙陀族が「ソグド系突厥」を含む安史の乱の残存勢力と共に作り上げた五代の沙陀諸王朝（後唐・後晋・後漢）[68]，さらには契丹族の建てた遼王朝，タングート族の西夏，カルルク族中心のカラハン朝という征服王朝の成立にも多大の影響を与えたのである。

　最後に一言付け加えたい。私は安史の乱の原因を中国史内部に求めるのが誤りだと主張しているのではない。ただ，その原因を中国国内のみに求める視点では全く不十分であると言っているのである。安史の乱は，中国史の中では律令支配の破綻にともなう募兵制への移行（徴兵制から傭兵制への移行）や，新興の科挙官僚と貴族出身の財務官僚との対立，そして唐後半から五代に至る藩鎮体制の形成や貴族政治の終焉などと緊密に結び付けて考察されてきたが，私の目には藩鎮体制さえも中国史の枠を越えて，中央ユーラシア史の流れの中において再考すべきものと映っているのである[69]。中国史の側からの積極的な議論を期待したい。

註
(1) 人口に膾炙している好例として，この言葉を日本に普及させた一人である田村実造自身の手になる『アジア歴史事典』巻5（平凡社，1960）の「征服王朝」の項が挙げられる。
(2) つい最近，安史の乱ないしそれに先行する康待賓・康順子の乱を担った中央ユーラシア的勢力を「ソグド系突厥」とか「ソグド系トルコ人」という名称で捉える若手研究者が同時に3人も現われた。それは森部豊（筑波大学），齋藤勝（東京大学），中田裕子（龍谷大学）の諸氏である。このネーミングは全く偶然に一致したものであり，3人それぞれにオリジナリティがある。いずれも個人的なコンタクトによって知り得た情報で，論文が公表されている

---

[19] これに関連して，鈴木宏節が突厥についても興味深い見方を提出している［鈴木 2011, p. 53］。

わけではないので，今後に注目したい．
(3) Cf. 岡田 1990；岡田 1991；岡田 1992；杉山 1992；杉山 1993；森安 1996；杉山 1997a；杉山 1997b．なお，中国史の方からさえ，妹尾 1999 や妹尾 2001 のような画期的著作が現われている．
(4) さらに中央ユーラシアには，その西部のウクライナ草原～コーカサス地方にインド＝ヨーロッパ語族の発祥の地があり，東部のモンゴリア～満洲にいわゆるアルタイ系諸民族の故郷があったことも忘れてはならない．
(5) Cf. Sinor 1990, p. 2.
(6) 護 1980, p. 11 は，征服王朝をひろくとれば，ウマイヤ朝・セルジューク朝・ティムール朝，オスマン朝などもその範疇にいれてさしつかえないであろうという．江上 1987, pp. 233-251 は，大月氏＝クシャン朝を征服王朝国家として活写する．妹尾 2001, p. 42 は，フランク王国・ウマイヤ朝・北魏～隋を一種の征服王朝といってよいだろうと指摘する．
(7) 両義性を持つに至った「征服王朝」という術語の定義の変遷，ないしそれと表裏の関係にある遊牧騎馬民族史における発展の理論については，前掲の田村執筆の事典項目の外，村上 1951，長澤 1962，護 1970，吉田（順）1973，村上 1980，護 1980，及びそこに言及される諸文献を参照．
(8) 突厥・ウイグルについてモージスが指摘している点［Moses 1976, pp. 62-64］も参考になる．
(9) Cf. 堀 1951, pp. 63-66.
(10) 安禄山は，プーリィブランクや杉山正明が言うように，由緒正しいソグド人の武将一族の出身で，その一族は突厥などでも活躍したものである［プーリィブランク 1952b, pp. 47-50；杉山 1997a, p. 250］．従って，安禄山は突厥とソグドの「雑種」で，いかにも被差別民であったという中華主義的見方は大きく変わらざるをえない．
(11) Cf. 森安 2000「欧州」p. 132.
(12) ドイツのトゥルファン探検隊が将来したウイグル文書は，1999 年の段階ではほとんどが国立図書館第一分館（Staatsbibliothek zu Berlin, Haus 1, Unter den Linden 8）内のベルリン＝ブランデンブルク科学アカデミー分館にあったが［cf. 森安 2000「欧州」p. 128］，その後の移転により，現在はベルリン＝ブランデンブルク科学アカデミーの本館（Jägerstrasse 22-23）に配置されている．
(13) さらに片面にマニ文字の鏡文字（別文書からくっついたもの）が少しだけ見える．
(14) Cf. W. Sundermann, BTT 4, BTT 11, BTT 15, BTT 17, BTT 19；Sundermann 1996；Weber 2000；Wilkens 2000a；Gulácsi 2000, Table 1（pp. 274-277）；Gulácsi 2001．貝葉型のマニ教写本としてはウイグル語のいわゆる *Pothi-book*［cf. Wilkens 2000a, Nos. 4-14］が有名であるが，これは私の考えではマニ教時代後期に仏教の影響を強く被った例外的なものである［森安 1989「源流」p. 19 & n. 77 (pp. 25-26)］．
(15) Cf. Gulácsi 2000；Gulácsi 2001, Introduction. "(1) the lines of the text are horizontal, and (2) the figural compositions are placed sidewise, at right angles in relation to the texts, i. e. the vertical axes of the figures parallel the lines of the writing." [Gulácsi 2000, pp. 295-296]．"We have seen that illuminated Manichaean codices are analogous in their layout to non-illuminated ones," [Gulácsi 2000, p. 305]．
(16) 森安 1991『マニ教史』pls. XIX-XX にカラー図版あり．[20]

［原脚註］

(17) Cf. 堀 1951, pp. 64-66 & n. 27.
(18) 安禄山と麾下の蕃族出身軍人との個人的絆の強化については，cf. 堀 1951.
(19) 漢籍では曳落河 *i̯ai-lâk-γâ（GSR 338a＋766q'＋1g）は異民族の言葉で健児（傭兵の意味）や壮士と説明され，また仮子ともいわれる，cf. 堀 1951, p. 65 & n. 22；羽田 1957a, p. 280, n. 71；前嶋 1965. この原語と原義については前嶋の研究がもっとも詳しく，これをソグド語チャーカル chākar の漢字音写語である柘羯の同義語とみなし，その意味は「奴隷・奴僕・私兵・奴隷兵士」であるといい，原語としてアラビア語の raqīq の複数形 arqā' / ariqā'（ariqqā' のミスプリか？）を提案する。私は曳落河を chākar と同義語とみなす点には賛成であるが，その意味は奴隷兵士などとは少しく異なり，「仮に親子の関係を結んで主君の側近に侍り，共に死ぬことを誓った忠実で勇敢な兵士」のことであると考える。しかしながら，同氏が曳落河の原語をアラビア語とする点は荒唐無稽としかいいようがない。安禄山勢力の兵士を指す重要な語にアラビア語の入り込む歴史的背景が全く想定できないからである。Cf. 稲葉 2001.

漢籍中の曳落河が安禄山軍の同羅・奚・契丹・室韋・六州胡と共に現われる文脈を考慮し，且つこれが安禄山・史思明という安史勢力の中枢部やその軍団に含まれる六州胡の言語であるソグド語のチャーカルと同義語と考えたいならば，当然これは同羅の使用したトルコ系の言語か，あるいは奚・契丹・室韋の使用したモンゴル系の言語のいずれかでなければなるまい。幸い『遼史』巻 46・百官志・北面軍官に「拽刺軍詳穏司，走卒謂之拽刺；旗鼓拽刺詳穏司，掌旗鼓之事」[p. 739]，『遼史』巻 116・国語解に「旗鼓拽刺　拽刺，官名。軍制有拽刺司，此則掌旗鼓者也」[p. 1542] とあり，契丹語に兵士ないし軍官の一種を表わすものとして拽刺 *i̯ai-lât（GSR 272a）という語があるから，多分これと対応するに相違なかろう。Cf. 小林高四郎・岡本敬二『通制條格の研究訳註』第一冊，東京，中国刑法志研究会，1964, p. 72；金文京ほか訳注『老乞大』（東洋文庫 699），平凡社，2002, pp. 200-201．〔原補註 2〕
(20) この時，阿史那従礼軍が長安よりオルドス方面へ移動（進軍？）し，唐の支配下にあった六胡州らのソグド系突厥と合流しようとしたのは，安禄山を裏切ってのことなのか，それとも安禄山の策謀にもとづいて偽って唐に降ったものなのか，史料も議論もいささか錯綜している。『資治通鑑』巻 218, pp. 6986, 6997, 7006-7007 の本文と胡三省注，さらに Pulleyblank 1976, p. 44；Moses 1976, p. 78；Kamalov 2001a, pp. 250-251 を参照。プーリィブランク・モージス両氏は，阿史那従礼は安禄山を見捨てたとみている。カマロフは，阿史那従礼は安禄山には背いたが，さりとて唐にも付かず，突厥復興を目指したとする大胆な説を展開する。しかしウイグル＝唐連合軍に敗北した後，最終的には同じく旧突厥王族の阿史那承慶を頼って再び安史勢力側に戻った，というのは，やや論理が矛盾しているように思う。私は，阿史那従礼は一貫して安史勢力の側にいたと考える。つまり，通鑑考異に引く『汾陽王家伝』に，阿史那従礼は「偽りて叛と称し，乃ち朔方に投じ」た，とあるのが真相に近いと考えている。
(21) この時，磨延啜自身が軍を率いて南下してきたと伝える史料は，漢籍の中でも『新唐書』巻 217 上・回鶻伝 p. 6115 の以下の記事のみである：「於是可汗自将，与朔方節度使郭子儀合討同羅諸蕃，破之河上。与子儀会呼延谷，可汗恃其衆，陳兵引子儀拝狼纛[21] 而後見」。同じ『新唐書』でも郭子儀伝では全くこれに触れず，他方『旧唐書』にも『資治通鑑』等にも一切記載がない。そこで羽田亨は，この時，磨延啜自身がウイグル軍を率いて南下したという

20　本書第 16 論文で詳しく取り上げており，口絵 2 として片面のカラー図版もある。
21　上記の〔補記 4〕を見よ。

［原脚註］

事実はなく,『新唐書』回鶻伝の記事を誤りとして,これを採らない[羽田 1957a, pp. 194-195, 197, 199]。然るに,回鶻伝を英訳したマッケラスはこれを真に受け[Mackerras 1972, p. 17],最近のカマロフもそれを正しいと主張し,次のようなシナリオを描いた：12月に磨延啜自身がウイグル軍を率いて漠南のオルドスに進軍。それ以前に,葛邏支の率いる別のウイグル軍 2000 騎が范陽を攻撃したが,安史勢力側の尹子奇の反撃に遭い,唐側の太原方面に撤退し,そこからさらに磨延啜の本軍と合流。ウイグル軍は郭子儀の唐軍と共同して阿史那従礼軍を斥けた[Kamalov 2001a, pp. 249-250]。確かに氏の言うように,このような中国側にとって極めて不名誉な記事をわざわざ捏造するはずもなかろうから,私は目下のところカマロフ説に従いたい。ただし,マッケラス自身が後に発表した概説論文では,磨延啜自身が南下したようには書かれていない。Cf. Mackerras 1990, p. 317.

(22) Clark 1997, p. 133, No. 124.
(23) Wilkens 2000a, p. 86.
(24) かつてこの語は aulauč / avluč / awlawč などと読まれており,これを含む箇所を Le Coq, *Manichaica*, III, p. 35 は「我らの王であるイディクートが Awlawč の地位に」,Gabain 1949, p. 61 ; Arat 1964, p. 152 は「イディクートであり,Awlawč という名前を持つ我らの王が」と解釈した。それをレールボーン (UW, 4, p. 280) は ol-'oq「まさにその」,ツィーメは ul-'uγ「大きい」と読み替えた,cf. Rybatzki 2000, p. 258. この読み替えのような古い正書法は,例えば U 168 = *Manichaica*, I, p. 8, *l*. 11, p. 11, *l*. 3, p. 12, *l*. 17 に見られる。
(25) この qut waxšik を人格を持った「守護霊」と訳してよいことについては,cf.『マニ教史』p. 23.
(26) 実際にはハミルトンの紹介する文書には 'WTK'N としか書かれていないが,同氏はこれを ötükän ('WYTWK'N) に比定する。エルダルはそれに疑義を呈す [M. Erdal, *BSOAS* 51-2, 1988, p. 256]。しかしこれをオテュケン以外に解釈する必要はまったくない。他にも 'WYTK'N [MOTH, No. 20, *l*. 9] とか 'WYTYK'N [Tuguševa 1996c, pp. 356, 359] と書かれた例がある。
(27) Mori 1981, Section III ; 護 1983, 第III節。これに反し,クリムカイトはかつてはドイツ語で "charismatische Kraft" (Klimleit 1979, p. 256),英語で "fortune or charisma" [Klimkeit 1982b, pp. 23, 25] と言っていたのに,新しい英訳では "spirit" [Klimkeit 1993, pp. 356-357] としているのは,真実より遠ざかっているように思える。
(28) Cf. 片山 1999, pp. 169, 171, 172 ; 森安 1999, pp. 178, 182, 186.
(29) 例えば Klimkeit 1982b, p. 25 で M 919 (T. M. 417) の年代を 821-824 年に比定する (Klimkeit 1993, p. 356 ではややニュアンスが弱まっている) が,これは Gabain 1949, pp. 61-62 に引きずられたもので,全く根拠がない。ガバイン説の誤りは Rybatzki 2000, p. 257 でも指摘されている。
(30) ウイグル語の nom qutï に対応する,cf.『マニ教史』pp. 201-202.
(31) Cf. Henning 1936b, p. 10 ; Henning 1938, p. 551 ; Sundermann 1984, p. 301 ; Sundermann 1992a, p. 68 ; Gulácsi 2001, p. 222.
(32) 以上の経過と史料については,多くの言及があるが,とりあえずは,cf. Chavannes / Pelliot 1913, pp. 152-155, (Texte III-VI), p. 196 (fn. 1) ; Henning 1936a, p. 13 ; 矢吹 1988, pp. 46-47, 80-81 ;『マニ教史』p. 64, fn. 81. なお,762/763 年に洛陽で牟羽が出会ったマニ僧は,719 年に吐火羅国 (旧バクトリア)[22]からやって来た慕闍でも,その後継者たる慕闍でもなく,

---

[22] 原論文では単に「トカラ」としていたが,誤解を招きやすいので,原史料に合わせて「吐火

[原脚註]

44   第一篇　東ウイグル・唐・吐蕃鼎立時代篇

後継慕闍の弟子ないし部下とみなすべきであろう。

(33) Cf. 安部 1955, pp. 207-210；森安 1979, p. 215；Moriyasu 1981, p. 198；Hamilton 1986, MOTH, p. XV；Thierry 1998, p. 270. 因みに Clark 1997, pp. 102-103 では，このボクグ汗を牟羽可汗とみなし，問題の羊歳を，牟羽が王子として天山地方に出征していたはずの 755 年（乙未年）である可能性を主張したがっているが，それは無理である。Clark 2000, pp. 110-114 では 755 年説を提案した根拠をより詳しく挙げながらも，結局はしぶしぶながら 803 年説に従っているようである。一方，Tremblay 2001, p. 32, n. 48 と p. 238 の記述には矛盾があり，前者では安部以来の 803 年説を受け入れるにもかかわらず，後者ではなんと牟羽可汗時代最末年の 779 年（己未年）とみなしている。さらに，Rybatzki 2000, pp. 260-261 ではこのボクグ汗を西ウイグル王国の建設者と考え，それを 860-870 年代に漢文史料中に見える僕固俊（cf. 森安 1977「西遷」pp. 119-123）と結び付け，問題の羊歳を 887 年か 947 年（いずれも丁未年）とする。ここでの議論は差し控えるが，この見方には従えない。

(34) Cf. Henning 1936a, p. 15, fn. 2；Henning 1938, pp. 551-552；Sundermann 1984, p. 301；Sundermann 1992a, pp. 68, 74-75. この後，西ウイグル時代までずっと東方教区の慕闍の本拠は高昌にあったと，ほとんど全ての先行研究で考えられている。西ウイグル時代の高昌に慕闍がいたことは，多くの出土文書より明らかなのであるから，この見方は当然である。私もその見方に基本的に賛成であるが，安史の乱前後から 8 世紀末までの短い間のみ，慕闍は一時焉耆におり，その後高昌に移った可能性も留保しておきたい。

(35) Cf. Müller 1913, pp. 15, 36；Gabain 1949, p. 60；Clark 2000, pp. 99-100；Rybatzki 2000, p. 255.

(36) Chavannes / Pelliot 1913, pp. 196-198 (fn. 1). なお，両氏は 9 世紀の第 1 四半世紀にウイグル本国にいた「大摩尼」〈李肇『唐国史補』巻下〉が慕闍である可能性を残しているが [Chavannes / Pelliot 1913, pp. 267-268, fn. 2；cf. 森安 1990, p. 87；Moriyasu 2000 "čxšapt", pp. 436-437]，私はこの考えには従えない。なぜなら私は吉田豊と共に，牟羽時代も 8 世紀末の懐信可汗以後も，モンゴリアには一度も慕闍（第一位のモジャク）の本拠は置かれなかったという立場をとっているからである。今や，795 年時点におけるモンゴリアのマニ教団のトップは第三位のマヒスタクとする見方が優勢であり [語註 v 6-7 に引用した U 168 = T II D 173 a² のコロフォン 23 より；cf. Clark 1997, p. 105]，カラバルガスン碑文の後半部にアフタダン座が見えるから，我々は 795 年以降，保義可汗（在位 808-821 年）の末年までの間によようやくモンゴリアに第二位のアフタダンが赴任した，と推測している [森安／吉田／片山 1999, p. 223] 24。一方，保義可汗時代に完成し，20 世紀になってトゥルファンより出土し

────────

羅国（旧バクトリア）」と修正した。学界では，パミール以東で天山南路にある亀茲〜焉耆〜高昌地区，即ちかつてトカラ／トハラ語（Tocharian A & B）が使われていた地域の名称としてトカラ／トハラ／トゥフリ／トゥフリスタン／トゥグリ／トゥグリスタンを使用することが一般的であり，本書でもトカラ・トカラ語・トカラ人がしばしば登場するが，これとパミール以西のトハラ／トハリスタン（旧バクトリア）とは截然と区別されねばならない。パミール以西についてトカラとしていた箇所は本書では全てトハラに改める。

23 この奥書（コロフォン）については，本書第 14 論文第 5 節の註 46 で再検討した。その結果，795 年時点で東ウイグル帝国の本拠地であるモンゴリアにいたマニ教団の最高位者はマヒスタクであるという考えに賛同することとなった。

24 さらに考証を進めるために，本書第 4 論文＝森安 1979「増補：北庭戦」p. 215 で最初に引用し，第 14 論文の第 5 節で読み直した U 1 = T II K Bündel Nr. D 173 によって，803 年の羊歳

[原脚註]

た *Mahrnāmag* には一組のモジャク・イスパサグ（＝アフタダン）・マヒスタクが現われるが，彼らは高昌にいたのであって，モンゴリアにいたものではなかろう。東方教区の慕闍は1人なのだから，同時にモンゴリアに慕闍がいたはずはない。もちろん，8世紀末から9世紀前半にかけてのウイグルはその勢力を明らかに東部天山地方にまで及ぼしていたというのが私の見方［森安 1979; Moriyasu 1981］であるから，その時点でウイグル本国に東部天山地方を包含させるならば，確かにウイグル本国からやって来た「大摩尼」の中に慕闍が含まれた可能性は否定できないが，モンゴリアにいた慕闍という意味にはならない。

(37) 突厥第一帝国の公用語・公用文字がソグド語・ソグド文字であったという見方は，ブグト碑文を紹介した護雅夫に由来し［護 1972, p. 85］，その後，同氏によって繰り返し述べられている。Cf. 吉田 1997, p. 236；吉田 1991, pp. 73-76.

(38) Cf. Tekin 1968；森安／オチル 1999.

(39) 護 1984, 第Ⅳ章「草原文学の源流」，特に pp. 264-265 参照。

(40) Cf. 森安／オチル 1999.

(41) Cf. Sundermann 1981; Sundermann 1986-87; Klimkeit 1993, Chap. XVII : Historical Texts (Iranian Texts), Chap. XXXI : Historical Texts (Turkish Texts); Wilkens 2000a, pp. 66-87 (Nos. 40-63); Tremblay 2001, pp. 237-238. ところで，吉田豊氏から「マニ教の教会史は，Sundermann のいくつもの論著で扱われたいわゆる教会史と，ウイグルでの布教・流通に関する教会史は別個のものとして扱う必要がある。前者は歴史文献というより聖者伝であり，後者は民族史の範疇に入るであろう」との注意を頂いた。無論，私がここでいう教会史の伝統とは，前者の伝統であるが，実際には両者の区別はそれほど容易ではない。クリムカイト本やヴィルケンス＝カタログでも両者が混在している。私の判断基準では狭義の歴史文献に入る牟羽改宗始末記を，Wilkens 2000a, No. 52 では「教会史的文書」としていることに注意されたい。

(42) Klimkeit 1993, pp. 363-368；Klimkeit 1999, p. 234.

(43) Clark 2000, p. 99. なお，クラークの先行研究 Clark 1997, pp. 100-101, 131-132 では "Early Church History and Hagiography" という項目を設けて6点を挙げながら，Clark 2000, p. 99 では "apart from a few hagiographical pieces, the Turkic Manichaean corpus lacks the genre of church history *per se*." と言うのは，分かりにくい。

(44) "üč mxistak olurmaq" を単純に「3人のマヒスタクが座に着くこと」，即ち3人のマヒスタクの任命・設置と解釈することに対し，強い反論がある。即ちこれをマニ教徒にとって重要なイムキ祭 Yimki-festival と結び付けるヘニング説である，cf. Henning 1936a, pp. 14-15；Henning 1945, pp. 147-148, 155 (fn. 3); Asmussen 1965, pp. 178, 225-226; Rybatzki 2000, p. 260；Tremblay 2001, pp. 32 (n. 48), 238. 確かにヘニング説はある意味で見事であり，これをマニ教学とウイグル文献学の立場だけから覆すのは難しい。支持者が多いのもそのためである。

にウイグルの可汗が（モンゴリアから）やって来て，3人のマヒスタクが（モンゴリアに）着任するようにと，トゥルファン盆地の高昌にいる慕闍（モジャク）に相談した，という事実に注目したい。マニ教団の制度では，1人のアフタダンの配下には6人のマヒスタクが必要である。795年の時点ではモンゴリアのマニ教団の最高位者は1人のマヒスタクであったが，803年に3人のマヒスタクの追加を慕闍に相談しているということは，この頃にアフタダン座がモンゴリアに設置されたことを推測させるのである。北庭争奪戦に勝利し，エディズ王朝を開いて，マニ教国教化を推し進めた懷信可汗の事績を考えれば，時期的には蓋然性が高いであろう。

［原脚註］

しかし，私は歴史学の立場から，本文書のようにトルコ民族史上の大きな事件を列挙したと思しき歴史文献に「年毎に行なわれるイムキ祭」をわざわざ記述することはありえないと信ずる。ここはやはりウイグル＝マニ教史上にたった一度起こった３人のマヒスタクの同時任命という特筆すべき出来事が記載されていると見るべきである。[25]

(45) ウイグルが突厥を先駆者とみなす歴史意識を持っていたことは，U 1 の外に，タリアト碑文にウイグルの先祖としてブミン可汗を含む突厥の始祖3人を列挙している事実からも窺える［cf. 片山 1999, pp. 168, 171, 172］。因みに，Tremblay 2001, p. 238 では U 1 を歴史文献としてとらえながら，突厥のトニュクク関係の記事とウイグルのボクグ可汗の記事とが同時に現われることを奇妙なことと訝っている。しかしそれは，ウイグルは突厥にシンパシーを持っていなかったはずという「思い込み」が前提になっており，それがそもそもおかしいのである。

(46) Clark 2000, p. 99 で狭義の歴史文献としていた牟羽改宗始末記 U 72 & U 73 並びに古代トルコ民族史ともいうべき U 1 を，Clark 1997, pp. 101-103, 132 では"Documents from the Eastern Church"という項目に分類している。ヴィルケンス＝カタログを見ても分かるように，これらの分類はまだ揺れ動いている。ただし，今後は少なくとも，教会史や狭義の歴史文献を含む「典籍」Books と，個人的書簡や寺院経営などに関わる「文書」Documents とは截然と区別されねばならない。

(47) ただし，寧国公主の「添い嫁」として共に磨延啜に降嫁した栄王の娘が，磨延啜死後に寧国公主が唐に帰国した後もウイグルに残り，磨延啜と牟羽2代の可敦となって少寧国公主と号したという事実はある。Cf. 佐口 1972a, pp. 346, 406；Mackerras 1972, pp. 104-107.

(48) Cf. 羽田 1957a, pp. 303-324；吉田 1988；森安／吉田／片山 1999.

(49) 森安／吉田 1998, pp. 155-156；森安／吉田／片山 1999, pp. 211-214. 漢文面の行数を 34 行とすることに変更はないが，その後の研究により，カラバルガスン碑文漢文面の１行の文字数はさらに 90 文字にまで増えている。

(50) Cf. 羽田 1957a, pp. 192-202. テス・タリアト・シネウス 3 碑文の最新の訳注を，森安／オチル 1999, pp. 158-195 において大澤孝，片山章雄，森安が分担執筆している。

(51) Cf. 安部 1955, pp. 170, 266；佐口 1972a, pp. 348, 407；Mackerras 1972, pp. 10, 107, 109；Mackerras 1990, pp. 318-319；護 1992, pp. 165-166.

(52) Cf. 森安，卒業論文（第 6 節中に言及）；Mackerras 1990, pp. 333-335.

(53) 先に言及した牟羽可汗マニ教改宗始末記の原文を，バング・ガバイン両氏が漢文かソグド語のどちらかと推定したのに対し，アスムッセンはこれをソグド語と断定した。その根拠は，ウイグル語の本文中に γw'n（γuan）「罪」というソグド語が混じっていたことである。クリムカイト・クラーク両氏もソグド語説を支持する［TTT II, pp. 411-412；Asmussen 1965, p. 147；Klimkeit 1999, p. 234；Clark 1997, p. 102；Clark 2000, p. 102］。もしそれが正しければ，カラバルガスン碑文の性格を考える上でも興味深い。同碑文が磨延啜の諸碑文のようなトルコ民族の伝統とソグド文字文化の伝統の両方を受け継いでいることになるからである。因みに，Rybatzki 2000, p. 259 では，この牟羽改宗始末記自体は東ウイグル帝国時代のものではなく，西ウイグル時代の写本とみなしている。

(54) 森安／吉田 1998, pp. 150-153；森安／吉田／片山 1999, pp. 219-224.

(55) βγpwrstn「天子の居所」は中国すなわち唐王朝全体を指している。吉田豊によれば，その

---

[25] 本書第4論文の［補記 51］を参照。

［原脚註］

根拠は，敦煌出土ソグド語仏典 Pelliot sogdien 8 の奥書にある仏典が「康姓の Cwr'kk 及びその一族の廻向のため，βγpwrstn の敦煌で翻訳された」と述べられていることである。実際，「天子の居所」が「首都」すなわち長安を意味することはありえない。なぜなら，牟羽可汗の軍は洛陽には進駐したが，長安には行かなかったからである。両唐書ウイグル伝によれば，牟羽可汗の軍はゴビ砂漠を越えて陰山山脈方面に入った後，太原を経て山西省をおそらく汾水沿いに南下し，陝州付近で黄河北岸の地に本営を置いた。そしてそこで，雍王适（後の徳宗）を兵馬元帥とし，僕固懐恩らを首脳とする唐軍と合流し，東に向かって洛陽を奪回した。それ以後も唐皇帝のいる長安には立ち寄ることなく帰国したのである。Cf. 佐口 1972a, pp. 324-329, 384-388 ; Mackerras 1972, pp. 68-75.

(56) Cf. 佐口 1972a, p. 376 ; Mackerras 1972, p. 55.
(57) 谷川 1954, p. 80.
(58) 藤善 1966 (2000), p. 182 ; 藤善 1972, pp. 36, 126, 198-199.
(59) 栄新江 1998, p. 767.
(60) 稲葉 2001 は，この大食軍がアッバース朝からの正規軍ではなく，ホラーサーン〜西トルキスタン地方にあった反アッバース勢力に由来する傭兵であることを論証する。
(61) 杉山 1997a, p. 250.
(62) Kamalov 2001a, pp. 250-251, 253 ; Камалов 2001b, *Древние Уйгуры VIII-IX вв.*, cf. *Newsletter of the Circle of Inner Asian Art* 13, 2001, SOAS, pp. 53-54.
(63) Cf. 佐口 1972a, pp. 325, 385 ; Mackerras 1972, pp. 70-71.「十万」とも称される大軍とは，壮丁・子女・馬牛羊を合計した数であったかも知れない。
(64) 羽田 1957a, pp. 203-205. Cf. 佐口 1972a, pp. 332-340, 389-394 ; Mackerras 1972, pp. 78-89.
(65) 羽田 1957a, pp. 208-209.
(66) 田坂 1940a, p. 226. ただし林俊雄は，頓莫賀のクーデターの原因として，田坂説の外に経済政策上の対立を挙げる。匈奴から突厥に至る遊牧国家が中国北辺への犯塞入寇を繰り返したのと違って，ウイグルは交易重視へと政策転換したという林の指摘は重要であるが，牟羽だけが例外的に犯塞入寇という古来の手段を採ったという点には賛成できない。これだと保守派が逆転してしまう。Cf. 林 1992, pp. 111, 123-124, 132.[26]
(67) この私の見解は書信によってマッケラス氏に伝えられ，『ケンブリッジ内陸アジア古代史』に採用された [cf. Mackerras 1990, p. 331]。
(68) Cf. Pulleyblank 1952a, pp. 341-347 ; 樊文礼 2000, 蔡家藝 2001.
(69) Cf. 稲葉 2001, p. 29.

〔原補註1〕（本文 p. 123 へ）：本稿校正中に，森部豊の考えの一端を示す論文が出版された：森部 2002.

---

[26] ウイグルは交易重視へと政策転換したという林俊雄の指摘に関連し，日野 1952「銀絹（下）」p. 64 では，「契丹の掠奪は，中国の統一による辺防の充実と契丹自身の開花とによって，宋以後殆ど行なわれず，貿易が文化品輸入の主要手段となっていた」といっていることに注意したい。畑地 1974「北宋・遼間の貿易」p. 126 でも日野と同じことを言う。突厥・女真・モンゴルなどとの比較も含め，今後も検討を重ねていくべき課題であるが，既に林 1992 の改訂英語版である Hayashi 2002 で，本稿［森安 2002「安史」］の主張が考慮されている。

〔原脚註〕

〔原補註 2〕（註 19 へ）：曳落河問題に関し，陳述「曳落河考釈及其相関諸問題」［『国立中央研究院歴史語言研究所集刊』7-4, 1938, pp. 547-573］という論文が存在し，既に同じような指摘のあることを，森部豊氏より御教示いただいた。前嶋も私も見落としていたものであり，興味深いが，かなり荒っぽい議論もあるので，利用には注意が必要である。

〔原補註 3〕削除。

〔書後 1〕
 本稿［森安 2002「安史」］で初めて述べたところの，安史の乱を中国史の側からマイナス評価するのではなく，中央ユーラシア史の側からプラス評価すべきであるとする主張は，その後，2007 年の拙著『シルクロードと唐帝国』で，専門家のみならず一般読者にも分かりやすいようにと，より詳しく丁寧に論じた。幸いその論点の多くは，2000 年代に入りいくつもの安史の乱関係論著をものした森部豊が 2013 年に刊行した概説『安禄山——「安史の乱」を起こしたソグド人』（世界史リブレット　人　018，東京，山川出版社）でも肯定的に取り入れられている［特に pp. 91-92］。
 なお，新しい視点からの安史の乱の概説としては，森部前掲書のみならず，杉山正明 2005『疾駆する草原の征服者』の第 1 章も参照に値する。もちろん森安 2007 はこの杉山 2005 を踏まえているが，後者はまた本稿＝森安 2002 を踏まえているのである。

〔書後 2〕
 本稿はあくまで安史の乱の歴史的評価を変えることを主たる目的とするものであったが，副次的には，私の卒業論文以来の課題であった東ウイグル＝マニ教史にもかなり深く踏み込む結果になった。それでも行論の都合上，記述が分断されており，読みにくくなっていた点は否めない。この卒論以来のテーマを初めて真正面から取り上げたのが，本書第 14 論文であり，そこでは本稿の内容にも大きく依存している。

〔書後 3〕
 本論文を踏まえた概説書『シルクロードと唐帝国』p. 309 で概念的に示した「10 世紀前後の中央ユーラシア型（征服王朝）国家」に含まれるハザール（帝国）について，田村健「ハザルから見たユーラシア史——専門研究と高校世界史をつなぐ」（『ふびと』65, 2014, pp. 47-67）が，より正確な情報提供と共にその世界史的意義を広範に論じている。高校世界史教科書で汎用されている内陸アジア世界に替えて中央ユーラシア世界という術語を使うべきとする卑見が，この田村論文によっていっそう強められると確信する。

2
チベット語史料中に現われる北方民族
―――DRU-GU と HOR―――[1]

第1章　P. t. 1283 文書の研究
  第1節　テキストと和訳
  第2節　記された内容の年代考証
  第3節　'Bug-čhor と Dru-gu
  第4節　Hor の予備的考察
  第5節　五人の Hor 人使者の道程
  第6節　使者の道程のまとめ
第2章　Hor について
  第1節　Hor＝ウイグル起源説の再検討
  第2節　Hor＝胡説への疑念
  第3節　小結

第1章　P. t. 1283 文書の研究

　敦煌あるいは西域から出土した文書類，唐蕃会盟碑などの碑文類，そして後世に編纂された多数の史書類などに代表されるチベット語史料中には，北方の遊牧民族を指す言葉として Dru-gu あるいは Hor という単語が頻出する。だがこの二つの言葉にはいろいろな使用法があり，チベット人自身それを混同してきたきらいがある。それゆえ上に挙げたようなチベット語諸史料を内陸アジア史研究のための材料として利用するためには，まず最初にこの Dru-gu と Hor の意味を明確に押さえておかねばならない。従来それほど注目されることのなかったチベ

---

[1] 原論文の冒頭にあったフランス語要約は削除した。

語史料を，今後の内陸アジア（史）研究史料の一つとして取り込もうとしている者にとって，この問題は何よりも先に解決を迫られている緊急課題である。

本稿ではまずウイグル帝国勃興期の内陸アジアの情勢を伝えているといわれる有名な一文書 P. t. 1283（Pelliot tibétain 1283）[1]を紹介し，そこに現われる Dru-gu と Hor を検討するという形で論を進めていきたい。因みにこの P. t. 1283 文書は，海外の学界では多くの関心を引き既にいくつかの研究も発表されているが，バコー（J. Bacot）による文書そのものの紹介が比較的遅れたために我が国では羽田亨・田坂興道・安部健夫・小野川秀美といったウイグル史研究の諸先学の目にも触れず，全く利用されないまま現在に至っているものである。それゆえ本文書を部分的にではなく全体として引用紹介すること自体にも意義があろう。それにバコーの訳文・解釈には種々の誤りが指摘されているので，その点をも踏まえつつ新たな訳文を付してみたい。和訳にあたっては山口瑞鳳・祖南洋（ソナム＝ギャムツォ）・サムテン＝カルメー（S. G. Karmay）三氏から多大の御教示を戴いたことを付記しておく。また，いちいち注記はできなかったが，P. t. 1283 文書に関するリゲティ（L. Ligeti）氏の論考［Ligeti 1971］からは実に多くの示唆を得た。氏の論考なくして本稿は決して成立しなかったことをも明記し，ともに感謝の意に替えたい。[2]

第 1 節　テキストと和訳 [3]

001)　〽[4] / byaṅ phyogs na rgyal po du bzhugs pa'i rje[2] [5]　002)　rabs gyi yi ge'o[3]

---

[2] 本論文末に付す［書後 1〜3, 5］にやや詳しく述べるように，P. t. 1283 の解釈については，1977 年の本稿発表後にかなりの進展が見られたため，その成果を概説的な拙著『シルクロードと唐帝国』［森安 2007, pp. 316-334］において発表した。その後さらに英語の新訳が発表された［Venturi 2008］。それゆえここでは，本文の後ろの考証部分と齟齬を来さないようにローマ字表記を多用した旧訳の体裁を維持しつつも，現時点での最新訳を提供する。細部の注記は省略し，旧訳と大きく異なる部分についてのみ脚註を施すことにする。

[3] 本稿にはもともと節の区分がなく読みにくかったので，適宜，節に分け，新たに節題を追加した。

[4] 初歩的な古文書学的情報は，Lalou, *Inventaire*, III, p. 1 にあったが，本稿発表後にパリで原文書を実見した結果を追記する。P. t. 1283 文書全体は，6 m 近い長巻ではあるが首尾の欠損した漢文仏典の紙背を利用したもので，二つの異なるテキストが同筆で連写されている。本稿で取り上げたのは 533 行目から始まる二つ目のテキストで，巻末の 2 葉と半分を占めている。

2 チベット語史料中に現われる北方民族　51

北方に王がどれだけいらっしゃるかの列記（一連）[6]の記述である。

003) ꘎ / ・ / gzha
（書き損じ）

004) ꘎ / ・ // gna' / hor gyi rgyal pos // bka' stsal te // byaṅ phyogs na /
　　　　　かつて Hor の王が詔して，北方に

005) rgyal po du mčhis par // hor myi lṅa rtog tu btaṅ ba'i bka' mčhid
　　　王が何人いるのかと，5 人のホル Hor 人を偵察に派遣した時の報告

006) gyi yi ge [7] // phyag sbyal na mčhis pa las dpe' blaṅs pa'o //
　　　の記述が古文書庫 [8] にあった，それから写しを取ったものである。

007) ꘎ / ・ / yul gyi myiṅ(4) ryga skad du ji 'ur // drugu [9] skad du // ba ker pa leg čhes
　　　〔I-1〕（Hor）国の名は漢語で Ji-'ur，Dru-gu（テュルク＝トルコ）語で Ba-ker balïq（銅の町）と

008) bgyi ba // yan čhad gyi phyogsna // drugu 'bug čhor sde bčhu gñis mčhis te //
　　　言う。〔I-2〕その向こうには Dru-gu の 'Bug-čhor 族が十二（>'Bug-čhor 十二部が）いるが，

009) rgyal po zha ma mo ṅan(5) sde čhig /。/ hali sde čhig 。/ a sha ste'i sde čhig ɸ shar du li'i
　　　射摩可汗 [10] 王族（即ち阿史那部）が一つ，賀魯（Ha-li）部が一つ，阿史徳（A-sha-ste）部が一つ，舎利吐利（Shar-du-li）

---

1 葉は大きさがおよそ 27×51 cm，色は beige～chamois で漉き縞があり，中手で中上質の紙である。我々のテキスト冒頭の 1-2 行目は朱字であり，4-6 行目は黒字の上を朱でなぞっている。因みに 3 行目は書き損じだったため黒字のままである。要するにタイトル部分が，朱で色づけされているのである。

5 原文書を実見したところ，この rje は抹消されていた。

6 rabs の語義については，cf. Venturi 2008, p. 19, n. 29. 当然ながら，ここは本文書の主内容である 5 人の Hor 人使者による報告が，数珠つなぎになっていることを示しているに違いない。

7 原文書では yi-ge-go とあるうちの -go が抹消されている。

8 phyag-sbyal の語義については，cf. Venturi 2008, p. 19, n. 32.

9 チベット語としては dru-gu と 2 音節に分けて書かれるのが一般的なこの固有名詞が，本 P. t. 1283 文書では一貫して drugu と書かれている。ただし本稿では統一を取るため，訳文の方では Dru-gu と表記している。

10 突厥の始祖が「射摩」と呼ばれたという伝説は，『酉陽雑俎』巻 4・境異・突厥之条［cf. 段成式；今村与志雄（訳註）『酉陽雑俎』1，東京，平凡社，東洋文庫シリーズ 382，1980, pp.

［3］

010) sde čhig⁽⁶⁾ φ lo lad gyi sde čhig φ par sil sde čhig φ ji ke'i sde ¹¹ čhig / so ni sde čhig

部が一つ，奴剌（Lo-lad）部が一つ，卑失（Par-sil）部が一つ，綽（J̌i-ke）部が一つ，蘇農（So-ni）部が一つ，

011) jol to sde čhig φ yan ti sde čhig φ he ba dal sde čhig φ gar rga pur sde čhig φ 'di rnams

J̌ol-to 部が一つ，Yan-ti 部が一つ，挹怛（エフタル）（He-ba-dal）部が一つ，Gar-rga-pur 部が一つであり，これら（ブグチョル十二部）

012) la rgyal po ni ma mčhis // 'di rnams la dmag drug stoṅ mčhis / 。/ de'i shar phyogs

に王はいない¹²。これらの間に軍隊が六千人いる。〔I-3〕その東方を

013) ltar / bod gyis ni he zhes bgyi // rgya'i ni he tse / drugu ni dad pyi zhes bgyi ba sde dpon

見ると，チベット人が He（奚）と呼び，漢人が He-tse（奚子），Dru-gu 人が Dad-pyi（タタビ Tatabï）と呼ぶもの（がおり，その）族長は

014) čoṅ boṅ ya // dad pyi 'di'i pha myes ruṅ ba'i mgo bo // gser dṅul gyis brgyan čhiṅ

Čoṅ-boṅ-ya（である）。このタタビのしかるべき父祖たちの頭骸骨¹³を金や銀で飾って（＝金銀箔を張るなどして），

015) čhaṅ 'phor du bgyid / 。/ de nas shar phyogs ltar // dru gus ni / mug lig / rgya ni ke'u li

（それを）酒杯にする。〔I-4〕これより東方を見ると，Dru-gu 人が Mug-lig と，漢人が高麗（Ke'u-li）

016) zhes bgyi ba // shan toṅ⁽⁷⁾ phyogs gyi dbaṅ blon / čhaṅ čhuṅ čhi'i khams / ke'u li 'di phyogsna

と呼ぶもの（がいる）。山東地方の大臣である張忠志（Čhaṅ Čhuṅ-čhi）¹⁴の領

241-242〕に記載される。

¹¹ 元は m̃i-ke'i sde としていたのを，Ji-ke'i sde と改める。そしてこれを新たに突厥十二部中の一つである「綽部」に比定する。「綽」の中古音は，tś'įak [GSR, No. 1126g] である。

¹² このブグチョル十二部という集団は突厥第二帝国崩壊後に漠南にいた突厥集団を指しているので，当然ながら王＝可汗はいない。本稿の〔書後 5〕を参照。

¹³ 旧訳では「Dad-pyi は父祖であろうともその頭骸骨」としていた。

域であるこの高麗地方では，

017) myi sko sko braṅ la 'byar čhiṅ // myi sha 'tshal te // pha ma rgan rgon daṅ myi rgan rgon rnams

住民は顎が胸にくっついており，人肉を食べ，年老いた父母と老人たちを

018) skyin por gtoṅ zhiṅ gsodo / ○ / de nas shar phyogs ltar // mon ba beg tse zhes gčher

裸で送り出して？[15]（交換に出して？）殺すのである。[I-5] これより東方を見ると，百済（Beg-tse）という裸

019) bur mčhi ba mčhis // de nas lho phyogs ltar // myi čhu'i naṅ du ña bzhin du 'dug

でいる南蛮がいる。[I-6] これより南方を見ると，人々は水の中に魚のように住ん

020) pa mčhis / ○ / de nas lho phyogs ltar / mon ba nag po myig dkar po / skra čhu rta bzhin

でいる。[I-7] これより南方を見ると，黒い（肌）で白い眼，水馬（タツノオトシゴ）のよう

021) du 'khyil ba / mčhiste // ña bzhin du rkyal skyeno / ○ / dad pyi'i byaṅ phyogs ltar // da sre sde

に縮れた髪の南蛮人がいて，魚のように泳ぐのがうまい。[I-8] タタビ（奚）の北方を見るとDa-sre族

022) čhig mčhiste / gur shiṅ yaṅ ña'i rtsib mas bgyid / gur g.yogs gyaṅ / ya rabs

がいて，テント材も魚（あるいは海獣）の肋骨で作り，テント（覆い）も上流階級

023) ni / ña lpags la bgyid / ma rabs ni / gro ba la bgyid / ○ / 'bug čhor nas nub phyogs

は魚皮で作る。下層階級は白樺の樹皮で作る。[II-1] 'Bug-čhorから西方を

024) ltar // bod gyis ni / drugu rus dgu zhes bgyi / sde dgu mčhis pa'i sde dpon čhen

---

[14] 旧訳では「Shan-toṅ地方の大臣Čhaṅ-čhuṅ-čhi」として不明のまま残した部分であるが，それを新たに「山東地方の大臣である張忠志」と解釈できた。それについては〔書後3〕を参照されたい。

[15] Cf. Venturi 2008, p. 23, n. 54.

po

見ると，チベット人が九姓 Dru-gu と呼ぶ九つの部族がおり，その大族長は

025) 'u yi kor do tog las // rgyas babs stsal pa / kha gan thob ste // rus ni / yag le

ウイグル都督（'U-yi-kor do-tog）のうちから中国が認可する[16]可汗になるが，（その）家系はヤグラカル（Yag-le-

026) ker zhes bgyi // sgor ni tog dgu 'dzugste // ho yo 'or sde čhig dmag drug stoṅ

ker）と言う。（牙帳の）門口に九つのトク（旗印）[(8)]を立て，ウイグル（Ho-yo-'or）族だけで軍隊が六千人

027) mčhis / ｡ / 'di'i byaṅ phyogs ltar / ge taṅ zhes bgyi ba mčhiste / rgyal po ge tan gyi kha gan

いる。〔II-2〕その北方を見ると，契丹（Ge-taṅ）と言うものがいて，王は契丹の可汗であり，

028) zas daṅ čhos gyaṅ / 'a zha daṅ 'dra ste / phyugsu yaṅ / be'u lug daṅ rta phal čhe / skad gyaṅ 'a zha

食物も宗教も吐谷渾（原語はアシャ 'A-zha）と同じで，家畜も牛・羊・馬がほとんど，言葉も吐谷渾

029) daṅ phal čher 'thun / ｡ / ho yo hor daṅ čhed ni 'thab / čhed ni gñen / ｡ / de nas shar phyogs ltar

とほとんど一致する。（契丹は）ウイグル（Ho-yo-hor）とある時は戦い，ある時は和親する。〔II-3〕これより東方を見ると

030) dad pyi mčhis / de nas / byaṅ byaṅ[(9)] phyogs na // ga ra byi gir sde čhig mčhiste yul roṅ phyogs

タタビ（奚）がいる。〔II-4〕これより北方には，Ga-ra-byi-gir 族がいて，国は谷の方で，

031) phyugsu phag 'ba' shig mčhis / ｡ / do le man sde čhig mčhis yul nas byi tse

家畜は豚ばかりいる。〔II-5〕Do-le-man 族がいる。国からよいキビ類[17]と

---

[16] 元は「中国（唐朝）が任命・冊封する」[p. 4 & p. 9]と解釈していたところ，『史学雑誌』88-5 (1979) 掲載の「回顧と展望」で山口瑞鳳氏より，ここは「大衆の意を得た者」と読むべきであるとの指摘を受けた。ところが，その後，今枝由郎・武内紹人・石川巌の三氏に伺ったところ，山口説を支持する声は聞かれなかったので，今は当初よりは控えめに「中国が認可・追認する」と訳し直したい。

[17] 元は「粟類」と訳していたのを「キビ類」に修正した。Venturi 2008, p. 25 では "medicinal

032) pad bzaṅ po de nas byuṅ // gur gro bas g.yog pa sde lṅa mčhis / ○ / de nas byaṅ phyogs

菜の花？（もしくは朝鮮人参？）がここからとれる。〔II-6〕テントを白樺の樹皮で覆う五つの部族[18]がいる。〔II-7〕ここから北方

033) na / mtsho (lit. mčho) mtha' myed pa'i 'gram na // myi khyim daṅ gzugs 'a zha daṅ 'dra // phyugs sna

の果てしない湖のほとりまでは，人々は住居と身体つきが吐谷渾と同じである。家畜はさまざま

034) tshogs par mčhis / ○ / gosu spu lpags gyon / dgun thaṅ čhen po la / sa gas ste /

の種類がいる。衣類としては毛皮を着る。冬，大平原では地面が割れて，

035) myi phan tshur myi thard // pa / sde čhe la skyid pa zhig mčhis / ○ / de nas bya smad

人々は往き来できない。大きくて幸せな部族がいる。〔III-1〕そこ（＝ウイグル）[19]から北東を

036) ltar / khe rged sde čhig mčhiste // gur gro bas g.yog // hor la byi ba sṅon po'i pags

見ると，Khe-rged 族[20]がおり，テントを白樺の樹皮で覆っている。ウイグル（Hor）[21]に青鼠の毛

037) pa 'bul / ○ / de nas byaṅ phyogs na / ye dre sde bdun mčhiste rgyal po ni ma

---

nectar or herb"とするが，私は byi-tse を漢語の「麋子，床子」の音写［cf. 森安『マニ教史』p. 58 = GUMS, p. 68］とみなす。

[18] 元は「五つの種族」と訳していたのを「五つの部族」と修正した。同様に以下のテキストの和訳中で元は「種族」もしくは単に「族」とあったところも「部族」に修正した。従って以下の本文中でも同様に修正する。

[19] 「そこ」を直前の部族ではなく「ウイグル」とみなすのは，本文の後ろでの考証による結果である。

[20] この Khe-rged 並びに Dru-gu という民族・部族名が，人名構成要素として同じチベット語文書に使われるという珍しい実例が，武内紹人によって発表された［Takeuchi 1995, Text 30 & pp. 131-132］。なお，バザン氏から口頭で Khe-rged をモンゴル系のケレイト Kereit 族に比定してはどうかとの示唆を受けた。一方，ローナタシュは Khe-rged をキルギス Qïryïz / Kirgiz に比定している［Róna-Tas 1991, p. 110］。

[21] このホル Hor を「ウイグル」と解釈するのも，本文の後ろでの考証の結果である。以下も同様であるので，いちいち注記しない。但し，本稿の重要な趣旨の一つは，従来の研究者のようにホル Hor を単純にウイグルと解釈することを排し，本文書の成立の背景を探り，本文書の冒頭部 ll. 4-7 に見えるホル Hor が決してウイグルではないと論証することにあるの

mčhis // hor

皮を差し出している。〔III-2〕これより北方には Ye-dre 七部族がいるが，王はいない。ウイグル（Hor）

038) daṅ rtag du 'thab // gur gro bas g.yog / stag pa'i shin // shiṅ ma zho ltar 'jo zhiṅ

といつも戦っている。テントを白樺の樹皮で覆う。白樺の樹の雌木を乳のように搾って，

039) čhaṅ du bgyid // yul roṅ phyogste brtsan / ○ / de'i nub ltar / gud sde čhu ṅu zhig mčhiste

酒に作る。国は谷の方に（あって），強い[10]。〔III-3〕この西を見ると，小さい Gud 族がいて，

040) khyim yaṅ ri la / rtswa'i skyab mo / sha ba la / khal 'gel zhiṅ spyod // gosu dbyar

家も山に草の庵，鹿（＝トナカイ）に荷を積んで使う。衣類は夏

041) dgun 'dra bar / ri dags gyi pags pa / sol ba nag pos / bsku zhiṅ gyon

冬同じく野生草食動物の毛皮を黒い（タール）炭で塗りつけて着て，

042) zasu / ri dags gyi / sha daṅ / gro ma [22] daṅ / mon bu / byi bas byi brun bstsag bstsag

食物は野生草食動物の肉と百合の根[11]，さらにモンブ（即ち）野鼠が糞状に（？）累々と集めた

043) pa daṅ / byi maṅs daṅ / bye'u shiṅ sta mos // shiṅ sbom po rul ba'i naṅ du //

もの[12]や，ヂマンやキツツキ鳥が腐った大木の中に

044) bstsag bstsag pa 'tshald // hor la gčhan zan gyi pags pa 'bul / ○ / de nas

で，注意されたい。

[22] スタンの『チベットの文化』（山口／定方訳）のp.5に，チベット高原の草原について，次のような描写がある：「これら草原のただ一つの植物性食物は芋（gro-ma）である。この澱粉質の根をモルモットがねぐらに貯えている。モルモットを狩ってその肉と芋とを食う——これが叙事詩に長々と語られているみじめな流浪の暮らしかたである」。原文の gro-ma を「百合の根」と訳したのは，後註11に示す文献学的根拠と，本章第5節の第3の報告において原文の Gud 族を漢籍の都播に比定する歴史学的根拠によっており，いわば結論の先取りであった。この結論は，近現代のトゥバ（古代の都播）の人々が百合根を好んで食するという報告［メンヒェン＝ヘルフェン著；田中克彦訳『トゥバ紀行』岩波文庫，青 471-1, 1996, p. 91］があることからも，傍証される。さらに，チンギス汗勃興以前のモンゴルにおいても，似たような食物が報告されている［cf. ドーソン／佐口『モンゴル帝国史』1, p. 25, n. 4］。

累々と集めたものを食べる。ウイグル（Hor）に野生肉食動物の毛皮を差し出している。〔III-4〕ここより

045) byaṅ stod ltar / ku chu 'ur sde čhig mčhiste // yul brtsan te // hor gyi ṅag myi
北西を見ると，Ku-čhu-'ur 族がいて，国は強く，ウイグル（Hor）の言うことを聞

046) ñan nas rtag du 'thab / ○ / de'i ltag na / hir tis sde čhu ñu gñis mčhis te
かないで，いつも戦っている。〔III-5〕その後方にはキルギス（Hir-tis）族の二つの小さい部族がいて，

047) hor daṅ čhed ni / 'thab čhed ni gñen // de nas byaṅ phyogsna // gir tis sde čhig
ウイグル（Hor）とある時は戦い，ある時は和親する。〔III-6〕これから北方にはキルギス（Gir-tis）族が

048) mčhispa // myig shel myig / skra mar po // yul na / phyugs sna tshogs / mčhis / rta bo
いる。眼は水晶の眼，赤い髪（である）。国にはあらゆる種類の家畜がいる。大きな

049) čhe skye / ○ / de nas byaṅ phyogsna // mye ṅam bye ri rgyud čhen po zhigis čhode / zha ma
馬が育つ。〔III-7〕これより北方は，沙漠性大山脈地帯によって隔てられていて，（かつて突厥の）射摩（Zha-ma）

050) kha gan gyis // dmag draṅsna // dmag ni ma thar // de'i pha rol / byaṅ phyogsna
可汗は軍隊を引き連れて行ったけれども，軍隊は越えることができなかった。〔III-8〕この向こう側の北の方には，

051) myi lus riṅ po čhen po zhig / mčhiste // kho'i lus 'dom gsum tsham / mda' zhi
背が高く身体の大きい人（巨人）がいて，その身体は三尋ばかり，矢

052) čha ṅar daṅ zas / rgyal po gzhan daṅ 'dra // dgra bgyid čhiṅ myi gyod la 'dogs
・・？・・[23]と食物は他の王と同じである。敵を作り[24]，人を喧嘩させ

053) zhiṅ / 'gums pa'i čhos ma mčhis // myi gum na / shid myi bgyid / mčhad pa myi
て，殺生を戒める法[(13)]はない。人が死んでも葬式はしない。墓は

---

[23] 元は「武器と日常の生活」と訳していたが，今は「矢」以外は不明とする。Cf. Venturi 2008, p. 27, n. 79.
[24] 元は「戦争をしかけ」と訳していたのを，石川巌氏の教示により「敵を作り」に修正した。

054) rtsig // byis ba rda phrad pa yan čhad // lha la phyag 'tshal // phyugsu be'u lug

立てない。会話する子供より上の者は [25] 神に敬意を表する。家畜は牛・羊など

055) sna tshogs mčhis // hir kis // pho ña gtaṅ gtaṅ na // 'di lta bu byis ba 'dra ba

あらゆる種類のものがいる。キルギス（Hir-kis）が使者を遣る時は，「このような子供のような（小さい者）は

056) khyis brkus par 'oṅ zhes // mčhis nas // khoṅ ta'i rna zhu naṅ du stsal te

犬が盗みに来る」といわれているから，・・？・・中へ（入るように）命じて，

057) dpyaṅ la 'dogs // pho ña la 'dri ba // ṅed gyi be'u lug rdzi / ga ra gaṅ lig

背負子（しょいこ）（?）にくくりつける。（巨人が）使者に尋ねるには，「我々の牛・羊飼いで黒車子（Ga-ra-gaṅ-lig）[26]

058) zhes bya ba yod pa'i rigsna / ga la 'khod 'dri zhes mčhi // myi riṅ phan

という者がいるが，知っているなら，（彼が）どこにいるか尋ねる」と言う。巨人（族）の

059) čhad ni / myi mčhis pa skad ma thos / 。 / de'i byaṅ phyogsna ba sme sde lṅa mčhis

向こう側には人がいるとの話を聞かなかった。〔IV-1〕その（＝ウイグルの）[27] 北方にバスミル（Ba-sme）五部族がい

060) de // hor daṅ / gar log daṅ gsuṁ bsdoṅste / 'bug čhor gyi rgyal po / kha gan

て，ウイグル（Hor）とカルルク（Gar-log）との三者が共謀して，'Bug-čhor の王（すなわち）可汗

---

[25] 元は「7-8 才の子供までも」と訳していたのを，石川巌氏の教示により「会話する子供より上の者は」と修正する。Cf. Venturi 2008, p. 27 & n. 81.

[26] Ga-ra-gaṅ-lig が古トルコ語で Qara Qanglï-lïγ「黒い車を持つ者」と復元され，それが民族名「黒車子」に相当するという推定は，Bacot / Pelliot 1956, p. 152 に萌芽があり，Ligeti 1971, p. 184 によって明確になった。最近になってツィーメにより発表された東ウイグル＝マニ教史断簡 81TB10：06-3a にも地名ないし民族名として Qara Qanglï「黒車」が現われている〔本書第 14 論文・第 3 節と註 30 を参照〕。黒車子族の居住地については未解決の問題が多いが，胡嶠の『陥虜記』〔『契丹国志』巻 25, p. 239；『新五代史』巻 73, p. 907〕には黒車子が牛蹄突厥と共に見えており，今後の考察材料が増えたことになる。

[27] 「その」を直前の部族ではなく「ウイグルの」とみなすのは，本文の後ろでの考証による結果である。

061) gyi srid brlagste // ba mel gyi sde / dpon / kha gan gyis thob pa las // hor

の政権を打ち破り，バスミル（Ba-mel）の族長が可汗になった。それからウイグル（Hor）

062) daṅ / gar log gis / ba mel kha gan bsad nas // ba smel sde 'thor te / sde bran

とカルルク（Gar-log）によってバスミル（Ba-mel）可汗が殺されるとバスミル（Ba-smel）族は分裂し，隷属部族

063) du mčhis pa las // ba smel gyi khams / ges dum sde čhig / ba smel gyi khams

になっていたのであるが，バスミル（Ba-smel）の構成要素であった Ges-dum 族と，バスミル（Ba-smel）の構成要素であった

064) ba yar bgo sde čhig // sde dpon yed myis / hir kin // hi dog kas sde čhig

バヤルク（Ba-yar-bgo）族〔その族長は Yed-myis イルキン[28]〕と，Hi-dog-kas 族

065) sde dpon hi kil rkor hir kin / yul brtsan te // gar logs gis / ma khugs

〔その族長は Hi-kil-rkor イルキン〕とは国が強くて，カルルク（Gar-log）は（自己の）支配下に取り込めなかった。

066) de nas byaṅ phyogsna / go kog sde čhig su daṅ yaṅ myi 'thab myi rtsod / ◦ / de'i nub phyogs

〔IV-2〕これより北方にいる Go-kog 族は誰とも争わない。〔IV-3〕その西方

067) na // sde bčhu tsham yod / ◦ / la la ni yul brtsan la la ni roṅ čhe la la ni yul bzaṅ

に，十ほどの部族がいる。ある者は国が強く，ある者は大きな谷，ある者は国がよく

068) zhiṅ 'brog čhe / ◦ / 'di rnams gyi byaṅ phyogsna / mye ṅam bye ri rgyud čhed po / pha rol na

て大きい牧草地。〔IV-4〕これらの北方には沙漠性の大山脈地帯。〔IV-5〕（その）向こう側には

069) gnam gyi rgyal po sde gñis mčhiste // 'bug čhor gyi rgyal po / zha ma kha

天の帝王の二部族がいて，'Bug-čhor の王である射摩（Zha-ma）可

070) gan gyi[(14)] srid bde ba'i tshe // 'di phyogs na / dmag draṅ na / dmag gis / ma thar

---

[28] hir-kin が古代トルコ語の称号イルキンであることは，日本の研究者には常識なので，旧稿では敢えて註を付けなかったが，cf. 護『古ト研』I，第二編・第三章。

te

汗の政権が安定²⁹していた時に，この方向に軍隊を導き入れたが，軍隊は通り抜けることができず，

071) myi ñis 'khyamste / mčhi mčhi ba // rṅa mo'i rjes zhig daṅ mjal nas // rjes
二人の人が迷子になってさまよい行くと，牝ラクダの足跡と出くわして，足跡

072) čhu dag tu mčhi mčhi na // rṅa mo phal mo čhe zhig mčhis pa'i gan na / bud med⁽¹⁵⁾ /
を追ってついて行くと，牝ラクダの一群がいる近くに婦人が

073) mčhis pa dag čhig daṅ mjal nas // drugu skad du rda mjal nas // bud med⁽¹⁵'⁾
いるのと出会って，Dru-gu 語で話し合ってから，この婦人

074) des bkri bkri ste // sbas na // phyi 'breṅ (lit. 'bred) / khyi phal mo čhe zhig // ri dags
が案内するのに隠れてついて行った。野生草食動物を狩りに出かけていた犬の一群が³⁰

075) shor du mčhi mčhi / ba slar mčhis pas // khyis snas tshor te / khyi la phyag 'tshal
戻って来ると，犬たちは（二人の存在を）鼻で嗅ぎつけた。（そこで婦人はその二人を）犬たちに拝伏

076) du bčhugo // de nas // khyis / rṅa mo bčhu daṅ / čhi 'dod dgu // daṅ // mye ṅam bye ri rgal
させた。それから犬たちは，十頭の牝ラクダと必需品全部と無人の沙漠性山脈を越え

077) ba'i čhu bkal te / slar btaṅ nas / drugu yul du phyino / 。/ khyi daṅ po gnam las bab khyi
るための水を積んでやって（二人を）再び出発させ，（二人は）Dru-gu 国に帰着した。 最初の犬は天から降りて来た。

078) dmar po gčhig daṅ nag po gčhi daṅ gñis // la bab ste // čhuṅ mar // spyaṅ mo zhig

---

²⁹ 元は「国が繁栄」と訳していたのを「政権が安定」と修正した。
³⁰ 元は「犬の一群が野生草食動物をつかまえそこねて」と訳していたのを「野生草食動物を狩りに出かけていた犬の一群が」と修正した。

赤い犬と黒い犬との二匹が峠に降りて，妻に牝狼を一匹

079) gčhig daṅ phrade 'tshos na / bur ma ruṅo // de nas / drugu'i khyim 'dab nas
見つけて生活していたが，子供に恵まれなかった。そこで Dru-gu の家の近くから

080) bu mo gčhig brkuste / bu mo de daṅ 'tshos nas // bu pho rnamsni / khyir byuṅo / mo rnams
一人の娘を強奪してきて，その娘と生活していると，息子たちが犬に生まれた。息女たち

081) ni /myir byuṅ nas / bud med dag čhig tu redo / ○ / khyi dmar po'i sde ni / ge zir
は人間に生まれて，本当の女になった。赤い犬の一族は Ge-zir

082) gu shu zhes bgyi'o // khyi nag po'i sde ni // ga ra gu shu zhes bgyiste // khyi daṅ bud
gu-shu と言った。黒い犬の一族は Ga-ra gu-shu と言って，犬（つまり男）と女（人）

083) med drugu skad du rda mjal nas // phyugs la stsogs pa // nor zas ni bud med
は Dru-gu 語で会話をし，家畜などや財産・食糧は女

084) gyis / sbyor zhiṅ spyodo / ○ / de'i phan čhad na / myi mčhis pa skad ma thoso / ○ / 'di'i nub
が調達して使った。その向こうには人がいるとの話は聞かなかった。〔V-1〕その（ウイグルの）[31]西

085) pyogs ltar / gar log sde gsum zhig mčhiste // dmag brgyad stoṅ mčhis / du rgyus
方を見ると，カルルク（Gar-log）三部族がいて，軍隊が八千人いる。（このカルルクは）トゥルギシュ（Du-rgyus, 突騎施）

086) daṅ ta zhig daṅ 'thabo / ○ / de'i shar phyogs ltar // og rag sde gsuṁ mčhiste // ho yo
及び大食（Ta-zhig, タジク）と戦った[32]。〔V-2〕この東方を見ると，オグラグ（Og-rag）三部族がおり，大ウイグル（Ho-yo-

---

[31] 「その」を直前のキルギス族ではなく「ウイグルの」とみなすのは，本文の後ろでの考証による結果である。
[32] 元は「Du-rgyus と Ta-zhig とが戦った」と訳していたが，『史学雑誌』88-5 (1979) の「回顧と展望」で山口瑞鳳氏より批判を受けたので，今は主語をカルルクとみて訳し直した。ただし，原論文 p. 10 で示した解釈は変えないでおく。

087) hor če phyogs ltar // ne shag čhos gyi mkhan po tshol zhiṅ 'gug pa'i rten

hor) の方を見ると，マニ教徒（Ne-shag）が宗教の教師を求め[33]，呼び寄せるための

088) byed čhiṅ / ho yo hor daṅ 'thabo / ○ / de'i byaṅ smad na / drugu gu log gol čhor gyi

援助をしており，（オグラグが）ウイグル（Ho-yo-hor）と戦った。〔V-3〕この北東には，Dru-gu の Gu-log-gol-čhor から

089) 'phro / i byil kor / sde čhig mčhiste // dmag stoṅ mčhis / ○ / de'i byaṅ ston na / be

出た I-byil-kor 族がいて，軍隊が千人いる。〔V-4〕この北西には，ペチェネーグ（Be-

090) ča nag sde čhig mčhiste // dmag lṅa stoṅ mčhis // hor daṅ 'thabo / ○ / de'i nub phyogs

ča-nag）族がいて，軍隊が五千人いる。（ペチェネーグは）ウイグル（Hor）と戦った。〔V-5〕この西方に

091) na // drugu ha la yun log sde čhig mčhiste // sde čhe la / skyid pa zhig mčhis / drugu rta

は，Dru-gu の Ha-la-yun-log 族がいて，大きくて幸福な部族である。Dru-gu の

092) bkra de nas mčhi'o / ○ / de'i byaṅ phyogsna // mye ṅam bye ri rgyud gyi pha rol na / myi ud

ブチ馬[34] はここから来る。〔V-6〕この北方にある沙漠性山脈地帯の向こうには，Ud-

093) ha dag leg zhes bgyi ba // rkaṅ pa / ba laṅ gi rmyig pa čhan la // lus la spu

ha-dag-leg と呼ばれる人々がいて，足は牡牛の蹄(ひづめ)を持ち，身体にふさ

094) shol shol po zhig mčhis / myi sha la 'tshal / ○ / 'di phyogs nas par // drugu'i

ふさした毛があり，人肉を好む。〔V-7〕この方向から向こうに Dru-gu の

---

[33] 森安 2007『シルクロードと唐帝国』p. 323 では ne-shag čhos「マニ教徒の宗教」を「マニ教」と解釈し，ne-shag čhos gyi mkhan-po tshol zhiṅ を「マニ教の教師を求め」と訳したが，ここでは ne-shag を主語とみなす原論文 p. 7 の解釈に戻した。

[34] 元は「良馬」と訳していたのを「ブチ馬，駁馬，斑馬，まだら馬」と修正する。

095) myi rgod dag čhig mčhi mčhi na // myi rgod gčhigi rkaṅ pa čhagste / 'gro ma phod
兵士[35]たちがさまよっていたら，兵士の一人の足が折れて，歩くことができなく

096) nas // rogs po dag gis // rkaṅ pa čhag pa'i druṅ du / rta čhig bsad nas / shiṅ
なって，仲間たちが足の折れた人のそばで馬を一頭殺し，木を

097) maṅ du bsduste / mye čha lag du byin te // der bor nas // re shig na // stag gčhig
たくさん積みあげて，火打ち石を手に渡して，そこに見捨てていってからしばらくすると，一頭の虎が

098) sṅaṅs zin te // rkaṅ čhag gan du phyin na // stagi phyi bzhin du // lus byi la čhen
息を切らして足の折れた人の方へ近寄って来た。虎の後には，身体が大きい猫

099) po tsham // spu lčagi thur ma bzhin du sra // lkog ma daṅ / mčhan 'og
ほどあり，毛は鉄の棒のように固く，喉と左右の

100) g.ya' g.yo na // mtheb bo sa tsham re re dkar // nas / myi rkaṅ čhagis
脇腹には親指大ほどの白い斑点（のあるハリネズミがいた）。足の折れた人が

101) mčhan 'og dkar ba der mda' čhigis 'phaṅste bsad na // lus ni phag
その白い脇腹に矢を射て殺したら，身体は豚

102) bzhin sgur // spu ni lčagi 'thur ma bzhin du sra la rno // sna'i thog ma nas
のように曲がり，毛は鉄の棒のように固くて鋭い。鼻の先から

103) mjugi thog … bar du // ral gyi bzhin du rno // drugu skad du / kog ño yog
尻尾の先まで剣のように鋭い。Dru-gu 語で kog-ño-yog

104) čhes pa ………… bya //ste / stag daṅ lgaṅ 'thab pa der mthoṅo / ○ /
と言う・・・・・・・？　虎とハリネズミ[36]が喧嘩するのをそこで見た。

105) …………s sos gyi bar du // stagis ri dags bsad čhiṅ
・・・・・　？　？　？　虎は野生草食動物を殺して

106) ………… // myi byad gzugs gzhan daṅ 'dra // gos čhuṅ

---

[35] 元は myi rgod を「屈強な男」と訳していたが，今は「兵士」と修正する。Venturi 2008, p. 32 では "savage men / people" と訳す。

[36] Cf. Venturi 2008, p. 32, n. 106.

・・・・・　人々は身体つきが他と同じである。衣服

107) ……………g // sgrog rus g.yas g.yos na mčhis / de'i
・・・・・・・　？　？　左右にいる。この

108) ……… zhigi naṅ na // ri bog ri / ña be ba'i …………
……・・の中に　　？　？　？　・……

109) ………ṅ rtsi span spun yaṅ mčhiste // ri………（以下欠）
・・・　？　兄弟親戚もいて　　？　・・・・（以下欠）

第2節　記された内容の年代考証

　まず最初，本文書がいつ頃のことを記しているのかを明らかにするために，文書中にみえる有名な事件あるいは年代決定に役立つと思われる特異な記事を拾い出してみよう。

　(1) ll. 59-66 に，Ba-smel（Ba-sme, Ba-mel）が Hor 及び Gar-log と相謀って 'Bug-čhor の可汗の政権を撃破し，Ba-smel の族長が新しい可汗となり，次いで Hor と Gar-log が Ba-smel の可汗を殺した，という事件が伝えられている。これはここに史料を引用するまでもなく既によく知られている事件で，その経過を年代順に示せば以下のようになる[16]。

- ○ 742 年，抜悉蜜・回紇・葛邏禄の連合軍が突厥の骨咄葉護可汗を敗走せしめ，抜悉蜜の部酋阿史那施を可汗に立てた。ただし突厥の遺衆は新たに独自の烏蘇米施可汗を立てた。
- ○ 743-744 年，抜悉蜜・回紇・葛邏禄の連合軍が突厥の烏蘇米施可汗を殺し，抜悉蜜の名で彼の首級を唐都長安に伝えた。
- ○ 744 年，回紇と葛邏禄は連合して抜悉蜜を破り，回紇の族長 Qutluγ Boyla（骨力裴羅）は Köl Bilgä Qaγan として即位した。
- ○ 745 年，葛邏禄は回紇と不和になり，その主部は十姓の故地すなわちセミレチエ地方へ叛き去った。

それ故 'Bug-čhor が突厥（第二帝国）に[17]，そして Ba-smel・Hor・Gar-log がそれ

ぞれ抜悉蜜（バスミル）・回紇（ウイグル）・葛邏禄（カルルク）に対応することには一点の疑いもない。

(2) ll. 24-26 には，

> Bod gyis ni / drugu rus dgu zhes bgyi / sde dgu mchis pa'i sde dpon čhen po
> チベット人が九姓 Dru-gu と呼ぶ九つの部族がおり，その大族長は
> 'u yi kor do tog las // rgyas babs stsal pa / kha gan thob ste // rus ni /
> 'U-yi-kor do-tog のうちから中国が認可する可汗になるが，（その）家系は
> yag le ker zhes bgyi //
> Yag-le-ker と言う。

とある。バコーの訳では肝心な "rgyas babs stsal-pa" が抜けているが[18]，これは「中国（唐朝）が認可・追認する」の意である。'U-yi-kor do-tog が Uyγur totoq（回紇都督）で Yag-le-ker が Yaγlaqar〜Yaγlaγar（薬羅葛）であることは一見して明らかである。また後にみるように Dru-gu＝Türk〜Türük であるから，九姓 Dru-gu が中国史料にいう九姓鉄勒であることも疑いない。両唐書・迴紇（回鶻）伝や通鑑などによればウイグルの君長は 647 年以来ずっと唐から瀚海都督の号を受けている。しかし都督の号はウイグルだけでなく九姓鉄勒を構成する他の八姓の君長たちの半数以上がこれを受けている。さらにウイグルの主部は唐の則天武后の時代に復興した突厥の強盛におされて契苾・思結・渾の三部とともに河西地方に徙り，少なくとも 727 年までは漠北に戻らなかったのであるから[19]，「ウイグルの君長が鉄勒九姓に長たる」状況はこの間には起こり得ない。ウイグルが名実ともに九姓鉄勒を支配するようになるのは 727 年以後のこと，恐らくは突厥に代わって漠北に覇を唱えた 744 年に近い時期のことであろう。初代可汗の Köl Bilgä Qaγan（在位 744-747 年）が 746 年に唐から初めて「懐仁可汗」の号を受けたという事実は[20]，上掲史料中の「中国が認可（して冊封）する可汗になる」という記載と一致する。このようにみてくると，上記の記事が 746 年以後のことを伝えていることは明白である。

(3) P. t. 1283 文書中には九姓 Dru-gu（l. 24）・七姓 Ye-dre（l. 37）・五姓 Ba-sme（l. 59）・三姓 Gar-log（l. 85）・三姓 Og-rag（l. 86）などのように構成部族の数が示

されているものが多いが，その具体的内容が記されているのは十二姓 'Bug-čhor (ll. 8-11) だけである。'Bug-čhor が突厥を指していることは既に (1) で見た通りであり，また後にも触れるが，この 'Bug-čhor（あるいはその Zha-ma 可汗）のことは ll. 49-50, 60-61, 69-70 にも述べられている。このように何度も言及され，さらにその個々の構成部族の名前まで知られているということは，本文書が 'Bug-čhor 即ち突厥第二帝国についての記憶がまだ生々しい時期に書かれたということを推測せしめる。いやそれどころか本文書には，かつては三十姓[21]あるいはそれ以上の構成部族を擁していたと思われる突厥の遺衆十二姓が現実に存在するものとして記されているのであるから，これが突厥第二帝国の崩壊後まもない時期の情勢を述べたものであることはほぼ確実である。従来，突厥第二帝国滅亡後その遺衆がどうなったかについて研究したものはほとんどなく，時にはあたかも消滅してしまったかのような印象を与える書き方をしている概説書さえある。しかし実際にはそのようなことはありえず，突厥の遺衆は一部はそのまま漠北に残ってウイグル治下に入り，また別の一部は主に西方あるいは南方へと難を避けたのであろう。本文書中にみえる 'Bug-čhor とは，そのうちの南走派の主要部分ではなかったかと思われる[37]。『資治通鑑』及び『通鑑考異』によれば，756年オルドス北部に阿史那従礼に率いられた突厥のかなり大きな集団がいたことが知られるし〈『資治通鑑』巻218・至徳元載之条〉，『新五代史』巻74・吐蕃之条には涼州の漢人独立政権について述べるくだりに，「唐亡，天下乱，涼州以東為突厥・党項所隔」とあって，9-10世紀涼州の東に突厥の一集団がいたことが知られるなど，中国側史料中にも第二帝国崩壊後に南走した突厥に関する情報が僅かながら見られる。

　以上 (1)(2)(3) で述べてきたような点に注目すると，本文書はあたかもウイグル帝国創立直後の情勢を伝えているかのような印象を受ける。しかし実際にはもう少し後の時代のことをも伝えている。

　(4) ll. 85-86 にみえる Du-rgyus と Ta-zhig の戦いが，トゥルギシュ（＝突騎施）とタジク（＝大食）の戦いであることは疑問の余地がない。この両者の抗争はかなりの長期間にわたって続けられたものであるが，737年のハリースターンにおける戦闘がピークであり[22]，これに敗れたトゥルギシュの蘇禄は翌年部下のた

---

[37] 本稿の〔書後5〕を参照。

めに殺され，以後国内は大いに乱れた。それゆえこの部分は730年代のことを伝えたものとみなされがちである。しかし本文書の原文 (ll. 85-86) は「かつてトゥルギシュと大食が戦った地方に現在はカルルクがいる」というふうに読み取るべきである。カルルクがウイグルと袂を分かって西遷し，セミレチエ〜タラス地方に勢力を張るようになるのはタラス河畔の戦い（751年）より後のことであるから[23]，この部分はむしろ750年代以降の情勢を伝えたものとみなすべきであろう。

(5) ll. 86-88 には，

> Ho yo hor če phyogs ltar / Ne shag čhos gyi mkhan po
> 大ウイグル（Ho-yo-hor）の方を見ると，マニ教徒（Ne-shag）が宗教の教師
> tshol zhiṅ 'gug pa'i rten byed chiṅ / Ho yo hor daṅ 'thabo.
> を求め，呼び寄せるための援助をしており，（オグラグが）ウイグル（Ho-yo-hor）と戦った。

とある。はじめ Ho-yo-hor če の če (čhe) について明解がなかったが，これはリゲティのいうように「大ウイグル」の「大」の意である[24]。Ho-yo-hor がウイグルを指すことについては問題がない。問題は次の Ne-shag である。バコーはこれを民族あるいは部族名とみなし，

> Les Ne-çag rendent hommage au mkhan-po de la Loi et ils s'appuient sur cette soumission pour dominer les Ho-yo-hor.

と訳し[25]，リゲティもこれに従った[26]。もしこの Ne-shag が大ウイグルに敵対していた民族名であるとしたら，それは相当に強力で，かつ当時の漠北において重要な位置を占めていた民族であるはずである。記事の内容の具体性からいって少なくとも Ho-yo-hor と或る時は戦い，或る時は和を結んだと伝えられる Ge-taṅ（契丹）(ll. 27-29) と同等以上に深い関係にあった民族でなければならない。然るにそのような民族は中国側史料からもウイグル側史料（碑文）からも全く知られていないし，さらに言えばそのような民族が存在した形跡さえない。ところで Ne-shag と密接な関係にあった čhos gyi mkhan-po「宗教の教師」であるが，ペリオはこれに "Dignitaire manichéen ?" と注記している[27]。ただし同氏は Ne-shag

を泥熟（突厥の官称号）と結びつけて考えていたようであるから⁽²⁷⁾，やはりまだよくは分かっていなかったらしい。だが私は čhos gyi mkhan-po に対するペリオの解釈は当たっていると思う。なぜなら Ne-shag は決して民族名などではなくして，実は Niyošak（< Niγošak）のチベット語化した形に違いないからである⁽²⁸⁾。Niγošak というのはマニ教の教徒一般を指す言葉で，元来は中世ペルシア語あるいはソグド語であるが，そのままの形でトルコ語に入り，トゥルファンから出土したトルコ語のマニ教関係文書中にはしばしば現われる言葉である⁽²⁹⁾。母音の後の γ 音が y 音に変わり，さらに無音化して先行する母音を長母音化するという現象は言語学上はよくみられるものであるから，Niγošak がチベット語で Ne-shag と転写されるに至ったとしても何ら不思議はない。以上のような理由から私は P. t. 1283 文書の当該箇所を上のように訳した。

　もし幸いにしてこのような解釈に大過なければ，この記事はまさにウイグルへマニ教勢力が浸透せんとして在来の勢力，とくにシャマニズムを擁護せんとする保守的勢力と戦った様子を伝えた生の史料であると言えよう⁽³⁰⁾。ウイグルにおいてそのような状況が現出されたのは，744 年の建国直後というよりむしろ牟羽可汗の治世（759-779 年）になってからのことである。ところで牟羽可汗は 762/763 年に中国から四人のマニ僧を連れ帰り，紆余曲折を経て 770 年頃には最終的にマニ教に改宗したらしいのであるが，その当時のことを伝えるウイグル語の一文書（T. M. 276a）中には，次のような記事がある⁽³¹⁾。³⁸

08）tängrim siz törüsüzün ödsüz-kä käntü **ät'özüngüz** ³⁹
　　我が君よ！　あなた様が無法にも永遠なる者（＝光明の父）に対して御自［身が］

09）yazïnsar siz・ötrü qamaγ ilingiz bulγanγay ////
　　罪過を犯すならば，則ちそのため全てのあなたの国は乱れる［でしょう。］
　　//////

---

³⁸ 本項末尾の一文には修正があり，以下の引用箇所のテキストと解釈は，別に「牟羽可汗マニ教改宗始末記 U 73 & U 72」として出版予定の最新版と差し替えた。テキスト転写が本書のウイグル語転写方式に改められているだけでなく，テキストにも解釈にもかなり大きな改変があるので，注意されたい。

³⁹ この ät'özüngüz の復元は，Zieme 2011a, p. 49 に従った。Clark 2000, p. 102 では özüngüz となっている。

10) bu qama𝑦 𝑡ürk bodun tängri-kä *no*mqa[40] **yazuq**

この全ての（あなたの国の）無知なる民衆[41]は天神に対して，教法［に対して罪を］

11) qïltačï bolγ**ay**lar・qanyuda dindarlarïγ **bulsar**

なす者となるだろう。どこにおいてであれマニ僧を［見つければ］

12) basïnγay ölü**r**g*ä*y-lär : ymä bu t [[42]

迫害するだろうし，殺すだろう。また，この //////////////

13) dindarlar kim ta𝑣γač yirintä '•[

マニ僧たち，（彼らは）唐の地より（or で？）/////////////

14) tört küs*än-tä* kirü qu*z i*l**gärü birgärü bar ? alqu ?** [43]

四キュセン[44]より西・北・［東・南にいるのであるが？，その全ての者？］

15) -qa uluγ ada ïyïnč basïnč bolγay qa**nyuda qačan**[45]

に対し大きな危害・抑圧となるであろう。どこに［おいてであれ，いつであれ］

---

[40] かろうじて **NWM-** と読み取れると判断して，新たに *no*mqa と復元した。Clark 2000, p. 102 や Zieme 2011a, p. 49 では脱落させているが，Bang / Gabain 1929b, p. 414 でも y/// **yazuq** となっていた通り，スペースの大きさとしては **yazuq** の前に別の一語が入る余地が十分あるのである。

[41] Clark 2000, pp. 102-103 では，Bang / Gabain 1929b 以来の伝統に従って，türk を民族名のテュルク "Türk people" と解するが，Zieme 2011a, pp. 48-51 ではそうではなくて，"uncivilised, vulgar ; nomadic" の意であると主張する。確かに本文書に見える bodun は，qamaγ il-täki **bodun**「全ての国中の民［衆］」(*l*. 53)，uluγ kičig qamaγ bodun「大小全ての民衆」(*l*. 65)，üküš quvraq qara bodun「大群衆の平民」(*l*. 81)，qamaγ bodun「全ての民衆」(*l*. 88) となっており，特に民族が問題にはなっていないので，ここはツィーメ説に従って「全ての無知なる民衆」と訳すことにする。ただし，従来通りの「全てのトルコ人民」という解釈の可能性も残しておきたい。牟羽可汗の治めるウイグル帝国内にはトルコ人のみならず漢人・ソグド人なども混在していたとはいえ，マニ教導入に敵対するのはトルコ人民衆であろうから，いずれにせよ本文書における文意は変わるまい。

[42] Bang / Gabain 1929b, p. 414 では bu **tört** (?) ar**ï**γ (?)，Clark 2000, p. 102 では bo t [ört buluŋtakı ?]「この四方にいるところの？」と復元するが，その他にもさまざまな推測が可能である。あるいは bu **tuš-ta** ////////「この時に ///////」の可能性もあろう。

[43] この 14 行目の tört 以下の読みと復元と解釈は，ほぼ Clark 2000, pp. 102-103 に拠る。ただ **bar**「ある，いる」のみ私が補った。

[44] 当初の Bang / Gabain 1929b, pp. 414-415 では，tört kös*üš*in (?) kirü qo/ ……「四つの望み［をもって？］後ろへ/////////」となっていたところに，「四キュセン」という地名を読み取るのは，Clark 2000, pp. 102-103 の大きな貢献と言うべきであろう。

[45] ここに **qačan** を補うのは，口頭でツィーメ氏よりいただいたアイデアである。

16) n*y*ošaklarïγ sar*t*larïγ bulsar alqunï ölürgäy bir

聴衆たち（＝マニ教の一般信徒）を，商人[46]たちを[47]見つければ，全てを殺すだろう，一人も

17) ti*r*ig ïd*m*aγay-*l*ar : y*m*ä bu si*z*ing ilingiz-dä sizing

生かしてやりはしないだろう。なおまた，このあなたの国ではあなたの

18) y**arlï**γïn u*l*uγ ä*d*gü qïlïnč-*lar* qïlmïš bolur ymä

［御命］令により，偉大な善行をなしたということになっている。また

19) /////•W **tar**qan kälgi*n*čä si*z*ing i*l*ingizdä qï*l*mïš

/////•W［タル］カン[48]が来るまでは，あなたの国で（偉大な善行を）なしたという

20) **bolur**[49] ymä tängrim birö**k** k*ä*n*t*ü özüngüz ki*tär*sär

［ことになっている。］さて我が君よ！ もしあなた御自身が（あのタルカンを）排除するならば，

21) /////// ädgü törü ädgü qïlïnč alqu qïlγay ymä

［人々は？］善き法，善き行ないを全てなすだろう。一方，

22) **kitärmäsär**[50] **ol** *t*arqa*n* bu muntaγ türlüg *qïz* ada

［もし排除しないなら，あの］タルカンはこのように（あれこれの）種類の

---

[46] sart が「隊商，キャラヴァン」ではなく，個人としての「商人，隊商員」であることについては，cf. Bang / Gabain 1929b, p. 419, n. 16 ; ED, p. 846. さらに MOTH 18 (Pelliot ouigour 2) に見えるオグシャグや，So 14. 865 (T II Y 63) のクパの例も参照。また，Klimkeit 1993, p. 369, n. 30 では，"These merchants were probably Iranian (Sogdian ?) Manichaean merchant, doing business in the Turkish Realm of the Steppes (Mongolia)." と述べているが，私の卒業論文でもほとんど同様に考えていた。もちろん，拙著『シルクロードと唐帝国』（東京，講談社，2007）出版後は，これらの商人がソグド人であることを疑う必要はないと確信している。

[47] ここの「聴衆（マニ教一般信者）たち，商人たち」は，「全ての無知なる民衆」（*l*. 10）の攻撃対象となる者であり，それは外来のマニ僧たちと一対になっている。この時点で，本来のウイグル人の間にマニ教信者が生まれていたかどうかは別として，ここの商人たちはソグド商人と見なして大過なかろうというのが私の考えである。

[48] このタルカンを頓莫賀タルカンと見なすガバイン以来の説［Gabain 1949, p. 47 ; Lieu 1985, p. 193＝Lieu 1992, p. 235 ; Klimkeit 1993, p. 366］にクラークは反論した［Clark 2000, p. 103, n. 52］。私もクラークの考えに同調するが，実は我が国では早くに本文書を活用してウイグルのマニ教史を論じた田坂興道が，「之を新宗教反対派の首領即ち頓莫賀達干に比定するのは無稽である」として退けている［田坂 1940a, p. 226］。

[49] Clark 2000, p. 102 では，Bang / Gabain 1929b, p. 414 に従って，boltï と復元しているが，私は bolur の方がよいと考える。

[50] ここに **kitärmäsär** を推定復元するのは私の考えである。

ひどい災い

23) ////////////////[51] anïγ qïlïnč qïlmïš bolγay sizing
     /////////////// 悪行をなしてしまうことになるだろう。あなたの

24) **ilingiz artaγay**
     ［国は滅びるだろう。］

東方へのマニ教は主にソグド商人の手を介して伝えられたことに鑑みれば，第16行目にマニ教徒と商人が或る勢力の敵として並列されていることは注目に値する。当時のウイグル帝国にあって宗教的戦いが政治的及び経済的戦いと密接不可分の関係にあったことは，既に別稿（未発表）[52]の中で論証したのでここでは繰り返さない。上のチベット語史料の表現はいささか舌足らずであるが，その伝えるところは恐らく上掲ウイグル文書の内容と同じで，経済的進出を狙うソグド商人及びその経済力を利用しようとする一派（牟羽可汗を中心とする）とそれに反対する一派（某タルカンを中心とする）との間の熾烈な抗争を宗教的な一面からのみ記したものであろう。それゆえこの記事は770年前後のことを伝えたものと解すべきである。

（6）*ll*. 27-29 からウイグルと契丹が「ある時は戦い，ある時は和親する」という関係にあったことが知られる。然るに第二代磨延啜可汗（在位747-759年）の紀功碑であるシネウス（Šine-usu）碑文の現存部分には契丹についての言及はない[(32)]。一方漢文史料からもウイグルと契丹の交渉がいつから始まったかは全く知られない。しかし磨延啜の戦った相手がカルルク・バスミル・チク・キルギス・八姓オグズ・九姓タタル等の漠北〜ジュンガリアに分布する諸族であったことを考慮すると，彼らが漠南の契丹にまで手を伸ばしたとは考えにくい。さらに「ある時は戦い，ある時は和親する」という表現は，両者の交渉が開始されてからかなりの時間が経過していることを暗示するから，やはりこの部分の記事も牟羽可汗時代に入ってからのことを伝えたものと考えられる。

以上のようにみてくると，P. t. 1283 文書の対象となった年代はウイグル建国

---

[51] Clark 2000, p. 102 ではここを [ıyınč basınč ?] としている。
[52] これは私の卒業論文のことであった。卒論はその後独立した形で出版することはなく，いくつかの拙稿や拙著の中に取り込まれた。その点については本書第14論文の第1節を参照。

直後よりはやや範囲を広げて8世紀中葉であると結論付けることができよう。では本チベット語文書が成立したのはいつか。この点についてバコーは，本文書が敦煌で発見されたことに着目し，これを吐蕃が敦煌（沙州）を支配していた787-848年の間に作成されたものとみなした[33]。そしてリゲティも本文書の書かれた場所を敦煌と推定し，その成立年代については結局バコーと同様の見解に達している[34]。ただ独りアンビス（L. Hambis）だけはこれを10世紀にまで下げているが[35]，本文書の伝える情勢が8世紀中葉であることを考えるなら，やはりバコー・リゲティ両氏の説に従うべきである。

第3節　'Bug-čhor と Dru-gu

さて次に本文書中に現われる 'Bug-čhor・Dru-gu・Hor がそれぞれ如何なる民族あるいは部族（連合）を指しているか検討してみよう。

まず 'Bug-čhor であるが，これが突厥第二帝国（東突厥）を指していることは既に前節の(1)及び(3)で見た通りである。この比定は，'Bug-čhor の十二姓[36]として伝えられている部族名（ll. 9-11）を，東突厥の構成部族として知られているものと比較する時なお一層確かなものとなろう。クローソンは十二のうち八つを次のように比定している[37]。

(a) Zha-ma 可汗族＝阿史那部

(b) Ha-li 族＝頡利部

(c) A-sha-ste 族＝阿史徳部

(d) Shar-du-li 族＝舎利吐利部

(e) Par-sil 族＝卑失部

(f) He-ba-dal 族＝挹怛部（エフタル部）

(g) Lo-lad 族＝奴剌部

(h) So-ni 族＝蘇農部

(g)以外はすべて『新唐書』巻43下・地理志ないし『唐会要』巻73・安北都護府之条にみえている。(b)の Ha-li 族はむしろ賀魯部に当てるべきではないかと思われるが，それ以外については氏の比定をほぼ承認してよかろう。ただ，氏が(f)

の注釈の中で,『新唐書』巻43下・地理志 p. 1120 に「葛邏州 以葛邏・挹怛部置」
とあり『唐会要』巻73, p. 1558 に「葛邏祿・挹怛二部置葛邏州」とあるのから,
葛邏州は葛邏挹怛＝ Qara He-bdal（黒エフタル）部のみから成っているのであっ
て，カルルクとエフタルの二部から構成されていたのではない，と結論している
のは独断であって，我々は到底これに従うことはできない[53]。これは素直にカ
ルルク部とエフタル部と読むべきであり，それゆえ本文書に He-ba-dal と並んで出
てくる Gar-rga-pur の中にカルルクの名前を読み取ることは決して不当ではない，
と信ずる。

　Drug ないし Dru-gu が Türk（テュルク／トルコ）のチベット語的転写であるこ
とは既に定説である[38]。この説を最初に唱えたのは私の知る限りではペリオ
であるが[39]，我が国の山本達郎はそれまでかなり有力であった「Dru-gu ＝吐谷渾」
説に反駁する形でこの説を大々的に展開した[40]。それ以後この「Dru-gu＝Türk」
説は一般に広い支持を受けている。ただ山本が使用した史料には，たまたま
Dru-gu を Türk の中でもとくに突厥に比定すべきものが多かった。それゆえ氏は,
Dru-gu をもともとは狭義の突厥を指したものであり，後に広く Türk 一般を指す
ようになったものと考えた。しかし今我々は P. t. 1283 文書なる新史料を見るに
及んでこの「Dru-gu ＝突厥」起源説にはいささかの疑問をさしはさまざるを得
なくなった。それは次のような理由による。

　まず本文書中に現われる Dru-gu の用法を列挙すると以下の如くである。

① Dru-gu 語で Ba-ker pa-leg と言う（*ll*. 7-8）。Dru-gu 語は中国語に対立。
② Dru-gu の 'Bug-čhor 族（*l*. 8）。
③ Dru-gu（人）が Dad-pyi と呼ぶ（*l*. 13）。Dru-gu（人）はチベット（人）・中国（人）に対立。
④ Dru-gu（人）が Mug-lig と呼ぶ（*ll*. 15-16）。Dru-gu（人）は中国人に対立。
⑤ Dru-gu 語で話し合ってから（*l*. 73）。
⑥ Dru-gu 国に帰着した（*l*. 77）。
⑦ そこで Dru-gu の家の近くから（*l*. 79）。
⑧ Dru-gu 語で会話をし（*l*. 83）。
⑨ Dru-gu の Gu-log-gol-čhor から出た I-byil-kor 族（*ll*. 88-89）。

53　Cf. 榎 1965, pp. 466, 483-489.

⑩ Dru-gu の Ha-la-yun-log 族（*l*. 91）。

⑪ Dru-gu のブチ馬はここから来る（*ll*. 91–92）。

⑫ Dru-gu の兵士たち（*ll*. 94–95）。

⑬ Dru-gu 語で kog-ño-yog と言う（*ll*. 103–104）。

以上を通観してまず第一に注目されるのは，Dru-gu が言語名として現われ，さらにそれがチベット語・中国語と対立している点である。チベット語・中国語にはそれぞれチベット（吐蕃）・中国（唐）という明確な国家が対応するのであるから，Dru-gu 語にも当然 Dru-gu 国の存在が予想される。然るに本文書が対象としている 8 世紀中葉には名実ともに Dru-gu 国すなわち Türk 国と呼び得るような実体を備えた国家は一つも見当たらない。当時のテュルク族が形成していた国家あるいは部族連合はすべて Dru-gu 以外の名で呼ばれている。例えば既に見たように突厥（第二帝国）は 'Bug-čhor，ウイグルは Ho-yo-hor，カルルクは Gar-log，バスミルは Ba-smel，トゥルギシュは Du-rgyus と呼ばれていたし，キルギスが Gir-tis / Hir-tis / Hir-kis となっていることも後に見る通りである。8 世紀中葉に存在したテュルク族の有力な国家ないし部族連合はこれで尽くされている。このことは即ち，始めの予想とは逆に，当時 Dru-gu 国なるものは存在しなかったことを示すものである。では本文書中にみえる Dru-gu とは何か？ 結論から言うならば，それは今述べたような多くのテュルク族の国家ないし部族連合をひっくるめて言う総称である。②・⑨・⑩の「Dru-gu の〜族」という用法，そして⑪の「Dru-gu のブチ馬はここから来る」という表現はこの考えの正しいことを十分に裏付けている。残る⑥・⑦・⑫の用法は，いかにも Dru-gu 国が存在したかのような印象を与えるが，これらは明らかにテュルク族間に伝えられていた伝承を記した部分の中での用法である。そうであればここに Dru-gu という総称が使われているのはむしろ当然であって，これらを以て Dru-gu 国の存在を主張することは的外れである。[54]

一方，敦煌編年記 OTA 及び年代記 OTC [55] に見える Dru-gu の用法からも，

---

[54] この私の結論は，唐代の Türk はトルコ系民族の総称ではなく，個別具体的に「突厥」を指すという羽田亨の主張［羽田 1923b, p. 507］と真っ向から対立するものである。とはいえ私も「突厥」という名称の語源が Türk にあることは，当然視している。これに関連して，長年の懸案であった「突厥名称問題」が，笠井幸代によって解決されたのは喜ばしい［Kasai 2014 ; cf. 吉田 2007b, p. 51］。

Dru-gu がテュルク族一般を指す総称であったことが窺われる。Dru-gu の見える箇所を古い方から年代順に列挙すると，

① ナムリ＝ソンツェン時代[41]：息子マンポジェ＝スムは Dru-gu 国に逃れた。〈DTH, p. 105 & p. 137〉
② 675 年：Dru-gu 国の lTaṅ-yo に行った。〈DTH, p. 15 & p. 34〉
③ 676 年：ロンのツェンニャは Dru-gu 国に進軍し，……。〈DTH, p. 15 & p. 34〉
④ 686 年：ロンのチンリンは Dru-gu 国に進軍すると言いながら，……。〈DTH, p. 16 & p. 36〉
⑤ 687 年：ロンのチンリンは Dru-gu の Gu-zan 国に進軍した。〈DTH, p. 16 & p. 36〉
⑥ 689 年：大ロンのチンリンは Dru-gu 国から帰還し……。〈DTH, p. 17 & p. 37〉
⑦ 700 年：Ton Ya-bgo 可汗を Dru-gu 国へ派遣した。〈DTH, p. 18 & p. 39〉
⑧ 729 年：軍を Dru-gu 国に進めたのを……。〈DTH, p. 24 & p. 48〉
⑨ 736 年：マンポジェ＝キチュンは Dru-gu 国に進軍した。〈DTH, p. 25 & p. 50〉
⑩ チデ＝ツクツェン（在位 704-754 年）時代：この時代に中国の領土は広大で，北方の Dru-gu 全体をも併合し，Ta-zig（大食）に達するほどまでが中国の領域に含まれた。〈DTH, p. 113 & p. 150〉

となる。以上のような Dru-gu に関する記事と並行して敦煌編年記 OTA には Dur-gyis 及び 'Bug-čor の名も現われている。

⑪ 720 年：'Bug-čor の使者が（賛普に）敬意を表わしに来た。〈DTH, p. 22 & p. 45〉
⑫ 732 年：Ta-čhig（大食）及び Dur-gyis の使者が（賛普に）敬意を表わしに来た。〈DTH, p. 24 & p. 49〉
⑬ 734 年：王女（？）の 'Dron-ma-lod を Dur-gyis の可汗のもとに嫁にやった。〈DTH, p. 25 & p. 50〉
⑭ 744 年：Dur-gyis の使者が（賛普に）敬意を表わしに来た。〈DTH, p. 26 & p.

---

55 原論文では先行の佐藤『古チ』などに倣って「敦煌年代記（Annales）及び編年記（Chronique）」としていたが，本書所収第 3 論文「吐蕃の中央アジア進出」で使用した呼び方に合わせて統一すべく，こちらを変更した。詳しくは第 3 論文の〔書後 2〕を参照。

⑪の 'Bug-čor 及び⑫～⑭の Dur-gyis がそれぞれ P. t. 1283 文書の 'Bug-čhor 及び Du-rgyus に当たることは疑いない。つまり突厥及びトゥルギシュは Dru-gu とは明確に区別されているわけである。しかし少なくとも⑧⑨の Dru-gu 国が当時のトゥルギシュの領土と重なり合っていることは，漢文史料との比較から確かであるし，また①の Dru-gu 国が突厥あるいは西突厥の領域を指していることも年代的にみて明らかである。とすると敦煌編年記 OTA 及び年代記 OTC の中の Dru-gu 国という言い方は，突厥やトゥルギシュなどのテュルク族が建設した部族連合国家が拠った地方を漠然と指したものということになろう[56]。Dru-gu 国（Dru-gu yul）がこのような性格のものであったからには，これから yul を取り除いた Dru-gu がテュルク族一般を指したものであることは容易に帰納されるのである。

以上述べてきたところをまとめれば，Dru-gu は Türk 族一般を指す総称であって決して狭義の突厥を指してはいない，ということである。さらに，P. t. 1283 文書の第24行目に現われている「九姓 Dru-gu（Dru-gu 九姓）」が，まれに「九姓突厥」あるいは「突厥九姓」とも書き表わされるが[(42)]，広く一般には「九姓鉄勒」の形で諸史料中に頻出するものであることを考えあわせるならば，我々は次のような結論にまで進んで恐らく大過ないであろう。

(i) Dru-gu も鉄勒も突厥も等しく Türk～Türük の音写である。[57]
(ii) しかし漢文史料で鉄勒とか突厥とか言う場合には，必ずある限定を持った狭義の Türk 族，換言すれば Türk 族の中の一部族あるいは数部族，ないしは部族連合を指す。
(iii) それゆえ Dru-gu は内容的には鉄勒とも突厥とも同値ではなく，従って「Dru-gu＝突厥」起源説は最早成立しない。
(iv) ただし九姓 Dru-gu（Dru-gu 九姓）は九姓鉄勒あるいは九姓突厥・突厥九姓と同値である。

---

[56] 本稿の〔書後2〕を参照。
[57] チベット語には本来，語頭に tr- という形はないので，dr- になるのが普通である。しかし，同時代のバクトリア語に Türk～Türük に対応する τορκο の異綴りとして新たに δορκο が在証されたので［J. Lee / N. Sims-Williams, "The Antiquities and Inscription of Tang-i Safedak," *Silk Road Art and Archaeology* 9, 2003, pp. 167-169］，もしかしたらなんらかの影響があったかもしれない。

第4節　Hor の予備的考察

次に Hor についての検討に移ろう。北方の遊牧民族を表わす言葉としてチベット語史料中に頻出するのは実は Dru-gu よりもむしろ Hor の方である。しかしこの言葉は時代と場所によってその意味する内容に大きな差がある。唐代には Hor はしばしばウイグルを指したが，チンギス汗のモンゴル帝国勃興以後は主にモンゴルを指すようになり，次いでモンゴルが Sog あるいは Sog-po と呼ばれるようになると，Hor は西方ではトルキスタンの人々を指したり，東方ではアムド地方の非チベット系住民を指したりするようになる[43]。さらに現在 Hor と呼ばれる東部チベットの住民の中には明らかにコーカソイド種族の血を引く者が含まれているという[43']。また諸書に残されたチベットの伝承の中では Hor はしばしば東の中国，南のインド，西の大食に対する北の代表として図式的に表わされている。このような意味上の変化に鑑みるならば，Hor とは元来チベット語で北方の異民族を指した言葉ではなかったかとの疑いが持たれる。勿論このような考え方をする学者も何人かはいる。然るに現在の学界における主流的見解は，Hor の語源を直接ウイグルに求め，Uyγur のチベット語転写形 Ho-yo-hor が省略されて Hor となったとするものである[43'']。Hor がしばしばウイグルを指すことは私も認めるし，もしモンゴル帝国以前のことを伝える史料中に現われる Hor がすべてウイグルを指すのなら，私も上のような説に従うのにやぶさかではない。しかし果たして Hor をウイグルとみなして，モンゴル帝国以前の Hor に関する全史料を無理なく解釈することができるであろうか。私はこのような疑問の上に立ち，チベットの重要史書や碑文に現われる Hor をいちいち検討してみたが，それらについては第2章で述べることにして，ここではまず P. t. 1283 文書中の Hor について検討してみよう。

第5節　五人の Hor 人使者の道程

ll. 4-6 の序文によると，本文書のもとになった史料は「Hor の王が北方に派遣した五人の Hor 人よりの報告」であると言う。クローソンはこの「五人」に着

目し，この文書全体を以下のような五つの段落に分けた[44]。

第1の報告（ll. 7-23）：'Bug-čhor及び太平洋岸の東南から東北に至る東方の国々の記述。

第2の報告（ll. 23-31）：'Bug-čhorの西・北・東に隣接している人々に言及する三つの短い節。

第3の報告（ll. 31-59）：よく分からない。とくに位置について不明。むしろ経済上の細かい報告をつけた民族のリスト及び彼らがHorに差し出した貢納品の種類についての報告。

第4の報告（ll. 59-84）：'Bug-čhorの北方の民族。この報告は価値のある年代記的情報を含む。

第5の報告（l. 84以下）：'Bug-čhorの西方の民族。

つまり氏は五人の密偵が'Bug-čhorからそれぞれの方向へ散っていったと推測したのである。しかしこの推定にはリゲティの批判[45]を待つまでもなく大きな欠陥がある。即ち原文を読み返してみれば明らかなように，実際に'Bug-čhorの位置が問題になるのは第1と第2の報告だけであり，さらに第1の報告でその出発点となっているのは'Bug-čhorではなくǰi-'ur (Ba-ker pa-leg) である（ll. 7-8）。ll. 1-8の文脈を注意深く検討するならば，l. 8に「国の名前は中国語でǰi-'ur, Dru-gu語でBa-ker pa-legと言う」といわれるその国が「Horの国」であることは容易に認められよう。本文書が「Horの王が北方に派遣した五人の密偵の報告」を原史料としている以上，これら五人の報告の起点がHorの国であることは当然である。このような観点から本文書を見直すなら，l. 35の「そこから北東を見ると」，l. 59の「その北方に」，l. 84の「その西方を見ると」などの実に曖昧であった表現も一挙に氷解することになる。即ちこれらはすべてHorの国を起点にした言い方なのであって，その直前に現われる国を起点にしているのではない。以上のような理由から私はクローソンとはいささか異なる段落分けをする。

第1の報告＝ ll. 7-23 ………… Ⅰ
第2の報告＝ ll. 23-35 ………… Ⅱ
第3の報告＝ ll. 35-59 ………… Ⅲ
第4の報告＝ ll. 59-84 ………… Ⅳ

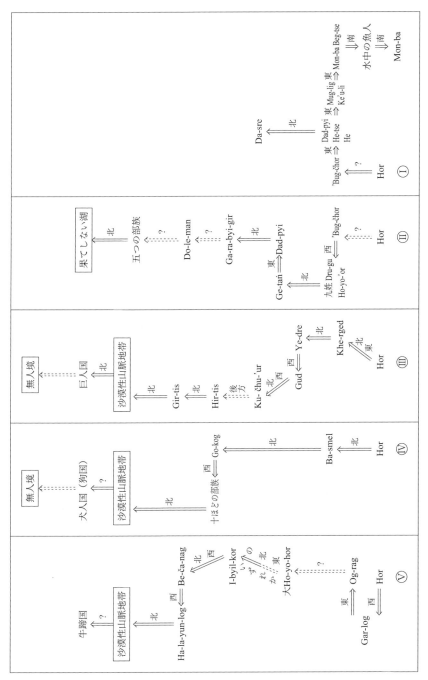

図A　Hor王が北方に派遣した5人の密偵の経路に関する基礎情報

第 5 の報告＝ *l*. 84 以下………Ⓥ

　今これを図示すると図 A のようになる。本文書の対象年代が 8 世紀中葉であることは先に論証した通りであるから，この見取図はそのまま 8 世紀中葉の北〜中央アジアの大まかな民族分布図である。そこで次に，この見取図をより正確にするために，文書の内容から各民族の位置をできるだけ明らかにしてみよう。

〔Ⅰ〕

　まず 'Bug-čhor の東にいる Dad-pyi であるが，これがホショーツァイダム碑文にみえる Tatabï である[46]ことは容易にみてとれる。従来この Tatabï が漢文史料の何に当たるかについて議論があったが，その中で最も有力であった「Tatabï ＝奚」説が本文書の出現によって最早決定的となった（*ll*. 12-13)[47]。He が奚を表わしていることは間違いないからである。カールグレン（B. Karlgren）によれば奚＝γiei，鶏＝kiei であり[48]，一方，漢蕃対音千字文によると鶏がチベット文字で kye と写されている[49]。然るにチョンゴル（B. Csongor）の研究によれば，漢字中古音の語頭の γ- はチベット語では h- になったことが分かるから[50]，奚は正しく He と写されたと推定されるのである。He-tse の -tse については，確証はないが，恐らくは指小辞「子」[tse…Csongor 1960, No. 123] であって，奚はまた奚子とも呼ばれたのではなかろうか。

　Dad-pyi 即ち奚（He）の東にいる民族ないし国家は Dru-gu からは Mug-lig と呼ばれ，中国からは Ke'u-li と呼ばれているという（*ll*. 15-16)。漢蕃対音千字文によれば「高＝ ke'u」とあり[51]，Ke'u-li が高麗にあたることには何の疑いもない。問題は Mug-lig であるが，8 世紀末の書『梵語雑名』には「高麗＝ Muquri」とあるから[52]，この Muquri と本文書の Mug-lig とは同じものと考えられる。ところでこの Muquri で即座に思い出されるものに，7 世紀初頭のビザンチン史料が伝える Moukri がある。中国に隣接している勇敢な民族であったと言われているこの Moukri に対して，かつては色々な比定がなされたが，これを高句麗に当てた岩佐精一郎の解釈は鉄案であって[53]，今や疑問の余地はない。とすれば当然本文書の Mug-lig も高句麗に比定されるべきである。事実すでにヘニング（W. B. Henning）によって Mug-lig と突厥のホショーツァイダム碑文に見える Bökli とが同一視され[54]，かつ岩佐によってその Bökli が高句麗に比定されているから[55]，

Mug-lig を高句麗とみることは全く正しい。Bökli の説明としては，岩佐は「Bö(k)＋kli＝貊＋句麗」と推定したが[56]，あるいは「Bök＋li＝貊＋接尾辞の -lig の g が落ちたもの＝貊の国（人）」と考えることも可能かもしれない。ただし最終的結論は後日に俟ちたい〔原補註1〕。いずれにせよ，既に7世紀初頭から高句麗はテュルク族の間で Bökli とか Mug-lig とか呼ばれたわけである。しかしながら本文書の対象となった8世紀中葉にはもはや高句麗国は存在していないから，本文書に「中国からは高麗と呼ばれ，テュルクからは Mug-lig と呼ばれた」とある東方の国とは，渤海以外にはありえない[57]。渤海建国の中心となった人物たちの中には多くの高句麗遺民が含まれていたこと，あるいはまた渤海王が日本の朝廷に送った親書の中で自から「高麗」王と名乗っているように，渤海が高句麗の再興を標榜していたことなどは周知の通りである。

　この渤海の東方の Mon-ba Beg-tse の Beg-tse は恐らくペリオが推定したように百済の名残りであろう[58]。漢蕃対音千字文には「百＝peg」とみえている[59]。

　Mon-ba Beg-tse の南方にいる二つの民族，即ち人魚族と Mon-ba 族の国（ll. 19-21）は最早伝説上の国であって，Hor の使者が実際に行ったものとは考えられない。その内容からみてこれらの伝説は中国人あるいは朝鮮人が九州沿岸〜琉球列島あるいは東南アジアの海洋民族のことを誇張して伝えたものであろう[60]。事実7世紀に成立をみた『梁書』巻54の東夷伝倭国之条には[61]，

　　又南黒歯国・裸国，去倭四千余里，船行可一年至。又西南万里，有海人，身黒眼白，裸而醜，其肉美，行者或射而食之。　　〈『梁書』巻54, p. 807〉

とある。

　また10世紀末に成立した Ḥudūd al-'Ālam の Chīnistān・Wāq-wāq の条に，「住民は黒い膚をしており裸である」と伝えられているのも[62]，この際参考にはなろう[62]。なお，このワークワーク Wāq-wāq は日本あるいはスマトラ島と考えられている[63]。

　第1の報告の最後にはこれら南方の国々の話とは全く逆の北方の住民 Da-sre 族のことが伝えられている（ll. 21-23）。古来魚皮を着る民族としては東流松花江〜アムール河下流域のゴルド（ホジェン）・ギリヤークなどが有名であり（魚皮韃子）[64]，ノン江流域に拠ったと思われる室韋の一部（水室韋）もこれと同じ習慣を持っていた[65]。

白鳥庫吉によれば，唐代には東流松花江が他漏河と呼ばれ，その流域に沿って達姤（達魯古）とか達末婁（大莫婁・豆莫婁）とか言う種族が拠っていたというし[66]，また池内宏によれば，阿勒楚喀河から三姓以西の東流松花江流域に鉄利（鉄驪）と呼ばれる部族が勢力を張っていたという[67]。もし Da-sre をこれらの他漏・達魯古・達末婁・鉄利などのいずれかと結び付けてよいとすれば，Da-sre はまた恐らく魚皮韃子とも重なるものと見ることができよう。今世紀初頭においてさえ魚皮韃子と呼ばれたゴルド（ホジェン）族が，鮭の皮のテントを張っていたことは，鳥居龍蔵の報告に明らかである[68]。だが Da-sre は魚皮だけでなく，魚の肋骨をもテント材として用いたという。それゆえここにいう魚とは，あるいは鯨やアザラシなどの海獣のことを指しているのかもしれない。もしそうだとすると，Da-sre の居住地は海岸地方になければならず，可能性としてはアムール河最下流域とその南北の沿岸地帯が考えられる[69]。結局私は，Da-sre という名称自体は他漏・達魯古やあるいは鉄利などの比較的狭い範囲の部族名または地水名の音写であったに相違ないが，本文書の報告では，当時靺鞨と総称されたツングース系諸部族及びその配下にあった諸部族のうち，東流松花江～アムール河最下流域に分布していた諸部族全体が Da-sre の名で代表されている，と考えるのが最も事実に近いものと思う。当時一応は渤海の支配下に入っていたものの，渤海に対して根強い抵抗を続けていたアムール河下流域の靺鞨諸族が，唐に朝貢する際に，渤海の領土を避け，大きくその西を迂回して営州に達する道を使っていた事実に鑑みれば[70]，本文書で Da-sre が Dad-pyi（奚）の北方にいたと報告され，且つ渤海（Mug-lig）とは別に扱われているのは十分首肯できる。道順から考えて，Hor の使者は恐らく自分で Da-sre 族の地へ行ったのではなく，途中でその情報を伝え聞いたのであろう。

〔II〕

　Ga-ra-byi-gir 族の家畜は豚ばかりであるとか（ll. 30-31），Do-le-man 族の地からはよいキビ類と菜の花？がとれる（ll. 31-32）とかいう表現は，これらがモンゴル東部よりむしろ満洲の民族であることを推測せしめる[71]。唐代シルカ河流域からノン江流域にわたる広大な地域は，室韋とか Tatar（韃靼）とか呼ばれたモンゴル系民族（あるいはモンゴル種を骨子とし，これにツングース種の混じった民族）であったのに対し[72]，Ga-ra-byi-gir 族は -gir というツングース種の氏族を表わす

のに使われる典型的な接尾辞を有している[73]。唐代満洲の地に優勢であったツングース種の靺鞨が豚の飼育で有名だったこと[74]、さらにツングースという名称そのものが豚の意（もちろんこれは他称であって自称ではない）であるという説のあることも[75]この際想起すべきである。

ところで Do-le-man 族と「テントを白樺の樹皮で蓋う五つの部族」（*l*. 32）との地理的位置関係は全く不明である。しかしながらこの「五つの部族」からその北方にある「果てしない湖」のほとりに至る地域に住む人々は、その住居も身体つきも 'A-zha と同じであるという（*ll*. 32-33）。'A-zha が吐谷渾を指し、これがモンゴル系であることは現在ではほぼ定説であるから[76]、ここに見える「果てしない湖」はバイカル湖を指すとみて何ら差支えない。Hor の第 2 の密偵は奚から満洲西部へ入った後、大きく方向を変えて西北に向かい、次いでバイカル湖東南岸地方に至ったのであろう。

〔III〕

ll. 47-49 の Gir-tis 族は、水晶の眼と赤い髪をしており、国には大きな馬が育つというから、これがキルギスを指していることは疑いない。『新唐書』回鶻伝の黠戛斯之条には次のようにある。

　　人皆長大，赤髪皙面緑瞳。（中略）。畜馬至壮大，以善闘者為頭馬。
　　　　　　　　　　　　　　　　　　　　　　〈『新唐書』巻 217 下，p. 6147〉

文脈から考えて *l*. 55 にみえる Hir-kis もキルギスに相違なく、この方が音写の形としてはむしろ良い。また別の史料ではこれを Gir-kis と写している[77]。8 世紀中葉に於けるキルギスの住地はミヌシンスク盆地を中心とする地域であるから Gir-tis の位置は「果てしない湖」のはるか西方にあたる。私が第 3 の報告が *l*. 35 から始まるとみなしたのは、実はこのキルギスから逆に道順を辿っていった結果である。図 B のような相対的位置関係にある四つの部族ないし部族連合のうち、Khe-rged と Gud は Hor に貢納し、七姓 Ye-dre と Ku-čhu-'ur は Hor と常に戦っていると言うのだから、これらが Hor に近接していることは確かである。とすれば当然 Khe-rged の「南西」にいるべき部族（連合）は Hor である。このことはまた、五つの報告はすべて Hor を起点にしているに違いないという最初に掲げた仮説の正しいことを証するものでもある。

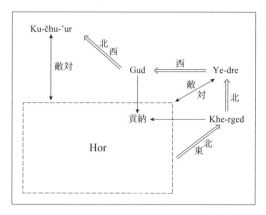

図 B　Khe-rged・Ye-dre・Gud と Hor との相対関係

　第 3 の報告中 Gud 族に関する記述はとくに注意を引く。この部族の特徴は(1)平地ではなく山間部に草の家を作ること，(2)鹿に荷を積むこと即ちトナカイの使用，(3)百合の根を食用とすること，(4)野鼠やキツツキなどが自分の巣に貯めた物 (Mon-bu) を人間が横取りして食糧とすること，(5)衣服（毛皮）に黒い炭（タール?）を塗りつけること，の五つである。これらの五つの特徴の中の幾つかを同時に備えていた部族として我々が知っているのは都播（都波）だけである。『新唐書』回鶻伝の都播之条には，

　　都播亦曰都波。其地北瀕小海，西堅昆，南回紇。分三部，皆自統制。（中略）結草為廬。（中略）土多百合草，掇其根以飯，捕魚鳥獣，食之。衣貂鹿皮。

〈『新唐書』巻 217 下, p. 6144〉

とある。また『通典』巻 199 及び『太平寰宇記』巻 198 の都波之条にも「草を結んで廬と為すこと」及び「百合根を採取して食糧とすること」に関してはほぼ同内容の記事がある。ただ『新唐書』その他には鹿の皮を着るとはあるが，鹿を使役するとはどこにも書いてない。しかしこの疑問も次のような手順を踏んで解決される。

　上の『新唐書』の記事あるいは『唐会要』巻 100・都播国之条などによれば都播はキルギスの東にいるという。さらに『新唐書』巻 217,『唐会要』巻 98 & 100,『通典』巻 199 の当該諸条を比較してみれば，鞠（裓）というトナカイ使用部族が大漢（大漠）という巨人族の南におり，かつこれら両部族がキルギスと共

2　チベット語史料中に現われる北方民族　　85

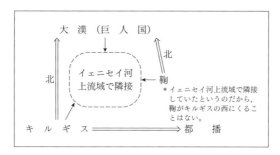

図C　都播と鞠とキルギスの相対関係

にイェニセイ河（エニセイ河）上流域に分散していたことが知られる。第3の報告によるとキルギスの北方に巨人族がいたというから，これをも考慮に入れて以上の諸族の相対的位置を推定すると図Cのようになろう。こうしてみると都播はトナカイの使用で名高い鞠のすぐ隣りにいたのであるから，彼らがトナカイを使用していたとしても何ら不思議はない。『新唐書』回鶻伝・鞠之条の「又以鹿皮為衣」［p. 6146］という表現が，都播之条に「衣貂鹿皮」［p. 6144］とあるのと一脈通じていることも見逃してはならない。

　ところで ll. 50-59 には巨人族のことが伝えられている。勿論この部分の記述は伝説的要素を多分に含み，そのまま事実として信ずるわけにはいかない。しかしながらこれを全くの作り話とみることもできないのであって，中国側史料には大漢国あるいは大漠国としてやはり巨人族の国が鞠の北方にあったと伝えられている[78]。これはこの国に住む住民が周囲の隣接民族に比べて一際大きな身体を持っていたことを示しているのであろう。都播がトルコ系あるいはモンゴル系[79]，鞠がサモイェード系[80]，そしてキルギスが主にインド＝ヨーロッパ系とトルコ系の雑種で他に比べて身体が大きかったといわれている[81]ことを考え合わせるならば，この巨人国とは恐らくバイカル湖西北岸からアンガラ河流域にいた大型のコーカソイド種族の国ではなかったかと思われるのである。10世紀に成立した胡嶠の『陥虜記』［『契丹国志』巻25，『新五代史』巻73］にも，嫗厥律と呼ばれた巨人族がキルギスの東方にいたことが伝えられている。

　大漢国とキルギスの位置が決まれば，図Cより鞠と都播の位置もほぼ決定する。とくにサヤン山脈の南，ケム河上流域には現在でもトナカイ飼養民族が分布しているというから[82]，ここを鞠の住地に当てることに異論はあるまい[83]。ま

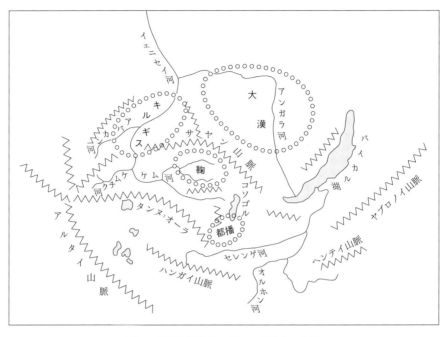

図 D　都播と鞠とキルギスの地理上の位置

た都播の北にあるのは北海ではなく小海であるから，これはバイカル湖ではなく[(84)]むしろコソゴル湖とみなすべきであろう[(85)]。そうすれば，「(都播)其地北瀕小海，西堅昆，南回紇」という『新唐書』の記事は全く事実にかなうものとなる。そればかりか，ポターニンによれば，コソゴル湖の西南地方では「住民達は野鼠の穴からミャキル myakir（Polygonum viviparum）[(86)]の根を沢山集める」という[(87)]。このまことに珍しい食糧収集法が，これまで我々が問題にしてきた Gud 族のそれと同じものであることは，今更言うまでもない。Gud は即ち都播であり，さらにこの部族がコソゴルの西南を中心とする地域に拠っていたことには最早一点の疑いも存しないのである。そこでこの結論の上に立って，もう一度図 B を見直すなら，第 3 の報告の起点となった Hor をウイグル以外のものに比定することが不可能なことは誰の眼にも明らかであろう。Gud 即ち都播の西北にいる Ku-chu-'ur が後のナイマン部の一部として『元朝秘史』に現われる Güčü'üt[(88)] であるというリゲティの解釈[(89)]には疑問の余地がない[(90)]。本文書 ll. 45-46 には，Ku-chu-'ur が常に Hor と戦っているとあるが，この第 3 の報告の起点となった

Horがウイグルであることは既に見た通りである。本文書と同じく8世紀中葉の情勢を記したシネウス碑文によると，当時のウイグルの北方における主要な敵は九姓タタル・八姓オグズ・チク・キルギスであったことが知られる。それゆえ八姓オグズを後のナイマン（モンゴル語で「八」の意）に比定した前田直典の説[91]は，本文書の出現によってより一層確かなものとなったと言えよう。12-13世紀のナイマンの住地はアルタイ山脈東西両山麓～イルティシュ河流域であったが，8世紀の八姓オグズのそれはもっと東北方のセレンゲ河流域～ケム河上流域にあったと思われるから（シネウス碑文[92]の文脈より），Ku-ču-'urの住地を推定することはそれ程むずかしくはない。一方，『元史』地理志西北地附録の吉利吉思之条によると，ケム河流域にはかつて乃満部がいた[93]とも言うから，恐らくKu-ču-'urはタンヌ゠オーラを中心とする地域に拠っていたのであろう。

一方 Gud の東方にいた七姓 Ye-dre，及びその南の Khe-rged は白樺の樹皮で作るテントや，毛皮獣としての青ネズミが特徴的である。これらはウイグルの北東にいたわけであるから，その居住地と推定されるのはバイカル湖東南岸である。彼らは，第2の報告に伝えられた，やはりバイカル湖の東南岸にいたと思われる「白樺の樹皮のテントを持つ五つの部族」と近接した位置にいたに違いない。この「五つの部族」がモンゴル系であったこと，Ye-dre 族が常に Hor（ここではウイグル）と戦っていたこと（ll. 37-38），そしてシネウス碑文[92']から知られるウイグルの主要な敵のうちでその東北方にいたと思われるのがモンゴル系の Tatar であったことを考え合わせるならば，白樺の樹皮のテントを持つ Ye-dre・Khe-rged・「五つの部族」がすべて Tatar 即ち中国史料のいう室韋であったことは容易に首肯けよう。『唐会要』巻96・室韋之条に，

> 南室韋在契丹北三千里，（中略），南室韋北行十一日至北室韋，（中略），又北行千里，至鉢室韋，（中略），用樺皮蓋屋，（中略），従鉢室韋西四日行，至深末怛室韋，（中略），又西北数千里，至大室韋，（中略），尤多貂及青鼠。
> 〈『唐会要』巻96, pp. 2037-2038〉

とあるのも，このような考えの有力な傍証史料となる。

〔IV〕

第4の報告の中には，かつてバスミル部族連合の隷属下にあった三つの部族名

がみえている (*ll.* 63-65)。このうちの Ba-yar-bgo を突厥碑文の Bayarqu (Bayïr-qu)，漢文史料の抜野古に比定する従来の説，及び Ges-dum をイェニセイ碑文の Käšdim，漢文史料の可史擔に当てるアンビスの説⁽⁹⁴⁾には私も異存がない。しかしこのような立場に立てば，直ちに本文書の内容を矛盾なく解釈できるかというと，そうでもない。というのは漢文史料やトルコ語史料から知られる抜野古 (Bayarqu)・可史擔 (Käšdim)・抜悉密 (Basmïl) の位置の間には，相互にかなりの隔たりがあるからである。

『通典』巻199や『新唐書』巻217下によれば，抜野古の本拠は少なくともウイグルよりは東方にあったように読み取れる。白鳥はこれをトラ河 (トーラ河) の上流域からケルレン河上流域 (さらには大興安嶺) の間に当てている⁽⁹⁵⁾。一方，可史擔の位置は，この名前が現われる『通典』巻200の記事からは決定することができない。しかしこの可史擔はアンビスの言うように，キルギスの西方にいてキルギスと密接な関係 (往々にして隷属関係) にあったものとして諸史料に現われる Käštim・客思的音・克失的迷・Kištïm と同じであるから⁽⁹⁶⁾，その位置もある程度推定される。Käšdim という文字の現われるイェニセイ碑文 (ケムチク＝カヤ碑文)⁽⁹⁷⁾の文章はやや難解であるが，その文脈から推して Käšdim の名は碑文出土地 (ケムチク河流域) と密接な関係があったようである。さらに，アンビスは言及しなかったが，ラシードの『集史』にある次のような記事を見る時⁽⁹⁸⁾，この Ges-dum の位置はほぼ決定的となる。

《ウラスト族》
《テレングト族》
《ケスティミ族》⁽⁹⁹⁾
以上はキルギス族とケム＝ケム＝ジュート (ケム河～ケムチク河流域)⁽¹⁰⁰⁾の地方の森林に住んでいた。

このように Ba-yar-bgo がケルレン河流域，Ges-dum がケムチク河流域に近接する地方にいたと思われるのに対し，これらを支配していたというバスミルの8世紀前半における本拠は，小野川秀美や岑仲勉によってずっと南方の北庭に近い地域であったと推定されている⁽¹⁰¹⁾。一方，ウイグルとカルルクの連合軍がバスミルを打ち破った当時のカルルクの疆域はアルタイ山脈～カラ＝イルティシュ河流域であった⁽¹⁰²⁾。今バスミルの本拠に関する小野川や岑の説が正しいと仮定して，

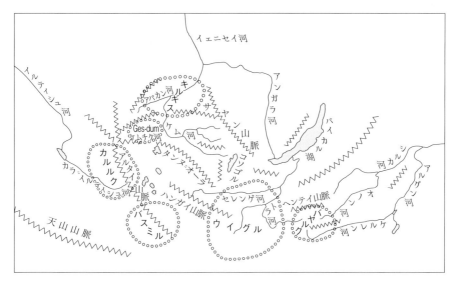

図 E　カルルク・バスミル・ウイグルの領域に関する通説

　問題となっている諸部族集団の位置を図示すると図 E のようになる。
　しかしこのような位置関係では，本文書 ll. 59-65 の内容をうまく解釈することはできない。Ba-yar-bgo はかつてバスミルの領域に含まれていたというのだから，少なくともウイグルよりは西方になければならないし，またバスミルは Ges-dum をも配下に入れていたというのだから，その領域はずっと北方にまで拡がっていなければならない。そこで私は『通典』に，

　　抜悉弥（中略）在北庭北，海南，結骨東南，依山散居。去燉煌九千余里。
〈『通典』巻 200, p. 5490〉

とある「海南」は，北庭の北でキルギスの東南という地理的条件からみて恐らく「剣海（ケム河）の南」であろうと考え，かつてのバスミルの最大領域を図 F のように想定した。こうすれば P. t. 1283 文書の記事も無理なく解釈できるからである。
　東方の抜野古とここに見える Ba-yar-bgo を余りにも簡単に同一視してきた従来の説はこうして一旦は覆される。しかし先にも述べたように，私は何も Ba-yar-bgo＝Bayarqu とする見解にまで反対しているわけではない。恐らくこの Ba-yar-bgo は東方の抜野古の全部あるいは一部が，何らかの事情で西方に移動した

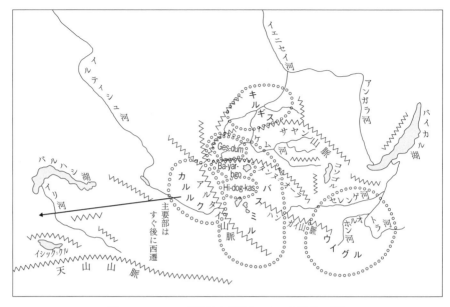

図F　バスミルの想定最大領域とバヤルク別部の想定

ものであろう。護雅夫の研究によれば，抜野古の族長は隋代にはイルキン irkin であったのが，唐代に入ってからは一段上位のイルテベル iltäbär / eltäbär 号を称している，という[103]。然るに本文書にみえる Ba-yar-bgo の族長は依然として hir-kin = irkin を称している。このことは即ち本文書の Ba-yar-bgo が東方の抜野古とは別の集団であることを推測させるのである。従来すべての先学は，抜野古の本拠をウイグルの東方に置き，「抜野古の東北に鞠がいる」という『通典』・『唐会要』・『太平寰宇記』等の記事を信じて，鞠の住地をバイカル湖東南のいずれかの地方に当てたが，本稿で既に見たように，鞠の本拠はサヤン山脈の南でケム河の上流域にあったのである。とすれば，ウイグルの東方にいた抜野古とは別に，「鞠の西南」即ちタンヌ＝オーラ～大湖沼盆地地方（明らかにウイグルの西方）にも抜野古の一派がいたはずであり，これこそ正に本文書に現われる Ba-yar-bgo に相違ない[104]。

　第4の報告にみえる Go-kog 及び「十ほどの部族」（ll. 66-67）については全く手がかりがない。「十ほどの部族」を On oq（十姓）即ち西突厥とみるクローソンの説[105]は単なる思いつき以上のものではない。第4の報告の最後には非常に興

味深い「犬と人間に関する伝説」が述べられている (ll. 68-84)。但しこの伝説は私の見る限り少なくとも二つ以上の伝説が混ざり合ったものである。ll. 81-82 の Ge-zir-gu-shu と Ga-ra-gu-shu を，それぞれトルコ語の Qïzïl küčik（赤い子犬）と Qara küčik（黒い子犬）に還元したリゲティの説は動かすことができない[106]。ラドロフ (W. Radloff) のトルコ語辞典によれば，「子犬・幼犬」の意味で küčik を使うのは Karaiman 方言と Teleut 方言であるという[107]。このうちの Teleut はキルギス族と密接な関係にあったものであり[108]，先に引用したラシードの記事にみえるテレングトもこれに当たるに相違ない。そこでこの「自分たちの先祖は赤犬・黒犬と人間の娘との間から生まれた」というモチーフの伝説も，テレウト族あるいはキルギス族の間に流布していたのではないかと疑われる。ところが幸いなことに，実際キルギス族の間には次のような伝承があるという[109]。

> ある Kirgiz の王女が四十名の侍女と共に長い旅より帰った時に，其の部落は敵に荒され一族諸方に散乱し，只一匹の赤犬のみが遺って居た。そこで四十人の侍女は此の赤犬と交わって各々一子を生んだが，此の四十人の子供が繁昌して遂に Kirgiz 国を成したということである。

しかしこのような伝説が当時どの程度の範囲まで分布していたかは残念ながら分からない。ただ本文書の伝説のもう一つのモチーフである「男児は犬に生まれ，女児は人間に生まれる」というのと同じ内容の話は，胡嶠（10世紀の人）の『陥虜記』及びプラノ＝カルピニやアルメニア王ヘトゥムの旅行記（13世紀）[110]にも伝えられている。このうち胡嶠の見聞録には犬人国の他に巨人国・牛蹄国のことも伝えられており，P.t. 1283 文書の内容と比較してまことに興味深いのではあるが，原文には相当の混乱があるらしく，今それらの位置比定をすることは容易ではない。

〔V〕

第 5 の報告中の Be-ča-nag (ll. 89-90) と Ha-la-yun-log (l. 91) が，それぞれカーシュガリー（11世紀の人）の『トルコ語アラビア語辞典』に西方 Oγuz 集団の構成部族として列挙されている Bečenek (بجنك) と Ula-Yundluγ (الاينلغ) に当たることは疑いない[111]。とくに後者が正しくは Ala-Yundluγ であり[112]，これが「ブチの馬を持つ（民）」即ち「駁馬国」のことを指していることは既にリゲティ

によって明らかにされた[113]。そこでまずこの駁馬国の位置について考察してみよう。

『通典』巻200の駁馬・鬼国・塩漠念之条には，

> 駁馬，其地近北海，去京万四千里，経突厥大部落五所乃至焉。(中略)。其土境，東西一月行，南北五十日行，土地厳寒，(中略)，以馬及人挽犂，種五穀。好漁猟，取魚・鹿・獺・貂・鼠等肉充食，以其皮為衣。少鉄器，用陶瓦釜及樺皮根為盤盌。随水草居止，累木如井欄，樺皮蓋以為屋，土牀草蓐，加氈而寝処之。草尽即移，居無定所。馬色並駁，故以名云。(中略)。与結骨数相侵伐。(中略)。突厥謂駁馬為曷剌，亦名曷剌国[114]。
> 鬼国在駁馬国西六十日行。(中略)。
> 駁馬国南三十日行至突騎施，二十日行至塩漠念呫陸闕俟斤部落，又北八日行至可史擔部落。其駁馬・塩漠並無牛羊雑畜。
> 〈『通典』巻200, pp. 5493-5494〉

とある。これだけでは駁馬と塩漠念・可史擔との位置関係は分からないが，『冊府元亀』外臣部・土風篇・三には，

> 塩漠念 呫六闕俟斤部落及史檐(ママ)部落，並在駁馬東。
> 〈『冊府元亀』巻961・外臣部・土風三，宋版なし，明版 p. 11312上〉

とある。『冊府元亀』は『通典』の記事を約筆しただけのものではないかとの疑問もないわけではないが，『冊府元亀』が塩漠念及び可史擔の位置を「駁馬東」と記したのにはそれなりの根拠があったとみて，今，問題になる諸部の位置を略記すると図Gのようになろう。結骨がキルギスであることは論を俟たないから，図のようにしてみると，結骨と駁馬の敵対関係も，キルギスとKästim（ケシュティム）＝可史擔の密接な関係も[116]実に明解に説明される。ただしこの図の中のトゥルギシュの領域は，P. t. 1283文書の時代には既にカルルクの占拠するところとなっている。こうしてみると駁馬国すなわちHa-la-yun-logの住地は自ら明らかとなる。駁馬国の近くにある北海とは勿論バイカル湖のことではあり得ないし，かと言ってこれを北極海にまでもっていくのも無理なようであるから，恐らく西シベリア低地の大湿地地帯のことを言ったものであろう。白鳥は「思ふに此の国はJenisei河から西Ural山脈の間に拠った有力の民であったに相違ない」と述べ

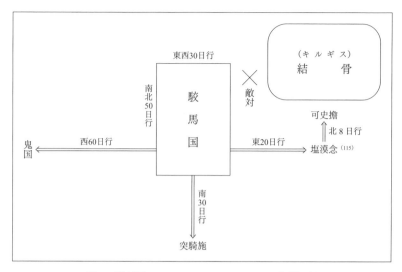

図G　駿馬国とケシュティムとキルギスの相対関係

ているが[117]，私も全く同意見である。ただ白鳥によればこの民族は Finno-Ugor 系統であろうと言うが[117]，カーシュガリーはこれを Bečenek と共に Oγuz の一つに数えているのであるから明らかにトルコ系とみていたわけである。しかし駿馬国の名がその地方に特徴的な「ブチの馬」に由来すること，この国は東西一月行・南北五十日行[118]といわれて極めて広大であること，そしてイェニセイ河からウラル山脈にわたる地域が多くの異種族の接壌地帯であったことを考えれば，駿馬国全体を均一の民族とみて，その種族問題を云々することは恐らく無意味であろう。

Ha-la-yun-log の東にいる Be-ča-nag がペチェネーグであることは問題ない。しかしペチェネーグの住地をこれほど東方に置いている史料は本文書が初めてである。他の多くのトルコ諸族と同様ペチェネーグも東から西へと大移動をするのであるが，これまでに知られている西側の諸史料[119]が伝えるペチェネーグは全て西方へ移動し始めた後のものである。それゆえ本文書は Oγuz の西遷以前の中央アジアの情勢やペチェネーグの原住地を伝える極めて貴重なものであるが，今はこの問題に深入りしない。本文書の Be-ča-nag は恐らくアルタイ山脈とタルバガタイ山脈の中間に拠っていたのであろう。

クローソンによると l. 86 の Og-rag もやはりカーシュガリーの辞書にみえてい

るという⁽¹²⁰⁾。「اغراق (Oγraq)：辺境に住む一テュルク種族」とあるのがそれであるが⁽¹²¹⁾，これはまた Uγraq という形で Čigil・Toxsi・Yaγma 族などと一緒に現われているから⁽¹²²⁾，クローソンの比定は正しい。恐らくこれは，氏の言うように，11 世紀中頃にはイシック湖の東方にいたものであろう⁽¹²³⁾。本文書ではカルルクの東にいることになっているから，8 世紀中葉の彼らの居住地は 11 世紀のそれよりはやや東方に寄っていたと思われる。

さて，以上のように主な部族集団の位置を決定した後，もう一度第 5 の報告の道順を辿ってみよう（図 A の Ⓥ）。そうすると 1 箇所だけどうしても不可解なところがあることに気が付く。それは大 Ho-yo-hor 即ちウイグル帝国の位置である。大 Ho-yo-hor の東北にいた I-byil-kor の住地については，これを推定する手掛りがないが，この部族がテュルク系であったことだけは ll. 88-89 に「Dru-gu の Gu-log-gol-čhor（Külüg Köl Čor ?）から出た I-byil-kor 族」とあるのより明らかである。然るに一方，既に見たように，少なくとも第 3 の報告の起点となった Hor はウイグル帝国であり，そしてこの Hor の北東にはモンゴル系と思われる Khe-rged や Ye-dre がいたのであるから，第 5 の報告の道順を図 A の Ⓥ のように解すると大きな矛盾が生じてしまう。だが実はこの矛盾を解決することはそれ程むずかしいことではない。それは第 5 の報告の Gar-log から Ha-la-yun-log までの道順の中で，先行する部族集団からの方角が記されていないのはこの Og-rag と大 Ho-yo-hor の間だけだからである。そこでこの大 Ho-yo-hor に関する記述は，本文書の編者が誤ってこの箇所に挿入したものと考え，I-byil-kor は大 Ho-yo-hor ではなく Og-rag の北東にいたと解釈すると，全体の道筋と実際の位置とはうまく一致する。後で見るように本文書の編者は Ho-yo-hor 及び Hor については実に曖昧な知識しか持っていなかったようで，このような混乱もそこに起因しているのであろう。

第 5 の報告の最後にもやはり伝説上の国のことが述べられている。ペリオは ll. 92-93 の Ud-ha-dag-leg をトルコ語で Ud-adaγlïγ =「牛の足を持つ（民）」と解釈したが⁽¹²⁴⁾，この説には何の疑いもない。古来「山羊の足を持つ人」とか馬脛国・馬蹄国とか言われたものが全て山間のスキー使用民族のことを誇張して伝えたものであることは周知の事実で，また唐代の木馬突厥もこれと同じであるが⁽¹²⁵⁾，何もスキー使用民族は山羊や馬にだけ例えられたわけではない。白鳥は杜環の『経行記』に，

其苦
せん
国有五節度，有兵馬一万以上。北接可薩突厥。可薩北又有突厥，足似牛蹄，好噉人肉。　　　　　　　〈『通典』巻 193・大食之条，p. 5280〉

と伝えられる牛蹄突厥を，やはりスキー使用民族とみて東方の木馬突厥に結びつけた[126]。ここに，「好噉人肉」とあるのは，*l*. 94 に"myi sha la 'tshal（人肉を好む）"とあるのと全く軌を一にする。さらに牛蹄突厥の名は胡嶠の『陥虜記』にも見えており，これはバイカル湖東南辺〜西南辺にいた民族のことを言ったものらしい。以上より本文書の Ud-ha-dag-leg も，アルタイ山脈とバイカル湖との間にある山地に広く分布していたスキー使用民族のことを伝えたものとみて恐らく誤りあるまい[127]。

第 6 節　使者の道程のまとめ

さて以上で「五人の Hor 人の報告」に従ってそれぞれの道程を跡づける作業を一応終えたので，ここで〔I〕から〔V〕で考証してきたところをもとに図 A を修正してみよう。方角に関する多少のズレは，このような見聞録の性質上むしろ当然のことなので，すべてこれを無視することができる。ただ第 2 の報告の 'Bug-čhor から Dad-pyi に至るまでの方角は事実とは大いに違っていて，これまで無視することはできない。しかし幸いここに見える Ho-yo-'or（ウイグル）・Ge-taṅ・Dad-pyi（奚）の本拠地は既によく知られているので，それに従って容易に修正し得る。恐らく本文書の編者は何らかの誤解により，'Bug-čhor から Dad-pyi までの道順を 90 度回転させてしまったらしい。そこで今これを逆に 90 度回転させると実際の位置と一致し，また第 1 の報告とも一致することになる。

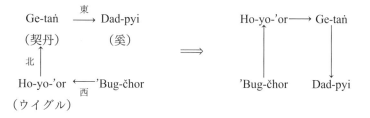

こうして得られた図H[58]をよく眺めてみると，五人のHor人の辿った足跡は全てホルHor国から出発して広く北方アジア全体を網羅していることが容易に看取される。ではこれら五人のHor人の探索行の起点となったHor国とは具体的にはどこを指し，また彼らを派遣したHor王とは一体何者であったのであろうか。次にこれについて考えてみよう。

⑪の起点となったHor，及び *l*. 60 や *l*. 61 のHorが明らかに「ウイグル」の意で使われていることは前述した通りである。8世紀中葉にはまだウイグルは河西〜トゥルファン〜北庭の地を領有してはいないから，この「ウイグル」とは勿論漠北のウイグル帝国でなくてはならない。ではさらに，①・⑪・⑭・⑮の起点となったHorも⑪と同じウイグルとみて，果たして意味が一貫するであろうか。ウイグル帝国は確かにカルルクの「東」ではあるが (cf. ⑮)，かつてのバスミルの境域の「南」ではない (cf. ⑭)。またこのHorの国は，「中国語ではǰi-'ur，Dru-gu語ではBa-ker pa-legと呼ばれた」(*ll*. 7-8) と言うのだから，これは，ウイグルの都城であったBay-balïq（富貴城）やOrdu-balïqとは一致しない[128]。さらに，もし本報告の起点となったHorが漠北のウイグルであるのなら，*l*. 1 及び *l*. 4 の「北方に」は「四方に」となっていなければならない。この「北方」という言葉はHor国を河西〜トゥルファン〜北庭の地に置いてはじめて意味を持ってくるのである。

五人のHor人及び彼らを北方に派遣したHor王のHorをウイグルとみて不都合な証拠は他にもある。それを以下に列挙しよう。

(1) *ll*. 24-27：ウイグルの王が自分の国のことを偵察させるはずがない。ウイグル王が自分の家系はヤグラカルだとか，自国の兵は六千人だとか報告される必要は全くない。

(2) *l*. 29, *ll*. 37-38, *ll*. 45-46, *l*. 47：「ウイグルとある時は戦い，ある時は和親する」とか「ウイグルと常に戦っている」とかいう報告をウイグル王に向かってするのは奇妙である。

(3) *ll*. 36-37, *l*. 44：「ウイグルに毛皮を差し出している」という報告もなされるはずがない。

---

[58] 図Hの地図は，〔書後3〕に記した張忠志の情報なども加味して，より精密にしたものを森安 2007『シルクロードと唐帝国』pp. 328-329 に発表した。それを図H'として併載する。

2 チベット語史料中に現われる北方民族

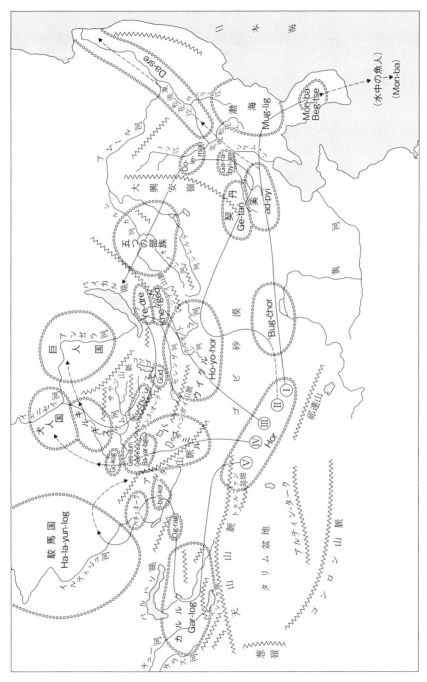

図 H　Hor 王が北方に派遣した 5 人の密偵の経路復元図（その 1）

98　第一篇　東ウイグル・唐・吐蕃鼎立時代篇

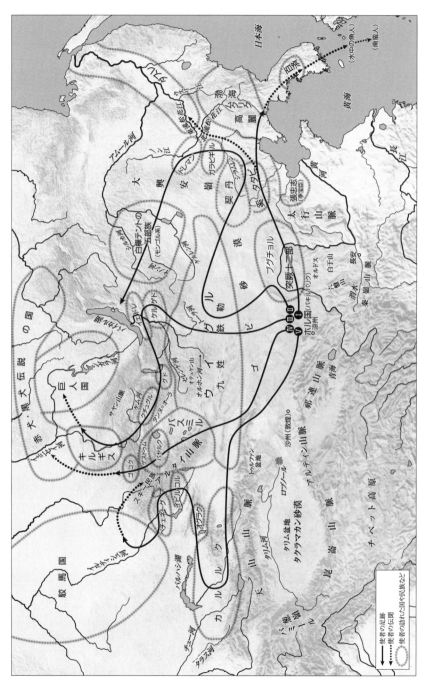

図 H'　Hor 王が北方に派遣した5人の密偵の経路復元図（その2）

(4) *ll.* 59-62：カルルクとバスミルとウイグルが連合して突厥を倒し，次いでウイグルとカルルクがバスミルを撃破したという歴史的事件の経過は，ウイグルの君長が最もよく知っていることであって，これを他人から報告される必要は全くない。

(5) *ll.* 86-88：国内のマニ教徒の情報についても上と同様である。

要するに本文書は全体にわたってウイグルのことをかなり詳しく扱っている。これはウイグルが当時の北〜中央アジアにおける最大の勢力であったことを考えれば当然である。しかしこのようにウイグルのことを詳しく知りたがった「Hor の王」とは，ウイグル以外の王でなければならない。

次に注目されるのは，本文書の報告者が「モンゴル系である」という意味を表わすために「'A-zha（吐谷渾）と同じである」という表現（比喩）を使っている事実である（*ll.* 28-29, *l.* 33）。こういう比喩は，報告者が吐谷渾のことをよく知っていたからこそ使用されたに違いない。もし Hor が漠北のウイグル人であったなら，彼等は同じ意味を表わすためにむしろ「Tatar と同じである」と言ったであろう。なぜなら 8 世紀中葉におけるウイグルと Tatar の結び付き（敵対）は，遠方の吐谷渾とのそれとは比較にならないほど深かったからである。

さらに考えるべきは，*ll.* 4-6 の序文である。ここには「かつて Hor の王が詔して，北方に王が何人いるのかと，五人の Hor 人を偵察に派遣した（その結果の）報告の記述が（古）文書庫にあったものより写しを取った」とある。もしこの Hor がウイグルであるなら，そのようなウイグル宮廷の重要文書が何故チベット人の手に入ったか説明がつかなくなる。吐蕃がウイグルの本拠を襲い，そこから文書類を奪ってきたという歴史的事実があるならともかく，そのようなことは全く知られていないのである。いや単に知られていないだけでなく，当時の北〜中央アジア情勢を鳥瞰するならば，そのようなことが起こり得た可能性さえ絶無に等しいと言ってよい。

以上より，本文書の編者が，ある場合に「ウイグル」の意味で Hor の語を使ったのは，全くの誤解であることが明白になったことと思う。Hor の位置はやはり図 H に記入したように河西〜トゥルファン〜北庭地方に求めるべきであって，これと Ho-yo-hor（ウイグル）とは厳然と区別されねばならない。では何故本文書の編者は Hor と Ho-yo-hor を混同したのか。勿論単なる名称の類似に惑わされ

たというようなこともあったであろう。同じウイグルをあるところでは Ho-yo-hor と呼び，別のところでは 'U-yi-kor と呼んでいるくらいであるから，彼のウイグルに関する知識はかなりいい加減ではなかったかと推測される。それゆえ彼がこのような名称の類似に惑わされたというようなことも十分考えられるところである。しかし私は，彼がこのような混乱を起こすに至った真の原因は，もっと他のところにあったのではないかと考えている。だがこの問題について語るためには，まず Hor の語源が明らかにされねばならない。

第2章　Hor について

第1節　Hor＝ウイグル起源説の再検討

　Hor の語源について現在最も有力な説は，これをウイグルとみるものである[129]。即ち Hor を Ho-yo-hor の省略形とみなす説と言い換えてもよかろう。このような見方の根拠としては P. t. 1283 文書そのものの存在が大きな比重を占めていることは否めないが，他にも幾つかの史料があげられる。今その主なものだけをあげると，第一に *Li'i yul gyi luṅ-bstan-pa*『于闐国懸記』がある。これはコータン仏教史のチベット語訳ともいうべき書物であるが，その中に Hor の語がみえている。残念ながら原文を見ることができないので，トーマス（F. W. Thomas）による英訳から関連箇所を引用すると，

> In these three kigdoms of Li and so forth, the Chinese and the Red-Faces and the So-byi and the Dru-gu and the Hor and other enemies being mostly astir, there will be disturbance owing to their strife. 〈TLTD, I, p. 78〉

となる。ところが幸いにも本書には沙門法成による『釈迦牟尼如来像法滅尽之記』と題する漢訳がある[130]。それによると上記の対応箇所は，

　　于闐等此三之國，漢與赤面　蘇毗　突厥　迴鶻等賊，動其干戈，而來侵損。

となっており，明らかに「Dru-gu＝突厥」・「Hor＝迴鶻」の等式が成り立つ[131]。

図 I　蕃漢対照東洋地図の一部抜粋

　第二に，平安末期に我が国に伝えられたチベット語と漢文の対訳付きの西域地図がある。この「吐漢対照西域地図」は寺本婉雅によって紹介されたものであるが，その写真版は[59]，図 I のようであり[(132)]，やはり「Hor ＝ 廻鶻（原文は廻骨）」の等式が得られる。

　以上の他にも Hor をウイグルとみて意味のとれる史料は幾つかあり[(133)]，確かに Hor はある場合にはウイグルを指していたことが認められるのである。しかし前章で P. t. 1283 文書を詳しく検討した我々には最早，山本達郎の「現在紹介されている Hor に関する文献には何等廻鶻と見做して不都合なものはない」[(134)]という言葉は通じない。それどころか，この P. t. 1283 文書以外の従来知られていた史料の中にも，Hor をウイグルと見做すことのできないものがあるのである。

　まず『ケペガトゥン』（fol. 18b ～ fol. 19a）には次のような一節がある。

---

[59] この寺本紹介の地図については，後に私自身が専論を発表した［森安 2007「唐代胡」＝本書第 9 論文］。そこでは「蕃漢対照東洋地図」と名称変更し，全体写真と見取り図も付載してある。

daṅ po khri rtse 'bum bzher nas srid pa daṅ khos ston pa las rgyal pos blon po
まず最初ソンツェンの作った法律から行政と制度を決めて，王は大臣

rnams so sor bkas bskos te bod kyi khos dpon mgar stoṅ btsan yul bzuṅ /
たちの各各に詔を発布して，チベットの khos-dpon には Mgar stoṅ-btsan yul-bzuṅ ガル＝トンツェン＝ユルスン（禄東賛）を，

zhaṅ zhuṅ gi khos dpon khyuṅ po pun zuṅ tse / sum pa'i khos dpon
シャンシュンの khos-dpon には Khyuṅ-po pun-zuṅ-tse を，スムパの khos-dpon には

hor bya zhu riṅ po / čhibs kyi khod dpon dbas btsan bzaṅ dpal legs /
Hor bya-zhu riṅ-po を，Čhibs（不明）の khod-dpon には Dbas btsan-bzaṅ dpal-legs を，

mthoṅ khyab kyi khod dpon čog ro rgyal mtshan g.yaṅ goṅ rnams bskos /
トンキャブ（通頬）の khod-dpon には Čog-ro rgyal-mtshang g.yaṅ-goṅ（など）を任命した。

これはソンツェン＝ガムポ（在位？～649年）が，短時日のうちに拡大した吐蕃の領土を大きく五つに分け，それぞれを統治する機構を作り，その各々に責任者を任命しているくだりであって，khos-dpon (khod-dpon) とはその責任者のことである。ここに Sum-pa の長として Hor bya-zhu riṅ-po なる人物が現われていることに注目したい。チベット語の名前の付け方からいって，この Hor が部族あるいは氏族名であることは問題がない。ところで山口瑞鳳の研究によれば Sum-pa とは漢文史料の白蘭のことであり，その住地は東部チベットでもむしろ青海以南にあったという[135]。とするとこの Hor がウイグルと関わりがあったとは，時代的にみてまず考えられない。

次に馬重英が遠征したという Hor の国について考えてみる。チベットの諸書には，「Ṅan-lam stag-sgra klu-goṅ（ゲンラム＝タグラ＝ルゴン；漢名は馬重英）なる人物が北方の Hor 国へ遠征し，そこにあった寺院（sgom-grwa）から仏像（rten）を含む一切の財物を略奪して来たが，そのうちもともと Hor (Bhaṭa Hor) の守護神であった Pe-har が選ばれてサムイェ寺の財宝の守護神（dkor bdag）となった」という有名な話が伝えられている[136]。Ṅan-lam stag-sgra klu-goṅ（馬重英）なる人物はすでにチデ＝ツクツェン（在位704-754年）の時代から吐蕃宮廷のかなり重

要な地位にあり，続くチソン＝デツェン（在位755-796年）時代の吐蕃の長安占領（763年）に際しては最高責任者として活躍した政治家兼武将である[137]。一方彼の名は先の伝承を裏付けるが如く，サムイェ寺建立（779年頃）[138]直後に建てられた所謂サムイェ碑文にも記されている[139]。こうしてみると彼が遠征したHor国というのも，時代的にみてやはり河西にあったように思われる。760年代にウイグルと唐との連合軍に大敗北を喫したことを除けば，吐蕃がウイグルと初めて対等に干戈を交えたのは789年冬のこと（いわゆる北庭争奪戦の時）である。

ところで後世の史書『パクサムジョンサン』には「Gan-gru phyogs kyi Bha-ta Hor gyi sgom-grwa（甘州方面のBha-ta Horの寺院）」という表現があり，Horを河西に結び付けている[140]。然るにスタン（R. A. Stein）はこれをさらにウイグル（甘州ウイグル）に比定して，何の疑いも抱いていない[141]。しかし実はこのような見解は甚だ疑問と言わざるを得ない。氏は自説の根拠として『パクサムジョンサン』から幾つかの記事を引用しているが，その中で最も重要と思われるものに次のような記事がある[142]。

> de'i nub byaṅ phyogs su sṅon Yu gur gyi sa čha'i
> 　この西北方面にかつてウイグル（甘州地方のある場所）の領域にあった
> 'Ban dha Hor gyi sgom grwa brtsom nas Pe har Bod dBus su
> 　'Ban-dha Horの寺院の完成後（そこから）Pe-harをチベットのウ地方に
> khyer bar grags pa'i gnas yod /
> 　移したことで有名な場所がある。

しかしながら私の見る限り，この記事は，Horを河西に結び付ける根拠にこそなれ，決してウイグルに結び付ける根拠にはならない。なぜなら，馬重英の活躍当時はまだウイグルの勢力は河西に及んでいないし，甘州ウイグル集団が成立するのもそれより後のことだからである。『パクサムジョンサン』がYu-gur（ウイグル）とHorを結び付けたのは，本書が，河西にウイグル族の一支が定着してよりずっと後に成立したことを考えれば，致し方ないことである。しかし我々までがこれと同じ誤りを繰り返すことは許されない。

Hor yul（ホル国）の名はP. t. 1294文書にも現われる。

> ～ / ・ / zhaṅ lon čhed po zhaṅ khri sum bzher daṅ blon btsan bzher daṅ / blon

大シャン＝ロンの Zhaṅ-khri-sum-bzher と Blon-btsan-bzher と Blon-
mdo btsan la stsogs pha hor yul du čhab srid draṅ ba'i tshe / rgya rgod kyi sde
　mdo-btsan 等が Hor 国に政治的支配を及ぼした時，中国の Rgod 部落（の
　人）
khaṅ maṅ zigs gyis / 'a zha kho mar čin gyi（以下省略）
　Khaṅ-maṅ-zigs が 'A-zha（の人）Kho-mar-čin の（以下省略）

この文書は何かの下書きに使われたものらしく，表にも裏にも幾つかの文や句が縦横あるいはさかさまに書き込まれている。またそれだけに本文書の年代決定に役立つものも多い。例えば紙表の省略した部分には "rgya sha-ču-pa（中国の沙州の人）" とあり，別のところに Naṅ-rje-po Blon-stag-gi-sgra の名が見え，また紙背には 'Wan-laṅ-tse, An-hwa'-tse という二人の人名が見えている。この二人は，吐蕃支配下（787-848 年）[143] の敦煌の写経生・王郎子及び安和子[144] と同一人物であろうし，Naṅ-rje-po Blon-stag-gi-sgra は，引用文中に見える Blon-btsan-bzher とともに藤枝晃作成の Naṅ-rje-po の一覧表[145] に見える Blon-stag-khri-sgra 及び Blon-btsan-bzher（ともに 820 年前後に活躍）とそれぞれ同じ人と思われる。とすれば，大シャン＝ロンの Zhaṅ-khri-sum-bzher とは有名な Zhaṅ-khri-sum-rje（尚綺心児）その人であろうと容易に推測されるのであるが，その推測は，P. t. 1166 に Zhaṅ bloṅ čhen-po Zhaṅ-khri-sum-rje が Khaṅ-maṅ-zigs [60] と一緒に現われるのをみる時，より一層確実となる。ところで，"čhab srid draṅ" という言葉はほんの一時的な軍事時占領を指すのではなく，たとえ短期間にせよ一定期間継続した政治的支配を及ぼしたことを言うものであるから，もし Hor がウイグルなら，8 世紀末〜9 世紀初頭においてウイグルが尚綺心児を行政長官とする吐蕃の政治的支配を蒙ったことになる。そのような可能性を示唆するものとして従来知られている漢文史料は唯一次のようなものである。

　　迴紇小国也。我以丙申年（816 年）蹋磧討逐，去其城郭二日程計，到即破滅
　　矣。会我聞本国有喪而還。迴紇之弱如此。　　〈『旧唐書』巻 196 下，p. 5265〉

これは 822 年，唐蕃会盟のために吐蕃宮廷に使した唐使・劉元鼎が，途中の河州

---

[60] この人物は P. t. 1166 のほかにもう一度現われる，cf. Takeuchi 1993, pp. 32-33 (Texts 1 & 2) = Takeuchi 1995, pp. 175-179 (Texts 11 & 12).

を通過した時に，当時河州にいた尚綺心児が元鼎に誇らかに語った言葉である。すでに前稿で述べたように[146]，私はここに見える「其城郭」は決してウイグルの首都オルドゥバリク（カラバルガスン遺址）を指したものではないと考えているが，仮に百歩譲ってこれがオルドゥバリクであったとしても，それで以て本記事を吐蕃のウイグル支配を示すものとみなすことは到底不可能である。当時の情勢をも考えあわせるならば，Zhaṅ-khri-sum-bzher らが支配したという P. t. 1294 の Hor 国とは，やはり河西ないしはその周辺のどこかに求めるべきものである[61]。

以上，Hor がもともとはウイグルの意でなかったことを示す三つの証拠を挙げたわけであるが，とくに後二者からは，8 世紀中葉ないし 9 世紀初頭にかけても Hor はウイグルでなかったことが明らかになったことと思う。では当時既に，突厥に代わって漠北に雄飛していたウイグル帝国のことを，チベット側では何と呼んだのか。

敦煌文書の中に，ある寺院の建造に際して各方面（個人や団体）から寄せられた祝辞兼功徳文を集めたものがある[147]。その中に何度か Drug が Rgya 及び 'Jaṅ と並んで現われ，また同時に Khri-gtsug-lde-brtsan 及び Blon čhen-po Zhaṅ-khri-sum-rje の名がみえている。Drug は Dru-gu と全く同じであり[148]，Rgya は中国（唐），'Jaṅ は南詔を指す[149]。本文書の紹介者トーマスはここにみえる吐蕃王 Khri-gtsug-lde-brtsan を金城公主の夫である Khri-lde-gtsug-brtsan（在位 704-754 年）に，同じく大ロン（Blon čhen-po）の Zhaṅ-khri-sum-rje を 721-725 年にその地位にあった Khri-sum-rje rtsaṅ-bzher に比定し，本文書で問題になっている平和条約を 730 年に唐と吐蕃の間で結ばれたもの[150]とみなした[151]。しかしながら Khri-gtsug-lde-brtsan とは 815-841 年に在位した吐蕃王の名と全く同じであるし，彼の時代に Zhaṅ-khri-sum-rje stag-snaṅ なる人物（即ち尚綺心児）が大ロンとして敏腕を振るい，821 年中国との間のいわゆる長慶会盟締結の際には吐蕃側の立役者として大活躍したことは既に周知の事実である[152]。さらに本文書（功徳文）を検討するならば，瓜州（Kwa-ču）が吐蕃の統治下にあったこと，あるいはまた当時の強国として唐・吐蕃・Drug と並んで 'Jaṅ（南詔）が挙げられていることに気が付こう。瓜州が吐蕃に陥れられたのは『元和郡県図志』巻 40 によれば大暦十一（776）年

---

61 あるいは Zhaṅ-khri-sum-bzher と尚綺心児は別人で，P. t. 1294 の Hor 国支配とは，北庭争奪戦時に吐蕃が一時的に北庭〜西州を占領したことを言っている可能性も，無下には否定できないかもしれない。それならばこの Hor 国はウイグルでよい。

であり[153]，吐蕃から奪還されたのは大中二(848)年ころのことであって[154]，南詔が吐蕃に拮抗する強国として列挙されるのも8世紀前半よりむしろ9世紀前半の情勢に適合するものである[62]。

さて，このように文書の紀年を限定した上でもう一度この文書中に頻出する Drug（テュルク=トルコ）を考えるならば，これがウイグルを指すことはもはや説明を要すまい。当時吐蕃・唐に匹敵する北方の強国で，且つトルコ系のものといえばウイグルをおいて他にないからである。大ロンの Zhaṅ Khri-sum-rje（シャン=チスムジェ）の時代に吐蕃がウイグルと深い関係にあったことについては最早贅言を要すまい[102']。

チベット人がウイグルを Dru-gu（Drug）と呼んだことについては，ペリオ将来の敦煌文書の中にさらに強力な証拠がある。P. 2762 の分類番号を持つこの文書は，紙表（recto）が張淮深修功徳記残巻ともいうべきもので，一貫した内容を持つという[155]。これに対し紙背（verso）は，手紙文の末尾・蕃漢対照語彙集・選者不明の詩文の三種の残巻を貼り合わせたものである[63]。recto の主題となっている張淮深は，沙州帰義軍節度使成立当初に活躍した人物であるから[156]，verso の三文書はすべて 9 世紀後半以後[64]に書かれたものとみてよい。そこで問題になる蕃漢対照語彙集から関連箇所を引用すると[157]，

---

[62] この一節における年代考証は，唐・吐蕃・ウイグル間のいわゆる三国会盟という史実が判明した今［第3論文の［書後6］を参照］，全く不要となったのであるが，考証自体に誤りはなかったので原文のままに残しておく。

[63] 原論文執筆時点では原文書を実見していなかったので，表裏の関係に疑いを持ち，「紙背（verso）は…三種の残巻を貼り合わせたものであるから，当然 recto の方が後に書かれたものである」としていた。しかしパリで原文書を実見した結果，表裏関係は従来の説でよいと判明したので，私の誤解していた部分を削除した。また原論文で示した文書のスケッチにも誤解があったので，ここでも不要部分を削除した。また私は文書中の「河西一路」に対応するチベット文を ha-si byaṅ ṅos と転写していたが，ha-si は正しくは ha-se であった。これに対して「一路」に対応する byaṅ ṅos については，山本明志が新しい見解を示している［山本 2011, pp. 47-48, n. 28］。なお，この蕃漢対照語彙集は早くに Pelliot 1912 ; Pelliot 1961, p. 143 にて紹介されていたものである。

[64] 直前の［補記 63］に書いた理由により，原文では「以前」としていたのを「以後」に修正した。ペリオはこれを 900 年頃のものと見ていた［Pelliot 1912, p. 522］。

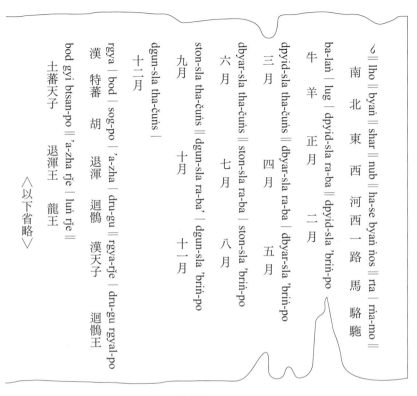

P. 2762 verso

となる。一見して分かるように，これは日常会話にしばしば使われる単語を並べており，縦書きで，且つ漢及び漢天子をそれぞれ国名グループ・王名グループの最初に置いているから，恐らく中国人がチベット語を覚えるために使った単語帳のようなものであろう。このような日常的なものに，「Dru-gu＝迴鶻」，「Dru-gu Rgyal-po＝迴鶻王」とあるのだから，当時チベット人がウイグルを Dru-gu と呼んだことは確実である。verso の三文書の年代については上に述べたが，幸い本語彙集は別の観点から上限を定めることができる[65]。それはウイグルが迴紇でなく迴鶻となっているからである。ウイグルが唐に使者を遣って，紇を鶻に改めるように請うた年代については三つの説があるが，最も早くみても 788 年を遡ることはない[158]。

---

[65] この一文は，上の〔補記63〕にあるような理由で，修正している。

このように見てくるならば、チデ＝ソンツェン王（在位 798-815 年）の墓碑銘[159]に現われる Dru-gu がウイグルを指すことも間違いない。ところが同碑文には Hor の語もみえていて、Dru-gu（ウイグル）と Hor が同時に別個のものとして存在したことを証明している。

39) ……［byaṅ］ phyogs na dru gu ………
　　………（北）方に Dru-gu ………

40) ……du bka khoṅ byuṅ nas čhab srid
　　……に ？ が起こり，国家（支配）

41) ……gu ru gya'i…daṅ…so ru…čhud čad du / bod
　　……　？　　と…？…？　方に　　吐蕃

42) …čher……… // man ṅas bčad……rgya
　　…増大（？）……。……？…… ｜中国
　　　　　　　　　　　　　　　　　　イン

43) ṅa yul kyi…sruṅ koṅ……tshun čad lho hor khag
　　？　　　　　　　　　　　　　　　　　　　　　　　
　　ド（？）｜国の…保護？……の手前の南で[160]Hor 部

44) gyis kyaṅ čhab srid la bsroṅ te / ……du gsol lo / 'di dag
　　落も国家（支配）に｜直結して　　　　　　　　　　　
　　　　　　　　　　　　融和して（？）｜……に置いた。これら

トゥッチ（G. Tucci）は l. 41 に「ᶷᩋ᩠ᩀ᩠ᩁ᩵」とあるのを U-gur（ウイグル）と読んでいるが[161]、これは全く恣意的なもので問題にならない。碑文 ll. 43-44 から，Hor の国がどこかより手前の南側にあって，吐蕃の統治の及ぶ範囲と密接な関係にあったことが読み取れる。彼此対照して、この Hor がウイグルでないことも最早疑いない。

以上述べてきたところで Hor ＝ ウイグル起源説はほぼ完全にくつがえされたと信ずる。考えてみれば，P. t. 1283 文書に現われるトルコ系諸族はすべて完名で呼ばれているのに，唯一ウイグルだけが省略形で呼ばれたというのはおかしい。第一この文書には Ho-yo-hor という完名がみえていた。さらにチベット人は，9世紀後半〜10世紀に河西に定着したウイグル族に対しても、正しく Hve'i-hor あるいは Hve-hur と呼んでいて[162]，これを Hor とは省略していない。そしてさらに、この河西ウイグルの後裔がウイグルあるいはユグルの名をずっと後世にまで保持し続けたにもかかわらず[163]，13世紀にモンゴル帝国が勃興すると，チベット人は Hor の名をモンゴル人に与えてしまったという事実は[164]，もともと Hor

＝ウイグルでなかったことの何よりの証拠であろう。ではHorとは元来如何なる由来と意味を持つ言葉であったのだろうか。

第2節　Hor＝胡説への疑念

　Horの語源について現在までに提出されているもう一つの説は，Horを中国語の「胡」からの転訛とみるものである。言うまでもなくこの説はトーマスの書に"Hor＝Chinese Hu ?"とあるのが最初であるが[165]，これをさらに発展させたのはホフマン（H. Hoffmann）である[166]。ホフマンは『ザムリンゲシェ』の中にある次のような記事を第一の根拠として掲げる。

　　Hor zhes pa Rgya nag po'i skad du Hwu'u zer ba zur čhag pa yin la /
　　　Horというのは，中国の言葉でHwu'uと言われるものが訛ったものである。

つまりこの中国語のHwu'uを「胡」とみたわけである。『ザムリンゲシェ』は1820年に成立した地理書であるが，内容的には恐らく古い史料をもとにした編纂物と考えられるから，このHwu'uがいつの中国語音を写したものであるかは判然としない。しかしもしこれを中古音と仮定して，チョンゴルの研究からHwu'uに対応する漢字中古音を再構成すると[167]，次のような9通りの可能性が考えられる。

$$\left.\begin{matrix}\gamma w \\ xw \\ \gamma u\end{matrix}\right\} + \left\{\begin{matrix}i\underline{o}u \\ iwo \\ jwi\end{matrix}\right.$$

しかるにカールグレンによれば胡の中古音は，γuoである[168]。それゆえ「Hwu'u＝胡」とみることも不可能ではない。いやそれどころか，先に言及した寺本紹介の吐漢対照西域地図には「胡國」をチベット文字で"Hwo-kog"と転写しているのであるから[169]，このホフマン説はかなり有力であるとさえ言うことができるかもしれない。しかし先の『ザムリンゲシェ』の記事には実は次のような続きがある[170]。

Hwu'u zer ba don bsgyur byas na byaṅ pa daṅ thad bsgyur byas na khebs ma'i

 Hwu'u というのは，意訳すれば北方の人で，直訳すれば覆いの

miṅ yin /

 名前である。

 ワイリー（T. V. Wylie）は khebs-ma を辞書通りに「覆い（covering）」と訳したが[(170)]，これではいささか意味が通らない。ここは khebs-pa 即ち「覆われた」意が転化して「暗黒・悪所」となった方を採るのが妥当ではなかろうか。もしそうだとすると，この Hwu'u に対応する漢字としては，「胡」よりもむしろ「匈」が適合するのではなかろうか。「匈」には「悪い」の意（原意）と「北方の人」の意（転意）の両方の意味があり，その中古音も xi̯wong である[(171)]。チョンゴルの表には語末の -ang がチベット語転写では -o'o となる例があがっている[(172)]。一方「胡」には「覆い」の意も「悪い」の意もない。こうしてみるとホフマンの「Hor＝胡」説にもいささか無理が生じてくると思われる。

 しかし私はここで「Hor＝胡」説に代わって新たに「Hor＝匈」説を積極的に提唱しようとするものではない。ただ従来最も有力であった「Hor＝ウイグル」起源説を否定し，かつもう一つの「Hor＝胡」説にも若干の疑いが残ることを述べただけである。私はこれまで重要と思われる史料にはだいたい当たってみたが（ただし『ザムリンゲシェ』の Hor の条を見得ないでいるのは心残りである），残念ながら結局 Hor の語源についてはこれを明らかにすることができなかった[66]。しかしこれで，前章の最後に提出しておいた疑問，即ち P. t. 1283 文書の編者は何故に Hor と Ho-yo-hor を混同するに至ったかという疑問を解決する糸口が全くなくなってしまったわけではない。少なくとも，Hor がチベットからみた「北方の異民族」であったという事実だけは依然として残っているのである。

 歴史上 Hor の名で呼ばれた民族（種族）は多種多様であり，主に時代と地域によってその指し示す内容に変化があった。既に見た所をも含めて，今これを時代順に辿れば，まず最初は主に河西地方の非チベット人（その内容は雑多）を指し，次いで主にウイグル人を指すようになった。それが 13 世紀初頭のモンゴル帝国

---

[66] 張広達／栄新江 1993 に序文として寄せられた饒宗頤の「上古塞種史若干問題」[pp. 1-13]では，「Hor＝胡」説の立場からその語源についての仮説が展開されているが，余りに壮大すぎて容易に賛同できるものではない。

勃興以後はモンゴル人の意味になり[173]，さらに時代が下って 17 世紀にもなると，東方ではアムド地方の非チベット系種族を[174]，西方ではトルキスタン地方あるいはムガール帝国（これも元来北系）の人々を指すように変わった[175]。そして現在 Hor（Hor-pa）と呼ばれる人々は主にラサ北方，ツァイダムの南に住む Nub Hor（西の Hor）を西限とし，これより東の各地（主にデルゲとカンゼ）に住んでいるという[176]。スタンによるとこれらの Hor の特徴として，スキタイ的動物文様の金属製金具と，立石と墓石の集団（石を輪状に並べるもの）が挙げられ，さらに彼らの間には明らかにコーカソイドの者が含まれているという[176']。もちろん彼らはチベット語を話している。

このように見てくると，Hor が，チベット語を話す話さないに関わりなく，純粋チベット人（この評価は主観的なもの）からみて異種族の者を指したこと，及びその住地がチベット（中央部）からみて基本的に「北」であったことには問題がない。即ち Hor はごく大まかに言えばチベット人の眼から見た「北方の異民族」であったわけである[177]。しかしながら Hor の基本的な意味がそうであったとしても，逆に北方の異民族のすべてが Hor であったわけではない。つまりここに「北方の異民族 > Hor」という不等式（包含関係）が成り立っているわけで，我々はこの不等式を解かなければチベット人の意識（概念）の中にある Hor 本来の意味（語源ではない）を明らかにすることは不可能であろう。そこで私はこの不等式を解く鍵を見つけるために，図Jのような一覧表を作ってみた。

こうしてみると，まず第一に気が付くのは，Hor は民族の種類には無関係ということである。Hor はトルコ族であったり，モンゴル族であったり，さらにはインド＝ヨーロッパ系を含む雑種であったりする。次に気が付くのは，たとえチベットの北方を支配していても，唐や清の場合はこれを Hor とは呼ばなかったことである。それは中国というものは本来東方にあるものであることが意識されていたからであろう。では Hor とは，チベットの北方を支配した中国以外の異民族で，かつその時々に最も大きな勢力を有したものに与えられる名称であったのか。しかしこの仮説は，7 世紀～8 世紀中葉及び 17 世紀の情勢を考える時，簡単に崩れ去ってしまう。Hor の内容変化の原因を単に北方情勢の変化にのみ求めようとする限り，明解を得ることはどうも不可能のようである。そこで私は逆にチベット側の情勢変化にその原因を求めてみようと思う。

7 世紀に入り吐蕃王国が勃興し，その東北方にあった多弥・白蘭・吐谷渾など

112　第一篇　東ウイグル・唐・吐蕃鼎立時代篇

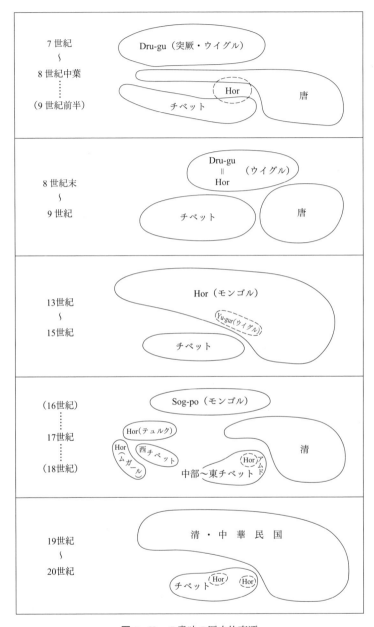

図J　Horの意味の歴史的変遷

を併合すると，チベット族の国家は青海〜河西地方で直接唐と境を接することになった。彼らはこの地方にチベット系でも中国系でもなく全く毛並の違った人々が住んでいるのを見つけたが，これらの人々をチベット人は Hor と呼んだ。恐らくこの Hor には，小月氏の後裔やソグド商人，あるいはまたトルコ族なども含まれていたと思われる。先に『ケペガトゥン』から Sum-pa（白蘭）族の間にも Hor がいたことを見たが，『新唐書』西域伝・党項之条には，

又有白蘭羌, 吐蕃謂之丁零。　　　　　　　　　　〈『新唐書』巻221, p. 6215〉

とある。山口瑞鳳氏からはこの丁零を Hor と同じとみてはどうかとの御教示を戴いたが[67]，私はこれに従いたい。そして恐らく当時のチベット人にとって，これら Hor の本国はずっと北にあるものとして意識されたであろう。後にチベット人の図式的な世界像の中で Hor が，東の中国，南のインド，西のタジク Ta-zhig (Stag-gzhig, 大食）に対立する北の代表とみなされるようになるその萌芽が生じたのがこの頃であることは，西の代表が大食であることからも裏付けられよう[68]。吐蕃が河西を完全に制圧してみると，たまたまこの時北方に勢力を伸ばしてきていたのがウイグルであった。そしてこのウイグル Uyɣur はチベット語式に転写すると Ho-yo-hor となるのであった[178]。ここに至って Hor は徐々にウイグルの代名詞となり，遂にはこれが一般的になってしまったのである。しかしチベット人がウイグルを Hor と同一視したのはウイグルが名実ともに北方の代表的異民族である間だけであった。9世紀後半に河西にウイグル集団が移住し，チベット人がウイグルのことをより身近に知るようになると，彼らウイグルは正しく Hve'i-hor とか Hve-hur と呼ばれるようになった。しかし12世紀末までは北〜中央アジアに強大な勢力をもつ民族は出現しなかったし，またこの間は一応西ウイグル王国が存在し続けたのであるから[179]，Hor の名でウイグルを指すこともあったであろう。だが13世紀にモンゴル族がユーラシア大陸の北方全域にわたる大帝国を建設するや，もはやウイグルに Hor たる資格はない。新たにモンゴル族こそが Hor の同義語となっていくのである[69]。現在にまで伝わったチベット語

---

[67] Cf. 山口 1983『吐蕃王国』p. 564.
[68] チベット人に長く伝承されたこのいわゆる「四天子説」については，後の拙稿でも一節を設けて取り上げた［森安 2007「唐代胡」＝本書第9論文，第6節］。
[69] ウイグルとモンゴルの中間の時期に当たるカラハン朝も Hor と呼ばれた事実を追加しておく［cf. 栄新江／朱麗双 2011, p. 202］。なお，チベットの北で西夏王国を建設したタング—

の蔵外文献の多くがこのモンゴル帝国支配時代に成立したために，チベット語史料の中には「Hor＝モンゴル」の意にとれる場合が他に比べて圧倒的に多いのである。17世紀に成立した『ダライ＝ラマ五世伝』中に現われるHorをトゥッチがモンゴルと見なしたのも故なきことではない。しかしこのHorはまたもその指し示す対象を変え，既にモンゴルを指さなくなっていたのである。山口によれば，これは東部チベットのアムド地方に住む非チベット系住民であるという[180]。一方同じ頃，西部チベットでもHorはモンゴルを指さなくなっていた。『ラダック王統記』を研究したフランケ（A. H. Francke）によれば，これらはトルキスタンやムガール帝国の人々を指しているという[181]。17世紀といえばまだモンゴル族はガルダン汗らに率いられて天山以北の地に絶大な勢力を保っていた時代に当たる。これが北方の代表としてHorと呼ばれても少しも不思議はない。ところが実際にはこれらはSog-poと呼ばれ，Horとは呼ばれなかった。それは次のような理由によると思われる。まず第一，チベット族の活躍する舞台が狭くなり，彼らの視野が狭まったこと。次に，モンゴルの勢力は天山以北に限られチベット族と直接境を接しなかったこと。言い換えればモンゴルとチベット間に清朝やイスラム化したトルコ族が介在したことである。それゆえHorは西方ではこれらのトルコ族を指し，東方では，清朝が別個のものとしての中国勢力であるからそれより手前のアムド地方の非チベット系住民を指すようになってしまった。つまり，早くも14世紀以前に，後のケサル物語に代表されるような民間伝承を通じて，北方にはHorがいるべきものとの概念（その萌芽が唐代にあることは既にみた）を根強く抱くに至ったチベット人にとって[182]，8世紀以来ずっと，北方の強国で，かつチベットに隣接するものとして意識されてきたHorも，清朝の西域支配以後はいわばチベットの内部にこれを求めなければならなくなっていったのであろう。そして遂にHorは，チベット領域内でも北寄りの地方に住む非チベット系住民の汎称となって現在に至ったのである。

ト族は同じチベット系であり，チベット語ではミニャク Mi-ñag という名称で呼ばれているから，これがHorと混同されることはありえなかった。

第3節 小結

　もし以上のような見方に誤りがないとすれば，我々はHorを次のように定義することができよう。即ち，「Horとはチベットの北方にいる中国民族以外の有力な異民族で[70]，かつチベットと直接領域を接しているものである。」[71] そしてこのことはまた，Horがチベット人の図式的な世界像の中で北方の代表となったことと表裏一体の関係にもあったのである。

　ここに至って我々には漸く，P. t. 1283 文書の編者がHorとHo-yo-horとを混同した真の原因（少なくともその一つ）が見えてきたように思われる。即ち，このHorとHo-yo-horとの混同は，単なる名称の類似によるのではなく，本文書作成の時期がちょうどHorの意味が「河西の非チベット系住民」から，さらに北方の「ウイグル族」へと変化する過渡期にあたっていたから起こったものである，と考えられるからである。さらに私は，このことから逆に本文書の成立年代を8世紀末～9世紀初頭に限定する。つまりバコーらの787-848年説をもう少し狭めるわけである。この時期は吐蕃の北方領域が急速に拡大した時期であり，チベット人の北方に対する関心もそれに応じて昂まっていったことであろう。P. t. 1283 文書は，まさにこのような時代の要求に応じるために，たまたま発見された「五人のHor人の報告」をもとに，他の幾つかの資料や伝聞を参照して編纂されたチベット人のための『北方誌』的性格のものではなかったろうか。

　現在までにHorに関して私がなし得た考察は，以上で全てである。P. t. 1283 文書の諸報告の起点となったHor国の位置については，これが河西～トゥルファン～北庭地方のどこかにあったということ以上には分からなかった。中国側史料からも8世紀中葉のこの地域にこのような国が存在したことは全く知られていない。ただ注意しなければならないのは，Hor国とはいっても実際にはこれは一つの城郭に拠るHor部落と言い換えてもよいものである。なぜなら，P. t. 1283 の第7行目に「国の名は中国語でJi-'ur，Dru-gu語でBa-ker balïqと言う」とある

---

[70] この定義中の「有力な」は追補である。
[71] 栄新江／朱麗双 2011, p. 202 ではHorを論証抜きで「北方遊牧民族」と規定しているが，拙稿では遊牧民族に限定していない点に注意されたい。もちろん，チベット北方の主要な勢力がしばしば遊牧民族であったことは事実である。

その国とは，明らかに Hor 国を指すものであり，それが古代トルコ語で城郭都市を意味する balïq を付して呼ばれているからである。それゆえ，当時の河西は唐や吐蕃が支配していたのだから，ここに一つの国家が成立していたはずはなく，Hor 国などというものが存在したはずもない，という批判は当たらない。例えば，よく知られている敦煌のソグド人集落のようなものがこの Hor 国である可能性も絶無とは言えないのである(183)。しかし今はこのような臆測は避け，あとは今後の研究に俟つこととしたい。〔書後 3 参照〕

〔原追記〕
恩師榎一雄・護雅夫両先生には原稿の段階で本稿を御覧いただき，多大の御教示を賜った。特記して衷心より感謝の意を表わす次第である。

チベット語史料略称一覧表
『ケペガトゥン』 = *Mkhas-pa'i-dga'-ston*.
  Cf. M. A. Lokesh Chandra / D. Litt, (eds.), *Mkhas-pa'i-dga'-ston of Dpa'-bo-gtsug-lag*. Part 4 (Ja). NewDelhi, 1962.
『ザムリンゲシェ』 = *'Dzam-gliṅ-rgyas-bshad*.
  Cf. T. V. Wylie, *The Geography of Tibet according to the 'Dzam-Gling-Rgyas-Bshad*. Roma, 1962.
『セベメロン』 = *Rgyal-rabs-gsal-ba'i-me-loṅ*.
  Cf. 王沂暖『西蔵王統記』上海，1955.
『テプテルゴンポ』 = *Deb-ther-sṅon-po*.
  Cf. G. N. Roerich, *The Blue Annals*, III. Calcutta, 1949-1953.
『パクサムジョンサン』 = *Dpag-bsam-ljon-bzaṅ*.
  Cf. S. Ch. Das (ed.), *Pag Sam Jon Zang*. Calcutta, 1908.
『フゥランテプテル』 = *Hu-lan-deb-ther*. (別名) *Deb-ther-dmar-po*.
  Cf. 稲葉正就／佐藤長（共訳）『フゥラン・テプテル――チベット年代記』京都，1964；Namgyal Institute of Tibetology, *The Red Annals*, Part 1 (Tibetan Text). Gangtok, 1961.
『プトン仏教史』 = *Bu-ston-gyi-chos-'byuṅ*.
  Cf. E. Obermiller, *History of Buddhism (Chos-ḥbyuṅ) by Bu ston*. Heidelberg, 1931-1932.
『ラダック王統記』 = *La-dwags-kyi-rgyal-rabs*.
  Cf. A. H. Francke, *The Chronicles of Ladakh and Minor Chronicles*. (Antiquities of Indian Tibet, Vol. II), Calcutta, 1926.

註
(1) ペリオ将来敦煌文書 numéro 1283 (Paris, Bibliothèque Nationale 所蔵；旧番号 Ms. 246)。現在までに本文書を研究した人に，ペリオ・バコー・クローソン・アンビス・リゲティの五氏があり，ペリオ以外はそれぞれの成果を発表している。Cf. Bacot / Pelliot 1956；Clauson

1957 ; Hambis 1958 ; Ligeti 1971.[72]
（ 2 ）バコーのテキストには抜けているが，写真からは明らかに rje と読める。Cf. Bacot / Pelliot 1956, p. 141.[73]
（ 3 ）原文書では表題は朱書されている。
（ 4 ）バコーは miṅ と転写しているが，写真によると myiṅ が正しい。Cf. Bacot / Pelliot 1956, p. 141.
（ 5 ）zha-ma kha-gaṅ とあるべきことは，*ll*. 49-50 及び *ll*. 69-70 より明らか。
（ 6 ）バコーは gčig と写しているが，写真で見る限り前置字 g- はなく，かつ čhig である。Cf. Bacot / Pelliot 1956, p. 141.
（ 7 ）恐らく突厥のホショーツァイダム碑文に見える Šan-tuṅ と同じものであろう。Cf. 小野川 1943a, p. 281 & n. 8（p. 335）.
（ 8 ）このトク（tog）がトルコ語・モンゴル語の tuγ であることは間違いない。tuγ とはヤクまたは馬の尾を竿にかけた一種の旗幟であり，君長あるいは軍隊の牙旗として用いられた。[74]
（ 9 ）byaṅ「北」が重複しているのは，単なる書き誤りであろう。
（10）*ll*. 39, 45, 65, 67 にあらわれる brtsan を全て「強い」と訳してよいのかどうかは未だ疑問である。
（11）A. Desgodins, *Dictionnaire tibétain-latin-français*.（Hong Kong, 1899）の gro-ma の項には "Espèces de liliacés（百合科の類）" とあり，格西曲札『蔵文辞典』の同項には「一種草根（可食）」とある。後述する所と相俟って，この gro-ma を漢文史料に言う所の「百合の根」と解釈することに大過はないと信ずる。Cf. 本稿，pp. 22-23.
（12）スタン 1971, p. 5 を参照せよ。
（13）これは私の解釈であって，あるいは正しくないかもしれない。文字通りには「死ぬことまたは殺すことの倫理（道徳・法・宗教）」である。
（14）バコーは gi としているが，写真によると gyi である。Bacot / Pelliot 1956, p. 143.
（15）（15'）バコーは myed としているが，写真では med である。Bacot / Pelliot 1956, p. 143.
（16）羽田 1957a, pp. 181-192 ; 小野川 1943b, pp. 388-394 ; Ramstedt 1913, pp. 10-37 ; Orkun, ETY, I, pp. 163-183.
（17）リゲティによって指摘されたように［cf. Ligeti 1971, p. 179］，張九齢『唐丞相曲江張先生文集』巻 14 所収の「賀聖料突厥必有亡徴其兆今見状」には「黙啜突厥」という呼び名がみえている［cf. Liu Mau-tsai, *Die chinesischen Nachrichten*, 1958, pp. 388, 732-733］[75]。'Bug-čhor と黙啜とは同じトルコ語を音写したものとするペリオ以来の見解に異論はないが［Bacot / Pel-

---

[72] Bacot / Pelliot 1956 に写真が掲載されたが，その後，Spanien / Imaeda 1979, *Choix de documents tibétains*, II, pl. 544 として大判の写真が利用できるようになった。
[73] 原文書を実見したところ，この rje は抹消されていた。やはり当初のバコーのテキストが正しかったわけで，私は朱字ゆえに写真では見まちがえたのである。
[74] Venturi 2008, p. 24 ではこのトク（tog）をチベット語として解釈しているが，それでは不十分である。トルコ語・モンゴル語の tuγ が漢語の「纛」に対応し，中央ユーラシア世界でそれが重要な意義を有していることについて，日本人学者には常識と思って旧稿では特に注記しなかったが，今は次を参照せよ。Cf. Pelliot, *Notes on Marco Polo*, II, pp. 860-861 & III, p. 275 ; TMEN, II, No. 969, pp. 618-622 ; ED, p. 464 ;『秘史』1, pp. 106-107 ; 吉田 2011a, p. 18.
[75] Cf. 齊藤 2013, p. 44.

［原脚註］

liot 1956, p. 151〕，突厥第二帝国の第二代目の可汗・黙啜（在位 691?-716 年）の名前がもとになって突厥が 'Bug-čhor と呼ばれるようになったとする考えには，今のところまだ賛成できない。〔書後 5 参照〕

(18) Bacot / Pelliot 1956, p. 145.
(19) 両唐書・ウイグル伝。羽田 1957a, pp. 176-181；小野川 1940, p. 34；小野川 1943b, pp. 391-393.
(20) 羽田 1957a, p. 278 の註 59；Mackerras 1972, p. 126, n. 3 & p. 127, n. 7.
(21) 羽田 1913a, pp. 367-368.
(22) Gibb 1923, pp. 59-85；前嶋 1958-59, pp. 160-173.
(23) 山田 1971a, pp. 480-481；山田 1971b, pp. 314-316.
(24) Ligeti 1971, p. 180.
(25) Bacot / Pelliot 1956, p. 147.
(26) Ligeti 1971, p. 180.
(27) (27') Bacot / Pelliot 1956, p. 152.
(28) クローソンは Ne-shag を末尼師（Mo-ni-che）の不完全転写であろうと推定したが〔Clauson 1957, p. 15〕，これまた全くの誤解である。
(29) DTS, pp. 358-359.
(30) 新来のマニ教勢力と在来のシャマニズム勢力との確執や牟羽可汗のマニ教への改宗などについては別稿（未発表）76 があるので，ここでは説明を省く。
(31) Bang / Gabain, TTT II, pp. 414-415.
(32) Ramstedt 1913, pp. 10-37；Orkun, ETY, I, pp. 163-183.
(33) Bacot / Pelliot 1956, pp. 139-140.
(34) Ligeti 1971, p. 172.
(35) Hambis 1948, p. 240.
(36) 『安禄山事跡』や「唐故三十姓可汗貴女阿那氏之墓誌」〔cf. 羽田 1913a, p. 366〕などの漢文史料に現われる十二姓ないし十二部を東突厥の同義語と考える見解もあるが，これには未だ軽々しくは従えない77。Cf. Pulleyblank 1952a, p. 339, n. 2；Czeglédy 1972, p. 276.
(37) Clauson 1957, pp. 18-19.
(38) Ligeti 1971, p. 187, n. 76.
(39) Pelliot 1914b, "Kanjur", p. 144, n. 1. 但し山本はこの論文には言及していない。
(40) 山本 1938, pp. 1-36.
(41) この人物は，7 世紀前半に出た英主ソンツェン＝ガムポの父王にあたる。
(42) 羽田 1919, pp. 335, 382-384. 但し羽田亨は，氏の引用する諸史料にみえる「九姓突厥」・「突厥九姓」は「九姓鉄勒」の誤りであるとしているが，私はそのようにみなす必要は全く

---

76 これは私の卒業論文のことであるが，ついに発表する機会がなかった。その点については，本書第 14 論文の冒頭を参照。
77 この時の私はまだ慎重論であったが，その後，石見清裕・鈴木宏節によって考察が深められたので〔石見 1987, pp. 127-130；石見 1990, pp. 216-218；鈴木 2006, pp. 3-7, 18-19〕，突厥やブグチョルに関わる「十二姓」「十二部」を「東突厥」に比定する見方に対し，もはや異存はない。さらにブグチョル十二部（十二姓）については，最近になってまた大きな研究の飛躍が見られたので，本稿の〔書後 5〕を参照されたい。

〔原脚註〕

(43) (43') (43") すべて第2章で詳述する。
(44) Clauson 1957, pp. 11-12.
(45) Ligeti 1971, p. 171.
(46) 突厥のキョル=テギン碑文及びビルゲ可汗碑文。Cf. 小野川 1943a ; Orkun, ETY. その他多数の文献目録は省略する。
(47) リゲティはさらにテュルク語の方も Tat-bï と読むべきであるという新説を唱えている。Ligeti 1971, p. 186, n. 70.
(48) Karlgren, AD, No. 126＝GSR, No. 876d & 876p.
(49) 羽田 1923a, p. 415 ; Csongor 1960, No. 178.
(50) Csongor 1960, Nos. 6, 7, 169, 228, 372, etc.
(51) 羽田 1923a, p. 413 ; Csongor 1960, No. 493.
(52) Bagchi 1929, p. 77.
(53) 岩佐 1936, pp. 67-68.
(54) Henning 1952, p. 501, n. 5.
(55) 岩佐 1936, pp. 61-67.
(56) 岩佐 1936, p. 67.
(57) Clauson 1957, pp. 19-20.
(58) Bacot / Pelliot 1956, p. 151.
(59) 羽田 1923a, p. 419 ; Csongor 1960, No. 735.
(60) あるチベット人インフォーマントによると、Mon (-ba) とはネパールとか雲南など「南の低くて暑い地方（の人々）」を指すという。本文書に二度現われる Mon-ba も恐らくはこれと同じ用法であって，固有名詞と解すべきではなかろう。
(61) この史料は岡田英弘氏の御教示により知り得た。記して感謝する。
(62) Minorsky 1937, pp. 83-84.
(63) 桑原 1923, p. 31 ; Minorsky 1937, p. 228 ; 伊東隆夫「唐末五代頃に於ける日本国号の南伝につきて」『歴史学研究』12-2, 1942, pp. 41-64.
(64) 白鳥『全集』5, pp. 91-92 ; 村松一弥『中国の少数民族』（東京，1973）pp. 54-55.
(65) 白鳥 1919, pp. 347-348 ; 田村実造「室韋伝訳注」（『騎馬民族史 1 正史北狄伝』東京，1971）pp. 292-293, 296.
(66) 白鳥 1919, pp. 345, 356-359, 388-389.
(67) 池内宏「鉄利考」（『満鮮史研究・中世・第一冊』東京，1933）pp. 65, 69.
(68) 『鳥居龍蔵全集』8,（東京，1976）pp. 156, 160.
(69) 『季刊どるめん』6, 1975, p. 85.
(70) 日野 1959, pp. 26-27.
(71) 白鳥 1919, pp. 346-347.
(72) 白鳥 1919.
(73) シロコゴルフ『北方ツングースの社会構成』（東京，1941）pp. 237-238, 680-684.
(74) 『旧唐書』巻 199 下・靺鞨伝，p. 5358 ;『唐会要』巻 96・靺鞨伝，p. 2040.
(75) 白鳥『全集』4, pp. 65, 67-69, 521 ; 村松，註 64 前掲書，p. 41.
(76) Pelliot 1912 ; Pelliot 1921 ; Hambis 1948 ; 戸田 1940, pp. 94-95, n. 13.

［原脚註］

(77) Thomas / Clauson 1927, pp. 282, 293.
(78) 『新唐書』巻 217 下，p. 6146；『唐会要』巻 98, p. 2081；『通典』巻 199, p. 5470.
(79) 都播は木馬突厥の中の一部族であったと言われているから［『新唐書』巻 217 下，p. 6148］，これは単純にはトルコ系と考えられる。しかし白鳥は都播をモンゴル系とみなしている［cf. 白鳥 1919, pp. 411-416］。
(80) バーサーリィ (I. Vásáry) は Käm の語源を研究し，これはサモイェード語で「河，水」を指すとの結論を得た。そしてこの Käm という名が文献上少なくとも 5 世紀にまでは遡れることを指摘し，現在主にイェニセイ河中流域に分布するサモイェード族が，古くはイェニセイ河上流域すなわちケム (Käm) 河流域にまで及んでいたとする説に有力な手がかりを与えた［Vásáry 1971］。一方サモイェード族の間ではトナカイ飼養が広く行なわれていることを考えると，この鞠をサモイェード種であったと見てもさほど大きな誤りはあるまいと思う。
(81) 白鳥『全集』4, pp. 521, 637；『アジア歴史事典』2, キルギスの項。[78]
(82) 林俊雄氏の教示による。С. И. Вайнштейн, Историческая Этнография Тувинцев, Москва, 1972, pp. 7, 91.[79]
(83) 私はこの「鞠」は，ホショーツァイダム碑文及びシネウス碑文に，キルギスの近く，ケム河地方にいたものとして現われる Čik (チク) と同じものであると考えている。その詳細についてはいずれ別に論ずるつもりである。[80]
(84) 従来はバイカル湖とみる説の方が強いようである。例えば，白鳥 1919, pp. 408-409；Menges 1959, p. 90 を見よ。
(85) 岑仲勉『突厥集史・下冊』p. 745.
(86) 『中国高等植物図鑑・第一冊』(北京，1972) p. 556 の説明中には，「痩果和根状茎含淀粉」とあり，根 (実際には地下茎) に澱粉を含むことが知られる。
(87) ポターニン 1945, p. 113.
(88) 語末の -t はモンゴル語の複数形である。モンゴル語では民族を指す場合には多く複数形が使われたようであり，それゆえ例えば Uiɣur も『元朝秘史』では Uiɣut (さらに γ が消えて Ui'ut) となる。
(89) Ligeti 1971, pp. 184-185.
(90) 佐口透によれば，ラシードの『集史』もナイマン族の一つにグチュグルの名を挙げている，という。Cf. ドーソン／佐口『モンゴル帝国史』1, p. 311. ただし Хетагуров 1952 ないし Фазлаллāх Рашӣд ад-Дӣн, Джāми‘ ат-Тавāрӣх, Том I (Москва, 1968) の当該ナイマンの条には，このグチュグルの名はみえない。
(91) 前田『元朝史』p. 249. なお，ナイマン族がモンゴル系ではなくトルコ系であったことについては，植村 1961「乃蛮小考」, Murayama 1959, 及び Ligeti 1971, p. 185 & n. 64 をみよ。但し植村はナイマンの起源を直接ウイグル (九姓オグズ) に求めており，この点，八姓オグズがナイマンになったとする前田直典の考えとは異なる。八姓オグズが九姓オグズから一姓を取り去ったものではなく，全く別の集団で，両者は同時に並存したことはシネウス碑文よ

---

[78] Cf. Golden 1992, pp. 176-183.
[79] Cf. メンヒェン＝ヘルフェン著；田中克彦訳『トゥバ紀行』岩波文庫，青 471-1, 1996, pp. 70-84；佐々木史郎「トナカイ飼育の歴史」『民博通信』30, 1985, pp. 85-94；加藤九祚『北東アジア民族学史の研究』東京，恒文社，1986, pp. 172-178.
[80] 「鞠」と Čik (チク) の比定については，白玉冬 2011a, pp. 92-95 を参照。

［原脚註］

2 チベット語史料中に現われる北方民族　121

り明らかである［cf. Ramstedt 1913］。[81]
(92) (92') Ramstedt 1913.
(93) 駒井 1961, pp. 284, 286.
(94) Hambis 1958.
(95) 白鳥 1919, p. 404；白鳥『全集』4, p. 639.
(96) Hambis 1958.
(97) Radloff, *Die alttürkischen Inschriften der Mongolei*. 3. Lieferung, 1895, pp. 325-327；Orkun, ETY, III, pp. 89-91；Малов, *Енисейская Письменность Тюрков*, 1952, pp. 44-45.
(98) ドーソン／佐口『モンゴル帝国史』1, p. 310；Фазлаллāх Рашӣд ад-Дӣн, *Джāмиʻ ат-Тавāрӣх*, Том I, Москва, 1968, p. 342；Хетагуров 1952, pp. 122-123.
(99) ただし原文にはكوشتمىとあり, Хетагуров は Куштеми と転写している。しかし異本もあり, 例えば Березин は Кестеми としている。
(100) 『アジア歴史事典』3 のケムケムジュートの項（佐口透執筆）。
(101) 小野川 1943a, pp. 372-373；岑仲勉『突厥集史・下冊』p. 760.
(102) (102') 森安 1979「増補：北庭戦」＝本書第 4 論文を参照。
(103) 護『古卜研』I, 第 2 編・第 3 章。
(104) さらに言えば, ホショーツァイダム碑文に現われる Yir Bayarqu もこの Ba-yar-bgo と同じものではなかろうか。なぜならこの Yir Bayarqu は, 「東」の山東平野（太行山脈の東）, 「南」のトクズ＝エルシン, 「西」のシル河及び鉄門と並んで, オテュケン山を中心とする突厥の領域の「北」にあるものとして挙げられているからである。Cf. Gabain, ATG, section 325.
(105) Clauson 1957, p. 15.
(106) Ligeti 1971, p. 183.
(107) Radloff, VWTD, II, p. 1494.
(108) ポターニンは「トムスク県のクズネック地方の Teleut 人」という表現を使っている［ポターニン 1945, p. 28］。
(109) 白鳥『全集』6, p. 46. ただし白鳥はこの伝承の出典を明記していない。Cf. W. Radloff, "Beobachtungen über die Kirgisen." *Petermanns Mitteilungen*, 1864, pp. 163-164（未見）。
(110) 『陥虜記』については『契丹国志』巻 25, pp. 237-240 ないし『新五代史』巻 73, pp. 905-908 を, ヘトゥムの旅行記については M. Klaproth, "Aperçu des entreprises des Mongols." *JA* 1833, p. 287；E. Dulaurier, "Les Mongols d'après les historiens arméniens." *JA* 1858, p. 472；Л. А. Ханларян (пер.), *Киракос Гандзакеци, История Армении*, Москва, 1976, p. 225 を, カルピニの旅行記については護雅夫（訳）『中央アジア・蒙古旅行記（カルピニ・ルブルック）』東京, 1965, p. 29 を, それぞれ参照せよ。
(111) Atalay, DLIT, I, p. 57. [82]
(112) F. Sümer, *Oğuzlar*, Ankara, 1972, p. 210 の次に挿入された付表 I の n. 45.
(113) Ligeti 1971, pp. 181-182.
(114) 曷剌はトルコ語の ala（ブチの, まだらの）即ち漢字の「駁（駁に通ず）」に当たる。『新

---

[81] 註 91, 92, 92' に引用したシネウス碑文については, 今は森安／鈴木／齊藤／田村／白 2009 を参照すべきである。
[82] Cf. CTD, I, pp. 102, 362.

［原脚註］

『唐書』回鶻伝・駁馬国之条［p. 6146］では駁馬の別名を遏羅支（°ât-lâ-tśię … Karlgren, AD, Nos. 73＋569＋1212＝GSR, Nos. 313*l*＋6a＋864a；支＝či …Csongor 1960, No. 86）と伝えているが，白鳥はこれを alakči（徽些な駁色）と説いた［白鳥 1919, pp. 425-426］。ただしこの alakči というのはモンゴル語形であり，この比定には疑問が残る。Cf. 前註 113；Boodberg 1979, pp. 111, 262.

(115) ここでは塩漠念と記しておいたが，私はむしろ，塩漠念から塩漠という部族名を抽出し（念は後の咄陸闕俟斤にかかるとみる），これを Yämäk ないし Yimäk に当てるアンビスの説に左袒したい［cf. Hambis 1958, pp. 317-318］。この Yimäk というのはイスラム史料に頻出する Kīmāk の中核部族の一つであったことは周知の通りであり［cf. Minorsky 1937, pp. 304-305］，かつその Kīmāk の住地はイルティシ河中流域からアルタイ西部にまで達していたという［cf. 林俊雄，『東洋学報』58-1/2, 1976, pp. 210-211］[83]。またイドリーシーによると，Kīmāk の周辺には下図のような諸族がいたというが［J. Marquart, "Über des Volkstum der Komanen." *Abhandlungen der Königl. Gesellsch. der Wiss. zu Göttingen*, Phil.-hist. Klasse, N. F., Bd. XIII-No. 1, Berlin, 1914, p. 111］，キーマークの西にいる Khalač が前註 114 の遏羅支すなわち駁馬国と同一であることは一見して明らかである。

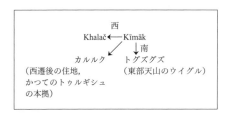

(116) さらに Kästim と駁馬の結び付きも，18 世紀初頭のトムスク地方の一人物が語った次のような言葉から推測される。「Kistym の韃靼を駁部落と称する所以は，彼等が駁色であったからである」［白鳥『全集』4, p. 618］。

(117) (117') 白鳥『全集』4, p. 626.

(118) もちろん馬行である。

(119) 10 世紀中頃に書かれた Constantin Porphyrogenetos の *De Administrando Imperio* [cf. A. N. Kurat, *Peçenek Tarihi*, İstanbul, 1937, p. 258；Clauson 1957, p. 16]，10 世紀末に無名氏によって書かれた *Ḥudūd al-ʿĀlam* [cf. Minorsky 1937, pp. 101, 160]，12 世紀前半に Marvazī によって書かれた *Ṭabāʾiʿ al-Ḥayawān* [cf. Minorsky 1942, pp. 32-33] などが主なものである。Cf.〔原補註 2〕。

(120) Clauson 1957, p. 15.

(121) Atalay, DLIT, I, p. 119.[84]

(122) Atalay, DLIT, I, p. 28.

(123) Clauson 1957, p. 15；Banguoğlu 1958, pp. 90, 93.

---

[83] Cf. 加藤（九）1986, pp. 27-29. 本書第 4 論文＝森安 1979「増補：北庭戦」p. 217 に引用するタミーム＝イブン＝バフルの旅行記にもキーマークは現われる。

[84] 註 121 & 122 が，CTD, I, p. 144 & p. 83 に対応する。Atalay 版では Oγraq と Uγraq としていたが，Dankoff / Kelly 版では注記を付けた上で両方とも Oγrāq に統一している。

［原脚註］

(124) Bacot / Pelliot 1956, p. 152.
(125) 白鳥『全集』4, pp. 630-634.
(126) 白鳥『全集』4, pp. 640-641, 442.
(127) 白鳥『全集』4, pp. 638-641.
(128) J̌i-'ur と Ba-ker pa-leg については従来明解がない。わずかに Ba-ker pa-leg を Baqïr balïq（銅の町）と還元する説［Bacot / Pelliot 1956, p. 151］と Vaxar balïq（仏教寺院の町）と解釈する説［Clauson 1957, pp. 17-18］が提出されたにすぎない。リゲティはカーシュガリーの辞書を援用して前者の説を強く主張したが［Ligeti 1971, p. 177］, 私は現段階ではむしろ後者のクローソン説の方がよいように思う。その理由は, J̌i-'ur が漢字で「寺窟」（*zi'-kʻuət）と還元できて Vaxar balïq と同じ意味になり, こうすれば河西～トゥルファン～北庭にあった Hor の町としてはぴったりではないかと思われるからである。これはあるいは本稿第2章第1節でみる Hor の Pe-har とも関係があるかもしれない。というのは『パクサムジョンサン』によるとこの Pe-har も, もともとは Vihāra が訛ったものだというからである［Stein 1951, p. 249, n. 11 ; Das 1908, II, p. 173］。ただしこれはあくまで一つの推論を述べたまでであって, 私自身確信はないことをお断りしておく。
(129) 山本 1938, p. 33 ; Clauson 1957, p. 15 ; Stein 1951, p. 250 ; スタン 1971, p. 47.
(130) 羽田亨・ポール＝ペリオ共編『燉煌遺書・第一集』（上海, 1926）所収。『大正藏』巻51・No. 2090.
(131) Cf. 諏訪 1937, pp. 79-88.
(132) 寺本 1931, p. 76 & 巻頭写真。
(133) 例えば, ランダルマ王（在位 836-841 年）の仏教弾圧から逃れた僧が中央チベット→西チベット→ Gar-log（カルルク）→ Hor →アムドという道を辿って布教兼放浪の旅を続けたといわれる場合の Hor ［『プトン仏教史』,『フゥランテプテル』,『テプテルゴンポ』etc.］や, 尚綺心児が宰相であった時代（9 世紀初頭）に吐蕃が Rgya（唐）・lǰaṅ（南詔）・Hor と戦ったといわれる場合の Hor ［『ケペガトゥン』fol. 124a］がそれである。Cf. Hoffmann 1950a, p. 192 ; Obermiller 1931-32, p. 201 ; 稲葉／佐藤 1964, p. 98 ; Roerich 1949, p. 63.
(134) 山本 1938, p. 33.
(135) 山口 1969.
(136) Stein 1951, pp. 249-252 ;『ケペガトゥン』fol. 89b, 99a.
(137) 佐藤『古チ』索引をみよ。
(138) 佐藤『古チ』pp. 768-769.
(139) Richardson 1952.
(140) Das 1908, II, p. 172.
(141) Stein 1951, pp. 249-52 ; スタン 1971, p. 60.
(142) Das 1908, II, p. 358 ; Stein 1951, p. 250, n. 4.
(143) 森安 1973, p. 87, n. 58.
(144) ともにスタイン収集の S. 5824 文書にみえる［cf. 藤枝 1961, p. 279］。王＝waṅ, 子＝tse, 和＝hwa［Csongor 1960, Nos. 486, 123, 40］。郎＝lâng［AD, No. 514＝GSR, No. 735r］, 安＝・ân［AD, No. 4＝GSR, No. 146a］[85]。
(145) 藤枝 1961, p. 225.

---

[85] 安和子は S. 5824（＝G. 7836）のみならず S. 5818（＝G. 7372）にも見えている。

［原脚註］

(146) 森安 1973, pp. 75-76 及び未発表拙稿〈前註 102〉対応箇所。[86]
(147) Thomas, TLTD, II, pp. 92-109.
(148) Ligeti 1971, p. 187, n. 76.
(149) 佐藤『古チ』pp. 399-400.
(150) 両唐書・吐蕃伝。
(151) Thomas, TLTD, II, pp. 105-106.
(152) 佐藤『古チ』pp. 692-694.
(153) 敦煌年代記 OTC［DTH, pp. 113, 150］には Khri-lde-gtsug-brtsan 時代のこととして，rgya la čhab srid mdzad na / rgya'i mkhar kwa ču la stsogs pa phab ste//「中国にまで国威を及ぼして，中国の都市・瓜州などを臣属させた」とあるが，これは瓜州を一時的に（例えば727年）支配したことを言っているにすぎない。
(154) 藤枝 1941「帰義（一）」pp. 87-89.
(155) 商務印書館編『敦煌遺書総目索引』北京，1962, p. 272.
(156) 蘇瑩輝「補唐書張淮深伝」，同氏『敦煌論集』台北，1969, pp. 243-252.
(157) （財）東洋文庫所蔵，敦煌文献 V-5E-8.
(158) Cf. 森安「C・マッケラス『両唐書より見たウィグル伝』書評」『東洋学報』55-3, pp. 130-131.
(159) Tucci 1950, pp. 38, 93.
(160) トゥッチはこの部分を "by the section of the Southern Hor" と訳しているが［Tucci 1950, p. 38］，山口瑞鳳氏の御教示によればそのような読み方は不可能であるという。
(161) Tucci 1950, p. 81, n. 81.
(162) Lalou 1939-1961 ; G. Uray, "Vorläufiger Bericht über einen Brief eines uigurischen Qaγans von Kan-chou in tibetischen Sprache."（1974年度 PIAC 総会発表レジュメ……護雅夫氏将来）。

   P. t. 1082 Lalou teṅ-re gye pur kha-gan
        Uray teṅ-re hve-hur kha-gan
        türk täŋri uyγur qaγan
   P. t. 1188 Lalou daṅ ra-hve'i hor khā-gan
        Uray daṅ-ri hve'i-hor kha'-gan
        türk täŋri uyγur qaγan

(163) 佐口透「サリク-ウィグル種族史考」，『山本博士還暦記念東洋史論叢』東京，1972, pp. 191-202.
(164) 後註 173 をみよ。
(165) Thomas, TLTD, I, p. 157. Cf.〔原補註 3〕．
(166) Hoffmann 1950a, p. 195 ; Hoffmann 1971, p. 451.
(167) Csongor 1960,
   γw: hw ……Nos. 50, 213, 214, 312, 313, 479
   χw: hw ……No. 49
   γu: hw ……No. 201
   i̯ᵊuu: u'u ……Nos. 536, 561
   i̯wo: u'u ……No. 597

---

[86] これが第4論文＝森安 1979「増補：北庭戦」p. 225 に対応する。

［原脚註］

jwi: u'u ……No. 142
(168) Karlgren, AD, No. 91＝GSR, No. 49a'.
(169) 寺本 1931, p. 76 及び巻頭写真。寺本はこれを Kuo-kuo と転写しているが［p. 72］，写真からは Hwo-kog と読める[87]。因みに本地図はチベット語の読めない我が国の仏僧が書き写したものらしく，チベット文字にはかなりのゆがみが見られる。
(170) (170') Wylie 1962, pp. 30, 88.
(171) Karlgren, AD, No. 162＝GSR, No. 1183d.
(172) Csongor 1960, Nos. 473, 489.
(173) これは史料をあげるまでもないほどよく知られた事実である。有名な『蒙古喇嘛教史』も原文は Hor chos byuṅ と言う。今，参照に便な文献だけを掲げる。稲葉／佐藤 1964, pp. 59, 78, 81, 82 ; Roerich 1949, p. 60.
(174) 山口瑞鳳「Z・アフマド『十七世紀における中国・チベット関係』書評」『東洋学報』55-4, p. 102 ;『ザムリンゲシェ』Wylie 1962, pp. 58, 88.
(175)『ラダック王統記』Francke 1926, pp. 105, 110, 114, 116.
(176) (176') スタン 1971, pp. 18-20 & 索引参照。
(177) このような見方は，結論的には，A. Guibaut / G. Olivier, *Anthropologie des Tibétains orientaux*, Paris, 1965, pp. 115, 121 のそれと同じになる。
(178) Ligeti 1971, pp. 180, 187, 188.[88]
(179) 安部『西ウ』。
(180) 前註 174 に同じ。
(181) 前註 175 に同じ。
(182)『セベメロン』にみえる Hor の用法は，固有名詞というよりもむしろ「北方の人」という一般的な名詞としてのそれである［王沂暖『西蔵王統記』pp. 29, 38, 50, 60］。また『フゥランテプテル』の原史料の一つである *Rgya-Bod-kyi lo-rgyus*（*Rgya-yig-tshaṅ*＝主に『新唐書』吐蕃伝や『資治通鑑』から吐蕃に関する箇所を抄訳したもの，13 世紀に成立）の翻訳者が 7 世紀の突厥を Hor と訳したのも，「Hor＝北方の代表（強国）」という概念を持っていたからであろう［稲葉／佐藤 1964, pp. 9-23, 52, 53］。敦煌編年記 OTA などの同時代史料では 7 世紀の突厥は常に Dru-gu と呼ばれていて，Hor と呼ばれた例はただの一つもない。
(183) 池田 1965, pp. 49-92.

〔原補註 1〕本稿脱稿後，護雅夫は「いわゆる bökli について」という論文を発表し［『江上波夫教授古稀記念論集 民族・文化篇』東京，1977, pp. 299-324］，bökli についての最終的結論とも言うべきものが示された。それによると，従来 bökli と読まれてきたものは実は bök eli（古代トルコ語で「bök の国」＝「貊の国」の意）と読むべきであり，これ即ち高句麗を指すという。護はまた Mug-lig にも言及し，これは「貊で写された原音の転写＋"mit etwas

---

[87] これについては，後に私自身の専論で Huo-kuog と読み改めた［本書第 9 論文＝森安 2007「唐代胡」p. 12（p. 527）］。
[88] Uyɣur の本来の発音は Huyɣur であったことがリゲティによって指摘されているが，その方が漢字の「迴紇・回鶻」などの中古音とうまく対応するのである。アルタイ語で語頭の h- が脱落していく現象は，ペリオの有名な論文［Pelliot 1925］以来よく知られている通りである。

［原脚註＆原補註］

versehen, zu etwas gehörig"をあらわす接尾辞の -lig」=「貊に属する地」=「渤海」と述べている。氏の精緻な論証過程を今ここに紹介することは到底不可能なので，是非とも原文を参照されたい。

〔原補註 2〕 O. Pritsak, "The Pečenegs : A Case of Social and Economic Transformation." *Archivum Eurasiae Medii Aevi*, Tomus I, 1975, p. 215.

〔原補註 3〕 校正の段階で実はワシリエフの方が先にこの説を唱えていることを発見した［B. Васильев, *География Тибета*, Санктпетербург, 1895, p. 5］。しかし本稿の論旨にはさしさわりがないので，敢えて訂正しない。

〔書後 1〕

　本稿［森安 1977「Hor」］の内容の要旨を，私は 1979 年にハンガリーで開催されたチベット学会においてフランス語で発表した。それが *AOH* 34-1/3 に掲載された Moriyasu 1980 であるが，欧米の研究者の大部分は日本語が読めないためにこの簡単な短縮版のみを引用するに留まっている。Moriyasu 1980 は耿昇によって中文訳され［『敦煌訳叢』第一輯，蘭州，1985, pp. 231-246 ＝再録：鄭炳林主編『法国蔵学精粋』蘭州，甘粛人民出版社，2011, pp. 1050-1063］，別に陳俊謀が本稿から直接中文訳したもの［『西北史地』1983-2, pp. 103-118］もあるが，これまた部分訳にすぎない。それゆえ本稿は海外の学界では先行研究としてじゅうぶんな評価を与えられていないばかりか，場合によっては屋上屋を架す議論や余計な誤解を生む原因にさえなっている。以下には本稿出版後に発表された P. t. 1283 関連論著を列挙する：Uray 1979；王堯／陳践 1979；王堯／陳践 1983；Sinor 1985；Beckwith 1987；Senga 1992；Divitçioğlu 2003；Venturi 2008. Venturi 2008 は，本文書が極めて重要な内容を含むにもかかわらず，欧米の研究者が利用できる全訳としては Bacot / Pelliot 1956 の暫定的なフランス語訳しかなかったため，広汎な利用を阻害してきたとし，学界に最新の英訳を提供する意義を強調する。確かにその通りであり，私もその意義を認めるにやぶさかではないが，本人は日本語が読めないため，森安 1977「Hor」の日本語全訳の存在をあげつつも，それをまったく利用できていない。そして，短縮版の Moriyasu 1980 のみを参照して議論しているため，彼女が意味不明とした箇所や課題として挙げた問題点の多くが既に解決されていることを知らずに私の仕事を過小評価している。特に Hor をすべてウイグルと見なすのは誤りであるという拙稿の主張は無視され，時計の針が逆戻りしたかの感があるのは遺憾である。また p. 13 では，森安は Hor がある場合には天山地方以東の河西のウイグルを指すと考えているとしているが，甚だしい誤解であり，拙稿のどこにもそのようなことは書かれていない。このような無責任な先行研究の扱いは，もし欧米と日本の立場が逆であれば，決して許容されるものではなかろう。一方，少数の日本語を解する研究者にあっても，拙稿に異議を唱える時はこまめにレファランスを付けるのに，拙稿が同じ見解を先に打ち出している場合には引用・言及しない傾向が見られるのは残念である。

［原補註］

なお本稿出版後、とりわけ陳俊謀による中文摘訳が『西北史地』1983-2 に掲載されて以後、Hor や Dru-gu に注目する中文論文が多数現われたが、それについてはコメントの必要はなかろう。

〔書後 2〕

古代チベット語史料中に現われる Dru-gu 国（Dru-gu yul）は「テュルク／トルコ国」ではなく、むしろ「トルキスタン」と訳すべきであったことに後で気付いた。勿論そのトルキスタンとは、本書でも多用している近現代の地理的概念としてのそれではなく、6 世紀後半以降、もともとソグド人が、後にはペルシア人やアラブ人などが、中央ユーラシア北部に広範に展開したトルコ系遊牧民の支配領域、すなわちモンゴリアからシル河に到る天山北路の大草原地帯を主として呼んだ古い地域概念であり、その用例は 639 年のソグド語文書にまで遡る［吉田／森安 1989, pp. 14-15］。以後は突厥をはじめとするトルコ族が間接支配を及ぼした天山シル河線以南にまで適用範囲が拡大した可能性もある。

なお、ドットソンは敦煌編年記 OTA の新訳［Dotson 2009］において、Dru-gu yul を "Turkestan" と英訳しているが、それは OTA の Dru-gu は、私が本稿で主張したような「テュルク／トルコ族一般」という意味ではなく、個別具体的に「西突厥」だけを指すとするベックウィズ説［Beckwith 1987, pp. 63-64, n. 56］に依拠したからである。もちろんこのベックウィズ説は彼独自のものではなく、OTA の Dru-gu は西突厥の支配した天山北路のみならず、天山南路のタリム盆地からフェルガーナ・トハリスタンあたりまでも包含するとしたウライ説［Uray 1979 "A Survey", p. 281］に基づくものであろう。いずれにせよ、これに限らず、本書第 2 論文［森安 1977「Hor」］並びに第 3 論文［森安 1984「吐蕃の中ア」］と、その後に出版されたベックウィズ本［Beckwith 1987］との間には随所で異なる見解がみられる。いちいち補記としてコメントするのは差し控え、いずれが是であるかの審判は後進に委ねることとしたい。

〔書後 3〕

本稿の核心をなす敦煌出土チベット語文書 P. t. 1283 の解釈について、1977 年の発表時点ではまだ不明な箇所がいくつも残されていたが、その後の研究の進捗により判明した点も少なくないので、それを拙著『シルクロードと唐帝国』［森安 2007, pp. 316-334］で披露した。その拙著は概説書とはいえ、私の新しい考えを随所に盛り込んだ研究書でもあるので、詳しくはそちらを参照していただきたいが、以下に重要な点を抽出しておく。

最大の発見は、第 16 行目に見える「Shan-toṅ 地方の大臣 Čhaṅ-čhuṅ-čhi」を、「山東地方の大臣である張忠志」に比定することができたことである。Venturi 2008 の新訳で

さえ，まだこの点には気付いていない。張忠志とは，一般には唐朝より賜った李宝臣の名前で知られるが，唐中央に反抗した半独立的軍閥「河朔三鎮」の一角をなした成徳軍節度使となった重要人物である。節度使であった時期は，安史の乱勢力側から唐側に寝返った762年から，死去する781年までである。彼を大臣といっているのは，唐朝廷より検校礼部尚書という名目的大臣の位を与えられていたからで，実際には成徳軍節度使として実権を握り，山東を支配していた。当時の山東とは太行山脈の東ということで，現在の山東省だけでなく河北省も含まれる。『新唐書』巻211・李宝臣伝 [p. 5946] によれば，「馬五千，歩卒五万」とあり「雄は山東に冠たり（or 山東に雄冠す）」と記されている。李宝臣がこのように安史の乱後にいわゆる河朔三鎮の中でも絶大な権力を握るに至った背景と経緯については，森部 2011a, p. 263；森部 2012, pp. 10, 18-19 に加えて，新見 2012, pp. 27-28 及び第3章を参照されたい。

以上の事実も，P. t. 1283 文書の対象となった年代を，ウイグル建国直後の740年代よりやや広げて8世紀中葉としていた結論 [原論文, pp. 9-13 ＝本書, pp. 64-72] と矛盾しないが，763年の安史の乱終結後の事実まで記載されていることが明らかとなったわけである。

なお，原論文執筆時には，一人目のホル Hor 人使者の報告がなぜ奚について詳しいのか，なぜ奚のすぐ東隣に渤海国があるのか，朝鮮半島ではなぜ新羅が無視されているのか理解できなかったが，今はそれらの疑問が氷解したように思う。そもそも張忠志は純粋の漢人ではなく，奚族出身であり，范陽地方の武将であった張鎖高の仮子（義子）となったため張姓に変えた。安史の乱直後の河北一帯における成徳軍節度使・李宝臣の権力は絶大で，その領域は，安史の乱時に遼東を占領した渤海国と内海（これも渤海という）を挟んで直結していた [cf. 古畑 1992；河内 1995]。それゆえ，その渤海国の陰に隠れて，新羅の情報は得られなかったのではなかろうか。とっくに滅亡している百済以下の情報があるのは，やはり伝聞にすぎなかったことになる。

次に重要な点は，Hor を常にウイグルと見るのではなく，河西のソグド人と見なす新説を前面に打ち出したことである。それは拙著『シルクロードと唐帝国』pp. 331-334 の「「ホル」はソグドである」で詳しく述べたが，肝腎の箇所を抜粋しておく。

　　本文書の解釈に当たって最大の鍵になるのは，なんといっても一人目の報告冒頭 [I-1] に，「国の名は漢語でジウル，トルコ語でバキルバリク（銅の町）」と説明される五人のホル人使者の出発地である。旧稿では，（中略）問題のホル王国・ホル人の正体については，それが河西〜トゥルファン〜北庭地方のどこかにあったという以上の見解を打ち出すことができなかった。しかしながら，（中略）今は，（中略）ホル人とはソグド人，ホル国とは河西〜トゥルファン〜北庭地方のどこかにあったソグド人植民聚落のいずれかに相違ない，と確信するにいたった。しかも二番目の報告者であるホル人がモンゴル系の契丹族その他を吐谷渾と似ていると説明し

ており〔II-2〕，鮮卑出身でモンゴル系の吐谷渾人をホル人が身近に知っていたことを窺わせるので，トゥルファン～北庭より河西の方がよりふさわしい。そうしたホル国の候補としては甘州（張掖），同城（エチナ），粛州（酒泉），沙州（敦煌）の可能性もあるが，やはり第一に挙げるべきは，当時の状況からみて，涼州（武威）であろう。（後略）

（前略）唐政府は建て前上は商人の自由な外国貿易を認めない立場ながら，実際はそれを黙認し，古くからソグド人が構築してきた国際商業・情報網を巧みに利用していたとさえ思われるのである。そうであればソグド＝ネットワークは変質しながらも継続していたわけである。もしこのような私の見方が許されるならば，従来は柔然・突厥・ウイグルなどの遊牧国家ばかりがソグド人を利用してきたといわれてきたが，拓跋（タブガチ）国家である唐も同じだったという真におもしろい結論になる。

〔書後4〕

原註19に対応する本文中で私は，両唐書，とくに『新唐書』に依拠した羽田・小野川両氏の見解に従って，「ウイグルの主部は唐の則天武后の時代に復興した突厥の強盛におされて契苾・思結・渾の三部とともに（漠北から）河西地方に徙り」と記述していた。しかし，最近，西田祐子は，これに関する『新唐書』の記述は，『旧唐書』『唐会要』等の他の先行する諸史料を誤って繋ぎ合わせた結果であることを論証し，そのような事実を示す史料は存在しないと主張した［西田 2014］。ただし，西田は，開元年間にこれら鉄勒四部出身集団が河西に移住していた事実までは否定していない。

〔書後5〕

本稿発表時点で私が解決できなかった最大の問題は，P. t. 1283文書に見えるブグチョル（'Bug-čhor）十二部なるものの実体と，その集団が出現した背景とその後の動向であった。それが，つい最近になって，若い世代の2人の研究者により，立て続けに解明されたのは大きな喜びである。まず，本稿執筆後30年を経ても私には，なにゆえに突厥第二帝国（東突厥）が，その初代ではなく第2代の可汗であるブグチョル＝黙啜の名で呼ばれるのかについて全くアイデアが浮かばなかったが，その点が齊藤茂雄によって究明された［齊藤 2013「突厥第二可汗国の内部対立」］。これによって，ブグチョル十二部の実体と，成立の背景が十分に納得できた。

次は，ブグチョル（'Bug-čhor）十二部のその後の動向である。P. t. 1283に初めて接した時は，8世紀中葉の唐帝国の「内部」に半独立の突厥国とも言うべきブグチョル十二部が存在したことを事実として認めざるを得ないが，その事実をどう位置づけてよいか解決策がなかった。その後も解決の糸口を探ってきたが，2010年秋に早稲田大学で

開催された内陸アジア史学会の 50 周年記念シンポジウムで基調講演を行なった時，それに関連して次のような発言をしておいた：

> 大唐帝国といえば，長い間，漢民族が築いた黄金時代と考えられてきたのに，実はその内部で軍事力の根幹をなしていたのは，決して府兵制や募兵制で集められた漢人農民兵ではなく，羈縻州として一括され，漢文史料からはほとんど無視されてきた，というか実際には委任統治しているために実態を把握できなかった（だから漢籍に残らなかった）膨大な数の騎馬遊牧民やソグド人などの集団だったのです。私が敦煌出土のチベット語文書を使って実証した，中国本土内部であるオルドスの突厥国や河西回廊のホル国の存在はそれをヴィジュアルに見せるものでしたが，その後の石見清裕・荒川正晴・森部豊・山下将司らの研究はその内実に迫りつつあるのです。つまり農民と遊牧民は，統治の仕方が全く違うのであって，同じ地域に二重の行政単位があってもいいのです。［森安 2011「提言」p. 17］

しかるに，つい最近出たばかりの山下将司論文［山下 2014「唐の「元和中興」におけるテュルク軍団」］は，正しく私の見通しを決定的に実証してくれる内容をもっている。この山下論文では，ブグチョル（突厥）という半独立集団の歴史的意義のみならず，その集団が唐後半期にいかに大きな役割を演じたかを描き出してくれた。

実はこれに先立ち，近年の新たな視点にたった諸研究によって，唐前半期の軍事力が，府兵制によって集められた漢人農民中心の部隊ではなく，北中国の農牧接壤地帯やその北側の草原地帯に展開した騎馬遊牧民族に依拠していたことが明らかになってきており，それを石見清裕は学生向けに発表した文章で的確にまとめていた［石見 2010］。こうした石見や私の主張を裏付けるもの，少なくとも問題意識を共有する論考が，既に 2011 年に 2 篇も発表されていた。その 1 篇が山下自身の別論文であり［山下 2011「唐のテュルク人蕃兵」］，もう 1 篇が，唐前半期の突厥第二帝国が強盛だった時代に牧牧接壤地帯の河西回廊と山西省北部に居住したウイグルの分派の動向を明らかにした石附玲の論文である［石附 2011］。

そして最新の山下論文は，「唐後半期においてもやはり唐朝の軍事力の根幹が帝国内に半独立的に居住する騎馬遊牧民族にあったこと」を明らかにしてくれたのである。山下 2011 の続編ともいうべき本論文は，私が残した P. t. 1283 のブグチョル（'Bug-čhor）十二部の謎を解決すると同時に，唐帝国の根幹をなす軍事力の本質がどこにあったかを明瞭に論証し，いまだに唐帝国における羈縻州や遊牧民の騎馬軍団を過小評価し，あちこちで「漢化」という言葉を多用して納得しようとする傾向のある中国史研究者たちを瞠目させる内容になっている。

〔書後 6〕

匈奴〜鮮卑〜柔然時代はいざ知らず，突厥〜ウイグル時代においては確実にトルコ系

遊牧民の世界であったモンゴル高原が，名実共にモンゴル人の世界になるのは 10 世紀の達靼（タタル）支配時代からである。白玉冬は，謂わばモンゴル帝国成立前史としてモンゴル系住民が東方から西方へ進出していく過程を追究する一連の論文を発表してきたが，その一つである白玉冬 2011a「8 世紀の室韋の移住から見た九姓タタルと三十姓タタルの関係」では，P. t. 1283 の記事も活用し，鞠と Čik 族，室韋と Khe-rged 族，Ye-dre 族などについて，できる限りの詳しい考察が加えられている。

3
吐蕃の中央アジア進出

序　章
第 1 章　ソンツェン＝ガムポ Sroṅ btsan sgam po 時代（6 世紀末-649 年在位）
第 2 章　マンソン＝マンツェン Maṅ sroṅ maṅ btsan 時代（650-676 年在位）
第 3 章　チ＝ドゥーソン Khri 'dus sroṅ 時代（676-704 年在位）
　　　　第 1 節　吐蕃＝テュルク連合Ⅰ（676-687 年）
　　　　第 2 節　唐の西域進出積極策と吐蕃の西域撤退（689-694 年）
　　　　第 3 節　トン＝ヤブグ可汗の活用（694-704 年）
第 4 章　チデ＝ツクツェン Khri lde gtsug brtsan 時代（704-754 年在位）
　　　　第 1 節　唐の西域経営に対抗する吐蕃と突騎施（704-718 年）
　　　　第 2 節　吐蕃＝テュルク連合Ⅱ（718-735 年）
　　　　第 3 節　突騎施との連合と小勃律併合（735-747 年）
　　　　第 4 節　南パミール攻防戦（747-753 年）
　　　　第 5 節　チデ＝ツクツェン時代の西域南道
第 5 章　チソン＝デツェン Khri sroṅ lde btsan 時代（755-796 年在位）
　　　　第 1 節　唐朝支配下のコータン
　　　　第 2 節　吐蕃のコータン占領
終　章

序　章[1]

吐蕃の中央アジア進出前夜にあたる 6 世紀末から 7 世紀前半，高昌・焉耆・亀

---

[1] 原論文では「序論」としていたのを「序章」に直し，その前にあった「はじめに」を修正して〔書後 1〕に回した。なお原論文では「序論」に対する形で第 1 章以下を「本論」と称していたので，本稿で「本論」とあれば第 1 章以下を指す。また，本稿でいう中央アジアは狭

茲・疏勒・于闐などの西域の主要な国々は，それぞれ独自の王を立て，シルクロードの要衝として繁栄していた。これらの国々は，高昌を除けば，全てインド＝ヨーロッパ系民族がその住民の大半を占めており，テュルク（Türk，トルコ）系住民の姿はまだわずかしか見られなかったと思われる。にもかかわらず，これらの国々が程度の差こそあれ，全てテュルク族（突厥・西突厥・鉄勒など）の間接的支配を受けていたことは，『隋書』西域伝・『旧唐書』西戎伝・『新唐書』西域伝の当該国の条や隋書及び両唐書の西突厥伝に照らして明らかである[1]。一方，かつてはやはりインド＝ヨーロッパ系の住民が主体であった楼蘭・鄯善・且末を中心とするタリム盆地東南辺地方は，6世紀初頭からモンゴル系の吐谷渾[2]の支配する所となっていた。隋代には一時的に吐谷渾から隋の手に渡ったこともあったが，唐初には再び吐谷渾の勢力下に帰していた[3]。漢代以来強力な武力を背景にしばしば西域に覇を唱えた中国の勢力は，隋末の大乱によって全く地に落ち，新興の唐の勢力がここに及ぶにはまだ少し時間が必要であった。隋から唐初の西域の情勢は大まかに見て以上のようなものであり，漸く勃興の兆しをみせた吐蕃は，吐谷渾をめぐって唐と激しい政争を演じながらも未だその姿を西域の地に現わすには至っていない。

さて，唐が本格的に西域経営に乗り出すのは，ハミに西伊州を置いた貞観四（630）年よりも，むしろ貞観八～九（634-635）年に鄯善・且末地方奪取の目的で行なわれた吐谷渾征伐[4]より始まるとみなすべきであろう。これ以後，唐朝の西域における勢力は太宗一代（在位 626-649 年）の間に急速に拡大する。貞観十四（640）年高昌国を滅ぼしてその地を西州と改称し，ここに安西都護府を置き，次いで貞観十八（644）年と二十一（647）年の再度の焉耆平定，二十二（648）年の亀茲平定へと及び，是歳，安西都護府を西州より亀茲に移した[2]。さらに同年または翌年，焉耆・亀茲・疏勒・于闐に四鎮を設置し，これらを安西都護府の下に総管せしめることとなった[5]。即ち唐初の西域におけるテュルク族の優勢はここに至って唐朝に取って代わられたわけである。しかしこの唐の西域支配体制も，西突厥が天山以北に健在する限りは基盤の弱いものであり，一旦は庭州方面に来て唐の覇権を認め，瑤池都督を拝して安西都護府治下に入っていた阿史那賀魯が，太宗死後の永徽二（651）年，十姓部落及びカルルク・処月などのテュルク諸族

義であり，チベット自体は含まない。
[2] ただし，この事実を認めない方が多数意見である。本稿の〔書後 3〕を参照。

を統合して唐に叛旗を翻すと，たちまちにして瓦解し，安西都護府は西州にまで退かねばならなくなった。すなわち太宗によって推し進められた西域支配の大業も，彼自身の死によって一頓挫をきたすことになったわけである。

しかし唐朝はこのような情勢に拱手することなく，すぐさま積極的な攻勢に転じた。前後三回に亙って派遣された討伐軍の総数は延べ数十万に上るといわれ，唐側は六年という長年月を費した結果，ようやく顕慶二（657）年に至って勝利を収めることが出来た[6]。突厥第一帝国の西域進出と，それに続く西突厥帝国の西域支配は，この阿史那賀魯の敗北を以て一応の終熄をみたと言ってよかろう。逆に唐は，この戦勝に功績のあった阿史那歩真と阿史那弥射（共に西突厥可汗の血を引く者）をそれぞれ継往絶可汗と興昔亡可汗とに任命し，西突厥の遺民を安撫させることによって，太宗時代以上に安定した西域支配体制の足がかりを築いたのである。以前から西突厥十姓の領土は，イリ河〜イシック湖を境にして東の五咄陸部と西の五弩失畢部とに分割されていたが，唐はそれにならい，東西それぞれに崑陵・濛池の両都護府を置き，興昔亡可汗を以て崑陵都護に，継往絶可汗を以て濛池都護に任じた[7]。安西都護府も658年には再び亀玆に移され[8]，ここに唐の勢力は西域全土にゆきわたる形をとったのである。しかるに継往絶・興昔亡両可汗には部衆統御の才は薄かったらしく，659年，五弩失畢の思結部の闕俟斤・都曼は疏勒・朱俱波（カルガリク）・喝槃陀（タシュクルガン）の兵を率い，安西四鎮の一つ于闐を攻撃した。唐の西域支配がまたもや頓挫しかかったわけであるが，すでに唐の勢力は前年以来ある程度の確立をみており，安撫大使となった猛将蘇定方の活躍もあって事なきを得た[9]。いやそれどころか，この乱の平定後，唐の影響力はさらに西方にまで拡大した。即ちパミール以西の吐火羅・嚈噠・罽賓・波斯等の十六国にそれぞれ都督府を置き，すべて安西都護府の監督下に隷属せしめることとなった（661年）[10]。唐の西域統治体制は658年当時より一層の充実をみることになったわけである。

ところがこのような状態が保たれたのはごく僅かの期間だけであった。早くも662年，唐に服属しながらも内実は十姓故地における自己の勢力拡大を目論んでいた西の継往絶可汗が，唐の𣵠海道総管・蘇海政と謀って興昔亡可汗を殺害すると[11]，東の五咄陸諸部の間には反唐的気運が高まった。唐の庭州刺史・来済が入寇する突厥を防いで陣没したといわれるのは，このような情況下の出来事であったと思われる[12]。一方，興昔亡可汗謀殺に成功して意気揚るはずの継往絶治

下の五弩失畢部の情況はどうであったか。この謀殺事件の直後に，五弩失畢の一部の拔塞幹部が離反し，且つこれまた五弩失畢の一部と思われる弓月部(13)が，吐蕃を率いて蘇海政と戦わんとしているところをみると，継往絶可汗にはやはり部衆を統率するだけの度量はなかったようである。本論で詳述するように，吐蕃が唐の敵として西域に登場するのはこの 662 年を以て最初とするが，これ以後唐は河西〜青海方面のみならず西域においても吐蕃のためにしばしば悩まされることになる。わけても 670 年，既に安西四鎮のなかでは吐蕃に近く位置している于闐を攻陷していた吐蕃は，于闐軍ともども大挙して亀茲の安西都護府を攻め落し，故に唐は安西四鎮をすべて放棄し，安西都護府を再び西州に退却させるの止むなきに至っている。

ところで先の継往絶可汗であるが，彼がいかに統衆の才に欠けていたとはいえ，当時まだ十分に強力であった唐軍の支持を受けていたのであるから，宿敵・興昔亡可汗を謀殺した後は十姓の地をある程度までは保ち得たことであろう。しかしその彼も 667 年には死亡した(14)。この傀儡的可汗を失ったことは，西突厥遺衆の安撫を意図する唐にとっては大きな痛手であり，これ以後西域の唐軍は絶えず南の吐蕃と北のテュルク諸族という二大勢力の動きに注意しなければならなくなるのである。670 年，吐蕃が安西四鎮の地を陷れたことは既に言及し，本論でも述べる通りである。だがせっかくここまで支配の手を広めた唐としては，ここで引き下るわけにはいかない。この点，史料は乏しいのであるが，上元年間 (674-676) 中に四鎮は再び唐の手に取り戻されたらしい(15)。しかしそれも束の間，677 年には，継往絶可汗の死後分散した西突厥の遺衆を糾合した阿史那都支と李遮匐なる人物が，吐蕃と連携して安西都護府を陷れた。四鎮は今度は吐蕃とテュルク両方の手に落ちたのである[3]。

この頃の西域情勢を一口で言えば，まさに唐と吐蕃とテュルクの三者が一進一退を繰り返していた時代ということになろう。安西都護府を陷れられた唐はすぐさま攻勢に転じ，計略を用いて阿史那都支と李遮匐を擒にし，まもなく四鎮を回復した。そしてこの時の四鎮には従来の焉耆に代わって，テュルクの本拠・砕葉が加えられたのである (679 年)(16)。本拠深く楔を打ちこまれたテュルク諸族は，682 年，阿史那車薄を擁して最後の反抗を試みるが，この反乱はあえなく鎮定さ

---

[3] 原文に「(以上，本論参照。以下同)。」と補ってあったのは削除した。

れた。西突厥余衆の反乱は一応この時を以て終わりを告げ，次にこれに代わって天山以北の地に台頭してくるのはトゥルギシュ（突騎施，Türgiš）である。それはさておき，安西四鎮の地に目を戻すと，687年にはまたもや吐蕃の軍隊によって疏勒・亀茲そして焉耆（四鎮の一つではない）が蹂躙されている。ただ于闐については史料がないが，恐らくこれも同じ運命を辿ったと推測される。次いで692-694年，王孝傑らの活躍により安西四鎮は最終的に唐の支配下に帰すこととなった。それはひとえに，それまでの一朝事あれば大軍を繰り出すが，普段は現地人や遊牧テュルク族の支配者を最大限利用するという消極的西域経営策から，三万の軍隊を安西都護府に常駐させるという積極策（ただし莫大な費用がかかる）への転換の結果である。もちろん，これで吐蕃及びテュルク諸族（とくにこれ以後はトゥルギシュ）の四鎮攻撃が終わったわけでは決してないこと，本論に見る如くである。しかしまた逆に，この年以後は唐朝が安西四鎮（719年に砕葉鎮は廃止され焉耆鎮が復置さる）をまがりなりにも支配し続け，少なくとも安史の乱勃発までは本国との連絡を断ち切ることなく西域の地を保ち続けたことによって，中唐における絢爛たる国際文化を現出させたことも事実である。

　以上，本論である「吐蕃の中央アジア進出」の理解を助けるために，当時の中央アジア情勢を，唐とテュルク諸族の動向を中心に概観した。以下の本論では，吐蕃の側に視座をすえて中央アジアをみるというこれまでともすれば閑却されてきた観点から，考証を展開していきたい。

第1章　ソンツェン＝ガムポ Sroṅ btsan sgam po 時代（6世紀末-649年在位）

　ブラマプトラ河の中上流域，即ちラサやヤルルンを含むウ地方やツァン地方を中心にして勃興した吐蕃王国の軍隊が，初めてその姿を中央アジア（西域，天山南北路，現在の東西両トルキスタン）に現わしたのは何時のことであろうか。チベットからトルキスタンに出るには，地理的制約から，大まかにみて二つの道しか考えられない。即ち一つは西北のパミール方面（本稿ではカラコルム山脈・パミール高原を含む広い範囲をパミール地方と呼ぶ）からコータン〜カシュガル地方に抜ける道であり，もう一つは東北の青海地方から敦煌〜ロプ地方（本稿ではロプ＝

ノールからミーラン・チャルクリク・チェルチェンを含むタリム盆地東南辺一帯の汎称としてロプ地方の語を使う)に通ずる道である[17]。それ故,吐蕃がチベット高原から中央アジアに進出するには,先ず最初にこれら二つの大道[18]上に存在する国々を軍事力で服属させるか,あるいは何らかの手段を使って懐柔せねばならなかった。では,それらの国々とは如何なる国々か。

まず西北方面からみていくと,Zhaṅ-zhuṅ(シャンシュン=羊同)[19],Suvarṇa-gotra(スヴァルナゴトラ,金氏=女国)[20],Sbal-ti(バルティ=大勃律=Baltistan)[21],Bru-zha(ブルシャ=小勃律=Gilgit)[21']等がその主なものである。そのうち吐蕃に最も近い羊同は早くもソンツェン=ガムポ王(在位?-649年)の治世中の643-645年にその領域に組み込まれたことがチベット側史料から知られるのである[22]。しかるに女国及び勃律(はじめは大小に分裂していない)の吐蕃への服属年代については,これを伝える直接的史料はなく,わずかに『大唐西域記』巻4・波羅吸摩補羅国之条,p. 99に「[蘇伐剌拏瞿咀羅国(スヴァルナゴトラ)]東接土蕃国」とある記事から玄奘が西域〜インドの地にあった628-644年の頃,女国は未だ吐蕃の支配下に入っていなかったことを推測し得るのみである。もちろん女国よりさらに遠い勃律が吐蕃に服属していなかったことは,言うまでもなかろう。また,『資治通鑑』貞観二十(646)年之条及び両唐書・西突厥伝にある

> 六月丁卯,西突厥 乙毗射匱可汗,遣使入貢,且請婚。上許之,且使割亀茲・于闐・疏勒・朱倶波(カルガリク)・葱嶺(サリコル渓谷中のタシュクルガンあたり)五国以為聘礼。 〈『資治通鑑』巻198, p. 6236〉

という記事は,吐蕃がまだパミール地方から西域に進出していなかったことを消極的ながらも物語るものである[23]。

一方,東北地方には蘇毗[24]・多弥[25]・白蘭(Sum-pa,スムパ)[26]そして吐谷渾('A-zha,アシャ)[27]の諸国が存在したが,このうち前三者はすでにソンツェン=ガムポ時代の比較的早い時期に臣属しており[28],残るは吐谷渾ただ一つとなっていた。この時代の吐谷渾に関しては佐藤長[29]・山口瑞鳳[30]等の詳しい研究があるが,要するに親唐派と親吐蕃派に分かれて激しい勢力争いを演じていた時代である。だが序章でも触れたように,吐谷渾からツァイダム盆地を通って直接西域に出る幹線上に位置するロプ地方は,すでに635年に唐の支配下に帰してしまっていたのである。玄奘は帰途,コータンから使者をやって太宗に上表文を奉っ

[5-6]

たが，それに対する太宗の返書の中に「敦煌の官司には玄奘法師を流沙でお出迎えするように，鄯善の官司には沮沫(チェルチェン)まで出ていってお迎えするように命じた」〈『大唐大慈恩寺三蔵法師伝』巻5, p. 124；長澤 1965, p. 186〉とあることから，644年頃にも唐の勢力は引き続きロプ地方に及んでいたことが窺われる[31]。このことは裏を返せば，即ち，当時吐蕃の勢力はこの辺にまでは及んでいなかったということである。

ソンツェン＝ガムポ時代の吐蕃と西域の結びつきについて私が見出し得た史料は，『資治通鑑』貞観二十一（647）年十二月之条にある

> 亀茲王伐畳卒，弟訶黎布失畢立。浸失臣礼，侵漁隣国。上怒，戊寅，詔使持節崑丘道行軍大総管左驍衛大将軍阿史那社爾・副大総管右驍衛大将軍契苾何力・安西都護郭孝恪等将兵撃之，仍命鉄勒十三州・突厥・吐蕃・吐谷渾連兵進討。 〈『資治通鑑』巻198, pp. 6250-6251〉

という記事だけであるが，これは単に，641年の文成公主の降嫁，さらに646年のソンツェン＝ガムポ王との再婚などにみられるように[32]，唐と親密な関係にあった吐蕃が，唐の亀茲征伐を援助する目的で一隊を派遣したことを示すにすぎない。この時の派兵は吐谷渾も一緒であるから，吐蕃軍はその東北方面より出陣したものと思われる。

以上概観してきたところをまとめれば，吐蕃開国の英主と謳われたソンツェン＝ガムポ王も，その勢力を直接西域にまで伸ばすことが出来なかったということである。しかしながら西北のシャンシュン（羊同）占領と東北の吐谷渾への食い込みは，彼を継いだマンソン＝マンツェン王，さらにその次のチ＝ドゥーソン王の時代における吐蕃軍の華々しい西域進撃の足がかりを築くものであったこと，これだけは確かなこととして認めてよいであろう。

第2章　マンソン＝マンツェン Maṅ sroṅ maṅ btsan 時代（650-676年在位）

吐蕃軍が吐蕃の軍隊として初めて中央アジアに登場するのは，ソンツェン＝ガムポの没後十数年を経た龍朔二（662）年[33]のことである。『冊府元亀』には，颶(いつ)

海道総管・蘇海政が継往絶可汗・阿史那歩真の讒言を容れて，共に興昔亡可汗・阿史那弥射を討ったことを伝える続きに，

> 其下鼠尼施・抜塞幹両部叛走，海政与歩真追討，平之。海政軍廻，至疎勒之南。弓月又引吐蕃之衆，来拒官軍。海政以師老，不敢戦，遂以軍資賂吐蕃，約和而還。　〈『冊府元亀』巻449・将帥部・専殺，宋版なし，明版 p. 5324 下〉

とある(34)。ここに見える弓月部については，その出自や本拠が十分には解明されていない。しかし弓月はこれ以後吐蕃及び疏勒と行動を共にすることが多く，コータンなどへも侵入しているところから，松田壽男は「弓月についての考」の中でその本拠をイシック湖付近〜ナリン河流域に比定した(35)。氏のこの論考は非常に着想豊かで，それだけに問題点も多いが，その本拠地の比定と，弓月を五弩失畢部の一姓とみなす点については，一応氏の説に従っておきたい。ところでこの年，吐蕃がカシュガル地方に進軍するにはパミール地方を経由したであろうことは常識的にも推測されるところであるが，この考えは，吐蕃が東北の吐谷渾を手中に収めたのが，どんなに早くても翌 663 年(36)，最近の山口瑞鳳や鈴木隆一の研究に依拠すればもっと後の 670 年である(37)ことからも裏付けられるのである。4

先にソンツェン＝ガムポの時代には，吐蕃の西北にあった羊同（シャンシュン）・女国（スヴァルナゴトラ）・勃律（ボロル）のうち羊同だけが吐蕃の支配下に入っていたことをみたが，慧超の『往五天竺国伝』によれば，5

> 又一月程過雪山。東有一小国，名蘇跋那具怛羅（スヴァルナゴトラ），属土蕃国所管。衣着共北天相似，言音即別。土地極寒也。
> 〈『往五天竺国伝』蘇跋那具怛羅之条，桑山編 p. 18, ll. 70-72〉(38)

> 又迦葉弥羅国（カシミール）東北，隔山十五日程，即是大勃律国・楊同国・娑播慈国。此三

4　吐蕃が吐谷渾を征服することが，吐蕃の中央アジア進出にとって重要であることは，地政学的に見て誰でも容易に推測できようが，吐蕃による吐谷渾支配の実態については，これまで明確ではなかった。旗手瞳はその解明を目指しているが，旗手 2014 はその最初の成果である。

5　慧超『往五天竺国伝』よりの引用について，原論文では『大正蔵』ないし定方 1971 論文の頁数で示していたが，本稿では，私も執筆に参加した桑山正進（編）『慧超往五天竺国伝研究』（1992 年出版）の頁数に改めるか，追記する。

国並属吐蕃所管。衣着言音人風並別。着皮裘氈衫靴袴等也。地狭小，山川極
険。亦有寺有僧，敬信三宝。若是已東吐蕃，惣無寺舎，不識仏法。当土是胡，
所以信也。

〈『往五天竺国伝』大勃律・楊同・娑播慈之条，桑山編 p. 20, ll. 102-105〉(39)

とある。即ち慧超がこれらの情報を得たと思われる 726-727 年頃(40)には，羊同
（楊同）はもちろん女国も大勃律もすでに吐蕃に完全に服属していたことが知ら
れるのである。このような情勢がいつ頃から生じたかについては史乗に明文がな
く，はっきりしたことは分からないのであるが，恐らくソンツェン＝ガムポの治
世末年から 662 年の間に吐蕃は女国及び勃律を「服属ないし懐柔」することに成
功したのであろう(41)。ちょうどこの頃（桑山正進によれば 640 年代末～650 年代初
め），インドへの求法途上にあった娑門・玄照は，東トルキスタン→ソグディア
ナ→トハリスタン→パミール→吐蕃へと到り，そこから文成公主の命をうけた一
隊に送られて北インドに赴いた，という(42)。玄照がインドに行くのにパミール
から直接南下するという古来からの常道を取らずに[6]，わざわざ吐蕃を経由した
のは，当時吐蕃の威令がパミール地方にまで鳴りひびいており，吐蕃に保護を求
めておく方が安全だと判断したからではあるまいか。あるいはまた彼は，熱心な
仏教信者であったといわれる文成公主の招きを受けたのかもしれないが，それに
しても吐蕃の勢力がパミール地方にまで及んでいなければ，文成公主からの使者
はこの方面でうまく彼に連絡を取ることは出来なかったはずである。

次いで 665 年になると吐蕃は疏勒・弓月と共に于闐に侵入した。『冊府元亀』
外臣部・交侵篇には，

麟徳二 (665) 年閏三月，疎勒・弓月両国共引吐蕃之兵，以侵于闐。詔西州
（原作西川）(43)都督崔知辯及左武衛将軍曹継叔率兵救之。

〈『冊府元亀』巻 995・外臣部・交侵，宋版 p. 4017 上，明版 p. 11687 上〉

とあり，『新唐書』巻 3・高宗本紀及び『資治通鑑』巻 201 も同内容を伝えてい
る。ここでこれらの記事に対するトーマス（F. W. Thomas）の解説を聞いてみよ

---

[6] ただし桑山 1985, pp. 171-173 [≒桑山 1990, pp. 246-248] によれば，当時このカラコルム山
脈西端のギルギットやダレルを通ってガンダーラに向かう道は，もっと西方のバーミヤーン
やカーピシーを経由するヒンドゥークシュ西脈道にとってかわられ，既に裏街道になってい
たという。

う。

> Khotan, which early in the seventh century had been subject to the Turks, was first threatened by the Tibetans in A. D. 665, when it was saved by the Chinese. These Tibetans may have approached from the eastern (Cer-cen) direction ; but, as they were co-operating with Turks and Kashgarīs, it may have been by the northern route from the kingdom of Shan-shan, which at that time was perhaps under their control.
> 〈TLTD, I, p. 149〉

> In the year A. D. 665 the Tibetans attacked Khotan, no doubt from the eastern or northern direction, but it was succoured by the Chinese. 〈TLTD, I, pp. 159-160〉

この年の吐蕃のコータン侵入を史上初とみる点は一応うなずける[44]。しかし氏は吐蕃のコータン侵入経路として，東方の Shan-shan（鄯善）～Cer-cen（チェルチェン＝且末）地方から直接来る道，ないしは一旦天山方面へ北上し，そこから南下してくる道を想定しており，この点私の考えと異なる。確かに，従来の説によれば，663 年には吐蕃は吐谷渾を征服しており，吐谷渾の旧領であったロブ地方が吐蕃の領土として編入されたと考えられなくもないのであるから，トーマスの考えも一概に否定し去ることはできない。しかし私は，この時の吐蕃は弓月だけでなく疏勒とも連携しているのであるから，やはり 662 年の時と同じくパミール方面から侵入したと考えるのである。

ちなみに佐藤長はチベット語の敦煌編年記 OTA（P. t. 1288 & India Office 750 & Or. 8212-187）・668 年の条にある

> 'brugi lo la / btsan po sprags gyi sha ra na bzhugs čiṅ /
> 龍の年にツェンポ（賛普＝吐蕃帝王）は Sprags の Sha-ra にお住まいになり，
> ǰi ma khol du dgra bzher brtsigs par lo čhig /
> J̌i-ma-khol に城塞を建設してこの一年（は過ぎた）。
> 〈CDT, II, pl. 580, l. 48 ; DTH, pp. 14, 33 ; 王／陳, pp. 17, 103 ; OTAAT, p. 88〉

という記事を紹介し，ここにみえる J̌i-ma-khol (-gol) をチェルチェン＝ダリアに比定した[45]。本文書の最初の紹介者であるバコー・トーマス両氏も "Zi-ma-khol est peut-être le Turkestan oriental" という註を与えている[46]。もしこれらの説

が正しければ，本史料は敦煌編年記中で具体的に西域のことを伝えた最初のものということになる。さらに編年記 OTA・670 年の条には，

rta'i lo la' / btsan po 'o daṅ na bzhugs shiṅ / ǰi ma khol du rgya maṅ po
　　馬の年にツェンポは 'O-daṅ にお住まいになり，J̌i-ma-khol では中国人多数を
bduṅs phar lo gčhig /
　　殺してこの一年（は過ぎた）。
　　　　　　　　　〈CDT, II, pl. 580, *l*. 50 ; DTH, pp. 14, 33 ; 王／陳，pp. 17, 103 ; OTAAT, p. 89〉

とある。つまり吐蕃はチェルチェン地方においては 668-670 年に至ってもまだ城塞を築いたり，唐と干戈を交えるような状態にあったわけである。ところが一方コータン地方はどうかというと，以下に見るように，670 年にはすでに完全に吐蕃の支配下に入っており，吐蕃はこの年于闐の衆をも率いて亀茲を攻撃したのである。即ち 670 年当時，吐蕃は東トルキスタンの西南部はほぼ完全に制圧していたが，東南部においてはまだその支配権は不安定であったとみてよい。とすれば 665 年の吐蕃の于闐攻撃は，チェルチェン地方からではなくて，パミール地方からなされたと考える方がはるかに合理的であろう。まして最近の山口の研究によれば，チマクル J̌i-ma-gol (-khol) はチェルチェン＝ダリアなどではなくして，吐谷渾の本拠に近い大非川（＝大河壩水）であるとされ，且つ吐蕃による吐谷渾完全征圧も 670 年（または 672 年）であるとみる方がよいようであるから[(47)]，私の考えはより一層の支持を得ることになろう[7]。

さて 670 年という年が唐と吐蕃の西域争奪史上きわめて重要な年であることは序章の記述からも明らかなことと思う。即ちこの年吐蕃は于闐の衆をも引き連れて安西都護府を攻撃した。このことはまた，安西四鎮の一つの于闐が 670 年以前に既に吐蕃の勢力下に入っていたことをも意味する。

[咸亨元（670）年] 夏四月，吐蕃寇陥白州等一十八州，又与于闐合衆，襲亀茲・撥換城[(48)]，陥之。罷安西四鎮。　〈『旧唐書』巻 5・高宗本紀, p. 94〉

咸亨元年，入残羈縻十八州，率于闐，取亀茲・撥換城。於是安西四鎮並廃。

---
[7] Cf. 旗手 2014, pp. 41-42.

〈『新唐書』巻216上・吐蕃伝上, p. 6076〉

［咸亨元年］夏四月，吐蕃陥西域十八州，又与于闐襲亀茲・撥換城，陥之。罷亀茲・于闐・焉耆・疏勒 四鎮。　　　　　　　〈『資治通鑑』巻201, p. 6363〉

咸亨元年四月二十二日，吐蕃陥我安西，罷四鎮。
〈『唐会要』巻73・安西都護府之条, p. 1570〉

蘇［冕］氏記曰，咸亨元年四月，罷四鎮，是亀茲・于闐・焉耆・疎勒。
〈『唐会要』巻73・安西都護府之条, p. 1571〉

両唐書及び通鑑は具体的に吐蕃が亀茲管轄下の撥換城を攻め取ったことを記しているが，それはこの地が亀茲西方の前進基地として重要な位置を占めており，ここが落ちることは即ち亀茲の安西都護府陥落にすぐつながることを意味したからであろう。（この年，吐蕃と唐の間で戦闘が行なわれたのが亀茲方面だけでなかったことは，前掲の敦煌編年記 OTA の示すとおりである。）また，それ故にこそ撥換城の陥落直後，唐は安西都護府を西州に引き戻し，安西四鎮を一時放棄せざるを得なかったのである。ところで伊瀬仙太郎は，先に引用した疏勒に関する記事とここに引用した記事とから，すでに670年以前に疏勒と于闐は唐の支配下より離れており，この年実際に廃止したのは亀茲と焉耆の二鎮だけであるとの結論に達したが，この点は十分に認めてよいと思う[49]。吐蕃が寇陥したのが白州等一十八州というのは，亀茲都督府に9州，疏勒都督府に15州，毗沙都督府（于闐）に5州，焉耆都督府に蕃州なしと伝えられる[50]ところと比較すると，いささか少ないような感じを受けるが，これは，おそらく670年以前に既に吐蕃の手に渡っていたものを除いた残りの数を言ったものであろう。両唐書・地理志は四鎮に隷属した蕃州の名前を全く挙げておらないため，白州がどこにあったのかは明らかでない。ただ，白州が十八州の代表として唯一史乗に名を留めているところから，かなりの重要地点とみられ，あるいは亀茲の王姓白氏に因んだものかとも考えられる[51]。ともあれ670年を以て，一時，ロプ地方を除く[52]タリム盆地一帯がほぼ完全に吐蕃の勢力下に入ったことは疑いない。

一方，天山以北のテュルク族はこの頃どのような動きをみせていただろうか。興昔亡・継往絶両可汗の間の葛藤については序章に述べた。継往絶可汗は十姓部落全体を統べる能力には欠けていたが，西突厥遺衆の安撫をめざす唐の傀儡可汗

としては十分役に立っていたようである。しかし彼も667年には世を去った。『冊府元亀』外臣部・継襲篇・西突厥之条には，

> 乾封二（667）年，二可汗（興昔亡可汗と継往絶可汗）既死，余衆附于吐蕃。
> 〈『冊府元亀』巻967・外臣部・継襲二，宋版 p. 3828 上，明版 p. 11372 上〉

とある。これは，659年の思結部の反乱，662年の抜塞幹部及び弓月部の動きにみられるように，元来反唐的傾向を有しながらも表面上は継往絶可汗に従って唐に服属していた五弩失畢部が，彼の死を機会に最終的に唐と袂をわかったことを意味している。そしてこれが吐蕃と結び付いたのは，たまたま吐蕃が南方より勃興しており，反唐という点で両者の利害が一致したからであって，ほかに特別の理由があったからとは思われない。これに対し，東方の五咄陸部のもとにあっても，興昔亡可汗が蘇海政の手にかかって殺害されて以来，俄に反唐的気運が盛り上ったことは既に述べた。ところが継往絶可汗の死の4年後（671年）に，唐は五咄陸部の首領・阿史那都支を左驍衛大将軍兼匐延都督に任じているのである[53]。これは一体どういうことか。その理由は，670年の吐蕃による四鎮攻略と，それ以前からのテュルク族（主に五弩失畢）と吐蕃との結び付きに鑑みれば，自ら明らかであろう。即ち安西四鎮奪回を目指す唐は，テュルクと吐蕃が全面的に連合し，協同して唐に当たってくるのを恐れて，逸速く一本の楔を打ち込んだわけである。だがこの思惑も，677年における阿史那都支と吐蕃との連合軍による安西攻撃という事実（これについては後述する）を前に見事に失敗し，それ以後西域に駐留する唐軍は北のテュルクと南の吐蕃という二つの強大な敵を相手にしなければならなくなるのである。

以上のようにテュルク族との軍事的結合を深め，安西四鎮の奪取にも成功した吐蕃であったが，吐蕃はほんの数年間しか四鎮を保つことは出来なかったようである。早くも673年には疏勒が，次いで674年には于闐がそれぞれ唐に来降している。

> [咸亨四（673）年] 十二月丙午，弓月・疎勒二国王入朝請降。
> 〈『旧唐書』巻5・高宗本紀，p. 98〉

> [咸亨四年] 十二月丙午，弓月・疏勒二王来降。〈『資治通鑑』巻202, p. 6371〉

[上元元（674）年]［十二月］戊子，于闐王・伏闍雄来朝。
〈『旧唐書』巻5・高宗本紀，p. 99〉

　[上元二（675）年]［正月］丙寅，以于闐為毗沙都督府。以尉遅伏闍雄為毗沙都督，分其境内為十州，以伏闍雄有撃吐蕃功故也。庚午，亀茲王白素稽献銀頗羅。
〈『旧唐書』巻5・高宗本紀，pp. 99-100〉

そして松田(54)・伊瀬(55)・佐藤(56)三氏の見解を総合すれば，焉耆および亀茲をも含めて安西四鎮はすべて676年までには復置されていたと結論することが出来る(57)。敦煌文書である『沙州・伊州地志』や『寿昌県地鏡』などによれば，タリム盆地でもロプ地方（すなわちまだ吐蕃に没したことのない地方）にあった典合城（チャルクリク，かつての鄯善）と且末城（チェルチェン）について，前者は上元二（675）年に石城鎮へ，後者は上元三（676）年に播仙鎮へとそれぞれ改名され，ともに鎮として沙州（敦煌）の管下に組み込まれたことが知られる(58)。これは恐らく，西域支配におけるロプ地方の戦略的重要さを再認識した唐が，当時ソグド商人が多く居住し(59)，中立的〜半独立的地位を保っていたこの地方を直接統治下に置こうとした結果なのであろう。このことと四鎮復活とは，必ずや見えない糸で結ばれていたものと思われる。

　ではなぜ吐蕃は，せっかく手に入れた安西四鎮が一つ一つ吐蕃の手を離れて唐に帰服していくのに対し，積極的な軍事行動を起こさなかったのか。伊瀬はこの間の事情を説明して次のように言う(60)。

　　思うに吐蕃は，安西四鎮を攻陥せる後，唐の西辺諸州への侵略，いいかえるならば，自国の東辺拓境に主力を集中し，唐軍と絶えず干戈を交えていたのであって，于闐を含む爾他の地方に対しては十分なる軍備をせず，かくて，于闐王伏闍雄はその隙に乗じて吐蕃の勢力を容易に撃攘することができた，とみて差支えないであろう。そして，伏闍雄の場合において見られる都督府設置の事情は，同時に安西都護府および疎勒・亀茲・焉耆の三都督府，従って，安西三鎮の復置せられた事情にも適用されるのであって，畢竟するに，この方面に対する吐蕃の警備の手薄なのに乗じて実現されたものといってよい。

　もし，671-676年における吐蕃と唐との交戦を伝える史料が豊富で，かつこれら

の多くが吐蕃の不利を告げているのなら，私は氏の説に従うのにやぶさかでない。しかし，両唐書の本紀及び吐蕃伝，『資治通鑑』，『冊府元亀』などによる限り，この間，連年のように大がかりな戦闘が行なわれていたとは到底思えない(61)。まして吐蕃は，670年の安西四鎮攻陥後に唐が派遣した大軍を青海地方に破り，吐谷渾の故地を完全に占領して(62)，西域への足場を従来より一層固めているのである。にもかかわらず，吐蕃は上元年間には主力部隊を西域から引き揚げ(63)，四鎮が次々に唐に来降するのを阻止しようとした形跡さえ窺えないのはどうしたわけか。私はこの背後には吐蕃の政局を揺さぶる何らかの大きな動きがあったように思うのであるが，この点はまだ全く推測の域を出ておらず，今後の課題として残しておきたい。

第3章　チ＝ドゥーソン Khri 'dus sroṅ 時代（676-704年在位）

第1節　吐蕃＝テュルク連合 I （676-687年）[8]

前ツェンポ末年に安西四鎮が唐の支配下（ただしここでは多分に形式的な支配）に帰したのは，唐が実力で奪い取ったからではなく，吐蕃が一時的に兵を引き揚げた隙に，四鎮の土着政権が自発的に唐に帰服した結果であった。それ故，吐蕃軍があらためて西域に進出してくると，四鎮は再び吐蕃の支配を蒙ることになる。しかも今度の吐蕃の西域進出は先の670年の時とは異なり，テュルク族との全面的な協調関係のうえに遂行されたものであり，両者の間にはあらかじめ周到な連絡がとられていた。敦煌編年記 OTA には，

phagi lo la bab ste / ………… / dbyard …… / blon btsan sñas /
豚の歳（675年）になって…（中略）…夏…（中略）…ロンのツェンニャは
zhims gyi gu ran du zhaṅ zhuṅ gyi mkhos bgyiste / dru gu yul du
Zhims の Gu-ran でシャンシュンの検地[9]をし，Dru-gu 国にある

---

[8] 本稿にはもともと節の区分がなく読みにくかったので，長文である第3章以下では節に分け，新たに節題を追加した。

ltaṅ yor mčhis
　　Ltaṅ-yo[10]に行った。
　　　　〈CDT, II, pl. 581, ll. 11-13 ; DTH, pp. 15, 34 ; 王／陳, pp. 18, 104 ; OTAAT, p. 91〉

とある。ロンのツェンニャとは，吐蕃の西域進出を積極的に推し進めたMgar一家の出身で，当時の吐蕃政局を牛耳っていた大論（宰相）Mgar btsan-sña ldom-bu（ガル＝ツェンニャ＝ドムブ）を指す。"draṅs（進軍した）"[64]ではなく，単に"mčhis（行った）"とあるのだから，これは宰相自らが政治的折衝のためにDru-gu（テュルク）国[65]へ赴いたことを意味する。またこの時彼はシャンシュンを通っているのだから，このDru-gu（テュルク）国のLtaṅ-yoとは，パミール地方ないしはその北方の一地点に違いない。673年に疏勒と一緒に唐に帰服した弓月も再び吐蕃に接近していたと思われる。敦煌編年記OTAの676年の条には，

byi ba'i lo la bab ste / ………… / dgun ………… / blon btsan sñas
　　ネズミの歳になって…（中略）…冬…（中略）…ロンのツェンニャは
dru gu yul du draṅste / ldum bu khri bshos khrom 'tsald par lo gčhig /
　　Dru-gu国に進軍し，ドムブはKhri-bshos軍団[66]を作って（？）[11]この一年（は過ぎた）。

　　　　〈CDT, II, pl. 581, ll. 15-17 ; DTH, pp. 15, 34 ;
　　　　　王／陳, pp. 18-19, 104 ; OTAAT, pp. 91-92〉

9　原論文ではDTHに従ってmkhosを「視察」と訳していたが，今は「検地」と改める。ベックウィズは本文では"mustered Žan-žun troops"「シャンシュンの軍団を招集した」とし，脚註では"The levy was made in Guran, in Žims"としており，mkhosを「徴兵」の方向で解釈した［Beckwith 1987, p. 42, n. 23］。一方，ドットソンはmkhosを"administration"と訳す伝統を受け継いでいる［Dotson 2009, p. 91］。このmkhosの解釈については古くから議論があり，山口がかなり踏み込んで「人員物資等の配置・調達の必要」とまとめ，石川はそれに従った［『吐蕃王国』pp. 898-899；石川 2002, p. 297, n. 10］。一方，岩尾 2006, pp. 11-14は，山口も含む先行研究を踏まえた上で，「土地の区画設定」の方向で解釈した。旗手 2014, p. 52 & n. 55ではそれを踏まえて「行政処置」と訳しているが，ここで私は「検地」という訳を提案したい。

10　私はDTHに従い，ltaṅ-yoタンヨを地名と見たが，石川 2002, p. 297, n. 11では地名とみることに文法的疑義を呈した。それに対し，ベックウィズやドットソンは「略奪」と解釈している［Beckwith 1987, p. 42, n. 24；Dotson 2009, p. 91, n. 166］。つまりベックウィズによれば，西チベットのシャンシュンで徴兵をしてからトルキスタン方面へ掠奪に行ったという文脈になるが，直前の〔補記9〕で見た山口や岩尾の見解によれば，mkhosを「徴兵」ととるのは無理であろう。

とあり，今回は明らかに宰相のツェンニャ自らが軍を率いたことが知られる。
『新唐書』西域伝・疏勒之条には，

> 儀鳳時，吐蕃破其国。　　　〈『新唐書』巻221上・西域伝上・疏勒之条，p. 6233〉

とあるが，恐らくこの事件と宰相ツェンニャのテュルク国への進軍とは密接な関係があろう。ただしテュルク国への進軍といっても，これがテュルクとの戦争を意味するのでないことはもちろんである。吐蕃軍は，当時のテュルク諸部族中の実力者である阿史那都支および李遮匐と連携し，翌677年の安西（亀茲）一斉攻撃に備えていたわけである。両唐書及び『冊府元亀』の裴行倹伝にはそれぞれ，

> 儀鳳二（677）年⁽⁶⁷⁾，十姓可汗阿史那匐延都支及李遮匐扇動蕃落，侵逼安西，連和吐蕃。　　　〈『旧唐書』巻84・裴行倹伝，p. 2802〉

> 儀鳳二年，十姓可汗阿史那都支及李遮匐誘蕃落以動安西，与吐蕃連和，朝廷欲討之。　　　〈『新唐書』巻108・裴行倹伝，p. 4086〉

> 儀鳳二年，討西突厥，擒其十姓可汗阿史那都支及別帥李遮匐以帰。初，都支・遮匐与吐蕃連和，侵逼安西。議者欲発兵討之。
> 　　　〈『冊府元亀』巻366・将帥部・機略六，宋版 p. 887，明版 p. 4355上〉

とあり，『新唐書』西域伝・亀茲之条には，

> 始，儀鳳時，吐蕃攻焉耆以西，四鎮皆没。
> 　　　〈『新唐書』巻221・西域伝・亀茲之条，p. 6232〉

とある。また『旧唐書』吐蕃伝・儀鳳三（678）年之条では，

> 時吐蕃尽収羊同・党項及諸羌之地。東与涼・松・茂・巂等州相接，南至婆羅門，西又攻陥亀茲・疏勒等四鎮，北抵突厥，地方万余里。自漢魏已来，西戎之盛，未之有也。　　　〈『旧唐書』巻196上・吐蕃伝上，p. 5224〉

11　この ldum bu khri bshos khrom 'tsald pa をドットソンは "proclaimed the colonial military government of Khri-bshos Stronghold" と訳している［Dotson 2009, p. 91］。すなわち ldum bu を人名要素ではなく「要塞，本拠地」の意味にとり，宰相のツェンニャが Khri-bshos を本拠とする軍事植民地（軍管区）政府を設置したと解釈したようである。

として，当時の吐蕃の強盛と，西域への華々しい進出ぶりを如実に物語っているのである(68)。

　以上のような吐蕃とテュルクとの連合は，唐の西域経営にとっては最も憂うべきことであり，それを恐れたが故にこそ，先に，安西四鎮放棄のやむなきに至った咸亨元年の翌年（672年），唐は十姓可汗の阿史那都支を匐延都督に任命することによって懐柔しようとしたのである(69)。しかし今やその企てが水泡に帰したことは誰の目にも明らかとなった。唐の朝廷では即時出兵の声が高まったが，結局，裴行倹の建議に従い，彼自身を派遣することにした。彼は，679年，ササン朝ペルシア王家の末裔ペーローズ（卑路斯）の子ナルセス（泥涅師）(70)を利用するという有名な謀略を用いて(71)，十姓可汗・阿史那都支及びその別帥・李遮匐を捕え，王方翼に命じて西突厥余衆の重要拠点に唐の駐留軍のための城郭を築かせた。これがいわゆる砕葉鎮であり，かつての焉耆に代わって新たに砕葉が四鎮の一つに数えられるのがこの時からであることは松田壽男以来の定説であり(72)，私もこれに従う。しかし，この砕葉鎮と焉耆鎮の交代を伝える『冊府元亀』外臣部・継襲篇の，

　　調露元（679）年，以砕葉・亀茲・于闐・疎勒為四鎮。
　　　　　　　　　〈『冊府元亀』巻967・外臣部・継襲・西突厥之条，
　　　　　　　　　　　　　宋版 p. 3828 上，明版 p. 11372 上〉

という記事をもって，直ちに，唐は679年に安西四鎮全部を完全に回復した，とする見方(73)に対しては，今しばらく諾否をいうのを保留しておきたい(74)。確かに，677年以後は吐蕃とテュルクとが連合して四鎮を押さえていたと推測されるのに，687年にはまたも吐蕃が四鎮を攻略している（後述）のであるから，その間に唐が四鎮を回復したことは確実で，その年次を679年に直結させるのは無理からぬところである。だがこの時期（677-687年）で実際に史料に現われるのは，唐がテュルクの首領を捕えたり，テュルクの余衆の反乱を鎮圧したというような記事ばかりである(75)。西域における唐と吐蕃との確執については，その痕跡さえ見当らないのである。テュルクと吐蕃両方の支配下にあった四鎮地方を，テュルクだけを倒すことによって奪回したとする説に一応の疑問をさしはさむことは正当であろう(76)。

　679年以後，吐蕃が唐に対し何の抵抗もせずに西域から手を引いたのがもし事

実であるとしたら，その裏には必ずや何らかの深い理由が存在しなければならない。私は先に，670 年の四鎮攻陥後の上元年間に吐蕃が西域から軍隊を引き揚げたことを述べて，その背後には吐蕃王国内の混乱があったのではないかと推測しておいた。それゆえ今度の場合も同じような事情が想像されるのであるが，実は今度の場合は単なる想像にとどまらないのである。というのは，佐藤によって，676 年に幼年のツェンポが即位した後，実力者間に政権争いがあったことが明らかにされているからである。とくにこの政権争いは 677 年以後に表面化したようで，佐藤は敦煌編年記 OTA（678 年・680 年の条）及び漢文史料から Mgar（ガル）一家に対抗した二人の重臣が失脚したことを述べている⁽⁷⁷⁾。682 年には阿史那車薄に率いられた西突厥余衆の反乱が勃発したが⁽⁷⁸⁾，この際にテュルクと吐蕃の間には何の連絡もなかったらしい。佐藤はこの点についても注意を促している⁽⁷⁹⁾。

685 年宰相ツェンニャが死亡し，弟のチンリン（Khri 'briṅ 欽陵）が大論（ロン）（宰相）の地位に就くと，吐蕃はまたもや西域に向かって進撃を開始した。敦煌編年記 OTA には次のようにチンリン自らの出動を伝えている。

> khyi'i lo la bab ste / btsan po ñen kar na bzhugs shiṅ / blon khri 'briṅ gyis /
>   犬の歳（686 年）になって，ツェンポは Ñen-kar にお住まいになり，ロンのチンリンは
> dru gu yul du draṅ zhes bgyi bgyi ba las / phyi dalte / dbyar 'dun shoṅ snar 'dus /
>   Dru-gu 国に進軍せんとしていて，（その予定が）遅れ⁽⁸⁰⁾，夏国事会議を Shoṅ-sna で開催した。
>   〈CDT, pl. 582, ll. 43-44 ; DTH, pp. 16, 36 ; 王／陳, pp. 20, 105 ; OTAAT, p. 95〉

> pagi lo la bab ste / btsan po ñen kar na bzhugs shiṅ /
>   豚の歳（687 年）になってツェンポは Ñen-kar にお住まいになり，
> blon khri 'briṅ gyis / dru gu gu zan yul du draṅs /
>   ロンのチンリンは Dru-gu の Gu-zan 国に進軍した。
>   〈CDT, II, pl. 582, l. 46 ; DTH, pp. 16, 36 ; 王／陳, pp. 21, 106 ; OTAAT, p. 96〉

687 年に安西四鎮（ここでは焉耆を含む旧安西四鎮を指す）がまたもや吐蕃の攻撃を受けて，その支配下に入っていたであろうことは，最初，松田によって推定され⁽⁸¹⁾，次いで漢文史料を詳細に検討した伊瀬によってほぼ確実視されるまでに

至った[82]。佐藤はこうした成果の上にさらに上掲のチベット語史料を加えることによって，このことを確定したわけである[83]。その際，佐藤は Gu-zan（グサン）を亀茲（トルコ語の Küsän）とみなしたが[84]，結論的には私もこの考えに賛成である。また，伊瀬・佐藤両氏の引用する[85]

　　垂拱中，［唐休璟］遷安西副都護。会_{たまたま}吐蕃攻破焉耆。
　　　　　　　　　　　　　　　　　　〈『旧唐書』巻93・唐休璟伝，p. 2978〉

という記事の後半部は，垂拱三（687）年のチンリン軍の出動の結果とみて誤りないであろう。

第2節　唐の西域進出積極策と吐蕃の西域撤退（689-694年）

　さて687年焉耆以西の四鎮の地を吐蕃に奪われた唐は，この事態にどう対処したであろうか。佐藤によれば「（則天）武后はこのような状勢に対して直に韋待價を出動せしめようとしたが，韋方質等の奏請があり，遅れて二年後永昌元（689）年に至って漸く軍を動かすことができたのであろう」という[86]。しかしこの戦いは唐軍の大敗に終わったようで，『資治通鑑』には，

　　［永昌元（689）年］五月丙辰，命文昌右相韋待價為安息道行軍大総管，擊吐蕃。（中略）。［秋七月］韋待價軍至寅識迦河，拠旧書待價伝，寅識迦河当在弓月西南，与吐蕃戰，大敗。待價既無将領之才，狼狽失拠，士卒凍餒，死亡甚衆，乃引軍還。太后大怒。丙子，待價除名，流繡州，斬副大総管安西大都護閻温古。安西副都護唐休璟収其余衆，撫安西土。太后以休璟為西州都督。
　　　　　　　　　　　　　　　　〈『資治通鑑』巻204, pp. 6457, 6459〉

とある。安西大都護は処刑されたのであるから，当然副都護の唐休璟が昇格してもよいはずであるのに，かえって西州都督に格下げされているのは，佐藤の言うように[87]，単なる左遷ではなく，安西（大・副）都護の統轄すべき対象すなわち安西四鎮が無くなってしまったからであろう。敦煌編年記 OTA は単に，

　　glaṅ gyi lo la bab ste / ……… / blon če khri 'briṅ dru gu yul nas slar 'khor te /

152　第一篇　東ウイグル・唐・吐蕃鼎立時代篇

>　牛の歳（689年）になって…（中略）…大ロン（宰相）のチンリンは Dru-gu 国から帰還した。
>
>　　〈CDT, II, pl. 582, ll. 51-52 ; DTH, pp. 17, 37 ; 王／陳, pp. 21, 106 ; OTAAT, p. 96〉

と記すだけであるが，この記事が，吐蕃軍を率いてトルキスタンへ進出していた宰相チンリンの本国への凱旋を伝えたものであることはまず間違いあるまい。

　このように670年以後唐と吐蕃とテュルクは西域をめぐって激しい攻防を展開し，互いに一進一退を繰り返していたわけである。だがこのような状態も692-694年の大戦争を以て一応の終止符を打つことになる。その経過を次にみることにする。

　まず『資治通鑑』，『旧唐書』西戎伝，『新唐書』吐蕃伝の，

>　[長寿元（692）年] 会西州都督唐休璟請復取亀茲・于闐・疏勒・砕葉 四鎮, 勅以孝傑為武威軍総管, 与武衛大将軍阿史那忠節将兵撃吐蕃。冬十月丙戌, 大破吐蕃, 復取四鎮。置安西都護府於亀茲, 発兵戍之。
>
>　　〈『資治通鑑』巻205, pp. 6487-6488〉

>　長寿元年, 武威軍総管王孝傑・阿史那忠節大破吐蕃, 克復亀茲・于闐等四鎮。自此復於亀茲置安西都護府, 用漢兵三万人以鎮之。
>
>　　〈『旧唐書』巻198・西戎伝・亀茲之条, p. 5304〉

>　是歳, 又詔右鷹揚衛将軍王孝傑為武威道行軍総管, 率西州都督唐休璟・左武衛大将軍阿史那忠節撃吐蕃, 大破其衆, 復取四鎮, 更置安西都護府於亀茲, 以兵鎮守。　　〈『新唐書』巻216上・吐蕃伝上, p. 6078〉

という記事より，唐が王孝傑を首とし，西州都督の唐休璟とトゥルギシュ（突騎施）の部将・阿史那忠節[88]とを副として大がかりな四鎮奪取作戦を遂行せしめ，チンリンが心血を注いだ吐蕃の西域支配体制を打ち崩したことが知られる。この事件は，以上の記事のほか，伊瀬の指摘によれば，両唐書本紀，両唐書王孝傑伝，『旧唐書』吐蕃伝，『冊府元亀』巻358・将帥部・立功十一など多くが長寿元（692）年にかけているため，氏はこれを692年中に完結した出来事と見[89]，佐藤もこれに従った[90]。しかし伊瀬自身が注意するように，これを長寿二（693）年にかける記事も存在するのである。

[18-19]

> 至長寿二年，収復安西四鎮，依前於亀茲国置安西都護府。
> 〈『旧唐書』巻40・地理志3・安西大都護府之条，p. 1647〉

> 長寿二年，収復安西四鎮。
> 〈『新唐書』巻40・地理志3・安西大都護府之条，p. 1047〉

> 長寿二年十一月一日，武威軍総管王孝傑克復四鎮，依前於亀茲置安西都護府。
> 〈『唐会要』巻73・安西都護府之条，p. 1571〉

また近年トゥルファン盆地で発見された「延載元（694）年氾徳達告身」[91]を考証した中村裕一によれば，長寿二年にも唐軍が安西四鎮を攻撃した可能性が出てきた[92]。それ故，上の事件を長寿二年にかける両唐書地理志や『唐会要』の記事も無下に否定すべきではなかろう。692年に始まった今度の戦争は，すぐにおさまったのではなく，実際には翌年，さらには翌々年にまで及んで，ようやく結着をみた[12]と考える方がよいようである[93]。とくに我々は『資治通鑑』延載元年之条の，

> ［延載元（694）年］二月，武威道総管王孝傑破吐蕃 敦論賛刃・突厥可汗俀子等於冷泉及大嶺，各三万余人。砕葉鎮守使韓思忠破泥熟俟斤等万余人。
> 〈『資治通鑑』巻205, p. 6493〉

という記事に注目すべきであろう。また『新唐書』の吐蕃伝及び西突厥伝にはそれぞれ，

> 於是首領勃論賛与突厥偽可汗阿史那俀子南侵，与孝傑戦冷泉敗走。砕葉鎮守使韓思忠破泥熟没斯城[94]。
> 〈『新唐書』巻216上・吐蕃伝上，p. 6079〉

---

12 本論文で私は王孝傑による安西四鎮回復は長寿元（692）年のみで終わらず，延載元（694）年まで断続したという考えを述べたが，今はそれを放棄したい。その最大の理由は，白須浄眞・玉井陽子両氏より，則天武后期に採用された暦制では十一月に年が改まるのであり，長寿元年十月の翌月は長寿二年正月（＝十一月）となるという指摘を受けたからである。なお，692-694年の安西四鎮争奪戦を想定した森安説に反論するものとして玉井陽子「武后期の唐・吐蕃関係における一考察」（平成7年度金沢大学提出卒業論文）があり，森安の依拠した「延載元（694）年氾徳達告身」による中村裕一説も批判されている。玉井卒論によれば，王孝傑による安西四鎮回復の報告が首都に届いたのが長寿元（692）年十月丙戌（25日）であり，わずか6日後の長寿二年正月（十一月）一日に安西都護府が復置されたという。

其明年（694），西突厥部立阿史那俀子為可汗，与吐蕃寇。武威道大総管王孝傑与戰冷泉・大領谷破之。砕葉鎮守使韓思忠又破泥熟俟斤及突厥施質汗・胡禄等，因抜吐蕃泥熟没斯城。　　　〈『新唐書』卷215下・突厥伝下，p. 6065〉

とあり，吐蕃がテュルクと連合して唐と戰っていることが知られる。これは，本稿でそれまでの歴史的経過を辿ってきた我々には，十分に首肯できる図式である。しかしこの時吐蕃側に立った阿史那俀子の率いた西突厥というのは，『旧唐書』郭元振伝の，

往年［郭］虔瓘已曾与［阿史那］忠節擅（ほしいままに）入抜汗那稅甲稅馬，臣在疏勒具訪，不聞得一甲入軍，抜汗那胡不勝侵擾，南勾吐蕃，即将俀子重擾四鎮。又虔瓘往入之際，抜汗那四面無賊可勾，恣意侵吞，如独行無人之境，猶引俀子為蔽。　　　〈『旧唐書』卷97・郭元振伝，p. 3047〉

という記事より，フェルガナ（抜汗那）から余り遠くない所（それもフェルガナの南らしい）にいたテュルク族であることが分かる。おそらくこれは，かつての西突厥の遺衆の多くの部分をトゥルギシュが安輯した[95]あとの残りであり[96]，もはやその実力はトゥルギシュに遠く及ばなかったと思われる。吐蕃がいかにこのようなテュルクと手を結んだところで，というよりむしろこのようなテュルクに新可汗を冊立してテコ入れしたところで[97]，四鎮の地を奪い返せるはずはなかったし，事実失敗したのである。

このたびの西域をめぐる戦争は，唐が，天山以北のテュルク諸族の中で急速に勢力を伸ばしてきたトゥルギシュといち早く結んだ時点で，大勢は決していたといっても過言ではなかろう。かつて677年には，吐蕃がテュルクの主勢力（阿史那都支と李遮匐）と協同して安西四鎮の地を奪取したのであるが，今度は逆にテュルクの主勢力（トゥルギシュ）と連合した唐によって吐蕃は西域から追い出されたわけである。

こうして692-694年の西域争奪戦は吐蕃の完敗に終わった。敦煌編年記OTAに，

rta'i lo la / ………… / mgar sta gu sog dagis bzuṅ / dgun btsan po
馬の歳（694年）に…(中略)…ガル＝タグはソグダク（＝ソグド人）[98]に捕まった。冬，ツェンポは

re'u tsal na bzhugs shiṅ / ton ya bgo kha gan pyag 'tsald /

Re'u-tsal にお住まいになり，トン＝ヤブグ可汗が（ツェンポに）臣礼を取り（に来）た。

〈CDT, II, pl. 583, ll. 65-67 ; DTH, pp. 17, 38 ; 王／陳，pp. 22, 107 ; OTAAT, p. 98〉

とあるうちの，ソグド人に捕えられたガル＝タグとは，宰相チンリン（ガル＝トンツェンの次男）の弟のガル＝タグ＝リスン Mgar sta-gu ri-zuṅ（ガル＝トンツェンの四男で漢文史料の悉多于）であり[99]，トン＝ヤブグ可汗（明らかにトルコ語の Ton Yabɣu Qaɣan）こそは吐蕃の傀儡となって働いた阿史那俀子その人と推定される[100]。ガル＝タグは指揮官の一人として遠征中に捕虜になったのであろうし[101]，トン＝ヤブグ可汗の方は，唐軍に破られた後，吐蕃軍ともどもチベット本土へ引き揚げて来てツェンポに謁見したのであろう[102]。また李・佐藤両氏によれば，編年記 OTA・羊の年（695年）の条に処刑されたことがみえるガル＝ツェンニェン＝グントン Mgar btsan-ñen guṅ-rton とは，チンリンの末の弟（ガル＝トンツェンの五男）で，前掲史料に阿史那俀子と共に現われる勃論賛刃（または勃論賛）と同じ者であり，その処刑は前年の敗戦の責任を取らされたものであるという[103]。この人物は『コータン国懸記』（Li yul luṅ-bstan-pa）にも Mgar blon btsan-ñen guṅ-ston として現われ（この名称の中の blon btsan-ñen が勃論賛刃に対応）[104]，彼がコータンを統治中にある寺院が建立されたことが伝えられているので[105]，兄チンリンによって推進された西域支配政策に極めて重要な役割を担っていたのであろう[106]。

第3節　トン＝ヤブグ可汗の活用（694-704年）

さて，宰相チンリンは，以上のような大敗にもかかわらず，西域支配の企てを決して諦めなかった。696年，彼は，30年もの長きにわたって東部国境地帯防衛の任にあたっていた弟の賛婆（ガル＝トンツェンの三男）と共に，軍を率いて青海地方に出動し，素羅汗山で唐の王孝傑及び婁師徳の軍を破り，次いで涼州にまで入寇した[107]。しかし彼の真意は河西攻陥にあったのではなく，あくまで西域奪取にあったようである。彼は青海〜河西地方で唐軍を破り自己の立場を有利にし

ておいてから，唐に対し「安西四鎮の戍兵を罷めんことを請い，并びに十姓突厥の地を分たんことを求めた」《『資治通鑑』巻205・万歳通天元年九月之条，p. 6508》。このような求めに応じられるはずのない唐は一時その対策に苦慮したが，吐蕃の内部事情に通じた郭元振の見事な政略により無事この場を切り抜け，かつこれ以後のチンリンの動きをも完全に封じ込めることが出来た[108]。そしてこのような膠着状態のさなか，チンリン及びその与党は漸く長ずるに及んだツェンポ（贊普＝吐蕃帝王）自身のクーデターによって悉く息の根を止められてしまった（698年）[108']。7世紀後半を通じ，吐蕃はガル一家の指導により積極的な中央アジア進出政策を推進したわけであるが，このガル一家の滅亡はそのまま吐蕃の西域経営の頓挫を意味した。チンリンを倒して政治の実権を握ったチ゠ドゥーソン王は，西域よりもむしろ河西〜青海〜四川の唐との国境地帯の経略に全力を傾けていったようである。敦煌年代記OTC（P. t. 1287）には彼の業績を讃えて，

> dru gu la stsogs ste ñi ṅog gzhan 'baṅs su bkug čiṅ / dpya' phab pa daṅ /
> 　Dru-guなど他の近隣諸国を臣属せしめ，貢納を義務づけ，
> mkhar sra ba phab / yul pyug po bčom ste čhab srid legs pa maṅ po ni
> 　堅い砦を破り，豊かな国を征服したが，多くの友好的な国々は
> 'di'i naṅ du ma gthogs //
> 　この中には含まれなかった。
> 　　　　　　　　〈CDT, II, pl. 569, ll. 333-334 ; DTH, pp. 112, 149 ; 王／陳, pp. 68, 141〉

と述べている。吐蕃がテュルク（Dru-gu）を一方的に従えたような書き方をしているが，これは文書の性格上からは当然のことであるけれども，事実とは異なる。もちろん阿史那俀子擁立の場合のように明らかに吐蕃が上位に立ったこともあったが，だいたいは対等の立場で行動していたのである。しかしいずれにせよテュルクと連携しつつ，西域支配に辣腕をふるったのは大論(ロン)（宰相）のツェンニャやチンリンに代表されるガル一家であって，決して年代記OTCにいうようなチ゠ドゥーソン王ではなかった。このことは注意すべきである。

だがガル一家の滅亡によって吐蕃の対外進出活動が完全に止んだわけではない。両唐書・吐蕃伝及び通鑑によれば，700年に吐蕃軍は涼州地方を攻撃している。一方，敦煌編年記OTAには，

byi ba'i lo la bab ste / btsan po dbyard moṅ kar nas čhab srid la sha gu

ネズミの歳（700年）になって，ツェンポは夏にMoṅ-karから遠征（親征）のために [13] Sha-gu

ñiṅ sum khol du gshegs shiṅ / ton ya bgo kha gan dru gu yul du btaṅ /

Ñiṅ-sum-kholにいらっしゃって，トン＝ヤブグ可汗をDru-gu国へ派遣した。

ston btsan pho gshegste ga čhur draṅs / dgun btsan poe pho braṅ rma bya tsal

秋，ツェンポはおでかけになり河州[(109)]に進軍した。冬，ツェンポはRma-bya-tsal宮殿

na bzhugs /

にお住まいになった。

〈CDT, II, pl. 584, ll. 81-83 ; DTH, pp. 18, 39 ; 王／陳，pp. 23, 108 ; OTAAT, p. 101〉

とある。694年以降，おそらく吐蕃の勢力圏内に留まっていたと思われるトン＝ヤブグ可汗（阿史那俊子）を[(110)]，今頃になってテュルク国へ「進軍させた（draṅs）」のではなく単に「派遣した，送り返した（btaṅ）」意図は一体何であろうか。またこの時のテュルク国とは具体的にどこを指しているのであろうか[(111)]。可能性は二つある。

まず第一は，ツェンポ自身が軍を率いて河西に侵入するのを助けるために，阿史那俊子の名望がまだ残っていたであろう西部天山～フェルガナ地方へ行って兵を挙げ，唐の安西四鎮守備兵を西方に釘付けにしておくことである。たまたま『冊府元亀』外臣部には，

[久視元（700）年] 九月，左金吾将軍田揚名・左臺殿中侍御史封思業斬吐蕃阿悉吉薄露，伝首神都。初，薄露将叛也，令揚名率兵討之。軍至砕葉城，薄露夜伏兵於城傍，掠官馳馬而去。思業率軽騎追撃之，翻為所敗。俄而揚名与阿史那斛瑟羅忠節率衆大至，薄露拠城拒守，揚名抜之。積十余日，薄露詐請降，思業誘而斬焉，遂虜其部落。

〈『冊府元亀』巻986・外臣部・征討五，宋版 p. 3957上，明版 p. 11582〉

---

[13] 原文では「国政（をとる）ために」としていたのを，石川 1998, p. 38, 及びDotson 2009＝OTAAT, p. 101 によって「遠征（親征）のために」と改めた。

とあり,『資治通鑑』には同事件を伝えて,

> 阿悉吉薄露叛, 阿悉吉, 即西突厥 弩失畢五俟斤之阿悉結也。薄露, 其名, 遣左金吾将軍田揚名・殿中侍御史封思業討之。軍至砕葉, 薄露夜於城傍剽掠而去, 思業将騎追之, 反為所敗。揚名引西突厥 斛瑟羅之衆攻其城, 旬余, 不克。九月, 薄露詐降, 思業誘而斬之, 遂俘其衆。
> 〈『資治通鑑』巻207・久視元年之条, p. 6550〉

とある。とくに『冊府元亀』の方が, かつての西突厥十姓の一部を統べるテュルク人の首領の一人であることの明らかな阿悉吉薄露[112]を「吐蕃」とみているのは注目に値する[113]。この阿悉吉薄露の反乱の裏に阿史那俀子がいたと考えるのも, あながち無理ではない。

当時, 天山北路一帯のテュルク族間で最も勢力があったのはトゥルギシュであるが, これは692年以来唐と友好関係を保っていた。それ故, 吐蕃側に立つトン=ヤブグ可汗の行ったテュルク国はここではありえない。しかるにトゥルギシュの東方, モンゴリアの地には, かつて唐に滅ぼされた東突厥 (突厥第一帝国) が復興し, いまやトゥルギシュを凌ぐ勢いで (突厥第二帝国), 唐に対しても優位に立ち, 以前の第一帝国時代の領土と人民を急速に回復しつつあった。もちろんその中には, 主にオルドス〜山西以北に居住していたいわゆる突厥降戸や[114], かつての突厥内部にいたソグド人を中心とする六州胡も含まれている[115]。また河西には九姓鉄勒の降戸もいた[116]。かつ河西は交通の要地として経済的に重要な地点であり, さらに馬の産地としても有名であった。それゆえ突厥がこの地方に触手を伸ばさないはずはなかろう。通鑑には,

> [久視元 (700) 年] 十二月甲寅, 突厥掠隴右諸監馬万余匹而去。
> 〈『資治通鑑』巻207, p. 6553〉

> [長安元 (701) 年] [十一月] 以主客郎中郭元振為涼州都督・隴右諸軍大使。先是, 涼州南北境不過四百余里, 突厥・吐蕃頻歳奄至城下, 百姓苦之。元振始於南境硤口置和戎城, 北境磧中置白亭軍。
> 〈『資治通鑑』巻207, pp. 6557-6558〉

とある。後者の記事 (『旧唐書』巻97・郭元振伝, p. 3044, 及び『冊府元亀』巻429・

将帥部・拓土, 宋版なし, 明版 p. 5117 上にも同内容の記載あり）によれば, 突厥と吐蕃が南北から河西を挟撃する形で涼州に侵入してきていることが窺える。これは単に偶然の一致であったのだろうか。そうとも考えられる。しかし張説（後の睿宗・玄宗時代の宰相）作の「兵部尚書代国公贈少保郭公（郭震, 郭元振）行状」には,

> （701 年）[117]吐蕃与突厥連和, 大入河西（原作西河）, 破数十城, 囲逼涼州, 節度出城戦歿, 蹂禾稼米斗万銭。則天方御洛城門酺宴, 涼州使至, 因輟楽。拝公為涼州都督, 兼隴右諸軍大使, 調秦中五万人, 号二十万, 以赴河西。
> 〈『文苑英華』巻 972・行状, p. 5112 上〉

とあり, 吐蕃と突厥とが河西入寇にあたって事前に連絡を取り合っていたことが窺える。ここに第二の推測が成り立つ。すなわち, 吐蕃賛普チ＝ドゥーソンは, 唐の西域経営の橋頭堡たる河西を北方の突厥と協力して落し入れ, 西域を唐の手から切り離すべく, 突厥可汗と同じ血を引く阿史那俀子（トン＝ヤブグ可汗）を同盟の密使として送り込んだのではなかったか[118]。

トン＝ヤブグ可汗の使いしたテュルク国がいずれであったか, 今となっては知る由もない[119]。しかし, いずれにせよ, チ＝ドゥーソン王はガル一家の敷いた対外路線をある程度は受け継ごうとしていたのではなかろうか。ただ, その後まもない 704 年の王自身の死によって, 吐蕃の中央アジア政策は振り出しにもどったようである。

第 4 章　チデ＝ツクツェン Khri lde gtsug brtsan 時代（704-754 年在位）

第 1 節　唐の西域経営に対抗する吐蕃と突騎施（704-718 年）

ツェンポの交代及び金城公主入蔵の背後事情については佐藤長に詳しい考証がある[120]。金城公主が実際にチベットに入ったのは 710 年のことであるが, 704 年以降この頃まで吐蕃には種々の内憂外患が山積していたらしい。公主降嫁にみられるように, 唐と吐蕃が, 前代に比してはるかに友好的な関係を保持し得た裏に

は，このような吐蕃側の内部事情が働いていたのである。郭元振は流石にこのことを看破していた。それゆえ彼は，708年，宰相・宗楚客および右威衛将軍・周以悌らがトゥルギシュ内部の娑葛（可汗，706年に死んだ父の烏質勒をついで即位）と闕啜（阿史那忠節，烏質勒の有力な部下だった）との不和を利用し，吐蕃を味方に引き入れてトゥルギシュを攻撃しようとした時，直ちに上疏してその非なることを説いた(121)。『旧唐書』郭元振伝にはその時の彼の言葉を伝えて(122)，

> 往者吐蕃所争，唯論十姓・四鎮，国家不能捨与，所以不得通和。今吐蕃不相侵擾者，不是顧国家和信不来，直是其国中諸豪及泥婆羅門等属国自有攜貳。故賛普躬往南征，身殞寇庭。国中大乱，嫡庶競立，将相争権，自相屠滅。兼以人畜疲瘵，財力困窮。人事天時，俱未称愜。所以屈志且求漢和，非是本心能忘情於十姓・四鎮也。如国力殷足之後，則必争小事，方便絶和。縦其醜徒，来相吞擾，此必然之計也。今忠節乃不論国家大計，直欲為吐蕃作郷導主人，四鎮危機恐従此啓。頃縁黙啜憑陵，所応処兼四鎮兵士，歳久貧羸，其勢未能得為忠節経略，非是憐突騎施也。忠節不体国家中外之意，而別求吐蕃，吐蕃得志，忠節則在其掌握，若為復得事漢？往年吐蕃於国非有恩有力，猶欲争十姓・四鎮。今若効力樹恩之後，或請分于闐・疏勒，不知欲以何理抑之。又其国中諸蛮及婆羅門等国見今攜背，忽請漢兵助其除討，亦不知欲以何詞拒之。是以古之賢人，皆不願夷狄妄恵，非是不欲其力，懼後求請無厭，益生中国之事。故臣愚以為用吐蕃之力，実為非便。
> 〈『旧唐書』巻97・郭元振伝, pp. 3045-3046〉

とある。しかし結局この建議は容れられず，同年中にトゥルギシュ討伐軍は派遣された。チデ＝ツクツェン時代に入ってこの方，表面上は唐と通和していた吐蕃も，初めの予定通り唐側に立って参戦した。かつてテュルク（西突厥遺衆）と連携して唐の西域経営を脅かし，次いで唐とテュルク（トゥルギシュ）の連合によって西域から追い出された吐蕃が，今度は唐と結んでテュルク（トゥルギシュ）を討つことになったわけである。しかしこの戦いは唐・吐蕃側の大敗であった。通鑑は，先の郭元振の上疏を宰相・宗楚客が受け入れなかったことをいい，次のように続ける(123)。

> ［景龍二（708）年］楚客等不従，建議「遣馮嘉賓持節安撫忠節，侍御史呂守

素処置四鎮, 以将軍牛師奨為安西副都護, 発甘・涼以西兵, 兼徵吐蕃, 以討娑葛。」沙葛遣使娑臘献馬在京師, 聞其謀, 馳還報娑葛。於是娑葛発五千騎出安西, 五千騎出撥換, 五千騎出焉耆, 五千騎出疏勒, 入寇。元振在疏勒, 柵於河口, 不敢出。忠節逆嘉賓於計舒河口。娑葛遣兵襲之, 生擒忠節, 殺嘉賓。擒呂守素於僻城, 縛於駅柱, 凧(わけて)而殺之。

〈『資治通鑑』巻 209, pp. 6627-6628〉

［景龍二 (708) 年］［十一月］癸未, 牛師奨与突騎施娑葛戦于火焼城。師奨兵敗没。娑葛遂陥安西, 安西都護府時在亀茲, 断四鎮路。

〈『資治通鑑』巻 209, p. 6629〉

この事件は郭元振の奔走により, 翌 709 年娑葛が「遣使請降」〈『資治通鑑』巻 209, p. 6636〉という形をとったことによって漸く落着した。そしてこの時, 娑葛は十四姓 (十姓) 可汗に冊立された[124]。

唐とトゥルギシュの関係が好転するや, 唐と吐蕃はまたも干戈を交えている。『資治通鑑』景雲元年之条の末尾には,

［景雲元 (710) 年］安西都護張玄表侵掠吐蕃北境。吐蕃雖怨, 而未絶和親。

〈『資治通鑑』巻 210, p. 6661〉

とあり, 『旧唐書』吐蕃伝には,

睿宗即位 (710 年), (中略)。時, 張玄表為安西都護, 又与吐蕃比境, 互相攻掠。吐蕃内雖怨怒, 外敦和好。　〈『旧唐書』巻 196 上・吐蕃伝上, p. 5228〉

とある。佐藤はこの交戦時期を 707 年頃とみているが[125], 私は史料をそのまま信じて 709-710 年頃のこととみてよいのではないかと思う。ところで安西都護府の管轄区域と吐蕃の領土が境を接している地方とはどこのことか。当然考えられるのは, 今世紀はじめスタイン探検隊などによって多くのチベット語文書が発掘将来されたコータン〜ロプ地方, 即ち西域南道地域である。しかし 8 世紀初頭この地方は吐蕃よりもむしろ唐の支配下にあったと思われる。先に引用した郭元振の上表文の中には, 「今もし吐蕃の援助を受けてトゥルギシュを討ったら, 吐蕃はその功を恃んで于闐・疏勒の割譲を求めるであろう」という内容の言葉があった。これはコータンやカシュガルが吐蕃の支配下になかったことを物語る。一方

ロプ地方に関しては同じく郭元振伝に,闕啜(阿史那忠節)が播仙城で経略使の周以悌に会ったという記事がある。この播仙城が且末城即ちチェルチェンであることは既に学界の定説である(126)。ここに唐の経略使(127)が駐屯していたのであるから,ロプ地方も唐の勢力下に入っていたと見てよかろう。西域南道が問題の接壌地帯でなかったとすると,次に考えられるのは西ではパミール地方,東では吐谷渾の旧領(とくにアルティン=ターク～ツァイダム西辺)である。パミール地方では少なくとも勃律あたりまで吐蕃の勢力が及んでいたことは確実だが(cf. 本論第2章),東のアルティン=ターク地方についても同様のことが言えそうである。敦煌出土の唐光啓元年書写『沙州・伊州地志』残巻(S. 367)には(128),

> 薩毗城,西北去石城鎮(チャルクリク)四百八十里。康艶典所築。其城近薩毗沢,山険阻。恒有吐蕃及土谷渾来往不絶。

とあり,晋天福十年写本『寿昌県地鏡』にも(129),

> 薩毗城,在鎮城(石城鎮をさす)東南四百八十里。其城康艶典置築。近薩毗城沢,険。恒有土蕃・土谷賊(ママ)往来。

とある。薩毗城には常に吐蕃人や吐谷渾人がやってくるが,そこは石城鎮(チャルクリク,若羌)の東南480里(約210km)で,周囲には沼沢や険しい山々がある要害の地であるという。また,この城を築いた康艶典とは,貞観中にロプ地方にソグド商人の植民地を作ったサマルカンド出身の大首領であることが分かっているから(130),薩毗城も商業に有利な交通の要地であらねばならない。これらの条件を全て満たす所といえば,それは現在の茫崖鎮(131)ないしはその周辺をおいて他にはない(132)。ところで,『沙州・伊州地志』・『寿昌県地鏡』はいずれも後代のものであるが,その原本は『沙州図経』であり,それは高宗治世末年～則天武后治世前半(676-695年)にまで遡ることが,最近,池田温によって明らかにされた(133)。そして現存する『沙州図経』の残巻中には,石城鎮の「位置・沿革」をいう部分に上とほぼ同内容の薩毗城に関する記事があり,さらに石城鎮の「現状」を述べるくだりに,

> 道,南去山八十里,已南山険,即是吐谷渾及吐蕃境。

とある(134)。この「現状」がいつの時点をさすのかが問題であるが,本残巻には

則天武后時代や玄宗の開元時代の加筆・訂正がみられるものの(135)，やはり大部分は原本をうけついでいるのであるから，7世紀末〜8世紀初葉とみて大過ないであろう。吐蕃（及びこれに併呑された吐谷渾）と唐との境界をなしていた石城鎮のすぐ南の険しい山とは，いうまでもなくアルティン＝ターク（阿爾金山）の連山をさす。

　以上みてきたところを総合すれば，チデ＝ツクツェン即位後まもない頃の吐蕃の北方領域は，西はパミールで，そして東はアルティン＝ターク連峰を以て唐にさえぎられ，その向こうのタリム盆地までは一歩も足を踏み入れていなかった，ということになろう。このことは，逆にみれば，当時の唐のタリム盆地に重心を置く西域経営が相当順調にいっていたことを示す。

　然るにこの頃，突厥第二帝国（本拠はモンゴリア）が中央アジア（とくに天山以北）において活発な動きを見せ始めた。710年にはまずキルギスの叛乱を鎮定，次いでトゥルギシュの内訌に乗じて進撃，娑葛の軍を打倒すると，突厥軍はそのまま西進してシル河を越え，ソグディアナにまで至り，この地を攻略して凱旋した(136)。さらに713年には北庭を攻囲し，唐軍に打撃を与えたが，ある事情が発生して一旦兵を引いた。そして翌714年，再び北庭に攻撃をしかけたが，今度は北庭都護・郭虔瓘や伊吾軍使・郭知運らの働きによって退けられた(137)。このように唐が暫くの間突厥の活動に目を奪われている間に，吐蕃は新たに大食と結ぶ動きを見せたし，一旦は滅亡の危機に瀕したトゥルギシュも新可汗・蘇禄のもとでほぼ完全に復興してしまっていた[14]。『資治通鑑』は，

［開元三（715）年］［十一月］，初，監察御史張孝嵩奉使廓州，還，陳磧西利害，請往察其形勢。上許之。聽以便宜從事。拔汗那者，古烏孫也，內附歲久。吐蕃与大食共立阿了達(138)為王，發兵攻之。拔汗那王兵敗，奔安西，求救。孝嵩謂都護呂休璟曰，不救則無以号令西域。遂帥旁側戎落兵万余人，出龜茲西数千里，下百城，長駆而進。是月，攻阿了達于連城。孝嵩自擐甲督士卒急攻。自巳至酉，屠其三城。俘斬千余級。阿了達与数騎逃入山谷。孝嵩伝檄諸国。威振西域。大食・康居・大宛・罽賓等八国，皆遣使請降。
〈『資治通鑑』巻211, p. 6713〉

---

[14] ただし唐が蘇禄を可汗として冊立し，突騎施国を正式に承認するのは開元七（719）年のことで，それは唐の砕葉鎮放棄と表裏一体である［斉藤（達）1991, pp. 34, 43］。

として，抜汗那(Ferghāna)[139]をめぐって吐蕃と大食[140]が手を結んだことを告げ
ているが，このことは裏返せば，吐蕃の勢力がパミールを北上してフェルガーナ
にまで達し得たことの証拠でもある[141]。先にコータンは唐の支配下にあって吐
蕃の勢力は及んでいなかったことを述べたが，少なくともバルチスタン（大勃
律）～ギルギット（小勃律）～ワッハーン（護密）地方では唐よりむしろ吐蕃の
方が優勢であったと推測することが出来よう。『冊府元亀』には，

> ［開元］三(715)年二月，郭虔瓘為北庭都護，累破吐蕃及突厥黙啜。斬獲不
> 可勝計。以其俘来献。
> 〈『冊府元亀』巻133・帝王部・褒功二，宋版 p. 140 上，明版 p. 1607 上〉

とあって，安西都護・呂休璟だけでなく北庭都護の郭虔瓘も吐蕃と戦っているこ
とを伝えている。ガル一家の滅亡以来久しく絶えていた吐蕃の積極的な西域進出
が再開されたのは，恐らくこの頃のこととみて間違いないだろう。吐蕃の政策変
更の直接の動機を明らかにし得ないのは残念であるが，このような吐蕃の動きは，
復興成ったトゥルギシュの動きと一致するところとなった。717年，両者は大食
をも引き入れて，共に安西四鎮奪取を目指す軍事行動に出たのである。

> ［開元五(717)年］［七月］安西副大都護湯嘉恵奏，突騎施引大食・吐蕃，
> 謀取四鎮，囲鉢換及大石城[142]。已発三姓葛邏禄[143]兵，与阿史那献撃之。
> 〈『資治通鑑』巻211, p. 6728〉

攻撃目標がタリム盆地西北辺だったのであるから，この時の吐蕃軍もパミール地
方から出撃したに違いない。先程私は715年に吐蕃の勢力がバルチスタン～ギル
ギット～ワッハーン地方に及んでいたと推測したが，これは717年にもあては
まる。さらに，716年に入唐した沙門・善無畏がパミール地方で吐蕃の領域を
通過していること[144]，及び『新唐書』西域伝に，

> ［護密］地当四鎮入吐火羅道，故役属吐蕃。開元八(720)年，冊其王羅旅伊
> 陀骨咄禄多毗勒莫賀達摩薩爾為王。〈『新唐書』巻221下・護密之条, p. 6255〉

とあるところをみると，この推測に誤りはなさそうである。恐らく720年（開元
八年）頃までは吐蕃の勢力がパミール地方（とくに南パミール）にかなり食い込
んでいたのであろう。ただし勢力範囲とは言っても，パミール地方に分立する数多

くの小国はそれぞれ独立を保っていたのであり，吐蕃の直接統治を受けていたわけでないことは勿論である。最後に掲げた史料によれば，720年に護密（Wakhan）^(ワッハーン)^(145)王が唐の冊立を受けているし[15]，『資治通鑑』巻212・開元八年夏四月之条［p. 6740］や『冊府元亀』巻964・外臣部・封冊二［宋版なし，明版 p. 11343］の記事からはやはり720年，勃律・護密以外に烏萇（Uddiyāna）^(ウッディヤーナ)^(146)・骨咄（Khottal）^(コッタル)^(147)・俱位（Mastuj）^(マストゥジ)^(148)・箇失密（Kashmir）^(カシミール)^(149)等の王が唐の冊立を受けていることが分かる。一方，敦煌編年記 OTA には，

> bya gagi lo la / ………… / stod phyogs gyi pho ña maṅ po
>   鳥の歳（721年）に…（中略）…上部地方の多くの使者たちが（ツェンポに）
> phyag 'tshald /
>   臣礼を取り（に来）た。
>   〈CDT, II, pl. 587, ll. 168-169 ; DTH, pp. 22, 46 ;
>   王／陳, pp. 30, 113 ; OTAAT, pp. 112-113〉

とある。DTH はこの "stod phyogs（上部地方＝西方の国々）" に「サラット＝チャンドラ＝ダスはこの上部地方をカイラーサ付近に比定する」――カイラーサというのはラサからパミール地方に至る途中にある有名な聖山――と注記しているが，私はむしろ山口に従って(150)，さらに西方のパミール地方（中でも南パミール地方）そのものを指していると考える。というのは敦煌年代記 OTC のチソン＝デツェンの条に，

> rgyal po 'di'i riṅ la / 'bro khri gzu' ram shags kyis / stod pyogs su draṅste /
>   このツェンポ（賛普＝吐蕃帝王）の御代に，'Bro の Khri-gzu' ram-shags は上部地方へ進軍し，
> li 'baṅs su bkug nas dpya' phab bo / /
>   Li 国を臣属せしめ，税（貢納）を義務づけた。
>   〈CDT, II, pl. 571, ll. 391-392 ; DTH, pp. 115, 153 ; 王／陳, pp. 73, 144〉

とあり，同編年記 OTA・756年の条に，

---

[15] ただし726/727年頃の様子を伝える慧超によれば，胡蜜（＝護密）は大寔（＝大食）の管轄下にあるという，cf. 桑山編『慧超伝』pp. 44-45, 176-177（森安担当）。

ban 'jag nag po daṅ gog daṅ / shig nig las stsogste / stod pyogs gyi pho ña

 黒 Ban-'jag と Gog と Shig-nig などの上部地方の使者が（ツェンポに）

pyag 'tsald /

 臣礼を取り（に来）た。

   〈CDT, II, pl. 592, l. 20 ; DTH, pp. 56, 63 ; 王／陳, pp. 38, 119 ; OTAAT, p. 129〉

とある。Li 国が于闐であることは定説であり，Shig-nig が識匿（尸棄尼, Shigh-nan[151]）であることも疑いない[152]。Ban-'jag は，全く論証なしではあるが Pandj と結び付ける山口の推定[153]が当たっていよう。アム河上流のパンジャ河（パンジ河）Ab-i-Panja はシグナン～ワッハーン地方に沿って流れており，その流域にはバル＝パンジャとかカライ＝パンジャ[154]の地名が存在している。一方 Gog は，後にみるように（cf. p. 42），パンジャ河上流（ワッハーン＝ダリア）流域である可能性が高い。いずれにせよ，以上より，パミール地方の諸国が唐と吐蕃の二大勢力の接壌地帯として双方から軍事的圧力を受けながらも独立を保っていたことだけは明らかであろう。さらに視野を西トルキスタン全体に拡げるならば，この地方が東の唐，南の吐蕃，西の大食，北のトゥルギシュという四大勢力の係争地帯となっており，次いで政治的にはイスラム勢力が，人口的にはテュルク民族が優勢になっていき，インド＝ヨーロッパ系民族の小国家分立時代が終わるという，歴史上の一大転換点に立っているのであるが，本稿ではそこまで触れる余裕はない。

第 2 節　吐蕃＝テュルク連合 II（718-735 年）

チ＝ドゥーソンの末年に吐蕃が突厥と手を握って河西に侵攻したらしいことについては前章で述べた。それは 700-701 年頃のことであった。その後両者の間でどの程度頻繁に直接的交渉が行なわれていたかは不明であるが，718 年をあまりさかのぼらない時期になってまた両者の間には使節の交換が行なわれたらしい。『新唐書』吐蕃伝では 714 年の条と 722 年の条との中間に，吐蕃が唐に和議を求めたことを記しているが，その時のツェンポの言葉を伝えて，

 又疑与突厥 骨咄禄善者，旧与通聘。即日舅甥如初，不与交矣。

〈『新唐書』巻216上・吐蕃伝上, pp. 6082-6083〉

といっている。この部分をバシェル（S. W. Bushell）は[155]，

> He is also suspicious of our friendship with the T'uchüeh Kuch'olu. Our intercourse is of long standing, and our houses were once allied, but now there is no communication.

と訳し，ペリオ（P. Pelliot）は[156]，

> En outre, pour ce qui est des doutes au sujet de nos bons rapports avec le T'ou-kiue 骨咄禄 Kou-tou-lou (Qutluq), nous avons voilà longtemps conclu une union matrimoniale avec lui ; mais du jour où nous serons [avec vous] oncle, neveu comme précédemment, nous n'aurons plus de relations avec lui.

と訳し，佐藤は，次のように訳した[157]。

> また突厥の骨咄禄と親しいのを疑っておられますが，（吐蕃と唐とは）旧く親善の使者を交換し，互いに舅・甥と呼びあっておりました。それでその関係が初めの通りになれば，（突厥とは）ともに交わらないでありましょう。

この部分の解釈はこのままでは非常に困難で，バシェル訳はともかく，ペリオ訳と佐藤訳とのいずれが正しいのか判断に苦しむ。しかし幸いなことにこの時のツェンポから皇帝への書簡のほぼ全文が『冊府元亀』の中に残されている。そこには，

> [開元] 六（718）年十一月，吐蕃遣使奉表曰，「仲冬極寒，伏惟皇帝舅万福。（中略）。又以北突厥 骨吐禄共吐蕃交通者，旧時使命実亦交通。中間舅甥和睦已来，准旧平章。其骨吐禄，阿舅亦莫与交通，外甥亦不与交。今聞，阿舅使人頻与骨禄交通，在此亦知為不和。中間有突厥使到外甥処，既為国王，不可久留外国，使人遂却送帰。即日両国和好，依旧断当，吐蕃不共突厥交通。如舅不和，自外諸使命 何 入蕃，任伊来去。阿舅所附信物，並悉領。外甥今奉金胡瓶一・瑪瑙盃一，伏惟受納」。

〈『冊府元亀』巻981・外臣部・盟誓，宋版 pp. 3922下-3923上，明版 pp. 11526-11527〉

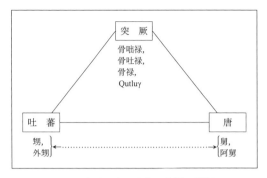

図1　突厥・唐・吐蕃三者間の関係

とある。問題になっている三者間の関係を図示すれば図1の通りである。

　『新唐書』吐蕃伝でははっきりしなかった日付が、ここでは開元六（718）年十一月と明記されている。それゆえ文中の突厥・骨咄禄は、その字面だけから一般的に考えられるような第二帝国の建国者 Iltäriš 可汗（在位 682-691 年）自身を指すのではなく、ここでは第二代の黙啜（Qapγan 可汗、在位 691?-716 年）か第三代の毗伽可汗（在位 716?-734 年）を指していると考えるべきであろう[158]。ところが王忠は初代骨咄禄の在位年代とこの日付との不一致を解決するため、突厥・骨咄禄を突厥ではなくトゥルギシュの可汗であろう、とした[159]。「突厥」がテュルク族の総称として使われ、ために西突厥の後継者たるトゥルギシュを指す場合も確かにある。しかし「北突厥」とあってトゥルギシュを指した例は皆無と言ってよかろう。それに、吐蕃とトゥルギシュとが深い関係にあったことは、前年の安西四鎮攻撃によって唐側へも十分知られていたはずであって、上掲史料に見るように唐と吐蕃の双方が「突騎施」との結びつきを云々しているとしたら、これは奇妙なことである。それゆえやはり、ここに見える突厥・骨咄禄とは突厥の黙啜または毗伽可汗のこととみてよく、王忠のようにトゥルギシュの可汗とみなす必然性はない。

　『冊府元亀』の記載に依れば、吐蕃と突厥はもともと使者を交換していたという。それゆえ吐蕃伝の「旧与通聘」の主語は吐蕃と突厥であり、この部分に関しては佐藤訳よりもペリオ訳の方があたっている。『冊府元亀』の「舅甥和睦」とは、718 年に最も近い時点における唐と吐蕃の和睦のことであろうから、これは 706 年の盟約[160]から 710 年の金城公主降嫁及びこれらに前後する両者間の友好状

3 吐蕃の中央アジア進出　169

態を言ったものとみてよい。とすると、これ以前（史料中の「旧」・「旧時」）に吐蕃と突厥は「与通聘」或いは「使命実亦交通」する間柄であったわけで、このことは、先に700-701年頃吐蕃と突厥が手を結んでいたと推測したこととうまく対応する。そしてもう一度書簡の文意にたち戻れば、718年の少し前にも吐蕃と突厥との間に使節の交換があったことが、隠れなき事実として浮かび上がってこよう(161)。前述したように、吐蕃は717年にはトゥルギシュおよび大食と結んで安西四鎮を攻撃したが、突厥との間にはこのような軍事同盟が結ばれた形跡はない。しかし両者は共に唐と抗して勢力を拡大しようとしていたのであるから、対唐牽制の意味あいを込めて接近することは十分にあり得る。それゆえ我々は、717年の吐蕃とトゥルギシュ・大食とが連合した四鎮攻撃と相前後して、吐蕃は突厥ともまた交渉を持った、と推測してよかろう(162)。因みに敦煌編年記OTAには、

spre'u !o la / btsan po duṅs gyi stag tsal na bzhugs shiṅ /
　猿の歳（720年）に、ツェンポはDuṅsのStag-tsalにお住まいになり、
'bug čor gyi pho ña phyag 'tsald /
　'Bug-čorの使者が（ツェンポに）敬意を表し（に来）た。
〈CDT, II, pl. 587, l. 164 ; DTH, pp. 22, 45 ; 王／陳, pp. 29, 113 ; OTAAT, pp. 111-112〉

という記載がある。'Bug-čorという名前は敦煌編年記OTA・年代記OTCを通じてここだけにしか現われないが、同じく敦煌蔵経洞出土のP. t. 1283文書に現われていることは周知の通りである。私はP. t. 1283文書の内容を検討して、この'Bug-čor（'Bug-čhor）を狭義の突厥（第二帝国）に比定したが(163)、それが720年という時点で吐蕃と接触したことが、吐蕃側の証言として残されていることは注目に値しよう。この720年の突厥から吐蕃への使者派遣は、同年の突厥の北庭・河西攻撃(164)と何らかの関連を持つものと思われる。[16]

以上みてきたように、吐蕃は715年以降再び西域進出の機会をうかがっていたのであるが、722年には遂に小勃律国（ギルギット）に本格的な攻撃を加えるに至った。

　　［開元十（722）年］［九月］癸未，吐蕃囲小勃律王没謹忙。謹忙求救于北庭

---

[16] 720年に吐蕃に遣使したブグチョル（'Bug-čor）集団の実体と遣使の背景については、齊藤（茂）2013, p. 50がより深く詳しい考察をして私の推定を補正している。

節度使張嵩曰,「勃律, 唐之西門。勃律亡, 則西域皆為吐蕃矣」。嵩乃遣疏勒副使張思礼, 将蕃漢歩騎四千救之。昼夜倍道, 与謹忙合擊吐蕃, 大破之, 斬獲数万。自是累歳, 吐蕃不敢犯辺。[17]　　　〈『資治通鑑』巻 212, p. 6752〉

ギルギット地方は吐蕃がパミール地方から西域に進出するためにはどうしても通らなければならない関門である。それゆえ 722 年以前にも吐蕃は幾度となくこの地方を通過しており, この地の土着政府もそれを黙認していたはずである。それが今ごろになって戦いを交えたとは, 如何なる理由によるのだろうか。この点について明らかにしてくれるのが, 慧超『往五天竺国伝』にある次のような記事 (726-727 年頃の情報) である。(第 2 章で引用した同伝の大勃律国之条も参照せよ。)

又迦葉弥羅国西北, 隔山七日程, 至小勃律国。此属漢国所管。衣着人風, 飲食言音, 与大勃律相似。(中略)。其大勃律, 元是小勃律王所住之処。為吐蕃来逼, 走入小勃律国坐。首領百姓, 在彼大勃律不来。
　　〈『往五天竺国伝』小勃律国之条, 桑山編 p. 20, ll. 111-112, 114-115〉[(165)]

吐蕃に服属しつづける故国（大）勃律の「首領百姓」たちと袂をわかち, 今やギルギットに親唐的な小勃律国を建てるに至った王とは, おそらく没謹忙その人を指すのであろう[(166)]。かつて彼は唐に入朝したことがあり, その時玄宗に子として処遇された経験がある[(167)]。それ故にこそ彼は吐蕃に反逆して, 独立を試みたと考えられる。そしてこの独立, すなわち大・小勃律への分裂は, 伊瀬によれば 720-722 年のことである[(168)]。もし親唐的な小勃律国がこのまま定着してしまえば, 吐蕃は以前のようにこの地を通って西域へ出る道を塞がれてしまうことになる。これは吐蕃にとっては絶対に看過できないことであった。722 年の小勃律攻撃はこうして行なわれたのである[18]。しかし吐蕃は, 小勃律国を舞台にした唐との決戦に敗れ, またも西域進出の道を断たれたわけである。先に引用した『資治通鑑』に「自是累歳, 吐蕃不敢犯辺」とあり, 『冊府元亀』に,

初, 勃律王来朝, 上字（やしなひて）之為子。於其国置綏遠軍, 以地隣吐蕃, 常為所困。

---

[17] この漢文史料は, より原本に近くて詳しい『冊府元亀』巻 358・将帥部・立功十一, 宋版 pp. 820 下〜821 上, 明版 pp. 4244 下〜4245 上より引用すべきであった。ただし本論の趣旨に影響はない。

[18] なお, 吐蕃の勃律攻撃の総司令官が論乞利悉耶であったことは, 意外なところから判明した [李正宇 1997, pp. 250, 254]。

3 吐蕃の中央アジア進出　171

吐蕃毎謂之曰：「我非謀於爾国，仮爾道以攻四鎮」。自[張]嵩此征之後，[吐蕃]不敢西向。[19]

〈『冊府元亀』巻358・将帥部・立功十一，宋版 p. 821 上，明版 p. 4245 上〉

と伝えている通り，これ以後数年の間はパミール地方において吐蕃は逼塞を余儀なくされた。

それでも吐蕃は小勃律争奪戦の敗北によって西域進出を断念したわけではない。727年にまたもトゥルギシュと連合して安西に迫ったことは史乗に明らかであるが（後出），これ以前にも吐蕃が西域に政治的工作を仕掛けていたと思われるふしがある。『旧唐書』杜暹伝によれば，西域の半独立国・于闐が唐に謀叛を企てたことを伝えて，

明年（＝開元十三年＝725年）于闐王尉遅眺陰結突厥及諸蕃国，図為叛乱。暹密知其謀，発兵捕而斬之，并誅其党与五十余人。更立君長。于闐遂安。

〈『旧唐書』巻98・杜暹伝，p. 3076〉

と記している。伊瀬は，この于闐の叛乱企図の裏には必ずや吐蕃の使嗾があったに違いないと述べているが[(169)]，これは決してありえないことではない。なお，前嶋信次はここにみえる突厥をトゥルギシュと関係づけているが[(170)]，私もこの見方に賛成である。因みに，引用した記事の直前では，トゥルギシュ＝突騎施をいうのに「突厥施」という書き方をしている。

次いで726-727年になると，吐蕃は以前とは鋒先を変えて河西に侵攻するようになった[(171)]。そして従来からの同盟国であったトゥルギシュだけでなく，新たに突厥やウイグルの一部とも結んで唐に対抗しようとした。

[開元十五（727）年]閏月（閏九月）庚子，吐蕃賛普与突騎施蘇禄囲安西城，安西副大都護趙頤貞撃破之[(172)]。回紇承宗族子瀚海司馬護輸，糾合党衆，為承宗報仇。会 吐蕃遣使間道詣突厥，王君㚟帥精騎邀之於粛州。還，至甘州南䔍（たまたま）筆駅。護輸伏兵突起，奪君㚟旌節。先殺其判官宋貞，剖其心曰，「始謀者汝也」。君㚟帥左右数十人力戦，自朝至晡，左右尽死。護輸殺君㚟，載其尸奔吐蕃。涼州兵追及之，護輸棄尸而走。〈『資治通鑑』巻213，pp. 6779-6780〉

---

[19] ここでは漢文の引用箇所を追加した。

当時ウイグルの一部は漠北を追われて南走し，河西に拠っていたが，河西節度使・王君㚟の圧政に苦しんでいた[173]。この点で吐蕃とウイグルの利害が一致し，ウイグルが王君㚟殺害に先立って吐蕃と通じていたことは，ウイグルが君㚟殺害後彼の死体を吐蕃に運びこもうとした事実からも十分に推測される[174]。一方，トゥルギシュは，726年に蘇禄の妻である交河（金河）公主が磧西節度使・杜暹のもとに遣った使者が笞打たれたことから唐に恨みを抱いていた[175]。そして蘇禄は翌727年，ひそかに吐蕃と連絡をとって安西城を包囲したのである。

　　蘇禄怒，陰結吐蕃，挙兵掠四鎮，囲安西城。
　　　　　　　　　　　　　　　〈『新唐書』巻215下・突厥伝下，p. 6067〉

もちろんこの時の安西攻撃は，佐藤の言うように[176]，トゥルギシュのイニシャティブで行なわれたのであろうが，吐蕃がこの誘いに喜んで応じたことは当時の状況から判断して間違いない。従来，吐蕃がトゥルギシュと連合して安西（亀茲，クチャ）方面を攻める時は，パミール方面から出撃していたのであるが，今回はパミール地方でもロプ地方でもなく，河西を攻撃していた吐蕃軍がそこから直接西に向かってタリム盆地に入り，タクラマカンを越え，安西方面に至った。

　　未幾，悉諾邏恭禄[177]（タグラコンロ）・燭龍莽布支[20]（チョグロマンポジェ）入陥瓜州，毀其城，執刺史田元献及君㚟父。遂攻玉門軍，囲常楽。不能抜。回寇安西，副都護趙頤貞撃却之[178]。
　　　　　　　　　　　　　　　〈『新唐書』巻216上・吐蕃伝上，p. 6083〉

このことはとりもなおさず，吐蕃がトゥルギシュの誘いに応じて俄かに方向転換したことを推測させるし，また唐の西域支配なるものが面の支配ではなく，畢竟点と線の支配にすぎなかったことをも思わしめるのである。吐蕃が間道を通って突厥に使者を派遣することが出来たのも，裏を返せばこのような河西の状況に由来しているのである。

　しかしこの吐蕃の使者は到達したが，突厥と連携して南北から同時に唐を攻撃しようとの吐蕃の企ては，突厥側の拒否にあって成功しなかった。逆に突厥の毗伽可汗は，吐蕃からの密書をそのまま唐に献上し，唐の歓心を買ったのである。

20　この燭龍莽布支を，次節に引用する736年のチベット語史料⑬に見える Čog-ro（チョグロ）の Maṅ-po-rje（マンポジェ）に比定する佐藤説［『古チ』pp. 450, 492］は，音韻的にもまったく問題がないので，従いたい。

［開元十五（727）年］［九月］丙戌，突厥 毗伽可汗遣其大臣梅録啜入貢。吐蕃之寇瓜州也，遣毗伽書，欲与之俱入寇。毗伽并献其書。上嘉之。聴於西受降城為互市。　　　　　　　　　　　〈『資治通鑑』巻213, p. 6779〉

時吐蕃与小殺（＝毗伽可汗）書，将計議同時入寇。小殺并献其書。上嘉其誠。
　　　　　　　　　　　　　　〈『旧唐書』巻194上・突厥伝上，p. 5177〉

　吐蕃のトゥルギシュ・ウイグル・突厥と結んで唐に対抗しようとの企図は，最初はかなりの成功をみせたが，突厥を味方につけることが出来なかったことによって，結局失敗せざるを得なかったのである。河西をめぐる唐と吐蕃との確執はこれ以後も続けられたが，戦況は吐蕃に不利で，730年に至り遂に吐蕃の方から唐に和を求めることとなった[179]。そして少なくとも735年まで，唐と吐蕃との関係は平静を保ち続けた。

第3節　突騎施との連合と小勃律併合（735-747年）

　しかるに一方，727年に連合したトゥルギシュとの関係は，それ以後どうなったのであろうか。敦煌編年記OTAには次のようにある。

Ⓐ　sbrul gyi lo la /・・・・・・・・・・/ dmag dru gu yul du draṅs pha slar 'khord
　　蛇の歳（729年）に…（中略）…軍隊をDru-gu国に進撃させたのをかえして
　　par lo gčhig /
　　この一年（は過ぎた）。
　　　〈CDT, II, pl. 589, ll. 201-204 ; DTH. pp. 24, 48 ; 王／陳，pp. 32, 115 ; OTAAT, p. 117〉

Ⓑ　spre'u lo la / dbyard btsan po ba čhos gyi diṅ diṅ taṅ na bzhugs / shiṅ /
　　猿の歳（732年）に，夏，ツェンポはBa-čhosのDiṅ-diṅ-taṅにお住まいになり，
　　btsan yul du rgya'i pho ña li kheṅ daṅ / ta čhig daṅ dur gyis gyi
　　王国に中国の使者・李卿（＝李行緯）[180]と大食及びトゥルギシュの
　　pho ña phyag 'tsald /

［35-36］

使者が（ツェンポに）敬意を表し（に来）た。

〈CDT, II, pl. 589, *ll*. 211-212；DTH, pp. 24, 50；

王／陳，pp. 33, 115；OTAAT, pp. 118-119〉

Ⓒ khyi'i lo la / ………… / ǰe ba 'dron ma lod dur gyis kha gan la bag mar btaṅ /

犬の歳（734年）に，…（中略）…王女の 'Dron-ma-lod をトゥルギシュの可汗のもとに嫁にやった。

〈CDT, II, pl. 589, *ll*. 217-218；DTH, pp. 25, 50；王／陳，pp. 33, 116；OTAAT, p. 119〉

Ⓓ byi ba'i lo la / btsan po pho braṅ dron gyi maṅ ste luṅ na bzhugs /

ネズミの歳（736年）に，ツェンポは Dron の Maṅ-ste-luṅ 宮殿にお住まいになった。

čog ro maṅ po rǰe khyi čhuṅ gyis / dru gu yul du draṅs /

Čog-ro の Maṅ-po-rǰe khyi-čhuṅ [21] は Dru-gu 国に進軍した。

〈CDT, II, pl. 590, *ll*. 223-224；DTH, pp. 25, 50；王／陳，pp. 34, 116；OTAAT, p. 120〉

史料Ⓑ・Ⓒによれば，吐蕃は大食及びトゥルギシュと使者を交換していることが知られる。地理的関係から見て，これらの使者はパミール地方を通過したに相違ない。ということは恐らくギルギット（小勃律）をも通過したのであろう。この地で722年に吐蕃と唐が一大決戦をくりひろげ，吐蕃が敗れ去ったことは前述した所であるが，勝利した唐軍もまもなく引き揚げたのであろう。唐の守備隊が常時駐留した軍鎮で最西端にあったのは，タシュクルガンに置かれた葱嶺守捉であり[181]，唐もギルギットにまで軍隊を常駐させる余裕はなかったといえる。唐軍がいなければ小勃律国の軍事力などは吐蕃にとってはものの数ではない。といっても，もし小勃律国自体に攻撃をかければ，また唐軍が出動してくることは必定である。ここにおいて吐蕃と小勃律との関係は，722年以前のそれと同じ様な

---

[21] この Čog-ro（チョグロ）の Maṅ-po-rǰe khyi-čhuṅ（マンポジェ=キチュン）は，前節に引用した727年頃の漢文史料に見える燭龍莽布支と同一人物とみなされる［佐藤『古チ』pp. 492-493］。この吐蕃の将軍は727年には河西地方攻略後，安西地方に進撃したが，736年には小勃律のあるパミール方面経由で安西地方に進軍したと考えられる。その見方は，『曲江集』に入っている開元二十四（736）年起草の3件の「勅吐蕃賛普書」にある記載「近聞莽布支西行」〈『張九齢集校注』巻11・第15首，p. 655〉，「又莽布支出」〈『張九齢集校注』巻12・第4首，p. 664〉，「今得安西表来，莽布支率衆已到，今見侵軼軍鎮，并踐暴屯田。（中略）。且莽布支西出」〈『張九齢集校注』巻12・第6首，p. 667〉より傍証される。

状態に落ち着いたのであろう。即ち，吐蕃は小勃律の独立を認めながらも，これに道を仮りてトゥルギシュや大食と往来するという状態である[187]。また，こう解釈して初めて，史料Ⓐ・Ⓓも理解しやすくなる。もし吐蕃が東方のロプ地方や河西から Dru-gu yul（テュルク国）に軍隊を進めたのであれば，間道を通っての使者派遣とは異なり，必ずや唐側に発見されたであろう。しかるに漢文史料からはそのような形跡は全く窺えず，やはりこの両年の Dru-gu yul への進軍は西のパミール地方を経由して行なわれたものと考えられるからである。

さて史料Ⓒによれば，吐蕃がトゥルギシュに公主を送ったことが知られるが，このことは中国側の史料にも伝えられている。

> ［蘇禄］潜又遣使，南通吐蕃，東附突厥。突厥及吐蕃亦嫁女与蘇禄。既以三国女為可敦。又分立数子為葉護。　〈『旧唐書』巻194下・西突厥伝，p. 5192〉

またトゥルギシュと突厥との通婚関係も突厥碑文によって証明されている[183]。蘇禄が吐蕃・突厥そして唐の三国より公主を娶っていたことは，東西交通の要地に位置したトゥルギシュの和戦両様の政策を端的に物語って極めて興味深いものであるが，結局は領土を接することの少なかった吐蕃と最も友好的であった。吐蕃とトゥルギシュとの間の交戦を伝える史料は現在までのところ絶無である。トゥルギシュは吐蕃と通婚関係を結んだ翌735年には単独で北庭・安西に入寇した。

> ［開元二十三（735）年］冬十月戊申，突騎施寇北庭及安西　撥換城。
> 〈『資治通鑑』巻214, p. 6812〉

一方吐蕃もその翌年には Dru-gu yul に進軍し（史料Ⓓ），さらにその翌年（737年）には懸案の小勃律攻撃を断行した。

> glaṅ gi lo la / btsan poe pho braṅ dron gyi maṅ ste luṅ na bzhugs /
> 　牛の歳（737年）に，ツェンポは Dron の Maṅ-ste-luṅ 宮殿にお住まいになった。
> blon skye bzaṅ ldoṅ tsab gyis / bru zha yul du draṅs /
> 　ロンの Skyes-bzaṅ ldoṅ-tsab はブルシャ（＝小勃律）国に進軍した。
> dgun pho braṅ brag mar na bzhugste / bru zha'i rgyal po phab ste phyag 'tshald /
> 　冬，（ツェンポは）Brag-mar 宮殿にお住まいになり，ブルシャの王は打ち

破られて,(ツェンポに)臣礼を取り(に来)た。

〈CDT, II, pl. 590, *ll.* 225-226 ; DTH, pp. 25, 50 ;
王／陳, pp. 34, 116 ; OTAAT, pp. 120-121〉

736年の吐蕃軍の出動が,両唐書・玄宗本紀や『資治通鑑』の伝える

　　[開元二十四(736)年][春正月]北庭都護蓋嘉運撃突騎施,大破之。
〈『資治通鑑』巻214, p. 6813〉

という事件と関係を持つもの(即ちこの時もトゥルギシュと吐蕃が結託している)であろうことは,佐藤が別の根拠を挙げて言うように[184],疑いないところである。ただ氏は,敦煌編年記 OTA が吐蕃の小勃律攻撃を737年としているにもかかわらず,『旧唐書』吐蕃伝の記載に従ってこれを736年のこととしている[185]。しかし実は吐蕃伝には,

　　其年,吐蕃西撃勃律,遣使来告急。上使報吐蕃,令其罷兵。吐蕃不受詔,遂攻破勃律国。上甚怒之。　　〈『旧唐書』巻196上・吐蕃伝上, p. 5233〉

とあるだけで,年号が明記されているわけではない。開元二十四(736)年之条の次にこの条があり,次に現われる年号は開元二十六年となっている。だから「其年」を開元二十四年とするのは吐蕃伝だけを見る限りでは正当であるが,一方『旧唐書』西戎伝・罽賓之条には,

　　又有勃律国,在罽賓・吐蕃之間,開元中頻遣使朝献。八年,冊立其王蘇麟陀逸之為勃律国王,朝貢不絶。二十二年,為吐蕃所破。
〈『旧唐書』巻198・西戎伝・罽賓之条, p. 5310〉

として吐蕃の勃律攻撃を開元二十二(734)年のこととし,さらに『資治通鑑』では,

　　時吐蕃西撃勃律,勃律来告急。上命吐蕃罷兵。吐蕃不奉詔,遂破勃律。上甚怒。　　〈『資治通鑑』巻214, p. 6827〉

としてこれを開元二十五(737)年二月之条に入れている。このように唐側の史料には混乱があるのだから[186],とくに吐蕃伝の「其年」という最も不確かな紀

年を採用する必要はあるまい。私は敦煌編年記 OTA に信を置いて，これを 737 年のこととみる[187]。

　吐蕃が突如として小勃律を攻撃する挙に出た裏には，それなりの読みがあったに違いない。722 年の苦い経験からして，もし吐蕃が当時の唐の西域駐留軍に小勃律にまで遠征して吐蕃と戦う余裕があると判断していたなら，決して小勃律攻撃を断行しはしなかったであろう。しかし当時の西域情勢は，735 年冬のトゥルギシュの北庭・安西攻撃以来非常に流動的で，唐は西域軍の主力を遠くパミール地方まで派遣することは不可能であった。『資治通鑑』には，

　　［開元二十四（736）年］［春正月］，北庭都護蓋嘉運撃突騎施，大破之。
　　［秋八月］甲寅，突騎施遣其大臣胡禄達干来請降。許之。
　　　　　　　　　　　　　　　　　　　〈『資治通鑑』巻 214, pp. 6813, 6821〉

とあり，あたかもトゥルギシュが蓋嘉運に撃破されて入朝請和したような印象を与えるが，トゥルギシュが唐との和を願った真意は実は別のところにあったのである。前嶋の研究によれば，当時のトゥルギシュは，ソグディアナ〜ホラサン方面で宿敵・大食との一大決戦を前にしていた時期にあたる[188]。蓋嘉運がトゥルギシュ軍を破ったといってもそれは一部であり，その主力はまだほとんど無傷のまま温存されていたのであろう。それゆえ唐もトゥルギシュの動きから目を離すことは出来なかった。吐蕃は 736 年における Dru-gu yul への出兵の際にこのような情勢を見て取り，翌 737 年，唐の干渉はないものとみて小勃律攻撃に踏み切ったのであろう。そしてそれは見事に成功した。次いでその 3 年後，敦煌編年記 OTA に，

　　'brugi lo la / btsan poe po braṅ / dbyard mtshar bu sna'i ṅaṅ mo gliṅ na
　　　龍の歳（740 年）に，ツェンポの宮居（として）夏には Mtshar-bu-sna の雁の島（地名）に
　　bzhugste / je ba khri ma lod bru zha rje la bag mar btaṅ /
　　　お住まいになり，王女の Khri-ma-lod をブルシャ王のもとに嫁にやった。
　　　　　　　　　　〈CDT, II, pl. 590, ll. 232-233 ; DTH, pp. 25-26, 51 ;
　　　　　　　　　　　　王／陳, pp. 34, 116-117 ; OTAAT, pp. 121-122〉

とあるように吐蕃は小勃律国王のもとに公主を送り込み，両者の結びつきを一層

強化した。『新唐書』西域伝・小勃律之条には，722年小勃律が唐の援軍を受けて吐蕃を撃退したとする記事に続けて，

> 詔冊爲小勃律王。遣大首領察卓那斯摩没勝入謝。没謹忙死。子難泥立。死，兄麻来兮立。死，蘇失利之立，爲吐蕃陰誘，妻以女。故西北二十余国皆臣吐蕃，貢獻不入。安西都護三(みたび)討之，無功。

〈『新唐書』巻221下・西域伝下・小勃律之条，p. 6251〉

とある。『冊府元亀』巻964・外臣部・封冊二［宋版なし，明版 p. 11347］には開元二十九(741)年に麻号来(＝麻来兮)を小勃律王に冊立した記事があるけれども，それはあくまで名目的なものであり，実質的には737年以後小勃律も含めた南パミール諸国の多くは吐蕃の支配下に入っていたとみてよいであろう[22]。だがこのような吐蕃の西部領域の拡大とは裏腹に，東部国境地帯では，同じく737年の河西節度使・崔希逸の背信的な吐蕃攻撃以来，吐蕃軍は苦戦を強いられ続けていた[189]。それゆえ，パミール地方制覇によって吐蕃軍の大々的な西域進出が予想されるにもかかわらず，実際には吐蕃にそのような余裕は全くなかったのである。一方トゥルギシュも，737年ソグディアナ〜ホラサンをめぐって大食と雌雄を決すべく行なわれた大会戦に敗れ，以後の内訌と可汗・蘇禄の暗殺とによって自滅的様相を呈しつつあった[190]。こうして唐はトゥルギシュと吐蕃という南北よりする二大強国の脅威にさらされることなく，パミール以東の西域経営を全うすることが出来たのである。ただ『唐京兆大興善寺不空伝』や，不空訳『毘沙門儀軌』によれば[191]，天宝元載(742年)，西蕃・大石(＝大食)[192]・康等五国が安西城あるいは西涼府を攻囲したと記されているが，この事件を伝えるこれらの記事全体は余りに仏教的虚飾に満ちており，つとにペリオが指摘したように[193]，これをそのまま信ずることは出来ない。[23]

---

[22] 本書第9論文＝森安 2007「唐代胡」p. 3 に記したように，『梵語雑名』の編者であるクチャ人の利言は，師匠・法月のインド帰国に従って西域を旅するが，南パミール地方に進出して唐と対峙していた吐蕃勢力に阻まれてパミールを越えることができず，コータンに引き返した［cf.『大正蔵』巻55, p. 875 ; Bagchi 1937, p. 343］。それは741-742年頃の事件であったことも，本文の推定を傍証してくれよう。

[23] これが一種の霊験譚であることは，小師順子「中国における毘沙門天霊験譚の成立——安西城霊験譚を中心に」(『駒澤大学仏教学部論集』34, 2003, pp. 263-278)によって明らかにされた。ただし，その註1で，肝腎の安西都護府の位置を，現在の甘粛省にある安西と誤解しているのは惜しまれる。

737年以降吐蕃が南パミール地方の二十余国を制圧していたことは前述の通りであるが，742年にはその支配にもいささか亀裂が生じたようである。『資治通鑑』及び『冊府元亀』にはそれぞれ，

[天宝元(742)年][九月]護密先附吐蕃。戊午，其王頡吉里匐，遣使請降。
〈『資治通鑑』巻215, p. 6856〉

天宝元年九月，以護密国王子頡吉里匐遣使上表，請背吐蕃来属。
〈『冊府元亀』巻981・外臣部・盟誓，宋版 p. 3923上，明版 p. 11527下〉

とあり，護密即ちワッハーンの来降を伝えている。しかしこれは極めて例外的あるいは一時的な現象であり（即ち護密は南パミール諸国の中では唐の葱嶺守捉に最も近かった），小勃律をはじめとする南パミール諸国の多くが747年までは吐蕃の勢力下にあったことは，以下にみる通りである。

第4節　南パミール攻防戦 (747-753年)

唐は吐蕃のパミール進出をただ手を拱いて見過ごしていたわけではない。737年から747年までの間に安西都護府に命じて三度ここを攻撃させている (cf. 前掲の『新唐書』西域伝)。しかしこれらはいずれも失敗に終わった。そこで玄宗は747年特に勅を発し，当時安西副都護・四鎮都知兵馬使として活躍していた高仙芝をしてこの経略にあたらしめることにした。『旧唐書』巻104・高仙芝伝 [Chavannes, *Doc. Turcs*, pp. 152-153 に仏訳あり]，『新唐書』巻135・同伝および『資治通鑑』巻215 はこの高仙芝の小勃律攻撃の模様を細かく描写しているが，『新唐書』西域伝・勃律之条にはこれを要約して，

天宝六(747)載，詔副都護高仙芝伐之。前(さきに)遣将軍席元慶馳千騎，見蘇失利之曰，「請仮道趨大勃律」。城中酋五六，皆吐蕃腹心。仙芝約元慶，「吾兵到，必走山。出詔書召慰，賜繒綵。縛酋領待我」。元慶如約。蘇失利之挟妻走，不得其処。仙芝至，斬為吐蕃者，断娑夷橋。是暮，吐蕃至，不能救。仙芝約王降，遂平其国。於是拂菻・大食諸胡七十二国皆震恐，咸帰附。執小勃律王及妻帰京師。詔改其国号帰仁，置帰仁軍，募千人鎮之。

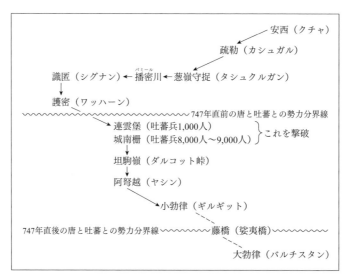

図 2　高仙芝軍の勃律攻撃路

〈『新唐書』巻 221 下・西域伝下・小勃律之条，pp. 6251-6252〉

としている。この記事を両唐書・高仙芝伝と比較すれば，747 年当時，小勃律国は独自の王（名は蘇失利之）を戴いて一応独立の形をとってはいたものの，王妃は吐蕃の公主であり，かつ国内の大酋 5〜6 人は皆吐蕃の為にする者であったこと，そして藤（の吊り）橋一本によって結ばれた隣国・（大）勃律には多数の吐蕃兵が駐屯していたこと等が知られるのである。結果的にはこの高仙芝の小勃律攻撃は大成功を収め，彼は小勃律国内の親吐蕃派を斬り，国王夫妻を捕えて凱旋した。参考のために安西都護府より出発した高仙芝軍の進撃経路（帰路もほぼ同じ）を図示すると，図 2 のようになろう [出典は『旧唐書』高仙芝伝][194]。

吐蕃側はこの大敗を極めて簡単に，

phagi lo la babste / dbyar btsan [p]o na mar na bzhugs /
　豚の歳（747 年）になって，夏，ツェンポは Na-mar にお住まいになった。
kog[195] yul du rgya'i byim po byuṅste / bru sha daṅ gog[195'] stord /
　Gog 国に中国の兵（?）[196]がやってきて，ブルシャと Gog が失われた。
〈CDT, II, pl. 592, ll. 9-10；DTH, pp. 55, 62-63；王／陳，pp. 37, 119〉

と記すのみである。ブルシャは小勃律であるから，Gog（Kog）とは恐らく連雲堡[197]のあった一帯，すなわちパンジャ河（ワッハーン＝ダリア）流域をさすのであろう[198]。

　ところで唐はこの747年の遠征によって，パミール地方における吐蕃の脅威を完全に拭い去ったかというと実はそうではない。小勃律と吐火羅（トハリスタン）との中間に掲師という国があり，これが吐蕃の賄賂を受け，国内に吐蕃の城堡を置き，吐蕃が小勃律の主要交通路をおさえるのを助けようとしたからである。吐火羅国の葉護・夫里嘗伽羅（または失里忙伽羅）は，749年玄宗に奉った上表文の中で[199]，この間の事情を次のように伝えている。

> 臣隣境有一胡，号曰掲師（原作帥，以下同），居在深山，恃其険阻，違背聖化，親輔吐蕃。知[200]勃律地狭人稠，無多田種，鎮軍在彼，糧食不充，於箇朱密市易塩米[201]，然得支済。商旅来往，皆著掲師国過。其王遂受吐蕃貨求，於国内置吐蕃城堡，捉勃律要路。自高仙芝開勃律之後，更益兵三千人，勃律困之（原作因之）。掲師王与吐蕃乗此虚危，将兵擬入。臣毎憂懼，思破兇徒，若開得大勃律已東，直至于闐・焉耆・甘・涼・瓜・粛已来[202]，吐蕃更不敢停住。望安西兵馬来載五月到小勃律，六月到大勃律。伏乞天恩，允臣所奏。若不成，請斬臣為七段。縁箇朱密王向漢忠赤，兵馬復多，土広人稠，糧食豊足，特望天恩，賜箇失密王勅書宣慰，賜衣物并宝鈿腰帯，使感荷聖恩，更加忠赤。〈『冊府元亀』巻999・外臣部・請求，宋版 p. 4041，明版 p. 11724 上〉

掲師の位置については従来いくつもの説（マストゥジ Mastuj，チトラル Chitral，カフィリスタン Kafiristan, etc. に比定）[203]が出されているが，この引用文の内容の地理的考察の結果と，チトラルが「小カシュガル」という別名（因みに本来のカシュガル＝疏勒は佉沙・迦師とも書かれる）を持つことから，これをチトラルに当てるスタイン（A. Stein）らの説がもっとも妥当であろう[204]と考える[24]。また『新唐書』西域伝・吐火羅之条には，

> 其後，隣胡掲師謀引吐蕃攻吐火羅。於是，葉護失里忙伽羅丐安西兵助討。帝為出師破之。〈『新唐書』巻221下・西域伝下・吐火羅之条，p. 6252〉

---

[24] Cf. K. Enoki, "Some Remarks on Chieh-shi 掲師." Apud G. Tucci, "On Swāt. The Dards and Connected Problems." *East and West*, NS. 27-1/4, 1977, pp. 86-91.

とあるから，吐蕃はトハリスタン（Tokharestan；旧バクトリア）への進出さえ企図していたらしい。吐火羅葉護が前掲のような上表文を奉って唐軍の派遣を請うた理由は，唐のために吐蕃の中央アジアへの進出を懸念していたからではなく，実は自分自身に迫る身の危険を察したからに他なるまい。しかし唐にとっても彼の言う所はもっともであり，そこで玄宗は再び高仙芝に命じて掲師を討伐させた。『資治通鑑』は，

　　　［天宝九（750）載］［二月］安西節度使高仙芝，破掲師，虜其王勃特没。三月庚子，立勃特没之兄素迦，為掲師王。　　〈『資治通鑑』巻 216, p. 6898〉

として，この遠征の成功を伝えている。また同じく『資治通鑑』には，

　　　［天宝十（751）載正月］安西節度使高仙芝入朝，献所擒突騎施可汗・吐蕃酋長・石国王・掲師王。　　〈『資治通鑑』巻 216, p. 6904〉

とあり，高仙芝が吐蕃の酋長を掲師王と共に献上しているが，これは恐らく掲師に派遣されていた吐蕃軍の将軍であり，掲師陥落の時に捕えられたものであろう。こうして唐はパミール地方における吐蕃の勢力を次々に駆逐し，753 年には遂に大勃律にまで経略の手を進めた。『旧唐書』段秀実伝には，

　　　［天宝］十二（753）載，封常清代仙芝，討大勃律。師次賀薩労城，一戦而勝。常清逐之，秀実進曰，「賊兵嬴(よわくして)，餌我也。請備左右，捜其山林」。遂殲其伏。　　〈『旧唐書』巻 128・段秀実伝, p. 3583〉

とあり，『資治通鑑』巻 216・天宝十二載之条，pp. 6920-6921 にも同内容の記事がある。大勃律の地，即ちバルチスタンは小勃律（ギルギット）と異なり，少なくとも 670 年代より終始一貫して吐蕃の支配下にあった地域である（cf. 第 2 章）。その大勃律が唐の遠征を初めて受け，吐蕃軍はこれを死守することが出来なかったのである。唐軍の士気は非常に高かったといわねばならない。もし，751 年に行なわれたタラス河畔の戦いが東の唐と西の大食が中央アジアの命運を賭けて戦った天王山とも言うべき性格のものだったとしたら，753 年という時点におけるこの唐軍の活躍はいささか納得のいかないものになろう。だが前嶋によって明らかにされた如く，タラス河畔の戦いには，製紙法の西伝と並んで従来喧伝されてきた程の深い意味はなかったのである[205]。即ち唐はこの戦いに敗れたことによ

って従来西域に有していた権益を失ったわけではないし，勝者である大食がこれ以後東進して安西四鎮の地を侵略するというようなことも全くなかった。むしろこの戦いは，747年以後西域の地に益々支配力を固めつつあった唐が勢い余って勇み足をし，パミール以西は自己の勢力範囲とみなしていた大食を刺激したがために，その手痛い反撃をくらったものとみなすべきであろう。

第5節　チデ゠ツクツェン時代の西域南道

　さて，ここで50年の長きにわたったチデ゠ツクツェン王時代の吐蕃の西域進出の過程を今一度振り返ってみよう。この間における吐蕃の基本的政策は，トゥルギシュや大食，そして時には突厥やウイグルのような諸勢力と結び，中央アジアから唐の勢力を一掃することにあった。唐とは時に和約を結ぶことがあっても，その裏では常に虎視眈眈として隙を窺っていたのである。然るに当時の唐は，開元の治と謳われた英主・玄宗の治世にあたり，その西域経営に対しても並々ならぬ努力がはらわれた時代である。吐蕃が一時的に安西四鎮や河西に侵入することは幾度もあったが，結局は唐の底力に圧倒されてきたのである。吐蕃がやや長期にわたって保ち得たのはわずかにパミール地方の一部とロプ地方だけだったと思われる。前者については既に述べて来た所なので，以下にロプ地方の情勢について触れてみたい。

　かつて南道地帯には楼蘭・鄯善・且末・精絶・于闐などの西域屈指のオアシス都市国家が存在し，東西交通の要地として栄えていた。それが唐代になると于闐以外は極めて稀にしか史乗に姿を見せなくなる。東西交通の幹線は，コータン（于闐）あるいはカルガリク（朱倶波）・ヤルカンド（莎車）・カシュガル（疏勒）からアクス（姑墨）→クチャ（亀茲）→コルラ（尉犁）→カラシャール（焉耆）→トゥルファン盆地（交河・西州その他）を通る北道に完全に移行してしまっていた。いわゆる安西四鎮も于闐・疏勒・亀茲・焉耆——この際，砕葉は問題にしない——であったことを想い起こして戴きたい。これは如何なる理由によるのだろうか。その最大の原因は従来漠然とタリム盆地の乾燥化にあるといわれてきた。この説に対し地理学者の方からは細部に関し種々の批判が提出されているが，結論的には，漢代以後唐以前の時期においてタリム盆地内の河川の流水量が減少

し，とくに東南部においてその現象が著しかったことは認めてよいようである[206]。それゆえ後漢以後，南道の東半部のオアシス国家がさびれていったわけであるが，また唐代に入るとこの地域の河川の流水量も増加し，居住～耕作可能面積も拡大したという。ペリオの紹介以来有名になったこの地方のソグド人聚落[207]もこの時代に形成されたものである。しかしこの頃までには既に，その重要性という点ではロプ地方と他の四鎮地方とでは大きな差がついてしまっていた。隋代及び唐初にそれぞれこの地方の経略が行なわれているが，これはツァイダム地方より進出していた吐谷渾の勢力を撃破するためであって，決してこの地方自体に重要性が感じられたからではなかった。安西四鎮の一つにロプ地方のオアシス都市が加えられなかったのは，以上のような歴史的背景に照らすならば当然といえよう。ただしこの地方が西域経営を目指す唐から全く見棄てられていたわけでもないこと，勿論である。とくに吐谷渾に代わって吐蕃がツァイダム地方を領有してからは，その軍事的重要性が再認識されたことであろう。

　既に述べたように，7世紀末頃の事実を基にして書かれたこの地方の地志によれば，チェルチェンからミーランにかけてのロプ＝ノール西南辺地帯は吐蕃ではなく唐の支配下にあり，吐蕃はまだその南に位置するアルティン＝ターク地帯を保持していたにすぎなかった。さらに『旧唐書』郭元振伝及び『資治通鑑』巻209により，708-709年頃にもこの地方一帯はやはり唐軍の勢力下にあったことが明らかとなった（cf. pp. 26-27）。少なくとも7世紀末から8世紀初頭にかけて吐蕃は，パミール地方だけでなく，ロプ地方においてもその西域進出を封じられていたことが知られるわけである[208]。しかしこれ以後のこの地方の情勢については具体的史料が皆無に近くなり，従来唐の西域経営や吐蕃の西域進出について書かれた書物や論文も，この点については全く沈黙している。私の知る限りではわずかにスタインが，彼自身の発見した一つの史料によって意見を述べているだけである[209]。だがこのエンデレ（Endere）で発見された史料（寺院の壁の落書き）の紀年及び内容解釈については問題があり，私はスタインの説をそのまま受け容れることは出来ない（これについては後述する）。また，やはりスタインがミーラン（Mīran）のチベット要塞址で発見した多数のチベット語文書の中に，一つだけルーン文字・トルコ語で書かれた文書（M. I. xxxii, 006）が混じっていた。トムセン（V. Thomsen）はこれを8世紀前半のものとし[210]，スタインもこれに同調したが[211]，これまた私には疑問である。本文書には多数のトルコ人の人名・官

称名・部族名や粛州（Suɣču）・高昌（Qočo）などの地名が現われる。この文書がトムセン・スタイン両氏が認めるようにチベット支配時代（8世紀中葉〜9世紀中葉）のものでないことは内容を検討すれば明らかであるが，だからといってこれを8世紀前半に比定すべき理由はない[212]。9世紀後半以後とみても条件は同じはずである。一体氏らはこのトルコ語文書の中に現われる人物が tigin, tudun, ögä, čigši, sangun, totoq, ičräki, tiräk などの官称号を持っている事実をどう解釈したのだろうか。これらはすべてトルコ族が形成した「国家」の高位高官の称号である。もしこの文書を8世紀前半のものとするならば，その時代の河西（粛州 Suɣču）〜ロプ地方〜トゥルファン盆地（高昌 Qočo）にトルコ族の一国家ないし少なくともそれに準ずるものが存在していなくてはならない。しかしながら史上にそのような事実は全くない。一方これを9世紀後半以後のものとするなら，この地方には新たに西ウイグル王国ないし河西ウイグル王国が形成されていたのだから矛盾はなくなる[213]。西ウイグル王国の官称号はいわゆるウイグル文棒杭文書に[214]，河西ウイグル王国のそれはコータン語文書によって[215]それぞれある程度知られるが，これらと今問題にしている文書中にみえる官称号とは実によく一致することも見逃してはならない。私はトムセン・スタイン両氏の説が成立する余地は，残念ながら全く残されていないと考える。

とはいえこれで710年以後安史の乱勃発以前のタリム盆地東南部の情勢を示す史料が全くなくなったわけではない。8世紀後半に編纂された『通典』の巻174・州郡・四によれば次のような概略地図が作成できるからである（図3参照）。まず最初に問題になるのは，この地図の基礎になった年代であるが，交河郡（トゥルファン地方）とか伊吾郡（ハミ地方）とかいう呼称に注目したい。池田温先生の御教示によれば，唐代に州という呼称に代わって郡が使われたのは742-758年のことであるという[216]。これは一応，『通典』は主に天宝年間（742-756年）までのことを記しているとする通説と合致する。さらに地図をみると，突厥の姿が見えずにウイグルが現われていることに気が付く。天宝以前の漠北の覇者は決してウイグルではなく明らかに突厥（第二帝国）であった。『通典』の本文自体も突厥については上・中・下に分けて記すほどの多くのスペースを割いているのに，ウイグルについてはごくわずか，それも744年の建国以前のことを記しているにすぎない。にもかかわらずこの地図では突厥が全く現われないのである。（ただし『通典』巻174の本文には1箇所「安西都護府，（中略），南隣吐蕃，北拒突厥」とし

186　第一篇　東ウイグル・唐・吐蕃鼎立時代篇

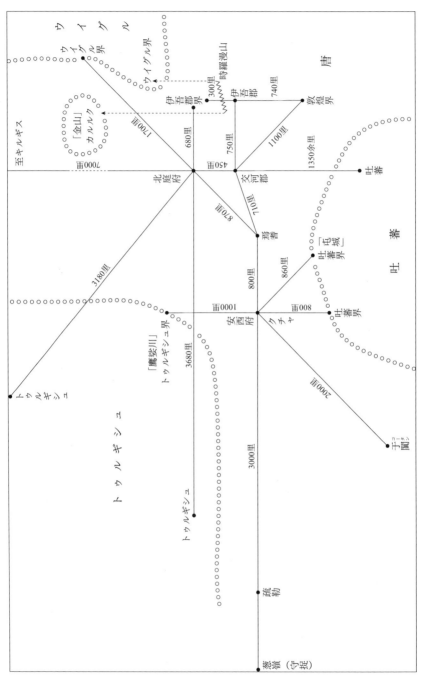

図3　『通典』による唐・吐蕃・トゥルギシュ・カルルク・ウイグル分界図

て現われる)。それゆえこの地図が 744 年の突厥滅亡以後の情勢を伝えていることは最早疑いがない。次にこの地図で目をひくのは，トゥルギシュが依然として広大な領域を占めていることである。トゥルギシュは 738 年の蘇禄の死後，黒姓と黄姓の対立が表面化して国内が乱れ，衰退期に入っていくが，まだ暫くの間は勢力を保っていた。しかしそれも 750 年代前半までのことである。これ以後は東方から移動してきたカルルク Qarluq の台頭が目覚しくなってくるからである(217)。カルルクは 740 年代にウイグルに撃破されて西進を余儀なくされたが，タラス河畔の戦いの時には唐を裏切って大食に味方し，大食に勝利をもたらす大きな原因となった。この頃からカルルクは次第にトゥルギシュを圧倒し，新天地に覇権を確立していったらしい(218)。

　以上を総合すれば，この地図の基礎となった年代を 740 年代後半〜750 年代前半とみることはほぼ承認されると思う。

　そこで今度はこの地図上に現われている吐蕃の領域に注目しよう。『通典』の原文には，

　　交河郡：(中略)。南至三百五十里，過荒山千余里至吐蕃。(後略)。
　　安西府：(中略)。南至吐蕃界八百里。(中略)。東南到吐蕃界屯城八百六十里。
　　　西南到于闐二千里。(後略)。　　　　　〈『通典』巻 174, pp. 4557, 4559〉

とある。相対的距離関係から，吐蕃の国境がタリム盆地東南部にまで及んでいたことは容易にみてとれる。まして現在のミーランを示す「屯城」(219)という具体的地名が明記されているのであるからして，このことに間違いはない。交河郡の南 1350 余里の地点は吐蕃界ではなく単に吐蕃となっているが，ここは勿論ラサ地方などではなくして，やはりロプ地方か(220)，あるいはツァイダム西北辺を指しているのであろう。この『通典』の記事に誤りがなければ，710 年頃までは明らかに唐の勢力が及んでいたロプ地方は，740 年代には既に吐蕃の支配下に入っていたことになる。安史の乱勃発以後ならいざ知らず，それ以前のまだ唐が西域に対する控制力を十分持ち，安西四鎮をも確保していた時代に，果してこのようなことがあり得たであろうか。いささか疑問なしとしない。しかし私は，次のような二つの史料の存在を知るに及んで，やはり安史の乱以前にまたしても吐蕃の勢力はタリム盆地の一角に進出していたとみたいのである。その史料の一つは『旧唐書』尉遅勝伝の，

> 尉遅勝，本于闐王珪之長子，少嗣位。天宝中来朝，献名馬美玉。玄宗嘉之。
> 妻以宗室女，授右威衛将軍・毗沙府都督，還国。与安西節度使高仙芝同撃破
> 薩毗・播仙。以功加銀青光禄大夫・鴻臚卿，改光禄卿，皆同正。至徳初，聞
> 安禄山反。勝乃命弟曜行国事，自率兵五千赴難。
>
> 〈『旧唐書』巻144・尉遅勝伝, p. 3924〉

という記事である[221]。尉遅勝の即位年代は不明であるが，高仙芝が実質的に安西節度使の地位にあったのは，小勃律攻撃（747年）からタラス河畔の戦い（751年）までのことである。とすると于闐王・尉遅勝が高仙芝と共に薩毗・播仙を撃ち破ったのは747-751年内のある時点のこととなる。

もう一つの史料は岑参の「献封大夫破播仙凱歌六章」[222]という詩である。封大夫とは，高仙芝の後（752-755年）に安西四鎮の事をつかさどった封常清（『旧唐書』巻104に伝あり）を指す。またこの詩は，聞一多の研究によれば[223]，当時封常清に従って西域の地にあった岑参が，天宝十三載（754年）冬の遠征の成功を祝って封常清に献呈した凱旋の歌である。詩の中には楼蘭や蒲海（すなわちロプ=ノールの漢名・蒲昌海の略）の地名も見え，戦いの相手は「蕃軍」となっている。播仙城がチェルチェンであり，薩毗城がチャルクリク東南の芒崖鎮ないしその周辺であることについては既に述べた（cf. pp. 26-27）。では747-754年に，この地方にいて唐の安西節度使が，単独で，あるいはその隷属下にあった于闐の王と共同して討たねばならなかった敵とは一体何であろうか。これまで見てきたような吐蕃の西域進出の過程を振り返る時，我々はこれを吐蕃以外のものにあてはめることは不可能である。

尉遅勝伝には「撃破」したとあるが，これはあくまで一時的な勝利を指すのであり，彼らは吐蕃を追い払ってこの地方を占領するまでには至らなかったのであろう。だがこのように考える時，当然浮かんでくるのは，では吐蕃はいつ頃からこの地方に進出していたのかという疑問である。もしスタインがエンデレの寺院址で発見した落書きの紀年が，719年（開元七年）のものであるなら問題はない。この落書きは壁に鉄の棒か何かで刻まれたものであるが，壁が崩れているために不完全な形でしか残らなかった[224]。

3 吐蕃の中央アジア進出　189

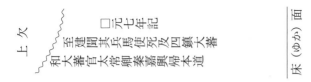

シャヴァンヌ (Éd. Chavannes) は「元七年」の上の字を「開」と読み，

> Note écrite la septième année k'ai-yuan (719 p. C.).
> ... tche kien. Il apprit que son commisaire des troupes et de la cavalerie était mort ; puis les Quatre Garnisons et les grands Tibétains ...
> ... avec les officiers des grands Tibétains. Le haut dignitaire du t'ai-tch'ang, Ts'in Kia-hing, revint dans le district placé sous ses ordres.

と訳した(225)。スタインはこれをさらに発展させて，719年に唐の役人が，それまでこのエンデレ地方を占領していた「吐蕃」を駆逐して再びこの地に戻って来た，と解釈した(226)。「本道」を秦嘉興の任地とみ，且つこれをエンデレ地方とみたわけである。だがこの解釈はおかしい。なぜならその写真（図4参照）(227)を見れば分かるように，この三行の銘文はあくまで落書きであり，およそ唐の高官が自分の管轄区域内にある仏教寺院に常態で参詣した時に書かせたものとは思われないからである。もしスタインの推測するような晴れがましい状況下で書かれたなら，敦煌やトゥルファンに無数に例があるように，きちんとした石碑に刻まれるか，あるいは壁面に枠を描いて，その中に墨と筆で堂々と書かれてしかるべきである。そうではなくて，壁面に直接，釘状のもので引っかいて書かれていること自体，これが何かの事情でここを引き揚げる際，倉卒の間に書かれたことを推測させる。さらに「帰本道」の「道」とは軍事区画あるいは地方行政区画の単位であるが(228)，もし719年として考えるなら，ここに関係ある軍事区画は安西道（治所は亀茲）である。地方行政区画としての道は中国本土内に置かれたもので，西域には置かれていない。とすれば和大蕃官太常卿として吐蕃との交渉に当たったと思われる秦嘉興の帰るべき本道とは，亀茲か中国本土（河西を含む）内であって，決してエンデレなどではない。だから「帰本道」を「任地に帰る」あるいは「（本来の）任務に戻る」としたシャヴァンヌの訳自体は決して誤っていないが，これをエンデレへの赴任とみたスタインの解釈は誤りというべきである。

[49-50]

図4　エンデレ寺院址の落書き銘文

　ではこの史料の第1行目を「開元七年記」としたシャヴァンヌの判読の方は，本当に正しいのであろうか。スタインは，シャヴァンヌの他にバシェル及び3人の中国人学者にも写真を見せて判読を依頼したところ，彼らも全て「開元」と読んだと報告している[229]。それ故，もしこれが正しければ，719年以後吐蕃が唐の勢力を押しのけてエンデレ地方にまで進出し，天宝年間にもこの地を保持していたとすることが出来て，私には甚だ都合がよいのである。にもかかわらず私はまだこの「開元七年」説に無条件に賛成することが出来ない。なぜなら写真を見る限り，「元」の上の字は「貞」にも見え，スタイン自身もそのことを認めているからである[230]。もし「貞元七年」とすればこれは791年を指す。スタインはこのような遅い時点で唐が新たにエンデレに進出してくるはずはないとして，「貞元七年」の可能性を全く無視している[231]。だが氏の読みは不正確で，実際には唐が吐蕃に追われたとみるべきこと前述の通りである。こうなると実は「貞元七年」説も無視できなくなってくる。後でみるように，ちょうど791年（貞元七年）ころに吐蕃の勢力はロプ地方の北の焉耆・北庭地方だけでなく，西の于闐地

方にも伸張しているからである。結局私は今のところ，本史料の紀年を「開元」とも「貞元」とも決定することは出来ず，秦嘉興なる人物について記した新史料の発見を待つしかない。[25]

　以上のように，天宝以前における吐蕃のロプ～エンデレ地方への進出年代を719年（開元七年）とすることについては一応これを保留する。しかし『通典』及び『旧唐書』尉遅勝伝の記事は十分信頼に値するものであるから，玄宗治世中において，エンデレまではともかく，少なくともミーランからチェルチェンまでは吐蕃が一時的にせよ支配した，という事実のあったことだけは認めてよいと思う。

第5章　チソン＝デツェン Khri sroṅ lde btsan 時代（755-796年在位）

第1節　唐朝支配下のコータン

　前章の最後で，吐蕃がチデ＝ツクツェン王の末年にロプ地方に進出していたことを述べた。だが安西四鎮を中心とする西域のほとんどは依然として唐の勢力下にあったことも事実である。タラス河畔の戦いで唐を破ったとはいえ，もともと大食には東進の意志はなく，一方唐の安西節度使は753年という時点で，それまで長く吐蕃に隷属していた大勃律を討つ余裕さえ有していた。こうして唐は751年以後も大食の脅威を受けることなく，また吐蕃の進出に悩まされることもなく，その西域における支配力を益々揺ぎなきものにしていくかにみえた。ところが実は敵は国内にあった。755年，范陽から叛旗を翻した安禄山の軍はたちまちにして洛陽を，次いで長安を陥れ，唐本国は以後8年の長年月にわたる混乱の中へと引きずり込まれていったからである。然るに，本国の援助を失った安西四鎮も，すぐさま他国の侵略を受け，その支配下に置かれたかというと，そうではなかった。それは一つには当時の中央アジア情勢が大きく幸いしている。即ち，先にみたようにイスラム勢力（大食）にははじめからパミールを越える意志はなく，ト

---

[25] Cf. 吉田 2006, p. 42, n. 21.

ゥルギシュは蘇禄の死後,国内の黒姓と黄姓とが内訌を続け,突厥第二帝国を滅ぼしたウイグルもまだ遠くモンゴルの地にあって西域に手を伸ばすまでには至っていなかったからである。そして問題の吐蕃は,唐の国内情勢をみてまず河西から侵略の手を拡めていったので,安西四鎮は暫くの間そのまま残されることになったのである。だが大国間に狭まれてその動向には非常に敏感であったパミール地方の諸国の目には,唐の退潮はもはや覆うべくもないものとして映じたのであろう。敦煌編年記 OTA は 756 年と 760 年の二度にわたってパミール諸国からツェンポのもとへ使節派遣があったことを伝えている。

spr[e]'u lo la bab ste / ……………… / ban 'jag nag po daṅ gog daṅ /
 猿の歳 (756 年) になって,…(中略)…黒 Ban-'jag と Gog と
shig nig las stsogste / stod pyogs gyi pho ña pyag 'tshal /
 Shig-nig などの上部地方の使者が(ツェンポに)臣礼を取り(に来)た。
 〈CDT, II, pl. 592, ll. 16-20; DTH, pp. 56, 63;
 王／陳, pp. 38, 119; OTAAT, pp. 128-129〉

[byi ba'i lo la babste] ………… / stod pyogs po ña pyag 'tshald /
 [ネズミの歳 (760 年) になって]…(中略)…上部地方の使者が(ツェンポに)臣礼を取り(に来)た。
 〈CDT, II, pl. 593, ll. 38-40; DTH, pp. 58, 65; 王／陳, pp. 39, 120; OTAAT, p. 131〉

黒 Ban-'jag, Gog, Shig-nig がいずれもアム河上流のパンジャ河ないしワッハーン河流域に沿う国々であることは既に述べた (cf. pp. 30, 42)。すなわち開元初期に置かれた唐軍の最西端の根拠地・葱嶺守捉 (タシュクルガン)[232]と吐蕃軍の西方基地・大勃律 (バルチスタン) との中間にあり,しばしば両者の係争の的となっていた所で,747 年の高仙芝の遠征以降は唐の勢力下に入っていた国々である。吐蕃側史料は,このような国々が吐蕃に臣属してきたというのである。本国との連絡を断たれた唐の西域駐留軍はこれを抑止できなかったわけで,その力はおそらく安西四鎮をはじめとする主要都市に拠って,その周辺の守りを固めるくらいが精一杯であったろう。それでも前述したような中央アジア情勢に幸いされて,結果的には 790 年頃までその命脈を保つことが出来たのである。この間の事情は,河西が吐蕃に占領されてしまったので[233],中国側史料からはほとんど知ること

3 吐蕃の中央アジア進出　193

が出来ない。しかし幸いなことにスタイン探検隊の将来品の中にはその欠を補う文書がわずかではあるが含まれている。そこでまずこれから見ていくことにしよう。

コータンの東北方ダンダン＝ウィリク（Dandān-uiliq）遺址から出土した文書の中に次のようなものがある（図5も参照）(234)。26

---

26 1993年9月に大英図書館で原文書を調査した結果を追記しておく。縦横 28.5×39.5cm，紙色 beige～beige rosé，短冊状の折り跡あり，ガラス板とボール紙に挟まれているため漉き縞の有無と紙の厚さは不明，中～中上質。移録文については，次のような修正ないし追記をする：(1) 2行目の冒頭は欠字ではなく，1文字分の空格に修正した。この2行目は事書であって，全体がやや小さめの文字で書かれている。(2) 3行目冒頭の空白は1字分であり，張広達／栄新江 1988「《唐大暦三年三月典成銑牒》跋」再録本 B, p. 107 では［右］を補った。しかし赤木崇敏が復元した唐代牒式文書 B の書式によれば「牒」を補うべきであり［赤木 2008, pp. 77, 79］，それに従った。(3) 4行目末尾の空白は1字分であるから，張広達／栄新江 1988, 再録本 B, p. 107 のように［其］を補ってよかろう。(4) 11行目冒頭の欠字は1字分。(5) 14行目末尾の署名「信」字の大きさは，縦横 6×4.5cm である。

[52]

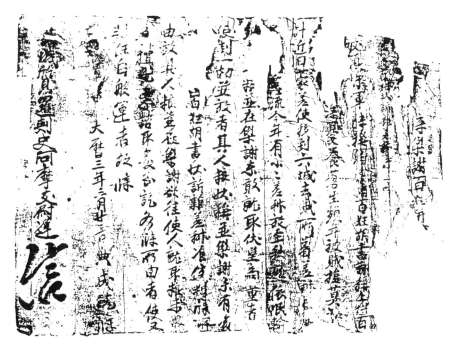

図 5　British Library, Or. 6405 ［A. F. R. Hoernle, *A Report on the British Collection of Antiquities from Central Asia*, II, Calcutta, 1902 より］

シャヴァンヌはこれを以下のように仏訳している[235]。

  Lettre officielle. La population de Li-sie[236] (Li-hsieh) ainsi que ......

  Requête de la population de Li-sie (Li-hsieh) se plaignant de diverses corvées et réquisitions en grains.

  Une lettre officielle émanant du général gouverneur de la place s'exprime ainsi : 'J'ai reçu de la population de Li-sie (Li-hsieh) une lettre en écriture barbare ; je l'ai fait traduire ; elle disait : "La population énumérée ci-dessus ...... la profonde sollicitude avec laquelle vous subvenez aux besoins de la multitude du peuple. Pendant plusieurs années de suite nous avons souffert des brigands et nos pertes ont été incalculables ; dans ces derniers temps, nous avons reçu la faveur qu'on nous fît nous transporter dans les Six Cités. L'année dernière, toutes les corvées et les réquisitions en grains que nous devions payer ......, grâce à votre bonté. Cette année, il y a quelques petites corvées et réquisitions en grains pour lesquelles on nous a accordé d'attendre jusqu'à la moisson d'automne, afin qu'à cette date nous nous en acquittions ...... et le grain, tout cela est à Li-sie (Li-hsieh) et nous n'osons point aller l'y prendre. Nous espérons humblement que vous discuterez à ce sujet, de manière à décider de nous libérer de tout cela."

— Ce qui est dit dans cette lettre au sujet des hommes (pour les corvées) et du grain (pour les réquisitions) qui sont tous à Li-sie (Li-hsieh), ne donne pas lieu ...... que la requête écrite en écriture barbare par la populations se plaigne de diverses corvées et réquisitions, afin qu'on prenne la décision de lui délivrer une lettre officielle par laquelle elle soit libérée. Les hommes (pour les corvées) et le grain (pour les réquisitions), tout cela étant à Li-sie (Li-hsieh), je désire qu'on y envoie des hommes pour aller prendre le grain ; mais que nul ne se permette de le faire de son autorité privée ; pour que, quand on aura demandé une autorisation, dans chaque cas une lettre officielle soit le moyen par lequel (on sera autorisé à le faire), et pour que je vous invite à décider en outre que ces gens auront eux-mêmes la charge d'opérer ce transport, je fais cette lettre officielle.'

Lettre officielle de l'officier Tch'eng Sien (Ch'êng Hsien), datée du 23e jour du 3e mois de la 3e année ta-li (768).

Adressée à Wei-tch'e (Wei-ch'ih), tche-lo (chih-lo) préfet des Six Cités et a-mo-tche (a-mo-chih).

ただ残念ながらこの仏訳には余りにも問題点が多い。本文書は実は次のように解釈すべきものである[237]。今それを箇条書きにして示せば,

I．宛先（受取人）＝傑謝鎮の百姓等。
II．（唐の于闐方面）鎮守軍[238]の役所から次のような内容の牒を（六城の刺史は）受け取った。
  1．傑謝鎮の百姓が鎮守軍に訴状を差し出した。
  2．この訴状は胡語（おそらくコータン語）で書かれていたのでこれを漢訳してみると，次のような内容であった。
    a．傑謝鎮の百姓は連年「賊」の侵入を受けて，損害が甚大である。
    b．そこで最近この地の百姓は，お上（おそらく六城の刺史）の許しと助

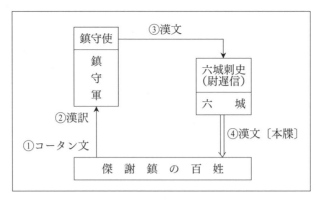

図6　唐による于闐支配の文書行政見取り図

　　　　力を得て，六城へ移った。
　　c．去年の年貢はみな納めた。
　　d．今年は上のような事情なので，年貢を減らし，かつ納入の時期も秋まで延ばしてもらいたい。
　　e．傑謝鎮に残してきた人粮（人間の食糧すなわち穀物のこと）については，まだそのままになっているので，なんとかしてもらいたい。
III．この申し立てはお上（おそらくコータン地方を管轄する唐の最高責任者たる鎮守使を指す(239)）のききいれるところとなり，傑謝鎮に在る人粮についても，自分たちで勝手に持って来てよいとのお許しが出た。
IV．そこでこの意を私（六城の刺史）は傑謝鎮の百姓に伝える。
V．日付と書記名。
VI．差出人とその署名。

となり，その間の関係を図示すれば図6のようになる。[27]
　シャヴァンヌはヘルンレ（A. F. R. Hoernle）と同じく(240)，成銑[28]を本牒の差出

---

[27] Zhang / Rong 1987, p. 91；張広達／栄新江 1988「《唐大暦三年三月典成銑牒》跋」再録本 A, p. 149 = 再録本 B, p. 117，並びに張広達 1988「唐滅高昌国後的西州形勢」p. 96 には，卑見とは異なる見取り図が示されているが，いずれが是かの判断は後学に委ねる。ただし，吉田豊は既に私の見解を支持している［吉田 2006, pp. 129, 147 & n. 79 (p. 161)］。
[28] 原文では成銑としていたが，張広達／栄新江の一連の論文に従って成銑と修正する。他の箇所でも同様である。

人，刺史で阿摩支の尉遅を受取人とみたが，この点は認められない。成銑は典という一介の小役人にすぎず，このような人物が牒を差し出すことはまず考えられない。また最後の行の尉遅までが同筆で，その下に別筆で一字「信」と記されているが，尉遅はあくまで姓なのだから，この「信」はシャヴァンヌの言うような 'digne de foi' の意[241]で書かれたものでは決してなく，本人が名を自署したもの[242]と考えるべきである[29]。このような公式文書に姓だけを記して名を記さないような非常識なことは考えられないし，また皇帝や王や高位高官等が差出人である場合は，このように最後にだけ本人が署名するという形式は，漢文文書にはよくみられるからである[243]。それゆえ私は，成銑は単に本牒を起草ないし清書しただけの書記官，そして阿摩支「尉遅信」をこの差し出し人と考える。受取人が傑謝鎮の百姓であることは書式からいっても間違いない。

さて，本文にみえる大暦三年は 768 年にあたるわけであるが，中国の年号を使用し，かつ胡語を漢語に訳す手順を踏んでいる点から考えても，当時のダンダン＝ウィリクにはまだ唐の勢力が残存していたことが知られる。ヘルンレは六城をクチャ・アクス・ウッチ＝トゥルファン・カシュガル・ヤルカンド・コータンとみたが[244]，これは全くの誤解で，六城はあくまでダンダン＝ウィリク地区そのものを指す[245]とみるべきであろう[30]。質邏の意は不明であるが，阿摩支はコータン及びカシュガルで王の次に位する人物に与えられる官称号である。シャヴァンヌは『新唐書』西域伝・疏勒之条[246]や『冊府元亀』巻 964・外臣部・封冊篇[247]

---

[29] 同じ「信」字の署名が同時代のコータン語文書にも見られる [Emmerick / Vorob'ëva-Desjatovskaja 1993, pls. 65a, 70b, 96a, 100f, 120b ; Skjærvø 2009, pl. 6]。今では書体と文書内容から同一人物の署名とみなしてよいことが判明している [Emmerick / Vorob'ëva-Desjatovskaja 1995 に対する Yoshida 書評 in *BSOAS* 60-3, 1997, p. 569 ; 吉田 2006, pp. 31-32 ; Skjærvø 2009, pp. 132-133]。

[30] 本稿の六城に関するこの私見はまだ不十分であり，正しくは六城とはダンダン＝ウィリク地区を含む上位の行政区画で，旧ドモコ地区に相当するという。私は迂闊にも質邏が地名のチラ（現在の策勒 Cele）であることに気付かなかったが，拙稿以後，多くの研究によって判明したところによると，チラもダンダン＝ウィリクも六城に含まれる。即ち六城（Khot. kṣa-auve, Tib. mkhar-pa-drug）とは質邏（Khot. Cira, Tib. Ji-la）を筆頭に，傑謝（Khot. Gaysā-ta, Tib. ????），潘野（Khot. Phaṃña, Tib. Pho-nya / Pha-nya），抜伽（Khot. Birgaṃdara, Tib. Berga-'dra），?? （Khot. Āskvīra / Āskūra, Tib. O-sku / O-rgu），?? （Khot. Pa', Tib. ????）の六つの城邑である。そのうちの傑謝がダンダン＝ウィリク遺跡に相当するというわけで，現在は私も旧説を撤回しこの比定に賛成する [cf. Zhang / Rong 1987, pp. 80, 82 ; 張広達／栄新江 1988, 再録本 A, pp. 142-144 = 再録本 B, pp. 109-111 ; Kumamoto 1996, pp. 43-50 ; 吉田 2006, pp. 39-40, 47-48 (n. 66) ; 文欣 2008, pp. 120-125 ; 荒川 2010, p. 312, n. 90 ; Zhu Lishuang 2013,

などの漢文史料だけを見て阿摩支を王（le roi）とみたが，これも誤りである。チベット語で書かれた *Li'i-yul gyi lo-rgyus*『コータン国年代記』(248)あるいは *Li-yul luṅ-bstan-pa*『コータン国懸記』(249)は，王が中国へ行って留守の間 'A-ma-cha の Khe-meg という「大臣」が摂政となっていた，という話を伝えている。'A-ma-cha は明らかに阿摩支であり，この語はサンスクリット語の amātya「大臣，輔相」と語源を同じくするものと考えられる(250)。ただ『冊府元亀』を参看すると，阿摩支を王に冊立しているから，これは単なる「大臣」ではなく，「王の次に位する者」・「次に王となる資格を持つ者」の意に理解した方がよかろう。阿摩支には王族・尉遅家の者が任ぜられることが一般的だったらしく思われ，本文書の阿摩支が尉遅姓を有しているのはそれを裏付けている。ところでシャヴァンヌは本文書中にみえる尉遅（信）を，当時の于闐王であった尉遅曜(251)にあてているが，これまた疑問である。唐は異民族の地に府州を置く時には，府には都督を，州には刺史を任命するのが普通であった(252)。安西四鎮の一つである于闐には毗沙都督府が置かれていたのだから，当然于闐王は毗沙都督に任命されているはずであり，現に上元年間には伏闍雄（伏闍は尉遅と同じ）が都督に任ぜられた実例がある(253)。これに対し本文書にみえる阿摩支尉遅（信）なる人物は刺史の称号を持っているにすぎない。唐が羈縻州の首領には刺史の号を授けたこと，毗沙都督府は「領州十」を有していたと伝えられている(254)ことから考えて，この阿摩支尉遅信はコータン治下の十州の中の一部を統治する刺史であったのだろう。王族・尉遅家の出身たる彼は阿摩支として王に次ぐ位にありながら，同時にコータン地方内の一州あるいは数州を統治する刺史として六城に滞在していたものと思われる(255)。

ところで，この牒式文書からは当時のコータン地方の政治機構，即ち土着政権と漢人駐留軍による二重の支配体制の一環が窺われるのであるが，今はこの点に立ち入らない[31]。私がここで最も問題にしたいのは，768年という時点でコータン地方にはまだ唐の勢力が十分及んでいたこと，しかし一方ではコータンの東部国境付近で毎年のように「賊」の侵入を受けその地の百姓が移住を余儀なくされていること，この二点である。この「賊」が，ミーランを中心にロプ地方に進出

---

p. 48]。なお張広達／栄新江は六城にペマ媲摩（Khot. Phema, Tib. ????）＝坎城（Khot. Kaṃdva, Tib. Kam-sheṅ）を含めたが，これは含めない方がよさそうである。

[31] Cf. 吉田 2006, pp. 147-148 ほか；荒川 2010, pp. 290-291, 308-309 ほか。

していた吐蕃の軍隊であることは，前章にみたような情勢からしてほぼ間違いあるまい[256]。当時の吐蕃軍は河西において鄯州（762年）・涼州（764年）・甘州（766年）・粛州（766年）を東から順に攻め落とし[257]，残る瓜州と沙州の攻陥に全力を傾けていた時期にあたる。それゆえロプ地方に駐留していた吐蕃軍は少数であり，これが単独でコータンを攻撃することは不可能であったと思われる。吐蕃軍の攻撃が，コータンの東部国境地方に対する単発的な侵入・掠奪にとどまった最大の理由は実にここにあったと思われるのである。

このことは逆にみれば，吐蕃が河西を完全に制圧するまではコータンは安全だったということでもある。事実，ダンダン＝ウィリク出土文書には前掲の768年以後，781・782・786・787・789・790年の紀年のある漢文文書がそれぞれ1〜2通ずつ含まれているし[258]，ダンダン＝ウィリクの南方のバラワスト Balawaste（ドモコ Domoko の東南約10マイル）からは772年及び789年の日付をもつ文書が[259]，そしてマザール＝ターグ Mazār-tāgh からも790年の紀年の入った文書[260]がそれぞれ1通ずつ出土している。以上のような紀年のある文書の他に，同時に出土した漢文文書はかなりの数にのぼる。これらをも含む文書全体の性格を大別すれば官文書・世俗経済（貸借・契約etc.）文書・寺院関係文書に分けられるが，兵馬使・都尉・倉典・監館・善政坊等の語が散見するところから，唐の駐留軍の勢力がいまだに存続していることが推測される。そしてインドから帰唐する途中の沙門悟空が780年代半ば頃に于闐を訪れた時，ここにはまだ尉遅曜（尉遅勝の次の王で唐から冊封を受けている）[251']が于闐王として健在であったし，かつまた鄭拠なる漢人の鎮守使がいたという記事は[261]，この推測の正しいことを十二分に裏付けてくれよう。同じく『悟空入竺記』は，于闐以外の他の三鎮即ち疏勒・亀茲・焉耆にもそれぞれ土着の王と唐の鎮守使がおり，また鉢浣国（撥換城）や北庭にも唐の鎮守使ないし節度使がいたことを伝えている。それゆえ少なくとも780年代半ば頃までは安西四鎮は吐蕃の侵入を受けることなくその命脈を保っていたことが明白となる。しかし本国との連絡を絶たれたこの地の駐留軍及び現地軍の武力はしれたもので，吐蕃が本格的に攻撃の手を加えてきたならば，ひとたまりもなくやられてしまったであろう。だが現実には，先に述べたように，吐蕃の攻撃の鉾先はまだ河西の方に向いていたのである。

第2節　吐蕃のコータン占領

　では吐蕃が河西攻略を完成し，新たな攻撃の鉾先を西域に向けたのはいつのことであろうか。河西で最後まで吐蕃に抵抗したのは沙州であり，この陥落年代についてかつては諸説があったが，結局淘汰されて781年説と787年説の二つだけが残った(262)。さらにこれら二つの中では後者の方が有力であり，最近もまた山口によって，一年繰り上げて786年とすべきだという修正意見付きではあるが，基本的には後者が確認された(263)。実は私もここで，この786/787年説を支持したい[32]。その理由としては，吐蕃がウイグルとの全面衝突の可能性を十分認識しつつも敢えて北庭攻撃を開始したのが789年冬であること(264)，及び791年以後はコータン地方の情勢を伝える中国史料も現地の漢文文書も共に完全に途絶えていること，この二つを挙げたい。とくに後者は，河西に手のかからなくなった吐蕃がそれまで放置していたコータン地方に遂に軍隊を投入し，これを悉く占領した結果であると考えられるからである。チソン＝デツェン王の治世は796年までであるが，彼の時代の業績として敦煌年代記OTCが，

> rgyal po 'di'i riṅ la / 'bro khri gzu' ram shags kyis / stod pyogs su draṅste /
> 　このツェンポ（賛普＝吐蕃帝王）の御代に，'BroのKhri-gzu' ram-shagsは上部地方に進軍し，
> li 'baṅs su bkug nas dpya' phab bo / /
> 　コータンを臣属せしめ，税（貢納）を義務づけた。
> 〈CDT, II, pl. 571, ll. 391-392 ; DTH, pp. 115, 154 ; 王／陳，pp. 73, 144〉

という記事を載せているのを見る時，この考えは一層揺ぎなきものとなる。もちろん上部地方とはパミール地方（とくに南パミール）をさすこと既述の通りであるから，ここにいう「上部地方への進軍」とは，785?-786年に吐蕃がパミール〜トハリスタン地方で大食と戦った事実(265)をさすのであろう。しかしコータン地方の占領は，『悟空入竺記』と唐の年号による紀年を持つ漢文文書の出土状況とから恐らく790年頃のことと考えられるから，この時の進軍とは直接結び付か

---

[32] 沙州（敦煌）の吐蕃への陥落年代については，この第3論文よりも発行年の早い第4論文への〔書後3〕を参照せよ。

ない。吐蕃の最終的なコータン攻撃はもう一度改めて行なわれたものであり、その時の進撃路としては、東のロプ地方から西域南道を西進する道と、西のパミール地方から東進する道との両方が考えられる。[33]

　貞元六（790）年十月四日の日付を持つ漢文文書（Mr. tagh. 0634）[260']が出土したコータン北方のマザール＝タークでは多量のチベット語文書も発見されているが[266]、それらの大部分は790年以降のものとみなしてよかろう[267]。吐蕃はコータンを攻略するやすぐさま、この地方全体を統治する駐留軍の本拠として、北道のクチャ方面からの敵を防ぐ要衝の地であるマザール＝タークに城塞を築いたのであろう。ここから出土したチベット語文書には軍政関係のものが特に顕著である。トーマスはこれらの文書を詳細に検討し、ここがチベット人からはシンシャン Shiṅ-shan [34]と呼ばれた吐蕃のコータン地方支配の中心地であったことを明らかにしている[268]。

　さてここでもう一度、先に紹介したエンデレの寺院に残された落書きのことを振り返ってみよう。そうすると、これの紀年が「開元七年」ではなくて「貞元七年（791年）」であっても、その内容をさほど無理なく解釈できることに気が付こう。即ち、エンデレ地方に駐屯していた唐軍（及び現地軍）が、ロプ地方から西進、もしくはコータン地方から東進してきた吐蕃軍の攻撃を受け、唐軍の兵馬使が死亡するほどの敗北を喫した。そこで和大蕃官太常卿としてエンデレに滞在していた秦嘉興は本来の任地（おそらくは安西道[269]の本拠である亀茲）へ引き揚げることになった、と解釈すれば、年代的にも大きな矛盾はなくなるからである。前註256に述べたような理由からもこの可能性は十分に存するのである。しかし私は、秦嘉興なる人物の経歴が明らかになって年代が確定するまでは、やはり慎重な態度を取っておきたい[270]。

　本論で筆者は、初代ソンツェン＝ガムポ王の時代から、第五代チソン＝デツェン王の時代にわたる吐蕃の中央アジア進出の過程をみてきた。それゆえチソン＝デツェン以後のことについても当然言及すべきであるが、9世紀前半の情勢はほぼ8世紀末のそれを受け南道地帯を支配し続けていたのであって、他勢力との確

---

[33] コータンの吐蕃への陥落年代については、本稿の〔書後5〕も参照。
[34] これは漢文「神山」の音写であり、マザール＝タークにあった城塞と駅館は漢文文書では「神山堡」「神山館」と呼ばれていた。また、ここは南のコータンと北の撥換城とを結ぶ「神山路」というシルクロードの要衝であったという。Cf. KT, IV, p. 93；吉田 2006, p. 39；陳国燦 2008；荒川 2010, pp. 302-305, 318-321 ほか。

執はなかった。この時代に属する現地出土のチベット語文書は相当の数にのぼり，これらは吐蕃の官制・軍制・税制・駅伝制などの支配機構を研究する上には多大の寄与をなすが，本稿の主題とは直接関係がない。それゆえチソン＝デツェン王以後の西域南道の情勢は，吐蕃の支配が継続していたということを述べる他に言い得ることはない。これに対し，西域北道地方においては情勢は全く異なる。吐蕃の勢力は 790 年頃に北庭～西州にまで及んだことさえあったが，これは当時この地方に間接的な支配権を及ぼし，さらに全面的な中央アジア進出を狙っていたウイグルの猛反撃を受けることになった。このチソン＝デツェン王の末年に起こったウイグルとの北庭～西州争奪戦とその結果については，すでに別稿で詳しく論じたので[271]，就いて参照されたい。

終　章

　今ここで吐蕃の中央アジア進出を振り返ってみると，これが大きく三つの時代に分けられることに気がつく。即ち(1) 7 世紀後半，(2) 8 世紀前半，(3) 8 世紀後半～9 世紀前半である。まず 7 世紀後半における吐蕃の中央アジア進出は，代々宰相として専権をふるった Mgar 一家の指導によるものであり，主にパミール地方を通って中央アジアに出ようとするものであった。そしてこの時代には一時的にせよ吐蕃の勢力が中央アジアを支配したことがあった。次いで 8 世紀前半になると，勿論パミール地方が重視されているのであるが，一方ロプ地方へも経略の手が伸び，東西両面から中央アジアに迫っている。しかしこの時代は唐の方でも西域経営の一大躍進期にあたり，吐蕃はそれほど目覚しい活動をみせることが出来なかった。それが 8 世紀後半に入ると，安史の乱による唐の退潮に乗じ，第 1 期にもまさる華々しい中央アジア進出を展開し，とくに 8 世紀末からは天山南道地帯全域を完全に支配することとなった。しかもこの時の中央アジア支配は，東の河西～ロプ地方も西のパミール地方も共に押さえていたために[272]，極めて安定したものであった。吐蕃が名実ともに東西南北の物資や文化の交流・融合の中心となり，自分たちも発展し，周囲にも多大の影響を与えて世界史上に大きな役割を演じたのは，まさしくこの時代のことであったのである。

チベットは決して「秘境」などではない。否，むしろ造船術や羅針盤等の進歩によって海上交通が飛躍的な発達を遂げる「近代」以前においては，ユーラシア大陸の両端に浮かぶ日本やイギリスなどよりはるかに，はるかに開かれた国であった。またそれ故にこそ，「力」さえあればチベットは「四方」にその勢力・領土を拡大しようとしたのである[273]。本稿はその「四方」のうちの一部を扱ったにすぎない。吐蕃王国時代のチベットといえば，これまで東の中国，南のインドとの関係ばかりが重視されてきたが，今後は西のイラン・シリア・アラビア，北のソグディアナ・タリム盆地・天山地方・モンゴリアとの関係にも常に目を注ぎながら，その歴史・経済（貿易）・言語・文化・宗教等々を根本から理解するように努めることが，ますます要求されてくるであろう。そうしてこそはじめて，我々のチベットに対する認識は確かなものとなり，ひいては世界史への洞察がいっそう深まることになるのである。

註
（1）関係史料の多くは Chavannes, *Doc. Turcs* 及び『騎馬民族史』2（平凡社，1972）に翻訳されているので，具体的なことは省略するが，例えば『隋書』巻84・西域伝・西突厥之条［p. 1876］には「東拒都斤（あたり）（オテュケン山），西越金山（アルタイ山），亀茲・鉄勒・伊吾及西域諸胡悉附之」とあり，『旧唐書』巻194下・西突厥伝［pp. 5179, 5181］には「鉄勒・亀茲及西域諸胡国，皆帰附之」とか「自玉門已西諸国皆役属之」とか「其西域諸国王悉授頡利発（イルテベル，被支配国の君長にテュルクの可汗から与えられた称号），并遣吐屯（トドン，監察官の称号）一人監統之，督其征賦」などとある。Cf. 松田／小林／木村 1935, pp. 91-99；嶋崎 1977, pp. 495-499, 563-572.
（2）森安 1977「Hor」p. 21 & n. 76；山口『吐蕃王国』p. 650.
（3）松田 1937「吐谷渾（下・完）」pp. 49-60.
（4）松田 1937「吐谷渾（下・完）」pp. 56-59.
（5）大谷 1925, pp. 274-276, 286-290；曽問吾 1945, pp. 216-226；伊瀬『西域』pp. 178-204；松田『天山』pp. 360-366, 390-391. なお，砕葉鎮が（焉耆鎮にかわって）初めから安西四鎮の一つに入っていたかどうかについては議論があるが，私は入っていなかったとする大谷・松田説に従う。最近では中国の衛江や呉震が，入っていたとする説を唱えるが，いずれもその論拠は説得的でない［cf. 衛江 1975, p. 8；呉震 1975, pp. 15-16］。
（6）唐側から見た阿史那賀魯の反乱と安西都護府の西州退却の経緯については，cf. 大谷 1925, pp. 277-284；曽問吾 1945, pp. 236-240；伊瀬『西域』pp. 201-204；松田『天山』pp. 301-308, 331-333, 341-351, 360. ただし大谷は，後の伊瀬や松田とちがい，永徽二（651）年にあったのは安西都護府の「西州への退却」ではなく，すでに一度廃絶していたものの「復置」であるとするが，今は採らない。

（7）曽問吾 1945, pp. 238-240, 258-264；伊瀬『西域』pp. 207-212, 231．なお，参考のため，「唐朝保護下の西突厥十姓可汗の系譜」を掲げておく［cf. 松田『天山』pp. 372, 380, etc.；伊瀬『西域』pp. 258-259, 541, etc.[35]］。

(8) 大谷 1925, pp. 284-285；曽問吾 1945, p. 274.
(9) 曽問吾 1945, pp. 285-287；伊瀬『西域』pp. 232-233.
(10) 曽問吾 1945, pp. 266-272；伊瀬『西域』pp. 231-233.
(11) 曽問吾 1945, pp. 286-287；伊瀬『西域』pp. 233-234.
(12) 伊瀬『西域』pp. 225-226, 234.
(13) 松田『天山』pp. 327-328.
(14) 佐藤『古チ』p. 321.
(15) 松田『天山』p. 364；伊瀬『西域』pp. 247-250, 254.
(16) 松田『天山』pp. 362-366, 390．ただしこの松田説には種々の異論や饒宗頤のような慎重論もある．Cf. 饒宗頤 1982, pp. 628-629, 642.
(17) Cf. Beckwith 1980, p. 31.
(18) 実際にはこの二つの大道は，先の方ではそれぞれ幾つにも分岐する．しかし本稿の行論には差し支えないので，大まかにとらえておく．ただし一つだけどうしても注記しておかねばならないのは，西廻りルートの早道ともいうべき東カラコルム＝ルート（ラダック地方〜コータン地方）のことである．これはチベットと西域とを結ぶ最短ルートではあるが，きわめて高地（峠は5,000m級）を通るため高山病にかかりやすく（死に至る者も多い），馬は荷を積んだままでは峠を越えられず（その時はヤクに頼るしかない），その他の地理的条件・気象条件，食糧・飼料・燃料の補給などいずれをとっても，バルチスタン〜ギルギットを通るパミール＝ルート（峠は4,000m級）にははるかに劣る．それゆえ，急を要する伝令や逃亡者，あるいは平和時の小人数の交通には利用されたであろうが，これから戦争をしようとする軍隊の派遣ルートになったとは考えられない．このようなルートを通って送られた兵士や軍馬は，体力の消耗が激しく，すぐには使いものにならなかったはずだからである．従っ

---

[35] Cf. 斉藤（達）1991, pp. 49-50.

て，本稿で吐蕃軍の西域進出を考察するにあたっても，このルートは一応考慮の外に置くことにする。なお，この東カラコルム＝ルートとその厳しさについては，次のものを参照せよ。Cf. Roerich 1933, pp. 19-26 ; Minorsky, HA, pp. 24-25, 255-256 ; 酒井 1962, pp. 80-81, 82 ; Klimburg 1982, p. 36.

(19) H. Hoffmann, "Žaṅ-žuṅ, the Holy Language of the Tibetan Bon-po", *Proceedings of the Twenty-Seventh International Congress of Orientalists*, ed. by D. Sinor, Wiesbaden, 1971, p. 586 ; 山口 1968「蘇毗」p. 39, n. 39 ; 山口『吐蕃王国』pp. 247, 264, 358.[36]

(20) 佐藤『古チ』pp. 122-157 ; 水谷『西域記』p. 156 ; Petech 1977, pp. 7-9 ; 山口『吐蕃王国』pp. 227-234, 240. ただしこれら諸氏の説にはかなりの異同があり，女国の精確な位置は未だに決定しない。私のおおよその考えは付録の地図の上に示しておいた。[37]

(21) (21') Chavannes, *Doc. Turcs*, pp. 149-154 ; Thomas, TLTD, I, pp. 61 (n. 5), 151, 175-177, 261, 262 ; 諏訪 1937, p. 87, n. 10 ; 榎 1941「難兜国」pp. 182, 185-186, 194 ; 佐藤『古チ』p. 203, n. 46 ; Chang Kun 1960, p. 149 ; Bailey, SDTV, p. 72 ; Uray 1979, "A Survey", p. 283 ; Jettmar 1977, pp. 413, 415, 421, 426, 427, 430-431 ; Jettmar 1980, pp. 120-122. ただしイェットマー（K. Jettmar）は，1977年の論文では大勃律をバルチスタンとする定説を受けていたが，1980年の論文ではこれに従わず，大勃律の中心はバルチスタンよりむしろアストル Astor 峡谷〜チラス地方とみなすべきであると主張する。しかしこの新説は未だ評価が定まっていないし，本稿の行論上にもさして支障はないので，私は従来の説に従っておく。後註 168・194 参照。[38]

(22) 吐蕃のシャンシュン占領（併合）の年代を，佐藤はソンツェン＝ガムポ即位後まもなくのこととするが，ウライ（G. Uray）は詳細に史料を検討した末に 644 年頃との結論に達した。一方スタン（R. A, Stein）は独自に 645 年のこととする。以上に対し，山口は 643 年とする新しい考えを示している。佐藤『古チ』pp. 244-247 ; Uray 1968, pp. 292-297 ; スタン 1971『チベット』p. 49 ; 山口 1977「羊同」p. 88 ; 山口『吐蕃王国』p. 410. なお Petech 1977, p. 9 も参照せよ。

(23) 本文に引用した記事の後半部分は，シャヴァンヌ・護両氏に従って，「太宗はこれをききいれたが，その代償として，亀茲以下の五国を西突厥から唐への聘礼として割譲するよう命じた」と解釈すべきである［cf. *Doc. Turcs*, pp. 32, 59 ; 護「西突厥伝訳注」『騎馬民族史』2, pp. 232-233, 272］。こう解釈してはじめて，本文で次に引用する翌年の記事に，「亀茲が（唐に対する）臣礼を浸失し，隣国を侵漁したから，太宗が怒って亀茲討伐軍を送ったのだ」とあるのと脈絡がとれるのである。この点，伊瀬の解釈［伊瀬『西域』pp. 192-195］は全く誤っている。

(24) 山口 1968「蘇毗」pp. 28, 37 (n. 24), 58 (n. 119), 66-67 (n. 132, n. 133) ; 山口『吐蕃王国』pp. 228, 895-896 (n. 90).

(25) 山口 1969「白蘭」p. 12 ; 山口『吐蕃王国』p. 895 (n. 88).

---

[36] 羊同／楊同については，cf. 桑山編『慧超伝』p. 107（武内担当）；石川 2002「羊同の地理比定に関する研究動向」。

[37] スヴァルナゴトラ（金氏＝女国）については，cf. 桑山編『慧超伝』pp. 88-89, 108（森安担当）。

[38] 勃律の比定については，シャヴァンヌ説を評価した白鳥 1917「罽賓国考」pp. 305-306 を見落としていたので補っておく。さらに，cf. 桑山編『慧超伝』pp. 105-107（森安担当）。

(26) 山口は「蘇毗＝Sum-pa」としてきた従来の定説を全く覆し，白蘭（とくにその中のラン氏 rLaṅs の国）こそ Sum-pa であり，且つその位置はツァイダムではなく松州（松播）と茂州を結ぶ線の西側であるという新説を立てた。私はこれに従いたい。Cf. 山口 1969「白蘭」pp. 1-12；山口 1977「羊同」p. 86；山口『吐蕃王国』pp. 345, 714 (n. 114), 868, 912.
(27) Cf. 前註 2.
(28) 山口『吐蕃王国』pp. 344-347. ただし白蘭の完全征圧は，吐蕃が吐谷渾に本格的な攻撃を加える前の 656 年のことである［山口『吐蕃王国』p. 686］。
(29) 佐藤『古チ』pp. 247-261.
(30) 山口 1966-67「考異（上）」pp. 18, 34-35,「考異（下）」pp. 41-47, 60-61, 81-83；山口『吐蕃王国』pp. 649-685.
(31) このことは既に後藤勝によって指摘されていた［後藤 1954「南道経営」p. 146］。[39]
(32) 山口『吐蕃王国』pp. 576-618.
(33) この事件は実際には龍朔二年十二月のことなので，正確にいえば西暦 663 年の 1-2 月にあたる。しかし本稿では混乱を避けるため，一貫して中国暦の一年を西暦の一年に機械的に対応させる方針を取っている。また十二支のみで示されたチベットの紀年を西暦に直す場合も同様である。
(34) 『資治通鑑』巻 201, p. 6333 にもほぼ同文あり。『冊府元亀』の方に「遂以軍資略吐蕃」とあるうちの「略」は，これによって「賂」と訂正した。またシャヴァンヌは『資治通鑑』の方を引用して，その「以師老」を「将軍（蘇海政）が年老いていたので」と解釈しているが［Doc. Turcs, p. 122］，これは全くの誤りで，正しくは「軍隊が疲れていたので」の意である。
(35) 松田『天山』pp. 324-331.
(36) 佐藤『古チ』pp. 311-312.
(37) 山口『吐蕃王国』pp. 686-694；鈴木（隆）1983, pp. 49-51.
(38) 『大正蔵』巻 51, No. 2089-1, p. 976b；定方 1971「慧超伝」p. 13 下＝桑山編『慧超伝』p. 18, ll. 70-72. なお，筆者は未見であるが慧超の『往五天竺国伝』には独訳がある[40]。W. Fuchs, "Huei-ch'ao's Pilgerreise durch Nordwest-Indien und Zentra1-Asien um 726", *SPAW* 1938, pp. 426-469.
(39) 『大正蔵』巻 51, p. 977a；定方 1971「慧超伝」p. 16 下＝桑山編, p. 20, ll. 102-105.
(40) 彼がインドからの帰路，パミール地方を越えてクチャに到達したのは 727 年のことである。Cf. 定方 1971「慧超伝」p. 3＝桑山編, p. 26, l. 217（また p. 10 も参照）。
(41) 榎一雄は藤田豊八説をさらに発展させて，勃律（ボロル Bolor）のうちでもより吐蕃に近いバルチスタン（のちの大勃律）が吐蕃に「征服」された時期を，次のツェンポ器弩悉弄（チ＝ドゥーソン）の治世初年の頃（670 年代後半）とみる。Cf. 榎 1941「難兜国」pp. 186-191. ただし「征服」とまでいえるかは疑問である。

---

[39] ただし未だあくまで名目的なものであり，実質的な支配圏には組み込まれていなかった。そのことは『大慈恩寺三蔵法師伝』自体の少し後ろの記述や，『大唐西域記』が納縛波（＝ノプ Nop 地方＝ Lop ロプ地方；cf. 森安 1990「箚記（二）」p. 77）を中国領ではなく「異域」の中に含めている事実からも覗える。

[40] その後に Fuchs のドイツ語論文も参照できたが，その解釈には誤りも少なくなかった。現時点で慧超伝を参照するには，訳注も充実した桑山正進（編）『慧超往五天竺国伝研究』（初版：1992）を活用すべきである。

(42) 足立 1942, pp. 12-13, 18, 34 ; 桑山 1982b, p. 86.
(43) 岑仲勉 1977, p. 98.
(44) あるいは先の龍朔二年にすでにコータンへ侵入していた可能性もある。Cf. 郭平梁 1980, p. 187 & n. 1.
(45) 佐藤『古チ』pp. 316-318.
(46) DTH, p. 33.
(47) 山口『吐蕃王国』pp. 686-694, 733-737 (n. 208, n. 211, n. 212, n. 214). ただしJi-ma-gol (-khol) を大非川とみる考えを最初に示したのはペテックである [cf. Petech 1967, pp. 250-251]。また『旧唐書』巻5・高宗本紀 [p. 94] には「[咸亨元 (670) 年, 秋七月] 薛仁貴・郭待封至大非川, 為吐蕃大将論欽陵所襲, 大敗, 仁貴等並坐除名。吐谷渾全国尽没」という表現がある。さらに後註62を参照せよ。
(48) 撥換・鉢換・鉢浣城については, これをヤカ＝アリク Yaka-Aryk とみる説, カラ＝ユルグン Kara-Yulghun とみる説, アクス Aksu とみる説などがあって, 一定しない。Cf. Chavannes, *Doc. Turcs*, pp. 8, 353 ; Pelliot 1906, pp. 554-556 ; Pelliot 1923b, pp. 128-130 ; Henning 1938, pp. 567-568 ; 伊瀬『西域』p. 331 ; 水谷『西域記』pp. 17-18.
(49) 伊瀬『西域』pp. 244-245. さらに伊瀬説を敷延すれば, 疏勒が吐蕃と弓月との手に落ちたのは665年以前のこととなるはずである。
(50) 『旧唐書』巻40・地理志, p. 1648 ; 『新唐書』巻43・地理志, p. 1134.
(51) 『旧唐書』巻40・地理志・亀茲都督府之条, p. 1648 に「本亀茲国, 其王姓白, 理白山之南」とある。
(52) 黄文弼は「吐蕃之由于闐取亀茲, 陥安西四鎮, 亦必経過鄯善・且末, 方能至于闐, 是鄯善・且末在咸亨中, 已一度陥入吐蕃」[黄文弼 1981, p. 189] というが, これは先程トーマスの説を批判したのと全く同じ理由から受け入れられない。
(53) 伊瀬『西域』p. 235 ; 佐藤『古チ』pp. 326-327.
(54) 松田『天山』p. 364.
(55) 伊瀬『西域』pp. 247-250, 254.
(56) 佐藤『古チ』pp. 327-328.
(57) これに関連して, 675年に書かれた「阿史那忠墓志」が四鎮放棄について一言も触れていないという郭平梁の指摘は興味深い [郭平梁 1980, p. 190]。
(58) 羽田 1930「沙州・伊州志」pp. 587-588 ; 森 1970「寿昌県地鏡」pp. 313-314 ; 池田 1975「沙州図経」pp. 46, 91, 97. なお, 後藤はこれらの改名の理由を, それ以前にすでに吐蕃領となっていたロプ地方を唐が奪回した戦勝記念であるとする [後藤 1954, pp. 148-149, 152] が, 納得できない。
(59) Pelliot 1916, "Cha tcheou t'ou king", pp. 115-123 ; 羽田 1930「沙州・伊州志」pp. 587-588, 593, 601 ; 池田 1975「沙州図経」pp. 53, 81, 91-93, 96.
(60) 伊瀬『西域』p. 254.
(61) 伊瀬が上に引用したような結論を引出す根拠となった「是れ自り吐蕃連歳辺に寇し」〈『旧唐書』巻196上・吐蕃伝上, p. 5223〉の一文は, 吐蕃伝の他の箇所と比較すれば, せいぜい小ぜり合い程度の戦闘が続いていたことを示すものとしか受け取れない。そしてこの小ぜり合いでは吐蕃が優位に立っていたのである。
(62) 前註47に引く史料及び以下の諸史料を参照せよ。「[咸亨元 (670) 年], 師凡十余万, 至

大非川，為欽陵所拒，王師敗績，遂滅吐谷渾而尽有其地。」〈『新唐書』巻 216 上・吐蕃伝上，p. 6076〉；「[咸亨三 (672) 年] [二月]，吐谷渾故地皆入於吐蕃。」〈『資治通鑑』巻 202, p. 6368〉；「[咸亨三年二月]，其吐谷渾故地，並没于吐蕃。」〈『冊府元龜』巻 170, 宋版なし，明版 p. 2052 下〉；「咸亨三年二月，徙吐谷渾於霊州。其故地皆入於吐蕃。」〈『唐会要』巻 94・吐谷渾之条，p. 2014〉

(63) 本文に引用した上元二年の史料より，于闐王・伏闍雄は吐蕃を破って唐に来降したことが知られる。しかし当時の吐蕃が于闐という一オアシス国家の軍隊に破られるはずはないから，この時の吐蕃軍とは駐留部隊のことであり，主力は既に撤兵していたに違いない。

(64) Uray 1962, pp. 219-230.

(65) 森安 1977「Hor」pp. 14-16；Uray 1979, "A Survey", p. 281.

(66) khrom について従来さまざまな解釈が行なわれてきたが，最近ウライによって "military government" とする新説が出された [Uray 1980]。[41]

(67) 中華書局本（標点本）の p. 2802 では「儀鳳四年」となっており，p. 2808 の校勘記には「各本で二年となっている原文を『旧唐書』巻 5・高宗本紀と『資治通鑑』巻 202 によって改める」とある。しかし『旧唐書』巻 5・高宗本紀および『資治通鑑』巻 202 の当該箇所は，裴行倹がある計略を以て阿史那都支と李遮匐とを捕えたのを儀鳳四年にかけているだけで，この 2 人が西突厥の衆を率い，吐蕃と連和して安西（四鎮）を犯したのが儀鳳四年であるとはどこにも言っていない。むしろ通鑑の「初」という発語を使っての書き出しは，西突厥と吐蕃の安西への侵入事件が儀鳳四年より前であったことを暗示しているし，まして本文に並べて引用した『新唐書』と『冊府元龜』の裴行倹伝には明らかに「儀鳳二年」とあり，また『新唐書』巻 3・高宗本紀・儀鳳二年之条 [p. 73] にも「是歳，西突厥及吐蕃寇安西」とあるのであるから，原文に「二年」とあるのをわざわざ「四年」に改める必要は全くない。伊瀬や佐藤もこの「儀鳳二年」には全然疑いを抱いていない [cf. 伊瀬『西域』pp. 254-255；佐藤『古チ』pp. 330-331]。標点本には珍しい杜撰というべきである。

(68) この頃までに吐蕃がバルチスタン地方を「征服」していたことについては，前註 41 を見よ。

(69) 伊瀬『西域』pp. 246-247.

(70) 岑仲勉 1977, p. 104.

(71) 『冊府元龜』巻 366・将帥部・機略六・裴行倹之条，宋版 p. 887 上，明版 p. 4355；『旧唐書』巻 84・裴行倹伝，pp. 2802-2803；『新唐書』巻 108・裴行倹伝，pp. 4086-4087；Chavannes, *Doc. Turcs*, pp. 74-75 (n. 3)；曽問吾 1945, pp. 287-289；前嶋 1971, p. 144；護「西突厥伝訳注」『騎馬民族史』2, pp. 284-285.

(72) 松田「砕葉と焉者」[松田『天山』pp. 357-391]。

(73) 例えば，伊瀬『西域』p. 256 や佐藤『古チ』p. 333 など。

(74) ベックウィズは，679 年に安西四鎮が吐蕃から唐の手に移ったとする説は根拠がない (nowhere attested in any Chinese source) という [Ch. I. Beckwith, "Review", *The Tibet Society Bulletin* 15, 1980, p. 70]。この説には一理ある。しかし同氏はまた，670-692 年の 22 年間安西四鎮はずっと吐蕃側にあったとするシャヴァンヌやトーマスの説 [cf. Thomas, TLTD, I, p.

---

[41] その後の khrom の解釈の進展については，石川 2003, p. 37, 及び岩尾 2013, p. 356 を参照。なお岩尾によれば，khrom は「軍団」とも「軍管区」とも訳され，いずれが適切かは文脈によるという。

160] を踏襲しているのであり，それが到底容認できないことは，本論をみれば自ら明らかとなろう。

(75) 「[永淳元（682）年二月]，西突厥 阿史那車薄帥十姓反。夏四月，（中略），阿史那車薄囲弓月城。安西都護王方翼引軍救之，破虜衆於伊麗水。斬首千余級。俄而三姓咽麵与車薄合兵拒方翼。方翼与戦於熱海。（中略）。既而分遣裨将襲車薄・咽麵，大破之，擒其酋長三百人，西突厥遂平。」〈『資治通鑑』巻 203, pp. 6407-6409〉

(76) もしかしたら唐が安西四鎮すべてを完全に回復するのは，垂拱二（686）年頃までなかったのかもしれない。饒・衛・呉・中村四氏は垂拱二年（またはその少し前？）に唐軍が安西四鎮を抜いた事実のあったことを指摘する［cf. 饒宗頤 1982, pp. 623-624, 642；衛江 1975, pp. 8-9；呉震 1975, pp. 13-14；中村（裕）1976, pp. 103, 106-107］。また伊瀬によれば，すでに死去していた初代の興昔亡可汗と継往絶可汗の二代目が唐から冊立されるのは，それぞれ垂拱元（685）年と垂拱二（686）年であるという［cf. 伊瀬『西域』pp. 258-259, 541］。我々はこのことの持つ意味をもう一度考え直す必要があろう。

(77) 佐藤『古チ』pp. 333-341.
(78) Cf. 前註 75.
(79) 佐藤『古チ』p. 333.
(80) この部分の解釈は山口『吐蕃王国』p. 881 による。なお，ウライはここを"(he) stayed outside (Tibet)"と訳しているが，おそらく"phyi dalte"を"phyi thalte"と読みかえたのであろう［cf. Uray 1979, "A Survey", p. 281］。このウライの解釈も十分考慮に値する。
(81) 松田『天山』p. 366.
(82) 伊瀬『西域』pp. 256-260.
(83) 佐藤『古チ』pp. 345-352.
(84) 佐藤『古チ』pp. 346-348. ただし"Gu-zan＝Küsän＝Kuci, Kuča（亀茲，クチャ）"を説明するのには，氏が挙げている史料の他に，なお多くのウイグル文書やイスラム史料などの比較検討を要し，且つまた中央アジア史研究者の間で永年の懸案となっているトカラ語名称問題や焉耆・Argi・Ārśi 同定問題なども絡み，それほど単純なものではない。だが今ここでこの問題に立ち入る余裕はない。これについては後日を期したい。Cf. Uray 1979, "A Survey", p. 281；Beckwith 1980, p. 36, n. 23. [42]
(85) 伊瀬『西域』pp. 259, 261；佐藤『古チ』p. 350.
(86) 佐藤『古チ』p. 352.
(87) 佐藤『古チ』p. 352.
(88) トゥルギシュ可汗・烏質勒の下にいた有力な部将。本名は阿史那 闕啜(キョルチョル)。のち烏質勒の死後，その子の娑葛が可汗位を嗣ぐと，これに服せず，謀叛を企てることになる。
(89) 伊瀬『西域』p. 245.

---

[42] 残念ながらこの Gu-zan 問題については今に至るも未着手のままであるが，本稿発表後のベックウィズもドットソンもクチャに比定する説を踏襲している［Beckwith 1987, p. 50；Dotson 2009, p. 96］。それに対して栄新江・王小甫は，『新唐書』巻 43 下・地理志下 [p. 1151] に見える于闐の西 200 里の固城との比定を提案するが［栄新江 1992, p. 57；王小甫 1992, p. 83］，受け入れがたい。Zhu 2013, pp. 45-47 によれば，固城はコータン語では Gūma であり，マザール＝ターグ出土のチベット語文書や後世のチベット大蔵経では Ko-sheng / Ku-sheng となっているという。

(90) 佐藤『古チ』p. 353.
(91) 『文物』1972-1, 図四九；呉震 1975, 図版八.
(92) 中村（裕）1976, pp. 103, 107.
(93) Cf. Petech 1966, "Tibet", p. 318.
(94) 岑仲勉 1977, pp. 119-120.
(95) トゥルギシュの部長烏質勒が，唐により第二代継往絶可汗に冊立されていた阿史那斛瑟羅を唐本土に追いやって，実質的にかつての西突厥可汗にとって代わった年代を，松田は690年（天授元年）とする［松田『天山』pp. 339, 367-369, 372］。その根拠は示されていないが，おそらく『資治通鑑』巻204・天授元年之条の「西突厥十姓，自垂拱（685-688年）以来為東突厥所侵掠，散亡略尽。瀛池都護継往絶可汗斛瑟羅収其余衆六七万人入居内地」［p. 6469］とか，『旧唐書』巻194下・西突厥伝の「斛瑟羅以部衆削弱，自則天時入朝，不敢還蕃。其地並為烏質勒所併」［p. 5190］などに拠っているのであろう。結論的には私も氏と同じ見解である。
(96) 即ちこれらは西突厥の遺衆のうちで最も西方（西南方）にいたもの達だろう。トゥルギシュの力もまだここまでは及ばなかったらしい。これに対し，同じ西突厥の遺衆であるが，東北方に位置した処木昆らのグループは新興の突厥第二帝国（本拠はモンゴリア）の支配下に入っていった。「［聖暦］二（699）年，黙啜立其弟咄悉匐為左廂察（シャド），骨咄禄子黙矩為右廂察，各主兵馬二万余人。又立其子匐俱為小可汗，位在両察之上，仍主処木昆等十姓兵馬四方余人，又号為拓西可汗」〈『旧唐書』巻194上・突厥伝上，pp. 5169-5170〉
(97) 『旧唐書』に「又，吐蕃頃年亦冊俀子及僕羅并抜布相次為可汗，亦不能招徠十姓，皆自磨滅」〈『旧唐書』巻97・郭元振伝，p. 3046〉とある。またこれと対応する文が『資治通鑑』巻209, p. 6627にあり，そこに胡三省は「僕羅・俀子，蓋皆吐蕃所立」と註している。
(98) トルコ＝ウイグル語のソグダク Soɣdaq 同様，チベット語のソグダク Sog-dag, Sog-gdag をソグド人とみるのは今や定説である。Cf. 佐藤『古チ』pp. 355-356；Emmerick 1967, p. 106；Uray 1979, "A Survey", p. 282.
(99) Li Fang-kuei 1958, pp. 139, 141；佐藤『古チ』pp. 355-356.
(100) この比定はペテックによって提唱され，ウライがこれに従った。Petech 1967, "Glosse", p. 270；Uray 1979, "A Survey", p. 281.
(101) ガル＝タグを捕えたソグド人勢力が，ソグディアナ本国のそれを指すのか，現在のセミレチエや東トルキスタンに散在したそれを指すのか，はたまた唐側に立って戦ったテュルク軍中にいたそれを指すのか，あれこれ推定は出来るが，実際のところは全く不明でる。『沙州図経』によれば，大周天授二（691）年の時点でもロプ地方のソグド人勢力は，吐蕃ではなくやはり唐の側に立っていたことが窺えるから［cf. Pelliot 1916, "Cha tcheou t'ou king", p. 115；羽田 1930「沙州・伊州志」p. 601；池田 1975「沙州図経」p. 81］，694年にガル＝タグを捕えたソグド人がこれである可能性も勿論ある。しかし本稿の流れから見る限りは，この事件が起きた場所はロプ地方よりむしろパミール地方であると考えられる。
(102) Petech 1967, "Glosse", p. 270.
(103) Li Fang-kuei 1958, pp 141-142；佐藤『古チ』pp. 354, 358-359；佐藤「吐蕃伝訳注」『騎馬民族史』3, p. 115, n. 28.
(104) また恐らく同一人物を指すと思われる「賊頭跂論」がトゥルファン盆地出土の張懐寂墓誌銘の第17行目に現われる。因みにこの墓誌銘からは，張懐寂が王孝傑の軍に従って戦績を

あげたこと，その死が長寿二（693）年五月十一日であることなどが知られる．Cf. 黄文弼 1954『吐魯番考古記』pp. 54-55 の間の折り込み；饒宗頤 1982, p. 624.⁴³

(105) Thomas, TLTD, I, p. 125 & n. 6；佐藤『古チ』pp. 321-322；Emmerick 1967, pp. 58-59.

(106) 佐藤はガル＝ツェンニェン＝グントンがコータンを統治し，そこに寺院を建てたりしたのは，次兄チンリンではなく長兄ツェンニャが宰相であった時で，その期間は 670-675 年の 6 年間であるという［佐藤『古チ』p. 322］．しかしこの見解には再考の余地がある．ウライの発表レジュメ［cf. 本稿［書後1］］では，？マーク付きではあるが，これを 686-689 年の事件と 692 年の事件との間に置いている．おそらくその方が正しいであろう．

(107)『資治通鑑』巻 205・万歳通天元年一月～三月之条，p. 6504；『旧唐書』巻 93・婁師徳伝，p. 2976；『冊府元亀』巻 443・将帥部・敗衂三，宋版なし，明版 p. 5256 上；佐藤『古チ』pp. 359-362.

(108) (108') 佐藤『古チ』pp. 362-366. なお，トーマスは敦煌編年記 OTA に，
  bya gagi lo la bab ste / ………… / če dog pan gyi po ña phyag 'tsald
  鳥の歳（697 年）になって…（中略）…Če-dog-pan の使者が臣礼を取り（に来）た．
  〈CDT, II, pl. 583, ll. 74-75；DTH, pp. 18, 38；王／陳，pp. 18, 148-149；OTAAT, p. 99〉
とある Če-dog-pan をカルガリク（朱倶波）に比定したが，大勢からいってこの考えには賛成できない［cf. Thomas, TLTD, II, pp. 256-257］．音韻上からもこの比定には無理があると思われる［cf. 水谷『西域記』p. 391, n. 1］．

(109) Stein 1951, "Mi-ñag", p. 226, n. 4；Stein 1959, p. 213.

(110) 編年記 OTA によれば前年（699 年）にもツェンポに謁見している

(111) 700 年以降の Dru-gu 国はフェルガーナに比定してよかろうというウライ説［Uray 1979, "A Survey", p. 281］は全く恣意的で，従うことはできない．

(112) Chavannes, Doc. Turcs, p. 282, n. 2.

(113) 蘇晋仁／蕭錬子『《冊府元亀》吐蕃史料校證』成都，1981, p. 76 はこの「吐蕃」を単に誤りと片付けてしまっているが，それはあまりに皮相的な見方である．

(114)『岩佐遺稿』pp. 79-91, 100-106.

(115) ホショーツァイダム碑文（KT 碑文，東面，l. 31；BQ 碑文，東面，ll. 24-25）［cf. 小野川 1943a, pp. 299, 302；Tekin, GOT, pp. 235, 243］には，
  altï čub soγdaq tapa sülädimiz, bodunuγ anta buzdumuz
  altï čub soγdaq に向けて我等遠征せり，その民をそこにて我等打ち破りたり．
とある．これが 701 年のことを伝えていることは間違いない［cf.『岩佐遺稿』pp. 185-188］．問題は "altï čub soγdaq" であるが，マルクワルトはこれを遠くソグディアナの住民（六姓昭武ソグド）と考え，バルトリド・岩佐両氏もこれに従った［cf.『岩佐遺稿』pp. 185-187］．しかし近年ソ連のクリャシトルヌィはこれを唐本土の西北辺にいた「六州胡」の逐語訳であるとみる新説を発表した［cf. Kljaštornyj 1961；護『古ト研』I，pp. 569-572］．突厥は 701 年には唐の西北辺で唐と戦い，703 年にはバスミル Basmïl と戦っており，キルギス Qïrqïz 及びトゥルギシュを攻略したのは漸く 710 年になってからのことである．そしてこの年にはソグディアナにも侵入した．このような突厥軍の動き，及びホショーツァイダム碑文・710 年の条のソグディアナは単に "soγdaq" となっていて "altï čub soγdaq" とはなっていないことなどを考え合わせ，私はクリャシトルヌィの新説に全面的に賛成する．なお，六州胡（六

---

⁴³ Cf. 陳国燦「跋《武周張懐寂墓志》」『文物』1981-1, p. 50.

胡州）については，小野川 1942；Pulleyblank 1952a；岑仲勉 1977, pp. 123-124 をも参照せよ。[44]

(116) 『岩佐遺稿』pp. 126-128, 165-166.

(117) 『岩佐遺稿』pp. 187-188.

(118) もしそうだとしたら，この時トン＝ヤブグ可汗が通過したルートはパミール方面ではなく河西であったであろう。やや後のことだが，「会 吐蕃使間道往突厥，君㚟率精騎往粛州 掩之」〈『旧唐書』巻103・王君㚟伝，p. 3192〉，「会吐蕃遣使間道詣突厥，王君㚟帥精騎 遂 之於粛州」〈『資治通鑑』巻213・開元十五年之条，p. 6780〉とあり，吐蕃の使者が間道を通って突厥に行こうとするのを河西節度使・涼州都督の王君㚟が防ぎ遮らんとしたことが知られる。河西が全体としては唐の支配下にあったといっても，この地方には沙漠・草原や山岳地帯が多く，少数の使者が騎馬で唐軍の眼をかすめて通過することはそれ程むずかしいことではなかったと思われる。

(119) なお，これ以後の阿史那俀子（トン＝ヤブグ可汗）の動静はつかめない。バルトリドは，テルメズに拠ったアラブの叛将ムーサー Mūsā の軍が 702 年（Barthold 1934, p. 742a 及び Dunlop 1973, p. 304 では 704 年となっている），ハイタル（エフタル）・チベット・テュルクの連合軍7万に攻撃されたというタバリー al-Ṭabarī の記事を引いて，「おそらくこのテュルクの指導者はチベットと同盟した阿史那俀子であろう」と解釈した [Barthold 1899, p. 17；Бартольд 1968b, p. 300]。確かにその可能性はあるが，まだ断定はできない。他方，ベックウィズは "The Tibetan-supported Western Turk Khaghan, A-shi-na T'ui-tzû, was still in or near Ferghâna in 708" [Beckwith 1980, p. 33 & n. 33] というが，こちらはいささか不可解である。あるいは単なる漢文の誤読に基づくものなのか。それにしてはこの箇所に対して氏が註記するのは『資治通鑑』巻209 [pp. 6625-6628] と『旧唐書』巻97・郭元振伝 [pp. 3047-3048] だけであり，後者の仏訳 [Doc. Turcs, p. 188] には「往年」を "dans ces dernières années" と訳してあるのだから，これを見落としたとも思えない。あるいは何か別の考えがあるのだろうか。

(120) 佐藤『古チ』pp. 389-413.

(121) 佐藤『古チ』pp. 398-399.

(122) Doc. Turcs, pp. 179-192 に郭元振伝の全訳あり。本文引用箇所は pp. 185-187 に該当する。

(123) ただし『旧唐書』巻97・郭元振伝 [pp. 3047-3048] 及び『冊府元亀』巻366・将帥部・機略六 [宋版 p. 888 上，明版 pp. 4356-4357] にも同内容の記事がある。『資治通鑑』を引いたのは日付をはっきりさせるためである。

(124) 松田『天山』pp. 370-371；岑仲勉 1977, p. 147.

(125) 佐藤『古チ』pp. 430-431.

(126) Doc. Turcs, p. 354；戸田 1940, p. 83；佐藤『古チ』p. 253；Hamilton 1977b, "Čungul", p. 359, n. 17. さらに本稿 p. 12 も参照せよ。

(127) 伊瀬『西域』pp. 269-270.

(128) 羽田 1930「沙州・伊州志」p. 588.

(129) 森 1970「寿昌県地鏡」p. 314.

(130) Pelliot 1916, "Cha tcheou t'ou king", pp. 118-123；羽田 1930「沙州・伊州志」pp. 587-588,

---

[44] その後も六州胡・六胡州の研究は進展しているが，代表的なものとして森部 2010 を挙げておく。その索引を参照されたい。

601.

(131) Mang-yai-chen［*Operational Navigation Chart* G-8, 38°21'N - 90°10'E］。ここは連山の切れ目にあたり，西北にウズン=ショル湖（Uzun Shor Köl），東南にガス湖（Ghaz Köl）とそれに連なる大湿地帯を控え，関口精一によれば長城跡まであるらしい。Cf. 関口精一『シルクロード詳図』津，1982，第3図；中国科学院地理研究所編制『青蔵高原地図 1 : 3000000』。さらに私は，近代の噶斯口［cf. 羽田明 1982, pp. 366, 370］もここに比定すべきではないかと考える。[45]

(132) 第2回チョーマ記念学会での発表レジュメ（cf. 本稿［書後 1］）中の地図によると，ウライも私とほぼ同じ考えのようである。また，前田正名の「アルティン=ター南麓の金雁山口附近か」との考え［『河西』p. 327］も我々に近い。一方，山口は『沙州・伊州地志』の「薩毗城，西北去石城鎮四百八十里」の「西北」は「東北」に改めるべきであると主張する［『吐蕃王国』pp. 734-735］が，余程明確な根拠がない限り，原文を故意に変えるべきではない。

(133) 池田 1975「沙州図経」pp. 39-46.
(134) 池田 1975「沙州図経」pp. 48, 93, 95.
(135) 池田 1975「沙州図経」pp. 40-42.
(136) 『岩佐遺稿』pp. 195-198；松田『天山』pp. 374-375；護『古ト研』I, pp. 195-196；KT 碑文，東面，*ll*. 35-40；BQ 碑文，東面，*ll*. 26-28［cf. 小野川 1943a, pp. 300-303, 369-370；Tekin, GOT, pp. 269-270, 276］。なお前註 115 も参照せよ。
(137) 『岩佐遺稿』pp. 189-191；『旧唐書』巻 103, pp. 3187, 3190.
(138) 岑仲勉は「阿了達干（タルカン）」であるという［岑仲勉 1977, pp. 166-177］。
(139) Cf. *Doc. Turcs*, pp. 148-149.
(140) 前嶋は，この時の大食軍の司令官はアミール=クタイバ（畏密屈底波）であるという［前嶋／寺田 1942, p. 86］。
(141) Cf. Dunlop 1973, pp. 304-306.
(142) シャヴァンヌはアクス Aksu とするが［*Doc. Turcs*, pp. 8, 361］，ペリオはウッチ=トゥルファン Uč-Turfan であるという［Pelliot 1931, "Bibliographie," *TP* 28, p. 398］。
(143) この時の三姓カルルクは唐側に付いている。Cf. 伊瀬『西域』pp. 279-281.
(144) 寺本 1931, pp. 47-48；『大正蔵』巻 50, No. 2055, p. 291a.
(145) Cf. Chavannes, *Doc. Turcs*, pp. 162-165.
(146) Cf. *Doc. Turcs*, pp. 128-129.
(147) Cf. *Doc. Turcs*, pp. 129, 168-170.
(148) Cf. *Doc. Turcs*, Notes Additionnelles, p. 43, n. 1；Jettmar, "Bolor", 1977, p. 415.
(149) Cf. *Doc. Turcs*, pp. 166-168.
(150) 山口 1977「羊同」p. 90.
(151) Cf. *Doc. Turcs*, pp. 162-165.
(152) Uray 1979, "A Survey", p. 283.
(153) 山口『吐蕃王国』p. 245.
(154) ベックウィズはこの Qala-i-Panja を Qala Panja と見，さらにそれを Qara Panja と読み換えて，これと黒 Ban-'jag とを同一視する［Beckwith 1980, p. 34］。おもしろい意見ではあるが，

---

[45] Cf. 佐藤（長）1978『チベット歴史地理研究』pp. 239-240, 242, 307.

即座には賛成しかねる。ちなみに Qara はトルコ語で「黒」の意。
(155) Bushell 1880, p. 460.
(156) Pelliot 1961, *Histoire ancienne du Tibet*, pp. 98-99.
(157) 佐藤「吐蕃伝訳注」『騎馬民族史』3, p. 234；佐藤『古チ』p. 439.
(158) 実際，『資治通鑑』には「［開元二（714）年］夏四月辛巳，突厥可汗黙啜復遣使求婚，自称「乾和永清太駙馬・天上得果報天男・突厥聖天骨咄禄可汗」」〈巻211, p. 6699〉とあって，黙啜も骨咄禄と呼ばれる資格の十分あることを示している[46]。この骨咄禄はもともとトルコの王公貴族の名前や称号の一部によく使われる語 Qutluγ「幸ある，幸福な，天寵を持てる，運強き，etc.」の音写であるから，毗伽可汗にもあてはまる可能性は，これまた十分にある。
(159) 王忠『新唐書吐蕃伝箋證』北京，1958, p. 66.
(160) 佐藤『古チ』p. 490, n. 27.
(161) 後に本文でみるように，727年突厥は吐蕃からの対唐同盟の誘いを断わり，逆に唐に誼を通じている。しかし731年のキョル＝テギン（Köl Tegin）の死に際しては，吐蕃から大臣（ロン）が弔問使として突厥に来ているし［cf. KT 碑文，北面，*l*. 12；小野川 1943a, p. 310；Tekin, GOT, pp. 237, 272: "tüpüt qaγanta bölön kälti" ＝「チベットの可汗よりロン Blon 来れり」］，また『資治通鑑』巻215・天宝元（742）年之条，p. 6848 では河西節度使の役割を「断隔吐蕃・突厥」としているのであるから，史乗に明文がなくとも，吐蕃と突厥との交渉はかなり頻繁に行なわれたものと推測してよいであろう。
(162) 開元五（717）年七月に突厥から唐に派遣されてきた使者・多満達干は次のように言ったという：「堅昆使来及吐蕃使不願入漢，并奚・契丹等俱知之」〈『冊府元亀』巻974・外臣部・褒異，宋版 p. 3873 上，明版 p. 11445 下〉。ただしこの言葉の意味とその背後事情は未だつかみきれないでいる。
(163) 森安 1977「Hor」pp. 9-10, 13-15.
(164) 『岩佐遺稿』pp. 207-208.
(165) 『大正蔵』巻51, p. 977a-b；定方 1971「慧超伝」p. 17 下＝桑山編『慧超伝』pp. 37-38.
(166) 『新唐書』には，没謹忙が唐の助力を得て吐蕃を大破した後につづけて，「詔冊為小勃律王。（中略）。没謹忙死，子難泥立」〈『新唐書』巻221下・西域伝・勃律之条，p. 6251〉とあり，『冊府元亀』には「［開元十九（731）年］，冊小勃律国王難泥為其国王」〈『冊府元亀』巻964・外臣部・封冊二，宋版なし，明版 p. 11344 下〉とあるから，726-727年頃にも彼は在位していたはずである。
(167) 「初，勃律王（＝没謹忙）来朝，上字之為子」〈『冊府元亀』巻358・将帥部・立功十一，宋版 p. 821 上，明版 p. 4245 上〉；「開元初，王没謹忙来朝，玄宗以児子畜之」〈『新唐書』巻221下・西域伝・小勃律之条，p. 6251〉。
(168) 伊瀬『西域』pp. 327-328. 関根秋雄もこれに従う［関根 1978, pp. 102-103］。ただし藤田豊八や定方晟のように，勃律の分裂は670年代後半（cf. 前註41）のことで，その時ギルギット方面へ逃げた王は没謹忙の父祖であるとみる［cf. 定方 1971「慧超伝」pp. 17 下-18 上＝桑山編『慧超伝』p. 20, *ll*. 114-115］ことも不可能ではない。また秋本太二にもユニークな見解がある［秋本 1939, pp. 18-23］が，今は論及しない。7世紀から8世紀前半の勃律の歴史，とくにその王統やコータンとの強い結び付きについては新しい史料とそれに基づく研

---

[46] 唐故三十姓可汗貴女阿那氏之墓誌には「天上得果報天男突厥聖天骨咄祿黙啜大可汗」と記されている［cf. 羽田 1913a, p. 366］。

究が続々と公刊されつつある状況であるので，将来それらが出揃うのを待って，再検討をしてみたいと考えている[47]．Cf. Jettmar 1977 ; Jettmar 1980 ; Jettmar 1981 ; G. Fussman, *JA* 1983-1/2, pp. 205-206 ; Hinüber 1980 ; Hinüber 1983 ; Hinüber, "The Patola Ṣāhis of Gilgit - A Forgotten Dynasty", *Studies in Indo-Asian Art and Culture*（未見）[48]．

(169) 伊瀬『西域』p. 331.
(170) 前嶋 1971「タラス戦」p. 168.
(171) 伊瀬『西域』pp. 351-353 ; 佐藤『古チ』pp. 449-453.
(172) Cf.『旧唐書』巻 8・玄宗本紀, p. 191.
(173) このことは，本文に引用した『資治通鑑』の記事の直前にある．また『旧唐書』巻 103・王君㚟伝，『新唐書』巻 133・同伝，『冊府元亀』巻 446・将帥部・生事篇などを見よ．
(174) 羽田 1957a「唐代回鶻史」p. 181.
(175)『資治通鑑』巻 213・開元十四年之条の末尾や両唐書・西突厥伝・蘇禄之条［cf. 護「西突厥伝訳注」『騎馬民族史』2, pp. 255, 293］などを見よ．
(176) 佐藤『古チ』p. 447.
(177) 悉諾邏恭禄すなわち Stag-sgra khoṅ-lod とこの時の事件との関わりについては，cf. Démieville 1952, pp. 294-295 ; 佐藤『古チ』pp. 450-456.
(178)「［開元］十六（728）年，春正月壬寅，<u>安西副大都護趙頤貞敗吐蕃于曲子城</u>」〈『資治通鑑』巻 213, p. 6781〉とあるから，西域に入った吐蕃軍が趙頤貞に退けられたのは開元十五年の末のことであろう．莽布支や悉諾邏が常楽県を攻めたのは十五年九月のことであり〈cf.『資治通鑑』巻 213, pp. 6778-6779〉，その間，閏九月・十月・十一月・十二月と約四ヵ月あるから，吐蕃が安西（クチャ）方面まで軍を進める時間的余裕は十分あったはずである．
(179) 佐藤『古チ』pp. 457-463.
(180) これを李栓にあてる説もあるが，佐藤説に従う．Cf. 佐藤『古チ』p. 465 ; Petech 1967, "Glosse", p. 265.
(181) 伊瀬『西域』p. 337. Cf. 後註 232.
(182)「開元末天宝の初め，小勃律が吐蕃に完全に羈属したのを転機として，その西北の二十余国が吐蕃の支配下に入ったとあるのも，畢竟その結果だけを伝えたもので，かかる態勢は護密国をも含めて開元二十一，二年頃からすでに形成されつつあったと見ることができるのである．」［伊瀬『西域』p. 345］．
(183) BQ 碑文，北面，*ll*. 9-10 に次のようにある［cf. 小野川 1943a, pp. 285-286 ; Tekin, GOT, pp. 246-247, 280］．
 türgiš qaɣanqa qïzïmïn ………… **ärtiŋü uluɣ törün ïdï (or alï) birtim**
 トゥルギシュの可汗に我が娘を…………甚だ大いなる儀礼もて送り（or 取り）与えたり，我．
 türgiš qaɣan-ïŋ ? qïzïn ärtiŋü uluɣ törün oɣluma alï birtim
 トゥルギシュの可汗？の娘を甚だ大いなる儀礼もて我が息子に取り与えたり，我．
(184) 佐藤『古チ』pp. 469-471．さらに，佐藤は言及していないが，『曲江集』巻 10 に 7 件ある「勅安西節度王斛斯書」の第 4・第 5・第 6〈四部叢刊本『唐丞相曲江張先生文集』pp. 59 下-60 上〉[49] も証拠として挙げるべきであろう．呉廷燮の『唐方鎮年表』によれば，王斛斯が

---

[47] 遺憾ながら，私がこの問題に立ち戻ることはなかったので，未だに棚上げしたままである．
[48] Cf. 前註 21，後註 194.

安西節度使になるのは733年のことであり，最近3年間にトゥルギシュと攻戦してきて手柄を立てたことを誉める勅書・第6は737年のものであるというから[『唐方鎮年表』北京，中華書局, 1980, p. 1243]50，勅書の第4・第5が736年のことを伝えている可能性は大きい。そしてその第4には「兼聞吐蕃与此賊（＝トゥルギシュ）計会。応是要路斥候，須明事，必預知動，即無患耳」〈四部叢刊本 p. 59 下；『張九齢集校注』p. 606〉とあり，第5には「吐蕃与我盟約（733／734年に赤嶺に分界碑を建てたことを指す），歃血未乾，已生異心，遠結凶党（＝トゥルギシュ）」〈四部叢刊本 p. 60 上；『張九齢集校注』p. 607〉とある。

(185) 佐藤『古チ』pp. 468, 833.

(186) 伊瀬はこの三つの紀年を全て信じて，「すなわち小勃律は，開元二十二（734）年より二十五年にかけてたえず吐蕃の攻撃をうけ」ていた，と考えている [『西域』p. 343]が，この考えには従えない。

(187) とくに理由は記さないが，ペテック・山口両氏も同様にみている [cf. Petech 1977, p. 10；『吐蕃王国』p. 712]。一方，ベックウィズは本項に列挙した諸史料を，吐蕃はまず734年に大勃律を攻破し，736年に小勃律に攻撃をしかけ，737年にこれを征圧した，と段階的に解釈した [Beckwith 1980, p. 34]が，これは余りに想像をたくましくした結果であろう。氏は『旧唐書』巻198・西戎伝の「勃律国」を大勃律とみなし，さらにこれをブルシャと同一視しているが，これはまことに奇妙である。

(188) 前嶋 1971「タラス戦」pp. 166-169.

(189) 伊瀬『西域』pp. 354-357.

(190) Gibb 1923, pp. 65-85；前嶋 1971「タラス戦」pp. 164-176.

(191) 『大正蔵』巻 50, No. 2061, p. 714a；『大正蔵』巻 21, No. 1249, p. 228b；*Doc. Turcs*, p. 314；寺本 1931, p. 64.

(192) シャヴァンヌは「大石」をアクスとするが [*Doc. Turcs*, p. 314]，ここの「大石」が「大食」と同じであることは「吐漢対照西域地図」51からも明らかである。Cf. 寺本 1931, p. 76.

(193) Pelliot 1931, "Bibliographie", *TP* 28, pp. 397-399.

(194) Cf. *Doc. Turcs*, pp. 152-154 & map；曽間吾 1945, pp. 311-315 及び付図「魏晋及び隋唐代西域地図」。ただしスタインは高仙芝軍の到達した小勃律国をギルギットではなくヤシンとみ，秋本やイェットマーもこれを是とする [cf. Stein, *Ancient Khotan*, pp. 9-11；Stein, *Serindia*, I, pp. 56-59；秋本 1939, pp. 23, 25-26；Jettmar 1980, p. 120]。これは極めて魅力的な説であり（もっとも，この説を最初に唱えたのはスタインではなく，おそらく清の丁謙であろう，cf. 『浙江図書館叢書』第一集「新旧唐書西域伝地理攷証」28a)，将来勃律史を再検討する（cf. 前註168）際には是非とも考慮せねばならないが，今は小勃律国の中心はギルギットであっ

---

49 『曲江集』四部叢刊本の五七葉・上段にあるタイトルが「勅安西節度王斛斯書」となっているものだけを数え，「勅四鎮節度王斛斯書」となっているものは含めずに 7 件（ただし 1 件は脱落）としたが，『張九齢集校注』ではタイトルを「勅安西四鎮節度王斛斯書」（ただし 1 件のみ四鎮なし）と変えているので，9 件となる。いずれにせよ，ここで第 4・第 5・第 6 としたものは，『張九齢集校注』pp. 606-610 にある 3 件である。

50 ただし，斉藤（達）1993, p. 145によれば，勅書・第 6 の起草は開元二十四（736）年晩秋である。今はそれに従いたい。

51 これについては，第 9 論文＝森安 2007「唐代胡」で詳しく取り上げたので，その p. 9 などを参照。

たとする従来の一般的見解に従っておく。この見解を支持する側には，問題の藤橋（娑夷橋）のあった位置を現在 Alam 橋がある地点とたやすく結び付けられる利点がある．Cf. Fussman 1978, pp. 8, 56, pl. 1 (map).

(195) (195') ペテックはこの Kog-yul と Gog（これについては本稿 pp. 29-30 に引用した 756 年の条も参照）とを別物と考えているが ［Petech 1967, "Glosse", p. 253］，これは同じものとみなす方がよいであろう．さらに言えば，ここに Kog-yul（DTH による）とあるのは，写真（CDT, II, pl. 592）を見る限りは Gog-yul である．

(196) この byim-po を山口は「徴発兵」と訳し ［山口『吐蕃王国』p. 244］，王堯らは「斥候」とみる ［王堯／陳踐 1980, p. 174］．

(197) シャヴァンヌは Sarhad に比定する ［Doc. Turcs, p. 154, note (d)］．

(198) もちろんヤシンあるいはフンザ・ナガル地方の可能性もある．山口はブルシャの東方であろうというが ［山口 1977「羊同」p. 85；山口『吐蕃王国』p. 245］，具体性に欠けるので従えない．他方，ベックウィズはこの Gog (Kog) を，本文ですぐ後にみる竭師（帥）に比定し，これをコクチャ河流域ないし Khwâk 峠周辺とみなしているが ［Beckwith 1980, p. 34］，これまた従えない．

(199) 現行のテキストには誤字・脱字が多い．シャヴァンヌの仏訳や伊瀬の解釈なども参照して，最小限の校訂を行なった．Cf. Doc. Turcs, pp. 214-215；伊瀬『西域』pp. 347-348；関根 1978, p. 112．ただしこのテキストの読み方に関してはシャヴァンヌより伊瀬・関根両氏の方が比較的正確である．

(200) この「知る」の主語をシャヴァンヌは「竭師」とみている ［Doc. Turcs, p. 214］ が，私は「吐蕃」とみるべきだと思う．

(201) 文中の鎮軍とは 747 年以来の帰仁軍（1,000 人→ 2,000 人）を指す．またこの時のカシミールから小勃律への食糧補給路については，Jettmar 1977, p. 417 に面白い見解がある．これは関根 1978「カシュミール」にはない観点である．

(202) この「已来」は「〜まで」の意．唐代のトゥルファン出土文書「石染典過所」にもこの用法がある．Cf.『文物』1975-7, p. 36.

(203) Chavannes, Doc. Turcs, Notes Additionnelles, p. 83, n. 1；Stein, Ancient Khotan, pp. 13-16；Stein, Serindia, I, pp. 28-32；白鳥庫吉「西域史上の新研究」，『西域史研究』上 =『白鳥庫吉全集』6, 1970, pp. 109-111；岑仲勉 1972「羯師与赊弥今地詳考」pp. 208-214.

(204) Cf. 前註 203 に引くスタイン説；秋本 1939, p. 26；Klimburg 1982, pp. 26, 32, 34-36；Jettmar 1977, p. 416.

(205) 前嶋 1971「タラス戦」．

(206) 松田／小林／木村 1935, pp. 33-35；保柳 1968；保柳 1976, pp. 34, 43-45, 53-103.

(207) Cf. 前註 59．

(208) 松田が『アジア歴史事典』第 5 巻（東京，1960, Repr. 1968）p. 291 の「鄯善」の項で，「7 世紀後半になると，鄯善地方は青海から進出した新興のチベット勢力（吐蕃）のタリム盆地における前線基地となり，ミーランが再生されて，チベット式の屯城が営まれた」（傍点引用者）というのは，私の考えとは相容れない．

(209) Stein, Ancient Khotan, I, pp. 62, 428-430. 546.

(210) Thomsen 1912, p. 185.

(211) Stein, Senindia, I, pp. 471-473.

(212) 黄文弼はこれを「隋・唐之際」すなわち 7 世紀前半のものとみる［黄文弼 1981『西北史地論叢』p. 188］が，時代錯誤も甚だしい。
(213) ロプ地方とウイグルとの結び付きについては別に論ずるつもりであるが[52]，しばらくは山田 1971a, pp. 468-480, 及び森安 1980「ウイ敦」第 1 節（とくに pp. 303-304）と第 5 節を参照。
(214) Müller 1915, *Zwei Pfahlinschriften* ; 森安 1974.[53]
(215) Bailey 1939 ; Bailey 1948 ; Bailey 1949 ; Bailey 1964.
(216) Cf. 伊瀬『西域』p. 228.
(217) Cf. *Doc. Turcs*, pp. 44-47, 81-86, 279-299 ; 曾問吾 1945, pp. 294-301 ; 伊瀬『西域』pp. 300-301 ; 護「西突厥伝訳注」『騎馬民族史』2, pp. 257-259 ; 292-298.
(218) Cf. Pritsak 1951, pp. 274-276 ; 山田 1971a, pp. 480-481 ; 森安 1977「Hor」pp. 9-11, 32（地図）.
(219) 松田／小林／木村 1935, pp. 33, 35 ; 榎 1964「仲雲族」pp. 95-98 ; Hamilton 1977b, "Čungul", pp. 353-357.
(220) Cf. 松田『天山』pp. 57-58.
(221) これは既に後藤によって指摘されていた［後藤 1954, p. 153］。
(222) 岑参『岑嘉州詩』巻 7（四部叢刊，初編，集部）pp. 52-53.
(223) 聞一多「岑嘉州繋年考證」『聞一多全集』丙集・三, 1948, pp. 121-123.
(224) Chavannes 1907, p. 546. 前註 209 も参照のこと。
(225) Chavannes 1907, p. 546. シャヴァンヌは唐蕃会盟碑の実例を挙げて，大蕃が吐蕃であることを註記する。さらに同碑には唐側の会盟使の一人として太常卿がみえることにも注意したい［cf. 佐藤『古チ』p. 895］。太常卿の本来の役割は国家の祭祀を司ることである。
(226) Stein, *Ancient Khotan*, I, p. 428.
(227) Stein, *Ancient Khotan*, II, pl. XI ;『西域文化研究 5 中央アジア仏教美術』（京都，1962）p. 65.
(228) Cf. 井上以智為「唐十道の研究」『史林』6-3, 1921, pp. 1-36.
(229) Stein, *Ancient Khotan*, I, p. 428.
(230) Stein, *Ancient Khotan*, I, p. 428.
(231) ただし，この学術報告書たる *Ancient Khotan* よりも前に出版された一般向けの本［A. Stein, *Sand-buried Ruins of Khotan*, London, 1904, pp. 396-398］の中では，スタイン自身，「開元七年」と「貞元七年」の両方の読み方ができ，それぞれの場合にかくかくの背景が考えられるという柔軟な態度を取っていた。
(232) Cf. 伊瀬『西域』p. 337. また慧超もすでに「過播蜜川，即至葱嶺鎮。此是属漢，兵馬見今鎮押」として言及している［cf.『大正蔵』巻 51, p. 979a ; 定方 1971「慧超伝」pp. 27-28 = 桑山編『慧超伝』p. 25］[54]。

---

[52] これについても遺憾ながら未だに論及する機会がないままである。
[53] 棒杭文書については，その後 Moriyasu 2001 があり，さらに本書で新たに書き下ろした第 19 論文で詳述してあるので，今はそちらを参照されたい。
[54] 慧超がここを通過したのは 727 年であるが，葱嶺守捉は開元二十三（735）年にもじゅうぶん機能していたことが，『曲江集』巻 11 に入っている「勅突騎施毗伽可汗書」〈四部叢刊本『唐丞相曲江張先生文集』pp. 65 上-66 上 ;『張九齢集校注』pp. 635-637〉より判明する。Cf. 桑山編『慧超伝』pp. 10, 46, 183 ; 斉藤（達）1993, pp. 138-140.

(233) 本稿は吐蕃の中央アジア（西域）進出を対象としており，その河西進出について述べる余裕はない。これについては，佐藤『古チ』・伊瀬『西域』・長澤 1956「河西」・前田『河西』などを見よ。
(234) Hoernle 1902, p. 24 & pl. III ; Chavannes 1907, p. 523.
(235) Chavannes 1907, pp. 521-524.
(236) シャヴァンヌは註ではこの原字「㮣」を「傑」（Kie）であろうとしながらも，本文では「例」（Li）の音で読んでいる。しかしこの字が「傑」の異体字であることは今や明らかである［cf. 藤田 1933, pp. 270-271 ; 岑仲勉 1979, pp. 259-260］。また P. 2704 では「英傑」を，P. 3730 では「地傑人奇」をいうのにこの字を用いている［cf. 那波 1974, p. 587］。
(237) この文書の解読にあたっては池田温先生の御教示を仰いだ。記して感謝する。ただし細部の解釈は全て筆者の責任においてなされた。
(238) Cf. 菊池 1969, pp. 37-38, n. 10.
(239) Cf. 菊池 1969, pp. 37-38, n. 10 ;『悟空入竺記』,『大正蔵』巻 51, No. 2089-2, p. 980c.
(240) Hoernle 1902, p. 24.
(241) Chavannes 1907, p. 524.
(242) 「信」を署名とする考えはすでに井ノ口泰淳によって出されている［井ノ口 1960, p. 42, n. 42］。
(243) そのような実例は敦煌文書中に無数にある。
(244) Hoernle 1902, p. 22.
(245) ハロウンの六城に対する註はおおむね妥当であるが，六城管下にあった傑謝鎮をダンダン＝ウィリクそのものとみているのは頷けない[55]。Cf. Bailey, KT, IV, Appendix : Chinese Texts tr. by G. Haloun, pp. 176-177.
(246) 「王姓裴氏，自号阿摩支，居迦師城。」〈『新唐書』巻 221 上・西域伝上・疏勒之条，p. 6233〉
(247) 「［開元］十六年正月，封于闐阿摩支知王事右武衛大将軍員外置同正員上柱国尉遅伏師為于闐王。（中略）。又封疎［勒］阿摩支裴安之為疎勒国王，冊曰：『（前略）。咨爾疎勒阿摩支知王事左武衛将軍員外置裴安之，（後略）』」〈『冊府元亀』巻 964・外臣部・封冊二，宋版なし，明版 p. 11344 下〉。
(248) Thomas, TLTD, I, p. 126.
(249) Emmerick 1967, pp. 58-59 ; 佐藤『古チ』p. 378. 本書はコータン語の原文からチベット語に翻訳・増訂されたものらしい［cf. 寺本 1974, pp. 67-68］。
(250) Thomas, TLTD, II, p. 191 ; Bailey 1942, p. 26 ; Bailey, KT, IV, p. 62.
(251) (251') シャヴァンヌは「信」を手紙に権威を持たせるための印やサインのようなものと考えて，尉遅信というひとまとまりの姓名であるとは考えなかった［Chavannes 1907, p. 524］。なお，尉遅曜なる人物については，『旧唐書』巻 144・尉遅勝伝，pp. 3924-3925, 及び『悟空入竺記』（cf. 前註 239）さらに Doc. Turcs, p. 311 を見よ。[56]

---

[55] 既に上の〔補記 30〕で述べたように，今やこのハロウンの推定が正しかったこと，即ち傑謝はダンダン＝ウィリク遺跡に当たることが確定している［Zhang / Rong 1987, p. 80 ; 張広達／栄新江 1988, 再録本 A, p. 142 ＝再録本 B, p. 109］。

[56] コータン王・尉遅曜（Viśa' Vāhaṃ）自身の署名の存在が吉田豊によって指摘されている［吉田 2006, pp. 31, 71 ; Yoshida 2009, pp. 354, 362］。この発見の経緯も含め，最近の吉田の注

(252) 例えば『旧唐書』巻 195・迴紇伝, p. 5196 などを見よ。
(253) 『旧唐書』巻 5, p. 100;『新唐書』巻 221 上・西域伝・于闐之条, p. 6235;『冊府元亀』巻 964・外臣部・封冊二, 宋版なし, 明版 p. 11341 上。
(254) 『新唐書』巻 43 下・地理志, p. 1134.
(255) このダンダン＝ウィリク出土文書は寺本も引用・解説しているが, 氏の解釈〔寺本 1974, pp. 156-158〕は余りに強引すぎて, 私は到底これを認めることが出来ない。
(256) 768 年のダンダン＝ウィリク地方において既にこのような状況にあったとすれば, ここよりずっと東方のエンデレは少なくともこの時点では吐蕃の手に落ちていた可能性が高くなる。だとすると, 先に「開元」か「貞元」かで迷ったエンデレの寺院趾に残された落書きの紀年は, やはり「開元」とすべきかとも思われる。しかしまだ決して断定はできない。というのは, 大暦十六年 (781 年) 及び建中七年 (786 年) (ただし唐本土では大暦の年号は十四年まで, 建中の年号は四年までしか使われなかった) の紀年を持つ別の文書には六城や傑謝鎮の名が見え, ここに再び彼の地の百姓が日常的・平和的生活を送っていたことが知られるからである〔cf. Chavannes 1907, pp. 525-526, No. 3 & No. 4〕。また建中七年の紀年を持つマザール＝ターグ出土の書記の手習い文書とおぼしきものの中に「使節度副使開府太常卿蘇」という文字が見えていることも, 秦嘉興が太常卿であったことと関連して, 注意さるべきである〔cf. Chavannes 1913, p. 217〕。
(257) Cf.『元和郡県図志』巻 40；田坂 1940b「西北」pp. 197-198；長澤 1956「河西」；前田『河西』pp. 193-194.
(258) Chavannes 1907, part 1.
(259) Maspero 1953, p. 186, No. 449 & No. 448.
(260) (260') Maspero 1953, pp. 187-188, No. 456. 但し, マスペロの仏訳では 790 年を誤って 632 年としている。貞元を貞観と取り違えたからである。
(261) 『悟空入竺記』,『大正蔵』巻 51, p. 980c.
(262) Cf. 菊池 1980, pp. 186-193.
(263) 山口 1980「吐蕃支配時代」pp. 197-198.
(264) Cf. 森安 1979；Moriyasu 1981.
(265) Cf. 田坂 1940b「西北」p. 198, n. 3；佐藤『古チ』pp. 652-655.
(266) Cf. Thomas, TLTD, II.
(267) Cf. Stein, *Serindia*, III, pp. 1288-1289. また, トーマスはミーラン出土のチベット語文書を 8 世紀前半のもの, マザール＝ターグ出土のチベット語文書をそれより約一世代おくれるものとみなしたが〔Thomas, TLTD, II, pp. 271-272〕, 氏のこの推定は結果的には私が本稿で述べてきた吐蕃のロブ地方及びコータン地方への進出の過程と年代におおむね合致する。
(268) Thomas, TLTD, II, pp. 184-185, 198-199, 213, 313-314.
(269) 789 年の段階でも「安西道」が存在したことは『悟空入竺記』の記事より明らかである〔cf.『大正蔵』巻 51, p. 981a〕。この『悟空入竺記』には仏訳もあるが, 肝心なところが誤っている〔cf. Lévi / Chavannes 1895, pp. 365-366〕。
(270) これに関連してフランケは次のように述べている："Then the Chinese and Tibetans were united against a rebel in Sze-chuan. As the Chinese had treated the Tibetans like barbarians, there was again war between them, and the Tibetans conqured Turkestan. The Tibetan inscription at Endere (see

目すべき研究については, 本書第 4 論文の〔書後 2〕を参照されたい。

M. A. Stein, *Ancient Khotan*, p. 569, Tibetan *sgraffiti*) may refer to that war."［Francke 1926, p. 88, note］．

(271) 森安 1979; Moriyasu 1981. 因みに，イタリアのルビナッチはペテックらの後をうけ，イドリーシーその他のイスラム地理書にみえるチベットの西北境を考証し，その結果を図7のようにまとめ（作図は筆者），且つそれが吐蕃王国の絶頂期である 780-840 年頃の情勢を反映したもの，との結論に達した。これまた「北庭争奪戦」及びその後の西域情勢を考える上で大変興味深いものである。Cf. Rubinacci 1974, pp. 205-206.[57]

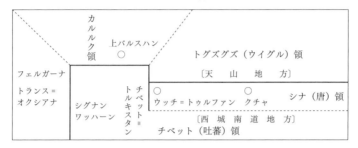

図7　イスラム地理書による唐・吐蕃・ウイグル・カルルク分界図

(272) 吐蕃の河西支配については関係文献が余りにも多いのでいちいち挙げない（cf. 前註 233）。一方，吐蕃のパミール地方（とくにその南部）支配が 810 年代までは確実に，そして，恐らくは 10 世紀くらいまで続いたであろうことについては，cf. Михайлова 1951, pp. 16-18; Jettmar 1977, pp. 421-423; Beckwith 1980, p. 35 & n. 76.

(273) 「吐蕃の中央アジア進出」の動機としては，経済的理由をはじめとして色々考えられるが，ベックウィズがおもしろい見方をしているので参照せよ。Cf. Beckwith 1980, pp. 30-31.

Mgar（ガル）一家

```
                                    ┌（長男）ガル＝ツェンニャ＝ドムブ，賛悉若
                                    │                    （685 年死）
                                    ├（次男）ガル＝チンリン＝ツェンロ，論欽陵
                                    │                    （698 年死）
ガル＝トンツェン＝ユルスン，禄東賛──┼（三男）ガル＝ツェンワ（？），賛婆
（667 年死）                         │                    （699 年亡命）
                                    ├（四男）ガル＝タグ＝リスン，悉多于
                                    │                    （694 年捕虜）
                                    └（五男）ガル＝ツェンニェン＝グントン，勃論賛刃
                                                         （695 年死）
```

---

[57] ただし，イドリーシーの記述に見える Bākhwān を，クチャとウッチ＝トゥルファンの中間にある撥換（アクス）に比定する通説に反対して，敢えて北庭（ビシュバリク）に当てようとするルビナッチ説 [Rubinacci 1977; cf. 榎一雄による紹介 in『東方学』71, 1986, pp. 178-180 = 『榎一雄著作集』3, pp. 336-339] には，全く同意できない。

吐蕃王統表[58]

I. Sroṅ btsan sgam po, ソンツェン＝ガムポ
  （在位6世紀末-649年，途中で一度退位）
I'. Guṅ sron guṅ btsan, グンソン＝グンツェン
  （在位638?-643年）（文成公主ははじめこれに降嫁したが，死去したため，その父のソンツェン＝ガムポと結婚）
II. Maṅ sroṅ maṅ btsan, マンソン＝マンツェン
  （＝Maṅ slon maṅ brtsan, マンルン＝マンツェン）（在位650-676年）
III. Khri 'dus sroṅ, チ＝ドゥーソン，器弩悉弄
  （在位676-704年）
IV. Khri lde gtsug brtsan, チデ＝ツクツェン，棄隷蹜賛
  （在位704-754年）（別名 Mes 'ag tshoms メアクツォム）
V. Khri sroṅ lde btsan, チソン＝デツェン，乞黎蘇籠獵賛
  （在位755-796年）
VI. Mu ne btsan po, ムネ＝ツェンポ
  （在位796-798年）
VII. Khri lde sroṅ btsan, チデ＝ソンツェン
  （在位798-815）（798-804年は Sad na legs セレナクの別名で呼ばれる）
VIII. Khri gtsug lde btsan, チツク＝デツェン，可黎可足
  （在位815-841?年）（815-838年は Ral pa čan レーパチェンの別名で呼ばれる）
IX. Glaṅ dar ma, ランダルマ，達磨
  （在位841?-846?年）（別名 'U'i dum btsan ウィドゥムツェン）

〔書後1〕

　本稿［森安1984「吐蕃の中ア」］の冒頭にあった「はじめに」を削除し，ほぼ原文通りにこちらの〔書後1〕に回すこととした。先ずそれを提示すれば，以下の通りである。
　　本稿は，昭和49（1974）年度に東京大学大学院人文科学研究科に提出した修士論文『唐代内陸アジア史の研究――トルキスタン成立前史』の第2部「ウイグルの西方発展以前における西域の情勢――とくにチベット族の動きを中心として」を，構成とタイトルに修正を加えた上で，増訂したものである。その骨格・論旨は1974年当時といささかも変わっておらず，考察の対象となった各種史料も全てその時点で把握していたものである。しかるに1979年，奇しくも2人のチベット学者が同じく「吐蕃の中央アジア進出」のテーマに取り組んでいることが判明した［cf. 森安1980「現況」pp. 58-59］。その一人ウライ氏（G. Uray）は，まず "The Old Tibetan Sources of the History of Central Asia up to 751 A. D. : A Survey" という論文を公表し［Uray 1979］，さらにハンガリーのチョパックで開かれた第2回チョー

---

[58] Dotson 2009, p. 143 に，より完全な王統表があるので，参照されたい。

マ記念学会では，"Einige Probleme der tibetischen Herrschaft über das Lob-Nor-Gebiet im 7.-9. Jh."と題する発表を行ない，席上4枚からなるレジュメ（簡単な史料紹介と地図と大事年表）を配布した。もう一人のベックウィズ氏（Ch. I. Beckwith）は，イギリスのオックスフォードで開かれた国際チベット学セミナーで"The Tibetan Empire in the West"と題して発表し，その内容は既に公刊されている［Beckwith 1980］。また伝え聞く所によれば，両氏ともこれまでの発表は部分的なものであり，「吐蕃の中央アジア進出」についてもっと大きな論著を準備中であるという。

　ところで私は，これら両氏の説に直接または間接に触れる機会を持ったわけであるが，それによって本稿の論旨を変えた箇所は一つもなく，また新たに付け加えられた史料もない。しかし，この両氏のもの［Uray 1979 ; Beckwith 1980］も含め，1974年以降に出版された論文や著書，さらには1974年当時見落としていた幾つかの論著（とくに榎一雄先生より御教示いただいたペテックのイタリア語論文等）の中で，私と同じ史料を使ったり，同じような考えを示しているものについては，極力これを註記するように努めた。ただし，同じ史料を使っているといっても，単に漢文史料を翻訳・翻案しただけのもの，あるいは先人の著作から引用したり並べ変えただけのものについては，この限りでない。　　　　　　（1983年9月，金沢）

以上が，1984年3月に出版した原論文の「はじめに」よりの引用であるが，その後1987年になって，Ch. I. Beckwith, *The Tibetan Empire in Central Asia* と題する単行本が，*A History of the Struggle for Great Power among Tibetans, Turks, Arabs, and Chinese during the Early Middle Ages* という副題を伴って出版され，ようやくベックウィズ説の全貌が明らかになった［Beckwith 1987］。そこには確かにこの第3論文［森安 1984「吐蕃の中ア」］も引用されてはいるが，先行研究として過不足なく検討を加えてくれてはいない。優れた研究書であることに疑いはないが，本書の書評［『東洋史研究』49-4, 1991, pp. 131-139］で松崎光久が指摘するとおり，日本語が読めるにもかかわらず我が国の先行研究を過小評価する傾向があるのは遺憾である。また本書のやや大きな欠陥は，『資治通鑑』に依拠しすぎている点である。『資治通鑑』は司馬光が先行する史料を繋ぎ合わせるだけでなく自分なりの解釈を加えて編んだ一種の学説であり，それを先行史料と組み合わせて使用するのはよいが，単独で利用するのは，それが散佚した文献に基づいていることが明らかな場合や先行史料を過不足なくまとめた場合などに限定すべきなのである。『資治通鑑』は日時が分かりやすいため私も多用するが，その点には十分注意を払ってきたつもりである。なお，こうした「編纂史料の基礎的分析」という点では『資治通鑑』のみならず『新唐書』についても細心の注意が必要なことは，いわば東洋史学の常識であったが，その常識を越える分析が西田祐子によってなされたことを紹介しておく［西田 2011］。

　一方，ウライの単行本は準備が着々と進んでいたようで，生前に私もかなり大部の原

稿コピーを頂戴したが，ついにそれは日の目を見ることなく終わった。それに対して，北京大学で栄新江と共に張広達門下であった王小甫が，1992 年，『唐・吐蕃・大食政治関係史』を出版したのは注目に値する。それ以外にも，この 30 年間で，吐蕃と交渉を持った突厥・突騎施・大食の動向，及びそれと表裏一体の関係にある唐の西域支配（西域都護府，安西四鎮），さらに吐蕃のコータン〜ロプ地方〜河西回廊への進出に関する論著にいたっては枚挙に暇がないほどである。そのうち主なものを出版年代順に選ぶとすれば，次の通りである。

　　Zhang / Rong 1987, "Sur un manuscrit chinois découvert à Cira près de Khotan."; 呉玉貴 1987「唐代安西都護府史略」; 内藤みどり 1988『西突厥史の研究』; 張広達 1995『西域史地叢稿初編』; Takeuchi 1995, *Old Tibetan Contracts from Central Asia*; 楊銘 1997『吐蕃統治敦煌研究』; 王小甫 1997「七八世紀之交吐蕃入西域之路」; 呉玉貴 1998『突厥汗国与隋唐関係史研究』; 華濤 2000a『西域歴史研究（八至十世紀）』; 張日銘 2002『唐代中国与大食穆斯林』; Takeuchi 2004, "The Tibetan Military System and its Activities from Khotan and Lob-nor."; De la Vaissière 2005, *Sogdian Traders. A History*; 吉田豊 2006『コータン出土 8-9 世紀のコータン語世俗文書に関する覚え書き』; 文欣 2007「吐魯番新出唐西州徴銭文書与垂拱年間的西域形勢」; 張広達／栄新江 2008『于闐史叢考（増訂本）』; *Journal of Inner Asian Art and Archaeology* 3 (2008), 2009（コータン特集）; Denwood 2009 / 2010, "The Tibetans in the West."; 武内紹人 2009「古チベット文献研究の現段階」; 王永興 2010『唐代経営西北研究』; 荒川正晴 2010『ユーラシアの交通・交易と唐帝国』; Zeisler 2010, "East of the Moon and West of the Sun ? Approaches to a Land with Many Names, North of Ancient India and South of Khotan."; 楊銘 2012『唐代吐蕃与西北民族関系史研究』; 劉安志 2011『敦煌吐魯番文書与唐代西域史研究』; 石墨林／陳国燦 2012『唐安西都護府史事編年』; 陳国燦 2012『陳国燦吐魯番敦煌出土文献史事論集』; 岩尾一史 2013「古代チベット帝国の千戸とその下部組織」; 旗手瞳 2014「吐蕃による吐谷渾支配とガル氏」。

　これらの中には，必ずしも先行研究である拙稿を消化していないものもあるが，それらも視野におさめながら，拙稿とベックウィズ本・王小甫本［Beckwith 1987；王小甫 1992］の三者を比較しつつ，「吐蕃の中央アジア進出」「吐蕃支配下の西域南道〜河西」について新たな歴史像を構築する作業は，公平な立場にある後進の手に委ねたい。

［書後 2］

　敦煌出土のチベット語歴史文献である編年記と年代記については，内外の学界で用語の混乱が見られた。私自身，第 2 論文では「敦煌年代記（Annales）及び編年記（Chronique）」としていたが，この第 3 論文では，表現を逆転させた。結果的には，第 3 論文での表現が優勢になったのに合わせて，本書では第 2 論文の方に修正を加え，全体を統

一した。つまり，Old Tibetan Annals＝OTA（P. t. 1288 & India Office 750 & Or. 8212-187；DTH, pp. 7-75 の Annales）を編年記と呼び，Old Tibetan Chronicle＝OTC（P. t. 1287；DTH, pp. 91-171 の Chronique）を年代記と称することにした。因みに佐藤『古チ』でも OTA を年代記と称していたので，注意されたい。

　なお，第2・第3論文出版後に刊行された論著で，編年記・年代記に関するものとしては，まず Imaeda et al. (eds.) 2007, *Tibetan Documents from Dunhuang* が挙げられる。そこには，最新にして信頼できる編年記・年代記のローマ字テキストが掲載されただけでなく，2007年までに発表された OTA, OTC に関する主要文献が，References [pp. 200, 230, 355] として掲げられているので，参照されたい。そのうち，黄布凡／馬徳『敦煌蔵文吐蕃史文献訳注』（蘭州，甘粛教育出版社，2000年）は，OTA ならびに OTC 全体の中文訳注である。

　さらに2007年以後，ドットソンによって OTA の訳注が英語で発表されており [Dotson 2009＝OTAAT]，参照の価値が高い。それゆえ本稿ではその対応ページ数も追記した。

〔書後3〕
　主に序章に関わるが，本稿では一貫して，安西都護府の西州から亀茲への移置を648年とし，658年は再移置の年とみなしているのは，註5・註6・註8に指摘した通り大谷勝眞・曽問吾・伊瀬仙太郎・松田壽男ら先学の論著に依拠したからで，特に自説を展開したわけではない。然るに本稿執筆後，中国の柳洪亮・張広達・栄新江3氏が新出の吐魯番文書や墓誌銘に着目して，従来のような漢籍史料のみに頼った見方を覆し，亀茲に安西都護府が初めて設置されたのは648年ではなく658年であると主張する論文を発表した［柳洪亮 1984；柳洪亮 1985, p. 40；柳洪亮 1986；張広達 1988, pp. 87-89＝再録本 pp. 144-147；栄新江 1990, pp. 339-345］。それ以来，その見方が多数派となっているが，それでも直接証拠が出たわけではなく，なおまた私と同じような見解を維持する研究者もいるので［cf. 呉玉貴 1987；王永興 2010, 第4章「唐代前期安西都護府与四鎮研究」］，本書の原文主義にのっとり旧稿のままにしておく。

　なお，本稿の中文摘訳として，労江「吐蕃在中亜的活動」（王堯編『国外蔵学研究訳文集』第一輯，拉薩，1986, pp. 64-130）がある。

〔書後4〕
　本稿第5章・第1節において，唐支配下のコータンで刺史・阿摩支であった尉遅信のサインのあるダンダン＝ウィリク出土漢文文書（Hoernle 1）を取り上げ，やや詳しく論じたことが，その後の唐代コータン史研究を大きく推進させる契機となった。実は本文書については，早くに羽田亨が概説書で紹介していた［羽田 1931, pp. 130-131＝『西

域文明史概論・西域文化史』1992, pp. 99-100]。しかしそこには多くの誤解が見られ，近年の張広達・栄新江・吉田豊・荒川正晴等の業績と比べると隔世の感がある。とはいえそれが学問の発展というものであり，日本の中央アジア学の基礎を築いた最大の功労者の一人である羽田亨の名誉を損なうものではない。近年活発な唐代コータン史研究の状況については本書第 4 論文の〔書後 2〕を，個別具体的に尉遅信のサインのある漢文文書（Hoernle 1）については吉田 2006, pp. 32, 129, 136, 145, 147, 161（n. 79）を参照。

〔書後 5〕

　第 5 章の第 1 節の終わりから第 2 節にかけて私は，コータン地区から出土した漢文文書の下限が 790 年すなわち貞元六年であることに着目してコータンの陥蕃年代を 790-796 年と推測したが，その後，貞元七年の紀年を持つ文書が発見されただけでなく，貞元十（794）年の可能性のあるものさえ指摘されている［張銘心／陳浩 2010, pp. 8-10］。一方，吉田豊はコータン語・漢語文書の再検討から，独自の王を戴きながら唐の支配下にあったコータン国は，やはり 796 年までに吐蕃の軍門に下ったと推定し，貞元十四（798）年までコータンは唐側にあったとする張広達・栄新江説を退けている［Yoshida 2009, pp. 354-355, 361］。

〔書後 6〕

　本稿で得られた結論の概要は，概説論文「中央アジア史の中のチベット――吐蕃の世界史的位置付けに向けての展望」［森安 1987］でまとめたが，821-823 年に唐・吐蕃・ウイグル間で「三国会盟」が締結されていた可能性については，その 57 頁と註 20 で初めて言及した。漢文・チベット文バイリンガルの有名な唐蕃会盟碑のほかに，吐蕃・ウイグル間でも会盟がなされたことを示すチベット語史料があり，従って「三国会盟」が締結されたにちがいないことを初めて学界に紹介したのは山口瑞鳳・セルブ（J. Szerb）両氏の功績であるが［山口 1980, p. 221；山口 1981, pp. 28, 34；Szerb 1983］，私はパリに所蔵される敦煌文書 P. 3829 がこの三国会盟を裏付ける唯一の漢文史料であることをその註 20 で指摘したのである。一方，ウーバッハはセルブ説を大枠で容認しつつも，その吐蕃・ウイグル間の会盟については漢文史料のどこにも在証されていないと，セルブの誤解を批判していた［Uebach 1991, p. 498, n. 6］。然るにその後，李正宇が P. 3829 とぴたりと接合する断簡 Дx-1462 をペテルブルグ所蔵敦煌文書の中に発見し，内容がより明確にされたこと［李正宇 1997］によって，私の指摘が正鵠を射ていたことが完全に証明された。それゆえ，私の概説論文にも学史的価値があるが，三国会盟の世界史的意義については拙著『シルクロードと唐帝国』でより詳しく論じている［森安 2007, pp. 350-353］。その 353 頁では三国のおおまかな領域を図示したが，当時の吐蕃の領土は河西回廊北方のエチナにまで広がり，そこが東ウイグル帝国との国境線となって

いたのである。

　その後，つい最近になって岩尾一史がこの「三国会盟」問題を根本史料に立ち返って検討し直し，新しい視野を開いてくれた。それによれば，(1)最初の段階で山口が「三国会盟」という言葉を使ったのはある意味で誤解であり，実は吐蕃と唐・ウイグル・南詔の三大国家とが個別に会盟をしたこと，(2)それゆえこれは三国会盟ではなく四国会盟と呼ぶべきこと，(3)この会盟は唐の宰相・李泌が敷いた唐・ウイグル・南詔・大食が連携して吐蕃包囲網を構築するという外交路線に対抗し，あくまで吐蕃主導であったこと，(4)従って唐から見れば単に吐蕃との二国間会盟にすぎず，漢籍史料からはその一面しか浮かんでこないこと，などが明らかになった。論理的でほぼ首肯できる内容であるが，ただ一点，新たに四国会盟と呼ぶべきであるとする点だけは受け入れがたい。なぜなら，岩尾自身が認めるように，吐蕃の主目的は唐・ウイグルとの会盟であって，南詔はやはり副次的存在であったこと［岩尾 2014, p. 10；cf. 森安 2007, p. 353 の地図］，ウイグル・南詔間にはなんらの盟約もないこと，そしてなにより，私と李正宇が明らかにしたように同時代の吐蕃人（吐蕃帝国内の敦煌漢人官僚）自身が「蕃・漢・迴紇三［国］盟誓，得使三国和好」と書いていたからである。やはり今後も「三国会盟」という用語を使っていくべきであろう。

228　第一篇　東ウイグル・唐・吐蕃鼎立時代篇

付表

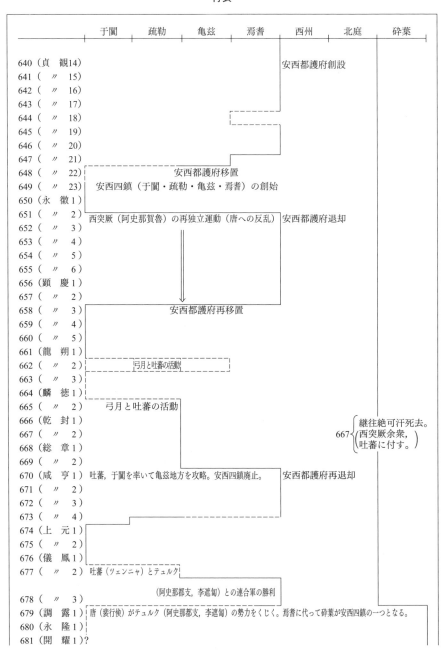

［原付表］

3 吐蕃の中央アジア進出　229

年			事項	
682	（永　淳 1）			阿史那車薄の乱
683	（弘　道 1）			
684	(文　明 1 / 光　宅 1)	？		
685	（垂　拱 1）			
686	（　〃　2）			
687	（　〃　3）	吐蕃（チンリン）の西域進出		
688	（　〃　4）			
689	（永　昌 1）	西域で吐蕃（チンリン）が唐（韋待價）を撃破		
690	(載　初 1 / 天　授 1)			
691	（　〃　2）			
692	(如　意 1 / 長　寿 1)	唐（王孝傑，唐休璟）と突騎施（阿史那忠節）との連合軍が吐蕃を撃破。三たび亀茲に安西都護府を移し，三万の兵を駐屯せしむ。		
693	（　〃　2）			
694	（延　載 1）			
695	(證　聖 1 / 天冊万歳 1)			
696	(万歳登封 1 / 万歳通天 1)			
697	（神　功 1）			
698	（聖　暦 1）			
699	（　〃　2）			
700	（久　視 1）			┌烏質禄 突騎施の台頭 ↓ 娑葛┐
701	(大　足 1 / 長　安 1)			
702	（　〃　2）		702　北庭都護府創設	
703	（　〃　3）			
704	（　〃　4）			
705	（神　龍 1）			
706	（　〃　2）			
707	（景　龍 1）			
708	（　〃　2）	突騎施(沙葛)，焉耆・亀茲・疏勒を攻略		
709	（　〃　3）			突厥，突騎施の娑葛を捕殺
710	(唐　隆 1 / 景　雲 1)			
711	（　〃　2）			
712	(太　極 1 / 延　和 1)			
713	(先　天 1 / 開　元 1)		713　突厥の北庭攻撃	
714	（　〃　2）		714　北庭で突厥を破る	突騎施，蘇禄のもとで復興
715	（　〃　3）			
716	（　〃　4）			
717	（　〃　5）			
718	（　〃　6）			
719	（　〃　7）			砕葉鎮廃止

＊原付地図は本書付地図 I として改訂。

［原付表］

4
増補：ウイグルと吐蕃の北庭争奪戦及びその後の西域情勢について

　　　　第1節　プロローグ
　　　　第2節　迴紇か吐蕃か
　　　　第3節　ウイグル勝利説を裏付けるマニ教史料
　　　　第4節　タミーム＝イブン＝バフルの旅行記
　　　　第5節　北庭戦後の漢文史料
　　　　第6節　『金剛壇広大清浄陀羅尼経』跋文

第1節　プロローグ

　唐朝の内陸アジアにおける勢力はその盛時においては西方深く北庭（ウルムチ東方百数十km）・西州（トゥルファン盆地内）・安西四鎮の地方にまで及び，唐はこれらの地方を縦貫する通商路を完全に掌握して，そこからあがる利益を独占していた。ところが恐らくは安史の大乱が漸く治まりかけた頃から吐蕃の勢力が急速に北上を開始し[1]，ためにこれら西域地方と唐本国との交通は断絶を余儀なくされた。こうした情勢を打破すべく建中二（781）年唐の伊西北庭節度使・李元忠と四鎮節度留後・郭昕（かくきん）とは，天山北路から漠北のオルホン河流域を迂回するいわゆる「ウイグル道」に道を仮りて本国に使者を派遣してきた。それまでにも幾度か使者の派遣は行なわれたのであるが，それらは吐蕃の妨害にあったらしくいずれも失敗に帰していた。それがウイグルの本土内を通過する道を利用することによって初めて成功し，久方振りに両者間の連絡がとれたわけである。この時の模様を『旧唐書』は次のように伝えている。

　　　［郭昕］粛宗末，為四鎮留後。自関隴陥蕃，為虜所隔，（中略）。昕阻隔十五

年，建中二（781）年，与伊西北庭節度使李元忠，倶遣使于朝。德宗嘉之。
詔曰，四鎮・二庭[1]統任西夏五十七蕃・十姓部落[(2)]。国朝已来，相次率職[2]。
自関隴失守，東西阻絶。忠義之徒泣血相守，慎固封略，奉尊朝法。皆侯伯守
将交修共理之所致也。伊西北庭節度使李元忠，可北庭大都護。四鎮節度留後
郭昕，可安西大都護四鎮節度使。　　〈『旧唐書』巻120・郭昕伝，p. 3474〉

ところがこれ以後北庭・安西地方は，いわば当然の結果として，ウイグルの間接的ではあるが強力な支配下に入ることになるのである。この地方が東西交通史上及び内陸アジア政治史上に占める重要な地位については今更言うまでもない。いわゆる河西回廊の大半をすでに手中に収め，さらに北上せんと虎視眈々たる強国吐蕃と，安史の乱鎮圧に大功あって以来ますます勢力を拡大してきた北方の雄ウイグルとが，この地において干戈を交えるに至るのは最早時間の問題であった。そして遂に貞元五（789）年冬，ここにいわゆるウイグル対吐蕃の北庭争奪戦は開始されたのである。この争奪戦について我が国では既に多くの先学の研究があるが[(3)]，それらのほぼ一致した見解によりつつ事件の経過をみると，次のようである。

　建中二（781）年以後北庭・安西地方は，前述したような理由からウイグルの勢力下に入ったが[3]，なかでも北庭に対するウイグルの徴求は熾烈を極め，その地の人々は平生からウイグルに対し浅からぬ怨みを抱いていた。一方，北庭の近

---

[1] この「二庭」とは北庭と西州のことであると陳国燦 1996, p. 415 で指摘される。
[2] 率職は「職にしたがう」と読み，「職貢（みつぎ）を遵奉する」すなわち「朝貢する」という意味である。
[3] 「ウイグルの勢力下に入った」ことが唐からの完全離脱を意味するわけではない。陳国燦 1996, p. 425 では西域出土文書の実例を挙げ，建中の年号は四（783）年で終わるのに，西域には唐の改元情報が伝わっておらず，建中の年号がトゥルファン地区では七（786）年まで，コータン地区では八（787）年まで使われ続けたという。つまり唐の最新情報が，吐蕃のみならずウイグルにも遮られて西域に届かなかったように思われる。しかるに，およそ786-789年頃に疏勒→于闐→亀茲→焉耆→北庭を巡歴した悟空の見聞によれば，当時の東トルキスタンではまだ唐朝支配のなごりがあって，決してウイグルの直接支配は被っていない［cf.『大正蔵』51, pp. 980-981；長澤 1979, pp. 525-526；小野 1984, pp. 59-61, 78；陳国燦 1996, pp. 425-426］。一方，中田美絵によれば，安史の乱後の代宗期に不空が推進した国家鎮護的訳経事業を継承した徳宗期の般若は，唐朝のウイグル・大食・天竺・南詔との連携による吐蕃包囲政策により，貞元六（790）年七月に北天竺迦湿蜜（カシミール）国へ遣使を命じられ，ウイグル道（＝回紇路）経由で北庭・鎮西（＝安西）・大食・天竺へと赴き，貞元八（792）年四月にやはり陸路で長安に戻っているという［中田 2010, pp. 36-37］。ウイグル道が実際に機能していた証拠である。

くに拠っていた沙陀部族や，以前からウイグルと通和していたカルルク（葛邏禄），白服突厥の諸部族もまたウイグルの日常的な掠奪行為に苦しんでいた。安部健夫の言葉を借りて言えば，「天山の北麓にわだかまっていた，そのようなアンチ＝ウイグルの気勢は，多分経済・商業上の理由からであろう，かねてこの地方の把握を野望していたチベットには何よりの附け目であった」(4)わけである。そしてついに貞元五（789）年の冬，吐蕃はカルルク・白服突厥及び沙陀族の一部を率いて北庭地方に攻め入り，これに対して，ウイグル側は時の大宰相イル＝オゲシ（頡干迦斯, il ögäsi）[4]を派遣して救援させ，ここに足かけ3年にわたる戦いの幕が切って落とされた。しかしながら戦況はウイグル側に不利で，ウイグルは，翌貞元六（790）年春の戦闘で大敗を喫し，さらに折悪しく，本国で忠貞可汗がその弟に暗殺されたという報を受け，イル＝オゲシは一時戦場を離れて本国に帰還せねばならなかった。当時国内随一の実力者であった彼はすぐさま国内情勢を安定させると，同年秋には国中の丁壮五万人を悉く引き連れ，さらに唐の北庭節度使御史大夫・楊襲古の軍隊と合流して，再び北庭救援に向かった。ところが今度もまた，吐蕃・カルルク連合軍に不意を衝かれて，死者大半，楊襲古の余衆も僅かに百六十というまことに無惨な敗北を喫したのである。以前からウイグルの徴求に苦しんでいた北庭の人々は，ここに至って自ら城を挙げて吐蕃の軍門に降り，ウイグル側に立って戦っていた沙陀部族の一派もまた降伏した。つまり北庭地方は一時的にせよ完全に吐蕃の手に帰したわけである。だがウイグルもこのままでは到底引きさがれなかった。なぜなら，ウイグルにとって北庭を失うことは必然的にその南に位置する西州（トゥルファン盆地の要衝）をも手放すことであり，これら二つの東西交通の要地を喪失することは遊牧ウイグル帝国の存立基盤ともいうべき国家財政を根本から揺さぶり，ひいては帝国の存在そのものをも脅かす重大問題であったからである。そこで，この最終的結着は貞元七（791）年にまで持ち越されることになるのであるが，その結果についてはウイグルが勝利したとする説と，その逆であったという説とがある。これに関しては後で触れることにして，今は保留する。

---

[4] 頡干迦斯とあるのは訛伝であって，正しくは頡于迦斯とあるべきで，これはウイグル語 il ögäsi（イル＝オゲシ）の漢字音写である。その本来の語義は「国家の顧問・長老・統領」であり，実際には「宰相，総理大臣，首相」を意味する術語である。しかし，ここでは後にクーデターを起こして第7代の懐信可汗となる人物の宰相時代の称号が，固有名詞として使われている。

我が国で 1959 年までに一応出揃っていたこのような学説に対し，1964 年，ハンガリーのエチェディ（Hilda Ecsedy）女史はこれらとかなり異なる見解を発表した。それが，"Uigurs and Tibetans in Pei-t'ing（790-791 A. D）."（*AOH* 17-1, pp. 83-104）である。本論文は題名からも推測される通り今問題になっている北庭争奪戦の実相を，『旧唐書』を主とする漢文史料から明らかにしようと試みたものであり，わずか 20 頁余りの小論ではあるが，細かい点にまで神経のゆきとどいた好編である。この事件について記した漢文史料には両唐書のほか，『資治通鑑』・『唐会要』・『冊府元亀』（外臣部）・『文献通考』などがあるが，これらの記事には幾つかの重要な語句に異同がある。とくに事件の経過を示す年代・日付が不明瞭だったり，誤ったりしているために，ともすれば誤解を招きやすい状態にあった。そこで女史は本論文においてこれらの点について綿密な考証を行なったわけである。それゆえこの論文は，とくに欧米の学界に寄与するところ大であり，既にオーストラリアのマッケラス（C. Mackerras）の *The Uighur Empire according to the T'ang Dynastic Histories. A Study in Sino-Uighur Relations 744-840.* (Canberra, 1972)[5]の中にも幾度か引用されている。

第 2 節　迴紇か吐蕃か

ところで，先に紹介した我が国の学者の見解と，エチェディの見解との根本的相違は次の一点にある。即ち『旧唐書』迴紇伝の，

> 是歲（貞元六年），吐蕃陷北庭都護府。初，北庭・安西既仮道於迴紇以朝奏。因附庸焉。□□徵求無厭，北庭差近，凡生事之資，必強取之。
> 〈『旧唐書』巻 195・迴紇伝，p. 5209〉

という文の空白の部分に，「迴紇」の二字が入るか，それとも「吐蕃」の 2 文字を入れるべきか，という問題である。我が国の学者がすべて「迴紇」説をとっているのに対し，エチェディは「吐蕃」説を主張したのである。そして先に紹介したマッケラスもその著の初版[6]においては「迴紇」説をとっていたにもかかわらず，先年（1972）出版された改訂新版においてはエチェディの説にそのまま従って，氏自身の旧説（旧訳）を改めているのである。「吐蕃」か「迴紇」かという

この問題は，一見まことに些細な事のように思われるが，その実，結論のいかんによっては当時の天山東部〜北部地方の政治情勢の見方に関し，全く逆の立場に身を置くことにもなるのである。そこで私は，欧米の学界に対して影響の大きいこの論文を取りあげ，エチェディの新説を検討したいと思う。便宜上，まず最初に『旧唐書』吐蕃伝の記事から掲げることにする。

> ［貞元］六（790）年，吐蕃陥我北庭都護府。初，北庭・安西，既仮道於迴紇朝奏，因附庸焉。蕃性貪狼，徴求無度。北庭近羌，凡服用食物所資必強取之。人不聊生矣。又有沙陀部六千余帳，与北庭相依，亦属於迴紇。迴紇肆其抄奪，尤所厭苦。其葛禄部及白服突厥素与迴紇通和，亦憾其奪掠。因吐蕃厚賂，見誘遂附之。於是吐蕃率葛禄・白服之衆，去歳各来寇北庭。迴紇大相頡干迦斯率衆援之。頻戦敗績。吐蕃攻囲頗急。北庭之人既苦迴紇，是歳乃挙城降於吐蕃。沙陀部落亦降焉。北庭節度使楊襲古与麾下二千余人出奔西州，頡干迦斯不利而還。七年秋(7)，又悉其丁壮五六万人，将復北庭。仍召襲古偕行。俄為吐蕃・葛禄等所撃。大敗，死者大半。頡干迦斯紿之曰，且与我同至牙帳，当送君帰本朝也。襲古従之及牙帳，留而不遣。竟殺之。自是安西阻絶，莫知存否。唯西州之人猶固守焉。頡干迦斯既敗衄，葛禄之衆乗勝取迴紇之浮図川 [5]，迴紇震恐，悉遷西州（北）部落羊馬於牙帳之南，以避之。
>
> 〈『旧唐書』巻196下・吐蕃伝下，p. 5257〉

以上の全文をエチェディは英訳しているが，ここでは問題となる「因附庸焉……人不聊生矣」（文中傍点箇所）の部分の翻訳を引用する。

> （前略）they had belonged to our provinces. The Tibetans (蕃 *fan*) were of greedy and cruel nature ; in their demands there was no measure. Pei-t'ing was near the 羌 *Ch'iang* [tribes]; they took by force all the clothes and food and everything, necessary for living, from them [i.e. from the inhabitants of Pei-t'ing]; people had nothing to live on. [Ecsedy 1964, p. 83]

これによるとエチェディは，「因附庸焉」の「焉」を唐王朝とみなし，「蕃性」を「吐蕃民族の性格・性質」とみて，「徴求無度」の主語は吐蕃であると解釈し，そ

---

[5] 浮図川については，嶋崎 1977, pp. 200, 218, 239（n. 75）を参照。

して「北庭近羌」は，これを文字通りに解している。ところがこの吐蕃伝の記事と対応する迴紇伝の記事は，既に引用したように，次の如くである。

　　初，北庭・安西既仮道於迴紇以朝奏。因附庸焉。吐蕃徴求無厭，北庭差近，
　　凡生事之資，必強取之。

先に引用した際空白にしておいた箇所に「吐蕃」の 2 字が入っているのは，実は百衲本に依ったからである（大倉集古館所蔵の明嘉靖一四至一七年間人詮蘇州翻南宋紹興初年越州刊本にも同じく「吐蕃」とある）。しかるに一方殿版の方を見ると，この部分は「迴紇」という文字に書き改められている。その理由は，巻末に付された「按新書作回紇。観後云，北庭之人既苦回紇，乃挙城降。則吐蕃当作迴紇，無疑。今改正」という殿版編者の考証より明らかである。もしこの殿版編者の見解が正しいとすれば，エチェディが「吐蕃民族の性格・性質」とみなした「蕃性」は，ウイグル族のそれということにならねばならない。しかるに，両唐書のうちでは『旧唐書』を，『旧唐書』のうちでも百衲本の方に絶対的信頼を置くエチェディはあくまで「吐蕃」の方を正しいとみるわけである。要するに，「徴求無厭」の主語は「迴紇」か「吐蕃」か，というまさにこの一点に論点は絞られてくるのである。

　そこでまず，今一度，上に引用した英訳とその原文をみてみよう。先にも述べたようにエチェディは「因りて焉に附庸す」の「焉」を唐王朝（our provinces）とみた。それは，原文を「以前北庭と安西がウイグルに道をかりて朝廷に使者を派遣してきた。それゆえに北庭・安西地方は我が国に附庸することになったのである」と解釈したがゆえに他ならない。ペリオ（P. Pelliot）も "ils restaient ainsi dans la dépendance (?) de l'empire"「彼らはこうして帝国の属国？のうちに入っていた」と訳している(8)，という(9)。しかしこの読み方は不可能である。なぜなら北庭と安西は唐の都護府の置かれた所であって決して外国ではない。安西都護府は 640 年より，北庭都護府は 702 年よりすでに設置されていたのであるが，安史の乱勃発による唐朝の弱体化と吐蕃の河西占領とによって，これらの都護府と唐本土との通交はしばらく途絶していた。しかしウイグルの領土内を通過して使者を派遣したことによって再び連絡がとれるに至った，という背後事情を念頭において上掲史料を理解すべきである。そうすれば，「それゆえに北庭・安西地方は我が国に附庸することになった」と訳すのが，いかにも不自然なことに気付くであろう。

「焉」とは明らかにウイグルを指すのであり,そのことはすでに羽田亨[10]も安部[11]も指摘しているところである[12]。

エチェディはまた「蕃性貪狼,徴求無度」の「蕃」を「吐蕃」と解し,「徴求無度」の主語も吐蕃であるとみた。『唐会要』巻73・安西都護府条,p. 1575には「蕃性禽獣,徴求無度」とあり,『新唐書』回鶻伝には「虜求取無涘」と,そして『旧唐書』迴紇伝の百衲本には「吐蕃徴求無厭」とあるのであるから,エチェディがそのように推測したのも無理はない。前述したように,殿版ではここが「迴紇」と訂正されているのであるが,この点に関しては後でもう一度触れる。

そこで次に「北庭近羌」の一句に眼を転じてみよう。エチェディはもちろん字面どおり「北庭は羌(族)に近かった」あるいは「北庭の近くにいた羌は」と解した[13]。そして『旧唐書』迴紇伝の「北庭差近,凡生事之資必強取之」という記事に関しては,「凡そ生事の資は必ず強取した」のが誰か記されておらず,「北庭差近」などという表現そのものも"not usual"だとしてこれを斥けた。さらに,当時ウイグルは北庭ないしその周辺を支配下に入れており,その地方はいわば「ウイグル国内」であったわけだから,「北庭がウイグルに近い」などというはずがない,ともいっている。そして,もともと「初,北庭・安西……蕃性貪狼,徴求無度,北庭近羌……人不聊生矣」とあった吐蕃伝(ないしその原典)の記事を最初は迴紇伝も踏襲していたが,後の人が迴紇伝だけをみて,この部分にチベット系の羌族が登場するのはおかしいと考えて「北庭差近」と改竄し,それが今日にまで伝わったのだろう,と推測した。そしてさらに,このことは即ち迴紇伝が,少なくともこの部分においては,吐蕃伝(ないしその原典)に基づいて書かれたものであろう,とした。そのことの傍証としてエチェディは次の点をあげる。

先に引用した『旧唐書』吐蕃伝の記事には,「頡干迦斯不利而還」という文がある。これが『旧唐書』の迴紇伝では「頡干利亦還」となっている。迴紇伝では直前の部分で頡干迦斯(イル=オゲシ;干は于の誤り)という名前(称号)も使われているのだから,この「頡干利亦還」は吐蕃伝の記事を誤って短縮[14]したものにちがいない。即ち,吐蕃伝の記事の方が迴紇伝のそれに先行するものである。

しかし本当に吐蕃伝(『旧唐書』巻196)の方が迴紇伝(『旧唐書』巻195)より先に完成し,かつ後者は部分的にせよ前者をもとにして書かれたのであろうか。未だ疑問である。

エチェディがあくまで「北庭近羌」の方が正しいとするのには,もちろん先程

みた「蕃性＝吐蕃の性格・性質」説がいま一つの重要な根拠となっている。百衲本の『旧唐書』迴紇伝には「吐蕃徴求無厭，北庭差近，凡生事之資必強取之」とあり，これが殿版では「迴紇……」となっているが，これは清乾隆帝時代の殿版編者が自ら訂正したものであることは，前述した如くである。即ち殿版の編者の拠った版本にもここは吐蕃とあったことが確かである。しかしだからといって，成立当初の『旧唐書』迴紇伝にもそうあったかどうかは必ずしも明らかでない。なぜなら何度も繰り返すことになるが，『旧唐書』吐蕃伝の方には「蕃性貪狼，徴求無度」とあったのであり，ほぼ同時代に成立した『唐会要』の巻73にも「蕃性禽獣，徴求無度」とあって，決して吐蕃とはなっていないからである。蕃性の蕃が必ずしも吐蕃と同じでないことは，例えば，『旧唐書』迴紇伝・貞元六年六月の条に「迴紇使移職伽達干帰蕃。賜馬価絹三十万匹」とある蕃が決して吐蕃をさしているのではないことからも察せられる。エチェディの言うように，『旧唐書』の迴紇伝が吐蕃伝に基づいているとみるより，両方ともに同一の原史料に基づいていると考える方が自然であって，恐らくその原史料（『唐会要』もまたそれに依ったものだろう）には「蕃性」とあったに相違なく，それが時を経るうちに「吐蕃」へと書き換えられたのではなかろうか。『旧唐書』や『唐会要』に約1世紀遅れて成立した『新唐書』や『資治通鑑』の編著者がともに「吐蕃」ではなく「ウイグル」が北庭地方より物品を略奪したとしているのは，やはり根拠があってのことであろう。彼らは『旧唐書』や『唐会要』以外の史料をも十分に使用できたはずであろうから。

　しかしなんといっても最終的判断は文章全体を鳥瞰する立場からなされなければならない。『旧唐書』吐蕃伝・同迴紇伝・『唐会要』はすべて，まず貞元六（790）年に「吐蕃が北庭都護府を陥れた」という事実を述べ，次いでそのような結果を招くに至った背後事情から説きおこし（発辞はいずれも「初」），前年（789年）の冬における戦闘の開始，さらにはその後の事件の経過とその一応の（即ち790年内の）結末を述べて終わっている。本稿で問題になっている箇所は，背後事情を述べているはじめの部分にある。その背後事情と事件の経過の前半とは次の如くである。

　かつて吐蕃の進出によって朝廷との連絡を絶たれた北庭都護府及び安西都護府からの使者が，北方を迂回する所謂ウイグル道を通って朝廷にやってきた（781年）。それゆえ以後北庭・安西地方はウイグルに附庸することになった。ところ

がウイグル（エチェディによれば吐蕃）は貪欲であって，その徴求には際限がなかった。とくに北庭地方はウイグル（エチェディは吐蕃とする）(15)と接近しており，ウイグル（エチェディは吐蕃とみなす）は北庭地方の人々からあらゆる生活必需品を強奪したので，人々は生きた心地もしなかった。一方，沙陀部族の六千余帳も北庭付近を中心に遊牧生活をおくっていて，やはりウイグルに属していたが，これまたウイグル（エチェディも同意見）の掠奪に苦しんでいた。さらにカルルク及び白服突厥も同様な状態にあった。それゆえ吐蕃はこれらのウイグルに恨みを抱く諸部族に賄賂をおくって味方につけようとした。そして吐蕃は去年（789年）の冬のこと，カルルク及び白服突厥を率いて北庭に来襲した。ウイグルの大首領イル＝オゲシは兵を率いて北庭を救援（原文には援之とある。この句に関しては諸史料はほぼ一致している）に来たが，吐蕃らの急襲にあって惨敗した。北庭の人々はそれまでにウイグル（エチェディも同見解）の徴求に苦しんでいたので，まもなく城をあげて吐蕃に降った。沙陀族もまた吐蕃に降った。

　もし北庭の近くにあって北庭から生活必需品等を掠奪していたのがウイグルではなくて，エチェディのいうように吐蕃であったとすると，全体の意味は一貫するであろうか。エチェディは北庭がウイグルの支配下にありながら，且つ吐蕃の徴求に甘んじていたと解しているわけであるが，当時の吐蕃・ウイグル関係を考える時，そのような可能性は絶無に等しい。吐蕃がそれまでの苦悩の元凶であったのなら，北庭の人々は最後までウイグルに付いているはずで，城をあげて吐蕃に投降するはずは決してないのである。それゆえイル＝オゲシが「率衆援之」（『資治通鑑』だけは「将兵救之」とする）したのを，"led troops to reconquer [Pei-t'ing]"と訳すのは明らかに誤りである。「援」＝"reconquer"ではないのである。この「援」はあくまで「助ける」の意であり，北庭地方がウイグルの支配下にあったからこそ，その地が吐蕃の攻撃を受けるやすぐさまウイグル軍が「来援・救援」した，と解してはじめて意味が通じるのである。だから百衲本の『旧唐書』迴紇伝に「吐蕃徴求無厭，北庭差近……」とあったのを，殿版の編者が「迴紇徴求無厭，北庭差近……」と改めたのは正しいと言わねばならない。つい最近両唐書ウイグル伝の訳注を発表した佐口透もまた，「前後関係からみて『迴紇』とするのが合理的である」と述べている(16)。

　ところがこの佐口とほぼ同時に両唐書ウイグル伝の英訳（前述）を出版したオーストラリアのマッケラスは，エチェディ（及びペリオ）の説の方を正しいとし

ているのである[17]。さらにマッケラスは，"Abe Takeo believes that the original sense of the passage was as it survives in *CTS* (旧唐書) 196B (吐蕃伝), namely that Pei-t'ing was close to the Tibetans and that it was they who were making insatiable demands and seizing the living necessities of the people. He claims that Ssu-ma Kuang (司馬光) altered this original meaning ; and that the *CTS* 195 (迴紇伝) phrase 'Pei-t'ing being the closer' (北庭差近) is a misunderstanding. See *Nishi-Uiguru*, pp. 159-60 ; Hilda Ecsedy, 'Uigurs and Tibetans', p. 95" と言い，あたかも安部までがこのエチェディらの説と同じであるかのように記している。しかしこれは安部の著書の原文をみれば明らかなようにマッケラスの誤解である。安部の訳は，「北庭は羌（チベット族）に近い。（ウイグル人はそこから）衣るもの食うもの，要るものは何でもきっと強取したので，人々は生きた空もなかった」となっており，「北庭近羌」の一句については，「北庭差近」（迴紇伝）と「北庭去回鶻尤近」（『資治通鑑』）とする史料のあることを紹介し，後の二つの方がよいかも知れないが，前のでも意味が通らぬことはない，といっているだけである[18]。安部もまた殿版編者の改正を支持しているのである。羽田はこの百衲本と殿版との差異について一言もしていないが，氏の引用史料にもやはり「吐蕃」ではなく「迴紇」となっている[19]ことからみて，その立場は明白である。

　以上，私は百衲本に絶対的信頼を置くエチェディの所説の一端を検討し，結局百衲本にも誤りのあることを指摘したのである。

第3節　ウイグル勝利説を裏付けるマニ教史料

　さて次に，先ほど保留しておいた北庭争奪戦の最終的な結末及びその後の大局的な趨勢に関する二説について考えてみよう。まずその結末の方に関して直接的な決め手となるのは次の記事だけである。

　　［貞元］七（791）年八月，迴紇遣使，献敗吐蕃・葛禄於北庭所捷及其俘畜[6]。
　　　　　　　　　　　　　　　　　　　　〈『旧唐書』巻195・迴紇伝, p. 5210〉

---

[6] 『冊府元亀』巻995・外臣部・交侵，宋版 p. 4017 上，明版 p. 11687 上では，「徳宗　貞元七年九月」とするが，以下は全く同文である。

是歳（791），回鶻擊吐蕃・葛祿於北庭，勝之，且獻俘。

〈『新唐書』巻 217 上・回鶻伝上，p. 6125〉

羽田[20]及び安部[21]はともにこれらの記載に信頼を置き，一旦は吐蕃の手に渡った北庭も，結局は再びウイグルの支配下へと戻った，と考えた。ところがこれに反して田坂興道[22]はこれらの記事を，回紇が自己の敗戦の醜態を糊塗すべく行なった捏造の報告によるものとみなし，北庭争奪戦の最終的勝利者はウイグルではなく吐蕃であるとした。そしてこの見解を受け継いだ佐藤長[23]はさらにそれを発展させて，北庭争奪戦以後ウイグルは漸次弱体化の道を辿っていったが，逆に吐蕃の方はトルキスタンにおける支配権を益々確立していった，というふうに当時の西域情勢を大まかに捉えているのである[24]。伊瀬仙太郎も恐らく田坂の説をそのまま踏襲したものらしい[25]。ところでエチェディはこの問題に関してはとくに考証を加えてはいないのであるが，当時の一般的情勢を述べて，"These territories fell into the hands of the Tibetans, and the Uigurs —— despite some temporary successes —— could not dislodge the Tibetans. It was some decades later that flying from the Kirghiz troops they finally succeeded in doing so (about 840)." と言っていることからして[26]，田坂等の説と同じであることは疑いがない。もちろん女史の見解は，田坂等に拠ったわけではなく，スタイン（Aurel Stein）・トーマス（F. W. Thomas）・ホフマン（H. Hoffmann）・サモリン（W. Samolin）等[27]によって代表される「吐蕃は 9 世紀中葉まで安西・北庭地方を支配していた。840 年後西遷してきたウイグルが新たにこの地を占領し得たのは，この頃吐蕃の本国が衰亡したことによる」という欧米学界の伝統的見解に依拠しているわけである。しかし本当にウイグルは，840 年にキルギスの攻撃を受けて四散し，その一部（といってもかなりの部分）が北庭・安西地方に西遷してくるまで，この地方を吐蕃の手に委ねたままに放置していたのであろうか。私にはそのようなことはありえなかったと思われる。第一，もしこのような考え方が正しいとすれば，キルギスに打ち破られたウイグル族の多くが落ちのびる方向として，旧来の大敵吐蕃の拠っている地方を選ぶというのは，いかにも不自然である。やはり北庭・安西地方は，北庭争奪戦後もひきつづきウイグルの，時には強力な，そして時には緩やかな支配の下にあったとみる方が自然なのではあるまいか。

もちろんこのような見方をするのは筆者の独創ではなく，安部がその大著の随

4 増補：ウイグルと吐蕃の北庭争奪戦及びその後の西域情勢について 241

所で強調してきたところである。氏はウイグル側の原地史料を十分に駆使する中から，このような説を導き出してきたのであって，その説はかなりの信憑性を持つと考えてよい。氏の掲げたウイグル側史料の中には，例のカラバルガスン碑文中のいわゆる「天可汗」の西方大遠征を伝える記事も含まれているが，これなどは当時の西域（少なくとも天山北部地方）におけるウイグルの優勢を物語る最たるものであろう。その第14-16行にみえる，[7]

XIV. □□英雄智勇，神武威力，一發便中。堅昆可汗，應弦殂落。牛馬谷量，器械山積，國業蕩盡，地無居人。復，葛禄与吐蕃連□　天可汗□以偏師於匀曷戸對敵。智謀弘遠，□□□□□□□□□□□□□□□□□□□□□□

XV. □北庭半收，半圍之。次　天可汗親統大軍，討滅元兇，却復城邑。率土黎庶，含氣之類，純善者撫育，悖戻者屏除。遂□□□□□□□狐媚磧。凡諸行人，及於畜産□□□□□□□□□□□□□□□□□□□□□□□

XVI. □□胥遺棄。復，吐蕃大軍，攻圍龜茲。　天可汗領兵救援。吐蕃畜□奔入于術。四面合圍，一時撲滅。屍骸臭穢，非人□□，□□□山，以爲京觀，敗没餘燼。□□□□□□□□□□□□□□□□□□□□□□□□□□

という記事が，ウイグルと吐蕃の北庭争奪戦及びそれに続く両者の西域をめぐる確執を伝えていることは間違いない。とくに第16行目の「ウイグルが吐蕃軍に包囲された亀茲を救援した」という表現などに注意したい。引用はしなかったが第20-21行目にはウイグル軍がシル河流域やフェルガナ地方にまでも遠征し，吐蕃・カルルク・トゥルギシュ（の遺衆）と戦ったことが記されている。

またミュラー（F. W. K. Müller）によって紹介されたマフルナーマグ *Maḥrnāmag* と呼ばれる中世ペルシア語で書かれたマニ教賛美歌集の残巻（M 1 文書）[28]からは，保義可汗（在位808-821年）[29]時代において少なくとも北庭・高昌地方までが，さらにヘニング（W. B. Henning）の説を信ずれば焉耆（アルク）から亀茲（クチャ）を越えて遠く疏勒（カシュガル）までもが，ウイグル可汗の威令の及ぶ範

---

[7] この箇所に引用したカラバルガスン碑文の漢文テキストは，Moriyasu 2003 "FourL", Fig. 1 として提出した最新版と差し替えた。

[211]

囲であったことが推定されるのである。この賛美歌集は首尾完結した完本ではないが，幸いに我々にとっては最も役に立つ「奥書」[8]が残されている。前半三分の二（第1-159行）の内容は君主とその全家族と国家の高位高官達に対する祝福の祈りであり，後半三分の一（第160-227行）は本書成立の事情を伝えている[9]。これによると，マニ（Mani）の生誕後546年即ち西暦762年頃[(30)]に本書は書き始められたが，完成しないうちに中断され，そのままArkの僧院に保存されていた。それが後になって敬虔なるマニ教信者Yazdāmadの目にとまり，彼は息子に本書の完成を命じ，今ようやくその上梓をみた，という[10]。そしてその「今」が奥書前半に名前（称号）を列挙されている人々の在世中，とくにその冒頭にみえるウイグルの可汗の治世中であることは言を俟たない。この可汗はAy tängridä qut bulmïš alp bilgä qaɣanという称号を持っているので，これが保義可汗か昭礼可汗のいずれかであることまでは確実である。私は従来の大勢に反してこれを保義可汗と考えているが，しかしたとえ昭礼可汗とみなす方が正しいにしても本稿の論旨にはさほど影響がないので，ここでこの問題について細かい議論をするのは避けたい[11]。

　私が今ここで問題にしたいのは，実は安部と同じく[(31)]，奥書前半にあらわれる「君主とその全家族とその廷臣」たちの序列と彼らが統治していた諸都市の地名である。この奥書には各段落の区切りに：という記号が使われているので，全体の構成をみるのに非常に都合がよい。そこで次にこの段落に従ってマフルナー

---

[8] この「奥書」の原文は「序文」であった。原論文で「序文」としていた箇所を，本論文ではすべて「奥書」に変更した。ミュラーがM 1文書をマフルナーマグの「序文」と解釈していたのが誤りで，実は「奥書」であることは，我々の研究会ヤントンでは早くから吉田豊が指摘していたところである。ただし，学界で公にそれを指摘したのは，ズンダーマンが最初である［Sundermann 1992a, pp. 71-72；Yoshida 2009, p. 352, n. 10］。なお，複葉（ダブル＝フォリオ）であるM 1文書のカラー図版を『マニ教史』pls. XXI-XXIIに掲載しておいた。使用されているマニ文字は右から左へ進行する横書きなので，pl. XXIの上半部すなわち右半分がp. 2，下半部すなわち左半分がp. 3であり，pl. XXIIの上半部すなわち右半分がp. 4，下半部すなわち左半分がp. 1となる。もちろん前後の複葉が失われているので，第1葉＝pp. 1-2が第2葉＝pp. 3-4に直結するのではない。吉田によれば，M 1文書の第1葉の表裏（pp. 1-2）はマフルナーマグの本文（正確には本文末の目次，すなわち本文にあった多数の短い賛美歌のリスト）であり，第2葉の表裏（pp. 3-4）がマフルナーマグの奥書なのである。

[9] 原論文では，この奥書の前半と後半にそれぞれ表題があると誤解していたので，その箇所を削除して，このように一文全体を書き改めた。因みに奥書前半三分の二は『マニ教史』pl. XXIの下半部（＝左半分＝p. 3の3列すべて）からpl. XXIIの上半部（＝右半分＝p. 4）の右から2列目の上段三分の一まで続き，後半三分の一は2列目の空欄を挟んで残り三分の二

4 増補:ウイグルと吐蕃の北庭争奪戦及びその後の西域情勢について　243

マグ（M1）奥書前半の構成をみてみよう。

第一段落（第1-44行）……オルドゥバリク（カラバルガスン）
  1　Qaγan
  2　Tegin（7人）
  3　Totoq（2人）
  4　Čigši
  5　Il-ögäsi Kadoš（niγošakpat）
     Il-ögäsi Ötür Ögä
  6　Sangun Ögä または Tarqan Ögä（5人）

第二段落（第45-54行）……Panžkanδ
  1　パンジカンドの君長
  2　パンジカンドの官僚たち

第三段落（第54-71行）……Čīnānčkanδ
  1　チーナーンチカンドの君長
  2　チーナーンチカンドの官僚たち

第四段落（第72-87行）……'Kwč
  1　'Kwčyk sirtuši [12]
  2　Kāše xšēδ（niγošakpat）

   と3列目の終わりまでである。吉田豊氏よりの教示によると、私が表題と誤解したのは、正しくは欄外の見出し（headline）であり、前半部p.3のそれは「聴衆の祈願」（マニ教では一般信者のことを聴衆という）であり、後半部p.4のそれは「書写人および・・・と共に」であって、両者は単純に直結するものではない。恐らくは、それぞれの片割れが散逸した原本の見開き頁の欄外にあったのであろうという。

[10]　M1の「奥書」の当該箇所すなわち第160-197行については、吉田豊氏の助力を得て作成した最新訳が、本書第14論文の第3節に掲載されているので、参照されたい。それと対照すれば明らかな通り、本稿で「Arkの僧院に保存」としたところはむしろ「Arkの僧院に放置」とすべきであり、また「マニ教信者Yazdāmad」としていたところは、正しくは「マニ僧の教道首 xrōhxwān であるヤザド＝アーマド Yazad-Āmad」である。

[11]　この点については本論文の註29でも保義可汗説を主張しておいたが、問題の可汗が昭礼可汗ではなく保義可汗であったことに、今や疑問の余地はない。これについては、本書第14論文の第1節、とくに註5を参照されたい。

[12]　このクチャの支配者の称号 syrṭwšyy が漢語「節度使」の音写であり、それが安西節度使に由来する術語であることに疑問の余地はない。さらに第二段落のパンジカンド（北庭）の君

            3　Parwānč jaβγu
            4　官僚たち

    第五段落（第 88-110 行）……Ark
            1　アルクの君長
            2　アルクの官僚たち（その中の 1 人が niγošakpat）

    第六段落（第 110-124 行）……'Wcwr
            1　'Wcwr の君長
            2　'Wcwr の官僚たち（その中 1 人が niγošakpat）

    第七段落（第 124-132 行）……女聴衆たち
            1　6 人の公主（その中の 1 人が niγošakpatanč）

    第八段落（第 132-159 行）……女聴衆たち
            1　可敦などの称号を持つ多数の女性（その中の 1 人が niγošakpatanč）

第一段落にはどこにもオルドゥバリク Ordu-balïq あるいはそれに準じる地名は現われないが，これがオルホン河畔のウイグル宮廷の人々を指していることは明らかである。第二段落の Panžkanδ（五城）がトルコ語のビシュバリク Biš-balïq（五城）即ち北庭に当たることも疑いない。Čīnānčkanδ（支那人の町）もその重要度から考えて高昌以外の都市に比定することは不可能である。問題は第四段落から第六段落中にみえる地名である。ヘニングはこれを次のように比定した[32]。

    四　'Kwč ＝Kuča（亀茲）
            ・Kāš ＝ Kāšγar（疏勒）
            ・Parwān ＝ Aqsu（撥換）
    五　Ark ＝ Qarašahr（焉耆）
    六　'Wcwr ＝ Uč（温宿）

長が ṭ'ys'ngwn syrtwš (taysangun sirtuš) となっているのも「大将軍節度使」の音写であり，それは北庭節度使に由来しているに相違ない。ただしこの奥書ではパンジカンドの節度使は Ygän Apa，クチャの節度使は Iduq Čor であり，両者とも典型的な古トルコ語の名前を持つウイグル国人であることに注意されたい。節度使という漢語の称号だけが，権威あるものとして受け継がれたのであろう。これらのことは，我々が所属した研究会ヤントンで吉田豊を中心にマフルナーマグを読み直した際に判明した［cf. 吉田 1988, p. 42, n. 29］。

私はこのすべてに賛成しているわけではなく，とくに 'Wcwr と Kāš の比定には疑問を抱いているが，今は一応ヘニング説に従っておく[13]。さてこのような地名比定を念頭に置きつつ，もう一度奥書前半の段落構成に目を向けてみよう。そうするとまず第一に気が付くことは，niγošakpat（聴衆の長＝信者代表）の存在である。これはそれぞれの段落における世俗的長とは必ず人物を異にしている。私はこの niγošakpat はある一定のまとまり，いいかえればマニ教教会の 1 教区に 1 人の割合で存在していたのではないかと考える。もしそうだとすると，当時のマニ教信仰の規模の広さが推測され，同時にウイグル可汗の影響力の及ぶ範囲も推定されよう。ヘニングも "the small states in the T'ien-ṣan region, at the date of the text, may have been more or less dependent upon the Uyγur empire" と述べている[33]。北庭及び高昌に niγošakpat がいないのは単なる偶然ではなく，恐らくこの地がウイグル帝国の直轄領的地位にあり，マニ教教区としては一つに考えられていたからではなかろうか[14]。Čīnānčkanδ の項には Yaγlaqar Ïnal なる人物の名が挙げられている。しかしまた Ark の項には Uyγur という名を持つ人物が 2 人も挙げられているのであるから，ウイグルの勢力が強く及んだ範囲をなにも北庭〜高昌に限定する必要もなかろう。いずれにせよ，9 世紀前半の西域北道地方においては吐蕃ではなくウイグルの勢力の方が優勢であったことを裏付ける一史料として本文書を提出することは許されるであろう。

　安部が挙げているいま一つの史料は，U 1＝T II K Bündel Nr. D 173 という分類番号をもつ次のような内容の一文書断簡[34]である。[15]

U 1＝T II K Bündel Nr. D 173〔Doppelblatt I(?), Blatt 1, Seite 2〕
tängri-kän uyγur boquγ xan qočo-γaru kälipän qoi-n yïlqa üč maxi-stak olurmaq üčün možakkä kingädi :

　　テングリケン（天なる君主，聖君主）なるウイグルのボクグ汗は高昌へお越しになって，羊歳に 3（人の）マヒスタクが（モンゴリアに）着任するよ

---

[13] 本稿の〔書後 2〕を参照。
[14] この日本語は曖昧であったが，モンゴリアにある首都オルドゥバリクと東部天山地方の北庭・高昌とで一つのマニ教教区を形成していたのではないかという推定であった。しかし，今はそのような見方は無理であろうと思っている。ただし解決案はない。
[15] 原論文では T II K Bündel Nr. D 173 という旧分類番号のみであったが，BBAK での新分類番号である U 1 を追加しただけでなく，原論文にあった当該箇所の旧テキストと旧訳を，本書第 14 論文の第 5 節で新たに提出したテキスト・和訳と差し替えた。

うに⁽³⁵⁾と慕闍（モジャク）に相談した。

ここにみえる boquɣ / buɣuɣ xan を牟羽可汗（在位 759-779 年）とみなしたルコック（A. von Le Coq）⁽³⁶⁾・バング（W. Bang）⁽³⁷⁾・ガバイン（A. von Gabain）⁽³⁸⁾・田坂⁽³⁹⁾らは「羊歳」を 767 年（丁未）とみたが，安部はこれを 803 年（癸未）としたのである⁽⁴⁰⁾。boquɣ / buɣuɣ xan が牟羽可汗でないことは音韻上からみても勿論のこと⁽⁴¹⁾，他のウイグル文書との内容的関連からみても明らかであって⁽⁴²⁾，私もこの見方には賛成である（慕闍・マヒスタクは共にマニ教の高僧で，慕闍はその最高位。後出のイスパサグ ispasag = アフタダンは慕闍に次ぎ，マヒスタクより上位）。

次に安部の言及しなかったウイグル側の史料を一つだけ挙げておく。

〔Blatt 2, Rückseite, zz. 13-20〕
Ymä tängri mani burxan tängri yiringärü barduqïnta kin biš yüz artuqï äki-i ot'uzunč
　そして聖なるマニ仏が天国へ赴きしより後 522 年の
laɣzïn yïl-qa ötükäntäki nom ul-'uɣ'ï tökäl ärdämlig yarl-aɣ-qančučï bil-gä
　豚の歳にオテュケンにいる教義の長，完全なる徳もてる慈悲深きビルゲ
bäg tängri mar niw mani maxï-stakka ai-ɣ'ïn bu äki（残欠）
　＝ベクが，テングリ＝マル＝ニウ＝マニ＝マヒスタクに言葉もて⁽⁴³⁾この二つの

この史料はトゥルファンから発見されたもので T II D 173a² の記号をもち⁽⁴⁴⁾，"Bitil-ti Šakimun Burxan Kälmäki Nom" 即ち「書かれたり，釈迦牟尼仏の来迎の書は」という欄外の見出し（おそらくそれが表題でもあったと思われる）をもつ経典¹⁶の奥書の一部である¹⁷。ガバインが，これを『二宗経』の一部であると断定したシャヴァンヌ（Éd. Chavannes）・ペリオ両氏の説⁽⁴⁵⁾を否定した⁽⁴⁶⁾のは正当であるが，さりとてこれを仏典の一部であると速断することも許されない。ルコックがこれを Türkische Manichaica aus Chotscho と題する書物の中に収めた通り，これ

---

16 原文では「という表題をもつある文書」となっていたのを，「という欄外の見出し（おそらくそれが表題でもあったと思われる）をもつ経典」と書き換えた。

17 旧番号 T II D 173a² は，BBAW の新番号では U 168 II である。当該箇所の最新のテキストと和訳，及び原書が美麗なマニ経典であったことを彷彿とさせる古文書学的情報については，本書第 14 論文の第 5 節［pp. 552-553］を参照されたい。ただし，ここで最新のテキスト・和訳と差し替えずに原文通りにしてあるのは，行論の都合上である。

は明らかにマニ教文書の一部であって，元来仏教をも含む折衷宗教たるマニ教が東伝する際に，仏教の盛んな地方においてはあたかも仏教の一派であるかの如く浸透していった(47)ことを示すものである。問題はこの文書に現われる「豚の歳」であるが，それは教祖マニが死没してから522年後にあたるという。ところでマニの死亡年代に関しては諸説紛々としていて定かではないが(48)，273-277年の間のこととすればほぼ間違いなく，これに単純に522年を足すと795-799年になる。この間にあって「豚の歳」といえば，795年が「乙亥」に当たるので，この文書の紀年は確定する。とすると795年にウイグルの本営のあるオテュケン地方にマニ教の高位聖職者（恐らくはイスパサグ ispasag(49)）18がいたということになり，これはウイグル国内におけるマニ教信者の広汎なる存在（とくに支配階級あるいは城郭の民の間において）を前提としたものであると考えてほとんど誤りはない。逆に言えば，当時の内陸アジア世界でただ一人マニ教を国家的に保護(50)していたウイグル帝国の勢力が，トゥルファン地方にまで延びてきていたことをも証明するものであろう。

第4節　タミーム゠イブン゠バフルの旅行記

当時の西域情勢を伝える史料はアラブ側にもある。今そのうちの最も重要なものを紹介してみよう。それはイブン゠アル゠ファキーフ Ibn al-Faqīh やヤークート Yāqūt の著述の中にその佚文が残されているタミーム゠イブン゠バフル Tamīm ibn Baḥr の旅行記である(51)。

1　タミーム゠イブン゠バフルは，彼ら（トルコ人）の土地は非常に寒く，人がそこを旅できるのは1年のうちたった6ヵ月だけであると報告する。彼はトグズグズ Tuɣuzɣuz の可汗の国へ，可汗が彼のためにおくった駅逓馬に乗って旅をし，一生懸命に出来るだけ速く旅をして，一昼夜に三つの宿駅をすぎて行った，という。彼は泉と草はあるが町や村邑のない草原の中を

---

18 ここでオテュケン地方にいたマニ教の高位聖職者をマニ教団第二位のイスパサグと推定したのは誤りであり，正しくは第三位マヒスタクであった。そのことについては，本論文の註49への〔補記52〕，並びに本書第14論文の第5節を参照されたい。

20日間旅した──（しかしその草原には）駅逓に服務する人々だけはテントの中に住んでいる──。そして彼は20日分の食糧を持参していった。これは彼がその国の事情を知っており，かつまたその距離が井戸と草のある草原に沿って20日行程分だということを知っていたためである。その後，彼は互いに近接している村々と耕やされた土地の間を20日間旅した。人民はその全部が，あるいはほとんどがトルコ人であり，彼らの中にはマギの宗教を信ずる拝火教徒たちや Zīndīq（マニ教徒）たちがいた。こうやって彼は王の町に到着した。

2 この町は農業が盛んであり，よく耕作された rustāq と互いに近接している村々に囲まれた偉大なる町である，と彼は報告している。その町は巨大な鉄門を十二持っている。人口は多く混雑しており，また市場とさまざまの商売がある。そこの住民の間では，Zīndīq 教が一般に行なわれている。

3 彼は（そこから）中国（Ṣīn）までの距離を概算して，300 ファルサク（約 1800km）であると理解していたが，「私はそれ以上であると思う」と付け足した。

4 彼は（以下のように）報告する。「Tuγuzγuz の王の町の右（南!）は，異民族が全然まじっていないトルコ人の土地であり，左はキーマーク Kīmāk 人の土地である。そしてまっすぐに行けば，中国である。」

5 （可汗の）町へまだ 5 ファルサクもあるところから彼は可汗の黄金のテントを見付けた，と言う。それは彼の宮殿の平らな頂の上に（あって），100 人を収容することができる。[19]

6 Tuγuzγuz の王たる可汗は結婚によって中国の王と親類関係があり，また中

---

[19] この「黄金のテント」が，840年の東ウイグル帝国崩壊の際に，キルギス軍によって焼き討ちにあった「金帳」を指しているならば［『新唐書』巻 217 下・回鶻伝下・黠戛斯之条, p. 6149;『騎馬民族史』2, pp. 455-456］，確かにタミーム＝イブン＝バフルの訪問先はオルドゥバリクということになる［cf. Demiéville 1952, p. 203］。我々の現地調査でも，カラバルガスン遺跡に残る高台の上に 100 人を収容できるテントを建てることは可能であること，そしてそれは相当に遠方からでも目視できるであろうことを確認した［森安／オチル 1999, p. 199］。可汗の牙帳ないし宮殿を「黄金のテント」とか「黄金の門」と呼ぶのは中央ユーラシア型国家では普遍的であり，西ウイグル・甘州ウイグル両王国でもそれが例証されている。西ウイグルについては S. 6551『仏説阿弥陀経講経文』に「金門」とあり［cf. 潘重規 1983, pp. 148, 158］，甘州ウイグルについては P. 3633 の「沙州百姓一万人上迴鶻天可汗書」冒頭に「金帳」，P. t. 1188 にチベット語で「金門宮殿」とある［cf. 森安 1980「現況」pp. 65-66］。

国の王は彼に毎年 50 万（匹）の絹を送っている，と彼は記している。

7 上 Nūshajān（*Barskhan）と al-Shāsh（タシケント）の間——タラス経由で——にはキャラヴァンのために 40 の宿駅があるが，馬の背に乗って，自分で歩いて旅する彼は 1 ヵ月でその行路を踏破する，とも報告している。

8 上 Nūshajān には四つの大きい町と四つの小さい町がある，と彼は言う。彼はある湖のほとりにある一つの町の兵士の数を概算し，それらを約 2 万の完全武装の馬に評価した。すべてのトルコ族の中で彼らほど剽悍なものはいない。カルルクとの戦争に際して彼らが召集する時には，彼らが 100 でカルルクは 1000 であり，そしてこうして彼らはすべての戦争をやっていく。[20]

9 この湖は四角い形をしており，まわりにはあらゆる種類の樹木の生えた高い山々がある，と彼は報告している〈以下省略〉。

ミノルスキー（V. Minorsky）によれば，タミーム＝イブン＝バフルという人物は 820 年前後に或る任務を帯びてウイグルの本拠（氏はオルドゥバリク即ちカラバルガスンだとする）へ旅したイスラム教徒であるという。この旅行記はタラス付近にあったと思われる下バルスハンを出発した彼が，トグズグズ Tuɣuzɣuz の可汗の国へ可汗から差し向けられた駅逓馬に乗って[21]，一昼夜に三つの宿駅を過ぎて行くほどに急いで旅をしたことを伝えている。ここにいうウイグルの本拠がオルドゥバリクであったか北庭であったかは暫く措いて，彼が天山北路を通ったこと，その地方には Tuɣuzɣuz の可汗の威令が及んでいたこと，そしてその Tuɣuzɣuz とはウイグルを指していること等はすべて旅行記の内容に照らして明らかである。それゆえこの史料もまた，当時の天山北路地方においてウイグルの勢力が優勢であったことを物語るものとみてよい[(52)]。

---

[20] 『資治通鑑』巻 231, pp. 7431-7432 には，ウイグルの達干の言葉として，「回紇，国に在りて隣国と戦うに，常に五百騎を以て隣国の数千騎を破ること，葉を掃くが如きなるのみ」とある。自慢であるから当然誇張されているとはいえ，参考となろう。

[21] 古トルコ語でウラク ulaɣ という駅伝馬ないし駅逓制が，西突厥時代や唐代の天山南北路に設置されていたことは明らかだから［cf. 荒川 1994］，東ウイグル時代にもそれがあったに違いない。西ウイグル時代のウラクについては，cf. 松井 1998a, pp. 043-044 ; Matsui 2013b, p. 236.

250　第一篇　東ウイグル・唐・吐蕃鼎立時代篇

第5節　北庭戦後の漢文史料

　ところで北庭戦後の情勢を正しく伝える記事はウイグル側やイスラム側の史料だけであって，漢文史料の中にはないのかというとそうでもない。まず『資治通鑑考異』に引く『後唐懿祖紀年録』〈『資治通鑑』巻237・元和三年之条所引，p. 7652〉には，はじめウイグル側についていた北庭の沙陀部（時の族長は烈考＝朱邪尽忠）が結局吐蕃に降伏し，吐蕃の手によって甘州に徙されていたことを述べた続きに，

> 貞元十三（797）年，回紇奉誠可汗（明らかに懐信可汗の誤り）収復涼州，大敗吐蕃之衆。或有間烈考於賛普者云，「沙陀本回紇部人，今聞回紇強，必為内応」。賛普将遷烈考之牙於河外。

とある。つまり797年頃ウイグルの勢力は吐蕃の河西支配の一中心地であった涼州を取るほどに強大であり，ために吐蕃のツェンポは沙陀がウイグルに寝返るのを恐れてこれを甘州からさらに別の地に移そうとしたのである。この事実の意味するところは自ら明らかであろう。次に9世紀初頭におけるウイグルの対外関係を示唆する記事を探すと，以下のような記事が摘出される。

> ［元和四（809）年九月］丙辰，振武奏，吐蕃五万余騎至拂梯泉。辛未，豊州奏，吐蕃万余騎至大石谷，掠回鶻入貢還国者。　〈『資治通鑑』巻238, p. 7666〉

> 憲宗　元和四（809）年九月，豊州奏，吐蕃万騎至大石谷，掠奪廻鶻之還国者。　〈『冊府元亀』巻995・外臣部・交侵，宋版 p. 4017下，明版 p. 11687下〉

> ［元和五（810）年六月］奚・迴紇・室韋寇振武。
> 　　　　　　　　　　　　　　　　〈『旧唐書』巻14・本紀, p. 431〉

> 是歳（813）廻鶻数千騎至鸊鵜泉，辺軍戒厳。
> 　　　　　　　　　　　　　　　〈『旧唐書』巻195・迴紇伝, p. 5210〉

> ［元和］八（813）年，回鶻過磧南，取西城[22]・柳谷，詔執宜屯天徳。

---
[22] 西受降城のこと。Cf.『騎馬民族史』3, p. 300.

〈『新唐書』巻 218・沙陀伝, p. 6155〉

元和八 (813) 年冬, 回鶻南過磧, 取西城・柳谷路討吐蕃。西城防禦使周懷義表至, 朝廷大恐, 以為回鶻声言討吐蕃, 意是為寇。[23]

〈『元和郡県図志』巻 4・関内道・新宥州之条, p. 106〉

[元和八 (813) 年] 冬十月, 回鶻発兵, 度磧南, 自柳谷[53]西撃吐蕃。新志：西州交河県北二百一十里, 経柳谷渡。壬寅, 振武・天徳軍[24]奏, 回鶻数千騎至鸊鵜泉[25], 鸊鵜泉, 在西受降城北三百里。鸊扶歴翻, 鵜徒奚翻。辺軍戒厳。 〈『資治通鑑』巻 239, pp. 7701-7702〉

[元和九 (814) 年二月] 今請復之 (宥州の復置を指す)[54], 以備回鶻, 撫党項, 上従之。 〈『資治通鑑』巻 239, p. 7704〉

是歳 (822), 尚綺心児以兵撃回鶻・党項。

〈『新唐書』巻 216 下・吐蕃伝下, p. 6104〉

これらの記事中にみえるウイグルがすべて漠南に進出してきたウイグルであることは疑問の余地がない。吐蕃が漠北のウイグル本土に迫った様子はひとかけらもみられない。また『資治通鑑』巻 241 によれば, ウイグルは 821 年唐から太和公主を迎えんとしてそれぞれ一万騎を以て北庭と安西を出て, 吐蕃の妨害を排除しようとしたことが知られる。

[長慶元 (821) 年] 五月丙申朔, 回鶻遣都督・宰相等五百余人, 来逆公主。(中略)。癸亥, 以太和長公主嫁回鶻。公主, 上之妹也。吐蕃聞唐与回鶻婚, 六月辛未, 寇青塞堡。塩州刺史李文悦撃却之。戊寅, 回鶻奏：「以万騎出北庭, 万騎出安西, 拒吐蕃以迎公主。」 〈『資治通鑑』巻 241, pp. 7791-7792〉

これらの諸史料は明らかに田坂・佐藤・伊瀬等に代表される従来の主流的学説とは相容れない。むしろその逆の立場を有利ならしめるものである。私はこの立場をさらに確固たるものとするために, 『新唐書』回鶻伝・黠戛斯之条にある次

---

[23] この『元和郡県図志』からの引用は, 原論文では見落としていたので, 追加した。この追加史料によって, 次の『資治通鑑』の記事に見える「柳谷」をトゥルファン盆地の北に当てた胡三省の誤りを指摘した註 53 は, さらなる裏付けを得る。
[24] この時期における天徳軍の歴史地理的意義については, 齊藤 (茂) 2014 を参照。
[25] Cf.『岩佐遺稿』p. 94.

のような記事を引用し，これに若干の考察を加えてみたい。

> 然常与大食・吐蕃・葛禄相依仗。吐蕃之往来者畏回鶻剽鈔，必住葛禄，以待
> 黠戛斯護送。　　　　〈『新唐書』巻217下・回鶻伝下・黠戛斯之条，p. 6149〉

伊瀬は「この文は前後の関係よりみて，恐らく吐蕃が北庭を奪取した貞元六年以後のことを指していると思われる」と述べたが[55]，この点私も同じ考えである[56]。しかるに同氏が本史料の内容を，「吐蕃の往来する者が回紇の剽鈔を畏れて葛邏禄に滞留し，キルギスの護送を待ったとあるのは，要するに，北庭占領後における吐蕃の活動を示すもので，従来回紇の演じていた役割を吐蕃がそのままうけ継いだことを意味する」ものとし[57]，吐蕃が河西回廊に加えてウイグル道の拠点をも押さえ，当時の主要なる東西交通路（陸路）をほぼ完全に手中に収めた，と解釈するに至っては，私は氏の考えに従うわけにはいかない。なぜならこれは明らかに田坂・佐藤らと同様，貞元六年以後北庭地方は吐蕃の支配下に入ったとする立場に立つものだからである。私はこのような解釈に対する反論を，まず当時のカルルクの領域を明らかにするところから始めていきたい。

　8世紀前半におけるカルルクの住地がアルタイ山脈の西方〜カラ=イルティシュ河流域であったことは疑いがない[58]。そしてカルルクがウイグル・バスミルと連合して突厥帝国を滅ぼし，次いでウイグルと謀ってバスミルを撃破したころ（742-744年）にはその領域は北庭地方にまでも及んだことであろう。しかしこのすぐ後，カルルクはウイグルとの間に隙を生じたらしく西方十姓の故地へ逃れ去ったという。ウイグルの第二代可汗・磨延啜の紀功碑であるシネウス Šine-usu 碑文には次のようにある。[26]

> taqïyu yïlqa //
> ///////// üč qarluq yavlaq saqïnïp täzä bardï. qurïya on oqqa kirti. laγzïn yïlqa toquz
> 　[totoq] ////////

---

[26] 原論文に引用したシネウス碑文のテキストと解釈はすべて Ramstedt 1913 に依っていたが，1990年代にモンゴル現地調査が可能になり，私自身でシネウス碑文全体を読み直す機会に恵まれた。それによって，大幅な補訂ができたのでそれを森安 1999「シネウス遺蹟・碑文」として発表した。さらにその後，大阪大学東洋史の院生諸君との共同研究により判明した点を加えて発表したのが，森安／鈴木／齊藤／田村／白 2009「シネウス碑文訳注」である。それゆえ本論文では Ramstedt 1913 からの引用を最新の「シネウス碑文訳注」と差し替えることとする。

鶏歳（745年）に////////////////////////////////////
///////////////////////////////////////（746
年）////////////三姓カルルクは敵意を抱いて（私の支配下か
ら）逃げて行った。西の方，オン＝オク族（十箭すなわちもとの西突厥）
（の地域）に竄入した。豚歳（747年）に9［都督］////////[27]
〈シネウス碑文，北面10-11行；森安／鈴木／齊藤／田村／白 2009, pp. 11, 34, 51〉

そしてこれらのカルルク族は，当時内部分裂が激しく衰亡の一途を辿っていたトゥルギシュの領域を犯し，とくに751年のタラス河畔の戦いに際し唐を裏切って大食に勝利をもたらして以後は，ほぼ完全にトゥルギシュにとってかわり，チュー河流域を中心とする地方に新政権を打ち建てたという[(59)]。しかるに一方シネウス碑文，南面1-7行目からは751-753年頃，イルティシュ河〜ボルチュ河の付近で三姓カルルクがウイグルの敵として行動したり，時に戦端を開いて撃破されたりしていることが知られるから，アルタイ山脈の西方にいたカルルクは746年[28]以後すべて西遷したわけではなかったのである。

『唐会要』巻98・迴紇之条，p. 2068 に，

> 天宝初迴紇葉護逸標苾，襲滅突厥 小殺之孫烏蘇米施可汗。未幾，自立為九姓可汗。由是至今兼九姓之号。因而南徙，居突厥旧地，依烏徳鞬山 嗢昆河居焉。雖行逐水草，大抵以北山比中国之長安城，直南去西城一千七百里，北去磧口三百里。有十一都督，九姓部落，一部落置一都督。於本族中選有人望者為之。破拔悉密及葛邏禄，皆収一部落，各置都督一人。毎行止戦闘，以二客部落為鋒。

といわれるカルルクは，同書巻100・葛邏禄国之条，p. 2124 に，

> 自此後，葛（邏）禄在烏徳鞬山左右者，別置一部督〔ママ〕，隷属九姓迴鶻。其在金

---

[27] 原論文でここに引用したシネウス碑文のテキストと解釈はRamstedt 1913に依ったものであったが，1975年以後，シネウス碑文と同じく磨延啜の紀功碑であるタリアト碑文が学界に知られるようになった。その結果，両者の比較によって，引用箇所のカルルク西遷という事件は鶏歳（745年）ではなく犬歳（746年）であることが判明した〔cf. 川崎1993, pp. 95-98；片山1999, p. 173；森安1999, p. 186〕。

[28] 原論文では「745年」としていたのを「746年」に修正する。その理由は，直前の〔補記27〕で述べた通りである。

山及北庭管内者，別立葉護，毎歳朝貢。[29]

とあるうちの前者を指すのであろう。なぜなら内田の言うごとく[60]，カルルクがオテュケン地方にあったのは7世紀中頃のことであって，8世紀に入ってからはそのような事実は確認されず，むしろ諸史料はカルルクの住地を金山の西麓とすることで一致しているからである。羽田亨はウイグルの磨延啜（在位747-759年）が安史の乱助討に際して自ら軍を率いなかった理由を述べて，

> 其の父裴羅が略ぼ阿爾臺（アルタイ）山脈以東，興安嶺山脈以西の地に亘りて勢力を占めたる後を受けて，Selenga・Orkhon流域地方を始め，Yenisei河の上流及びIrtysh河地方に転戦し，叛するものを討ち，従わざるものを服し，かくて回鶻の勢力は益々強盛となるに至りしものなるが如し。北方の事情此の如しとすれば，南方唐の国情大に乱れ，其の累卵の形勢は，回鶻が勢を挙げて乗ずべき絶好の機会なりしにも拘はらず，可汗は親から其の事に従はず，僅かに子弟部将を遣して南下せしむるに過ぎざりし理由も，初めて解釈を得たるものなりと曰ふべし。[61]

といい，牟羽可汗（在位759-779年）時代になって状況が一変したことについて，

> 此の時代（牟羽可汗の時代）に於ける北方の事情は，少しも之を尋究すべき史料の存在するもの無けれ共，前代可汗の時代に於ては，屢々近隣諸部と事を構へて其の征討に従事し，未だ自から南方唐に対する経略を進むる能はざりしに，此の可汗の時代となりて，急に其の態度を変じ，可汗自から師を率いて南下したるを始め，常に唐に迫らんとする態度を取りしに鑑むれば，思ふに当時北方諸部との関係は，緊迫の情態に非りしなるべく，少なくとも諸部が回鶻に迫らんとする如き有様に非りしものなること疑無かるべし。[62]

と述べている。私は詳細な史料批判と大局的な情勢判断より引き出されたこの羽田説に全面的に従うものである。

以上のようにみてくると，ウイグルに隷属し，その客部となって外征の際には常に先鋒部隊を務めさせられたカルルクとは，746年[30]のカルルク主部の西遷後

---

[29] 原論文では，この史料の前半だけしか引用せず，そこに見える烏徳犍山は金山の誤りであろうとするなど，二重のミスを犯していたので，ここに訂正する。

もアルタイ地方に残留し，次いで磨延啜時代にウイグルの討伐を受けてその配下に組み入れられたカルルクの一支[63]を指すのであろう[31]。羽田の見解によれば次の牟羽可汗の時代にウイグルは北方諸部族と事を構えることはなかったというから，この金山のカルルクもほぼ完全にウイグルに隷属し，これに叛旗を翻すなどとてもおぼつかないような状態に陥ってしまったのであろう。このカルルクがウイグル帝国時代に再び勢力を盛り返し，ウイグルから独立したなどということはまず考えられないところである。それゆえ私は，先の引用文中にキルギスと吐蕃の橋渡し的存在として登場するカルルクを，金山地方に残留した一部ではなくて，十姓の故地に向けて西遷し，新たな政権を打ち建てたカルルクの主部であると考える。ではこのカルルクの領域，とくにその東方領域は一体どのあたりまで延びていたのであろうか。

だが残念ながら当時のカルルクの領域を明記した史料はない。わずかに『唐会要』巻100や『新唐書』巻217下・回鶻伝付葛邏禄伝から，その中心が砕葉(Suy-ab)城ないし怛邏斯(Talas)城地方にあったことが知られるのみである。先に引用したタミーム＝イブン＝バフルの旅行記の第8-9節にみえる湖が，ミノルスキーのいうようにイシック湖 Issik-köl であるならば[64]，カルルクの東境はこの湖付近であったということになるが，この記事はウイグル帝国全盛時代のものであり，この前後にはもう少し東方にまでカルルクの勢力は及んでいたかも知れない。とくに吐蕃と連合して北庭を攻め落とした頃にはその勢力範囲はかなり東方にまで拡大したことであろう。しかし『唐会要』は，カルルクの西遷とその後の情勢に関して次のように述べている。

> 至徳後，部衆漸盛，与迴鶻為敵国。仍移居十姓可汗之故地，今砕葉・怛邏斯諸城，尽為所踞。然阻迴鶻，近歳朝貢不能自通。〈『唐会要』巻100, p. 2124〉

確かに『冊府元亀』外臣部にも8世紀中葉以後のカルルクと唐との通交を示す記事は絶えて見られない。もし北庭戦後にウイグルではなく吐蕃が北庭～西州地方を支配していたのなら，『唐会要』は「然阻吐蕃，近歳云々」と書いたはずで

---

[30] 原論文では「745年」としていたのを「746年」に修正する。
[31] 本論文発表後，川崎浩孝による重要な論文が出て，カルルク主要部が原住地であったアルタイ地方から，かつて西突厥やトゥルギシュ（突騎施）が支配していたセミレチエ地方へ西遷した事件は746年のみならず，754年にもあったことが判明した［川崎1993］。

ある。いやそれどころか，北庭戦の時の同盟関係，あるいはまたその後のカルルクと吐蕃の友好関係[65]から逆推すれば，もし吐蕃が北庭〜西州地方を自己の勢力下においていたのなら，必やカルルクの使節が唐に入貢しているはずであろう。然るにそのような事実は全く知られていないのである。こうしてみると，カルルクの東部国境が790年頃北庭地方に迫ったことがあったとしても，それはほんの一時的なものであって，その前後の時代を通じ，カルルクは常にウイグルに阻まれて唐に達することが出来なかったということになろう。このことと先に見たタミーム＝イブン＝バフルの記事，あるいはまたその本拠がチュー河流域にあったとする中国側の記事等を比較考察するならば，おのずからカルルクの東部国境も北庭よりはむしろイシック湖に近い地方にあったというふうに限定されてくるであろう。〔原補註〕

さて以上のようにカルルクの領域の本拠及び東境がおおよそではあるが判明したところで，もう一度先に掲げた『新唐書』回鶻伝・黠戛斯之条の記事を振り返ってみよう。もし北庭が吐蕃の支配下にあったのなら，吐蕃の使節ないし商賈がキルギスに向かうには先ず自国領でキルギスにもっとも近いこの地に来たと考えるのが自然である。『通典』巻174・州郡4の北庭府之条を，安西府之条その他と比較しながら読むと，北庭とキルギスはかなり直接的な地理関係にあったことがうかがえるが，このことは『旧唐書』地理志・北庭都護府之条，p. 1645 に，

　　自永徽至天宝，北庭節度使管鎮兵二万人馬五千匹，所統摂突騎施・堅昆（キルギス）・斬〔啜〕（＝黙啜＝突厥）。

とあるのをみる時一層明らかとなる。とすると，「吐蕃の使節や商賈が北庭からキルギスへ行くのに，直接行かずに一旦カルルクの地に寄り，そこでキルギスから迎えの部隊が来るのを待った」ということは一体どういう意味なのだろうか。もし本当に吐蕃の軍隊が北庭をその管轄下においており，時にはウイグルの本拠のオルドゥバリク（カラバルガスン）にまで迫るような勢いを有していたのなら，何ゆえ吐蕃からキルギスに行くのに，ウイグルの剽鈔を恐れて一旦西方のカルルクの地に身を寄せる必要があるのだろうか。やはり疑問である。しかるに一方，北庭をウイグルの勢力下とみなし，吐蕃の西域における勢力は西のパミール〜于闐から東のロプ地方〜河西までであったとみなすなら，上の史料は何の無理もなく解釈できるのではなかろうか。即ち，吐蕃からキルギスに往来する者は，北

庭・トゥルファンにまで進出しているウイグルを避けて、一旦その西方のカルルクの地に入り、そこからキルギスにまで至ったと考えればよいわけである[(66)]。そしてこの時、キルギスの護送を待たねばならなかったということは、それ程までに敵の勢力が、即ちウイグルの勢力がカルルク地方にまで迫っていたことを物語るものである。以上のように解釈することが許されるならば、上のキルギス伝の記事もまたやはり私の説を支持するものとなろう。[32]

　以上のような理由から私には、田坂や佐藤・伊瀬のように、791年のウイグルの吐蕃撃破を伝える記事をウイグル側の捏造の報告とみなし、北庭戦以後ウイグルは漸次弱体化しつつあったと考える必然性は存在しないように思われる。しかしここで当然氏らの反論が予想される。それは『旧唐書』吐蕃伝に次のような記事があるからである。822年、唐蕃会盟のために吐蕃を訪れた唐使・劉元鼎に対し吐蕃の宰相・尚綺心児（シャン＝チスムジェ）は、

　　<u>迴紇小国也</u>。我以丙申（816）年踰磧討逐, 去其城郭二百日（殿版作二日。新
　　唐書作三日）[(67)]程, 計到即破滅矣。会 <ruby>我<rt>たまたま</rt></ruby>聞我本国有喪而還。<u>迴紇之弱如此</u>。
　　　　　　　　　　　　　　　　　　〈『旧唐書』巻196下・吐蕃伝下, p. 5265〉

と語ったという。田坂・佐藤両氏はここにみえる「其城郭」をウイグルの本拠オルドゥバリク（＝カラバルガスン）とみている[(68)]。そしてさらに最近では岡崎精郎も佐藤の説に左袒し、「元和十一（816）年、吐蕃軍は大磧を越えてウイグルの本拠へ進撃を開始した」と述べている[(69)]。また佐藤は、敦煌文書（Pelliot chinois 2765）[33]「大蕃勅尚書令賜大瑟瑟告身尚起律心児（シャン＝チスムジェ）聖光寺功徳頌」から、

---

[32] 820-840年前後にウイグルと争い、キルギスの可汗と自称した阿熱の母はトゥルギシュ（突騎施）の娘であり、妻はカルルク（葛禄）の葉護の娘であったという〔『新唐書』巻217下, p. 6149；『騎馬民族史』2, p. 455〕。この事実も、当時の西部天山地方とキルギスとの直接交流を裏付けているように思われる。さらにイェニセイ河上流域で発見された突厥ルーン文字のキルギス碑文の一つから、吐蕃王のもとへ使者として行ってきたキルギス人がいたことが分かり、814年にはカルルクの使者が吐蕃王を表敬訪問したというチベット大蔵経の記事があることについては、森安 1987「チベット」p. 57 を参照。

[33] 原文では Pelliot chinois 2555 となっていたが、それは藤枝 1961「吐蕃支配期の敦煌」p. 211 に拠ったからであり、正しくは Pelliot chinois 2765 であった。蕃漢バイリンガル文書ゆえ、現在は Pelliot tibétain 1070 としてインターネットで検索が出来るようになっている。ドミエヴィルが初めて紹介し、佐藤（長）が引用したこのシャン＝チスムジェ聖光寺功徳頌の優れた解説として、藤枝 1961, pp. 210-212 を注記し忘れていたので、改めて明記する。

統六軍以長征，廣十道而開闢，北挙攙槍，掃狼山一陣，西高太白，破九姓胡軍，獫狁旌邊，逐賢王遁竄，単于帳下，擒射鵰貴人，科頭迸走，・・・

という一文を引用して，「単于の帳下に射鵰の貴人を擒ふ」というのは，ウイグルの本拠二日程[34]の所にまで迫ったことを意味しているのではなかろうか，とも言っている[70]。しかしこれらはあくまで北庭争奪戦の最終的勝利は吐蕃側にあったとする立場からの推測に過ぎまい。816年という年代が唐代ウイグル史上に占める位置を考え合わせるとき，このような見方は到底受け入れられない[35]。その理由は先に掲げた史料だけからさえ明らかであろうから，ここでの詳述は避ける。佐藤らは「踰磧」の「磧」をゴビ砂漠とみたわけであるが，これはロプ＝ノール周辺ないしここから焉耆に至る間に横たわる砂漠を指したもので[36]，「其城郭」とは西州あるいは北庭のことを言っているに相違ない[37]。なぜなら，吐蕃は東部天山地方に進出するのに，鄯州から河西回廊を西進したとみるより，ツァイダム南辺を通ってロプ＝ノールの南に出，そこから北進して焉耆地方に至る道をとったと考える方が自然だからである[71]。すなわち，北庭争奪戦で吐蕃が一時勝利を占めた時，敗れた楊襲古の軍は西州（トゥルファン盆地）へ逃げ込んでいるし[38]，また吐蕃はこの戦いに先立ってカルルク・白服突厥等と緊密な連絡をとっていたのであって，これらの事実は明らかに吐蕃の軍がトゥルファンを通過せずに北庭に達したこと，且つそれ以前に吐蕃軍は天山の北側にいた遊牧諸部族

---

[34] 「ウイグルの本拠二日程の所」は佐藤（長）の原文のままであるが，この「程」は「ほど」ではなく「行程」という意味に取るべきであろう。

[35] 先の尚綺心児の劉元鼎に対する高飛車な発言について，実はその裏にまったく別の意図が隠されていたとする岩尾 2014, pp. 16-17 の見解は，まことに興味深い。

[36] これは「莫賀延磧」とか「莫賀延磧尾」とか呼ばれたところで，正確にはロプ＝ノール周辺〜焉耆間のみならず，それより東方の河西回廊〜ハミ・トゥルファン間も含まれる。要するにゴビ砂漠とタクラマカン砂漠を結ぶ砂漠地帯である。もちろん私は広義の磧がゴビ砂漠全体を指すことも否定しない。

[37] 陳国燦 1986, p. 616 では，北庭とみなしている。一方，武内はこのシャン＝チスムジェのウイグル討伐はオルドス北方のゴビ砂漠越えで挙行されたと想定しているので［Takeuchi 1986, pp. 62-63］，やはり「其城郭」としてはオルドゥバリクが念頭にあるものと思われる。因みに，元の拙稿に見落としがあったことをお詫びせねばならないが，実は竺沙雅章が早くも1961年の時点で敦煌出土の「吐蕃戌年六月沙州諸寺丁仕車牛役簿」(S. 542) を，吐蕃側ではシャン＝チスムジェが宰領した丙申（816）年の吐蕃・ウイグル戦争の戦後処理に関わる文書であると看破し，戌年を818年に比定していた［竺沙 1961a, pp. 52, 60 = 竺沙 1982, pp. 448, 458-459］。これは真に卓見であるが，それでも「其城郭」を，先行研究に引きずら

と容易に連絡がとれる地域に位置していたことを推測せしめるものである。なお，同じ沙漠を指す言葉でも「沙」と「磧」とはその内容が違うことを，かつて松田壽男氏より御指摘いただいたが，唐代，ロプ＝ノール北辺から焉耆地方に向かう道が大磧路と呼ばれていたという事実は[72]，私の推測の傍証となるであろう。

ここでこれまで述べてきた所を簡単にまとめておく。ウイグル対吐蕃の北庭争奪戦は一時的には吐蕃が勝利を収めたが，最終的にはウイグル側の勝利に帰した。そしてこれ以後ウイグルの勢力は徐々に衰退していったのでは決してなくして，大局からみればむしろ政治的にも宗教的にも，さらにはマニ教徒ソグド人[73]を掌握することによって経済的にも相当の支配力を，西域東部に及ぼしていたと思われる。ここに言う西域東部とは主に天山東部～北部地方を指すのであって，8世紀末～9世紀前半においては恐らくは，天山南路の北道地帯を緩衝地帯あるいは係争地帯として[74]，トゥルファン盆地を含めたそれ以北はウイグルの，そして河西回廊～タリム盆地南縁部は吐蕃の勢力下[75]にそれぞれ置かれていたと考えられるのである。

第6節 『金剛壇広大清浄陀羅尼経』跋文

私の言わんとする所は，以上でほぼ尽きるのであるが，本論の内容と密接不可分の関係にある史料がペリオ文書の中に含まれていることを，最近土肥義和氏から指摘されたので，以下それについて触れておく。その史料とは『金剛壇広大清浄陀羅尼経』(Pelliot chinois 3918)の跋文で，1972年上山大峻によってその全訳を添えて紹介されたものである[76]。次にその全文を再録する[39]。番号は便宜的に筆者が付したものである。

れてカラバルガスン（当時はオルドゥバリク）としている点だけは，容認できない。竺沙紹介のこの文書からは，もとは西州にいて吐蕃の捕虜となった漢人の寺戸や人戸を吐蕃支配下の河西内部で移動させている事実が浮かび上がるのであるから，当然ながら2年前の戦場は西州付近であったとみなすべきであり，従って「其城郭」はやはり西州か北庭以外にありえない。

[38] 柳洪亮はベゼクリク千仏洞で楊襲古に関わる碑文を発見したと言い，陳国燦もそれに従って考察をするが，我々の実物調査によれば，おおいに疑問が残るものである。Cf. 柳洪亮 1987, 1991；陳国燦 1996, p. 427；森安（編）2011『ソグドからウイグルへ』p. 557.

[39] ただし池田 1990『識語集録』No. 924を参考にして，上山作成テキストを一部変更している。

(1) 此金剛壇廣大清浄陀羅尼経, 近劉和尚, 法諱曇倩, 於安西翻譯, 至今大唐貞元九年, 約卅年矣。(2) 是諸佛如来大乗秘密了義之勝因, 亦乃衆生修行解脱之捷径。于闐 安西合國, 今見弘持。自此向東, 未聞宣布。(3) 即有捨官入道比丘僧利貞, 俗姓李, 字白孚。頃在西州長史兼判前庭縣事日, 因遇此経, 深生渇仰, 作大利益, 廣欲流通紙寫。恐年祀遷変, 法教将虧, 遂割減俸料之餘資, 敬於彼州妙徳寺[40]寶, 方像祇園之寶地, 創造精室, 徴召良工, 鐫礪貞石, 崇寫斯経, 将傳不朽。(4) 彦寶為居部属, 見此勝縁, 聿来随喜, 助寫碑経。其経本約有廿三紙, 字數梢廣, 欲寫恐長短竿料不周。數日憂惶, 未能題作。忽於夜夢, 有一老人報言, 你若寫此石経, 毎行書五十五字, 不須疑慮。豁然驚悟, 尋此夢言, 更不計竿, 決意便書。至信奉行, 唯残両行。題記年月日, 兼及施主名号, 亦無一字餘剰。信知聖力冥加, 善神潜助, 據斯感應, 足為徴驗。(5) 其経梵本, 在于闐蔵中。有一小僧, 於蔵取夾開讀, 不信毀呰, 便唾隔墻拋棄。其夾掛在樹上, 其夜洞徹放光, 擧國咸見。其僧悔恨, 投於樹下, 砕身自戒, 求哀懺悔。其時有二百餘小乗僧, 並捨本業, 歸向大乗。自爾僧俗諷誦弘持。其次有一僧, 受持此経。臨終於澡濯, 口上正念, 結跏而逝。諸如勝境, 其數寔繁, 不能具載。(6) 其経去年西州傾陷, 人心蒼忙, 收拾不着, 不得本来。(7) 乃有同行僧廣林, 先日受持, 昨於沙州, 略有諷誦。僧俗忽聞欣歡頂戴, 咸請留本, 相傳受持。(8) 今次届甘州, 未有聞者。遂請廣林闍梨, 附口抄題, 将傳未暁。見聞之者, 普願弘持, 廣令流布。癸酉歳十月十五日, 西州没落官甘州寺戸唐 伊西庭節度留後使判官朝散大夫試大僕卿趙彦寶寫, 与廣林闍梨審勘校, 並無差謬。普願宣通, 作大利益。其廣林, 俗姓田氏也。(9) 乙亥年秋, 得向西元本勘。頭邊闕三紙来不得, 餘校竟。比丘利貞, 此本勘後甚定。受持之者, 請無疑慮。

上山の解釈に従って跋文の内容を順に記すと次のようになる。

(1) 本経の漢訳は753年頃に安西即ち亀茲の地で, 曇倩なる人物によって行なわれた。
(2) 初め本経は于闐及び安西では弘く受持されていたが, それ以東の地方には伝わっていなかった。

---

[40] Cf. 陳国燦 1996, p. 427 ; 森安（編）2011『ソグドからウイグルへ』p. 558.

(3) 西州長史兼判前庭県事の李白孚[41]は本経に深く感銘し，これを永く伝えんとして西州の妙徳寺にこれを石碑に写して留めた。

(4) その後，唐伊西庭節度留後使判官朝散大夫試太僕卿の趙彦賓が西州に来て，部属と共にその石経を書き写した[(77)]。

(5) 本経のサンスクリット原本はもと于闐の蔵中にあったものである（この節では，本経にまつわるエピソードを載せて，本経受持の功徳を強調する）。

(6) 去年（＝貞元八年＝792年）西州が傾陥して趙彦賓は没落官[42]となり甘州の寺戸となったが，混乱のため本経を伝持することが出来なかった。

(7) 一方，広林なる僧があって，沙州でこの経を誦していたところ，僧俗はこれを聞いて仰信し，経典を文字にして普及せしめんことを願った。

(8) 趙彦賓のいる甘州には未だこの経典は伝わっていないので，流布せしめんとして広林に請うて，彼から口伝えに書写した。それは癸酉歳（793年）10月15日のことである。

(9) 後，乙亥歳（795年）秋，西方の元本を入手した。既に利貞の名で出家していた李白孚がこれによって口伝本の校勘を行なった。

以上の上山の解釈は大筋においてはほぼ妥当と思われ，私も敢えて異論を唱えるつもりはない。しかしながら(6)の内容に関して氏が，「（前略）『元和郡県図志』では西州は『貞観（貞元）七年没於西蕃』とあり，貞元七年に吐蕃に敗れたことを記す。いずれにしても西州の陥落は貞元八年頃とみられる」と言われる[(78)]のについては，私は無条件にこれに従うことは出来ない。なぜなら，もしこの考えをそのまま認めると，792年頃以後西州はひき続き吐蕃の支配下にあったことになり，先の私の結論と食い違ってくるからである。そこでもう一度(6)(7)(8)(9)の内容を検討しよう。そこで言っていることを要約すると，「趙彦賓は西州に本経を置いて来てしまって今それを手元に持っていない。ところが最近沙州で広林闍梨という一僧が本経を諷誦しているという噂を聞いた。そこで甘州にいた趙彦賓は早速広林に交渉して，彼の口から本経を写し取った。勿論これは広林の記憶に頼ったので不完全な箇所もあった。然るに795年には西方から元本（具

---

[41] 原論文では李孚須としていたのを，池田 1990, pp. 315-316 に従い一括して李白孚と修正する。
[42] 「没落官」や「破落官」という表現は敦煌文書に散見される。

体的に何かは不明）を手に入れ，具さに校勘することが出来た。この校勘には利貞（李白孚）があたった」ということになろう。

ここで，趙彦賓及び李白孚が西州を捨てて（或いは西州から連れ去られて）吐蕃治下の河西の地に来ていた，という事実に注目したい。もともと唐の高級官吏として西州にいた趙彦賓と李白孚とが西州を去ったのは何故であろうか。その理由としては二つの場合が考えられる。一つは，西州が吐蕃に陥れられ，その時あるいはそれから暫くして吐蕃の手で強制的に河西に移住させられた場合，いま一つは，吐蕃に陥落した西州が今度はウイグルの攻撃を受けたので吐蕃軍ともども南の方に難を避けた（或いは吐蕃軍に強制的に連行された）場合である（北庭争奪戦の時のウイグルと唐との関係からみて，吐蕃の手に落ちたことのない西州をウイグルがいきなり攻めたという可能性はまずない）。前者の場合だとすれば西州が吐蕃の支配下に入ったのは792年だということになり，後者の場合だとすれば790年秋以後792年以前に吐蕃に没した西州が792年にはウイグルの手中に帰した，ということになる。もし後者の場合だとすると，私が本論で述べてきたところと何ら矛盾しないので問題はない。ところが前者の場合が正しく，且つこれ以後も西州は引き続き吐蕃の支配下にあったとすると，これは先の私の結論，即ち，大まかにいえば北庭争奪戦以後は天山南路北道地帯を緩衝地帯（或いは係争地帯）として，西州を含むそれ以北はウイグルの，河西を含むそれ以南は吐蕃の勢力下にあったとする私見とあわなくなる。しかしこれはあくまで「これ以後も西州は引き続き吐蕃の支配下にあったとすると」という前提に立てばの矛盾であって，もしこの前提が正しくなければ，即ち，一度は吐蕃に陥落した西州ではあるが，その後いくばくもなくしてウイグルの支配下に入ったと考えれば，全く矛盾は無くなる。ではその前提は果たして正しいであろうか。

そこでもう一度跋文に目を向けてみよう。すると，趙彦賓が西州に置いてきてしまったのと同じ経典を得るために，直接自分で西州に行って原本を取ってきたり，或いはそれを西州から取り寄せるようなことをしないで，沙州の僧に依頼してその口から不完全な経文を写し取ったという事実が目につく。ではなぜ彼は西州に置いてきた原本を自ら入手しようとはせず，沙州の僧の諷誦していたところから筆写するだけで満足せねばならなかったのか。私はそれは，彼が西州に置いてきた原本を入手したくても，当時の情勢がそれを許さなかったからだと考える。即ち当時吐蕃の強力な支配下にあった甘州と沙州との間では交通が自由であった

が，これらの地域と西州とはほぼ完全に交通・通信が途絶えていたからであると考えるわけである。その理由はと言えば他でもない，ウイグルがすでに西州を手中に収めていたことにこそ求められなければなるまい。

　振り返ってみるに，吐蕃がカルルク等と共に大挙して北庭を攻め，そこを奪い取ったのは790年秋のことであった。しかしまだこの時点では西州は吐蕃の手に落ちていない[79]。だが吐蕃軍は，ロプ＝ノール地方から北上して焉耆地方に達し，さらに東北進して遂に北庭まで占領する一方では，河西回廊を西進してすでに瓜州・沙州[80]から伊州[81]の地にまで支配の手を延ばしていたのである。西州が陥落するのはもはや当然の成り行きで，そしてそれは恐らく790-791年のある時期に起こったのであろう[82]。ところがこのような情況を到底看過しえないウイグルは三たび吐蕃・カルルク連合軍を攻めて，791年秋ようやく北庭（の半分?）をとり返したのである。田坂・佐藤両氏がこの事実を認めないことは前述の通りであるが，しかし両氏が否定するこの791年秋の記事[83]の他にはウイグルが吐蕃を破ったことを伝える記事はない。カラバルガスン碑文からウイグルが吐蕃を撃破したことが明らかに読み取れ，かつウイグルがこのような誇らしげな勝利を唐に伝えないはずはないことを考える時，やはり791年秋のウイグル側からの報告は事実とみなすべきであろう[84]。勿論この時の戦いの結着がただ一度の戦闘でついたと考える必要はなく，12月に至ってウイグルが唐に吐蕃の大首領尚結心を献じているところを見ると[85]，この時の戦いも数ヵ月にわたって続けられたのであって，秋の報告はその初期の勝利を伝えたものと思われる。この791年秋から冬へ，さらに恐らくは792年前半にまで持ち越された戦いの連続の中で[86]，ウイグル軍は遂に吐蕃軍を西州からも追い払い，そこを占拠するに至ったのであろう。跋文の(6)にみえる「其經去年（＝792年）西州頃陥，人心蒼忙，収捨不着，不得本来」という文は，まさにこの時のことを伝えたものと解釈してよいのではなかろうか。そして趙彦賓及び李白孚（利貞）もこの時西州を去って吐蕃軍ともども河西の方に難を避けた（或いは吐蕃軍に強制的に連行された）のであろう。即ち私は先に，もと唐の役人として西州にいた2人が官を失ったり捨てたりして西州を去らねばならなくなった理由として二つの場合を想定しておいたが，そのうちの後者の方により大きな可能性を認めるのである。[43]

---

[43] 上の〔補記37〕でも言及した敦煌文書「吐蕃戌年六月沙州諸寺丁仕車牛役簿」(S.542)によって我々は，吐蕃とウイグルとの交戦により，河西にいた吐蕃側の漢人やソグド人の寺戸

だが，ここにもまだ一つ疑問は残る。それは，既に河西回廊に確固とした足がかりを築いていた吐蕃が，今度はそこを基点として逆に西州にいたウイグル軍に反撃することが当然予想されるのに，そうしなかったのはなぜか，という問題である。しかしこの疑問は当時の吐蕃と唐・南詔関係を考慮する時，容易に氷解するものと思われる。なぜなら，佐藤（長）の研究によれば[87]，この頃剣南節度使として活躍していた韋皋の努力が着々と実を結び，788年以後唐軍はこの地方においてしばしば吐蕃軍を破り，794年には遂に，それまで吐蕃と行動を共にしていた南詔をして大いに吐蕃を討たしめることにさえ成功したのである。このような吐蕃の東部〜東南部国境地方における戦況の不利に鑑みるとき，吐蕃に再び西州・北庭地方を奪還する余裕があったとは到底考えられないのである[44]。またこの頃，吐蕃宮廷内では深刻な内訌が進行していたことも忘れてはならない[88]。

以上のような解釈にもし誤りがないとするならば，この跋文全体の内容も，本論で私が述べてきたような北庭戦後の西域情勢把握に，なんら障害を与えるものではない。それどころか，本跋文は，北庭争奪戦後のウイグルの西域進出を裏付ける新しい史料として，積極的に評価されて然るべきである。[45]

註

(1) 田坂 1940b「中唐に於ける西北辺疆の情勢に就いて」；長澤 1956「吐蕃の河西進出と東西交通」[46]。

　　がウイグルに捕虜となり，逆に西州にいたウイグル側の漢人やウイグル人が河西地方に連行された（恐らく寺戸となった）様子を窺うことができる［竺沙 1961a；『籍帳』No. 247；北原 1980, pp. 411-413］。それは丙申（816）年から戊（818）年のことであったが，同じような状況が792-795年前後にも起きていたと思われる。

44 本稿〔書後2〕の末尾を参照。
45 この Pelliot chinois 3918 の跋文の読み方はきわめて難しく，第6節はあくまで試論であると自覚している。〔書後1〕で言及する陳国燦 1986, pp. 614, 616 だけでなく，王小甫 1992, pp. 208-209 や華濤 2000a, pp. 15, 31（n. 81）；2000b, pp. 142, 149（n. 5）でも，私がこの跋文を曲解していると批判されている［陳国燦 1996, p. 429 も参照］。それに対して，Takeuchi 1986, pp. 58-59 並びに Beckwith 1987, pp. 156-157 や，上山 1972 の修訂版である上山 1990, pp. 467, 469 では，私の読み方に好意的である。少なくとも Takeuchi 1986, p. 59 は，王小甫の中華主義的で私にはとても理解できない森安批判への反批判となろう。ただ，今後も新出史料を待ちながら検証を重ねる必要があることは認めざるをえない。
46 長澤 1956ではウイグル道（回紇路）についても論じている。なお，安史の乱後の吐蕃の急速な北上については，本書第3論文＝森安 1984「吐蕃の中ア」第5章も参照。

（2）『資治通鑑』巻231, p. 7442 には「西域五十七国及十姓突厥」とある。明らかにこの方が正しい。[47]
（3）田坂 1940b；羽田 1957a「唐代回鶻史の研究」；安部『西ウ』；佐藤『古チ』。
（4）安部『西ウ』p. 161.
（5）森安による本書の書評「C. マッケラス『両唐書より見たウイグル帝国』」(『東洋学報』55-3, 1972, pp. 123-133) を参照されたい。
（6）The Australian National University, Centre of Oriental Studies, Occasional Paper No. 8 (Canberra, 1968).
（7）『旧唐書』迴紇伝には「十年秋」とある。これらを共に羽田は「六年秋」の誤りであるとした。一方，羽田とは別の理由からエチェディも六年説をとっている。最近では佐口もこの説に従っている。然るに，本文で後述するように北庭争奪戦の勝者を吐蕃とみる田坂・佐藤両氏は「七年秋」が正しいとする。私は前者の方に従うが，その理由は本論が進むにつれて自ずから明らかとなろう。羽田 1957a「唐代回鶻史の研究」pp. 218-220；Ecsedy 1964, pp. 100-101；佐口 1972a,『騎馬民族史』2, p. 343；田坂 1940b, p. 173；佐藤『古チ』p. 664 及び佐藤（長）1973,『騎馬民族史』3, p. 184.
（8）Pelliot 1961, *Histoire ancienne du Tibet*, p. 59. なお，漢文引用箇所全体に対する仏訳も参照のこと。
（9）Ecsedy 1964, n. 9.
（10）羽田 1957a「唐代回鶻史の研究」p. 213.
（11）安部『西ウ』p. 159.
（12）本稿執筆中[48]に佐藤長の両唐書吐蕃伝訳注（『騎馬民族史』3, 1973）が出版された。いま問題になっている箇所の氏の解釈は私と全く同意見である。
（13）Ecsedy 1964, n. 11. バシェル（S. W. Bushell）も「北庭の近くにいた羌は」と訳している [Bushell 1880, p. 504]。
（14）即ち迴紇伝では「利」を動詞ではなく「頡干利」という称号の一部と読ませている。「頡干利」を「頡干伽斯」の variant とみるのは不可能，とエチェディは言う。
（15）原文は「羌」である。
（16）佐口 1972a,『騎馬民族史』2, p. 344.
（17）Mackerras 1972, pp. 162-163, n. 192.
（18）安部『西ウ』pp. 159-160.
（19）羽田 1957a「唐代回鶻史の研究」p. 218.
（20）羽田 1957a, pp. 220-221.
（21）安部『西ウ』pp. 168-169, 201.
（22）田坂 1940b, pp. 175-176.
（23）佐藤『古チ』p. 702, n. 25.
（24）佐藤『古チ』pp. 632, 665, 675.
（25）伊瀬『西域』pp. 469, 475-476, 481.
（26）Ecsedy 1964, p. 83.

---

[47] 陳国燦 1996, p. 416 では，原史料の「五十七蕃」を西トルキスタンの親貨羅国と結び付けようとするが，それは行き過ぎで，司馬光の方が穏当であろう。
[48] これは増補版ではなく初稿［森安 1973］の執筆中という意味である。

(27) Stein, *Ancient Khotan*, I, p. 65 ; Stein, *Innermost Asia*, pp. 580-581 ; Thomas, TLTD, II, pp. 283-284 ; Hoffmann 1950a "Die Qarluq in der tibetischen Literatur," p. 199 ; Samolin 1964, p. 69.
(28) Müller 1913, *Ein Doppelblatt aus einem manichäischen Hymnenbuch (Maḥrnāmag)*.
(29) ミュラーは昭礼可汗（在位823-832年）とみなしているが［Müller 1913, p. 29］、これは保義可汗とみる方が妥当と思われる[49]。因みに、この2可汗は全く同じ称号を持っていた［山田 1951「九姓回鶻可汗の系譜」][50]。
(30) Müller 1913, p. 36 ; Gabain 1949, "Steppe," p. 60 ; 安部『西ウ』pp. 217-218.
(31) 安部『西ウ』p. 219.
(32) Henning 1938, "Argi."
(33) Henning 1938, "Argi," p. 566.
(34) Le Coq 1912a, "Ein manichäisches Buch-Fragment aus Chotscho."
(35) ヘニングは"olurmaq"を全く別様に解釈して、これを含む一句を「3人の（マニ教のために殉死した）マヒスタクの記念祭のために」と訳している［Henning 1936a, pp. 14-15][51]。私はこの訳には従えないが、たとえ氏の説が正しいとしても、本稿の論旨には影響がない。
(36) Le Coq 1912a, p. 149.
(37) Bang / Gabain 1929b, TTT II, p. 413.
(38) Gabain 1949, "Steppe," pp. 58-59.
(39) 田坂 1940b, p. 204, n. 34 ; 田坂 1941「回紇の諸城郭」p. 232, n. 32 ; 田坂 1964, p. 470.
(40) 安倍『西ウ』pp. 207-210.
(41) カラバルガスン碑文のソグド語面では牟羽可汗は pwkw γ'γ-'n となっている［Hansen 1930, p. 18］。pwkw は前舌音系の bögü に対応するものであり、後舌音系の buγuγ / boquγ とは混同され得ない。それに語末の -γ もソグド語転写では現われていない。
(42) Chavannes / Pelliot 1913, pp. 196-197, note ; 羽田 1958a, pp. 10-11. とくにシャヴァンヌ・ペリオ両氏は「767年にウイグルの可汗がトゥルファン地方に対し特別の権力を有していたとは思われない。いずれにせよ、帝国の中心は未だオルホン河流域にあったに違いなく、云々」と述べている。
(43) ルコックは ai-γ'in をマヒスタクの名前であるかのように解したが、これはクローソン（G. Clauson）のように「言葉もて」と訳すべきである［ED, p. 270］。これを ai-qaya と読んで ai に「月」、qaya に「岩」の意を読みとろうとしたシャヴァンヌ・ペリオ両氏の説［Chavannes / Pelliot 1913, p. 381］も斥けられるべきであろう。
(44) Le Coq, *Manichaica*, I, pp. 11-12.
(45) Chavannes / Pelliot 1913, p. 381.
(46) Gabain 1949, "Steppe," p. 60.

---

[49] Cf. 本稿の［補記11］.
[50] Cf.『マニ教史』p. 182 = GUMS, p. 222.
[51] Henning 1945 でも展開されたマニ教のイムキ Yimki 祭に結び付けるヘニング説は、今に至るまで支持者も多いが、やはり私はこれを受け入れられない。その点について、詳しくは、本書第1論文＝森安 2002「安史」p. 149, n. 44 を参照されたい。なお、Clark 2000, p. 114 ; Clark 2009, p. 61 ; 茨黙（Zieme）2009, p. 5 では、幸いにして私と同じ見解を取っている。また、パルティア語の yamag「双子」に由来するイムキについては、吉田 2004, p. 27, n. 12 及び pp. 7-9 も参照。

(47) 『通典』巻40・薩宝府注，p. 1103 に次のような記事がある：「開元二十年七月勅，末摩尼法本是邪見，妄称仏教，誑惑黎元，宜厳加禁断。以其西胡等既是郷法，当身自行，不須科罪者」。『仏祖統紀』巻54や『僧史略』巻下にもほぼ同様の記載がある。

(48) 石田 1922, p. 306, n. 5；矢吹 1935, p. 14；Henning 1936a, p. 6 = HSP, I, p. 384；Haloun / Henning 1952, pp. 200-201；Taqizadeh / Henning 1957, p. 116；足利惇氏『ペルシア宗教思想』東京，国書刊行会，1972, p. 109；O. Klíma, "Ein Beitrag zur Chronologie von Manis Leben," *Archiv Orientální* 34-2, 1966, pp. 212-214.

(49) 原文の "nom uluɣï" を「教義の長」と訳し，それを "nom prašdangï" = "ispasag（薩波塞）" とみなすことについては，Gabain 1949, pp. 51-52 を参照のこと。[52]

(50) 国教とまで言い切ることは出来ない。洋の東西を問わず従来の概説書はほとんどすべて「牟羽可汗のマニ教改宗以後，マニ教はウイグルの国教となった」と述べているが，これは速断にすぎる。この点に関しては別稿を用意している。[53]

(51) Minorsky 1948, "Tamīm ibn Bahr's Journey to the Uyghurs."

(52) タバリー（Ṭabarī）の記事によれば，820年頃トグズグズ即ちウイグルが西トルキスタンに出兵した事実がある，と言う [cf. 羽田 1919, pp. 379-380, n. 12；安部『西ウ』p. 212]。[54]

(53) 胡三省はこの柳谷を，西州から北庭へ向かう道の途中にあった柳谷とみている。もしこの考えが正しいなら，この付近の吐蕃とは西州に進出していた吐蕃ということになる。そうすると，北庭はウイグルの治下にあったが，西州は吐蕃の治下にあったということになろう。だがこのような考え方は，本文で紹介した *Mahrnāmag* の存在そのものと全く相容れないものである。さらにまた，史料には「回鶻発兵，度磧南，自柳谷西撃吐蕃」とあるのだから，この柳谷が西州の北のボグド連山地方にあったのでは，方角が全く一致しない。やはりこれは河西にあったものとみる方が妥当であろう。田坂もはっきりと，西州の柳谷とこれとを混同すべきでない，と述べている [田坂 1940b, p. 207, n. 56]。

(54) 「元和九年五月，復置宥州，以護党項。」〈『旧唐書』巻198・党項羌之条，p. 5293〉

(55) 伊瀬『西域』p. 474.

---

[52] ただし，「オテュケンにいる教義の長」をイスパサグすなわちアフタダンであると推定したこのガバイン説には，もはや従えない。なぜなら，原論文ではマヒスタクに与格語尾が付いているとみなして，「オテュケンにいる教義の長」が命令の発信者であり，テングリ＝マル＝ニウ＝マニ＝マヒスタクが命令の受け手であると解釈していたが，本書第14論文第5節の註46で当該奥書を再検討したとおり，マヒスタクに与格語尾はなく，両者は同一人物とみなされるからである。東ウイグル帝国の本拠であるモンゴル本土に設置されるマニ教団の最高位者が，いつの時点で第三位のマヒスタクから第二位のアフタダンになったかについては，本書第1論文＝森安 2002「安史」n. 36 と，そこへの〔補記23・24〕でさらなる考察を加えている。

[53] 不十分な形ではあるが，この問題については森安 2013「東ウイグル＝マニ教史の新展開」とその増補版である本書収載第14論文で論じた。

[54] 羽田・安部両氏ともタバリーの記事はバルトリドからの孫引きであり，私もそれに引きずられて「出兵」としたが，タバリーの原典には単に，ヒジュラ歴205年（西暦820/821年）に「トグズグズがウスルーシャナに到着した」とあるだけである [C. E. Bosworth, *The History of al-Ṭabarī*, Vol. 32, Albany：State University of New York Press, 1972, p. 107]。ここのトグズグズに対するボスワースの訳注はやや曖昧であり，羽田・安部両氏のようにウイグルに比定する

(56) 小野川は本文に引用した『新唐書』の記事の上文に「乾元中」とあるのにより，この記事の内容を乾元年間（758-760 年）頃のものとみている［小野川 1943a「突厥碑文訳註」pp. 268-269］。しかし原文を参照すれば分かるように，「乾元中」の語は引用した部分にまではかかっていない。
(57) 伊瀬『西域』p. 475.
(58) 小野川 1943a, pp. 374-376；内田 1968, pp. 65-66.
(59) 山田 1971a「トルキスタンの成立」pp. 480-481；山田 1971b「トルコ族とソグド商人」pp. 314-316.[55]
(60) 内田 1968, pp. 62-66.
(61) 羽田 1957a「唐代回鶻史の研究」pp. 199-200.
(62) 羽田 1957a, p. 209.
(63) シネウス碑文・西面・第 2 行に，anta yaqaγaru basmïl qarluq yoq boltï「そこから国境までバスミル族とカルルク族はいなくなった」とある［森安 1999, pp. 181, 189, 194；森安／鈴木／齊藤／田村／白 2009, pp. 19, 40, 73］。これは前後の関係よりみて 754 年のことである。セミレチエ〜タラス地方のカルルクが隆盛をみせるのはむしろこの 754 年以後のことであるから，ここにウイグルによって滅ぼされたカルルクとは，アルタイ地方に残留していた「一支」であることは疑いない。
(64) Minorsky 1948, pp. 290-291, 298.
(65) Hoffmann 1950a, p. 199, n. 40.
(66) 西方（西部天山地方〜セミレチエ）のカルルクの居住地から，北庭地方を経由せずに，直接キルギスに向かう道が存在したことについては，ガルディージーに明証がある［cf. B. B. Бартольд, *Сочинения*, VIII, Москва, 1973, p. 47；Minorsky, HA, p. 283］。
(67) やはり「二日」ないし「三日」とある方が正しいと思われる。[56]
(68) 田坂 1940b, p. 186；佐藤『古チ』p. 673；佐藤（長）1973, 『騎馬民族史』3, p. 200. この点に関しては羽田亨にも明解がなかったらしく，「恐らく Kara Balgassun の都城の義なるべし」としている［羽田 1957a, p. 229］。
(69) 岡崎 1972『タングート古代史研究』p. 125.
(70) 佐藤『古チ』pp. 673-674.
(71) Cf. 松田壽男／森鹿三（共編）『アジア歴史地図』(1966) p. 107；長澤 1956, p. 74, n. 7；松田 1937「吐谷渾遣使考」；森 1970. 森鹿三の紹介する『寿昌県地鏡』は，唐代のタリム盆地東南部において土蕃（吐蕃）が優勢な支配勢力であったことを明示している。なお土蕃と共に土谷即ち吐谷渾の名が見えているが，このことは松田論文の内容に徴して注目に値する。

方が正鵠を射ている。なお，ミノルスキーは，羽田 1919 を見落とすという欠点はあるが，トグズグズを沙陀突厥に当てるバルトリド説に対してウイグルに比定するマルカルト説を支持しつつ，トグズグズはトクズ＝オグズに由来し，それはウイグル（ここでは東ウイグル）を指すという結論に達していた［Minorsky 1948, pp. 287-289, 302, 304］。

[55] 私もこれら先学と同様，746 年に西遷したカルルクが，751 年のタラス河畔の戦い後，ほぼ完全にトゥルギシュにとってかわり，チュー河流域を中心とするセミレチエ地方に新政権を打ち建てたと考えていたが，上の［補記 31］で言及した川崎 1993 の成果により，カルルクが強大化するのは 754 年に二度目の西遷が起きた後からとみなすべきであろう。

[56] Cf. Pelliot 1961, p. 75；佐藤（長）1973, 『騎馬民族史』3, pp. 200-201.

一方，カラバルガスン碑文には，亀茲を包囲攻撃中だった吐蕃軍が，亀茲救援に駆けつけたウイグル軍に破られて于術に逃げ込んだ，という記載がみえる（第 XVI 行——本稿引用）。この于術とは亀茲と焉耆の中間に位置する地名である [cf. 羽田 1957a, p. 286, n. 144]。

(72) 松田『天山』p. 60；伊瀬『西域』p. 427, n. 1.
(73) ウイグル族とマニ教との関係については別に論ずる予定である。[57]
(74) 前註 71 を参照。ウイグルと吐蕃が亀茲で戦ったのは恐らく 792 年以後であろう。
(75) 藤枝 1941-1943「帰義軍節度使始末」；藤枝 1973「敦煌暦日譜」。
(76) 上山 1972「曇倩訳『金剛壇広大清浄陀羅尼経』——八世紀安西における未伝漢訳経典」。
(77) この節の解釈に関し私は別の考えを持っているが，本論に直接関係ないので今は触れない。
(78) 上山 1972, pp. 73-74. なお，すでに白須淨眞はこれに賛意を表している [白須 1973「吐蕃支配期の東西交通」p. 32, n. 11]。
(79) 本論に引用した『旧唐書』巻 196・吐蕃伝の記事，及びこれと対応する『旧唐書』巻 195・迴紇伝・貞元六年之条の記事を参照。
(80) 沙州の吐蕃への陥落年代については，781 年説と 787 年説の二説があるが，白須によると最近では後者の方が有力だという [白須 1973, p. 30]。[58]
(81) 白須は伊州陥落の年代を，唐光啓元年書写沙州・伊州地志残巻 [S. 367；羽田 1930] の記載によって 762 年とみなしている [白須 1973, p. 34, n. 26]。私はこれでは余りに早すぎると思うが，確証はない。[59]
(82) 『元和郡県図志』巻 40・西州之条, p. 1031 には，「貞元七（791）年，没於西蕃」とある。この西蕃が吐蕃を指すことは他の用例からも容易に推測される。
(83) 本稿 pp. 209-210 をみよ。これと同内容の記事は『唐会要』巻 98・迴紇之条，及び『冊府元亀』巻 995・外臣部・交侵篇にもある。
(84) 安部は『資治通鑑』巻 234・貞元十（794）年春正月之条, p. 7552 の「先是吐蕃与回鶻争北庭，大戦。死傷甚衆。徴兵万人於雲南」という記事を引いて，これは 790 年の勝ち戦さでの犠牲というよりは，791 年の敗け戦さでの痛手とみる方が，よほど自然であること言うまでもなかろう，と述べている [『西ウ』p. 169]。Cf. 後註 86.
(85) 『旧唐書』巻 195・迴紇伝；『資治通鑑』巻 234・貞元七年冬十二月之条；『冊府元亀』巻 995・外臣部・交侵篇。『旧唐書』は尚結心献上の日付を「十二月」としているだけであるが，『冊府元亀』は「十二月甲午」としている。『旧唐書』より後に編纂された『冊府元亀』の方が詳しいということは，本書の編者が，『旧唐書』以外に，ウイグルが吐蕃及びカルルクを破ったことを伝える原史料を見たということであろう。『冊府元亀』のウイグルに関する記事は『旧唐書』と同系統の史料，あるいは『旧唐書』そのものに拠っていることが多いが，

---

[57] これついては，森安 1991『マニ教史』，森安 2007『シルクロードと唐帝国』第 7 章，森安 2013「東ウ＝マニ教」とその増補版である本書収載第 14 論文で論及した。
[58] 敦煌の吐蕃への陥落年代（沙州陥蕃年代）については，その後，大きな展開があったので，本論文の〔書後 3〕を参照されたい。
[59] 伊州の陥蕃年代については，陳国燦が私と同じ疑念を抱いて，早くても 767 年としながら，その後はまた唐側に回復された可能性を残している [陳国燦 1996, pp. 419-421]。私はそれが妥当であろうと思う。なお私は，吐蕃軍が進撃したのは粛州から西行して先ず瓜・沙州へ，そして北上して伊州へというルートであると思い込んでいたが，陳国燦論文によって粛州から先ず伊州へというルートのありえることを教えられた。

しかし全てがそうではないことに注意すべきである［cf. 羽田 1957a, p. 279 (n. 68), pp. 167, 170, 174］。
(86) 『旧唐書』巻195・迴紇伝, p. 5210, 及び『冊府元亀』巻999・外臣部・互市篇, 宋版, p. 4043上, 明版 p. 11727上によれば, 792年7月以前に早くもウイグルから使者が来り, 多数の馬を絹と交換している。これは管見の及ぶ限りでは, 北庭戦後行なわれた最初の絹馬貿易である。――もっとも, 上掲史料は790年にも絹馬貿易の行なわれたことを伝えているが, この場合はとくに,「貞元六 (790) 年六月, 迴紇使移職伽達干帰蕃, 賜馬価絹三十万匹」〈『旧唐書』p. 5208〉とあるところをみると, 恐らくこの馬群を引き連れた一隊が唐に到着したのは790年6月より数ヵ月前, 従ってそれがウイグル本国を出発したのはそれよりさらに何ヵ月か前のことであって, その時にはまだ北庭争奪戦は勃発していなかったものと思われる――。この点を考慮して私は, 792年前半のうちに北庭戦は最終的な結末をみていた, と推測するのである。なお, この推測を積極的に裏付ける史料として,『冊府元亀』巻973・外臣部・助国討伐篇, 宋版, p. 3867上, 明版 p. 11435下の「[貞元] 八 (792) 年正月, 吐蕃与迴鶻戦敗, 徴兵於南詔蛮王異牟尋」という記事があげられる。Cf. 前註84.
(87) 佐藤『古チ』pp. 675-686.
(88) 佐藤『古チ』p. 666.

〔原補註〕森安 1977「Hor」pp. 18, 26, 32, 45 などを参照のこと。
〔原付記〕[60]

〔書後1〕

　本稿［森安 1979「増補：北庭戦」］の趣旨は, その元版（初稿）である森安 1973 といささかも変わっておらず, ウイグル対吐蕃の北庭争奪戦の最終的結末について吐蕃勝利説が復活する余地のないことを論証する点にあった。その要旨を, 1979年にパリで開催されたペリオ生誕百年記念学会においてフランス語で発表した。それが Journal Asiatique 269-1/2 に掲載された Moriyasu 1981 であり, そこから耿昇の中文訳が作られた［『敦煌訳叢』第一輯, 蘭州, 1985, pp. 247-257＝再録：鄭炳林主編『法国蔵学精粋』蘭州, 甘粛人民出版社, 2011, pp. 189-198］。私が1973年に初めて発表したウイグル勝利説が内外の多くの学者に受け入れられていった経緯については, 森安 1987「チベット」p. 66, n. 14 及び『マニ教史』p. 31, n. 94 でやや詳しく述べたが, ここに森安説に賛同した主な論著を列挙しておく：Hamilton 1975, pp. 9-10；佐藤（長）1977, 再版への補正, pp. 937-938；羽田（明）1978；Marazzi 1979, p. 243；村上（真）1984, p. 44, n. 2；Klyashtorny 1988, p. 280；Mackerras 1990, pp. 318-319；林梅村／陳凌／王海城 1999, p. 164；Clark 2000, p. 107；Trombert 2000, pp. 18-19；Камалов 2001b, p. 164；Tremblay 2001, pp. 32-33；Steinhardt 2001, p. 257, n. 17；Hayashi 2002, p. 116；De la Vaissière 2002, p. 310＝

---

[60] 原論文の付記は, 私の流沙海西奨学会賞受賞の経緯を, 本論文の初稿とこの増補版との関連を含めて説明したものであったが, ここでは不要と判断して削除する。

De la Vaissière 2005, p. 309；杉山 2005, p. 65；Yoshida 2009, pp. 349-350；中田（美）2010, pp. 36-37；王媛媛 2012, pp. 105-106；岩尾 2014, p. 14.

　以上の列挙の中に，かつては吐蕃勝利説に与していた佐藤長・マッケラス両氏が含まれているのは重要である。特に欧米学界では優れた内陸アジア史概説として定評のある D. Sinor (ed.), *The Cambridge History of Early Inner Asia* でマッケラスがウイグル勝利説に変えた理由として森安説を紹介してくれている［pp. 318-319］のに，同書の別の箇所では旧来の吐蕃勝利説が残っている［p. 385］のは，そこの担当が本稿でも言及したホフマンであったから致し方ない。またチベット学界の大御所であったペテックは，1992年の時点でもまだ北庭争奪戦の勝者はどちらか不明であると言っていたが［L. Petech, "The Silk Road, Turfan and Tun-huang in the First Millennium A. D." In : A. Cadonna (ed.), *Turfan and Tun-huang,* Firenze, 1992, p. 11］，その後，吐蕃勝利説を支持する者はほぼ皆無である。とはいえ，東洋学界に大きな影響力を持つ譚麒驤（主編）『中国歴史地図集5 隋・唐・五代十国期』（上海，地図出版社，1982, pp. 75-77）では，天山南路の北道地帯が全て吐蕃領になったままであるのは，いかんともしがたい。

　以下には長期的には森安のウイグル勝利説を受け入れるが，短期的ないし部分的に反論をしている主な論考を紹介する。まず武内紹人とベックウィズは大筋で北庭戦でのウイグル勝利説を認めながらも，北庭と西州を分離して考えている。つまり北庭とクチャは確かに790年代にウイグル領に戻ったとしながら，西州について武内は795年から851年まで吐蕃領であったとし，ベックウィズは両者間で何度か帰属が交替したと推測している［Takeuchi 1986；Beckwith 1987, pp. 153-157］。それに対する反論史料はすべて本稿中に提示してあるので繰り返さないが，私にとってこの見方が受け入れられないことは言うまでもない。ただし武内論文は，特に欧米の研究者にとって北庭戦関係史料を再整理するのに有益である。華濤も北庭におけるウイグルの勝利は認めるものの，西州についてはベックウィズの考えに近いようである［華濤 2000b, pp. 142-143, 146, 151 (n. 26)］。

　次に，孟凡人は拙稿とほぼ同じような史料を使いながら，貞元十六（800）年前後に懐信可汗が吐蕃から北庭を奪回したと推測する［孟凡人 1985, pp. 78, 176, 263］。一方，陳国燦は，拙稿と同じく『金剛壇広大清浄陀羅尼経』跋文を使いながらも，その解釈を異にし，792年頃に吐蕃が西州から撤退したとする森安説は成り立たないと論断するだけでなく，やはり私が紹介した諸史料を独自に解釈して，吐蕃が西州から撤退したのは802年くらいではないかと推定する［陳国燦 1986「八・九世紀間唐朝西州統治権的転移」pp. 614, 616］。吐蕃が9世紀中葉までずっとトゥルファンを押さえていたとする説に反駁を加えた私の趣旨には賛成しつつも，大きく見方を変えているわけである。しかし802年というのは，次項の〔書後2〕で見るように，ウイグルがクチャを越えて西方遠くカシュガルからフェルガナまでを制圧した年であり，とても陳国燦説が認められ

るような状況ではない。

　最後に最も重要な栄新江の反論を紹介する。栄新江は, 北庭戦に対する森安説を大筋で認めながらも, やはりいささかの修正を加えるのであり, 唐の西州は貞元八 (792) 年に一度吐蕃に陥落したが, 貞元十一 (795) 年までに唐朝がこれを回復し, 最終的には貞元十九 (803) 年に東ウイグル帝国の手中に落ちたと主張する [栄新江 2000「摩尼教在高昌的初伝」pp. 224-228 ＝ 栄新江 2001d『中古中国与外来文明』pp. 380-384 ; cf. 労心 2002, pp. 81-82]。その際, 本稿を要約したフランス語版 Moriyasu 1981, p. 204 で追加指摘した敦煌文書 P. 2732 に加えて, 私の知らなかった梁素文旧蔵トゥルファン文書や敦煌文書 P. 2132 も使用しているが, これらに見られる貞元十 (794) 年, 貞元十一 (795) 年, 貞元十九 (803) 年という唐の年号や文書書式だけから西州における唐朝支配が 803 年まで続いたと推論するのは, やや行き過ぎではなかろうか。たとえば 792-795 年のどこかでウイグルが西州を占領していたとしても, 以後しばらくの間はそこで作成される漢文文書の紀年には唐の年号や書式を使わざるを得なかったはずである。実際, 西ウイグル時代になってもトゥルファンでは長らく漢文文書が使われ続けた証拠は枚挙に暇なく, 甚だしきは「西州四府五県」という唐代の行政用語さえ生き残っていたことは, 栄新江自身の指摘した通りである [栄新江 2009a＝2009b]。

　さらに栄新江は, 拙稿で挙げたウイグル語や中世ペルシア語の史料をうまく活用して論を展開しながら, 795 年の豚歳に作成されたウイグル語マニ経典 [cf. 本稿＝森安 1979「増補: 北庭戦」p. 216 ; 本書第 14 論文, 第 5 節, pp. 552-553] がトゥルファンから出土している事実を無視している。これは理解に苦しむところであり, 西州がウイグルの手中に入ったのを 792 年と推定した私の当初の考えが誤っていたとしても, 遅くとも 795 年までにはウイグルが西州を占領したという考えを変える必要はないと信じている。まして, 拙稿発表後に知られた『神会語録沙門宝珍題記 (仮題)』には,「唐 貞元八 (792) 年歳在未, 沙門寶珍共判官趙秀琳, 於北庭奉張大夫處分, 令勘訖。其年冬十月廿二日記。 唐癸巳 (813) 年十月廿三日比丘記」とあるから [cf. 池田 1990『識語集録』p. 315 ; 馬徳「敦煌文書題記資料零拾」『敦煌研究』1994-3, p. 108], 792 年の終わり頃に北庭が吐蕃の支配下になかったことは確実である。いずれにせよ, 790 年代においては唐とウイグルは味方同士であるから, ウイグルの占拠というよりは, 唐ウイグル連合側の西州・北庭地方回復と言う方が穏当なのかも知れない。

〔書後 2〕

　この第 4 論文のみならず第 3 論文にも関わる書後として, 最近の吉田豊の刮目すべき研究成果を紹介しておきたい。漢語・ソグド語・ウイグル語の 3 言語からなるカラバルガスン碑文については, 私と長らく共同研究を推進してきたところであるが [cf. 吉田 2011a, pp. 8-11], 吉田はそれに加えてコータン地区出土文書群, すなわち 8 世紀後半

~9世紀初頭にコータン地区で作成されたコータン語・チベット語・漢語文書に着目し，先行する張広達・栄新江の論文と相俟って，それらの相互比較を通じた歴史研究に新しい視野を切り開いている。その結果として，北庭争奪戦後もウイグル軍と吐蕃軍の間では西域北道一帯で激しい戦闘が続き，798年までにはクチャ～カラシャール地区における戦争でウイグルが勝利してカシュガルにまで迫ったこと，802年には吐蕃統治下のカシュガルをウイグル軍が侵略したことによりマザール＝ターグ以南のコータン地区に緊張が走ったこと，その後ウイグル軍は吐蕃と連合するカルルク軍を追ってフェルガーナに入り，さらにパミールを越えて大食の東方領であるホラーサーンまでも一時的に制圧した可能性の高いことが明らかにされた［吉田 2006, pp. 29-30, 45 ; Yoshida 2009, pp. 351-355, 358, 361 ; 吉田 2011a, pp. 18-19 ; 吉田 2013, pp. 55-57］。

こうしてウイグルの対吐蕃・カルルク戦が一段落し，北庭争奪戦に勝利したウイグルは，東部天山地方のみならず西部天山地方全体までも押さえることに成功したわけである。また，本稿註52と〔補記54〕に引くタバリーの記事により，ウイグルは820/821年頃，ソグディアナのウスルーシャナ方面にまで進出していたことが知られる。私は本稿で，そのような820年頃のウイグルによる西域北道一帯の支配状況を反映する証拠としてマニ教讃美歌集マフルナーマグの奥書を挙げたわけであるが，そこに見える地名に対するヘニング説の一部に疑念を抱いていた。具体的にそれは第四段落のクチャ支配下の Kāš = Kāšγar（疏勒）と，第六段落の 'Wcwr＝Uč（温宿）＝ウッチ＝トゥルファンに対する疑念であった。然るに吉田は，コータン語文書 Hedin 20 の新解釈によって，802年，ウイグルがクチャを越えてカシュガル（コータン語 Khyeṣa, Chin. 佉沙）までを制圧し，既にコータン地方を占領支配していた吐蕃勢力と対峙したことを明らかにし，それゆえにマフルナーマグに「クチャの支配者の傘下にある者としてカシュガルの支配者（k'šy xšyδ）があげられている」ことを肯定的に認知した［吉田 2006, p. 30 ; cf. Yoshida 2009, p. 353］。つまりカシュガルの比定に関してはヘニング説が正しかったわけであるが，一方，ウチュル（'Wcwr）について吉田はヘニングとはまったく別の見解を提出する。すなわちそれを，本稿註71に引用したカラバルガスン碑文に現われる「于術」の音写とみなし，それをショルチュクに比定するのである［Yoshida 1993a, pp. 366-367 ; Yoshida 2009, pp. 350, 353］。Yoshida 2009, p. 353 では，マフルナーマグ奥書に男性聴衆の名前が列挙されている第一段落から第六段落の区分を，マニ教の東方教区中のアフタダン司教区に対応するものという考えも示している。確かに東方教区には最高位の慕闍が1人で，その下には6人のアフタダン（＝イスパサグ）がいるはずだから面白い見方ではあるが，第五段落の Ark が焉耆＝Solmï に比定されるので，同じカラシャール地区に二つもアフタダン司教区があったことになるのがやや気にかかる。ヘニングが Uč（温宿）に比定しようとしたゆえんであるが，私自身，ウイグル西遷直後の首都はカラシャール地区にあったと考証し［森安 1977「西遷」p. 112 ff.］，またそこはマニ

教の中心地の一つであるとみなしてきたわけだから，今は吉田説に半ば従って，于術に当てておきたい［cf. 王媛媛 2012, p. 60］。ただしその于術をショルチュクと同一視するかどうかは別問題で，『アジア歴史地図』平凡社，p. 96 や厳耕望『唐代交通図考』第 2 巻「河隴磧西区」，台北，1985，図九「唐代瓜沙伊西安西北庭交通図」に示された位置（恐らく原註 71 に引用した羽田説も同様）であればショルチュクではない。なお DMSB, p. 34a でも吉田の比定にはまだ慎重な態度をとっている。

さらに本稿末尾で 790 年代に北庭争奪戦で敗れた吐蕃が巻き返しを図らなかった理由として，南詔・唐連合軍に対峙する東南方面での戦況の不利を指摘しておいた。それに関連しては，吉田と私の共同の成果として，799 年頃にコータン地方に派遣されていた吐蕃の内大相・論莽熱が，802 年正月までに南詔戦線に移動していた可能性が指摘される［吉田 2006, pp. 74-76＝Yoshida 2009, 357-358］。これが事実であれば，吐蕃にとっては北方の中央アジア戦線よりも東南方の戦線の方が切迫していたということになるからである。

［書後 3〕

註 80 では沙州（敦煌）の陥蕃年代に関して 781 年説と 787 年説のあることを紹介したが，1980 年出版の『講座敦煌 2 敦煌の歴史』に掲載された菊池英夫・山口瑞鳳両氏の論文によってさらなる展開を見せ［菊池 1980, pp. 186-193；山口 1980, pp. 197-198］，781 年説は完全に否定された。とはいえ 787 年説で決定したわけでもなく，山口は従来の 787 年説を踏まえつつも，池田 1972, p. 34 & n. 6 (p. 37) を取り込む形でそれを修正し，新たに 786 年説を提唱した［cf. 北原 1980, pp. 447-448；本書第 3 論文＝森安 1984「吐蕃の中ア」p. 56］。その後，陳国燦と呉其昱がそれぞれ 786 年説を強く支持し［陳国燦 1985；呉其昱 1992, pp. 106-111］，陸離 2013, pp. 14-19 も同意見であるので，今ではそれがほぼ定説化したとみなしてよかろう。ただし，新たに 788 年説も出されている［cf. 安忠義「吐蕃攻陥沙州城之我見」『敦煌学輯刊』1992-1/2, pp. 21-24；李正宇「沙州貞元四年陥蕃考」『敦煌研究』2007-4, pp. 98-103；『敦煌吐魯番研究』13, 2013, p. 192］。

第二篇

西ウイグル・敦煌王国・河西ウイグル時代篇

5
ウイグルの西遷について

第1節　安西ウイグルと河西ウイグル
第2節　安西ウイグルとクル＝テギン伝説
第3節　僕固俊の登場
第4節　西ウイグル王国の曙

第1節　安西ウイグルと河西ウイグル

　840年にキルギスの攻撃を受けて東ウイグル帝国が瓦解すると，それまで帝国を構成していた支配者層や一般遊牧民の相当多くの部分が主に南方及び西方に逃れた。そのうちの南走派については史料も割合に多く，その後彼らの辿った歴史的経過も或る程度詳しく解明されている[1]。これに反し，西走派ウイグルについては史料が極めて僅少であるがゆえに，その後の動向に関しても疑問の点が多く，特に彼らが新たに西ウイグル王国ないしは河西（甘州）ウイグル王国を建設するに至るまでの過程に関して多種多様の説が出されてきた[(1)]。にもかかわらず今もってこの問題は最終的解決をみていないのである。もちろんその根本的原因は，今述べたように史料の絶対的僅少性にあるのだから，これまでに知られている文献をもとにまた一つ別の見解を提出することに，余り意義を認めない人がいるかもしれない。しかし「ウイグルの定住化」に関心を持つ私にとっては[2]，この問

---
[1] 南走派ウイグルについては，その後，ドロンプ（M. R. Drompp）の興味深い一連の研究［Drompp 1988, 2002, 2005］があるが，ここでは最近の村井恭子論文［村井 2008］を紹介しておきたい。その註2に，ドロンプが見落としている山田信夫・中島琢美を含む先行研究が列挙されている。
[2] 研究を始めてから40年を経過した今になってもまだ「ウイグルの定住化」については，明確な解答を出せずにいる。これほど難問であるとは，本稿執筆当時まったく予想できなかっ

題は決して避けて通ることの出来ないものである。そこで今後の研究の方向付けのために敢えてここに卑見を開陳し，博雅の叱正を得て更なる修正を加えるための礎石としたい。

西走ウイグルのことを伝える最初の史料は次のようなものである。

〔A1〕有迴鶻相馺職者，擁外甥龎特勤及男鹿幷遏粉等兄弟五人・一十五部，西奔葛邏禄。一支投吐蕃，一支投安西。 〈『旧唐書』巻 195・迴紇伝，p. 5213〉
（カルルク）

〔A2〕其相馺職与厖特勒十五部，奔葛邏禄。残衆入吐蕃・安西。
〈『新唐書』巻 217 下・回鶻伝下，p. 6131〉

〔A3〕其相馺職 特勒厖等十五部，西奔葛邏禄。一支奔吐蕃，一支奔安西。
〈『資治通鑑』巻 246・開成五（840）年九月之条，p. 7947〉

これらの史料を素直に読んで先ず得られる結論は，西走したウイグルの十五部が大きく見て三つの地域——カルルクの領域（西部天山地方～セミレチエ）・安西（東部天山地方）・吐蕃（治下の河西回廊）(2)——に分散した，ということである。そしてこのことは，それ以後の史実とも合致する。学者の中には，上掲〔A〕史料群中に見えるカルルクを，かつて彼らが拠っていたアルタイ南部地方とみなし，西走ウイグルは全て一旦はこの地方に奔り，そこで二つに分かれて一支が安西に，別の一支が吐蕃に投じた，とみなす説もあるが(3)，現在では西走ウイグルの一部が 9 世紀中葉のカルルク領内に入ったことは確実視されている(4)。ただし本稿の重点は西走三派のうち後にいわゆる西ウイグル（天山ウイグル）王国を建設した安西派ウイグルに置かれているので，カルルク領内に投じた一派についてはこれ以上言及しない。³

次に我々が検討しなければならないのは以下の諸史料である。

〔B1〕在外猶数帳散蔵諸山深林，盗劫諸蕃。皆西向傾心，望安西 龎勒之到。龎勒已自称可汗，有磧西諸城。其後嗣君弱臣強，居甘州，無復昔時之盛。
〈『旧唐書』巻 195・迴紇伝，p. 5215〉

〔B2〕遺帳伏山林間，狙盗諸蕃自給，稍帰厖特勒。是時特勒已自称可汗，居甘

たので，真に忸怩たる思いである。
³ わずかながら本書第 16 論文，第 3 節において言及することになる。

州，有磧西諸城。　　　　　　〈『新唐書』巻217下・回鶻伝下，p. 6133〉

〔B3〕猶有數帳潛竄山林，鈔盜諸胡。其別部厖勒先在安西，亦自稱可汗。居甘州，総磧西諸城。　　〈『資治通鑑』巻248・大中二（848）年正月之条，p. 8032〉

それぞれの前半は「840年以後唐の北辺に避難したいわゆる南走派ウイグルが，唐の政策によって安住の地を得ることが出来ず，様々な経緯をへて結局潰散してしまった。残された者たちは西走した厖テギン[5]らのグループに最後の望みを寄せ，なかには自ら彼のもとへ走る者もいた」という状況を述べている。この点には疑問はない。しかし後半の解釈になると大きな食い違いが生じてくる。厖テギンは安西と甘州の一体どちらに本拠を構えて「磧西の諸城」を総べていたのか。また安西ウイグルが厖テギンないしその後継者の時代に河西へ移住してきたという事実はあったのか。この点について小野川秀美は厖テギン自身が河西へ移ったとし[6]，羽田亨は彼の後嗣者に率いられて安西から東進したとし[7]，桑田六郎・ハミルトン（J. Hamilton）・前田正名等も先頭に立った人物を特定してはいないが河西へ移住したことだけはこれを事実として認めている[8]。つまり小野川以外は，『新唐書』あるいは『資治通鑑』の記事は『旧唐書』のそれを約筆・曲解したもので，『旧唐書』だけが真実を伝えるものとする点で一致しているわけである[9]。しかし私には，初め厖テギンを奉じて安西にまで奔ったもののうちの主要部が，後の河西ウイグルの中核（少なくとも中核の一部）になったとは思われない。それは以下のような理由による。

安西ウイグル東進説の嚆矢となった桑田は，『資治通鑑』から，

〔C1〕［咸通十三（872）年］八月，歸義節度使張義潮薨。沙州長史曹義金代領軍府。制以義金為歸義節度使。是後中原多故，朝命不及。回鶻陷甘州，自余諸州隷歸義者，多為羌胡所拠。
〈『資治通鑑』巻252・咸通十三年八月之条，p. 8164〉

〔C2〕初回鶻屢求冊命。詔遣冊立郚宗莒(ちそうきょ)詣其国。会(たまたま) 回鶻為吐谷渾・嗢末所破，逃遁不知所之。詔宗莒，以玉冊国信，授霊塩節度使唐弘夫(ゆく)，掌之，還京師。　　〈『資治通鑑』巻252・乾符元（874）年十二月之条，p. 8174〉

〔C3〕回鶻還至羅川。十一月，遣使者同羅楡禄入貢。賜拯接絹万匹。

[107-108]

〈『資治通鑑』巻252・乾符二（875）年十〜十一月之条，p. 8181〉

という一連の記事を引き，ここに見えるウイグルは全て河西にいたウイグルであり，〔C3〕に見える羅川は合羅川の誤りであると考え，この合羅川を従来よく知られていた河西のそれ，即ちエチナ河とみなした。そして更にこの合羅川のウイグルと先の〔B〕史料群でみた安西ウイグルとの関係に思いを致し，前者を後者の移住してきたものと考えたのである(10)。桑田が羅川を合羅川と改め，それを河西の合羅川と考えた背景には，〔C2〕と〔C3〕のウイグルが必ずや同じものであろうとの前提がある。なるほど〔C1〕・〔C2〕にみえるウイグルは共に河西にいたウイグルのことを言っている。しかし〔C1〕の甘州ウイグルと〔C2〕の吐谷渾・嗢末に撃破されて行方不明になっていたと言われるウイグルとが同じものであったとはどこにも書かれていない。それどころか〔C1〕の甘州ウイグルに関する総論的な記述はむしろ〔C2〕よりも時代的に後のことを伝えるものである。それが咸通十三年之条に挿入された理由は，『新唐書』吐蕃伝の，

〔C4〕〔咸通〕十三（872）年（張議潮）卒。沙州以長史曹義金領州務，遂授帰義節度使。後中原多故，王命不及。甘州為回鶻所并。帰義諸城，多没。

〈『新唐書』巻216下・吐蕃伝下，p. 6108〉

という記事と比較すれば自ずから明らかとなろう。咸通十三年とは単に張議潮死去の年であって，『新唐書』や『資治通鑑』の編者は原史料（恐らく同一の原史料に基づいている事は，正しくは張淮深とあるべき所を両者が共に曹義金と誤っている点からも窺える）(11)に咸通十三年という紀年があったためにそれに引きずられたに過ぎないのである。このように〔C1〕と〔C2〕のウイグルの間に何らの脈絡もないことが判明した以上，〔C2〕と〔C3〕のウイグルが同一のものであったとみなす必然性もまた消滅する。〔C3〕の羅川は確かに合羅川であろう(12)。しかしこれは河西のエチナ河に比定すべきではなく，はじめ前田直典によって提唱され(13)，のち安部によって支持された(14)ように，かつて東ウイグル帝国の本拠があった漠北のオルホン河流域とみなすべきものである。

『会昌一品集』及び『資治通鑑』に，

〔D1〕又聞，合羅川回鶻牙帳，未尽毀除。想其懐土之心，必有思帰之志。

〈『会昌一品集』巻6・与黠戛斯（キルギス）可汗書，『李徳裕文集校箋』p. 85〉

〔D2〕又踏布合祖云,「発日,<ruby>黠戛斯<rt>キルギス</rt></ruby>即移就合羅川,居回鶻旧国。兼以得安西・北庭(15)・達怛等五部落。」

〈『会昌一品集』巻8・代劉沔与回鶻宰相書白,『李徳裕文集校箋』p. 143〉[4]

〔D3〕黠戛斯遣将軍踏布合祖等,至天徳軍。言,(中略),又言,「将徙就合羅川,居回鶻故国,兼已得安西・北庭(15')・達靼等五部落。」

〈『資治通鑑』巻246・会昌二(842)年十月之条, p. 7968〉

とある合羅川を,『唐大詔令集』巻128の「議立回鶻可汗詔」や巻129の「大中十一年冊回鶻可汗文」の内容と対照して考えるならば,これを漠北の地以外に比定することは不可能である。この詔勅及び冊文は共に長文なので引用を差し控えるが,それらを一読すれば,840年後まもない当時の中国宮廷にいた人々には,ウイグルの本拠はあくまでオルホン河方面であると意識されていたことが明白となろう。とすれば,史料〔C3〕の「還至〔合〕羅川」とわざわざ「還至」という言葉で表現された動作の目的地が,エチナ河方面でありえなかったことは最早言うまでもなかろう(16)。

このように見てくるならば,桑田が安西ウイグルの河西移住を伝える〔B〕史料群の記載を真実とみなすに至った最大の根拠は崩れ去った。氏以後安西ウイグル東進説を受け継いだ諸氏が全てこの合羅川のことに言及しているわけではないが,桑田の「合羅川ウイグル=エチナ河流域に寓居したウイグル」説(17)が氏以後の諸家の説に大きな影響を与えていたことは否めない事実であり,安西ウイグル東進説を採らない藤枝晃や山田信夫でさえ,この比定には同調しているのである(18)。しかし今やこの比定を根拠として河西ウイグルの源流を安西ウイグルに求めることは出来なくなった。〔合〕羅川については別の考えを持つとはいえ,孫楷第も,安西ウイグルの河西移住を伝える『旧唐書』の記事を「実属文字之偶疏,不可信也」として斥けている(19)。では河西ウイグルはどこからやって来たものと考えたらよいのか。それは安部・山田両氏のように,龐テギンに率いられて漠北を出奔した十五部のうちの或る部分が,最後まで龐テギンにつき従って安西へ入ったグループとは別に,安西経由ではなく漠北より直接河西に入った,と考えるのが最も自然である(20)。これに恐らく,前田(正)・マリャフキン(А. Г.

---

[4] 『李徳裕文集校箋』によれば,〔D1〕は会昌四(844)年夏,〔D2〕は会昌二(842)年十二月に起草されたという。なお〔D2〕の引用文は同書に依りつつ増補している。

Малявкин）両氏の言うように，唐の北辺へ逃れた南走派のうちから更に河西へ入ったグループが加わったとみてほぼ誤りなかろう[21]。孫楷第は，則天武后の時代にウイグルが突厥の勢に押されて一時的に甘涼の間に移り住み，727 年ころ漠北に帰還したという事実をとらえ，後の河西ウイグルの中核となったものはこの時の残留者の子孫であるとした[22]。しかしながら氏の立論をよく検討してみると，その根拠は意外に薄弱であり，ましてマリャフキンが，

〔E〕大中初，吐蕃合党項及回鶻残衆寇河西，太原 王宰統代北諸軍進討。
〈『新唐書』巻 218・沙陀伝，p. 6156〉

という史料を挙げて，ここに見える回鶻残衆は「ウイグル可汗国崩壊後に逃亡したウイグルであり，彼らは吐蕃によって（その勢力下へ）引き入れられた」ものであることを明らかにしている以上[23]，孫楷第説は最早過去のものと言うことが出来よう。ただし，〔B〕史料群を解釈して吐蕃（河西）へ入ったと伝えられるウイグルを漠北から直接河西へ到来したものとし，安西ウイグル東進説を最初に否定したのが同氏であることを忘れてはならない[24]。

以上見てきたように，龐テギンを先頭に漠北から西へ向かったウイグル十五部のうち，或る者はカルルクへ，或る者は安西（東部天山地方）へ，また或る者は吐蕃（河西）へと竄入したのである。〔B〕史料群が安西ウイグルと河西ウイグルとの関係にこだわったのは，安部が指摘したように[25]，両者が同時に故国を捨て，且つ同じヤグラカル（薬羅葛）系の君長を戴くものとして密接なかかわりがあったからに過ぎないのであって，決して安西ウイグルが東進して河西ウイグルとなったのではなかったのである[26]。では本稿の主題であるこの龐テギンと最後まで行動を共にした安西ウイグル集団は，その後どのような歴史的経過を辿ったのであろうか。

第 2 節　安西ウイグルとクル＝テギン伝説

これまで私は何の断わりもなく「安西」ウイグルという言葉を用いてきたが，この「安西」について一言する必要がある。これは当時の用語法からいえば，唐の安西都護府ないしは安西四鎮の置かれた地域と重なるものでなければならない。

それは焉耆・亀茲・疏勒・于闐等[27]を中心とする天山〜タリム地方であるが，地理的位置関係からいってもここで問題になるのは前二者だけとみてよかろう。そのうち亀茲は安西都護府が長く置かれていた所であり，安西の代表としては最もふさわしいものであるけれども，私はかえって，龐テギンらが拠った安西は焉耆を中心とする地方であったと思う[5]。その理由として先ず第一に挙げられるのが次の史料である。

〔F〕至徳（756-758）後，突騎施衰，黄・黒姓皆立可汗相攻。（中略）。大暦（766-779）後，葛邏禄盛，徙居砕葉川，二姓微，至臣役於葛禄，斛瑟羅余部附回鶻。及其破滅，有特庞勒居焉耆城，称葉護。余部保金莎領，衆至二十万。　　　　　　　　　　　　〈『新唐書』巻215・突騎施伝，p. 6069〉

ここに見える特庞勒[28]を庞特勒すなわち龐テギンとみるのは，桑田・藤枝・羽田・安部・山田等多くの先学の認めるところで[29]，私もこれに従いたい。ただしこれらの諸先学は，焉耆に入った龐テギン及びその一派がその後どうなったかについては述べる所が極めて少ない。851年頃西州（トゥルファン盆地内）にウイグルがいたことを示す『樊川文集』巻20の記事も[30]，866年に北庭ウイグルの僕固俊が西州その他を占領したという記事（後出〔I〕史料群）も，従来龐テギンとは何のかかわりもなく解釈されてきた。わずかに安部だけが『樊川文集』の記事と僕固俊の記事とを結びつけたが[31]，それすら未だ十分に我々を納得させるものではなかったし，まして安部自身までが安西ウイグルは河西へ移住したかもしれぬと言う[32]のを見るに及んでは，問題はますます混迷の度を深めてくる。最早中国側史料にだけ頼っていたのではどうしようもない段階にまでたち至っているのである。そこで我々は，ペルシアの学者ガルディージー（Ibn Maḥmūd Gardīzī）によって編まれた Zayn al-Akhbār『歴史の美しさ』のトグズグズ（即ち西ウイグル）の条に，一旦眼を転ずることにしよう[33]。

そもそもトグズグズ（Tughuzghuz）とは，その王をトグズグズ可汗（khāqān）と称する民族である。かつてトグズグズ可汗にクル＝テギン（Kūr-tegīn）と呼ばれる人物がいた。彼の母は支那出身[34]であった。さて，クル＝

---

[5] 前田（正）1962, p. 16 =『河西』pp. 263-264 が私より先に同じ考えを表明していたのを注記し忘れた。お詫びしたい。

テギンには Az 出身の母をもつ（腹ちがいの）兄である可汗がいた。兄はクル＝テギンを殺そうと思い，彼の喉を切って死体置場(35)に捨てた。しかるにクル＝テギンには乳母がいて，彼女は彼をマニ教徒たちのもとへ運んで行き，彼を治してくれるようにとマニ僧達(36)に引き渡した。彼らが薬で治療したので，彼の傷はだんだん良くなって全快した。

　その後，クル＝テギンはトグズグズ可汗の首都である Azal の町へ行き，そこに身をひそめた。そして機会を見つけて策をめぐらし，彼の消息がトグズグズ可汗の耳に届くようにした結果，可汗の心証は良くなった。そして遂に可汗は彼に，自分のもとへやって来ることを許し，その生命も保証した。可汗は彼が自分のもとに留まることは許さなかったが（即ち宮廷の重臣としては任用しなかったが），彼をパンジーカット（Panjīkath）の総督とした。その地で彼は力を蓄え，現地の人々を味方につけ，彼らに恩恵を施しつつ，（クーデターの）チャンスを待った。

　ついに彼は可汗が狩に出かけたとの知らせを聞いた。そこでクル＝テギンは多くの騎馬兵を集めて可汗を追撃した。クル＝テギンは可汗の軍隊に対して勝利を収めた。可汗は敗走して城塞にたてこもった。クル＝テギンは城塞を水攻めするよう命じた(37)。その結果，城壁は崩れた。そこでクル＝テギンは，（敵兵で）保護を求める者は助命する旨を，大声で布告させた。城塞の中の兵たちは飢餓で疲労困憊していたので，皆外へ出て来て助命を嘆願した。全ての者が許された。トグズグズ可汗は城の中に残ったので，クル＝テギンは部下を城内に送り込んで彼を絞め殺させた。こうしてクル＝テギンは可汗の位に即いた。

————中略————

　彼らの所へ行く道は，バルスハンから B. n. čul に通じ，そこからクチャ（亀茲）へ，そこから Azal に通じ，そこから Sīkat へ，そこから M. k. sh. mīghnāthūr へ通じ，そしてそこから 1 日行程でチーナーンジカット（Čīnānj-kath）に至る。この地はクチャ（亀茲）(38)より小さい。そこには 22 の村 6 がある。

————後略————

6　この「22 の村」が，トゥルファン地方の 22 の都市と対応することについては，本書第 7 論文＝森安 1987「贈り物」の第 4 節とその〔補記 8〕を参照。

パンジーカット（五つの都市）及びチーナーンジカット（支那人の都市）がそれぞれ北庭（トルコ語ではビシュバリク Biš-balïq といい，これまた「五つの都市」の意）及び高昌（Qočo＝西州）に当たることは今さら言うまでもない。ガルディージーの伝える西ウイグルの首都 Azal はこれ以外の都市で，かつ B. n. čul（ミノルスキーはアクス地方とみる）[39]・亀茲からいわゆる銀山道[40]（ハミルトンは Šīkat [7] を張三城[41]に，M.k.sh.mīgh を Kümüš-taγ──トルコ語で「銀山」の意──に[42]比定する）を通って高昌に至る途中にあるという。ここに至れば我々はヘニング[43]と同じく，Azal（اژل）を Ark（ارك）即ち焉耆以外に比定することは出来なくなる。ガルディージーが本書を編纂したのは11世紀中葉のことであるが，その中央アジアのトルコ系諸民族及び中国・チベットに関する部分は，ムカッファー（Abū-'Amr 'Abdallāh ibn al-Muqaffa'）（父子？）・イブン＝フルダーズベ（Ibn Khurdādhbeh）及びジャイハーニー（al-Jayhānī）等の書物を主な原典としている。ツェグレーディ（K. Czeglédy）によると，ムカッファー（父子？）の記事は主に8世紀中葉から9世紀前半までのことを伝え，ジャイハーニーの記述はだいたい870年頃の情報に基づいているという[44]。一方イブン＝フルダーズベの書物も9世紀後半に集められた資料が中心になっていると言われる[45]。とすると，ガルディージーのトグズグズ条がジャイハーニーあるいはイブン＝フルダーズベに拠っており，9世紀後半の，換言すれば西遷直後のウイグルの情勢を伝えていても少しもおかしくはないのである。こうして我々は極めて自然に，ガルディージーの伝えるトグズグズ可汗とは，焉耆に入った龐テギンあるいは少なくともその後継者のことを，いささかの伝説的要素を含みながらも伝えるものである[46]，との結論に導かれるのである。そしてこの結論は，10世紀以後[47]西ウイグル王国の首都としての地位を与えられたのは西州（高昌）かあるいは北庭のいずれかであって，焉耆は遂に最後までその地位を回復することはなかった，というまぎれもない事実によって一層確かなものとなろう。では何故に西遷直後においては焉耆が首都とされたのであろうか。その理由を的確に指摘することはそれほど易しいことではない。だがここで注意しなければならないのは，首都とは言ってもそれは単に「可汗の居所」という程度のものであって，可汗の移動（あるいは交替）によって簡単に変わる性格のものであったということである。

---

[7] ソグド語 'δryy-「三」が転訛して ši- となったとみれば，Šīkat で「三城」の意となる。

840年キルギスの攻撃を受けて漠北を追われたウイグル族はそのかなりの部分が，以前より彼らの勢力下にあった安西・北庭地方へ避難していった。とはいえ彼らは強いまとまりを持った遠征軍ではなく，安住の地を求めて逃走中の敗残の集団なのであるから，途中いくつもの分派が生じるのは当然の趨勢である。漠北を出てまもなく河西へ向かう一派が分岐し，次いでカムル（伊州）〜ラプチュク地方に向かう者(48)が出たが，多くは先ず北庭地方にたどり着いた。この地方は8世紀末以来ずっとウイグルの強い影響下にあった地域であり(49)，かつまた広大な牧草地帯でもあるから，ここに相当多くの者が留まったことは当然の成り行きであった。しかしなにしろ大量の人間が一度に移住することになるのだから，この地方だけではとても全部を収容しきれなかったであろう。そこで更に豊かな土地を求めて西の方カルルクの領内に向けて前進する者も多くみられたが，龐テギンを奉じる一派は途中で南にそれて，かつての西突厥王庭のあった所で一大牧草地たるユルドゥズ渓谷に入り，さらに焉耆にまで達したのである。彼らが北庭から直接南下して高昌のあるトゥルファン盆地に入らなかったのは，そこでは広く遊牧することが不可能だったからであろう。11-13世紀にはトゥルファン盆地においてウイグル族が農業に従事するようになっていたとはいえ，元来遊牧を生業とする彼らが移住して来ていきなり農耕を始められるはずはないのである。高昌は確かに東西交渉の要地であり，ここを押さえれば一国の経済をまかなえる程の莫大な利益が得られたであろうことは，過去の史実に照らして十分予想される。しかしその意味では焉耆も同様の資格を備えていたのである。むしろユルドゥズ渓谷や天山以北の遊牧地帯と騎馬交通によって容易に結び付き，危急の際には即座に騎馬軍団を投入できる焉耆の方が，遊牧民族を主体とする「国家」の中心地としてはふさわしかったのではなかろうか。かつて匈奴が西域諸国からの徴税あるいは東西交渉の利益の中間搾取を目的として「僮僕都尉」を置いたのが，他ならぬ焉耆地方であったこと(50)もこの際想起すべきであろう 8。更にまた，西突厥と焉耆との密接な関係も忘れてはならない。泥孰莫賀設は肆葉護可汗の追求の手を逃れて焉耆に避難し，ここで時節の到来を待ってから咄陸可汗として返り咲いているし(51)，沙鉢略咥利失可汗も本国の中心地を追われてからは，弟の歩利設と共に焉耆の地を保有した，という(52)。

---

8 20世紀前半にも焉耆の周辺には遊牧民がいた［cf. Roerich 1933, pp. 51, 54, etc.］。

我々はまた 840 年以前におけるウイグルと焉耆との強い結び付きを示す史料を一つ挙げることが出来る。中世イラン語（中世ペルシア語を主とし，パルティア語も混じる）で書かれたマニ教讃美歌集のマフルナーマグ Maḥrnāmag⁽⁵³⁾ がウイグルの第 8 代保義可汗（在位 808-821 年）の時代に完成されたことは，残された奥書から明らかであるが，その奥書の前半三分の二には「・・・・・（と？）聴衆の祈願」（マニ教では信者のことを聴衆と呼ぶ）という題が付いている⁹。これは信者たちが君主とその全家族及び国家の高位高官達に対して祝福の祈りを捧げたものである。その中に北庭（パンジカンド）・高昌（チーナーンチカンド）・亀茲などと並んで焉耆（アルク）の名が見える⁽⁵⁴⁾。ただこの事からだけでも焉耆が 9 世紀前半にウイグルの勢力下にあったことが窺われるが，この焉耆の条に列挙されている高官たちの何人かが ičräki, ïnal, tarqan, il totoq など明らかにトルコ語（当時の焉耆の土着語は印欧系のトカラ語である）の称号を持ち，さらに二人の人物が紛れもないウイグル（uyγur）の名を自分の称号の一部に入れているのを見るに及んでは，両者の深い関係は最早説明を要すまい。

第 3 節　僕固俊の登場

　以上のような考察を踏まえてもう一度史料〔F〕とガルディージーの記事とを比較検討するならば，龐テギンを先頭とするウイグル集団が 840 年からまもない時期に焉耆地方に本拠を構えたことが，容易に承認されるであろう。そして『樊川文集』巻 20「西州迴鶻授驍衛大将軍制」[pp. 304-305] の伝える 851 年頃西州にいたウイグルの西州牧首・頡于伽思倶宇合逾越密施莫賀都督宰相は，安部が推測したように⁽⁵⁵⁾北庭にいた君長から派遣されたのではなくして，焉耆にいた龐テギン自身から派遣されてトゥルファン盆地を治めていたと考えるべきであると思われる¹⁰。『資治通鑑』の，

9　この一文には，序文と奥書を取り違えたり，書写年代の可能性として第 10 代昭礼可汗（在位 823-832 年）の時代も残しておくという誤りがあった。今やその点は，本書第 4 論文の〔補記 8, 9, 10, 11〕並びに第 14 論文の註 5 においてやや詳しく説明したように，解決した。他にも不正確な点があったので，「中世イラン語」から始まるこの一文全体を書き直した。

10　西州牧首（正しくは西州牧守）のイル＝オゲシ（頡于伽思）とは焉耆にいた龐テギン（すなわち後の西ウイグル可汗）から派遣された者であるとする我々の考えは，栄新江によって否

〔G〕近有降者云, 已彪歴⁽⁵⁶⁾今為可汗, 尚寓安西。俟其帰復牙帳, 当加冊命。

〈『資治通鑑』巻249・大中十（856）年三月之条, p. 8059〉

という記事は, 856年の時点でもなお龐テギンが焉耆地方に留まっていたことを正しく伝えたものと見ることが出来よう。『資治通鑑』はさらに冊立使王端章が途中黒車子の妨害に遭って目的を遂げないまま帰国したことを伝えているが,

〔H〕王端章冊立回鶻可汗, 道為黒車子所塞, 不至而還。

〈『資治通鑑』巻249・大中十一（857）年十月之条, p. 8066〉

「張議潮（＝張義潮）変文」によると, 王端章の一行に略奪を働いたのは, 伊州（カムル）から納職（ラプチュク）のあたりに出没していたウイグルの一派[11]だったことが明らかである⁽⁵⁷⁾。もちろんこのウイグルの集団が, 焉耆に本拠を構え西州に支配を及ぼしていたウイグルに従属していなかったことは言うまでもない。しかしだからと言って, 安部のように⁽⁵⁸⁾, これを北庭系の一派と見てよいかというと, それも大いに疑問である。その理由を述べる前にまず我々は, 866年北庭ウイグルの酋長僕固俊が西州・輪台その他の諸城郭を攻撃・占領したという有名な事件に眼を向けてみよう。

〔I1〕［咸通七（866）年］十月, 沙州 張義潮奏, 差⁽⁵⁹⁾迴鶻首領僕固俊, 与吐蕃大将尚恐熱交戦, 大敗蕃寇, 斬尚恐熱, 伝首京師。

〈『旧唐書』巻19・懿宗本紀, p. 660〉

〔I2〕［咸通］七年, 北庭回鶻 僕固俊撃取西州, 収諸部。鄯州城使張季顒与尚恐熱戦, 破之, 収器鎧以献。吐蕃余衆犯邠寧, 節度使薛弘宗郤之。会⁽⁶⁰⁾僕固俊与吐蕃大戦, 斬恐熱首, 伝京師。

〈『新唐書』巻216下・吐蕃伝下, p. 6108〉

定された。詳しくは本書第19論文の註95を参照。

[11] 第6論文＝森安 1980「ウイ敦」の第1節を参照。なお『資治通鑑』にしか見えない記事を原史料として扱う場合は注意が必要であるが, ここの記事内容は全く由来を異にする敦煌文書と合致したのだから, 史実と見なしてなんら問題はない。実は『旧唐書』巻18下・宣宗本紀［p. 640］にも不完全ながら関連記事がある。因みに栄新江は, 王端章の副使であった李潯なる人物の墓誌が西安の大唐西市博物館に収蔵されていることを発見し, 上掲史料〔H〕の黒車子は誤伝で, 正しくは私が本稿で述べたとおり, 焉耆にいた龐テギンに従属していなかったウイグルの別派であることを再確認した［栄新江 2013］。

〔I3〕懿宗時,大酋僕固俊自北庭擊吐蕃,斬論尚熱,尽取西州・輪臺等城。使達干米懷玉朝,且献俘,因請命。詔可。

〈『新唐書』巻217下・回鶻伝下,pp. 6133-6134〉

〔I4〕〔咸通〕七（866）年春二月,帰義節度使張義潮奏,北庭回鶻 固俊克西州・北庭・輪臺・清鎮等城。「考異」曰,実録「義潮奏,俊収西河及部落,胡漢皆帰伏,并表賀収西州等城事」論恐熱寓居廓州,糾合旁側諸部,欲為辺患,皆不従。所向尽為仇敵,無所容。仇人以告拓跋懷光於鄯州。懷光引兵擊破之。(中略)。〔冬十月〕拓跋懷光以五百騎入廓州,生擒論恐熱,先刖其足,数（せめて）而斬之。伝首京師。

〈『資治通鑑』巻250・咸通七年之条,pp. 8113, 8115〉

これらの記事をそのまま読むと,いかにも吐蕃軍が西州におり,それを僕固俊が北庭から攻撃して追い出したかのような印象を受ける。そして実際これまで多くの先学がそのように解釈してきたし,内外の概説書のほとんどもこの説を採用してきた[12]。しかしながら藤枝が正しく指摘し,安部もそれに従ったように,「吐蕃の将・論恐熱（尚恐熱）の首を斬り云々」の事件は実は河西での出来事であって,トゥルファン盆地の西州とは何の関係もないものである[(61)]。ただしそれでもなお「僕固俊が西州にいた吐蕃を追い払った」という点だけは両氏もこれを事実とみなしているのである[(62)]。安部によると,851年頃の西州はウイグルの牧首の支配下にあったのだから,866年に西州に吐蕃がいたことは,その間に吐蕃軍による西州攻陥があったことを意味する。しかし既に見たように,851年以前から焉耆はウイグルの手中にあり,一方の沙州や瓜州を中心とする地方も848年以後張議潮によって吐蕃からの自立を達成していたことを知っている我々は[(63)],851-866年の間に吐蕃が如何にして西州に進撃し得たと考えたら良いのであろうか。瓜州・沙州も焉耆も通らずに西州に入る道といえば,あとはウルムチあるいは北庭地方から南下する道があるだけであるが,吐蕃の軍隊が河西や焉耆を通らずに天山の北に出るためにはコータン地方からクチャへ抜け,そこから天山を越えるしかない。もしこのような大遠征軍を送ることが出来たとすれば,必ずや本

---

[12] ペテックが1992年の概説でもまだ吐蕃勢力がトゥルファンから追放されたのは866/867年であると言っているのは〔A. Cadonna (ed.), *Turfan and Tun-huang*, Firenze, 1992, p. 11〕,北庭争奪戦のウイグル勝利説をいまだに信じていないからであり,それほど驚くにあたらないが,もはや意味がない。本書第4論文の〔書後1〕を参照。

国には強力な安定政権が存在したはずである。だが実際には当時の吐蕃政局はランダルマ王の暗殺以後混乱の極に達しており，外国に軍隊を派遣する余裕などはどこにもありはしなかったのである(64)。結局〔I〕史料群から西州について我々が知り得るのは，「僕固俊に率いられた北庭ウイグルが西州を占領した」ということだけである。

では851年以前から引き続きウイグルの支配下にあった西州を，866年再びウイグルが占領した，という一見自己矛盾のようにも思われる事実を，我々はどう解釈したら良いのだろうか。これは従来知られていた漢文史料にのみ拘泥していたのでは到底解決しそうにない難問であるが，ガルディージーの記事を検討してきた我々には手掛かりは既に与えられているのである。ガルディージーによれば，「アルク Ark（＝焉耆）にいたトグズグズ Tughuzghuz（＝ウイグル）の可汗は弟をパンジーカット Panjīkath（＝北庭）の総督としていた。弟はその地で人々を味方に付け，勢力を蓄えてクーデターのチャンスを待ち，遂にそれを実現して可汗の位に即いた」という。原史料がいかに当時（9世紀後半）のものであったとはいえ，ガルディージーの記述そのものは11世紀になされたのであるから，その間に新たな伝聞が付加されたり，ある程度の粉飾改竄が行なわれたのは当然である(65)。その点を考慮に入れるならば，我々がガルディージーを援用して上掲〔I〕史料群を，「851年以前から焉耆の龐テギン可汗の支配下にあった西州を，866年，大酋僕固俊に率いられた北庭ウイグルが占領した」と解釈することは許されると信ずる。もっとも，856年には確かに生存していた龐テギンが866年にも生きていたかどうかは不明であり，よって僕固俊がクーデターを起こして彼を殺したのか，それとも彼が死んで後継者問題で内訌があった隙に僕固俊が台頭したのかは分からない。しかしいずれにしても，僕固俊を奉じた北庭ウイグルが，もともとは龐テギンとともに西走した十五部の中に含まれていたものであり(66)，866年までは少なくとも形式的には安西派ウイグルの総帥としての龐テギンないしその後継者に従属していたことであろう。龐テギンが可汗を自称したと伝えられているのに対し，僕固俊が可汗と呼ばれた形跡が全くないのは決して偶然ではない[13]。安部のように，僕固俊を「その姓氏の解はともあれ，やはり北庭ウイグ

---

[13] しかるに本稿の〔書後1〕に見るように，後にP. 5007が発現して，僕固俊もしくは彼の後継者が乾符三（876）年には僕固天王と名乗っていた事が知られた。西ウイグル史を通覧すれば，この天王は可汗に匹敵すると考えてよい。時間的にはなんら問題ない。

ルの"カガン"であったと見るべき」(67)根拠はどこにもないのである。このように見てくるならば、先程筆者が、カムル～ラプチュク付近に蟠踞していたウイグルの小集団を必ずしも北庭系とみなす必然性はない、と述べておいた理由も自ずと明らかとなろう。張議潮が僕固俊に対して慶賀の意を表したといわれるのは（〔I4〕考異所引実録を参照）、僕固俊の天山ウイグル統一によって、それまで帰義軍と敵対していたカムル～ラプチュク付近の背叛ウイグル(68)の勢力が一掃されたことと関係があったのではなかろうか。

第4節　西ウイグル王国の曙

　ウイグルの西遷とその直後の情勢（とくに天山ウイグルの）について現在までに私がなし得た考察は以上で全てである。以下にその大綱を再述することにする。
　840年キルギスの攻撃を受けて東ウイグル帝国は崩壊したが、その部衆の多くは、あるいは烏介可汗に率いられて南走し、あるいは厖テギンを奉じて西走した（もちろん故国に留まってキルギスに従属したものや、北の方キルギスの本拠地へ連れ去られたものも相当多くいたと思われる）(69)。このうち西走派ウイグルは十五部と言われているが、漠北を出てまもなく先ず最初の集団が分岐して南の方へ向かい、花門山堡¹⁴を経て河西に入った。主要部の方はそのままいわゆる「ウイグル道」¹⁵に沿って西進し、天山山脈の東端にある折羅漫山（バルクル嶺）の北に達した。ここでも小規模ながら分岐があり、分岐派は折羅漫山を南に越えてカムル～ラプチュク地方に向かった。しかし主要部はさらに前進を続け北庭地方に至った。この地方は8世紀末以来ずっとウイグルの強い影響下にあった所で、ここに多数の部衆が留まることになった。とはいえ彼らは遊牧民であるからいきなり北庭その他の城郭を占拠することはなく（トゥルファン盆地へ入らなかったのも同様の理由）、周辺の広大なステップに散居し、その帳幕は金沙嶺の中にまで及んだもの

14　花門山ないし花門山堡の位置と景観、地理的重要性と歴史的意義については、cf. 森安／オチル 1999, pp. 52-55；孟楠「回紇別称"花門"考」『西北史地』1993-4, pp. 39-43；森安 2007『シルクロードと唐帝国』pp. 352-354；中田（美）2007, p. 50.

15　この「ウイグル道＝迴紇路・迴鶻路・回鶻道」については、長澤 1956「吐蕃の河西進出と東西交通」が詳しいが、それを含めて長澤 1979『シルク・ロード史研究』pp. 252-259, 309-311（耶律阿保機）、533-534（悟空）、594-595（王延徳）を参照。

と思われる。だが西走して来たウイグルの部衆はなにしろ大量であったから，この地方だけでは収容しきれず，なお多くの者が新天地を求めて前進した。その中の一支が龐テギンを奉じて輪台（ウルムチ付近）あたりから南下し，ユルドゥズ渓谷さらには焉耆を中心とする地方に拠り，残りが天山北麓を西進して当時のカルルクの領域に入っていったのである。龐テギンは焉耆（焉耆城そのものかどうかは不明）に本拠を構え，実質的にはともかく少なくとも名目上は天山ウイグル全体の可汗となり，北庭や高昌（西州）にも代官（牧首／牧守・総督）を派遣してこれらの地方を支配していた（850 年頃）。龐テギンは，恐らくは自己の権力安定をはかるため，唐へ使者を送って冊封を求めた。唐はこれを許し，冊封使を送ったが，その一行は途中，カムル～ラプチュク地方に蟠踞し沙州帰義軍とも敵対関係にあったウイグルの一派の妨害に遭い，目的を達し得ずして帰朝した（856-857 年）。次いで 866 年，北庭ウイグルの僕固俊が台頭し，西のウルムチ地方，南のトゥルファン盆地を制圧し，さらにはカムル地方や焉耆地方にまで支配を及ぼしていった。これ以後，焉耆は西ウイグルの首都としての地位を失うのである。

　以上が本稿で私が述べてきたところの大要である。では，僕固俊による天山ウイグルの統一以後，西ウイグル王国はどのような歴史的推移を辿るのか。次に我々が明らかにせねばならない問題はこれである。ところがまことに残念なことに，僕固俊の統一以後，981-984 年の宋使王延徳の奉使まで，この点について語る史料が中国側では皆無に等しい。それゆえ例えば西ウイグル王国の領域がどこまでであったかという基本的な問題さえ未だ明確には分かっていないのである。他方イスラム側には Ḥudūd al-ʿĀlam（『世界境域志』，982-983 年に完成）のような史料もあるにはあるが，今一歩正確さに欠けている。そこで今後我々は必然的に，トゥルファン盆地や敦煌などの現地あるいは現地周辺から出土した文書や壁画（銘文・題記）類に眼を向けていかねばならない。もちろんそれらの文書等は多種多様の言語で書かれているのであり，その解読・研究には多大の困難を伴うことは言うまでもない。然るに，諸方面の専門家の努力によってその困難も少しずつ解消し，新たな成果が得られている。例えば，幾多の議論を経て 925 年のものと決定されたコータン語の所謂 Staël-Holstein 文書というものがある[70]。これはコータン王の使節が沙州で書いたものであるが，その中には当時の西ウイグル王国の諸都市の名も多く含まれている。それは西ウイグル王国の領域問題にも新た

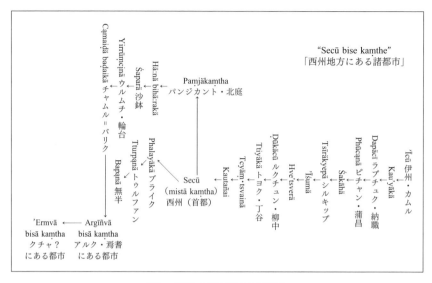

図1　西ウイグル王国の都市名

な光明を投げかける極めて重要なものであるので，ここにその主なものを図示して参考に供したい（図1）。広く諸専門の学者の関心を呼び，ウイグル学への参加が得られれば，筆者の幸いこれに過ぐるはない。

註
（1）その主なものは，次の通り：桑田 1928；孫楷第 1937；藤枝 1942a；小野川 1943b；Hamilton 1955；安部 1955『西ウ』；羽田（亨）1957a；前田（正）1962＝『河西』；山田 1971a；Малявкин 1972a；Малявкин 1972b；Малявкин 1974.
（2）この吐蕃領を北庭地方とする考えも海外の学者の間にはあるが，我が国では例外なくこれを河西地方とみており，その方が正しいことは議論の余地がない。Cf. 前田（正）1962, pp. 8-9＝『河西』pp. 254-255.
（3）桑田 1928, pp. 113-116；Hamilton 1955, pp. 10-11.
（4）王日蔚 1935；安部『西ウ』pp. 240, 244-246, 400；山田 1971a, pp. 481-482.
（5）特厖勒・特厖勒・厖特勒・厖勒・龐勒・龐歴など様々の形が見られるが，本稿では龐特勒＞龐特勤＝龐テギン[16]に統一する。Cf. Малявкин 1974, n. 18.

[16] 漢籍に頻出する「特勒」が正しくは「特勤」であり，古トルコ語の tigin / tegin「王子」の音写であることは今や常識である。その根拠は今では幾つも挙げられるが，例えば 804 年に入唐し 806 年に帰国した空海が将来した『大唐貞元新訳十地等経記』（いわゆる『悟空入竺記』のこと）の原型を伝える古写本には，後の諸本が「特勒」に作るところを正確に「特

5　ウイグルの西遷について　293

(6)　小野川 1943b, pp. 421-422.
(7)　羽田 1957a, p. 267.
(8)　桑田 1928, pp. 115-116；Hamilton 1955, pp. 12-13；前田（正）1962, pp. 12, 21-23＝『河西』pp. 258, 269-272（増補あり）。また安部も消極的ながらそれらの可能性を認めている［『西ウ』pp. 261-264, 279］。
(9)　藤枝も同じ考えである［藤枝 1942a, p. 61, n. 87］。
(10)　桑田 1928, pp. 112-116.
(11)　藤枝 1941, pp. 73-74；前田（正）1962, p. 13＝『河西』p. 260.
(12)　Малявкин 1974, pp. 121-122, n. 239.
(13)　前田（直）1948, pp. 66-68＝『元朝史』pp. 237-239.
(14)　安部『西ウ』pp. 241-243.
(15) (15')「キルギスが既に安西及び北庭を占領した」というのは単にキルギス使節のはったりに過ぎない。Cf. 羽田 1957a, p. 268；安部『西ウ』pp. 241-244.
(16)　『宋会要輯稿』197冊・蕃夷四之二・回鶻之条，p. 7714 に，河西ウイグルを指す甘沙州回鶻とは別のものとして合羅川回鶻がみえていることにも注意せよ。[17]
(17)　実際には桑田論文のどこにも「合羅川＝エチナ河」とは書いてないが，内容的にはそのように読み取れる［cf. 田坂 1941, p. 204；藤枝 1942a, p. 57；前田（正）1962, p. 20＝『河西』p. 268］。恐らく氏は松井等の比定を念頭に置いていたのであろう［cf. 松井等「契丹可敦城考・附阻卜考」『満鮮地理歴史研究報告』1, 1915, p. 316］。ただし学説史上における桑田の位置を明確にしておくために，本文のような書き方をした。
(18)　藤枝 1942a, p. 57；山田 1971a, p. 470.
(19)　孫楷第 1937, p. 388.
(20)　『西ウ』pp. 239, 283；山田 1971a, pp. 468-469.
(21)　前田（正）1962, pp. 7-8＝『河西』pp. 253-254；Малявкин 1972b, p. 80.
(22)　孫楷第 1937, pp. 389-397.
(23)　Малявкин 1972b, p. 80.
(24)　孫楷第 1937, p. 398.
(25)　安部『西ウ』pp. 284-285.
(26)　劉義棠は〔A〕史料群の伝える龐テギンと〔B〕史料群のそれとは別人であるとするが，この考えには従えない。劉義棠『維吾爾研究』台北，1975, p. 164. Cf. 後註 29 及び羽田 1957a, pp. 266-267.
(27)　安西四鎮が焉耆に替わって砕葉に置かれたこともあったが，当時砕葉は明らかにカルルク領内に入っていた（というよりもむしろ中心地だった）のだから，ここでは問題にならない。
(28)　和刻本では特龐勒となっている。
(29)　桑田 1928, p. 127；藤枝 1942a, p. 52；羽田 1957a, p. 297；『西ウ』p. 256；山田 1971a, p. 474.
(30)　この史料は藤枝晃が初めて指摘したものである［藤枝 1942, p. 55］。
(31)　『西ウ』pp. 248-250.
(32)　『西ウ』pp. 261-264, 279.

勤」のまま伝えているという［cf. 小野 1984, pp. 51, 76］。
[17] 『宋会要輯稿』199冊・蕃夷七之一二・歴代朝貢之条，p. 7845 にもほぼ同内容の記事がある。

(33) バルトリドによるロシア語訳（В. В. Бартольд, *Сочинения*, Том VIII, Москва, 1973, pp. 32-33, 52-53）と，清水宏祐氏の御好意により，Abū Sayyid 'Abd al-Khayy b. al-Daḥḥak ibn Muḥammad Gardīzī, *Zayn al-Akhbār*, (ed. by 'Abd al-Khayy Jībī, Tehrān, 1969) から直接訳していただいたものとを対校して訳文を作成した。ただし私の解釈も加わっているので，細部にもし誤りがあれば，それは全て私の責任であることをお断りしておく。[18]

(34) バルトリドは「支那の出身」と訳している。[19]

(35) バルトリドは「死体置場」と訳す。[20]

(36) Chavannes / Pelliot 1911, pp. 554-555, note. [21]

(37) 水攻めのことはバルトリド訳による。[22]

(38) バルトリド訳ではクチャが2箇所に現われるが，清水訳には一度も現われない。

(39) Minorsky, HA, 1970, pp. 27-28, 98, 293-294.

(40) P. 2009 の『西州図経』[23] に「銀山道　右道出天山県界，西南向焉耆国七百里，多沙磧磧，唯近烽，足水草，通車馬行」とあり［cf. 羅振玉『敦煌石室遺書』1909 年；同『鳴沙石室佚書』1913 年；松田『天山』p. 80］，『新唐書』巻 40・地理志四・西州交河郡之条，p. 1046 に「自州西南有南平・安昌両城，百二十里至天山西南入谷，経礌石磧，二百二十里至銀山磧，又四十里至焉耆界呂光館。又経盤石百里，有張三城守捉。又西南百四十五里経新城館，渡淡河，至焉耆鎮城」とある。

(41) Cf. 前註 40 所引『新唐書』地理志。

(42) Hamilton 1958, pp. 140-142.

(43) Henning 1938, pp. 564-565.

(44) Czeglédy 1973, pp. 257-264.

(45) Cf. 石田 1932『欧人の支那研究』pp. 44-45.

(46) Cf. 後註 65.

(47) 早くも 925 年の文書に，西ウイグル王国の首都が西州であったことが明記されている。本稿の最終段落及び図 1 を参照せよ。

(48) これについては後述する。

(49) 安部『西ウ』第 3-4 章；森安 1973「北庭戦」pp. 60-87.

(50) 『漢書』巻 96 上・西域伝，p. 3872「西域諸国大率土著，有城郭田畜，与匈奴　烏孫異俗，

---

[18] 本稿出版後にガルディージーの新訳［Martinez 1983］が出たので，それを参考にして和訳を少し改めた。

[19] 原論文では Archīn としていたが，Martinez 1983, p. 133 も参考にしてバルトリド訳を採用する。

[20] 原論文では「死者のいる山」としていたが，Martinez 1983, p. 133 も参考にしてバルトリド訳を採用する。

[21] 原論文では「ディーナワール Dīnavār（マニ教徒の一派）」としていたが，Martinez 1983, p. 133 によって「マニ僧」と修正する。δyn'wr / dēnāwar, etc. が中央アジア＝マニ教団の「マニ僧」であることについては，cf. 吉田 1987, list No. 31 ; Sundermann 1995 ; DMMPP, p. 151b ; DMSB, pp. 76-77.

[22] Martinez 1983, pp. 133-134 でも水攻めとみなしている。

[23] P. 2009 の『西州図経』については，ペリオの微に入り細を穿った研究が，遺稿として出版された［Pelliot 2002］。

故皆役属匈奴。匈奴西辺日逐王置僮僕都尉，使領西域，常居焉耆 危須 尉黎間，賦税諸国，取富給焉。」

(51) 『旧唐書』巻194下・西突厥伝。『新唐書』巻215下・西突厥伝。嶋崎 1963,（上）p. 17, n. 48 (p. 32) = 嶋崎 1977, pp. 188-189, n. 48 (p. 235). [24]

(52) 「咥利失奔其弟歩利設，与保焉耆」〈『旧唐書』巻194下・西突厥伝，p. 5184〉。「咥利失与其弟歩利設奔焉耆」〈『新唐書』巻215下・西突厥伝，p. 6058〉。

(53) Müller 1913.

(54) 88行目以下を参照。ミュラーは 'arkčîq xvatâv を単に"Burgherr（城主）"と訳しているが〔Müller 1913, p. 11〕，ヘニングは "the king of Ark" と訳している〔Henning 1938, p. 566〕。

(55) 安部『西ウ』pp. 248-250.

(56) これが龐特勒と同一人物であることは，〔G〕とそれに続く十月之条の記事を，『唐大詔令集』巻128「議立回鶻可汗詔」・「遣使冊回鶻可汗詔」と対照してみれば明白となろう。

(57) 孫楷第 1936；藤枝 1942a, p. 53；『敦煌変文（上）』（楊家駱主編中国俗文学叢刊第一集第二冊）台北，1973, pp. 114-117. [25]

(58) 安部『西ウ』p. 260.

(59) 「張議潮が僕固俊を差わした」のではないことについては諸氏の意見は一致している。Cf. 桑田 1928, p. 119；藤枝 1942a, p. 55；『西ウ』p. 253.

(60) この「会（＝會）」をハミルトンもマリャフキンも「会う，合流する」と解しているが〔Hamilton 1955, p. 14；Малявкин 1974, p. 40〕，これは「たまたま（par hasard）」と読むべきこと言うまでもない。Cf. 『騎馬民族史』3, p. 287.

(61) 藤枝 1942a, pp. 45-46, 54-55；『西ウ』pp. 250-251. [26]

(62) 藤枝 1942a, pp. 54-55；『西ウ』pp. 248-253.

(63) 藤枝 1941, p. 87以下。

(64) 佐藤『古チ』下巻，pp. 697-699.

(65) 例えばガルディージーが焉耆の可汗と北庭の総督とを兄弟としているからといって，龐テギン（ないしその後嗣者）と僕固俊とが兄弟であったとみなす必然性はない。また，先に引用したガルディージーの記事の省略した部分には，高昌及びトゥルファン盆地の気候・風俗・習慣などが多く述べられており，トグズグズの首都も高昌の付近にあったとされている。これらの記述が，焉耆と北庭を舞台とするトグズグズ可汗とクル＝テギンの物語とは全く別系統の情報源によっていることは明らかである。

(66) 史料〔F〕の「余部保金莎領，衆至二十万」はこのことを雄弁に物語る。なぜならここにみえる金莎領は金沙嶺の誤りであって，これはトゥルファン盆地北方の天山山脈の一部（即ち北庭地区内）に比定されるからである。Cf. Chavannes, *Doc. Turcs*, p. 11；Stein, *Innermost Asia*, pp. 563-564；松田『天山』p. 334；前田（正）1962, p. 16＝『河西』pp. 263-264；『騎馬民族史』2, p. 298；張承志 1981, p. 146.

(67) 安部『西ウ』p. 254.

(68) 藤枝 1942a, p. 53；前註57.

---

[24] さらに嶋崎 1963,（上）pp. 4-5 &（下）p. 53 = 嶋崎 1977, pp. 174-176, 226 も参照。

[25] 「張議潮変文」のテキストとして，今は潘重規 1984, pp. 931-939 がよい。原文では「背乱回鶻」「背逆回鶻」である。

[26] Cf. 侯林柏『唐宋両朝辺疆史料比事質疑』香港，南天書業公司出版，1976, pp. 95-96.

(69) Малявкин 1972a, p. 35.
(70) Thomas / Konow, 1929；Clauson 1931 (cf. P. Pelliot, livres reçus, *TP* 1931, pp. 139-141)；Thomas 1936, pp. 793-794；Thomas 1937, pp. 13-15, 48；Henning 1938, pp. 553-559, 565；Konow 1947；Bailey 1951；Pulleyblank 1954；Hamilton 1958；榎 1964, pp. 95-100.[27]

〔書後1〕
　本稿［森安 1977「西遷」］の特徴の一つは，漢籍史料だけでは分からなかったウイグル西遷直後から西ウイグル王国成立までの情勢を，ペルシア語史料であるガルディージーの記事を活用して解決しようと試みた点にある。その際のキーワードは地名のアルク（Ark / Arg）＝焉耆であった。ところがほとんど同じ発想の論文が，本稿出版より7年後にツェグレーディによって発表された［Czeglédy 1984］。同氏はガルディージーの記事に関する論文［Czeglédy 1973］の執筆者なのであるから，独立して似たようなアイデアに到達するのも当然である。そしてその内容は1973年にパリで開催された第29回国際東洋学者会議で発表し，会議後に要旨も出版されたという。1973年といえば私が25歳で学界にデビューした年であり，パリで口頭発表されたペーパーについては遺憾ながら知る由もなかった。その点の寛恕を請うと共に，逆にCzeglédy 1984の方に仏文要旨付きの森安 1977「西遷」への言及がない点も諒とせられたい。
　ところでツェグレーディも私も，漢籍史料では西ウイグル王国の真の建国者が焉耆地方に拠った龐テギンなのか，それとも北庭地方にいた僕固俊なのか決定できないという難点を，イスラム側の史料に残るクル＝テギン伝説を利用して解き明かそうと試みたのであるが，必ずしも十全な解答が得られたわけではない。特に注意していただきたいのは，原註65でも断った通り，私はガルディージーの伝えるクル＝テギン伝説のうちの「パンジーカット（Panjīkath）の総督クル＝テギンが異腹の兄であるトグズグズ可汗を焉耆で殺害して新可汗に即位した」という記事と，漢籍の「北庭の大酋・僕固俊が西州を撃取した」という記事を，単純に同一事件とみなしているわけではないということである。この点で，私とツェグレーディの考えは決して同じではない。力量不足から，うまく説明できないのであるが，伝説の中からなにがしかのアイデアを汲み取って，それを断片的な漢文史料を整合的に繋ぎ合わせる踏み台にしたと理解していただければ幸いである。換言すれば，私の説はクル＝テギン伝説から直接生まれたわけではなく，先に「遊牧ウイグル人がいきなりトゥルファン盆地に入って定着するはずはないから，最初の首都は焉耆地区に相違あるまい」という確信があり，断片的でしかも相矛盾して見える漢文史料の裏に潜む真実を新しい発想で解き明かそうとして，その発想の傍証をクル＝テギン伝説中に見出そうとしたのである。ところがさらにその後，やはり断片ながら

---

[27] 追加情報：Hamilton 1977a, pp. 515-520；Hamilton 1977b, p. 358；片山 1981, pp. 46-48；武内 2002, p. 118；田中 2011, pp. 271-272.

5 ウイグルの西遷について　297

　二つの新史料が敦煌文書の中から発見されて，事態はますます複雑になっていることを告白せねばならない。

　新発見史料の一つは，実は私も本稿出版後のパリ留学中にフランス国立図書館でペリオ文書を調査中に気付いた P. 5007 であるが，これは栄新江が先に学界に紹介した［栄新江 1986, p. 33 ;『帰義軍史』pp. 8, 185, 358］。それによれば，僕固天王なる者が乾符三 (876) 年四月に，当時帰義軍政権支配下にあった伊州（カムル，哈密）を打破したという。栄新江はこの人物は僕固俊自身かその後継者であろうと言うが，それに相違なかろう。もし僕固俊自身であれば，彼は 866 年以後，876 年までの間に可汗位に即いたことになる。P. 5007 と本稿で引用した史料［I4］とを合わせると，僕固俊一派は北庭から西州を，そしてさらに伊州を制圧して西ウイグル王国の基盤を固めたことになるが（ただし焉耆の状況はまだ不明ゆえクル＝テギン伝説より推測），事態はそう単純ではない。というのは，郝春文が発見したもう一つの史料である臨 1416＝BD11287（北京，中国国家図書館蔵）によれば，僕固俊は西州を守備するものの，その国家はかなり荒廃しているように報告されているからである［郝春文 2002, pp. 132-134］。

　西ウイグル王国初期史の解明には，さらなる史料の発見，もしくは天才的なひらめきを持った研究者の登場が待たれるが，それでもこの臨 1416 によって，かつて存在したような張議潮が伊州のみならず西州まで「奪還」したとする中華主義的見方に引導が渡されたことだけは喜んでおきたい。

[書後 2]

　本稿で引用した史料［E］を［E1］とし，それと並べて［E2］「吐蕃 論恐熱乗武宗之喪，誘党項及回鶻余衆寇河西，詔河東節度使王宰将代北諸軍撃之。宰以沙陀 朱邪赤心為前鋒，自麟州済河，与恐熱戦於塩州，破走之。」〈『資治通鑑』巻 248・大中元 (847) 年五月之条，p. 8030〉とすべきであった。そうすれば，この河西が現甘粛省の河西回廊ではなく黄河大屈曲部内のオルドスであったこと，吐蕃の論恐熱はそこで党項（タングート）族やウイグルの一部集団を糾合して唐朝をおびやかしたこと，然るに同じく農牧接壌地帯にいた異民族ではあるが唐側に付いた沙陀突厥の軍団によって打ち負かされたことなどが明白となったであろう。当時の吐蕃帝国の東北領域は，河西回廊から黄河を越えてオルドスにまで延びていたのであるから，ウイグル集団の一部が吐蕃領に入ったという見方を撤回する必要はないものの，史料［E］に続く本文中の説明は不正確であったことを認めざるを得ない。なお，河東節度使や行営招討党項使などを歴任した王宰の墓誌がつい最近になって発見されたということである［cf. 斉運通編『洛陽新獲七朝墓誌』中華書局, 2011］。

〔書後 3〕

　本稿には，陳俊謀による中文摘訳がある［『民族訳叢』1980-1, pp. 8-14 ＝林幹編『突厥与回紇歴史論文選集』北京，中華書局，1987, pp. 753-771］。本稿＝第 5 論文とそれに続く第 6 論文［森安 1980「ウイ敦」］で言及する河西ウイグル・甘州ウイグルの起源問題については，中国の学界で私と異なる意見が数多く出されているが，私はまだ自分の主張を改める必要を認めない。それに対し，カルルク領に入っていったウイグルの一派の動向については，本書第 16 論文の第 3 節においてわずかに言及した以外，独自の見解を提出するに至っていないので，1970-1980 年代の拙稿を頻繁に引用する華濤 2000a『西域歴史研究』を，今後も参照・検討していきたい。

　なお，馮培紅 2012 は〔書後 1〕で言及した P. 5007 に加えロシア所蔵の敦煌文書 Дх-1335 なども用いて，新たに「伊州ウイグル」という独立性の高い勢力の存在した可能性を主張する。伊州ウイグルは西ウイグル王国の一部であるという私の立場は変わらないが，興味深い論文なので紹介しておく。

6
ウイグルと敦煌

第1節 「張議潮変文」と「張淮深変文」
第2節 河西ウイグル（甘州支配以前）
第3節 甘州ウイグル王国の成立
第4節 甘州ウイグル王国と曹氏沙州帰義軍[1]
第5節 沙州ウイグル

第1節 「張議潮変文」と「張淮深変文」

　ウイグル（回鶻・迴紇・廻紇・輝和爾・畏吾爾など）と呼ばれるトルコ系の一民族が，敦煌（＝沙州）とかかわりを持つようになるのは，9世紀中頃からである。それまでウイグル族は，ゴビ砂漠北方のモンゴリアに居り，東突厥（突厥第二帝国）を滅ぼした8世紀の半ば以後約100年の間，北はセレンゲ河流域，東は大興安嶺，南は中国北辺，そして西は東部天山地方にまで及ぶ広大な地域に強い影響力を持つ東ウイグル帝国[2]を建てていた。それが830年代になり，内乱と飢饉，さらに北方からのキルギス族の攻撃が重なり，ついに840年モンゴリアを放棄して，四方に離散することになった。もともと彼らは，固定家屋や田畑などの不動産をもたない遊牧民族であったので，その多くの部分がいくつもの集団に分かれ，思い思いの方角へ安住の地を求めて移住していった。そして，その中の一部分が，敦煌北方の伊州（カムル，ハミ）や東方の甘州（＝張掖）の近辺に帳幕（本営テント群）を落ち着けるようになった時から，ウイグルと敦煌とは直接のかかわりを

---

[1] 今では沙州帰義軍（節度使・政権）ではなく河西帰義軍（節度使・政権）の呼称の方が適切なのであるが［cf. 森安 2000「朱印」］，本稿では原文通りとする。
[2] 原文の「ウイグル可汗国」を，本書での統一を図るために「東ウイグル帝国」に改めた。

持つようになったのである。

　敦煌出土文書の中に,「張議潮変文」と称されるものがある (P. 2962)。これは, 初代の沙州帰義軍節度使 (といっても実際は敦煌王) 張議潮の草創時代における武功譚であるが, それによると, まず856年 (大中十年六月) に敦煌軍とウイグル軍の間に初めての戦闘が行なわれたことが知られる。既に何年か前から伊州の西の納職 (ラプチュク) 地方にはウイグルの一分派が蟠踞していたのであろう。彼らはしきりに伊州方面に侵入してきて, 人畜を掠奪していき, 伊州の人々は心の安らぐ暇がなかった, という。伊州は敦煌の北の要地で, トゥルファン地方からさらに西方へ通じる一大幹線を扼する位置にあった。古来敦煌との結びつきも深く, 且つ大中二 (848) 年張議潮の力によって吐蕃の圧迫から解放されたばかりであるから[1], 張議潮の方としても新たにふってわいた伊州の人々の不幸を看過するわけにはいかなかったにちがいない。しかしいかに敦煌と伊州とのつながりが深いといっても, 実際には, この間に 300 km にも及ぶ半沙漠が横たわっているのであって, これを越えて軍隊を送るというのは, 強大な中国王朝ならいざ知らず, 敦煌を中心とする一オアシス国家にとっては至難のわざである。まして相手は, 軍事にすぐれるウイグルの部隊である。にもかかわらず張議潮は敢えてこの戦いを決行し, まさか敦煌の方から遠征軍がやって来るはずはなかろうとタカをくくっていたウイグルを急襲し, ラプチュク城の西に血の雨を降らせた, という。中原王朝の力を借りずに独力で吐蕃の支配をはねのけた当時の敦煌の人々の士気がいかに高かったかは, この一事をもってしても充分にうかがわれるのである。あやうく難を逃れたウイグル部民はラプチュク城内にたてこもった。一方捕獲した大量の駱駝 (ラクダ)・馬をひき連れて意気揚々と凱旋した敦煌の人々は, 軍馬の育成に気を配り, 日々の練兵にも怠りなく, ウイグルの報復に備えていた, という。

　ところで, 別稿に詳述したように[2], 856年当時には既に, 龐テギンを頭に戴く西走ウイグルの主要部は, 焉耆 (アルク Ark) を中心に高昌 (トゥルファン盆地内のコーチョー Qočo)・北庭 (ビシュバリク Biš-balïq) 一帯に広く勢力を有し, いわゆる西ウイグル王国 (または天山ウイグル王国) の基礎を確立していた。そして折しもこの856年, 龐テギンは新王国内での自己の権力の安定と周辺諸民族への影響力の強化とを目的として, 中国王朝に冊封を求める使者を送った。中国側はこれを嘉し, さっそく龐テギンを嗢禄 登利邏 汩 没密施 合 俱録 毗伽 懐建可

汗（おおいなる天より恩寵を見つけし，勇敢にして名高く賢き懐建可汗）として冊拝すべく，王端章を正使とする使節団を派遣した（大中十年冬十月）。ところがこの冊立使一行は途中で劫掠に遭い，国信を奪われた王端章は使命を達し得ず止むなく帰朝し，罰として官位を落とされた（大中十一年冬十月）。従来の唐中央の史料からは，この時使節一行を襲撃したのが黒車子族の一団であったということ以外詳しい状況は何も分からなかった。しかるに今世紀になって発見された前掲の「張議潮変文」から次のような事情が判明した。

　856/857 年，先のラプチュク＝ウイグルへの遠征後，その報復に備えて守りを固くしていた敦煌の遊弈使（巡視兵の長）佐承珍が，北辺の荒野を巡回中，一人の怪しい人物を見つけた。この人物は佐承珍らを見ると一目散に逃げ出したので，承珍は部下に彼を捕えさせ，馬前に引き出してその身元を糾した。するとその人物が言うには，「自分は陳元弘といい，使命を帯びてウイグルに向かっていた使節団の一員であった。ところが我々が雪山（伊州及びラプチュク北方の山々）の南側にさしかかると，背逆ウイグルの 1000 余騎が襲いかかってきた。我々は都からやってきた者である故，野戦にうとく，且つ多勢に無勢のこととて難なく大切な国冊勅信を奪われてしまった。今，一行は散り散りになり，私はこうしてさまよっているが，決して怪しい者ではない。何卒よろしくお取り計らいの程を」とのことであった。敦煌の町に連れてこられた陳元弘の口から同じ報告を聞いた張議潮は大いに怒り，再びウイグル遠征の意を固めた。折しも大中十一（857）年八月，伊州から急使が到着し，背叛ウイグル 500 余帳が伊州に迫っていることを告げた。こうして二度目の戦闘が行なわれたことは必至であるが，残念ながら，P. 2962 文書はここで切れてしまっているために，この戦いの結末あるいはそれ以後の伊州の帰属についてはよく分からない。『資治通鑑考異』には，咸通七（866）年新たに西ウイグル王国の政権の座に即いた僕固俊に対し議潮が慶賀の意を表したことが伝えられているが，これは，この頃にもまだ議潮が伊州（カムル）～ラプチュク付近に跳梁しているウイグルの一派に手を焼き，新生ウイグル王国によるこれら背叛ウイグルの討滅に期待を寄せていたことを示すものであろう[3]。925 年にコータン王の使節の手により敦煌で書かれた文書では[(3)]，ラプチ

---

[3] P. 5007 の発見によって，僕固俊ないしその後継者が乾符三（876）年に，それまで帰義軍政権支配下にあった伊州（カムル，哈密）を征圧したことが判明した。本書第 5 論文の〔書後 1〕を参照。

ュクも伊州も既に沙州帰義軍の領域を離れ，明らかに西ウイグル王国の一部とみなされている。ただ光啓元 (885) 年に張大慶なる人物によって書写された『沙州・伊州地志』(残巻，S. 367)[(4)] の存在は，この時点でも帰義軍側が少なくとも建前の上では伊州は自分たち (中国王朝) に帰属すべきものと意識していたことを示すものである[4]。しかし伊州も他の多くの中央アジアのオアシス都市と同じく，町そのものはオアシス農業とそれを営む農民に依存していたとはいえ，町の繁栄はあくまで東西交易に従事する「商販之人」(S. 367) に負っていたのである。伊州の人々はたとえその宗主国が帰義軍 (唐朝) から西ウイグル王国に変わろうと，相変わらずいずれとも密接な通商関係を続けていったにちがいない。10世紀に入ってからも敦煌に伊州使がやって来ていたことは文書からも証明されている通りである (S. 2266, P. 3501 v など)。

ところで張大慶が『沙州・伊州地志』を書写したのは，霊州安慰使が沙州にやって来た時にそのもとへ行き，彼の持っていた原本から写したというのだから，この 885 年には張大慶自身も帰義軍のかなり高い地位にいたはずである。さらに，この 885 年というと，張淮深が叔父議潮の後を継いで帰義軍節度使の位について既に久しい。この二つの点を踏まえるならば，参謀として張大慶が登場し，先の張議潮の時とは全くちがった形でウイグルと対立し，これをやっつけたことを伝えるもう一つの武功譚である「尚書変文」(P. 3451) を，通説に従って「張淮深変文」と言いかえることは正しいと信じる。なぜこのようなまわりくどい言い方をするかというと，この「尚書変文」も議潮に関するものだとする説があるからである[(5)]。しかしこの P. 3451 文書には，別筆で付録があり，そこには尚書が若くして枢要な位に登り (「年初弱冠即登庸」)，周辺に武名をとどろかせ，河西一帯に安寧をもたらしたことが述べられている。議潮が 848 年敦煌の豪俠の士を糾合して吐蕃の直接支配をくつがえしたというからには，当時彼はもはや，十代や二十代の若者ではなかったであろう。これにひきかえ淮深の方は，大順元年 (890) 死没の時に五十有九歳であったというから[(6)]，848 年にはまだわずか 17 歳の少年である。先の「年初弱冠」という一句に着目するならば，本変文の主人公たる

---

[4] 池田温により『沙州・伊州地志』の源流は 7 世紀末にまで遡る『沙州図経』であること，そこに伊州の記事は含まれていないこと，従って張大慶が書写した『沙州・伊州地志』[cf. 羽田 1930] には『沙州図経』以外の情報源があったこと，などが論証された [池田 1975, pp. 36, 41, 44, 46, 52-53]。

尚書としては，議潮よりもむしろ彼に従って河西統一に尽力した「白面の美青年」淮深の方がぴったりくることは，改めて言うまでもあるまい。[5]

さて，この「張淮深変文」は，もちろん彼が節度使になってから後のものであるが（従来の有力な説では874-880年頃)[7]，それによると，彼の軍隊はウイグルの部隊（これがどこからやって来たかについては次節で述べる）と衝突してこれを打ち破り，1000人以上の捕虜を獲得したので，早速そのことを唐王朝に報告した。唐朝では宗主国としての立場から大いにこれを嘉賞し，この西辺の地にわざわざ使節団を送り，金銀の器皿やさまざまの錦繡を賜って，敦煌の人々の労を犒った。淮深はこうした「皇帝の深恩に感じ，朝廷の天遇を喜んで」，先に生け獲りにしたウイグルの捕虜を放してやった。ところが皇帝の使節団が帰途についてまもなく，またもやウイグルの王子に率いられた別の一団が敦煌の西方領土たる西桐海畔に侵入してきた，という。この西桐海というのは，「張議潮変文」にも西同としてあらわれ，わずか二泊で到達したというから，沙州から程遠からぬ地にあったのであろう[6]。とすると，このあたりに侵入してきたウイグルの集団というのは一体どこからやって来たのであろうか。沙州の西から迫ってきたといい，王子に率いられていたというから，先述のラプチュク〜伊州あたりにいた背叛ウイグルとはどうも別の集団のようだ。まして後述するような東方の甘州付近に跋扈していた集団の一味であるはずはない。とすると，あと考えられるのは，焉耆〜西州（トゥルファン）に拠っていた天山ウイグルの一部ということになる。本変文のはじめの部分は下半が欠けていて文意が通じないが，そこに安西の文字が読みとれることもこの考えを裏付けると思われる。

「張淮深変文」の伝える所によれば，結局淮深は，この西ウイグル国から南下してきた集団を駆逐することに成功した。といっても焉耆地方から南下するウイグル集団の民族移動の流れは，これによって止まったのではなく，引きつづき行

---

[5] その後，P. 3451 を「張淮深変文」とすることに異議をはさむ者はいない。「張議潮変文」と合わせたテキスト補訂を含め，両変文は以後も多数の論著で取り上げられた。ここではとても紹介できないが，本稿と深く関わるのは，金岡照光編『講座敦煌 9 敦煌の文学文献』（大東出版社，1990）で金岡自身が執筆した pp. 561-571 の記述である。「張議潮変文」「張淮深変文」のテキストとして，今は潘重規 1984, pp. 931-950 がよい。なお「張議潮変文」には V. Mair による英訳もある。

[6] この西桐／西同はチベット語では Se-tong と表記され，地理的には蘇干湖盆地に当たることが，陸離 2012 によって明らかにされた。ほぼ同時期に独立して旗手瞳が同じ結論に到達していた［2010年度大阪大学提出修士論文］。

なわれていた。やや時代は下るが,『宋会要輯稿』によれば11世紀後半, ニヤ〜ロプ＝ノールの近辺に黄頭ウイグル・達靼(タタル)・種榲(チュングル)の集団がいたことが知られる。また, 中間の10世紀末に西ウイグル王国に使いした宋の王延徳の言によれば, 西ウイグル国には大衆熨・小衆熨族の領域が含まれる, という。この衆熨(チュングル)が先の種榲にあたり, これらが別の史料にみえる仲雲(チュングル)と同じであり, その領域がロプ＝ノール南辺であったことは, 従来の多くの謬説をしりぞけて榎・ハミルトン両氏によって確定された[8]。さらにまた, 11世紀初頭に書かれた西ウイグル国の一棒杭文書によると, 王国の領域は, 東は Šačiu(沙州)にまで及んでいたと自負している[9]。以上をまとめるならば, 9世紀後半(おそくとも9世紀末)から11世紀後半まで, 沙州の西からロプ＝ノール近辺, さらに西のチェルチェンあたりまでが, 一応は西ウイグル王国の領域とみなされ, 従って北方の焉耆地方からウイグル人の移民がひきつづき行なわれていたであろうことは, これを承認してよいと信ずる。タリム盆地東南辺のトルキスタン(トルコ人の土地)化は, このような過程を経て行なわれていったにちがいない。

第2節　河西ウイグル(甘州支配以前)

9世紀中葉にモンゴリアから移っていったウイグル集団の中に, 河西地方に侵入した分派があり, 彼らが, 10世紀には甘州地方を中心に一つの王国を形成していたことは, 新旧五代史・『宋史』・『遼史』などにより明らかである。しかし, ではいつ頃から甘州にウイグルが拠るようになったかというと, 中国側の史料は黙して語らず, またこの河西ウイグルの中核となった集団がどのような経路をたどって甘州付近に居住するようになったかについても, 漢文史料に混乱があり, 研究者の間にもこれまでさまざまの説が行なわれてきた。とくに最大の争点は, 河西ウイグルはモンゴリアから直接やってきたのか, それとも龐テギンに率いられて一旦は焉耆〜トゥルファン地方に入り, そこからさらに東遷してきて河西に入ったか, という点であった。これに関しては私は既に考察を加えているので[10]ここでは詳述を避けるが, 結論だけいえば, 龐テギンを奉じて天山地方に入っていった安西ウイグル派と, これから問題にする河西ウイグル派とは全く別

系統であり，河西ウイグルの中核をなしたのはモンゴリアから直接やってきたグループであった，とみて大過ないであろう。河西ウイグルの中心が甘州地方になったのは，かつてまだウイグルが強大になる以前に（7世紀末～8世紀初頭），突厥の強盛に押されて甘州・涼州の間に避難していたという事実が示すように，モンゴリアから河西に向かうと自然にこのあたりに至るという地理的条件が最も大きな理由であろう。とはいえ，この地方には吐蕃の，ひきつづいてこれに替わった沙州帰義軍政権の支配が及んでおり，また嗢末（チベット系）や吐谷渾（モンゴル系）などの勢力もあったのであるから，ウイグルもそうすんなりとは安住の地を見つけることは出来なかったはずである。以下に，河西に侵入したウイグルの一派が甘州を中心に小王国を築くに至るまでの動きを探ってみよう。

モンゴリアからゴビを越えて河西に向かう幹線は，まず花門山堡[7]からエチナ河下流域（ガシュン・ソゴ両湖周辺）に至る。この地域は涼甘粛瓜沙州をつなぐ河西回廊全体からみればかなり北に偏しており，かつ南遷してきたウイグル人自体が相当数にのぼっていたために，従来から河西に拠る人々も敢えてこれと衝突することを避け，この地域でおとなしく遊牧生活を営んでいる限りは，これを黙認していたようである。ウイグルの方も，さらに南下を試みて，いたずらに河西の先住民の反感を買うようなことにならないように自重していた，と思われる。しかし河西移住後約30年を経るようになると，世代の交代も進み，人口も増え，その中からよりよい土地と豊かな生活物資を求めて先住の河西の住民をおびやかす行動に出る者達があらわれてきても不思議はない。『資治通鑑』に874年のこととして「たまたま回鶻，吐谷渾・嗢末に破らる。逃遁して之く所を知らず」と伝えられ，S.2589文書より中和四（884）年ころの甘州の付近には常に200人ほどのウイグルの一団がおり提道劫掠（山賊行為あるいは通行税強制徴収行為）をしていたことが知られる。これらは共に，当時エチナ地方に散居していた河西ウイグルの全体あるいはその突出部分の動きを我々に教えてくれる貴重な史料である。先に言及した「張淮深変文」の中に，淮深が最初に撃破したウイグルは，はじめ偽って瓜州に投降するようなふりをして近づいてきたとも読み取れる箇所があるが（文書に欠損があって定かでない），もしこのような解釈が正しいとすれば，沙州東方の瓜州侵略を試みたウイグルとは，捕虜になった数が1000人を越すとい

---

[7] Cf. 本書第5論文〔補記14〕。

う規模の大きさ，さらに相互の地理的位置関係を考慮して，天山ウイグルでもラプチュク＝ウイグルでもなく，必ずやエチナ地方のウイグル集団であったろう。結局 870 年代〜880 年代には，河西ウイグルはまだ甘州に可汗の楼閣を置き，定居するまでには至っていないことが判明する。

ところで前田正名は乙酉年六月の紀年をもつ「涼州節院使押衙劉少晏状」（S. 5139 v）を解釈して，これは咸通二〜四年に張議潮に従って涼州を収復した劉少晏が咸通六年（乙酉年，865 年）ころの涼州・甘州の状況を述べているものであり，本文から，咸通六年を数年遡った年代にも甘州に回鶻の集団が「兵は強く，馬は壮なり」という状態でいたことが分かる，としている(11)。もしこの解釈が正しいなら，先の私の見解は全く覆ってしまうが，しかし，私は本文書にみえる乙酉年は，865 年よりひとまわり後の 925 年のものと考える[8]。その理由は，まず第一に，本文書では張議潮が張太保と呼ばれているが，彼が太保の官号を贈られるのは 865 年より後の 872 年（議潮の卒年）であること(12)。第二に，S. 5139 v 自体は習字であり，「劉少晏状」の他に「千字文」「社司転帖」「親情社転帖」が写されているが，そこに現われる多くの人名が，単独でではなく組み合わせとしてみるとき，9 世紀中葉よりも 10 世紀に入ってからのものとみる方が適当であることを，土肥義和氏の御教示によって知り得たこと。第三に，親情社転帖には「応管内外」(13)という一句がみえるが，竺沙雅章の研究によればこの句は曹氏帰義軍時代（914-1030 年頃）に特徴的なものであること(14)。第四に，これまで他にあまり例をみない「節院使」という肩書きであるが，曹氏時代に属することの明らかな P. 2482 文書に「知節院軍使」という用例があること，などである。ゆえに私は，880 年代までは甘州にウイグルはいなかったとする先の見方を変える必要はいささかもないと信ずる。他方，同じくスタイン文書中に「粛州防戍都状」（S. 389）というものがある。これには日付がないが，甘州付近に既にウイグル王（可汗）がいたこと，その一方で吐蕃や吐谷渾の集団数百人が甘州から本国へ帰還したという報告を，粛州へやって来た甘州人から聞いたこと，を伝えている。文中には，おそらく甘州先住の龍族の王の言葉として，「わが甘州，便ち迴鶻と共に一家と為り，云々」という文句もあるから，この文書は，ウイグル可汗の勢

---

[8] 925 年のものとする見方は，実は原論文執筆時点では見ることのできなかった唐長孺 1962, pp. 293-294 で既に述べられており，また拙稿以後の研究者にも認められている［cf.『帰義軍史』pp. 17, 76, 100, 311, 324-325；赤木 2010, pp. 72-73；馮培紅 2013, pp. 325-326］。

力が徐々に甘州にまで及びつつはあったが，まだ甘州城そのものまでは支配していない時期のものであろう。先の中和四（884）年の日付をもつ文書 S. 2589 より後のものであることは疑いない。[9]

第3節　甘州ウイグル王国の成立

張議潮から張淮深にひきつがれた沙州帰義軍張氏の系譜は，892年索勲の篡奪にあって一旦途絶えたが，894年にはまた張氏の一族承奉の手にもどった[10]。彼が唐朝から正式に節度使に任命されたのは900年（光化三年八月）のことであるが，彼はいちはやく唐朝の滅亡を予知していたのであろう，905（天祐二）年に至って遂に唐朝と袂をわかち，国号を西漢金山国と称して自立し，自ら金山白衣天子（金山白衣王）の位に登った[11]。ハミルトンはこの金山と白衣に着目して，金山はアルタイ山をさすからウイグルに関わりがあり，一方白衣はマニ教徒の特徴的服装であるからやはりマニ教とゆかりの深いウイグルのことを念頭に置いた命名であるとみなし，国号と天子号の両方から張承奉はウイグル支配を目指していたと推測した。そしてこの推定の裏付けとして，天復五（905）年の紀年をもつ一文書 S. 5747 で張承奉が「帰義軍節度沙瓜伊西管内観察処置押蕃……」という称号をもっている事実を挙げ，これによって当時の西漢金山国の領土が沙州と瓜州を中心としながらも遠く伊州から西州にまで及んでいたと考えた[15]。そしてこのハミルトン説にピンクスも全面的に賛成した[16]。しかし西ウイグル王国の歴史をひもとくならば，905年という時点で西州が沙州帰義軍あるいは西漢金山国の支配を甘受したということは決して考えられないことである。先のような称号は，かつて西州は中国王朝の支配下にあったから今もそうあるべきであるとする一種の中国的尊大さ（中華主義）のあらわれであって，必ずしも現実と一致

---

[9] この推定は誤っており，実際には S. 389 と S. 2589 は同一文書の離れであることが今では判明している [Sims-Williams / Hamilton 1990, DTSTH, pls. 43-47]。つまり共に中和四（884）年の文書であった。『帰義軍史』も含め，これまで両文書を別々に取り扱ってきた論考はすべて修正されねばならない。

[10] この間，事態はもっと複雑であったことが，赤木 2005 に述べられている。

[11] ここにも誤解があった。今では，907年の唐朝の滅亡を知った張承奉が，910年に国号を西漢金山国と称して自立したことが，広く認められている。

するものではない。漢文史料を扱う者はこの点には常に細心の注意を払わねばならない。敦煌千仏洞の壁画銘文に「勅河西隴右伊西庭楼蘭金満等州節度使……曹議金」とあるからといって[17]、張承奉より後に沙州節度使となった曹議金が、西州（トゥルファン地方）のみならず北庭（天山以北のビシュバリク地方）や楼蘭（ロプ＝ノール地方）にまで勢力を伸ばしていた、と誤解するような者は最早いないであろう。またハミルトン・ピンクス両氏が、白衣天子という称号の中に承奉のウイグル人支配の意図を読み取ろうとしたのも穿ち過ぎである。白衣はなにもマニ教にだけ関わりのあるものではない。白衣を着た新しい支配者がやってくるという一種の予言が当時とくに河西地方を中心に広まっていたと主張する王重民や[18]、弥勒教（仏教の一派）との関連に重きを置く唐長孺の説[19]があることも忘れてはならない。

　さて甘州にウイグルが拠っていたことを示す確実な史料はこの西漢金山国時代になって初めてあらわれる。それが有名な「沙州百姓一万人上廻鶻天可汗書」（P.3633）といわれるもので、これは911年に書かれたものである。[12]

　　沙州の百姓（官民聖俗を含む住民をいっている）より廻鶻の大聖天可汗にお手紙差し上げます。

　　沙州は元来大唐の州郡でありました。ところが天宝年間に安禄山が乱をおこしたために河西は吐蕃の手中に陥り、一百余年の間その支配を受けました。でも大中三（849）年に本州節度使の太保（張議潮）が敦煌で蜂起し、吐蕃を却けて、大唐の一員に戻ることができました。爾来70余年、唐朝への朝貢は絶えません。（中略）またその間にたまたま天可汗が張掖（甘州の別名）に居住されるようになりましたが、そちらとこちらはまるで一家のごとく、お互いにそむき合う心など微塵もありませんでした。それ故、沙州から中国王朝への路はいつも平穏無事で閉ざされることなく、朝廷からの使節も絶えませんでした。これは全くもって可汗の威力のおかげであり、我等沙州百姓の感謝の念は言葉では申せません。

　　しかるに最近数年来、両地（沙州と甘州）の軍隊間には戦闘が行なわれ、お互いににくみ合い、遂に不安は百姓にまで及び、多くの者が殺され傷つけ

---

[12] これを引用した先行研究は多数あるが、その最も信頼できるテキストは、池田『籍帳』No. 298である。なお、有益な部分訳が、Demiéville 1952, *Le concile de Lhasa*, pp. 216-217 にある。

られました。沿路の州鎮はあちらもこちらも破散し，死者の骨は埋［めてさえもらえず……（原文欠）］，生者も異土に分離してしまいました。号哭の声は絶えず，怨恨の気は天を衝いております。我等沙州の耆寿[13] 百姓等は，この憤りを訴えようにも，そのもっていきどころがございません。伏しておもいまするに，大聖廻鶻天可汗は北方の人主であり，人民の［庇護者？……（原文欠）］であります。何卒，我等百姓がなにゆえにこのような不幸なめに遭わねばならないのかを御察知下さいますようお願い申し上げます。（中略）

26日にはまた狄銀（テギン tegin / tigin，ウイグル語で王子の意）が兵を領して沙州管内に入り込んでまいりました。両軍の間に斬り合いがあり，双方に負傷者が出ました。口先だけで平和を求めるのではなく，事は急を要しておりました。そこで遂に沙州の宰相・大徳・僧人・兼将・役人をやって狄銀にお会いさせ，お言葉をうけたまわらせました。狄銀は天子（金山白衣天子即ち張承奉を指す）の出頭を求め，そうすれば（講和を結んでもよいとの）お約束をお与え下さいました。

城隍耆寿百姓は再三協議した結果，可汗を父とし天子を子とすることで話をまとめ，大宰相・僧中大徳・敦煌貴族耆寿に国信と設盟文状をもたせて甘州に行かせることになりました。そして封函をした書信が出発する日，天子は（甘州可汗のいる）東に向かって跪拝したのであります。よってこれは本心からやっていることでありまして，決してうそ偽りなどではございません。（下略）

ここまで読んできて分かるようにこの手紙は金山国の白衣天子からではなく，その輩下の百姓から直接甘州ウイグル可汗へ宛てられたものである。ウイグルとの和議を願っているのは沙州の百姓，上は宰相から下は一般民衆にまで及ぶ約一万人の人々であるが，これは決してその頂点に立つ白衣天子張承奉の意志ではない。事実彼はウイグルとの戦いに結着をつけるためにひそかに吐蕃に使者を送り，その援助を求めていたのである。しかしこの行為は，かつて100年以上もの長きに互って自分たちを苦しめたことのある吐蕃を蛇蝎のごとく嫌う敦煌の人々には，到底受け入れることの出来ないものであった。彼らは一斉に白衣天子の意向に叛き，このような手紙を，天子をさしおいて直接甘州ウイグルの可汗に出すことに

---

[13] この「耆寿」については，土肥 1980, pp. 283-284 を参照。

なったのである。引用文の最後の部分は、承奉の吐蕃遣使を察知し、その内実はともあれ、一応承奉の許しを得たはずの先の国信・設盟文状送付の行為との矛盾をいぶかって承奉の本心に疑いを抱きはじめた甘州ウイグル可汗に、沙州の百姓が必死で弁明を試みているところである。続く部分で百姓は、その祖父や父たちが太保（張議潮）と共に力を合わせ、いかなる艱難辛苦にも耐えてようやくの思いで吐蕃の軛（くびき）からのがれ得たこと、それゆえに沙州の人々が今更吐蕃と再び手を結ぶことなど全くあり得ないこと、沙州はあくまで中国王朝と一体であることなどを綿々と綴り、朝廷と沙州とを結ぶ幹線を扼する甘州ウイグルとは相戦うことなく、かつてのように仲良くやってゆきたいという気持ちを行間いっぱいに溢れさせているのである。そして最後に、可汗が神仏を敬ってさらに長生きし、無辜の百姓を殺すことのないように願い、講和締結のために「伏して天可汗の速賜詳断を乞う。謹録状上」と結んでいる。

　さてこの「沙州百姓一万人上廻鶻天可汗書」より我々は、911年の数年前より甘州ウイグルと西漢金山国との間で戦闘が繰り返されてきたこと、さらにそれ以前には甘州ウイグル可汗の威力で、沙州と中国朝廷とを往き来する使節や商人が道路の平安を享受できた期間がかなりあったことを知り得る。同じ P. 3633 の裏面に書かれた龍泉神剣歌という承奉の武功譚から、金山国が甘州ウイグルと干戈を交えるようになったのは 906 年からのことと推定されるから[20]、漠北より南遷してきて以来おそらく河西北辺のエチナ地方を中心に散居していた河西ウイグルは、900 年前後には既に甘州に確固とした地歩を築いていたとみてよいであろう。先に見たように 884 年にはまだ甘州にウイグルの勢力は根付いていなかったのであるから、いわゆる甘州ウイグル王国の成立は、890 年代のこととみるのが現在最も妥当な所であると思われる。天復二（902）年、ウイグルが使者を送ってきて、末期的症状を呈している唐朝に対して援兵派遣の用意のあることを霊州節度使を通じて奏上したが[21]、このウイグルは必ずや甘州ウイグルのことであろう。P. 3931 文書は書啓公文であるが、その中にウイグルから中国王朝への上表文が文例として含まれている[14]。そこには、かつてウイグルがまだ漠北（モン

---

[14] Cf. 土肥 1988, pp. 416-418；周／趙 1995, pp. 46-48, 231-252「后唐時代甘州回鶻表本与相関漢文…」；栄新江『帰義軍史』pp. 12, 222, 229；趙和平 1997, pp. 245-247, 253；楊宝玉／呉麗娯「同光年間甘州回鶻的可汗更替与入貢中原」,『慶賀饒宗頤先生九十五華誕敦煌学国際学術研討会論文集』北京, 中華書局, 2012, pp. 456-472. なお土肥論文には当該表本の和訳がある。ただし差出人を誰に比定するかについては異論がある。

ゴリア)にいた時に唐朝の求めに応じて出兵し,安史の乱を鎮め,その功によって公主(天子または皇族の娘)を賜ったこと,以来両者の間は親密であり,去る光化年初には皇帝が遠く冊礼を頒ち,漠北時代同様つづいて公主を降嫁することを許されたことなどが述べられている。光化といえばまさに天復の直前にあたる年号であり,西暦の898-901年にあたる。おそらく甘州ウイグルは890年代王国の基礎が固まるとともに,かつての緊密な関係を回復すべく唐朝に使者を送って好を通じ,それと平行して沙州と唐朝との通交をも自由に許していたのであろう。そして898/899年に唐朝から新たにウイグルの国家として正式に認められたのである。902年唐朝に「兵を率いて難に赴かんことを請う」たのは,このような唐側の態度に対し感謝の意を表わすためでもあったろうが,かつて安史の乱を鎮圧してもらった後のウイグルの専横に頭を痛めた苦い経験のある唐朝は,素直にこれを受け入れることができず,結局この申し出を丁重に断ったのである。唐朝が滅亡する907年に迫ることわずかに5年の出来事である。

第4節 甘州ウイグル王国と曹氏沙州帰義軍

「沙州百姓一万人上迴鶻天可汗書」のいきさつを見ても明らかなように,911年以降張承奉は民心を失い,まもなく金山国はその命脈を断ち,替わって曹氏が沙州帰義軍節度使として敦煌に君臨するようになった。この政権交替が行なわれた時期は914-920年の間であるが,詳しいことはまだ分かっていない。また,920年に節度使となった曹議金の前に曹仁貴という人物が節度使となっていた事実があったかどうかについても,未だ明解は得られていない[15]。先にも注記したように,沙州帰義軍節度使というのは形式上は節度使という唐朝の一地方軍指令官であるが[16],実際には全く独立した小王国の王であった。ただ金山国以前の張氏の時代にはまだ自ら王と名乗ることはなかったが,曹氏になると公然と大王(托西大王・瓜沙州大王・燉煌王・譙郡王)と称してはばからなくなった[22]。即ち

---

[15] 現在では曹仁貴と曹議金は同一人物であり,その統治は914年より始まることが判明している。後ろの〔補記38〕を参照。

[16] それゆえ政権末期まで正式の公印として節度使印,及びそれとセットになる観察使印を使い続けるのである。これについては,専論を発表した[森安2000「朱印」;cf. 赤木2010, p. 71]。

曹氏時代の沙州帰義軍，というよりむしろ敦煌王国は，すでに西漢金山国がそうであったように，もはや完全な独立国となっていたのである[17]。中国の正史である『旧五代史』は「外国列伝」に，そして『新五代史』は「四夷附録」にそれぞれ沙州（瓜州を含む）に関する記事を収めている。

　古代において，特産物をもたない内陸アジアのオアシス都市国家が繁栄を維持していくためには，貿易立国より良い方法はない。とくに敦煌のような，東西あるいは南北交通の幹線がいくつも集中している，きわめて有利な立地条件に恵まれている所ではなおさらである。しかしいかに地理的条件がよくても，その条件を生かす政治的情勢が整っていなければ何にもならない。とくに重要なのは近隣の都市国家との友好・協力関係である。これがなければシルクロードに象徴されるような遠隔地貿易は決してスムーズに機能しない。視点を変えれば，オアシス都市国家の支配者の最大の仕事は，そのような友好関係を確立すること，この一点にあったとさえ言うことが出来よう[23]。次に紹介するのは敦煌の大王から甘州のウイグル可汗に宛てられた手紙である（P. 2992 v の第三）。訳文は藤枝の和訳をもとに[24]，ハミルトンの仏訳を参照し[25]，私見をまじえて作成した。

　　時下季夏極熱の候にございます。弟・順化可汗天子にはますます御健勝のことと拝察致します。私・兄大王はかねがねお世話に相成りながらも，近日御機嫌いかがなるや存じ上げ奉らず，時節柄いっそうの御自愛の程，遠方よりお祈り申し上げます。以前よりこちらのあらゆる情況はキャラヴァン発遣のついでごとに度々申し述べてまいりましたので，おそらくお耳に届いていることと存じます。
　　さて昨年，私・兄大王が自ら甘州に参り，双方の国家の将来に関するあらゆることを貴殿・弟天子と親しく討議し，成功裡におわりましたが，その時私・兄大王は一隊のキャラヴァン（使節団）を中国の都へ発遣いたしました。そして去る５月初め，わが沙州の使節と共に朝廷からの使節団が無事に甘州に到着した旨，貴殿・弟天子がこちらに派遣して下さった突律似都督（トトク）よりうかがいました。この都督は物静かで無口な人でしたので，あまりお話はうかがうことが出来ませんでした。朝廷よりの使節及び沙州使はともに貴地にて

---

[17] この点は，赤木崇敏が転輪聖王観に着目してさらに補強してくれた［赤木 2010, pp. 68-72, 80］。

宿舎と駅馬のお世話をいただき，また荷駄隊（キャラヴァン）の再編に際しても全く減損することなく，西（沙州）へ来ることを御許可くださいました。おかげさまをもちまして去る6月12日には，勅使及び沙州使は無事にこちらに到着いたしました。そして勅使から，皇帝より下賜された衣服や物をいただき，さらに私・兄大王めに官号まで加えていただきました。

　このような皇帝の恩沢を一身に蒙ることが出来ましたのも，これ皆ひとえに貴殿・弟順化可汗天子の御配慮による所でございます。そこで貴殿・弟天子にもこの慶びを分かちあいたく，今ここに内親従都頭の償栄実[18]らを遣わし，御礼の手紙を差し上げ，さらに好い燕脂の包み，重さ8斤の玉1団，白綿綾5疋，安西緤両疋，立機細緤18疋，官布60疋を献上致します[19]。以上の品々到着致しましたならば，何卒お改めの上お納め下さい。

　他にもいろいろ申し上げたいことがございますが，それらは買都頭（=内親従都頭償栄実）の口より直接申し述べさせることに致します。　謹　状

この手紙には日付がない。しかし甘州ウイグルの順化可汗の在位年代は928-933年であるから，ここにみえる敦煌の大王即ち沙州帰義軍節度使は曹議金（在位920-935年）でなければならない[26]。一方中国側史料から928-933年の沙州に関する記事を捜索すると，次のような事実が見つかる。

　長興元年十二月（930年12月〜931年正月）ウイグルの順化可汗である仁裕が翟バルスら三十人の使者を遣わして，馬80疋・玉1団を献じた。同時に，沙州の曹議金が馬400疋・玉1団を献じた。明けて長興二年春正月，沙州の節度使曹議金に中書令を兼任させた。

　　　〈『旧五代史』巻41&42,『新五代史』巻6,『冊府元亀』巻972より再構成〉

この事実を先の手紙の内容と結びつけたのはハミルトンであるが[27]，これはもはや動かしがたい鉄案である。そこで氏の説に基づいてもう一度手紙文を検討すると，敦煌大王曹議金と甘州ウイグル順化可汗との交渉過程が実にまざまざと浮かび上がってくる。

---

[18] Cf.『帰義軍史』pp. 233, 234.
[19] この贈り物を列挙する一文には少し修正を施した。なお，安西緤や立機細緤など「緤」と呼ばれる棉織物の単位としての「疋（=匹）」の具体的形状については，田先千春が明らかにした［田先 2006］。

長興元(930)年

　夏〜秋　曹議金が甘州に出向いて順化可汗との首脳会談を行なう。その成果に基づき，双方が使節団（キャラヴァン）を中国に送る。

　12月　双方の使節団，後唐の都洛陽に到着。馬及び玉の進物を献上する。

長興二(931)年

　正月　朝廷より曹議金に中書令を授官。

　5月　双方の使節団が，朝廷派遣の使節一行と共に甘州に到着。順化可汗はその旨を突律似都督 (Töliš Totoq)[20] を遣わして沙州に知らせる。

　6月12日　沙州の使節団，中国朝廷の使節らを伴って沙州に帰着。曹議金，勅使より皇帝の賜物をいただき，且つ中書令兼任の勅許を授かる。

　6月中（季夏）　早速曹議金は以上一連のことに対して感謝する旨の書簡を，御礼の品々と共に甘州の順化可汗に送る。

　使節団というのは，建前として商人の自由な貿易を認めない中国と交易するために，諸外国が中国との間に作り上げた一種の官営貿易の形式であって，その実は，献上品に対して必ず与えられる莫大な下賜品を目当てとする隊商（キャラヴァン）であったことは既に衆知の通りである。沙州のキャラヴァンや甘州のキャラヴァンが，公式史料に表われた献上品の他にも様々な物品を持ち込んでいたこと，さらにその見返りとして，それらの数倍数十倍いやもしかしたら数百倍数千倍の価値をもつ絹製品をはじめとする中国の諸物産を多量に積んで帰って来たことはまちがいない。中継貿易に依存する敦煌の人々はこれら東方の珍貨を西方に転売することによって莫大な利益を得ていたのである。長い時間と労力を惜しげもなく費やして作られた敦煌の壮麗な千仏洞は，敦煌に集積された富の巨大さを現代の我々にも如実に語ってくれているのである。

　次にもう一つ，やはり瓜沙州の主権者から甘州へ出された手紙をみてみよう（P. 2992 v の第一）。ただし今度は受け取り人は甘州ウイグルの宰相たちである[28]。

　　　宰相がた[21]，両国（瓜沙州と甘州）は交通路を共にし，一衣帯水の間柄で

---

[20] 突律似を Töliš と復元したのはハミルトンである。甘州ウイグル王国でも左右翼体制が敷かれていたことが田中峰人によって明らかにされたから［田中 2011］，この Töliš という左右翼に関わる称号は十分にあり得る。

あることをお忘れなく，もし使節・キャラヴァンなどの東方よりそちらに到着せし折には，遅滞なくこちらへ向け出立できますよう御配慮いただければ幸甚にございます。

さて今，甘州には朝廷よりの使節が御逗留中とうかがっております。両国は此度の使節派遣のみに限らず，今後もずっと往来せざるべからざる間柄ではございませんか。右の勅使一行の西に向かい，当地にもお越しいただけますよう御高配を賜らば，近くの者はそれを見，遠くの者はそれを聞き，貴国の名声はいやが上にもあがることでございましょう。

いま釈門僧政の慶福と都頭の王通信ら一行を遣わし，歓を結び好を通ぜしめ，宰相がたにはそれぞれ，白花綿綾10疋・白繰1疋をお贈りし，もって父大王の記念の品と致します。到着致しましたならば何卒お改めの上お納め下さい。

況んや宰相がたは，かつてわが故大王と父子の約を結び賜いし間柄でございますから，今はたとい大王がおかくれあそばされたとはいえ，痛熱の情義は断絶すべきではございますまい。宰相がたより可汗天子に両国関係の詳しい現状について宜しくお口添えいただき，可汗天子の御了解を得ることが出来ましたならば，即ちこれ偏えに宰相がたの周旋のお蔭によるものと存じ上げます。

　　　　　　　　　　　　　　　　　　　　　　　不宣　謹状
　　　二月　日帰義軍節度兵馬留後使検校司徒兼御史大夫曹

書簡の内容から，近ごろ[22]敦煌の大王（節度使）が死去し，今はその子がまだ節度留後使として瓜沙州の政治を司っていることが分かる。当時の曹氏節度使の系譜は次の如くであることが知られ[(29), 23]

21　この「宰相がた」というのは，甘州ウイグル王国に9人いた宰相［cf.『マニ教史』p. 170；田中 2011, p. 272］の全て，もしくはそのうちの幾人かに相違ない。松井 2010, p. 36, n. 19 では，西ウイグル王国にも9人の宰相（イル＝オゲシ il ögäsi）がいた事実［cf.『マニ教史』pp. 163, 169-170］，及び九姓（トクズ＝オグズ）の連合体であった東ウイグル帝国の各部族代表が都督と称された事態［cf. 片山 1981］とを結びつけようとしているが，まだ単なる問題提起に終わっている。中央ユーラシア型国家の実態と関わり，今後解決すべき大問題である。

22　原論文では「つい最近」とあったが，「近ごろ」と修正した。

23　この曹氏節度使の系図については，今では修正すべきであるが，ここは原論文のままとする。詳しくは後註29に対する〔補記38〕を参照。

```
┌(1) 仁貴（?-920)
└(2) 議金（920-935)─┬(3) 元徳（935-940)──(6) 延恭（974-978)
                    ├(4) 元深（940-945)
                    └(5) 元忠（945-974)──(7) 延禄（978-1002)
```

またこのP. 2992 v 文書自体は諸般の事情から考えて[30]945年を下ることはないから，故大王を議金とし，発信人である節度留後使を元徳とみるのが最も妥当である[24]。つまり本書簡が書かれたのは935-936年[25]ということになる。既にみたように議金と甘州ウイグルの順化可汗とは義兄弟であったが，順化可汗は933年に死去し，続く935年に議金も世を去った。先の930年に両首脳の会談によって従来以上に[31]固められた瓜沙州と甘州との友好関係はここに至ってややぐらついたのである。そこでこの緩んだタガを締め直すために政権に即いたばかりの元徳[26]が，かつて父議金と仮父子の関係にあった甘州の宰相たちに手紙とプレゼントを送り[32]，新可汗も前可汗同様，我が国に友好的な態度をとるように操作・進言していただきたいと依頼しているのである。沙州（およびその配下の瓜州）による甘州ウイグルの使節に付しての中国（後唐）入貢は，930年後も932, 934, 935年と続いたが，ここでしばらく途切れてしまう。935年の議金の死が中原に伝えられたのは，ようやく後晋の天福五（940）年になってからである。しかるにこの間甘州ウイグル自身は後晋へ何度も入貢しているのであるから，やはり935-936年に敦煌国と甘州ウイグルとの間にいささか意志の疎通を欠く出来事があったとみてまず間違いはなかろう。940年以後も瓜沙州の中原への入朝は942, 946, 952年と断続的で，935年以前に比べるとまことに寂しい限りである。952年久方振りに来朝した沙州の僧の上奏は，沙州の生の声を伝えている。

> ［広順二（952）年］十月，沙州の僧興，表をもたらし，廻紇の阻隔せるを辞ぐ（訴う）。廻紇は世々中国の主をもって舅と為し，朝廷また甥をもって之を呼ぶ。沙州，（吐）蕃に陥りし後，張氏あり，世々州将となる。後唐の同光中（923-926年），長史の曹義金なる者が使いを遣わし朝貢す。霊武の

---

[24] ただし『帰義軍史』pp. 23, 111, 325-326, 334-335 により発信人の司徒は元徳ではなく，その弟の元深であることが論じられている。
[25] 上記の理由により，栄新江はこの発信日の二月を943年のこととする。
[26] 栄新江によれば元深である。

（節度使の）韓洙は之を保薦す。乃ち沙州刺史を授け，帰義軍節度使・瓜沙等州処置使に充つ。その後久しく貢奉無し。是に至りて僧を遣わし，其の事を辞げるなり（訴えるなり）。

〈『冊府元亀』巻980・外臣部・通好，宋版 pp. 3919-3920，明版 p. 11522下〉

　この時の沙州僧の入朝は，もしかしたら，甘州を通る幹線を避けた間道によってなされたのかもしれない。いずれにせよ，先に引用紹介した手紙文とこの記事とを比較するならば，以て935-952年における敦煌・甘州両国間の関係がどのようなものであったかを推すに充分であろう。

　しかるに一方，『遼史』巻4からは，937，939，940年に敦煌国が遼に入貢したことが知られる。とくに937年と940年には，敦煌の使節が「回鶻」の使節と共に遼の都に姿を現わしていることは注目に値する。従来この「回鶻」も甘州ウイグルであるとみなされることが多かったが，私はむしろこれは天山ウイグル（西ウイグル王国）とみる方が正しいのではなかろうかと考えている[33]。なぜなら，936-940年に甘州ウイグルは敦煌から中原王朝への連絡を完全に妨害しているのに，敦煌から遼へは共に手を携えて入貢した，と考えるのはどうにも不自然だからである。それよりもむしろ，甘州ウイグルに中原との連絡・貿易の道を断たれた敦煌国が，新しい活路を求めて，瓜州から一旦北上して西ウイグル国に入り，そこから東へ向かい，当時中原の政権争いに介入し，石敬瑭を助けて後晋を建国させ，日の出の勢いにあった遼朝に入貢した，と考える方が無理がないのではなかろうか。『遼史』に甘州回鶻とはっきり記されている箇所を検索してみても，甘州ウイグルが積極的に遼朝に使節を派遣したとみられるような箇所は一つもない。

　935-936年に曹元徳から甘州ウイグルの宰相たちへ出された書簡も結局は功を奏しなかったのであろう。以後940年まで中原王朝への朝貢路を完全に断たれた敦煌国は，やむなく西ウイグルの助けを借りて，北方ルートより遼に入貢する。しかるに940年からは甘州ウイグルとの関係も幾分好転したのであろう。952年の沙州僧の上言では，甘州ウイグルの妨害がひどくて曹議金以後入貢出来なかったように述べているが，これはあくまで誇張であって，甘州ウイグルの不忠と対比して沙州の忠誠をきわ立たせるためのものである。事実，開運三（946）年3月には，曹元忠を沙州留後に任命する記事が『旧五代史』巻84にみえているの

であるから，沙州と中国との連絡が取れていなかったわけでは決してない。936-940年の中国との断絶期に三度も遼へ入貢したにもかかわらず，それ以後はぷっつり遼都に姿を見せなくなったという事実と，946年の元忠叙任の記事と，952年の沙州僧の上言などを考え合わせるならば，次のように言うことが出来ると思う。即ち940年以後再び敦煌国と甘州ウイグルとの間に使節の往来即ち物資の流通が行なわれるようになり，沙州からの物資が中国に流れるようになった。しかしそれらの物資を直接中国に持ち込んだのは甘州ウイグルの使節団（キャラヴァン）であって，敦煌のキャラヴァンではなかった。つまり甘州ウイグルの中間搾取が一層はげしくなり，かつて（935年以前）のように敦煌の使節団が直接中朝に入貢して莫大な利益を上げることは出来なくなってしまった。それでも敦煌国にとっては一応東西貿易の実が挙げられるようになったので，遠方の遼へ入貢する必要はなくなった。

　こうしておそらく，敦煌と甘州の両者は，河西全体におよぼす影響力の前者から後者への傾斜を強めながらも，またしばらくの安定期に入っていったのであろう[34]。とくに顕徳二（955）年には，やはり甘州ウイグルと連れだってではあるが久方ぶりに瓜沙州の名で入貢し，後周から曹元忠に「帰義軍節度使新鋳印」が授与されているのである。甘州ウイグルが敦煌国に対し，瓜沙州の名で入貢することを許したのは，曹元忠が敦煌王となって（945年）から実質的には初めてのこととみてよかろう。なぜなら952年の僧興派遣は朝貢ではないし，946年の叙任もこの年沙州自身が入貢したとの記載は見当たらないので，おそらく甘州ウイグル使を介しての叙任であったと思われるからである。そしてこの955年以後も961，965，968年と元忠の時代を通じて沙州あるいは瓜州の名で朝貢が行なわれ，且つそのいずれもが甘州ウイグルと同時であるという事実は，敦煌国と甘州ウイグルとの関係が，936-940年の断絶期以後，おそらくは共に貿易立国であるというお互いの立場を見直して交易関係をとり戻していたのが，ここにきて一挙に雪融けを迎えたということを示しているのであろう。しかし我々は残念ながら，この雪融けムードを惹起せしめた理由を雄弁に物語ってくれる文献史料を持たない。そこで私は，敦煌千仏洞に残された壁画の銘文から一つの推理をしてみようと思う。

　まず図1の石窟内部図を見て戴きたい。この石窟は敦煌文物研究所の編号による第61窟，ペリオの第117窟，張大千及び謝稚柳の第75窟で，一般に曹元忠に

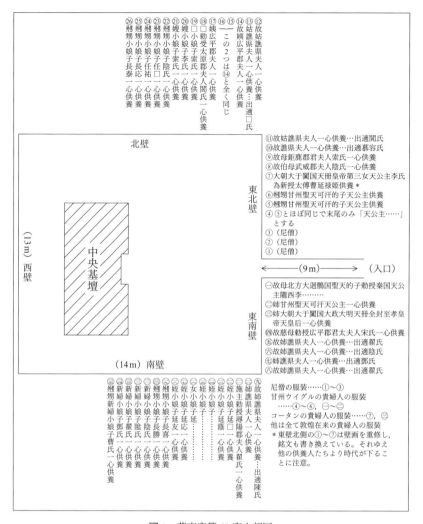

図1　莫高窟第61窟内部図

よって開かれたと言われているものである。間口13m, 奥行き14m, 高さ5m以上もある大窟で, 中央には仏像を安置する基壇があり, 周囲の壁面は五臺山図や仏伝図・阿弥陀浄土経変・弥勒下生経変・報恩経変・法華経変など極彩色の壁画で埋め尽くされている[35]。そしてその一部（東北壁下半部から北壁下半部①〜㉖と東南壁下半部から南壁下半部㊀〜㊄）に本窟の供養者たち（全て女性）の肖像が入口の方を向いて描かれている。実はこれらの肖像一つ一つに題銘（名札）が付

いており，それによって供養者たちの親属関係がわかるのである²⁷。詳しい考証は省略するが，謝稚柳の結論⁽³⁶⁾を敷衍すると，本窟は敦煌王曹元忠が一族の女性たちのために開いたもので，元忠の妻の一人㊀の翟氏が施主²⁸であるが，母や姉妹などの親属を示す言葉は全て元忠を中心に言われている。つまり㊀の故母，㊃の故慈母，⑨の故母は全て元忠の母ということになる。しかし勿論，元忠の本当の母は故慈母と明記された㊃の宋氏で，あとの二人は元忠の義母，すなわち父議金の別の妻たちである。ところで㊀は甘州ウイグル可汗の娘であるから，議金にはウイグル人の妻がいたことになる。ただしこれも含めて故母とあるから議金の妻たちは三人とも既に世を去っている。㊁㊂はともに元忠の姉であるが，㊁は甘州ウイグル可汗に嫁ぎ，㊂はコータン皇帝のもとに嫁いでいる。つまり曹議金は，甘州ウイグルから夫人を迎え，甘州ウイグルとコータンにそれぞれ娘を与えていたことになる。ところで⑦のコータン皇帝の第三女であるが，本窟を基本的には曹元忠時代のものとみる謝稚柳の見解を支持する立場からすれば，これは元忠の妻に間違いない⁽³⁷⁾。即ち元忠には少なくとも漢人妻一人㊀とコータン人妻一人⑦とがいたわけである。供養人たちの格付けは明らかに入口に近い方が上である。にもかかわらず施主㊀が⑦よりずっと後にきているのは，単に彼女に敬意を表したというよりも，むしろ，貿易円滑化のために政略結婚までして隣国コータンとの友好関係を保とうとする国策のあらわれであろう。

　①②③は尼僧だから別格として，④⑤⑥と㊀㊁が甘州ウイグルの服装をしていること，⑦と㊂がコータンの服装をしている点に着目すれば，さらに，隣国のうちでも甘州ウイグルの方がコータンより重要視されていたことが推測されるのである。㊀㊁㊂及び⑦と元忠との関係は既に見た通りである。では④⑤⑥と元忠とは一体いかなる関係にあるのか。⑤⑥は共に同じ題銘を持ち，⑥は明らかにまだ子供である。㽵甥という言葉は，他の題銘の例からみて天公主にかかるもので，甘州聖天可汗にかかるのではない。元忠の㽵甥で，かつ甘州ウイグルの服

---

27 原論文掲載の石窟内部図における銘文の位置は，謝稚柳 1955『敦煌藝術敍録』pp. 131-137 に依拠して復元したのであるが，謝稚柳の記載自体に重大な誤りがあり，拙稿にもその誤りが引き継がれたことが，栄新江の指摘［『敦煌研究』1994-2, p. 115］によって判明した。それゆえ本稿では，1986年出版の敦煌研究院（編）『敦煌莫高窟供養人題記』（北京，文物出版社）pp. 20-25 によって，それを修正復元した。原文主義に反するが，本文の内容を書き換えるものではないので，諒解されたい。
28 原論文では『敦煌藝術敍録』に拠って「窟主」としていたところは，新たに『敦煌莫高窟供養人題記』に依拠して「施主」に一括修正する。

装をしているから，元忠の兄弟姉妹と甘州ウイグル人との間に生まれた者に相違ない。しかし元忠の兄弟が甘州ウイグルの貴婦人を娶って生ませた子なら，敦煌人の服装をする方が自然であろう。やはり元忠の姉妹が甘州ウイグルの男性に嫁して生んだ子とみるべきである。しかるに既にみたように，元忠の姉の一人㊁が甘州ウイグル可汗に嫁いでいたのだから，⑤⑥はこの㊁の娘ということになる。しかしもちろん㊁の娘なら㊁の後に描かれるべきで，④と一緒にいるのはおかしいという反論が必ず出るであろう。これは至極もっともである。

そこでもう一度⑦の銘文に着目していただきたい。ここには，元忠の妻であるコータン皇帝の第三女李氏が，元忠の息子延禄の姫（妻）のために祈る，とある。だとすれば，延禄の妻がこの供養人の中にいるとみてもあながち不自然ではなかろう。年齢からみて⑥の女子がそれである可能性はきわめて高い（もちろん原註37でみたように，銘文⑦は延禄が敦煌王になってより後のものであるから，その時には⑦の夫人も⑥の女子もかなり年歯を加えていたはずである）。つまり元忠からみれば，姉㊁を甘州ウイグル可汗に嫁がせ，そこで生まれた娘を，今度は自分の息子の嫁に迎えたということになる。以上のように考えてくると，⑤については推測のしようがないが，⑥は㊁の娘であって，⑥と④とは母娘ではないことになる。ではこのウイグル式の服装の④は一体何者か。その描かれた位置からいっても元忠ときわめて密接な関係にあった女性のはずである。姉妹でないとしたら，母か妻以外考えられない。しかるに元忠の実母は㊃であり，父議金には既にウイグル人妻㊁がいたことが明らかなのだから，この④は元忠自身のウイグル人妻と考えるのが最も妥当であろう。即ち元忠にはウイグル人妻④とコータン人妻⑦と漢人妻㊁がそれぞれ一人ずついたことになる(38)。[29]

---

[29] 原註37において私は，第61窟東北壁の最前列の尼僧①から数えると第7番目になる⑦コータン皇帝の第三女の肖像に付された銘文が，後の書き加えであろうと推測しておいた。結果的にそれは正しかったのであるが，実は最前列の尼僧からコータン皇帝の第三女までの7人分の全てについて，肖像も銘文も描き直しであることが，本稿執筆後に判明した［cf. 賀世哲／孫修身 1982, p. 252 ; 敦煌文物研究所編『中国石窟敦煌莫高窟五』東京，平凡社，1982, pl. 77 & pp. 219-220 ; 栄新江 1994a, p. 115］。それゆえ，尼僧①②③の後らに並ぶ甘州ウイグルの貴婦人の服装をした④⑤⑥，及びコータンの服装をした⑦コータン皇帝の第三女に関する本節の考証は，再検討されねばならない。その作業は既に始まっており，例えば栄新江 1994a, p. 115によって，④を曹元忠のウイグル人妻と見なしたのが誤りであること，また⑦に付された銘文中の「為」を「〜ために」と読む私見（原註37 ; 旧藤枝説）を排し，「なる」と読むべきことが主張されている。ただし私はこうした反論に完全に納得しているわけではない。とりわけ⑦に付された銘文中の「為」の読み方については，原論文で提示した方

曹元忠の治世の半ば頃より以後，敦煌国と甘州ウイグルとが，かつての曹議金の時代同様，友好的な関係を保ち得た裏には，父議金の例にならい，甘州ウイグルと何重もの姻戚関係を結ぼうとした元忠の並々ならぬ苦心の跡が窺えるのである。

ところで先に見た「沙州百姓一万人上廻鶻天可汗書」では，沙州の白衣天子を子として甘州ウイグル可汗を父とし，P. 2992 v の第三では曹議金を兄とし，順化可汗を弟としていた。そして曹元忠時代の文書になると，元忠が弟で甘州可汗を兄とする P. 2155 v の第二や[39]，これより後の，元忠を舅とする P. 2703 の「西天大師紹介状」[40]がある。従来これらの父子・兄弟・舅甥関係を，かつて唐代にウイグルを含む周辺諸国と唐朝との間に結ばれた擬制的血縁関係[41]と同一視して，沙州と甘州との勢力関係を読み取ろうとする考えがかなり強かった。なるほど金山国の白衣天子と甘州可汗との間の父子関係はそれである。しかし曹氏時代に入ってからの3例までこれと同様に考えてよいか。即ち，金山国時代には完全に甘州の方が優位に立っていたのが，議金時代には沙州の方が甘州より上になり，元忠時代に入って一旦沙州が下になったが，再び上になった，というふうに，両者の間にはめまぐるしい勢力変遷があったと考えてよいか[42]。このような見方に対して私は極めて強い疑問を提出せざるを得ない。その理由は，これまで本稿で縷述してきた所ですでに充分であろう。議金が順化可汗に対して兄といったのは，順化の姉を娶っていたからであり，元忠が甘州可汗に対して弟といったのは，元忠の姉が甘州可汗に嫁いでいたからか，もしくは，元忠自身が可汗の妹を娶っていたか，のどちらかだからであろう。あるいはその両方だったのかもしれない。それがしばらくして，元忠が舅と言うようになったのは，先の可汗が死んで，元忠の姉の子が新可汗に即いたか，元忠の娘が新可汗と結婚していたか，のどちらかの理由によるものと思う。

元忠の死後，敦煌王の位に即いたのは，兄元徳の子延恭であるが（在位974-978年），すぐに元忠の子の延禄がこれに代わった（在位978-1002年）。先の私の推測が正しければ延禄は甘州ウイグル可汗の娘を娶っていた。謝稚柳によれば延禄はコータン王女をも娶っていたらしい[43]。もしこれらが事実とすると，彼も父と同じような結婚政策によって甘州ウイグル・コータン両国と緊密に結び

向でも解釈は可能と考えている。

付いていたことになるが，これは十二分にあり得ることである。すでに976年（または977年）初めて甘沙州回鶻という名が中国史料に見えるが，この名は980年にも現われている［『宋会要輯稿』197冊・蕃夷四之二・回鶻之条, p. 7714 & 199冊・蕃夷七之一〇・歴代朝貢之条, p. 7844；『宋史』巻490, p. 14114］。この事実は，甘州ウイグルの勢力が沙州政権に相当深く食い込んでいたことを示唆する。しかしウィットフォーゲルのように[44]，沙州にはウイグル人が住みつき，沙州は彼らの直接支配を受けていた，とまで言い切るのは甚だしい誤りである。980年には曹延禄も甘沙州回鶻可汗とは別個に（入朝は同時であったろうが）入貢し，あわせて父元忠の死を朝廷に報告しているのである。以後，延禄は宋朝に対し983, 991, 995, 999年と朝貢使あるいは仏僧を派遣し，死亡直前の1001年には宋朝から譙郡王に封ぜられている。この間，少なくとも中国側史料からは，敦煌にウイグルの直接支配が及んだような形跡はみられない。しかし現在ハミルトンらによって研究が進行中の，敦煌出土コータン語文書の研究結果いかんによっては，当時の敦煌国にウイグルをはじめとするトルコ系民族の集団がかなり多く入り込み，政権争いにも参画していたことが確認される可能性はある。しかしこのコータン語文書の年代決定について，私はまだハミルトンの説（10世紀末に比定）[45]を全面的に受け入れるまでには至っていないので，もう少し検討を重ねた上で，自分の考えを明らかにしたい。ただハミルトン説に有利なのは，11世紀に入ってまもなく，敦煌王自らが「沙州回鶻」を名乗るという刮目すべき事実があることである。

第5節　沙州ウイグル [30]

　曹延禄を継いだ曹宗寿が1006年遼に入貢した時点では，まだ彼は「沙州(ママ)燉煌王」と呼ばれているが，彼を継いだ曹賢順は，即位の1014年，はじめて遼に入貢した時から「沙州回鶻」の曹（賢）順といわれ，1020年の記事でも「沙州回鶻燉(ママ)煌郡王」と呼ばれている（ともに『遼史』より）。それはあくまで沙州ウイグルであって，前節で見たような，明らかに甘州に中心のある甘沙州ウイグルと

---

[30] 沙州ウイグルについては，本稿をきっかけに中国の学界で大きな論争が生じたので，改めて専論を発表した［森安 2000「沙ウ」＝本書第8論文］。

は趣きを異にする。甘沙州ウイグルというのはあくまで甘州側からの謂である。甘沙州ウイグルの君長が可汗，それも漠北時代からの王族ヤグラカル氏の可汗であったのに対し，こちらの沙州ウイグルの君長は，すでに1世紀に亙って敦煌国を支配してきた曹氏の直系である。それゆえこの沙州ウイグルなるものは，甘州ウイグルとは基本的に別のものであろうと推測される。さらに1008，1010，1026年の3度にわたり，遼が甘州ウイグルを討伐した事実と，その間の1014，1019，1020年における沙州と遼との友好関係とを比べてみれば[46]，当時沙州ウイグルと甘州ウイグルとが唇歯輔車の関係にあったとは思われない。まして甘州ウイグルの可汗が沙州ウイグルに対して何らかの権限を有していたなどとは到底考えることが出来ないのである。では一体この沙州ウイグルの実体は如何？

　既に見てきたように，歴代の曹氏帰義軍節度使は，甘州ウイグルと通婚してきたから，曹氏の家系にはウイグルの血が相当に入っていた。それ故，賢順が，自己の立場を高めるために，換言すれば，自分は「沙州の王」でもあり「ウイグルの王」でもあるという印象を遼に対して与えるために，「沙州ウイグル」と自称した，とも考えられよう。つまり「沙州ウイグル」というのは，敦煌の王族にのみ係わりのある言葉とみなすわけである。しかしこのような見方はどうも不十分のようである。というのは，12世紀中頃の史料である『松漠紀聞』から，かつて瓜州・沙州にもウイグルの族帳の存在したことが知られ，『金史本紀』天会五(1127)年之条には「沙州回鶻活剌散可汗」なる者が現われるから，沙州には必ずやウイグル族が集団として居住していた時期があったはずだからである。『群書考索後集』の「財賦門四夷方貢」にも，甘州ウイグル・西州ウイグルと並んで，沙州ウイグルの名が見える。ウイグル人が個人として敦煌に居住しはじめたのは，かなり古くまで遡るであろう。しかし敦煌国が第三者から，各地に散在するウイグル族の居住地の一つとみなされるほど，多くのウイグル人口をかかえるようになったのは，史料を素直に受け取る限り，曹賢順が自ら沙州回鶻と称し始めた時期とだいたい一致すると考えてよいのではなかろうか。1041/1042年には沙州に「鎮国王子」[47]なる者がいて「我，もと唐（の天子）の甥なり。天子は実に我が舅なり」と言っており，1042年には「沙州・北亭可汗王」が宋に入貢しているが[48]，これらは共に，沙州にあったウイグル集団の君長にちがいない。

　さて，以上のように，おそくとも11世紀初頭から，恐らくは12世紀前半まで，沙州にはウイグルの集団がいたことが確認されたのであるが，では一体，彼らは

どこからやって来た者たちなのであろうか。可能性は二つある。一つはいうまでもなく甘州である。とくに，甘州ウイグルの中国入貢使をこれまでにもしばしば掠奪してきた東方のタングートが，10 世紀末，李継遷に率いられるようになってからにわかに強大化し，1004 年，彼を継いだ李徳明の時代になると，その圧力は直接甘州の住民にもひしひしと感じられるようになってきたのであるから，甘州のウイグル族の中には，まとまって瓜州や沙州へ移住した者があったとしても，何ら不思議はない。これは既に甘州がタングートに占領された後の史料であるが，『続資治通鑑長編』巻 119 の景祐三（1036）年之条，p. 2813 に，「（タングートが）再び挙兵して，回紇を攻め，瓜・沙・粛の三州を陥る。尽く河西の旧地を有つ」とある。これによると，1036 年までの瓜・沙・粛州はいずれもウイグル人の支配下にあったような印象を受ける。これに，1010 年という時点で粛州は明らかに甘州ウイグルの領土であったという事実を加味すると[(49)]，いかにも瓜沙州まで甘州ウイグルの支配下にあったという結論が引き出されそうである。しかし，前述したように，甘州ウイグルが遼の攻撃を受けても，沙州ウイグルはこれを全く無視して，遼に入貢していたのであるから，このような結論は行き過ぎである。たとえ沙州ウイグル集団が甘州あるいは粛州からやって来た人々であったとしても，彼らは甘州ウイグル可汗とは相容れず，新天地で別個の勢力を作り上げた一派であったろう。

　第二の可能性は，西ウイグルである。もちろん西ウイグルといってもその範囲は極めて広い。懸案のベラサグン・カシュガルのことは暫く措くにしても，トゥルファン盆地（西州・高昌）を中心に，東は伊州（カムル）から西は焉耆・亀茲，北は天山以北の北庭（ビシュバリク）から南はロプ＝ノール近辺までが，西ウイグル王国の勢力範囲であったことは疑いない（第 1 節を参照）[(50)]。沙州に移住してきたのは，これらのうちのどの地方の人々であったのだろうか。残念ながら現段階ではそこまで追求することは無理である。

　私は，沙州ウイグルを構成した住民の出自として，上に述べた二つの可能性のうち，いずれか一方を否定するのは誤りであろうと思う。恐らくはその両方があって，沙州ウイグル集団が成立したのであろう。そしてその成立は，既に述べたように，11 世紀初頭，どんなに早くても 10 世紀の後半を遡ることはない。もちろんそれ以前より徐々に敦煌国に入り込んでいた甘州ウイグル・西ウイグルの商人や外交使節・駐在武官たちが，沙州ウイグルの成立に関与したであろうことは，

充分に考えられる所である。然るに，沙州ウイグルの政治的な結び付きということになると，事情は全く変わってくる。何度も繰り返したように，沙州ウイグルは甘州ウイグルには決して隷属していないばかりか，同盟関係にさえなかったのである。これに反し，沙州ウイグルと西ウイグルとの緊密な結び付きを示唆する現象はいくつも指摘される(51)。

　1023年を最後に敦煌王としての曹氏の名は中国側史料より消えるが，沙州から宋への朝貢は1052年まで何度も行なわれている(52)。そのうちの1030年と1037年には亀茲国と一緒に入貢している。この亀茲国は，『宋会要輯稿』197冊・蕃夷四之一三・亀茲之条，p.7720 に「或いは西州回鶻と称し，或いは西州亀茲と称し，また亀茲回鶻と称す」とあるように，要するに西ウイグル王国のことである。1041/1042年には，やはりウイグルの一族とみられる「沙州鎮国王子」が宋に使者を遣わし，1042年には「沙州（の？と？）北亭可汗王」が入貢したことは既に触れた。北亭は即ち北庭（ビシュバリク）とみて間違いなかろう。11世紀において北庭可汗王と言えば西ウイグル王国の可汗そのもの，あるいはそれと直接のかかわりのある者以外考えられない(53)。いずれにせよ，1023年後まもなく，曹氏に替わって西ウイグルの勢力が沙州に直接及ぶようになったとみてよいであろう。敦煌王曹賢順が遼への入貢にあたって沙州回鶻と自称したのは，確かに敦煌国内にウイグルの集団があったからであろう。しかし彼がわざわざウイグルの名を前面に押し出したのは，むしろ，当時敦煌はすでに西ウイグル国の勢力圏にすっぽりと包み込まれ，敦煌王曹氏自体が西ウイグル王国の傀儡に過ぎなくなってしまっていたからではあるまいか。

　このように見てくるならば，「沙州将軍（Šaču sangun）」の称号を持つ人物が仏教寺院への寄進者の一人として名を列ねる，高昌（西ウイグル王国の中心地の一つ）故城址出土のウイグル文棒杭文書Ⓐが書かれた「戊申年」を，948年とみなす説も(54)，再考を迫られることになる。もちろんこの「沙州将軍」が一種の雅名，あるいはせいぜい沙州（＝敦煌国）への外交使節ないし軍事顧問の肩書きであって，何らウイグルの沙州に対する実質的な支配を意味するものではないことも，十分考えられる。その場合にはもちろん948年でもよい。しかし，もし仮に，西ウイグルの上層階級の中に「沙州将軍」という肩書きを持つ者がいたという事実が，西ウイグル国の沙州支配を示すものであったとしたら，この「戊申年」は必ずや1008年にまで下げられねばならない[31]。さらに「己未の歳，二月三日，

[333-334]

日月神より恩寵を見つけ，大いなる恩寵が宿り，勇徳もて国治めおり，勇敢さは師子の如く，智恵は海の如き天可汗が，……可汗の位に即り，東は Šačiu（沙州），西は Nuč（ヌッチ）・Barsxan（バルスハン）にまで支配を及ぼし賜いし時に」[32]という文句で始まる高昌故址出土のもう一つのウイグル文棒杭文書Ⓑの紀年も，バザンの推定した 899 年よりは，十干十二支による六十年紀年法のサイクルをさらに二廻り下げた 1019 年とすべきであろう[55]。早くも 1001 年「大回鶻の亀茲国・安西州大都督府・単于軍の尉韓王禄勝」が宋に遣使して，東西交通の幹線に跳梁して西方の国々の障害となっているタングートの李継遷を討滅せんと乞うている事実〔『宋会要輯稿』197 冊・蕃夷四之一三・亀茲之条，p. 7720〕は，西ウイグルが国力充実していて，士気も高く，今すぐにも河西へ軍隊を派遣せんとの意気込みを持っていたことを窺わしめるし，1020 年に遣使してきた亀茲王（その実は西ウイグル王）は「可汗師子王智海」と名乗っていて，棒杭文書にみえる称号と相通じるものがあることは一見して明らかである。[33]

　曹氏を操りながら，そして恐らく後には曹氏にとってかわって，1052 年まで沙州を支配した沙州ウイグル（政治的には西ウイグル王国の勢力圏内にあったもの）であったが，まもなく彼らも西夏（タングート）によって屈服させられることになった。敦煌に西夏の支配が及んだことは，千仏洞の壁画自体から確認されるところであるが，岡崎精郎は壁画銘文の検討によって，1073 年には確実に敦煌が西夏領となっていたことを明らかにした[56]。しかし『金史』巻 3・天会五(1127)年之条には再び沙州回鶻の名が見えているから，西夏の支配といってもそれは羈縻程度のゆるやかなものであったらしい。

　ところで，1081 年ころニヤからチェルチェンの近辺にかけて黄頭ウイグルと達靼（タタル）がいたことが，この年宋に入貢した拂菻国の使者の言によって知られるが〔『宋会要輯稿』197 冊・蕃夷四之一九・拂菻国之条，p. 7723〕，この黄頭ウイグルとは，第 1 節にみたように，9 世紀後半以来焉耆・亀茲地方より徐々に南下してきて散居していたウイグル族を中心とするものにちがいない。もちろん西夏の支配をきらって河西から退いてきたウイグルの一部がこれに合流した可能性

---

[31] 本稿の〔書後 5〕を参照。
[32] この棒杭文書Ⓑ＝第三棒杭文書の冒頭 ll. 1-3 の翻訳と解釈については，最終的には本書第 19 論文，第 4 節を参照のこと。特に，「智恵は海の如き天可汗」が「智海天王」に，「ヌッチ（Nuč）」が「ウッチ（Uč）」に修正されている点に注意されたい。
[33] 本稿の〔書後 5〕を参照。

も十分考えられる。しかしその主体はあくまで西ウイグル系の一派（ただし黄頭ウイグルという別称を有するからには西ウイグル国よりは一応独立していたもの）であって，決して甘州ウイグル族ではなかった。この点，私は，従来の定説ともいうべき甘州ウイグル起源説を排したハミルトンの新見解に与する[57]。同氏によれば，元代（初出は1226年[58]）以降河西に現われるサリク＝ウイグル（Sarïɣ Uyɣur 撒里畏吾児）──黄色いウイグル──は，この黄頭ウイグルが，西方よりイスラム勢力（カラハン朝）の強い圧迫を蒙って東遷したものである，という。

　一方，敦煌より将来されたウイグル文の仏典や手紙，さらには千仏洞に残された壁画銘文や落書きなどより，敦煌地方が，少なくとも元代には[34]，ウイグル仏教の一大中心地であったことが知られる。では，この敦煌及びその周辺にいた仏教徒ウイグル人たちは，サリク＝ウイグルと同一視されるものであろうか。あるいは先の沙州ウイグルが，西夏の支配にもめげず，なんとか元代まで生き長らえたのか。それとも全く別の流れを汲む人々がやってきたのだろうか。これらの問題については，本講座第6巻で敦煌将来ウイグル文書を取り上げる際に，改めて触れてみたいと考えている。

註
（1）スタイン文書 S. 367『沙州・伊州地志』；羽田 1930, p. 589.[35]
（2）森安 1977「西遷」＝本書第5論文。
（3）森安 1977「西遷」p. 124 & n. 70.
（4）羽田 1930.
（5）藤枝 1942a「帰義軍節度使始末（二）」pp. 43, 53-54.
（6）藤枝 1941「帰義軍節度使始末（一）」p. 74.

---

[34] 原論文ではマーロフ以来の通説に引きずられて「元代から少なくとも清朝初期まで」としていたのを，「少なくとも元代には」と修正した。なお，この修正はすでに森安 1985「ウ文献」pp. 91-92, n. 24 で行なっており，そこには通説を正した浜田正美論文への言及もある。明清時代の河西地方におけるウイグル仏教の中心地は，恐らく粛州や文殊山に移動していたのであろう。

[35] このレファランスは無意味であったので削除し，本文原文に「大中四（850）年」とあったのを「大中二（848）年」と訂正した。私自身が本節の後文で「議潮が848年敦煌の豪俠の士を糾合して吐蕃の直接支配をくつがえした」と書いているのであるから，どうしてこのような初歩的な誤りを犯したのかと，忸怩たる思いである。ただし第3節に引用する「沙州百姓一万人上廻鶻天可汗書」（P. 3633）では，当事者たち自身がこの事件を「大中三（849）年」のこととみなしていたことに注意されたい。

(7) 孫楷第 1937, p. 386 ; Demiéville 1952, *Le concile de Lhasa*, p. 213. [36]
(8) 榎 1964「仲雲族の牙帳の所在地について」; Hamilton 1977b, "Čungul."
(9) 後述する。本稿第5節をみよ。
(10) 森安 1977「西遷」＝本書第5論文。
(11) 前田（正）1962, pp. 18-19.
(12) 藤枝 1941「帰義軍節度使始末（一）」p. 72. プーリィブランクは, ドゥミエヴィル紹介のペリオ文書 P. 2913 と P. 4660 とに基づいて, 議潮は卒年以前に既に太保と称していた形跡があると述べているが [Pulleyblank 1954, p. 95]，未だ論証不十分で従えない。
(13) 原文には「応節内外」とあるが, そのような例は他には見当たらない。S. 5139 v 自体が習字であることを考慮すれば「節」は「管」の間違いにちがいない。
(14) 竺沙 1961b, p. 186＝竺沙 1982, p. 406.
(15) Hamilton 1955, OECD, pp. 48-50, 128-129.
(16) Pinks 1968, *Die Uiguren von Kan-chou*, pp. 69-70.
(17) 謝稚柳 1955『敦煌藝術叙録』第39窟及び第79窟の銘文をみよ。
(18) 王重民 1935「金山国墜事零拾」p. 10 ff.
(19) 唐長孺 1948「白衣天子試釈」。
(20) 王重民 1935「金山国墜事零拾」pp. 14-22.
(21) 『新唐書』巻217下・回鶻伝, 及び『資治通鑑』巻263・天復二年夏四月之条。
(22) 藤枝 1942b「帰義軍節度使始末（三）」p. 70 & n. 137.
(23) 敦煌文書中には節度使・曹元忠が発行させた印刷仏と願文がかなりあるが, その願文の中に「東西之道路開通, 南北之兇渠順化」という一句をもつものがある, cf. P. 4514 など。[37]
(24) 藤枝 1943「帰義軍節度使始末（四・完）」pp. 63-64.
(25) Hamilton, OECD, pp. 117-121.
(26) Hamilton, OECD, p. 117, n. 2 & n. 3.
(27) Hamilton, OECD, p. 116 & p. 118, n. 1.
(28) 訳文は, 前と同じく, 藤枝訳を基に, ハミルトンの仏訳を参照しつつ, 私見をまじえて作成した。藤枝 1943「帰義軍節度使始末（四・完）」p. 60 ; Hamilton, OECD, pp. 125-126.
(29) 藤枝 1942b「帰義軍節度使始末（三）」p. 64 ; 謝稚柳『敦煌藝術叙録』; 藤枝 1977「敦煌オアシスと千仏洞」p. 66. 初代仁貴の存在については, 私なりの根拠もあり, 藤枝説に従う。各節度使の在位年代については議論は分かれるが, 目下の私の考えの結論だけを示しておく。いずれ詳細を発表したい。[38]

---

[36] 栄新江により「張淮深変文」の作成年代は867-872年に改められた [『帰義軍史』pp. 83, 299]。それに従う。

[37] 印刷であることがその普遍性を意味していることを強調し忘れた。また P. 3556 の中に含まれる節度使・曹元徳の疏（936年）には,「東西道泰世路就於和平, 南北路開関山通而結好」という文言が見える。

[38] 曹氏節度使の系譜と在位年代については, その後の研究の進捗がめざましく, 詳細を発表する機会を失っただけでなく, 私が本稿で示したところも, 細かい点では修正する必要が生じた。しかし, 本書では収載する各論文を研究史上に位置づける目的もあり, 原文主義を貫いているので, 本文に掲載する一覧表の系譜と在位年代も1980年の発表当時のままとする。張氏節度使も含むより精密な系図としては,『帰義軍史』や森安 2000「朱印」pp. 48-49 な

(30) 藤枝 1943「帰義軍節度使始末（四・完）」pp. 61, 63 ; Hamilton, OECD, p. 121, n. 2 & p. 122, n. 1.
(31) ここで「従来以上に」と言ったのは，930年以前にも既に何度か（とくに同光二年，天成元年など）甘州と沙州が同時に中国へ入貢した形跡がみられるからである。
(32) 敦煌の故大王と仮父子の約を結んでいたのは，甘州のウイグル可汗ではなく宰相たちであった，と考える。即ち藤枝説［「帰義軍節度使始末（四・完）」p. 60］を捨て，ハミルトン説［OECD, p. 125］を採る。読み方としてはどちらも可能であること，藤枝自身の認める所である［「帰義軍節度使始末（四・完）」p. 79, n. 193］。
(33) この点に関しては代田貴文の興味深い指摘がある［代田 1976, pp. 268-269, n. 6］。
(34) ピンクスのように，この期間を絶交期とするのは，漢文史料の表面にのみ引きずられた結果である。Pinks 1968, *Die Uiguren von Kan-chou*, p. 71.
(35) Pelliot 1921, *Les grottes de Touen-houang*, 4, pls. CXCVIII-CCXXXI [39] ; 嘉福／鄧健吾『敦煌への道』東京，日本放送出版協会，1978, pp. 160-167.
(36) 謝稚柳『敦煌藝術叙録』pp. 18-24. 藤枝は本窟を曹延禄時代のものとみているようであるが［藤枝 1977］，㈠の施主翟氏が涼（梁）国夫人ではなく一段下の潯陽郡夫人の称号で示されている事実に注目するならば，その説は受け入れられない。いま本文の発表されているS. 2687文書［『敦煌遺書総目索引』北京，商務印書館，1962, p. 164］に例をとると，㈠の翟氏は948年には潯陽郡夫人であったが，964年には既に涼国夫人の位に上がっている[40]。一方，私の得ている史料では，曹延禄の称号は，太保（978-980）→太傅（980-984）→太師（984-989-?）→太尉（?-995-?）と上昇していったことが跡づけられる。詳細は別稿に譲る。[41]
(37) このコータン皇帝の第三女を，元忠の後嗣延禄の妻とする見解もある［藤枝 1977；『文物』1978-2, p. 45］。これは⑦の銘文中の「為」を，「ために」ではなく「なる」と読んだ結果であろう（*Serindia*, III, p. 1334 でシャヴァンヌも「なる」と読んだ）。ただし，藤枝自身もかつては「ために」と読んでいたのであり［「帰義軍節度使始末（四・完）」pp. 74, 81-82, n. 215］，私は今でもこの方が正しいと信ずる。⑦の銘文自体は，他の銘文が全て身分素姓を表わす名札にすぎないのとまったく性格を異にし，これだけは飾り枠が特別に描かれ，文字も一段と鮮明である。おそらくこの銘文だけは，後の延禄時代になってから，何らかの儀式にあたって新たに書き加えられたものであろう。逆に，この銘文の他のものより立派である

どもも取り込んだ赤木 2010, p. 60 ; Akagi 2012, p. 10 ; 赤木 2013, p. 258 ; 坂尻 2014, p. 56 を参照。赤木崇敏によれば，彼自身が発表した系図には，目的に合わせて精粗があるという。ただここで一つだけ読者の注意を喚起しておきたいのは，私も藤枝説に拠り，曹仁貴の実在を信じてこれを初代とし，曹議金を第二代としたところ，実は同一人物であることが，賀世哲・李正宇・栄新江の一連の業績［cf. 栄新江 1993；栄新江 1994b；栄新江 1996a『帰義軍史』pp. 95-96, 231-237］によって明確にされたことである。

[39] Cf. Pelliot 1984, *Grottes de Touen-houang. Carnet de notes de Paul Pelliot*, 4, pp. 2-13 & pls. CXCVIII-CCXXXI.
[40] 曹元忠の正妻である翟氏が潯陽郡夫人から涼国夫人に昇格したのは955年である［cf. 赤木 2010, p. 87；坂尻 2014, p. 59］。
[41] 詳細を発表する前に，栄新江 1996a『帰義軍史』が発表された。帰義軍節度使の使った称号全般については，今や『帰義軍史』に拠るべきである。

という点のみをとらえて，コータン皇帝の娘⑦をこの窟全体の中心であったと推測するのは，窟内の全女性の序列から考えて不適当である。

(38) 謝稚柳は『続資治通鑑長編』p. 474 に，
　　太平興国五（980）年四月，(中略) 授延禄帰義節度使，又以其弟延晟為瓜州刺史，延瑞為牙内都虞侯，母封秦国太夫人，妻封隴西郡婦人。
とある秦国太夫人を，元忠の妻の翟氏，即ちはじめ潯陽郡夫人，のち涼国夫人の号を授けられた人物と同一とみる［謝稚柳『敦煌藝術叙録』p. 24］。しかしこれはそうではなくて，この秦国太夫人とは元忠自身の（現在はまだ他の史料からは存在が確認されていない）ウイグル人妻のことではなかろうか。私は曹元忠（の夫人翟氏の）窟——謝 75 窟＝敦煌文物研究所 61 窟＝ペリオ 117 窟——の検討から，元忠自身にもウイグル人妻がいたと推測する。[42]

(39) 藤枝 1943「帰義軍節度使始末（四・完）」p. 80.
(40) 藤枝 1943「帰義軍節度使始末（四・完）」pp. 65-67.
(41) 護『古ト研』Ⅰ，第 1 編，第 4 章「突厥と隋・唐両王朝」pp. 161-223；金子修一「唐代の国際文書形式について」『史学雑誌』83-10, 1974, pp. 29-51.
(42) Pinks 1968, *Die Uiguren von Kan-chou*, pp. 70-71.
(43) 謝稚柳『敦煌藝術叙録』p. 24.
(44) Wittfogel / Fêng 1949, *Liao (907-1125)*, pp. 50, 103, 255.
(45) Hamilton 1977b, "Čungul."
(46) 『遼史』本紀及び属国表。藤枝 1943「帰義軍節度使始末（四・完）」pp. 55-56 の「韓橁墓誌銘」。
(47) 「鎮国」は西ウイグルの君長や王族[43]の称号の中にみえる "il tutmïš" の訳語であろう。本文で後述する棒杭文書やベゼクリクの壁画銘文などにそれが現われる。後註 55，及び Le Coq, BSMA, III, pl. 18 を参照せよ。
(48) 藤枝 1942b「帰義軍節度使始末（三）」pp. 70, 73；岡崎（精）1972, p. 273；安部『西ウ』p. 490.
(49) 『遼史』巻 15 に次のようにある。「［統和二十八年，五月］乙巳，西北路招討使蕭図玉奏，伐甘州回鶻，破粛州，尽俘其民。詔，修土隗口故城，以実之。」
(50) 安部『西ウ』第 6 章；山田 1971a「トルキスタンの成立」p. 478.
(51) 周知のように藤枝氏は，敦煌文書中にあらわれる「西州」を，一般に考えられているようなトゥルファン地方ではなく，これを「西の州（くに）」と読んでコータンを指したものとする，極めて奇抜な説を提唱された［藤枝 1943「帰義軍節度使始末（四・完）」pp. 69-72］。1979 年 10 月，たまたまお会いする機会に恵まれたので，この点についてうかがったところ，近年ますます強い確信を抱くに至った，とのお答えであった。しかし私は，この考えには絶対に承服することができない。いろいろ史料を集めているので，いずれ何らかの形で発表したい。[44]

---

[42] 曹元忠にウイグル人妻がいたとする推測に今では否定的見解が強いことは，上の〔補記 29〕で述べた通りである。

[43] 原論文では「君長や王族・高官」となっていたが，"il tutmïš" という称号を一般の高官が持つことはないというのが現在の考えであるので，高官を削除する。

[44] 10 世紀における西州と敦煌王国との緊密な結びつきを論証するため森安 1987「贈り物」＝本書第 7 論文を発表したが，栄新江がそれに続いた［栄新江 1991；『帰義軍史』第 11 章・

(52) 藤枝 1943「帰義軍節度使始末（四・完）」pp. 53-54.
(53) 安部『西ウ』，特に pp. 490-491 参照．
(54) Müller 1915, "Zwei Pfahlinschriften," p. 4 ff.; Hamilton, OECD, p. 143; Bazin 1974, *Les calendrier turcs*, pp. 326-332.
(55) 従来「丁未年」と解されてきた本棒杭文書の紀年を，「己未年」と読むべきであるとしたバザンの研究はまことにすばらしい［Bazin 1974, *Les calendrier turcs*, pp. 300-326］[45]．Cf. Müller 1915, pp. 22-26; Hamilton, OECD, pp. 142-143；安部『西ウ』pp. 367-368．ただし暦の計算上からはこの「己未年」は 899, 959, 1019 年のいずれとも決定しかねると，バザン氏より直接うかがった．1079 年以降は，敦煌はウイグルよりむしろ西夏の勢力圏とみなされるべきであるし，字体の上からも 12 世紀以降にまで下るとは考えられない．そこで結局，上に挙げた三つだけが候補として残る．バザンの 899 年説は，従来の誤った解釈（とくに可汗の称号に関して）に引きずられた結果であって，歴史学的には根拠がうすい．さて私は，本稿でみてきたような歴史的推移から，この「己未年」を 1019 年と考えたが，1019 年という時点でもまだ西ウイグル王国の勢力がヌッチ・バルスハン，即ち遠くイシック湖からシル河方面にまで実際に及んでいたかどうかは，極めて疑わしい．安部の研究により，確かに 10 世紀いっぱいまでは，西ウイグル国の西方領土はシル河地方にまで拡がっていたといえよう．しかし，同じく安部のいうごとく，11 世紀の初頭，もっとも遅くみても 1010 年代には西ウイグル王国は，高昌を含む東方のビシュバリク王朝と，西方のカラハン朝とに完全に分裂してしまっていた［『西ウ』pp. 375-473］．この点からいえば，棒杭文書Ⓑの紀年は 959 （己未）年に置く方がすっきりする．しかしⒶにあらわれるウイグル可汗の正式称号は，本文に紹介したⒷのそれに比べればかなり短い（原語でⒶは 13 語，Ⓑは 19 語）ので，Ⓑの年代をⒶの年代（1008 年）より後に置く方がやはり適当のように思われる．ヌッチ・バルスハンへの言及は一種の自己主張の現われであると解釈すれば納得できる．ただし，本文で述べたように，もしⒶを 948 年とみる方が正しいなら，Ⓑも 959 年とみて一向に差し支えない．この点，私は自説を信じつつも，異説を完全に否定するものではない．後考を俟ちたい．[46]
(56) 岡崎（精）1972, pp. 274-275．さらに『文物』1978-12, p. 29 を参照せよ[47]．
(57) 岡崎（精）1972, pp. 276-278；佐口 1972b「サリク－ウイグル」；Hamilton 1977b "Čungul," pp. 361-364．ただしハミルトンが黄頭ウイグルの黄頭を簡単に仏教と結びつけているのには賛成できない．黄頭室韋・黄頭突厥・黄頭女真の例，さらにチベット語の Hor ser（黄色いホル）・Gya ser（ロシア人）という表現や黄姓トゥルギッシュという言い方なども考慮に入れ，民族・種族名に冠せられた「黄色」の意味を，別の方面から考察してみる必要があろう．
(58) 佐口 1972b「サリク－ウイグル」p. 191.

第 4 節；Rong 2001a］．その後，誰一人，西州をコータンとする説に賛同する者はなく，もはや論駁は達成されたと判断する．
[45] 本稿の〔書後 5〕を参照．
[46] 本稿の〔書後 5〕を参照．
[47] Cf. 土肥 1980, p. 296.

〔書後1〕

　本稿〔森安 1980「ウイ敦」〕は，840年の東ウイグル帝国崩壊後にモンゴル高原より西遷したウイグルと，敦煌の河西帰義軍節度使政権との歴史的関係を本格的に論じた学界初の論文と位置づけられる。その研究史上の意義について，既に森安 2000「沙ウ」＝本書第8論文の「はじめに」で述べたところは繰り返さないが，拙稿の中では文化大革命終了後に爆発的な発展を見せた中国の敦煌吐魯番学・内陸アジア史学界にもっとも大きな影響を与えた論文で，日本語に堪能な栄新江の名著『帰義軍史研究——唐宋時代敦煌歴史考索』が生まれる契機ともなったと聞く。とはいえ，30歳でパリに留学し，フランス国立図書館で敦煌文書の実物に触れ始めたばかりで，しかもまだ敦煌千仏洞などの現地調査は全く経験していなかった時期の著作であるため，今となっては修正すべき点が多々目に付く。あちこち書き改めたい衝動に駆られるが，本書の原文主義を貫徹し，重大な誤りを〔補記〕で指摘するに留める。ただし第4節の第61窟内部図（題銘配列見取図）の誤りは私の責任ではないので，正しいものと差し替え，それに応じて本文中の題銘番号に変更を加える。

　本稿以後，とりわけ高然による中文摘訳が『西北史地』1984-1, pp. 107-121 に掲載されてから現われた中国語の関連論著は膨大である上に，玉石混淆なのでとても〔書後〕や〔補記〕では対応できない。ただ，既に学界周知のこととはいえ，今後の研究にとっても栄新江 1996a『帰義軍史研究』が必須であることだけは強調しておきたい。さらに実際には 2014年に出版されたばかりの馮培紅 2013『敦煌的帰義軍時代』も，今後は大いに利用されることになるであろう。栄新江や馮培紅の論著が中国の敦煌吐魯番学界でも群を抜いているのは，両人が日本語と欧文の論著を縦横に活用しているからである。

　なお，本稿と同一書に掲載された土肥 1980，及び同じ講座敦煌シリーズに収録された梅村 1980 にも，敦煌と関わったウイグルについての記述があるが，私は原稿段階で両論文を拝見しておらず，摺合せも行なっていない。21世紀に入ってからの関連論文としては，栄新江 2001a＝2001b が本稿と深く関わり，さらに赤木崇敏の一連の研究，特に赤木 2003 & 2010 が本稿を補う好論になっているので，是非参照されたい。

〔書後2〕

　この第6論文は「ウイグルと敦煌」と題するものの，そのウイグルとはどうしても敦煌のある河西地方で活動したウイグルとそこから生まれた甘州ウイグル王国に偏り，ウイグル政権としてはより重要な西ウイグル王国については十全に論じることができなかった。その不備を補ったのが，本書に続けて配列した第7論文「敦煌と西ウイグル王国」〔森安 1987〕と第8論文「沙州ウイグル集団と西ウイグル王国」〔森安 2000〕である。つまり第7・8論文は，第6論文「ウイグルと敦煌」の続編という位置づけになる。

　なお，甘州ウイグルと中原王朝との通交関係については，本稿では当初から重点を置

いていなかったことをお断りしておく。

〔書後3〕
　敦煌文書S. 8444が「回鶻の天睦可汗」から中国王朝への朝貢貿易の実態を如実に示す生の史料であることを発見したのは，土肥義和の功績である［土肥1988］。『敦煌遺書総目索引』に入っていたスタイン文書はS. 6980番までであり，本稿［森安1980］並びに土肥1980の執筆時点では全く知られていなかったものである。土肥はこの天睦可汗を，唐朝末期の898年に冊立された甘州ウイグル王国初代の可汗と見なし，栄新江もそれに賛同している［『帰義軍史』pp. 12, 223, 312］。

〔書後4〕
　本稿の主題と密接に関わる史料が，敦煌出土のチベット語文献とコータン語文献の中に存在することを知りながらも［cf. Hamilton 1977a & 1977b］，それをうまく取り込むことができなかった。特にチベット語史料については，本稿執筆時期がたまたま私のパリ留学と重なり，今枝由郎氏の斡旋で故ラルー（M. Lalou）女史の残した手書きメモを利用しつつ，国立図書館で原文書を実見しながら多くのノートを取ったが，今に至るまでその成果を生かすことはできずに終わった。とりわけ本稿第3-4節の主題である甘州ウイグルについては，P. t. 1082, P. t. 1188, P. t. 1189, P. t. 2111の4文書が重要である［cf. Uray 1981 ; Uray 1988 ; 武内 2002］。その意味で，P. t. 1082とP. t. 1188の2件を取り上げている最近の『西域研究』2010-2所載の「甘州回鶻登里可汗考辨」を期待をもって読んだが，ほとんど得るところはなかった。なにより問題なのは，いまだに六十干支の第二式を理解していない点である。P. t. 1188に見える日付の「てんぷく七年，かのと（＜鉄女）ウサギ歳，正月十五日」が天復七年＝907/908年ではなく天福七年＝942/943年に当たることを森安1980「現況」pp. 65-66で初めて指摘したが，次いでウライも同じ結論に到った［Uray 1988, p. 523］。この点とP. t. 1082の年代比定については，森安2000「朱印」pp. 81-85でかなり詳細に論じたので参照されたい。それでもなお年代論以外では甘州ウイグル史の史料として活用できていない。
　一方，コータン語文献については，田中峰人が，私のやり残したところをかなりの程度まで補ってくれた［田中2011「甘州ウイグル政権の左右翼体制」］。今後，甘州ウイグル王国を論ずる際には必ず引用される基本文献となるに相違ない。また，そのp. 286で，チベット語の告身文書P. t. 1188に関し，甘州ウイグル政権の高官としてチベット人が任命されている歴史的背景までも推測しているのは意義深い。なお，田中がpp. 274-275で扱ったコータン語史料IOL Khot S. 13（＝Ch. 00269）については別に赤木崇敏も活用しており，従来さまざまな議論があり，田中も不明としたその文書に記載される出来事の年代について，これを924年と断定したのは卓見である。その上で，『帰義

軍史』の成果も取り込みながら，曹議金による甘州ウイグル親征と東西交通路の回復，曹議金と甘州ウイグル可汗の狄銀・阿咄欲との関係などに言及し，本稿第3-4節をおおいに補ってくれる内容となっている［赤木 2010, pp. 72-75 & n. 28 & n. 33］。

〔書後5〕
　本稿第5節の後半で取り上げた棒杭文書の紀年問題については，その後，大きな進展があった。註54と註55で言及したバザン本旧版の引用箇所は，その新版ではかなり短縮されているが［Bazin 1991, *Les systèmes chronologiques*, pp. 238-259］，それは，私とハミルトンの説を取り入れて，棒杭文書Ⓐ＝第一棒杭文書の紀年を948年よりも1008年の方がよいと認め，棒杭文書Ⓑ＝第三棒杭文書の紀年を1009年と修正することになった結果である。この紀年問題については，その後私自身も考証を積み重ね，森安 1991『マニ教史』やMoriyasu 2001 "Stake" を経て，本書に書き下ろした第19論文「西ウイグル王国史の根本史料としての棒杭文書」の第2節に至って，最終的な結論を得た。詳細はそちらをお読みいただきたいが，結果的には本稿で提唱した，Ⓐを1008年，Ⓑを1019年とする自説を変更する必要は全くなかったのである。

7

敦煌と西ウイグル王国
──トゥルファンからの書簡と贈り物を中心に──

第1節　漢文書簡 P. 3672 Bis の外形
第2節　漢文書簡 P. 3672 Bis の内容
第3節　書簡の発信者
第4節　書簡の発信地と年代
第5節　書簡に付随する贈り物
第6節　西瓜の歴史
第7節　敦煌と西ウイグルの交流

第1節　漢文書簡 P. 3672 Bis の外形

　敦煌文書であるならば，たとえそれが下書きや破損した断片であっても，史料として大きな価値を持ち得るが，ここに取り上げるのは下書きではなく本物であり，かつ首尾完全な一通の書簡である。それはフランスのペリオ（P. Pelliot）が将来したもので，現在はパリのフランス国立図書館（Bibliothèque Nationale）に P. 3672 Bis の番号で所蔵されている。
　紙幅（タテ）は 28.5 cm 前後，やや薄手ではあるがあまり質の良くないベージュ色の紙を二枚つなぎ合わせてある。二枚の紙の長さ（ヨコ）は同じではなく，一枚目は約 15 cm，二枚目は約 30 cm である。行をそろえるための天地と行間の界線が鉛筆のようなもので引かれ，それは二枚の紙の接合部（紙縫）の上にもかぶさっているから，まず紙を貼り合わせてから界線を引いたことは明らかである。またこのような界線のあるのが写経用紙であることも疑いないから，恐らくこの手紙文の書き手（送り手）は，前もって数枚ないし数十枚の紙（もちろん同規格のもの）をつなぎ合わせ，界線を引き，巻子状にして随時使えるようにしてあった

写経用紙に，未使用部の冒頭から文章を書き始め，終わった所で切り取って送ったのであろう。本文の文字は，ほぼ界線を基準としてはいるが，部分的には界線を無視し，その上におおいかぶさるように書かれている。

　商務印書館（編）『敦煌遺書総目索引』（北京，1962, p. 292）では表を「賞紫金印校檢廿二城胡漢僧民事内供奉骨都禄沓密施鳴瓦伊難支都統致沙州宋僧政等書」とし[1]，「背有残齋文」としているが，表裏の判定がその通りであることは，パリで原文書を実見して，私もそれを確認した。この点，最近出版された敦煌文書の写真集である黄永武（主編）『敦煌宝蔵』（台北，新文豊出版公司，1981-1986）の第 129 冊，pp. 596-598 では，P. 3672 を「祈願文」，P. 3672 背面を「都僧統贈桃慰問状」として紹介しているが，これは原文書を見ずに写真だけで判断したための誤解であろう。P. 3672 と P. 3672 Bis [1] とは，あくまで別の文書である。

第 2 節　漢文書簡 P. 3672 Bis の内容

　P. 3672 Bis の表(おもて)面である手紙文には，四角い朱印（縦 4.5 cm，横 4.3 cm）が 3 箇所，それも然るべき所に押されていた。下段に本文を移録し，あわせて朱印の位置を示す[2]。ただし，後に別人によって書き込まれた落書きは省略する。

01)　賞紫金印檢校廿二城胡漢僧尼事
02)　内供奉骨都禄沓密施鳴瓦伊難支
03)　都統大徳面語[3]
04)　　　　沙州宋僧政　　索判官
05)　　　　梁校授　　　　冬　寒　　　←朱印 1 [2]
――――――――――――――――――（紙縫）
06)　體気何似　健好在否　自別已後
07)　已逕所年　人使来往不少　無一字
08)　尉問[4]　人情極薄　昨近十月五　　←朱印 2
09)　日聖　天　恩判　補充　都統大徳兼

――――――――――――――――――
[1] 『敦煌遺書総目索引』では 3672 乙となっていて，3672 と区別している。
[2] この朱印 1 は，紙縫の上にまで覆い被さっている。

10)　賜金印　統壓千僧　為縁發書慰
11)　問　　今因履使　薄禮土(5)信西地 甁桃
12)　三課同一袋子　各取一課　　今因使
13)　行　略付単書　　不　宣　謹　狀
14)　　　　　　　　　十一月十日　　　　　　　←朱印3
15)　　　随書僧尼³內大闍梨借問沙州宋僧政
16)　　　　梁校授好在否

さて本文書の差出人は，どこまでが称号でどこまでが固有名詞か分からない長い名称（第1-3行）を持つ大徳（仏教高僧）であり，受取人は沙州（敦煌）の僧官たる宋僧政，索判官，梁校授の3名である（第4-5行）。差出地や年代は後で考察することにして，まず第5-14行の手紙の主要部分を和訳してみる。

> (5)冬の寒い時節でございますが，(6)御身体や御気分はいかがでございますか。お元気でいらっしゃいますでしょうか。お別れして已来，(7)已に何年も経ち，（その間）人々や使節の行き来は少なくありませんのに，一度も(8)御機嫌伺いのお手紙を差し上げませんでしたのは，なんとも人情の薄いことでございました。（さて私こと）先月十月の五(9)日，聖天の恩情あふれる御判断により都統大徳に任命され，あわせて(10)金印を賜わり，あまたの僧侶を統轄いたすこと相成りました。つきましてはお手紙を差し上げますとともに，御機嫌をお伺いする次第でございます。(11)今ここに使いを出し，お手紙と共に，僅かでございますがお土産の品として西地の甁桃(12)三個を一袋に詰めて持たせますので，各々一個ずつお納め下さい。今から使いの者が(13)まいりますので，簡単に書き記すのみで⁴，詳しくは宣べません。謹状。
> (14)十一月十日

一読して分かるように，これはある地の高僧が，その支配者（聖天）よりその地の全仏教僧を統轄する長官に選ばれたことを，敦煌にいる知己である3人の仏僧に伝えた私信である。10月5日に選任されてからこの手紙を書くまでに1ヵ月

---

3 原論文では読めずに？を付して空白としていたが，今は「尼」と読むことにする。
4 原文の「単書」については，いろいろ問題もあるようであるが [cf. 周一良／趙和平 1995, p. 23]，私は文脈からこのように解釈した。

あまりの日数が経っているが，それは常識的に考えても首肯できる日数である。11月10日だから，冒頭に「冬寒」とあるのも書儀にかなっており[5]，納得できる。ただ怪しむべきことは，私信であるにもかかわらず，その大きさと字体からいかにも官印と思しき四角い朱印が3箇所にきちんと押されていることである。しかしこの疑問も，朱印の印文が「恩賜都統」と読めた[6]ことによって氷解した。これは本文中にあるように，10月5日に聖天より賜ったばかりの金印で，それを押したものに違いないからである。差出人の出世の喜びがじかに我々にも伝わってくるようである。この金印を見せたいがために，彼は何年かぶりの手紙を異国の知り合いに書いたのであろう。とすれば，この手紙と一緒に送られた贈り物（当時は手紙に贈り物を添えるのは慣例化していた）[6]の「瓢桃」もかなりの珍品であったであろう。なぜなら，それが果物であることは「桃」という表現と「課」（池田温先生の御教示によれば「顆」の当て字）という数え方より明らかであるからである。異国の友人に贈るのに果物がたった1個（3人で3個）というのであれば，それはどこにでもあるありふれた果物であるはずはない。ではその「瓢桃」とは一体何か。それは恐らくこの手紙の発信地が判明すれば必然的に見当が付くであろう。

第3節　書簡の発信者

そこで我々はまずこの手紙の差出人の素姓をつきとめるべく，本文第1-3行に眼を向けてみることにする。

冒頭の「賞紫」は見慣れぬ表現であるが，その意味は賜紫大徳・賜紫沙門などの「賜紫」と同じで，高僧のシンボルたる紫衣[7]を賞わったことを指すが，ここでは賞は金印までかかり，「紫（衣）と金印を賞わり」と読むべきで，そのことは本文第10行目の「賜金印」によって確認される。次の「検校」は「しらべ考える」の意で，「廿二城の胡漢の僧尼の事を検校する」と読める。中国の唐宋代の検校は加官の一つで，本官より地位が高いことをあらわし，等級を昇進させるのに用いられたが，日本では僧尼を監督する職掌となった。もちろんこの日本で

---

[5] Cf. 周一良／趙和平 1995, pp. 118, 125.
[6] Cf. 森安 2011「書式後編」pp. 389-391 & n. 62 (p. 408).

一般化した用法の起源は中国にあるようであるから[8]，ここでは「検校する」と動詞にとり，「(僧尼を) 監督する」と解してよいであろう。「内供奉」は宮廷の内道場で修法を司る僧に与えられた称号である[9]。次の「骨都禄」から「伊難支」までは漢語ではなく古トルコ語の音写である。私はこれを漢字の中古音 (カールグレンのGSRによる) をもとに次のように復元する。

骨都禄 (GSR 486a＋45c'＋1208h)
　＊kuət-tuo-luk ＝ qutluγ ＝「天寵ある，幸運な」
沓密施 (GSR 677a＋405p＋4l')
　＊d'âp-miĕt-śię ＝ tapmïš ＝「供奉せし」
鳴瓦[10] (GSR 61d＋20a)
　＊˙uo-ngwa ＝ ögä ＝「顧問，長老」
伊難支 (GSR 604a＋152d＋864a)
　＊˙i-nân-tśię ＝ ïnanč ＝「信頼すべき大官」

古トルコ語の解釈は主としてクローソンのEDを参照した[11]。その次の「都統」＊tuo-t'uong (GSR 45c'＋1011b) もやはり古トルコ語のtutungを写したものであるが，実はこのtutung自体が元来漢語の称号「都統」からの借用語なのである[12]。最後に「大徳」がきているが，これは徳の高い僧を指す紛れもない漢語であり，それと古トルコ語のtutung (都統) とが対応するのであろう[7]。本文第9行目の「都統大徳」という省略された表現はこの考えを傍証してくれる。

第4節　書簡の発信地と年代

以上みてきたように，この手紙の差出人たる高僧は，漢語と古トルコ語とからなる称号を持ち，「廿二城の胡漢の僧尼」を統轄し，その国の支配者 (第9行目の「聖天」) から漢字の金印を賜った人物である。そしてこの手紙は漢語で書かれ，沙州 (敦煌) の知己へ「瓢桃」という果物と共に送られてきた。これにさらに，第15-16行目の追伸部分が，正式の差出人たる都統大徳以外の高僧「大闍

---

[7] この都統については，森安 2007「西ウ仏教」＝本書第18論文の第4節で詳説している。

梨」が都統大徳の手紙に便乗して，同じく旧知の宋僧政と梁校授の2人に一言漢
語で挨拶したものであることまで考慮すれば，手紙の発信地は以下の諸条件を総
て満たす所に限定されてくる。

① 仏教が国家的保護を受けている。
② その国（またはその国の一部）が「廿二城」と総称される。
③ 支配者は「聖天」とも称される。
④ 漢人と胡人（漢人以外の民族で，漢人の意識では主に西方系または北方系の人を
  指す）の仏教僧侶がおり，漢語と古トルコ語の両方が使用されている。
⑤ 敦煌の仏教教団と親密な関係にある。

これらの諸条件を完全に満足させる所として我々が知っているのは唯一つ，西ウ
イグル王国のみである。その具体的理由となるべき歴史的背景については既に2
篇の別稿で詳述したので(13)，今は繰り返さない。ここで特に注目したいのは②
の廿二城である。

　トゥルファン盆地内に存在した主要城邑の数は，漢文史料をもとにした従来の
研究に依れば(14)，北魏時代8城→北周時代16城→隋代18城→唐初22城→元代
（旧西ウイグル王国イディクート治下）24城と推移している。それ故，唐末～宋代
にあたる西ウイグル王国時代のトゥルファン盆地の主要城邑が22城であったと
推定することは不当ではない。それはペルシア語の同時代史料ともいうべき
Zayn al-Akbār（11世紀のガズナ朝治下でガルディージー Gardīzī によって編まれた歴
史書）(15)のトクズ＝オグズ Toquz Oγuz（西ウイグル）の条に，チーナーンジカッ
ト Čīnānj-kath（支那人の都市）地方は Kučā（亀茲）より小さく，そこには22の村
（dih）がある(16)，と記されていることからも支持されよう。なぜなら，Čīnānj-
kath が高昌＝Qočo（すなわち西ウイグル王国の北の首都たる北庭＝Biš-balïq に対す
る南の首都）であり，Čīnānj-kath 地方がトゥルファン盆地を指すことは，前後の
文脈より明白だからである(17)。村（dih）とあっても，実際には町を指したと考
えられる[8]。しかし，なんといっても，私が廿二城を西ウイグル王国の重要地域

---

[8] 西ウイグルがカラキタイへの服属から脱してモンゴルに附庸しようとした時，高昌にいたカ
ラキタイの代官を殺害したという有名な事件を伝える場面で，ジュワイニーもラシードも高
昌を dih-i Qara-Khōjō「カラコージョ村」と称している［cf. Barthold 1968a, *Turkestan*, p. 362；
佐口 1943, p. 8 & n. 11；Boyle 1958, p. 45］。ボイルがその footnote 5 でコメントするように，
ペルシア語の dih「村」はトルコ語の balïq「都市，都城，町」に対応するとみなしてよい。

たるトゥルファン盆地の総称と確信するに至ったのは，高昌故城出土のマニ文字で書かれたマニ教ウイグル文献の断片 T. M. 176（大きさ 14.5×10cm）に，*qočo uluš ikii otuz balïq qutïï waxšikii*「高昌国 22 城の幸運と守護の霊」という表現があった(18)ためである⁹。この断簡はマニ文字で書かれたマニ教文献であることから，ほぼ 9-10 世紀頃のものと考えられる。ウイグル語（より正確には古トルコ語）のマニ教文献は，歴史的にみてどんなに早くても 8 世紀以後のものであり，7 世紀には遡りえない。それゆえこの「高昌国 22 城」という表現は麴氏高昌国時代や唐初の状態を伝えたものではありえず，可能性を広くとっても 8-12 世紀頃，常識的には 9-10 世紀頃に実在した言い方を写したものと考えられる。ただ，数百年間もトゥルファン盆地内の城邑の数が変化しなかったということもありにくいから，恐らくこの「22 城」というのは一種の象徴的表現として固定化したものであり，トゥルファン地方の総称ないしは雅称として通用していたものと思われる¹⁰。

③の「聖天」はさほどの決め手にはならないが，983 年に西ウイグル王族によってトゥルファン地方のある仏教寺院に奉献された漢文の（ただし王族たちの称号は P. 3672 Bis と同じく古ウイグル語を漢字で音写している）棒杭文書の第 9 行目に¹¹，「先ず第一には聖天が万歳まで生きながらえますことを，そして（聖天の）徳化のきわまりなきことを願う」とあるのが参考になろう(19)。ウイグルの君主は，東ウイグルでは突厥と同様に qaγan「可汗」と呼ばれていたのに，西ウイグルではいつのまにか ïduq qut「亦都護（イディクート）」と呼ばれるようになってしまうが(20)，「聖天」はあるいはこの ïduq qut「神聖なる天寵（を持てる者？）」を意識したものかもしれない。¹²

---

9 なおウイグル語の地名 Qočo が，主邑・高昌のみならず，トゥルファン盆地全体を指したことは，このウイグル人自身による表現だけでなく，カーシュガリーやマルワージーなど外部の第三者による記述からも窺える［cf. CTD, II, pp. 263, 273 ; Minorsky 1942, p. 18］。
10 とはいえ実数が 22 から大きく外れたと考えたわけではなく，せいぜい 20-24 城の範囲を想定していた。
11 漢文棒杭文書は本書第 19 論文の第 5 節で全面的にやり直した。その際，行数の数え方も変わったので，今は第二棒杭文書の第 7 行である。
12 張広達／栄新江 1989, n. 37 で指摘されたように，私自身が森安 1985「ウ文献」pp. 22, 31 では qaγan / qan, ilig 等を形容する *tängri* を「聖天」と訳しており，その可能性もゼロではない。一方，張広達／栄新江がイディクートの称号は西ウイグル後期にしか現われないように言うのは当たらない。なぜならマニ文字で書かれたトゥルファン出土ウイグル語文献 M 919（T. M. 417）にそれが現われているからである［cf. 森安 2002「安史」pp. 139-140］。いずれ

ではこの西ウイグル王国の都統大徳から敦煌へ送られた手紙はいつ頃のものだろうか。すでに森安 1985「ウ文献」で強く注意を促したように敦煌文書には元代のものもあるが、ここではその可能性はないので、文書の下限は 11 世紀初頭とみてよい。そればかりか、西ウイグル王国内における漢人・漢語仏教の隆盛、西ウイグルと敦煌との関係について、前にも言及した私の別稿 2 篇で論証したり推定しておいた点[21]を考慮に入れるならば、この書簡は 10 世紀後半プラス＝マイナス十数年の期間内に決定できる。

第 5 節　書簡に付随する贈り物

さてここで、先程保留しておいた「瓢桃」の実体究明の問題に戻ろう。これまでの考察を踏まえるならば、この果物は、10 世紀頃の西ウイグル治下のトゥルファン盆地の土産品であり、且つ陰暦 11 月という冬の寒い時期に存在し、しかもトゥルファン～敦煌間のキャラヴァン輸送（道程約 700 km、所要日数約 1 ヵ月）[22]にも耐えるものでなければならない。「桃」とあるからといって必ずしもピーチ peach（もも）である必要はないこと、胡桃（くるみ）・蒲桃・獼猴桃（さるなし・やまなし）・偏桃（アーモンド）・楊桃（ごれんし）・桜桃（みざくら・さくらんぼ）等の例が示す通りである。それにピーチは痛みやすく運びにくく、保存もきかず（採果は夏）、また果実も小型で 1 人に 1 個では贈り物としてあまりに些少であるから[23]、本文中の「瓢桃」はピーチの類ではありえない。ところで、「瓢」の字義は「うりわた、瓜中の実を包んでいる絮のようなもの」であり[24]、『五体清文鑑』ではそれを満洲語 doli、チベット語 gao nang shun、モンゴル語 gool dotor、新ウイグル語 it-i で説明する[25]。即ち「瓜綿（うりわた）、西瓜などの中味」の意である[26]。また現代中国語では広くウリ・スイカ・ミカン等の中身の食用部分を指している。以上のことを念頭に置きつつ、トゥルファン盆地の土産品で、敦

にせよ、今の私は、第一棒杭文書 3 行目並びにトヨク碑文 21 行目に *tängri bögü tängrikänimiz* という表現があり、亦都護高昌王世勲碑の漢文面で天哥里干（＝*tängrikän*）が「天霊」と訳されていたことを勘案して［cf. Moriyasu 2001 "Stake", p. 164］、「聖天」の原語としては *tängri* よりもむしろ *tängrikän*、もしくは *tängri ... tängrikän* の方が可能性が高いと考えている。因みに *tängrikän* の語源は従来 *tängri* "God" + *xan* "ruler" であると考えられてきた［cf. Zieme 2014, p. 63］。

煌の人にたった1個で喜んでもらえるような果物は何かと考えてみれば、それは甜瓜(melon；学名 Cucumis melo)か西瓜(watermelon；学名 Citrullus lanatus (Thunb.) Matsum. et Nakai)をおいて他にはなかろう。事実、近代においても甜瓜には黄瓤と白瓤の数種があり[27]、西瓜にも黄沙瓤・紅沙瓤などの種類があって[28]、いずれも瓤字を含む表現がなされている。また、1985年にウルムチで出版された『新疆甜瓜西瓜志』によれば、甜瓜でも西瓜でもトゥルファン地方産のものには運搬に耐え、保存期間も極めて長く、収穫の翌年にまで及ぶものが幾種類もある[29]。

ところで同じく『新疆甜瓜西瓜志』によれば、1959年トゥルファン盆地のアスターナ古墓群を発掘した際、ある晋代墓からは干からびた甜瓜が半分出土し、その種子は現代のものと同様であったし、また別の唐代墓からは、やはり現在のものと同様の網目紋をした甜瓜の皮が出土したという[30]。つまり、古来有名なトゥルファンのメロンは、確実に晋代(3-5世紀)までは遡れるわけである。他方、敦煌地方でも甜瓜は近代には土産化しており[31]、風土的に栽培適地であることは明らかである。その起源は不明ながら、少なくともトゥルファンで晋代から栽培されていたものが、500年以上もの間この地方に伝わらなかったとは考えにくい。9世紀の『元和郡県図志』や10世紀の『太平寰宇記』には、隋代から敦煌ないしはその東隣の晋昌を「瓜州」と名付けたことを記し、その由来をその地が大きな美瓜を産出したことに帰しているが[32]、この美瓜こそは他ならぬ甜瓜のこととみてよいのではなかろうか[33]。そうであれば、たとえ品質に違いがあろうとも、敦煌にも古くからある果物をわざわざトゥルファンから送ったとは考えにくく、件の「瓤桃」が甜瓜である可能性は極めて薄いように思われる。それに本文の「瓤桃」にはわざわざ「西地の」という修飾語が付いており、いかにも最近西方から伝来したものであるかのような印象を与える。ではもう一つの候補である西瓜の方はどうであろうか。

第6節　西瓜の歴史

　西方より中国に伝来した植物の歴史的研究に偉大な足跡を残したラウファー(B. Laufer)は、西瓜の起源は南アフリカであり、そこから北アフリカ→西アジア

→ユーラシア全域へと伝播したとする説を紹介した上で，中国の西瓜について，「唐代のいかなる文献にも記載されておらず，また『太平寰宇記』にも言及されていない。西瓜が初めて見えるのは，欧陽脩（1007-1072年）によって書かれた『新五代史』の巻73に引用された胡嶠の『陥虜記』の中においてである」と述べている(34)。胡嶠とは947年，遼（契丹）の太宗が華北に侵入した際に捕虜となり，953年に帰国した者で，その間の遼国における見聞録ともいうべきものが『陥虜記』である(35)。その関連部分は次の通り。

> 自<u>上京</u>東去四十里，至<u>真珠寨</u>，始食菜。明日，東行，地勢漸高，西望平地松林鬱然数十里。遂入平川，多草木，始食西瓜，云契丹破<u>回紇</u>得此種，以牛糞覆棚而種，大如中国冬瓜，而味甘。 〈『新五代史』巻73, 四夷附録2, p. 906〉

即ち胡嶠は遼の首都たる上京（今の内モンゴル自治区の巴林左翼旗林東鎮の南方約1kmに遺址あり）より東行し，始めて西瓜を食したが，契丹人の言うところによれば，西瓜の種は回紇（ウイグル）を破って得たものである。「以牛糞覆棚而種」の解釈は，シャヴァンヌの仏訳，ラウファーの英訳のいずれをみても明らかでないが(36)，私は自分の経験と父の助言から，これは先ず穴を掘ってその中に牛糞を入れ，その穴に砂土を埋めもどし，その上に種を播くが，発芽時や若木の時に寒さや霜に犯されないために予めアンペラのようなものでトンネルあるいはテント状の覆（おお）いを作っておく，という意味であろうと思う。もしそうであれば，この契丹の西瓜が正しく我々の知っている西瓜であることに疑問の余地はない。[13]

契丹軍がウイグルの領土を犯し，西瓜の種子を入手したという契丹人の言葉がもし事実であるとすれば，それはいつのことであろうか。

耶律阿保機が契丹の一部族の君長となった（第一次即位）のは907年，全契丹の統一君主となった（第二次即位）のは916年であるから(37)，契丹建国から胡嶠がやって来るまでどんなに長くてもせいぜい40年である。この間にそのような事件が起こった可能性があるのは，これまでに知られている限りでは924年だけである。なぜなら『遼史』巻2・天賛三年之条，p.20によれば，この年の秋から冬にかけて太祖（耶律阿保機）は自ら軍を率いて西北方から西方への大遠征を行ない，最終的には「兵を遣りて流沙を蹟（こ）え，浮図城を抜きて，尽く西鄙（ひ）の諸部を

---

[13] 本稿の〔書後2〕を参照。

取る」といわれているからである。もしこの浮図城が，従来考えられてきたように東部天山北麓の可汗浮図城と同じもの[38]（とすれば当然そこは当時の西ウイグル王国の版図に含まれていたはず）であるならば，何ら問題はないが，この比定にはいささか疑問も残っており[39]，従って契丹人からみて「西の瓜」[40]たる西瓜が，この遠征によって初めて獲得されたものか否かは俄かには断定しがたい。とはいえ，私は，少なくともこの西瓜が西方のウイグルから入って来たとする点までは疑う必要は全然無く，これを信じてよいと思う[14]。なぜなら，現在の広大な西瓜産地[41]と当時の西ウイグルの領域[42]とを重ね合わせてみると，契丹人が西瓜の種を入手する相手としてウイグル以外の者は考えられないし，また当該40年間における契丹と西ウイグルとの直接の使節の往来が史料的に明白なものだけでも4度（907・913・933・940年）[43]，私の考えによればさらに2度以上（937・939・940年その他）あり[44]，商人などを介しての私的ないし間接的な貿易であれば，より頻繁に行なわれていたと推測されるからである[45]。また『契丹国志』巻26・諸蕃記・高昌国（西ウイグル）之条に，「契丹時，三年一次朝貢，進献玉・珠・乳香・斜合・黒皮・褐里絲等。亦有互市，其国主親与北主（契丹国王を指す）評価」〈民国57年，広文書局版，p. 209〉〈上海古籍出版社，標点本，p. 246〉とあることや，同書の巻27・歳時雑記に「回鶻豆（ウイグル）」の項目があることも参考になろう。

　10世紀前半に西ウイグルから遼に導入された西瓜は，その後，12世紀になって，南宋より金に派遣され，そこで抑留生活を送った洪皓（こう）が持ち帰って初めて中国本土に拡まったという[46]。このような西瓜の中国伝播の時期とルートを考慮するならば，10世紀の西ウイグル国人にとっても西瓜はまだ西方より伝来してまもない果物として珍重されていたと思われる。バルトリドによれば，9世紀前半のイスラム世界でも西瓜は貴重であったらしく，ホラズムの西瓜が鉛の鋳型に入れられ，まわりに雪を詰めて遠くバグダッドのカリフのもとに送られたという[47]。

　以上の考察により，西ウイグル王国の仏教高僧が敦煌にいる知己に宛てた書簡に付して贈った「瓤桃」は西瓜であるとするのが，あらゆる点からみて最も自然

---

[14] 西ウイグルにスイカの実在したことは，トゥルファン出土の有名なマニ教細密画［cf. Le Coq, MM, Tafel 8b の a；『マニ教史』pl. XVI, a］からも覗える。やや見分けにくいが，画面中央の三足付き黄金盤に載っているマニ教高僧への捧げ物は，下段がメロン（甜瓜），中段がブドウ，そして上段がスイカである。

な解釈であることが，承認していただけると思う。ただ，なぜ瓜類である西瓜を樹果類である「桃」の字を使って表現したのかという疑問には，正直なところ明解がない。しかし西ウイグル王国で第一級の知識人とはいっても，その古典漢文の知識は本土の知識人より劣っており，漢文からウイグル文へ翻訳したものの中には，明らかな誤訳や多少難解（ただし中原の読書人には常識的）な語句の故意の省略が往々にしてみられる（例えば『慈恩伝』[15]）のである。「西瓜」という用語も実物もまだ敦煌の人に知れわたっていないと判断して，これを「西地」より伝来し，「瓢」の部分を食べる「桃」のようにみずみずしくておいしい果物(くだもの)と，くどくどしく説明したのではなかろうか。〔原補註〕

第7節　敦煌と西ウイグルの交流

　敦煌とトゥルファンの間は直線距離にしても500km以上，実際の道のりはそれよりはるかに長くなり，さらにその間には困難な沙漠が横たわっているとはいえ，シルクロード全行程に比べればさほどの道途ではない。それになんといっても両者は共に四通八達の遠隔地貿易路上の要衝である。それ故，長期的にみれば両地間の交通は連綿として保たれてきたし，文化方面でも宗教方面でも相互に影響しあってきた。しかし短期的にみるならば，両地間の交通が疎遠になることも往々にしてあったのである。これまでの私の研究を踏まえるならば[48]，トゥルファンが東ウイグル（支配層はマニ教を信奉）の勢力圏，敦煌が吐蕃（多くは仏教を信奉）の支配下に入っていた8世紀末〜9世紀中葉がまさしくそういう時期であった。しかるにこれに続く9世紀後半——即ち敦煌では漢人によるクーデターの結果沙州帰義軍節度使政権が成立し，トゥルファンでは西ウイグル王国の地歩が固まりつつあった時代——以降，11世紀前半までも同様な情勢であったかというと，決してそうではない。しかし両者間の関係を示唆する資料は，敦煌文書を除けばほとんど無く，美術史の方面から恐らく何らかの交流があったはず（例えば地獄絵や十一面観音の流伝など）だと言われることがあっても，それは文献学的根拠にのっとっていたわけではなかった。それどころか，藤枝晃が敦煌文

---

[15] Cf. 庄垣内 1987, pp. 19-21.

書を駆使して成った雄篇「沙州帰義軍節度使始末」の（四・完）が 1943 年に出て[49]，10 世紀における敦煌と甘州ウイグル，並びに敦煌と于闐（コータン）との緊密な関係がクローズ＝アップされ，当時の敦煌とかかわりのあるウイグルといえばまず甘州ウイグルであるとする見方が強まってしまった。あまつさえ藤枝は，いくつもの敦煌文書に見える「西州」は，通常考えられるようなトゥルファンではなく，「西の州（くに）」と読んで于闐ととるべきであるという，看過すべからざる説を発表された[50]。すなわち状況は，10 世紀前後における敦煌と西ウイグル王国との強いつながりを推定する者には，明らかに不利であったのである。

これに対し私は，まず 1980 年の「ウイグルと敦煌」と題する論文で，10 世紀から 11 世紀中葉にかけて敦煌と西ウイグルとは密接に結び付き，11 世紀前半には西ウイグルが敦煌を間接的に支配した可能性さえあることを指摘した[51]。そして 1985 年の論文では[52]，チベット文字で書かれたウイグル文仏教文書（P. t. 1292）の解読にもとづき，敦煌蔵経洞にあったその文書が明らかに 10 世紀の西ウイグル仏教に由来するものであることを論じた。本稿は，これら二つの前稿で予告しておいた如く[53]，10 世紀〜11 世紀前半におけるトゥルファン（西ウイグル王国）と敦煌（沙州帰義軍節度使政権）間の真に濃密な人的＝物的交流の存在を論証する目的で書かれたものである[54]。これによって，藤枝自身がその一つを例示した「西州」と敦煌間に使節やキャラヴァンが往来したことを示す 10 世紀前後の漢文文書（P. 2652v・P. 3051v・P. 3156 付断片 4・P. 3453・P. 3472・P. 3501v・P. 3579v・S. 4504v・その他）[55]も，逆に我々の考えを支持してくれる有力な証拠に転化するであろう。

また，10 世紀にコータン王のもとから沙州（敦煌）に派遣されてきた使節団が，その地でコータン語とチベット語で書き残した数篇の草稿（いわゆる Staël-Holstein 文書）中の一つで，トゥルファン盆地の中心都市を，'Secū'＝「西州」と明記し，現在のトゥルファンやウルムチといった町の名を史上初めて伝え，トゥルファン地方の諸都市をまとめて *Secū bise kaṃthe*＝「西州にある諸都市」と言い，さらに北庭ビシュバリクや焉耆を含む西ウイグル王国全域の主要都市を列挙していた事実[56]の持つ意味も，こうしてはじめて容易に理解されるのである。

その他にも当時の敦煌と西州の直接の交渉を裏付ける史料は，敦煌文書中にはまだ幾つもある。しかし，これ以上の紙数を費して自説を展開する必要は最早なかろうと思うので，ここではただ主な史料の分類所蔵番号のみを記すにとどめて

7 敦煌と西ウイグル王国　349

おく⁽⁵⁷⁾。また，繁雑になるのでいちいち年代の考証や内容の説明もしないが⁽⁵⁸⁾，これらのいくつかの中には「西州」と「于闐」が明らかに別物として並存していることを付言しておく。

　　P. 2049v・P. 2539v・P. 2629＋敦 0001・P. 2737・P. 3569・P. 4638v・S. 1284・S. 1366・S. 3728・S. 6452

　既に私が紹介したように，敦煌蔵経洞の中にはかなりの数のウイグル文書が含まれていた⁽⁵⁹⁾。そこに現われる様々な地名や人名・称号などは，これらのウイグル文書がやはり西ウイグルと深い関わりを持つものであることを示唆しているが，本稿によってそれらが蔵経洞に入るに至った歴史的背景は十分に説明されたと思う。それと共に，トゥルファンのヤールホト出土のウイグル文『法華玄賛』の巻子本の冒頭に，ウイグル語で「これは沙州の紙である」と書いてあった事実や⁽⁶⁰⁾，同じくヤールホト出土のウイグル文仏教文書が，実は「端拱三年」（990年）の日付と「帰義軍節度使之印」とを備えた正真正銘の戸籍の紙背を利用したものであったことも⁽⁶¹⁾，何ら奇異ではなくなってくる。ティロ（Th. Thilo）は後者の戸籍を反古紙として輸出されたか，あるいは戦争によってトゥルファンにもたらされたかしたものと推定しているが⁽⁶²⁾，いまや我々には，それ以外の，もっと幅広い可能性⁽⁶³⁾を想定することも許されよう。

　こうした点も含め，本稿が，今後，敦煌仏教と西ウイグル仏教との交流史を辿ったり⁽⁶⁴⁾，敦煌美術とウイグル美術（有名なベゼクリク壁画や高昌故城壁画，新出の北庭故城仏教寺院壁画⁽⁶⁵⁾，トゥルファン各地出土の文書・布帛類に描かれた絵画・幢幡画に代表されるもの）との比較研究⁽⁶⁶⁾をしていく上で，文献史学の方から確かな基盤を与えるものとならんことを切望している。

註
（1）筆者が傍点を付した箇所は誤読もしくは誤植である。正しくは後の移録文を見よ。
（2）『敦煌宝蔵』の写真では朱印は見えない。
（3）「面語」は「会って話す，面談する」意だが，ここでは手紙（の一種）であることを示す術語として使われている。
（4）第 10-11 行目の「慰問」に同じ。Cf. Demiéville 1952, pp. 260-261.
（5）はじめ「土」と読んだのを「書」に直したのは，1987 年 4 月 3 日，北京中央民族学院で

本稿を口頭発表した際にいただいた楊聖敏氏の御教示による。[16]
(6) 高田時雄氏の全面的協力によるので，記して感謝する。
(7) 望月信亨『望月仏教大辞典』2, p. 1720,「シエ」の項。
(8) 『望月仏教大辞典』1, p. 931,「ケンギョウ」の項。
(9) 『望月仏教大辞典』4, pp. 3978-3979,「ナイクブ」の項；Demiéville 1952, p. 236.
(10) 『敦煌遺書総目索引』も東洋文庫敦煌文献研究委員会（編）『西域出土漢文文献分類目録初稿Ⅰ』[p. 38] も「鳴」とするが，それでは意味が通じない。原文も「鳴」ではなく正しく「嗚」と書かれている。
(11) qutluɣ = "originally 'enjoying the favour of heaven'; hence, more generally, 'fortunate, happy, blessed', and the like" [ED, p. 601]; tap- = "'to serve,' in the sense both of serving a human master, and serving God, i.e. worshipping" [ED, p. 435]; ögä = "a high Turkish title, roughly equivalent to 'Counsellor'" [ED, p. 101], "a man of understanding and ripe old age" [CTD, I, p. 96]; inanč = "'confidential minister' or the like, not necessarily of very high rank" [ED, p. 187].
(12) ATG, p. 375；DTS, p. 593. 漢語で単に都統といえば普通は軍官である。ハミルトンはウイグルの tutung は僧官「都僧統」の省略形としての「都統」を借用したものと考えている [Hamilton 1984, pp. 432-436]。
(13) 森安 1980「ウイ敦」pp. 326-327, 331-338；森安 1985「教理問答」第二部。
(14) 嶋崎 1959, pp. 113-147；白須淨眞「高昌墓塼考釈(3)」『書論』19, 1981, p. 156；荒川 1986, pp. 38-40.
(15) Czeglédy 1973；Martinez 1983.
(16) 森安 1977「西遷」p. 114；Martinez 1983, p. 136；『西北史地』1983-4, p. 112.
(17) 森安 1977「西遷」pp. 113-115；Martinez 1983, pp. 132-137；『西北史地』1983-4, pp. 111-112.
(18) Le Coq, Manichaica, III, p. 40, No. 23.
(19) Müller 1915, pp. 18-19；岑仲勉 1947（再録：1981), p. 453；森安 1974, p. 45.[17]
(20) 既にトヨク碑文にこの新称号が現われている。森安 1985「教理問答」p. 35, n. 41, 及びそこに言及してあるテキン・耿世民両氏の論文を参照。
(21) 森安 1980「ウイ敦」pp. 331-337；森安 1985「教理問答」pp. 36, 54-61.
(22) 唐代，沙州〜西州は伊州経由の一般的な道によれば約 1600 里（沙伊間約 700 里＋伊西間約 900 里），大海道という捷経によっても 1360 里あり，これを 1 日行程 50 里，1 里＝450ｍで計算した。Cf. 厳耕望『唐代交通図考』2, 台北，1985, pp. 424-425, 445, 450, 462, 477；池田 1968, p. 30, n. 8. もし 1 日行程を 100 里とする説に立っても，約半月を要する。Cf.『桑原隲蔵全集』3, 東京，1968, pp. 317-318.[18]
(23) Cf.『新修支那省別全誌 8 新疆省』東京，1944, pp. 407-408.
(24) 諸橋『大漢和辞典』7, p. 994.
(25) 『五体清文鑑（故宮博物院蔵）』下冊，北京，1957, p. 3979.
(26) 田村実造／今西春秋／佐藤長（共編）『五体清文鑑訳解』上巻，京都，1966, p. 847.

---

[16] しかし，今はやはり「土」と読む方がよいと考えて本文を修正した。『真蹟釈録』5, p. 36 でもそう読んでいる。
[17] 本稿で取り上げた漢文棒杭文書は，本書第 19 論文の第 5 節で全面的にやり直した。
[18] 追加情報：池田 1980, p. 309；中村（裕）1991b, pp. 476-480；荒川 2010, pp. 216, 249, 270.

(27) 前註 23 所引本，p. 391.
(28) 『燕京歳時記』（清，敦崇撰）の「西瓜」の項に，「六月初旬西瓜已登。有三白黒皮・黄沙瓤・紅沙瓤各種。沿街切売者如蓮瓣，如駝峯，冒暑而行，随地可食，既能清暑」とある。
(29) 新疆甜瓜西瓜資源調査組『新疆甜瓜西瓜志』烏魯木齊，新疆人民出版社，1985, pp. 46-90.
(30) 『新疆甜瓜西瓜志』p. 1 & 彩図一。
(31) Cf. 『敦煌県志』（清，蘇履吉等修）巻 7・雑類・瓜属之条。
(32) 『元和郡県図志』巻 40・隴右道下・瓜州之条，p. 1027；『太平寰宇記』巻 153・隴右道 4・瓜州之条，文海出版社版（二）p. 354.
(33) 前註 31 に引く『敦煌県志』では確かにそうみている。
(34) *Sino-Iranica*, p. 438. 西瓜の来歴に関するラウファー説は今も基本的に受け継がれている，cf. 平凡社『世界大百科事典』「すいか」の項。
(35) これはまた『契丹国志』巻 25〈民国 57 年，広文書局，pp. 202-205；上海古籍出版社，標点本，1985, pp. 237-240〉にも収められており（そこでのタイトルは『胡嶠陥北記』），シャヴァンヌによる仏訳もある［Chavannes 1897, pp. 390-411］。[19]
(36) ラウファーの英訳（*Sino-Iranica*, p. 438："They cultivated the plant by covering the seeds with cattle-manure and placing mats over the beds"）よりはシャヴァンヌの仏訳（Chavannes 1897, p. 400："ils les sèment en mettant du fumier de vache et en les recouvrant avec des nattes"）の方が良いが，それとても不十分である。上から覆うにせよ，下に敷くにせよ，肥料としての牛糞と西瓜の種子が直に接したのでは，種子は枯死してしまう。
(37) 森安 1982「渤海から契丹へ」pp. 84-85.
(38) 安部『西ウ』p. 363；長澤 1957, pp. 68-69 ＝長澤 1979, pp. 307-309；嶋崎 1963，（上）pp. 27-29 ＝嶋崎 1977, pp. 200-202.
(39) 前田（直）1948, p. 79 ＝『元朝史』p. 250.
(40) *Sino-Iranica*, p. 445.
(41) 『新疆甜瓜西瓜志』pp. 18-21. その 19 頁に地図があるので参照せよ。
(42) 安部『西ウ』第 6 章。pp. 398-399 の間，および pp. 506-507 の間に地図あり。
(43) すべて『遼史』による。907 年・913 年は和州回鶻，933 年・940 年は阿薩蘭回鶻（コーチョー／アルスラン）として現われる。Cf. Малявкин 1974, pp. 64-67；代田 1976, pp. 256-257.
(44) 森安 1980「ウイ敦」p. 321.
(45) 『遼史』にみえる単なる「回鶻」は決して甘州や河西のウイグルのみを指すのでないことについては，代田 1976, pp. 268-269, n. 6 を参照。
(46) 『松漠紀聞』によるラウファーの説である［*Sino-Iranica*, pp. 440-441］。
(47) Barthold 1968a, *Turkestan*, p. 237.
(48) 森安 1973「北庭戦」；森安 1979「増補：北庭戦」；Moriyasu 1981；森安 1984「吐蕃の中ア」。
(49) 藤枝 1943「沙州帰義軍節度使始末（四・完）」pp. 46-98.
(50) 藤枝 1943, pp. 69-72. さらに同氏は「高昌，或ひは亀茲に関しては，今日知られている限りの文書からは，その様なこと（敦煌との特別の交渉……筆者註）は見られない」とか，

---

[19] 日本語訳注の存在を見逃していたので，追記する。田村実造「遼・宋交通資料註稿」（『東方史論叢 1 北方史専号』奈良，養徳社，1947, pp. 207-309）の p. 273 以下が『陥虜記』を扱っており，西瓜に関する記事は pp. 292-293 にある。

352　第二篇　西ウイグル・敦煌王国・河西ウイグル時代篇

「高昌(西州)は沙州を経由せずに,主として今日の寧夏省を横断する道によって東方と交通していたのであるから,自然,沙州との関係もさほど密接ではなかったであらう」(ともに p. 69) とも言っている.

(51) 森安　1980「ウイ敦」pp. 321, 331-338.
(52) 森安　1985「教理問答」.
(53) 森安　1980「ウイ敦」pp. 336-337, n. 51 ; 森安　1985「教理問答」p. 36.
(54) 本稿の重点はあくまでここにあるのであり,この点は,たとえ瓢桃を西瓜とする考えが誤りであったとしても,動かない.
(55) 藤枝 1943, pp. 70-71, 81 ; 前田『河西』pp. 338-340 ; Gernet 1966, pp. 46, 48, 49 ; 池田 1980, pp. 323, 339. ただし前田正名の場合は,これらの漢文文書を「八世紀後半期および九世紀の河西」と題する章でとりあげ,敦煌が吐蕃に陥没した後も敦煌と伊州・西州との間に頻繁に交通が行なわれていた証拠として挙げるのであり,我々の見解とは全く異なる.さらに同氏は「陥蕃後の八世紀後半期や九世紀には沙州と伊州,西州方面やロプ=ノール沿岸方面との交通状況を示す唐朝側の記録はほとんど見られないが,チベット語文献やソグド語文献により補いながら燉煌文書の検討をすると,沙州と伊州,西州方面とは頻繁な交通が行なわれていたのである」[p. 340] ともいうが,このチベット語文献とは何をさすのか曖昧であり,もう一方のソグド語文献に至ってはライヘルト (H. Reichelt) が紹介したいわゆる「古代書簡」を内容も時代も完全に誤解した結果であるので,今やその発言に信を置くことは出来ない.Cf. 吉田　1985, pp. 201-203.
(56) 森安　1977「西遷」p. 124 & n. 70 (先行の文献を列挙) を参照.なお,この難解な Staël-Holstein 文書は我々の研究会ヤントンのテーマの一つであるが,まだその成果を発表するには至っていない.[20]
(57) 明らかに「西州」と言及されている漢文文書のみに限定する(それも主なもののみ).やはり西ウイグル王国内である「伊州」に言及するものを含めれば,もっとずっと多くなるが,それは省略した.
(58) 『敦煌宝蔵』に,あまり質はよくないが,一応総ての写真がある.
(59) 森安　1985「ウ文献」第 2 章.その 17 頁で言及したハミルトンの労作が遂に出版された [Hamilton 1986=MOTH].これについては書評を予定している.[21]
(60) 百濟　1983, p. 202.
(61) Thilo 1968.
(62) Thilo 1968, pp. 309, 310.
(63) 例えば,敦煌に旅していた西ウイグル人が,敦煌で反古紙を購入し,本国へ帰ってから紙背にウイグル文を書いた(あるいはウイグル文を書いてから本国へ持ち返った),とも考えられる.
(64) 特に雑密経典と『法華玄賛』の流入・翻訳の動きが注目される.Cf. 森安　1985「教理問答」p. 61 ; 井ノ口 1984 ; 百濟　1983, pp. 185-186, 200-204. [22] また十一面観音については,

[20] これについても,かなりの準備はしたが,結局公刊するには至らなかった.
[21] パリ留学時代にたいへんお世話になり,私のウイグル文書研究能力を高めていただいたハミルトン先生の御著書に対して,やや長い書評を準備していたが,結局それを発表する機会を逸したのは,痛恨の極みである.
[22] 敦煌仏教と西ウイグル仏教との交流を示すウイグル仏典の存在については,その後も P.

cf. F. Denès, *Les bois de Dunhuang au Musée Guimet*, Paris 1976, pp. 28-33 (Guanyin à onze têtes ......) ; R. Jera-Bezard / M. Maillard, "An Unpublished Dated Painting from Dunhuang in the Musée Guimet." In : J. Schotsmans / M. Taddei (eds.), *South Asian Archaeology 1983*, Naples, 1985, pp. 935-939.

(65) 「新疆吉木薩爾高昌回鶻仏寺遺址」『考古』1983-7, pp. 618-623, 図版六〜八。[23]
(66) 森安 1985「教理問答」p. 61 を参照。[24]

〔原補註〕あるいはまた全く逆に，古典中に手紙に「桃」を添えて遣るという故事があり，その典拠を知っていてわざわざ「桃」の字を使用したのかもしれない。これも北京の楊聖敏氏の示唆による。

〔書後1〕
　本稿［森安 1987「贈り物」］は，森安 1980「ウイ敦」第5節：沙州ウイグルに始まり，森安 1985「教理問答」を経て考察を続けてきた，10世紀前後の敦煌帰義軍政権と西ウイグル王国との密接な関係を明らかにするための論文である。かなり総合的に論じたかったが，発表誌の紙数制限が厳しく，主題である敦煌とトゥルファンとの直接交渉を裏付ける敦煌文書の多くは割愛せざるを得ず，第7節の中ほど2箇所にペリオ文書・スタイン文書の編号を列挙するにとどめざるをえなかった。また敦煌文書以外の資料は森安 1991『マニ教史』pp. 145-146, 159, etc. で言及した。その後，幸いなことに，本稿で編号の列挙にとどめた敦煌文書のほぼ全てを活用した新研究が，栄新江によって発表された［栄新江 1991；栄 1996『帰義軍史』第11章・第4節；Rong 2001a］。今ではこれらの敦煌文書の全てが，インターネットによる電子検索か，大形図録の『法蔵敦煌』『英蔵敦煌』などで見ることができる。
　因みに，拙稿の中文摘訳は，早くも同年中に陳俊謀によって発表された［『西北史地』1987-3, pp. 117-127］。

〔書後2〕
　本稿発表後，王大方 1998「敖漢旗羊山1号遼墓"西瓜図"」によって，契丹の一墳墓

Zieme, K. Röhrborn, 百濟康義, 笠井幸代らによってますます明らかになっているが，いちいち列挙しない。笠井 2011, pp. 312-319 では，ウイグル仏典の奥書書式が敦煌の漢人仏教に由来することが論証されている。

[23] 追加情報：中国社会科学院考古研究所（編著）『北庭高昌回鶻仏寺壁画』瀋陽，遼寧美術出版社，1990；中国社会科学院考古研究所（編著）『北庭高昌回鶻仏寺遺址』（中国田野考古報告集，考古学専刊，丁種39），瀋陽，遼寧美術出版社，1991；N. Sh. Steinhardt, "Beiting : City and Ritual Complex." *Silk Road Art and Archaeology* 7, 2001, pp. 223-262.

[24] 追加情報：Bhattacharya-Haesner 2003, *Central Asian Temple Banners* ; Russell-Smith 2005, *Uygur Patronage in Dunhuang* ; Russell-Smith 2013.

内の壁画にスイカの描かれていることが紹介された。その外形は我々のよく知っている日本のスイカと同様であった。因みに私の父は長年，北陸の福井県で西瓜の生産に従事していた。早春の寒い時期に西瓜の種子を露地に直播きするのは不可なので，まず保温のできるビニールハウス内で育苗し，春の気候がやや暖かくなってからそれを畑地に移植するのであるが，それでも苗を夜の寒気や霜害から保護するためフード状の覆いをかけた。そこで私は牛糞（我が家では鶏糞）は，保温ではなく肥料として使用したと考えたが，王大方論文によると，現代の内モンゴル東北部でのスイカ栽培にあたって，牛糞はその発酵熱を利用して保温をするために使用されるのだという。それゆえ「以牛糞覆棚而種」に対する私の解釈は一部訂正されねばならないようであるが，契丹の西瓜と日本の西瓜（スイカ）が同じものであることが新出の壁画によって確定したことが，より重要なのである。

〔書後 3〕

　シルクロードを通じた交通と通信手段，さらには貿易や文化交流の実態を探る史料として手紙文書に着目するというのが私の手法の一つであり，特に手紙の書式が定型化していればそれだけ手紙のやりとりが頻繁で，交通も交易も活発だった証拠となると主張してきた。ウイグル語の手紙を用いたものとしては発表年代順に第 13 論文，第 10 論文，そして森安 2011「書式前編」「書式後編」があるが，漢文の手紙を用いた代表的なものがこの第 7 論文である。なお，森安 2011「書式後編」pp. 395-399 において，多言語の手紙研究のためのレファランスを掲げたが，漢文のものについては最新の坂尻彰宏の論文を追加しておきたい［坂尻 2012a, 2012b, 2014］。特に坂尻 2014, p. 63 の結論は，10 世紀中葉における敦煌と西ウイグルの交流に新しい史料を提供してくれた。

8

沙州ウイグル集団と西ウイグル王国

はじめに
第1節　問題の発端と展開
第2節　沙州ウイグル集団の出現
第3節　沙州ウイグルの活動
第4節　沙州ウイグル王国独立説の根拠とそれに対する批判

はじめに

　10世紀前後における河西地方の沙州帰義軍節度使政権と東部天山地方の西ウイグル王国との緊密な結び付きについては，まず1980年に発表した「ウイグルと敦煌」【拙稿①＝本書第6論文】で提唱し，次いで1985年の「チベット文字で書かれたウィグル文仏教教理問答 (P. t. 1292) の研究」【拙稿②】で取り上げ，さらに1987年の「敦煌と西ウイグル王国」【拙稿③＝本書第7論文】で相当詳しく論証した外，『ウイグル＝マニ教史の研究』【拙稿④】その他の私の一連の論文でも折に触れて言及してきた。特に①はハミルトン (J. Hamilton) の大著 *Manuscrits ouïgours du IXe-Xe siècle de Touen-houang*『敦煌出土九～十世紀ウイグル写本』の序文の歴史学的考察の部分において全面的に取り上げられただけでなく，中国の多くの学者に頻繁に引用されるほどの反響を呼んだ。また③は，敦煌学史上に大きな足跡を残した藤枝晃が敦煌文書に頻出する「西州」をトゥルファン地方ではなくコータン地方であるとした点[1]に反論し，帰義軍時代の「西州」はトゥルファン地方を中心とする西ウイグル王国であることを論証するものでもあった。幸いにして，私の主張の大筋は内外の多くの研究者の受け入れるところとなっている[2]。ところが1980年の拙稿①は，とくに「沙州ウイグル」という一

節を設けて論じた点が，中国の敦煌研究者の熱い視線を集めることとなり，事態は思わぬ方向に進んできた。

　敦煌研究院では，拙稿①を踏まえ，何年にも亙って敦煌壁画のクロノロジーを議論し直した結果，新たに「沙州ウイグル期」なるものを設定し，それを「曹氏帰義軍期」と「西夏期」との中間に置いたと聞く[3]。私にとっては望外の幸せである。ところが今度は，私の説を拡大解釈して，11世紀前半の敦煌地方には，曹氏帰義軍節度使に代わってウイグル王が直接統治する一個の独立したウイグル王国が存在したという主張が中国の研究者から現われてきた。しかし私の考えは，沙州ウイグル集団はあくまで西ウイグル王国の統制下にあって行動したというものであって[4]，西ウイグル王国以外に沙州ウイグル王国なる独立政権が成立したというものでは決してない。そしてその考えは今も変わっていない。本稿はこの間の事情を説明し，再度自説を主張するために書かれたものである。ただし，その大意は既に平成7年11月10日に東京で開催された（財）東方学会主催のシンポジウム「敦煌・吐魯番研究」で口頭発表したものである。

第1節　問題の発端と展開

　1980年，森安が「ウイグルと敦煌」【拙稿①】を発表し，その第5節「沙州ウイグル」で，遅くとも11世紀初頭には沙州地方にウイグル集団が存在したこと，そのウイグル集団は西ウイグル王国が統制していたこと，そして初めは帰義軍節度使の曹賢順を操りながら，次いで1020年代から1050年代までは曹氏に取って代わって西ウイグル王国が直に沙州を支配していたという見解を提出した。次いで1982年の森安書評において，それまで西夏王ともウイグル王とも言われ，帰属の一定していなかった莫高窟第409窟の供養人像を，決して西夏王ではなく，西ウイグル王とみなすべきであるという見解を発表。美術史関係の図録や著書では時にウイグル王とするものもあったが，それは甘州ウイグルと西ウイグルとを弁別した上での結論ではなく，むしろ10世紀の莫高窟壁画には，多くの甘州ウイグル人女性供養人像が見られるという事実に引きずられていたふしがある。私は拙稿①で，敦煌に西ウイグル王の肖像が存在していてもおかしくない歴史的背景を説明した上で，ベゼクリク壁画の供養人像の服装との酷似を根拠にして西

ウイグル王説を唱えたのである。その後，美術史学界の動向を見ていると，西州ウイグルか甘州ウイグルかはともかく，少なくともウイグル王とみなす考えは完全に定着している(5)。

　湯開建・馬明達の 1983 年論文では「回鶻勢力対瓜沙的滲透」という一節を設けているが，拙稿①への言及はなく，論じている内容もそれより少ない。ただし注意すべきは，ここに沙州ウイグル独立政権説の萌芽が見られる点である。1984 年，拙稿①の中文訳が出版された［『西北史地』1984-1］。

　1987 年，『敦煌研究』1987-3, p. 110 に，敦煌研究院内部での研究会において「新断定的部分回鶻洞窟」について活発な討論が行なわれてきたことが報告された。1987 年 9 月，敦煌で開催された敦煌石窟研究国際討論会において，劉玉権が「関于沙州回鶻洞窟的劃分」と題して発表。沙州ウイグルの活動は 976 年から 1127 年にまで亘るとし，莫高窟・楡林窟・西千仏洞の北宋窟・西夏窟から合計 23 箇のウイグル窟を抽出したと報告(6)。『敦煌研究』1988-2 に摘要が載ったが，そこでは年代の上限を 1019 年（あるいは 1030 年）にまで下げ，沙州ウイグルの洞窟壁画を前期（1019〜1070 年）と後期（1070〜1127 年頃）に分けている。本報告は同名の論文としてようやく 1990 年に出版されたが［劉玉権 1990a］，その註 1 で，沙州ウイグル研究史上の画期的論文として拙稿①を位置付けている。銭伯泉 1989 は，先行研究を無視する旧中国的なやり方の典型的な論文であるが，結論では沙州が 11 世紀より 140 年の長きに亘って西ウイグルの直接統治を受けたという。しかし，これは無理な議論である。

　1990 年 10 月，敦煌研究院編の『中国石窟　安西楡林窟』が出版され，「迴鶻可汗供養」という銘文を持つ西千仏洞第 16 窟の壁画が初めて公表された〔原補註 1〕。この人物の服装は莫高窟第 409 窟の供養人像のものとほとんど同じであり，これによって，前述の西夏王説はまったく根拠を失った。本書には，劉玉権 1990a と密接に関係する日本語論文＝劉玉権 1990b が収載されたが，なぜかそこでは拙稿①は敢えて無視されている。一方，この年，敦煌研究院主催の第二回敦煌学国際学術討論会において，李正宇が「悄然湮没的王国——沙州回鶻国」と題し，沙州ウイグル王国なる独立政権が 11 世紀の 1036 年から 1067 年まで存在したとする新説を初めて発表した。その内容を我々が具体的に知るようになるのは，1995 年のことであるが，ここでは拙稿①は単なる批判の対象として，1 回だけ引用されるにとどまっている。

孫修身 1991 は，敦煌史の中に沙州ウイグル期というものを初めて明確に設定した点で拙稿①を高く評価する。そして沙州は 1028～1037 年の何時かに西夏に占領されたという説を明快に斥け，私が提示した「棒杭文書」の年代をも基準にしつつ，1019～1072 年を沙州史上におけるウイグル支配時期と位置付ける。孫の考えの基本は私に近いのであるが，相違する点もいくつか見られる。特に，西ウイグル王国が曹氏の帰義軍節度使政権を撃破して沙州ウイグル政権をうち立てたとする点は，あくまで曹氏から西ウイグルへの平和的政権委譲を想定する私の考えとは相容れない。なお，李正宇も孫修身も，劉玉権のいう「後期」の存在を認めないようである。同じく 1991 年，楊富学・牛汝極が「安西楡林窟 25 窟前室東壁回鶻文題記訳釈」を発表，そのウイグル銘文を 11 世紀のものとする。そしてそれを沙州ウイグルが書き残したものと考える。1993 年，概説書である寧可／郝春文『敦煌的歴史和文化』（北京，新華出版社）にさえ，「沙州回鶻時期 (1037～1068 年)」が登場する。

　1994 年，Yang Fu-hsüeh（楊富学）が "On the Sha-chou Uighur Kingdom."［*CAJ* 38-1］を発表し，李正宇の提唱した沙州ウイグル王国の存在を認める説を展開する。同年に公刊された論文著書や，8 月に開催された慶祝敦煌研究院成立五十周年記念の敦煌学国際学術研討会の報告などで，幾人もの中国人研究者が沙州ウイグル王国を独立した政権とみる考えを支持。一方，孫修身 1994 も，再び沙州ウイグルについて論じ，1032 年に甘州ウイグル王国が西夏に滅ぼされた後，その遺衆を受け入れて強大化した沙州ウイグルが，西ウイグル王国の後援を受けつつ独立政権を打ち立てたと主張した。

　1995 年，これまでの集大成として楊富学・牛汝極が『沙州回鶻及其文献』なる単行本を出版。その史論篇の第 1・2 章は，ほぼ Yang 1994 と同じで，それに楊／牛 1991 を加えた内容である。ただし，その p. 20 ではわざわざ森安 1987「贈り物」【拙稿③】と森安 1991『マニ教史』【拙稿④】に言及して，敦煌莫高窟・楡林窟・西千仏洞に残るウイグル壁画を西ウイグルのものとみなす森安説は成立しないであろうとの見解を付け加えている。早速，本書に対する書評が蘇北海によって出されたが［『敦煌研究』1995-3, pp. 200-203］，手放しで誉めるだけであるから，森安説に与していないことは明らかである。なお本書には，李正宇「悄然湮没的王国――沙州回鶻国」が併載された。この李論文は冒頭部で『西夏書事』や『西夏紀』など近代の編纂物を史料として引用するのを戒めるが，その

態度は正しく，それは暗に銭伯泉・孫修身・劉玉権・楊富学ら中国の同僚たちへの批判となっている[7]。

　以上に言及した中文の諸論文は，新しい史料や視点を追加するなど教えられる点も少なくないが，多くは拙稿①をはじめとする私の諸論文のプライオリティを無視するばかりでなく，数々の誤りに満ちており，それらをいちいち指摘していてはきりがない。そこで本稿では，私の説に対する中国の学者の批判や曲解を再批判する形で，1980年以来の私の考えを改めて提示したい。

第2節　沙州ウイグル集団の出現

　Yang 1994, p. 85 では"It is in 977 that the term Sha-chou Hui-hu 沙州回鶻 "Sha-chou Uighurs" first emerges in history."というが，この言い方はやや不正確である。976年（Yang の引用する『宋史』では977年）の史料に現われるのは単独の沙州回鶻ではなく，あくまで甘沙州回鶻というひとまとまりの表現である。この表現は980年にも現われる。

> A：太宗 太平興国元（976）年冬，遣殿直張璨，齎詔，諭甘沙州迴鶻可汗外甥，賜以器幣，招至名馬・美玉，以備車騎・琮横（＝琮璜；precious stone）之用。
> 〈『宋会要輯稿』197冊・蕃夷四之二・回鶻之条，p. 7714〉

> B：[太平興国] 五（980）年閏二月，甘沙州迴鶻可汗夜落紇密礼遏遣使，以橐馳・名馬・珊瑚・琥珀為貢。
> 〈『宋会要輯稿』197冊・蕃夷四之二・回鶻之条，p. 7714〉

この甘沙州回鶻を甘州回鶻と沙州回鶻に分解してしまうと，さまざまな誤解が生じてくる原因になるのである。例えば Yang 1994, p. 85 では，ここに沙州ウイグルという独立勢力が初めて登場したと考え，それゆえ咸平2年（994）の記事に，「是歳，沙州蕃族首領・邛部川蛮・西南蕃・占城・大食国来貢」〈『宋史』巻6, p. 111〉とある沙州蕃族をウイグルと断定してしまうのである。これが誤りであることは李正宇が指摘した通りである。しかるに一方，李のように，この分解・抽出された沙州回鶻をウイグルではなく漢人の沙州帰義軍節度使政権の同義語であ

るというのも説得力に欠ける⁽⁸⁾。当時の沙州にはれっきとした帰義軍政権が存在しているにもかかわらず，甘沙州ウイグルという表現が二度も出現した背後には，甘州ウイグル王国の影響力が沙州に強く及んだか，あるいは沙州にもウイグル人集団が形成されつつあるという実態があったと考えるべきであろう⁽⁹⁾。いずれにせよ「甘沙州回鶻」とは，あくまで甘州ウイグルに重点を置いた一つの表現であり，決して二つに分解すべきものではない。そしてこれ以外に10世紀の沙州にウイグル集団がいたという典籍史料は一つもないことに注意したい。そればかりか，9-10世紀を中心として現地に集積された大量の敦煌文書にさえ「沙州回鶻」という表現は一度たりとも出てこないのである。

　沙州ウイグルという独立した名前が史上最初に現われるのは，ようやく1014年のことである。沙州帰義軍節度使として曹延禄を継いだ曹宗寿が1006年に遼朝に入貢した時点では，彼はなおまだ沙州敦煌王と呼ばれている。然るに1014年，彼を継いだ曹賢順が初めて遼に入貢した時から「沙州回鶻曹順」となり，1020年の記事でも「沙州回鶻燉煌郡王曹順」と呼ばれている。

　C：[開泰三（1014）年夏四月] 乙亥，沙州回鶻 曹順（＝曹賢順）遣使来貢。
〈『遼史』巻15, p. 175〉

　D：[開泰九（1020）年秋七月] 甲寅，遣使賜沙州回鶻 燉煌郡王 曹順衣物。（中略）。[九月] 乙亥，沙州回鶻 燉煌郡王 曹順遣使来貢。
〈『遼史』巻16, p. 187〉

先の史料A, Bの甘沙州回鶻のリーダーがウイグルの王族ヤグラカル Yaγlaqïr 氏の可汗であったのに対し，こちらの沙州ウイグルのトップは，既に一世紀に亘って沙州を支配してきた漢人節度使である曹氏の直系である。それゆえこの沙州ウイグルなるものは，甘州ウイグルとは基本的に別のものに相違ない。さらに1008, 1010, 1026年の3度にわたり遼朝が甘州ウイグル王国を討伐し，その間の1015年には明らかに国交断絶状態にあった事実，それに対する1014, 1016, 1019, 1020年における沙州と遼との友好関係とを比較してみれば⁽¹⁰⁾，当時沙州ウイグルと甘州ウイグルとが唇歯輔車の関係にあったはずはない。まして甘州ウイグルの可汗が沙州ウイグルに対して影響力を持っていたなどとは到底考えることはできない。とすれば，10世紀にはまだ影の薄かった沙州ウイグルの成長を

助けたのは，甘州ウイグルではなく西ウイグルであったと想定せざるを得まい。正しくそれを裏書きしてくれるのが，拙稿①でも取り上げたウイグル文の第一棒杭文書と第三棒杭文書の記事である。拙稿①の段階ではまだ推定にすぎなかったこの高昌故城出土の両棒杭文書の紀年が，拙稿④［pp. 150-152］により，それぞれ 1008 年と 1019 年と確定したのである(11)。そして，1008 年の第一棒杭文書には，沙州将軍（Šaču Sangun）の称号を持つ人物が仏教寺院への寄進者の一人として名を連ね，他方の 1019 年の第三棒杭文書には Kün Ay Tängridä Qut Bulmïš Uluγ Qut Ornanmïš Alpïn Ärdämin Il Tutmïš Alp Arslan Qutluγ Köl Bilgä Tängri Ilig「日月神よりカリスマを得たる，偉大なるカリスマを備えたる，勇気と男気により国を維持したる，勇敢な獅子たる，幸運なる智海天王」が東は沙州まで支配を及ぼしたと記されているのである¹。当時，西ウイグルが直接沙州を支配したというのは誇張にすぎるかもしれないが，少なくともその影響力が沙州にまで及んだことは認めなければなるまい。また，現在の敦煌地方に残る 11 世紀の沙州ウイグル期壁画（特にウイグル供養人像）が，西ウイグルのベゼクリク千仏洞のそれとよく似ている事実（写真はほとんど未発表であるが，私は 1987 年に孫修身氏の案内で一部を実見した）も，当然ながら両者の結びつきを示唆する大きな証拠である。²

ところで 9 世紀半ばに東ウイグル帝国がキルギスに滅ぼされ，大量のウイグル人が故郷モンゴリアを離れ，天山山脈〜甘粛一帯に移住したことは周知の通りである。その中の最大勢力が北庭〜高昌〜焉耆〜亀茲を中心に西ウイグル王国を建設し，次の大きなグループが甘州地方に甘州ウイグル王国をうち立てた。中国人学者には，この時から，さらにはそれ以前から既に沙州にウイグル人の大集団がいたとの見方が支配的であるが(12)，その点が私との大きな違いである。この外，例えば秦州や涼州にもウイグルの集団は散居していたが，いずれも甘州よりさらに東方に位置しているので，これらが沙州ウイグルの成立に与った可能性はきわめて低い。

10 世紀に沙州と西ウイグル王国がきわめて緊密な交渉をもったこと，敦煌出土ウイグル文書が明らかに西ウイグル国人の残したものであることは，本稿冒頭で述べた 4 篇の別稿で論証した通りである。10 世紀末から 11 世紀初めにかけて，

---

¹ 3 本の棒杭文書の最新の年代論とテキスト・和訳については，本書第 18 論文を書き下ろしたので，そちらを参照されたい。本稿に引用する王号も，それに合わせて修正している。
² 本稿の〔書後 2〕を参照。

西ウイグル王国の指導の下に沙州のウイグル集団は成長し続けたのであろう。『松漠紀聞』・『山堂考索』・『金史』などより，11-12世紀には沙州にウイグル人の集団があったことが確認されているが，それはまさしくこの時までに形成されていた集団を指すに違いない。

第3節　沙州ウイグルの活動

　1014年，遼に沙州ウイグルの名で入貢して敦煌郡王に封じられた曹賢順は，同じ年に宋にも入貢し，帰義軍節度使に任じられている〈『宋会要輯稿』198冊・蕃夷五之三・瓜沙二州之条，p. 7768〉。彼がやはり沙州ウイグルの名で遼に入貢したのが1020年であることは，上に見た通りであるが，さらに彼は1023年，宋朝が彼を1014年に帰義軍節度使に任命してくれたことに対する返礼という名目で宋に入貢している〈『続資治通鑑長編』巻101, p. 2337〉。そしてこれを最後に，沙州の支配者としての曹氏の名は漢文史料より消えるが，沙州から宋への入朝は1052年まで少なくとも7回以上は行なわれている[13]。そのうち，1042年に入貢した沙州の北亭可汗王を，北庭すなわちビシュバリクに本拠を置いていた西ウイグル王国の可汗だとする通説[14]にのっとり，私は1041年に遣使してきた沙州の鎮国王子の「鎮国」をウイグル語の Il Tutmïš と復元し，それを西ウイグル王子と考えたのである[15]。1050年の朝貢使の名前の一部である「婆温」が正しくは「娑温」であり，それがウイグル語の称号 sangun「将軍」の音写であることに問題はないが[16]，実はさらに1037年の使者の名前の楊骨蓋靡是〈『宋会要輯稿』199冊・蕃夷七之二五・歴代朝貢之条，p. 7852〉の最後の2文字も，ウイグル人名に頻出する要素 -miš / -mïš（元来は過去分詞を形成する語尾）なのである。つまりこの時期の沙州がウイグル語集団と緊密な関係にあったことには，もはや一点の疑いもない。

　次に以下の記事について考察しよう。

E1：[景祐三（1036）年十二月]，[李元昊] 再挙兵攻回紇，陥瓜・沙・粛三州，尽有河西旧地。　　　　　　　　　　〈『続資治通鑑長編』巻119, p. 2813〉

E2：正伝云，『子羅敗，遂取瓜・沙・粛三州』，誤也。瓜・沙・粛三州自属回

絃，不与唃厮囉接，今刪去。　　　　　　　　　　〈『続資治通鑑長編』巻117, p. 2765〉

　E2 は E1 を景祐二（1035）年に置く正伝，すなわち『宋史』夏国伝の元になったものを誤りと断ずる『長編』の編者李燾の注釈である（p. 2814 も同時に参照）。南宋の人である李燾にとっては，問題の時期に瓜・沙・粛三州がウイグルに所属していたことは，自明のような書き方である。多分，それなりの根拠に基づく発言であろう[17]から，この 1036 年頃までに沙州は実質的にウイグル語を話す集団の支配下に入っていたと考えてよかろう[18]。1037 年の -miš / -miš で終わるウイグル人名をもつ使者の存在も，その傍証となる。ただ瓜・沙・粛三州を支配していたウイグルが西ウイグル王国なのか，それとも独立した沙州ウイグルなのかは，この E1・E2 だけでは判断できない[19]。しかし上のような理路を踏んで来た我々には，それは西ウイグル王国以外に考えられないのである。

　さて，前述した沙州から宋への 7 回の朝貢のうち，3 回は亀茲ウイグル，すなわち私の考えではこの時の沙州の宗主国ともいうべき西ウイグル王国と同時であり，1042 年には「北亭可汗王」すなわち北亭＝北庭＝ビシュバリクに夏の首都を置く西ウイグル王国の可汗の名で入貢しているのである。おそらく 1023 年後まもなく，曹氏に替わって西ウイグルの勢力が直接沙州に及ぶようになったとみてよいであろう。沙州ウイグルを独立政権と主張する李正宇は，沙州と亀茲ウイグルが同時に入貢しているのは，両者が別の国であることの何よりの証拠であると主張するが[20]，それは朝貢貿易の実態を無視した発言である。中国周辺の諸国は，中国との貿易の機会を少しでも増やすため，一つの国でも名義を換えて入貢しようとする方が普通である。まして沙州と亀茲とは，古くから中国側には別個の地として認識されてきた由緒有る国名であり，これを利用しない手はなかろう。

　一方，この時期，沙州から遼への朝貢は行なわれているのであろうか。もし沙州ウイグルが独立政権であるなら，『遼史』に来貢記事があって然るべきである。しかしながら本紀並びに属国表によると，沙州ウイグルが勢力を維持していたと思しき 1070 年あたりまでには，単なる「回鶻」の名での入貢が 1041, 1043, 1066, 1071, 1072, 1073 年，「阿薩蘭回鶻」が 1045, 1047, 1052, 1053, 1068 年，「高昌国」が 1049 年で，沙州の名は見えない。阿薩蘭（アルスラン，Arslan ＝獅子）回鶻も高昌国も，西ウイグル王国であることに異論はない。単なる回鶻

は，1028年（または1032年）[21]頃までなら甘州ウイグルである可能性が高いが，1040年代になれば甘州ウイグル王国は完全に滅亡しており，もはやその可能性はない[22]。すなわち1020年代以後には独立国としては西ウイグル王国からの入貢記事しか見られないのである。1020年までは遼と親密な関係にあった沙州が，その後独立国となったのに一度も入貢しないというのは，貿易に依存せざるを得ない当時の中央アジアのオアシス都市国家の立場を考慮すれば，極めて不自然である。やはり，沙州は西ウイグル王国の傘の下に入って独立を失ったと考えざるを得ないのである。巨視的にはやはり貿易立国をしていた西ウイグル王国は，いくつもの名前を使い分け，甘州ウイグル王国の命脈の尽きた1030年代以降，遼へはアルスラン＝ウイグルまたは高昌国・西州・和州の名で，一方の宋へは亀茲ウイグルないし沙州の名で入貢し[23]，たとえ遼と宋が情報交換したとしても矛盾をきたさないように注意していたのではなかろうか。

第4節　沙州ウイグル王国独立説の根拠とそれに対する批判

1036年，西夏が曹氏の沙州帰義軍政権を打倒した後，以前から沙州・瓜州地区に蟠踞していたウイグルが，甘州ウイグル王国の遺衆も併せて強力になり，遂に西夏を駆逐して沙州ウイグル独立政権を建立したというのが，李正宇説である。彼は，次の記事に注目する。

> F：[慶暦元（1041）年，夏四月甲申] 琮（＝曹琮）欲誘吐蕃[24]犄角図賊，得西州旧賈，使諭意，而沙州鎮国王子遣使奉書曰，『我本唐甥，天子実吾舅也。自覚項破甘・涼，遂与漢隔。今願率首領為朝廷撃賊』。上善琮策，故使副執中（＝陳執中）。
> 〈『続資治通鑑長編』巻131, p. 3115〉

彼の考えでは，この「鎮国王子」は西夏に対抗できるほどの強大な軍事力をもつ沙州ウイグル王国の，政策を決定するリーダーである。ただ王子と自称し，可汗といってないのは実際に可汗がいたからで，その先行する可汗が亡くなった後，新たに北亭可汗という名の可汗として即位したのであって，北亭は北庭とは無関係と考えるのである[25]。

ではその先代の可汗は一体どこからやってきたと彼は考えているのだろう

か⁽²⁶⁾。ウイグル王家の直系でなければ「我本唐甥，天子実吾舅也」とは言えない。10世紀にウイグル王家の直系がいたのは西ウイグルと甘州ウイグルだけで，沙州ではそのような事実は知られていない。やはり西ウイグル本国に可汗がいて，鎮国王子は彼の指示の下に沙州に出張ってきていたと考える方がよかろう。また沙州ウイグル単独で西夏に対抗できると考えるのも余りに無理であり，沙州とは比べものにならないくらい広大な領土を持つ西ウイグル王国の方がはるかに蓋然性が高い。

　さらに注意すべきは，この記事自体の中に西州旧買という言葉があること，そして『長編』の同月之条に

G：[慶暦元 (1041) 年，夏四月壬午]，屯田員外郎劉渙直昭文館，為秦隴路招安蕃落使。渙還自青唐，得唃廝囉誓書及西州地図以献，故有是命。

〈『続資治通鑑長編』巻 131, p. 3114〉

とあることである。李正宇が引用するこれらの史料より，宋が西夏の西面の敵を唃廝囉政権とウイグル勢力の両者であると認識していたことは明らかである⁽²⁷⁾。さらに，曹琮がその唃廝囉政権 (= F の吐蕃) と連携するために仲介に立てた人物が昔なじみの西州商人であったこと⁽²⁸⁾，さらにおそらくその西州商人と一緒に出使したと思しき劉渙が唃廝囉の所 (= G の青唐) より返った時に，唃廝囉の誓書と共に持参したのが西州地図，すなわち西州ウイグルの勢力図であったことを合わせ考えれば，宋が西夏を抑えるためのパートナーとして唃廝囉政権と共に期待したウイグルが，沙州ウイグルではなく西ウイグル王国であったことは，疑いなかろう。とすれば，その求めに応じて遣使してきた鎮国王子をリーダーとする沙州ウイグルとは，やはり西ウイグルの一派とみなすのが自然である。

　李正宇の後に登場した楊富学及び牛汝極の沙州ウイグル独立政権説の最大の根拠は，敦煌蔵経洞出土のウイグル文献と，莫高窟・西千仏洞・楡林窟の壁画上に散在するウイグル銘文である。

　楊／牛 1991 及び Yang 1994, pp. 101-103 では，楡林窟第 25 窟に残るやや長いウイグル銘文を解読している。それは，大量に残る楡林窟壁画上のウイグル銘文が沙州ウイグル時代に属する証拠として提出されたものである [cf. Yang 1994, p. 82]。5 行目には Biwayip Tägin なる沙州ウイグル王子まで抽出している。しかしそれが全くの幻であったこと，さらにこの第 25 窟銘文を含む楡林窟のウイグル

銘文全部が沙州ウイグル時代とかけ離れた13-16世紀のものであることは，楊／牛自らがハミルトンとの最新の共同論文で認めた通りである(29)。楊／牛は私のウイグル文字書体研究の成果を利用するが，そのやり方は恣意的である。私の基準(30)からみれば，楡林窟のウイグル銘文も莫高窟のものもすべて等しく草書体で書かれたモンゴル時代ないしそれ以降のものである³。かくしてウイグル銘文による根拠は今や消滅したので，次に敦煌蔵経洞出土のウイグル文書による根拠を検討してみよう。

　まずYang 1994, pp. 88-89 及び楊／牛 1995, pp. 14-15 では，1036年に沙州ウイグル王国を打ち建て，初代の可汗になった史料Fの「沙州鎮国王子」こそが，ウイグル文書 Pelliot chinois 3049 [MOTH, No. 5, pp. 42-43] に見える Kün Tängridä Qut Bulmïš Ärdämin Il Tutmïš Alp Qutluγ Uluγ Bilgä Uyγur - Tängri Uyγur Xan であると主張する。確かに「鎮国」をIl Tutmïš の訳語であろうと最初に推定したのは私であるが(31)，これを勝手に拡大解釈してもらっては困る。Il Tutmïš を含む称号を持つ人物は，ベゼクリク千仏洞グリュンヴェーデル編号第19窟の壁画銘文の Tängrikän Il Tutmïš Alp Arslan Qutluγ (?) Tonga Tigin Ögä Tärkän (?) Tigin Il Toγrïl Bäg(32)，上記のトゥルファン出土第三棒杭文書 (1019年) の Kün Ay Tängridä Qut Bulmïš Uluγ Qut Ornanmïš Alpïn Ärdämin Il Tutmïš Alp Arslan Qutluγ Köl Bilgä Tängri Xan⁴，北庭の西側にある仏教寺院の壁画銘文 Kün Ay Tängri-lär-tä Qut Bulmïš ////n Ornanmïš Alpïn Ärdämin Il Tutmïš Üčünč Arslan Bilgä Xan (?) (33)，さらにはベルリン所蔵のマニ教文書 T. M. 301(34)や龍谷大学所蔵大谷文書の Ot. Ry. 1984（未発表）などに見えるが，これらはいずれも西ウイグルのものである。例えばこの5人のうちの最初の者は tigin / tegin「王子」であるから，それこそ鎮国王子と呼ばれるに相応しい。ただしそれが同一人物かどうかは分からない。私が強調したいのは，Pelliot chinois 3049 に見える Il Tutmïš と沙州鎮国王子とを同一人物として結びつける根拠はどこにもないということである。

　さらに Yang 1994, pp. 89-91 及び楊／牛 1995, p. 15 では，Pelliot chinois 3049 の可汗の名前が，別の敦煌文書 Or. 8212-116 [MOTH, No. 17, pp. 97-98] の冒頭の宛名に見える Tängri Illig Uyγur Xan とよく似ているというが，ここに至っては，も

---

³ Cf. Matsui 2008c, pp. 27-29.
⁴ この Tängri Xan は，今では Tängri Ilig すなわち「天王」と読み替えられている。これについては，本書第19論文の第4節と註32を参照されたい。

はや言語道断である。両者が似ているとはとても思えない。しかもOr. 8212-116の当該箇所は宛名ではなく，差出人の名前であるから，沙州にいた人物ではないのである。

しかし，なんといっても楊／牛説の最大の弱点は，ハミルトンや私が学界に紹介した敦煌蔵経洞出土のウイグル文書を，沙州ウイグル時代の1036～1070年頃のものと見ることである。その説が成立するためには，敦煌蔵経洞の封閉年代を，通説の11世紀初頭より大きく下げなければならない。それゆえに，Yang 1995, p. 81では "Influenced by Professor Paul Pelliot and then A. Stein who said that the date when the Sūtra-library cave was sealed was at the beginning of the 11th century, Dr. J. Hamilton perhaps came to the same conclusion. In actual fact, more and more evidence that has come up now does not tally with the date projected by Professor Pelliot. Many scholars have mentioned that the cave was sealed after the Huang-yu era (1049-1053)." と主張する。しかし，この最後の一文は全く根拠のない謬説である。敦煌蔵経洞に大量の文書や絵画・絹幡などが封蔵された原因と年代について，これまでに多種多様の見解が発表されてきたが，最近，栄新江は実に手際よくそれらを整理し[35]，新しい見方を提示している。本稿と直接関係ある封蔵年代については，楊富学が依拠した馬世長・譚真らの考えを論破し，やはり11世紀初頭とする通説を支持する結果になっており，もはや楊説が成立する余地は全くない。栄新江の論証過程は綿密で信頼に値し，ここでそれを繰り返したり，補強する必要はあるまい。

そもそも敦煌文書全体についていえば，漢文文書の紀年のあるものは4・5世紀から1002年に及び，その中では9・10世紀の紀年のある文書が圧倒的に多いという事実があり，また漢文文書に次いで大量にあるチベット文書もその多くが吐蕃期（8世紀末～9世紀半ば），一部が10世紀まで及ぶことが判明している現在において，どうしてウイグル文書群だけがそれより後に属すると主張できるのか。まことに不自然である。因みに，敦煌蔵経洞出土のウイグル文書を10世紀前後のものとするハミルトンの考えに対し，エルダル（M. Erdal）とデルファー（G. Doerfer）とがモンゴル時代にまで下るものがあるという反論を唱えたが，それはハミルトン自身によって斥けられた。ハミルトンの再反論では，これらのウイグル文書を11世紀初頭を下限とする10世紀前後のものとする当初の説が再確認されるばかりか，コータンの別称であるAltun Il＝「金国」の見える文書Pelliot chinois 2998［MOTH, No. 16］を 934 年とする新説まで含まれている[(36)]。Yang 1994, p. 82 の "most of the earlier Tun-huang Uighur manuscripts published in J. Hamilton's work mentioned belong to the period of the Sha-chou Uighur Kingdom, i.e. the middle of 11th century." という主張が全く荒唐無稽であることは，もはや贅言を要すまい。楊／牛が Hamilton 1986＝MOTH で出版された全文書を『沙州回鶻及其文献』と題して再録しているのは完全な誤りというべきである。

沙州ウイグル関係主要論著・研究史

1942 藤枝晃「沙州帰義軍節度使始末（三）」『東方学報（京都）』13-1, pp. 63-94.
1943 藤枝晃「沙州帰義軍節度使始末（四・完）」『東方学報（京都）』13-2, pp. 46-98.
1955 安部健夫『西ウィグル国史の研究』京都，彙文堂書店。
1964 前田正名『河西の歴史地理学的研究』東京，吉川弘文館。
1972 岡崎精郎『タングート古代史研究』京都, 京都大学文学部東洋史研究会。
1980 森安孝夫「ウイグルと敦煌」, 榎一雄（編）『講座敦煌 2 敦煌の歴史』東京, 大東出版社, pp. 297-338.【拙稿①】
1981 劉玉権「西夏時期的瓜・沙二州」『敦煌学輯刊』1981-2, pp. 100-110.
1982 森安孝夫「書評：柳宗玄／金岡照光『敦煌石窟寺院』」,『季刊東西交渉』1-3, p. 28.
1982 敦煌文物研究所（編）『敦煌研究文集』蘭州, 甘粛人民出版社。
1982 敦煌文物研究所（編）『中国石窟敦煌莫高窟五』東京, 平凡社。
1983 森安孝夫「元代ウィグル仏教徒の一書簡——敦煌出土ウィグル語文献補遺」, 護雅夫（編）『内陸アジア・西アジアの社会と文化』東京, 山川出版社, pp. 209-231.
1983 湯開建／馬明達「対五代宋初河西若干民族問題的探討」『敦煌学輯刊』1983-4, pp. 67-79.
1985 森安孝夫「ウイグル語文献」, 山口瑞鳳（編）『講座敦煌 6 敦煌胡語文献』東京, 大東出版社, pp. 1-98.
1985 森安孝夫「チベット文字で書かれたウィグル文仏教教理問答（P. t. 1292）の研究」『大阪大学文学部紀要』25, pp. 1-85, ＋1 pl.【拙稿②】
1986 J. Hamilton, *Manuscrits ouïgours du IXe-Xe siècle de Touen-houang*. 2 vols., Paris.
1987 森安孝夫「敦煌と西ウイグル王国——トゥルファンからの書簡と贈り物を中心に」『東方学』74, pp. 58-74.【拙稿③】
1988 劉玉権「関于沙州回鶻洞窟的劃分（摘要）」『敦煌研究』1988-2, pp. 2-4.
1989 銭伯泉「回鶻在敦煌的歴史」『敦煌学輯刊』1989-1, pp. 63-79.
1990 敦煌研究院（編）『中国石窟 安西楡林窟』東京, 平凡社。
1990a 劉玉権「関于沙州回鶻洞窟的劃分」,『1987 敦煌石窟研究国際討論会文集 石窟考古編』瀋陽, 遼寧美術出版社, pp. 1-29.
1990b 劉玉権「沙州回鶻の石窟芸術」, 敦煌研究院（編）『中国石窟 安西楡林窟』東京, 平凡社, pp. 240-253.
1990 N. Sims-Williams / J. Hamilton, *Documents turco-sogdiens du IXe-Xe siècle de Touen-houang*.

London.
1991 森安孝夫『ウイグル＝マニ教史の研究』『大阪大学文学部紀要』第31・32巻合併号，248 pp. + 34 pls., 23 figs., 2 maps.（別刷単行本：京都，朋友書店）【拙稿④】
1991 孫修身「西夏占拠沙州時間之我見」『敦煌学輯刊』1991-2, pp. 37-43.
1991 楊富学／牛汝極「安西楡林25窟前室東壁回鶻文題記訳釈」『中国民族古文字研究』3, pp. 118-127.
1992 楊富学「近年国内河西回鶻研究綜述」『敦煌研究』1992-2, pp. 98-109.
1993 劉玉権「再論西夏据瓜沙的時間及其相関問題」『敦煌研究』1993-4, pp. 68-79.
1994 Yang Fu-hsüeh, "On the Sha-chou Uighur Kingdom." *Central Asiatic Journal* 38-1, pp. 80-107.
1994 楊富学「9-12世紀的沙州回鶻文化」『敦煌学輯刊』1994-2, pp. 90-100.
1994 孫修身「試論甘州回鶻和北宋王朝的交通」『敦煌研究』1994-4, pp. 41-54.
1995 楊富学／牛汝極『沙州回鶻及其文献』蘭州，甘粛文化出版社。
1995 李正宇「悄然湮没的王国——沙州回鶻国」，楊富学／牛汝極『沙州回鶻及其文献』蘭州，pp. 289-311.
1995 蘇北海「『沙州回鶻及其文献』評介」『敦煌研究』1995-3, pp. 200-203.
1995 J. 哈米爾頓「敦煌回鶻文写本的年代」『西域研究』1995-3, pp. 92-97.
1996 J. Hamilton, "On the Dating of the Old Turkish Manuscripts from Tunhuang." In : R. E. Emmerick et al. (eds.), *Turfan, Khotan und Dunhuang*, Berlin : Akademie Verlag, pp. 135-145, incl. 2 pls.
1998 哈密頓／楊富学／牛汝極「楡林窟回鶻文題記訳釈」『敦煌研究』1998-2, pp. 39-54.
1998 J. Hamilton / Niu Ru-ji, "Inscriptions ouïgoures des grottes bouddhiques de Yulin." *Journal Asiatique* 286, pp. 127-210, including many plates.
1998 劉玉権「敦煌西夏洞窟分期再議」『敦煌研究』1998-3, pp. 1-4.

註

(1) 藤枝 1943, pp. 69-72.
(2) 例えば，栄新江『帰義軍史』第11章参照。
(3) Cf.『マニ教史』【拙稿④】p. 146, n. 63.
(4) 沙州ウイグルが西ウイグル王国の一派であるという考えは，安部の創見である。ただし，安部が西ウイグルの沙州支配時期を相当長く見ているのは行き過ぎなので，私はこれを修正した。Cf. 安部 1955『西ウ』pp. 388-391, 398, 490-491；岡崎（精）1972, pp. 273-274；森安 1980【拙稿①】第5節。
(5) Cf.『マニ教史』【拙稿④】p. 146, n. 63.
(6) 1987年9月18日，蘭州発新華社「中国通信」にて一般に報道。
(7) 例えば Yang 1994, p. 81 では，"This view is supported by the Chinese historical accounts, which mention that Qaqans of the Sha-chou Uighurs came to power after the Kui-yi-chün Regime had been wiped out by the Western Hsia." というが，そのような漢文史料は実在しない。pp. 86-87 でも同様に重大な過ちを犯している。後註24参照。
(8) 李正宇 1995, pp. 290-292.
(9) 湯／馬 1983, p. 71 では，「甘沙州回鶻」という表現を史官の誤りと切り捨てるが，それは行き過ぎであろう。
(10) 『遼史』本紀並びに属国表，『宋会要輯稿』197冊，蕃夷四之六・回鶻之条，p. 7716 及び蕃

夷四之八・回鶻之条, p. 7717, さらに藤枝 1943, p. 55 参照.
(11) Yang 1994, pp. 100-101 や李正宇 1995, pp. 298-299 や楊／牛 1995, p. 29 は旧説のままで議論している.
(12) 例えば Yang 1994, pp. 83-84.
(13) 1030, (1031 ?), 1037 (2 回 ?), 1040, 1041 (3 回 ?), 1042, 1050 (2 回 ?), (1051 ?), 1052 (2 回 ?) である. Cf. 藤枝 1942, pp. 70, 73 & 1943, pp. 53-54；前田『河西』pp. 486, 495-496；岡崎 (精) 1972, pp. 273-274；李正宇 1995, pp. 302-303；楊／牛 1995, pp. 15-16.
(14) 藤枝 1942, p. 73；安部『西ウ』p. 490；岡崎 (精) 1972, p. 273.
(15) 森安 1980【拙稿①】p. 336, n. 47.
(16) Cf. 安部『西ウ』pp. 461, 491.
(17) Cf. 李正宇 1995, p. 301.
(18) E1 をそのまま信じれば, 沙州は西夏領に没入してしまったことになるが, これはあくまで一時的に西夏が瓜・沙・粛との戦いに勝利したことをいうものであって, 決して沙州などを完全に占領したのではないと考えるべきである. この点では, 岡崎 (精) 1972, pp. 273-275 や孫修身 1991 や李正宇 1995, 第3・4節の主張が正しい. Yang 1994, p. 87 でもそのように考えている. これに反して, 藤枝 1943, pp. 54-55 をはじめ, E1 に影響されて, 西夏が直接にせよ間接にせよ, 1030 年代から沙州を支配したとする見方では, 沙州ウイグルの存在も, 沙州ウイグル期の大量の壁画の存在も説明できまい. Hamilton 1996, pp. 136, 139-140 でもなお 1035 年を "date of the fall of Tunhuang to the Tangut (Hsi-hsia)" といっているのは, 旧説を踏襲しているだけなので, この点は注意していただきたい.
(19) 孫修身 1994, p. 49 のように, 20 世紀の書である『西夏紀』の記事を史料として扱い, 考察の根拠としてはならない.
(20) 李正宇 1995, pp. 297-298. また李正宇は, 従来の北亭＝北庭説に同意せず, 北亭は沙州管内の地名であろうという [p. 296] が, そのような地名は全く知られていない.
(21) Cf. 孫修身 1994, p. 49.
(22) 前田『河西』pp. 564-565 ではこの 1028 年以後の単なる回鶻まで甘州回鶻とみなしているが, それは誤りである.
(23) Cf. 安部『西ウ』pp. 359-360；前田『河西』pp. 495-497；代田 1976, p. 257. 単なる回鶻については, 代田 1976, n. 6 に面白い見解があるが, 今は採らず, どのウイグルか特定できないものとみておく.
(24) Yang 1994, pp. 86-87 の英訳では, この「吐蕃」すなわち "the Tibetans" が "the Uighurs" になっている. これは, Yang が戴錫章の『西夏紀』から引用したための誤りである. 同様に, "the Uighurs attacked Sha-chou, but they did not succeed." [p. 87] も戴錫章の想像にすぎない. 1924 年に成立した『西夏紀』を「史料」として使うべきでないことは, 李正宇が批判する通りである [李正宇 1995, p. 289]. この点では, 楊／牛 1995 も失格である.
(25) 李正宇 1995, pp. 299-300, 304. 前註 20 参照.
(26) Yang 1994, p. 87 及び楊／牛 1995, p. 13 では, "It is possible that it was while resisting the Western Hsia that he got his title from the Ts'ao family Kui-yi-chün Regime for leading the Uighur armies." という. しかしながら,「王子」に対応するウイグル語はテギン tigin / tegin しかありえず, しかもウイグルのテギンは生れ乍らのものであって, 決して授与されるものではないから[5], そのような解釈は不可能である. 因みに楊／牛は李と違い, 鎮国王子を沙州ウイ

グル王国の二代目ではなく初代可汗と見なす。
- (27) 李正宇 1995, pp. 304-305.
- (28) 青唐に西ウイグルの商人がやってきていたことについては，「高昌諸国の商人，みな鄯州に趣いて貿売」したという『宋史』巻492・吐蕃伝・唃厮囉之条［p. 14161］の記事が証拠となる。
- (29) 哈密頓／楊／牛 1998；Hamilton / Niu 1998.
- (30) 森安 1985「ウ文献」pp. 16, 39, 73；Moriyasu 1996, pp. 79-80.
- (31) 森安 1980【拙稿①】p. 336, n. 47. Yang 1994, pp. 86, 89 では鎮国王子を "Powerful Prince" の意味だというが，これは正しくない。むしろ "state-holding prince ; a prince who keeps the realm at peace" などと訳すべきである。
- (32) Le Coq, BSMA, III : Die Wandmalereien, p. 47 & pl. 18.
- (33) Umemura 1996, p. 364 & fig. 1.
- (34) Le Coq, *Manichaica*, III, p. 43, No. 28.
- (35) 栄新江 1996b「敦煌蔵経洞的性質及其封閉原因」。
- (36) 哈米爾頓 1995；Hamilton 1996.

〔原補註1〕1999年の終わり頃，私が北京の栄新江教授から受け取った電子メールによると，最近彼は西千仏洞を訪れ，件の漢文銘文を実見した結果，それは本来のものではなく，第二次世界大戦以前に敦煌で活動していた有名な画家・張大千が書き込んだものと判断したという。御厚意に感謝する。ただし目下のところ，その当否を確認する手段がないのは残念である。たとえ張大千の書き込みであったとしても，彼がウイグル可汗と断定した事実は重要である。

〔原補註2〕「ベゼクリク＝ウイグル仏教壁画の年代について」：これについて従来は，美術史的観点からおおまかに8-12世紀といわれ，そのうちでもできるだけ古い方，具体的には唐代にもっていく傾向が欧米の学界でも日中の学界でも強かった。それに対し，私は歴史学的観点からの検証を繰り返し，最終的に，上限を10世紀後半とし，大部分は10-12世紀に編年すべきであり，モンゴル時代にまで下るものもあるという結論に達していた［森安 1985「教理問答」【拙稿②】pp. 52-54；『マニ教史』【拙稿④】第1章第9節，及び第3章，n. 73］。これに関し，2000年の年頭，ベルリンのインド美術館 Museum für Indische Kunst のヤルディツ（M. Yaldiz）館長よりファックスを頂いたが，それによると，同館所蔵のベゼクリク壁画のうちの2点をカーボン14測定にかけた結果，伝統的に9世紀と考えられてきたグリュンヴェーデル編号第8窟（吐魯番博物館の最新編号第18窟）の有名な地獄絵 MIK III 8453 ［= Le Coq, BSMA, IV, pl. 19］については A. D. 1140±30，多くの誓願図のあるグリュンヴェーデル編号第4窟（吐魯番博物館の最新編号第15窟）からの一資料については A. D. 1078±28 という数値が出たという。私にとっては最高のお年玉というべきであり，このような情報をいちはやく寄せられたヤルディツ館長に心より御礼申し上げる。

---

5 これはいわば学界の常識であったが，つい最近になって，吉田豊によりウイグルのテギン tigin / tegin 号が真の王族ではない者に授与された例のあることが発見された［吉田 2011a, p. 17 = Yoshida 2011b, p. 82］。これは驚くべき事実であるが，それは東ウイグル帝国でヤグラカル王朝を簒奪してエディズ王朝を開くことになる宰相イル＝オゲシ（後の懐信可汗）にヤグラカル王家から授与されたものであり，例外中の例外である。

〔書後 1〕

　本稿［森安 2000「沙ウ」］は中国の敦煌学者が提唱した沙州ウイグル独立王国説が成り立たないことを論証したものであるが，本稿と同年に出版されたその英語版［Moriyasu 2000 "Sha-chou"］が梁暁鵬によって中文摘訳されたにもかかわらず［『敦煌学輯刊』2000-2, pp. 136-146］，中国の学界ではまだ沙州ウイグル独立説は生きており，論争の当事者ではない学者の間には，いまだこの問題に決着はついていないかのような発言が見られる。もちろん当事者である楊富学は私の批判に強く反論し，自説を固持している［楊富学 2005「少数民族対古代敦煌文化的貢獻」；2011「再論沙州回鶻国的成立」；2013『回鶻与敦煌』第 4 章・第 3 節「沙州回鶻国的建立与消亡」pp. 267-299］。私の主張は本稿に尽きているので，もはや反論を繰り返す必要を認めない。敢えて一言するとすれば，森安 2011「書式前編」「書式後編」に掲げた多くのウイグル語の手紙の例から分かるように，10 世紀前後のウイグル語手紙書式に関して，トゥルファン出土のものと敦煌文書中のものに全く差異はないという厳然たる事実である。

　なお本稿執筆時に取り上げた先行研究には 1998 年のものが 3 点あったが，同年出版の陸慶夫「帰義軍晚期的回鶻化与沙州回鶻政権」『敦煌学輯刊』1998-1, pp. 18-24 は参照することができなかった。この陸論文は，本稿でも問題にした「甘沙州回鶻」という実に紛らわしい表現を解釈するために，10 世紀の第 4 半世紀になって帰義軍政権が甘州ウイグルの間接支配を受けて「ウイグル化」したというおもしろい見方を導入しているが，いまひとつ首肯できない。また，劉玉権の 1994 年の学会発表が 2000 年に出た：劉玉権「沙州回鶻史探微」，敦煌研究院編『1994 年敦煌学国際研討会文集——紀念敦煌研究院成立 50 周年——宗教文史巻・下』蘭州，甘粛民族出版社，2000, pp. 1-39. ただし 1995 年に出た楊／牛『沙州回鶻及其文献』を踏まえた再考はしていないと断っている。

　一方，陳炳応「11 世紀存在過統治瓜沙二州的回鶻汗国嗎？」『敦煌研究』2001-2, pp. 68-72 は，1036 年以降，瓜沙二州は完全に西夏の支配下に入ったと主張して，沙州ウイグル国なるものの存在を認めない。ただ沙州・瓜州の都城外にウイグル部族が散居していた可能性は認めている。

〔書後 2〕

　私は 2006 年と 2007 年の夏に，科学研究費により学術調査隊を率いて河西地方に赴いた際に，安西の楡林窟と敦煌の莫高窟・西千仏洞の沙州ウイグル仏教壁画及びウイグル語銘文を，P. ツィーメ・松井太・笠井幸代らのウイグル学者と共に子細に調査することができた。その結果，これらのウイグル仏教壁画・銘文はトゥルファンにある西ウイグル王国の仏教壁画・銘文と同質のものであり，本稿の趣旨をいささかも変更する必要のないことを確認した。これについては，森安孝夫（編）『ソグドからウイグルへ』（東

京,汲古書院,2011)の第3部「行動記録篇」にある沙州ウイグル関係の報告記事を参照されたい [楡林窟第39窟＝ pp. 520-521；莫高窟第148窟・第409窟＝ pp. 523-524；西千仏洞第13窟＝ p. 526；沙州ウイグル論争＝ pp. 527-529]。因みに楊富学 2013, pp. 296-297 では,美術史家の賈応逸・侯世新がベゼクリクのウイグル供養人像と敦煌のそれの服装には大きな区別があると主張しているのを紹介して,森安説を否定する材料としているが,両者の共通性を指摘する研究はこれまでいくつもあったのであり [cf.『マニ教史』p. 146, n. 63 引用の論著；松井 2013a, pp. 31, 32],我々にはそっくりに見える服装が似ていないと言われるにいたっては,もはや何をかいわんやである。まして中国の敦煌学界で長らく西夏とウイグルの供養人像が混同されてきた原因を究明し,それを矯正する目的で書かれた謝静／謝生保 2007 において,従来の誤りを指摘した論文の筆頭に拙稿2篇 [森安 1980「ウイ敦」& 2000「沙ウ」；ただし共に中文訳] を挙げ,西ウイグル仏教壁画中のウイグル供養人像と敦煌のいわゆる沙州ウイグルの供養人像とが本質的に同じであると断じているにおいてをやである。さらにラッセル＝スミスが,トゥルファンのウイグル仏教絵画と敦煌絵画の間に密接な関係があると主張している [Russell-Smith 2005] ことも忘れてはならない。

　但し改めて指摘しておかねばならないのは,私が沙州ウイグルを西ウイグルの分派とみなした最大の根拠が,壁画上の服装の類似にあったと矮小化されることへの懸念である。森安説は服装の一致だけでなく,蔵経洞より出土した11世紀初頭以前の敦煌文書中に見られるウイグル文書の内容分析,トゥルファン出土の第一棒杭文書に現われる「沙州将軍」という称号,同じくトゥルファン出土の第三棒杭文書に西ウイグルが「東は沙州」まで支配したと明記されていた事実,その他を総合的に勘案して提出されたものである。この点で注目されるのが,2006/2007年以後も現地調査を続行した松井太の新発見である。松井は2013年に「敦煌諸石窟のウイグル語題記銘文に関する箚記」を発表したが,そこでは楡林窟第39窟にあるウイグル男性貴人像の題記を初めて「イル＝オゲシのサングン＝オゲ＝ビルゲ＝ベグ」と解読しただけでなく,それが第一棒杭文書に現われる西ウイグル王国の「沙州将軍」と同一である可能性さえ示唆している [松井 2013a, pp. 30-33]。「沙州将軍」については本稿でも言及したが,第一棒杭文書については最新の研究成果を本書第19論文として収載している。同一人説はさておき,松井の解読そのものは大きな貢献である。

〔書後3〕
　原補註2の補足であるが,大谷探検隊が将来し,現在はソウルの国立中央博物館に所蔵されるベゼクリクのウイグル仏教壁画中の一点がカーボン14測定(放射性炭素年代測定)にかけられたところ,やはり1100年前後との結果が出たという [関丙勲「韓国国立中央博物館所蔵中央アジア壁画——保存処理及び顔料調査対象壁画を中心に」『大

谷探検隊将来西域壁画の保存修復に関する総合研究』東京，東京文化財研究所，2005，pp. 87-89]。この関論文では森安の先行研究にも言及している。

第三篇

シルクロード篇

9
唐代における胡と仏教的世界地理

はじめに
第1節　インド語漢語対訳字書
第2節　『梵語雑名』の「胡」
第3節　蕃漢対照東洋地図
第4節　『往五天竺国伝』と蕃漢字書断章
第5節　『梵語雑名』と蕃漢対照東洋地図の比較
第6節　世界の四主説（四天子説）

はじめに

　中国史上の黄金時代ともいうべき唐代に，魅惑的な女性の代表として唐詩に謳われた「胡姫」とは，一体何者であろうか。いまだにそれをペルシア女性であるとかイラン系女性，稀には北方遊牧民出身の女性であるとする誤解ないし不完全な説明が，巷間のみならず学界にさえまかり通っている。確かにこれまでの常識として，漢代から南北朝時代までは匈奴をはじめとする五胡に代表される中国北方草原の騎馬遊牧民を指すことの多かった「胡」という単語が，徐々に西域の農耕都市民を中心とする異民族を指すようになり，隋唐時代には後者の用法が前者を凌駕するに至ったことはよく知られている。そして後者の代表としてしばしばペルシア人・ソグド人やトルキスタンの諸オアシス都市国家の出身者，さらにインド人までもが挙げられる。もちろん唐代にも前者の古い用法は生き残っていた。このように唐代における「胡」は，近現代日本の「外人」が「白人」「欧米人」「アメリカ人」「外国人」などさまざまなニュアンスをもって使われたのと同様に，多義であった。しかしこのような常識のままでは「胡姫」とはいったい何者なの

[I]

か，具体的な姿が浮かび上がってこない。

　私は最近著『シルクロードと唐帝国』［森安 2007］を執筆した際，石田幹之助の名著『長安の春』を活用し，特に第4章で取り上げた「胡姫」については多くをそれに負っている。しかしながら大きな違いもある。それは，第一に「胡姫」とは「ソグド人の若い女性」であると断言したこと，第二にその胡姫の供給源を明らかにしたことである。ただ第一点の論証は，拙著では紙数の制限により省かざるをえなかった。そこで本稿では，唐代の「胡姫」とは「ソグド人の若い女性」であると論証することを第一の目的とする。そのために，先ず，唐代において「胡はソグドである」ことを実証する史料を，既知・未知のものを交えて網羅的に紹介する。そこで中心となるのは，平安時代に唐から日本に渡来したインド語漢語対訳字書と東洋世界地図であり，それに中国と中央アジアの接点にある敦煌・トゥルファンより出土した史料やモンゴル国に残る突厥碑文などを随所に加えていく。[1]

　ところで，戦後日本の歴史学は「東アジアの中の日本」という観点を共有して豊かな歴史像を描き出してきた。それは当然ながら評価すべき点であるが，日本が重要な舞台となる「東アジア史」を作り上げるという方向で，東方に偏った唐王朝像を強調しすぎたように感じられる。私は『シルクロードと唐帝国』において，このような「東アジアの唐王朝」という見方に対するアンチテーゼとして，本来あるべき「ユーラシア大陸の唐王朝」像を復元すべきことを提唱し，その描写を試みた。本稿は拙著で論じきれなかったところを補うものである。すなわち，本稿の第二の目的は，唐代の知識人が，アジアを中心とするユーラシア世界の地理をどのように認識していたかを追究して，唐がユーラシア大陸東部の帝国であり，陸のシルクロードを通じた中央ユーラシアとの関係が最重要であったという拙著の主張を補強し，同時に「東アジアの中の日本」という枠を越えて「ユーラシア世界と日本」という方向にまで視野を広げていくための材料を提供することである。[2]

---

[1] 本パラグラフの最後の一文は追補である。
[2] 本論文の〔書後1〕を参照。

第 1 節　インド語漢語対訳字書

　玄奘がインドへ求法の旅をした初唐以降，インドと中国との文化的交流は飛躍的に増大した。当時の仏教は単なる宗教というより，ある意味で学問の体系であり，仏教文献は最先端の知識の宝庫でもあった。そうした仏教文献は梵語で書かれていたため，それを学ぶことが必須になった。唐代にいくつもの梵漢辞典が出現したのは，当然と思われる。梵語とは，厳密には標準化された聖典言語であるサンスクリット語をいうのであるが，実際の仏教梵語文献にはサンスクリット語だけでなく，俗語であるプラークリット語（ガンダーラ語やパーリ語など）で書かれたものやプラークリットの語彙が含まれている。それゆえこうした梵語は，正確には「サンスクリット語をはじめとするインド＝アーリア語ないしインド語」というべきであろうが，それではあまりにくどいので，本稿では単にインド語ということにする。[3]

　このような梵漢辞典すなわちインド語漢語対訳字書の類は，戦乱の続いた中国本土ではいつしか散佚してしまった。ところが人類文化史にとってまことに幸いなことに，各種の梵漢辞典のうちでも貴重な，インド語部分が悉曇文字（梵字，ブラーフミー文字）で表記されているものがいくつも日本に残っていたのである。そのなかでもとりわけ注目されるのが，悉曇文字に加えて片仮名表記まである『梵語雑名（ぞうみょう）』と『梵語千字文』，さらに後者の付録となっていた『梵唐消息』である[(1)]。

　『梵語雑名』の編者は，西域のクチャ（亀茲）出身の人物で多数の言語に習熟していた利言である。彼はクチャにやって来たインド人の学僧・法月（原語名は達磨戦涅羅 Dharmacandra）のもとで仏教を学び，真月という法名を持っている。730 年もしくは 736/737 年に師匠の法月が，時の安西節度使・呂休林（正しくは呂休琳で，恐らくは呂休璟の実弟か族弟）の推薦を受けて入朝することになったのに伴い，中国本土にやって来て，持参したインド語医薬書や仏典の漢訳に従事した。741 年に師匠がインドに帰国するのに従って西域を旅するが，南パミール地方に進出して唐と対峙していたチベット（吐蕃）勢力に阻まれてパミールを越え

---

[3] 本パラグラフ後半の「梵語とは」以下の文章は追補である。

ることができなかったらしく，やむなくコータン（于闐）に引き返した。不運にも法月はコータンで 743（天宝 2）年に入寂したので，安西節度副使・夫蒙霊詧のはからいで葬儀を行ない，記念の仏塔を建てた後，利言は故郷であるクチャに戻った。

その後，利言は，754（天宝 13）年に再び中国本土の河西（甘粛西北部）に向かうことになったが，すでに彼は唐が西域支配のために置いた安西四鎮の本拠地であるクチャでも名声を得ていたらしく，時の安西節度使・封常清が駅伝馬を発給してくれた。当時，涼州（武威）では河西節度使・哥舒翰に招かれた密教僧の不空が訳経事業に従事しており，それを助けるために召喚されたのである。それからの彼は不空の片腕として，755 年 11 月に勃発した安史の乱鎮圧のための法会や訳経などに活躍した[2]。利言が『梵語雑名』を編んだ時の肩書きは，長安の光宅寺に止宿する翻経大徳で，且つ朝廷に仕える翰林待詔となっており[3]，安史の乱は終わっているから，その成立は 763 年以降の 8 世紀後半と断定してよい。

もう一方の『梵語千字文』の編纂者は義浄と言われており，古くはそれを疑う向きもあったが，江戸時代における梵語学復興史の解明に情熱を燃やした高楠順次郎の考証により，もはや疑う必要はない［高楠 1914］。そうであれば，『梵語千字文』は彼がインドから帰国した 695 年から卒年である 715 年の間に成立したにちがいなく，『梵語雑名』より半世紀ほど先行する。

いずれにせよこれらの梵漢辞典は，当時の中国本土に流布していたもので，9 世紀に我が国の慈覚大師・円仁によって唐より将来されることになった。円仁には唐より持ち帰った書物の目録『入唐新求聖教目録』があり，そこに多数の梵漢対訳仏典と共に『梵語雑名一巻』や『翻梵語十巻』が著録されている[4]。

第 2 節　『梵語雑名』の「胡」

ここで重要なのは，『梵語雑名』では「胡」を漢字で「蘇哩」，インドの悉曇文字で Sulī，日本の片仮名で「ソリ」と説明している事実であり，『梵唐消息』でも漢字が「孫隣」であるほかは同様である。この「蘇哩＝ Sulī ＝ ソリ」＝「孫隣」が，玄奘の伝える「窣利」，義浄の伝える「速利」，さらに時代を遡って『大智度論』巻 25 に見える「修利」と語源を同じくするものであること[5]，さらに

その語源がソグド語のスグディーク（Suγδīk）「ソグド（より正確にはソグドという地名の形容詞形で，その意味はソグディアナの出身者，ソグド語を話す者）」であることについては，学界に異論はない[6]。もちろんこの Suγδīk の直接の漢字音写が『後漢書』西域伝・『晋書』西戎伝の「粟弋」，『魏書』西域伝・『周書』異域伝の「粟特」とみなされるが[7]，「蘇哩」「孫隣」「窣利」「速利」「修利」については，その梵語形 Śūlika-（大谷勝眞説）あるいはコータン語形 Sūlī（熊本裕説）を介しての漢字音写と考えられる[8]。

一方，スグディーク（Suγδīk）は，突厥・ウイグルの古代トルコ語碑文ではソグダク（Soγdaq）として現われる。しかも，突厥碑文では黄河大屈曲部内のオルドス地方にいたソグド人集団の「六州胡」をアルティ＝チュヴ＝ソグダク（Altï čuv Soγdaq）と翻訳しており，アルティは「六」を意味し，チュヴは「州」の音写であるから，ここからも「胡＝ソグド（人）」という等式が得られる[9]。

以上のように『梵語雑名』で明らかにソグドを意味することが論証された「胡」は，実は「天竺」「波斯」「突厥」の後ろで，「罽賓」「吐火（羅）」「亀茲」「于闐」「吐蕃」の前に配列されている。この事実もまた「胡」が中国の西方〜北方の諸民族一般を指す普通名詞ではなく，具体的に「ソグド」を意味する固有名詞であったことを裏付けている。「胡」が「吐火（羅）＝覩貨邏＝Tukhara」すなわちトハリスタン（旧バクトリア）とさえ区別されていることに注意したい[10]。

ソグド人と密接な関係を持った不空が翻訳したことになっている『宿曜経』には，マニ教とのつながりが強い七曜日の「胡名」が，「波斯名」「天竺名」と並んで列挙されている。吉田豊によれば，その「胡名」が西イラン語（中世ペルシア語ないしパルティア語）からソグド語に借用されて定着した形，即ちソグド語形であることが，既にヘニング（W. B. Henning）によって証明されているという[11]。とすれば，ここでも「胡＝ソグド（語）」の等式は成り立っている。

当時はいろいろなレベルの梵漢辞典があったようであるが，『梵語雑名』はそれほど高水準のものではない。採録された単語を系統的に分類したバグチ（P. Ch. Bagchi）が指摘したように，この辞典を駆使したところで仏典翻訳など望むべくもなく，せいぜい旅行者や商人が旅行や商売などに使える程度である［Bagchi 1937, pp. 355-357］。旅行や商売が目的であるならば，むしろ当時のユーラシア東部の代表的国際語であったソグド語を学ぶ方が手っ取り早く，ソグド語漢語辞典こそが多数残ってもよさそうなものである。しかし，現存史料の在り方は，そ

うはならなかったことを示唆している。それはなぜなのか。

　中国本土の漢語諸方言を話した人々はもとより，朝鮮・渤海・日本・安南などを包含する東アジア文化圏の人々は，あくまで漢文を共通の文章語としており，しかも彼らの間には仏教が最も広汎に浸透しつつあった。つまり東アジア第一の国際語は漢語であり，東アジアの宗教としては仏教が優位を確立していた。

　このような漢字文化圏から西域・南海・インドに行こうとする者の大半は，仏僧ないしは仏教徒であったにちがいない。しかも唐代までは，インドはもちろん，パミール以東の西域も南海もまだイスラム教に席巻されるにはほど遠く，いわばゆるやかな仏教文化圏であって，インド語さえできれば旅行も商売もなんとかなったはずである。ならば彼らが漢語以外に旅行用にもう一つの言語を習得しようとする時，選ばれたのがインド語であって，ソグド語でなかったことは十分肯けるのである。

　もっとも，平安時代の藤原佐世（すけよ）『日本国見在書目録』には『波斯国字様』一巻・『突厥語』一巻と並んで『翻胡語』七巻が記載されているから，巻数から判断してもソグド語がペルシア語・突厥語（古トルコ語）以上に重要な勉学の対象になっていた可能性はある。唐が多言語・多民族社会であったことを忘れてはならない。

　さて日本で再発見された『梵語雑名』を欧米の学界に紹介したバグチの研究によって，インド語を音写するために『梵語雑名』で使われている漢字のシステムが8世紀後半に大活躍する密教僧・不空の用いたシステムによく似ており，義浄時代のそれには遡らないと結論されている [Bagchi 1937, p. 416]。それゆえ，『梵語雑名』の成立は8世紀後半としてよい。しかし，その中に含まれる情報の多くはむしろ彼自身が西域にいた8世紀前半に収集されたとみる方が自然である。そしてそのことを傍証する最大の根拠として，『梵語雑名』には未だ廻紇・廻紇（ウイグル）も大食（タジク）も現われていない事実が指摘される。8世紀中葉〜9世紀の中央ユーラシア情勢を伝える文献に，この両者が現われないことはおよそ考えられないからである。

第3節　蕃漢対照東洋地図

　平安時代の日本において，唐・ウイグル・チベット・天竺・タジクを含む東洋世界全体の地図が知られていたと聞けば，誰しも少なからず驚くにちがいない。しかも地図中の国名が漢字とチベット文字の両方で書かれていたと知れば，その驚きは倍加しよう。

　実際にそのような地図が存在したことは，鎌倉時代に近江国園城寺（三井寺）の別当（管長）となった禅覚によって書写された文書から知ることができる。禅覚は9世紀に唐からもたらされた原本ではなく，それまでに何度か転写されたものをもう一度書き写したらしい。京都大学の松本文三郎が旧蔵していたその鎌倉写本の一つが，大正時代に東京大学の高楠順次郎に貸出中，かの関東大震災に遭遇して焼失してしまったことは，惜しんでもあまりある。ただ幸いなことに，これに基づいて明治・大正期に研究用に作った新写本が少なくとも二部以上あったらしく，寺本婉雅はその一つの写真を学界に初めて紹介してくれた［寺本 1931］。一方，昭和17年に（財）東洋文庫で開催された第28回大蔵会(だいぞうえ)の折りに，松田福一郎所蔵にかかる同種写本が展観され[4]，これを第二次大戦後に壬生台舜が紹介した［壬生 1963］。

　寺本・壬生両氏の研究を総合すれば，その原本は9世紀に入唐した弘法大師・空海か智証大師・円珍のいずれかが彼の地より将来した可能性が高い。初めに「蓮華台蔵世界」と題した仏教的宇宙の図が漢字の説明入りで描かれ，次にチベット文字の陀羅尼があり[(12)]，最後に本節の主題である蕃漢対照東洋地図がある。地図といっても各国の領域は四角い囲み線で示され，その中に漢字とチベット文字で国名が記入されただけの簡単なものである。寺本はこれを「吐漢対照西域地

---

[4] 原論文で昭和16年と松田源一郎になっていたのを昭和17年と松田福一郎に修正したのは，片山章雄氏からの教示による。そもそも私が依拠した壬生論文が誤っていたそうである。昭和初期に発表された寺本論文の記述には故意か偶然か曖昧な点が多く，もしかしたら園城寺に優れた古写本が現存するやもしれず，かたや壬生論文はなぜか先行の寺本論文に一切言及していない。松田福一郎旧蔵本も禅覚の奥書を持っているので，その源流はまちがいなく鎌倉写本であろう。片山氏によれば，松田福一郎とは，大正から昭和にかけての仏教美術の収集家であり，奈良・平安・鎌倉時代のものも数百点単位で所蔵していたと思われるので，大蔵会に出品したそれは松本文三郎旧蔵本とはまったく別個に伝存した本物の鎌倉写本であるらしい。松田旧蔵本は現存している可能性が高いというので，今後の調査が期待される。

図」と名付けているが，西域だけでなく中国・インド周辺を含み，さらに中央ユーラシア東部の草原地帯にも及んでいるので，西域地図というよりむしろ東洋地図というべきである。しかも，写本全体の冒頭に仏教的宇宙が描かれていることに鑑みれば，当時の世界地図とみなしてもよかろう。少なくともインド・唐・チベットそして我が日本を含む仏教世界から見た全世界である。

さて次頁以下には，寺本論文の口絵にある明治写本の写真（図1）に対応させて，おそらく寺本自身が描いたと思われるスケッチ（図2）を並べて転載する。ただしこのスケッチではチベット文字は省略されている。

現在，我々が見ることができるのは，空海ないし円珍の将来した原本から幾度となく複写されてきた写本にすぎない。明治以前の日本に正しくチベット文字を読める人は皆無に近かったはずで，筆写が繰り返される毎にチベット文字の原型は崩れていき，現代にまで伝存した状態ではとても読めない箇所が多くなっている。以下には問題となる漢字の国名を，スケッチの番号と対照できる形で列挙し，必要な場合はチベット文字の読み方にも言及しつつ解説する。

1. **抜漢那**＝抜汗那・跋賀那・鏺汗とも書かれるフェルガーナ（『史記』では大宛）である。パミール北部の農牧接壌地帯を形成する大盆地であり，ソグディアナの東方に当たる。

2. **薩賓**＝正しくは罽賓とあるべきものの誤写である。罽賓は，時代と文献の性格によって指すところを変えるが，唐代一般にはカーピシー〜カーブル地方を指すはずである。Cf. 桑山（編）1992, pp. 115–119.

3. **大石**＝漢字では一般に大食／大寔と書かれるタジクである。これがイスラム勢力（8世紀前半まではウマイヤ朝；後半からはアッバース朝）を指すことは疑いない。Cf. 桑山（編）1992, pp. 41–42, 156. 寺本はチベット文字部分を Tha-ku-sha-si と読み，ガンダーラ東隣のタクシャシラ（＝タクシラ）とするが，誤りである。チベット語では Ta-čhig / Ta-zig / sTag-gzig / sTag-zig などと書かれるはずである。本文書のチベット文字はかなり無理をすればそのいずれかに読めなくもないが，確かではない。9–10世紀の敦煌出土チベット語文書 Pelliot tibétain 958（パリ国立図書館所蔵）に，トルコ系の Dru-gu（ドルグ）・'Bug-čor（ブグチョル）と並んで Ta-zig（タジク）が現われる通り，唐代のチベット語では原音に近く Ta-zig と書いていたのが，11世紀以降は sTag-

384　第三篇　シルクロード篇

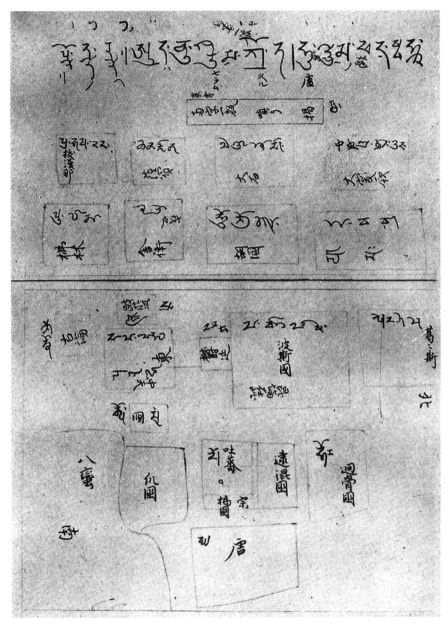

図1　蕃漢対照東洋地図の写本［寺本 1931年論文の口絵より］

9　唐代における胡と仏教的世界地理　385

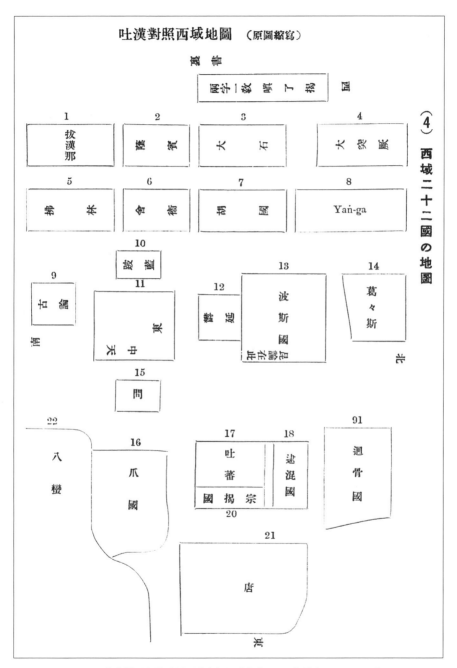

図2　蕃漢対照東洋地図の漢字転写［寺本 1931年論文, p. 76 より］

gzig / sTag-zig と書かれるのが普通になる。[5]

4. **大突厥**＝まずはモンゴル高原に本拠を置いた突厥第二帝国と考えるべきである。しかし，寺本がチベット文字部分を Taḥa Thor-kus と読むうちの Thor-kus は，かなり難しいが，当たっているかもしれない。もしそれが正しければ，突厥第二帝国ではなく，天山山脈北麓によった旧西突厥の後裔たるトゥルギシュ（突騎施）とみなすこともできよう。

5. **拂林**＝チベット文字は寺本が Pu-lim と読む通りであり，それは当時の「拂林」の中古音 *p'iuət-liəm に対応する。拂林／拂菻はイラン系の言語でローマを指すフローム（Frōm / Hrōm）に対して使われた漢字表記である。5世紀以降のローマとは，東ローマ帝国（ビザンツ帝国）のことである。この比定は白鳥庫吉が最初に提示し，後にペリオがそれを採用した。欧米の学界ではこれはペリオのオリジナルのように思われているが，実際はそうではなく[13]，しかも白鳥はその後も考察を続け，自説を大幅に増補・訂正したのである［白鳥 1931-44］。榎一雄は白鳥説を祖述すると共に，さらに補説を加えている。白鳥・榎によれば，唐代の拂林／拂菻には次のようないくつもの用法がある[14]：①東ローマの東方領土であったシリア・パレスチナ地方（主邑はアンチオキア），②小アジア以西の東ローマ帝国（首都コンスタンチノープル），③イスラム勃興後もクテシフォン（ササン朝の首都）に教主カトリコス＝パトリアク Catholicos Patriarch のいる本山があり，タジク内部で信教の自由を得ていたネストリウス派キリスト教徒集団，いわば景教世界，④ササン朝発祥の地であり，その最後の皇帝となったヤズディギルド三世が即位前に身を潜めていたファールス州のイスタフル Istaxr，⑤トハリスタンの主邑バルフの東方 2 日行程にあるフルム（忽懍，Khulm）。

　①は前代にひき続いて初唐に見られた一般的用法であったが，7 世紀中葉にシリア・パレスチナ地方がアラブのイスラム勢力，即ちタジクの手に落ちた後，8 世紀前半の盛唐では②の用法が現われる。③〜⑤はやや特殊な用法である。本地図の拂林については，最初私も単純に東ローマでよいと考えていたが，①②はいずれも漢語世界から見て極西にある国を指したはずであり，そうであれば本地図上の位置が不自然である。そこで現在の私はこれを

---

[5] 本パラグラフの「寺本はチベット文字部分を」以下の文章は追補である。

⑤に比定する選択肢も残しておきたいと考えている。その理由は下記 13 番の波斯国の項で述べることにする。

6. 舎衛＝祇園精舎のあったインドの舎衛国と思われる。しかし，数あるインド諸国のうち本地図に記載があるのは 11 番の中天とこの舎衛だけであり，しかも両者の位置は離れている。さらにここには「戎也」という注記もある。寺本はチベット字を Sha-'e と転写するが，無理である。[6]

7. 胡国＝チベット文字部分を寺本は Kuo-kuo と読み，「活国」すなわちエフタル民族の国に当てようとするが，誤り。正しくは Huo-kuog と読むべきである[15]。当時の「胡国」の中古音は *γuo-kwək であり，Huo-kuog はそれをかなり厳密に反映しているとみてよい。

9. 古論＝寺本がチベット文字部分を Ko-ron と読むのは正しいが，これを『大唐西域記』に観貨邏国の旧領として見える屈浪拏に当てるのは全くの見当はずれである。私は最初，これをインド南端部西岸にあり，東南アジアと西アジアを結ぶ海上ルートの要衝として栄えた倶藍・故臨，すなわちキーロン（Quilon）かと考えたが，同僚の桃木至朗のアドヴァイスにより，今は南海の崑崙／骨崙＝古龍とみる方に傾いている。松田壽男は崑崙を，コーチシナ・カンボジア・シャム・ビルマ南部・マレー半島に亙り，中国で崑崙奴として珍重された巻髪黒身の民が住んでいた地域の総称とみなしている［松田 1941, pp. 259, 270］。ただし『南海寄帰内法伝』によれば，義浄は骨崙国で水時計の制度を実見し，「骨崙や速利（ソグド文化圏）ですらも仏典をサンスクリット原文で読んでいる」［宮林／加藤 2004, pp. 312, 343］と伝えているから，その骨崙は義浄が長く滞在したスマトラ島である可能性が高いように思われる[16]。

11. 中天＝中天竺＝中インド。同じ枠内に「東」とあるのは，東天の略ではなく，本来は本図全体の東になる 21 番の唐のあたりに書かれるべきものを誤って転写したのであろう。[7]

12. 鬱延＝寺本はフェルガナかと疑うが，それはすでに 1 番に登場しており，

---

6 最後の一文は追補である。
7 片山章雄氏の教示によれば，松田福一郎旧蔵本では 21 番の「唐」の外側に「東」と明記されているということなので，11 番の「中天」と同じ枠内の「東」はやはり「東天」を指すのかもしれない。

[12-13]

むしろ西北インドのウディヤーナ（普通の漢字音写は烏仗那・烏萇・烏茛）と見る方がよい。

13. 波斯国＝チベット文字を寺本が Pa-sing-go と読むうち確かなのは冒頭の Pa- だけ。波斯が Pārs の音写でペルシアに当たり，本来の波斯国がササン朝ペルシアを指すことは周知の通りである。しかしササン朝は既に 7 世紀中葉に 3 番のタジクに滅ぼされてしまったのであるから，ここに現われるのは奇妙である。しかも本地図上ではこの波斯国を示す枠の中に「昆論は此に在り」という注記がある。この昆論は容易に崑崙に同定されるが，その崑崙は『史記』大宛伝の記事に代表される如く，中国では古くから西王母伝説と結び付く一方，黄河の源流であり，玉の産地と考えられてきた[17]。現代のクンルン山脈は東は青海省から西はコータン・カシュガルの南方にまで及んでいるが，本地図の昆論はさらに西方のパミール〜ヒンドゥークシュ山脈地方を指しているとみてよかろう。なぜなら『梵語雑名』には「于闐＝矯㗛多囊(ケウリタナ)」と「烏萇＝烏佾也囊(ウジヤナ)」との間に「崐崘＝佽波多羅(ジバタラ)」という記載がある一方，『大唐西域記』には覩貨邏国の旧領の一つである「呬摩呾羅」が「唐言で雪山の下」という意味であると明記されているからである[18]。昆論＝崑崙＝崐崘が音通であることに疑問の余地はないが，エフタルの夏営地があったとされる呬摩呾羅(ヒマタラ)も多分『梵語雑名』の佽波多羅と同じ原語の転訛形ないし異形音写ではなかろうか。そう考えて私は本地図の波斯国を，雪山すなわちヒンドゥークシュの山懐に抱かれたトハリスタン（旧バクトリア）の一部ないしその東方近辺を指しているとみたい。

そうであれば，その波斯国の実態は何であろうか。第一の候補は，ヤズディギルド三世とその子ペーローズ（卑路斯）がトハリスタンの方へ東走して建てようとしたササン朝亡命政権である。ヤズディギルド三世は途中で落命したが，子ペーローズは 661 年，唐王朝から波斯都督に任命された。波斯都督府が置かれた疾陵城がどこかいまだ定説はないが，波斯都督府はまもなくタジクの手に落ちたため，ペーローズは恐らくトハリスタンに逃げて吐火羅葉護の保護を受け，その後，670 年代に唐朝に亡命する。彼は長安で死去したが，その子ナルセス（泥涅師）は唐の西域政策に翻弄されながらもトハリスタンに戻り[19]，そこに少なくとも 8 世紀初頭までは勢力を維持したようである。両唐書・波斯伝には，8 世紀中葉まで引き続き波斯国から朝貢使が

来朝したことが記録されているだけでなく，イスラム史料によれば729年の時点でもトゥルギシュ可汗・蘇禄の軍中にヤズディギルド三世の孫のホスローがいたというから[20]，ササン朝亡命政権の残党は8世紀中葉くらいまでは余燼を保ったと思われる。第二の候補は，ネストリウス派キリスト教徒集団である。イスラム勃興後も信教の自由を確保していた彼らの本山はクテシフォンにあったが，その東方の大司教区がホラーサーン〜トハリスタンにあった蓋然性は歴史的に見て決して低くない。さらにそれは，吉田豊が明らかにしたように [吉田 1994, p. 299]，不空訳『宿曜経』に見える七曜日の「波斯名」が，実は「キリスト教徒が使う曜日の名前」であったことからも，窺えるのである。

　ところで唐の西域経営が最高潮に達したのは，西トルキスタン〜アフガニスタン北部（トハリスタンを含む）に16の都督府とそれに属する多数の州県が置かれた661年からしばらくの間である。唐王朝はこれを記念するために西域図志の編纂と，吐火羅（トハリスタン）に記念碑を建てるという二つの事業を行なった。榎一雄によれば[21]，この時に唐の勢力圏の最西端に記念碑を建てるために派遣された人物が，羽田亨の史料紹介 [羽田 1913b] によって有名になった「波斯国大酋長阿羅憾丘銘」という墓誌銘の主人公である。吐火羅立碑のことは一般には吐火羅道置州県使・王名遠に帰せられるが，実は阿羅憾が深く関わっていたとみなしたわけである。そして彼が「拂林国諸蕃招慰大使として派遣され，拂林の西堺に碑を立てた」というまさにその拂林こそは，上記5番の拂林の項で紹介した⑤トハリスタンの主邑バルフの東方2日行程にあるフルム（忽懍）であろうという。榎は，道宣の『釈迦方誌』[pp. 24, 54] に忽懍は一本に拂琳に作るという注記があることも指摘している。阿羅憾はおそらく，波斯都督府すなわちササン朝亡命政権か，あるいはホラーサーン〜トハリスタンにあったキリスト教徒集団に関わる重要人物であったと思われる。いずれにせよその墓誌銘にいう拂林には，当然ながら東ローマ帝国が含意されていたことであろう。極西の大国としての位置は新興の大石（本地図の3番）に取って代わられているが，本地図作製者にとっても唐初からよく知られた拂林の名を脱落させるわけにはいかなかったために，660年代の唐の西域経営絶頂期の記憶ないし記録を基に，阿羅憾墓誌銘と同じような操作を行ない，実際に唐の勢力圏の最西端にあったフルムと，

タジク西方のフローム（東ローマ）とが敢えて混同されるようにし向けたのではなかろうか。

　因みに慧超『往五天竺国伝』にも波斯国之条があるが，そこでは8世紀初めの段階で既に大寔（タジク）に併吞されていたことを正しく伝えている[22]。一方，榎によれば，日本においては9世紀以降も相変わらず波斯が極西の国として認識され[23]，それが拂林や大石に取って代わられることはなかったようであるから，本地図が平安後期の日本国内に流布したわけではなかったらしい。

14. 葛々斯＝これは漢字で黠戛斯（かつかつし）とも表記されるキルギスである。寺本がチベット文字を Ped-she-lā と読むのは誤りで，正しくは Hir-kis（ヒルキス）もしくは Gir-kis（ギルキス）と復元すべきである。その根拠は唐代の敦煌出土チベット語文書 Pelliot tibétain 1283 などにある[24]。

15. 問＝おそらくチベット語で南方にいる異民族のモン人を指し，チベット文字表記も Mon-ba（モンバ＝モン人）と復元できるかもしれない。インドシナ半島に分布したモン＝クメール族の構成要素であるモン族と同値かどうかはとにかく，無関係ではあり得ない。

16. 爪国＝寺本は爪を瓜と読み替え，河西の瓜州とみるが，それはありえない。私はこれを爪哇（そうわ）国すなわちジャワと考えたい。現在知られている漢籍に爪哇という表記が見えるのはずっと後の元代からであるが，ジャワは唐代以前から闍婆ないし社婆という形で現われている。松田壽男によれば，当時の闍婆というのは，ジャワ・スマトラ両島を包括した所謂ヤヴァ＝ドヴィーパのことである［松田 1941, p. 257］。

17. 吐蕃＝チベット文字表記は Po（ポ）である。いうまでもなくチベットを指す。次節に取り上げる蕃漢字書断章にもあるように，チベット語ではチベットを Bod と書くが，その発音は早くからボッドではなくポとかプに近かったようで，ここではその発音を表記していると考えて間違いない。

18. 逮混国＝逮混は普通には吐谷渾と書かれる鮮卑系の民族であるが[25]，次節の蕃漢字書断章のような敦煌文書には退渾という表記もある。チベット語ではアシャ（'A-zha）というが，ここにはチベット文字表記が見あたらない。元来は中国本土とチベットとの中間にあたる現在の青海省に建国していた独立国家であったが，7-9世紀に吐蕃・唐の係争の地となった。それが本地図

に現われるのは，8世紀中葉の Pelliot tibétain 1283 により唐帝国内における突厥国の存在が知られた［森安 2007, pp. 319, 328-331］のと同じように，衝撃的である．

19．迴骨国＝チベット文字表記は Hor（ホル）である．既に私が詳しく論じた［森安 1977「Hor」］ように，ホルは，ある条件を満たす場合には，明らかにウイグルを指すのであるが，ここはその場合である．ウイグルは漢字表記では迴紇・廻紇ないし迴鶻・回鶻であるが，ホルは決して紇や鶻の直接音写ではなく，チベットから見て北方にいる漢民族以外の有力異民族を指すチベット語なのである．本文書には，漢字の国名・民族名を単純にチベット文字で音写する場合（上記の5番と7番）と，チベット語を表記する場合（14番や17番）とが混在しており，ここは後者の例である．

20．宗掲国＝宗哥とも書かれる青海東部のツォンカである．すでに7-8世紀のチベット文吐蕃編年紀（敦煌出土）に Tsong-ka として現われる．

21．唐＝寺本はチベット文字を「唐」に対応する中古音とみて Thang（タン）と読むが，私はむしろここには，チベット語で唐帝国を指す rGya（ギャ）と書いてあったのではないかと思う．[8]

22．八蛮＝一般には「四夷八蛮・九夷八蛮」などと熟して中国周辺の夷狄を総称する言葉であるが，『貞元新定釈教目録』巻17に，「皇帝の威は北狄に加わり，澤は東夷を被い，南は八蛮に及び，西は天竺に洎ぶ」とあるように，中国から見て南方の異民族だけをいう場合もあるから，ここはおそらく東南アジア〜南アジアのある領域を漠然と指しているのであろう．鑑真が日本に来る前の船で遭難して広東に流された時，婆羅門（インド）・師子国（スリランカ）・波斯・大石・白蛮・赤蛮などからやって来た船を見たと伝えるのも，参考になろう．

ここで蕃漢対照東洋地図の年代を考察したい．これは21番の記載により明らかな通り唐代のものであるから上限は7世紀であり，9世紀の前半か中葉に日本にもたらされたのであるから，その下限は9世紀中葉である．さらに北方草原地帯の代表としてウイグルがおり，しかもその表記が古い方の迴紇／廻紇ではなく，

---

[8] Tang ならば という2文字であり，rGya ならば という1文字（組み合わせ文字）である．原文書での崩れ方から判断すれば，1文字であった可能性の方が高い．

8世紀末にウイグル自身の請願（実際は強要）によって替えられた新しい表記である迴鶻／廻鶻／回鶻を省略した形の迴骨になっていることから[9]，これを8世紀末〜9世紀中葉のものと限定することができる。キルギスが葛々斯という形で現われているのも，この推定を支持する。ただし，実際には地図に見える大突厥は740年代にウイグルに取って代わられているのであるから，この地図にはやや古い情報も混在しているとみなさねばならない。

そういう条件をすべて飲みこんだ上で，もう一度，蕃漢対照東洋地図のスケッチを見ていただきたい。地図学の発達していない当時のことであるから，相互の位置関係には誤りも多く，地図としての信頼性は低いのであるが，私は次の事実に着目する。すなわち，そこに厳然として存在する7番の胡国は，突厥・キルギス・ウイグルなどの拠った中央ユーラシア草原地帯よりは南で，西北インドよりは北にあり，チベットよりは西で，しかもペルシアやタジクに近いところに独立していた国家ないし民族集団でなければならない。これはもう，時代的にも地域的にもトランスオクシアナのソグド諸国，ないしはそれを東北（タラス・セミレチエ）と東南（チャガニヤンなど）に拡大した大ソグド文化圏［cf. 大谷 1913, p. 1452］をおいてほかに候補はないのである。

第4節 『往五天竺国伝』と蕃漢字書断章

これまでの論証で，唐代の「胡国」とはまさしく「ソグド国」を指し，「胡」がソグド人（ないしソグド語を話す人）である確率が極めて高いことを納得していただけたかと思うが，ここでさらに駄目を押しておきたい。まず慧超の『往五天竺国伝』の「胡国」に関する次のような記事を挙げよう。

　大 寔(しょく)国から東はすべて胡国である。すなわち安国・曹国・史国・石騾国・

---

[9] ウイグルの改名問題，すなわち旧い迴紇・廻紇から新しい迴鶻・回鶻に改称された年代については貞元四（788）年説・貞元五（789）年説・元和四（809）年説の三つがあって，議論が定まらなかった［cf. Hayashi 2002, p. 107］。本稿で私は前二者を支持していたが，つい最近，貞元十一（795）年に長安で死去したウイグルの Qarï Čor Tigin の墓誌銘が出土して，そこに「迴鶻葛啜王子」と明記されていたことにより，その見方が確定した。『唐研究』19, 2013 にある葛啜墓誌特集を参照。

米国・康国などである。それぞれ王を有してはいるが，おしなべて大寔の管轄下にある。国の規模は小さく，軍も多くはなく自衛できない。（中略）言語はどの国とも異なっている。またこの六国はいずれも火祆（ゾロアスター教）を信奉しており，仏法を知らない。ただ康国のみが寺一つあり，僧が一人いる。

〈cf. 桑山（編）1992, pp. 43, 162-169〉

　新羅僧・慧超は，海のシルクロードでインドに入り，インドの仏教寺院や聖跡を経巡った後，陸のシルクロードで唐に戻った。彼が西北インドからパミールを越えて東トルキスタンへと旅したのは725-727年頃であり，まさしくソグド諸国家がアラブのウマイヤ朝の勢力に屈し，対抗策として突厥（第二帝国）・トゥルギシュ・唐への援軍要請を続けながらも，独立を失っていく時期のことである。アラブ軍に抵抗した「ソグド王にしてサマルカンドの領主デーワシュティーチュ」が立てこもったムグ山城が陥落したのは722年のことであった。ここに胡国として列挙された六国は，不明の石騾国を除けば，すべてトランスオクシアナに位置する典型的なソグド人オアシス都市国家である。

　もちろん私にとって不利な情報も正直に出しておかなければフェアではない。慧超が，各地の人間について「胡」であると明言しているのは，ガンダーラ，バーミヤーン，カシミール北東，ギルギット，トハリスタンの一部，さらには東トルキスタンの焉耆にまで及んでいる。確かにこれは「胡」の広義の用法である。しかしながら「胡国」と述べているのは，あくまでソグド地方だけなのである。

　もう一つは，先ほどの蕃漢地図と興味深い対応をなすと思われる蕃漢字書断章である。これまた敦煌から出土し，現在はパリ国立図書館に所蔵されている漢文文書 Pelliot chinois 2762 の裏面の一部に書かれたものである。本文書の表には長文の張淮深修功徳記が書かれているが，首尾共に欠けており，現存するのは4枚分だけである。裏には2枚分に漢詩が7首ほど引用されており，別の1枚にここで取り上げるチベット語と漢語の対訳字書が記されている。字書といってもわずか50語にも満たない単語を著録しているだけで，本来は大部であった字書の一部を抜粋したのか，あるいはこれで全てだったのかは不明である。字書断章と名付けるゆえんである。ここに，チベット文字の部分をローマ字に直して，関連部分を提示する。

rGya / Bod / Sog-po / 'A-zha / Dru-gu // rGya rje / Dru-gu rgyal-po
漢　　特蕃　　胡　　退渾　　迴鶻　　漢天子　　迴鶻王
Bod gyi btsan-po // 'A-zha rje / Lung rje //
　土蕃天子　　　　退渾王　　　龍王

　本文書の表側にある文章の主人公である張淮深というのは，9世紀中葉に敦煌地方を本拠にして唐王朝からもチベット帝国からも独立した政権を築いた河西帰義軍節度使・張議潮の後継者であり，890年に死去しているから，その功徳をたたえる記事の裏に書き付けられた蕃漢字書断章の年代は10世紀とみてほぼ誤りない。「漢」とあるのは中国王朝のことで，唐の可能性が高いが，五代諸王朝でもよく，「漢天子」も唐皇帝ないし五代の皇帝を指す。退渾は吐谷渾，龍族は焉耆出身のトカラ人のことである。吐蕃のことを特蕃とか土蕃と表記する点，迴鶻（ウイグル）のチベット語がホル（Hor）ではなくドルグ（Dru-gu）即ちトルコ（Türk＝テュルク）となっている点は注目される。しかし，ここではなによりも漢語「胡」に対応するチベット語がソグポ（Sog-po）となっている事実こそが重要である。ソグポのポとは「〜人」を意味する接尾辞であるから，「胡＝ソグ人」と説明しているわけである。10世紀といえば諸言語文書より成る敦煌文献が最も充実している時期であり，当時の河西地方に一定程度以上の人口を有したことが敦煌文献より知られる民族集団の名称とそのチベット語もほとんど判明しているのだから，件の「ソグ」をソグドとみなすことに異議をさしはさめる者は，たとえ専門家といえどもいないはずである。

　既に述べたように，『梵語雑名』においても，蕃漢対照東洋地図においても，「胡＝ソグド」という等式が証明されたが，本節で見た『往五天竺国伝』の記事と蕃漢字書断章とは，そのきわめて強力な傍証となるのである[26]。

第5節　『梵語雑名』と蕃漢対照東洋地図の比較

　ここで改めて『梵語雑名』と蕃漢対照東洋地図の類似点と相違点に着目するため，蕃漢対照東洋地図のスケッチ番号順に，『梵語雑名』に見える名称を対応させてみよう。

9 唐代における胡と仏教的世界地理

蕃漢対照東洋地図	『梵語雑名』
（8世紀末〜9世紀中葉）	（8世紀前半）
1. 抜漢那	
2. 薩賓	罽賓＝Karpiśaya「カーピシー」
3. 大石	
4. 大突厥	突厥＝Trusaka
5. 拂林	
6. 舍衛	舍衛＝Śrāvastī
7. 胡国 Huo-kuog	胡＝Sulī（蘇哩）「ソグド」
8. （不明）	
9. 古論	
10. 跋藍	
11. 中天	天竺国＝Indudeśa「インド」
12. 鬱延	烏長＝Udyāna「ウディヤーナ」
13. 波斯国	波斯＝Pārasi「ペルシア」
14. 葛々斯	
15. 問	
16. 爪国	
17. 吐蕃 Po	吐蕃＝Bhuṭa「チベット」
18. 逮混国	
19. 迴骨国 Hor	
20. 宗掲国	
21. 唐	漢国＝Cīnadeśa（支那泥舍）
22. 八蛮	

　両者に共通して見えるのは，2 罽賓，4 突厥，6 舍衛，7 ソグド（胡国・胡），11 インド，12 ウディヤーナ，13 波斯，17 チベット，21 唐の9件だけであり，それ以外のタジク・東ローマ・キルギス・ウイグルなどの大国を含む13件は蕃漢対照東洋地図にのみあって，『梵語雑名』には現われない。ところが逆に，『梵語雑名』には「亀茲＝Kucīna」「于闐＝Korttana」「吐火（羅）＝Tukhara」「迦閃弭＝Kaśamira」，すなわちクチャ・コータン・トハラ・カシミールという国名が

[21-22]

現われている。このように『梵語雑名』は，これら唐と密接な関係にあった西域の主要部については蕃漢対照東洋地図より詳しい反面，西アジア～東地中海方面の大石や拂林も，中央ユーラシア草原東部地帯のキルギスやウイグルも，そして東南アジア方面の国・集団も見えない点では蕃漢対照東洋地図に比べて視野が狭いのである。

換言すれば，『梵語雑名』より蕃漢対照東洋地図の方が明らかにカバーする範囲が拡大しているわけである。先に『梵語雑名』に含まれる情報の年代は8世紀前半とみる方が自然であるとし，一方，蕃漢対照東洋地図の年代についてはこれを8世紀末～9世紀中葉と限定しておいたが，その推定は，時代の進行につれて外国情報が詳しくなるという一般論と矛盾しない。つまり，古い『梵語雑名』の方が狭義の西域世界のみを示すのに対し，新しい蕃漢対照東洋地図の方ははるかに広く，少なくとも陸と海のシルクロードを通じて知り得た東洋世界，唐代の仏教徒から見れば全世界を把握しているのである。

以上縷説してきたように，少なくとも盛唐から中唐の終わり頃まで，漢語で「胡国」といえばソグド国，「胡」といえばソグド（人・言語）を意味するのが一般的であったという実態が確認できたであろう。もちろん私は唐代における胡俗の流行を示す胡服・胡帽・胡食・胡楽・胡粧の「胡」がすべてソグドであるとまで断言するつもりはない。しかしながら，こと「胡姫」に限っては，「ソグド人の女性」と断定してよいと考えるのである。その理由は次の通りである。[10]

拙著『シルクロードと唐帝国』の第4・5章で詳述したように，胡姫の大半はソグド諸国からの献上品ないしシルクロードの奴隷貿易によって供給されたのである。そこで取り上げたソグド文女奴隷売買契約文書のみならず，漢文売買契約文書に見える女奴隷にもソグド人ないしソグド系突厥が際立っていたのは，決して偶然ではあるまい。また拙著第2章に見た通り，ソグド人のコロニーが唐代の北中国の交通路沿いの大都市のいずれにもあったことが，多くの研究者によって論証されているので，長安・洛陽・太原は言うに及ばず，それ以外の大都市にも胡姫のいる酒場や酒楼や妓館が遍在したと推定して大過なかろう。胡姫は美しく，都会的センスがあったから唐文化の花形となりえたのである。もし胡姫が漢人や

---

[10] 私は本稿で「唐代の胡はソグド」であるという命題を論証したが，胡がソグド以外の異民族を指す例が幾らでもあることは当初から百も承知である。その例外を指摘する反論があるのは，本稿の趣旨を理解しないもので，なんとも残念である。

トルコ人・モンゴル人と同じモンゴロイドで、しかも北方草原の純粋遊牧民出身であったとしたら、そのまま唐の大都市に連れてこられて、流行の最先端をゆく目の肥えた人々の集まる社交界や繁華街で、耳目を集める瀟洒で美的な存在にはなりにくかろう。奴隷として買われた若い女性が、たとえ行儀作法の訓練を受けたとしても、やはり美的センスというものは一朝一夕で身に付くものではない。その点、ソグド人は元来オアシス都市の民であり、ソグド系突厥でさえ草原都市にいた可能性があり、しかも碧眼・白皙・高鼻・巻髪というコーカソイド的特徴は、なにもしないでも目を引いたであろう。胡姫はそのエキゾチックな容貌の上に西域の都市文化を体現したために、胡旋舞などの踊り子や西域音楽の歌手や演奏者として、あるいは遊女や酒場のホステスとしてもてはやされたに違いない。それゆえ私は、「胡姫」とは、些細な例外を無視すれば「ソグド人の女性」と断定してよく、しかもそこには「若くて美しい」という暗黙の諒解があったと考えるのである。

第6節　世界の四主説（四天子説）

　初唐において、中華以外の地域への現地体験がとりわけ豊かであり、仏教世界と儒教世界を重ね合わせたパミール以東最大の知識人といえば、まず誰をさしおいても第一に指を屈すべきは玄奘である。その彼がインドから西域経由で唐に帰国した645年の翌年に完成した『大唐西域記』の序文［p. 3；水谷『西域記』pp. 10-11］では、全世界を四つに区分し、それぞれに支配者がいるとする「四主説（または四天子説）」を紹介している。

　この四主説は、インドで育まれた仏教の地理的世界観であり、東には「人主」、南には「象主」、西には「宝主」、そして北には「馬主」がいるとする。この四主のいる地方が具体的にどこであるかを玄奘自身は明言していないが、玄奘の仏典翻訳事業を補佐した道宣が、『大唐西域記』成立後まもない650年に著した『釈迦方誌』［pp. 11-12］では、東の人主の国を「至那国」、南の象主の国を「印度国」、西の宝主の国を「胡国」、北の馬主の国を「突厥国」としている。

　また、やはり道宣が同時期に編んだ『続高僧伝』巻4・玄奘伝では、東と南は同じであるが、西の宝主の国を「波斯」とし、北の馬主の国を「獫狁」とする

[『大正蔵』50, p. 454c]。この獫狁とは匈奴の古名で，北方草原の遊牧騎馬民集団の代名詞であるから，実質的には西の宝主の国を胡国とするか波斯とするかで「揺れ」ているだけである。

　世界の四主説というのがインド起源であり，少なくとも3世紀にまで遡ることは疑いない[27]。そして唐代前半期のソグディアナの何国（クシャーニヤ）でもこの四主説が知られていたようであり，『新唐書』西域伝によれば，北が中華古帝，東が突厥・婆羅門，西が波斯・拂菻となっている[28]。ここには中華を真ん中に置くという漢籍独特の作為が感じられ，本来ならば北に突厥，東に中華，南に婆羅門，西に波斯・拂菻があったはずである。

　一方，時代を下ってみると，12世紀以降のチベット語文献にこの四主説は頻出する。それを網羅的に列挙したのは，チベットの伝説的英雄である「ケサル」の起源を追求したスタンであった。彼の研究によれば[29]，チベットの四主説でも基本構造は玄奘由来の唐代中国の伝承と一致しており，東のシナと南のインドと西のタジクに例外は少ないのであるが，北だけは異同がはげしい。北の代表として頻出するのはホル（Hor）であるが，フロム（Khrom）やグルグ（Gru-gu）も現われ，しかもこれらが複雑に絡み合って出てくるのである。グルグ（Gru-gu）とはドルグ（Dru-gu）の転訛形であって，正しい形のドルグ（Dru-gu）とはテュルク（Türk）すなわちトルコという名称のチベット語における音写形である。私の研究によれば，ドルグとはトルコ系民族の総称であり，ホルとはチベットから見て北方にいる漢民族以外の有力異民族で，且つチベットと直接領域を接している者の代名詞である[30]。残念ながらホルについては未だに起源も語源も確定できないが，8世紀後半〜9世紀にはトルコ系民族の代表であるウイグルを指し，13世紀からはウイグルではなくモンゴルを指すようになり，モンゴル帝国終焉後はさらに意味するところが変化していく。

　スタンの後を受けて，こうした後代にチベットで伝承された四主説の元とみなせる最も古いテキストを発見したのはマクドナルドである［MacDonald 1962］。それはペリオがパリに持ち帰った敦煌文書（下限は11世紀初）の中にあるチベット語文書 Pelliot tibétain 958 である。そこでは，東は人を支配するシナの王，南は象と学問を支配するインドの王，西は獅子の国で商品を支配する「プロムのケサル（'Phrom Ge-sar）」，そして北は北方の駿馬を支配する「タジクとドルグの王たるブグチョル（Ta-zig taṅ Dru-gu'i rgyal-po 'Bug-čor）」となっている。

[24-25]

タジクはイスラム帝国，ドルグはトルコ民族の総称であり，ブグチョルは8世紀前半にトルコ民族全体を支配した突厥第二帝国の第2代カプガン可汗の本名「黙啜」の音写である。確かに黙啜の治世も終わりに近い710-712年，突厥がトゥルギシュ（突騎施）を征服し，さらにタジク占領下にあったソグディアナから鉄門にまで遠征軍を進めて，一時的にせよタジクの東部領域を支配したという史実があるから，「タジクとトルコの王たる黙啜」という表現は8世紀初頭の一時期にはぴたりと適合する。[11]

一方，プロム（'Phrom）とは漢字で拂林／拂菻あるいは普嵐と書かれるフローム（Frōm / Hrōm），すなわち東ローマ帝国のことで，これは先のフロム（Khrom）の原形と見てよい。ケサル（Ge-sar）がローマ皇帝カエサルの名称に由来し，一般に皇帝の意味で使われるようになったという点は学界でも認知されているから，プロムのケサルとは東ローマ皇帝のことである。8世紀前半のシルクロード世界において，西の大国はササン朝の後継者たるタジクか，そうでなければ東ローマ以外にはありえない。東方へ向けて破竹の進撃を続けてきたタジク軍の勢いが，710年代初めに突厥によって止められ，さらに720-730年代にはトランスオクシアナにおいてトゥルギシュの大攻勢を蒙って退却を余儀なくされ，またトハリスタン～ヒンドゥークシュ南麓においては突厥別部や同じくトルコ系のハラジュが優勢となり[31]，タジク側は全体的に劣勢となる。それゆえ P. t. 958 において西の代表がタジク王ではなく「プロムのケサル」となっている理由は，いちおう首肯できる。

ところがこうした状況のなかで，その理由はまだ不明ながら，実力的には東ローマ皇帝にはるかに及ばないカーブル地方のトルコ王（テュルクシャー，カーブルシャー）が，こともあろうに「フロムのケサル」と名乗るのである[32]。漢籍には罽賓国として現われるヒンドゥークシュ南麓のカーピシー～カーブル～ガンダーラ地方で738/739年に即位した王の名称「拂菻罽婆」が[33]，恐らくは「拂菻罽娑」の誤記であろうとはかねてより推測されてきたところであるが，フムバッハ等の努力により，この地域で出土したコインに "Fromo Kēsaro" という銘のあるものが発見され，その推測が確定された[34]。どうやらこの人物は，吐蕃のすぐ西隣りにあって，トルコ系仏教徒勢力の先頭に立ち，イスラム勢力に対する戦い

---

[11] Cf. 齊藤（茂）2013, p. 40.

に活躍し，また仏教王国として古来有名なコータンの王に娘を嫁がせたらしい(35)。それゆえ，この罽婆＝ Kēsaro の名が，後にチベット・モンゴル仏教圏に流布する英雄伝説の主人公ケサル（モンゴル語ではゲセル）の起源になるというフムバッハ説［Humbach 1987, p. 85］には，私も賛成したい。P. t. 958 の四主説においては「プロムのケサル（'Phrom Ge-sar）」が西の代表であったにもかかわらず，12世紀以降のチベット語文献においてはケサルは正しく「フロムのケサル」と熟すだけでなく，ホルやグルグとも結び付くようになる。そしていずれの場合もケサルが西の宝主の国ではなく，北の馬主の国の代表となるのは(36)，そもそもの起源となったカーブルシャー Fromo Kēsaro が Gru-gu ＝ Dru-gu ＝トルコ族に含まれるハラジュ族の王であったからに相違あるまい(37)。こうして，元来は西方の代表であったはずの「ローマの皇帝」がどうして北方に回るのか，という学界積年の疑問は氷解するのである。

710年頃にはブハラ・サマルカンドというソグディアナの主邑がタジクの侵攻を受けたが，その後すぐにソグド文化圏〜トハリスタン〜アフガニスタン北部に，反タジク勢力が結集したようである。これはまだ私の見通しに過ぎないが，そこに結集した反タジク勢力とは，即ちソグド諸国，トルコ系諸政権（セミレチエのトゥルギシュ，フェルガーナの西突厥別部，トハリスタンの西突厥別部，ヒンドゥークシュ以南のハラジュなど）(38)，ササン朝亡命政権，さらにはそれらと密接な関係にあり，時に表裏一体である仏教・ゾロアスター教・ネストリウス派キリスト教・マニ教などの宗教勢力である。もちろんここに，パミール地方からの西域進出を狙うチベット（吐蕃）が複雑な動きを見せるし，トゥルギシュも時にチベットと結んで唐と敵対したりするので，決して一枚岩ではない。それでも私は，710年前後から730年代にかけて，パミール以西の諸勢力から唐への遣使朝貢が頻繁に行なわれたこと，その中にササン朝亡命政権ないしその残党と思しき波斯［cf. 第3節, 13. 波斯国の項］や，ネストリウス派キリスト教徒集団とみられる拂菻［cf. 榎 1944, pp. 214-215］も混じっていたこと，719年にトハリスタンに隣接するチャガニヤンからマニ教団最高位の大慕闍（モジャク，možak）が派遣されたこと［cf. 矢吹 1988, p. 46］などの背景には，基本的に反イスラムの雰囲気が渦巻いていたと考えるのである。世界史を後から振り返れば，イスラムの勃興は歴史の必然であるかのように思われようが，同時代人までがそれを運命として受け入れていたという前提に立つわけにはいかない。逆に，もしかしたら則天武后時代の洛陽

に建立された「天枢」は，イスラム勢力の勃興に危機感を抱く勢力が結集した証しなのかもしれない[12]。

さて，インドで育まれた仏教の地理的世界観である四主説が，7-8世紀の中国・チベット・クシャーニヤ，さらにかなり時代は飛ぶが12世紀以降のチベットで，以上のように受け継がれていた。そういう背景を踏まえて上記の蕃漢対照東洋地図を見直せば，そこに描かれているのが当時の唐やチベットの知識人から見た全世界であって，私はこれを蕃漢対照世界地図と呼ぶことさえできると思うのである。8世紀前半の情勢を反映するP. t. 958では北方にまだホルが見えていないが，8世紀末〜9世紀中葉の蕃漢対照東洋地図では「ホル＝迴骨国」が現われ，12世紀以降のチベット文献では北の代表としてホル（主にモンゴルの意）が頻見するようになる。一方，西の代表は7世紀に玄奘から情報を得ていた道宣の伝承ではソグドないしペルシア，8世紀のP. t. 958では東ローマ，そして12世紀以降のチベット文献では圧倒的にタジクとなるのであり，その中間に来る蕃漢対照東洋地図にはソグド・波斯・タジク・東ローマが渾然一体となって並列されているというわけである[(39)]。

蕃漢対照東洋地図を本当の意味のユーラシア世界地図とまでは言えないのは，そこに，唐代になって東ローマ帝国本体を指す拂菻に替わって復活したはずの大秦という名称[(40)]が含まれていないし，また渤海・新羅・日本も入っていないからである。しかし別の見方をすれば，安史の乱以降に領土を縮小した唐にとって，もはや現実問題としては西の大国はタジク以外ではあり得なかったであろうし，渤海・新羅・日本などというのは漢文仏教文化圏である中華世界の一員に過ぎなかったから列記しなかったのかもしれない。つまり，従来の「東アジアの唐王朝」という見方を離れ，「ユーラシア大陸の唐王朝」は常に目を内陸に向けていたという前提に立てば，渤海・新羅・日本が現われないのは当然であり，やはり唐代仏教徒から見た世界地図といっても差し支えなかろう。

さらにユーラシア史の視点から世界の四主説を見直せば，それは実によく現実の歴史地理を踏まえていると言えよう。早くからアジア史の基礎として風土に着目してきた松田壽男によれば，東の人主の国シナは東アジア農耕文化圏を代表し，南の象主の国インドは南アジア農耕文化圏を，西の宝主の国は西アジアから中央

---

[12] 本パラグラフ後半の「世界史を後から」以下の文章は追補である。

アジア西南部のソグディアナに至るオアシス文化圏を，北の馬主の国は北アジア〜中央アジア北部の遊牧文化圏をそれぞれ代表しているのである[41]。

　ところで実はこれまで，蕃漢対照東洋地図，並びにそれと一緒に筆写されている陀羅尼に，なぜ遣唐使たちが親しんだ梵字ではなく，馴染みの薄いチベット文字が使われたのかという当然の疑問に答えていない。正直なところ，確かな答えが見つからなかったのである。しかし，もし想像をたくましくすれば，次のように言えるかもしれない。安史の乱以降になると，唐の勢力は急激に衰え，チベットの吐蕃帝国が強大化し，河西回廊や西域南道一帯を占領しただけでなく，盛んに唐本土の西辺を脅かす。それでも，8世紀末までには吐蕃はますます立派な仏教国になり，820年代には唐やウイグル帝国とも対等の平和条約を結ぶほど友好的となる[42]。日本からの留学僧が長安でチベット人仏教僧と出会って交流を深め，共にユーラシア世界地理を学習したと想定しても，それほど荒唐無稽との誹りを蒙らないのではなかろうか。

　いずれにせよ，蕃漢対照東洋地図は現存する梵漢辞典と相俟って，唐前期を含む8世紀後半まで，陸のシルクロードが海のシルクロードよりはるかに重要であったことを如実に物語っている。言うまでもなくその状況は漢代以来のものであり，海の道からのムスリム商人の東方進出は主に9世紀になってから，すなわち安史の乱後の唐後半期になってからである。この動きが五代十国時代の呉越国，さらに宋王朝へと拡大していき，ついには杉山正明が多数の概説書で強調するように，モンゴルのクビライ時代に海と陸のルートがリンクする状況に立ち至り，そしてポスト＝モンゴル期になると陸の道が相対的に凋落し，世界は海の時代へと突き進んでいくのである。

註
(1) これら3種はもともと平安時代に唐から日本に将来されたのであるが，その後，筆写を重ねて伝えられ，江戸時代には木版印刷もされ，最終的には『大正蔵』（巻54・事彙部下，No. 2135並びにNo. 2133）に活字印刷して採録された。
(2) 以上の利言に関する話の大筋は，唐代に編まれた翻訳仏典目録にして翻訳者列伝ともいうべき円照『貞元新定釈教目録』の巻15にある法月や不空の略伝と，そこに関連記事を発見した先学の業績によっている。その先学とは，1916年の『仏書研究』22号に投稿した氏名不詳の日本人と，明治時代に日本にやってきたフランス人東洋学者S. レヴィが持ち帰った江戸版本の梵漢辞書を，パリで出版して欧米学界に紹介したインド人学者バグチである［無

名氏「梵語雑名の撰者」『仏書研究』22, 1916, pp. 4-6 ; Bagchi 1937, pp. 340-345]。
（3）788年の紀年をもつ仏典奥書でも利言はほぼ同じ肩書きで現われる。Cf. 池田 1990, p. 314.
（4）ちなみに，『梵語千字文』を将来したのは円仁だけでなく，862年に高岳親王（真如親王）に随って入唐し，天臺山・五臺山・長安・洛陽を巡って865年に帰国した宗叡もその一人である。彼の『新書写請来法門等目録』には本書に対して「梵漢両字一巻（字は一千余に及ぶ，義浄三蔵の述）十張」という記載がある。
（5）『大唐西域記』巻1 [p. 8 ; 水谷『西域記』p. 20] では，窣利の総述として西部天山の北麓セミレチエ地方からトランスオクシアナに及ぶ諸都市国家を，明らかにソグド人の領域とみなす説明を与えている。一方，義浄の『南海寄帰内法伝』や『大唐西域求法高僧伝』では，速利はインド北方の胡（諸胡・胡人・胡疆）で，カシミールより向こう側におり，覩貨羅・吐蕃・突厥と並称される存在である [宮林／加藤 2004, pp. 88, 123, 136-137]。さらに古い『大智度論』には兜呿羅（小月氏）・安息・大秦と並んで「修利」が現われる [cf. 大谷 1913, pp. 1428, 1563-1564]。
（6）Cf. 大谷 1913, pp. 1428, 1563-1569 ; 水谷『西域記』p. 20 ; 熊本 1985, pp. 9-10, 16-17.
（7）Cf. 大谷 1913, pp. 1577-1579 ; 白鳥 1924, pp. 61-68. ただし現行『後漢書』の原文に「栗弋」とあるのは，「粟弋」の転訛。
（8）大谷 1913, pp. 1568-1569 ; 熊本 1985, p. 17. ただし，コータン語の Sūlī が，常に厳密に「ソグド人」を意味するわけではない。単に「（貿易）商人」の意味になる場合もあるという [cf. 熊本 1985, p. 12]。これはあたかも古代漢語で交易に従事する「商（＝殷）」の国の人，すなわち「商人」が「あきんど」の意味に転化したのと同じ現象である。
（9）この比定はロシアのクリャシュトルヌィによってなされたものであるが，護 1967, pp. 569-572 を参照するのが便利である。
（10）これは『南海寄帰内法伝』や『大唐西域求法高僧伝』で速利を覩貨羅と区別し，『大智度論』で修利を兜呿羅と区別していた事実とも符合する。Cf. 大谷 1913, pp. 1428, 1449, 1563-1564 ; 宮林／加藤 2004, p. 88.
（11）Cf. 吉田 1994, n. 89 in pp. 300-299（逆頁）．
（12）これは『大正蔵』21・密教部4, No. 1227『大威力烏枢瑟摩明王経』*Mahābalavajrakrodha-sūtra* からの引用である。
（13）白鳥 1904 ; Pelliot 1914a, "Fou-lin" ; 白鳥 1931-44, pp. 424-426 ; 榎 1944, pp. 210-211.
（14）白鳥 1931-44, pp. 424-427, 533-535, 538-539, 561, 589-591 ; 榎 1942, pp. 196-197, 203-205 ; 榎 1944, pp. 210-215, 222, 224-225, 237-238.
（15）以前の拙稿 [森安 1977「Hor」p. 41, note 169] では Hwo-kog と解読したが，ここで改める。
（16）慧超『往五天竺国伝』によれば，崑崙国は金産地を控えていたはずだから，その点でもスマトラ島が有利であろう。Cf. 松田 1941, p. 256 ; 桑山（編）1992, pp. 42, 155.
（17）Cf. 白鳥 1931, pp. 248-249 ; 白鳥 1970, pp. 586-593.
（18）『大唐西域記』巻3 [p. 76] ならびに巻12 [p. 284] ; 水谷『西域記』pp. 130, 376-377 ; 桑山 1987, pp. 116, 270-271.
（19）以上の概要については，cf. 榎 1944, pp. 230-234 ; 前嶋 1958-59, pp. 139-146.
（20）Cf. 前嶋 1958-59, pp. 165, 196-197 ; Beckwith 1987, p. 109.
（21）榎 1944, pp. 225-226, 234-238.

［原脚註］

(22) Cf. 桑山（編）1992, pp. 41-42, 155-156.
(23) Enoki 1981, pp. 104-105. この榎の指摘は，日本に伝来した四主説に関する海野 1956, pp. 24-25 の記述によっても確認できる。
(24) Cf. 森安 1977「Hor」pp. 5, 6, 21, 28.
(25) 私は鮮卑を基本的にはモンゴル系と考えているが，吐谷渾は純粋なモンゴル系ではなく，チベット系の要素が混じっていると思う。Cf. 森安 1977「Hor」p. 21 & footnote 76.
(26) なお，7 世紀に成立した玄奘の伝記『大慈恩寺三蔵法師伝』が 10 世紀末〜11 世紀初頭にウイグル語訳された［cf. 森安 1985「教理問答」pp. 58-60］が，そこでは原文の「胡」がウイグル語で Soγdaq となっている。この事実は，10 世紀に東部天山地方を支配していた西ウイグル王国で，漢語の「胡」がソグドを意味したことを明証する。Cf. Zieme 1992b, pp. 350-351.
(27) Cf. Pelliot 1923a, pp. 97-98, 121-124；Stein 1959, p. 254；海野 1956, pp. 19-22.
(28) Cf. 前嶋 1958-59, pp. 135-136；ドゥ・ラ・ヴェスィエール 2007, p. 108.
(29) Stein 1959, chapitre VI (pp. 241-314)，特に pp. 254-261 の一覧表を参照。
(30) 森安 1977「Hor」pp. 14-16, 35-45.
(31) Cf. 前嶋 1958-59, pp. 138-143, 160-171；稲葉 2004, pp. 363-332（逆頁）。
(32) カーブルシャーがなにゆえに突然「ローマの皇帝」という大袈裟な名を取るに至るのかという疑問に答える試みがなくはない［cf. Uray 1979, pp. 297-298；Humbach 1983, p. 306］が，私には釈然としない。「カエサル」という名称の東方伝播の痕跡については，cf. Stein 1959, pp. 279-280.
(33) 『旧唐書』巻 198, pp. 5309-5310 の罽賓国之条。
(34) Cf. Humbach 1983；Humbach 1987.
(35) Cf. Emmerick 1967, pp. 68-69；Uray 1979, pp. 296-297. ただし，コータン王に嫁いだ Phrom Ge-sar 王の王女はカシミールからやって来たことになっている。カーブル〜ガンダーラを支配した Fromo Kēsaro がその東方のカシミールまで領域を拡大したのか，単に出発地がカシミールだったかのいずれかであろう。
(36) Cf. Stein 1959, pp. 256-261, 270-278.
(37) ヒンドゥークシュ以南のアフガニスタン北部に成立したハラジュ王国については，稲葉 2004 のお陰でほぼ詳細がつかめるようになった。
(38) Cf. 前嶋 1958-59；稲葉 2004.
(39) ただし，本地図の波斯の場合はもはやササン朝ペルシアそのものではなく，タジクに追われてトハリスタンに亡命した地方政権にすぎないことは，本文中で既に述べた通りである。大突厥と回鶻が併存していたように，本地図の情報は決して同時代のものに限らないことに注意したい。
(40) Cf. 白鳥 1931-44, pp. 510-513, 538-539.
(41) 松田 1971，第 III 章，pp. 20-27.
(42) Cf. 森安 2007『シルクロードと唐帝国』pp. 350-353.

[書後 1]

　本稿［森安 2007「唐代胡」］は元来，講談社「興亡の世界史」シリーズの 1 巻として

[原脚註]

2007年に刊行された拙著『シルクロードと唐帝国』の中の1章を構成するものであったが，全体が長大になりすぎるという講談社側の判断で削除された。そのためもあってか，拙著は廣瀬憲雄より，私が予想だにしなかった批判を受けた［廣瀬憲雄「古代東アジア地域対外関係の研究動向──『冊封体制』論・『東アジア世界』論と『東夷の小帝国』論を中心に」『歴史の理論と教育』129・130合併号，2008, pp. 3-15］。廣瀬論文は，かつて一世を風靡した西嶋定生による冊封体制論・東アジア世界論を紹介し，それがあまりに中国中心であったという批判の上に立って，東アジアを複数の国際秩序が併存する多元的な地域として考えたいとしている。その点は拙著と通底するものであったにもかかわらず，補註で拙著に言及し，その意義を認めながらも，「（森安の）試みは冊封体制論・東アジア世界論では中国王朝のみであった東アジア地域の「中心」を組み替えるに止まっており，「周辺」である朝鮮・日本などの位置付けを大きく改めるものではない」という。つまり，拙著には中央ユーラシアから日本をどう見るかという視点が欠けていると批判されたわけであるが，もし実際に本稿［森安 2007「唐代胡」］が当初から拙著『シルクロードと唐帝国』に含まれていたら，評価はどうなっていたであろうか。つい最近出版された廣瀬憲雄『古代日本外交史──東部ユーラシアの視点から読み直す』（講談社選書メチエ，2014）では，岡田英弘・杉山正明・妹尾達彦らが提唱し，拙著でも強調したところの，中央ユーラシアから世界史を見直す，あるいは北中国の農牧接壌地帯から中国史を見直すという流れを受けて，東部ユーラシアという視点を導入するだけでなく，拙著で初めて本格的に取り上げた唐・ウイグル・吐蕃の三国会盟を大いに活用し，その世界史的意義を論じているが，拙著に対する評価も言及も見当たらないのは遺憾である。なお，「東方ユーラシア」「東部ユーラシア」「ユーラシア大陸東部」が一つの世界システムをなすことについては，妹尾達彦がこれまでの活発な著述をまとめ，さらに新見解を展開する最新論文の中で，西嶋の冊封体制論・東アジア世界論への批判と絡めて言及している［妹尾 2014, pp. 194-197］。

〔書後2〕

〔書後1〕の廣瀬批判と関わって，本稿の主要史料となった「東洋世界地図」には朝鮮も日本も現われていないことに，改めて注目されたい。つまりそこでは朝鮮も日本も無視されていた。そしてこれと同じような事実が，別の出土史料（舎利容器銘文）からも指摘される。それを論じたのが，赤羽目 2004「都管七国六瓣銀盒銘文の一考察」である。西安で出土した9世紀制作の銀盒（銀の舎利容器）の上に，唐皇帝が東南アジアの崑崙国から献上された仏舎利をインドの舎利八分の故事に擬えて周辺の主要な仏教国に下賜するという銘文が刻まれていたが，その国々とは高麗国（実際は渤海）・烏蛮国（南詔）・土蕃国（チベットの吐蕃）・疏勒国（西域のオアシス国家カシュガル）と不明の白拓□国であって，そこにも朝鮮・日本は現われない。仏教国日本の面目は丸つぶれ

ではある。しかし，それが当時の現実なのである。その一方で，漢文チベット語バイリンガルの「東洋世界地図」は日本に将来されたわけで，その事実の持つ意味を過小評価してはなるまい。さらに本論中で言及した通り，平安時代には『梵語雑名』などのインド語漢語字典はもちろん，『波斯国字様』一巻・『突厥語』一巻・『翻胡語』七巻というペルシア語・突厥語（古トルコ語）・ソグド語の字典ないし文法書さえも輸入されていたのであり，平安時代の日本人がいかに広く，唐の向こう側の西域などにも目を向けていたかが伺われる。

〔書後3〕
　唐代中国史上にソグド人が残した巨大な足跡は，近年の内外の研究においてますます明らかになりつつあるが［cf. 森安 2011「ソグド研究動向」］，本稿第1節で言及した密教僧・不空の仏教活動に多数のソグド人が関わっていた事実とその歴史的背景，さらに不空没後に引き継がれた政府主導の訳経事業にも，安史の乱後の中央ユーラシア情勢が深く関わり，新訳仏典が護国経典として機能したことについては，最近の中田美絵の一連の研究が注目される［中田 2006, 2007, 2010, 2011］。

〔書後4〕
　本稿第6節で言及した「フロームのケサル」については，その後，馬小鶴が論及しただけでなく［馬小鶴 2008, pp. 565-572（拂林問題）；馬小鶴 2011「旃檀忽哩与天可汗」『西域文史』6, pp. 145-146］，ウライにも重要な別稿［G. Uray, "Vom römischen Kaiser bis zum König Ge-sar von Gliṅ." In : W. Heissig (ed.), *Fragen der mongolischen Heldendichtung*, Teil III, Wiesbaden, 1985, pp. 530-548］があるのを見落としていたので，いずれ再考してみたい。

10

シルクロードのウイグル商人[1]
―― ソグド商人とオルトク商人のあいだ ――

第1節　オルトク問題解決のための新出史料
第2節　ウイグル農業社会の土地共有
第3節　ウイグル商業文書中のオルトクとルビー
第4節　ウイグル・回回・ムスリム
第5節　ウイグル語の手紙と商業
第6節　10世紀頃のウイグル＝ネットワーク
第7節　ソグド商人からウイグル商人へ
第8節　オルトクの源流
第9節　モンゴル時代のウイグル＝ネットワーク
おわりに

第1節　オルトク問題解決のための新出史料

　ユーラシアが世界史上初めて一つにまとまったモンゴル時代，漢文やペルシア語の歴史書をはじめとする東西文献には，「斡脱・オルタク・オルトク」という言葉が頻出するようになる。これは当時の商人や商業に関する特殊な術語であり，その語源と意味については，多くの先行研究がある[(1)]。かつてはこれをユダヤ商人とみる説さえあったが，それが下火になった後は，次のような考えが通説化した。それは，オルタク商人とはモンゴルの皇帝・王族・政府と結託し，その保護と資金提供を受けて会社ないし組合組織を作り，遠隔地商業・高利貸し・徴税請負などを行なって暴利を貪った西域商人ないしムスリム（イスラム教徒，サラセン）商人・ウイグル商人であり，オルタクやオルトクというトルコ語はムスリ

---

[1] 本稿所収本の編者の意向により，原文タイトル及び本文中においてシルクロードは《シルクロード》と括弧付きになっていたが，本書では《 》を取り外した。

ムのトルコ人によってモンゴルに伝えられたものである，という見方である。
　ところが最近になって，従来の諸説を検討し直した宇野伸浩は，オルトクをなんらかの「組合」とする見方を退け，「オルトク商人は，出資者であるモンゴル人の共同事業者という意味で ortoq（ortaq）と呼ばれていた」とする考えを示した［宇野 1989, n. 17］。私にはこの考えがもっとも真実に近いと思われる。しかしこの宇野論文も含めて従来の論考は全て，東の漢文史料と，西のイスラム史料・ロシア史料などによって導き出されたものであった。これに対して本稿では，勃興期のモンゴルと地理的にも政治・経済的にも文化的にも極めて密接な関係を持ったウイグル人の残したいわゆるウイグル文書に着目し，それを正面から取り上げることによって，この問題の解決をはかりたい。ここにいうウイグル文書とは，東部天山地方を中心とする西ウイグル王国（9世紀後半〜13世紀初頭）ないしモンゴル支配時代（13-14世紀）のウイグリスタンの人々が残した文献のことである。
　ところで19世紀末から20世紀初頭にかけて，スウェーデンのヘディン，イギリスのスタイン，ドイツのグリュンヴェーデルとルコック，フランスのペリオ，ロシアのクレメンツやオルデンブルグ，そして日本の大谷探検隊などが中央アジアの遺跡を発掘するのを，世界中の人々が固唾を呑んで見守ったことがあった。現在では先進文明圏の外にある中央アジアであるが，かつて陸のシルクロードが世界貿易の幹線であった頃，そこは絹織物・金銀ガラス器・珠玉宝石・香料薬品・毛皮・象牙などの軽くて高価な商品や貴重な情報が溢れ，流行の最先端をゆくセンターであった。様々な人々が集まるオアシス都市には，様々な宗教が流れ込んできた。今でこそイスラム教が圧倒的に優勢であるが，かつてそこには千年もの長きにわたって仏教が栄え，また西方で迫害されたマニ教やネストリウス派キリスト教なども伝播していた。前述の各国探検隊によって持ち帰られた発掘品の中には，仏教文化の遺品とその時代の古文書を中心に，マニ教・キリスト教関係のものが混じっていた。ウイグル文書とは，そのようにして発見された古文書類の中でも主要な一群であり，人類の貴重な文化遺産である。
　ウイグル文書の研究は，まず比較的解読の容易な経典類から始まって発展したが，解読困難な俗文書（寺院経済文書も含む）の研究は後回しにされた。しかし俗文書こそ歴史学の史料として重要である。本稿の目的は，これらの文書を効果的に使って，(1)長い間オルタクと呼びならわされてきたモンゴル時代の特殊な

商人はオルトクと称すべきこと,(2) そのオルトクの語源は古ウイグル語であること,(3) それはイスラム教徒ウイグル人ではなく仏教徒ウイグル人の用語からモンゴル語に入ったものであること,(4) オルトクというウイグル語は少なくとも 10 世紀までは遡れること,(5) オルトク関係とは組合や会社などの組織ではなく,起源的には個人と個人の契約であったこと,(6) オルトク商人にはムスリム（イスラム教徒）商人ばかりではなく仏教徒（時にキリスト教徒）ウイグル商人も混じっていたこと,否むしろ起源的にみれば初期には仏教徒（時にキリスト教徒）ウイグル商人が中心だったとみなすべきこと,(7) ウイグル商人の起源は唐代に内陸アジアの遠隔地貿易で活躍したソグド商人にまで遡ること,(8) 唐代の回鶻銭とはウイグル商人ではなくソグド商人の資本であること,等々を論証することである。この試みは,他方から見れば,「消えたソグド商人」の謎を解くことでもある。

第 2 節　ウイグル農業社会の土地共有

　もともとモンゴリアの大草原で遊牧中心の生活を営み,8-9 世紀には東ウイグル帝国を建設したウイグル人であったが,9 世紀後半に東部天山地方に本拠を移し,西ウイグル王国を建設して以降は,沙漠とオアシスが多い当地にあって徐々に農民や商人になる者が増えていった。そしてモンゴルが勃興する 13 世紀までには,天山山中ないし北麓の草原においては遊牧生活や騎馬軍団を維持しつつも,民衆の多くは先住民であったトカラ人・ソグド人などの印欧語族や漢族などと交わり,彼らに倣って農業や商業,あるいは家内工業に従事するようになっていた。ウイグル文書の大部分はこのようなウイグル西遷後の,いわゆる「定着化」以降に作られたものである。

　こうして形成されたウイグル農業社会においては,耕作用の土地は個人で所有されるだけでなく,しばしば共同で所有されていた。そのことは,山田信夫（著）,小田壽典／P. ツィーメ／梅村坦／森安孝夫（共編）『ウイグル文契約文書集成』（全 3 巻,大阪大学出版会,1993；以下『集成』と略記）に収められた土地売買（Sa02, Sa03, Sa06, Sa07, Sa08, Sa09, Sa10, Sa11, Sa12, Sa16）,小作（RH05）,土地共同使用（RH11）,家畜賃貸（RH13）,棉布借用（Lo15）,土地譲渡（Mi25）などの

[94-96]

契約文書に現われる次のような表現より明らかである。なおこれらの各種契約文書を示す略号については『集成』第2巻の序文に明記してある。

- (Sa02)　Qančuq bilä tüz ülüš-lüg ... yirim
　　　　　カンチュクと平等に共有している・・・私の田地
- (RH05)　Ilči birlä-kii täng ülüš-lüg yir
　　　　　イルチと平等に共有している田地
- (RH13)　Maxmur-a birlä ülüš-lüg yirim
　　　　　マフムラと共有の私の田地
- (Sa10)　Sury-a birlä ülüš-lüg manga tägär ... borluqum
　　　　　スルヤと共有で私に所属する・・・私の葡萄園
- (RH11)　Ilči bilä ülüš-lüg manga tägär ... yir
　　　　　イルチと共有で私に所属する・・・田地
- (Lo15)　Pay-nï bilä tngi (＝täng) ülüš-lüg ... yir-tä manga tägär bölük ülüš-lüg yirim
　　　　　パイニと平等に共有している・・・田地のうち私に所属する持ち分の私の田地
- (Sa16)　aqa ini-lär birlä-ki ... ülüš-lüg borluq-ta manga tägär iki ülüš///
　　　　　兄弟たちと・・・共有している葡萄園のうち私に所属する二つの持ち分・・・

これらの表現に共通するキーワードはウルッシュ ülüš「分け前，取り分，割り当て，部分，一部」であり，それに所有の格語尾 -lüg の付いた ülüš-lüg は「持ち分のある，分担所有する，共有の」という意味になる。さらに Sa10, Sa11, Sa12, Sa16, RH05, RH11, Lo15, WP04 の本文からは，土地の共同所有権が売買や貸借や担保や家産分割の対象となった事実さえ判明する。こうした状況に鑑みれば，別の土地売買（Sa14）と家産分割（WP04）の契約文書の，

- (Sa14)　Sury-a bilä ortoq-luq yiti küri yirimiz
　　　　　スルヤと ortoq-luq の7斗（の種を播ける面積）の私たちの田地
- (WP04)　Ödäkči bilä ortoq altï šïγ yir
　　　　　オデクチと ortoq の6石（の種を播ける面積）の田地

という表現中に見られるオルトク ortoq が，上のウルッシュ ülüš とほとんど同義

で使われていることは容易に承認されるであろう。[2]

　ところでこのオルトクの本来の意味は何であろうか。古今東西のトルコ語諸方言に存在する ortoq / ortuq / ortaq の二義的な意味を全て削ぎ落とし，各方言に共通する部分を抽出していくと，たどりつくのは「パートナー，仲間」である。そこでここから出発して，上に掲げた2件の文書（Sa14, WP04）のオルトクをみてみると，それはウイグル農業社会に一般化していた，複数の人間が農地を共有する関係を表わしたものに違いないから，「農地を共有する仲間」としてよいであろう。ただし多くの文書に使われている ülüš-lüg が，共有する土地の ülüš「持ち分」に，所有を示す語尾＋l°γ／＋l°g「～を持つ」が付いた派生語だったのに対し，Sa14 の ortoq-luq の -luq は所有の語尾ではなく，エルダル（M. Erdal）の発見した語尾＋l°q／＋l°k「～用の，～となる為の，～に予定されている」とみなすべきであって［OTWF, pp. 121-123；森安 1992「箚記（三）」pp. 46-47］，全体で「農地を共有する仲間に予定されている，農地共有関係にある」を意味したものと考えられる。おそらくこの場面でのオルトクはまだ原義に近く，オルトクとなる複数の人間の間に上下関係は認められない。

第3節　ウイグル商業文書中のオルトクとルビー

　次に取り上げるべきは，『集成』の文書 Mi26 として紹介した，モンゴル時代のウイグル商人が残した契約文書である。以下にその全文のテキストと和訳を，『集成』で発表したものにいくつかの補訂を加えて引用する。

Mi26
01) ït yïl onunč ay säkiz yangïqa　　　犬年第10月初旬の8日に。
02) män sadï-nïng ortoqluq　　　　　私サディのオルトクである（オルトク

---

[2] 土地貸借契約文書に見える ortoq の実例がもう1件増えた。それは松井太によって解読・紹介された龍谷大学所蔵の Ot. Ry. 2728 で，裏面2行目に ortoq ür tarïyu ...「ortoq でキビを植え付けるための［田地］」とある ［Matsui 2006, "Six Uigur Contracts," pp. 41-42, plate on p. 56］。本節の考察の核心をなした2件の文書 Sa14, WP04 のウイグル文字がいずれも草書体であるのに対し，Ot. Ry. 2728 は半楷書体の文書であり，その点でも貢献度の高い発見である。因みに，オルトクについては松井 1998b「クトルグ印文書」pp. 17-18, 21-22 も参照。

	に予定されている)
03) adaq totoq-taqï üč baqïr	アダク＝トトクのところにある3バキル（重量単位）の
04) lal-nï män sadï öng-tün kidin	lal（ルビー）を，私サディが東に西に
05) satïγ-qa torïp yüz yastuq-	商売に歩き，100錠（で売ること）
06) qa käsišdimiz yüz yastuq-qa	に私たちは決定した。100錠に
07) barsa älig yastuq-luq	達すれば，50錠分の
08) ädni män sadï	財物（通貨用織物）を，私サディは
09) adaq totoq-qa kälürüp birürmän	アダク＝トトクにもたらし与える。
10) yüz yastuq-qa tägmäsä bu oq	100錠に達しなければ，まさにこの
11) lal-nï kälürüp birürmän	lal（ルビー）を持ち帰り，私は返却する。
12) tanuq uruz tanuq somačï	立会人ウルズ，立会人ソマチ。
13) bu nišan män sadï-nïng ol	このニシャン印（略花押）は，私サディのものである。
14) män yaraq sadï-qa ayïtïp bitidim	私ヤラク（書記）がサディに口述させて（本証文を）書いた。

　結論を先取りして，問題の商品名 lal を「ルビー」と訳したが，この言葉は本来のトルコ語ではなく，アラビア語ないしはペルシア語からの借用である[3]。いずれにせよイスラム文明圏からの外来語であるから，当時のトゥルファンのウイグル社会では，もしかしたら単に「珍奇な宝石」程度の意味で使われていた可能性も否定できない。しかしこの西方起源の宝石名がさらに東まで広がっていたことは，次の史料から明らかである。

　14世紀に活躍した陶宗儀の『輟耕録』巻7には「回回石頭」という項があり，イスラム側から大元ウルス（元朝）に齎らされた各種の宝石名が列挙されている。その中に，4種の紅石頭があるが，そのひとつが「剌 淡紅色, 嬌」となっている。いずれも紅すなわち赤いのがその特徴ということである。さらにこの「剌」は隋唐時代の漢字音では *lat，元代の中原漢字音では *la であり，それは lal の音写

---

[3] その後の各氏からの教示によれば，やはりペルシア語からの借用と見なすべきようである。因みに lal はソグド語には在証されていない。

としてこの上ないほど見事である。さらにその「回回石頭」の項の冒頭には，次のような記事がある。

> 回回の宝石は種類がさまざまである。またその価格もさまざまである。大徳年間（1297～1307年），回回の大商人の中に一塊の紅剌をお上に売り付ける者がいたが，その重さは1両3銭，その値段は中統鈔（中統年間に初めて発行された紙幣）で14万錠であった。これを冠帽の上端にはめ込んだ。それ以後，代々の皇帝はこれを受け継いで重宝し，元旦の朝賀式と皇帝の誕生日と夏の大クリルタイの時に使用した。剌というのは外国語である。

つまり大元ウルス皇帝の帽子を飾った極めて高価な宝石が，「紅剌」すなわち真っ赤な色をした lal であったわけである。ここまでくれば，これらの史料に見える lal はやはりルビー以外には考えられまい。[4]

そこで次に，前述のルビーの大きさや値段を概算してみよう。モンゴル時代の貨幣単位ならびに重量単位については，ミュラー（F. W. K. Müller）ならびに加藤繁の説を継承・発展させた前田直典の研究「元代の貨幣単位」［前田1944］が有名であり，その成果を一覧表で示すと，表1のようになる。[5]

中国ではまず重さの単位として1錠＝50両＝500銭の体系ができ，その後，錠・両・銭はそれぞれの重さの銀の価格に相当する貨幣単位となった。そしてこの50両の銀錠（成型された銀の塊）の形が斧や枕に似ていたため，モンゴル人はこれを自分達の言葉でスケ süke「斧」と呼び，当時のユーラシアの公用語ともいうべきウイグル語・ペルシア語ではそれぞれヤストゥク yastuq「枕」，バーリシュ bāliš「枕」と呼んだ。そればかりかウイグル語では，それ以前から持っていた貨幣と重さの単位であるシティル（sïtïr）とバキル（baqïr）とをそれぞれ両と銭に対応させ，その結果少なくとも漢語とウイグル語の間では，1錠＝50両＝500銭と1ヤストゥク＝50シティル＝500バキルとが貨幣単位としても重量

---

[4] Zieme, BTT 13, No. 21, p. 128 note に宝石類の列挙の実例があるが，そこにルビーが見えないことに注目したい。一方，居庸関過街塔の六体碑文ではルビーがパスパ文字モンゴル語面とウイグル文字ウイグル語面の両方に nal として現われている［cf. 村田治郎編著『居庸関』京都大学工学部，座右宝刊行会，1958, pp. 268, 277］。もちろんいずれも al nal「紅いルビー」である。つまりルビーはモンゴル時代になってウイグル＝モンゴル世界に新しく入って来たものと考えてよい。

[5] その後，松井太によって，貨幣・重量単位のみならず穀物や液体の容量単位まで体系化されたことについては，後ろの［補記12］を参照。

表1　貨幣単位対照リスト

			中国	ウイグル	モンゴル	ペルシア
1対50	1対10	1	錠	yastuq（枕）	süke（斧）	bāliš（枕）
		対500	両=貫	sïtïr	sijir	sir / ser
			銭	baqïr	bakir	

単位としても対応するという体系ができあがったのである。このこと自体，当時の中国と中央アジアとの貿易においてウイグル人がいかに重要な役割を担っていたかを立証するものである。そしてウイグル人からその文字のみならず，たくさんの文化的・宗教的語彙を受け継いだモンゴル人の間にも，それらが体系として入っていったのである。

従来の研究に私自身の検討結果［森安 1997「斡脱」pp. 10-13］も合わせ，いま仮に宋金元代あるいはモンゴル時代の1銭＝1バキルの重さを4g，従って1錠＝1ヤストゥクの重さはその500倍の2kgとみなすことにする[6]。これによって計算すれば，大元ウルス（元朝）皇帝の帽子を飾った紅刺の重さ1両3銭は13銭×4g＝52g＝260カラット，Mi26文書のルビーの重さ3バキルは3×4g＝12g＝60カラットである。

では，これらの販売価格である中統鈔14万錠とyüz yastuq「100錠」は，それぞれ現代のいくら位に当たるのであろうか。前者は紙幣であり，後者は銀錠そのものであるから，まず後者から計算してみる。ここでも計算の基準は，最近の私のオリジナルな研究によっていることを明記しておく[(2)]。

「100錠」の価値は2kgの銀塊100個，即ち銀200kgに相当する。現在では金の価格は銀に比べて70倍前後にもなっているが，いわゆる大航海時代以前の旧大陸における金銀比価は1：10前後といってよく，モンゴル時代の金銀比価もほぼ同様であった。そこで銀の値段の計算に当たっては，現在の銀価格をそのまま流用するのではなく，金の10分の1とみなすこととする。いま仮に金1gを1300円とし，銀1gを130円として計算してみよう。そうすると銀200kgは2600万円となる。この値段はルビーの値段として妥当であろうか。ある宝石商

---

[6] 唐代の重量単位としての1銭が4g強であったことは，出土した銀鋌（銀錠）や金銀器とその銘文を比較してみれば明らかになる［cf. 礪波 1990, pp. 244-245, 252, 254-256, 258］。

に問い合せたところ，最近の日本で取引される上質ルビーの値段は1カラットで40-50万円であるという。単純計算すれば60カラットでは2400〜3000万円になるから，試算の結果と大きな齟齬はないどころか，むしろ不思議なくらいうまく対応しているといってよかろう。

　一方，モンゴル皇帝の帽子飾りとなった260カラットの紅刺の中統鈔14万錠という価格は，一体いくらぐらいになるのであろうか。この中統鈔とは正しくは中統宝鈔であって紙幣であるから，同じ錠であっても銀錠とはレートが違うことに注意せねばならない。やはり前田直典の研究によれば，大徳年間(1297-1307年)の中統鈔は同じ1錠でも銀錠に比べて10分の1あるいは20分の1の価値しかない。つまり中統鈔14万錠は銀錠では1万4000錠(またはその半分の7000錠)に相当し，これを上と同じように計算すれば，36億4千万円(半分でも18億2千万円)となる。なんとも巨大な額である。ただし，杉山正明氏よりの口頭での示教によれば，前田の出したレートはいわば公定レートであり，民間レートはさらに10分の1くらいであったという。もしそれによって計算すると，件のルビーの値段は3億6400万円(あるいは1億8200万円)となるが，それでも大変な額である。

第4節　ウイグル・回回・ムスリム

　さて，今や我々は，東部天山地方のウイグル人にも，本物の赤いルビーを表わすlalという語が確実に知られていたこと，およびそのルビーが重要な商品として，当時のウイグル社会にまで浸透していたことを疑う必要はなくなった。しかもそれを扱う商人が残した文書に，オルトクに関わる言葉が出てくるのである。

　ここで注意しておかなければならないのは，現在の中央アジアのウイグル族は全てイスラム教徒(ムスリム)であるが，モンゴル時代の東部天山地方にいたウイグル人はその大部分が仏教徒で，一部にネストリウス派キリスト教徒も居住していたが，イスラム教徒の姿は外来の商人以外はまだほとんど見られなかったという事実である。この事実は現地出土のウイグル文書や遺跡，そして漢籍，イスラム史料，ヨーロッパ側の史料などから明らかであり，いまでは論証の必要もないが，回回名称問題やオルトク問題を論じた学者の間にはこの事情に疎く，ウイ

グルといえばその中に必然的に大量のイスラム教徒も含まれると誤解したり，あるいは逆にイスラム教徒という総称の中にウイグルを含めるという「誤り」を犯しているのに，それを認識していない者が多く見られた。実はこれがオルトク問題を紛糾させてきた要因の一つでもある。しかし同じ中央アジアのトルコ族でも，カラハン朝やホラズム朝など西ウイグル王国より西方にあってイスラム教に改宗し，「回回」と称されることの多かったトルコ系集団と，唐代以来の「回鶻・廻紇・廻紇」（いずれも Huighur > Uighur =「ウイグル」の音写）の直系である西ウイグル王国の仏教徒（あるいはネストリウス派キリスト教徒）ウイグル集団とは，明確に区別されなければならない。たとえば先の『輟耕録』が伝える巨大なルビーをモンゴル皇帝に売りつけた回回商人がムスリム商人であったことには一点の疑いもない。そのことは，既に別稿［森安 1997「文字考」］で示したように，同じく陶宗儀の手になる『書史会要』巻8，回回字の条に「その字母は 29 あり横書きする」とあり，アラビア＝ペルシア文字 29 箇が各文字の名称の漢字音写を伴って横書きされていることから確証された。

　これに反して，我々のMi26文書に現われるルビーを扱っていたのは，文書の出土地からみて間違いなくトゥルファン盆地を拠点としたウイグル商人であった。書式・書体・術語などを総合的に吟味して体系化した私のウイグル文契約文書（さらには俗文書全体）の時代判定法によれば［森安 1994「箚記（四）」pp. 63-83］，本文書はモンゴル時代のものである。すなわち本文書の契約によってルビーを東西に売り歩いていたのは仏教徒（あるいはネストリウス派キリスト教徒）ウイグル商人と考えるのが自然であって，これを敢えてムスリム商人とみなす必然性はどこにもないのである。

第 5 節　ウイグル語の手紙と商業

　9世紀後半に東部天山地方に西ウイグル王国を建設したウイグル人にとって，いわゆるシルクロード貿易は極めて重要なものであった。これは従来の通説であり，いまなお大方の支持を得ている。一時は，西ウイグル人たちが残したウイグル語の俗文書は，ウイグルが農業社会であったことを反映するものばかりで，商業すなわち東西貿易が重要な生業であったと推断させるものはない，との主張が

なされたこともあった［cf. 間野 1978, pp. 31-32］。確かに山田信夫研究のウイグル文契約文書に登場するのは，ほとんどすべてが農民であった（『集成』参照）。しかし，もし仏教・マニ教関係のウイグル宗教文書（特にその奥書き）や俗文書類にまで目を転ずれば，ウイグルの商業活動を示唆するものは容易に見つかるのである。たとえばツィーメは 1976 年の論文「高昌ウイグル王国の商業について」［Zieme 1976a］で，「もしある貴人の子弟息女が旅をして遠方へ行き，商売をしたいと考えるなら，待ち焦がれている商品への渇望で（以下欠）」［Rachmati / Eberhard 1937, p. 50］などの仏教テキストを引用する一方，未発表の手紙を含むかなりの数の俗文書について言及していた。

しかしながらなんといっても圧倒的な説得力をもつ証拠は，かつて私が部分的な紹介をし［森安 1985「ウ文献」］，その翌 1986 年に出版されたハミルトン（J. Hamilton）の『敦煌出土 9-10 世紀ウイグル文書』［略号 MOTH］でその全貌が明らかになった，シルクロードのキャラヴァン貿易の実態を生々しく伝えるウイグル文の手紙・手紙草稿・帳簿・人名リスト・祈願文・覚書その他の文書類である。これらの文書の重要さはいくら強調しても強調しすぎることはない。現在それらはパリの国立図書館とロンドンの大英図書館とに所蔵されており，その所蔵番号や形状については 1985 年の拙稿［森安 1985「ウ文献」］で網羅的に紹介したが，その時はまだ具体的なテキストを引用して内容を紹介することは差し控えざるをえなかった。しかし今やハミルトンの労作が公表されたので，ここではそれに基づき，所々に私の解釈も加えながら，興味深い実例を列挙してみよう。［　］は原文書が破損しているところ，（　）は和訳上の補足である。[7]

I：MOTH, No. 23＝Or. 8212-123（30×22cm，首尾完，表 13 行，裏 6 行）

　　私たちの御舅様ソグドゥ＝ベグ（ソグドに由来する人名），御姑様，その家中の大小の方々（＝年長者と年少者）へ。私たちベグ＝イゲンとバイ＝トトクよりの御挨拶の書状。

　　遠くから，心を熱くし，親愛の情を込めて，挨拶を致し，私たちは何度も何度も御機嫌をお伺いして（手紙を）送ります。

　　あなた方の御気分はよろしいでしょうか，御身体は軽やかでしょうか。如

---

[7] 以下に引用する 3 通の手紙の和訳は，出版準備中の拙著『古ウイグル手紙文書集成』の最新和訳と差し替えた。

何でしょうか。(手紙や風聞でこれまでは) あなたたちが元気であると聞きまして，私たちは非常に喜んでいます。私たちも，こちらでこれまでのところ元気にしております。

今，手紙で，私たちはできるだけ多くの言葉（＝用件，消息）を送りましょう。

ババン＝チョルは持参した商品のために，ババン＝チョルは契丹へ向かって行ったそうです。

あなた方についていえば（私たちを）満足させてくれました。カニンチュより獲得（＝購入）した商品のことです。この商品の代償（お返し；ちょうどよい交易物品）をば，あなたはどのようにされますか。（それについて）私たちに1通の明瞭な（指示内容の）手紙を送ってください。（そうすれば）私たちが（指示どおりの代償となる商品を）入手し，持参しましょう。

私たちが（そちらに）行くまで，家中の大小の方々（＝年長者と年少者）を，夜明けから夜中まで一緒にいて，指導したり世話してあげてください。

私たちはタズの手にて，1頭のラクダを，手間賃を与えて，送りました。またさらに2匹の生絹と2個のケトマン鍬も付けて。このラクダは先行のキャラヴァンで行ったばかりです。そのラクダを，2匹の生絹と2個のケトマン鍬と一緒に受け取って，家中で関知（＝保護管理）してください。（その）ラクダはみずみずしい草のある所へやってください。2匹の生絹と2個のケトマン鍬は家中で運用してください。

II：MOTH, No. 26＝Pelliot ouïgour 12（27×21cm，首尾完，全12行，裏空白）

私（たち）□チグよりの手紙。（宛名の）X••//［へ］。遠くから，私たちは何度も御機嫌を（お伺いして手紙を）送ります。

君は元気ですか，如何ですか。私たちも，こちらで元気にしています。今，私たちはできるだけ多くの言葉（＝用件，消息）を送りましょう。

（この前の手紙で）「いつも無事にイゲン（または甥）と一緒に進物（bälāk）と手紙がある」と私は言ったが，後で（イゲンに）問い合せたところ，進物と手紙は見つからなかった。

この手紙は8月2日に書いた手紙です。カウディの手から117房の真珠を視認のうえ受け取れ。1通の手紙はマハ隊長の手にて，1通の手紙はヤクシ

チ＝オルトクの手にて（送ります）。＜円形タムガ墨印＞

　君がもしどこかへ出かける時は，1通の手紙をカムル（＝哈密＝伊州）に置いておけ。1通の手紙を私に送れ。

　ユティに。私たちは何度も御機嫌をお伺いして（手紙を）送ります。それ（上記の用件）ゆえに私たちは手紙を送りました。

　（別送の）進物（bäläk）はこのタムガ印と照合して見て受け取れ。＜長方形タムガ墨印＞＜円形タムガ墨印＞

Ⅲ：MOTH, No. 30 ＝ Pelliot ouïgour 6（30×14cm，一部欠損，表9行，裏4行）

　サグ［シ］＝トイン，ジニュチ，スクチュ＝シリグ，御家中の大［小の方々へ］。［遠方から？］私たちは何度も何度も御機嫌をお伺いして（手紙を）送ります。

　前後して私たちは手紙を送っている。君たちは全く1通の手紙も送ってくれない。どうしたのだ。沙州（＝敦煌）には紙がないのか。

　サグシ＝トインへ私からの一言：テゼクが（そちらへ）行った。よろしく面倒をみてくれ。テゼクがどんなことを言おうと，彼の言葉を拒否するな。出来るなら，テゼクと一緒に来てくれ。来られないなら，テゼクを指示どおりに面倒みてくれ。

　私に鍋と鋼鉄の小刀を送れ。君のところに染料がないなら，人から1（匹の）絹に使用する分の（orに値する）染料を買って送れ。（代価として）私は君に1（匹の）良質の生絹を送ろう。

　私は粛州（＝酒泉）にいる。それゆえに，私は進物（bäläk）を送れなかった。進物がないといって怒るな。何か大きい進物があれば，私は後日のキャラヴァンにて送ろう。

　（差出人：）私 TWY///WK の手紙。

　（宛先：）沙州にいるサグシ＝トインに与えよ。

第6節　10世紀頃のウイグル＝ネットワーク

　前節に挙げた3例だけからでも，当時のウイグル語の手紙に一定の書式があっ

たことは容易に見て取れよう。つまり手紙をやり取りする習慣がそれだけ一般化していたということである。冒頭に先ず宛名（受取人）と差出人，次に挨拶の決まり文句，それから本文が来る。挨拶の決まり文句がかなりの分量を占めるのは，まだ郵便制度が発達していない前近代においては，無事息災を尋ね合うこと自体が手紙の重要な目的であったからである。挨拶の決まり文句の外に頻出するキーワードはビティグ bitig「手紙，書簡」，アルキシュ arqïš「キャラヴァン，隊商」，ビレク／ベレク biläk / bäläk「包み，梱包，送り物，贈り物，進物」である。bitig の本来の語義は「書いた物，文書」である。それが arqïš によって運ばれると「手紙」になるのであるが，arqïš が主として運ぶのはむしろ biläk / bäläk の方である。これは公的あるいは私的な「贈答品，プレゼント」を指す場合もあれば，商売上の「梱包した商品・貿易品」を指す場合もあり，その区別は文脈によって判断するしかない。[8]

ハミルトン発表のウイグル語手紙文書全体を通じて浮かび上がってくるのは，商人自身がキャラヴァンのメンバーとなって商品を運ぶという原初的な姿だけでなく，遠隔地にいる者同士が自分たちの仲間の参加しないキャラヴァンを盛んに活用して，手紙と荷物の交換を行なっているという姿である。さらにこのようなキャラヴァンの利用法は商人以外の人々にまで拡大している。そして，全くの他人に託す荷物が途中で紛失したり，商品や贈り物の数量がごまかされたりしないように，荷物の包みにはタムガと呼ばれる印章（もとはトルコ系遊牧民が，所有する家畜に押した焼印であるが，ここでは普通の印鑑として使用）で封印が押され，受領の際にはそのタムガ印章で確認できるよう，別送の手紙の中にも同じタムガ印を押すのである。

紙数の関係で詳細は省かざるをえないが，偶然にも敦煌蔵経洞にこのように貴重な文書を残したウイグル人の本拠地は，東部天山地方のビシュバリク（北庭）とトゥルファン地方を中心とする西ウイグル王国であった。西ウイグル王国と敦煌地方の間の緊密な関係については既に私が別稿で論証した［森安 1980「ウイ敦」］通りで，疑問の余地はない。実はトゥルファン出土のウイグル文書中にもまったく同様の書式と内容を持つ手紙類はかなり存在するのであるが，それには

---

[8] ウイグル語の手紙の書式については，既に森安 2011「書式前編」「書式後編」という長大な論文を発表して，十分に論じてある。なお，本書第 7 論文＝森安 1987「贈り物」の〔書後 3〕も参照。

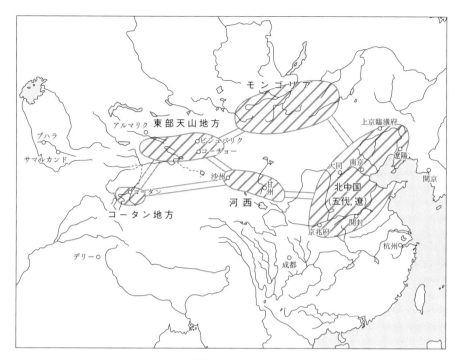

図1　10世紀前後のウイグル＝ネットワーク

まだ未発表のものが多いので，ここで紹介することはできない。

　MOTH にまとめられた10世紀前後の手紙類の多くは敦煌以外の地から敦煌に送られてきたものであり，そこに現われるカムチゥ Qamčiu（甘州），スクチュ Sügčü（粛州），カムル Qamïl（ハミ），Ötükän（オテュケン山），Biš-balïq（ビシュバリク＝北庭），トゥルパン Turpan（トゥルファン），クチェ／クセン Küčä／Küsän（亀茲，クチャ），オドン Odon（于闐，コータン），キタイ Qïtay（契丹），Uyɣur（ウイグル），タブガチ Tavɣač（中国），ヤグラカル Yaɣlaqïr（ウイグル王族の薬羅葛），チュングル Čungul（仲雲），チュムル Čumul（処密）などの地名・種族名は，図1のようなウイグル商人のネットワークを浮かび上がらせる。

　また商品リスト類は現地敦煌に駐在したウイグル商人の残したものが主であろうが，それらのリスト類と先の手紙とを合わせると，そこには絹・生絹・練絹・褐子(かっし)（毛織物）・繊細な棉布・立機(りっき)・奴隷・麝香・真珠・絨(じゅう)錦(きん)[3]・ハンカチ・染料・漆杯・銀の鉢・銀張りの箙(えびら)・櫛(くし)・鍋・鋼鉄の小刀・鍬(くわ)・羊・ラクダ・干し葡

萄・杏(あんず)・棗(なつめ)などの商品名(家畜や贈答品名なども含む)が見えている。

　ハミルトンは結論として,これらの文書を残した人々の職業は僧侶・王族・貴人・役人・軍人・商人・職人その他であるが,彼らの活動で最も顕著なのはキャラヴァン貿易であり,商人のみならず仏僧・貴人・役人・軍人までもが商業に従事していると述べているが[MOTH, pp. 175-177],その明快な結論は,シルクロード貿易に関する従来の通説を補強するものである。ハミルトンの仕事は,これまずまず漢文史料,特に五代宋遼金への朝貢記事などから推定され,さらにそれにイスラム側史料を重ね合わせることによって浮かび上がってきていた中央アジア経由のシルクロード＝ネットワークの核心部分を[4],現地出土の文献史料によって一層はっきりさせたといえるのである。実はこれら3種の史料間に現われる朝貢品名・商品名には重なるものが多いのであるが,それまた当然のことであろう。

第7節　ソグド商人からウイグル商人へ

　オルトク商人が遠隔地商業・高利貸し・徴税請負などのために動かした巨額のお金をオルトク銭というが,じつは中国においてこのような巨大な外国資本が運用されたのはモンゴル時代が初めてではない。別格の大元ウルス時代をのぞけば,中国王朝の中ではもっとも開放的・国際的だといわれる唐の時代,急速な商品・貨幣経済発展の波に乗って活躍する商胡・興胡・胡客・蕃客などと呼ばれた外国商人がいた。彼らは珠玉宝石・香料薬種・象牙などの奢侈品を取り扱う一方,両替・預金・利貸・手形・小切手などほとんど今の銀行とかわらぬ多角経営を行ない,中国金融界に絶大な勢力を築いた。そのような外国金融資本の代表が波斯(ペルシア)銭並びに回鶻(ウイグル)銭であった。

　以上は日野開三郎によって明らかにされたところ[日野 1965a；日野 1965b]で,唐代経済史研究に一時代を画した同氏にしてはじめて可能な鋭い指摘であった。しかしながら,波斯銭をペルシア商人の資本と正しく認識しながら,回鶻銭についてはこれを文字通りウイグル商人の資本とみなした点だけは納得できない。当時のウイグルはまだモンゴリアに本拠を置く遊牧民である。なるほど,10世紀以降,五代〜宋諸王朝や遼朝(契丹国)に朝貢(実際は貿易)にやってきたのは,

ウイグルが「定着化」した後の西ウイグル王国や，別の集団が河西に建国した甘州ウイグル王国（9世紀末～11世紀中葉）に所属する者たちで，その限りでは確かにウイグル人といっても誤りではない。ところがそれはあくまでその当時の「国籍」がウイグル王国であったというだけで，その民族的出自までそうとは限らない。結論を先に言えば，ウイグル商人といっても実はソグド人や漢人が多いのである。たとえば，漢籍史料から判明する朝貢使節の人名をみれば，そこには漢人の姓をもつ者と並んで，安・康・曹・石などソグド人特有の姓をもつ者が目立つのである［cf. 羽田（明）1971, p. 434 ; 佐藤（圭）1981, p. 326］。同じ傾向は敦煌から出土した10世紀頃のウイグル関係の漢文文書からもいえる。さらに第5節で一部を紹介したMOTHにもやはり，漢人の姓名をもつ者と並んで，アン（An＝安）姓の者，Maxu, Manyaq, Mir, Naxïdというソグド語名をもつ者や，ソグド＝ベグと名乗る者さえいた。

　さらにもう一つの事実がある。それは，かの有名な敦煌蔵経洞から，「半楷書体」と呼ばれる最初期のウイグル文字［森安 1985「ウ文献」pp. 16, 39 ; 森安 1994「箚記（四）」p. 66参照］で書かれたソグド＝ウイグル両語併用の手紙・帳簿・覚書類が出現したことである。これらはシムズ＝ウィリアムズ（Nicholas Sims-Williams）とハミルトン共編の『敦煌出土9-10世紀トルコ＝ソグド語文献』［略号DTSTH］で初めて学界に発表されたものであった。そこにも，漢語の姓名やアン（An＝安）姓の人物が見える。これらの文書に使われた言語の基調はソグド語であるが，しばしばウイグル語からの透写語（カルク）的表現が見られるのみならず，随所にウイグル語（正確にはウイグル語を中心とするトルコ語）が単語レベルだけでなく，文章でも使われている。特にDTSTHとMOTHとの間で，「紙」（k'γ-δy'＝kägdä）・「キャラヴァン」（''rxyš＝arqïš）・「私からの贈り物の包み」（p'l' kym / pyl' km＝bäläkim / biläkim）・「負債」（pyrkym＝birgim）・「代償」（'wγwr＝oγur）などの，手紙や商業文書に頻出する術語が共通していることは注目に値する。このような文書はウイグル化したソグド人か，ソグド語を修得したウイグル人が書いたものであろう。

　もはや，当時の中央アジアから河西地方には，ウイグル語・漢語のできるソグド人，ソグド語・漢語のできるウイグル人，ないしはソグド語・ウイグル語のできる漢人が主に商業に従事して活躍していたことは疑いない。たとえそこに血統的にはソグド人や漢人がいたとしても，あるいはソグド語を得意とする者がいた

としても，西ウイグル王国か甘州ウイグル王国かに属していた者であれば，それはウイグル国人と呼ばれて当然である。

本稿では詳細を省略したが，一種の「征服王朝」ともいうべき西ウイグル王国や甘州ウイグル王国は，ウイグル人を始めとするトルコ人，漢人，ソグド人，トカラ人，あるいはチベット人や吐谷渾(とよくこん)人なども混じった多民族国家であり，多言語社会であった。もちろん混血や言語・文化の混淆が進行していたが，そこには紀元前後から10世紀あたりまでシルクロードで活躍した商人としてもっとも名高いあのソグド商人［cf. 吉田 1997］の伝統も生き続けていた。ベゼクリク千仏洞に残る10世紀以後のウイグル仏教壁画の誓願図に見える商人の風貌［Le Coq, *Chotscho*, pls. 22, 28］（図2）[9]が，ユーロペオイド（コーカソイド，白色人種）に特徴的な紅毛碧眼，あるいは少なくとも深目高鼻多毛であるのは，西ウイグル王国の商業を牛耳っていたのがソグド商人であったことを如実に示しているのである。さらに12世紀の宋人が金朝に抑留された時の見聞録である『松漠紀聞(しょうばくきぶん)』にさえ，「多く燕（北京地方）に商賈(しょうこ)を為し，（貢ぎ物や商品を）載せるに橐駝(たくだ)（ラクダ）を以てし，夏地（西夏国領）を過(よぎ)る」とある仏教徒「回鶻」人すなわちウイグル商人の特徴として，「髪は巻いており，目は深く，眉はきれいで濃い。まつ毛のあたりから下には頬髭(ほおひげ)が多い」という描写がある。この描写がいかによく先の壁画に見える商人の容貌と一致するか，改めて説明する必要はなかろう。[10]

これまでベゼクリクの誓願図に見える商人は外来の商人か，それともウイグル国内の商人かという問題に明解を与えた者はいない。しかし，もし外来とすれば，

---

[9] 森安孝夫編『シルクロードと世界史』［Moriyasu 2003 "FourL"］の巻頭カラー図版 pl. II, figs. 4-5 & pl. XII, figs. 38-40 にも再録してある。なおクリムカイトはこの供養人を単純に "Sogdian merchants" とか "Sogdian donors" と説明する［Klimkeit 1990b, p. 192 & caption of pl. IX］。完全な誤りではないが，本稿で説明したとおり，これは仏教徒のウイグル国人なのであるから，ソグド系ウイグル人とするのが正確なのである。

[10] 東ウイグル帝国時代についても，ソグド人をウイグル人とみなしていた確たる証拠がある。帝国崩壊直後の843年，唐の宰相・李徳裕が，唐の北辺に亡命移住を求める南走派ウイグル集団とのかけひきに使う通訳に関する武宗皇帝への上奏文の中に，「石仏慶らは皆是れ回鶻の種類なり」とある［『会昌一品集』巻15所収「論訳語人状」；『李徳裕文集校箋』p. 271］。石仏慶は石姓のソグド人であるのに，これを唐側ではウイグル人と認識していたのである。一方，後の元代の散曲作家として名高い貫雲石は，ウイグル仏教徒の家系に連なり，小雲石海涯（セヴィンチ＝カヤ）というウイグル語名を持っていたが，彼も碧眼だったというから［cf. 田森襄「貫酸斎考」『埼玉大学紀要』10, 1961, p. 5］，コーカソイドの血を引いていたのである。

風貌からしてやはりパミール以西のイラン系のソグド商人かペルシア商人の可能性が高く，その本国としてはサーマン朝・後期アッバース朝・ブワイフ朝・ガズナ朝・カラハン朝（大食国）・セルジューク朝・ホラズム朝などが考えられる。しかしこれらはいずれもイスラム化した王朝であり，そこからやってきたムスリム商人が，偶像だらけの千仏洞に礼拝に来て，仏教的寄進をするはずはなかろう。それゆえ誓願図に見える商人は，仏教国たる西ウイグル国内の商人，つまりソグド系ウイグル商人とみるのが妥当なのである。そ

図2　ベゼクリク石窟のウイグル仏教壁画に見えるソグド系ウイグル商人（口絵1の右下部分）

して彼らが南方は河西～ロプ＝ノール地方からチベット，西方はイスラム諸国やイスラム化する前の東トルキスタン西部，北方はモンゴリアからシベリア南部，そして東方は五代・宋・西夏・遼（契丹）・金へと往来していたのである。

第8節　オルトクの源流

　そもそも遠隔地商業などというものは，ノウハウもネットワークもなくいきなり始められるものではない。8-9世紀にゴビ以北のモンゴリアを中心に遊牧生活を送っていたウイグル人が，安史の乱で存亡の危機に陥った唐を助けた功績により治外法権的地位を得たとはいえ，突然に唐で商人に早変わりできるはずはなかろう。むしろその功績を楯に，商行為どころか掠奪行為など好き勝手をしたと伝える漢文史料の方にこそ信憑性がある。ひるがえって東ウイグル帝国（744-840年）においてソグド人が政治的にも文化的にも宗教（マニ教）的にも絶大な影響力を行使したという歴史的背景を熟知している我々には，8-9世紀のウイグル商人とかウイグル銭と呼ばれる実体があったとすれば，それは，ソグディアナ（パミールから流れ出てアラル海に注ぐアム河とシル河に挟まれた地域，マー＝ワラー＝ア

ンナフル）を本拠に，その商業圏が中央アジア・モンゴリア・チベット・中国にまで及んだ（時には西の黒海周辺や南のインド洋にまで延びた）あのソグド商人とソグド金融資本以外には考えられないのである(5)。逆にこれをソグド金融資本と捉えるならば，唐代中国において強大な経済力を持った西域商人の代表として，ペルシア商人と並んで当然予想さるべきソグド商人が挙げられることになり，日野が胡商の活動を示す史料としてまとめたもの全てが，氏自身の卓越した見通しを裏付けるものとして，再び蘇ってくるのである。我が国では芥川龍之介の小説「杜子春」で有名になったような，唐代のいわゆる胡人採宝譚の背景にいる胡人としては，やはりペルシア人とソグド人がその双璧をなしていたにちがいないのである。

　東ウイグル帝国時代から西ウイグル王国時代初期までのウイグル人はソグド商人のパトロンの立場にあり，当時のウイグル商人の実体はソグド商人そのものであった。その後ウイグルの「定着化」が進んでくるに従い，ソグド人のウイグル化やソグド人とウイグル人の混血も進み，かつては自らが商業に手を染めることはなかったウイグル人であったが，ソグド商人を見習って，あるいは徐々にソグド人に取って代わって遠隔地商業に進出していくようになったと思われる。こうして，モンゴル勃興前夜には名実ともにウイグル商人と呼ばれるに足る実体を備えた者が，パミール以東の貿易網を掌握するようになっていたのである。このような歴史的背景をもつウイグル商人であったからこそ，第3節に紹介したMi26文書のような商い契約を結んだのである。その2行目のortoqluqについては，これを単に「オルトクである」と訳し，「オルトクに予定されている」と解釈しておいたが，いま一度文書全体の内容を振り返れば，これは2人の「仲間」のうち1人が資本を出し，もう1人が実際に遠隔地貿易に従事して利潤を挙げ，その成果を分け合うという契約を結ぶためのものであったことが明らかとなろう。第2節に列挙した農地共有の実際を示す文書同様，ここでもやはりオルトク関係を結ぶ両者の間に上下関係は認められない。このような形での契約は，中央アジアのなかでも際立った交通の要衝に位置したウイグリスタンの人々の間で日常的に行なわれており，ここのortoqluqもなんら特別の術語ではなかったと思われる。ウイグル人にとって「仲間」すなわちオルトクとなって商業を行なうとは，まさにこういうことを指したのであり，それ程までに商業が盛んであったということである。

第5節で紹介した手紙IIをもう一度参照していただきたい。実はそこにも ortoq という語が現われていた。ハミルトンはこれを単純に人名要素と考え，その前後を「この手紙は8月2日に書いた手紙です。カウディの手元から117房の真珠を視認のうえ受け取れ。1通の手紙はマハ隊長の手にて，1通の手紙はヤクシチ゠オルトクの手にて（送ります）」と翻訳したが，私はこの最後の部分も「ヤクシチという名の商業仲間の手にて」と解釈すべきであると思う。もしこれが正しければ，モンゴル時代の文書に在証されたトゥルファンのウイグル仏教徒の使用していた用語が，いっきに10世紀にまで遡って在証されることになるが，第5，6節を通じてモンゴル勃興以前の西ウイグル王国の盛んな商業活動の実態を見てきた後では，それも容易に首肯されることであろう。

第9節　モンゴル時代のウイグル゠ネットワーク

オルトクの意味はあくまで「パートナー，仲間」であって，決して組合組織や会社ではない。この点では，本稿冒頭に紹介した宇野の「共同事業者」とする考えは正しかった。ただし同氏はオルトクの起源をムスリム商人とみなす通説に従って，漢籍に見える回鶻・回回をともにムスリム商人と考えているようである。従来は13世紀前半にモンゴルの宰相となって活躍した「回回」人のチンカイ（田鎮海）をケレイト人であるとか，ケレイトに身を寄せていたムスリムであるとかの説が優勢であるが，私はラシード゠アッディーンが彼をウイグル人であると言っている［Boyle 1971, p. 155］のを素直に信じ，また1220年代の『蒙韃備録』に，

A：モンゴルの風俗は素朴であるので，隣接している回鶻の人たちがいつも北中国（原文は「両河」すなわち河東・河北）にやってきて交易をし，（そこで入手した商品を）モンゴルに売りさばくのであった。

B：回鶻に田姓の者があり，財産が豊富であった。巨万の商売をしており，北中国（原文は「山東・河北」）と往来していた。

とある「回鶻」も，旧西ウイグル王国並びにその国人とみなしてよいと考える。漢語の姓名を持ったウイグル商人が西ウイグル王国にいても少しもおかしくない

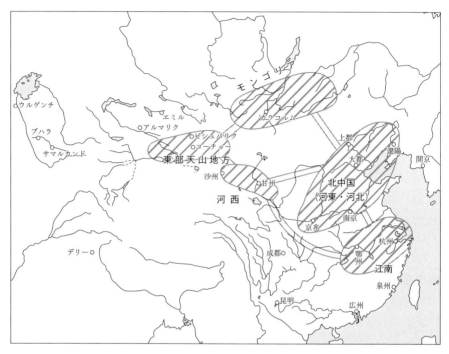

図3　13-14世紀（モンゴル時代）のウイグル゠ネットワーク

ことは既に第7節で述べた。そして第6節で明らかにした10世紀頃のウイグルの商業ネットワーク（図1）と，かつて私が「ウイグル゠コネクション」として提唱したモンゴル時代のウイグル人ネットワーク［森安 1988「キンサイ」p.433］とを比べると[11]，だいたいはよく一致するのに，大きな相違もあることに気付かれよう。その一つは，後者にモンゴル本土が含まれないことである。しかし，今ここに，上記の『蒙韃備録』の「田姓」の「回鶻」商人を，西ウイグル国出身のチンカイ（田鎮海）とその一族とみなすことによって，この空白は埋められるのである。その結果得られた新しいモンゴル時代のウイグル゠ネットワークが図3である。

　かつてのソグド商人の伝統を継承するウイグル商人の商業ネットワークと情報

---

[11]「ウイグル゠コネクション」とウイグル゠ネットワークは表裏一体であるが，その違いについては，本稿の先行論文ともいうべき第12論文＝森安 1988「キンサイ」の〔書後1〕，もしくはさらにその先行論文である第13論文＝森安 1983「元代ウ書簡」の〔書後4〕を参照。

網がモンゴル本土にまで伸びていたからこそ，西ウイグル王国は西遼国（カラキタイ）の一時的かつ間接的な支配の下でもモンゴルの勃興をいちはやく察知し，自ら進んでモンゴルに臣属していき，その着眼よろしく両者の関係は極めて緊密になっていったのである。その緊密さは，ウイグル王がチンギス汗の第五子とされたこととウイグル文字がそのままモンゴルに借用されてモンゴル文字になったことに象徴されるが，その外にもウイグル仏教がモンゴル仏教の母となった事実がある。このような情勢の下，ウイグル商人のモンゴルとの往来はますます盛んになり，そして珍奇な商品を恒常的に提供するうちに，相次ぐ侵略戦争に勝利して豊かになっていくモンゴル王族や有力者から資本を預かり，それを運営して巨額の利益を生むという契約関係が，新たに結ばれるようになったと推測される。モンゴル王族や有力者にとっては，銀や絹織物や宝石の形で蓄積される財貨を有効に生かす手段とてなく，これをウイグル商人に託して利殖することはありがたいことであったろう。こうして，元来のウイグル語では農業の上でも商業の上でも「仲間」を組むことを示すごくありふれた言葉であった「オルトク」が，モンゴル勃興以後は，ウイグル商人とモンゴル王族・有力者との特殊な関係を指す術語となり，それがモンゴル語にも漢語にも入って定着したのである。第3節で見た中国・ウイグル・モンゴル間のあの貨幣・重量単位の見事な一致は，このような背景なくしては考えられない。[12]

漢字表記「斡脱（あつだつ）」の当時の発音はオルタクではなくオルトクにきわめて近く［森安 1997「斡脱」pp. 35, 41］，本稿で見たように東方のトルコ語の代表であるウイグル語でも明白にオルトクであった。ところが同時代の西方のトルコ語諸方言ではこれをオルタクと呼ぶほうが一般的であった。モンゴル帝国〜大元ウルス（元朝）で活躍したオルトク商人の起源を，文化的にも地理的にも近く，しかも発音まで一致する東のウイグル人仏教徒に求めず，わざわざこれを文化的にも地理的にも遠く，発音にさえやや難のある西のトルコ人ムスリムに求める従来の説には，余りにも無理が多いのである。オルトク商人の起源はやはり仏教徒ウイグル商人であり，さらにウイグル商人の起源はソグド商人にまで遡るというのが，これまでとちがう私の新しい結論である。

---

[12] その後さらに松井太の研究によって，漢語・ウイグル語・モンゴル語・ペルシア語間の貨幣・重量単位体系が精密化されただけでなく，穀物や液体の容量単位の体系までが明らかにされた［松井 2004b「モンゴル時代の度量衡」; Matsui 2004c ; Matsui 2009］。

おわりに

　本稿の最大の目的は，モンゴル時代に東西に活躍したオルトク商人の源流は，決してムスリム（イスラム教徒）商人のみにあるのではなく，むしろ直接的には仏教徒（時にキリスト教徒）ウイグル商人とみなすべきこと，さらにその源流は唐代に内陸アジアの遠隔地貿易で活躍したソグド商人にまで遡ることを論証することであった。

　しかしながら私も，仏教徒（あるいはキリスト教徒）ウイグル商人がチンギス汗（カン）やオゴデイ汗（カアン）と密接な関係を持つのとほとんど同時に，西方のムスリム（回回）商人もモンゴリアに進出を開始していたことは，これを認めざるをえない。西トルキスタンのムスリム商人も，ウイグル商人とは別の意味でソグド商人の直系である〔書後4参照〕。そして，13世紀も後半になり大元ウルス（元朝）の時代になると，西方から大量のムスリム商人が進出してきて，ウイグル商人のお株を奪ってしまったこと，すなわちオルトク商人といえばまずムスリム商人と考えられる程になってしまうのもまた事実である。それは，おそらく，杉山正明が主張するように［杉山 1992, 1995, 1996a, 1996b］，モンゴル世界のネットワークが中央アジア東部〜中国から発展して，中央アジア西部〜西アジア〜ヨーロッパに及び，さらには南宋を滅ぼして南中国にまで拡大し，ついにユーラシア大陸南方の海のルートともリンクしたことと関係があろう。この段階になれば，前述の商業ネットワークの規模からいっても，商業に従事できる人口数からいっても，あるいは西アジアのムスリム商業圏と取り引きする際の有利さという点でも，仏教徒ウイグル商人はムスリム商人の比ではない。他方，巨大な支配領域の経営には絶対的に人口の少ないモンゴル人の方としても，文化的・宗教的・政治的に緊密な関係を有してきた旧西ウイグル国人たちを自分たちの同士として支配者側に取り込み，文書行政に秀で，軍事も含めてあらゆる面に目配りのきく彼らの高い統治能力を十分に活用せざるをえなかったのである。こうして旧西ウイグル国人のモンゴル政権内部における色目人（しきもく）筆頭の地位は不動のまま[13]，ユーラシア経済界において

---

[13] 志茂碩敏の最新本のどこにもウイグルがモンゴル帝国〜元代において色目人筆頭の地位を占めていたという記述はないが，その大著［志茂 2013］全体を俯瞰すれば，この私の指摘が誤りでなかったことが諒解されよう。

はあくまでモンゴルの「使用人」にすぎないムスリム（回回）にその支配的地位を明け渡すことになるのである。

註
（1） オルトク問題に関する先行研究は，森安 1997「斡脱」にほぼ網羅されている。なお森安 1997「斡脱」は本稿の元になった報告であり，荒削りではあるが，史料の出典や論拠，参考文献については本稿よりはるかに詳しく記載してある。[14]
（2） この前後の記述内容については，まず財団法人東洋文庫の春期東洋学講座の講演「古代ウイグル文書の世界」（1995 年 6 月 6 日；要旨は『東洋学報』77-1/2, 1995, pp. 169-173）で発表し，その後，森安 1997「斡脱」pp. 7-14 で詳細に論じた。たまたまこの部分が『世界の歴史 7 宋と中央ユーラシア』（中央公論社，1997 年）の pp. 321-322 の記述（梅村坦担当）と重複したので，一言コメントする。
（3） これが西ウイグルと北中国との間の交易を示すキーワードの一つになることについては，森安 1991『マニ教史』pp. 90-91, 161 で解説した。その後さらに，敦煌出土漢文文書 P. 3644 に「戎錦」が「達担(タタル)」や「迴鶻使(ウイグル)」と一緒に現われることを発見した[15]。また tarta という高級絹織物をめぐる興味深い問題については，森安 1994「箚記（四）」pp. 84-91 を参照。
（4） これについては以下のものを参照されたい。安部『西ウ』pp. 356-365；田坂 1964, pp. 515-549, 557-570；森安 1977「西遷」pp. 113-115；榎 1980『講座敦煌 1 敦煌の自然と現状』pp. 277-291；森安 1991『マニ教史』pp. 154-157, 160-171.
（5） 羽田亨はまだ回鶻銭なるものの存在には気付いていない時点で，唐の徳宗（在位 779-805 年）頃に長安で高利貸しを営んだ回鶻の実体はソグド人であったと，論証ぬきではあるが，看破している［羽田（亨）1936, p. 150］。回鶻銭の発見者である日野開三郎［日野 1965b］はこの羽田説を見落としたらしい[16]。その後，羽田明は羽田亨説を，やはり論証なしで受け継いでいる［羽田（明）1971, p. 428］。佐藤圭四郎は，1978 年の論文「北宋時代における回紇商人の東漸」ではまだ唐代の回鶻銭を運用したのはソグド人であるとの認識に至っていないが，1979 年の「唐代商業の一考察」では羽田（亨）・日野の説に拠りつつ，ソグド商人がウイグルの名をかたっていたことをある程度論証している［佐藤（圭）1981『イスラーム商業史の研究』pp. 316-318, 322, 336-337］[17]。それでもまだウイグル商人とソグド商

---

[14] 科学研究費の報告書は正式の出版物ではないので，本来は引用すべきでないというのが私の立場なのであるが，本稿は市販書ゆえの厳しい紙数制限から同年に書かれた森安 1997「斡脱」を縮約して仕上げたものなので，一部どうしても引用せざるを得なかった。その点の御寛恕を請う。

[15] Cf. 森安 1997「斡脱」p. 22；森安 2011「書式後編」p. 382. 絨錦・戎錦・狨錦はウイグル語 žünkim ジュンキムに対応するものである。žünkim の用例はその後も増えている［cf. Yakup 2011, pp. 418-419］。ジュンキムの実体については，cf. 坂本 2012, pp. 93-94.

[16] 私は回鶻銭の発見者は日野開三郎であると思っていたが，実は早くに向達が気付いていたようである［向達 1933 ＝ 向達 1957, p. 35 ＝ 向達 2001, p. 37］。日野がこれを引用していないのは遺憾であるが，それでも日野 1965b の独自性が失われるわけではない。

人との弁別は不十分である。一方，海外の学界でもまだ回鶻銭はソグド資本であるという見方は一般的になっていない［cf. Lieu 1985, p. 197］。[18]

〔書後1〕

本稿［森安 1997「ウイグル商人」＝第10論文］の元来の目的は，モンゴル時代の斡脱商人について安易にムスリム商人とみなす誤解が蔓延しているのを，源流にまで遡って正すことにあった。幸いにしてその目的は達成できたが，それと同時に，森安 1983「元代ウ書簡」［＝第13論文］で胚胎し，森安 1988「キンサイ」［＝第12論文］になって明確に現われたモンゴル時代の「ウイグル＝コネクション」という命題をウイグル＝ネットワークとしてヴィジュアル化し，さらにはそのウイグル＝ネットワークが10世紀前後にまで遡ることを実証する結果ともなった。

そうすると時代的には両者の中間に来る西夏時代のことが気になるが，それについてはカラホト出土の西夏語法典である『天盛旧改新定禁令』の中から貿易関連条文を抽出した佐藤貴保の研究が重要な手がかりを与えてくれる。それによれば，東方に大消費地である宋朝と金朝をひかえる西夏国は，西方の西州国（西ウイグル王国）並びに大食（カラハン朝～ホラズム朝）からやってくる使者や商人に対してかなりの優遇措置をしていたという［佐藤（貴）2003, pp. 221-223, 232, 234］。西夏勃興期の趙徳明（＝李徳明）の時代はまだ大食から宋朝への入貢使は西夏領を通過していなかったようであるが［cf. 前田『河西』pp. 577-578］，12世紀前半の事情を伝える『松漠紀聞』の回鶻之条には，西ウイグル商人が金朝の首都まで貨物を「載せるに橐駝（ラクダ）を以てし，夏地（＝西夏国領）を過ぐ」とあるのは，まさしく西夏法典の記事と対応している。

〔書後2〕

本稿の第5節「ウイグル語の手紙と商業」，第6節「10世紀頃のウイグル＝ネットワーク」，第7節「ソグド商人からウイグル商人へ」は，イスラム化以前の中央ユーラシアにおけるシルクロード貿易の実態をうかがわせる可能性の最も高い古ウイグル文書を活用した最初の試論であった。その後，さらに進んだ研究の成果を，森安 2011「シルクロード東部出土古ウイグル手紙文書の書式（前編・後編）」で発表したが，本書には掲載しないので，その後編の第11章「手紙本体中に使われる慣用表現」並びに第12章

---

[17] 羽田明は羽田亨の子息であり，佐藤圭四郎は羽田亨の学統に連なっている。羽田明は元代の斡脱銭よりの類推で，回鶻銭の出資者をウイグル王族・貴族と見なしているが，私はソグド商人自身が資本家であったと考えている。そうでなければ同時代の波斯銭が理解しにくかろう。

[18] 本稿は1997年の発表であるが，その後，De la Vaissière 2002, pp. 146, 326 が同様の見方を発表したので，森安 2004「通貨」＝本書第11論文の第3節でそれに言及した。最新のレウリニの本では，私の結論を受け入れている［Leurini 2013, p. 34］。

「キャラヴァン（隊商）による貿易と通信について」（第1節：キャラヴァンの重要性，第2節：キャラヴァンの往来と手紙，第3節：手紙に付随する進物とその受領確認）を参照していただければ幸いである。なお，拙著『古ウイグル手紙文書集成』（英文）の出版まではあと数年を要する見込みである。

〔書後3〕
　本稿第7節「ソグド商人からウイグル商人へ」で論証した内容が，ハミルトン・シムズ＝ウィリアムズによる敦煌出土のソグド語・ウイグル語併用文書（ハミルトン・シムズ＝ウィリアムズは"Turco-Sogdian"と呼ぶ）の研究［DTSTH］を受け継ぎ，それを深化させた吉田豊教授の言語学的研究によって，いっそう補強されたのは［吉田 2011a, pp. 23-40 = Yoshida 2012b］，私には極めてありがたいことで，心より感謝したい。

〔書後4〕
　『三朝北盟会編』『北使記』『長春真人西遊記』などの12-13世紀の漢籍では，回鶻／回紇と回回との混同が見られるが，それは容貌も言語もよく似ていたからであろう。なぜなら，陸のシルクロードでやってくる回回商人にはペルシア人・アラブ人ムスリムなどではなく，カラハン朝・ガズナ朝・セルジューク朝・ゴール朝・ホラズム朝などトルコ系諸王朝のもとでトルコ化した旧ソグド人の後裔たるムスリム商人が多数派を占めていたからである。本稿で論証したように8世紀以降の回鶻商人の中核はコーカソイドでソグド系のウイグル商人であるばかりか，10-11世紀以降彼らは西ウイグル国人としてほとんどトルコ語化したのだから，漢人に両者の区別が付かなくなるのは当然である。ここに回回がウイグルと誤解されたり，回鶻／回紇がムスリムと誤解されるようになる遠因がある。

〔書後5〕
　チンカイ（田鎮海）がケレイト出身なのかウイグル出身なのか，景教徒であったのかイスラム教徒であったのかという問題について，既に田坂興道が，『黒韃事略』に「行於回回者，則用回回字，鎮海主之。回回字只有二十一箇字母」とある回回字をウイグル文字であるとして，田鎮海が「ウイグル系の景教徒であることは疑あるまい」という結論を出していた［田坂 1964, pp. 609, 711-712, n. 17］。田坂はチンカイの出自がケレイトなのかウイグルなのかはさておき，完全にウイグル文化を体得していたという意味で「ウイグル系」としているのであって，それは私が「旧西ウイグル王国人並びにその国人」としたのと同じである。然るに私がこの田坂説を見落としていたのは，田坂自身が同じ単行本の別の箇所［田坂 1964, pp. 700-701］で，1235年のオゴデイ発布の漢文碑文の末尾に「後有回回字一行」と追記された回回字をペルシア文と考え，中国イスラム

教史の一資料とみなしていたことに一因がある。いずれにせよ，田坂ら先学が単に状況証拠から，21字から成る回回字がウイグル文字であると推定した点を，ウイグル＝アルファベット表という確実な証拠に基づいて論証したのは，森安 1997「文字考」が最初であった。そしてその末尾で「本稿で得られた結論は，鎮海＝田鎮海の出身はケレイトかウイグルかという問題やオルトク（斡脱・オルタク）商人の起源などを再検討する上でも，極めて有効に働くはずであるが，それについては別稿「オルトク小考」（仮題）に譲りたい」としておいたが，その別稿がこの第10論文［森安 1997「ウイグル商人」］なのである。

　幸い，私の見解は，近年の村岡倫の鎮海屯田・鎮海城の位置比定をめぐる論考において，ほぼ全面的に受け入れられているだけでなく，さらなる補強をされている［村岡 2006, pp. 140-143；村岡 2010, pp. 396-401］。チンカイはチンギス汗の命令によりアルタイ山脈の北麓に鎮海屯田（称海屯田）という軍事基地を建設したが，その中心に鎮海城（チンカイ＝バルガスン）があった。ここが後のチンギス汗の中央アジア遠征の拠点となったのであるが，その位置が長らく不明のままであった。それを確定するために編成された日本モンゴル共同調査隊（松田孝一・白石典之・村岡倫・松川節；オチル）がアルタイ地方に入り，鎮海城と思われる遺跡を発見した。遺跡で採取された遺物の中には，モンゴル時代以前のものも数多く，これによって，この城址はチンギス汗時代よりも古い時期に築かれており，鎮海城はそれを再利用したものであったと考えられるという。これらの調査の成果を盛り込んで，村岡は本稿の図3「13-14世紀（モンゴル時代）のウイグル＝ネットワーク」のみならず図1「10世紀前後のウイグル＝ネットワーク」にまで遡って，モンゴリアと東部天山地方を結ぶ最重要交通路を浮かび上がらせてくれたのである［村岡 2006, p. 141；村岡 2010, p. 400 の長春真人一行の経路］。

〔書後6〕
　本書所収のいくつもの論文と密接に関わるものとして，白玉冬が2011年に発表した3論文［白玉冬 2011a, b, c］を紹介しておきたい。前田直典の1948年論文「十世紀時代の九族達靼──蒙古人の蒙古地方の成立」で問題提起されて以来，タタル族を中心とするモンゴル前史，すなわちモンゴル勃興以前のモンゴル高原史の研究は長らく断絶状態にあったが，自らがモンゴル人である白玉冬はこれに取り組み，大阪大学で博士号を取得した。3論文はいずれもその博士論文が基礎になっており，全体としては10-11世紀のモンゴル高原にモンゴル系の九姓タタル（達靼）の独立国家が存在したことを論証している。そのうち特に本稿と関わりが深いのは2011cであり，本稿第5～7節のウイグル商人の動向と10世紀前後のウイグル＝ネットワークを補い，さらに第9節で述べたチンカイ（田鎮海）の出自問題解決への鍵も与えてくれる。一方，2011bでは，中国の敦煌学界に根強い河西タタル国独立説を明確に否定していて，私の沙州ウイグル独

立説批判と相通じるものがある。

11

シルクロード東部における通貨
──絹・西方銀銭・官布から銀錠へ──*1

はじめに
第1節　西域の銀銭
第2節　唐支配下の西域と絹織物
第3節　絹馬交易と回鶻銭
第4節　ウイグル文書の時代区分
第5節　ウイグル文書中に見える貨幣単位
第6節　西ウイグル時代の官布からモンゴル時代の銀へ
第7節　ヤルマク問題
第8節　バキル問題とウイグルの銅銭（その1）
第9節　バキル問題とウイグルの銅銭（その2）
第10節　ユーラシアの銀動向（その1）
第11節　ユーラシアの銀動向（その2）
第12節　銀秤量単位の起源・伝播とウイグル
おわりに

1　*本稿は英語で発表される予定の拙稿 "From Silk, Cotton and Copper Coin to Silver. Transition of the Currency Used by the Uighurs during the Period from the 8th to the 14th Centuries" を大幅（約2倍）に増補したものである。なお，この英文論文は，2002年9月8-13日にベルリンで開催されたドイツ＝トゥルファン探検隊派遣百周年記念学会 "Turfan Revisited──The First Century of Research into the Arts and Cultures of the Silk Road" での口頭発表をもとにしたものであり，その紀要に掲載されることになっている〔補記：それが Moriyasu 2004 "Currency"である〕。この学会名にも見られるように，シルクロードを単にルート名としてではなく地域名，とりわけシルクロードが人類史上に重要な役割を果たした前近代の中央アジアの雅称として使用することは，日中でも欧米でも珍しいことではない。〔原補註1参照〕

はじめに

　表題に掲げたシルクロード東部とは、前近代の世界史において重要な役割を果たした中央ユーラシア東部地域に広がる「中央アジア（東西トルキスタン＋西北インド＋チベット）＋内外モンゴリア＋甘粛＋陝西＋山西＋河北省」を、時間的概念も込めて一言で表現したものである[1]。本稿はそのシルクロード東部における6・7世紀から14世紀に至る通貨の歴史の一端を扱う。この時代は、最初の6・7世紀を除き、ほぼ古代ウイグルの活躍した時期と重なる。ウイグルは唐代の絹馬貿易や回鶻銭で知られ、さらには宋元代に当る10-14世紀に「官布（Uig. quanpu / qanpu / qunpu）」や銀錠の頻出する経済文書を残したことによって、その存在はシルクロード研究史上でも際だっている。ウイグルの名前が明確に史上に現われるのは7世紀からであるが、活躍が顕著になるのは8世紀中葉からである。本稿では、それ以後の古代ウイグルの歴史に沿ってウイグルの呼び方を三つに分け、時代順に「東ウイグル」、「西ウイグル」、「モンゴル時代のウイグル」とする。西ウイグル時代前半期に併存した甘州ウイグルについては、本稿では補足的にしか扱わない。

　東ウイグルとは、744年から840年までモンゴリアに本拠を置き、780年代以降は東部天山地方にまで影響力を及ぼした東ウイグル帝国（草原遊牧帝国）を指す。これに対して西ウイグルとは、天災と国内の権力闘争、さらに宿敵キルギスの攻撃などによって東ウイグル帝国が840年に崩壊した後、西遷したウイグルがオアシス地帯を含む東部天山地方に建設した西ウイグル王国（牧農国家）である。これは13世紀初頭に国を挙げてチンギス汗に服属するまで、約350年もの長きに亙って栄え、中央ユーラシア史に大きな役割を果たした。さらにこの西ウイグルの王族・貴族・軍人・僧侶・大商人・書記たちは、長らく培ってきたシルクロードの情報網によってモンゴルの勃興に機敏に反応し、自らすすんでモンゴルの支配下に入った。それゆえに彼らは準モンゴルとしての扱いを受け、本拠地をウイグリスタンとして安堵されただけでなく、いわゆる「色目人」の筆頭格としてモンゴル帝国の広大な領域に亙り、13-14世紀を通じて大活躍したのである[2]。

　本稿の最大の目的は、西ウイグル時代とモンゴル時代のウイグル人によってトゥルファン盆地に残されたウイグル文世俗文書の統計的把握によって、10-14世

紀，シルクロード東部の中心に位置するウイグリスタンにおいて，通貨がドラスティックに変化したことを明らかにすることであり，併せてユーラシアの銀動向をめぐる経済史的研究にも一石を投じようとするものである。

第1節　西域の銀銭

　7世紀初めに唐朝が勃興し，その支配が西域に及ぶ直前のシルクロード東部では，絹織物と金銀が主要な国際通貨（地域間決済通貨）であった。『大慈恩寺三蔵法師伝』巻1によれば，インドへ仏法を求めるために旅立った玄奘が河西第一の都会である涼州（武威）に至り，そこで西域商人を含む聴衆たちに向けて説法をした時，多数の金銭・銀銭が布施されたという[3]。そしてさらにゴビ砂漠を越えて密出国した玄奘を，東部天山の内懐に抱かれたトゥルファン盆地で迎えた高昌国王・麴文泰が，中央アジアを通ってインドに往復するための旅費として玄奘に与えたのは「黄金一百両，銀銭三万，綾及絹等五百疋」であった[4]。さらに『大唐西域記』巻1 [pp. 2, 3, 15, 23] で玄奘は阿耆尼（＝焉耆）国・屈支（＝亀茲）国・迦畢試国の通貨が金銭・銀銭・小銅銭であり，覩貨邏国でも金銭・銀銭を使っていると報告している[5]。これらの記事は，なによりもよく当時の中央アジアの国際通貨が金銀銭と絹織物であったことを物語っている。しかしながらその一方で，『大慈恩寺三蔵法師伝』巻2には，高昌国と阿耆尼国の中間にある銀山について「山は甚だ高く広く，皆是れ銀鉱にして，西国の銀銭の従い出る所なり」とあり[6]，これを，現在の新疆ウイグル自治区～北中国からの金銀銅銭の出土状況[7]と重ね合わせて考えれば，当時の中央アジアでは国際通貨としても現地通貨としても銀銭が最も重んじられていたと推定される。周知の通り，トゥルファン出土の漢文契約文書により，7世紀のトゥルファンにおいても銀銭が高額貨幣として通行していた事実が確認されているのであるから，この推定にもはや疑いの余地はない。また銀銭と同時に豪華な金銀器も大量に西方から中国にもたらされた。金銀器は高額貨幣の代わりにもなった。

　以上のような見解はもちろん私の独創ではなく，既に夏鼐・岡崎敬・池田温・姜伯勤・桑山正進ら先学によって論証されたところを，本稿の行論にそってまとめ直しただけである[8]。ただ私としては，吉田豊と共に発表した639年作成のソ

グド文女奴隷売買契約文書の実例を通じて，この問題に貢献することができたことを付け加えておきたい[9]。こうした研究によって，中央アジアから河西（甘粛）において銀銭がさかんに流通したのは7世紀末までであることのみならず，そのような状況が6世紀後半にも確実に見られたことが明らかにされた。さらに敦煌地方出土のソグド語古代書簡によってその上限が4世紀まで遡る可能性さえ残されている[10]。

第2節　唐支配下の西域と絹織物

　しかしながら唐による征服後，河西からパミールまでの中央アジア東部は中国経済圏に含まれることになったのであり，必然的に絹織物（帛練繒綵綾羅錦，等々）や麻織物（布）が銀銭に替わって高額貨幣の代表となっていく。これまた上に言及した従来の研究によって論証済みの事柄であり，特に8世紀になると銀銭は完全に唐の銅銭に取って代わられてしまう[11]。銅銭は個々の価値は低いが，高額であっても品質が多種多様で統一的な計数機能を持てない絹織物に代わって，価値計算の単位となったのである。そして中国本土から支配下の西域に軍事費として送付される布帛の量も，8世紀に入ると飛躍的に増大し，それに伴ってソグド商人をはじめとする商業活動は前代にもまして活性化するのである［cf. 荒川 1992, 2004, 2010］。

　この時代になっても相変わらずソグド人の手によって西方の金銀器が東方に運ばれたことは，考古学的資料によって十分に推測されるところであるが，彼らがパミール以東において銀銭ないし銀塊を主たる交易手段としたことはもはやなかったようである。7世紀末にはトゥルファン文書から銀銭使用が消えるのみならず[12]，早くも670年前後に天山地方で活動したソグド商人が銀ではなく絹を高額貨幣としている事実が漢文文書から明らかになるのである[13]。また8世紀の第1四半世紀の様子を伝える慧超『往五天竺国伝』では，ヒンドゥークシュ山脈以南の西天竺国（西インド）での銀銭使用，建駄羅国（ガンダーラ）と謝䫻国（ザブリスタン）での金銀布施に言及する一方[14]，パミール山中の胡蜜国（ワッハーン）と識匿国（シグナン）の条ではそれぞれ次のように言う：「ここ胡蜜の王は，軍力が貧弱なため自衛できず，現在は大寔（＝ウマイヤ朝）の管轄下にあり，毎

[3]

年絹三千疋を税として送っている」;「そこ（＝識匿）の王はいつも二，三百人の者を大パミール平原に派遣して，例の興胡[15]や（外国の）使節団から略奪している。たとえ略奪して絹を獲得しても，倉庫に積み上げて腐るにまかせるばかりであり，（それで）衣服をつくることを知らない」[16]。同じ『慧超伝』には西北インドのガンダーラあたりにまで中国領からソグド商人のやってきたことが記されているから[17]，この時期のシルクロード東部においては金銀銭よりもむしろ実物貨幣としての絹を多く持参するソグド商人の姿が広範に見られたといってよかろう。

　紀元一千年期の中国本土では，金銀はさほど流通しておらず，貨幣として主に用いられたのは，前漢以来の五銖銭に代表される銅銭と，布帛・穀物などの実物貨幣であった。公権力のお墨付きを持ち，計数機能に優れている点で，銅銭の方が優位にあったとはいえ，両者は並行して用いられたのである。隋代まで伝統的に用いられた五銖銭に代わって唐初には開元通宝が発行され，以後唐から五代までこれが発行され続けるが，租庸調制の下ではまだ納税は穀物・布帛などの現物によっていた。ようやく 780 年になって，それまでの租庸調制に代わって両税法が施行されると，納税には銅銭を用いることが原則となり，地方にまで銅銭経済が浸透していくのである [cf. 日野 1982a]。しかしながら，銅銭は重くて安く，金銀・絹のような軽くて高いものの対極にあって，遠距離を運ぶ必要のある国際通貨には適していない。それどころか国内でさえ，遠隔地間で税金や軍事費などをまとめて移送する場合には，銅銭ではなく軽貨と呼ばれる高級絹織物や金銀が使われたのである[18]。ただし金は絶対量が少なく，銀は銀鉱のある嶺南や江南の一部や，それが集中し蓄積される長安・洛陽・揚州などの大都会を中心に流通しただけであり，全国のいずこにおいても一般には絹織物（特に綾・羅）が遠方への価値輸送手段となったのである。唐代にはまだ銀を以て物価を表示した事例はなく，宋代になって初めて現われた [加藤 1926, p. 726]。唐代の中国本土においてようやく流通し始めた銀でさえ価値尺度を備えた完全な貨幣とはなっていないわけで，銀以上に稀少な金は，貨幣よりむしろ財宝として扱われた[19]。唐宋代の金銀について網羅的に扱った加藤繁の講義録には「唐代に於ける貨幣は銭帛銀の三種で就中銭は広く行はれ，帛之に次ぎ銀が之に次いだのである」[加藤 1991, p. 216]とあるが，帛すなわち絹織物と銀との間には極めて大きな懸隔があったとみるべきである[20]。それ故，漢代以来の千年以上に亙って，様々な輸入

[3-4]

品の代価として，あるいは政治的・軍事的安寧を得るために中国から外国に向けて支払われた国際通貨の大宗は，中国の特産であり，且つ軽くて価値の高い絹織物以外にありえなかったのである．

松田壽男によって着目された中国と北～西北方の遊牧民族との間の絹馬交易の研究［松田 1936；松田 1959］は，この間の事情をきわめて説得的に述べている．それによれば，特に突厥・東ウイグルにとっては絹が重要だったことが明らかである[21]．このことは，かつて漢が匈奴に与えた歳幣には絹以外に穀物が，そして後代に宋から遼・金・西夏に与えられた歳幣には絹に銀が加えられただけでなく，それらが絹に劣らぬ重みを有していたのと好対照である[22]．

第3節　絹馬交易と回鶻銭

中国との絹馬交易でとりわけ有名なのは東ウイグルである[23]．周知のように，安史の乱で国家存亡の危機に立たされた唐帝国は，東ウイグルの軍事的援助を得ることでかろうじて生きながらえることができたのであるが，見返りとしてそれ以後定期・不定期に大量の絹織物が唐から東ウイグルの本拠のモンゴリアに送られることになった．一部は歳幣として定期的に贈られたものであるが，大部分は不定期にウイグルからもたらされる馬の代価として送られたのである．後者がいわゆる絹馬交易であり，それは東ウイグル末期まで続いた．この絹馬貿易は，かつては不要な馬を押しつけられる強制された貿易であるという見方が強かったが，最近，齋藤勝は，実際に唐が必要とした軍馬の供給にとって重要な交易であったという新見解［齋藤 1999］を提出した．いずれにせよ，この馬の代価としてモンゴリアに年々蓄積される膨大な量の絹織物は，陸のシルクロード商人として古来有名なソグド商人の手により，軽くて高価な商品，ひいては貨幣として西方の中央アジア（西域）・西アジア・ビザンツなどに運ばれたにちがいない．それに対してウイグルが得たのは，金銀器[24]，玉・琥珀・真珠・珊瑚その他の宝石類，象牙，毛皮，鉄製鎧，様々な香料薬品類，ソグド・インド・ペルシア・西アジアなど西方産の絨毯・壁掛け・つづれ織り・綿布その他の織物類等の奢侈品であったと思われる．

つまり東ウイグルの国際通貨は絹織物であって，銀ではなかったのである．ま

して，より稀少で，伝統的に遊牧騎馬民族がステータスシンボルあるいは本当の財宝として自ら所有することを好んだ金製品の材料である金であったはずはない。これに対してベックウィズは，8世紀中葉の安史の乱以降も，「西方から中国への伝統的な銀流入は継続したはず」であり，ウイグル人とソグド人（むしろソグド系ウイグル人と言うべき）はかつてのソグド系突厥人と同様にアラブに絹を売って銀を入手したと考えているようである(25)。なるほど，東から西へ向かう「絹の道」が，逆から見ると西から東へ向かう「銀の道」であったという岡崎敬の指摘は決して誤りではないが(26)，過大視してはいけない。従来紹介された発掘資料を通覧すれば，ここにいう「銀の道」とは貨幣としての銀貨や銀塊が大量に流入したからではなく，むしろ銀器（鍍金の銀器も含む）の形に加工されたものに重点のある命名であったと認識すべきであろう。その意味で，岡崎が「銀の流入はその後の中国の経済に大きな影響を与え，唐代になると銀鋌が作られるようになる」と断言するのは，その因果関係を論証した上のことではない(27)。銀貨や銀塊より遙かに貴重な銀器が惜しげもなく鋳つぶされて，銀地金としての銀鋌にされるというのは，特別の事情がある場合を除き(28)，普通では考えにくい。8世紀中葉以降の唐における銀鋌の普及が，国外からもたらされた銀によるものではなく，むしろ唐本土内における銀産額の増大と密接に関わることは，出土した銀餅・銀鋌に刻まれた銘文の内容から容易に推測されよう(29)。いずれにせよ私は，8-9世紀の唐（中国本土及び西域）並びに東ウイグル国（モンゴリア）が，7世紀までの西域と同じようにパミール以西から西アジアに直結する銀経済圏に入っていたとみなすのは行き過ぎであると思う。

　唐代の外国金融資本である「回鶻銭」が文字通りのウイグル＝マネーではなく，実はウイグルの全面的庇護を受けたソグド商人の扱う資本，即ちソグド＝マネーであったことについては，既に拙稿で詳しく論証した［森安 1997「ウイグル商人」pp. 108-112］ので，もはや繰り返さない。ただ，ここではその補足をしておきたい。ド＝ラ＝ヴェシエールはウイグルにおけるソグド商人の位置を正しく理解している［De la Vaissière 2002, pp. 326, 331］だけでなく，回鶻銭をソグド銭と見ているようである［De la Vaissière 2002, pp. 146, 326］が[2]，より詳しい私の先行研究を

---

[2] ソグド商業に関してフランス語で書かれたド＝ラ＝ヴェシエールの専著［De la Vaissière 2002］は，その後，欧米学界において評判を呼び，2004年に増補改訂版が，2005年にその英訳が出版された。参考のため，対応する頁数を追記しておく［De la Vaissière 2002, pp. 146,

見落としている。逆に，私も見落としていたのが，佐藤（圭）1979, pp. 575-579 [＝佐藤（圭）1981, pp. 315-319] の議論と，Beckwith 1991, p. 189 にある "Uighur-Sogdian moneylenders" という一句である。佐藤（圭）1978, p. 99 [＝佐藤（圭）1981, p. 336] ではまだウイグル人とみなしていたので，拙稿において批判の対象となったが，翌年にはウイグル人とソグド人の双方と考え直していたわけである。その背景には，唐代に初見する複利計算による高利貸しに，金融先進地であった西アジアの影響を看取する佐藤圭四郎の一流の視点がある。一方，ベックウィズの言い方は，ウイグル人の庇護のもとのソグド人とも，ウイグル人とソグド人の双方とも取れるが，もし前者であるならば，私より以前に本質を見抜いていたことになる。しかし，いずれにせよ両者とも，拙稿において展開したような具体的論証を踏まえていたわけではなかった。

このような例外はあるが，唐代のウイグル人が自ら商業に従事したと信じて回鶻銭をウイグル＝マネーとする誤った見方は，欧米の研究者の間でも受け継がれてきている [cf. Mackerras 1972, pp. 48-49 ; Jagchid 1989, p. 175 ; Mackerras 1990, pp. 338-339]。回鶻銭の存在を発見した日野開三郎の功績 [日野 1965b] は絶大なものであり，それ故にマッケラスによって海外に紹介されることになったが，残念ながらそれを文字通りにウイグル商人が扱う資本とみなした誤りも引き継がれたのである。つい最近でもマッケラスはウイグル人自身が金融業を営んでいたと考え，あたかも唐代の回鶻銭が宋代まで続いたかのような記述をしている [Mackerras 2000, p. 205]。また，ティエリはウイグル文字で書かれたボクグ[3] Boquɣ / Buɣuɣ 可汗銘を持つ銅銭（第9節参照）に関する専論 [Thierry 1998] の中で，ボクグ可汗を牟羽可汗ではなく懐信可汗に比定した安部健夫説（ハミルトンや私もそれに与する）に依拠して，このウイグル銅銭を懐信時代のものと断定する[(30)]。その背景には，バイバリクやオルドゥバリクという都城を建設した東ウイグルでは都市化が進み，早くも唐の銅銭経済が浸透していたと推測するマッケラス説があ

326, 331＝De la Vaissière 2004, pp. 127, 293-294, 298＝De la Vaissière 2005, pp. 139, 325, 330]。ただし，このド＝ラ＝ヴェシエール本が，優れていることはじゅうぶん認めつつも，日本語による膨大な研究蓄積を消化しておらず（回鶻銭に関する私の先行研究の見落としもその一例），我が国の学界水準から見て手放しで喜べないことについては，森安 2011「ソグド研究動向」pp. 6-7 を参照。

3 本書での統一をはかるため，原論文で「ブクク」としていたところを，すべて「ボクグ」に訂正した。

る[31]。ティエリが言うように東ウイグル時代からウイグル商人がソグド商人に取って代わったわけでもなければ、ゴールデンが言うように[32]西ウイグルでそうなったわけでもない。森安1997「ウイグル商人」の結論を繰り返せば、古来遊牧を生業としてきたウイグル人が商業民族としての長い伝統を持つソグド人に取って代わったのではなく、事実はウイグル支配下に入ったソグド商人が第三者から見てウイグル商人と呼ばれるようになっただけなのである。

　ここまで、ウイグル勃興以前の隋唐代、及び東ウイグル時代とほぼ重なる唐代後半期のシルクロード東部における通貨の状況を概観してきた。いよいよ本題の西ウイグル時代〜モンゴル時代の分析に入るわけであるが、その前提として先ずウイグル文書の年代判定について述べねばならない。

第4節　ウイグル文書の時代区分

　トゥルファンや敦煌から出土した古ウイグル文献のうちの「文書（civil documents）」[33]のほとんど全ては、西ウイグル時代ないしモンゴル時代に属しており、ほぼ10世紀から14世紀までに年代比定されるといってよい。ところで私は、1985年以来、宗教文献も世俗文献も含む全てのウイグル文字ウイグル語文献（典籍・文書・碑銘；理論的上限は8世紀、下限は17世紀）の書体を、楷書体・半楷書体・半草書体・草書体という四つのカテゴリーに分けることを提案してきた[34]。典籍や碑銘に使われる楷書体はいずれの時代でもあり得るが、行政・軍事関係の公文書や寺院経済文書、契約や手紙などを含む文書類にこの書体が使われた例はない。

　既にこれまでに発表した幾つもの拙稿において段階的に論証してきたように[35]、古ウイグル文献は、いずれの時代にもあり得た楷書体のものを除けば、書体によって次の二大グループに分けることができる。即ち半楷書体で書かれた古いグループ（10-11世紀頃）と、草書体で書かれた新しいグループ（13-14世紀＝モンゴル時代）である。換言すれば、半楷書体のものは西ウイグル時代に、草書体のものはモンゴル時代に年代比定されるということである。勿論、ウイグル文字文献を書体のみによって時代判定することは絶対的ではあり得ない。新しい草書体のものが古い時代に遡ることはあり得ないが、逆に半楷書体ないしそれに

似た書体の写本がモンゴル時代にまで下る可能性はないわけではない。つまり半楷書体は「古さ」の必要条件であって，十分条件ではない(36)。

　しかしながら，我々は幸いなことに，古いグループのウイグル文献にのみ頻出する特徴がいくつもあることを既に知っているのである。それゆえ私は，いくつかの指標を組み合わせれば，ある写本が古いグループに属するのか新しいグループに属するのかをかなりの精度で判定できる，と確信している。私がこれまでに「古さ」の指標として随時ピックアップしてきたものに新たにいくつかを加えて整理すれば，次のようになる。(No. 1) 半楷書体；(No. 2) 古トルコ語中の n-言語（かつて n-方言と呼ばれたもの）に特徴的な単語や語尾の出現(37)；(No. 3) マニ教文献(38)；(No. 4) 語末の尻尾の長短による -q/-γ の区別(39)；(No. 5) S と Š の区別(40)；(No. 6) 語中における -Y- や -L- の分かち書き，ないし余分なアレフの存在(41)；(No. 7) ÿ, ṅ, s̤ など加点された文字がないこと(42)；(No. 8) モンゴル期に頻出する T/D や S/Z の混同がないこと(43)；(No. 9) 官布（Uig. quanpu / qanpu / qunpu(44)）；(No. 10) 人名要素としてのサングン sangun(45)；(No. 11) イル = オゲシ il ögäsi の称号。ただし，これらの指標は，No. 1 の半楷書体を除き，いずれも楷書体と半楷書体の両方の文献に見られることに注意していただきたい。

　半楷書体の文書である場合だけであるが，契約文書については「古さ」の指標がさらに多くなる。(No. 12) タムガ書式(46)；(No. 13) kärgäk bolup「必要になって」ではなく kärgäk boltï「必要になった」の使用(47)；(No. 14) bu savda tanuq「この件に於ける立会人(48)」；(No. 15) 契約違反した場合の賠償が二倍ではなく等倍である(49)；(No. 16)「私が逃亡したならば」と言うための表現として bar yoq (or yoq bar) bolsar-män ではなく örü qodï bolsar-män の使用(50)；(No. 17) čam čarïm qïl-「争議を起こす，異議を唱える」ではなく ayït- istä-「言挙げし追求する」の使用。

　壁画や幡のような装飾品の上に書かれた銘文の場合は，美術史的な指標も加えられるが，いずれにせよ，半楷書体が最も重要な「古さ」の指標であることにかわりはない。

　一方，「新しさ」の指標としては ［No. i］「草書体」をはじめとして，［No. ii］チベット仏教の影響(51)；［No. iii］モンゴル時代に初めて現われる税制・法律・社会組織などに関わる術語の借用；［No. iv］モンゴル語の人名・称号；［No. v］元代に特徴的な漢語からの借用語，が挙げられる。このうち Nos. iii～v はいずれ

もクラーク（L. V. Clark）がモンゴル時代の特徴として挙げたもので[52]、その点は私も賛成である。そこで本稿ではこれらを「モンゴル指標（Mongol markers）」と名付けるが、そこにはクラークが認めなかった以下の2項も含まれる：[No. vi] ニシャン書式、ニシャン新書式[53]；[No. vii] 違約罰納官文言[54]。これらの指標 Nos. iii〜vii と密接に結びついているものではあるが、山田信夫・クラーク・梅村坦・小田壽典らの諸氏によって抽出されてきた [No. viii] カイムトゥ Qayïmtu 文書群[55]、[No. ix] ピントゥン Pintung 文書群[56]、[No. x] イナンチ・オズミシュ＝トグリル Ïnančï & Ozmïš Toγrïl 文書群[57]、[No. xi] トゥリ Turï 文書群[58]、さらに最近の松井太によるモンゴル支配下のウイグルにおける税制に関する総合的研究により明確になりつつある [No. xii] モンゴル時代供出命令文書群[59]も、当然ながらモンゴル指標として十全のものである。

第5節　ウイグル文書中に見える貨幣単位

　前節で述べたようなウイグル文書の「古さ」と「新しさ」の指標に関して考察を重ねるうち、つい最近になってようやく私は極めて注目すべき事実に気付いた。それは、一般的な銀ではなく貨幣としての銀に関わるいくつかの術語が現われるのは草書体（〜半草書体）の文書だけであり、半楷書体の文書には決して現われない、という事実である。それらの術語とはキュムシュ kümüš「（秤量貨幣としての）銀」、ヤストゥク yastuq「約2 kgの重さの銀錠＝銀鋌（yastuq の本来の語義は「枕」であるが、この銀塊の形状が枕に似ていることから転用された）」、スティル sïtïr「両＝yastuq の五十分の一の重さの銀；約40 gの重量単位」、バキル baqïr「銭＝sïtïr の十分の一の重さの銀；約4 gの重量単位[60]」である。そこで改めてウイグル文書中に貨幣（交換手段、支払い手段、計算手段）として使われている術語を出来る限り網羅的にピックアップし、分類してみたところ、表1の一覧表のようになったのである。

表1 ウイグル文書中に見える貨幣単位の一覧表(61)

凡例
- 所蔵機関による分類記号：U & Ch/U ＝ベルリン＝ブランデンブルク科学アカデミー，ベルリン（これらはインターネットでアクセス可能：http://www.bbaw.de/forschung/turfanforschung/dta/index.html）；MIK ＝インド美術館4，ベルリン；Or. ＝大英図書館，ロンドン；Ot.Ry. ＝龍谷大学大宮図書館，京都；K ＝中国歴史博物館，北京；SI ＝ロシア科学アカデミー東方文献研究所，サンクトペテルブルグ．
- 編纂物による分類記号：USp ＝ Radloff 1928；Sa, Lo, RH, Ad, Em, Pl, WP, Mi という分類番号を持つものは全て図版付きで SUK に含まれる．
- **bold** ＝ **semi-square** 半楷書体；*italic* ＝ *semi-cursive* 半草書体；normal roman ＝ cursive 草書体．
- Mon. はモンゴル指標あり，# はモンゴル指標なし．ただしこの一覧表でのモンゴル指標には，草書体は敢えて含めていないので注意されたい．
- T ＝タムガ，N ＝ニシャン，? ＝いずれか不明，/ ＝いずれも無し．
- 本リストではもとの翻字形が XW'NPW / X'NPW / XWNPW のいずれであっても quanpu に，STYR / SYTYR / S'TYR のいずれであっても sïtïr に統一する．ここではその区別は必要ないし，また同一文書中に異形が混在する場合もあるからである．
- ただし文書が不完全であったり，文書の性格上これらの判定になじまない場合は，空白のままにしておく．

文書番号	書体の種類	モンゴル指標	T/N	キーワード	数量付き実例ないし内容
1a : Yunglaqlïq(62) **quanpu**「通貨用官布」					
Or. 8212-131(63)	**semi-square**	#	T	yunglaqlïq quanpu	contract ; 50 quanpu
Sa01	**semi-square**	#	T	yunglaqlïq [quanpu ?]	100 quanpu
Ot. Ry. 1792	**semi-square**	#	T	yunglaq-lïq qu[anpu]	contract
Sa03	*semi-cursive*	#	T	yunglaqlïq quanpu	3250 quanpu
Sa04	*semi-cursive*	#	T	yunglaqlïq quanpu	3500 quanpu
1b : Quanpu「官布」					
K7709	**semi-square**	#		quanpu	4125 quanpu
マニ教寺院経営令規文書，10 世紀，cf. 『マニ教史』pp. 38-46, 121-128, 141-142, 158-159.					
Sa19	**semi-square**	#	?	quanpu	100 quanpu
Sa20	**semi-square**	#	?	quanpu	quanpu
RH01	**semi-square**	#	?	quanpu	50 quanpu
RH02	**semi-square**	#	?	[quanpu ?]	40 ? [quanpu]
Lo01	**semi-square**	#	?	quanpu	100 quanpu
Lo02	**semi-square**	#	T	quanpu	1000 quanpu
Lo03	**semi-square**	#	T	quanpu	63 quanpu
U5286	**semi-square**	#	T	quanpu	60 quanpu
U5582	**semi-square**	#	T	quanpu	ledger of quanpu
U5584	**semi-square**	#	T	quanpu	ledger of quanpu
U5926	**semi-square**	#	?	[quan]pu	contract
U6058	**semi-square**	#	?	quanpu	200 quanpu
U6061(64)	**semi-square**	#	T	quanpu	contract ; 100 quanpu
Ot. Ry. 1415(65)	**semi-square**	#	?	quanpu	register ; 10000 quanpu
Ot. Ry. 2150	**semi-square**	#	T	quanpu	contract
Ot. Ry. 2718	**semi-square**	#	?	quanpu	letter ; 5 quanpu
Ot. Ry. 2782	**semi-square**	#	?	quanpu	400 quanpu
Ot. Ry. 5334	**semi-square**	#	?	quanpu	yitmišär quanpu
Ot. Ry. 5335	**semi-square**	#	T	quanpu	contract ? ; 750 quanpu

---

4 現在は名称が Museum für Indische Kunst から Museum für Asiatische Kunst アジア美術館に変わっており，略号も MIK から MAK に変更になっているが，旧稿のままにしておく．

Ot. Ry. 6342	semi-square	#	?	quanpu	200 ? quanpu	
USp 35	semi-square	#	T	quanpu	82 quanpu ; 666 q. ; 390 q.	
USp 36[66]	semi-square	#	T	quanpu	10 quanpu	
SI 2 Kr 17	semi-square	#	/	quanpu	400 quanpu	
SI D 15	semi-square	#	/	quanpu		
Or. 8212-115	semi-square	#		quanpu	letter ; 100 quanpu	
Or. 8212-132	semi-square	#	T	quanpu	contract	
Or. 8212-151r	semi-square	#	T	quanpu	contract ; 50 quanpu	
Or. 12207A-1r	semi-square	#	T	quanpu	400 quanpu	
Lo04	*semi-cursive*	#	?	quanpu	100 quanpu	
WP05	*semi-cursive*	#	?	altun, quanpu	altun, 4000 quanpu	
U5317[67]	*semi-cursive*	#		quanpu		
U5321[68]	*semi-cursive* [5]	#		quanpu	ledger of quanpu	
U5759	*semi-cursive*	#	?	quanpu	letter ; 5 quanpu	
U5826	*semi-cursive*	#	T	quanpu	contract	
U5832b	*semi-cursive*	#	?	quanpu	ledger of quanpu	
U5849	*semi-cursive*	#	?	quanpu		
Ch/U7214	*semi-cursive* [6]	#	?	quanpu	contract	
Ot. Ry. 1991	*semi-cursive*	#	?	quanpu		
Or. 8212-129r	*semi-cursive*	#		quanpu	letter ; 100 quanpu	
Or. 8212-136	*semi-cursive*	#		quanpu	letter	
SI 4b Kr 232	*semi-cursive*	#		quanpu	10 quanpu	
SI Kr IV 329	*semi-cursive*	#		quanpu	contract ; 100 quanpu	
SI Kr I 420[69]	cursive			quanpu	register ; 19820 quanpu	
2 : Quan baqïr「貫文」						
U5368r[70]	semi-square	#	T	quan baqïr	contract ; 35 quan baqïr	
Urumqi[71]	semi-square	#	T	quan baqïr	200 quan baqïr	
3 : Yunglaqlïq tavar「通貨用の財物」						
Sa02	semi-square	#	T	yunglaqlïq tavar	325 quanpu	
Mi29	semi-square	#	?	yunglaqlïq tavar		
MOTH 28	semi-square	#		yunglaqlïq tavar [7]		
Ad01	cursive	Mon.	T	yunglaqlïq tavar	0.5 yastuq	
Pl01v	cursive	Mon.	T	yunglaqlïq tavar		
4a : Yunglaqlïq böz「通貨用棉布」						
Sa06	*semi-cursive*	Mon.	T	yunglaqlïq böz	23 ikilik böz	
Sa07	*semi-cursive*	Mon.	T	yunglaqlïq böz	170 ikilik böz	
Sa23	cursive	Mon.	T	yunglaqlïq böz	80 böz	
Sa10	cursive	Mon.	N	yunglaqlïq böz	100 iki bay böz	
Sa14	cursive	Mon.	?	yunglaqlïq böz	5 böz	
Sa16	cursive	Mon.	N	yunglaqlïq böz	100 [böz]	

[5] ただし、この U 5321 は今は半楷書体と判定する方に傾いている。
[6] ただし、この Ch/U 7214 はむしろ半楷書体（semi-square）と判定すべきことが、Matsui 2006, p. 48, n. 42 によって提案された。
[7] この MOTH, No. 28 の情報は追加である。

11 シルクロード東部における通貨　449

Sa27	cursive	Mon.	N	yunglaqlïq böz	50 tas böz
Sa29	cursive	Mon.	N	yunglaqlïq böz	50 iki baγlïq böz
Mi20	cursive	Mon.	N	yunglaqlïq böz	100 iki yarïm baγlïq böz

4b：Böz「棉布」[8]

Lo06	semi-cursive	#	T	böz	6 böz
SI 4b Kr 9a[72]	semi-cursive	#	?	böz	100 böz
Lo11	cursive	#	T	böz	100 böz
Sa09	cursive	Mon.	N	böz	30 tas böz
Sa25	cursive	#	N	böz	100 böz
Sa28	cursive	Mon.	N	qarčlïq	150 qalïn böz
Lo12	cursive	#	N	böz	6 böz
Lo13	cursive	Mon.	N	böz	3.5 tas böz
Lo14	cursive	Mon.	N	böz	1.5 böz
Lo15	cursive	#	N	böz	2 böz
Lo16	cursive	#	N	böz	50 tas böz
Mi23	cursive	#	N	böz	37 iki baγlïq böz
U5663[73]	cursive	#	/	böz	satïγï 2 böz
U6005[74]	cursive	#	/	böz	at satïγïnga 20 böz
U6160[75]	cursive	Mon.	?	böz	bor satïγïnqa birgü böz
Ch/U6107[76]	cursive	#	/	böz	1 böz；etc.
MIK III 6238[77]	cursive	Mon.	?	böz	-gü satïγï böz
P 193＋194[78]	cursive	Mon.	?	böz	6 tas böz；etc.

参考：以下はブドウ酒・小麦粉・肉などの現物と並んで税目として見える例

Ch/U6986v[79]	cursive	Mon.	?	böz	1 böz
Ch/U7370v[80]	cursive	Mon.	T	böz	4 yätiz böz
Ch/U7460v[81]	cursive	Mon.	?	böz	66 böz；etc.
U4845v[82]	cursive	Mon.	?	böz	1 böz；etc.
U5324[83]	cursive	Mon.	T	böz	1 yoγluq böz
U5623[84]	cursive	Mon.	?	böz	1 böz；etc.
U5665v[85]	cursive	Mon.	?	böz	böz
MIK III 6972b+c[86]	cursive	Mon.	?	böz	7 qalïn böz

5a：Yunglaqlïq kümüš「通貨用銀」

SI 4b Kr71(1)[87]	semi-cursive			yunglaqlïq kümüš	1 yastuq 5 sïtïr kümüš
Sa05	cursive	Mon.	T	yunglaqlïq kümüš	1 yastuq 5 sïtïr kümüš
Sa08	cursive	#	T	yunglaqlïq kümüš	9 sïtïr kümüš
Sa21	cursive	#	T	yunglaqlïq kümüš	47 sïtïr yarmaq kümüš
Sa22	cursive	Mon.	T	[yunglaqlïq] kümüš	50 sïtïr yarmaq kümüš
Sa26	unknown	Mon.	?	yunglaqlïq yarmaq kümüš	60 altun
Pl01	cursive	Mon.	T	yunglaqlïq kümüš	10 sïtïr kümüš

5b：Kümüš「銀」

Pl02	semi-cursive		T	kümüš	0.5 yastuq kümüš, 25 sïtïr yar-

---

[8] 棉布・官布の形状と結びついたウイグル語の特殊な計数単位については，田先千春の興味深い研究がある［田先 2006］。

［12-14］

SI Kr IV 606	semi-cursive			kümüš	maq kümüš 2 sïtïr 4 baqïr kümüš, etc.
SI 4b Kr71(2)[88]	semi-cursive			kümüš	23 sïtïr kümüš
Lo07	cursive	#	T	kümüš	6 sïtïr kümüš, 1.5 baqïr kümüš
Lo08	cursive	#	T	kümüš	3 sïtïr kümüš, 1 baqïr kümüš
Lo09	cursive	#	T	kümüš	4 sïtïr kümüš, 1 baqïr kümüš
Lo10	cursive	Mon.	T	kümüš	10 sïtïr kümüš
Ad02	cursive	Mon.	T	kümüš	20 sïtïr kümüš
Em01	cursive	Mon.	T	kümüš	birär kümüš yastuq
WP01	cursive	Mon.	T	kümüš	birär kümüš yastuq
WP06	cursive	#	T	kümüš	10 tamɣa bütün kümüš yastuq
Mi01	cursive	Mon.	T	kümüš	2 yastuq 20 sïtïr kümüš, 1 kümüš yastuq
Mi03	cursive	Mon.	T	kümüš	0.5 yastuq kümüš
Mi06	cursive	#	T	kümüš	5 sïtïr kümüš
Mi07	cursive	#	T	kümüš	8 sïtïr kümüš
Mi13	cursive	#	T	kümüš	6 sïtïr 6 baqïr kümüš
Mi14	cursive	#	T	kümüš	3 sïtïr 6 baqïr kümüš
U5665r[89]	cursive	Mon.	T	aq yastuq (=kümüš)	
T III D 279 (186/37)[90]	cursive	#	T	kümüš	5 sïtïr yarmaq kümüš
USp 64[91]	cursive	#	T	kümüš	3 sïtïr, tamɣa kümüš
SI Kr IV 638[92]	cursive	Mon.	T[93]	kümüš	14 yastuq 42 sïtïr kümüš, etc.
Sa11	cursive	Mon.	N	kümüš	1 kümüš yastuq
SI 4b Kr 236[94]	cursive	Mon.	N	kümüš	10 sïtïr kümüš
Mi33	cursive	#	N	kümüš	
USp 39[95]	cursive	#	/	kümüš	qupčïr kümüš
USp 49	cursive	#	/	kümüš	1 yarïm sïtïr kümüš
USp 53[96]	cursive	Mon.		kümüš	3 baqïr kümüš qupčïr
SI O 39[97]	cursive	Mon.		kümüš	5 sïtïr 3 baqïr
SI Kr I 347+349	cursive	#	/	kümüš	6 sïtïr, sïtïr kümüš altïm
SI 3 Kr 3-15	cursive	#	/	kümüš	sïtïr kümüš altïm
6a : Yunglaqlïq čao「通貨用鈔」					
Sa11	cursive	Mon.	N	yunglaqlïq čao yastuq	100 yastuq čao
Sa12	cursive	Mon.	N	yunglaqlïq čao yastuq	80 yastuq čungdung baočao
Mi28	cursive	Mon.	N	yunglaqlïq čao yastuq	20 yastuq čungdung baočao
Sa24	cursive	Mon.	T	yunglaqlïq čao	9 yastuq čao
RH03	cursive	Mon.	T	yunglaqlïq čao	12 sïtïr čao
6b : Čao「鈔」					
Em01	cursive	Mon.	T	čao	9 yastuq čao
WP04	cursive	Mon.	T	čao	3 yastuq čao
Mi10	cursive	Mon.	T	čao	9 yastuq čao
Sa17	cursive	Mon.	N	čao	7 yastuq čao
Mi17	cursive	Mon.	N	čao	600 yastuq čao
T III M. Kloster 2 Nr.	cursive	Mon.	/	čao	3 sïtïr 4 baqïr čao, 1 sïtïr 3

134 (128/044)[98]					baqïr 3 vun čao, 2 sïtïr 3 baqïr 7 vun čao, 5.5 sïtïr čao 1 baqïr yarmaq, etc.
T III M. Kloster 2 134 (103/018) 310[99]	cursive	Mon.	/	čao	7 baqïr čao, 1 baqïr yarmaq, 6 sïtïr čao, 1 sïtïr 8 baqïr čao, etc.

第6節　西ウイグル時代の官布からモンゴル時代の銀へ

　前節の一覧表においてまず注目されるのは，モンゴル指標は草書体の文書にのみ現われるという事実である。例外はわずか2例で，それらは半草書体のものであり，半楷書体のものにモンゴル指標が現われる例は皆無なのである。その一覧表では草書体をモンゴル指標からはずしておいたのであるから，書体が時代判定の基準となりえるという私のこれまでの主張は，これによっても裏付けられる。

　しかしながら，第5節の一覧表から得られる結論のうち最も注目すべきは，秤量(しょうりょう)貨幣としての銀に関わる術語，即ち銀の重さの単位を表わす yastuq, sïtïr, baqïr「錠，両，銭」，及び 1 yastuq＝50 sïtïr＝500 baqïr「一錠＝五十両＝五百銭」という体系の単位と共に使われる kümüš「銀」という語が現われるのは草書体（～半草書体）の文書だけであり，半楷書体の文書には決して現われない，という事実である。これに対して，半楷書体の文書に見える貨幣単位としては，やや特殊な quan baqïr「貫文，貫銭」[100]の2例を除けば，quanpu「官布」がとりわけ顕著である。ごく大雑把に捉えるならば，古い時代の「官布」と新しい時代の「銀」とが相補分布をなしているといえるのである。

　ウイグル語の quanpu（＞qanpu／qunpu）が漢語の「官布」＊kuân-puo（GSR 157a＋102j）の借用語であることはハミルトンによって指摘［Hamilton 1969, pp. 43-44］されて以来ほぼ定説となっている。これまでのところ漢語で「官布」の語が見えるのは敦煌出土の P. 2040 v, P. 2704 c, P. 2992 v III, P. 3214 v, P. 3234 v, P. 3236, P. 3257, P. 3324 v, P. 3579, S. 4504 v, S. 4920 などいずれも 10 世紀前後の文書であって，偶然ではあろうがまだトゥルファン文書中には一つも見つかっていない[101]。これら敦煌文書の官布は絹織物や棉織物（䌷／絺・細絺・立機）や毛織物（褐）と並列的に現われるので，麻布であったに違いない。おそらくは

租庸調制の時代に定められた麻布の規格を受け継いで，標準貨幣としての役割を果たしていたのであろう。ただしトゥルファンのウイグル文書に見える quanpu が麻布であったとは思われない。トゥルファン盆地は，古来，棉花の栽培で有名であり，唐本土から麻布・絹布をはじめとする大量の物資が送り込まれなくなったウイグル時代になれば，標準貨幣の役割を担う官布としては棉布こそがふさわしかったはずである。古ウイグル語で直接に棉布をさす言葉は böz であるが[102]，通貨として使われるべく一定の規格を備えた böz は特に quanpu と呼ばれたのであろう。同じ実物貨幣（商品貨幣）とはいえ，半楷書体の文書に貨幣としての böz が一度も見えない[9]のは，西ウイグル時代には国家のお墨付きがあるという意味において quanpu の呼称の方が böz よりも正式だったからに違いあるまい。ところがモンゴル時代になると böz が quanpu を圧倒してしまう。西ウイグル王国時代には頻用された quanpu という語が，モンゴル支配時代になって衰退していくのは，西ウイグルが国家主権を失うと同時にモンゴルから新たな貨幣体系や税体系が持ち込まれ，徐々に意義を失っていったからなのであろう。モンゴル帝国及び元朝が銀を基本とする貨幣体系を志向し，膨大な量の銀錠を流通させ，しかも交鈔という紙幣をも発行したことについては多くの研究蓄積があり，いまさら贅言を要すまい。モンゴル支配下のウイグリスタンにおいて銀が国際通貨としても現地通貨としても使われるようになると，棉布には単なる現地通貨としての役割しか残らなかったであろう。

　先ほどは大雑把に，古い時代の「官布」と新しい時代の「銀」とが相補分布をなしていると述べたが，より詳しく見れば「古い」時代の官布は「新しい」時代にまで現われるのに，「新しい」時代の銀は決して古くまで遡らない。つまり銀は貨幣としては西ウイグル時代，少なくともその全盛時代とみなされる 10-11 世紀には流通していなかったのである。ということは，これまでアプリオリに，ないしは漠然と西ウイグル時代にも銀は貨幣として流通していたと考えられてきたのが，実は単なる思い込みであったということになる[103]。ウイグル西隣にあっ

---

[9] ここで私が「半楷書体の文書に貨幣としての böz が一度も見えない」とした点について，松井 2010, p. 32, n. 15 で批判を受けたが，私の書き方が悪くてやや誤解があったようである。私が問題にしたのは，修飾語の一切ない裸の böz，数詞だけが直結している böz であって，quanpu と違い böz だけでは貨幣単位にならなかったと言いたかったのである。それゆえこの一句は「半楷書体の文書に通貨単位としての böz が一度も見えない」と修正しておきたい。

たカラハン朝出身の大学者であるカーシュガリー編纂の『トルコ語アラビア語辞典』（実際はむしろ百科事典）の記事，並びに東方の漢文史料より，西ウイグルの主要通貨が棉布であることは既に周知となっているが[104]，だからといってそこに銀銭ないし銀錠が流通していなかったとまで言うことはこれまでためらわれてきた。しかし，今ここに改めて，西ウイグルでは銀銭・銀錠は流通していなかったのではないかという視点で西ウイグル関係の史料を再検討してみると，10世紀のマニ教寺院経営令規文書（ll. 99-100）では罰金が銀ではなく高級絹織物 žünkim で支払われる規定になっていたこと[105]，ガルディージーによれば姦通罪に問われた時の罰金として，雌馬1頭と50 satīr（約2kg）の重さの銀杯，あるいは新品のテント一式とあったこと[106]に気づくのである。980年代に西ウイグル王国を公式訪問した宋使・王延徳によれば，西ウイグルでは「善く金銀銅鉄を治して器と為し，玉を攻くに及ぶ。善馬は絹一疋に直（あたい）するも，その駑馬は食に充て，わずかに一丈に直す」とか，銀や真鍮で水鉄砲を作って暑さを避ける遊びをするというから[107]，銀製の器具があったことは確かである。しかしその一方で馬価を絹で表示している（絹1丈は1疋の四分の一）から，やはり貨幣としての銀，つまり銀銭・銀錠はなかったとみてよかろう。

　一方，従来指摘されてきた如く[108]，9世紀後半から10世紀末に至る漢文敦煌文書には，銅銭が現われないばかりか，通貨としての銀も現われない。この状況は10世紀前後に比定される敦煌出土のウイグル文書についても同様である。そこにおいて通貨として使われているのは主に絹織物や毛織物であった。当時の敦煌と西ウイグルとの密接な関係[109]に鑑みれば，これまた西ウイグルに貨幣としての銀が流通していなかったことを傍証するものであろう。つまり，10世紀においてはまだ銀が国際通貨となっていたとも，国際取引の決済用に常用されていたとも言えないのである。

　さらに11世紀については，西隣のカラハン朝の情報が参考になろう。伝統的に銀が貨幣の主流であったイスラム世界に含まれるカラハン朝では当然銀が貨幣として流通していたが，カーシュガリーによって編纂されたトルコ語の総合的な辞書においてさえ，yastuq には「枕」の意味が与えられているだけで，「銀錠」の意味はない。そればかりか，stīr / sitīr に当たる単語も採録されていない。また銀貨1枚を指す単語は次節で述べる yartmaq / yaratmaq / yarmaq あるいは kümüš であって，決して baqïr ではない。

第7節　ヤルマク問題

　ところで先の一覧表では意図的にはずしたが，貨幣としての銀と密接に関わるもう一つの単語がある。それは yartmaq / yaratmaq / yarmaq である。本稿では一括して「ヤルマク」と称する。カーシュガリーの『トルコ語アラビア語辞典』によれば，これはカラハン朝ではイスラム世界のディルハム dirham 銀貨の意味で使われる，すなわち秤量貨幣ではなく計数機能を持つ貨幣を指している，という[110]。しかし西ウイグル時代の公私の俗文書ではそのような用例はなく，貨幣の個数を表わす単位としては認められていない。もちろん，10世紀後半～11世紀前半に漢文原文から翻訳されたウイグル語版『慈恩伝』には，枚数を表わす数詞と共に"altun yartmaq"，"kümüš yartmaq"という用例がいくつも知られている[111]。しかしそれはただ原文の「金銭（gold coin）」・「銀銭（silver coin）」を翻訳する必要上，隣国カラハン朝でヤルマクと称された銀銭が流通し，その一部が貿易取引に使われて西ウイグルにも入ってきていたから，言い換えれば知識として知っていたから使用したと考えられるのであり，必ずしも西ウイグル社会全般の実態を反映したものではなかろう。一方，同じく10世紀後半～11世紀前半にトカラA語からウイグル語に翻訳された *Maitrisimit*『弥勒会見記』には，枚数を表わす数詞と共に altun yartmaq / yaratmaq や単なる yartmaq / yaratmaq が使われているが[112]，そのトカラ語原文は tinār であり[113]，これはイスラム・インド世界のディーナール dīnār 金貨を表したものに相違ない。つまりこの場合の yartmaq / yaratmaq もディーナール金貨の翻訳であって，ウイグル社会で計数機能を持つ金銀貨が流通していたことを示すものではない[114]。

　これに対して，モンゴル時代のウイグリスタンでは，上掲一覧表の **5a：Yunglaqlïq kümüš** の項に列挙した "47 stïr yarmaq kümüš"（Sa21, *ll*. 4-5）; "50 stïr yarmaq kümüš"（Sa22, *ll*. 3, 16）; "yunglaq-lïq yarmaq kümüš"（Sa26, *ll*. 3-4），並びに **5b：Kümüš** の項に挙げた "25 stïr yarmaq kümüš"（Pl02, *ll*. 4-5），"5 sïtïr yarmaq kümüš"（T III D 279 (186/37), *ll*. 3-4）という用例から分かるように，いずれも yarmaq kümüš といわれるのであって，『慈恩伝』，*Maitrisimit* 等の仏教典籍類に現われるような kümüš yartmaq ではない。後者はしばらくおくとしても，前者の yarmaq kümüš の yarmaq を個数で数えられるコインの意味にとるのは無理である。それ

ゆえ私はこれを動詞 yar- "to split, cut" の派生語とみなし，金銀の「切り餅，インゴット」と考えたい[115]。そうすれば yarmaq は単に "money, cash" とか計数機能を持つ "coin" の意味ではなく，「塊り状の現金・現銀（実際には金ないし銀の切り餅）」ということになろう。T III M. Kloster 2 Nr. 134 (128/044), *ll*. 31-33 [Sertkaya 2002, pp. 9-10] に 5.5 sïtïr čao 1 baqïr yarmaq という連続した表現があり，T III M. Kloster 2 Nr. 134 (103/018), *ll*. 5-7 [Sertkaya 2002, p. 15] に 7 baqïr čao と 1 baqïr yarmaq とが並列して現われるのは[116]，やはり紙幣である čao「鈔」と「現銀」とが明確に区別されていた事実を反映しているからに相違あるまい。[10]

一般的にいってモンゴル時代の中国〜中央アジア〜西アジアにおいて銀が秤量貨幣であったことに疑問の余地はないが，ウイグル文書 SI Kr IV 638「婚礼・葬儀費用の記録」には tartma kümüš という表現が次のように 3 回見える[117]。

l. 141 : bir stïr tarḍma kümüš üz　梅村訳「1 スティルの鋳造（？）銀にて」

ll. 191-192 : yarïm yastuq tarḍma kümüš　梅村訳「0.5 ヤストゥクの鋳造（？）銀」

ll. 196-197 : bir yastuq tarḍma kümüš　梅村訳「1 ヤストゥクの鋳造（？）銀」

tartma は動詞 tart- "to pull ; to weigh" からの派生語に相違なく，tartma kümüš は「計ること＋銀」で「秤量貨幣としての銀」の意であろう。tartma を "weighed (or minted ?)" としたクローソンの解釈，及びそれを受けた梅村坦の解釈には賛成できない。実は既にカーシュガリーの辞典にも yarmaq が個数ではなく重さで計られている用例が以下の如く在証されていたのである。

　　yap yarmāq yōq "I do not have any round dirhams" -- i.e., sound ones. [CTD, II, p. 147]

　　ol yarmāq tartti "He weighed the dirham." [CTD, II, p. 368]

　　yarmāq tartildi "The dirham was weighed." [CTD, II, p. 80]

　　ol yarmāq ūčin čärtti "He broke off the edge of the dirham." [CTD, II, pp. 368-369]

つまり，ヤルマクの第一義に「コイン」を挙げるクローソンの ED, p. 969 の説明は，大幅な修正が必要である。ヤルマクの原義「切り分けること；切り分けた

---

[10] 本稿で何度も引用した学会用ハンドアウトである Sertkaya 2002 は，後に短縮されて Sertkaya 2004 として出版された。

物」からまず「切り餅；現銀」の意味が派生し，さらにそこから「コイン」の意味が派生するという二段階の現象が起こったのであり，しかもその時期が西方のカラハン朝（先）と東方のウイグル（後）ではかなりずれていたというのが，私の推定である。

第8節　バキル問題とウイグルの銅銭（その1）

　私はこれまで，森安 1998「補考」pp. 12-19, Moriyasu / Zieme 1999, pp. 87-89 において，古ウイグル語のバキル baqïr が，トルコ語共通祖語に由来する意味①「銅」とは別に，いかにして②「銅銭」，③「重量単位バキル（約4g）」，そして④「貨幣単位バキル（銀の重さで1バキル≒4g分の価値，即ちモンゴル時代には中国の銅銭100枚に相当）」という意味を派生させたかについて論じてきた。しかしながら，本稿で得られた「10-11世紀の西ウイグルでは銀は貨幣として使用されていなかった」という事実は，これまでの議論の一部に修正を迫ることになった。

　具体的には，森安 1998「補考」pp. 12-19 の第5節「新疆維吾爾自治区博物館（ウルムチ）所蔵文書バキル考」で取り上げたバキル文書に現われるバキル baqïr に，単なる「銅銭」の意味と，銅銭100枚に相当する銀の秤量単位「銭」の意味の両方を与えていたが，その文書は西ウイグル時代前期のものであるから，その解釈はできなくなったのである。本文書のバキルは全て「銅銭」と見るべきであり，ここでその6行目の bu baqïr toquz on toquz-ar ol「このバキル（という貨幣単位）は99ずつである」という旧訳を，「この銅銭（の実際の取り分）は（上記の100貫文ではなく）99（貫文）ずつである」と訂正する。つまり，もとのスラピルの解釈［伊斯拉菲爾 1995］に戻ったのであり，そこに中国的な短陌慣行を読み取ろうとした私の解釈は深読みであったと反省し撤回する[118]。しかしながら，baqïr の原義①「銅」からすぐに②「銅銭」の意味が生じたとする従来の単純な考え方には，いまなお従うことは出来ない。

　本稿第5節のリストの **2: Quan baqïr** で取り上げた半楷書体の二つの文書，即ちウルムチ所蔵のバキル文書とベルリン所蔵のウイグル語漢文バイリンガルの土地売買契約文書 U 5368（T I 576）recto において使われている表現はいずれも

quan baqïr であって，単なる baqïr ではない。しかもこの quan baqïr が正しく漢語の「貫文」に当たるという結論 [Moriyasu / Zieme 1999, pp. 85-87] はいささかも揺るがない。1 貫文が 1 緡銭，即ち 1000 枚の銅銭の穴に紐や細い棒を通してひとまとめにした単位であることはいまさら言うまでもない。quan baqïr の quan が Ch. guan 貫（中古音 *kuân ; cf. GSR 159a）の音訳であることは疑いない。一方，モンゴル時代のウイグル仏教テキストには価値のないものをいう比喩として bun baqïr という表現が見える(119)。私は，この bun baqïr はいわば日本語の「ビタ 1 文」に対応する言い回しであり，bun は Ch. wen 文（中古音 *vun ; cf. Pulleyblank 1991, p. 323）の音写にほかなるまいと思う。即ち「文バキル」はまさに「貫バキル」の千分の一を表すもので，銅銭 1 枚のことである。言うまでもなくこの「文」は銅銭 1 枚を表す場合の「銭」と同義である。以上のようにして私は，ウイグルでは漢語の 1 セットの通貨単位である「貫」と「文」を翻訳するために，それぞれの音を同時に借用し，それと原義が「銅」である baqïr とを組み合わせて，「貫バキル」と「文バキル」という一組の表現を作り出したと推測する。ウイグル語漢文バイリンガルの土地売買契約文書は，西ウイグル時代からモンゴル時代までに及ぶウイグル文売買契約文書の雛形であり，10 世紀に遡るというのが従来の私の主張であり(120)，その基本線に変更はない（どんなに年代を下げても 11 世紀までである）から，「文バキル」の方も西ウイグル時代にまで遡ると考えるべきである。とすれば当然ながら西ウイグルにおける銅銭流通の動かぬ証拠，少なくともその状況証拠が欲しいところである。しかしながら，ここにいささかやっかいな問題が生じている。

　池田温をはじめとする諸研究によれば，敦煌では吐蕃期以後貨幣経済が衰退し，布帛と穀類に頼る実物経済を甘受し続けたという(121)。10 世紀前後の天山地方の西ウイグル王国が敦煌の沙州帰義軍政権と緊密な交渉関係にあったことは既に私や栄新江が論証した通りであり(122)，そのような情勢の中にあって，片方（敦煌）では布帛と穀類という現物のみが流通の媒体として使われたのに，もう片方（トゥルファン）では布帛のほかに銅銭が相当に流通していたなどということが，ありえたであろうか。

　西域における唐の銅銭経済の浸透は，第 2 節冒頭と前註 11 で言及したように既に定説となっており，さらに安西都護府自体による「大暦元宝」・「建中通宝」の鋳造発行によっても証明される(123)。8 世紀末の北庭争奪戦(124)以後ほぼ完全に

唐の領域から離脱した西域〜河西でも，銅銭の使用は完全に衰退したわけではなかろう。少なくとも敦煌出土のチベット語契約文書では，まだ銅銭が使用される例がいくつも知られている[125]。またトゥルファン地方には唐代以前から多数の漢人が居住しており，ウイグル支配下に入ってからもその住民の主力は漢人であったに違いないから，貫文単位の銅銭が民間で細々ながら流通し続けたことは十分考えられる。

あるいはむしろ，次のような状況の方を重視すべきかもしれない。中国の銅銭使用の起源は紀元前にまで遡るとはいえ，本稿第2節で言及したように，唐代の租庸調制の下でさえ納税は穀物・布帛などの現物によっており，780年に始まる両税法施行以降，ようやく地方にまで銅銭経済が浸透していく。そして銅銭の鋳造と流通が爆発的に増大するのは，よく知られている通り，宋代に入ってからである。この時代になって宋銭は周辺の諸外国にも大量に流出するようになる。海のルートでは南海地方や日本へ［cf. Shiba 1983, pp. 106, 108］，そして陸のルートでは北中国の遼や西夏はもちろん［cf. 井上 1996；井上 2000］，甘州ウイグルやカラハン朝にまで銅銭が宋朝から下賜された記録が残っている。甘州ウイグルについては零細な記録しかないが[126]，カラハン朝については魏良弢が幾つもの重要な記事を挙げている[127]。ただし，そこに見られる銅銭の額はあまりに巨大（四万一千余貫・百有二十万・百万・三十万）であり，下賜といっても実質的には朝貢品の見返りであるから，その全てが西部天山地方にまで運ばれたかどうかは甚だ疑わしい。入朝したカラハン朝からの使者が宋都でその大部分を消費したことも十分あり得る。それでも，1980年に南疆の阿図什でカラハン朝時期の銅銭が17000余枚（総重量138kg）もまとめて出土し，そこに5種類の北宋銭が混じっていたことは注目に値する[128]。また，チベットと宋の辺境「古渭砦」（渭水の上流で，少しく東に下ると秦州がある）にチベット族（青唐）の富豪が居住し，二・三十万貫の緡銭を所有する者が少なくなかったというから[129]，宋銭は確かに中央アジア方面でも流通したと見て大過なかろう。

第9節　バキル問題とウイグルの銅銭（その2）

次に取り上げたいのが，ウイグル自身が鋳造した銅銭についてである。ウイグ

ルで発行された銅銭が少なくとも2種類存在したことは夙に知られていたが，いずれもこれまでごく僅かしか発見されていない。それ故それが実用であったのか，それとも何らかの記念品であったのかはいまだに不明であり，時期についても東ウイグル説と西ウイグル説の両方があって決着が付いていない。この2種類のコインを拓影付きで初めて世に紹介したのは我が国の奥平昌洪『東亜銭志』上・巻9であるが，その時点では一方だけが羽田亨によって解読されていた。羽田の解釈は以下の通りである。

（表）kül bilgä ／ buɣuɣ uiɣur ／ t(ä)ngri ／ xaɣan
　　　名誉ある賢明なる（名？）回鶻　　　　天　　可汗
（裏）il tutmïš ／ y(a)rl(ï)ɣ-ingä
　　　国家を保てる 勅命に於て

これに対する羽田自身の詳しい解説が公に発表されるのは後年のことであり［羽田 1958a, pp. 8-14］，そこではこのコインに現われる固有名詞 buɣuɣ を安易に牟羽（東ウイグル第3代可汗；在位759-779年）に比定することを戒め，しかも形状や質よりこれを宋元代のものと見た方がよいという古銭学者としての奥平の意見も加味して，西ウイグルのコインとしている。また，銘文の読み方に関しては，例えば「開元通宝」のように上下右左と読むのか，それとも「開通元宝」のように回転式に読むのかは再検討を要すると慎重な態度を取っていた。ところが羽田より解読結果を教示された奥平の方は，ウイグル文字の流れる方向に無知だったらしく，『東亜銭志』（原稿段階）では単語を勝手に並べ変え，しかもこれを牟羽可汗のコインと断定してしまったのである。ただ，その後に発表した短い紹介論文［奥平 1922, p. 2］では，このコインの表面の読み方を次のように反時計回りに変えたが[130]，牟羽と見なすのは相変わらずである。

（表）kül bilgä ／ t(ä)ngri ／ buɣuɣ uiɣur ／ xaɣan

2種類のウイグル銅銭には近年再び学界の目が注がれるようになった。そのきっかけは1980年に南疆の阿図什でカラハン朝時代の銅銭に混じって1枚のウイグル銅銭が，そして1982年に西ウイグルの夏の都であった北庭ビシュバリクの故地である北疆のジムサ（吉木薩爾 Jimsar）で，ボクグ Boquɣ / Buɣuɣ 可汗コイン1枚が見つかった［王秉成 1992］ことであるらしい。現在では上海博物館にも両

種が複数枚所蔵されていることが判明している［馬飛海（総主編）1991, pp. 446-447］。

　ボクグ可汗銅銭の発行年代については，奥平が東ウイグルの牟羽時代としたが，羽田はそれに反対して西ウイグル時代としたことは上述の通りであるが，その後，楊富学［Yang 1995］がこれを西ウイグル時代の 10 世紀としたため，以後の中国で出版される各種事典・カタログ類はその説を踏襲しているようである[131]。しかし楊の論文は，いわゆるウイグル文棒杭文書の紀年に関する私の説を曲解した上に組み立てられたものであり，到底従うことはできない。さらに，ティエリが，彼自身の所属するパリ国立図書館メダル部門にボクグ可汗コインが所蔵されていた関係上，これに関する専論を楊論文に反駁する形で発表した［Thierry 1998］。第 3 節で見たように，ティエリはこのボクグ可汗を東ウイグル第 7 代の懐信可汗に比定したのであり，その際，私の論文［Moriyasu 1981；その元は森安 1973「北庭戦」，森安 1979「増補：北庭戦」である］を有力な論拠の一つにしているのであるが，残念ながら私自身はその結論に賛成しかねている。樹木の「ふし瘤（Uig. Boquq / Buyuy）」から生まれたボクグ可汗として西ウイグル時代に伝説化していた人物が東ウイグルのエディズ王朝の創建者（ヤグラカル王朝の 6 代と合わせると 7 代目）であるとする，安部 1955 に由来する我々の説を支持してくれるのはいいが，私には一種のあだ名を鋳込んだコインが本人生存中に発行されたとはとても思えないからである。やはり羽田説に従う方が穏当であろう。

　一方，『東亜銭志』で読んでいなかった方のコイン銘文は，現在では次のように解読され，中国の学界ではこれを「亦都護」銭と呼び慣わしている[132]。

　（片面のみ）　　ïduq　　　y(a)rlïγ　　　yorïzun
　　　　　神聖なる勅令が行き渡りますように！

「亦都護」は単に ïduq ではなくて，可汗号に代わる最高位の称号である ïduq-qut イディクートを表わす史料用語であるから，この命名は適当ではないが，暫くこれに従う。「亦都護」銭について中国の研究者らは等しく西ウイグル時代とみているが[133]，その論拠は必ずしも信頼に足るものではない。

　さてここで改めて，もともと銅銭を知らなかった古ウイグル語世界に，中国の銅銭の計数単位である漢語の「貫」・「文」が quan baqïr と bun baqïr として出現した背景の考察に戻りたい。私は先の論文［森安 1998「補考」p. 17］で，銅銭とし

ての baqïr の起源として，ソグド語の pnγry（*panxəri）と，漢語の重量単位「銭」のカルク（calque = 透写語）という二つの可能性を挙げておいたが，いずれも正しくなかった。やはりトルコ語そのものの「銅」から派生したという一般的な考えに戻るべきである。とはいえ，従来のトルコ学界で一般的な，baqïr には本来の意味「銅」から直接「銅銭」という第二の意味が派生したとする単純な見方に従うわけではない。その中間には，銅銭単位の「貫」と「文」をそれぞれ quan baqïr と bun baqïr と表現した時期があり，そこから baqïr が単なる 1 枚の銅銭を指すようになったと考えるのである。11 世紀のカーシュガリーの辞書が，一方で西ウイグルの貨幣は棉布であると言いながら，他方でバキル baqïr に対して「銅」の外に「中国（Ṣīn）で売買に使われる銅銭」という意味も掲載していた事実をも想起したい[134]。

私は第 5 節のリストの **2：Quan baqïr** で取り上げた 2 文書，即ちバキル文書とバイリンガル土地売買契約文書に見える銅銭は，ほとんどが唐宋銭だろうと考えているけれども，そこにウイグル自身の鋳造した銅銭も混じっていた可能性は十分にあると思う。西ウイグルの標準通貨はあくまで官布であるが，同時に銅銭の流通もある程度見られたのであり，そこに 2 種類のウイグル銘コインが出現したと考えるのである。もちろん，私もティエリらと同様，上記 2 種類のウイグル銘銅銭の発行は実用というより権威・権力の誇示のためと見るにやぶさかではない。しかしながら，もし『遼史』に見える

> 是時（清寧中＝1055〜1063 年）詔，禁諸路不得貨銅鉄，以防私鋳。又禁銅鉄売入回鶻。法益厳矣。　　〈『遼史』巻 60・食貨志下・鼓鋳之条，p. 931〉

という記事が西ウイグルでの銅銭鋳造と関係あるとしたら，本当に実用のために発行したのかもしれない。

おそらくトゥルファンでの銅銭使用は盛唐代の 8 世紀以後も細々と続いており，10 世紀よりも 11 世紀に入ってやや復活したのではなかろうか。それは，当時の宋銭の大量鋳造と，それが周辺諸国に流出するという国際的趨勢の上に乗っていたはずである。こうして古ウイグル語のバキル baqïr には，①「銅」とは別に②「銅銭」の意味が生じたのである。そしてさらに，これとほぼ同時期に，あるいはひょっとしたらそれよりも早くに漢語の重量単位「銭」（銅銭 1 枚の重さ，即ち約 4 g；この用法は唐代の「開元通宝」の発行以後のことで，薬品・金銀・宝石などの

重量を計る単位となる）に由来する③「重量単位バキル（約4g）」の用法が加わり，その後，銀が貨幣として流通する時代になって遂に，④銅銭100枚の価値を持つ「重さ約4gの銀」という貨幣単位としての意味が出現するのである。

　西ウイグルで標準貨幣であったのは明らかに「官布」である。そのことはカーシュガリーの記事と漢籍の双方から確認され［森安 1998「補考」p. 18］，実際のウイグル文書での使用例［本稿第5節］とも見事に合致している。にもかかわらず銅銭も使われたらしいというのは，どういうことであろうか。さらに高額取引用には絹織物は勿論，銀器さえあったらしいことは，前註61や第6節で見た通りである。本当に西ウイグルではこのような複雑な貨幣状況が生起していたのであろうか。

　ここで黒田明伸の貨幣論［黒田 1999；黒田 2003］に則って考察を試みることにする。まず西ウイグルでも「貨幣は諸貨幣として存在」したのであり，国際的な高額決済には官布より貴重な各種の高級絹織物や金銀器も使われたが，それらも含めて価値尺度機能を果たしたのは官布であったと思われる。しかし，経済が発達すれば，より細かい価値尺度も必要である。例えば日野は，商品・貨幣経済が高度に発展した唐の先進地では，高額取引・遠方輸財等のための金銀・絹帛と，小口取引や末端での徴税のための単価の零細な銅銭とが共に流通していたという［日野 1982a, pp. 374, 433, 483；日野 1982b, pp. 290, 326］。西ウイグルにおいても恐らく事情は同じであって，そこに官布よりはるかに細かい単価の銅銭が国際的に出回り始めた状況をうまく利用しようという意図が働いたのではなかろうか。再び黒田の概念を使えば，「地域間兌換性」interregional convertibility (of currency) のある「地域間決済通貨」＝「国際通貨」としては，やはり各種の高級絹織物が主で，金銀器が従であった。一方，「地域流動性」local liquidity を担う「現地通貨」としては，棉布という「商品貨幣」ないし「手交貨幣」と，中国からの輸入を主としながら僅かに現地生産によっても補われた銅銭の両方を使用した。西ウイグルで流通に入った絹織物は東西からの輸入品もあれば現地生産品もあって種類・品質ともに多種多様であり，とても一貫した計数機能は持てないから，それを官布や銅銭が肩代わりしたと考えられる。もしかしたら銅銭と官布との間には一定のレートがあり，素材価値よりも計数性能が重視される傾向にある現地通貨として，その価値尺度機能を互いに補い合っていたのかもしれない。

第10節　ユーラシアの銀動向（その1）

　第4-6節での現地出土ウイグル文書の統計的把握により得られた「10-11世紀の西ウイグルでは銀は貨幣として使用されていなかったが，13-14世紀には銀が貨幣の主流となっていた」という結論を，我々はユーラシア世界史の中にどう位置づけることができるであろうか。ここで想起されるのが，師匠であった宮崎市定による当時の銀動向に関する見解を受け，それをさらに独自に展開させた愛宕松男・佐藤圭四郎両氏の説，特に愛宕によって提唱されたユーラシアの銀動向についての壮大なストーリーである。

　まず宮崎市定説から見ていこう。宮崎1943a『五代宋初の通貨問題』では，中国における貨幣の代替物としての金銀使用の歴史について，それが西域・嶺南より漸次内地に流布し，五代の東アジアにおける国際間決済には銅銭ではなく金銀絹帛が必須となっていたことを述べ，それを締めくくって「商人と金銀との結合が一度行なわるるや，後に宋代となりて天下一に帰し，銅銭が再び法定貨幣として発行せらるるも，商人は容易に金銀の価値を見捨てなかったのである」という[135]。さらに

> ［真宗・大中祥符元（1008）年正月甲戌］時京城金銀価貴。上以問権三司使丁謂。謂言，為西戎回鶻所市入蕃。乙亥，下詔，約束之。
> 〈『続資治通鑑長編』巻68, p. 1521〉

という記事に言及して，当時の金銀騰貴の原因とされるウイグル商人による金銀持ち出しの背景として，次の三つを想定する[136]。①ウイグル人が宋の都・開封に香料などの奢侈品をもたらし，金銀を国外に持ち出したので，金銀の価格が騰貴した；②金銀比価の変動による流出・流入もある（金銀は別個に逆方向へ移動）；③金銀銅銭の三者の間でも同様の現象が起こり，銅銭が高ければ金銀が流出する。一方，宮崎1965「十字軍の東方に及ぼした影響」では，①の理由で銀は西へ流出することもあったとしながら，特に②に重点を置き，概していえば金銀比価により西方の銀が中国に流入し，中国の金が流出したと認定しつつ，西アジアにおける銀不足とも結びつける[137]。同様に宮崎「トルキスタン史・近古」（=「宋元時代の西域」）でも，「回鶻は（中略）唐末南下して天山南路に侵入すると，

其地の先住民のイラン系[138]種族と混血し，宋代になって支那（中国）に知られたる回鶻人は寧ろ商人，資本家として鳴り響いている。宋の真宗の時，都開封で金銀の価格が騰貴したので，査べて見ると回鶻が買占めをやったからであった。都下の金銀の値を左右する程の経済的実力を持った回鶻人の活躍は十分に高く評価されなければならない」と言い[139]，さらに「遼と回鶻との交通も亦割合に頻繁に行なわれた。回鶻は西方から工芸品，奢侈品を遼に齎らし，遼から<u>黄金</u>を輸出したようである」と述べている[140]。つまり宮崎はウイグル商人らの仲介によって銀が中国から一方的に西流したとは断定しておらず，かえって黄金の西流と銀の東流が一般的であったと考えているが如くである。この点，次に見る愛宕説との根本的相違に注意されたい。

愛宕松男はまず岩波講座世界歴史の旧版で遼朝を担当した際，「銀をめぐる遼国の経済事情」という項目を設け[141]，そこで初めて，宋から遼への歳幣銀はウイグル商人の手で西アジアへ運ばれ，かつての絹街道は銀街道と化したというかなり衝撃的な考えを打ち出した。そしてその考えは，愛宕 1973「斡脱銭とその背景」の中で全面的に開陳されたのである。そこでは，10-13 世紀に東イスラム圏と中国との間にいた有力な民族はウイグルであり，遠隔地貿易で活躍していたウイグル商人は宋朝のみならず西夏にも遼朝にも金朝にも足跡を残しているという広く認められた前提の上に立って，以下のように論を展開するのである。

［愛宕 1973, pp. 163-165＝再録本 pp. 157-158］：ブレイク Blake 説によれば，イラク以東マーワランナフル（アム河・シル河の間）までの東部イスラム圏に 10 世紀中葉〜13 世紀中葉の約 300 年に亘って銀不足の現象が出現した。この地域では伝統的にディルハム銀貨が本位貨幣となっていた。10 世紀に大量の銀貨がヴォルガ河流域〜ルーシ〜北欧とインドへ流出したことが，銀不足の原因の一つに数えられる。一方，13 世紀のイスラム世界で鋳造された銀貨には強い白色を呈するという特徴があるが，それはアンチモニーの含有に起因するものであり，しかもそれは中国銀の素材的特徴である。そこで，13 世紀後半にようやく東部イスラム圏で銀不足が解消するのは中国銀が寄与したためであり，「十〜十三世紀のシルク・ロードは一時的にもせよ東から西に向ってのシルバー・ロードの観を呈したはずである」と想定する。

［愛宕 1973, pp. 181-184＝再録本 pp. 173-175］：宮崎の指摘した 11 世紀初頭の記事「時<u>京城金銀価貴</u>。上以問権三司使<u>丁謂</u>。謂言，為<u>西戎回鶻</u>所市入蕃。乙亥，

下詔,約束之」を引用し,次のように言う:「北宋もまだ初期に属する真宗朝,あれほどまでに巨額に集積された京城公私の白銀が,ウイグル商人の買占め搬出によって異常な相場騰貴を来し,それが天子の関心を惹くまでに至ったという」[p. 184＝再録本 p. 175]。ここではなぜか金銀のうち金は無視され,銀だけが問題にされるのである。その点が,宮崎とは大きく異なることに注意を喚起したい。

[愛宕 1973, pp. 186-188＝再録本 pp. 177-179]:遼・金に宋から贈られた歳幣銀がウイグル商人の手によって西方に搬出されたに違いない。

[愛宕 1973, pp. 189-201＝再録本 pp. 180-191]:北宋では銀の生産高が飛躍的に増大したにもかかわらず,北宋〜金元代まで銀価格は上昇し続けている。これは銀の絶対量が減少したからで,その流出先は西方の東イスラム圏以外にありえない。

最後に佐藤圭四郎説を紹介する。佐藤 1978「北宋時代における回紇商人の東漸」は,不可解なことに同門である愛宕の先行研究には一切言及せず,師匠である宮崎の最初期の説[142]だけを出発点とする。冒頭でまず宮崎説を,北宋代のウイグル商人による「中国よりの金銀流出と,内地における金銀価格変動とのあいだに,関連が存したと想定される」とまとめる。次いで宮崎説に拠りつつ,宋代中国の金銀比価をおおよそ 1:6〜8 とみなし[11],独自に東部イスラム圏のそれは 1:9.6 であると算定して,中国側がやや金安であったと断言する。そしてさらに次のように続ける:「貴金属地金の流れは,地域間における金属地金の絶対量増減,その市場価値の低昂,物価変動などに対応して複雑な動きを示すこと,宮崎博士の指摘された如くである。この東西両世界の中間に位置し商業を主要な生業とした回紇人によって国都開封府において大量に買占められた金銀が西域方面に流出し,為政者の注意を惹くに至るまでに都下の金銀市価を騰貴せしめたという大中祥符年間の記載も,このような不確定要素を含んだ貴金属地金の流れの一環を成す現象とみるべきであろう」[143]。しかしながら,佐藤はここで何を論証したかったのであろうか。一読したところ私には,宮崎・愛宕両氏が取り上げたようなユーラシアにおける金銀価格という大きな問題に対して,新たに東西の金銀比価の問題を持ち出すことによって,愛宕説を補強しようとしたのかと思われた。

---

[11] フランケ(A. H. Francke)によれば,唐代の吐蕃(チベット)でも金銀比価は 1:6 であったと推定され,それは 13 世紀のマルコ＝ポーロの伝える雲南西部の状況とほぼ合致するという [*Serindia*, III, p. 1465]。

ところが，よくよく考えてみると，金銀比価に関する佐藤の結論が正しければ，金が東から西へ流れるのに対し，銀は西から東へ逆流することになり[144]，愛宕説と真っ向から衝突するのである。実は，佐藤より早くに，宮崎自身も既に宮崎1965「十字軍」で，金銀比価により西方の銀が中国に流入し，中国の金が流出したというシナリオを描いていた[137]。ところが佐藤はその事には一言も触れておらず，どちらを正しいと判断するのか，態度を明らかにしていないのである。宮崎『五代宋初』p. 240 ［＝全集 9, p. 193］では，宋とウイグルの間には金銀比価の差はなく，ウイグルが特に銀を選んで持ち出したとも考えられないとして，銀騰貴の原因をむしろ宋国内に求めてさえいる。一方，宮崎「十字軍」では，中国と西アジアとの金銀比価の差により「西方人は銀を中国に持ちこみ，金を買って帰れば大なる利益を得る」と言いつつも，それと大中祥符元（1008）年の記事が伝えるウイグル商人による「金銀」の国外搬出とは直接つながらないとみなしているようである。しかし，以上のような宮崎の二度にわたる説と愛宕説より後に発表された佐藤説を子細に読んでも，先に言及した銀の流れる方向についての結論が見当たらないばかりか，大中祥符元年の記事と東西の金銀比価との関係をどうとらえているのかもよく分からず，どこにそのオリジナリティがあるのか私には判断できないのである。

しかしながら，本稿での考察により「10-11 世紀の西ウイグルでは銀は貨幣として使用されていなかった」という事実を摑んだ我々としては，西流にせよ東流にせよ，ウイグル商人の手によって大量の銀がユーラシア規模で運ばれたという説自体に疑いの目を向けるべきである。

第 11 節　ユーラシアの銀動向（その 2）

愛宕説が成り立つためには，南の宋朝（北宋・南宋）から北の遼朝（後には金朝）や西夏に支払われた膨大な量の歳幣銀が，そのまま北に残っていたという前提がなければならない。ウイグル商人は北宋にもやって来たが，シルクロードの路線から見れば，当然ながら北方の諸王朝（遼・西夏・金）との結び付きの方がより密接であったからである。しかしその前提が既に足元から崩れているのである。というのは，宋から北方諸王朝へ渡された歳幣銀は，ほとんどがすぐさま宋

に還流してしまったという説が有力であるからである。この説は，日野開三郎に始まるが，かつて宮崎さえもそれと同じ考えであることを表明したことがあり，近年では宋代商業史の大家である斯波義信がこれを大々的に支持している(145)。

日野によれば，遼の産銀高は低く，宋からの歳幣銀は遼における銀の最大の供給源であった。また，10世紀の末頃から11世紀前半の遼では明らかに銀不足であった(146)。また西夏についてもおそらく同じ状況だったとみせる，という(147)。こんな状態の時に，ウイグル商人がやってきて銀を大量に西方へ運べるはずはなかろう(148)。

本稿での論証結果を踏まえれば，ウイグリスタンで銀が盛んに流通するのは，13世紀のモンゴル時代に入ってから，ないしどんなに早くてもその直前からであって，西ウイグル時代の最盛期である10-11世紀において銀はユーラシア規模で西流する（愛宕説）こともなければ，逆に東流する（宮崎・佐藤説の一部）こともなかったであろう。もちろん，このように価値尺度となるほどに日常的な貨幣としてではなく，銀器の材料となる高価な商品としてある程度の流通を見たり，貴重な財貨として保蔵されたりしたことは当然あったであろう。前述の通り，両唐書ウイグル伝には唐より金銀器の贈られた記事が何度も見え，東ウイグルが金銀器に対する強い欲求を持っていたことに疑問の余地はないし，一方，西ウイグルについては，第6節で見たように，姦通罪に問われた時の罰金として50 satīr（約2kg）の重さの銀杯が使われたことをガルディージーが伝えていた。さらに，10世紀頃に敦煌に来ていたウイグル人が残した商業記録中にも「銀鉢 (kümüš čanaq)」や「銀張りの箙 (kümüšlüg kiš)」[MOTH, No. 34, l. 2] が現われているのであるから，銀器の需要は普段にあったはずである。開封における大中祥符元(1008)年のウイグル商人に関する記事は確かに注目に値するものであり，そこからウイグル商人が金銀価格の変動に敏感に反応していたとみる説を私も認めるにやぶさかではないが，余りに過大な評価をして壮大なストーリーを描くのは控えるべきであろう(149)。ウイグル商人は東部イスラム圏までを見据えなくとも中国本土内，あるいは宋・遼・西夏の間を往来するだけでも十分商売が成り立ったはずである。宋では銀の生産高が大きく増大したのに対し，遼や西夏では銀不足であったといわれるから，例えば金銀器を愛好した遼や西夏(150)へ宋から金銀地金を運ぶだけでも大きな利益が得られたはずである。大中祥符元年の記事で想定されるのはせいぜいその程度の範囲だったのではなかろうか。実際，呂陶の『浄

徳集』巻5にある「又奉使契丹回上殿箚子」によって，11世紀後半に宋と遼の両方を股に掛けて活動していたウイグル商人の存在したことが証明されている(151)。

　愛宕説はその壮大さゆえに一世を風靡した感があるが(152)，もはやフィクションと断じても過言ではなかろう。銀の流通量が激増し，それがユーラシア全体の経済動向に影響を与えるようになるのは，まさしくモンゴル時代の13世紀になってからである。銀は古来，西から東へ動くこともあれば，東から西へも動いてきた。モンゴル時代とて例外ではない(153)。しかし以前は少なくともシルクロード東部では貴重な財貨としての移動が主であったのが，モンゴル時代には単なる貨幣としてその流通量が爆発的に増大したのであり，恐らくユーラシア全体として見れば，東から西への銀の流れが逆流より優ったのであろう。黒田明伸は，宋～金代の中国において大量に蓄積されてきた遊休銀が，13世紀後半から14世紀前半に東から西へ大移動し，西アジアにおける10世紀以来の銀不足を解消しただけでなく，イングランドでは銀貨鋳造が激増したという大きな見通しを立てている(154)。愛宕が，アンチモニーを含有する中国銀がムスリム世界に流れたとするのは，この時代になってからのことと考えれば矛盾はないのである。

　ではどうしてモンゴル時代になって，一挙に銀がユーラシア規模で大きく動き出すようになったのであろうか。そこには，おそらくモンゴルの世界制覇と支配者階級への富の分配システム，それを支える徴税システムとその構築に与ったオルトク商人（仏教徒・ネストリウス教徒ウイグル人～イスラム教徒ホラズム人・トルコ人・ペルシア人・アラブ人など）たちの動向が深く関わっていたのであろう。また遼・金朝以来の駅伝制の整備・拡大によって陸のシルクロードを活発化させ，さらにクビライ汗が陸と海のシルクロードをリンクさせたことにより，ユーラシア規模の物流システムが史上初めて完成し，その血液ともいうべきオルトク商人を活性化する酸素として銀が縦横無尽に動き回るようになったのである(155)。

　これに関連して注目されるのが，「大朝通宝」というモンゴル初期に現われた銀貨(156)を正面から取り上げ，それといわゆるクプチル qubčir 税との関係にまで論及した最近の Whaley の研究である。氏は珍しい円孔のある「大朝通宝」の存在，そして何よりも「大朝通宝」19個の重さの平均から，「大朝通宝」の西トルキスタン起源を主張するのである［Whaley 2001, pp. 25-35］。確かにチンギス汗のホラズム征服の後，約3gのアラビア文字の銀貨（'Adil-Jingis type）が作られ，そ

れが「大朝通宝」に先行してクプチル税徴収に使われたという点は承認できる。しかし，すぐに方孔と縁取りのある中国式の「大朝通宝」銀貨に変化したという［Whaley 2001, pp. 32-33］のであるから，その時に重さも変わった可能性があると私は考える。ばらつきのある「大朝通宝」の重さの平均を3gとして［Whaley 2001, p. 28］，西方の銀貨と同じと見るのではなく，むしろ「大朝通宝」には重さの偏差が大きく，しかも4gに近いものがいくつもあるという事実［Whaley 2001, p. 65, Histogram］に着目すべきではなかろうか[12]。4gに近くて方孔と縁取りがあれば，これはまさしく中国式である[(157)]。

中国は伝統的に銅銭建ての経済圏であったが，唐後半期より銀もある程度流通するようになり，銀と銅銭との間に一定の交換比率が生じ，多分まちがいなく唐末五代初に銀の重さ1両（約40g）が銅銭1貫（1000枚；短陌の場合はもっと少ない）に相当するというレートになった[(158)]。この時点で「両＝貫」になるのである。そして金朝末の混乱期にはいよいよ銀の貨幣使用が盛んになった[(159)]。そこにモンゴル帝国が登場し，東西を同時に支配することによって，西方の銀世界と中国の銅銭世界を一本化する必要が生じた。チンギス汗は一旦金朝を押えた後，西方遠征に転じ，ホラズム遠征後に西トルキスタンでマフムード＝ヤラワチ（牙老瓦赤）・マスウードベイ（馬思忽惕）父子にクプチル税（財産によって差のある人頭税）[(160)]徴収を請け負わせた。その時は当然ながら伝統的な重さ3gの銀貨が作られた。しかしオゴデイ時代になり，金朝が完全にモンゴル支配下に入った後，マフムード＝ヤラワチが東に移されて北中国で同様の徴税，即ち包銀制[(161)]を実施する時には，3gの「大朝通宝」では不便であった。そこで重さが中国の銅銭と同じ1銭＝4gである新しい中国タイプの「大朝通宝」を発行して，それを徴税の基準（即ち1両）とした。このような考えは全くの空想に過ぎないであろうか。経済史の専門家の批判を仰ぎたい。

---

[12] 『遼・西夏・金・元四朝貨幣図録精選』（呼和浩特，遠方出版社，2003）pp. 301-303 に4例のカラー写真が載っているが，最も完品に近いものの重量は4gであり，他は3.47g, 3.35g, 3.55g である。

第12節　銀秤量単位の起源・伝播とウイグル

　そもそもモンゴル帝国・元朝で採用された銀を中核とする貨幣体系の淵源はいずこにあったのであろうか。モンゴルの世界制覇の道程を跡づけてみれば，可能性は二つある。一つは，中国の金朝，もう一つは西トルキスタンのホラズム帝国である。西トルキスタンは古来からの伝統的な西アジア銀経済圏に含まれており，モンゴル時代に大活躍するムスリム商人の出身地の一つである。従って，ここに由来を求める学者も少なくない。しかしながら，すでに金朝において銀経済の発達が見られたこと，モンゴル帝国でユーラシア全土に流布した銀錠（銀鋌）の形状そのものが宋・金代のそれを受け継いでいること，「錠・鋌」という金銀塊の標準的大きさを統一するために重さを50両に決めたのは金朝であること等を考慮すると，モンゴルの銀建て制度の淵源は中国と見なす方が妥当である。前田直典の先駆的かつ不朽の業績に依拠して，杉山正明や私はこのように考えている[162]。にもかかわらず，彭信威らのようにモンゴルの銀使用はホラズム銀貨の影響とする見方は今なお根強く残っている［cf. 市丸 2002, pp. 4, 24］。それは恐らく，中国で最初の鋳造銀貨は金代の「承安重宝」であるが，わずか2・3年で廃止され，以後銀貨は金朝では二度と現われなかった［cf. 愛宕 1973, p. 23＝愛宕 1989, pp. 152-153］のに対し，ホラズムには西アジアの長い伝統を受け継ぐ銀貨が厳然として存在したことに目を奪われたからであろう。

　中国では唐代の「開元通宝」の発行以後，その銅銭1枚の重量，即ち約4gが「銭」と呼ばれる重量単位となり[163]，ほぼ同時にその10倍が「両」となった。逆に十分の一の重さが「分」となるのは宋代からで，ここに至って「1両＝10銭＝100分」という重量単位の体系ができあがった。そして宋・金代には金銀の重量計算単位として「両・銭・分」が普及した。そうした状況の中，貨幣としての金銀使用は唐代から益々盛んになりつつあった。中国の金銀はあくまで秤量貨幣であり，コインではなかったのであるが，それでは不便なので徐々に一定の重さの塊として流通するようになった。その金銀塊を普通名詞として「錠」と称していたのであるが，金代になると50両という重さの塊だけを特に「錠」と呼んで統一するようになった。そして遂に「1錠＝50両」と「1両＝10銭＝100分」とが結び付き，「1錠＝50両＝500銭＝5000分」は金銀の重量計算単位であると同

[29-30]

時に貨幣単位となったのである。1銭は約4gであるから1錠は約2kgであり，それが計数機能まで併せ持つ高額貨幣としては重さの限界であったのであろう。

前田直典が明らかにしたように，かくも見事な貨幣単位の体系をそっくりそのまま受け継いでいるのはユーラシア広しといえどもウイグルだけである。ということは，ウイグルに秤量貨幣としての銀が流入してくるのは，伝統的に銀貨を使用し続けてきた西方世界からではなく，むしろ貨幣としての銀使用では後発の東方世界（中国）からだったのである。中国の「1錠＝50両＝500銭＝5000分」がモンゴル時代のウイグル文書では"1 yastuq＝50 sitïr＝500 baqïr＝5000 vun"となるが，そのうち最も基本となる「銭＝baqïr」の対応は，第8・9節で論じたように西ウイグル時代の10-11世紀にまで遡る(164)。さらにその上の単位である「両」の訳語として採用されたスティル sitïr も重量単位としては西ウイグルにまで遡る。スティルは銀器などの重量単位として古くにソグド語から借用されたもので(165)，西ウイグル時代を通じて使われていたのである。つまり，モンゴル時代ないしはその直前にウイグルでも銀が流通するようになって，再び重量単位と並んで貨幣単位にもなるという変化が起きたわけである。もしかしたらこの時，中国の当時の「銭・両」と合致させるため，それまでウイグル側で使われていたスティルとバキルの重さが多少変わったかもしれない。それはともかくとして，最大の単位である「錠」に対応させる適当な用語がなかったので，中国の銀錠（成型された銀の塊）そのものの形態からこれをヤストゥク yastuq「枕」と名付けた。一方，最小単位の「分」にも適当なウイグル語がなかったので，こちらは漢語をそのまま音写してヴン vun とした。こうして，漢語の「錠・両・銭・分」がまとまってウイグルに入り，ウイグル語で「ヤストゥク・スティル・バキル・ヴン」となって，貨幣単位としても重量単位としても対応するという体系ができあがったのである。このこと自体，当時の中国と中央アジアとの貿易においてウイグル人がいかに重要な役割を担っていたかを如実に物語るものである。さらにクビライが「中統宝鈔」という紙幣を導入して中国で「錠・両・銭・分」が紙幣単位にもスライド使用されるようになった時から，ウイグルのヤストゥク以下にも同様の現象が起きることになる。

これに対して，モンゴル帝国の主人公となるモンゴル人たちの間では銀の単位はどうなっているであろうか。最大の「錠」にはスケ süke「斧」という純モンゴル語が用いられているが，それはウイグル人にとってのヤストゥクと同じく，

その形状に由来する呼称であり納得できる。これは遅くともオゴデイ時代からそうであったと前田直典は『元朝秘史続集』の用例から判断する。ところが，同じく前田によれば，明代の『華夷訳語』や『蒙古源流』からではあるが「両・銭・分」のモンゴル側の呼称は"sijir, bakir, wen"であったという〔『元朝史』pp. 24-25〕。明らかに，これらはウイグル語をそっくりそのまま借用したものにすぎない。支配者モンゴル人がウイグル人からその文字のみならず，たくさんの社会経済的・文化的・宗教的語彙を受け継いだことは周知の通りであるが，これもその一環だったのである。

一方，ペルシア語では銀錠に対するウイグル語のヤストゥクを直訳してバーリシュ bāliš「枕」と称したが，ウイグル語と同じくこれは銀錠そのものと，1錠（＝50両；約2kg）の重量単位の両方を表わす単語となった。さらに紙幣の単位ともなった。斯学の泰斗ペリオがかつてバーリシュが先でヤストゥクはそれを翻訳したものという見解に与したこと[166]，そして銀使用では西アジアの方がシルクロード東部より先進地域であったことから，イスラム研究者には心情的にも我々と逆の考えを抱く者が多いが，「枕」の形をした銀錠の使用は中国では宋金代まで遡るのであるから，その考えは無理である。しかも，ウイグル語では「両」に当たる sitür 以下の単位も頻用されるのに，ペルシア語では「両」に当たる sir / ser 以下の単位が実際にはほとんど用いられなかったことも勘案すべきである。

つまり貨幣としての銀に関わる中国側の単位を，全ユーラシアに拡大した仲介者は，ムスリム回回商人ではなく，モンゴル統治下で色目人の筆頭（すなわち準モンゴル）となって政治・軍事・経済・文化・宗教のあらゆる面で活躍した仏教徒（ないしネストリウス教徒）ウイグル人であったのである。このことは，かつて私がオルトク（オルタク）商人の源流に関して述べたこと〔森安1997「ウイグル商人」pp. 111-117〕及び回回名称問題について明らかにしたこと〔森安1997「文字考」〕と連動している。ここに関わる限りでその要点をまとめれば，モンゴルの世界制覇と支配者階級への富の分配システム，それを支える徴税システムとその構築に与ったオルトク商人としての回回商人をこれまで余りに無批判にイスラム教徒（ホラズム人・トルコ人・ペルシア人・アラブ人など）とみなしてきたが，実は漢籍の「回回」のかなりの部分が仏教徒（ないしネストリウス教徒）ウイグル人であったのである。モンゴル帝国・元朝において回回銀・回鶻銀・斡脱銭などと呼ばれた資本を運営したオルトク商人として，少なくとも13世紀前半におい

ては仏教徒（ないしネストリウス教徒）ウイグル人がムスリム商人を凌駕していたのであって，オルトク商人としてのムスリム商人の役割を余りに過大評価し，回回銀・回鶻銀・斡脱銭を安易にムスリム資本と即断するのは禁物なのである[167]。

最後に紙幣（鈔）についても触れておかねばならない。ウイグル語ではそれを čao と呼び，モンゴル時代にしか現われないことは従来から指摘されてきたところであるが，第5節のリスト（6a : Yunglaqlïq čao, 6b : Čao）で見る通り，これまた草書体の文書にしか現われない。つまり貨幣としての銀の現われ方と合致しているのである。しかもウイグルの čao の計算単位も，銀と全く同じく yastuq, sïtïr, baqïr, vun であった。

黒田によれば，紙幣は，極めて長い銅銭建て経済の伝統を持っていた中国において，しかも大量の銅銭が蓄積されてはじめて出現したものであり[168]，それは宋・金代のことであった。それゆえ鈔という紙幣は銅銭のかわりであり，だから表面に銅銭を描くのであって，当然ながら銅銭建てであるという[169]。それに対して杉山正明は，銀を経済の基本に据えたクビライの元朝政府が，どうしても不足しがちになる銀地金のかわりに「塩引」と鈔を発行したが，高額紙幣は「塩引」であり，鈔は銅銭のかわりに発行したものにすぎないとする。しかも鈔の表示は銅銭の貫文ながら，通行する際には銀の単位である錠・両・銭で換算したから，銀とリンクしていたという[170]。杉山以前にも鈔を銀建てとみなしてきた研究者は少なくない。では鈔は銅銭建て・銀建てのいずれとみるべきなのだろうか。この点に関して最近の市丸智子論文の成果が興味深い。それによれば，銀を価値尺度とする鈔の「錠両」単位がほぼ完全に定着していたと思われる地域は中国西北部〜大都（本稿で言うシルクロード東部）にとどまり，彼女が具体的検討の対象とした旧南宋領の江南では，政府関係機関を中心として「錠両」単位が用いられる一方，民間では銅銭に由来する「貫文」単位が前代からの伝統として広く行き渡っているという二重構造が存在したという [市丸 2002, pp. 22-23]。

私には鈔が銅銭建てなのか銀建てなのか判断できないが，いずれにせよ鈔は銀経済と銅銭経済を結びつける目的で発行されたのではないかと思う。額面では貫文という銅銭の単位を持ち，伝統中国の経済慣行を尊重しながら，一方で全ユーラシアに通用する銀を新たな経済の基本に据えたモンゴル政権の立場を貫徹するために，錠両で数えられたと考えるのである。つまり，錠両単位の銀建て経済圏（シルクロード東部）と，貫文単位の銅銭建て経済圏（江南〜大都周辺以外の華北）

とをリンクさせる目的を兼ねて，クビライの元朝政府は「中統宝鈔」の発行に踏み切ったのではなかろうか。ウイグリスタンでの鈔の通行が錠両単位によっていた事実がどういう意義を持つのか，今後の究明は専家の手に委ねたい。

おわりに

　本稿執筆の第一の目的は，第5・6節にある。中央アジア出土のウイグル文書の分析から，ウイグリスタン（西ウイグル王国〜モンゴル時代ウイグリスタン）の現地通貨について次の事実が判明した。①10-11世紀には棉布が主であり，しばしば「官布」と呼ばれた。②13-14世紀のモンゴル時代には銀が主となり，交鈔も併用されたが，前代からの棉布も引き続き使われた。これによって，かねてから私が主張してきた書体と書式の組み合わせによるウイグル文書の時代判定（第4節）の有効性は，より強固なものになった。第5節のリストにおいては，敢えて「草書体」をモンゴル指標からはずしたが，今後は当然ながら「草書体」がこのモンゴル指標のトップに据えられることになる。もはや一般論から書体は時代判定の指標にならないという批判が入り込む余地はない。さらに今後は新たなモンゴル指標として，銀錠（現銀のインゴット）とその単位である yastuq, sïtïr, baqïr が加えられ，しかも貨幣単位であることが自明の文脈では yastuq, sïtïr, baqïr 単独でも十分なモンゴル指標となるということである。例えば USp 54 ＝ 松井 2002, pp. 98-99 等もこれに該当する。かつて護雅夫は sïtïr, baqïr をモンゴル指標とみなした［護 1961, p. 226］。第8・9節で論じたように，バキル baqïr に四つも意味があり，しかも「銅銭」の場合はモンゴル時代に先立つ2・3世紀前から使われ始めることを知らなかった点で，それは正しくなかった。しかし，もし同氏の説を「銀に関わる秤量単位」がモンゴル指標であると読み替えれば，それは正しかったのである。

　本稿の第二の目的は，第5・6節における事実の発見を踏まえて，ユーラシアをめぐる銀動向についての経済史的研究に一石を投じることであった。西ウイグルに，西隣のカラハン朝及びそれ以西で流通していた銀貨や，東方の宋遼金西夏に流通し始めていた銀錠が全く入ってこなかったと断定することは不可能である。それでも，この頃に大量の銀がウイグル商人によって中国からムスリム世界に運

ばれたという愛宕松男説が成立する余地はない。そもそも佐藤圭四郎の提出する東西の金銀比価が正しければ，銀は東から西ではなく，逆に西から東へ流れるはずである。実はその矛盾は既に宮崎市定・斯波義信・杉山正明諸氏によって概説的に指摘されていたのであるが，その指摘がソフトに過ぎたため，それと認識されずに，愛宕説はいつまでも影響力を持ち続けたのである。

モンゴル時代になると（もしくはその直前の西遼時代から），ウイグリスタンもユーラシア全体の銀動向の一環に組み込まれていき，民間の契約文書のレベルにさえ頻繁に銀及び交鈔（これには実質上の銀建て兌換紙幣であった塩引の補助貨幣とする見方と，銅銭の流通という基礎の上に生起したものであるという見方とがある）が使用されるほどになった。つまり地域間兌換性のある国際通貨＝地域間決済通貨＝大通貨(171)の代表であった銀が，従来は官布によって担われていた現地通貨の領域にまで侵出し始め，地域の価値尺度機能（特に本稿では論じられなかったがイナンチ一族の冠婚葬祭帳簿の具体的実例(172)に注目）も果たすようになった。そのことは，シルクロード東部のほぼ中央にあって，古来交通の要衝として重要な役割をしてきた当時のウイグリスタンの流通がいかに発達していたかを物語る。

ウイグルにおける銀の動向に関して本稿が明らかにした事実は，ユーラシア全体を覆う銀経済が新大陸から銀をもたらした西欧列強によってはじめて形成されたものではなく，既にモンゴル時代にその雛形が実現していた，という杉山正明説を補強するものとなるのである。世界システム論や資本主義というものは西洋近代史の側で設定した定義であり，それに達していないからといって中央ユーラシア発の世界史的動向を一方的に切り捨てるのでは議論はかみ合わない。世界史理解に関わる最近の拙稿［森安 2002「安史」; Moriyasu 2003 "FourL"］における問題提起と合わせ，西洋史・中国史の側からの前向きな反応を期待したい。

註
（1）高校世界史教科書のシルクロードはもっぱら「オアシスの道」をさすが，私は広義には「草原の道」と「海の道」も含める方がよいと考えている。ただ本稿のように中央ユーラシアを対象とする場合は，陸上の道として不可分の関係にある「オアシスの道」と「草原の道」をひとまとめにしている。このことと冒頭脚註＊で述べたことを併せた結果，本稿のシルクロードは地域名となり，シルクロード東部に内外モンゴリアや甘粛・陝西・山西・河北省の北部まで含まれるのである。これらの地域をひとくくりにする歴史的意義については，

別稿［森安 2002「安史」；森安 2003 "FourL"］で「征服王朝」に関して述べた箇所を参照。
（２）この三つのウイグルの外に，河西地方に甘州ウイグル王国と沙州ウイグルのあったことが知られているが，既に拙稿で明らかにした通り，甘州ウイグルは東ウイグルの西遷時に派生したグループであって西ウイグルと直接の関係はなく［森安 1977「西遷」］，一方，敦煌地方の沙州ウイグルは西ウイグルの一派であって決して独立王国を形成したものではない［Moriyasu 2000 "Sha-chou"；森安 2000「沙ウ」；Moriyasu 2000 "WestU"］。
なお，ウイグル人が色目人筆頭としての地位を有したことについては多くの文献を挙げねばならないが，まずは Allsen 1983, Rachewiltz 1983 を参照されたい。
（３）『大慈恩寺三蔵法師伝』pp. 11-12. Cf. Julien 1853, p. 40；Beal 1911, p. 30；長澤（訳）1965, pp. 11-12.
（４）『大慈恩寺三蔵法師伝』p. 21. Cf. Julien 1853, p. 40；長澤（訳）1965, p. 30.
（５）『大唐西域記校注』pp. 48, 54, 100, 136. Cf. Beal 1884, part 1, pp. 18, 19, 38, 54；水谷『西域記』pp. 12, 13, 33, 47.
（６）『大慈恩寺三蔵法師伝』p. 24. Cf. Julien 1853, p. 47；長澤（訳）1965, p. 35.
（７）Cf. 岡崎 1973, 第 10 章「ササン・ペルシア文化東伝の編年試論――貨幣考古学の立場から」，第 11 章「ササン・ペルシア銀貨とその東伝について」；桑山 1982a；Skaff 1998. 先駆的な夏鼐の業績はこれらに引用される。
（８）Cf. 岡崎 1973, pp. 255-260；池田 1973, pp. 58-66, 97 (n. 34)；池田 1980, pp. 307-311；姜伯勤 1986, pp. 32-34；桑山 1987, pp. 341-349. なお Skaff 1998 はこれらをはじめとする多くの先学の研究を古銭学的見地からまとめ直し，さらに新たな問題にまで踏み込んでいる。英語で書かれたこともあり，今後は，シルクロード東部に流通した銀銭を扱う基本的文献として重視されよう。但し，639 年にソグド文で書かれた女奴隷売買文書を，次註 9 に言及する吉田豊と私との共同論文からではなく，フライ（F. N. Frye）の不十分な紹介から間接的に引用しているため，誤解している点があるのは惜しまれる。
（９）吉田／森安 1989. これに加える形で，荒川 1990, pp. 145-153 では有益な指摘や議論がなされている。さらに，De la Vaissière 2002, pp. 165-170 も参照されたい。[13]
（10）Cf. 姜伯勤 1986, p. 33；吉田 1997, p. 229.
（11）そのことはトゥルファン・クチャ・コータン地区から出土した 8 世紀の漢文文書群と銅銭の実物とから日中の学界では通説となっており，幾多の参考文献はとても列挙できない。ここでは漢文文書に関して基本資料である Yamamoto / Ikeda 1987 と，銅銭に関して英語で書かれた最近の 2 論文のみを挙げるに止める，cf. Thierry 1997；Rhodes 1997.
（12）現在知られる最後の文書の紀年は 692 年である。この点は日中の学界では既に知られていたが，スカフが改めて便利な一覧表を提示してくれた。Cf. Skaff 1998, pp. 79, 108-109. 一方，トロンベールやド＝ラ＝ヴェシエールは 8 世紀のトゥルファン・クチャ・コータン出土漢文文書でも銀銭が使用されているように解釈しているが［Trombert 1995, p. 25；De la Vaissière 2002, p. 322, n. 112］，それは銅銭の誤りである。[14]

---

[13] De la Vaissière 2002, pp. 165-170＝De la Vaissière 2004, pp. 153-158＝De la Vaissière 2005, pp. 169-174.

[14] ただし，その後のド＝ラ＝ヴェシエール改訂版の対応する註［De la Vaissière 2004, pp. 289-290, n. 112＝De la Vaissière 2005, pp. 320-321, n. 112］では，その誤解の箇所は削除された。

［原脚註］

(13) 本文書は荒川 1997, pp. 185-189 に詳しく解説されている。
(14) 桑山編『慧超伝』pp. 33, 38, 40.
(15) 興胡については，cf. 桑山編『慧超伝』p. 121（森安担当）；荒川 1997, pp. 190-191, 194-195；荒川 1999, pp. 98-99. 興胡が単なるソグド商人ではなく，唐朝の百姓として正式に戸籍に載せられ，国内を移動することを許されていただけでなく，場合によっては国境を越えて交易に携わっていたソグド商人であることが，荒川正晴によって明らかにされた。因みに荒川説を引用しての「興胡・商胡・客胡」の概念規定に関する Da la Vaissière 2002, p. 136 の解釈は，不正確である。ド＝ラ＝ヴェシエールの本書はソグド商業史として学界初の単著であり，優れたものであるが，時に日本人研究者の到達点を正確に把握できていない憾みがあるのは惜しまれる。
(16) 桑山編『慧超伝』pp. 45, 178-183.
(17) 桑山編『慧超伝』pp. 38, 121.
(18) Cf. 加藤 1925-26；日野 1982a, p. 435；日野 1982b, p. 291；礪波 1990.
(19) 強いていえば，金銀の産地であり，海のシルクロードに結びついている中国南部（嶺南道）のみは，金銀が貨幣として流通したとみなせる［加藤 1925-1926；日野 1970］が，陸のシルクロードを扱う本稿の行論には影響を与えない。
(20) トゥイチェットは加藤の大著をまとめて，次のように言う："According to his findings silk and precious metals were used in every variety of transaction, both public and private, for the payment of large sums. The use of silk was more widespread at the beginning of the dynasty, and it seems that silver began to replace it as the usual medium for payment of large sums after An Lu-shan's rebellion and especially during the ninth century."［Twitchett 1970, p. 70.］しかしながら，後段の「安禄山の乱以降，特に9世紀に入ると，高額支払い手段としては銀が絹に取って代わり始めたらしい」というくだりは，加藤の主旨より逸脱していると思う。因みに，馬飛海（総主編）1991『中国歴代貨幣大系 3』pp. 536-537 で王裕巽は「隋唐五代時期貴金属，尚未具備貨幣性質」という一節を設けて論じ，金銀は価値尺度を持たないばかりか，流通手段にさえなっていないという。
(21) 北朝〜唐朝期の突厥伝・ウイグル伝には「金銀器」が中国から贈与された記事が何度も現われる外，「金帛」「黄金」「金銀」という語が散見されるが，流通媒体となってシルクロード東部の経済に影響を与えたという点で問題となるのは絹だけである。近代以前のシルクロード東部の政治・経済の動向を絹馬交易という観点から捉え，これらの漢文史料に精通していた松田壽男が，敢えて金銀ないし金銀器に論及しなかった所以である。ただ絹馬交易の中では一度だけ，「帛十万匹，金銀十万両」が支払われた事実がある。すなわち 782 年のことであるが，この例外は，それまでウイグルから一方的にもたらされてきた馬に対する唐側の負債，すなわちウイグルの言い分では馬価絹 180 万匹が，ある事件をきっかけに一挙に支払わざるを得ない状況に追い込まれた結果である。この間の事情は『旧唐書』巻 127・源休伝，p. 3575 並びに『資治通鑑』巻 227・建中三年之条，pp. 7330-7331 に詳しい［cf. 林（俊）1992, pp. 126, 133］。また 757 年，太子葉護に率いられたウイグル軍が唐軍を助けて長安を回復せんとするに先立ち，粛宗が「克城之日，土地・士庶帰唐，金帛・子女皆帰回紇」〈『資治通鑑』巻 220・至徳二載九月之条，p. 7034〉と約束する記事があるが[15]，この言葉を『新唐

---

[15] 本当に安史の乱時にウイグルに贈られた可能性のある金錠が，山西省北端の平魯県より出土した。Cf. 礪波護「唐代の辺境における金銀」，谷川道雄（編）『中国辺境社会の歴史的研究』

［原脚註］

書』回鶻伝にある宰相李泌の言上の中では「土地・人衆帰我，玉帛・子女予回紇」〈『新唐書』巻217上，p. 6123〉としている。これは言葉の上だけのことで現実ではなく，金も玉も貨幣というより財宝の代名詞として使われたにすぎまい。加藤 1925, pp. 17-18 並びに宮崎 1943a『五代宋初』p. 106 [＝全集 9, p. 95] によれば，唐宋時代の「金帛」は金銀繒帛の略称であるという[16]。いずれにせよ，このような金銀の一時的流入によって，東ウイグルで金銀が貨幣として通用したとは考えられない。とはいえ，シルクロード西部地帯においては金貨や鋳込み黄金地金が貨幣として流通していたのであるから，中国の黄金がソグド人の手によって直接に，或いは一旦突厥やウイグルを経由して西方世界に運ばれたことも，稀ではなかったらしい。Cf. 佐藤（圭）1979, p. 580 = 佐藤（圭）1981, p. 320.

(22) 匈奴については松田 1936, 松田 1959 を参照。遼・金・西夏については後段で言及する。

(23) Cf. 松田 1936；松田 1959；Mackerras 1969；Beckwith 1991；林（俊）1992；齋藤（勝）1999.

(24) 両唐書のウイグル伝には唐より金銀器の贈られた記事が何度も見える。東ウイグルが金銀器に対する強い欲求を持っていたことは紛れもない[17]。近年の中国における考古学的発掘品から明らかなように，中国にはペルシアやソグディアナなど西方産の金銀器が輸入されただけでなく，唐の宮廷工房でも精品が生み出されていた。ウイグルでも両方が珍重されたに違いない。

(25) Cf. Beckwith 1991, p. 189 (n. 18) & p. 184.

(26) 岡崎 1973, p. 8. Cf. 姜伯勤 1986, p. 32.

(27) 姜伯勤 1986, pp. 34-35 では，「かように北朝時代には「銀の道」に沿って銀銭が流入してきた状況は唐代になると一変し，逆に「絹馬交易」の道に沿って銅銭が流出する状況をもたらした」という。その根拠として姜伯勤は，唐朝支配下の西域における銅銭の流通，隣接するソグディアナでの中国式銅銭の流行，銅銭にかかわるムグ文書，天山以北における突騎施銭（トゥルギシュ＝コイン）の発行などを挙げ，「西域地方では，唐代の銅銭は唐朝の「藩域」内で流通手段たる機能を有したばかりでなく，さらに国際通貨としての役割にもなって」いたともいう。しかしながら，私はそのような見方には賛成できない。ソグドの銅銭は高度に経済の発達したソグディアナにおける現地通貨であり，ソグド人は決して遠距離を銅銭を持参して移動したわけではない。一方，トゥルギシュ銭は，おそらく後のウイグルの銅銭と同じく，権威・権力を誇示するためだけに鋳造された一種の記念通貨とみなすべきであろう。唐朝支配下の西域において流通した銅銭の多くは，最近の Thierry 1997, Rhodes 1997 などで明らかにされているように，現地で鋳造されたものである。8 世紀の段階で重くて安価な銅銭が，海路ならいざしらず，直接中国本土から西域まで陸路で大がかりに運ばれたと考えるには無理がある。

(28) 加藤 1925, pp. 77-78 には，開元二年に奢侈を抑えんがため金銀器玩を銷毀して軍国の用

京都大学文学部，1989, p. 68.

[16] 『資治通鑑』の安史の乱関係記事では，「金帛」[p. 7008] が「珍貨」[p. 7019] と言い換えられた例がある。

[17] 突厥でも同様であったことは，東ローマの歴史家メナンドロスの記事 [cf. 内藤 1988, p. 380] だけでなく，近年のビルゲ可汗廟の発掘などによって判明した [cf. Баяр 2004]。その発掘品のカラー写真は，2005 年にドイツで開催されたモンゴル展のカタログ *Dschingis Khan und seine Erben. Das Weltreich der Mongolen*, 2005, pp. 75-78 を参照。

[原脚註]

(29) Cf. 礪波 1990, pp. 243-256.
(30) ただしティエリとて史料用語の「回鶻銭」"Uighur money" が具体的な鋳造物としてのウイグル銅銭 "Uighur coins" を指していると考えているわけではないことに注意されたい。都市文明に同化されつつあった（と同氏が考える）ウイグル人が扱った資本としての銅銭はあくまで唐のそれであり，ボクグ可汗銘コインは，先行するトゥルギシュのコインと同様，「権威・権力の象徴」として発行されたものにすぎないと見なしている［Thierry 1998, pp. 274-275］。
(31) Mackerras 1972, pp. 47-49 ; Mackerras 1990, pp. 337-342 ; Thierry 1998, pp. 273-274.
(32) Golden 1998, p. 34 : "They (Uighurs) replaced the Soghdians, who by the eleventh century in many regions were already "Turkicizing", as merchants, missionaries, and culture bearers."
(33) ウイグル文字ウイグル語文献の分類の仕方には種々ありえるが，現在の我々は，SUK, 2, pp. ix-x で述べたように，まず典籍・文書・碑銘に三大分類し，さらに以下のように細分類している。

 1. 典籍 books（literary texts）
  1-a. 宗教典籍 religious texts
  1-b. 世俗典籍 secular texts
 2. 文書（⊃俗文書） civil documents
  2-a. 公文書 official documents
  2-b. 私文書 personal documents
 3. 碑銘 inscriptions
  3-a. 宗教関係 religious texts
  3-b. 世俗関係 secular texts

ここで言う「文書」は，例えば敦煌文書 Dunhuang documents とかトゥルファン文書 Turfan documents という場合とは概念が異なる点に注意していただきたい。敦煌文書・トゥルファン文書の場合は，2.文書だけでなく 1.典籍を含み，時には 3.碑銘さえ含むことがある。それ故，英語の表現の「文書」は単なる documents ではなく civil documents とするが，これには行政・軍事関係文書のみならず寺院経済関係文書や僧侶の手紙なども含まれる。

(34) 書体の区別に言及したもの：森安 1985「ウ文献」pp. 16, 39 ;『マニ教史』pp. 28, 38, 46, 55, 87, 134, 147, 186, 200 ; 森安 1992「箚記（三）」p. 48 ; 森安 1994「箚記（四）」pp. 66-68 ; Moriyasu 1996, pp. 79-81, 91-92, 96 (n. 38); 森安 1997「文字考」pp. 1235-1233（逆頁）; Moriyasu / Zieme 1999, p. 74 ; Moriyasu 2003 "UiInsc." p. 461. 四つの書体に関する定義は，日本語では森安 1994「箚記（四）」が最も詳しいが，その後さらに補正を加えているので，現時点では英語版の Moriyasu 2003 "UiInsc." も必ず参照していただきたい。さらに四つの書体の具体例一覧は Moriyasu 2003 "FourL" pp. 88-89 にある。[18]

(35) 書体による時代判定に言及したもの：森安 1985「ウ文献」pp. 15-16, 39, 73 ; 森安 1989「源流」pp. 3-5 ; 森安 1989「箚記（一）」pp. 52-53, 71 ; 森安 1990「箚記（二）」第 5 節（pp. 69-72）; Moriyasu 1990 (French edition of 森安 1989「源流」pp. 147-150 ;『マニ教史』pp. 38, 46, 53-54, 87, 134, 147 ; 森安 1992「箚記（三）」pp. 48-50 ; 森安 1994「箚記（四）」第 10 節

---

[18] その後，本論文の主要部を抄出して英訳した際，そこに四つの書体の具体例一覧の一部を差し替え，大判で掲載した［Moriyasu 2004 "Currency" pp. 232-233］。

［原脚註］

(pp. 63-83, 特に pp. 66, 81-83)；Moriyasu 1996, pp. 68-69, 79-81, 91-93；森安 1997「文字考」pp. 1235-1233（逆頁）；森安 1998「補考」pp. 5, 10-12, 14；Moriyasu / Zieme 1999, p. 74；Moriyasu 2003 "UiInsc." pp. 461-462.

(36) 当然ながら書体の判定は相対的なものである。森安 1994「箚記（四）」p. 83 では，「半楷書体は「古さ」の十分条件である」と断言したが，それはやや性急であった。なぜなら書体には個人差もあり，「半楷書体」の判定基準を何人からも異論が出ないように定義するのは困難であるからである。私自身の中でも「ぶれ」てきたし［森安 1994「箚記（四）」p. 67, n. 5］，また当初から自信の持てないものに対しては，半草書体というグレーゾーンを設けてきた。半草書体というのは，あくまで臨時に設けたもので，将来的には半楷書体と草書体に分離吸収される可能性がある。

(37) Cf. 森安 1989「源流」pp. 1-5＝Moriyasu 1990, pp. 147-150. そこには古トルコ語文献の言語学的特徴による編年に関する重要な先行研究が言及されているので，参照されたい。その後，デルファーによって，言語学的特徴に字体までも含めて論じた専著『古代東方トルコ語文献の言語学的編年試論』［Doerfer 1993］が発表されたが，我々と意見を異にするところが相当に多い。Doerfer 1993 に対する的確な批判が，部分的ではあるが，Hamilton 1996 並びに沖 1996 によってなされている。

(38) Cf. 森安 1989「源流」pp. 1-5＝Moriyasu 1990, pp. 147-150；『マニ教史』全体，特に第 3 章第 3-5 節；沖 1996, pp. 43-47.

(39) Cf. 森安 1989「源流」pp. 3-4＝Moriyasu 1990, pp. 149-150；森安 1992「箚記（三）」pp. 48-50；森安 1994「箚記（四）」p. 68, n. 6 & p. 82；沖 1996, pp. 33-37.

(40) Cf. 小田 1988；沖 1996, pp. 19-25.

(41) Cf. Laut 1986, pp. 63-64, 69, 91；Geng / Klimkeit / Laut 1987, pp. 54-58, "Anhang : Bemerkungen zu der Handschrift"（この部分はラウト単独による執筆）; Doerfer 1993, pp. 92-93.

(42) Cf. 森安 1994「箚記（四）」p. 81；沖 1996, pp. 51-52.

(43) Cf. 森安 1994「箚記（四）」pp. 68, 81；沖 1996, pp. 39-42；森安 1997「文字考」p. 1229.

(44) Cf.『マニ教史』p. 54；森安 1994「箚記（四）」pp. 69, 82；森安 1998「補考」p. 18.

(45) Cf. 森安 1994「箚記（四）」pp. 69, 82.

(46) Cf. 森安 1994「箚記（四）」pp. 64-65, 81.

(47) Cf. 森安 1990「箚記（二）」pp. 69-70 ＝ Moriyasu 1996, p. 80；森安 1994「箚記（四）」pp. 68, 81-82.

(48) Cf.『マニ教史』p. 54.

(49) Cf. 森安 1989「箚記（一）」pp. 68-71＝Moriyasu 1996, pp. 77-79；森安 1994「箚記（四）」pp. 69, 81-82.

(50) Cf. 森安 1998「補考」p. 11.

(51) Cf. 庄垣内 1980, pp. 261-262, 274；Zieme 1992a, pp. 40-42；Elverskog 1997, pp. 9, 11, 13.

(52) IUCD, pp. 139-143, 164：税制(alban, qalan, qupčïr, yasaq)，法律用語(qubi, tölä-, yasa, yosun)，社会組織・称号(aqa, bayan, nökör, uluγ sü, taruγa, tüšümel)，人名(Bayan, Mongol, Mongyolčïn, Ögödäy, Qaraγunaz)，漢語からの借用語(čao＜Ch. 鈔, čungdung baočao＜Ch. 中統宝鈔,ančašï＜Ch. 按察使)，その他(asïra-, čaγ). この他さらに taydu＜Ch. 大都や učaγur なども追加される，cf. SUK, 2, index.

(53) Cf. Yamada 1963＝SUK, 1, IX；山田 1965＝SUK, 1, IV, p. 130；山田 1978＝SUK, 1, XIV；

IUCD, pp. 326-328 and n. 24 (pp. 371-372); 森安 1994「箚記（四）」pp. 64-65, 83.
(54) Cf. 梅村 1977a.
(55) Cf. 山田 1976＝SUK, 1, XVI；IUCD, pp. 176-177, 180.
(56) Cf. 山田 1968＝SUK, 1, XVIII；IUCD, pp. 106-108, 185；梅村 1977a, pp. 022-024.
(57) Cf. IUCD, pp. 174-176；梅村 1977a, pp. 020-022；梅村 1987a.
(58) Cf. IUCD, p. 178；小田 1990b；Oda 1991a.
(59) Cf. 松井 1998a, 1998b, 1999, 2002, 2003, 2010. ただし，松井太は全ての供出命令文書がモンゴル時代のものであると考えているわけではない。草書体その他の指標とも合わせてモンゴル時代と判定したものに限定されるが，実際にはこれまで公表されたもののほとんどがモンゴル時代に属している。
(60) 1 sïtïr≒40g であることは，森安 1997「斡脱」pp. 10-13 で検討したように，出土した多数の銀錠1錠の平均が2kgであること[19]，そして「1錠＝50両；1両＝10銭＝100分」＝"1 yastuq = 50 sïtïr；1 sïtïr = 10 baqïr = 100 vun" の度量衡体系がしっかりしている［前田（直）1944］ことから疑問の余地はない。ただし，前田の時点ではまだ十分でなかった「分＝vun」は，Sertkaya 2002, pp. 9-10 の用例によって在証された。
(61) ただし，このリストに絹織物は含まれない。その第一の理由は時代差が見付けられなかったことである。さらに絹織物の場合は商品なのか貨幣なのか区別が付けにくく，しかも計数機能に重点のある貨幣単位となっている例が少ないからである。言うまでもなく，絹織物は東ウイグル時代からモンゴル時代まで一貫して高額の実物貨幣として使われている。本稿では論証しないが，東方の漢籍史料，現地出土の敦煌・トゥルファン文書，そして西方のカラハン朝のカーシュガリーの辞書や『クタドグ＝ビリク』などから，それは明らかである。Cf. MOTH；CTD, I, pp. 164, 208, 260, 261, 320, 323, 335, 355, 360, 362；CTD, II, pp. 105, 274, 339；CTD, III, p. 256；Zieme 1976a；Dankoff 1983, p. 184.
(62) Cf. 森安 1992「箚記（三）」pp. 43-50＝Moriyasu 1996, pp. 88-93.
(63) Cf. 森安 1998「補考」pp. 7-8, pls. in pp. 23-24.
(64) Cf. Zieme 1975a, p. 70, pl. LI；森安 1998「補考」p. 11.
(65) Ot. Ry. 1415 及び以下に列挙する Ot. Ry. 2718, Ot. Ry. 2782 については，羽田／山田 1961, pp. 202-203, 205, pls. 15, 22, 23 を参照。これらについては大幅な読み直しが必要であり，準備もできているが，今回は割愛する。
(66) Cf. Tuguševa 1984, p. 242, pl. 46 in p. 365.
(67) Cf. Zieme 1981a, pp. 243-253, pl. XX-XXI；『マニ教史』pp. 135-136.
(68) USp 74 と同じであるが，これも今や読み直しが必要である。

---

[19] 本書第10論文の註1及び〔補記14〕で述べたように，第10論文＝森安 1997「ウイグル商人」は元版ともいうべき森安 1997「斡脱」をかなり短縮したものである。森安 1997「斡脱」は科学研究費の報告書であるので本来は引用すべきでなく，本稿のレファランスにおいて森安 1997「ウイグル商人」と重複する箇所では削除したが，重複しない場合はどうしても残さざるを得なかった。その点を諒とされたい。そこには『中国歴史銀錠』（昆明，雲南人民出版社，1993）から採った宋代・金代の銀錠の重量データがある。さらにその後，綺麗なカラー図版とともに出版された『遼・西夏・金・元四朝貨幣図録精選』（呼和浩特，遠方出版社，2003）pp. 304-307, 346 に掲載された2例の至元銀錠の重量は1965gと1925g，もう1例の至正銀錠は1930gである。

［原脚註］

(69) Cf. Tugusheva 1996a, pp. 13-14. 実は qaunpu という奇妙な語形である。
(70) Cf. Moriyasu / Zieme 1999, pp. 85-88, pl. VIII.
(71) Cf. 伊斯拉菲爾 1995, pl. II；森安 1998「補考」pp. 16-18.
(72) Cf. Tuguševa 1996b, pp. 219-220, pl. in p. 230.
(73) Cf. Raschmann 1995, No. 36.
(74) Cf. Raschmann 1995, No. 48.
(75) Cf. 松井 1999, pp. 147-148, Text 19, ＋1 pl.
(76) Cf. Raschmann 1995, No. 55.
(77) Cf. 松井 1999, pp. 170-171, Text 40, ＋1 pl.
(78) Uighur fragments Nos. 193＋194 found by Pelliot at the Dunhuang Caves Nos. 181〜182 of the Mongol period. Cf. 森安 1988「キンサイ」pp. 420-425, texts and pls.
(79) Cf. 松井 2002, pp. 114, 125, Text F, ＋1 pl.
(80) Cf. 松井 2003, pp. 60-61, Text B, ＋1 pl.
(81) Cf. 松井 2002, pp. 112-113, 124, Text E, ＋1 pl.
(82) Cf. 松井 2002, pp. 111, 123, Text D, ＋1 pl.
(83) Cf. 松井 1998b, Text 14, p. 49, pl. XIV.
(84) Cf. 松井 2002, pp. 118, 127, Text J, ＋1 pl.
(85) Cf. 松井 2002, pp. 115-116, 125, Text G, ＋1 pl.
(86) Cf. 松井 2003, p. 64, Text F, ＋1 pl.
(87) Cf. 梅村 2002, p. 205, pl. III.
(88) Cf. 梅村 2002, p. 205, pl. III.
(89) Cf. 松井 1998a, p. 031, Text VIII；松井 1999, pp. 161-162, Text 31, ＋1 pl.
(90) Cf. Sertkaya 2002, p. 8, ＋1 pl.
(91) USp 64＝T II Čiqtim 6＝MIK III 50. Cf. Text B in 多魯坤／梅村／森安 1990, p. 22 and plate in p. 23.
(92) Cf. Тенишев 1965；Clauson 1971；梅村 1987b. ところで本文書には当時の金銀比価を明示する重要な記事が含まれる。それについては後註 153 を参照。
(93) Cf. 梅村 1987a, pp. 98-105.
(94) Cf. Tuguševa 1996b, p. 221, pl. in p. 232.
(95) イスタンブルに写真のみあり。
(96) Cf. 松井 1998a, p. 035, Text IX；松井 1999, pp. 176-178, Texts 45-48, ＋pls.
(97) Cf. 松井 1999, pp. 181-183, Text 50, ＋1 pl.
(98) Cf. Sertkaya 2002, pp. 9-10, ＋pls.
(99) Cf. Sertkaya 2002, pp. 15-16, ＋1 pl.
(100) これについては第 8 節で取り上げる。
(101) Cf.『マニ教史』pp. 52-53.
(102) Cf.『マニ教史』語註 41b.
(103) 後で言及するように，森安 1998「補考」の時点でもそのように考えていたため，西ウイグル時代のバキル文書の解釈に一貫性を欠いたのである。
(104) これについては既に森安 1998「補考」p. 18 で論じた。また，その論拠となった史料は『マニ教史』pp. 53-54, 170 に引用されている。

［原脚註］

(105) Cf.『マニ教史』pp. 44, 90-91.
(106) Cf. Martinez 1983, p. 135;『マニ教史』pp. 163-164.
(107) 王延徳「高昌行記」による。Cf.『揮麈録』前録・巻 4, p. 38;『宋史』巻 490・外国伝・高昌之条, p. 14113.
(108) Cf. 池田 1980, pp. 316-319; Yamamoto / Ikeda 1987, (A), p. 16; Yamamoto / Ikeda cited in Raschmann 1995, p. 66; Trombert 1995, pp. 25-27; 堀 1999, p.334; De la Vaissière 2002, p. 322. [20]
(109) Cf. 森安 1987「贈り物」;栄新江 1991; Rong 2001a.
(110) YARMAQ yarmaq "Dirham" [CTD, II, p. 170]. この用例は頻出するので,二つだけ引用する:män yarmāq ötnü berdim "I gave the dirhams as a loan." [CTD, I, p. 153]; tümän miŋ yarmāq "A million dirhams" [CTD, I, p. 306].
(111) 『慈恩伝』巻 5, Tuguševa 1991, p. 40, V 17, *ll*. 1-2; p. 44, V 21, *ll*. 19-21; p. 52, V 31, *ll*. 18-19; pp. 53-54, V 34, *ll*. 2-3; p. 55, V 36, *l*. 10; p. 59, V 40, *ll*. 24-25. 明らかに漢文原文の金銭・銀銭を altun yartmaq, kümüš yartmaq と訳している用例ばかりである。
(112) Cf. *Maitrisimit*, Hami-version, fol. 13, recto 1-2 = Geng / Klimkeit / Eimer / Laut 1988, p. 212, *ll*. 2810-2811: kün ičintä yüz altun yartmaq asaɣ bulsar "Wenn [ein Mensch] während eines Tages hundert Goldmünzen findet (wrtl.: den Nutzen von ... findet)".
(113) *Maitrisimit*, Sängim / Murtuq-version, BTT 9, p. 47 (3 times), p. 48 & footnote, pp. 158, 224. このうちの p. 47 がトカラ語原文と対応する = Ji Xianlin / Winter / Pinault 1998, pp. 44-45.
(114) yartmaq が計数機能を持つコインを表した例として,ツィーメ Zieme 氏から次のようなコメントをいただいた。"One clear correspondance of *yartmaq* = *qian* is found in Sugahara's article in *Kyotodaigaku gengogaku kenkyū* 20 (2001), p. 229, l. 27: qayu barïnča adïn yartmaq-ïŋïz ädingiz tavar-ïŋïz = Chin. Taishō Vol. I, No. 26, p. 678c20 (my identification)." 確かに菅原睦論文 [菅原 2001] に引用されたウイグル文テキストと『大正蔵』第 1 巻の当該箇所とを比較対照すれば,「yartmaq = qian 銭」という結果が得られる。しかしこれまた翻訳文献での例である。
(115) Gabain 1973a, p. 63 では「貨幣単位」の項で "satïr (s. auch Gewichtmaße) = *yarmaq* 'Abgespaltenes' = 1 Liang" とする。詳しい説明がないので,よく分からないが,ヤルマクを動詞 yar- からの派生語と見る点では TMEN, IV, p. 160 や私と同じであっても,なぜ sïtïr「両」と同一視するのであろうか。やはり,自在に切り分けられる「銀の切り餅」ではなく,yastuq「錠」を五十分の一にきれいに分割した「コイン」状のものを想定しているからではないか。それならば私の考えとは根本的に違う。VWTD, III, pp. 150-151 など,「コイン」を先にする見解に私は反対なのである。
(116) Sertkaya 2002, pp. 9-10, 15 に提出されたテキストを一見しただけではそうならないが,付載された写真を見れば書き誤りが削除されているのが分かる。
(117) Clauson 1971, pp. 193, 196; 梅村 1987b, pp. 49, 53.
(118) 森安 1998「補考」pp. 13-18 において展開した「銀 1 錠 (yastuq) = 50 両 (sïtïr), 銀 1 両 (sïtïr) = 10 銭 (baqïr), 銀 1 銭 (baqïr) = 銅銭 100 枚」という貨幣体系に関する説明は,断るまでもなく今なお有効である。ただ私自身,その p. 18 で「前田 (直典) が銀錠を最高単位とする貨幣体系の起源を,オゴデイ汗の時代からそうは遡らない頃と想定しているのは,おそらく正鵠を失していないと思われる」と締めくくっておきながら,その前段でこの体系の一部が既に 10 世紀にあったとしたのはやはり自己矛盾であったとの誹りを免れまい。

---

[20] De la Vaissière 2002, p. 322 = De la Vaissière 2004, p. 289 = De la Vaissière 2005, p. 320.

[原脚註]

(119) bun baqïr が "worthless money" の意味であることについては、Moriyasu / Zieme 1999, pp. 88-89 and footnote 40 で，モンゴル期の用例を挙げた。ただし，半楷書体の古いウイグル語のことわざ T II Y 19（U 560）の中でかつてセルトカヤが bun baqïr と読んだのは残念ながら誤りであった。
(120) 森安 1989「箚記（一）」pp. 52-53 ; Moriyasu 1996, pp. 68-69 ; Moriyasu / Zieme 1999, p. 97.
(121) Cf. 池田 1980, pp. 316-319 ; Yamamoto / Ikeda 1987, (A), p. 16 ; Yamamoto / Ikeda cited in Raschmann 1995, p. 66 ; Trombert 1995, pp. 25-27 ; 堀 1999, p. 334 ; De la Vaissière 2002, p. 322.
(122) Cf. 森安 1987「贈り物」；栄新江 1991 ; Rong 2001a.
(123) Thierry 1997 ; Rhodes 1997. また，この両論文，とくに後者は，「開元通宝」さえ現地で鋳造されたことを証明した[21]。
(124) Cf. 森安 1973「北庭戦」；森安 1979「増補：北庭戦」；Moriyasu 1981.
(125) Cf. Takeuchi 1995, pp. 22, 26 etc. 武内は「1 srang of dmar＝1000 銭＝1 縛」の可能性を述べている。
(126) 『マニ教史』p. 170 に引用した『宋会要輯稿』197 冊・蕃夷 4・回鶻之条，p. 7717 の記事。
(127) 魏良弢 1983＝魏良弢 1986, pp. 137-155「第五章」。ここで同氏は，11 世紀に銅銭が宋からカラハン朝に贈られたという史料を『宋史』と『宋会要輯稿』197 冊・蕃夷 4・于闐之条，pp. 7721-7722 より引用している。
(128) Cf. 文物編輯委員会（編）『文物考古工作十年 1979-1989』北京，文物出版社，1990, p. 350 ; 新疆銭幣図冊編輯委員会（編）『新疆銭幣』烏魯木斉，新疆美術摂影出版社／香港，香港文化教育出版社，1991, pp. 10-11.
(129) Cf. 宮崎 1965「十字軍」pp. 7-8＝『アジア史論考』下，p. 55＝全集 19, pp. 88-89.
(130) 結果的にはこの読みは Thierry 1998, p. 269 と同じであり，ウイグル文字の流れから見て私も反時計回りで読むのが正しいと考える［cf. Gabain 1950, p. 5］. "köl bilgä" を「智海」と翻訳する点については，『マニ教史』p. 184 を参照。[22]
  （表）köl bilgä / t(ä)ngri / boquy uyγur / xaγan
     智 海   天   ボクグ ウイグル 可汗
(131) 例えば，cf. 張志中『古銭辞典――方孔円銭巻』天津古籍出版社，1993, p. 120.
(132) Cf. 蒋其祥 in 馬飛海（総主編）1991, p. 505 ; Yang Fu-hsüeh 1995, p. 378. ただし私は誰がその最初の解読者なのか知らない。
(133) Cf. 蒋其祥 in 馬飛海（総主編）1991, pp. 505-507 ; 前掲『新疆銭幣』p. 25 ; 上海博物館青銅器研究部編『魏晋隋唐銭幣』上海，1994, p. 430.
(134) "BAQIR baqïr "Copper coins" in Ṣīn, with which they buy and sell." [CTD, I, p. 279.]

---

[21] 『新疆文物』2004-2, pp. 71-72 も参照せよ。
[22] 本稿第 9 節では，コイン銘文の読み方に関して先行研究を紹介しつつ検証するという形で論を進めたため，私自身の読み方を提示しそこねていた。そこでここに現時点での最終案を提示しておきたい。なお，裏面の銘文は表面と違って回転式ではなく，2 行が同方向に平行になっている。
  （表）köl bilgä / tängri / boquy uiyur / xaγan
     智（恵）海（の如き）天神なるボクグ（という名の）ウイグル可汗
  （裏）il tutmïš / yarlïγ-ïnga
     国を鎮護せる者の勅命によって（発行した）

［原脚註］

(135) 宮崎 1943a『五代宋初』pp. 99-114＝全集 9, pp. 90-101.
(136) 宮崎 1943a, pp. 235-240＝全集 9, pp. 190-193.
(137) (137') 宮崎 1965, pp. 6-9＝『アジア史論考』下，pp. 53-56＝全集 19, pp. 87-90.
(138) 原文に「イラン系」とあるが，それは誤りで，正しくは「トカラ系及びイラン系」とすべきである。
(139) 宮崎 1943b, p. 180＝『アジア史研究』2, p. 395＝全集 20, p. 386.
(140) 宮崎 1943b, p. 181＝『アジア史研究』2, p. 396＝全集 20, p. 387.
(141) 愛宕 1970, pp. 35-37.
(142) 宮崎 1943a, pp. 235-240＝全集 9, pp. 190-193.
(143) 佐藤（圭）1978, pp. 95-97＝佐藤（圭）1981, pp. 331-334.
(144) Shiba（斯波）1983, p. 95 は恐らく佐藤説のまとめに窮したらしく，金銀どちらの地金ともとれる bullion という曖昧な語を使った。しかし，ベックウィズはその佐藤説に拠った斯波説をまとめるに当たって，明らかに金が東から西へ流れると捉えた［Beckwith 1991, p. 189］。
(145) 遼から宋への歳幣銀の還流：Cf. 日野 1952「銀絹の需給上より見た五代・北宋の歳幣・歳賜（上）」pp. 6-7, 21 & 日野 1952「同（下）」p. 81＝日野 1984, pp. 446-447, 459, 497；畑地 1974, pp. 114, 116, 123, 129；Shiba 1983, p. 98.
　　西夏から宋への歳幣銀の還流：Cf. 日野 1952「銀絹（上）」p. 24 & 日野 1952「同（下）」p. 81＝日野 1984, pp. 462, 497；Shiba 1983, p. 101. 宮崎 1965「十字軍」p. 13 (＝『アジア史論考』下，p. 60＝全集 19, p. 94) もまた，宋から遼・西夏への歳幣のうち，銀は宋との貿易用として中国へ還流，絹は西方との貿易用だろうという推定を述べる。
　　金から宋への歳幣銀の還流：Cf. Shiba 1983, p. 103.
(146) 日野 1952「銀絹（上）」pp. 15-21＝日野 1984, pp. 454-459. また，愛宕 1973, p. 186＝再録本 p. 177 でも，「周知のように，遼国内の銀山は絶えて少ない」と言っており，この点に異論はない。
(147) 日野 1952「銀絹（上）」pp. 21-24＝日野 1984, pp. 459-462. ただし，佐藤貴保「西夏貿易史の研究」（大阪大学提出学位論文）によれば，12 世紀の西夏では，官僚や軍人への褒賞として銀が下賜される規定になっていた。
(148) 代田 1976, p. 258 は，西ウイグルの遼への入朝の目的は，宋から遼に贈られた歳幣銀を入手することであるという愛宕説を否定している。その結論には賛成である。ただ否定の論拠は全面的には認められないが，傾聴すべき点がある。因みに，畑地 1974「北宋・遼間の貿易と歳贈」p. 127 & p. 131, n. 6 でも愛宕説を受け継いでいるが，p. 129 で言っていること（歳幣銀はほとんど宋に還流した）と自己矛盾している。
(149) 唐・五代・宋朝時代の経済史研究の大御所的存在であった日野開三郎さえも「五代以後になると陸上貿易で銀が大きな問題に発展している」［日野 1970, p. 442＝日野 1982b, p. 308］と述べているが，その真意が那辺にあったのか不明である。
(150) Cf. 畑地 1974, p. 128；江上波夫／李逸友 1996；朱天舒『遼代金銀器』北京，文物出版社，1998；中国歴史博物館／内蒙古自治区文化庁（編）『契丹王朝——内蒙古遼代文物精華』中国蔵学出版社，2002；前註 147 引用の佐藤貴保論文 p. 96, n. 11.
(151) 「又奉使契丹回上殿箚子」に見える回紇商人については，まず日野 1965b, p. 39＝日野 1982b, pp. 247-248 が言及したが，そこにはいささか誤解もあった。次いで，畑地 1974, pp. 135-137 でやや詳しく紹介された。その後，道下将章「ウイグルと契丹の交渉」(1995 年度

［原脚註］

(152) 最近の例では，江上波夫／李逸友 1996 の p. 98 で宮下佐江子が，北宋から遼に流入した銀がイスラムのガラスとの交換で遼から流出していたと言うが，これまた愛宕説に引きずられたものである。この他にも，愛宕説の影響の甚大さは各種概説書の随所に認められる。

(153) Cf. 杉山／北川 1997, pp. 168-173；市丸 2002, p. 24, n. 69. なお杉山／北川 1997, pp. 170-171 で杉山は次のように言う：「西アジアにおける金銀比価の一対一三は，一二五〇年という一瞬間における取引事例をもとにした数字にすぎない。（中略）中華地域での金銀比価については（中略）元代漢籍をしっかりみれば，当初は一対一〇，のちにはさらに一対七という金銀比価がモンゴル政府によって定められていることに気づくはずなのだ。モンゴル時代の東方は，まことに銀高なのである。」因みに，モンゴル時代の金銀比価問題に関して重要な史料を発見したので，ここに報告しておきたい。私は 2001 年 8 月にサンクトペテルブルグの東方学研究所（現東方文献研究所）を訪れ，ウイグル文の「婚礼・葬儀費用の記録」(SI Kr IV 638) を直接調査した。そして，テニシェフが正しく読んでいた [Тенишев 1965, p. 41] のに，解釈に矛盾が生じるとしてクローソン・梅村両氏 [Clauson 1971, pp. 176, 179；梅村 1987b, p. 39] によって無視された読みが基本的に正しいことを再確認した。私の新しい読みと解釈は次の通りである。(ll. 22-23)：iki baqïr altun-nï iki stïr *iki* (or *üč*, or *altï* <'////) baqïr-qa altïmz「2 銭（の重さ）の金を 2 両 2（または 3，または 6）銭（の重さの銀）で購入した」。これはモンゴル時代のある年のウイグリスタンにおける金銀比価が，1：11（または 11.5 または 13）であることを如実に示している。

(154) 黒田 1999, pp. 277-279；黒田 2003, pp. 61-64.〔原補註 2 参照〕

(155) このようなアイデアは，近年の杉山正明の多数の概説書の随所で示されたものであり，基本的には私も賛成である。ただ，ほとんどが概説的であり，細部に異論はある。オルトクについては既に論じた［森安 1997「ウイグル商人」］が，本稿では銀の単位と銀動向について，些か異なる視点を提出している。Cf. 杉山 1992, pp. 161-163, 245-296；杉山 1995, pp. 184-241；杉山 1996a, 下，pp. 187-194；杉山 1997a, pp. 323-352；杉山／北川 1997, pp. 156-176；杉山 2000, pp. 138-139.

(156) 寧夏回族自治区文物管理委員会辨公室『中国古代建築 西夏仏塔』北京，文物出版社，1995, p. 248, pls. 166-167 に「大朝通宝」表裏の鮮明な写真がある。「大朝通宝」の「大朝」がモンゴル帝国を指すことは Whaley 2001, pp. 3-12 で論証する通りであるが，『俄蔵敦煌文献』第 17 巻（上海，2001）所収の Dx. 17433『大般若波羅蜜多経巻第二百四十二』に，次のような印刷の奥書があることも指摘しておきたい：「清信奉佛弟子／宣差圖嚜參謀喜藏都通印經三藏（齊）／集善利上資／皇化永轉法輪普願衆生斉成佛道者／大朝國庚戌年[23]　月　日／燕京弘法寺大藏經局印造記」。

(157) コイン 1 枚の重量が約 4g であることを，杉山 1997a, p. 336 ではササン銀銭以来の「国際統一単位」とし，西側からの影響とみているが，この点は我々と見解が異なる。黒田 2003, p. 99 を参照。

(158) 海のシルクロードで活躍したムスリム商人の情報を集めてアブーザイド Abū Zayd が 10 世紀初頭に書いた『シナ・インド物語』には「（中国の銅銭の）1000 枚が金 1 ミスカルに当る」という明確な記述がある［cf. 藤本 1976, p. 36］。金銀比価を 1：10 と仮定（cf. 森安

---

[23] 大朝国庚戌年は言うまでもなく 1250 年のことである。

[原脚註]

1997「斡脱」pp. 13, 38, notes 9 & 10；本稿前註153）すれば，銀1ミスカル＝銅銭100枚となる。藤本 1976, p. 110, n. 103 では 1 mithqāl＝4.68g としているが，後のモンゴル時代には「1 mithqāl＝1 baqïr＝1 銭」となることが松井太によって明らかにされているので［松井 2004b］，唐末五代初にほぼ「銀1両＝銅銭1000枚」のレートが出来上がっていたとみなして大過なかろう。やや時代は下るが，五代宋初の江南・蜀において銀1両が銅銭1貫（1000枚）に比例するというのがほぼ常識であったと，宮崎 1943a, pp. 219-220＝全集9, pp. 177-178 で既に指摘されている。[24]

(159) Cf. 安部 1972, pp. 93-96, 102；市丸 2002, p. 24.
(160) Cf. 安部 1972, pp. 133, 149, 231-232；本田 1991, pp. 123, 209.
(161) 包銀制の「包」は「請け負う」であるが，Schurmann 1967, p. 104 と安部 1972, pp. 139, 142, 149 とでは，誰が何を請け負ったかについて見解が異なる。私は前者に与する。また安部は，ヤラワチが西トルキスタンで実施したクプチル税法＝ヤラワチ税法と北中国での包銀制とが瓜二つであることを認めつつも，両者は無関係と主張する［安部 1972, pp. 112, 127-128, 133-134, 138, 223-227］。しかし，本来モンゴルのものであったクプチル税を，モンゴル政権が征服した旧ホラズム領と旧金領にも及ぼして徴収しようとしたのであれば，表面的な差異はともかく実質は同じであり，いずれも「請け負わせた」ものではなかろうか。ヤラワチが北中国の徴税を任された時，西トルキスタンでの経験を持ち込み，しかも金末以来流通していた銀で徴収することを請け負ったとすれば，両者の酷似は納得がいく。論証はしていないので無責任なことは言えないが，本田 1991, p. 209（初出：1969）並びに村上 1972, p. 44 でも，そのように考えたように思われる。税を役人が末端の民衆からこつこつ集めるのではなく，大商人や役人などに額を決めて「請け負わせる」というのは，律令制の浸透した東アジアの伝統にはそぐわない感じがする。
(162) 前田（直）1944；杉山 1995, pp. 213-217；森安 1997「ウイグル商人」pp. 99-100. なお，本稿ではこれ以後の「錠・両・銭・分」の説明も基本的に前田説に拠っている。
(163) 「開元通宝」の重さは3.5g〜4.5gとまちまちであり，日本では1文＝1匁＝3.75gとなったが，唐の1銭の重さが4g強でもあったことは，出土した銀鋌や金銀器とその銘文から判明する。Cf. 礪波 1990.
(164) 「銭＝baqïr」という比定の起源については前田（直）1944, p. 31 の解釈は単純に過ぎ，語源的にも時代的にも誤っていた。しかし，これはあくまで玉稿中の瑕瑾にすぎない。
(165) ソグドでもスティルは元来銀貨の単位であったが，5世紀にササン朝からドラクマが導入されてからは，単なる重量単位になってしまい，ウイグルに借用された時もその意味でしかなかった［cf. 吉田／森安 1989, p. 16, n. 18］。第6節で言及したように，ガルディージーには西ウイグルで罰金が50 satïrの銀杯であった例が報告される。
(166) Pelliot 1930a, *TP* 27, p. 191；Clark 1973, p. 186.
(167) もしかしたら，仏教徒ウイグル商人とムスリム回回商人とを銀（貨幣としての銀の使用と秤量単位）によって結びつけたのは耶律大石の西遷による西遼（カラキタイ）帝国の出現であった可能性はないか。カラハン朝出身のカーシュガリーの時代，即ち11世紀の中葉，隣国・西ウイグルで銀は流通していない。それより後の時代，即ちカラハン朝が西遼に征服されると，西ウイグルもその勢力下に入ったと言われる。当然ながら，中国は金朝に替ってい

---

24 追加情報：藤善真澄（訳注）『諸蕃志』（吹田，関西大学出版部，1991）p. 127 によれば，インドの故臨国（キーロン）では金銀比価が1：12である。

［原脚註］

る。この頃になると，中国にやってくる西方商人には，仏教徒ないしネストリウス派キリスト教徒の西ウイグル商人だけでなく，西遼治下のムスリム商人も混じるようになったのかもしれない。
(168) 黒田 1999, p. 279；黒田 2003, pp. 64, 96, 104-106.
(169) 黒田氏は前掲箇所で交鈔が銭建てであると明言しているわけではないが，その立場であることは疑いなく，その点は私信でも確認させていただいた。Cf. 宮澤 1998, pp. 509-511；宮澤 2001.
(170) 前註 155 参照。特に，cf. 杉山 1992, pp. 274-275；杉山 1995, pp. 210-211, 219-220, 222, 224；杉山 1997a, pp. 334, 342.
(171) Cf. 黒田 1999, pp. 269-270；黒田 2003, p. 58.
(172) Cf. Тенишев 1965；Clauson 1971；梅村 1987b.

〔原補註1〕（本文1頁の脚註＊）：私は 1970 年代以降顕著になった「脱シルクロード論」ないし「シルクロード史観論争」の当事者の一人である［cf.『マニ教史』pp. 176-177］。私が古いシルクロード史観に立っていないこと，むしろ積極的に現地主義を唱導してきたことについてはこれまでの私の実証的論著を御覧いただきたいが，だからといって「シルクロード」という術語を使うことまで拒否してはいない。人口に膾炙した用語を，臨機応変に使えばよいと考えている。昨年末に出版したばかりの森安孝夫（編）『シルクロードと世界史』は，21 世紀 COE プロジェクトの一環として実施した全国高等学校世界史教員研修会の報告書も兼ねており，高校世界史教育界に中央ユーラシア史と東南アジア史の重要性を訴えるために採用したタイトルであった。なお，今年はロンドンの大英博物館で「シルクロード展」が開かれ，来年は NHK で「新シルクロード」シリーズが 10 回に亙って放映される予定になっている。

〔原補註2〕（原註 154）：黒田明伸氏には本稿を校正段階でお読みいただき，いくつかの貴重な示教を賜ったので，記して感謝する。特にこの部分に対しては以下のようなコメントをいただいた。

「拙著では舌足らずでしたが，基本的には「モンゴルの平和」の下で，長距離交易の取引費用が削減されたのに刺激され，遊休銀と各地で新開発された銀の双方が，東西交易に投入され，それが各地の通貨発行量を増加させたのだと考えています。イングランドに来た銀そのものは，確率的には東欧の新興銀山産あたりが多いかと推察しますが，無論実態はわかりません。」

〔書後〕
　本稿［森安 2004「通貨」］は，モンゴル時代のオルトク商人を扱った点では，第 10 論文＝森安 1997「ウイグル商人」と密接に関わっている。その第 10 論文以後に出たモンゴル時代のオルトクに関する論文は少なくないが，それらの列挙は割愛し，特に注目すべき研究者として四日市康博の名前だけを挙げておく。ただ，四日市康博（編著）『モノから見た海域アジア史』（九州大学出版会，2008）所収の同氏の概説論文「銀と銅銭のアジア海道」で，「近年，（中国銀が西方に流出したという）愛宕説は事実無根であ

り，そのような現象はなかったと主張する研究者まで現れている」[p. 136] とか「私は，ブレイクや愛宕の説はあながち間違いではないと考えている」[p. 139] というのが，もし森安批判であるならば，そこに誤解があると反論せねばならない。私は，モンゴル時代に中国銀が西方に大量に流出したことまでは否定してはおらず，むしろ認めているのである。私が明確に否定したのは，モンゴル時代以前の 11-12 世紀，すなわち宋代に中国銀が西方に大量に流出したというブレイク・愛宕説なのである。私がモンゴル時代になってはじめてウイグリスタンに大量の銀が現われることを証明したのは，そこからさらに陸のシルクロードで西方に運ばれることを予想してのことであって，もし四日市の諸論考によって海のシルクロードで大量の中国銀が西方に運ばれたことが論証されるならば，両者は補完しあう関係になるのである。

なお，2013 年出版の *JRAS*, 3rd ser. 23-2 は "Textiles as Money on the Silk Road" と題する特集号であるが，そこに収載されるトロムベール論文では，本稿の内容が全面的に受け入れられている［Trombert 2013, p. 346］。

12

敦煌出土元代ウイグル文書中のキンサイ緞子

第1節　もう一つの敦煌文書
第2節　ペリオ編号181窟出土ウイグル文書 No. 193 + No. 194
第3節　キンサイ＝行在＝杭州
第4節　ウイグル＝コネクションの提唱

第1節　もう一つの敦煌文書

　1908年，ペリオ（P. Pelliot）が調査した（その直後に獲得する）敦煌文書の概要を知らせる報告が敦煌からパリに届いたが，それには続報があり，いわゆる蔵経洞（ペリオ編号第163窟，敦煌文物研究所編号第17窟）とは別のモンゴル時代の二つの窟（千仏洞の北方にあり，内部の装飾は純チベット＝タントラ仏教的）から13-14世紀に属する漢文・モンゴル文（ウイグル文ではない！）・チベット文・ブラーフミー文・西夏文の文書（写本と刊本）断片を相当数発見したという[1]。ペリオが獲得した敦煌出土品は，現在はパリの国立図書館（Bibliothèque Nationale）とギメ美術館（Musée Guimet）とに分置されている。私は1978～1980年のパリ留学中，これらのペリオ将来品を広く調査する機会に恵まれ，その結果，国立図書館には蔵経洞出土の大量の漢文・チベット文・ウイグル文・コータン文・ソグド文・サンスクリット文その他の文書の外，ペリオ編号第181窟及び第182窟出土の漢文・ウイグル文・モンゴル文・西夏文の文書断片があり，またギメ美術館にはペリオ181窟出土のウイグル文木活字（約900個，カタログではモンゴル文と誤認！）の外，敦煌ではあるが具体的にどこから出たものか特定できないウイグル文とブラーフミー文の文書が存在することを確認した。森安1985「ウイグル語文献」（以下，前稿とも略称）は，敦煌出土の全ウイグル文書を総覧することを中

心課題としながらも，以上の事実やその他の情報に基づき，①ペリオが続報で言及した「モンゴル時代の二つの窟」とはまさしくこの181・182窟に違いないこと，さらに，②王円籙が初めて蔵経洞を発見してからスタインやペリオが敦煌を訪れるまでの7-8年間に王円籙自身が181・182窟その他で見つけためぼしい物を蔵経洞に運び込んだ可能性が大きいことを主張し，③これまで蔵経洞出土だから11世紀前半以前のものと信じられてきた総ての敦煌文書（さらには絵画）の中に，実はモンゴル時代のものが紛れ込んでいる恐れがおおいにあることを指摘して，敦煌学界に警鐘を発したものである。ただ，①の主張は，1908年当時ペリオがいわゆるウイグル文字で書かれたウイグル語とモンゴル語を即座には区別できなかったという前提に立たねばならず，やや躊躇されたが，その後，Mission Paul Pelliotシリーズ，第11巻の *Grottes de Touen-houang. Carnet de notes de Paul Pelliot*[(2)]の刊行に携わっているベザール（R. Jera-Bezard）氏より未刊の第6分冊に所収予定の181窟に関するペリオの自筆ノートのコピーを送っていただき[1]，それによって私の主張の正しかったことが証明された。なぜならそこには，先の「モンゴル時代の二つの窟」からの発見品のことを述べた続報のフランス語原文とほとんど同じ文があるばかりか，例の木活字をやはりモンゴル文であると誤認しているからである。前註(1)に引いたペリオの報告の本文を見直すと，彼は蔵経洞自体にあったソグド文をウイグル文とする誤りも犯しているから，1908年当時のペリオには，同系統の文字で書かれたソグド文・ウイグル文・モンゴル文三者をその場ですぐ識別する能力は無く，ウイグル文をモンゴル文に，ソグド文をウイグル文に誤認する傾向があったらしい。この時，彼は弱冠29歳，いかに天才とはいえ，時間も辞書もない現地で急ぎしたためたわけであるから，その時の覚え書や書簡形式の報告の中にこのような誤りがあったとしても，それは致し方ないことである。[2]

181・182窟出土文書の復元・再発見は，後代の文書の「紛れ込み」が，これ

---

[1] この第6分冊は既に1992年に "6: Grottes 146a à 182 et divers" という副題をもって出版されている。

[2] 本稿に先行する森安1983「元代ウ書簡」並びに森安1985「ウ文献」で私は「もう一つの敦煌文書」の由来について追求したが，その際にはペリオの敦煌文書獲得を伝える有名な報告論文［Pelliot 1908 "Une bibliothèque médiévale retrouvée au Kan-sou."］のみに基づいていた。その後，Pelliot 1914c "Les grottes des Mille Bouddhas." という短い追加報告の存在に気付いたところ，私の推測の正しかった事が判明した。とはいえ，そこでペリオは，本稿で私が推測したような若き日の彼自身の短所については黙している。

までにも注意されることのあったウイグル文のもののみならず，漢文・チベット文・ブラーフミー文のものや絵画類にまで及ぶという敦煌学全体に関わる重大な問題に我々の眼を向けさせるきっかけを与えてくれた。しかし，それだけではない。我々は181・182窟それ自体とそこからの出土文書の総体的把握を通じて，これまで予想だにされなかった「もう一つの敦煌学」（モンゴル期〜元代）の構築に足を踏み出したのである。その点は，上に言及した前稿やその補遺[3]，さらには拙稿を活用して精力的に研究を進めている百濟康義の諸論文[4]によって学界の認知を得つつあると思うが，ここでは新たな具体例をまた一つ提示することにしよう。

第2節　ペリオ編号181窟出土ウイグル文書 No. 193 + No. 194

　使用する文書はペリオ181窟出土ウイグル文 No. 193 グループ（No. 193 + No. 194）である[5]。No. 193 と No. 194 が同一文書からの離れであることは間違いないが，あまりに断片すぎるため相互の位置関係は不明である。原文書を見てもどちらが表か裏か判定がつかないので，片方をA面とし，もう一方をB面とする。No. 193 と No. 194 のA面同士は同筆，B面同士も同筆であるが，A面とB面とは別筆である。紙数に制限があるので，以下にA面のみを引用する。

No. 193 A

1) ………………………//// tayšingdu toγma
　　　　　　　　　　　タイシンドゥ① トグマ
2) ………………………///WR atlïγ bir aymaγ
　　　　　　　　　　　という名の1アイマック②
3) ………………………//// 'äsän tämür atlïγ bir
　　　　　　　　　　　エセン＝テミュルという名の1
4) ………………………/// aymaγ ilči alïp
　　　　　　　　　　　アイマック使③ が取って
5) ……………………///WN-niŋ qor bolmïš tavar-nïŋ
　　　　　　　　　　　の損害を蒙った財産の³

6) ·························· ilči-kä **altï** taš böz-kä
   使者に 6 外④ 棉布にて
7) ·························· üč qap bor bi**r**lä ayaq
   3 皮袋の葡萄酒と盃
8) ························· tidim-kä üč qïngsay tavar
   ティディムに 3 qïngsay tavar
9) ······················**ta**š böz birip・S'Y'/// ······
   外棉布を与えて⑤,
10) ················· qïngsay tavar iki torqu ············
   qïngsay tavar 2 絹布
11) ···········Z tavar bir torqu ////// ··············
   tavar　1 絹布
12) ···············//YWDY/// 'äsän tä**mür** ············
   エセン＝テミュル

No. 194 A

1) T//// P///// ·······································

2) iki taš böz bi**r**dim・/ ································
   2 外棉布を私は与えた。
3) taš bös bir ič böz bi**r**/// ·····························
   外棉布，1 内⑥ 棉布を私は与え（？）
4) yana bir qï//l qïngsai ta**var** ·······················
   又，1　qï//l qïngsay tavar
5) birmiš ča **t**avar torqu ·····························
   与えた　茶⑦ tavar 絹布
6) taš böz taypu-nïng ol ·····························
   外棉布はタイプ⑧ のものである。

---

3 松井太は qor を「経費，支出」と解釈し，ここの qor bolmïš tavar を「出費となった財物」と訳す可能性を示している［松井 2010, pp. 30-31］。ただし私の「損害」とした解釈を，完全には否定していない。

図1　Pelliot 編号 181 窟出土ウイグル文書 No. 193 A 面

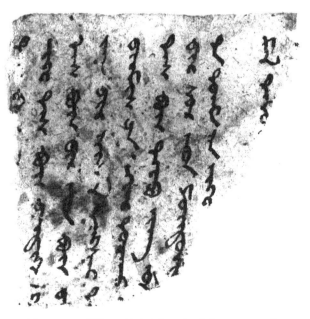

図2　Pelliot 編号 181 窟出土ウイグル文書 No. 194 A 面

12　敦煌出土元代ウイグル文書中のキンサイ緞子　　495

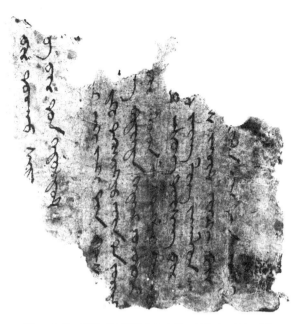

図 3　Pelliot 編号 181 窟出土ウイグル文書 No. 193 B 面

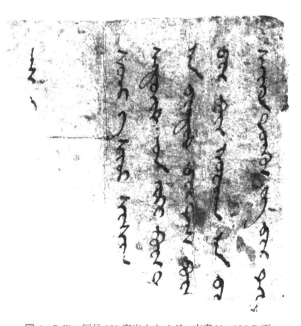

図 4　Pelliot 編号 181 窟出土ウイグル文書 No. 194 B 面

7) bir stïr at mündür//// ……………………………………
   1 セティル⑨を馬に乗せ（て送り？）
8) -ta toγma-qa iki ………………………………………
   でトグマに 2
9) mal tämür ……………………………………………
   所有物テミュル

テキスト註

① この人名は No. 193 B, *l.* 4 にもみえるし，未発表の大谷文書 Ot. Ry. 4570, Ot. Ry. 5292 にも現われる。また Zieme 1977, "Drei neue uigurische Sklavendokumente," pp. 161, 163 も参照。ツィーメは特に指摘しないが，これが漢文史料中のウイグル人名「大乗都」に相当することは疑いない。大乗都という名前の実例としては[4]，程鉅夫『雪楼集』巻 8 所収の秦国先墓碑の主人公で，クビライの孫である安西王アーナンダの仏教の師となったビシュバリク出身の人物があげられる［cf. 松田（孝）1979, p. 47］。

② アイマック aymaγ は，時代と地域により，上は自治領・民族集団・部族から下は部隊・氏族・家族まで大小様々な社会組織や軍事・行政単位を指して使われたトルコ・モンゴル語。古くは突厥のオンギ碑文にまで遡る。Cf. 白鳥 1929「『高麗史』に見えたる蒙古語の解釈」pp. 397-398 ; Pelliot 1930b, "Les mots mongols dans le Koryŏ Să," p. 254 ; Clauson, ED, p. 152, uluš の項 ; Doerfer, TMEN, I, pp. 182-186 ; Ligeti 1966, "Un vocabulaire sino-ouigour des Ming," p. 127.

③ この ilči「使，使者，使臣」が何を指すか重大問題であるが，今は考察しない。[5]

④ 新疆維吾爾自治区博物館の多魯坤 = 闞白爾（ドルクン），克由木 = 霍加（クユム）両氏より，この「外（棉布）」は⑥の「内（棉布）」と対をなし，それぞれ「表地用（棉布）」，「裏地用（棉布）」の意であるとの御教示を受けたので，それに従う。ただしこれを tas「粗悪な」とする山田信夫説も捨て切れない［cf. 山田 1965, pp.

---

[4] 原論文での指摘は不適だったので，より適切な用例と差し替えた。
[5] 語註②③に関連して，私が「アイマック使」と訳した箇所を，松井 2010, p. 30 では「投下の使臣」と訳している。アイマック＝投下とは，行政区画のようにも受け取られるが，元来は人的集団を指す言葉である。

109-110＝SUK, 1, pp. 95-96］。特に山田が tas böz「粗棉布」と対称をなすと考えた inčkä böz「細繰（上質の棉布）」という表現が，No. 193 B, *l.* 9 にあるから，なおさらである。

⑤ bir-「与える」は原義を採っただけで，「支払う」，「返済する」と解すべき余地は十分にある［cf. 梅村 1987b, p. 57］。[6]

⑥ Cf. 前註④。

⑦『華夷訳語』に在証されている。しかし，-čä「～のような」と解すべきかもしれない。

⑧ 漢語「太傅」よりの借用語。

⑨ ソグド語 st'yr より借用した貨幣・重量単位で中国の「両」に相当する［cf. 吉田豊「ソグド語の焼印について」『ミュージアム』433, 1987, pp. 17-18］。

さて，ここで問題としたいのは，A 面の 3 箇所に見える qїngsai（または qïngšai / γїngsai / γїngšai とも読める）という単語である。この語は従来のいかなるウイグル語辞典（さらにはトルコ諸方言辞典）にも載せられていない。

㋑ No. 193 A, *l.* 8：üč qїngsai tavar

㋺ No. 193 A, *l.* 10：…… qїngsai tavar

㋩ No. 194 A, *l.* 4：bir qї//l qїngsai ta**var**

後続する tavar は，原義こそ「家畜，生きている財産」であるが，そこから一般に「財産，所有物」さらに「商品，貿易品」の意味が派生していった。そしてこれらはいまも広くユーラシアに分布するトルコ諸方言の中に受け継がれている[6]。我々のテキスト中でも，No. 193 A, 5 行目の tavar は「財産」ないし「商品」の意であろうが，㋑㋺㋩の tavar はこれらの意味では余りに漠然としていてうまく適合しない。文脈からみれば，böz「棉布（cotton cloth）」・torqu「絹布」・bor「葡萄酒」・ayaq「杯，盃，碗」などと同じレベルの具体的な商品名であるはずである。そこで注目されるのが，東トルキスタン（＝新疆）の新ウイグル語──即ち現代のトルコ諸方言の中では我々のウイグル語（新ウイグル語と区別する必要のあるときは古ウイグル語とか中世ウイグル語とかいう）と最も近い関係にあ

---

[6] さらに bir- は，文脈によっては「売る，買う」の代わりにも使われる，cf. Zieme 1977, p. 165, (12)．

る東部方言の代表的方言——がこの単語に対して有する"silk-stuff, cloth"[7]とか"разноцветный шёлк（雑色・多彩な絹）"[8]とか「緞子」[9]という，「商品，貿易品」よりさらに限定された意味である。特に「緞子」は清代の『五体清文鑑』[10]，さらには元代に直結する明代前期の『華夷訳語（高昌館訳語及び畏兀児館訳語）』にまで遡って在証されている[11]。我々のテキストが，古ウイグル語の中では最も新しいモンゴル期～元代のものであることを思い起こせば，その中の tavar を「緞子」と解釈することに一応異存はなかろう[12]。

そこで qïngsai であるが，これは④ üč「3」とか⑧ bir「1」という数詞と tavar「緞子」という名詞にはさまれていた。qïngsai は，語形からみて動詞の変化形（連体形）ではないから，純粋の形容詞か名詞のはずである。一方，⑧には qï//l という単語が数詞と qïngsai の間に入っており，もしこれが名詞だとすると，ひとかたまりの句（one phrase）の中に統属関係を示す接尾辞のない名詞が三つ連続することとなり，ウイグル語として極めて不自然である。そこで qï//l を形容詞と想定すれば，それは「緞子」にかかるのであるから，これはもう qïzïl「赤い，紅色の」以外に考えられない。つまり⑧は「一つの赤い qïngsai 緞子」となる。④⑩も考え合わせれば，qïngsai は形状や紋様や産地などを示す形容詞か名詞であることが先ず推定されよう。しかもこの qïngsai は語感からして本来のウイグル語というよりむしろ外国語，とくに漢語の音写のように思われる。もともと内陸アジアのウイグル人が絹を知ったのは中国からであり，彼らにとって絹は輸入するものであって，自ら作り出すものではなかった（一般に「絹」を指す torqu も外来語と考えられている）[13]。まして緞子は高級絹織物であって，そんなものを特定する用語が，本来のウイグル語というのはむしろありにくかろうし，事実この語はこれまでに発表されたウイグル語文献の中に見つかっていないのである。

第3節　キンサイ＝行在＝杭州

それでは qïngsai を漢語の音写と仮定した場合，どのような原語が浮かんでくるであろうか。いろいろと可能性を探ってみたが，結局私は，これはかの有名な地名「キンサイ（行在）」であって，それ以外ではありえないとの結論に達した。

その根拠の第一は，音韻上の完全な一致である。マルコ＝ポーロ（Marco Polo）

が世界一の大都会として紹介した Quinsai（または Quinsay / Qinsay / Kinsai / etc.）が杭州（南宋代の臨安）を指すことについては学界に異論がないが，その原語については三つの説がある。即ち京師説・杭州説・行在説である。1957 年に *Quinsai* という専論を発表したムール（A. C. Moule）によれば[14]，京師説は 16 世紀以来ヨーロッパで一般に信じられてきたものであり，現在でも消滅していないが，学問的にはほとんど否定されている。杭州説はかつてムール自身が唱えたもの［1917］であるが，岑仲勉以外あまり賛同を得られず，1957 年の論文では最早それに固執していない。これに対して行在説は，日本の藤田豊八［1913］・那珂通世［1915］・桑原隲蔵［1915 → 1923］がほとんど同時にそれぞれ独立して唱えはじめ[15]，その後日本では定説化しているものである。そして現在では世界でもこれが最有力の説となっている。

「行在」とは言うまでもなく，金朝に逐われて南遷した宋朝が，いつか旧都汴京（開封）を回復せんという悲願のもとに，仮の都を置いた杭州に対して与えた呼称であって，決して固有名詞ではないのであるが，150 年もの永い間の習慣により，それは現地の人々にも外国人にも固有の地名として定着してしまったのであろう。それゆえにこそ，世祖クビライが南宋を滅ぼすにあたり，「宋は宜しく亡宋と曰うべし。行在は宜しく杭州と曰うべし。」〈『元史』巻 9・至元十四（1277）年十一月之条，p. 193〉との詔を発して旧称にもどすことを命じたにもかかわらず，世祖の時に現地を訪れたマルコ＝ポーロは Quinsai といい，その後もオドリック Odoric（伊，1320 年代に杭州訪問）は Cansay / Camsay / Cansaia / Casay / Chansay / etc. // Guinzai // Ahamsane，マリニョーリ Marignolli（伊，1340 年代に杭州訪問）は Campsay，イブン＝バットゥータ Ibn Baṭṭūṭah（モロッコ，1340 年代に杭州訪問）は Kh(a)nsā と呼んでいるのである。またイランのイル＝ハン国に仕えた宰相ラシード＝ウッディーン（1310 年頃に『集史』を完成）と歴史家ワッサーフ（1328 年頃に『ワッサーフの歴史』を完成）は共に Khingsai خينكساى（ただしワッサーフには Kh(a)nzai という表記もあり），14 世紀前半に活躍して国際貿易の指南書『通商の手引』を著したイタリアの商人ペゴロッティ Pegolotti は Cassai / Chassai，マムルーク朝に仕えたシリアの歴史家・地理学者アブル＝フィダー Abū al-Fidā（1273-1331）は Kh(a)nsā / Khinza と伝えている[16]。ただ，これだけ列挙すれば誰しも気付くように，「行在」には「キンサイ」系のほかに「カンサイ（＞ハンサイ＞アンサイ）」系の発音もあった。従来は行在説を採る人の間にさえ，この両

系統の存在をどう解釈するかについて鉄案がなかったが[17]，私はごく単純に，黄河流域から北京を含む北方音（中原音）と揚子江流域以南の南方音（海外貿易港の点在する地域の方言，即ち揚子江下流域の江南音やさらに南の福建音・広東音）との違いであって，両者は同時に並存したものと考える。今，当時の南方音を正確にアルファベットで写した実例は見つからないが，この時代の江南音を反映する日本のいわゆる唐音（唐宋音）で「行」を「あん」と読み（例として行在・行燈・行脚）[18]，現代において呉語圏の白話音では一般に -aŋ 系の韻母を持ち（但し杭州自体は例外的に -In）[19]，現代広東方言でも hang と発音する[20]など，南方では行在を「カンサイ」系の音で呼んだとする私の推定を荒唐無稽として斥けることは出来まい[21]。これに対し，北方の発音が「キンサイ」系であったことには確実な証拠がある。まず，当時の北方音を代表する『中原音韻』（1324年）の「行」は xiəŋ (hiəŋ) と復元されるし[22]，現代北京音では xing (shing) である。さらに元朝末期の 1362 年に，河西の永昌（甘粛省武威市永昌鎮）に建てられた「大元勅賜追封西寧王忻都公神道碑」（漢文とウイグル文字モンゴル文とで記されている）によれば，漢文の「行中書省」がモンゴル文面でも意訳されずにそのまま **qing jungšu šing** と音写されている[23]。この qing と我々の qïngsai の qïng とは，単に転写が異なるだけであって，実際には全く同じウイグル文字で書かれている。「行在」の「在」にはほとんど問題がないので，ここでは同じ碑文に，元代北京音でも元代中原音でも「在」と同音の「宰」[24]が sai と音写されていること（モンゴル文面第 53 行 **sai**sang＝宰相）[25]のみを付記しておく。

　以上により，元代の「行在」には北方音の「キンサイ」系と南方音の「カンサイ」系の二種類の呼称があったということ，そして我々のテキストの qïngsai はその北方音の転写として申し分ないものであることが承認されたと思う。ただし，一つだけ注意しておきたいのは，杭州に居住していた人自身は自分の町をどう呼んでいたかという点である。先ほど見たように，現代呉語圏でも杭州の音は例外的だったし，また元代の杭州読書音を反映する『蒙古字韻』（1308年）でも「行」はパスパ文字で ɦiiŋ と表記されている[26]。つまり現地音は南の「カンサイ」系でなく，北の「キンサイ」系であったということである。これは一見私の説と矛盾するかのようである。ところが，杭州という大都会の特に上層インテリ階級は，その多くがかつて北宋の都汴京（開封）から移って来た人々の後裔であり，杭州は南方音の中に浮かぶ一種の言語の島の如き様相を呈していたのである[27]。オ

ドリックやワッサーフやアブル゠フィダーが「カンサイ」と「キンサイ」の両系統の名前を同時に著録しているのは，前者が南の海路，後者が北の陸路により伝えられたというだけでなく，杭州自体で両方の呼び方が並用されていたからではなかろうか。

さて，㋑㋺㋩の qïngsai を「キンサイ（行在）」とみなす第 2 の根拠は，それが tavar「緞子」と密接に結び付いていることである。ウイグル語では先行の名詞 A が後続の名詞 B を修飾する場合，A に所有格の接尾辞＋ning／＋ing が付くか，B に三人称の所有（限定）接尾辞＋si／＋i, etc. が付くか，またはその両方が付くか，のいずれかであるのが普通である。しかるに我々のテキストでは A (qïngsai) も B (tavar) も裸のままである。つまり今述べたような接尾辞を必要としないほど両者の関係は緊密なのである。

このような言語の面からだけでなく，実質的にも両者を結び付けることは容易である。なぜなら，全国的に絹織物を生産する中国でも，高級絹織物の場合は，早くも唐代に江南・剣南（四川）が産地数において河北・河南を上回り[28]，宋代では生産額においても江南（浙江を含む）が抜きん出てくるからである[29]。絹織物全体でみても，既に宋代において江南の生産額は圧倒的であり[29]，後の明代になっても南京・蘇州・杭州を中心とする江南の地位は揺るがなかったのであるから[30]，元代の状況もほぼ察しがつくであろう。さらに個別具体的に緞子に眼を向ければ，元の汪大淵の『島夷誌略』に南海貿易品として「蘇杭五色緞（蘇州や杭州の五色の緞子）」が見えるし[31]，明代には内陸貿易の拠点でもあった宣府鎮に「蘇杭羅段舗（蘇州や杭州の羅や緞子を商う店舗）」の存在したことが知られている[32]。我々にとって重要なことは，これらが単に蘇州や杭州の緞子生産を物語るものとしてではなく，斯波義信や藤井宏によって，宋代から顕著になる絹織物の商品化，種類別の特定産地への集中化，特産品となったものの全国市場さらには国外市場への流通という文脈の中で指摘されていることである。言い換えれば，我々は，上のようなまことに零細な史料からではあるが，元明代において「杭州の緞子」が中国国内はもとより国外にまで名を知られた特産品であったことを知ることが出来るのである。それ故にこそ，ウイグル人にとってもわざわざ qïngsai-ning tavarï とか qïngsai tavarï とか言う必要はなく，単に qïngsai tavar で十分に熟した表現として通用したに違いない[33]。

第4節　ウイグル＝コネクションの提唱

　以上により，qïngsai tavar が「キンサイの緞子」であることは明々白々となった。翻ってこの結論を以てもう一度 No. 193 グループ文書，さらにはそれを含むペリオ編号第 181 窟出土文書全体に思いを致す時，どのような展望が開けて来るであろうか。

　まず初めは年代についてである。元軍が南宋の都臨安（行在，杭州）を陥れたのは 1277 年のことである。それ以前，元と南宋は敵対関係にあったのであるから，南宋の都の名を持つ高級絹織物が，敵の元朝の，しかもその一辺境たる敦煌にまで容易に流通していたとは考えにくい。つまり本文書の上限は一応 1277 年とみてよいであろう[7]。前稿で我々は既に，モンゴル期〜元代の敦煌のウイグル仏教の担い手は（旧）西ウイグル国人そのものであり，181 窟はウイグル人のためのもの，そして 181 窟出土文書全体はモンゴル帝国〜元朝下においてめざましい仏教活動をしていたウイグル仏教教団に属するものである，という結論に達していた[34]。モンゴル期〜元代というのは，より正確には，モンゴル軍が西夏を滅ぼした 1227 年から元朝が滅亡する 1368 年（または 1388 年）までを念頭に置いていた。さらに前稿の補遺［森安 1983「元代ウ書簡」= Moriyasu 1982］では，新たに多くの史料を提示して考証を重ね，もう一歩進んで，181 窟出土文書全体は 14 世紀初頭〜中葉のものであると主張した[35]。上限が 1277 年であるということは，この主張を補強することにはならないが，それと抵触するものでもない。1277 年はあくまで理論上の上限であり，文書の性格からみて実際はもっと下るはずである。いずれにせよ，おおよその上限が分かるだけでも，本文書そのものの内容理解，並びに文書中に現われる人名や aymaɣ とか ilči といった特殊な用語に対し，考察の糸口が与えられるが，今回はそこまで論及しない。

　次に注目されるのは，敦煌と杭州との結び付きである。すでに大島（鈴木）立子は，ペゴロッティの『通商の手引』をもとに，14 世紀前半に敦煌から甘州を通り杭州に向かう道が，特に商人によって活用されたことを推定しつつも，「記録されたものを見ることはできない」と述べられた[36]。然るに今や我々にはそ

---

[7] ここは複数の方から論拠が弱いと指摘された。確かにその通りであったと反省するが，今は原文のままとしておく。

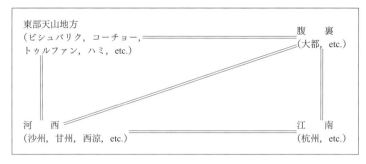

図5　ウイグル=ネットワークの復元案

の「記録されたもの」を発見したと言えるであろう。こうしてみると、前稿でみた如く、181窟出土西夏語仏典の中に、14世紀初頭に杭州で印刷され、「沙州文殊舎利塔寺」に奉納されたものの断簡があった事実は[37]、改めて重い意味を帯びてくることになる。

　一旦眼を外に転ずれば、敦煌のウイグル仏教徒の故郷たるトゥルファン地方からは、14世紀前半に大都（北京）や杭州あたりで印刷されたウイグル仏典数種や[38]、14世紀初頭に印刷された大都のウイグル人一家（丞相蒙速速一族）が仏教装束をして整列している木版画が出土しているし[39]、江南で活躍して財をなしたウイグル人亦黒迷失（イグ・ミシュ）が1315年頃に河西は甘州・西涼府の仏教寺院にまで人を派遣して喜捨をなした事実がある[40]。また旧西ウイグル国出身の武将や政治家や文化人が代々元朝宮廷や江南で活躍したことも、周知の通りであるから[41]、それも含め、これまでに知られたウイグル人の活動の舞台を図示すれば、図5のようになろう。

　ここに浮かび上ったネットワークは、たまたま史料に残ったごく零細なウイグル人の軌跡をたどった結果であるが、それは全く偶然の所産であり、実質的に深い意味は持たないものであろうか。私はそうは思わない。既に梅村坦は、故郷を離れて元朝で重用されたウイグル人たちの動きを追い、彼らの中に同族とばかり結婚し、「血の同一性（アイデンティティー）」を確保せんとする強い意識のあったことを明らかにしている[42]。このことを踏まえて言うならば、元朝においてウイグル人があらゆる面で顕著な役割を演じられたのは、上に見たような形のネットワークが、下は家族・一族から上はウイグル民族全体に至るまで、強固に張りめぐらされており、それに乗って人や物や情報がスムーズに往きかったからではなかろうか[43]。同

族間のコネクションといえば,すぐユダヤ商人や華僑が想起されるが,それ程の時間的・空間的広がりはないにしても,この元代の「ウイグル=コネクション」の規模も相当なものである。史料に単なる商人の活動が残ることは稀であり,ウイグル商人の場合も例外ではないが,この「ウイグル=コネクション」とそれを利用してあげられる莫大な収益を想定せずして,元代におけるウイグル人のめざましい文化活動（学術・芸術・宗教等々）を理解するのは難しかろう。

再び眼を河西にもどそう。言うまでもなくそこは,モンゴル勃興以前は西夏の支配下にあった所で,西夏の中核をなしたタングート人にとっても,また古くからの住民たる漢人にとってもかけがえのない地であったが,元代のウイグル人にとってはとりわけ重大な価値を持つこととなった。それは,ハイドゥ（海都）の乱[8]によって引き起こされた大混乱によって本拠を東部天山地方から河西に移さざるを得なくなった旧西ウイグル王家に従って,恐らく万単位のウイグル人が移住したこと,そしてその大多数が仏教徒であったし,また多くの商人を含んでいたと思われるからである。当時の河西は,元朝宮廷に多大の影響を与えたチベット仏教の本土チベットと腹裏を結ぶ交通路,並びに世界最大の商業中心地たる江南から中央アジアへと通ずる陸のシルクロードの結節点として,経済的にも宗教（仏教）的にも文化的にもひときわ高い地位を占めたに相違ない。このような河西を抜きにしては,上に見たようなウイグル族間のネットワークは成立しないのである。

本稿の最後に提唱したこの「ウイグル=コネクション」という命題が,元朝史とウイグル民族史の理解にとってどれほど有効であるかは,今後さまざまの方面からの検証を待たねばならないが,第1節で述べた「もう一つの敦煌学」にとってもそれは無視して通れないものとなろう。

註
（1）Pelliot 1908, "Une bibliothèque médiévale," p. 529, n. 1.
（2）全6冊の予定で既刊は5冊（Paris 1981-1986）. 1 : Grottes 1 à 30 (1981). 2 : Grottes 31 à 72 (1983). 3 : Grottes 73 à 111a (1983). 4 : Grottes 112a à 120n (1984). 5 : Grottes 120n à 146 (1986).
（3）Moriyasu 1982, "An Uigur Buddhist's Letter of the Yüan Dynasty from Tun-huang. (Supplement

---

[8] モンゴル時代史研究の進展により,ハイドゥの乱という言い方自体が中華主義的であり,もはや時代遅れであることは承知しているが,原文通りとしておく。

to "Uigurica from Tun-huang")."及びその和文原稿である森安1983「元代ウィグル仏教徒の一書簡――敦煌出土ウィグル語文献補遺」。本来なら先に出版されるべき森安1985「ウィグル語文献」を収載する『講座敦煌 6 敦煌胡語文献』の出版が遅れたために，補遺の方が先に公刊された。

（4）百済1986とその註18（130頁）に引用する諸論文を見よ。但し，同氏が132頁で「敦煌発現あるいは敦煌出土と聞けば，すぐさま現第17窟・蔵経洞を想起し，これに直結させるのは，もはや今日的な学問のあり方ではない」と述べるのは，時期尚早である。同氏は1980年の時点より私の原稿「ウイグル語文献」のコピーを見ておられるが，それが公刊されたのは1985年のことであり，日本語で出した私の新しい見方が既に広く世界の敦煌学者にまで知れわたったとは思えない。〔以下は原補註〕その証拠に，つい最近出たばかりの書評論文の中でエルダルは，拙稿「ウイグル語文献」に言及はするものの，日本語が読めないためにその内容を理解せず，「敦煌蔵経洞は（11世紀から20世紀まで）ずーっと閉じられていたわけではない」などと，とんでもない発言をしている［Erdal 1988, "Uigurica from Dunhuang," p. 252］。

（5）森安1985「ウ文献」pp. 49, 61-62を参照。

（6）Cf. M. Räsänen, *Versuch eines Etymologischen Wörterbuches der Türksprachen*, Helsinki, 1969, pp. 451-452 ; Clauson 1972, ED, pp. 442-443.

（7）G. Jarring, *An Eastern Turki-English Dialect Dictionary*, Lund, 1964, p. 297. またED, p. 442では'silk goods'とする。

（8）鮑爾漢『維漢俄辞典』北京，1953, p. 150 ; Э. Н. Наджип, *Уйгурский-Русский Словарь*, Москва, 1968, p. 286. ただし前者の漢語の訳では「庫緞」すなわち宮廷の庫に収蔵するような高級な緞子としている。

（9）新疆大学中国語文系（編）『維漢詞典』烏魯木斉，1982, p. 460.

（10）『五体清文鑑（故宮博物院蔵）』中冊，北京，1957, pp. 3151-3152. ただし田村実造／今西春秋／佐藤長（共編）『五体清文鑑訳解』上巻，京都，1966, p. 671ではウイグル語をtaoguwarとしているが，これは満洲文字で発音を表記したものを単純転写しただけのものであり，綴字としてこれを採るのは間違いである。正しくは原本のアラビア文字表記に拠り，tawarとすべきである。Cf. 庄垣内正弘「『五体清文鑑』18世紀新ウイグル語の性格について」『言語研究』75, 1979, pp. 46, 49, 51.

（11）〔高昌館訳語〕Ligeti 1966, "Un vocabulaire sino-ouigour des Ming," pp. 261, 305（II 6b）. 年代についてはそのpp. 120-121を参照。胡振華／黄潤華（整理）『高昌館雑字』北京，1984, p. 47, No. 455.〔畏兀児館訳語〕庄垣内1984, p. 140. さらにpp. 51-55の重要な解説も参照せよ。ただリゲティ・庄垣内両氏ともtawarをsatin「繻子」と訳すのはやや正確さを欠く，cf. 後註33。

（12）この考えの前提となる考察は既に山田1963「ウイグル文売買契約書の書式」p. 39＝SUK, 1, p. 43になされている。ただ山田は，中世ウイグル語を多く保有しているといわれる甘粛ウイグル人（サリ＝ウイグル）の例も挙げ，tawarを「多分，中国産の上質織物であろう」と述べているが，「緞子」とまでは特定していない。それに対して山田1965, p. 133＝SUK, 1, p. 119の例文中では一言の説明もなしでtawarを「緞子」と訳している。

（13）Cf. ED, p. 539.

（14）Moule 1957, *Quinsai*. これには斯波義信による書評［斯波1958］がある。

(15) 藤田豊八「ユール氏註マルコ・ポーロ紀行補正二則 1. Kinsay は京師の対音に非ず」，藤田 1932, pp. 69-71；那珂通世「成吉思汗実録続編」『那珂通世遺書』東京，1915, pp. 17-18；桑原隲蔵の通称『蒲寿庚の事蹟』[桑原 1923] 中の一節「キンザイ キンザイ京師説 キンザイ行在説 行在の字音の研究」，『桑原隲蔵全集』5, 1968, pp. 45-49. 参照の便のため，藤田・桑原両氏のものについては再録本を用いた。
(16) 以上，主として Moule 1957, p. 3 に拠った。それぞれの出典の確認作業は，ムールの執筆以後に出版されたものにまで及んだ（松田孝一・杉山正明両氏の助力を得た。とくに杉山氏には『集史』のイスタンブル写本を見ていただいた）が，繁雑になるのでいちいち注記しない。ただし，オドリックの Ahamsane という形は，オドリコ（著），家入敏光（訳）『東洋旅行記』（東西交渉旅行記全集 2）東京，桃源社，1966, p. 259 に拠るだけで，原典にあたることは出来なかった。
(17) 桑原 1923, pp. 47-49；Moule 1957, pp. 9-10；斯波 1958, p. 108. ムールは，かつて杭州説をとっていたこともあって，「カンサイ」は「キンサイ（行在）」と「杭州」とが混同したものと考えたい口振りであるが，これには賛成できない。
(18) Cf. 有坂秀世「諷経の唐音に反映した鎌倉時代の音韻状態」『国語音韻史の研究』（増補新版）東京，1957, pp. 192-193.
(19) 例えば aŋ, Aŋ, ã, ã のようなヴァリエーションで現われる。趙元任『現代呉語的研究』北京，1928, 第二表 -5 を高田時雄氏に調べていただいた。またムールによれば，東南中国方言では hang，杭州郊外では ang であるという [Moule 1957, p. 10；斯波 1958, p. 108]。
(20) R. T. Cowles, *The Cantonese Speaker's Dictionary*, Hong Kong, 1965, p. 224；Karlgren, AD, p. 73, No. 156.
(21) ムールによれば，なぜかペリオはこの問題を方言差で説明することに反対したという [Moule 1957, p. 9]。
(22) 楊耐思『中原音韻音系』北京，1981, p. 168. なお，「行」には ⓐ「行く，旅する；行なう」と ⓑ「列，順序；同業組合」という全く異なる二系統の意味があり，両者は多くの方言で発音も違うが，決して混同されることはない。因みに『中原音韻』では ⓑ は xaŋ (hang) [楊耐思，同上書，p. 82] であり，現代北京音でも hang であるが，「行在」の「行」は ⓐ 系統に入るものであるから，「キンサイ」と「カンサイ（＞ハンサイ）」の違いを ⓐ と ⓑ の違いに由来すると考えることは決して出来ない。この点は既にムールの言う通りである [Moule 1957, p. 9；斯波 1958, p. 108]。
(23) Cleaves 1949, pp. 63, 77, 85, 108-109 (n. 71).
(24) 楊耐思，前註 22 引用書，pp. 114-115 によれば元代中原音はともに tsai である。
(25) Cleaves 1949, pp. 68, 78, 92, 131-132 (n. 263).
(26) 羅常培／蔡美彪（合編）『八思巴字与元代漢語』北京，1959, p. 102（上十四）；関西大学東西学術研究所（刊）『影印大英博物館蔵旧鈔本 蒙古字韻 二巻』吹田，1956, p. 27；服部四郎『元朝秘史の蒙古語を表はす漢字の研究』東京，1946, p. 43（行），p. 56（幸）。
(27) 有坂，前註 18 引用論文，p. 194；服部，前註 26 引用書，pp. 54-55.
(28) 佐藤（武）1978『中国古代絹織物史研究』下，pp. 323-326.
(29) 斯波 1968『宋代商業史研究』pp. 272-277；松田壽男／森鹿三（編）『アジア歴史地図』東京，1966, p. 72「宋代の織物産地」。
(30) 藤井宏「新安商人の研究（一）」『東洋学報』36-1, 1953, pp. 17-18, 24.

(31) 汪大淵（原著），蘇継廎（校釈）『島夷誌略校釈』北京，1981, p. 297；斯波 1968, pp. 280, 292；佐藤（武）1978, pp. 288, 293（n. 57）.
(32) 藤井，前註 30 引用論文，p. 8.
(33) 因みに緞子や繻子はだいたい宋代より現われるという［cf. 佐藤（武）1978, p. 288；藪内清（編）『天工開物の研究』東京，1953, p. 101］。この見方は，日本語の緞子や繻子が宋元代の江南音を反映する唐音（唐宋音）であるという言語的特徴とも符合する。緞子と繻子の違いは必ずしも明確でないが，繻子は地が厚くなめらかで光沢のある絹織物，緞子はその繻子地に金糸・銀糸などの美しい糸で紋様を織り出したものを指すのが一般的である[9]。そしてラテン語 damasc(-us)，中世英語 damaske，英語 damask，仏語 damas その他は緞子に，中世イタリア語 zetani，中世フランス語 zatony，中世英語 satine，仏語 satin，英語 satin その他は繻子にほぼ対応するようである。前者の系統は厳密には，シリアのダマスカス産の，西方では早くから知られた緞子によく似た織物を指すのであるが，後に中国産の本物の緞子をも含めるようになった。ただし緞子と damas, etc. との間に名称上のつながりはない。それに対して後者の系統は，実は南宋～元代に世界最大の貿易港であった福建の泉州に対するイスラム商人の呼称ザイトゥン（Zaitun, Zayton, Çaiton, etc.）（これは泉州城を特色づけた刺桐の樹にちなむ別称，cf. 桑原 1923, pp. 56-62）に由るものである［cf. H. Yule / A. C. Burnell, *Hobson-Jobson*, London 1903, p. 797；H. Yule / H. Cordier, *Cathay and the Way Thither*, IV, London, 1914, p. 118］。織物の名称が産地や輸出地の地名に由来する例は，モスリン（muslin，イラクのモースル）・キャラコ（calico，インド西岸のカリカット）・カシミヤ（cashmere，インド西北のカシミール）・棧留（インド東岸のサントメ）・大島紬（日本の奄美大島）・黄八丈（日本の八丈島）・tibet（チベット，cf. Róna-Tas 1983, pp. 324-326）・zandanījī（ソグディアナのブハラ近郊）など古今東西に数多くある。まして「地名＋織物名」の例なら枚挙に遑なく，唐代の敦煌文書やトゥルファン文書の中にも疏勒錦・丘茲錦・波斯錦[10]・鉢斯錦・高梨錦・末禄緤（氀）・安西緤・河南府紬・陝郡紬等々の表現が散見する。
(34) 森安 1985「ウ文献」pp. 74-76, 86-87.
(35) 森安 1983「元代ウ書簡」pp. 224-227.
(36) 大島 1980, pp. 379-380.
(37) 森安 1985「ウ文献」pp. 9, 73-74, 89-90（n. 6）.
(38) Cf. Zieme 1981b；ツィーメ／百済 1985, pp. 30-33.
(39) Franke 1978；北村 1987.
(40) 『閩中金石略』巻 11 所収「一百大寺看経記」［新文豊出版公司印行『石刻史料新編』17, pp. 12886-12888］；北村 1981, pp. 262-265.
(41) Cf. 安部『西ウ』pp. 304-313；馮家昇／程溯洛／穆広文『維吾爾族史料簡編』上，北京，1958, pp. 109-116（復刻 1981 年版，pp. 112-119）；Ögel 1964, *Sino-Turcica*, pp. 1-191；Ch'ên Yüan (tr. by Ch'ien Hsing-hai & L. C. Goodrich), *Western and Central Asians in China under the Mongols*. (Monumenta Serica Monograph, 15), Los Angeles, 1966（陳垣『元西域人華化考』の英訳）；李符桐「回鶻与元朝建国之関係」『師大学報』15, 1970, pp. 173-192；楊鐮「貫雲石新

---

[9] この註の緞子の定義に関する一文は不正確であったので，後に森安 1994「箚記（四）」p. 88 では，「繻子組織の高級絹織物で，主に二色（経糸一色と緯糸一色；経緯同一色の場合もある；三色以上の場合でも基調は二色）の彩糸を用いて紋様を浮き出したもの」と修正した。
[10] 疏勒錦・丘茲錦・波斯錦については，坂本 2012 の索引を使って参照。

考」『新疆大学学報（哲学社会科学版）』1983-1（総29），pp. 92-93（杭州のウイグル寺についての言及あり）；劉志霄『維吾爾族歴史』上，北京，1985, pp. 260-278；ツィーメ／百済 1985, pp. 43-48, 58-59.11

(42) 梅村 1984, pp. 136-140.12

(43) ベゼクリクから最近になって杭州泰和楼大街のある商店の広告ビラ（商品たる金箔を包んだ紙に木刻墨印を押したもの）が出土した［cf. 吐魯番地区文物管理所「柏孜克里克千仏洞遺址清理簡記」『文物』1985-8, p. 56 ＆ 図版壹］。報告者はこれを 11-12 世紀のものとみるが，私はこれも元代のウイグル人ネットワークによってもたらされたものと推測する13。同時出土品中に多数のウイグル文書があり，そこに元代のものであることの明らかなウイグル文印刷仏典14が含まれていることも参考になる。Cf.『文物』1985-8, pp. 49-65；森安 1985「ウ文献」pp. 10, 12-13 (n. 18), 91 (n. 23)。

〔原追記〕1987 年 9 月初め，私は敦煌莫高窟を訪れ，敦煌研究院の孫修身先生の助力を得て，壁面に残るウイグル文・モンゴル文・チベット文などの銘文や落書きを調査することができた。そして幸いにも前稿「ウイグル語文献」並びに本稿の内容とかかわるウイグル銘文を一つ解読し得た。それは，五代に開鑿され，中央に文殊菩薩がいたためはじめ文殊堂と称され，後の元代には窟前に皇慶寺が建てられた第 61 窟の甬道にあるものである。この窟は 10 世紀の帰義軍節度使であった曹元忠および曹延禄にゆかりのある漢人・ウイグル人・コータン人女性たちが供養者として描かれ，奥壁には五臺山図があることで有名な窟でもある。その甬道は元代の重修といわれ，そこに描かれた西夏人供養者像「掃洒尼姑播盃子願月明像」の左側に問題の銘文がある（右側にあるのはモンゴル文）。莫高窟の漢文銘文は敦煌研究院（編）『敦煌莫高窟供養人題記』（北京，1986）として出版されたが，漢文以外のものについても同様の計画があるというので，テキスト全文の引用は控えるが，本窟は一般観光客にも開放されている窟であり，また既に敦煌文物研究所（編）『中国石窟 敦煌莫高窟 五』（東京，1982）図 160（解説は pp. 235-236）にやや不鮮明ながら写真も発表されているので，部

---

11 追加情報：Allsen 1983；Rachewiltz 1983；Franke 1978, 1994a, 1994b, 1996. これ以外にも多数あるが割愛する。

12 実はここで，トゥルファンのウイグル人がタングート Tangut（即ち旧西夏領）と通交関係を維持していたことを示す史料を梅村坦が発表していることを失念していたので，追記したい。それは婚礼・葬儀費用に関わるウイグル世俗文書 SJ Kr IV 638 の記事である［cf. 梅村 1987a, p. 114；梅村 1987b, p. 53］。Cf. 本論文〔書後 2〕。

13 その後，私はベルリンの SBPK, Haus 2 所蔵の漢文トゥルファン文書中に，同じく杭州の商店が扱った金箔の包み紙が 3 件あるのを見出した：Ch 1064（T II M 1046），Ch 1103（T III M 137-i），Ch 1875（T II M 1047）。3 件とも同じものであるが，『文物』発表のものとは異なる。註 43 で広告ビラとしたのは『文物』の図版キャプションに「招帖」とあったのに引きずられたもので，正確ではなく，やはり商品である金箔の包み紙とみなすべきである。トゥルファンでおそらく壁画・幡画や仏像の制作・修理に使われた金箔が，はるばる杭州から運ばれた事実が浮かび上がったのは，美術史的にも意味があると思われる。

14 ウイグル語印刷仏典のすべてが元代の 13 世紀後半〜14 世紀中葉に属することを私は以前から予測してきたが，中村健太郎の新しい研究によってさらに 13 世紀末〜14 世紀中葉に限定された［中村 2006, pp. 66-73；中村 2009, pp. 143-148］。

分的に引用するのは差し支えあるまい．全4行のうち第2行目には *bu mančuširi bodistv-qa yüküngäli*「この文殊菩薩に礼拝しに（して以来）」とあり，第4行目には *qočo-luγ mungsuz šabi qay-a bitiyü tägintim*「コーチョー（高昌，火州）の人ムンスズ＝シャビ（沙弥）＝カヤが書き奉った」とある．もしこのムンスズが註39の木版画にある蒙速速（＝孟速思）なら大発見であるが，そこまで言うのは無理にしても，少なくとも元代にトゥルファン地方（旧西ウイグル国）のウイグル人が敦煌と深く関係していたとする論拠はまた一つ増えたわけである[15]．今回の調査は三菱財団人文科学研究助成金を得て行なわれたものであり，当財団並びに孫修身氏に厚く感謝する．

〔書後1〕

　本稿［森安 1988「キンサイ」］で初めて使用した「ウイグル＝コネクション」という抽象的概念は，通交関係を地図上でヴィジュアルに示すウイグル＝ネットワークと対をなすものである．本稿の目的の一つは，13世紀末から14世紀中葉におけるトゥルファン盆地や河西地方でウイグル仏教徒が活発な活動をしていた様子を現地出土文献を用いて論証し，ユーラシア東部のウイグル＝ネットワークを浮かび上がらせ，以後の研究者に，私の提唱する「ウイグル＝コネクション」という命題がモンゴル時代史とウイグル民族史の理解にとって有効であるかどうかの検証を委ねることであった．幸いにして，その有効性が松井太や中村健太郎によって実証されたのは［松井 2008a「東西チャガタイ」pp. 38-41；中村（健）2009, pp. 156-160］，喜ばしい限りである．

〔書後2〕

　本稿の〔原追記〕で言及したムンスズの銘文については，松井太がその横にある別の銘文と共に解読し，このムンスズがクビライに仕えた有名な蒙速速（＝孟速思）であることは明確に否定したものの［松井 2013a, pp. 42, 44］，ウイグル＝コネクションについては，モンゴル時代のみならず，それを遡る西ウイグル時代においても，その一端を補強する材料を提供してくれた．すなわちウイグル仏教徒が東部天山地方と河西地方を結んで活発に移動・交流していた証拠を追加してくれただけでなく，モンゴル時代にはその行動範囲がさらに *tangut čölgä*，すなわちかつてタングート族が支配した西夏の旧領である元代の西夏中興路＝寧夏府路まで広がっていたという［Matsui 2008c, especially pp. 27-29；松井 2013a, pp. 39-44］．

〔書後3〕

　全くの偶然かもしれないが，拙稿発表後に同じ「ウイグル＝コネクション」という言葉が，中央アジア〜中国の絹織物関係の図録で使われているのを知った時は，いささか

---

[15] Cf. 本稿の〔書後2〕．

驚いた。それは，J. C. Y. Watt / A. E. Wardwell (eds.), *When Silk Was Gold. Central Asian and Chinese Textiles*, (New York : The Metropolitan Museum of Art, 1997) の第 2 章 "Kesi : Silk Tapestry" の 1 節 "The Uyghur Connection"（pp. 61-62）であるが，西ウイグルと宋・遼・金・元朝との間に高級絹織物である刻絲・尅絲・緙絲（綴れ織り）を通じての繋がりがあり，それを媒介したのがウイグル人だというのである。実に興味深い説ではあるが，本書 p. 116 では，莫高窟 409 窟に有る有名な肖像を相変わらず西夏王としている。これこそ，私がウイグル王と断言して以降［季刊『東西交渉』1-3, 1982, p. 28 ;『マニ教史』p. 146］，その見方が学界で一般的になったのだから［cf. 謝静／謝生保 2007］，それを資料として取り込み，さらに前近代中央アジアの絹織物に関する坂本和子の研究成果［坂本 2012］と合わせれば，議論を一層深めることができるであろう。

〔書後 4〕

キンサイ＝行在説をめぐっては，史学史的に意義のある紹介がつい最近に発表されたので紹介しておく：堤一昭「石濱文庫所蔵の桑原隲蔵書簡——マルコ・ポーロの「キンサイ＝行在」説をめぐって」『待兼山論叢（文化動態論篇）』46, 2012, pp. 1-20.

13

元代ウイグル仏教徒の一書簡
——敦煌出土ウイグル語文献補遺——

第1節　モンゴル時代のウイグル手紙文の発見
第2節　安蔵博士
第3節　敦煌のモンゴル時代窟

第1節　モンゴル時代のウイグル手紙文の発見

　1980年，シナシ＝テキン（Ş. Tekin）は『元代ウイグル仏教遺文』と題して，二つの冊子本型式のウイグル仏教文書の研究を，ファクシミール付きで発表した[1]。一つはスタイン将来大英図書館（ロンドン）所蔵の Or. 8212-108 であり，もう一つはペリオ将来フランス国立図書館（パリ）所蔵の P. 4521 である。両者とも 11 世紀前半に封蔵された敦煌蔵経洞よりの将来品ではあるが，これらが，他のほとんどの出土品のような 11 世紀前半以前のものではなくて，モンゴル期～元代（13-14 世紀）のものであることに今や疑いは存しない。この点については既に前稿［森安 1985「ウ文献」第 1 章］で論じた[2]。
　Or. 8212-108 については以前にも研究があるが[3]，P. 4521 の方は今回の Ş. テキンの書物によってはじめて学界に紹介されることになった。ただし私自身は 1978～1980 年のパリ留学中に P. 4521 に親しく触れ，直接調査することが出来たので，その時のノートによって本文書の形態を紹介する。

　　外形……冊子本。タテ約 25 cm ×ヨコ約 18 cm（テキンは 248 × 180 mm とするが，各葉の大きさは不揃いなので，そのように厳密にいうことは出来ない）。3 箇所に穴を開け，1 本の細紐で綴じて製本している。オモテとウラの表紙は綴じた後に糊付けしてあるので，紐は外側からはほとんど見えない。

表紙……欠落（根元の部分だけ残存）。

内表紙……1 葉［cf. Ş. Tekin, pls. 18 & 19 左］。淡褐色の 1 枚紙。両面に同じ印仏あり（ただしオモテの方の印仏はかすれてよく見えない）。

本文……灰色で非常に薄いライス＝ペーパー（のような紙）を二つ折りにして袋綴じしてある（30 葉＝ 60 頁）。各葉のウラの上端に漢字で「一」から「三十」までの丁付けがある。

ウラ内表紙……1 葉［cf. Ş. Tekin, pls. 40 右 & 41 左］。内表紙と同様の 1 枚紙。オモテにチベット文字を持つ大型の墨印が押され，ウラに本文とは別筆のウイグル文が 12 行ある。ただしこのウイグル文（一種の奥書）のほとんどは故意に擦り消されている。

ウラ表紙……1 葉［cf. Ş. Tekin, pls. 41 右 & 42］。反故になったウイグル文の文書と別の薄手の白紙（2 枚？）を糊で貼り合わせて厚手にしたもの。ウイグル文の大部分は光線に当てて透視しないと見えないが，一部（紙が本の大きさより大きくてはみ出したため折り返されて糊付けされた部分）はその裏側が透けてみえる［cf. Ş. Tekin, pl. 41 右の右側と下端］。

さてテキンによれば，P. 4521 の本文は三部に分れ，今回解読された第 1 部と第 2 部は共に大般若波羅蜜多経中の薩陀波崙 Sadāprarudita と曇無竭 Dharmodgata という二人の菩薩に関する部分をウイグル風に翻案したものである。とくに第 1 部は頭韻四行詩の韻文形式の長文で，ウイグル仏教史上まことに興味深いものであるが，私が本稿に取り上げるのは，実はウラ表紙の中に隠された一文書の方である。先にみたように，この文書は他の紙と貼り合わされ，且つ一部は折り重ねられているため，現状のままでは写真を撮ることは不可能である。私は電気スタンドの光で透視しながら一語ずつ丁寧に手写していったが（図1），紙が折り重なって文字がダブッている所は完全には書き写せなかった。また，光線が通らず全く読めなかった部分もある。それでも一応の筆写を終え，あらためてそれを解読してみたところ，この文書は手紙文であることが判明した。[1]

---

[1] 原論文［Moriyasu 1982＝森安 1983］の日本語版ではこの直後に次のような文章が続いていた：「以下に示すのは，私が読み取り得た限りでのテキストのローマ字転写と，現段階における試訳である。将来いつか，このウラ表紙が分解されて，文書の全容が明らかになれば，よりよい訳文が与えられるであろうが，今は一刻も早い史料の公表こそ重要と考えてここに紹介することにする。」 実はその後まもなく，私の原論文出版が契機となって，当時のフラ

13 元代ウイグル仏教徒の一書簡　513

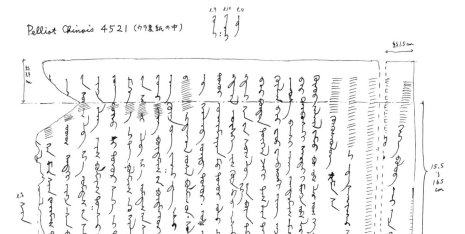

図 1　Pelliot ouigour 16 Bis（from P. 4521）のアイコピー

新編号 Pelliot ouigour 16 Bis（P. 4521 のウラ表紙より分離した文書）
　ウイグル文字草書体，24 行，本物の手紙；薄手，細かい漉き縞あり（6/cm），
紙色 beige ~ beige grisâtre, ほぼ均質，柔らかい，中質紙

01)　　　　] äs*än*-lik köngül ayïtu ïdur män inč
　　//////［私は］御機嫌をお伺い［して（手紙を）］送ります］。あなた方

ンス国立図書館東洋写本部のコーエン（M. Cohen）部長の指示のもと，冊子本 P. 4521 のウラ表紙が分解され，1 通のウイグル語の手紙が姿を現わした。そしてパリ在住のハミルトン教授が直接肉眼でそれを再解読することによって，私の原論文で発表したテキストや解釈にあった多数の誤りが修正された［Hamilton 1992a, "Étude nouvelle de la lettre *Pelliot ouigour 16 Bis* d'un bouddhiste d'époque mongole."］。ハミルトン論文は先行研究としての拙稿の意義をじゅうぶん評価しつつも，徹底的な修訂を施している。しかしそれは，私にとってはいわば織り込み済みのことであった。今回，本書に本論文を収載するかどうか迷ったが，まだ学界に貢献できる内容を多く含んでいると判断した。しかし，いかに本書が原典主義を原則とするといっても，古いテキストと訳註部分をそのまま再録するのは憚られる。そこで第 1 節に関してはほぼ全面的に書き改めたことをお断りしておく。その点を諒とされたい。なお，手紙本体部分の改稿に当たっては，ハミルトンの優れたテキストと訳註に大きく依拠しているが，それでもまだ一部に私独自の読み方が残されている。また図 2 はハミルトン論文とは別に独自に復元し直した合成写真である。

［211 修正］

図2　Pelliot ouigour 16 Bis（from P. 4521）の合成写真

は

02) ä*s***än bar är**ki sän män siän körmiš-tä*ki*-čä **törtünč**（or **toquzunč**）
　　［平安で］息災でしょうね①。私は先に会った時のように②, 4（or 9）

03) a*y* **ü***č* {•} otuz-qaḍägi inč äsän bar turur m**än**
　　月 23 日までは平安で息災な（状態の）ままでいます③。

04) yana s*ö*zü*m* alp qya④ nomdaš⑤-qa sanga m-a KW////
　　さてアルプ＝カヤ法友へ私からの言葉：君にとっても／／／／／／

05) inč*siz* älig iš bolmïš toγsar ölgü yirt**inču-**
　　辛い手仕事になったらしい。生まれたら死ぬべきは，現世

06) -nüng törü-si turur sanga anï täg iš bol////
　　の定めである。君にとってそのような仕事になり（？）／／／／／／

07) manga **m**-a anï täg bolmïš nägü qïlγu s*a*v ol

[211 修正]

私にとってもそのようになった。何であれなすべき用件である。

08) yana sözüm a<u>l</u>p qya nomdaš-qa sän šaču-täki
またアルプ＝カヤ法友へ私からの言葉：君は沙州での

09) yonar-nïng büḍmiš-in büḍmäyük-in anḍaqï iš-
（印刷用版木の？）彫刻作業が終わったかどうか（その進捗状況）を，そちらでの業務（税役？）

10) -ning küč-nüng yarayï näḍäg ärsär anï manga
の都合がたとえどうであれ，それを私に

11) bi*d*ip ïdγïl osal bolmazun⑥・qulï tu 'äd
書いて送りなさい。怠慢にならないように！（そちらで）クリ＝トゥが次々に

12) 'äd qïlïp yorïp turur・nom oqïp m*u*
商品を作り続けている（かどうか），（彼は）仏教経典を読誦し続けている

13) turur oqïmayïn⑦ mu turur olar-nï manga biti**p**
のかいないのか，それらのことを私に書いて

14) ïdγïl öẓgä iš küč bar ärsär sän biti**g**
送りなさい。他の業務（税役？）があるならば，君は手紙を

15) ïdγay⑧ sän yana söz a<u>l</u>p «qya»-qa buyan tämür šiš-ya
送るがよい。またアルプ＝カヤへ伝言：ブヤン＝テミュルが šiš-ya（不明）

16) bärü büḍün tükäl čaka<u>r</u> taš-lïγ tavγač-ča
以後に，完全なチャクラ（法輪？）の外装（表紙）の付いた，漢文の

17) KWYlïγ bir vuu⑨ vapquaki-ning ačïγï⑩ bir
KWY を持つ法華経の注釈書 1 部,

18) an'tsang baxšï-nïng aqḍarmïš namasanggiḍ
安蔵博士の（漢語からウイグル語へ）翻訳した仏名経

19) bir taypošaki xarday-ï⑪ munča nom-lar-nï ïdt*ï*
1 部，般若心経 1 部。以上の経典を送った。

20) körüp alγïl⑫ yamu⑬ bu nom-lar özgä nom-lar-ta*n*
視認して受け取りなさい。諒解ですね。これらの経典が他の経典より

21) ////MK' kögüšgülüg(?) arma sän　＜blank＞
//////// ？？するために，（君が）疲れ果てないように！

[211-213 修正]

22) ///••• baxšïmïz anï näḍäg saqïnsar sän bu nom [
　　//////／私たちの先生がそれをどのように思し召しても，君はこれら
　　の経典//////
23) KY••• YW[　　　]•••[　]• song kiši-čä •W[
　　/////////////////////////／後人のように/////
24) CWŠ•• kärgäk bolup •••Y anča tisär YW•[
　　/////／が必要になって//////////／そのように言うならば///////
　　〔以下欠〕

テキスト註

① ウイグルの手紙文の冒頭には必ず相手の健康を尋ねる挨拶の辞がくる。Cf. Tezcan / Zieme 1971, UBr；森安 1985「ウ文献」；森安 2011「書式後編」pp. 341-346.

② körmiš-täki-čä「（以前に）会った時のように」という表現は他にもみられる。Cf. Tezcan / Zieme 1971, UBr, p. 457, Text C, l. 6；森安 1985「ウ文献」p. 84, No. 203 グループ，ウラ，ll. 6-7；森安 2011「書式後編」pp. 348-350.

③ 当時の手紙はキャラヴァンなどに託して送られるため，相手の手に渡るまでに時間がかかった。それゆえ差出人が手紙を書いている日時を明記して，少なくとも「何月何日までは元気である」という表現が使用された。同じ表現は他にもある。Cf. 森安 1985「ウ文献」p. 84, No. 203 グループ，ウラ，ll. 6-7；森安 2011「書式後編」pp. 348-350.

④ q(a)y-a「カヤ」という要素をもつウイグル人名はモンゴル期～元代に頻出する。Cf. Hamilton 1969, pp. 50-51；森安 1985「ウ文献」No. 203 グループ，ウラの解説。

⑤ Cf. 森安 1985「ウ文献」No. 203 グループ，オモテのテキスト註②。

⑥ osal bolmazun は手紙の定型句である，cf. 森安 2011「書式後編」pp. 370-371.

⑦ oqï-「読む」に否定辞 -ma- と副動詞形を作る -yïn が付いた形で，「読まずして」の意。

⑧ id-「送る」の未来形であるが，ここでは単純未来ではなく，未来の可能性さらに許可を表わし，「送ることが出来る，送ってもよい」の意。Cf.

Hamilton 1971, CBBMP, p. 146.

⑨ ウイグル語の印刷仏典奥書 U 4190 (T II S 132), recto, *l.* 13 に ming vuu yaqdurup という表現があり，それをヴァルンケは「千の護符を印刷して」と解釈したが，百済は「千部印刷して」と訳し直し，笠井もそれに従った [Warnke 1981, pp. 217, 218 (n. 10), 220；百濟 1992b, pp. 2, 13 (n. 5)；Kasai, BTT 26, pp. 116, 117, 334]。確かに音韻的に vuu に近いのは「部」ではなく「符」であるが，文脈的には「部」の方が合致する。また別のウイグル印刷仏典 U 4632 (T II D 148) には，法華経に関して bir buu「一部」という表現が見える [cf. Zieme 1991a, pp. 251, 261]。ハミルトンはこの考えに賛同せず，vuu は直後の vapquaki を書こうとして書き誤ったものと見なした [Hamilton 1992a, p. 116]。庄垣内 1997, p. 18 からは，確かに漢字の「部」がウイグル文字で vuu と転写されたことが知られる。

⑩ 従来知られている ačïɣ の一般的な意味は「贈り物」であるが，ここでは適当でない。私は ač-「開く」よりの派生語で「解説；注釈，疏」ではないかと考えて百済康義氏に書簡で意見を求めたところ，賛同を得た。氏によれば，"abidarim šastr-taqï čïn kirtü tözlüg yörüglärning kingürü ačdačï tikisi"「アビダルマ論における真実性の義を広く開くところの Ṭīkā」＝「阿毘達磨倶舎論実義疏」と，「疏」を ač- を用いて訳す実例があるという (Or. 8212-75A, 1a 2)。

⑪ ウイグル語 xarday はサンスクリット語 hṛdaya「心臓，心，極意，心髄」からの借用である [cf. 庄垣内 1978, p. 96]。*taypošaki qarday-ï* 即ち「大般若経の心髄」とは，いうまでもなく『般若心経』＝『(摩訶)般若波羅蜜多心経』*(Mahā-) Prajñā-pāramitā-hṛdaya sūtra* を指す。なお，百済氏よりの書簡によれば，ベルリンのトゥルファン文書中に小型冊子本型式のウイグル語訳『般若心経』が実在するとのことである。さらに，吉田豊と私は，Ch/U 6666 (T II 3015) verso が，漢文『般若心経』のウイグル文字音写の冒頭部であることを確認している。

⑫ 別送した物品が盗難にあったり紛失することを恐れて，手紙には物品の数量と名称を列挙することが一般に行なわれた。その際，「よく確かめて間違いなく受け取れ！」という意味の言葉も付加されることが多かったらしい。本文書の "körüp alɣïl" と全く同じ意味の "körü al" という表現が Pelliot

ouigour 12 や Or. 8212-180 にある。これらはおそらく漢文の手紙の書式中の「検領」・「検容」（cf. P.2992）などの表現を借用したものであろう。Cf. 森安 2011「書式後編」pp. 371, 389-393.
⑬ Cf. ED, p. 934 ; Tezcan 1974, BTT 3, p. 106.

　原論文執筆時点までに発表されていたウイグル語手紙文はまだ十余例に過ぎなかったが，実際にはそれに数倍するものが，パリ・ロンドン・ベルリン・京都などの各地に存在していた(4)。私は幸いそれらのうちのかなりの部分を直接に，あるいは写真によって見る機会に恵まれ，ウイグル文書簡の書式や慣用表現の大要をつかむことができた。それに基づきこの手紙の内容を分析すれば，次のようになろう。

一．受取人名（宛先）と差出人名（欠落）
二．相手（受取人）の健康を尋ねる挨拶（第1-2行）
三．自分（差出人）の健康状態（第2-3行）
四．本題導入（第4-7行）……相手のアルプ＝カヤに，前文的に人生観を披露。
五．用件一（第8-11行）……相手のアルプ＝カヤに，沙州での仕事の進捗状況について報告を指示。
六．用件二（第11-15行）……相手のすぐ近くにいるクリ＝トゥの様子について報告を指示。
七．用件三（第15-21行）……こちらからブヤン＝テムルに命じて相手側へ送付させた各種仏典の名前を列挙し，それらを間違いなく受け取るように指示。それらの仏典の扱いについて指示。
八．用件四（第22-24行）……それらの仏典について別のメッセージ。

　原論文では，手紙の相手（受取人）である「君」とその近くで仕事をしているアルプ＝カヤを別人とみなしていたが，今は同一人物と考えている。
　手紙の差出人である「私」と受取人である「君」との関係は，第11行目の「怠慢にならないように！」などという表現から主人と使用人かとも思われるが，ウイグル印刷仏典に関するやりとりをしている点からみて，もっと親密な関係，例えば「兄」と「弟」，「おじ」と「甥」という家族ないし親族の間柄ではなかったかと思われる。この「君」たるアルプ＝カヤが，「私」の代理人として「私」

の意向を受け，クリ゠トゥと共に仕事をしていたことは明白である。アルプ゠カヤとクリ゠トゥは容易に連絡することが出来るほど近くにおり，アルプ゠カヤはクリ゠トゥの様子を直接見て報告書を作ることを要求されている。すなわち，この二人は互いに近くに居住している。本書簡がウラ表紙として使われていた P. 4521 文書自体が沙州の東南約 20 km にある千仏洞（莫高窟）で発見されたこと[5]，アルプ゠カヤが「法友」と呼ばれていること，さらに「私」と「君」の間で各種仏典の送付がなされている等の点に鑑みて，アルプ゠カヤは恐らく敦煌千仏洞（周辺の寺院や集落を含む）に滞留していたのに対して，クリ゠トゥは沙州（敦煌）城内にいて実務に携わっていたように思われる。

第 2 節　安蔵博士

　次にこの手紙の書かれた年代について考察してみよう。P. 4521 文書全体がモンゴル期〜元代（13-14 世紀）のものであることには，すでに問題がない。この手紙文の書体（字画をかなり省略した草書体）や言語学的特徴（第 14 行目にみられる s と z の交替，第 3・9・10・11・16・18・22 行目にみられる t と d の交替，第 13・19 行目にみられる対格の助辞 +nï の使用など）も，本書簡が，ウイグル文書（そのほとんどは 8-14 世紀に属する）全体の中で比較的後期に位置することを物語っている。しかし本書簡の年代決定に何よりも有力なのは，第 18 行目の「Antsang（アンツァン）博士の翻訳した Nāmasaṃgīti」という一句であろう。

　ウイグル仏教史上，仏典翻訳という重大な役割を演じた人物で，"Antsang" の名を持つ者といえば，それはモンゴル帝国ないし元朝で活躍したウイグル人である「安蔵」をおいて他にない[6]。安蔵は憲宗モンケ汗の時に朝廷に出仕し，次の世祖クビライ汗の時代には文教方面におおいに功あり，また政治顧問としても重用せられた大学者であるが，疏漏の悪評ある『元史』には伝がない。『蒙兀児史記』（巻 118）及び『新元史』（巻 192）はそれぞれ伝を立てているが，しかしそれらはほとんど元の程鉅夫（1250-1319）の撰した『雪楼集』巻 9 の「秦国文靖公神道碑」に依拠したものなので[7]，ここではそれによって彼の事跡を顧みることにしよう。

　彼は五歳より父兄が経論を講誦するのを聞き始め，九歳より師につき，本格的

な勉強を始めた。一目にして十行を読み下し，日に万言を記したという。十三歳にして『俱舎論』30巻を黙誦し，十五歳の時には仏教と儒教の書物をすべて読破していた。十九歳で召されて朝廷に入った。世祖が即位（1260年）すると，『宝蔵論』・『玄演集』を著して献呈し，おおいに皇帝を感服させた。次いで皇帝に経史に親しんで古今の治乱の由を知るように勧め，正心術によって天下の向背の道を教示した。そして『尚書』無逸篇・『貞観政要』・『申鑑』を翻訳して，皇帝の御覧にいれた。世祖の実弟アリクブゲ[8]が漠北に乱を起こすと（1260-1264年），世祖は骨肉の情より即座に兵を加えるに忍びず，まず安蔵を派遣してアリクブゲ説得にあたらせた。その後ますます世祖の顧問として重んじられ，翰林学士[2]・嘉議大夫・知制誥・同脩国史となり，ついで商議中書省事に任じられた。詔命を受けて『尚書』・『資治通鑑』・『難経』や本草書などを（ウイグル語に）翻訳して皇帝を満足させ[9]，翰林学士承旨に進み，さらに正奉大夫・領集賢院会同館道教事の官を加えられた。彼の信用はまことに厚く，その言が皇帝の意にかなわなかったことはないという。至元三十（1293）年五月逝去。死後，皇帝の命令で彼の遺書を整理してみると，歌詩偈賛頌雑文数十巻があった。皇帝はこれらを木版で印刷させ，広く流布せしめた。延祐二（1315）年，秦国公に追封せられ，諡して文靖という。安蔵はウイグル人で家は代々別石八里（Uig. Biš-balïq）にあった。祖父は小乗都（Uig. Savšing Tu），祖母は普顔嫡瑾（Uig. Buyan Tigin），父は腆蔵，母は葉仙郡主（Uig. Äsän Qunčuy）といった。妻は張氏の女で，子に斡兒妥迪欽（Uig. Ortu Tigin）等がいた。門弟中の第一人者は，のち沙津愛護赤[10]（Uig. Šazïn Ayyuči）の位に登り，さらに皇帝の師（『雪楼集』巻9は「太師」，『蒙兀児史記』は「帝師」，『新元史』は「国師」にそれぞれ作る）となった天蔵である。[3]

以上が『雪楼集』より知られる所であるが，彼の仏教学者としての活躍は，また別の史料からも窺い知ることができる。至元二十二～二十四（1285-1287）年に世祖の勅命を受けて編纂された漢訳大蔵経とチベット訳大蔵経との比較目録である『至元法宝勘同総録』に付された至元二十六（1289）年の序文によれば，彼は翰林学士承旨・正奉大夫の地位にあり，「訳語證義」という資格で本書の編纂事

---

[2] 『仏祖歴代通載』〈『大正蔵』巻49, p. 705b〉の記事より，1270年には翰林学士になっていたことが分かる。

[3] 『中庵集』巻14にある「大智全寺碑」には「開府儀同三司円明広照三蔵大師沙津愛護持天蔵」とある。

業に加わったという。また『大正新修大藏経』巻20（No. 1108）には安藏が漢訳したものとして『聖救度仏母二十一種礼讃経』一巻が収められているが，最近偶然にも耿世民によって，本経典のウイグル語訳版本が存在することが明らかにされた[11]。同氏によれば，このウイグル訳本は漢文からではなくチベット語から翻訳されたものであり，翻訳者は奥書がないので特定できないが，おそらくは安藏その人ではなかったかと推測される[12]。さらに，かつて羽田亨によって発表されたウイグル文華厳経の奥書に[13]，

  arïγ bögä tigin y(a)rlïγïnga k(ä)ntü(?) dintarï kinki bošγutluγ biš balïq arasang (atsang?)

  アリクブゲ王子の命令によりて，？僧で後学たるビシュバリクのArasang (Atsang?)

  [ba]qšï tutung t(a)vγač tilintin türk tilinčä ikiläyü ävirmiš

  博士都統が中国の言葉よりトルコの言葉で翻訳したる

とみえる"Arasang (Atsang?)"も，今は原本も写真も見ることができないので断定はできないが，恐らくは"Antsang"と読むべきで[14]，そうだとすれば，アリクブゲ王子とはクビライと帝位を争って乱を起こしたあのアリクブゲ（?–1266）に相違ない。そう考えて年代的には何ら問題は残らない。[4]

 1980年12月に八王子市で開催された「中東の社会変化とイスラムに関する総合的研究」と題するシンポジウムにおいて，小田壽典は「元朝下のウィグル文化」と題する報告を行なった。その中で氏は，アラトによって整理・出版された『古代テュルク詩集』［Arat 1965, Eski Türk Şiiri］に安藏作の二つの長行の仏教詩があることを指摘した。それら二つの詩にはそれぞれ次のような識語がある[15]。

---

[4] 今やこの結論が正しかったことは確定しているが，行論の都合上，原文のままにしておく。註14にも記したように，偶々同時期に同じテーマを追求し，ほぼ同じ結論に達していた小田壽典の論考は，原論文［森安 1983］と同じ年に出版された［百濟/小田 1983「ウイグル訳八十華厳経残簡——付．安藏と四十華厳」］。共著の形になっているが，安藏の事績に関する付録部分は小田の担当である。そこには，ここに一部のみを引用した華厳経奥書全体の写真が掲載され，テキストと和訳にも改善が為されているので，ツィーメ/百濟 1985, p. 67並びにKasai 2008, BTT 26, No. 7と共に参照されたい。因みに，ウイグル仏典の解読に世界的業績を挙げることになる庄垣内正弘でさえ，庄垣内 1982b, pp. 31, 37, 39（n. 34）ではまだAtsang / Antsang / Aryasangが誰なのか不明としていた。

T. III. M 208 (U 4829)[5]

ïduq samandabadiri bodistv-nïng yorïɣ qut qolunmaq-ïnga tayanïp qulutï antsang
聖なる普賢菩薩の行願に依りて，下僕（＝私）なる安蔵

qanlïm käyši qošuɣ-qa intürmiš šlok taqšut nom tükädi satu satu・
翰林学士が韻文にした偈頌の経典は終了せり。善哉，善哉。

namo bud : namodaram : namosang ❖
南無仏，南無法，南無僧。

Or. 8212-108 [6]

buda avatansaka atlïɣ sudur ičindä busulmaq-sïz nom uɣuš-qa kirmäk bölükdä bulung
仏華厳と称する経典中の「不壊の法界に入る章（＝入法界品）」にある，各

yïngaq sayu kälmiš bodistv-lar bulïdčïlayu yïɣïlmïš toy quvraɣ ara burqan oɣlï tolpï
方面より来たれる諸菩薩が雲集したる会衆の間に（いた）仏陀の御子たる「普く

tüzün uɣan arši-nïng bulunčsuz yig ädgü-lärin ögmiš šlokda burq šarq qïlïp
聖なる（＝普賢）」神仙の無辺に勝れる徳をたたえし詩偈から，選択（？）をなして，

on ädgüsin män antsang özüm buyan küsüš üzä qošmïš taqšut bašlandï
十善を，我，安蔵みずからが，福徳の祈願によりて作りたる詩は始まれり。

これらの識語をもつ仏教詩は共に当時のウイグル仏教文化のオリジナリティーを雄弁に物語る頭韻四行詩の形式で書かれている[(16)]。[7]

---

[5] 次のものを参照して，テキストと訳文を微修正した：百済／小田 1983, p. 193 ; Zieme 1985, BTT 13, p. 312 ; ツィーメ／百済 1985, pp. 66-67 ; Kasai 2008, BTT 26, No. 9. また，ベルリンで原文書を実見した結果を以下に記しておく。縦横 17.5 × 9.5 cm. 現存は 16 頁分であるが，本来はもっとあったはずである。紙は厚手で，漉き縞は粗いがわずかに見えるのみ，色は ocre foncé，不均質で，総合的に判定すれば中上質。ウイグル文字は印刷のような書体であるが，実際には折り本には珍しく手写されたものであり，天地の界線と文字を一直線に揃えるためのガイドラインは朱である。よく読み込まれたらしく，擦り切れた頁の接ぎ目を糸で補修してある。さらに表紙（カバー）として，本体の写経用紙とは別の白紙を貼り付け，その上に紺色に染めた鞣し革が張ってある。かなり豪華な装丁であったらしい。

[6] ツィーメ／百済 1985, p. 66 によって，テキストと訳文を微修正した。

[7] 頭韻四行詩の起源に関する二つの見方については，cf. 庄垣内 1982b, pp. 22-23 ; 中村（健）2007, pp. 84-86. 私自身は，モンゴルからの影響とみなすデルファー説 [Doerfer 1965] を疑い，J. R. Krueger, "The Earliest Turkic Poem." JAOS 82, 1962, p. 557 を参考にして，頭韻四行詩

さて，ウイグル仏教史上にかくの如き偉大な足跡を残した安蔵であるが，それでもなお，彼が *Nāmasaṃgīti* なる仏典を翻訳したという事実は知られていない。この *Nāmasaṃgīti* は略称であるが，ふつう単に *Nāmasaṃgīti* という場合はほとんど *Mañjuśrīnāmasaṃgīti*〈『大正蔵』巻 20, Nos. 1187-1189〉を指す。事実，ウイグル文トゥルファン文書の中にこの *Mañjuśrīnāmasaṃgīti* の版本の断簡がいくつも発見され，数年前それらがカラ（G. Kara）／ツィーメ（P. Zieme）両氏によって整理・発表された[17]。さらに目下印刷中の新しい論文の中で，カラは，同じく，*Mañjuśrīnāmasaṃgīti* に属するいくつかの断片を追加発表したが[18]，その結果，かつてツィーメが別稿で発表した次のような奥書がこれまた *Mañjuśrīnāmasaṃgīti* のものであることが証明された[19]。その中でも，*Mañjuśrīnāmasaṃgīti* は単に *Nāmasaṃgīti* と呼ばれている。

T. M. 14 (U 4759) [8]

arïš arïγ bu nama sangit nom ärdini ačari kši karunadaẓ sidu üzä aqḍarïlmïšï
　清浄なるこの *Nāmasaṃgīti* 法宝（＝経典）は，阿闍梨師カルナダス司徒によりて翻訳されしものにして，

adïnčïγ mungadïnčïγ taydu-taqï aq stup-luγ uluγ vxar-ta adruq šim šipqan-lïγ
　比類なくすばらしき大都（＝北京）にある白塔をもつ大寺において，壬の十干をもつ

bars yïl yitinč ay-ta alqu-sï barča ala-sïzïn tüzü yapa adaq-ïnga tägi uz yaraši ädgüti
　虎歳（＝壬寅年）第七月に，その一切全て遺漏なくことごとく，最後まで見事に宜しく

はウイグル以前の突厥時代から存在する古トルコ民族の伝統であろうと推測するにとどまっていた。ところが笠井幸代氏からの教示によれば，ツィーメがまず 1991 年にハミ本 *Maitrisimit* の奥書の一部が頭韻四行詩であることを発見し［Zieme 1991b, pp. 23, 292-293］，さらにラウトが部分的ながらそれと並行する箇所をセンギム本 *Maitrisimit* に発見した［Laut 2002］，という。ハミ写本の作成年代は私とハミルトンが比定した 1067 年説が広く認められており［cf. 森安 1989「源流」pp. 20-21 & n. 89 (pp. 26-27)；小田 1990a, p. 40a；Zieme in *OLZ* 85-1, 1990, p. 67, n. 10；『マニ教史』p. 185；Laut 1996, p. 122, n. 6；Geng / Klimkeit / Laut 1998, p. 13 & footnote 1；Moriyasu 2003 "FourL", p. 097］，センギム本がそれより古いことは学界の常識であるから，ウイグルの頭韻四行詩の起源を西ウイグル時代前期にまで遡らせ，それをトルコ民族独自の伝統とみることにもはや疑問の余地はなくなった［cf. 中村（健）2007, pp. 84-96；Wilkens 2009b, p. 321］。

[8] ツィーメ／百済 1985, p. 67 と Zieme 1985, BTT 13, No. 50 によって，テキストと訳文を微修正した。

bütürüldi ❖ sadu sadu
終えられた。善哉，善哉。

ここにみえる壬寅年が1302年であり，カルナダス司徒が『元史』巻134に伝のある迦魯納答思であることは，カラ・ツィーメ両氏の言う通りである[20]。これによって我々は，当時一般に *Nāmasaṃgīti* と通称された，*Mañjuśrīnāmasaṃgīti* が安蔵ではなく，迦魯納答思によってウイグル語に訳された事実を知ることができた。とすると，我々のテキスト第18行目にあった「安蔵博士の翻訳した *Nāmasaṃgīti*」という一句はどう解釈したらよいのであろうか。迦魯納答思訳の他に安蔵訳の *Nāmasaṃgīti* もあったのだと単純に考えてよいものかどうか。ここで思い起こされるのが安蔵と迦魯納答思の二人の関係である。『元史』巻134の迦魯納答思伝によれば，彼もまたウイグル人であり，仏教や諸国語に通じ，ために当時すでに入朝していた安蔵の推薦を受けて世祖に仕えることとなった。彼はチベット人の国師パクパ（＝パスパ）についてチベット語を習い，チベット語やインド語の経論をウイグル訳し，それらは世祖の命で木版印刷に付され，頒布されたという。1287年，翰林学士承旨になり，1294年，世組を継いだ成宗が即位すると大司徒となる。1311年に物故した。一方，1285〜1287年に編纂された『至元法宝勘同総録』の序文には，先に見た「翰林学士承旨正奉大夫安蔵奉詔訳語證義」のほかに，「北庭都護府通二国言音解顕密教迦魯拏(ママ)答思奉詔訳西番語」という記事が挙がっている。こうしてみると二人はいずれも北庭＝ビシュバリク出身のウイグル人で，世祖朝において首都大都（北京）の翰林院の重要メンバーとして活躍し，共に仏典の翻訳事業にも携わるという，まことに密接な関係にあったことが知られる。元来が安蔵の推薦を受けて迦魯納答思は入朝したというのだから，二人は個人的にも極めて親しい間柄であったと思われる。同時期に同じ部署におり，同じような仕事をし，共に皇帝からその能力を高くかわれ，且つ私的にも親密だった二人が，自分の意志であれ皇帝の命令であれ，同じ仏典を別々に翻訳したと考えるのは，常識的にはやはり無理である。とすれば，我々の手紙文中の「安蔵博士の翻訳した *Nāmasaṃgīti*」の解釈として二つのものが成り立つ。一つは手紙の書き手が，公私にわたって親密だった安蔵と迦魯納答思をとり違えた結果であるとするものである。もう一つは，*Mañjuśrīnāmasaṃgīti* 翻訳の仕事は実は上司であった安蔵と共同で，あるいは安蔵の監督の下に迦魯納答思が行な

ったが，印刷は安蔵死後であったため公式には迦魯納答思の訳とされた。しかしウイグル仏教徒の間では事情がよく知れ渡っており，安蔵の訳業の一つとされていた，とする考えである（翻訳の時期と印刷の時期はずれていてもおかしくない）。いずれにせよ，手紙の差出人が別便で沙州方面（おそらくは敦煌千仏洞）に送ったと言っている「安蔵博士の翻訳した *Nāmasaṃgīti*」は，迦魯納答思が司徒になって以後の1302年に北京で印刷されてはじめて広く一般の手にまで渡るようになった *Mañjuśrīnāmasaṃgīti* の中の一つ，あるいはさらにそこから筆写したもの，とみて大過ないのではなかろうか。少なくとも，明らかに安蔵訳の *Nāmasaṃgīti* が新たに発見されるまでは，我々はそう考えておきたい。[9]

第3節　敦煌のモンゴル時代窟

　以上のようにみてくるならば，本稿に訳出した一ウイグル仏教徒の手紙は，1302年以降に書かれたものとなる。時あたかも，1266年以来モンゴル勢力を二分した大戦争に発展し，かつての西ウイグル国の地をその直接の戦場とし，旧西ウイグル国人を東部天山地方（トゥルファンを含む）と河西その他の地方に分散させる結果になったあのハイドゥの大乱[10]も，ようやく鎮静化しつつあった[(21)]。これを境に，元朝と西方の諸ハン家との交際は復活し，東西を結ぶ交通路も安全を保障され，再び盛況を取りもどした[(21')]。そして，そのような情況は，東部天山地方がチャガタイ汗家の支配下に入り，他方，河西が別のチャガタイ汗家[(22)]や旧西ウイグル王家などの支配下に入った後もさほど変わることなく（少なくともパミール以東においては），元朝の滅亡まで継続していったと思われる。トゥルファンや敦煌で発見されたウイグル文・モンゴル文・西夏文の印刷された仏典や暦書で，印刷地が判明するものはほとんどが中国内地（元朝の文化的中心であった北京や杭州など）であり（もちろん全てがそうだというのではない。森安1985「ウ文献」の追記でみたように，敦煌のペリオ編号181窟からはウイグル文木活字が多数出土

---

[9] 中村健太郎は安蔵にはチベット語の素養がなかったのではないかと疑って，問題の *Mañjuśrīnāmasaṃgīti* については，カルナダスがチベット語からウイグル語に訳したものを，安蔵が更に漢語に重訳した可能性を示唆する［中村 2007, pp. 74-75, n. 11］。確かに百濟／小田 1983, p. 194 & n. 39 でも，安蔵のチベット語能力を怪しんでいた。
[10] もはや時代遅れの言い方であるが，原文通りとしておく。

している。これは明らかに敦煌でも印刷の行なわれたことを示す)，さらに，明らかに紀年が分かるものの多くが，この時期に集中しているという事実は[23]，まことに示唆的である。ウイグル人仏教徒が敦煌千仏洞に留り，その仲間が沙州の町で商売をし，これらの地方から遠く離れた土地にいるウイグル人と草書体の手紙やさまざまな仏典のやりとりをしている，という真に平和な情況は，まさしくこの14世紀の初頭〜中葉という時代にこそ相応しく，それ以外には考えられないのである。

　振り返ってみれば，これまでに敦煌でも蔵経洞以外の所から発見されたウイグル文・モンゴル文の年代の分かっている仏教文書や仏教徒の銘文（落書き），そしてモンゴル王族が発起人となった漢文の碑文も，やはり14世紀初頭〜中葉に作成されたものばかりであった。すなわち，莫高窟第144窟（ペリオ編号第6窟）には，粛州からやって来た巡礼の一団（人名からはモンゴル人ともウイグル人ともとれる）が至治三（1323）年に書いたモンゴル語の銘文があり[24]，第217窟（ペリオ編号第70窟）には，同じく粛州から来たBuyan Qayaというウイグル人仏教徒が3年間敦煌に留っていたことを示すウイグル文字とパスパ文字で書かれたウイグル語の銘文が残っている[25]。ペリオ編号第181窟出土No. 212の1枚のウイグル語仏教徒願文は至正十二（1352）年に書かれ[26]，私が同じ窟からの出土品と推定するOr. 8212-109の冊子本型式のウイグル仏典は至正十（1350）年の奥書を有していた[27]。さらに，当時河西の一部を支配していたモンゴルの王族たちが中心となって行なった沙州・莫高窟（＝千仏洞）の寺院の修復事業を記念した二つの漢文碑文は，それぞれ至正八（1348）年と至正十一（1351）年に建立されたものである[28]。このうち前者には，「オム・マニ・パドメ（ペメ）・フム」のきまり文句が，ランチャ・チベット・ウイグル・パスパ・西夏・漢の六体文字で大書されている。一方，河西全体に眼を転ずれば，粛州地方には，泰定三（1326）年にモンゴル王族のノム＝タシュ太子Nom Taš Tayšiが建てさせた「重修文殊寺碑」[29]やタングート人高官の一族を記念した至正二十一（1361）年の「大元粛州路也可達魯花赤世襲之碑」[30]があり，永昌地方には歴代の西ウイグル国王とその後裔を顕彰する元統二（1334）年建立の「亦都護高昌王世勲碑」[31]がある。これらの碑文はいずれも漢文とウイグル文の両方で書かれており，且つどちらかといえばウイグル文の方が詳しい。また永昌地方には，漢文とモンゴル文で書かれ，至正二十二（1362）年に建てられたウイグル人高官の記念碑である「大元勅賜追

封西寧王忻都公神道碑」(32)もある。

　これらの諸史料から，我々は容易に，14世紀初頭～中葉において，河西の各地にウイグル人の集団が居住し，ウイグル語が河西の公用語の一つとなっていたことを推定し得る。事実としては，13世紀末以降，旧西ウイグル国王を奉ずるウイグル人の一大集団が永昌に本拠を移していたことがよく知られているが(33)，おそらくはそれ以外の河西の地にも，東部天山地方から遷ってきた旧西ウイグル国人がかなり広範に散在し，漢人・モンゴル人・タングート人（そしてチベット人）等と共に河西人口の重要な構成要素となっていたのであろう。

　すでに前稿［森安 1985「ウ文献」］で論じたように，敦煌千仏洞ペリオ編号第181窟（そして恐らくは182窟も）はウイグル人仏教徒のために造営されたものであり，そこから出土した多種多様の文書（ウイグル文・漢文・モンゴル文・ブラーフミー文・チベット文など）は現地のウイグル人仏教教団に属するものであった。その中には，明らかに元朝の首都で印刷され，頒布のため沙州にまでもたらされた漢字注のあるモンゴル語の法典の断片（No.16グループ）や，トゥルファン地方から送られてきたウイグル語（草書体）の手紙（No.203グループ）があった。また No.212 のウイグル文仏教徒願文は至正十二（1352）年の日付を有していた。前稿で私は，これらの第181・182窟（ペリオ編号）出土の文書群全体を，モンゴル期～元代すなわち13-14世紀のものと広くみておいたが[11]，今は一歩進んで，14世紀初頭～中葉とみなしたい。そしてさらに，敦煌千仏洞のどこかにはちがいないが，明確な発見場所の分からなかった Or. 8212-75A & B, Or. 8212-108, Or. 8212-109, P. 4521 などの冊子本型式のウイグル仏典も，すべてこの時期に属する第181・182窟からの出土品であるとする見解を，いま一度あらためて主張したい。

　結局，我々には，P. 4521 のウラ表紙に隠されていた件(くだん)の手紙が，14世紀初頭～中葉に敦煌千仏洞で活動していたウイグル仏教教団と密接な関係を持っていたウイグル人仏教徒に宛てて出され，仏典の交換や商売上の手続きなどを指示したものであり，その発信地はおそらく沙州以外の河西のウイグル人居住地，あるいは旧西ウイグル王国領であった東部天山地方のいずこかであった，ということが判明したのである。[12]

---

[11] 森安 1985「ウ文献」pp. 74, 87.
[12] 原論文［Moriyasu 1982＝森安 1983］の日本語版ではこの直後に締めくくりとして次のよう

註

（１）Ş. Tekin 1980b, *Buddhistische Uigurica aus der Yüan-Zeit*.
（２）森安孝夫「(敦煌出土) ウイグル語文献」『講座敦煌 6 敦煌胡語文献』東京, 大東出版社, 印刷中[13]. 以下, 前稿と略称する。その第 1・3 章をみよ。
（３）Arat 1965, *Eski Türk Şiiri*, pp. 63–161 ; 庄垣内 1976a.
（４）Cf. Tezcan / Zieme 1971, UBr ; Zieme 1975a, BTT 5, pp. 65–71, Nos. 30–34, plates ; J. Hamilton, *Edition du corpus des manuscrits ouigours de la grotte murée de Touen-houang*, in preparation[14] ; 森安孝夫「龍谷大学図書館所蔵・大谷探検隊将来西域出土文献中に含まれるウイグル語書簡断片に関する報告」(1981 年 9 月 1 日～8 日の調査結果を龍谷大学図書館に報告したもの)。
（５）P. 4521 のウラ内表紙の, 故意に擦って消された跡のある奥書の第 7 行目にも "šaču balïq-ta" すなわち「沙州城で」とある。なお, この奥書の比較的よく読み取れた冒頭 5 行を, 参考のため掲げる。

    1) bodistv uγuš-luγ baqšï-lar
       菩薩の種族たる博士たちが
    2) ////////////// šasdïr-larïγ yaraḍïp
       ………… 論を作って
    3) ////////// **biš** čöpdik-lär öd*i*ntä
       ……… [五] 濁の世に（いる）
    4) //////////////-suz alqu-qa ulazun tip
       …………なく全て（の者）に結びつけよ！と
    5) qošup ////////// qodmïš bu šasdïr-larïγ
       韻文詩に作って………しておいたこの論を

（６）Cf. B. Ögel, *Sino-Turcica*, Taipei, 1964, pp. 120–121 ; 李符桐「回鶻与元朝建国之関係」『師大学報』15, 民国 59 年 (1970), p. 182.
（７）『湖北先生遺書』集部・五に収載さる。
（８）阿里不哥が Ariγ Buqa ではなくて Ariγ Bögä / Bügä / Bökä / Bükä であることは明らかである [cf. Hambis 1945, pp. 88, 89]。「哥」は多くの場合前舌の gä / kä 音を表わし（例えば也相哥 = Yäsängä, 蒙哥 = Möngkä, 末哥 = Mögä, 別児哥 = Bärkä, 忽哥赤 = Hügäči など), 逆に後舌系の Buqa はほとんど常に不花・補花で表わされている。
（９）『蒙兀児史記』巻 118・安蔵伝による。
(10) 『雪楼集』・『新元史』はともに誤って「密護赤」に作るが,『蒙兀児史記』の「愛護赤」が正しい。「沙津愛護赤」すなわちシャジン＝アイグチ "Šazïn Ayγuči" とは「仏教長官」というほどの意味で, 単に仏教界の最高指導者であるばかりでなく, おそらくは政治的にも相当

    な文章が続いていた：「将来, P. 4521 のウラ表紙が分解されて, この手紙文を直接肉眼で読むことが出来るようになった時, より一層多くのことが明らかになることを期待しつつ, ここにひとまず擱筆する。」 実際にそれが実現し, それによってハミルトン論文 [Hamilton 1992a] が生まれ, 学界に裨益したことは, 上の〔補記 1〕で述べた通りである。
[13] 本稿を執筆していた 1981 年の時点では印刷中としてあったが, 実際にそれが出版されたのは本稿が出版された 1983 年よりさらに 2 年後の 1985 年であり, 本稿より前稿が後に出るという逆転現象が生じた。
[14] これが 1986 年に出版された MOTH である。

高い地位を占めたものと思われる[15]。Cf. Ligeti 1961, pp. 242-243 ; Ligeti 1973, pp. 9-10 ; 山田 1972, p. 228＝SUK, 1, p. 306.

(11) Geng Shimin, "Qadimqi Uyġurca Buddhistik äsär «Ārya-trāta-buddhamātrika-Vimsati-pūga-stotra-sūtra» din fragmentlar." *Journal of Turkish Studies* 3, Cambridge (USA), 1979, pp. 295-306 (with plates).

(12) Geng Shimin 前掲論文, p. 296.

(13) 羽田 1953, pp. 200-201 & n. 16 (pp. 204-205).

(14) 小田壽典氏もまた以前より同様に考えていたことを，同氏よりの書簡で知った。

(15) Arat 1965, pp. 170-171 (plate, p. 485) & pp. 72-73 (plate, p. 446).

(16) Cf. Zieme 1975b, "Zur buddhistischen Stabreimdichtung der alten Uiguren." 特に pp. 188-189 を参照。

(17) Kara / Zieme 1977, BTT 8.[16]

(18) Kara 1981, "Weiteres über die uigurische *Nāmasaṃgīti*."

(19) Zieme 1975b, pp. 198-199.

(20) Kara 1981, pp. 231-234 ; Zieme 1975b, p. 197 ; Zieme 1981b, "Bemerkungen zur Datierung uigurischer Blockdrucke," pp. 388-389.

(21) (21') 佐口 1942 ; 佐口 1943 ; 安部『西ウ』第2章［pp. 65-138］「カイド・ヅワの乱とウィグル領の運命」; Dardess 1973, "From Mongol Empire to Yüan Dynasty." chap. III ; 大島（鈴木）1980, pp. 375-380.

(22) これについては，杉山 1982「藺王チュベイとその系譜」を参照。

(23) ウイグル文のものについては，cf. Arat 1965（とくに pp. 185-211 の嶔嶔は 14 世紀前半に活躍した人）; Zieme 1981b. モンゴル文のものについては，cf. Ramstedt 1909 ; Haenisch 1954 & Haenisch 1959 ; Heissig 1961, Nos. 293, 324, 402, 403, 645 ; Franke 1964.[17] 西夏文のものについては，森安 1985「ウ文献」第3章，註6を参照せよ。なお，私は，ツィーメが例外的に早い時期（1248 年）に当てる T. M. 36 (U 4791) の年代比定には強い疑問をいだいている[18]。

(24) Kotwicz 1925 ; Ligeti 1972, pp. 33-34.

(25) Kara 1976, "Petites inscriptions ouigoures de Touen-houang."

(26) 森安 1985「ウ文献」第2章, No. 212.

(27) 庄垣内 1974, p. 045 ; Zieme / Kara 1979, *Ein uigurisches Totenbuch*, pp. 27-28, 160-163.

(28) Chavannes 1902, *Dix inscriptions*, pp. 96-103 ; 梅村 1980, pp. 213-219.

---

[15] シャジン＝アイグチについては，森安 2007「西ウ仏教」＝本書第18論文の第3節で詳しく論じた。

[16] 追加情報：P. Zieme, "A Fragment of the Chinese *Mañjuśrīnāmasaṃgīti* in Uigur Script from Turfan." *SIAL* 11, 1996, pp. 1-14, ＋2 pls.

[17] 現在ではモンゴル文トゥルファン文書については，次のものが参照に便利である：D. Cerensodnom / M. Taube, *Die Mongolica der Berliner Turfansammlung*. (BTT 16), Berlin : Akademie Verlag, 1992. これには松川節の有益な書評がある［松川 1995］。

[18] その後，ツィーメも私の考えに賛同し，六十干支のサイクルを一回り下げる方向に傾いたが，印刷地である「中都」についてはまだ疑問が残った［Zieme 1992a, p. 51, n. 240b ; Zieme 1996, pp. 413-414］。この問題を完全に解決したのは中村健太郎である［中村（健）2006, pp. 66-73：ウイグル語印刷仏典の年代の上限——「中都（Čungdu）」問題］。

(29) 『隴右金石録』に収められる。ただし，そこでは本碑文の碑陰は蒙古文であると紹介しているが，これはウイグル文の誤りである［cf. Hambis 1945, p. 58, n. 3 & p. 61, n. 12 ; Pelliot 1959, Notes on Marco Polo, I, p. 254］。なお，私は目下このウイグル文テキストの出版を準備中である。[19]
(30) 白濱／史金波 1979。付録として耿世民による同碑の回鶻文部分訳釈を含む。
(31) 黄文弼 1964 ; 耿世民 1980 ; Geng Shimin / Hamilton 1981.
(32) Cleaves 1949, "The Sino-Mongolian Inscription of 1362 in Memory of Prince Hindu."
(33) 佐口 1943, pp. 75-76 ; 安部『西ウ』pp. 119-127.

〔原補註〕註に取り込んだので，ここは削除。
〔原追記〕本稿の英語版が東洋文庫の欧文紀要［MRDTB 40, 1982］に掲載されている。

〔書後1〕
　本稿［森安 1983「元代ウ書簡」］は元来，1985年出版の『講座敦煌6 敦煌胡語文献』に掲載された拙稿「ウイグル語文献」［森安 1985「ウ文献」］の補遺として執筆されたものである。両方ともパリ留学時代の成果であり，本体である「ウイグル語文献」は1980年，補遺は翌1981年の脱稿であるが，諸般の事情により出版の順序が逆になった。「ウイグル語文献」の方は文献学的性格が強いので本書には収載されないが，その研究史上の意義は，「もう一つの敦煌文書」の存在に学界の目を向けさせた点にある。すなわちペリオがパリに持ち帰った敦煌文書には，莫高窟の蔵経洞（敦煌研究院編号第17窟）から出土した有名な敦煌文書の外に，モンゴル時代に造営（開鑿ではない）されたペリオ編号第181・182窟（敦煌研究院編号第464・465窟）から出土した「もう一つの敦煌文書」ともいうべき，多言語からなる文書断片群が存在することを再発見したのである。本稿はその本体で提唱した内容を補い，ペリオ編号第181・182窟出土文書全体の由来を明らかにし，元代におけるウイグル仏教徒の活動の一端に迫ろうと試みたものである。
　その後は，これら両論文出版以前に私から情報を得た百済康義による一連のウイグル仏典関係論文［百済 1982, 1983, 1984a, 1986 ; Kudara 1990］によってペリオ編号第181・182窟のことがよく知られるようになり，1988年には劉永増「回鶻文写本与莫高窟第二蔵経洞」（『敦煌研究』1988-4, pp. 40-44）という論文さえ出るに至ったのである。劉永

---

[19] この出版計画とその背景については，杉山 1982, p. 14 & n. 4 (p. 26) にも言及がある。しかるに私より先に次の論文が出版されたので，計画を中断した。耿世民／張宝璽「元回鶻文《重修文殊寺碑》初釈」『考古学報』1986-2, pp. 253-264, +2 pls. ただしウイグル文テキストの読みに関しては多くの相異点があるので，機会があればやり直してみたい。なお，パリのフランス国立図書館には，ペリオが採択に関わったと思われる文殊寺碑両面の拓本が数点ある。文殊寺碑を活用した歴史論文としては，杉山 1983「ふたつのチャガタイ家」が注目される。

増は主に百済 1986 から情報を得ているが，その註 18 に特記される森安論文には全く言及していない。そして今や彭金章／王建軍／敦煌研究院（編）『敦煌莫高窟北区石窟』（全 3 巻，北京，文物出版社，2000-2004）が出版されて，敦煌文書には二つのグループが存在することは学界の常識となった。この『敦煌莫高窟北区石窟』は，第二次世界大戦後に新中国の敦煌研究者たちが長大な時間をかけ，努力を惜しまずに完成した大変な労作であり，今後「もう一つの敦煌学」の基礎となることは間違いない。

ただし注意すべきは，敦煌研究院編号第 464・465 窟（ペリオ編号第 181・182 窟）を含む北区石窟の多数の洞窟から新たに出土したウイグル文書群は，かつてペリオやスタインが敦煌から将来したモンゴル時代のウイグル文書群と合体して把握すべきであるが，逆に蔵経洞出土の 10 世紀前後に編年されるウイグル文書群とは截然と区別されることである。後者は 10 世紀前後に西ウイグル王国から敦煌にやってきたウイグル人マニ教徒・仏教徒・キリスト教徒が残したものであるのに対し，前者はモンゴル時代（13-14 世紀）にウイグリスタン（旧西ウイグル王国領）から敦煌にやってきたウイグル人仏教徒（まれにキリスト教徒），もしくは 13 世紀後半にウイグリスタンから河西地方に移住した旧西ウイグル人仏教徒（まれにキリスト教徒）が残したものなのである。時に両者を安易に結びつける論考が見られるが ［Maue / Röhrborn 1984, p. 289 ;『敦煌莫高窟北区石窟』第 1 巻所収，雅森・吾守尓論文，pp. 352-354］，両者の間には約 200 年の西夏時代という時間的隔たりがあることに，改めて注意を喚起しておきたい。さらに 10 世紀前後のウイグル文書について言うならば，これを西州ウイグルではなく甘州ウイグルと結びつける見方があるが，甘州ウイグルがウイグル文字ウイグル語を使用していた確証はない。少なくとも現時点で明らかなのは，甘州ウイグルが文書行政にチベット語を使用していた事実だけであり ［P. t. 1188 ; cf. 森安 1980「現況」pp. 65-66］，私の推測ではその他にルーン文字ウイグル語を使用していた可能性がある。それと対比して，トゥルファン文書中に大量に残る西ウイグル人が書き残したウイグル文字ウイグル語と，10 世紀前後の敦煌蔵経洞出土のウイグル文字ウイグル語が同属同類であることは，容易に認知できるところであり，学界全体でもほぼ異論は見られない。

〔書後 2〕

諸般の事情により本稿［森安 1983「元代ウ書簡」］の英語版［Moriyasu 1982］が日本語原版より先に出版されたため，楊富学／黄建華による中文摘訳［『敦煌研究』1991-2, pp. 37-48 ＝再録：楊富学／牛汝極『沙州回鶻及其文献』pp. 267-288］はこの英語版からなされた。

楊富学 2012「敦煌莫高窟第 464 窟的断代及其与回鶻之関係」pp. 9, 16 では二度にわたって本稿の英訳である Moriyasu 1982 に言及し，そこで森安がペリオ 181 窟（＝敦煌研究院 464 窟）は「ウイグル仏教徒によって開鑿」されたと主張しているのは根拠不十

分であると批判する。しかし実際は，本論文＝森安 1983, p. 226 の原文に「造営」とあり，その英語版で "constructed" とあったのを楊富学自身が「開鑿」と中文訳したのである。「開鑿」と「造営」が別の概念であることは当たり前であり，出土文書の年代から石窟の年代を推定するという手法は石窟学界では認められない，などという言いがかりはやめてもらいたい。本窟自体が初めて「開鑿」されたのが，北涼とか西夏時代，はたまた元代初期であったかどうかなど，私は全く問題にしていない。私の書き方がまずかったのを認めざるを得ないが，文脈をみれば明らかなように，私の論証の主眼はペリオ 181 窟（＝敦煌研究院 464 窟）が最後の華々しい活動の舞台となったのは 14 世紀の初頭～中葉であり，その舞台の主人公はウイグル仏教徒であったと主張することであった。その結論は，今なおいささかも変わっていないし，楊富学 2012 論文が本窟の壁画と銘文を新たに考証した成果ともなんら矛盾しない。

〔書後 3〕

1983 年の本稿発表後，安蔵について論及されることが多くなった。Cf. Rachewiltz 1983, p. 286 & n. 28 (pp. 301-302); Zieme 1985, BTT 13, pp. 309, 310-312 ; ツィーメ／百済 1985『ウイグル語の観無量寿経』pp. 44-46, 65-67 ; Zieme 1992a, pp. 34-35 ; Franke 1996 ; 北村 1999 ; 阿依達爾・米爾卡馬力 2013, pp. 82-84．本稿で引用したウイグル文華厳経の奥書より，安蔵とアリクブゲが直接の関係を持ったことが判明しただけでなく，漢籍からはクビライとアリクブゲがモンケ逝去後の皇帝位を争った時，クビライが安蔵をモンゴリアにいたアリクブゲのもとに遣わしたことが判明している。この二つの事実の背景を繋ぎ合わせようとすれば，当然ながらモンケ時代にモンゴリアで行なわれた「道仏論争」が思い浮かぶが，これが単なる道教と仏教の争いではなく，キリスト教・イスラム教も巻き込んだ一大宗教論争であったことが，中村淳によって明らかにされた［中村（淳）1994, 2008 ; cf. 中村／松川 1993］。ただ残念ながら，そこに安蔵がどう関わったのかは，未だ不明のままで，今後の研究が期待される。

〔書後 4〕

本文で書き忘れていたことに気付いたので追記しておきたい点がある。それは，13 世紀後半のハイドゥ・ドゥア勢力と元朝側との対立に際してウイグルのイディクート (ïduq-qut イドゥククト) 王家が東部天山地方から河西地方に移住したからといって，トゥルファン盆地を含む東部天山地方から仏教徒ウイグル人がいなくなったと勘違いしてはいけないということである。論証はできないが，ウイグル人口の大半は故郷に残留したと思われる。彼らはすぐにはイスラム化することもなく，少なくともトゥルファン盆地～ハミ地区では 15 世紀までは確実にウイグル仏教社会が存続していたことが，漢籍史料その他より判明している［cf. 本書序文，並びにその註 1 & 2］。

因みに，もうずいぶん前のことになるが，杉山正明氏より，ペルシア語史料『五分枝』と漢文・ウイグル語合璧の亦都護高昌王世勲碑を比較検討すれば，ウイグルは 14 世紀初頭に東部天山地方で再び勢力を回復したと考えるべきであるとのアドヴァイスを頂いたことがあった。つまり 13 世紀後半におけるイディクート王家以下の河西移住は部分的なものであったという示唆であった。最近，中村健太郎によってイディクート王家には少なくとも三派があったことが論証されたのは，その示唆を裏付けるものと言えよう［中村（健）2009, pp. 148-156］。

　本稿すなわち第 13 論文［森安 1983「元代ウ書簡」］によって，イスラム化する以前のウイグル人，すなわち大多数が仏教徒で一部にネストリウス派キリスト教徒も混じる旧西ウイグル国人が，血縁や宗教の同属関係を梃子にして文化的・経済的活動をしている様子が浮かび上がってきた。ただし，そのようなウイグル人同士の結び付きが，パミール以東の中央ユーラシア東部だけでなく中国の江南にまで及ぶ広範囲で存在することが判明するのは，本稿の後に出た森安 1988「キンサイ」＝第 12 論文になってからである。そこで初めて，上記のようなウイグル人同士の文化的・経済的関係を表象するものとして，「ウイグル＝コネクション」という抽象的な言葉を作り出したのである。この「ウイグル＝コネクション」というのは，地図上に線を引いて通交関係をヴィジュアルに示すウイグル＝ネットワークと対をなす抽象的概念であると理解していただきたい。

〔書後 5〕

　『蒙兀児史記』・『新元史』を正史などと同等の原史料として取り扱うべきでないことはもとより承知している。だからこそ，安蔵の伝記としては『雪楼集』巻 9 の「秦国文靖公神道碑」に依拠した。にもかかわらず，細部に両者からの情報を取り込んだのは，それぞれの著者である屠寄や柯邵忞の見解としてのつもりであったが，やはり不用意であったとの誹りは免れまい。

第四篇

マニ教・仏教史篇

14

東ウイグル帝国マニ教史の新展開[1]

第1節　研究史料紹介
第2節　東ウイグル=マニ教史の問題点と研究の新展開
第3節　牟羽可汗のマニ教改宗時期
第4節　モンゴル時代まで残された東ウイグル=マニ教史断簡
第5節　ブクハン問題再考

第1節　研究史料紹介

　私の研究の出発点は，昭和46（1971）年度に東京大学に提出した卒業論文「東ウィグル帝国の摩尼教に就いて」（四百字詰め原稿用紙334枚）であった。そして，その後40年以上に及ぶ研究生活の中間点に位置するのが，平成4（1992）年に大阪大学より学位取得した博士論文『ウイグル=マニ教史の研究』［森安 1991］である。しかし後者は実際は西ウイグル王国時代（9世紀中葉〜13世紀初頭）のマニ教史を扱ったもので，卒論のテーマであった東ウイグル帝国[(1)]時代（744-840年）のマニ教史については，ごくわずかな言及を除いて，取り上げることができなかった。卒論の内容は，別のテーマの複数の論文[(2)]や概説書［森安 2007『シルクロードと唐帝国』第7章］で部分的に利用できたにとどまっている。
　ところで，東ウイグル時代のマニ教史に関する資料の大半は漢文史料（漢籍とカラバルガスン碑文漢文面）であるが，その多くはシャヴァンヌ／ペリオによる詳

---

[1] 本稿は2013年出版の『東方学』126輯の巻頭論文として掲載された「東ウイグル=マニ教史の新展開」と基本的には同じものであるが，こちらの方が引用する原史料も多く，内容的に相当長くなっている。それは，本来こちらが最初に完成した形であり，『東方学』に発表した方が短縮版であったからである。ただ今後，引用されるに当たって両者が混同されるのを避けるため，敢えてタイトルの一部を変更した。

細なフランス語訳注［Chavannes / Pelliot 1911-1913］で取り上げられて以来，よく知られているので，以下には，後学の指針となることを願って，卒論でも使用した漢文以外の代表的史料を紹介することにしたい。

まず，ルコック［Le Coq 1912a］によって独訳されたウイグル語の歴史書の断簡であるU 1（＝T II K Bündel Nr. D 173＝Wilkens 2000a, No. 49＝Clark 1997, No. 105）がある。これは冊子本を形成していた複葉（4頁分）が2枚（即ち8頁分）残されたもので，ある箇所には突厥の宰相トニュククが自分の娘たちをウイグルとバスミルの君長に嫁にやったことが記され，別の箇所にはウイグルのボクグ汗 Boquγ xan が羊歳に高昌に来て慕闍（マニ教団の最高位の僧）に会って3人のマヒスタク（マニ教団第三位の高僧）設置を相談したことが記載されている。次にミュラーによって独訳された2件（T II D 135；M 1）の中世ペルシア語マニ教文献奥書がある。T II D 135（＝MIK III 36 or 6371）は短文であるが第3代牟羽可汗[3]の宮廷にいた大臣・貴顕たちの称号や名前が列挙され［Müller 1912］[4]，長文であるM 1はマフルナーマグ Mahrnāmag と呼ばれるマニ教讃美歌集の本体の末尾（索引？）と奥書（序文ではない）から成り，第8代保義可汗[5]の宮廷にいた王族・大臣・貴顕・貴婦人たちのみならず，ウイグルの勢力下にあった天山南北路地方の諸都市の支配者たちの名前が多数列挙されている［Müller 1913］[6]。次にバング／ガバインによる独訳［Bang / Gabain 1929b, TTT II］以来有名になったウイグル語の「牟羽可汗マニ教改宗始末記」であるU 72 & U 73（＝TM 276 a & b＝Wilkens 2000a, Nos. 52 & 53＝Clark 1997, No. 103）があるが，これまたかなりの長文である。さらにルコックによって独訳されたウイグル文マニ経典付属の祈願文奥書であるU 168 II（＝T II D 173 a²＝Wilkens 2000a, No. 319＝Clark 1997, No. 145）があり［Le Coq, Manichaica, I, pp. 10-12；Özertural 2008a, pp. 101-103］，短文とはいえ，795年の豬歳にモンゴルのオテュケン地方にマニ教の「教義の長」がいたことを伝えていて重要である[7]。

以上は全て西ウイグル王国の中心の一つであったトゥルファン盆地からの現地出土文書である。これに対して西のイスラム側の史料として，ミノルスキーが英訳した9世紀前半のアラビア語のタミーム＝イブン＝バフルの旅行記と［Minorsky 1948］，ペルシア語で書き残されたモンゴル時代のブクハン伝説がある［cf. ドーソン／佐口 1968『モンゴル帝国史』1, pp. 319-328；Boyle 1958, pp. 53-61；安部 1955, pp. 171-173, 203-205］。さらに忘れてならないのが，モンゴルのオルホン草原に建てられていたカラバルガスン碑文のソグド語面とわずかのウイグル語面である

[cf. 吉田 1988；Yoshida 1990；Yoshida 2011b；森安／吉田／片山 1999]。

第2節　東ウイグル＝マニ教史の問題点と研究の新展開

　ところで，東ウイグル＝マニ教史にとって重大なのは，牟羽可汗のマニ教改宗の時期と動機，改宗以前のウイグル人一般の宗教，牟羽可汗の後継者となった頓莫賀達干(タルカン)によるクーデターとマニ教迫害，懷信・保義両可汗によるマニ教の復興と真の国教化，そしていわゆるブクハン伝説の主人公を誰に比定するかという「ブクハン問題」である。私の卒業論文ではその全てを取り上げて論じたのであるが，使い古されたそれらの諸史料に新たな訳注を加えた全文を引用する形で，東ウイグル＝マニ教史を標榜する新しい論著をまとめる機会は私には遂に訪れなかった。それに，マニ教迫害の時期については田坂興道の要領を得た研究によってほぼ決着がつき [田坂 1940a]，ブクハン問題については安部健夫の詳細且つ説得的な研究 [安部 1955, pp. 169-199；Abe 1954] があった上に，1987年には私が卒論で提示した見解と重なる点の多い林悟殊『摩尼教及其東漸』という優れた研究が出て，新たに論を展開する必要性もさほど認められなかったのである。

　ところが，東ウイグル＝マニ教史の重要史料であるカラバルガスン碑文のソグド面の再解読をした吉田豊の2論文 [吉田 1988；Yoshida 1990] と拙著『ウイグル＝マニ教史の研究』[森安 1991]，さらにトゥルファン出土の中世イラン語と古ウイグル語のマニ教文献から主なものを選んで英訳したクリムカイト本 [Klimkeit 1993] とが世に出た後の1990年代後半から，そしてとりわけ21世紀に入ると，東ウイグル＝マニ教史をめぐる史料状況にやや大きな変化が現われ，その研究にも活気が生まれ始めた。その流れを年代順に示せば，Tuguševa 1996c，森安 1997「ルーン」，小田 1998，森安／吉田／片山 1999, Clark 2000, Wilkens 2000b, Tremblay 2001, 森安 2002「安史」, Moriyasu 2003 "FourL", Kasai 2004, Clark 2009, 茨黙 2009, Zhang / Zieme 2011, 吉田 2011a, Yoshida 2011b, 王媛媛 2012 となる[8]。このうち Tuguševa 1996c, 小田 1998, Wilkens 2000b, Kasai 2004, Clark 2009 はブクハン問題の新展開に寄与するものであり，特に Tuguševa 1996c, Kasai 2004 はブクハン伝説に関する新史料を紹介して学界を驚かせた。ところがさらに衝撃的であったのは，つい最近になってウイグルの歴史書の断簡

と思われるものが立て続けに発見されたことである［茨黙 2009；Zhang / Zieme 2011］。

　ウイグル民族，もしくはウイグルを含む古代トルコ民族が古くから「歴史意識」を持ち，それを碑文や書籍に表現してきたことについては以前に述べたところであるが(9)，誰にも異存のない歴史書の断簡としては，上で紹介した U 1［Le Coq 1912a］並びに U 72 & U 73「牟羽可汗マニ教改宗始末記」(10)，そして森安 2002「安史」で取り上げた Mainz 345 が挙げられる。これら 3 件はいずれもきれいなウイグル文字楷書体で書かれており，冊子本形式の歴史書から分離した断簡であることを疑う必要はない(11)。これらは西ウイグル時代の中心地であったトゥルファン盆地から発見され，西ウイグル時代に流布していたと思われるのに(12)，そこに東ウイグル時代や，さらに遡って突厥時代のことまでが記録されていたのである。ところが最近にツィーメらによって紹介された文書は，モンゴル時代にまで下るウイグル文字草書体で書かれているにもかかわらず，東ウイグル時代にまで遡る内容を備えていたのである。東ウイグル時代というマニ教時代の歴史が，ウイグル族がマニ教を捨てて完全に仏教化した後のモンゴル時代のウイグル文献に保存されてきたという事実は，彼らが古くから歴史書を残したいという「歴史意識」を一貫して持ち続けて来たことを如実に物語っているのである(13)。

　今や東ウイグル＝マニ教史について新説を提唱する機は熟したといってもよい。とはいえ，いきなり本節冒頭で指摘した諸問題のすべてに取り組むことは不可能である。ただ幸いなことに私には，卒論の時点ではまったく把握していなかった Mainz 345 を取り上げてウイグル民族史の世界史上における意義を論じた森安 2002「安史」があり，既にそこで東ウイグル＝マニ教史にかなり踏み込んでいる。そこで本稿ではそれを前提として踏まえながら，上に列挙した 1990 年代以降の諸論文のうち，私の卒論の内容と重なるもの，即ち牟羽可汗のマニ教改宗の時期とブクハン問題を扱ったクラークの 2 論文［Clark 2000；Clark 2009］と，ツィーメ論文［茨黙 2009］によって紹介された牟羽可汗のマニ教導入に関する新史料を取り上げながら，私の考えを披瀝してみたい。

第3節　牟羽可汗のマニ教改宗時期

　ウイグルへのマニ教導入については，カラバルガスン碑文漢文面の記事に基づき，安史の乱鎮圧に加勢するため 762/763 年に唐に遠征していた牟羽可汗が洛陽近辺でマニ教集団と遭遇し，睿息ら四人のマニ僧を本国に連れ帰ったことによってマニ教がウイグルの国教となったとするのが，シャヴァンヌ／ペリオ以来の定説である。それに対して，牟羽可汗がマニ教に改宗したのは 762/763 年ではなく，もっと前であるというのが長大な Clark 2000 論文の骨子である。
　クラーク説の挙げる根拠の第一 [pp. 90-99] は，マニ文字で書かれた冊子本の断簡と思われる U 111a (= T II D 180) にある次の文言である。

uluγ bašlaγ atlïγ yïlnïng ikinti yïlïnta nomï dini yadïlmïšta : tavγač ilintin yana [
　　偉大な始原という名を持つ年の二番目の年に，彼（＝マニ）の宗教が広め
　　られた時に，中国から再び（or 戻って）［以下欠］

「偉大な始原という名を持つ年」を中国の年号と推定して，これを「上元」とみなす説は Bang / Gabain 1929b, TTT II, pp. 425-426 に遡るが，その後，「上元二年」を高宗時代の 675 年とみるか，粛宗時代の 761 年とみるかで意見は分かれてきた。クラークはこれを 761 年と考え，さらにこの記事でマニ教が伝播した地域を中国でもトゥルファンでもなくウイグル本国と見なした。その結果，ウイグルへのマニ教公伝を 762/763 年とする従来の説に代えて，761 年説を打ち出すことになったわけである。私はこれを完全に否定するものではないが，中国の年号をウイグル語に翻訳して使った例はこれまで知られていないので，即座には同意できない。その点はクラーク自身も気づいており，本文書の書き手がソグド人マニ教徒であった可能性を言うが [Clark 2000, p. 97]，吉田豊氏の教示によれば，中国の年号をソグド語で表わしたものは例外なく中国語の音写（実例として大象・延寿・龍朔・開元）であって，意訳したものはないとのことである。
　クラーク説の根拠の第二 [pp. 99-101] は，マフルナーマグ (M 1) の奥書にある次のような年代と編纂事情に関わる記載である[14]。

◎ M 1, 第 160-197 行：cf.『マニ教史』pl. XXII の上半部（横書きなので右半

分）

　（マニ教暦の）始原たる光の使者（＝マニ光仏）の生誕より後546年に，さらにまた（マニ光仏が）力強く昇天された後［数字は空白］年に，そして善行あるマール・シャード＝オルメズド Mār Šād-Ormezd が昇天された後162年に，生き生きした言葉と甘美な賛歌に満ちたこのマフルナーマグ（『賛美歌集』の意）が（書き）始められた。

　（マニ）教団の指導者たちの命令によって（これを）書き始めた書写人は，最後まで書き終えることができなかった。彼には力量がなく（？）また時間もなかったので，少しばかり賛歌を書いたが，完成はしなかった。

　その場に未完のまま何年も放置された。（すなわち）アルク Ark（＝カラシャール＝焉耆）の僧院で落ちて横たわっていた。そしてその後，私，教道首 xrōhxwān であるヤザド＝アーマド Yazad-Āmad が，このマフルナーマグが未完成のまま無為に落ちているのを見た時，私の最も親愛なる子，宝の如く貴重な息子ナフレーグ＝ローシャン Naxurēg-Rōšn に，新たにそれを完成するように命じた。

従来はここに記された年をやや漠然と761年から763年までのいずれかと考え[15]，1-2年の誤差は無視して牟羽可汗が中国からマニ僧を連れ帰った763年と結び付けていたのであるが，クラークはマニの生誕を216年とする確定した説[16]の上に立ちながらも，546年後というのを545-546年という時間幅で考慮する独自の計算方法（216 + 545/546 = 761/762）[17]によって761年という数値を得た。そしてそれを，マフルナーマグ編纂開始の動機はウイグルのマニ教への改宗であるとする一般的な説と組み合わせて，先のU 111aから導き出した「ウイグルへのマニ教公伝は762/763年ではなく761年である」とする自説を補強したのである。第5節で述べるように私もマフルナーマグ編纂の動機については同意できるので[18]，たとえ761年が762年であっても「ウイグルへのマニ教公伝は牟羽可汗が中国からマニ僧と共に帰国した763年より前である」とする考えには基本的に賛成したい。

　クラーク説の根拠の第三［pp. 101-104］は，U 72 & U 73「牟羽可汗マニ教改宗始末記」の解釈にある。本テキストでは牟羽（*mi̯u-ji̯u, GSR 1110a＋98a）はBögü と明記されている[19]。牟羽の改宗がスムーズに一回で済んだわけではない

ことは，これを通読[20]すれば誰でも容易に分かることであり[21]，私の卒論でもそこに着目した。もちろんウイグル語で書かれたU 72 & U 73の原史料は，牟羽可汗の改宗の現場にいたマニ僧が書いたソグド語の手紙もしくは報告書であって，そこから翻訳されたとする見方[22]に与するとしても，U 72 & U 73写本自体は西ウイグル時代のものであって，そこに原史料の意図的「書き換え」がなされた恐れがないとはいえない[23]。しかしながら，マニ教団側にしてみれば，牟羽可汗がスムーズに改宗したというのが事実であったのに，それをわざわざ曲筆するメリットはどこにもなかろう。やはり，本当に牟羽可汗の改宗には紆余曲折があったと考えるべきである。しかしながら，牟羽可汗が最終的にマニ教への「再」改宗を決断する時までに経た紆余曲折が，牟羽可汗が唐よりマニ僧を連れ帰った763年より以前の出来事であると断定する根拠は，残念ながら本文書の記事自身には見当たらない。それゆえそのような紆余曲折があったのは，カラバルガスン碑文の切れ切れの記載からも窺えるように，763年以後のことであるとみなすことも不可能ではないのである。

　クラーク説を贔屓目に見て首肯できる点は以上のとおりであるが，それ以外の李徳裕の記事の使い方［p. 101］は的外れであるし[24]，カラバルガスン碑文漢文面の解釈［pp. 87-88, 104-106］にいたっては幾重にも誤解があって到底受け入れられない。一点だけ具体的に指摘すれば，p. 88とp. 105の2箇所（さらにp. 101も含めれば3箇所）において同碑文第9行の「再三懇□」を "Twice and thrice [I have studied it] with sincerity." と英訳し，この一句は牟羽可汗が二度三度にわたってマニ教の教えを学んだことだと解釈して，そのことはすなわち762/763年より前の改宗を暗示すると主張する。この解釈は実はChavannes / Pelliot 1913, p. 193に依拠しているのであるが，「再三懇□」の欠字に「学ぶ」という意味の漢字一文字を補うのは不可である。漢文データベースで検索してみても，「再三懇」の次に来る文字としては「請・求・乞」が圧倒的であり，「学ぶ，習う」などの意味を持つ文字を見つけることはできない。我々はここの残画が同碑文12行目の「允臣等所請」の「請」字の上端と矛盾しないことに鑑み，ここを「懇請」と復元している[25]。因みに，この「再三懇□」という文句の主語を牟羽可汗とみる点では，シュレーゲル，シャヴァンヌ／ペリオ，クラークの諸氏はすべて一致していたが，私と吉田豊が協同で準備している訳注では，新しい読み方をしている。それは「再三懇*請*」の一句を地の文とみなし，可汗周辺の高官たち（都督・

刺史・内外宰相ら）が可汗に向かって「何度も何度も心からお願いしている」場面ととるのである。

　最後にクラークは，後の牟羽可汗が第2代葛勒可汗（磨延啜）時代の西方遠征に加わっており，その時に天山地方でマニ教徒と出会って，755/756年にマニ教に改宗した可能性を強調する。確かに750年代にウイグルが西方に遠征して領土を拡大したことは，葛勒可汗の事績を記念するタリアト・シネウス・テス三碑文からうかがえる通りである。しかし，剝落の激しいタリアト碑文の不確かな「読み」を繋ぎ合わせて葛勒可汗の息子の一人の名前をビルゲ＝クトルグ＝タルカンと特定し，タリアト碑文の作成者であるその人物を将来の牟羽可汗に比定するクリャシトルヌィ説［Klyashtorny 1982, p. 338 ; Klyashtorny 1988, p. 277］を援用して牟羽可汗が即位前に西方遠征に参加していた証拠とし，だから彼は即位以前に天山地方でマニ教団と接触していたとするのは砂上の楼閣を見ているようで，論評のしようがない。これら三碑文のテキストについては，我々のモンゴル国での現地調査報告［森安／オチル 1999, pp. 158-195］と比較していただきたい。

　牟羽可汗が最初にマニ教に改宗したのは763年より早かったとするクラーク説は，決して荒唐無稽ではなく，私も状況的に見て同様の考えを有しているのであるが，未だに根拠は弱いと言わざるを得ない。

第4節　モンゴル時代まで残された東ウイグル＝マニ教史断簡

　前節で私はClark 2000論文の不十分なところを批判したが，牟羽可汗のマニ教改宗は762/763年の中国遠征の際に洛陽近辺でマニ僧と出会って初めてなされたのではないという基本線だけはまだ共有している。そこで次に，牟羽可汗のマニ教導入について新たに発見されたばかりの史料に目を向けてみよう。それは，1981年にベゼクリクから出土した草書体のウイグル語の歴史書断簡であり，ツィーメが中国語で発表した論文［茨黙 2009］によって学界に紹介されたものである。その断簡の大きさと形状に鑑みて上半部が欠損していると思われるので，それを考慮した復元テキストと和訳を提示しよう。

　◎ 81TB10：06-3a テキスト

(01) ////////////////// **bir**lä kingäš-ligin oḍ täg ig ///////
///////////////////// (02) ////////////////////
aṭïrḍlayu altmïš qarï sächti bulyat (?) qarï-lïγ ïnanch orṭu-luγ totoq-nï (03) //////
/////////////////// y<u>a</u>rlïγ-ïn büḍürdi anta *i*l orqun-ta yangï nom-qa
kigürmiš-in iki (04) /////////////////////////////
//////////// **ul**ayu uch mošak-ni il orqun-qa öḍünü ïdtï-lar (05) /////
////////////////////////////////// kälgäli uγuradï ärdi
kirü-ki dintar nom-uγ törüg kim (06) ///////////////////////
////////////////]TY dintar iki yüz nom ming san tavar bäkläp iki (07) /
//////////////////////////////////]W-lar bular (?)
tuγurïstan qara qanglï yol-ïn kälip ärḍiš (08) ////////////////
/////////////]lar bögü xan özi bašlayu uḍuru barïp uluγ ayamaqïn ordu
(09) **-qa** //////////////////////////// kälürdi-lär ol tuš-ta
il orqun-taqï tavγach-tïn (10) ///////////////////////////
//] 'WZ *q*avïšïp tängri mani burxan yirtinchü-tä (11) /////////////
///////////////////// bultï (*or* boltï) ol söz-lärig qayu-sïn sözlägäy
biz (12) //////////////////////////////////////
/////////// •••////•••//••••• *b*ögü xan bir qar*a*

◎ 81TB10 : 06-3a 和訳

(01) //////////////////////と共に忠告をとることによって薬草のように病気を///////////////////// (02) /////
////////////////// ちょうど六十人の長老（＝尊長）を選んだ。Bulyat (?) Qarïlïγ イナンチ（と?）牙帳都督を (03) /////////////
////////// という命令を完遂した。それからオルホン国（＝東ウイグル帝国）で新宗教に入らせたことによって，二（人？度？倍？）(04) //////
//////////////////////////////// 続いて（?）ウッチの慕闍（or 辺境の慕闍）を彼らはオルホン国に招請し終えた。(05)（その慕闍は）////////////////（オルホン国に）やって来るように企図したのであった。西方（＝西域）のマニ僧は教義・教法を (06) /////
/////////////////////////////// マニ僧は二百の経典と千匹の絹帛を縛って（＝荷造りして?），二 (07) ////////////

/////////////////////////////これらの者は（？）トゥグリスタン・カラカングリ（＝黒車）の道を来て（or 道で来て）イルティシュ（河）(08)［を越えて］/////////////////////////////牟羽ハンが自分自身を先頭にして迎えに行って，大いなる尊敬の念をもってオルドゥ（＝牙帳，宮殿）(09)［にお迎えした。］/////////////［経典などを？］彼らは持参した。その時に，オルホン国にいる中国から(10)［やって来たマニ僧が？］/////////////////////////合流（集合）して，神聖なるマニ仏がこの世に (11) //////////////////////////////////////見つけた（or となった）。「それらの言葉を何であれ我らは話すであろう。」(12) ///牟羽ハンは一（つ？人？）の黒い？［以下欠］

対訳のない草書体のウイグル文書を解読するのは至難の業であって，いつもながらのツィーメ教授の読解力には驚嘆するほかない。普通は「老人・長老」の意である qarï をマニ教の「尊長」と解釈している点をはじめ(26)，細かい訳注はツィーメ論文に譲るが，1箇所だけ読み方に大きな違いがあるのは，4行目の uč mošak を私が「ウッチという都市に居所を置いている慕闍（možak）」（もしくは「辺境の慕闍」）と解釈するのに対して，ツィーメは üč mošak「3 人の慕闍」とする点である。マニ教会の最高位の僧侶である慕闍は，一般には広大な教区に 1 人しかいないものであり，私は 8 世紀中葉（すなわちウイグルのマニ教改宗以前）には中国までも含むパミール以東全体が一つの「東方教区」であったと考えているから，「3 人」とはしなかった。ではその慕闍がいたウッチとはどこかと言えば，それは 1019 年の第三棒杭文書にも現われるウッチと同じで，近代のウッチ＝トゥルファン（古名：温宿）であろう(27)。そこは天山南麓で，クチャ（亀茲）とカシュガル（疏勒）の中間にあるアクス（姑墨）のやや西方にあった古来からのオアシス都市である(28)。

本史料から読み取れる重要な情報は，牟羽可汗の本格的なマニ教導入に当たって依存したマニ教団が，南方の中国だけではなくて，西域のどこかにもあったことである。たとえウッチがウッチ＝トゥルファンでなくとも，件の慕闍やその配下のマニ僧が多くのマニ経典や財貨としての絹帛をオルホン河畔にあったウイグ

ルの本拠地に搬入したのが，トゥグリスタン[29]からカラカングリ（＝黒車）[30]の道を通ってイルティシュ河流域経由だったというのだから，当然その後はアルタイ山脈を西から東へ越えて東ウイグル帝国の中心地であるオルドゥバリクに達したはずである。ここに見えるトゥグリスタンの比定については，近年の吉田豊の発見が重要である。すなわち，カラバルガスン碑文ソグド語面19行目において，従来は ctβ'r twγr'kc'ny などと読まれ，"Four-Twγry"「四トゥグリ」などと訳されてきたところが，正しくは ctβ'r twγr'ystny「四トゥグリスタン」であったのである[31]。そのトゥグリスタンの位置については，これを亀茲〜焉耆〜高昌とする説や焉耆〜高昌〜北庭とみなす説，もしくは亀茲〜焉耆説，さらには焉耆地方だけに限定する説などがあるが[32]，いずれにしても焉耆（カラシャール）が中心である。後の西ウイグル時代には，「四トゥグリスタン」に慕闍がいた証拠がある[33]。どうやら当時のマニ教の「東方教区」（もしくは「辺境教区」）の中心地は，ウッチもしくはトゥグリスタンのどこか（恐らく焉耆）であって，いずれにせよ天山南路の北道沿いにあったようである。

次に引用するのは，東ウイグル帝国勃興期の内陸アジア情勢を伝えている敦煌出土のチベット語文書 P. t. 1283 である。これについては既に二度，全体を紹介したので[34]，ここでは関連する84-90行目の和訳のみを引用する。

〔V-1〕その（ウイグルの）西方を見ると，カルルク（Gar-log）三部族がいて，軍隊が八千人いる。（このカルルクは）突騎施（Du-rgyus，トゥルギシュ）及び大食（Ta-zhig，タジク）と戦った。〔V-2〕この東方を見ると，オグラグ（Og-rag）三部族がおり，大ウイグル（Ho-yo-hor）の方を見ると，マニ教徒（Ne-shag）が宗教の教師を求め[35]，呼び寄せるための援助をしており，（オグラグが）ウイグル（Ho-yo-hor）と戦った。〔V-3〕この（オグラクの）北東には，トルコ系民族の Gu-log-gol-čhor から出たイビルコル族がいて，軍隊が千人いる。〔V-4〕この北西には，ペチェネーグ（Be-ča-nag）族がいて，軍隊が五千人いる。（ペチェネーグは）ウイグル（Hor）と戦った。

私自身がこれまで解決できなかったのは，P. t. 1283文書全体の対象となっている8世紀中葉（760年代を含む）において，ウイグル本体に関する記述部分にマニ教の情報が見られないのに，なぜウイグルから見てはるか西方のイルティシュ河の西側にいたオグラク族の項にマニ教の記事が現われるのかという点であった。

しかしながら，今や歴史書断簡 81TB10：06-3a の出現によって，その疑問の一端が解けたように思われる。つまりウイグルのマニ教導入は，カラバルガスン碑文から予測された中国経由だけではなく，西域経由にも比重を置いて考える方がよいのではないだろうか(36)。

ただ注意すべきは，たとえ 81TB10：06-3a の 9 行目の "ol tuš-ta il orqun-taqï tavγač-tïn"「その時に，オルホン国（＝東ウイグル帝国）にいる中国から」に続く 10 行目の欠損部分を，中国から「やって来たマニ僧が」と復元する案が正しいとしても，本文書によって初めて知られた西域からのマニ教導入という出来事が，必ずしも 763 年の中国からのマニ僧招請より後ということにはならない。そもそも私が卒論で重きを置いたのは，牟羽可汗が洛陽近辺で偶然にマニ僧に出会って，そこでいきなり改宗したというような単純なシナリオへの反駁であった。他の内陸アジアの遊牧国家のあり方と比較して，必ずや牟羽可汗も権力維持の基盤である騎馬軍団の軍事力に加えて，当時のシルクロード貿易を牛耳っていたソグド人の経済力を利用し，さらに古来のシャマニズム以上の確固とした宗教による権威を希求したに違いないと考えたからである。つまり彼は権力を掌握した時点から，国教とするに足る宗教を物色していたのではないか。牟羽可汗が 762/763 年の中国遠征以前から既にウイグル本土でたくさんのソグド人マニ教徒と出会っており，個人的な関係を構築しつつあったが，中国遠征で知り合った睿息ら四人のマニ僧を伴って 763 年に帰国したのが，マニ教公伝の年として記憶され，半世紀以上後のカラバルガスン碑文に記録されたと考えれば，無理がないのではなかろうか。ならば牟羽可汗が慕闍を宮廷に招いたのは，一回限りのデモンストレーション的な出来事（即ち行幸）であったとみるべきであろう。

第 5 節　ブクハン問題再考

ブクハンとは，モンゴル時代の東西史料に残されたウイグルの始祖説話である「ブクハン伝説」の主人公である。ブクハンを誰に比定するかについては，19 世紀以来，様々な説が提出されてきたが，有力だったのは牟羽可汗説と懐信可汗説である。ブクハンの属性の大きな特徴が新宗教の導入であるから，単純に考えればマニ教の導入者である牟羽可汗が有力候補になるのは頷ける。煩瑣になるので

学説史は省略するが，1955年に安部の懐信可汗説［安部 1955, pp. 169-211］が出て論理的にそれを退けて以後，牟羽可汗説は影をひそめていた[37]。ところがクラーク論文［Clark 2009］がこれを蒸し返したのである。

　ブクハンは樹木の癭(ふしこぶ)（節瘤），もしくは二本の樹木の間に生じた小塚から生まれたというのが伝説の主要モチーフであり，漢文では「卜古可罕」「普鞠可汗」[38]と表記されるため，本来の正しい名称はBoquγ / Buquγ qaγan（ボクグ／ブクグ可汗）であったと考えられる。なぜなら，古トルコ語のboquγ / buquγ は「突起物，腫れ物，こぶ；のどぶえ；芽；癭」の意味を持っているからである。この点を疑う者はほとんどいなかったが，10-11世紀にまで遡る2件のウイグル文書の出現によって，それは確定した。一つはTuguševa 1996c, 小田 1998により発表されたサンクトペテルブルグ所蔵の半楷書体ウイグル仏教文書SI D/17で，ブクハン伝説の仏教ヴァージョンともいうべきものである。これは従来知られていたモンゴル時代の漢文やペルシア語のヴァージョンよりも古くて，しかもそれらを補う内容を持っているので，和訳だけでも引用したい。

◎ SI D/17 （ロシア科学アカデミー東方文献研究所所蔵）
　［前欠］国の抑圧を［見て？］／／／／／神聖なる兜率［天］／／／／／／／／／二種類の／／／／／／放棄して，この閻浮提（čambudivip ＝南瞻部洲）世界の大地の北方において八セレンゲ（säkiz Sänglä 河）と九トグラ（toquz Toγla 河）の東方にあるカムランチュイン（Qam-laṇ-čuin）という名の叢の中にある樹木から生まれて，オティケン（Ötikän）地方に化現して，五人一緒に玉座の上で成長し，地と天より尊敬を受け偉大なる力ある神々より称賛された神聖なるボクグの種族（iduq Boquγ uγuš）よりお生まれになられた菩提の本性を持つ菩薩の種族出身の人，美しく／／／／／／智恵のある，四方にある国事において勇敢で／／／／／／／天神のような能力ある／／／／／／方の心／／／／／／／／／／／／／／／／／／／その息子のように［以下欠］

もう一つは，Kasai 2004によって発表されたベルリン所蔵の楷書体のウイグル仏典奥書U 971（＝T II S 20)である。これは既に笠井幸代自身による和訳があるので，肝腎の文句だけ引用すれば，ウイグル王族の貴婦人が"Udan[39] uγušnung udumbar len**xua**-sï Boquγ töznüng pundarik čäčäki"「Udanの種族の優曇華の花，Boquγの起源を持つ蓮の花（のような）」と形容されており，この女性もボクグ可

汗の系譜に連なっていることが分かるのである。

　さて，ブクハン即ちボクグ可汗を懐信に当てるか牟羽に当てるかで最大の争点となる史料は，ウイグル歴史書断簡 U 1 の中にある次の一文である。

　◎ U 1＝T II K Bündel Nr. D 173 [Le Coq 1912a, p. 147]
　　tängri-kän uyγur boquγ xan qočo-γaru kälipän qoi-n yïlqa üč maxi-stak olurmaq üčün možakkä kingädi :

　　テングリケン（天なる君主，聖君主）なるウイグルのボクグ汗 Boquγ xan は高昌へお越しになって，羊歳に 3（人の）マヒスタクが（モンゴリアに）着任するようにと慕闍（モジャク）に相談した。

　ブクハンを懐信可汗（在位 795-808 年）とする安部説を支持する我々の立場からは，この「羊歳」は 803 年でしかありえない。クラークは Clark 2000, p. 114 では，その論旨に合わせてこの記事を 755/756 年の即位前の牟羽の事績とみなしたいという口ぶりながら，一旦は安部以来の 803 年説の存在をしぶしぶ容認するかに見えた。ところが Kasai 2004 が出た後の Clark 2009 では一転して，笠井説を攻撃のターゲットにする形でブクハン＝ボクグ可汗＝牟羽可汗説を再度主張するに至ったのである。もちろんそこでは，かつてのように Bögü / Bügü（牟羽の原音）と Boquγ とを同一視するような音韻学的に見て稚拙な誤りは犯しておらず [p. 62]，Bögü / Bügü が実名であるのに対し，Boquγ は後世に伝説化した時の別称・綽名と考えようとする[40]。その上で，Boquγ が誰か特定の個人名に当たると明言した史料が皆無であることをもって，Boquγ を牟羽が所属した氏族名とみなし，それを九姓鉄勒の一つであった「僕固」に比定するのである。確かに，ブクハン＝ボクグ可汗の出自を「僕固」とみなす説は古くから今まで根強くあるが[41]，クラーク自身はブクハン＝ボクグ可汗を牟羽可汗に当てた上でそう主張するのだから，これは到底理解できない。なぜなら牟羽可汗がウイグル十姓の中のヤグラカル氏であることを疑っている者など誰一人いないからである。因みにクラークは，ずっと後世までヤグラカル氏の権威は生き続けたという理由で，懐信がエディズ王朝革命を起こしたことさえ認めようとしないが [p. 68]，実際は懐信が革命後にヤグラカル氏を僭称したのであって，そのことは漢籍から推測されてきただけでなく，吉田豊の新研究によって確証された [吉田 2011a, p. 17]。逆に言えば，ウイグル民族にとってはそれほどまでに王族ヤグラカル氏というのは重要なので

あって，牟羽可汗がヤグラカル氏でないなどという妄言は許されない。

ここでもう一度，前節でとりあげたモンゴル時代のウイグル歴史書断片を想起していただきたい。そこでは牟羽可汗は正しく Bögü xan「牟羽ハン」と呼ばれていた。牟羽可汗自身の時代から五百年後にさえ，彼の名前はウイグル民族の間で正確に記憶されていたということで，ウイグル王家において伝存されてきた歴史書の存在を前提としないでは理解しにくい。ということは，ウイグル人たちは牟羽可汗とブクハン＝ボクグ可汗とを截然と区別してきたということである。この両者を同一視するクラーク説はもはや成り立つまい。

さらに，もしＵ１の記事が，クラークの主張するように，755/756 年に即位前の牟羽可汗が高昌に来てマヒスタク設置を慕闍と相談したことを意味するなら，カラバルガスン碑文のマニ教導入に関する記事が完全に浮いてしまう。同碑文は，ヤグラカル王朝を簒奪して西方に領土を拡大しただけでなく，マニ教を復興させて真の国教にした懐信可汗を継いだ保義可汗が，自分たち二人の功績を称えて新しいエディズ王朝の正統性を主張すると同時に，ウイグルにおけるマニ教会の歴史をも記念して建立されたものである［森安 2002「安史」pp. 152-153］。もし本当に牟羽可汗が 755/756 年の時点で高昌に行って慕闍に会い，マヒスタク設置を相談したというなら，そのようなマニ教史上の大事件がカラバルガスン碑文に記載されないはずはなかろう。

この外にもクラーク説にはあちこち無理があるが，そうまでして彼が牟羽可汗説に固執する理由は，牟羽と懐信を比較して次のようにたたみかける部分に如実に現われている［Clark 2009, p. 69］。

①天山地方のシルクロードを初めて押さえたのはどっちだ。それは牟羽であって懐信ではない。②安史の乱を打倒して唐を風下に置いたのはどっちだ。それは牟羽であって懐信ではない。③唐から莫大な富を吸い上げる基盤を作ったのはどっちだ。それは牟羽であって懐信ではない。④マニ教を国教化したのはどっちだ。それは牟羽であって懐信ではない。⑤マニ僧や伝道団を初めてモンゴル草原に連れてきたのはどっちだ。それは牟羽であって懐信ではない。⑥マニ教経典のウイグル語訳を最初に援助したのはどっちだ。それは牟羽であって懐信ではない。⑦有名な U 72 & U 73 文書の主人公はどっちだ。それは牟羽であって懐信ではない。

こうしてクラークは，Ｕ１文書の「ボクグ汗」は決して牟羽可汗以外ではあり得ないと主張する。しかし，これら一つ一つを検証するのは，安部の論考と重複

するので，もはや生産的ではない。ただ私としては，ウイグル＝マニ教史上それほどまでに牟羽可汗が重要であったからこそ，ヤグラカル氏からエディズ氏に王家の血統が替わる懐信可汗以後に作成された歴史文献（例えばカラバルガスン碑文や Mainz 345）でも，マニ教を国教として奉じている限り，ウイグル政府の公式見解として牟羽可汗の事績を顕彰したのであるという自説［森安 2002「安史」pp. 151-157 ; Moriyasu 2003 "FourL", pp. 59-62］を対置するにとどめたい。

今ここにはブクハン伝説を細かく分析する余裕はないので，いきなり私の卒論以来の結論を述べれば，要するにブクハン即ちボクグ可汗とは，懐信可汗を主要なモデルとはしているものの，牟羽可汗と懐信可汗を合体させてできあがった伝説の中にのみ存在する「架空の人物」である，ということである。ブクハンの属性の多くは新王朝の創設者であり，北庭はおろか遙か西方のベラサグン地方にまで及ぶ天山北麓を支配下に収め，高昌・焉耆・亀茲・疏勒を含む天山南路北道地帯までも勢力圏とし，マニ教を真の意味で国教化した懐信可汗にふさわしいが，マニ教の導入者という名誉だけは牟羽可汗に及ばない。先行のヤグラカル王朝の事績を極力無視する傾向の強いエディズ王朝建立のカラバルガスン碑文でさえ，牟羽可汗だけは例外扱いせざるをえなかった［森安 2002「安史」pp. 151-153］。ブクハン伝説がマニ教的色彩に満ちていることは誰しも認める通りであり，東ウイグル時代後半から西ウイグル時代前期というマニ教国教時代に醸成されてきたブクハン伝説の主人公の属性に，牟羽可汗の事績が反映されないはずはないのである。

従来のウイグル可汗号研究における一つの謎が，牟羽可汗の宮廷の様子を伝える中世ペルシア語マニ教文献奥書 T II D 135［Müller 1912 ; Gulácsi 2001, pp. 232-234］では牟羽の可汗号が Tängridä Qut Bulmïš「天神より恩寵を見つけた」で始まるのに対し，カラバルガスン碑文漢文面では「君登里囉汨没蜜施」すなわちウイグル語に還元すれば Kün Tängridä Qut Bulmïš「日神より恩寵を見つけた」となっていて，「君」字が追加されている理由の説明であった[42]。ウイグル可汗号冒頭に「日，太陽」を意味する「君＝Kün」もしくは「月，太陰」を意味する「愛＝Ay」が付加されるのは日神・月神を崇拝するマニ教の影響であることは，田坂以来広く認められている［田坂 1940a, pp. 229-231 ; Mackerras 1972, p. 152 ; Klimkeit 1993, p. 366 ; Rybatzki 2000, p. 245 ; Clark 2009, p. 71, n. 31］。本来は単に「Tängridä＝登里囉」で始まっていたはずの牟羽の可汗号に「君」が加わったのはいわゆる追

贈であって、牟羽可汗の伝説化はすでにエディズ王朝初期から始まっていたというのが、私の解決案である。

一方、ボクグ汗が803年に高昌までやって来て、マヒスタク設置について慕闍と相談したことを伝えるU 1の記事は、西ウイグル時代の歴史書の断片であって、803年という懐信可汗在世中から彼自身がボクグ可汗と呼ばれていたというわけではない[43]。牟羽可汗と懐信可汗が合体して伝説上の人物となったのは、やはり西ウイグル時代になってからとみる方が理に叶っているのではなかろうか。

クラークを含む先学同様、私もマフルナーマグ作成の動機は、牟羽可汗によるマニ教導入にあったという考えを取っている。トゥグリスタンの中心の焉耆にあったマニ教団にとって、真に慶賀すべき記念事業であったのだろう。それに対比して注目したいのが、795年の豚歳の祈願文奥書[44]を含むウイグル文マニ経典U 168 & U 169（= T II D 173 a & b）[Le Coq, *Manichaica*, I, pp. 7-15 + *Manichaica*, III, pp. 11-12]である。この写本を実見したところ、漉き縞がなく中手で均質な白っぽい上質紙を使用し、原型を復元すれば縦横28×13cmという大型の冊子本となる。ウイグル文字はもちろん楷書体であるが、その文字の大きさはU 72 & U 73の二倍以上は優にあり、U 1やMainz 345よりも大きい。界線は赤紫色で、赤黒二色のマニ教的句読点があり、欄外の見出し（headline）にも装飾がある極めて美麗な写本である。その祈願文奥書部分には、次のような文言がある。

◎U 168 II = T II D 173 a^2, verso [Le Coq, *Manichaica*, I, pp. 11-12 ; Özertural 2008a, pp. 101-103]

taqï üküš türlüg muntaɣ ötüglär ötüngäy ol ödkä uluɣ ilig mängigü yarlïqančuči körtlä körkin ačyay bälgürtgäy : ol ödkä qamaɣ tängrilär[45] mängigü ögrünčülüg sävinčlig bolɣay-lar : : : : ymä män zimtu män ol ädgü mängikä ortuqluɣu bolayan mängigü mängigü : inčä bolzun : : : ymä tängri mani burxan tängri yiringärü barduqïnta kin biš yüz artuqï äkii otuzunč laɣzïn yïlqa ötükäntäki nom uluɣï tükäl ärdämlig yarlaɣqančuči bilgä bäg tängri mar nyw mani maxistakk[46] ayɣïn bu äki

その上、多くの種類のこのような祈願を（人々は）捧げるであろう。その時、大王は永遠不滅で慈悲深く美しいお姿を現わされるであろう。その時、全てのマニ僧たちは永遠の歓喜に満ちあふれることになるだろう。

また、私ズィムトゥは、その良き喜びに随伴する者となろう。永遠にそ

のようにあれかし！

　さて，神聖なるマニ仏が天国に赴きしより後522年目の豚歳（西暦795年）に，オテュケンにいる教義の長，（即ち）完全なる徳があり慈悲深く賢いベグ，（即ち）神聖なるマール・ネーウ＝マーニー・マヒスタクの御命令によって(46')，この二［以下欠］

オゼルトラルはここに見える tängrilär を単純に「神々」としか訳せなかったがために，半ば必然的に uluγ ilig「大王」を天上界のエズルア神（＝偉大なる父＝光明の父＝マニ教の最高神）とみなすこととなった［Özertural 2008a, p. 103］(47)。それに対して私は，この文脈の tängrilär は現世の「マニ僧たち」であるとみなし，且つ「大王」という表現が T II D 135 で牟羽可汗に使われていた称号である点に着目し，本文書の「大王」も現世に君臨していた人物に相違ないと考える。795年といえば懐信可汗即位の年であるから，彼以外に候補はありえない。すなわち795年にこれだけ美麗なウイグル語マニ経典が（おそらく複数）書写されたのは，同じ年の懐信可汗の即位記念事業の一環であったに違いない，と推定するわけである。もちろん，こうした見方に立てば，一旦は放棄されたマフルナーマグが完成に至ったきっかけとして今度は，保義可汗の即位を想定できるかもしれないが，今はそこまで言うことは保留したい。

註

（1）東ウイグル帝国とは，可汗の本拠地がモンゴル高原のオテュケン山地方〜オルホン河中流域にあった時代で，ウイグル可汗国とも草原ウイグル帝国とも呼ばれる。

（2）森安1977「Hor」で「牟羽可汗マニ教改宗始末記」の一部を転用し，森安1979「増補：北庭戦」でU 1の一部とU 168 IIの奥書，及びマフルナーマグ（M 1）の奥書とタミーム＝イブン＝バフルの旅行記の摘要を利用した。なお，森安2002「安史」p. 162にも短い言及がある。

（3）本奥書の主役を牟羽可汗に比定したのは，ミュラー自身であったが，別の論文中においてである，cf. Müller 1911, Uigurica, II, p. 95. その後の大方の学者はこの比定を支持している［cf. Hamilton 1955, OECD, p. 139；Sundermann 1992a, p. 72；Clark 2000, p. 84, n. 2］。リバツキは異説を唱えるが［Rybatzki 2000, pp. 258-259］，それには賛同できない。

（4）この写本のカラー図版とベドゥーン J. BeDuhn による最新の英訳が，Gulácsi 2001, No. 42にある。片面が細密画になっていて，そこに多数の人物が描かれているのは注目に値する。今後の研究課題となろう。

（5）本奥書の主役をミュラーは保義可汗と全く同じ可汗号を持つ昭礼可汗に比定し，それに従

う学者も少なくなかった［cf. Boyce 1975, p. 52 ; Sundermann 1992a, p. 71 ; Klimkeit 1989, pp. 181-182 ; Klimkeit 1993, p. 274］。しかし，状況証拠からみてその可能性は極めて低く，圧倒的な実績を誇る保義可汗とみなすのが合理的である。ましてハミルトンが早くに気づいた点は重要であり，もはや昭礼可汗説が息を吹き返す余地はない［Hamilton 1955, OECD, p. 141 ; cf. 森安 1979「増補：北庭戦」p. 212 & n. 29；森安 1997「ルーン」p. 65 & n. 72；Rybatzki 2000, p. 256 ; Clark 2000, p. 100 ; Tremblay 2001, p. 78；王媛媛 2012, pp. 70, 105］。なお，ウイグルの可汗号一覧については，森安 1991『マニ教史』p. 182＝GUMS, p. 222 を参照。

(6) M 1 文書の奥書全体をカバーする最新の研究としては，王媛媛 2012, pp. 43-106 が挙げられるが，個々の人名研究としてはそれに先行する辞書的な Durkin-Meisterernst 2004 が有益である。M 1 は複葉であるので，4 頁分に相当するが，そのカラー図版は『マニ教史』pls. XXI-XXII に掲載されている。なお M 1 が「序文」ではなく「奥書」であることは，Sundermann 1992a, pp. 71-72 によって初めて指摘された。この「奥書」から，本マフルナーマグの作成開始が第 3 代牟羽可汗の時代にまで遡ることが判明する点については，第 3 節を参照されたい。[2]

(7) 森安 1979「増補：北庭戦」p. 216. 本稿の第 5 節で改めて原文と和訳を掲載する。

(8) これにカタログ的な Clark 1997, Gulácsi 1997, Wilkens 2000a, Gulácsi 2001, Zieme 2010 を加えてもよかろう。なお，文化大革命後の中国で陸続と現われた中国語の論著には，時に林悟殊などのような優れた研究もあるが，多くは最先端の学界動向に疎く，中国国内では通用しても国際的水準に到達しているものではないので，それらはここでは列挙しない。ただし，中国語で発表されたマニ教の教義に関する論考には優れたもの，独創性の高いものが少なくないことを付言しておく。

(9) 森安 2002「安史」pp. 147-150.

(10) Cf. 森安 2002「安史」pp. 149-150. ただクラークが両者を"Documents from the Eastern Church"と分類している点［Clark 1997, pp. 101-103, 132］はやや不安を与えるが，Clark 2000, p. 99 では確かに両者を古代トルコ民族史と認識している。

(11) ベルリンで実見したところ，3 件とも中〜中上質の紙に，表裏逆方向に進むウイグル文字が，プロの書写人の手になると思われる丁寧な楷書体で書かれている。横書きの冊子本の場合は表裏逆方向になるのが当然である。上記の通り U 1 は複葉 2 枚が残っているので明らかに冊子本であったが，他の 2 件も同様に冊子本であったことを疑う必要はない。

(12) リバツキは U 72 & U 73 で使われている牟羽可汗の呼称のヴァリエーションを考慮して，本文書を西ウイグル時代に属すると考えている［Rybatzki 2000, p. 259］。

(13) Cf. 前註 9；吉田 2011a, p. 22.

(14) この部分の英訳としては，Klimkeit 1993, p. 274 や Clark 2000, p. 100 のほかに Durkin-Meisterernst 2003, pp. 8-9 があるが，ここでは吉田豊氏の全面的な助言を得て作成した和訳を掲げる。いつもながらの氏の御厚意に深く感謝する。

(15) Cf. Müller 1913, p. 36；安部 1955, pp. 217-218；Boyce 1975, p. 52；Sundermann 1992a, p. 71；Klimkeit 1993, p. 276, n. 34；Rybatzki 2000, p. 255；Tremblay 2001, p. 78.

---

[2] M 1 文書の構成と内容については森安 1979「増補：北庭戦」＝本書第 4 論文の本文で初めて紹介・利用したところであるが，そこには誤りもあったので，それを補正するためと，その後に知り得たより詳しい情報を提供するために，第 4 論文の〔補記 8, 9, 10, 11, 12〕を作成した。

(16) Haloun / Henning 1952, pp. 200-201；Boyce 1975, p. 1；呉其昱 1992, pp. 122-123.
(17) Clark 2000, p. 100. この計算方法は日本の「満」年令と「数え年」の違いに対応すると言ってよかろう。
(18) Boyce 1975, p. 52 や Rybatzki 2000, p. 255 も同じ考えである。
(19) Cf. Clark 2000, p. 84；森安 2002「安史」p. 143.
(20) 十全な訳注とはいえないが，英語で概要を知るには Klimkeit 1993, pp. 364-368 が便利である。その後，クラークによってツィーメの協力を得た信頼できる英訳が，部分的にではあるが発表されている［Clark 2000, pp. 102-104］。読者の理解を得るためには，テキスト全体を和訳するのが望ましいが，それには相当の紙数を必要とする。本稿では無理であるが，近い将来に「ウイグル＝マニ教史関係史料和訳集成」とでも題するものを発表して，その中に収めたい。
(21) Cf. Bang / Gabain 1929b, TTT II, p. 412；Lieu 1985, p. 194＝Lieu 1992, p. 235；Klimkeit 1993, p. 364；Rybatzki 2000, p. 235.
(22) Cf. Bang / Gabain 1929b, TTT II, pp. 411-412；Asmussen 1965, p. 147；Lieu 1985, p. 193＝Lieu 1992, p. 235；Klimkeit 1993, p. 364；Clark 1997, p. 102；Klimkeit 1999, p. 234；Clark 2000, p. 102. とりわけアスムッセンとクラークは，U 72 & U 73 の l. 51（＝U 72, recto, l. 3）に現われる γw'n（γuan）「罪」がソグド語であり，これがウイグル語の yazuq「罪」に置き換わっていない点をとらえて，U 72 & U 73 全体がソグド語原文から翻訳されたとする見方を主張している。とはいえ，l. 35（＝U 73, verso, l. 11）には漢語から借用された suy「罪」も使われているので，その根拠は絶対ではない。
(23) U 72 & U 73 を歴史書と見なす考えに異論はないが，だからといってそこに全て事実が書かれているわけではないことは，歴史学の常識である。いかなる歴史書も，執筆者側に不利な情報は隠蔽し，都合良く曲筆するものである。それに加えて，U 72 & U 73 では同じことを別の言葉で言い換えたり，全体構造が対句中心となっていたりして，明らかに文学的修辞が加えられている。しかし，それでも私は相当に歴史事実を反映していると考えている。ただ，多くの先学のように，U 72 & U 73 の記事をもって牟羽可汗の時から既にマニ教は国教化したと判断するのは，いきすぎであると思う。この点では，トランブレの見方［Tremblay 2001, p. 104］は，私と同じである。
(24) この点もトランブレの見方［Tremblay 2001, p. 99, n. 167 & p. 108］は私と同じである。そもそもクラークは唐の宰相たる李徳裕を "a frontier official" とするなどとんでもない誤解をしている。しかし，トランブレ本 Tremblay 2001 全体も，クラーク説を批判した箇所を含め，全体的に誤解があまりに多すぎて，論評が困難である。欧米学界の一部にはこれを高く評価するむきもあるが，それは無理である。
(25) Moriyasu 2003 "FourL", 巻末付録 Fig. 1 参照。ここに提出したのは，1996-1997 年のモンゴル国での現地調査を踏まえて私が吉田豊と協同で作り直したカラバルガスン碑文漢文面の最新復元テキストである。これは東ウイグル時代史に関する我々の大きな貢献であると自負しているが，ソグド語面も含む更に詳細な訳註は未刊である。
(26) これによって京都大学文学部所蔵のトゥルファン出土マニ教徒祈願文断簡に見える qarï と qarïlïγ の解釈にも手がかりが得られた，cf. 森安『マニ教史』p. 189, ll. 16, 17＝GUMS, p. 229.
(27) Moriyasu 2001 "Stake", pp. 188, 192. ウッチは西ウイグル王国時代には西の国境と意識され

ている。
(28) Cf. Henning 1938, pp. 568-569.
(29) この位置比定についてはツィーメではなく吉田豊［吉田 2011a, p. 22＝Yoshida 2011b, pp. 83-84］に従う。
(30) カラカングリを「黒車子」族に比定し，それを敦煌出土チベット語文書 P. t. 1283 と結びつけようとするアイデアは王丁によっても出されたが［cf. 茨黙（Zieme）2009, p. 6, n. 1］，それ以前に既に一論文がある：鐘焓「黒車子室韋問題重考」『西北民族研究』2000-2, pp. 186-192.
(31) 吉田 1988, p. 52 の補記；Yoshida 2009, p. 350；吉田 2011a, p. 22＝Yoshida 2011b, p. 84.
(32) Cf. Henning 1938, pp. 550-551, 559-560；耿世民／張広達 1980, pp. 150-151；Sundermann 1992a, p. 68；吉田 2011a, p. 22＝Yoshida 2011b, pp. 83-84.
(33) Cf. Henning 1938, p. 551；Sundermann 1992a, p. 68；Gulácsi 2001, No. 28, p. 222；Moriyasu 2003 "FourL", pp. 91-93. もし「ウッチの慕闍」ではなく「辺境の慕闍」と解する方が正しければ，その慕闍の居所はトゥグリスタンのどこかと考えてよかろう。
(34) 森安 1977「Hor」pp. 2-8（年代考証は pp. 9-13）；森安 2007『シルクロードと唐帝国』pp. 316-330.
(35) 森安 2007『シルクロードと唐帝国』p. 323 では 87 行目の ne-shag čhos「マニ教徒の宗教」を「マニ教」と解釈し，ne-shag čhos gyi mkhan-po tshol zhiṅ を「マニ教の教師を求め」と訳したが，ここでは ne-shag を主語とみなす元の森安 1977「Hor」p. 7 の解釈に戻した。
(36) 一方，P. t. 1283 文書の上引部分から，当時のウイグルが，アルタイ山脈とバルハシ湖の中間にいたオグラク族やペチェネーグ族のもとにまで遠征していたことを読み取れば，前節のクラーク説には有利に働こう。
(37) ブクハン伝説の概要と学説史を簡潔に知るのに便利なのは，笠井幸代の 2 論文［Kasai 2004；笠井 2006］であるが，とりわけ笠井 2006, pp. 22-25 を参照。ただし笠井はブクハン伝説に替えてボグク可汗伝説という新しい呼称を採用している。Cf. 森安 1991『マニ教史』pp. 168-169＝GUMS, pp. 200-202；Hamilton 1988, p. VIII. なお，前註 8 で述べたように学界動向に遅れが見られる中国では，相変わらずブクハン牟羽説が一般的である。
(38) カールグレンと藤堂明保『学研漢和大字典』によれば，卜古の中古音は puk-kuo（GSR 1210a ＋ 49a），中原音は pu-ku であり，普鞠の中古音は p'uo-ki̯uk（GSR 72a ＋ 1017h），中原音は p'u-kiu である。
(39) 笠井のテキストで 'WD// としてあったところを推補して Udan と復元したのはクラークの貢献である［Clark 2009, p. 64］。なぜなら 1334 年の亦都護高昌王世勲之碑（モンゴル時代に入って作成されたウイグル王家の記念碑）ではブクハン伝説の主人公は「兀単卜古可罕」となっており，Udan が「兀単」に，Boquɣ が「卜古」に対応するからである。さらに驚くべきはツィーメが Ch/U 8188 に，*kim ol ur uɣuš-luɣ udan bay-lïɣ uyɣur il-ning ... čindamani ärdinisi tigli tägimlig bolmïš tängrikänimiz* "Our Majesty worthy to be called 'Cintāmaṇi jewel ... of the Uigur realm of the *Ur* generation and the *Udan* clan'" という表現を見出しただけでなく，SI Kr II 2/39 にも十姓ウイグルと関連する文脈に *udan uɣuš* "the tribe *Udan*" とあるのを発見したことである［Zieme 2013b, p. 26；Zieme 2014, pp. 66, 72］。今やウイグル王族の氏族・種族名としての Udan の存在には一点の疑いもない。
(40) この点は，やはり牟羽説を唱えたバング／ガバインと同じである［Bang / Gabain 1929b,

(41) Cf. 安部 1955, pp. 197-198；羽田 1958a, pp. 12-13；Rybatzki 2000, p. 260.
(42) カラバルガスン碑文第 6 行目にある牟羽の可汗号の冒頭に「君」を補うべきであると主張したのは，パリにあるド=ラコスト拓本を再精査したハミルトンであるが［Hamilton 1990, p. 130］，我々もそれを別の観点から承認している［前註 25 参照］．
(43) この点のみ，私の考えは Kasai 2004, pp. 11-14 と異なる．私はボクグ（ブクク）可汗銘を持つコインは西ウイグル時代のものと考えている［森安 2004「通貨」pp. 21-22］．なお，803 年というのは，吉田豊によってウイグルがクチャを越えて西方遠くカシュガルからフェルガーナまで（従って西部天山地方全体）を制圧したと推定された 802 年［吉田 2006, pp. 29-30, 45；Yoshida 2009, pp. 351-354；吉田 2013, p. 56］の翌年であり，ようやく対チベット・カルルク戦が一段落した時点である．
(44) Cf. 森安 1979「増補：北庭戦」p. 216；Bazin 1991, pp. 247-248；Clark 1997, p. 105；Özertural 2008a, pp. 97-98．ただし Klimkeit 1993, *Gnosis*, p. 347 の英訳では豚蔵を認めず 798 年と見なすが，もはや問題にならない．
(45) Le Coq, *Manichaica*, I, p. 11 では täklirär と読んでいたのを，私が原文書を実見した時 tängrilär に修正しておいたが，オゼルトラルが Özertural 2008a, p. 101 で同様の見方を先に発表した．しかしオゼルトラルはこの tängrilär を単純に「神々」と解釈しており，私の「マニ僧たち」という解釈とは本質的に異なる．tängri が一般マニ僧を意味する場合があることについては，森安『マニ教史』pp. 54-55＝GUMS, p. 63，及び『マニ教史』に対する吉田豊の書評［『史学雑誌』102-4, 1993, p. 112］を参照．
(46)(46') 森安 1979「増補：北庭戦」p. 216＝本書第 4 論文, p. 246 では単にマヒスタク maxistakk ではなく，それに与格語尾の付いた maxistakka と見なして「完全なる徳もてる慈悲深きビルゲ＝ベクが，テングリ＝マル＝ニウ＝マニ＝マヒスタクに言葉もて」と訳していたが，クローソン訳 "by the command of Mar Név Mani Magistak"［ED, p. 270］，レールボーン訳 "auf Befehl des Mar New Mani Mahistaka"［UW, 4, 1988, p. 294a］，エルダル訳 "by the order of ..."［Bazin 1991 への書評 in *OLZ* 89-3, p. 305］に従って，このように解釈を変更した．Clark 1997, p. 105 や Özertural 2008a, pp. 103, 177 でもそれに従っている．字面上はやはり MXYST'KK よりも MXYST'K' とみなすべきであり，maxistaka は単に maxistak の異綴りであると考えるわけである．因みに maxistaka ayɣïn について，Bazin 1991, p. 247 ではひとまとまりの人名と見なし，Tongerloo 1984, p. 244, n. 8 ではまた独自の解釈をしているが，もはや従うべきではない．
(47) オゼルトラルは在証例を挙げていないが，確かに uluɣ ilig tängri xanï äzrua tängri「大王・天帝たるエズルア神」という表現がマニ教文書中にある［cf. Pelliot chinois 3049, verso, *l*. 4 on MOTH, p. 38；T II D 171, recto ii, *ll*. 31-33 on *Manichaica*, I, p. 25］．このうちの T II D 171 については，本書第 16 論文の付録に訳註がある．

15

西ウイグル王国時代のマニ教隆盛
――マニ教寺院経営の実態――[1]

第1節　マニ教寺院経営令規文書の研究史
第2節　令規文書に使われた朱印と文書の発行年代
第3節　テキスト・翻訳最新版
第4節　「幹事」と「呼嚧喚」
第5節　マニ経典『摩尼光仏教法儀略』に見える呼嚧喚と月当番
第6節　マニ教寺院の月当番僧
第7節　マニ教寺院の規模
第8節　マニ教寺院の経営基盤

第1節　マニ教寺院経営令規文書の研究史

　ここで取り上げる「マニ教寺院経営令規文書」とは，初め黄文弼が『吐魯番考古記』(北京, 1954) に写真を掲載し，次いでツィーメ (P. Zieme) が1975年の論文 "Ein Uigurischer Text über die Wirtschaft manichäischer Klöster im Uigurischen Reich." で部分的に内容を紹介し，ようやく1978年になって耿世民の「回鶻文摩尼教寺院文書初釈」(以下,「初釈」と略称) で全文テキストと翻訳が発表されたものである。
　これはウイグルにおいて「国教」的地位を獲得したマニ教の寺院が，実際に国家からどのような優遇を受けつつ，どのように経営されていたかを今日に伝える

---

[1] 序文で述べたような理由により，私の博士論文『ウイグル＝マニ教史の研究』[森安 1991] を本書に収載しない代わりに，コレージュ＝ド＝フランスで行なった「ウイグル＝マニ教史特別講義」の講義録第3回分に大幅な修正を加えて日本語にしたものと，博士論文第2章の中核史料であるマニ教寺院経営令規文書の最新テキスト・和訳を合体して，第15論文として提供する。

15　西ウイグル王国時代のマニ教隆盛　559

ほとんど唯一の，歴史学的に見て真に貴重な文書である。また全部で125行の長文であるため，ウイグル文献学の上からも重要である。『吐魯番考古記』ではその63頁にわずか6行の解説しかなく，しかも「マニ経典ではないか」と誤解していたのを，その不鮮明な写真（図87＝図版八九～九四）のみに基づき約四割を解読して大体の内容を把握したツィーメの炯眼と，北京の中国国家博物館に所蔵される原文書を再調査し，新しい写真と共に初めて全文を公表した耿世民の努力とは，いずれも大いに称賛されてしかるべきである。

　耿世民の「初釈」が発表されて以来，この文書に対する学界の関心は俄かに高まり，引用されることが多くなったばかりか，いくつもの専論さえ現われるにいたった。しかしその拠り所となる「初釈」には，テキストの文字転写にいわゆる「ゴースト＝ワード」が存在し，個々の単語の読み方や文章全体の解釈の仕方にも非常に多くの問題点が残されていた。私は1988年5月にわずか2時間ではあるが，北京で原文書の調査を許された。そして本文書が立脚するマニ教寺院経済のあり方が，基本的には長い伝統をもつ当地の仏教寺院経済のあり方に通じるものであると認識するに至った。トゥルファン文書や敦煌文書の中にある相当な数にのぼる漢文の仏教寺院経済文書の研究蓄積が最も豊富なのは日本と中国であり，その成果を利用する上で我々は欧米の学者よりはるかに有利な立場にある。私は，その成果の上に新たな研究を行ない，それを博士論文の一部として1991年に発表した［『マニ教史』第2章］。そこでは「初釈」に見られた多くの誤りを訂正したが，偶然にも同じ1991年に発表された「初釈」の英訳 "Notes on an Ancient Uighur Official Decree Issued to a Manichaean Monastery."は，もとの中文論文そのままの内容であった。それ故，その後10年以上を経てもなお日本語を読めない欧米の研究者には耿世民のテキストと翻訳が流布し続け，さらなる研究の進展の妨げとなっていた。1993年に発表されたトンゲルロー（A. van Tongerloo）の "In a Manichaean Monastery [Part 1]."は拙著のタイトルには言及するものの，実際には全く活用しておらず，敦煌出土の漢文マニ経典『摩尼光仏教法儀略』の第五節「寺宇儀」に対する解釈に関して私と大きな違いを残したままであった。また同じく1993年出版の H.-J. Klimkeit, *Gnosis on the Silk Road* は優れた本であり，マニ教学に多大の貢献をなしたが，そこに含まれる本文書の英訳は，私の研究成果を全く反映していなかった。欧米の学界が拙著『マニ教史』を縦横に利用できるようになるのは，そのドイツ語全訳［Moriyasu 2004＝GUMS］が出版されて以後の

ことである。

第2節　令規文書に使われた朱印と文書の発行年代

「マニ教寺院経営令規文書」は黄文弼がトゥルファン盆地で発見したもので，現在は北京の中国国家博物館に K 7709（= Y 974）として所蔵されている。巻子本である本文書の現存部分は，長さ 270 cm，紙幅 29.5 cm である。首部は欠落しているが，内容から判断して失われた部分は相当に長大であったと思われる。残っているウイグル文は 125 行である。現存部分の前半には破れた所が多いが，それは恐らく巻子状になっていたものが外側から破損していったからであろう。それを補修して新たな巻物に仕立て直す時に，ちぎれていた断片を表具師がいい加減に貼り付けたため，テキストに重大な混乱が生じ文意が通じなくなってしまった。耿世民やクリムカイト（H.-J. Klimkeit）は，それをもテキストに取り込んで無理に解釈しているが，私のテキストではそういう箇所のローマ字転写（transcription）を【　】でくくって示している。

　本文書には縦 10 cm，横 9.5 cm の大きな漢字の朱方印が 11 箇所に押されており，それだけで本文書が公的なものであることを物語る。その印文は「(1) 大福大迴鶻 (2) 國中書門下 (3) 頡於迦思諸 (4) 宰相之寶印」であり，全体の意味は「大いなる福をもつ大ウイグル国の，（漢語で言えば）中書門下，（ウイグル語で言えば）頡於迦思（イル＝オゲシ）たる宰相たちの宝印」ということになる。イル＝オゲシは，先行する東ウイグル帝国時代から存在する有名なウイグルの称号 il ögäsi「国の顧問」の音写である。そのランクは極めて高く，おそらく宰相クラスと考えられてきたが，それはこの印鑑で中国の「中書門下」に対応していることからも確認される。複数のイル＝オゲシ il ögäsi が同時に存在し得たことは，先行する東ウイグル帝国時代のカラバルガスン碑文，並びにトゥルファン出土の賛美歌集であるマフルナーマグ Maḥrnāmag の両方からも明らかである。しかし，本文書が西ウイグル王国時代のものであることは，先学の誰一人として疑っていない。つまり本文書はそのような西ウイグル王国政府中枢から発布された公文書なのである。拙著『マニ教史』全体で論証した通り，本文書が書かれたのは西ウイグル王国時代前期の 10 世紀中葉と考えてまず間違いない。

ところで漢字の朱印が押されている事実についてクリムカイトは次のような解説を付けている："As Chinese was not an official language of the chancellery of the Uighur Realm, this document must have been officially sanctioned by Uighur as well as Chinese authorities." しかしこれは大きな誤解である。漢字の朱方印を用いているのは，中国本土の政権とは何ら関わりなく，単に前代から漢文化の強い影響を被った結果である。恐らく漢文による文書行政に馴染んだ人々が国家組織の中に多く含まれていたことを示唆している。漢字以外の文字で書かれた公式の文書に漢字の朱方印が押された実例として，我々は他にも敦煌出土のチベット語文書（9-10世紀）とコータン語文書（10世紀）を知っている。チベット語文書は，吐蕃が支配した時期もそれ以後も漢語が有力であった河西地方において作成されたものであるし，コータン語文書の方は，唐の安西四鎮による西域支配の時代に漢文による文書行政が行なわれた経験を持つコータン王国の国王から出された書簡である。つまりいずれも漢字の朱方印が使用されるに至る十分な歴史的背景がある。漢字は表意文字なので，狭いスペースに多くの意味を盛り込む必要のある印章用には便利なのである。翻ってウイグルの歴史を考えるに，漢文による文書行政の伝統という条件を備えて同じような現象を生起できたのは，唐のトゥルファン漢人社会の伝統を受け継ぐ大量の漢人を治下に抱え込むに至った西ウイグル王国においてであって，決して東ウイグル帝国ではない。

　因みに私はトゥルファン出土ウイグル文書の中に，このような漢文の朱方印のある文書を20点以上見つけている。いずれも解読は極めて困難であるが，私はこれまでのところ，この令規文書の朱印と同様に「大福大迴鶻國」と「イル＝オゲシ」が同時に読みとれるもの2点，「イル＝オゲシ」だけが読みとれるもの2点，そして「天特勤之印」1点の解読に成功している [cf. 森安 2000「朱印」pp. 118-119]。これらの朱方印の押されたものが全て政府側から発行された世俗文書であるのに対し，マニ教団内部では朱円印が使われたようである。ズンダーマン（W. Sundermann）が発表したものは，明らかにマニの顔が刻まれた円形の印章であり [Sundermann 1985a]，似たものが他にもいくつか確認されている。おそらくはマニ教団を統轄する慕闍（モジャク）もしくは拂多誕（アフタダン）が使用したのであろう。

第3節　テキスト・翻訳最新版

　ここでは，拙著『マニ教史』並びにそのドイツ語訳［Moriyasu 2004＝GUMS］の第 2 章で提示した「マニ教寺院経営令規文書」のテキスト・翻訳・訳注のうち，テキスト・翻訳の最新版を提示する。訳注のほとんどは有効なままであるので，そちらを参照されたい。ただし，本稿の第 4・7・8 節は訳注で与えた情報をピックアップして書き直したものである。一方，第 5 節・第 6 節はコレージュ＝ド＝フランスでの「ウイグル＝マニ教史特別講義」の第 3 回分を増補・修正したものである。

テキストの凡例
bold ＝破損して完全に欠けている文字（テキスト）を推定復元したもの。
italic ＝文字の一部が残っているのを復元したもの。
•••• ＝文字の一部が残っているが復元不能につき推定字数を示したもの。
///// ＝破損している部分の推定字数。
ab<u>c</u>ïd ＝ウイグル文字で表記されていないか，もしくは表記が不完全（例えば，二つあるべきアレフが一つのみ；WY が W のみ；アレフや Y が脱落）である母音を復元した場合には，下線を引いて区別する。
【abcd】＝ちぎれた断片を台紙に貼りつけた際の貼り誤り，ないしその恐れのある箇所（正しい位置未定）。

翻訳の凡例
［　］＝テキストの推補部分の訳。
【　】＝テキストの対応部分の訳。
（　）＝解釈の便宜のために加えた説明。
‥‥‥＝解釈不能の箇所。

001）　【X'XWCY-lar kirzün・X'YX•/】//////【bolsar ymä ilki**dä**k*i*】
　　　【‥‥‥達が入るべし。‥‥‥】‥‥‥【であれば，また以前の】

002）　【qanikta kirsär yalnguz】////【**ma**ni-stan-taqï yazlïq】
　　　【蔵(?)に入る時はただ】‥‥‥【マニ寺にいる‥‥‥】

003) 【birlä kirzün kigür•//••/•】 /// 【ilkidäki törüčä】
【と共に入るべし。入らせ‥‥‥】‥‥‥【[以前]の規定通り】

004) 【i/ki-däki törücä 'YX•/】【//CY možak】【ilïmya totoq 'YX//】
【[以前]の規定通り‥‥‥】【‥‥‥慕闍】【財務都督‥‥‥】

005) 【išlätzün】【taš sävit】【bars tarqan tämir yaxšï tutzun】
【働かせよ】【タシュ＝セヴィト】【バルス＝タルカン＝テミルがよく保管すべし】

006) 【•//••••T'RM••】【////ZWN・üntürgü bolsar ikigü】
【‥‥‥‥‥】【‥‥せよ。育成すべきものであるなら，2人で】

007) 【•/••///•/•N srošivt】【tsangaγ ikigü birlä】
【‥‥‥‥‥義［務］】【穀物倉庫を2人で一緒に】

008) 【••】////【//•YN sačγuča・】【L'R】【///••daqï išig】
‥‥‥【(種を)播くのに必要なだけ】【達】【‥‥‥にある仕事を】

009) 【taγay bars ilïmya】【・uz •///】išläzün kidin balïqtaqï
【タガイ＝バルス財務［都督］】【うまく‥‥‥】担当すべし。西城［にある］

010) išig küčüg qumar bars tarqan išläzün・baγ
仕事をクマル＝バルス＝タルカンが担当すべし。園林・

011) borluq yir suv qaγ timäzün uz itürzün öngtün
［ブドウ園］・田地が旱田（部田）であると言うべからず。うまく耕作せよ。東

012) 【/•/•••/】【baγ borluq】【••/•】bolsar taγay bars
［城］‥‥‥【園林・ブドウ園】［順調でなく］あればタガイ＝バルス［財務都督］

013) 【///C böz・'Y//】////////qavrïγ-qa tägzün・kidin
【‥‥‥棉布‥‥‥】が‥‥‥刑に処すべし。西

014) balïqtaqï iš ////【WY】////////////qumar bars
城にある仕事が［順調にいかなければ］クマル＝バルス＝

015) tarqan qïyn-qa qïzγut-qa tägzün öngtünki nä
タルカンが刑罰［に］就くべし。東方の何か

016) yïγγu tirgü bar ärsär ilïmya totoq yïγïp

　　　　　収集すべきものがあれば，財務都督が集めて

017)　【yaxšï tutzun】【qumar】yïγγu tirgü bar ärsär qumar
　　　　【よく保管すべし】【クマル】収集すべきものがあれば，クマル

018)　/////【//NCW-SY】////////////WN・aγïlïq-qa kirgüsin
　　　　・・・・・・・・・・［よく保管］すべし。国庫に入るべきものを

019)　【aγïlïq-qa】【••γuči】【•CY •//】••/-qa kirgüsin TW••///
　　　　【国庫に】【・・・・・】【・・・・・】・・・・に入るべきものを・・・・・

020)　kigürzün ikigü【•/////••】/// išlätzün YWNKL/////
　　　　入れさせよ。二人で［協力して？］働かせよ。・・・・・

021)　birlä tutzun öngtün yïngaq yir suv üküš üčün
　　　　一緒に保管せよ。東方は田地が多いので

022)　•WC'X 'XY ï tarïγ quanpu yïγγu yir suvlar itgü qumar bars
　　　　・・・・・・・・・・柴草・地子・官布を集めるべき田地を整えるべきである。クマル＝バルス

023)　//////D///////////// öngtünki kidinki balïq//【TWTW•】【DWM'N・】
　　　　・・・・・・・・・東の，西の［城］・・・・・・・・・

024)　【yir •】【buz-nung】【/•• 'WY】/YN altmïš iki •••• üzä
　　　　【地】【氷の】・・・・・・・・・60の両（62ではない）・・・・・で

025)　böz tägšürüp T'K••【Y'T////】kädgü böz birzün
　　　　棉布を交換して・・・・・・・・・はおるべき棉布を与えるように。

026)　ay sayu iki ančmn tängrilärkä säkizär on šïγ
　　　　月毎に両僧団の僧尼たち用に各々80石の

027)　buγday・yiti šïγ künčit iki šïγ burčaq・üč
　　　　小麦，7石の胡麻，2石の豆，3

028)　šïγ qonuq //////////• liv tutzun・nwydma
　　　　石の粟・・・・・・・・・食糧として取るべし。およばれ（御招待）

029)　【P•••P •• T••///NT' PK••】iki iš aγγuči-lar •///
　　　　・・・・・・・・・・・・・・・・・両幹事が，・・・・・

030)　【uz uzaγutqa •】// aγγuči-lar liv tutzun・munča
　　　　【職人用に】［両幹］事が食糧として取るべし。以上のように

031)　liv birip tängrilär aši suvsuši tängsiz bolsar iki

食糧を分配して僧尼達の食物・飲料が平等にならない（いきわたらない）なら，両

032) xroxan-lar öz ašï azuqï birlä barïp・solmï
呼嚧唤は自分の携帯食料を持って出かけて行って，ソルミ（唆里迷）の

033) mani-stan ////////【PY••】【WYY】olurzun iš ayɣučï-lar qïnqa
マニ寺・・・・・・・・・・・・・・居留すべし。幹事達は刑に

034) qavrïɣ-qa tägzün【iš ayɣučï】・aɣïlïq-qa kirür borluq
禁錮刑に処すべし。【幹事】国庫に入るブドウ園や

035) yir tüši tört ming yüz biš otuz quanpu bunqï
田地の地租（である）4125の官布は，基本の

036) törücä srošivt qanikta kigürzün manistan-taqï
規定通り，義務蔵に入れさせよ。マニ寺にある

037) **nä**täg TWYR•/【•Y•】iš küč bolsar iki xroxanlar iš
いかなる・・・・・・・・・・業務であれ，両呼嚧唤が幹

038) ayɣučï-lar birlä ////**iš**lätzün・kädmä tägirmän-ni*ng*
事達と共に・・・・差配すべし。ケドメの碾磑の（収入の）

039) biš yüz quanpuda älig quanpu kädmä-kä birzün
500官布のうち50官布はケドメに与えよ。

040) taqï qalmïš tört yüz älig quanpu äränkä aspasi
そして残った450官布は寺男用（および）侍男・

041) aspasanč-qa qïšqï ton ätük bolzun・käpäz bözi
侍女用の冬の衣服・長靴とすべし。棉花製の棉布

042)【**al**tmïš böz】//【•••••//•/Y】aspasanč-qa yayqï ton
【60棉布】・・・・・・・・・［侍男］・侍女用の夏の衣服と

043) bolzun・iki ančmn tängrilär-ning ašï boɣzï **tä**ngsiz
すべし。両僧団の僧尼たちの食事が［不平等に］

044) bolmazun・bir ay bir xroxan bir iš ayɣučï birlä
ならないようにせよ。1ヵ月間，1人の呼嚧唤が1人の幹事と共に

045) turup yïčanïp aš boɣuz uz qïlturzun・taqï bir
当直となって監督をし，食事をうまく作らせよ。さらに（次の）1ヵ

046) **a**yda birisi【/T Y//】bir iš ayɣučï birlä turup

月にはもう1人の［呼嚧喚が］1人の幹事と共に当直となって

047) yičanïp aš boγuz uz qïlturzun・qayu ayqï aš boγ**uz**
　　　監督をし，食事をうまく作らせよ。どの月の食事が

048) aγduq bolsar・ol ayqï xroxan iš ayγuči birlä
　　　悪くても，その月の呼嚧喚は幹事と共に

049) qavrïγ-qa tägzün・iki xroxan-lar iš ayγuči-lar
　　　禁固刑に処すべし。両呼嚧喚は両幹事と

050) birlä turup yar*si*nčïγ aščï-larïγ ötmäkči-lärig qavïra
　　　共に当直となって，ひどい料理人達とパン職人達を監視し

051) turzunlar・tängrilär *x*oanta olursar iki xroxan-**lar**
　　　続けよ。僧尼たちが聖卓に就く時は，両呼嚧喚は

052) adaqïn turup ašïγ suvsušuγ 'YWRX'NY ZM'STYK-kätäg**i**
　　　足で立って，食物と飲み物を 'YWRX'NY ZM'STYK に至るまで

053) tüz tägürüp・anta kin özläri xoanta olurzun
　　　平等に配り，その後で自分らが聖卓に就け。

054) mani-stanta nätäg iš küč bolup tängri možak-kä
　　　マニ寺で何か用件ができて，聖慕闍に

055) ötügkä kir**sär** //// *i*lkidäki törüčä xroxan-lar iš
　　　奏上に入る時は，‥‥‥以前の規定通り，呼嚧喚たちは幹

056) ayγuči-s**ïz** kirmäzün・iš ayγuči-lar ymä xroxan-**sïz**
　　　事を伴わずして入るべからず。幹事たちも呼嚧喚を伴［ずして］

057) kirmäzün・xroxan-lar iš ayγuči-lar birlä turup
　　　入るべからず。呼嚧喚たちは幹事たちと一緒に立ったままで

058) ötünzün-lär・qamïγ araqï aspasi äran oγlan-sïz
　　　奏上すべし。全体の中間にいる侍男は，男童のいない

059) tängrilär näčä "/////S'R angaru tapïnzun・anta
　　　僧尼たちがどれほど‥‥‥あろうとも，彼等に仕えよ。その

060) kin qalmïš qamïγ araqï oγlan 'YWRX'NY ZM'STYKq*a*
　　　後で残った全体の中間にいる児童（について）は 'YWRX'NY ZM'STYK
　　　に

061) tapïnγuči bälgülük qïlïp xoanta uz tapïnturzun【bu bitigin】

仕える者という目印を付けて，聖卓でうまく奉仕させよ。【この文書で以て(?)】

062) ärän tängrilär qïrqïn tängrilär mani-stan-ta ašansar
男性僧侶たち，女性尼僧たちがマニ寺で食事する時や，

063) qanta nwydmakä ba**rs**ar ikirär küpčük taš suv kälürüp
どこかへおよばれ（御招待）に行く時は，2瓶ずつの石清水を持参して

064) buz suvï qïlïp tängri-lärkä 'YWRX'NY ZM'STYK-kä tägi
氷水を作り，僧尼たちに 'YWRX'NY ZM'STYK に至るまで

065) tüzü tägürzün・S'CN'NKW tängrilär nwydmakä barsar ismiš
あまねく配れ。‥‥‥僧尼たちがおよばれ（御招待）に行く時は精製した

066) minin öngi yïɣturzun・näčädä qaliu(?) qïlɣu bolsar
麺粉を別に集めさせよ。いつでも qaliu(?) を作る必要がある時は

067) munï üzä qïlzun bu ismiš min-kä tängri možak
これでもって作れ。この精製した麺粉に対して聖慕闍や

068) avtadan yaqmazun・qaliu(?) qïlɣu bolsar tängri možak yarlïɣ**sïz**
拂多誕は干渉すべからず。qaliu(?) を作らねばならなくなれば，聖慕闍の御命令［なしで］，

069) xroxanlar iš ayɣučï-lar birlä turup qïlturzun・iki
呼嚧喚たちが幹事たちと共に立ち合って作らせるべし。両

070) ančmn tängrilär-ning iki T'Y'TSY suvsušïnga možak
僧団の僧尼たちの 2T'Y'TSY(?) 飲料に慕闍や

071) avtadan yaqmazun・tängri možak-kä avtadanqa kim
拂多誕は干渉すべからず。聖慕闍や拂多誕に誰かが（客として）

072) täggäli kälsär öz suvsušïn birzün・　・
接見しに来たら，（その客を迎えた本人）自身の飲料を提供すべし。

073) bir yï*l*/qï liv buɣday-nïng sökti-si bolur・iki yüz
一年分の食糧たる小麦のフスマ（麩，麦かす）は 200 石となる。

074) šïɣ・　・bu iki yüz šïɣ söktidä yüz šïɣ sökti
この 200 石のフスマのうちより 100 石のフスマは，

075) qang*l*i tarɣučï ud-lar yizün・yüz šïɣ sökti tängri

車を引く牛どもに食わせよ。(残りの) 100 石のフスマは聖

076) možak-ning avtadan-nïng käväl-läri yizün・bu yüz šïɣ
    慕闍と拂多誕の乗用馬どもに食わせよ。この 100 石の

077) sökti yïɣmïš tutzun・atlar-qa yizgü qaturzun・
    フスマはイグミシュが保管せよ。馬どもに食わせるために(飼料に)混入せよ。

078) üč ordudaqï yir-lärig üč kiši-kä birzün
    ウッチ=オルドゥにある土地(複数形)を 3 人の人に与えよ。(その土地を与えられた者は)

079) bir kün ygrmirär qaɣun mani-stan-qa kälürzün
    1 日に 20 個ずつのメロンをマニ寺に持参すべし。

080) otuz qaɣun uluɣ mani-stanta birzün・otuz qaɣun
    30 個のメロンを大マニ寺に与えよ。30 個のメロンを

081) kičig mani-stan-ta birzün bu qaɣunuɣ yïɣmïš yïɣïp
    小マニ寺に与えよ。このメロンをイグミシュが集めて

082) kälürzün・K•••• qïlsar yïɣmïš qavrïɣ-qa tägzün
    持参せよ。……すればイグミシュをば刑に処すべし。

083) tängri možak-kä bir küri bišing songun "••D'
    聖慕闍に 1 キュリの bišing(?) 葱韮と……

084) bišing songun・iki ančmn tängrilärkä bir tang
    bišing(?) 葱韮, 両僧団の僧尼たちに 1 タンの

085) songun birzün・öngtün kidin näčä manistan-
    葱韮を与えよ。東西どれだけでもマニ寺

086) -lardaqï baɣ borluq yir suv iki iš ayɣučï-lar
    に所属する園林・ブドウ園・田地は両幹事が

087) uz itürüp・yana qaɣ yirläri näčä bar ärsär
    うまく耕作させ, さらに旱田(部田)がどれだけあっても,

088) az üküš yaqa-ta birip yirig köntürüp bun
    多少にかかわらず(?)租佃(小作)にやって土地を整備させて, 基本

089) tüšingä tägürzün・tüš kirür yirlärig uz
    収益に達せしめよ。収益が入る土地をうまく

090) itürüp tüšin ašzun・iki iš ayγučï-lar
耕作させて，収益を増やすべし。両幹事は

091) iträšmäzün・iträšip iš küč aγduq qïlsar
責任転嫁し合うべからず（?）。責任転嫁し合って（?）業務を悪化させれば，

092) qïyn-qa qïzγut-qa tägzün・bu yir suv baγ
刑罰に処すべし。この田地・園林・

093) borluq savïnga tängri možak avtadan xroxan-lar
ブドウ園の件に聖慕闍・拂多誕・呼嚧喚たちは

094) qatïlmazun・iš ayγučï-lar bilzün iš ayγučï
干渉すべからず。幹事たちが関知せよ。幹事の

095) taγay bars ilïmγa totoq-qa yumuščï kičigi qutadmïš
タガイ＝バルス財務都督への伝令小姓はクタドミッシュ＝

096) ygän iš ayγučï qumar bars tarqan-qa yumuščï
イゲン，幹事のクマル＝バルス＝タルカンへの伝令

097) kičigi il körmiš・bu išlärig iš ayγučï-lar
小姓はイル＝キョルミシュ（である）。これらの仕事を幹事たちが

098) uz qïlsar ögdi-kä ačïγ-qa tägzün・aγduq
うまくやるなら，称賛と褒美にあずかるべし。まずく

099) qïlsar üč yüz qïyn-qa tägzün birär žunkim
やるなら（ムチ）三百の刑に処すべし。各1絨錦

100) •/YCW(K)Y birlä qïzγut birzün-lär・manistan-taqï
……でもって罰金を差し出すべし。マニ寺にいる

101) ärän-lärig ymki čor bars+bäg birlä bašta turup
寺男たちをイムキ＝チョルがバルス＝ベグと共に先頭に立って

102) išlätzün・iš ayγučï-lar künlük išin ayïtu turzun
働かせよ。幹事たちは日々の仕事を査問し続けよ。

103) bir yïl ygrmi qanglï qamïš mani-stan-qa kirzün
1年に20（台の）車の葦をマニ寺に納入せよ。

104) taqï qalmïš qamïšïγ borluq-lar sayu üläzün・
そして（それ以外の）残余の葦をブドウ園毎に分配せよ。

105) 'YWRX'NY ZM'STYK šaxan qy-a-lar igläsär körü tu**tup**
　　 'YWRX'NY ZM'STYK や šaxan qya たちが病気になれば，（様子を）看
　　 ［取して］
106) ämlätgüči yïɣmïš bolzun otačï oqïp kälürüp otïn
　　 治療させる者にはイグミシュがなれ。医者を呼んで連れて来て，薬草や
107) ämin iš ayɣučï-larda b̠äk tutup alïp uz ämlätzün
　　 薬剤を幹事たちの所で確保して，うまく治療させよ。
108) qayu dintar-lar igläp yïɣmïš isinmäsär üč yüz
　　 誰か僧尼たちが病気になってイグミシュが面倒みなかったら，（ムチ）
　　 三百の
109) **qï**yn-qa täg**zü**n sav-qa küčgün barzun・
　　 刑に処すべし。命令（審問？）には厳しく（？）行くべし。
110) M'NK/W/ sangun oɣlan・arslan tonga inisi birlä
　　 M'NK/W/ 将軍の息子，アルスラン＝トンガの弟，並びに
111) MX(?) ky-ä oɣlan・ïɣaččï bolmïš・bu tört ilig
　　 Max(?) Ky-ä の息子，材木屋（or 木匠）ボルミシュ，これら 4 人の王
112) kiši birär šïɣ käpäz ïdïp kälürzün・yar manistanta
　　 人は各 1 石ずつの棉花を送って持って来い。ヤールのマニ寺には
113) iki küri käpäz birzün・altï küri käpäz qočo manis**tan**-
　　 2 キュリの棉花を与えよ。6 キュリの棉花を高昌のマニ寺
114) -qa kälürzün・　　　・mani-stan-taqï otungčï-lar lalan
　　 に持参せよ。　　　マニ寺に所属する薪採取人たち：ララン＝
115) käd＋tuɣmïš・LYS• šabi körtlä・bäg tur・bu üčägü
　　 ケド＝トグミシュ，LYS• シャビ＝キョルトレ，ベグ＝トゥル，この 3
　　 人は
116) *b*ir kün birär yük otung kälürür・qutluɣ tonga qolmïš
　　 1 日に各 1 束の薪を持参する。クトルグ＝トンガとコルミシュ，
117) bu ikigü iki küntä bir yük otung kälürür・bu otungčï-
　　 この 2 人は 2 日で 1 束の薪を持参する。この薪採取人
118) -lar-nïng otungïn körüp alɣučï yaqsïz qutluɣ arslan
　　 たちの薪を検べ受け取る人はヤクシズ＝クトルグ＝アルスラン（であ

119) dintar-nïng aši yig bolsar üč yüz qïynqa tägzün
僧尼の食物が生煮えであれば，（ムチ）三百の刑に処すべし。

120) manistan sanlïɣ otačï-lar yaqšï ačari inisi・oɣlï
マニ寺に所属する医者たち（である）薬師阿闍梨，その弟，その息子

121) birlä・šingtai toyïn・vapap oɣlï taz・qazčï(?) yaqtsin
共々，シンタイ＝トイン，ヴァパップの息子タズ，鵝匠(?)のヤクツィン＝

122) toyïn・kädizči oɣul bars・zïɣčï(?)-lar munča kiši manistanta
トイン，フェルト匠のオグル＝バルス，綱匠(?)たち。以上の人々はマニ寺で

123) išläzün・otačï-lar turɣaq turzun balïq arqasïnta
働け。医者たちは常駐せよ。町衆にも

124) toyïn arqasïnta yarɣan čupan yaqmazun・känt
僧衆にも保安官や地方官は接近すべからず。ケントの

125) iši bolsar išläzün adïn iškä yaqmazun・
用事であれば遂行すべし。他の用件には干渉すべからず。

第4節 「幹事」と「呼嚧喚」

本文書のキーワードになっているのは，iš ayɣuči「幹事」と xroxan「呼嚧喚」という2種類の職掌（役柄）の人である。まずそれに関連する箇所を抽出して引用しよう。

原文書 *ll.* 36-38
　マニ寺にあるいかなる・・・・・・・・・業務であれ，両呼嚧喚が幹事達と共に・・・・・差配すべし。

原文書 *ll.* 44-51
　1ヵ月間，1人の呼嚧喚が1人の幹事と共に当直となって監督をし，食事

をうまく作らせよ。さらに（次の）1ヵ月にはもう1人の［呼嚧喚が］1人の幹事と共に当直となって監督をし，食事をうまく作らせよ。どの月の食事が悪くても，その月の呼嚧喚は幹事と共に禁固刑に処すべし。両呼嚧喚は両幹事と共に当直となって，ひどい料理人達とパン職人達を監視し続けよ。

原文書 *ll.* 54-58

　マニ寺で何か用件ができて，聖慕閣に奏上に入る時は，‥‥‥以前の規定通り，呼嚧喚たちは幹事を伴わずして入るべからず。幹事たちも呼嚧喚を伴わずして入るべからず。呼嚧喚たちは幹事たちと一緒に立ったままで奏上すべし。

原文書 *ll.* 68-69

　qaliu（？）を作らねばならなくなれば，聖慕閣の御命令［なしで］，呼嚧喚たちが幹事たちと共に立ち合って作らせるべし。

原文書 *ll.* 85-100

　東西どれだけでもマニ寺に所属する園林・ブドウ園・田地は両幹事がうまく耕作させ，さらに旱田（部田）がどれだけあっても，多少にかかわらず（？）租佃（小作）にやって土地を整備させて，基本収益に達せしめよ。収益が入る土地をうまく耕作させて，収益を増やすべし。両幹事は責任転嫁し合うべからず（？）。責任転嫁し合って（？）業務を悪化させれば，刑罰に処すべし。

　この田地・園林・ブドウ園の件に聖慕閣・拂多誕・呼嚧喚たちは干渉すべからず。幹事たちが関知せよ。幹事のタガイ＝バルス財務都督への伝令小姓はクタドミシュ＝イゲン，幹事のクマル＝バルス＝タルカンへの伝令小姓はイル＝キョルミシュ（である）。これらの仕事を幹事たちがうまくやるなら，称賛と褒美にあずかるべし。まずくやるなら（ムチ）三百の刑に処すべし。各1絨錦‥‥‥でもって罰金を差し出すべし。

　iš は「仕事；事，事柄；用事，用件；業務」，ayγučï は「言う人，スポークスマン，命令や注文を出す人」の意で上は可汗の顧問から下は低級官吏まで様々なランクがあり得る[1]。本文書の iš ayγučï は，その業務内容を見ても，また任務に支障を来せば処罰されると規定されている（*ll.* 33-34, 48-49, 90-92, 97-99）のを見

ても，それ程高い職掌（役柄）とは思われない。「初釈」p. 509 では「管事的」と訳し，「初釈」の英訳 [Geng 1991] では "person in charge" と訳している。ツィーメは Zieme 1975c, p. 333 では未発表のウイグル文書 U 6026 からの一節を援用して低いランクの者であろうと推測しただけであったが，Zieme 1988, p. 222 では "Dienst-Auftraggeber" という独訳を与えている。私は，このマニ寺の経営（寺院経済）に関わる様々な事を指図する係という意味で「幹事」と訳している。

一方の xroxan「呼嚧喚」についても，その業務内容は iš ayɣuči「幹事」と同様な雑務ばかりであり，また任務に支障を来せば幹事と共に処罰されると規定されている (ll. 48-49) のを見ても，やはりそれ程高い職掌（役柄）とは思われない。しかし注意すべきは，2 人の幹事は固有名詞を持っていて特定されているのに，2 人の xroxan には固有名詞がないことである。2 人の幹事は単に俗人の固有名詞を持っているだけでなく，その称号からみても政府から派遣された役人であることが容易に推測され，本文の職務内容もそれを支持する。リュウ（S. N. C. Lieu）が初めは幹事を僧職たる「月直」と結び付け [Lieu 1981, p. 166]，後に幹事を俗人とみている [Lieu 1985, p. 201] のは自己矛盾である。

一方，xroxan になるのはマニ教僧侶である。ウイグル語 xroxan の原語である中世ペルシア語 xrwh(x)w'n の語源的な意味は，ゴーティオ [Gauthiot 1911b] によれば "celui qui fait retentir l'appel"「呼び声を響かせる者」，バンヴニスト [Benveniste 1932] によれば "appeleur à la prière"「祈りを（するように）呼びかける人」であるが，イラン学・マニ教学界では一般に "preacher" "Prediger"「説教師，伝道師」と解釈され，それに対する異論はないようである[(2)]。しかしながら，本文書の xroxan の役割をみてみると，それはほとんど常に幹事と共にマニ寺の日常生活面での運営に携わるものばかりであり，説教のような宗教活動面での役割について，少なくとも現存部分では言及されていない。それに本文 ll. 44-51 の記述からは，この xroxan たちは一月毎に交替する当番制で任務に就いていたことが窺われる。

第 5 節　マニ経典『摩尼光仏教法儀略』に見える呼嚧喚と月当番

そこで改めて想起されるのが，中世ペルシア語 xrwh(x)w'n の音写である「呼

嚧喚」と「月直」という月当番とが同時に現われる敦煌出土の漢文マニ経典『摩尼光仏教法儀略』の一節である。それは第五節「寺宇儀」の記事であるが，この解釈にはまだ多くの問題点があるので，まず原文と先行研究の翻訳を列挙しよう(3)。

『摩尼光仏教法儀略』第五節「寺宇儀」（Pelliot chinois 3884）
　　毎寺尊首詮簡三人：
　　　第一　阿拂胤薩　　　　譯云讚願首，專知法事。
　　　第二　呼嚧喚　　　　　譯云教道首，專知奬勸。
　　　第三　遏換健塞波塞
　　　　譯云月直，專知供施。皆須依命，不得擅意。

●Chavannes / Pelliot 1913, pp. 113-114：
Dans chaque temple il y a trois élus en chef (qui sont)：
　　- 1e：Le *a-fou-yin-sa*, dont le nom signifie le chef [de la récitation] des hymnes et des vœux ; il s'occupe spécialement des choses de la religion.
　　- 2e：Le *hou-lou-houan*, dont le nom signifie le chef de la doctrine religieuse ; il s'occupe spécialement de récompenser et d'encourager.
　　- 3e：Le *ngo-houan-kien-sai-po-sai* dont le nom signifie le préposé au mois ; il s'occupe spécialement des offrandes et des aumônes.
- Tous [les religieux] doivent se conformer aux ordres [de ces trois supérieurs] et n'ont pas le droit d'agir à leur guise.

◎Chavannes / Pelliot 1913, pp. 113-114：
各寺院には3人の長として選ばれた者がいる（それは以下の通り）：
　　- 第一：阿拂胤薩　その名称は聖歌と祈願の［朗唱の］長を意味する。彼は特に宗教の事に専念する。
　　- 第二：呼嚧喚　その名称は宗教的教義の長を意味する。彼は特に報酬を与える事と奨励する事に専念する。
　　- 第三：遏換健塞波塞　その名称は月当番を意味する。彼は特に供物や布施に専念する。
　　- 全て［のマニ僧］は［これら3人の上役の］命令に従って行動せねばならず，自分勝手に行動する権利はない。

● Waldschmidt / Lentz 1933, "Manichäische Dogmatik", p. 522 :

(In) jedem Kloster (als) ehrwürdige Häupter (werden) erwählt drei Menschen.

1. *a-fu-yin-sa*, übersetzt : das Haupt der Hymnen. Er beschäftigt sich mit den Angelegenheiten des Gesetzes und kennt sie ;
2. *hu-lu-huan*, übersetzt : Haupt der Lehren. Er beschäftigt sich damit zu ermuntern (und) zu ermahnen und versteht sich darauf ;
3. *(ng)o-huan-chien-sai-po-sai*, übersetzt : Mond-gerade (= Regler ?) Er beschäftigt sich mit den Darbringungen (Geschenken) und versteht sich darauf.

Alle (drei ? oder : alle andern) müssen sich an die Befehle halten, nicht erlangen, nach freiem Willen zu handeln.

◎Waldschmidt / Lentz 1933, "Manichäische Dogmatik", p. 522 :

各僧院（では）尊敬に値する長（として）3人が選出（される）。

一：阿拂胤薩　聖歌の長と翻訳される。彼は法令の事柄に従事し，それを知っている。

二：呼嚧喚　教義の長と翻訳される。彼は奨励・勧告することに従事し，理解している。

三：遏換健塞波塞　月直（調整者？）と翻訳される。彼は捧げ物（贈り物）のことに従事し，理解している。

全ての（3人の？，他の？）者は命令に準拠せねばならず，自由意志によっては行動し得ない。

● Lieu 1981, "Precept and Practice", p. 162 :

At the head of each monastery there should be three *Ch'üan-chien* (lit. to choose or appoint, i. e. *electus*).

First, the *A-fu-yin-sa* (= Mid. Pers., *āfrinsar*), when interpreted means 'choir master' who devotes himself mainly matters of religion.

Second, the *Hu-lu-han* (= Mid. Pers., *xrōhxwān*), when interpreted means one who teaches the way and devotes himself to commendation and persuasion.

Third, the *(Ng)o-huan-chien sê-po-sê* (= Mid. Pers., *ruwanagan ispasig (?)*), when interpreted means 'regulator of the month' (?) who devotes himself to (administering) offerings and alms.

The whole community should conform to the orders (of these three superiors) and no one is allowed to contradict their wishes.

◎Lieu 1981, "Precept and Practice", p. 162：
　各僧院の上部に，3人の詮簡（字義は選任することであるが，選ばれた者＝マニ僧を指す）がいるべきである。
　　第一：阿拂胤薩　翻訳すれば聖歌隊の長で，主に宗教の事柄に専念する。
　　第二：呼嚧喚　翻訳すれば「道」を教える者で，推奨や説諭に専念する。
　　第三：遏換健塞波塞　翻訳すれば「各月の規制人？」で，供物や布施（を管理すること）に専念する。
　全共同体は（これら3人の上役の）命令に従うべきであり，誰も彼らの意思にそむくことは許されない。

●Schmidt-Glintzer, *Chinesische Manichaica*, 1987, p. 74：
　Jedes Kloster hat drei Gewähltes als Hauptpriester：
　　Der erste, der *a-fu-yin-sa*, übersetzt：Das Oberhaupt für die Rezitation der Hymnen und Gelübde；besonders beschäftigt er sich mit den Angelegenheiten des Gesetzes.
　　Der zweite, der *hu-lu-huan*, übersetzt：Das Oberhaupt für die Unterweisung in der Lehre；er beschäftigt sich besonders mit der Vergeltung und Ermunterung.
　　Der dritte, der *no-huan-chien-sai-po-sai*, übersetzt：Der Beaufsichtiger des Monats (?)；er beschäftigt sich besonders mit Spenden und Almosen.
　Alle Mönche müssen sich den Anweisungen (dieser drei?) unterordnen und dürfen nicht eigenmächtig handeln.

◎Schmidt-Glintzer, *Chinesische Manichaica*, 1987, p. 74：
　各僧院は長たる僧として3人の選ばれた者をもっている：
　　第一：阿拂胤薩　聖歌と誓願の朗唱のための長と翻訳される。彼は特に法令の事柄に従事する。
　　第二：呼嚧喚　教義の教授のための長と翻訳される。彼は特に報酬と奨励に従事する。
　　第三：遏換健塞波塞　毎月の（？）監督者と翻訳される。彼は特に寄付と布施に従事する。

全ての僧は（これら3人の？）指示に従わねばならず，独断で行動してはならない。

●Tajadod 1990, pp. 60-63, 240-241：

Dans chaque monastère, il y a trois élus en chef :

I -- Le *afuyinsa*, dont le nom signifie «chef des hymnes et des vœux», est spécialisé dans les affaires religieuses.

II -- Le *huluhuan*, dont le nom signifie «chef de la doctrine religieuse», est spécialisé dans la récompense et dans l'encouragement.

III -- Le *ehuanjiansaibosai*, dont le nom signifie «préposé au mois», est spécialisé dans les offrandes et les aumônes.

- Tous les religieux doivent obéir aux enseignements (de ces trois supérieurs) et n'ont pas le droit d'agir à leur guise.

◎翻訳すればほとんど上の Chavannes / Pelliot 1913 と同じになる。

●Tongerloo 1993, p. 246：

Every monastery honours as (its) head three elects.

Firstly : the *a-fu-yin-sa*, translated as : "the leader of hymns and supplications", he is especially knowledgeable about the religious events.

Secondly : the *hu-lu-huan*, translated as : "the leader of instruction of religious teachings", he is especially knowledgeable about rewards and admonitions.

Thirdly : the *e-huan-chien-sai-po-sai*, translated as : "(the one who) monthly corrects", he is especially knowledgeable about the offerings and alms.

All must comply according to (the) orders and are not allowed to act on their own authority.

◎Tongerloo 1993, p. 246：

各僧院は3人の選ばれた者（＝マニ僧）をその長として礼遇する。

第一：阿拂胤薩　聖歌と祈願の長と翻訳されるが，彼は特に宗教的な行事に通暁している。

第二：呼嚧喚　宗教的教義の教授の長と翻訳されるが，彼は特に報奨と説諭に通暁している。

第三：遏換健塞波塞　「月毎に直す（者）」と翻訳されるが，彼は特に供物

や布施に通暁している。

全ての者は命令に応じなければならず，自分自身の権限で行動することは許されない。

● Klimkeit 1993, *Gnosis on the Silk Road*, p. 352 :

We learn in the "Compendium" that there were three important dignitaries in the monastery :

(1) the hymn and prayer-leader, who was especially concerned with "matters of the Law,"

(2) the head of religious instruction, who mainly dealt with "discipline and admonition," and

(3) the "supervisor of the month", whose charge it was to administer tithes and alms.

"All the monks," says the "Compendium," "must subject themselves to the instructions (of those three ?) and may not act on their own authority."

◎ Klimkeit 1993, *Gnosis on the Silk Road*, p. 352 :

『儀略』にて我々は，僧院には 3 人の重要な高位聖職者がいたことを知る。

　　一：聖歌と祈願の長で，彼は特に教法の事柄に関わっている。

　　二：宗教的な教授の長で，彼は主に規律と説諭を扱っている。

　　三：「各月の監督者」で，彼の任務は（教会の）十分の一税や布施を管理することである。

『儀略』が言うには，全ての僧侶は（これら 3 人の ?）教唆に服従しなければならず，自分自身の権限で行動してはならない。

以上見てきたように，冒頭の「毎寺尊首詮簡三人」については，シャヴァンヌ／ペリオ以来，ワルドシュミット／レンツを例外として，ほとんどの研究者が最近にいたるまで「毎寺に尊首たる（あるいは尊首として）詮簡が三人（いる）」と解釈してきた。つまり従来は「詮簡」を名詞とみなして「選ばれた者＝マニ僧」と解するのが通例であったわけである。しかしながら，これは無理である。なぜなら『儀略』の他の箇所，即ち第四節「五級儀」には「選ばれた人＝マニ僧」はパルティア語・中世ペルシア語共通の ardāw の複数形 ardāwān からの音写形である「阿羅緩」 *a-luo-huan*（*ˀâ-lâ-γuân）[cf. 吉田 1987, list no. 11 ; DMMPP, pp.

51, 52］と明記されている．さらに他のマニ経典に現われる詮簡＝銓簡＝詮柬を見れば，いずれも動詞として使われている．確かに漢文マニ教文献には正統漢文としては極めて不自然であり，内容が分かって初めて読めるという箇所も往々にしてあるが，この一句は尊首を主語，詮簡を「選ぶ」という意味の動詞（述語）ととり，普通の漢文として無理なく解釈できる．つまり先行研究では例外的だったワルドシュミット／レンツの方が正しいのである．それに「尊首」は語義からして三人いるよりも一人の方がふさわしい．寺院の規模によって最高責任者の階級は変わるから，階級名ではなく「尊首」と指示されているのであろう．私の見方によって問題の一句を読み下せば「毎寺の尊首は三人を詮簡す（or 詮簡せよ）」となり，これを「各マニ寺の最高責任者が（以下のような）三人の役僧を選任する（or 選任せよ）」と解読すべきである．

それに従って，末尾の結語「皆須依命，不得擅意」の「命」すなわち命令も，従来のように「三人の詮簡たちの命令」と見なすべきではない．私の解釈によって翻訳すれば，「（これら3人の役僧は）皆，すべからく（各寺の尊首＝最高責任者の）命令に依拠すべきであり，自分勝手な判断で行動してはならない」となる．

第6節　マニ教寺院の月当番僧

以上のような視点に立って，『摩尼光仏教法儀略』第五節「寺宇儀」に見える三つの称号を再検討してみよう．第1の阿拂胤薩 *a-fu-yin-sa* （＊ˑâ-pʼi̯uət-i̯ĕn-sât）は中世ペルシア語の āfrīnsar （'prynsr） "prayer-master, choir-master" に当たり［cf. 吉田 1987, list no. 6；DMMPP, p. 26 + p. 308 & pp. 28, 50］，「譯云讚願首」という漢文の説明と一致する．しかしそれに続く「專知法事」の「法事」を，"choses de la religion"「宗教の事」，"Angelegenheiten des Gesetzes"「法令の事柄」，"matters of religion"「宗教の事柄」，"matters of the Law"「教法の事柄」などと解釈しては実態が曖昧になる．ここはむしろトンゲルローのように "religious events"「宗教的な行事」と訳すべきであろう．ここで言う法事とは宗教的な儀式や祭りである．つまり，この人物は，上は新年の儀式やベーマ祭などのマニ教徒にとって重大な行事から，下は食物の中に含まれる光明要素を解放するというマニ教特有の厳粛な宗教的行為である毎日の食事［cf.『マニ教史』p. 71, 語註 53；BeDuhn 1996；Be-

Duhn 2000 ; Sundermann 2001a, p. 200］に至るまで，聖歌や祈願文の朗誦を伴うあらゆる法事の進行役となったのであろう。

　第2は呼嚧喚 hu-lu-huan（*xuo-luo-xuân）［cf. 吉田 1987, list no. 93 ; DMMPP, p. 364］である。それは「教道首」と漢訳され，またその役割は「専ら奨勧を知す」とある。従来は「奨勧」を "de récompenser et d'encourager"「報酬を与える事と奨励する事」, "der Vergeltung und Ermunterung"「報酬と奨励」, "rewards and admonitions"「報奨と説諭」, "discipline and admonition"「規律と説諭」などと訳してきたが，これらはいずれも不完全であったように思われる。ウイグル語 xroxan の原語である中世ペルシア語 xrwh(x)w'n の原義が，"celui qui fait retentir l'appel"「呼び声を響かせる者」ないし "appeleur à la prière"「祈りを（するように）呼びかける人」であったこと，及びタイトルの漢字音訳に使用された文字の「呼」と「喚」が共に「呼ぶ，呼びかける，召喚する」の意味を持っていたことを考慮するならば，号令をかけて何かを先導する役柄が容易に思い浮かぼう。そこで注目したいのが，ガルディージー（Gardīzī）の『歴史の飾り』に見える次の記事である：「毎日，この地（＝高昌）の代官の［屋敷の］門のまわりには300〜400人のマニ僧達が集まって，大きい声でマニの教典を読誦する。［その後］彼等は代官の前に進み出て挨拶し，［それから］帰って行く。」［『マニ教史』pp. 163-165］

　この記事を参考にして私は，「教道首」と訳される呼嚧喚には，マニ僧が集団で行動する時の先導役やマニ経典を一斉に読誦する時の発声係を含め，一般に集団行動をする際に号令をかける役目があったと考えたい。さらに xrwh(x)w'n に対しては「説教師」という訳が学界で認められているという点も勘案すれば，呼嚧喚には一般の人々に対してマニ教への覚醒もしくは改宗を「呼びかけ」たり，教団内でマニの教えをより正しく理解するために勉強・復習するように「呼びかけ」たりする役目もあったのではなかろうか。

　さて，我々の令規文書の xroxan は音韻的には第2の呼嚧喚に対応するが，内容的にはむしろ第3の遏換健塞波塞 e-huan-jian sai-bo-sai（*·ât-γuân-g'i̯ɐn sək-puâ-sək）［cf. 吉田 1987, list no. 13＋no. 18］，すなわち「譯して月直と云う」とあるものに対応する。「月直」が月当番であり，仏教寺院において一年毎に交替する会計係である「直歳」を即座に想起させることは，シャヴァンヌ／ペリオ両氏の指摘する通りである。その役割は「専ら供施を知す」すなわち「もっぱら（聴衆

からの）供物や布施を管理する」とあるが，実質はともかく，建前上は一切の生産活動を禁止され，生活に必要な食料・燃料や金品の全てを俗信徒（マニ教団では「聴衆」と言う）からの供出・布施に頼ることになっていたマニ教教団のあり方に添うものであり，同時にまた我々の令規文書中に列記されている xroxan の実態にも合致する。「遏換健塞波塞」の原語がパルティア語の *arwānagān ispasag "servant of the alms" 即ち「俗信徒からの布施を集める係」に復元され得るのも[(4)]，ますます我々の考えを補強してくれる。それ故，呼嚧喚とは，それに与えられている漢訳の「教道首」に惑わされてマニ教の高僧とみなすのではなく，単に一般マニ僧から選ばれて，集団として規律を守って生活すべく，随時号令するために与えられた当番制の役目にすぎないと理解すべきなのである。そちらの任務が本令規文書に明記されていないのは，本文書が主に寺院の「経営」に関わるものであったからにすぎないのであろう。

　では，『摩尼光仏教法儀略』の中で第 2 の呼嚧喚と第 3 の遏換健塞波塞が混同されたのはなぜだろうか。そこで元の漢文写本 Pelliot chinois 3884 の写真をよく見てみると，第 3 の遏換健塞波塞の真下に十分のスペースがあるにもかかわらず，そこに「譯して月直と云う。専ら供施を知す」という文句が書かれずに，敢えて改行して次の行に置かれていることに気付く［cf. 森安孝夫編『シルクロードと世界史』巻末 Fig. 3］。ここになんらかの脱落なり錯誤があって，月当番で仕事をするという一句は，第 3 のみならず第 2 の呼嚧喚にもかかっていたと推測されるのである。そして実はこの推測にはもうひとつの根拠がある。それはヘニング（W. B. Henning）によって発表された有名な BBB のテキストである[(5)]。

　それはトゥルファン出土のパルティア語と中世ペルシア語で書かれた『祈禱と懺悔の書』の写本である。そこには，1) 東方教区の慕閣マール・ナーズグ＝ヤズド Mār Nāzuɣ Yazd を筆頭に，その配下にいたマニ僧たちの集団が次のように列挙されている。2) 司教（Aftadan），3) 長老（Mahistag），4) 祈願の長 Prayer leaders ('prynsr)，5) 賢い説教師 Wise preachers (xrwh(x)w'n)，6) 優れた書記 Valiant scribes，7) 美しい音調の聖歌の歌手 Singers of melodious hymns，8) 純潔で神聖な兄弟たち Pure and holy brothers，9) 純潔で神聖な姉妹たち Pure and holy sisters。

　このうち 1〜3 番がマニ教会の第一位から第三位の高僧であり，8・9 番がマニ僧では最下位（第四位）の男女の一般僧侶である。これらは階級を示すが，4 番から 7 番までは職掌であり，その並び順から見てそれらが一般のマニ僧から選ば

れたことは間違いなかろう。言うまでもなく，4番・5番が漢語の阿拂胤薩・呼嚧喚に対応するのであるから，6番の「優れた書記」が遏換健塞波塞に当たるのではないかとも考えられる。仏教寺院における「直歳」が交替制の会計係であり，会計簿の書記でもあったことから類推すれば，「俗信徒からの布施を集める係」という意味を持つ遏換健塞波塞が，やはり月当番であり，しかも供物や布施の出納を書き留める書記でもあった可能性は確かに否定できない。しかし私は，単なる出納係の書記が「優れた書記」と言われたとするのにはやはり違和感がある。マニ教団で「優れた書記」と言えば，それは何よりも先ずマニ教聖典を美麗に仕上げるプロの写字生が想起されるからである。それゆえ私は，BBB のテキストの中では，遏換健塞波塞の存在が極めて薄いと考える。しかも遏換健塞波塞の原語はパルティア語の *arwānagān ispasag "servant of the alms" であろうと復元されてはいるものの，中央アジア出土のイラン語マニ教文献中には在証されていないという [cf. Sundermann 2001a, p. 208]。これらのことは，東方教区すなわち中央～東アジアのマニ教会ではたとえ遏換健塞波塞が存在していたとしてもその影は薄く，実際の業務は呼嚧喚 (xroxan) に合体し，一本化されてしまっていたことを強く示唆するのである [cf. Sundermann 2001a, p. 208]。

　仏教寺院では「直歳」とか「庫司，庫頭」という役職を帯びた僧侶自身が会計を担当し，経済活動を主とする寺院経営にまで直接手を染めたのに対し，経済活動を含む俗事に携わることを許されないマニ寺では実際上の業務のほとんどは，上に言及した俗人の役人である幹事に任せたはずである。ただし呼嚧喚と呼ばれるマニ僧が1ヵ月交替でその監視役ないしは相談役に当たったのである[6]。我々のマニ教寺院経営令規文書には見えなかったが，遏換健塞波塞に当たる者がもしウイグルにもいたとしたら，書記を主な役目としながら呼嚧喚の補佐をするか，両者が役割分担していたかもしれない。しかし私にはむしろ，ウイグルでは遏換健塞波塞の業務は呼嚧喚に合体してしまっていたように思われる。いずれにせよ，俗人たる幹事はマニ寺に住まず，国家の役人として然るべき場所に居を定めていたはずであるが，業務遂行上でペアを組む呼嚧喚と日常的に連絡を取る必要があるから，その連絡役として「伝令小姓」がいたのである。この伝令も俗人であろう。

　以上の考察を踏まえて，『摩尼光仏教法儀略』第五節「寺宇儀」の該当箇所を私は次のように訳したい[7]。

●Moriyasu：

In every monastery, the Head, i.e. *zun-shou* 尊首, should choose three persons (to fulfil the following duties)：

(1) *a-fu-yin-sa* 阿拂胤薩, translated as："a leader of (reciting) the hymns or prayers", who is especially to administer (various) religious events.

(2) *hu-lu-huan* 呼嚧喚, translated as："a leader of (observing) the doctrine and rule", who is especially to command or encourage (someone to observe the doctrine and rule).

(3) *e-huan-jian-sai-bo-sai* 遏換健塞波塞, translated as："a monthly duty manager", who is especially to administer the offerings or alms (from auditors).

All (of these three) should act by the order (of the Head of each monastery), and are not allowed to act on their own authority.

◎Moriyasu：

各マニ教寺院における尊首（＝最高責任者）は，（以下のような任務遂行のため）3人を選任すべきである。

第一：阿拂胤薩　聖歌と祈願文（を朗唱するため）のリーダーと翻訳されるが，もっぱら（各種の）宗教的な行事を管理する役目である。

第二：呼嚧喚　教義や規律のリーダーと翻訳されるが，もっぱら（集団生活の中で教義や規律に従うように率先して）奨励し，勧告・号令する役目である。

第三：遏換健塞波塞　「月当番（毎月交替する管理人）」と翻訳されるが，もっぱら（聴衆からの）供物や布施を管理する役目である。

（これら3人の役僧は）皆，すべからく（各寺の尊首＝最高責任者の）命令に依拠すべきであり，自分勝手な判断で行動してはならない。

第7節　マニ教寺院の規模

次に，本文書が政府から与えられたマニ教寺院の規模（人数）について考察してみよう。まず着目すべきは主食である小麦の消費量である。

原文書 ll. 26-28

　　月毎に両僧団の僧尼たち用に 80 石の小麦，7 石の胡麻，2 石の豆，3 石の粟‥‥‥‥食糧として取るべし。

原文書 ll. 73-77

　　一年分の食糧たる小麦のフスマ（麩，麦かす）は 200 石となる。この 200 石のフスマのうちより 100 石のフスマは車を引く牛どもに食わせよ。（残りの）100 石のフスマは聖慕閣と拂多誕の乗用馬どもに食わせよ。この 100 石のフスマはイグミシュが保管せよ。馬どもに食わせるために（飼料に）混入せよ。

　ツィーメは毎月 80 石の小麦が「両僧団」それぞれに供給されるものとした[8]。「両僧団」とは男性僧団と女性僧団の二つの僧団の意である［cf.『マニ教史』pp. 54-55, 語註 26a］。もしツィーメの予測通りならこの両僧団に供給される一年分の小麦は，$80 \times 2 \times 12 = 1920$ 石となるはずである。ところで ll. 73-74 には「一年分の食糧たる小麦のフスマは 200 石となる」という記載がある。小麦とそれから取れるフスマについて具体的な数字があがっているのはこの 2 箇所だけであるから，両者を結び付けるのは問題ないであろう。那波利貞の研究［那波 1941-1942］によれば，1 石の小麦の穀粒を粉に碾くと 1.22 石の麺粉（むぎこ）と 0.35 石のフスマの合計 1.57 石になるという。この割合で 200 石のフスマを得るには $200 \div 0.35 =$ 約 571 石の小麦があればよい。もちろん小麦から取れる麺粉とフスマの量は時代と地域によって違いがあり，那波は 10 世紀の敦煌浄土寺の出納簿を調査してそこでは 1 石の小麦が 1.2 石にしかならなかったという。上の割合をこれに当てはめれば，浄土寺では 1 石の小麦から取れるフスマは $0.35 \times (1.2 \div 1.57) = 0.27$ 石にしかならず，ここで 200 石のフスマを得るには $200 \div 0.27 =$ 約 741 石の小麦があれば十分ということになる。いかに誤差を考慮に入れるにしても，741 石と 1920 石ではあまりにかけ離れている。しかるに毎月 80 石の小麦は両僧団に一括して配給される分とみなせば一年に $80 \times 12 = 960$ 石となり，741 石に近くなる。この計算の結果からすれば，男女両僧団は全く別々に生活していたり，別々に食事をしていたのではなさそうである。「両僧団」という表現でひとまとまりの或る寺院ないし地域のマニ僧全体を指した可能性はいっそう高くなるのである。

　では，食用油として使われる胡麻を除いた計 85 石の穀物（80 石の小麦＋2 石の

豆+3石の粟）で毎月どれだけの人数を養うことができたのであろうか。時代と地域によって穀物の種類や食べ方，主食と副食の割合，穀物の計量単位などが異なるので，正確な数値を割り出すことは困難であるが，おおよその計算をしてみたい。なお，これ以下の細かい数値に関する出典は，『マニ教史』pp. 56-57 を参照していただくとして，ここでは割愛する。

　トゥルファン出土漢文文書の研究によれば，麴氏高昌国時代の1人の平均食量は1月3石であり，唐初には丁男月食1石，丁妻月食0.75石である。ところで高昌国時代の石斗（1石はいる枡）は漢晋のそれを踏襲した古いもので，唐の石斗の約三分の一に相当するから，高昌国時代と唐初の消費量に実質的な差はない。一方，漢籍によれば，唐代一般には丁男1日の食料は米2升を基準としたから，月に換算すれば60升＝0.6石となる。我々の文書と同時代の乾祐二（949）年頃に李欽明によって出された「請沙汰僧人疏」では1日の僧尼の食料を米1升として計算している。これならば月にわずか30升＝0.3石である。これは成人男子の僧侶だけでなく，尼僧や若年の沙弥なども考慮に入れているからかもしれない。因みに，那波は唐末五代の敦煌の浄土寺関係文書から1ヵ月あたりの1人の麺（むぎこ）消費量を三斗三升三合＝0.333石と推算している。以上より当時の1ヵ月1人あたりの食量は，一般民の場合は0.6-1.0石（男女間に差あり），僧尼の場合は0.3-0.6石くらいと見積もって大過ないであろう。

　トゥルファンのウイグル人が使用した容量単位の石斗は唐制を踏襲したものに違いないから，85石を仮に0.6石で割れば142人，0.3石で割れば283人という答が得られる。しかしマニ僧には農業や商業も含めてあらゆる労働が禁止され，また一日一食という戒律もあるから，その穀物消費量は当然低く見積もるべきである。それに唐代の1石は現在の約60リットルであるから，0.6石で36リットル，これを日割にすれば1.2リットルとなる。肉体労働をしない人間にこれではかなり多過ぎよう。半分でも十分かもしれない。もしそうであれば本文書の毎月85石の穀物で養われたマニ僧の数は優に250人を越すことになる。どんなに少なく見積もっても200人近くはいたであろう。

　次に，メロンの消費量を見てみよう。

原文書 *ll.* 78-82

　　ウッチ＝オルドゥにある土地（複数形）を3人の人に与えよ。（その土地を

与えられた者は）1日に20個ずつのメロンをマニ寺に持参すべし。30個のメロンを大マニ寺に与えよ。30個のメロンを小マニ寺に与えよ。このメロンをイグミシュが集めて持参せよ。・・・すればイグミシュは刑に処すべし。

　3人のメロン生産者が毎日20個ずつのメロンを供出するから，大小両マニ寺に毎日30個ずつ配給できる。マニ教徒にとってメロンは特別に重要な食べ物であった。戒律によって肉食を禁じられたマニ僧は必然的に菜食主義者となったが，発育時に多くの太陽光を必要とするため光明素を豊富に宿していると信じられた果菜が特に重んじられた。マニ僧の食事は食物の中に含まれる光明素を「解放」する厳粛な宗教的行為であるから，それを多く含んでいるもの程良いわけである。その代表がメロンやキュウリ（胡瓜）などの瓜類であった。トゥルファンではこの他にブドウやスイカ（西瓜）が加わっている。ベルリンの国立アジア美術館（旧称インド美術館）には，マニの死を記念するベーマ祭の様子を示す有名な細密画（トゥルファン，高昌故城遺跡アルファα出土）が所蔵されている。その供物の部分を拡大してみると，三本足付きの金色の盆の上に載っているのは，下からメロン，ブドウ，スイカである［cf. Le Coq 1923＝MM, pl. 8b＝『マニ教史』pl. XVIa］。トゥルファン名産のメロンはこの細密画にあるようにかなり大振りであり，且つ甘味が強く，そんなに多く食べられるものではない。毎日となればなおさらである。マニ僧は一日一食のきまりであるから，いま仮に1人が四分の一ずつ食べるとすれば60個は240人分となる。三分の一ずつでも180人分となる。これは穀物消費量をもとに推測した数と近似する。*ll.* 86, 93 から分かるようにこのマニ寺にはブドウ園も付属しているのに，ブドウの供給については何ら言及がない。それに対してメロンについてはこのように細かい規定があるのは，やはりその重要性を物語るものであろう。

　中国本土の仏教寺院で僧侶が100人以上いれば大寺の部類に入るのであるから，たとえ我々の令規文書の対象が大小二つのマニ寺であったとしても，その規模が如何に大きかったかが推し測られよう。これまでに旧西ウイグル領土内でマニ教寺院の存在が知られるのは，本令規文書及びその他［cf. Ot. Ry. 1985 ; Ch/U 7081＝Zieme 1975, p. 48 & pl. XXVI ; Pelliot chinois 3071＝MOTH, No. 7, *l.* 17］の文献からは高昌 Qočo, ヤール Yar（＝交河），トゥルパン Turpan（＝吐魯番），ビシュバリク Biš-balïq（＝北庭），ソルミ Solmï（＝焉耆）であり，考古学的発掘からは高昌故

城の遺跡Kと遺跡α，ベゼクリク，トヨク，ヤールホト Yar-khoto である［cf. Le Coq 1913＝*Chotscho*；Le Coq 1923＝MM；『マニ教史』］。これまでに分かっているもので最大なのは遺跡Kであり，我々は2007年の現地調査でこの遺跡Kが従来の報告よりさらに大規模であったことを確認したから［森安孝夫編『ソグドからウイグルへ』東京，汲古書院，2011, pp. 547-549］，本令規文書の宛先はほぼ間違いなくそこであろう。本文書の出土地をクリムカイトは Yar-khoto と紹介しているが，それは恐らく本文書にY 974 / K 7709 という分類番号があるための誤解であろう。この Y は Yar-khoto とは関係なく，Yijipin「一級品」即ち中国の国宝の略号である。これほど大規模で，且つ手厚い国家の保護を受けていたマニ教寺院としては，やはり高昌の遺跡K以外ありえまい。とすれば，本文書 *ll.* 81-82 に言及される大マニ寺は遺跡Kであり，小マニ寺は必然的に遺跡αということになろう。なぜならば，大小両マニ寺は独立した二つの寺院ではなく，一人の慕闍に統括された一つの寺院であったと考えてはじめて，大量の穀物やメロンなどをひとまとめに計上している理由が氷解するからである。

第8節　マニ教寺院の経営基盤

ところで，*ll.* 26-28 に指示された量の穀物を生産・供給すべき者が誰であるかは，本文書の全体にかかわる重大問題である。一切の土地や奴隷・小作人などの生産手段の所有はおろか自らが農業や商業などに従事することさえ禁止され，生活に必要なものの全てを聴衆（俗信徒）からの供出・布施に頼ることになっていたマニ教教団の本来のあり方からすれば，それは当然このマニ寺につながる俗信徒であるべきであり，ツィーメもそのように考えたようである。しかし私にはそうは思われない。むしろ冒頭からそこまでの文脈を素直に追えば，生産者はマニ教徒であるか否かにかかわりなく，東西両城の一般農民（国家への納税者）たちであり，彼等が収穫したものを国家の役人である iš ayɣučï「幹事」が租税として徴収・保管しておき，そこから毎月一定量を配給する体制であったように思われる。このマニ寺には直属の農地もあるが，それらは最初に見たように *ll.* 85-94 にあって，冒頭からここまでの記事とは切り離した方がよさそうである。そうであればこれらの穀物は自前の農地からの「あがり」ではないことになる。

マニ僧があらゆる生活物資を聴衆＝俗信徒に頼っていたということは，逆に俗信徒にとってはマニ僧たちに食料・衣料・燃料その他の生活必需品を布施・寄進することが大きな「義務」の一つであったということである。その義務は当然俗信徒たるウイグル国王によって代表される国家にも適用されたはずである。ここでは，国家の徴税人である幹事が，マニ教を保護する国家法人の代理人として，本来国庫に入るべき地租としての穀物を毎月一定量マニ寺に納入すべきことが規定されていたと考えたい。

　l. 26 に明記されているように *ll*. 26-28 の穀物は僧侶専用である。しかし寺院は僧侶だけで成り立つものでなく，仏教寺院に沙弥・童行・奴婢の類がいたように，このマニ寺にも ärän「寺男」，aspasi / aspasanč「侍男／侍女」，oγlan「男童」，'YWRX'NY ZM'STYK などがいたのである。このうちの 'YWRX'NY ZM'STYK だけは，*ll*. 51-53, 60-65 の記述より判る如く僧侶の範疇に入るものであり，従ってその分の食糧は *ll*. 26-28 に計上されている可能性が高い。しかしその他の者たちの分はどこからか調達されねばならない。それが *l*. 85 以下の小作地から小作料として物納される中の穀物だったと思われる。そうであればやはり当マニ寺の経済基盤は国家から寄進されるものであり，僧侶以外の寺院居住者の分のみを寺院に所属する農地の小作料で賄ったとするのが妥当な考えではなかろうか。

　本文書は，西ウイグル王国政府が高昌随一のマニ教寺院（遺跡 K）とその子院（遺跡 α）に宛てて発布したものであり，その目的は，建前上は一切の経済活動を許されないマニ教の寺院と僧侶に代わって国家がその財政と経営を担当し，国教としての扱いを享受してきたマニ教の寺院を従来通り保護することを保証することにあったと思われる。

註

（ 1 ）　Cf. Ligeti 1961, pp. 240-241；Ligeti 1973, pp. 9-10；ED, p. 271a.
（ 2 ）　Cf.『マニ教史』p. 61, fn. 70；DMMPP, p. 364. さらに，Sundermann 2000, p. 214 ではこの三役を "Hymnenmeister, Prediger, Almosendiener" と独訳している。
（ 3 ）　完全な対訳ではないが，最初期の言及であるゴーティオの解釈も参考として挙げておきたい。"On retrouverait, en somme, dans chaque temple manichéen du Turkestan chinois les trois rangs de prêtres qui constituent les trois rangs supérieurs de l'Eglise manichéenne."「全体として，支那ト

ルキスタンの各マニ教寺院には，マニ教会の上位3階級を構成する3階級の僧侶が認められよう。」[Gauthiot 1911b, p. 66]
（4）Cf. 吉田 1987, list no. 13 + no. 18 ;『マニ教史』p. 62 ; Sundermann 2001a, p. 208 ; DMMPP, p. 297 + p. 86. なお，つい最近，ispasag の意味を "servant, deacon" としてきた従来の説に対抗してレウリニは，その原義をアケメネス朝ペルシアの「王の目」"Eye of the King" にまで遡らせ，マニ教文献においては "some sort of controller and supervisor who reported to his chief" の意味であると主張した［Leurini 2013, pp. 10, 190-212］。この主張は，マニ教団ヒエラルキー第二位のイスパサグ（＝アフタダン）の語義を探求するという文脈でなされたものであり，興味深いが，本稿においては ispasag が "servant" "supervisor" のいずれであってもかまわない。
（5）Henning, BBB, p. 24. さらに，cf, Klimkeit 1993, *Gnosis*, p. 136.
（6）Cf. Sundermann 2001a, p. 204, n. 26. 西方マニ教会の deacons「執事」と結びつける説を紹介。
（7）この私の解読案を初めて発表したのはコレージュ＝ド＝フランス講義録［Moriyasu 2003 "FourL", pp. 73-74］においてであったが，すでにレウリニがそれに賛意を表明している［Leurini 2013, pp. 283-284］。ただし，それに続いて展開されている議論の是非については，今後検討すべき課題かと思われる。
（8）Zieme 1975c, p. 334 ; Zieme 1980, p. 200.

16
西ウイグル王国におけるマニ教の衰退と仏教の台頭[1]

第1節　仏教＝マニ教二重窟・寺院とマニ教・仏教併存時代
第2節　美麗なマニ教写本 T II D 171（MIK III 198）の年代論
第3節　カラハン朝内のマニ教徒集団の存在
第4節　ウイグル仏教の興隆とマニ教の衰退
付録　T II D 171（MIK III 198）の裏面奥書

第1節　仏教＝マニ教二重窟・寺院とマニ教・仏教併存時代

　東トルキスタンは，イスラム化以前，特に仏教が栄えたところであり，各地に石窟や日干し煉瓦から成る寺院群が残っている。それらはいずれも仏教の寺院であるが，中華人民共和国新疆ウイグル自治区のトゥルファン盆地にあるベゼクリク千仏洞と高昌故城には，ある時期，マニ教が行なわれていたことを示す確実な証拠が残っている。それが，仏教＝マニ教二重窟ないし仏教＝マニ教二重寺院，すなわち元はマニ教の石窟や都市寺院であった場所の内側に新たな壁面を作り，そこに仏教壁画を描いて仏教の石窟・寺院に改修したものである。
　ウイグルのマニ教については，9世紀中葉にウイグル民族が大挙してモンゴル高原から天山地方へ移動（西遷）した後，しばらくの繁栄を経たものの比較的早くに衰退したという短期説と，モンゴル帝国時代まで繁栄し続けたという長期説との両者があった。私は『マニ教史』= GUMS において短期説を支持し，ウイ

---

[1] 序文で述べたような理由により，私の博士論文『ウイグル＝マニ教史の研究』［森安 1991］を本書に収載しない代わりに，コレージュ＝ド＝フランスで行なった「ウイグル＝マニ教史特別講義」と題する講演録の第4回分を中核に，説明の都合上第1回分の一部を加えたものを，第16論文として提供する。ただし，第4回分を英語から日本語にしただけでなく，大幅な増訂を行なっている。もちろん，論旨は一貫して変わっていない。

16　西ウイグル王国におけるマニ教の衰退と仏教の台頭　591

グルのマニ教は 10 世紀中葉までは国教としての地位を保持していたが，10 世紀後半には仏教と拮抗し始め，11 世紀に入ると仏教に圧倒されて衰退を余儀なくされたと結論した。その際の論拠として最重要視したのが，仏教＝マニ教二重窟ないし仏教＝マニ教二重寺院であった。その後に私自身が進めたウイグル文字の書体研究の成果や，ベゼクリク千仏洞の仏教壁画をカーボン 14 検査（放射性炭素年代測定）にかけた結果も踏まえて，その根拠を改めて整理すれば，次のようになる。

1. 仏教寺院の建設を記念するために土中に打ち込まれた棒杭が 4 本発見されている。特に第一棒杭は仏教＝マニ教二重寺院から出土した。その第一棒杭には，それまでマニ教寺院だった高昌の遺跡アルファ Ruin α を，仏教寺院に改修した時のウイグル語銘文が書かれている。その日付は私とハミルトンによって 1008 年と決定された。第二棒杭文書（漢語）は 983 年，第三棒杭文書（ウイグル語）は 1019 年のものである。[棒杭文書の年代についての最終的結論は本書第 19 論文を参照]

2. トゥルファンのマニ教徒の残した暦で，日付の判明しているのは次の通りである。ソグド文では 929-930, 932-933, 984-985, 1000-1001 年に比定されたもの，ウイグル文では 988-989, 1003-1004 年のものである[1]。

3. マニ教徒の残したウイグル文字文書は半楷書体のもののみ。これは 10 世紀前後の古い書体で，モンゴル時代には下らない[2]。

4. 漢籍によると西ウイグル王国から中国王朝への使者が，934 年と 951 年にはマニ僧と高官だったのに，965 年以後 1022 年までの記録では全て仏僧と高官に代わってしまっている[3]。

5. トゥルファン出土の M 112 文書は，表面がマニ文字で書かれた 9 世紀 [ズンダーマン説：Sundermann 1984] のソグド語の手紙であるが，裏面にはウイグル文字半楷書体で書かれたウイグル語のマニ教徒祈願文がある[4]。そこには，ウイグル支配層の承認のもとにマニ教寺院が破壊され，その建築資材が仏教寺院建設に再利用されている様子が述べられている。その紀年である *kyw'n pyr-liy kuu qoyn yïl*「土星のいる癸未歳」は西暦では 983 年と断定できる。なぜなら本文書は高昌の仏教＝マニ教二重寺院であった遺跡アルファから出土したものであり，第一棒杭文書によってそこは 1008 年に仏教寺院に

改変されたことが判明しており，次の癸未歳である 1043 年にまで下ることはありえないからである[5]。なお 983 年より 60 年前の 923 年は，まだマニ教全盛時代であって，やはりありえないことは言うまでもない。

6. 隣国カラハン朝出身の学者カーシュガリーが，主に 11 世紀中葉の内陸アジアのトルコ世界を対象に著した百科事典『トルコ語アラビア語辞典』には，西ウイグル王国の仏教に関する情報はあるが，マニ教についてはまったく言及がない[6]。

7. ベゼクリクのウイグル仏教壁画の年代は，グリュンヴェーデル・ルコック以来，ともすれば 8-9 世紀と古くみなされがちであったが，私は 10 世紀を含むものの主要部分は 11-12 世紀に編年すべきと主張してきた[7]。その後，ベルリンのアジア美術館 Museum für Asiatische Kunst（旧インド美術館 Museum für Indische Kunst）所蔵のベゼクリク壁画のうちの 2 点がカーボン 14 検査にかけられ，その結果，伝統的に 9 世紀と考えられてきたグリュンヴェーデル編号第 8 窟（最新編号第 18 窟）の有名な地獄絵（六道図）MIK III 8453［Le Coq, BSMA, IV, pl. 19］については A. D. 1140 ± 30，多くの誓願図のあるグリュンヴェーデル編号第 4 窟（最新編号第 15 窟）出土の一資料については A. D. 1078 ± 28 という数値が出た［cf. 本書第 8 論文の原補註 2］。これら両窟とも二重窟ではないが，典型的なウイグル仏教壁画で覆われており，二重窟の仏教壁画とほぼ同時代と考えて大過ないので，私の説は科学的にも裏付けられたことになる。

以上のような考古学・文献学両面の資史料により，私はマニ教と仏教の共存時代が一定期間の過渡期，すなわち，少なくとも数十年間，場合によっては半世紀から一世紀の間は続き，両者の国教的地位の交替は緩やかに進行したと考えた。しかるに私と同じくマニ教短期説を採るトランブレ（X. Tremblay）は，高昌の遺跡アルファという仏教＝マニ教二重寺院から出土した第一棒杭文書を，私とハミルトンが 1008 年と年代決定したのを根拠にして，この時からマニ教は国教的地位を失い，仏教がそれに取って代わったとする[8]。これは余りに乱暴な意見であり，とうてい従うことはできない。もう少し時間に幅をもたせて考えるべきである。

現在，我々がトゥルファンのベゼクリク千仏洞で仏教＝マニ教二重窟として把握しているのは少なくとも 4 箇所であるが[9]，その 1 箇所において，二重になっ

た壁の隙間（＝仏教壁の裏側）から 8 件のマニ教徒の書簡（手紙）が見つかっている。3 件（書簡 A, B, C）はソグド文であり，5 件（書簡 D, E, F, G, H）はウイグル文である。これらについては吉田豊と私が解読を担当し，その成果が中国語に翻訳され，2000 年に北京で出版された[10]。一般にトゥルファン出土文書は何語のものであれほとんどが断片であるが，これらの書簡は洞窟の特殊な場所に秘蔵されていたため，トゥルファン文書としては破格に保存状態が良いうえに，8 件中 6 件が長文である。従来これほどまとまった量のマニ教徒の手紙が発見されたことはない。ちなみにマニ教会のヒエラルキーは五階級に分かれ，第一位は慕闍 (možak モジャク)，第二位は拂多誕 (avtadan アフタダン＝ispasag イスパサグ)，第三位は默奚悉徳 (maxistak マヒスタク)，第四位は一般僧侶（選良）で，その下にいる俗信徒（聴衆）が布施によって僧侶階級全体の生活を支えている[11]。

　ソグド語書簡 C はマニ僧シャーフ＝ウィスプフルからフワル＝ザーダグ宛てであるが，その内容が，シルクロードのキャラヴァン貿易に関わる 5 件のウイグル語書簡 D, E, F, G, H と似ているのに対し，ソグド語書簡 A & B は，ベゼクリクを含む高昌地区にいて西ウイグル王国全体のマニ教団（もしかしたら当時のマニ教世界全体）を統括していたと思われる慕闍マール・アリヤーマン＝プフルに宛てられた宗教的な内容の手紙である。書簡 A は，ある地方（恐らく天山北麓の夏の首都ビシュバリク地区）のマニ教団の長である拂多誕シャフルヤール＝ザーダグからの新年の挨拶文で，慕闍に対しては最大級の賛辞がおくられるほか，冬の首都高昌にいるウイグル王とその一族，そしてさらに慕闍を取り巻く拂多誕以下の高級僧侶から俗信徒代表に至る教団関係者に対しても，挨拶がなされている。書簡 B は，吉田がサマルカンド付近にあったと考えるトゥーズ城市 Tūdhkath (twδkδ)［吉田 2000a, TuMW, p. 116；Yoshida 2002a, p. 235；吉田 2012a, p. 43］のマニ教団の長である拂多誕マーニー＝ワフマンから，A と同じ慕闍に宛てられた手紙である。マニ教徒にとって最も大事な断食月である十二月（これを戒月という）[12]と正月元旦に 5 人のマニ僧によってなされた宗教上の勤行の具体的内容を報告したものであるが，やはり手紙受取人の慕闍に対しては最大級の賛辞が述べられている。日付は正月六日月曜日である。書簡 B の年代については吉田が 1010 年か 1014 年と推定している［Yoshida 2002a, p. 235］。

　ソグド語書簡の年代も含めて詳しくは本書第 19 論文の第 2 節「棒杭文書の年代比定」で論証するが，ソグド語書簡 A の 123 行目にマニ教信者の代表として

現われるアルプ＝トトク＝オゲが，1008年に作成された第一棒杭文書に見える「高昌市長のアルプ＝トトク＝オゲ」であり，その人物のさらに出世した姿が1019年の第三棒杭文書の「イル＝オゲシ（il ögäsi 宰相）のアルプ＝トトク＝オゲ」である。また，書簡Cの28行目に見えるイシグ＝エドギュ＝トトク＝オゲが，第一棒杭文書の「イル＝オゲシのイシグ＝エドギュ＝トトク＝オゲ（称号）のイル＝カヤ（本名）」であり，第三棒杭文書の「イル＝オゲシでアタ＝オゲ（称号）のイル＝カヤ（本名）」であると思われる。とすれば，ソグド語書簡Cは1008年前後から1019年以前の間に書かれたことになる。諸般の状況を考えれば西ウイグル王国のマニ教団は11世紀の第2四半世紀もしくは中葉くらいまでは，仏教勢力に押されながらもまだそれなりの地位は保っていたとみなしてよいのである。

第2節　美麗なマニ教写本 T II D 171（MIK III 198）の年代論

　次に，ウイグル＝マニ教文献の中で最も美麗な奥書（コロフォン）を持つ有名な写本である T II D 171（MIK III 198）文書を取り上げたい（本書口絵2およびその部分拡大である図1参照）。ベルリンのアジア美術館（旧インド美術館）に所蔵される本文書は，高昌の遺跡K出土の典型的なウイグル＝マニ教文献でありながら，登場する地名・民族名が東部天山地方でもウイグルでもなく，西部天山地方のアルグ国やタラス，そしてカルルク族の1部族であるはずのチギルであり[13]，しかも年代を表わすために使われる支配者名がウイグルのそれではないことが，問題を錯綜させてきた。年代に関する従来の意見は，これを東ウイグル帝国時代の8世紀中葉～9世紀前半とみる説[14]と，840年の東ウイグル帝国崩壊直後とみる説[15]と，西ウイグル王国時代の10-11世紀に編年する説[16]に大別される。私自身は長い間この問題について結論が出せずにいたが，近年の新しい発見によってついにこれを11世紀前半に編年することができたので，それをここで報告する。なお読者の便宜も考慮して，T II D 171文書の正式な奥書部分を本稿の付録として掲載するが，問題になるアルグ国とは西部天山北麓のベラサグンからタラスにわたる地域であり，およそセミレチエ西部に相当すること[17]，チギルとはカルルクの構成部族または分派であり[18]，いずれにせよカルルクと密接な関係

16 西ウイグル王国におけるマニ教の衰退と仏教の台頭　595

図1　T II D 171（MIK III 198）の部分拡大図

にあった1部族であること，本文書の裏面奥書の筆者（作者）はアグドゥクではなくて[19]マール・イショヤズド・マヒスタクであることを，前もって注記しておく。

　本写本の年代を決定するもっとも重要な要素は2人の人名である。そこで以下にこの2人の現われる箇所（図1）が，諸先学によってどのように読解されてきたかを一覧してみよう。

　◎ルコック [Le Coq 1912, *Manichaica*, I, p. 27]
　　ayaγlaγ tataγlaγ atlaγ t(ä)ngri m(a)r w(a)xm(a)nxïary(a)zd [t]oi-n (??) toxrï daqï

uluγ možak .... • ymä [a]ltun arγu ... [ul]uš qašu xanï ordu čigil k(ä)nt ärkligi uluγ türkdün pašdan(a)ki čigil arslan il tirgüg alp burγučan alp t(a)rxan bäg iläntük ärksintük oγurïnta

"den (?) ehrwürdigen süßen berühmten göttlichen Mar Wahman-Chiar-Yazd-Toyin den tocharischen großen Možak (Verbum fehlt!) • und des Königs des Altun-Arγu-Stammes und (Königs) von Qašu, des Fürsten von Ordu-Känt und Tschigil-Känt, des großen *Hüters gegen die *Großtürken Tschigil Arslan Il-tirgüg Alp Burgučan Alp Tarchan Bäg Regierungsantrittes (?) wegen • "

尊く甘美で高名な神のごときマール・ワフマン＝ヒヤル＝ヤズド・トイン（を？），トカラ（原文はtoxrïトフリ）の大慕閣を［動詞は欠落！］，そしてアルトゥン＝アルグ種族の王，カシュの（王），オルドゥ＝ケントとチギル＝ケントの君主，大トルコ族に対抗する偉大なる守護者，チギルのアルスラン・イル＝ティルギュグ＝アルプ＝ブルグチャン＝アルプ＝タルカン＝ベグの在位統治（？）のゆえに

◎ラドロフ [Radloff 1912, pp. 769, 771]

Mar Vaxmanxijarjazd (t)ojyn toxrï-daqï uluγ možak

"des bei den Tochri lebenden hohen Možak Mar Wahman Chiar jazd Tojyn"

トフリに住んでいる高位の慕閣マール・ワフマン＝ヒヤル＝ヤズド・トイン

◎ヘニング [Henning 1938, "Argi and the "Tokharians",", pp. 551-552]

mr wγmnγy'ryzd twyrt twγry d'qy 'wlwγ mwž'k

"Mār Wahman-hayār-yazd, the great patriarch (archbishop, teacher) residing in Four-Twγry."

マール・ワフマン＝ハヤール＝ヤズド，四トゥグリにいる大慕閣

◎クリムカイト [Klimkeit 1993, *Gnosis on the Silk Road*, p. 374]

"... the venerable, sweet, famous, divine Mar Vahman Xiar Yazd Toyin, the great Tocharian teacher, and the king (*xan*) of the Altun Arγu ... tribe, and of Qašu, the sovereign of Čigilkänt, the great Supervisor (of Religion) among the Turks, Čigil Arslan Il-tirgüg Alp Bürgüčän Alp Tarxan Bäg, on the occasion of his assuming power and rule."

尊く甘く有名で神聖なマール・ワフマン＝ヒヤル＝ヤズド・トイン，トカラの大慕闍，そしてアルトゥン＝アルグ/////種族とカシュの王，チギル＝ケントの君主，トルコ族間の（宗教の）偉大なる指導者，チギルのアルスラン・イル＝ティルギュグ＝アルプ＝ブルグチャン＝アルプ＝タルカン＝ベグ，彼が支配権を行使している際に

◎クリャシトルヌィ [Klyashtornyj 2000, p. 376]

"by the supreme head of the Manichaean church of the land of Toxry, ulugh mozak Mar Wahman Xiyar Yazd by name"

トフリの地にあるマニ教会の最高指導者で，マール・ワフマン＝ヒヤル＝ヤズドという名の大慕闍によって

以上の通りこれまで全ての先学によってこのトカラ（原文は toxrï トフリまたは tuγrï トゥグリ）の大慕闍 the great Teacher of Toxrï-region (Tugristān) の名前は Mar Wahman Xiar Yazd マール・ワフマン＝ヒヤル＝ヤズドと読まれてきて，なんら疑いを持たれなかった。ところが私がベルリンの旧インド美術館で特別の許可を得て原文書を精査した結果，この読み方には絶対に無理があることに気付いた。そして，その後，入手した上質の写真によって吉田豊教授と検討を重ねた結果，これはむしろ MR WXMNX (WRXŠ) Y (D) すなわち mar waxmanxwarxšid と復元・転写され，Mār Wahman Xwarxšēd マール・ワフマン＝フワルフシェードと読むべきであるとの確信に至ったのである。東方マニ教文献の研究者ならば誰でもすぐに思い浮かぶように，これはまさにヘニング自身が初めて T II D 171 文書と並べて学界の注意を喚起したマニ教文書 MIK III 8259 に収められる中世ペルシア語の賛美歌に現われる慕闍の mry wh(m)n xwrxšyd "Mār Wahman Xwarxšēd"[20] と全く同一の名前である。そしてヘニングは，MIK III 8259 に n'mgyn s'r' [r] ['y] ch'r twγryst'[n] "Famous (religious) head of Four-Twγr-country" とあるのを根拠に，T II D 171 でルコックが [t]oi-n (??) toxrï daqï uluγ možak と読んだ箇所を，[t]ör[t] toxrï daqï uluγ možak "the great Teacher residing in Four-Twγry" と読み替えた。MIK III 8259 のマール・ワフマン＝フワルフシェードはまた hmwc'g 'y hwr's'n p'ygws "Teacher of the Eastern diocese"「東方教区の慕闍」の称号も同時に持っており，彼が T II D 171 文書の慕闍と同一人物であることにもはや疑問の余地はないとい

うのが，我々の見解である。[2]

　幸いにこの見解をさらに補強してくれるものとして，MIK III 8259 そのものをカーボン 14 による年代測定検査にかけたところ，889〜1015 年という結果が得られたとする報告がある[21]。人によっては放射性炭素年代測定法をそれほど信用しないかもしれないが，我々は次の様な根拠によって，これは十分信用に値すると考えている。

　実は T II D 171 文書に見えるもう 1 人の重要人物であるチギル族のアルスラン・イル＝ティルギュグ＝アルプ＝ブルグチャン＝アルプ＝タルカン＝ベグ（Čigil Arslan Il-Tirgüg Alp Buryučan Alp Tarqan Bäg）が，現在のキルギス国のタラス河上流域にあるクランサイ（Kulan-saj）渓谷とテレクサイ（Terek-saj）渓谷で見つかった岩壁銘文群の中の一つに現われているのである。この比定はリフシツ（В. А. Лившиц）とクリャシトルヌィ（S. G. Klyashtornyj）の大きな功績と言えるが[22]，その Il Tirgüg Alp Buryučan Alp Tarxan と復元できる 1 人の人名の現われる銘文の冒頭には，「394 年，ネズミ歳，12 番目の月」（吉田豊訳）とあり，これをヤズデギルド暦で計算すると西暦 1025 年となる。この年は十二支紀年ではウシ歳であり，ネズミ歳とは 1 年ずれるが，恐らくこの比定に大きな支障はないであろう。残念ながらクリャシトルヌィ自身はこの両者を同一人名と見なしながらも，T II D 171 文書の支配者は 9 世紀中葉にこの地域に住んでいたと考え，マニ教と人名の伝統だけが受け継がれたと考えたらしい。しかし私はクリャシトルヌィ説は的を外していると思う。なぜなら，T II D 171 文書に見える 2 人の重要人物である慕闍とアルグ＝タラスの王 [cf. pp. 614-615] のうち，前者が現われる MIK III 8259 文書が炭素年代測定によって 10 世紀はじめから 11 世紀中葉までの間という結果となり，後者のアルグ＝タラス王が 1025 年の銘文に現われるのを知ったからである。もはや T II D 171 文書の年代は，8 世紀でも 9 世紀でもなく，11 世紀前半であると断言してよかろう[23]。

　以上の結論は，既に 2003 年に発表したところであるが[24]，T II D 171 文書に

---

[2] 実はルコック以来長らく toxrï とか tuγrï と読まれてきた箇所を tuγsuq と読み替え，直前の /WY-N を kün と復元し，両者で「東方」の意味になることを，つい最近，ツィーメ教授より御教示いただいた。これによって私の見方はいっそう明確になるが，トカラ（トフリ／トゥグリ）を消して「東方」に書き換えてしまうと 2003 年時点のコレージュ＝ド＝フランス講演録と齟齬をきたすことになるので，ツィーメ説は付録の訳註でのみ採用し，ここでは本書の原文主義に則ることとする。

見える慕闍をマール・ワフマン＝フワルフシェードと復元解読するという核心点が正しければ，これは東方マニ教研究史上の一大発見になる。それだけの重要事であるゆえに，すぐに学界の賛同が得られたわけではなかった。実際，オゼルトラルは森安の読みは受け入れられないと明言して mr wqmnqv'ryzd = m(a)r w(a)hm(a)n hvary(a)zd = Mar Wahman Hvaryazd と読んでおり［Özertural 2008a, pp. 62, 72, 78, 151-152］，レウリニも mar waxmanxairy[az]d = Mār Wahman-Hayār-Yazd としたままである［Leurini 2013, pp. 40, 165］。さらに王媛媛 2012, pp. 37-42 は，森安の新しい読みも比定も認めないで，T II D 171 は 830 年代以後（ただし 11 世紀前半では遅すぎるという）に，高昌にいる慕闍の命令でアルグ地区に赴任していたマヒスタクのイショヤズドが統括するマニ教寺院で作成されたと推定した。そしてイショヤズドが作成を命じた書記・筆者がアグドゥクであるとする。しかしこの王媛媛説は Klyashtornyj 2000 をほとんどそのまま踏襲したものであって，到底容認できない。しかるにようやく 2013 年になって，ルーリエの最新論文［Лурье 2013, p. 223 = English summary, p. 487］で，我々のマール・ワフマン＝フワルフシェードという読みと T II D 171 文書の年代論が全面的に受け入れられることとなった[25]。

一方，2011 年に新たに T II D 171 文書を取り上げたレールボーン論文では，本文書の筆者をアグドゥクとする旧説は誤りであって，本文書の筆者はマヒスタクのイショヤズドであると正しく指摘するが［Röhrborn 2011, pp. 161, 164］，慕闍の称号の読み方については触れるところがない。作成年代については，明言を避けるものの，少なくとも 840 年以後であることは認めており，また 1025 年の後期ソグド語岩壁銘文を紹介し「ソグド＝トルコ共生関係」"Sogdisch-türkische Symbiose" という用語を使うリフシツ論文に言及している。その上で本文書を，カラハン朝成立前後におけるイスラム勢力の東進に直面して「セミレチエ地方よりトゥルファンに避難」したマニ教徒がもたらしたものと考えている［pp. 164-165, 166］のであるから，やはり 10 世紀前後と想定しているとみてよかろう。

第 3 節　カラハン朝内のマニ教徒集団の存在

それでは，前節における私の考察が正しければ，そこからさらに何が言えるで

あろうか。まず，カラハン朝内部の親マニ教・親ウイグル勢力の存在である。ともすれば我々は，カラハン朝は史上初めてのトルコ系イスラム王朝であるという通説や，960年に始祖サトク=ボグラ汗と共に20万帳（20万戸）ものトルコ人が一挙にイスラム教に改宗したという伝説に引きずられがちである。しかしながら，840年の東ウイグル帝国滅亡後に大挙して西遷したウイグル民族には三つのグループがあり，最大の集団が東部天山地方に入り，一部が河西の甘州地方に入っただけでなく，さらに別の集団がカルルクの領域，すなわち西部天山地方の北側に当たるセミレチエ地方にも入っていったことを漢籍は明白に伝えているのである［cf. 森安 1977「西遷」＝本書第5論文の第1節］。イスラム化の進む地域のただ中にあって11世紀前半にもまだなおマニ教徒であり，あのような豪華な写本を作らせた勢力とは，その集団の後裔と密接な関係があったものではなかろうか。確かにチギルやカルルクはウイグルではないが，東ウイグル帝国の中にカルルクの集団が含まれ，しかもそれがウイグルを筆頭とする九姓集団に続く第十番目（もしくは第十一番目）の集団として処遇されていたことは漢籍が伝えている通りなのである。問題のマニ教徒集団は，8世紀中葉からこの地域を占拠するようになったカルルク主要部［cf. 川崎 1993］の残存勢力というより，むしろウイグル西遷時にカルルク領に入っていった東ウイグル国人集団の一派，あるいはその直接の影響下にマニ教を受け入れた集団と見てはどうであろうか。

　実はこの最後の点については，レールボーンも賛意を表明してくれている［Röhrborn 2011, p. 165］。その際，彼は，本文書のウイグル語が他のトゥルファン出土ウイグル語マニ教文献のそれと同じであると認めている。しかしながら，作成地に関する私の推定，すなわちT II D 171文書は他の大量のトゥルファン出土ウイグル語マニ教文献の言語と同じであるので（この点はレールボーンの見解と同じ），その作成地は出土地と別の言語圏（方言圏）ではないだろうという常識的な前提に立ち，本文書をアルグ=タラス地方のマニ教徒が資金を出して，西ウイグル王国の中心の一つであり，「東方教区の慕闍」の本拠であるトゥルファン地方で作成させたものとみなしたこと［Moriyasu 2003 "FourL", pp. 94-95, 98-99］に対しては，強い批判を加えている［Röhrborn 2011, p. 163］。彼は，かつてのラドロフやヘニングの見方［Radloff 1912, p. 774 ; Henning 1938 "Argi", p. 552］，及び近年のクリムカイトの見方［Klimkeit 1982b, pp. 29-30 ; Klimkeit 1983b, pp. 240-241 ; Klimkeit 1993, p. 373］を踏襲して，作成地はセミレチエであると主張するだけでなく［Röhrborn

2011, pp. 163-164]，本文書が高昌で出土したのは，イスラム勢力の東進に直面して「セミレチエ地方よりトゥルファンに避難」したマニ教徒がもたらしたからであると考えているのである [Röhrborn 2011, pp. 164-165, 166]⁽²⁶⁾。奥書を素直に読む限り前半の主張には賛同できなくもないが，後半の推測はとても俄には信じられない。とはいえそれに即座に反論できるほどの材料があるわけでもないので，作成地について今はまだ断定を避けておきたい。いずれにせよ重要なのは，10-11世紀頃の西部天山北麓にマニ教徒集団が存在したことを認める点で，我々の認識が一致していることである。

第1節で紹介した1010年もしくは1014年のソグド語書簡Bは，トゥーズ城市Tūdhkathのアフタダンからトゥルファン盆地にいた慕闍に送られてきたものであるが，そのTūdhkathとはカラハン朝領域内のマニ教徒集団のいた都市であろう。これは確かに吉田説［吉田 2000a, TuMW, p. 116；Yoshida 2002a, p. 235；吉田 2012a, p. 43］のようにサマルカンド周辺にあったTūdhkathに比定されよう [cf. Barthold 1968a, *Turkestan*, p. 132]。10世紀後半に成立したアン＝ナディームの『フィフリスト』からは，サマルカンドに500人のマニ教徒が存在したことが知られている⁽²⁷⁾。一方，ソグドのマニ教徒の町としては別にトゥーン城市Tūnkathも知られている。『フィフリスト』には，「ソグドは上イランと呼ばれ，トルコ族の住地である。その主要都市はTūnkathである。・・・そこの人々は二元論者（＝マニ教徒）とキリスト教徒である。」"Ṣughd is called Upper Irān and is an abode of the Turks. Its principal city is Tūnkath... Its people are dualists and Christians." [Dodge 1970, p. 33]⁽²⁸⁾とあり，そのTūnkathを編者のドッジ（D. Dodge）はタシケント付近に当てている。確かにタシケント付近にTūnkathという名の町は存在するようである⁽²⁹⁾。しかし，これに関連して注意すべきは，『フィフリスト』の別の箇所で，ドッジが "This people [the Manichaeans], who are called Ajārā, are at Rustāq, Samarqand, Ṣughd (Sughd), and especially Tūnkath." と訳して，やはりタシケント地区のTūnkathとみなしていたところを，新たにリーブス（J. C. Reeves）がドブロワ説に従って "Those people whom they term *'ajārā* live in the rural districts of Samarkand, Sogdia, and especially Nawīkath." と英訳し直したことである⁽³⁰⁾。つまりドッジのTūnkathという読みが放棄され，アラビア文字ではよく似たNawīkathという読みが採用されたわけである⁽³¹⁾。ドブロワは，そのナウィー城市Nawīkath「新しい城市，新城」をサマルカンド周辺と見なしている。その可能性を完

全に否定するものではないが, Samarkand, Sogdia と並んで特筆される Nawīkath はサマルカンド以上に多数のマニ教徒がいた地域のように感じられる。それゆえ私は敢えてこれをサマルカンド周辺ではなく, 唐・賈耽の『皇華四達記』に見えるという「新城」, すなわち現在のイシック湖西方にあるクラスナヤ＝レチカ遺跡 (cf. 付地図 2) に比定したい(32)。もしそれが正しければ,『フィフリスト』の記事は, サマルカンドやタシケントを含むソグド本国のみではなく, さらに東方のセミレチエにまで拡大した植民都市を含むかつての「大ソグド圏」にいたマニ教徒集団にまで言及していることになり, それはまさしく我々が新たに西部天山地方北麓に見出したマニ教徒の集団と重なることになろう。

　レールボーンはリフシツにならって当時のセミレチエの民族状況に対して「ソグド (人・語) とトルコ (人・語) の共生関係」という用語を使うが［Röhrborn 2011, p. 164］, 当然ながらそれは 11 世紀中葉の様子を伝える『トルコ語アラビア語辞典』の次のような有名な 2 つの記事とも対応するはずである(33)。

> SUΓ·DA'Q· **soγdāq** A people who have settled in Balāsāγūn. They are from Soγd which is between Bukhara and Samarqand, but their dress and manner is that of Turks.
>
> ソグダク：ベラサグン (セミレチエの主要都市) に居住している人々である。彼らはブハラとサマルカンドの間であるソグド出身であるが, 彼らの服装や風俗はトルコ族のそれである。　　　　　　　　　〈CTD, I, p. 352〉

> The people of Balāsāγūn speak both Soghdian and Turkic. The same is true of the people of Ṭīrāz (Talas) and the people of Madīnat al-Bayḍā' (Isbījāb).
>
> ベラサグンの人々はソグド語とトルコ語の両方を話す。タラスやイスフィジャブ(34)の人々についても状況は同じである。　　　　　　　〈CTD, I, p. 84〉

さらに注目したいのは, 同じく『トルコ語アラビア語辞典』にある次の記事である。

> TAT· **tat** "Uighur infidels (*kafara uyγur*)" -- among the Yaγma and Tuxsi. I heard it from them in their own country. They use it in this expression : TAT· TAW·ΓA'J **tat tawγāč** meaning "Uighurī and Ṣīnī."　　　　　　〈CTD, II, p. 103〉

この和訳は省略するが，シーニーすなわち漢人と並び称されるウイグル人が話題になっており，しかもヤグマ族とトフシ族の間に混じっていた「異教徒のウイグル」というのであるから，それがカラハン朝内にいた非イスラム教徒のウイグル人であることは疑いない。私はこれも恐らく西部天山地方のどこかにいたマニ教徒ウイグル人を指しているものと考えるのである[35]。

いずれにせよ私が強調したいのは，カラハン朝におけるトルコ人のイスラム化の規模とスピードを過大評価し，マニ教・仏教を信奉する隣国の西ウイグル王国とは全面的敵対関係にあったとみなしてはいけないということである。カラハン朝出身の学者であるカーシュガリーによって1070年代に書かれた『トルコ語アラビア語辞典』では，クチャを西ウイグル領と認めている。さらに1019年の第三棒杭文書 [ll. 2-3] では，西ウイグル王が「東は沙州，西はウッチ Uč（=Uč-Turfan）とバルスハン Barsxan に至るまで支配を及ぼし給える時に」[本書第19論文，第4節] と述べられていた。かつてミュラーはこのウッチ Uč をヌッチ Nuč と誤読してタシケント付近にあるヌージ城市 Nūjkath に比定し，バルスハンをタラス付近の下バルスハンに比定したが，正しくはこのバルスハンはイシック湖の東南岸にある上バルスハンに[36]，ウッチはクチャ西方のアクスの西にある近代のウッチ=トゥルファンに比定すべきだったのである。ほぼ同時代のカーシュガリーが，天山北麓のバルスハンと南麓のウッチとがベデル峠を挟んで向かい合う位置にあると記している [CTD, I, p. 300] のは，その何よりの証拠である。つまり西ウイグルの西部国境に関する第三棒杭文書の記述は，決して誇大な表現ではなかったのである。セミレチエのアルグ=タラス国はこの国境よりさらに西方にあるが，そこにはカラハン王家から半ば独立したトルコ人（旧ウイグル国人）もしくはトルコ化したソグド人のマニ教勢力が存在し，慕闍を筆頭とする西ウイグルのマニ教団と密接な関係を保っていたと結論すべきなのである。

因みに982年に書かれた『世界境域志』= Ḥudūd には，「バルスハン：湖畔にあり，繁栄して快適な町。その王侯（dihqān）はカルルク族であるが，人々はトグズグズに忠誠心を抱いている」とある [HA, p. 98]。ミノルスキーはこの一文を，上バルスハンの人々は西ウイグル王国と友好関係にあるが，拡大するカルルクに服属したのである，というふうに理解している [Minorsky 1948, p. 297]。このような状況は，アルグ=タラス国に西ウイグル王国と親密なマニ教徒集団がいたという私の主張の蓋然性を，さらに高めてくれるであろう。

なお，ソグド語書簡 B からは，サマルカンド周辺にあったトゥーズ城市 Tūdh-kath のマニ教徒集団も西ウイグル国のトゥルファン地区にいた慕闍と密接な関係にあったことが知られたが，それは同じくカラハン朝内のマニ教徒集団とはいえ，旧ウイグル国人であるアルグ国のそれとは由来を異にするように思われる。

第4節　ウイグル仏教の興隆とマニ教の衰退

　欧米のトルコ学者の間には，トルコ仏教はソグド仏教の強い影響を受けて早く突厥時代に成立したものであり，763年の牟羽可汗のマニ教への改宗以前に，既にトルコ＝ウイグル仏教は成立していたとする考え方が非常に強い。こうした見方はガバイン（A. von Gabain）に始まり，バザン（L. Bazin）やラウト（J.-P. Laut）によって推進された。私は1989年の論文［本書第17論文］でそれに論駁し，トルコ＝ウイグル仏教を生み出した母体はソグド仏教ではなく，トカラ仏教と漢人仏教であることを論証した。その骨子は既に Moriyasu 1990 としてフランス語でも発表された。しかしながらこのフランス語版は抄訳であり，ウイグル＝マニ教文献としては例外的な貝葉形式の写本（*Pothi-Book*）の意義に関する重要部分（第7節）が省略されていたので，2003年のコレージュ＝ド＝フランスの講演ではそれを取り上げるだけでなく，さらに説明に工夫を加えて紹介した。それゆえ，以下の記述は第17論文を先取りして要約する形になっているが，T II D 171 文書を歴史的に位置づけるために必要なので，重複することをお許し願いたい（参考文献の詳細は第17論文に譲り，ここでは省略する）。

　古代トルコ語文献の言語は大きく二つのグループに分けられる：これを n-言語，y-言語と呼ぶ。ガバインはこれを本当の方言と考えたが，現在ではこの両者は時代差によるというのが優勢な見方である。マニ教文献はただ一つの有名な貝葉本［cf. Clark 1982 ; Gulácsi 2001, No. 69］という例外を除いてほとんどが n-言語で書かれており，一方，仏教文献は大部分が y-言語であって，n-言語で書かれているのはマニ教文献の影響を強く受けた古層のものだけである。

　東部天山地方において唐代から西ウイグル時代初期まで仏教を支えてきたのはトルコ＝ウイグル人ではなく，主にトカラ人と漢人であった。一方，8世紀末の北庭争奪戦以後この地方に影響力を持った東ウイグル帝国の支配層の宗教はマニ

教であり，9世紀中葉にモンゴリアから東部天山地方に移動してきて西ウイグル王国を建設したウイグル人の宗教も無論マニ教であった。その支配者のウイグル人が仏教徒になっていくのは，被支配者の都市・農村人口の多数派であったトカラ人と漢人の仏教徒の影響以外に考えられない。ウイグル仏教用語に，トカラ語と漢語からの借用語が極めて多いのは，なによりもそのことを物語っている。一方，ウイグル仏教文献にソグド語の要素も見られるのは，実はソグド語がウイグル＝マニ教共同体の公用語の一つであり，ウイグル＝マニ教文献が創り出される過程で既に多くの用語がソグド語からウイグル語に借用されていたからなのである。

それゆえ，私の考えでは，最初期のウイグル仏教文献である *Maitrisimit*『弥勒会見記』がトカラ語からウイグル語に翻訳された年代は，8世紀でも9世紀でもありえない。*Maitrisimit* には y-言語で書かれた新しいハミ写本があるが，その奥書（コロフォン）に書かれた年代は，ハミルトンと私によってそれぞれ独立に1067年と断定された。従って，古層の n-言語で書かれたセンギム写本は10世紀の成立と見るのが妥当である。逆に，ウイグル＝マニ教文献としては唯一例外的に y-言語で書かれた「マニへの大賛歌」"Great Hymn to Mani" 及び「父マニへの賛歌」"Hymn to the Father Mani" が同時に収められた貝葉形式の写本［cf. Clark 1982; Gulácsi 2001, No. 69］は，やや広く見積もっても10世紀の後半から11世紀前半に編年すべきである。しかもこのマニ経典はトカラ語とウイグル語の対訳なのである。本写本は仏典特有の貝葉形式であるという点でも特異なばかりか，用語にも仏教からの影響が極めて強い。クラークは，この写本に仏教色が濃いのは，この写本の寄進者がもと仏教徒であり，その後マニ教に改宗したからであるとみなすが，そのような見方には到底賛成できない。私はむしろ逆に，西ウイグル支配層の仏教への傾斜という現実に直面して危機感をつのらせたマニ教側が，積極的に仏教に接近し，仏教徒を取り込もうと努力した結果であると思う。そのような状況が10世紀後半から11世紀前半に起こっていたのであろう。敦煌出土のウイグル文マニ教文書 Pelliot chinois 3071 ［＝MOTH 7］は，上質紙を使った漢文仏典の紙背を利用して書かれた祈願文のようなものであり，そこには1人の慕闍とその下の6人のアフタダン（そのうちの1人はビシュバリクのアフタダン）の名前が列挙されているが，驚いたことにその文中には *namo but namo dram namo sang*「南無仏，南無法，南無僧」という仏教の三帰依文が含まれているのである。こ

れまたマニ教側から仏教側への接近を示す証拠であろう。上記のマニ教貝葉本が y-言語で書かれているだけでなく，仏教的・トカラ的なのは，ウイグル仏教徒の影響下に作成されたからに相違ないのである。

　ウイグルのマニ教は，10世紀後半から顕著になる王族・貴族の間での仏教への傾斜によって11世紀に入ると衰退の一途をたどったのではなく，少なくとも10世紀末頃にはマニ教徒の側からも巻き返しがはかられたに違いない[37]。貝葉型のマニ経典（*Pothi-Book*）やT II D 171の存在はそのなによりの証拠である。前者には宋代の中国風の細密画が描かれており［cf. BSMA, II＝MM, pl. 7c ; Gulácsi 2001, No. 69 ; 森安孝夫編『シルクロードと世界史』の巻頭カラー図版 pl. XV］[38]，後者では細密画は未完のままであるが奥書には五色のインクが用いられた豪華な写本である［cf.『マニ教史』pls. XIX-XX ; 森安孝夫編『シルクロードと世界史』の巻頭カラー図版 pls. XIII-XIV ; 本書口絵2参照］。恐らくマニ教が仏教に圧倒されつつある西ウイグル本国の宗教事情に危機感を抱いた西部天山地方のマニ教勢力の働きかけによって，あのようなT II D 171という立派な写本がトゥルファン盆地内（もしくはアルグ＝タラス国）で作成され，それが慕闍のお膝元である高昌のマニ教会に寄進されたのであろう。

　最後に紹介しておきたいのは，本稿第1節で言及したような元マニ教壁画を仏教壁画に塗り替えた仏教＝マニ教二重窟・寺院とは逆に，元は仏教絹絵であったものをマニ教絵画に描き換えた二重幡とも言うべき絵画の存在である。これまたトゥルファン出土であり，ベルリンのアジア美術館に所蔵されている。その一つがバッタチャリア（Chhaya Bhattacharya-Haesner）によって編纂されたトゥルファン出土の幡画・絹絵のカタログで紹介された MIK III 4606 である［Bhattacharya-Haesner 2003, pp. 377-380, Nos. 557, 558, 559, 560］。私はこのような現象が生まれたのは，10世紀後半から11世紀前半であり，仏教徒に圧迫されたマニ教徒が一時的にせよ反撃に転じた結果であろうと考えている[39]。

註
（1）『マニ教史』p. 144＝GUMS, pp. 169-170 でレファランスを列挙したが，そのうちのウイグル暦に関するバザンの年代比定は誤りであったことが，氏自身によって表明された［Bazin 1991, pp. 273-274］。そして正しい年代比定がハミルトンによって発表された［Hamilton 1992b, "Calendriers manichéens ouïgours de 988, 989 et 1003"］。一方，ソグド暦については，吉

田豊が研究を進展させた [Yoshida 2003, pp. 453-456 & 吉田 2004, pp. 6-9]。
(2) 森安 2007「西ウ仏教」p. 3 = Moriyasu 2008 "Chronology", p. 192 にある「テーゼ 8」と，そこに掲げた私自身の先行研究を参照されたい。
(3)『マニ教史』pp. 155-158 = GUMS, pp. 184-189.
(4) Henning 1936a, pp. 16-18 ; Sundermann 1984, pp. 300-304 ; Geng / Klimkeit 1985.
(5)『マニ教史』pp. 147-150 = GUMS, pp. 174-178.
(6)『マニ教史』p. 172 = GUMS, pp. 206-207.
(7) 森安 1985「教理問答」pp. 52-54 ;『マニ教史』pp. 33, 150 (n. 73) = GUMS, pp. 36-37, 178-179 (n. 73) ; 森安 2000「沙ウ」pp. 34-35 ; Moriyasu 2000 "WestU", pp. 341-342 & fn. 13 ; Moriyasu 2003 "FourL", pp. 035-037 ; 森安 2007「西ウ仏教」pp. 15, 30.
(8) Tremblay 2001, pp. 89, 90, 95, 115.
(9)『マニ教史』第 1 章，第 2・3・8 節；森安（編）2011『ソグドからウイグルへ』pp. 561-563.
(10) 新疆吐魯番地区文物局（編）『吐魯番新出摩尼教文献研究』北京，文物出版社，2000 = 吉田／森安 2000a in TuMW. ただし，本書の中文訳には不備もあるので，訳註以外のテキストと本文翻訳に関しては，日本語簡略版である吉田／森安 2000b in『内陸アジア言語の研究』15 を参照していただきたい。
(11) Cf. 石田 1925, pp. 289-293 ;『マニ教史』pp. 71-72 ; タルデュー 2002, pp. 113, 117. なお青木 2010『マニ教』は日本語で書かれた最新のマニ教概説書であり，有益であるが，p. 172 にある五階級の説明には誤解があるので注意されたい。
(12) 西ウイグル王国マニ教徒の断食月である戒月が元は中国暦の正月（〜二月）であったのが，遅くとも 10 世紀の末から 11 世紀初頭にかけては一ヵ月早まって十二月（〜正月）になっていた現象の社会的背景として，吉田はマニ教徒が仏教徒に対抗措置をとったのであろうという興味深い推論をしている [Yoshida 2003, pp. 456-457 ; 吉田 2004, pp. 10-12]。いずれにせよ，現在残されている古ウイグル語文書で čxšapt ay「戒月」といえば，それは単純に「十二月」のことである [cf. 森安 1990「箚記（二）」pp. 81-88 ; Bazin 1991, pp. 294, 315 ; Hamilton 1992b ; Moriyasu 2000 "čxšapt"]。
(13) カルルク族の 8 世紀前半までの居住地はアルタイ山脈〜ジュンガル草原であったが，主要部が 8 世紀中葉に西遷した結果，8 世紀後半にはその活動範囲は西部天山北麓のセミレチエ地方となり，それ以降，徐々に西方から南方にまで拡大していったようである。一方，アルグ国のおおよその領域は，西部天山北麓でイシック湖西方にあるベラサグンからタラスあたりまでとみなされている。なお『新唐書』に拠れば，東方にいた時の熾俟＝チギルは三姓カルルク部族連合 [シネウス碑文 N11 の Üč Qarluq ; cf. 川崎 1993, p. 96 ; 森安 1999, pp. 179, 183, 187 ; 森安／鈴木／齊藤／田村／白 2009, pp. 11, 24, 34][シネウス碑文 S11 の Čigil totoq ; cf. 森安 1999, pp. 181, 185, 188 ; 森安／鈴木／齊藤／田村／白 2009, pp. 18, 30, 39] の一つとされる [cf. 佐口 1972a, pp. 441-442 ; 内田 1975, p. 502 ; cf. Doc. Turcs, pp. 68, 78, 85 ; 松田『天山』pp. 371, 383]。それに対して，西遷後の様子を伝えるイスラム側史料では，チギルはカルルクの分派とも見られるが，むしろカルルクと対等な独立勢力となっていたようにも見受けられる。とりわけ 10 世紀のイスラム文献『世界境域志』= Ḥudūd でカルルクとチギルを別扱いにしているのが注目される。いずれにせよ 10 世紀前後のチギルの勢力範囲は，セミレチエの中のアルグ国とほぼ重なっていたと思われる。Cf. HA, pp. 97-99, 289, 299, Map

v on p. 279, Map vi on p. 299 ; Minorsky 1948, p. 288 ; Gabain 1949, p. 53 ; Barthold 1956, pp. 88-89 ; Barthold 1962, p. 114 ; Barthold 1968a, *Turkestan*, pp. 200-201, 224, 254, 317 ; Gabain 1970, p. 117 ; Bosworth, "Karluk", in *New EnIs*, IV, 1978, pp. 658-659 ; Golden 1990, pp. 348-352 ; 川崎 1993, p. 94 ; Klimkeit 1993, p. 373 & p. 376, notes 22-23.

(14) Le Coq 1912, *Manichaica*, I, p. 4 ; Henning 1938 "Argi", p. 552 ; Gabain 1949, p. 54 ; Pritsak in Gabain 1949 ; Esin 1976, pp. 54-55 & n. 63 ; Golden 1990, p. 345 ; Klimkeit 1993, p. 373 ; Klimkeit 1999, p. 234 ; Doerfer 1993, pp. 33, 34, 198 ; Özertural 2008a, p. 65 ; Özertural 2008b, p. 115.

(15) Gabain 1955, p. 197 ; Klyashtornyj 2000, p. 376.

(16) Лившиц 1981, p. 83 cited in Röhrborn 2011, p. 164 ; Лившиц 1989, p. 84 cited in Clark 1997, p. 105 ; Clark 1997, p. 105 ; Rybatzki 2000, pp. 264-266.

(17) Cf. Klyashtornyj 2000, p. 376.

(18) 詳しくは前註 13 を参照。

(19) アグドゥクを人名とする見方はルコックに始まり，ガバインで大きく展開され，20世紀末のみならず 21 世紀に入ってさえ受け継がれてきたが，それは全くの誤りであった。これについては以下の本文でも言及するが，より詳しくは本稿付録のウイグル文テキストの裏面・左欄・19 行目の aγduq につけた脚註 17 を参照。

(20) Cf. Henning 1938, p. 551 ; Sundermann 1992a, p. 68 ; BeDuhn apud Gulácsi 2001, p. 222.

(21) Gulácsi 2003, pp. 8-9, 11 ; Gulácsi 2010, pp. 200-206. ただしグラーチ自身，それ以前には「10 世紀早期から 11 世紀中葉までの間」と報告していた [Gulácsi 2001, p. 10]。

(22) Лившиц 1981, p. 83＝Лившиц 1989, p. 84 ; Лившиц 1996, pp. 236-237, 270-272 ; Klyashtornyj 2000, p. 378 ; De la Vaissière 2002, p. 330＝De la Vaissière 2004, p. 297＝De la Vaissière 2005, p. 329 ; Лившиц 2008, pp. 378-381. なお本銘文の写真，もしくは拓本と思しきものが，次の所に掲載されている：*Материалы по общей тюркологии и дунгановедению*, Фрунзе 1964, pp. 103-104 ; Лившиц 2008, p. 377 ; 加藤九祚「キルギジア発見の碑文と岸壁仏画」『創価大学人文論集』1, p. 218.

(23) なお，Röhrborn 2011, p. 164 では，リフシツが 1981 年の時点で T II D 171 文書と 1025 年の銘文に見える Il Tirgüg Alp Burγučan Alp Tarqan を全く同一の人物と見なしていたとするが，林俊雄氏に調べていただいたところ，Лившиц 1981 と Лившиц 1989 は同一内容であった。いずれにせよ，リフシツはまだカーボン 14 による年代測定結果を知るはずもないので，我々の結論は同じでも，論拠には違いがある。また，代田 2001「カラ＝ハーン朝史研究の基本的諸問題」p. 21 を参照しても，1025 年で矛盾は生じないと思う。

さらに，炭素年代測定で 10 世紀早期から 11 世紀中葉までとされた MIK III 8259 の年代比定に踏み込むならば，そこには Mār Wahman Xwarxšēd マール・ワフマン＝フワルフシェードと共に [ ] Tängridä Qut [ ] [O]rnan[miš] という称号のウイグル可汗が現われていた。Sundermann 1992a, p. 68 ではこれを [Ay] Tängridä Qut [Bulmïš Qut O]rnan[mïš Alpïn Ärdämin Il Tutmïš Alp Arslan] と復元して，第三棒杭文書に見える西ウイグル可汗に比定する。数多くのウイグル可汗の称号においては，同じような形容語が繰り返されているので，この推定復元は余りにも大胆であって，私は俄には賛成できなかったが，今やその可能性を認めつつある。もしこれが正しければ，MIK III 8259 の年代は，第三棒杭文書の作成された 1019 年と，後期ソグド語岩壁銘文の書かれた 1025 年に近い時期ということになろう。因みに，Leurini 2013, p. 39 では MIK III 8259 の年代を 1007-1019 年とするが，それは第一棒杭文書の可汗と

第三棒杭文書の可汗を同一視する誤解［cf. Sundermann 1992a, pp. 66, 68-69 ; Zieme 1992c, p. 324］に基づいているのであり，1007-1008 年の可能性は排除されねばならない［cf.『マニ教史』p. 184 ; Yoshida 2002a, p. 235 ; 本書の第 19 論文，第 2 節］．

(24) Moriyasu 2003 "FourL", pp. 90-96. そこで「11 世紀前半」としていたので本稿でもそれを踏襲するが，今では「11 世紀の第 1 四半世紀（ただし 10 世紀末の可能性を含む）」と改めて，さらに期間を限定すべきかと考えている．

(25) 本節で私が論じたのとほぼ同じ趣旨が，吉田 2004, pp. 21-22 にも述べられている．また，吉田 2012a, p. 43 でもマール・ワフマン゠フワルフシェードと読んでいるが，それは我々の共同研究の成果ゆえ当然であり，第三者としてはルーリエが最初の賛同者である．

(26) 因みにクラークは，レールボーンとはまた別の見方をしているようであるので，その箇所を引用しておく．"Although found in Kocho, this manuscript clearly was intended for Manichaeans outside the Uygur realm, since it names the local rulers of the "Arghu" realm in the Talas region of Central Asia as recipients of the benediction."［Clark 1997, p. 105.］

(27) 10 世紀のサマルカンドには確実にマニ教徒集団がいて，マニ教寺院があった事がアン゠ナディームの『フィフリスト』，及び『世界境域志』の記事から分かる．Cf. HA, pp. 113, 352 ;『マニ教史』pp. 160-163, 166 ; De la Vaissière 2002, pp. 299, 315＝De la Vaissière 2004, pp. 270, 283-284＝De la Vaissière 2005, pp. 300, 314.

(28) ここに言及されるカラハン朝内のキリスト教が 14 世紀まで生き残ったのであるから［cf. De la Vaissière 2002, p. 328＝De la Vaissière 2004, pp. 295-296＝De la Vaissière 2005, p. 327］，同じ地域のマニ教が少なくとも 11 世紀まで生き残ったとしてもなんら不思議ではない．

(29) Cf. HA, p. 118 ; Barthold 1968a, *Turkestan*, pp. 172, 173, 174, 233, 315.

(30) Dodge 1970, p. 803 ; De Blois 2006, pp. 82-83 ; Reeves 2011, p. 229.

(31) かつてフリューゲルはこれを Nûnkat / Nuikat と読んでいたので［Flügel 1862, pp. 106, 399-400］，「揺れ」の大きいアラビア文字の読み方に関して旧に復したわけである．ただし吉田氏の教示によれば，アラビア語に堪能なズンダーマンは既に 2003 年の時点で，ドッジ版の Tūnkath を採らずにフリューゲル版により Nawīkath と読むことを当然視していたという［Sundermann 2003, pp. 243-244］．ズンダーマンはその Nawīkath をサマルカンドの南方，ナサフとキッシュの間にあったものとみなしている．

(32) ルーリエも数ある「新城」の可能性の一つとして，かつてトゥルギシュの中心地であった現在のクラスナヤ゠レチカ遺跡を挙げている［Лурье 2013, p. 225］．Cf. 内藤みどり 1988, pp. 14-15 ; 林俊雄 1996, p. 163 ; 加藤九祚 1997, p. 159 ; Klyashtornyj 2000, p. 377.

(33) Cf. De la Vaissière 2002, pp. 327-329＝De la Vaissière 2004, pp. 295-297＝De la Vaissière 2005, pp. 326-328.

(34) イスフィジャブはカザフスタンのチムケント Chimkent～サイラム Sayram の付近に比定されている［cf. Barthold 1968a, *Turkestan*, p. 175 ; HA, pp. 357-358 ; Golden 1990, p. 348］．

(35) アクベシムを中心とするスイアブ地方とアルマリクを中心とするイリ地方に 14 世紀までかなりの数のトルコ人キリスト教徒がいたことはよく知られているが［cf. Klein 2000］，彼らは遅くとも 8 世紀末までに西アジアから伝播したネストリウス派キリスト教を受け入れたものと考えられるので，ウイグルと称されることはなかったであろう．

(36) 上・下が遠・近に対応する上バルスハンと下バルスハンの位置については，cf. HA, pp. 292-293 ; Minorsky 1948, pp. 290-291.

(37) 前註 12 で言及した吉田の推論も，これと合致する。
(38) この貝葉型写本に描かれた細密画を「宋代の中国風」としたのはルコックであり，私はそれを妥当と考えるが，ガバインはかなり不確かな論理の上に，この写本を遼の耶律阿保機の時代，すなわち 10 世紀の第 1 四半世紀に比定した。それをクラークやトランブレは受け継ぎ［Clark 1982, pp. 159-160；Tremblay 2001, pp. 41, 92, 159-160］，グラーチもおおいに疑問ありとしながら暫定的にそれに従った［Gulácsi 2010, pp. 206, 209］。しかし，この点は，既に森安 1989「源流」＝本書第 17 論文の第 7 節と註 77 で反論したところであり，笠井幸代はその議論をうまくまとめてくれた［Kasai, BTT 26, pp. 225-226, n. 851］。本稿第 4 節は，森安 1989「源流」第 7 節と註 77 の内容をさらに増補するものである。なお，Klimkeit 1993, p. 280 では「マニへの大賛歌」"Great Hymn to Mani" をモンゴル時代のものとみなしているが，もはや時代錯誤である。
(39) ただし，その反対に，仏教絵画を作成する際にマニ教絹絵を再利用した実例もある［cf. Gulácsi 2001, No. 76］。こうした二重幡の出現は第 1 節で取り上げた仏教＝マニ教二重窟・寺院が成立したのと同じ歴史的現象と見なされよう。

付録　T II D 171（MIK III 198）の裏面奥書 [3]

古文書学的情報簡略版［cf. Wilkens 2000a, pp. 137-138, No. 124］
　出土地：高昌故城，遺跡 K。
　サイズ：本来は冊子本なので横書きと見て，縦横 34.5 × 20.5 cm；複葉（4 頁分）の片方の単葉 2 頁であるが，元の冊子本の状態で中央の折り目になる部分にもう片方の端がわずかに残存しており，本来の各頁の横幅は 19 cm 強であったと思われる。
　紙質：中上質。
　テキストの進み方：表面 recto の右欄→左欄→裏面 verso の右欄→左欄

表面 recto ＝経典面（カラー図版：『マニ教史』pls. XIX）
　本来のマニ経典は，右欄（＝上段）の 01-08 行目，約 16 cm の空白を挟んで 27-34 行目，左欄（＝下段）の 01-12 行目，約 9 cm の空白を挟んで 23-34 行目と続く。文字の大部分は黒字であるが，一部に朱字が使われ，句読点は黒点 1 つを朱円 1 つで囲んだものである。欄外には見出しと花模様が緑色と朱色で描かれている。本文テキストで朱字になっているのは，右欄の 07-08 行目と 27-28 行目，並びに左欄の 11-12 行目

---

[3] T II D 171（MIK III 198）文書全体のウイグル語テキストと解釈については，先行研究を子細に検討するだけでなく，Zieme forthcoming のために同じ文書を研究していた P. ツィーメ教授と読み合わせを行なった結果と，マニ教学的内容で吉田豊教授より御教示いただいた点が反映されている。両教授には深甚の感謝の意をささげたい。それでもなおツィーメ論文と解釈の異なる点はいくつも残されており，本テキスト・訳註の責任は全て私にあることをお断りしておく。とはいえ詳しい古文書学的情報や語註を含むその全体像は，近日中に他で発表する予定もあるので，ここに掲示するのは簡単な古文書学的情報と本稿に直接関わりのある正式な奥書部分のテキストと和訳のみである。

と 23-24 行目の 4 箇所，すなわち本来の空白部を囲む 2 行ずつである。この朱字で囲まれた空白部には，正式には細密画が描かれるはずであったが，それが実行されなかったため，後に別筆で書き込み（祈願文的な読者追記）がなされた。

裏面 verso ＝奥書面（カラー図版：『マニ教史』pls. XX；本書口絵 2）[4]
テキストは表面のマニ経典と同筆である正式の奥書であり，6 行毎に色彩を変えている。橙（オレンジ）色・緑色・朱色・淡紺色・茶色と全てで 5 色を使用しており，極めて美麗かつ豪華に仕上がっている。欄外には見出しと花模様が朱色と淡紺色で描かれている。

裏面 verso ＝奥書面　右欄 right column（縦書きとみれば上段）
（表面に書写されたマニ経典と同筆である正式の奥書の前半）

01) *ym*ä uluγ ilig äzrua
　　 さて，偉大なる王，エズルア
02) *t*ängri atï-nga :　　　 :
　　 神の御名において。
03) ymä aγazlanm*ïš* bolt*ï* **ulu**γ
　　 さて（本経典が）告げられた（＝告知された）のは大いなる
04) ögrünčün・ymä bitil*m*iš
　　 歓喜をもってであり，書かれたのは
05) boltï aγïr sävinči-n・ymä
　　 深甚なる法悦をもってである。さて
06) *a*mtï tükäl türlüg itigi-n
　　 今（ここに），ありとあらゆる装丁をして
07) bitilmiš b*oltï ulu*γ yigäd*m*äki*n* [5]
　　 書写されたのは，偉大な勝利を
08) utmaqï-n bu •[　　　]
　　 確信する（＝マニ教的救済を勝ち得る）ことによって，この /////////////

---

[4] 本書の巻頭に掲載するカラー図版は，当時のインド美術館の専属写真家の手になるもので，ヤルディッツ館長より正式の出版許可と共に供与された。然るに『マニ教史』pls. XIX-XX として既出版のものは，それ以前に私自身が撮影したものであるため肝腎の部分がぼやけていた。

[5] yigäd*m*äki*n* は Zieme の復元案である。元の Le Coq 1912, *Manichaica*, I, p. 25 で u[l]uγ (??) yi[r]dä となっていた箇所を，Radloff 1912, p. 768 では o(l o)q je(r)dä とした。それをさらに Klyashtornyj 2000, p. 376 では on oq yeri「十姓（＝西突厥）の地」と読み替え，従って本マニ経典のトルコ語への翻訳は 8 世紀中葉より後ではありえないとした。しかし Klyashtornyj の復元は全く無理である。

09) **tür**kčä [6] *tä*n*gri*-dä*m* ulu**γ**
　　 トルコ語の神聖で偉大な
10) **n**o*m* bitig・kim ymä bar**ča**///YNK
　　 経典（である）。これこそはまた全ての////////
11) tolu ärüš ü*kü*š türlüg
　　 に満ちた多種多様な
12) •••T' *ö*zütlärig odγ*u*ru-
　　 /////////霊魂たちを覚醒させる
13) -γlï・k*ö*ngülüg ačïγlï ymä
　　 者であり，心を開く者であり，また
14) k*ö*güzüg y̲arutuγlï köni kirtü
　　 胸中を照らす者であり，真実の
15) anglaγ [7] törülüg üč ödki
　　 理解の規範を持ち，三際の（＝について）
16) adïrtlaγ üdürtlüg y̲örüglüg
　　 識別し選択し説明する能力を持ち，
17) tirig öz birigli y̲aruq tängri
　　 生きる魂（＝生命）を与える者であり，輝ける天
18) yiri-ngä tägürdäči・nošda
　　 国へ導く者である，甘露よりも
19) tataγlaγraq t̲ängri-däm bilgä
　　 さらに甘く神聖な賢き智
20) bilig・ymä ädgü ödkä
　　 恵（＝グノーシス）（である）。さて，良き時
21) qoluqa・ymä irülüg ädgü
　　 刻に，吉兆ある良き
22) künkä・ymä alqatmïš
　　 日に，祝福された
23) ayqa・ymä yigädmiš qutluγ
　　 月に，卓越した幸多き
24) yïlqa・ymä ögütmiš a̲lqatmïš
　　 年に，称賛され祝福された

---

[6] ここはツィーメの新読箇所である。
[7] オゼルトラルは yanglaγ「様式をもつ」と読む。ツィーメはルコック以来の anglaγ「理解力（をもつ）」の読みを採る。

25) čärig [8] türk uluš arγu ta̱las
　　軍事的（＝遊牧的）トルコ族の [9] 国たるアルグ＝タラス（国）
26) kögüz iči-ntä・ymä yoqaru qodï
　　の懐中（＝庇護下）にある，上（＝北）に下（＝南）に
27) ilgärü kirü atï ištilmiš ymä
　　前（＝東）に後（＝西）にその名が聞かれ，また
28) küsi sorulmïš qutluγ uluš
　　その名声が尋ねられる幸運な国，
29) ya̱ra̱γla̱γ altun arυγu uluš
　　平安なる黄金のアルグ国（内の）
30) qašu ygänkä̱nt ordu-kä̱nt čigil
　　カシュ[10]，イゲンケント[11]，オルドゥ＝ケント[12]，チギル
31) balïq nom qutï tängri-ni-ng
　　＝バリク（にある）ワフマン神の
32) ornanγusï ma̱rda̱spa̱nt tängri-
　　居所（であり），マルダスパント神 [13]
33) -lä̱rni̱ng otačïlïqï a̱rïγ ya̱ruq
　　たちの療養所（であり），清く輝く
34) küčlüg brišti-la̱rni̱ng
　　力強き天使たちの
35) qonγusï a̱rïγ turuq süzük
　　居留地（である）清浄で汚れなき
36) mani-stanlar iči-ntä・ymä

---

[8] 翻字では CRK であるこの語を čärig と読むのは，ルコックに始まる。*Manichaica*, I, p. 26 では "kriegerischen" と，Klimkeit 1993, p. 374 では "mighty" と，Özertural 2008a, p. 78 では "kampfbereiten (?)" と訳すが，私見では「軍事的」と和訳しておきたい。

[9] čärig türk uluš をいちおう「軍事的（＝遊牧民的）なトルコ族の国」と解釈するが，türk には「強壮な，壮健な」という意味もあるので [cf. ED, pp. 542-543 ; Tezcan 1991]，あるいは「軍事的に強力な国」と訳すべきかもしれない。

[10] Cf. Klyashtornyj 2000, p. 377.

[11] Cf. Henning 1938, p. 552 ; Klyashtornyj 2000, p. 377.

[12] Cf. Henning 1938, p. 552 ; Klyashtornyj 2000, p. 377. オルドゥ＝ケントはカシュガルの別名でもあるが，ここではそうではなく，やはりセミレチエ地方の城市である。

[13] マルダスパント Mardaspant 神とは，狭義では「原人」＝ホルムズタ Xormuzta 神の 5 人の息子である「五（明子）神」（すなわちエーテル，風，光，水，火）を指すが，広義で一般には「光の要素」を指す [cf. Klimkeit 1993, p. 376, n. 34 ; Özertural 2008a, p. 150 ; DMSB, p. 113]。本テキストの Mardaspant 神とは要するに「（この世にある）光の要素」のことである。

諸僧院の中において，また
37) /••• bodunï qutluγ ötmiš
   その////////民が幸福で

裏面 verso ＝奥書面　左欄 left column（縦書きとみれば下段）
（表面に書写されたマニ経典と同筆である正式の奥書の後半）
01) utmïš yigädmiš P////SW•
    勝利した（＝マニ教的救済を勝ち得た）//////////,
02) ayaγlaγ tataγlaγ atlaγ tängri
    尊敬すべき，親愛にして，名声あり，神聖なる
03) mar waxmanxwarxšid [14] kü-n
    マール（尊師）・ワフマン＝フワルフシェードが東
04) tuγsuq-dunqï [15] uluγ možak
    方にいる大慕闍
05) uγurïnta・ymä altun arγu
    （である）［時］に，黄金のアルグ＝
06) talas uluš qašu xanï ordu
    タラス国（内の）カシュのハーン，オルドゥ（＝ケント）と
    ＊別解：アルグ＝タラス国とカシュのハーン
07) čigil-känt ärkligi uluγ türkdün [16]
    チギル＝ケントの権力者，大トルコ族間の
08) bašdangï čigil arslan il tirgüg

---

[14] この人名について，従来の代表的な読み方が WXMNXY'RYZD であるのに対して，私は 2003 年に WXMNXWRXŠYD と読むことを提唱した。しかし本文中で述べたように，その後もオゼルトラルやレールボーンや王媛媛は，相変わらず旧説を維持している。前半の WXMNX-（waxman x-）までは異論がなく，問題となるのは後半のやや破損のある箇所である。私以外の従来の読み方は全て語末の 3 文字を -YZD と読んだわけであるが，子細に観察すれば少なくとも最後から 2 番目の文字を Z と読むのは無理であり，それこそ Y 以外ではありえまい。つまり語末は -YD と決まるのであり，そこから -YD の直前の文字を虚心に見直すと，やや破損しているとはいえそれを Š と読むのが妥当と思われる。そうして -ŠYD とした直前の，従来は R と読まれてきた文字を，私は X と読んで -XŠYD とした。ここに至って残りの部分，つまり従来は -XY'- と読まれてきたところを，私は -XWR- と読み替えたのである。そこは破損がややひどいので -Xβ'- と読めなくもないが，マニ教高僧の法名要素としては，XWR ＝ xwar「太陽」が適当である。なお，中世ペルシア語の xwrxšyd [xwarxšēd] "sun" はマニ教僧侶の法名の要素として頻出する ［cf. DMMPP, p. 369］。この読みについては，幸いツィーメ氏からも新たに賛同していただいた。ただし氏は，私のイラン語・ウイグル語の転写方式を折衷した xwrxšyd / xwarxšid ではなく，純ウイグル語式に xorxšid と表記している。

指導者であるチギル族のアルスラン・イル=ティルギュグ=

09) alp buryučan alptarxan bäg
アルプ=ブルグチャン=アルプ=タルカン=ベグが

10) illäntük ärksintük uγurïnta・
支配し統治していた時に，

11) ymä amtï bolzun äsängüü
さて今，健勝と

12) alqïš tüzü ⸢nom⸣ arqasï-nga
祝福が，あまねき教法の共同体（=マニ教団）に，あれかし！

13) ymä ögirmäk sävi-nmäk
また歓喜することが，

14) bolzun nom bašdanglarï-n üzä
教法の指導者たちに，あれかし！

15) ymä qutadmaq qïvadmaq
また幸運を享受することが，

16) bolzun tüzü ödrülmiš
すべての選ばれし

17) arïγ dintarlarqa・ymä
清き選良（マニ僧）たちに，あれかし！また

18) yigädmäk utmaq bolzun
勝利する（=マニ教的救済を勝ち得る）ことが，

19) manga aγduq [17] qarï bitkäčii・
私，無能で馬齢を重ねた筆者[18]である

---

[15] kün tuγsuq-dunqï「太陽の生まれる方の=東方の」という素晴らしい復元はツィーメによる。これまで伝統的に踏襲されてきたヘニングの tört tuγrï「四トゥグリ」という，特に tört の部分において不自然だった復元案を放棄することになる。これによって私が抱いた疑念［『マニ教史』p. 178, 補註 1 = GUMS, pp. 215-216］もきれいに払拭されることになるが，本稿第 2 節の本文は 2003 年時点でのコレージュ=ド=フランス講演録を踏まえているので「四トゥグリ」のままにしておき，ツィーメの新読箇所についてはこの付録の訳註での採用に留める。それは，このように読み方が変わっても，拙稿本体の論旨には修正の必要がないと判断するからである。

[16] türkdün については Klimkeit 1993, *Gnosis on the Silk Road*, p. 376, n. 37 に言及されるツィーメ説を参照。

[17] クリムカイトとクリャシトルヌィは 1993-2000 年の時点でも aγduq を人名アグドゥクとみなしたルコックやガバイン以来の旧説を採っているが［Le Coq, *Manichaica* I, p. 28 & III, p. 43 ; Gabain 1949, pp. 50, 51, 54 ; Klimkeit 1993, p. 374 ; Klyashtornyj 2000, p. 375 ; Rybatzki 2000, p. 266］，書記・筆者を形容する文脈で現われるこの単語 aγduq が「下手な，拙劣な，無能な」という意味の普通の形容詞であることを最初に指摘したのはハミルトンである［Hamilton

20) mar išoyazd maxi-stak üzä・
    マール・イショヤズド・マヒスタクに，あれかし！
21) kim ymä uluγ amranmaqï-n
    その人（＝私）こそが偉大なる愛をもって
22) aγïr küsüšün bitidim・ymä
    深甚なる願いを込めて（本経典を）書きました。
23) yazuqda ⌞bošunmaq⌟ bolzun qamaγ barča
    罪より解放されることが，すべての全き
24) säväg özütlüg niγošaklarqa・
    愛の精神ある聴衆たちに，あれかし！
25) ymä tüzün (read : tüzü) barča ät'özümüz
    すべての我々の身体は
26) bütünün qaḍaγï-n turzun
    完全で堅固であれかし！
27) igsizin adasïzïn turalïm
    病気なく災厄なく我々はありたい。
28) ymä köŋülümüz kögüzümüz
    我らの心中・胸中は
29) turqaru busuššuzun qadγusuz-
    いつも悲しみなく心配なく
30) -un turzun barča ädgü qïlïnčqa
    あれかし！すべてのよき行ないに
31) tükällig bolalïm・özütümüz
    完全でありたい。我々の魂が
32) qurtulmaq bošunmaq yigädmäk
    解放され自由になり，勝利して（＝マニ教的救済を勝ち得て）
33) utmaq tängri yiri-ntä tägimlig
    天国へかなうものと

1971, CBBMP, p. 93, IV. interne]。クローソンの辞書の説明 [ED, p. 80] ではまだ揺れているが，今やハミルトンの解釈に疑問の余地はない [cf. Zieme 1976b, pp. 768, 769 ; UW, 1, 1977, pp. 62-63 ; 森安 1985「ウ文献」p. 25 ; 吉田 1991, p. 61, n. 11 ; 吉田 1993b, pp. 131-133 ; 森安 1997「ルーン」p. 51 ; Hamilton, MOTH, p. 208 ; Özertural 2008a, p. 78 ; Röhrborn 2011, p. 161]。なお Özertural 2013 はこの 100 年における ayduq の解釈の変遷をまとめて便利であるが，遺憾ながら私や吉田豊の仕事への言及はない。

18 原語の bitkäči は一般に "scribe"「書記・書写人」と訳されるが，ここでは奥書の「筆者・作者」の意味も込められていると思う。

34) bolzun ❖ ❖
なれかし！

35) mängigü ❖ ❖
永遠に

36) inčä ❖ ❖
そのように

37) *bolzun* ❖ ❖
あれかし！

17

トルコ仏教の源流と古トルコ語仏典の出現

第 1 節　ñ/n-言語から y-言語へ
第 2 節　古層のトルコ語仏典
第 3 節　ラウトの「ソグド仮説」[1]
第 4 節　「ソグド仮説」批判（その一）
第 5 節　「ソグド仮説」批判（その二）
第 6 節　トルコ＝マニ教からトルコ仏教へ
第 7 節　トカラ仏教からトルコ仏教へ

第 1 節　ñ/n-言語から y-言語へ

　19 世紀末以来中央アジアから続々と発見された古トルコ語文献を言語学的に分類する試みは，これらの発見と出版に大きな貢献をなした大御所ラドロフ (W. Radloff) 自身によって先ず行なわれたが[1]，それは後ガバイン (A. von Gabain) 女史によって大幅に修正された[2]。2 人の分類は次のようであった。

Radloff
1. Der alte Norddialekt (Die Sprache des Türk-Sir-Volkes)……ルーン文字碑文
2. Der alte Süddialekt (Die uigurische Sprache)
3. Die Mischdialekte (Westdialekt & Ostdialekt)……マニ教文献（マニ文字，ウイグル文字），大部分の仏教文献（ウイグル文字），Qutadγu Bilig（アラビア文字）

---

[1] 原論文では学術性を尊重してラウトの使うドイツ語のままに "sogdische Hypothese" としていたが，頻出して煩わしいので，本書ではすべて「ソグド仮説」という日本語に変換する。

Gabain

1. ñ-Dialekt (Dialekte der Inschriften)……ルーン文字碑文
2. n-Dialekt……ルーン文字写本，ほとんど全てのマニ教文献（マニ文字，ウイグル文字），わずかの仏教文献（ウイグル文字）
3. y-Dialekt……わずかのマニ教文献（マニ文字，ウイグル文字），大部分の仏教文献（ウイグル文字，ブラーフミー文字），ウイグル俗文書（ウイグル文字）

そしてガバインはy-方言をウイグル語，n-方言をウイグル西遷以前の天山地方にいた「西トルコ族（Arγu, Qïpčaq, Čigil, Oγuz, Türgiš, Basmïl 等々）」の言葉であったと考えた。この直後にサイナー（D. Sinor）がn-方言こそ本来のウイグル語であり，y-方言はトゥルファンのトルコ語であって，両者はウイグルの西遷後に混合したと唱える[3]など，いずれがどの種族の方言であるかについて意見の相違はあるものの，ガバインによる方言分類自体は長くトルコ学界に受け容れられてきた。ところが1970年，ハザイ（G. Hazai）／ツィーメ（P. Zieme）両氏は一論文を発表し，これまでほとんどn-方言とみなされてきたマニ教文献の中に多くのy-方言的要素が含まれていることを指摘し，n-方言とy-方言の差は決してそれほど截然としたものではないと主張した[4]。それ以来，ガバインの方言分類には反対の声が高まってきたのであるが，古トルコ語文献間に言語差があることは依然確かであって，その差を発見した女史の功績は今もって大きい。ではその言語差は何に由来すると考えたらよいのか。結論を先に言えば，私は庄垣内正弘等に従って，それを時代差であると考える。そこで以下ではn-方言・y-方言に替わって「n-言語」・「y-言語」という呼称を用いることにする。

　かつてガバインが方言差説を出した時，例えばñ-言語でañïγ「悪い」であるものがn-言語ではanïγに，そしてy-言語ではayïγに分化したと想定した。つまりそれはñ $\langle_y^n$ と図式化できる。もしこれが正しければn-言語がy-言語に移行することはありえず，時代差説も成り立たない。しかしn-言語のanïγのnが額面通りのn音ではなくて，ñ-言語のñと同じ音価（硬口蓋音）を持っていたと仮定すれば，ñ → n → y（実はñ/n → y）という移行も不可能ではなくなり，時代差説は成立する。そのような仮定は実はクローソン（G. Clauson）によって早くになされていたが[5]，氏自身は方言差説に固執していたためか一般に受け容れられず，ようやく1982年に庄垣内[6]，そして1983年にレールボーン（K. Röhrborn）[7]によっ

て承認された。庄垣内はこのクローソン説のみならず，古トルコ語における ï/i の低母音化した ə (shwa) の存在する範囲に着目して，ñ/n-言語は時代と共に y-言語へと移行していったと結論付けたのである[8]。一方レールボーンはクローソン説を支持しながら，マニ教文献に代表される言語を n-Dialekt ではなく ñ-Dialekt とすべきだとしたが[9]，ラウト (J. P. Laut) は「方言差」という誤解を避けるためにこれを "ñ-Texte" と言い換えた。さらにラウトはこれを "präklassisch" と名付け，仏教文献に代表される "uigurische Koine" (y-言語) に付けた名称 "klassisch" に対比させたのであるから[10]，同氏もまた時代差説に立つことは明らかである。

私にはこれ以上言語学的議論に深入りするつもりは無いが，一つだけ重要と思われる点を指摘しておきたい。

いわゆるウイグル文字のもとになったソグド文字草書体には x (＝ウイグル文字 q) と γ の間に区別は無いと言われていたが，実際には語末においてパレオグラフィー上の明確な区別のあることが，1975 年以降シムズ＝ウィリアムズ (N. Sims-Williams) によって明らかにされてきた[11]。即ちソグド文字を横書きとみれば，"final x has a long horizontal or vertical tail : ᛏ or ᛊ while final γ has only a rudimentary tail pointing downwards [: ᛚ]" というのである[12]。さらにウイグル文字でも本来 q と γ が別字であったことも，同じくシムズ＝ウィリアムズによって指摘された[13]。ところで，古トルコ語訳『天地八陽神呪経』には様々な写本・版本があるが，その総合的研究をした小田壽典によって，それらは大きく三つのグループに編年的に分類されている[14]。そればかりか，その中の最も古いロンドン写本が ñ/n-言語であり，最も新しい第 3 グループのものが完全な y-言語であることも分かっている。そこで私は，第 1 グループのロンドン写本，第 2 グループの代表として長巻の京都写本，第 3 グループの代表として北京版本を取り上げ，これらを図版によって調査したところ[15]，以下のような結果が出た。

　ロンドン本……二点の有無による -q/-γ の区別がほぼ完全であるのみならず，本来の尻尾の長短による -q/-γ の区別の残っているものが 6 割以上を占めている（これは仏教文献としては極めて異例である）。
　京都本……尻尾の長い -q はほとんどみられない。-γ に二点を付ける誤用がある。全体として -q/-γ の区別が混乱している。

北京本……-q と -γ は全く同形（🖌）に統一されている。尻尾は長いが，これは二次的なもので，本来のものとは伸びる方向が違う。（本稿では比較の便のため，先のシムズ＝ウィリアムズの英文中の例もここも縦書きで表示）

つまり，尻尾の長短による -q/-γ の区別が，始めはあったのに後には消滅したこと，そればかりか，一般的にみて -q/-γ の区別自体が時代と共に曖昧になる傾向にあったことが推定される[2]。そこでさらにこの「尻尾の長短による語末の -q/-γ の区別」の有無を，写真の発表されているウイグル文献について可能な限り広く調べてみたところ，ほぼ次のような傾向のあることが判明した。

① マニ教文献には基本的にこの区別がある。但し，本来のソグド文字のように尻尾が長いだけで点（diacritical mark）のない -q は少なく，だいたいは尻尾が長いうえに二点ないし一点が付いている（これはウイグル文字内部での発達と考えられている）。-γ は短くて点もない。
② 仏教文献には基本的にこの区別がない。-q/-γ ともに尻尾が短く，-q の方に二点ないし一点を付けて -γ と区別しようと意図しているものが割合に多い。但し，尻尾の長い -γ や，点のある -γ などの「誤用」は早くから見られる。
③ 俗文書（元代のものだけでなく，10世紀前後の敦煌蔵経洞出土のものも含む）にも基本的にこの区別はない。そればかりか，頭位・中位・末位を問わず，そもそも q と γ を区別しようという意図を持ったものが少ない。

先の『天地八陽神呪経』の「ロンドン本→京都本→北京本」に見られた時代的変化と対照すれば，ここでも①→②→③と時代的に変遷していったとみなすことは十分許されるであろう。すなわち，このパレオグラフィー上の変化現象は時代差を反映しており，ñ/n-言語が y-言語より古いという我々の説に，より一層の強い支持を与えてくれるものである，と考えられる。同時にこれは，現存のトルコ語文献からみる限りは，マニ教文献の方が仏教文献より古いということをも意味するのである。

---

[2] Cf. 小田 1990a, p. 36b.

第 2 節　古層のトルコ語仏典

　中央アジアより出土した古トルコ語仏典の大部分は前節でみた y-言語で書かれたものであり，オルホン諸碑文（8 世紀）を含む古トルコ語文献全体の中では比較的新しい時代（多くはモンゴル期）に属するものである。これに対して，ñ/n-言語と y-言語の差を方言差ではなく時代差による（従って両方の要素を持つ中間的なものも多い）とみる最近の研究者が「古い」仏典（ないし仏教文献）であると認めるものは僅かであり[16]，意見の一致しないものを除けば，次に列挙するものがそのほとんど総てである。[3]

ⓐ ロンドン本『天地八陽神呪経 *Säkiz Yükmäk Sūtra*』……［Or. 8212-104］……Bang / Gabain / Rachmati 1934＝TTT VI ; MOTH, pp. 331-350 (plates).

ⓑ センギム本 *Maitrisimit*……Gabain et al., *Maitrisimit*, I & II ; Tekin, BTT 9 ; Laut, FTB.

ⓒ 『パンチャタントラ *Pañcatantra*』……Geissler / Zieme 1970.

ⓓ 敦煌本『善悪二王子経』……［P. 3509 ; Or. 8212-118］……Hamilton 1971＝CBBMP.

ⓔ トゥルファン本『善悪二王子経』……［T. II Y. 1］……Zieme 1974a.

ⓕ 『仏陀伝』……［T. II D. 173e］……Le Coq 1909b, pp. 1208-1211 ; Bang 1931, I (pp. 7-12).（ただしこれは従来マニ経典と認定されている。）

ⓖ 『仏陀伝』……［T. II Y. 21 & 32］……*Uigurica*, II, 1 (pp. 4-7).

ⓗ 『仏陀伝』……［T. II Y. 37］……Laut 1983.

ⓘ 『クトゥルクの懺悔』……［T. II Y. 42］……*Uigurica*, II, 8 (pp. 84-89).

ⓙ 『十業道譬喩譚 *Daśakarmapatha-Avadānamālā*』[4]……*Uigurica*, III-IV.

---

[3] もちろん本稿発表より既に四半世紀を経た今では，点数もテキスト量も増加している。しかし，それらによって本稿の趣旨を変更する必要はなかったので，本節に該当する古層のウイグル仏典の網羅的追加はしないでおく。ただ，『無量寿経』に関する百濟 1995，『観音経』に関する小田 1991b，*Dišastvustik* に関する Yakup 2006，『維摩経』に関する Zieme 2003 & Özertural 2008c & Kasai 2012，『太山経』に関する百濟 2004 を追記するにとどめる。なお，Yakup 2006, pp. 4-8 によれば，ウイグル商人を保護する内容の *Dišastvustik* のテキストは n-言語と y-言語の中間であるというから，おそらく 11 世紀の前半だろう。

[4] 原論文では『十業仏（道）譬喩譚 *Daśakarma-budha (patha)-Avadānamālā*』としていたが，今

ⓚ『アータヴァカ夜叉譬喩譚 *Āṭavaka-Avadāna*』……Gabain / Kowalski 1959＝TTT X.

ⓛ『アラネーミ＝ジャータカ *Araṇemi-Jātaka*』……［Pelliot ouïgour 1］……MOTH, No. 1.

ⓜ『無量寿経』断片……［Or. 8212-121］……MOTH, No. 2.

ⓝ『仏教教理問答』……［P. t. 1292］……Maue / Röhrborn 1984-1985；森安 1985「教理問答」.

ⓞ ベルリン本『法華経』断片……［T. M. 257a；T. M. 255］……Maue / Röhrborn 1980.

ⓟ ソグド文字で書かれた諸仏典断片……Gabain 1976.

　以上の諸本はいずれも程度の差はあるもののñ/n-言語的特徴を有している（このうちⓐⓓⓛⓜⓝは敦煌蔵経洞出土だから10世紀前後のものである）。そればかりか，これらを古トルコ語仏教文献全体と比べてみる時，さらに幾つかの特徴を指摘することが出来る。その第1は，庄垣内・ラウト両氏によって明らかにされた如く[17]，テキストに使用される借用語中に占める「ソグド語仲介形式」の割合の高さである。もちろんこれは相対的にみた場合であり，絶対数をみればやはり「トカラ語仲介形式」の方が多くなってくるであろう。第2に，借用語におけるソグド語色とは逆に，トカラ語を原典とすると断定ないしは推定される翻訳仏典の見られること[18]である（ⓑⓙⓚⓛ……ⓙには沢山の種類の仏教説話が含まれる）。（一方，漢文を原典とすると確認されているものとしてはⓐがあり，ⓜⓞⓟも恐らくそうであろうと思われる。）第3に，仏典には珍しい横書きの冊子本型式[19]のものが目立つこと（ⓓⓔⓕⓗⓛⓜⓟ……ⓓには2種，ⓟには10種以上あり），第4に，黒い点を朱色の卵形で囲んだものを単独で，または蝶結び型に二つ並べて使う特殊な句読点を持つものがあること[20]（ⓒの一部，ⓔⓕⓛ）である。

　ところでラウトは近著FTBにおいて特にⓐⓑ2本（テキストの分量はⓐⓑⓓの3本が他より図抜けて多い）を取り上げ，その中にみられる第1の特徴，即ち借用語における顕著なソグド語色に着目し[21]，古トルコ語仏典を生み出した母胎はインド仏教でもトカラ仏教でも中国仏教でもなく，ゾグド仏教であるという，「ソグド仮説」なるものを提唱した[22]。一見これは，ソグド文字で書かれた10

や『十業道譬喩譚 *Daśakarmapatha-Avadānamālā*』と修正してよい。

種以上の古トルコ語仏典断片の存在（⓪ⓟ）と相俟って，いかにも説得力がありそうである。しかしながら，庄垣内（及び Moerloose）の言語学的研究[23]を踏まえ，歴史学的見地から，少なくとも現存の古トルコ語仏教文献を直接生み出した古トルコ仏教の最大の源流はトカラ仏教である（これを「トカラ仮説」[5]と呼ぶことにする）[24]ことを既に公けに主張している私としては，このラウト説に軽々しく従うことは出来ない。そこで以下に氏のいわゆる「ソグド仮説」を検討してみることにする。

第3節　ラウトの「ソグド仮説」

　トルコ仏教の始源とみなされる歴史事実が突厥第一帝国時代に起こったことは，日本では早く1923年に羽田亨が「トルコ族と仏教」を発表して以来よく知られているが[25]，欧米ではようやく1954年に出たガバインの論文 "Buddhistische Türkenmission"[26] によって広く知られるようになった。しかし一旦このガバイン論文が発表されるやその影響力は甚大で，トルコ族の仏教信仰は東のモンゴリアでは突厥に始まり，7世紀にはウイグルにも広まって，それは8世紀中葉のウイグルのマニ教への改宗時まで受け継がれたとし，西の天山地方では西突厥に始まり，突騎施・カルルク・バスミル等に受け継がれ，遂には西遷後マニ教を捨てたウイグルへとつながり，その西ウイグル王国においてトルコ仏教文化が花開いたと，強く信じられるに至った。ただしガバインにおいては，突厥第二帝国時代のオルホン諸碑文や漢文史料に仏教的雰囲気が一切感じられないことに鑑み，突厥第一帝国における仏教信仰は「一時的」・「表面的」なものであったとみなされ，ただ天山地方のいわゆる「西トルコ族」の間で，ソグド人仏教徒との不断の接触の下，西突厥以来の仏教信仰が生き続けた，と考えられたのである。ところが1956年モンゴリアでブグト Bugut 碑文が発見され，その内容が1971-1972年にクリャシトルヌィ（S. G. Kljaštornyj）／リフシツ（V. A. Livšic）両氏によって公けにされるや[27]，ここにやや大きな変化が生じてきた。その理由は，このブグト碑文がソグド文字ソグド語で書かれた突厥第一帝国の木杆・佗鉢両可汗時代の記

---

[5] 原論文ではラウトの "sogdische Hypothese" に対応させるために敢えてドイツ語で "tocharische Hypothese" としていたが，本書ではすべて「トカラ仮説」という日本語に変換する。

念碑であり，その中に *RBkw nwh snk' 'wst* という一句が見え，これが発表者によって"establish a great new saṃgha"と解釈されたからである[28]。なかでもバザン(L. Bazin)は"Turcs et Sogdiens : Les enseignement de l'inscription de Bugut"と題する論文を発表し，件の一句を"fonder un nouveau grand monastère bouddhique (*snk'*)"「新しく大きな仏教伽藍を建てる」と解して，本碑文を突厥第一帝国における仏教崇拝の決定的証拠とみなし，ガバインの見方は控え目に過ぎたと批判した。さらに同氏は，本碑文が中央アジアのトルコ人とあらゆる面で密接な接触を持ったソグド人の文字と言語とで書かれているのみならず，その文字が「スートラ体」とか「仏教草書体」と呼ばれてきた仏教徒専用の書体である事から，トルコ族の間に仏教を伝えたのは他ならぬソグド人仏教徒であり，後のいわゆる「ウイグル文字」のもとになったのはこの「仏教草書体ソグド文字」であると結論するに至ったのである[29]。ニュアンスに差はあるものの，突厥第一帝国に仏教徒ソグド人が大きな影響を与えたとする点で，クリャシトルヌィ[30]は勿論，トゥリヤルスキー[31]などもバザンとほぼ同じ意見である。また欧米学界におけるトルコ仏教史の草分けであるガバイン自身も，その長年に亘る古トルコ語文献と古代トルコ宗教文化に関する研究の帰結とも言うべき論文において，古トルコ（ウイグル）仏教の基礎語彙の中でイラン語（とくにソグド語）起源のものを列挙し，「基礎的なウイグル仏教の中にこれら多くの中期イラン語的要素があることから，トルコ族の仏教への改宗を最初に引き起こしたのはインド人でも中国人でもなくてソグド人であったことは明らかである」と述べているのである[32]。

先に私はラウトが，「ソグド仮説」を提唱したと述べたが，実はそれは決して独自に生み出されたものではなく，以上のような先学の諸説のうちから都合のよいものを取捨選択し，それに自分の結論だけを上乗せしたものに過ぎないのである。しかもラウトの新著FTBは第1章にDie "sogdische Hypothese" (pp. 1-12)の名を冠するものの，そのどこにもこれを簡潔に定義した箇所は見つからない。そこで全体より帰納せざるを得ないわけであるが，要するに次のようなことであろう。

(一) ソグド人のトルコ人への経済的・文化的・宗教的影響は突厥・ウイグル時代を通じ，モンゴリアでも天山地方でも顕著であった。――これのみは私も認める――

㈡　モンゴリアの突厥第一帝国へは、ブグト碑文が示す通り、ソグド人によって仏教が伝えられた。（ただし中国仏教の影響もあった。）

㈢　同時代の天山地方の西突厥もソグド人と密接な関係にあったから、ソグド人によって仏教は伝えられたはずである。

㈣　突厥第二帝国では仏教は廃れたが、ウイグルへは7世紀にソグド人によって仏教は伝えられ、それは8世紀中葉のウイグルのマニ教改宗時まで生き続けた。それのみならず、それ以後も一部に仏教徒は存続したであろう。

㈤　東ウイグル帝国時代（8世紀中葉〜840年）の天山地方のトルコ族の間にも、西突厥以来のソグド仏教の伝統は生きていたに違いない。

㈥　トカラ人が古代トルコ族（とくにウイグル）の仏教の師となるよりずっと前に、既にソグド人によってトルコ族の間に仏教は伝えられ、かなりの流行をみていたのであるから、古トルコ語中の仏教専門用語は、初めはほとんどソグド語そのもの、あるいはソグド語的変形を受けたインド語・イラン語（以上をまとめて「ソグド語仲介形式」と呼ぶ）であったはずである。

㈦　それ程古い（6世紀後半〜8世紀前半）トルコ語仏典は現存しないので断定はできないが、自分の仮説は、中央アジア出土の古トルコ語仏典中の古層に属するもの（即ち多くのマニ教文献と同じñ/n-言語で書かれたもの）には「ソグド語仲介形式」の借用語が、後期の仏典（y-言語）に比べてはるかに多く残っていることから、支持されよう。

　以上より私はラウトの「ソグド仮説」を、古代トルコ仏教の揺藍をソグド仏教とみる説と要約する。しかしこの説は彼個人のものであると同時に、ガバインやバザンに代表されるヨーロッパ＝トルコ学界の主流的見解とも言えるのである。

第4節　「ソグド仮説」批判（その一）

　もしこの「ソグド仮説」が正しいならば、古トルコ仏典で頻用される「ソグド語仲介形式」の仏教用語は、必ずや仏教ソグド語に由来するはずである。ガバインもラウトもその実例とみなされるものを数多く列挙している[33]。しかしながら、周知のように、仏教とマニ教（さらにキリスト教）は中央アジアにおいて激

しい「シンクレティスム（宗教混淆）」を起こしたのであり(34)，彼らが言う程に概念や用語の導入経路が自明なわけではない。試みに仏教とマニ教だけを取り上げ，ソグド語起源の一用語が古トルコ語に入る経路を考えてみても，図1のようにいくつもの可能性がある。ましてソグド語側にキリスト教とゾロアスター教，トルコ語側にキリスト教を加えれば，その複雑さは大変なものになる。

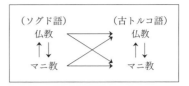

図1　ソグド語から古トルコ語への導入経路

それ故，宗教専門用語の借用関係を議論するには，一つ一つにつきこれまで以上に厳密な文献学的手続きを踏まねばならない。ただしここではただ「ソグド仮説」に異を唱えるために，čxšapt, nom, nizvani の三つの単語についてのみ言及する。

○ čxšapt

　　古トルコ語で「禁止命令，律法，戒律」の意味を持つこの言葉は，インド語に起源を発し（Skt. śikṣāpada），ソグド語を経て入って来たものである(35)。しかし実はそのソグド語形に問題があり，マニ教ソグド語形が cxš'pδ であるのに対し，仏教ソグド語形は škš'pt であって，両者は決して混同されることがない。čxšapt がマニ教ソグド語形に由来することは疑いない(36)。[6]

○ nom

　　ギリシア語 nomos よりソグド語 nwm を経て古トルコ語に入り，「法，教義；教法，仏法」等の意で広く用いられた(37)。しかしこれらの意味を持つソグド語の nwm の方は，マニ教ソグド語でだけ使われるものであり，仏教ソグド語では Skt. dharma に由来する δrm を汎用した。nom もマニ教ソグド語に由来するわけである。[7]

○ nizvani

　　古トルコ語仏典では「煩悩（Skt. kleśa）」のことを nizvani という。しかしこ

---

[6] Cf. 本書第16論文，後註12.
[7] 『マニ教史』p. 201, 1b. nom qutï への註も参照。なお，マニ教ウイグル語の段階で既に nom には「本，書物；巻，章」の意味が派生していることは言うまでもない [cf. BTT 5, p. 82; Zieme 1997, p. 396]。

の語のもとになったソグド語 nyzβ'ny は単に「肉欲」を意味するのみで，仏教徒ソグド人が「煩悩」という時は必ず全く別の語 w(y)tγ(w)y sr'yβt'm を使うのである。（吉田豊氏の教示による。）

わずか3例ではあっても[8]，これらごく基本的な仏教トルコ語が仏教ソグド語に由来しないことは明白であって，それだけでもう「ソグド仮説」の基盤は根底より突き崩され始めているとみるべきであろう。それなのにラウトは，以上の3語がいずれもマニ教ソグド語に由来すると気付きながら[38]，それが「ソグド仮説」にとって何の障害にもならないとみなしたのは一体どういう理由によるのだろうか。これらは仏教用語としては基礎語彙中の基礎語彙であり，日常的に使用されるものであるから，もし本当に仏教徒ソグド人が直接トルコ人に布教したのなら，固有の仏教ソグド語（škš'pt；δrm；w(y)tγ(w)y sr'yβt'm）が借用され，それがトルコ語の中に定着していなければならない。

次に考えるべきは，文字の問題である。バザンやラウトによれば，いわゆる「ウイグル文字」のもとになったものは，あのブグト碑文にも使われていた「スートラ体」あるいは「仏教草書体」のソグド文字であるという[39]。勿論ほとんどのソグド語仏典はこれで書かれている。しかしこの書体はなにも仏典専用ではなく，マニ典や俗文書にも使われるのであり，現在では「正式体（formal script）」というべきものである[40]。一方，いわゆる「ウイグル文字」（特にトルコ学者のいう楷書体）はこの系統に属さず，かえってマニ教徒によって広く用いられていたソグド文字草書体に由来するのである。この事は早くゴーチオ（R. Gauthiot）によって指摘され，羽田亨もこれを追認している[41]（吉田豊氏にもこれを確認した）。この事実も「ソグド仮説」にとって否定材料になりこそすれ，肯定材料にはならない。

最後にトルコ仏典の原典の問題がある。これまでに判明した原典としては，トカラ語・漢語・インド語・チベット語のものがあるのみで，ソグド語のものは一点も見つかっていない。これを以て直ちにソグド語仏典よりの訳経がなかったと言い切ることは出来ないが[42]，本稿第2節で第2の特徴として挙げたように，現存するトルコ語仏典のうち最も古いものの中にトカラ語から翻訳されたものが

---

[8] ここにもう1例として waxšik を加えるべきであったことが，拙著『マニ教史』に対する吉田豊の書評によって指摘された［『史学雑誌』102-4, 1993, p. 111］。

[11-12]

あるのとは対照的である。

第5節 「ソグド仮説」批判（その二）

　このようにみてくると，「ソグド仮説」を支えるものは，古層の ñ/n-言語で書かれたトルコ語仏典中の借用語に「ソグド語仲介形式」が多くみられるということの外には，ブグト碑文だけということになってしまう。なるほど現在では突厥の木杆・佗鉢両可汗時代に仏教が伝えられたことに異論を唱える人はなく，ブグト碑文の一句 *RBkw nwh snk' 'wst* も漢文史料から知られていた事実を傍証するものであるかもしれない[43]。しかしソグド語で Skt. saṃghārāma「仏教僧院，寺院」に当たる言葉はあくまで snkr'm であって，決して snk' ではない[44]。また吉田豊によれば，この箇所も含めて破損の著しい碑文の読みと解釈には必ずしも信頼を置くことが出来ないという。しかもこの一句を除けば，ブグト碑文のソグド語面（4面のうちの3面）にはもうどこにも仏教的要素はないのである。残りの1面を報告者たちは縦書きのブラーフミー文字で，恐らくサンスクリット語だろうという[45]。しかし摩滅が激しくて一語も読めてはいないし，またこんな早い時期にブラーフミー文字が縦書きされた例もないから，それが本当にブラーフミー文字かどうかについては，より詳しい報告を待つ必要がある[9]。

　仮に百歩譲って，snk' が Skt. saṃgha「仏教僧団」（決して「寺院」ではない）の借用語であり，ブグト碑文が突厥第一帝国の仏教信仰を証明するものとしよう。しかしそれでもこれをもって直ちに「ソグド仏教」が突厥に導入された証拠とすることはできない。なぜなら，ソグド語は当時のトルコ世界を含む中央アジアの国際語（lingua franca）であると同時に突厥の公用語であって[46]，そのために高度な仏教的概念をも表わせるが故に，漢人やその他の仏教徒によって単に翻訳の手段として採用されたかもしれないからである。北斉の後主の命により劉世清が『涅槃経』を「漢語」から「突厥語」に訳し，これを突厥可汗に送ったという記

---

[9] その後，我々の現地調査によりブグト碑文全面の拓本を採り，大阪大学に将来した［森安／オチル 1999, pp. 122-125］。その報告の末尾に吉田豊が記したように，今やそれが極めて珍しい「縦書き」のブラーフミー文字であることが判明している。ただし，ブラーフミー文字の専門家に尋ねても，未だ解読できた箇所はない。

事が『北斉書』巻 20, p. 267 にあるが,この「突厥語」とはバザンのいうような古トルコ語ではなく,恐らく護やガバインの推測するようにソグド語であったろう(47)。そうだとすれば,ここでのソグド語は手段としてのみ使われただけであり,その背後にソグド仏教があったことにはならない。もし仮に将来,ブグト碑文が突厥の仏教信仰を証明するものと確認されたとしても,それは決して「ソグド仏教」ではなく,むしろ「中国仏教」あるいは「インド仏教」が突厥に伝わったことを示すだけのものとみるべきであろう。それにそもそも「ソグド仮説」の側に立つ多くの学者がアプリオリに存在したと信じている,当時のソグディアナの「ソグド仏教」そのものが「幻」であった可能性さえあるのである。なるほど正史の類には,隋唐時代のサマルカンドに,祆教とは別に仏教が行なわれていたとの一言が挿入されているが,これは,康居と康国(サマルカンド)との区別さえつかなかった史官が,康姓をもつ初期訳経僧たち(康巨・康孟詳・康僧鎧・康僧会・康道和など)の活躍に眩惑された結果かもしれない。7 世紀に自ら現地を訪れた玄奘は,その『大慈恩寺三蔵法師伝』(巻 2)において,サマルカンドに寺は二つあっても仏僧はもうおらず,王や百姓は仏教を信じていなかった,と断じている(48)。また現存のソグド語仏典(ほとんどが漢文からの重訳,出土地も敦煌とトゥルファンのみ)もその他の歴史・考古資料も,6-7 世紀にソグディアナのソグド仏教が国外へ布教団を送り込むほどに活発であったことを示してはいない(49)。10

　従来知られている漢文史料による限り,トルコ族の間に初めて仏教が伝えられたのは,「ソグディアナ」や「西域」からではなく「中国」からであった。この点はガバイン自身がかつて強調した所であり,その傍証として女史は仏教基礎語彙の中で最も重要な「仏」と「僧」が共に中国語に由来すること(Chin. 仏 + アルタイ語の称号 xan > Tü. burxan ; Chin. 道人 > Tü. toyïn)を指摘したのである(50)。道教ではなく仏教の僧侶のことを「道人」という言い方は敦煌やトゥルファン出土の漢文仏教文書でも 5-7 世紀のものに特にきわ立って現われるものであり,女史の炯眼には感服の外はない11。トルコ仏教用語としては最古のこれら 2 語はこの時

10　Cf. 吉田 1992「ソグド語仏典解説」pp. 96-97.
11　真に驚いたことに,1990 年代になってマウエがブラーフミー文字ウイグル文書の中から実際に pū rkā kāṃ 及び to ñiṃ と読める単語を含む一節を発見したのである。それらが bur xaɣan 及び tonyïn と復元され,そこから時代を経て burxan と toyïn が派生するのは明らかである [Maue 1996, p. 214 ; Maue 2008, pp. 63, 66-67, 69-70]。

にトルコ語の中に定着して、そのまま後世にまで至ったに違いない。しかし、突厥第二帝国に仏教色が極めて稀薄であった[51]ことは何人もこれを認めざるをえないのであって、羽田をはじめ山崎・ガバイン、そして最近では護が突厥第一帝国における仏教信仰を「一時的」・「表面的」とみた[52]のは真に妥当と言うべきである。そうだとすれば、その中のガバインが7-8世紀のウイグルにおいて仏教が信じられていたと考えた[53]のは余りに軽率であって、納得がいかない。女史が依拠した史料は、7世紀については一ウイグル君長の有していた「菩薩」という名称のみであり、8世紀についてはカラバルガスン碑文中の「鬼を謂いて仏と為す」とか「あらゆる刻画魔形は悉く焚蕊せしめよ」とかの文句を含む1行だけである。これらがともにウイグルの仏教信仰を証明する積極的根拠にならないことは、護がいちいち反論している通りなので[54]、改めて繰り返さない。ただ私としては、8世紀に中央アジアを旅した2人の仏僧の見聞録中の記事だけは紹介しておきたい。

その一つは慧超『往五天竺国伝』で、そこには「又、この胡国（ソグディアナ）より以北、北は北海に至り、西は西海に至り、東は漢国（唐）以北に至るは、すべてこれ突厥の住む所の境界なり。これら突厥は仏法を識らず、寺無く僧無し」とある[55]。慧超が中央アジアを旅していたのは720年代のことである。もう一つは、789年前後にビシュバリクBiš-balïq（北庭）に滞在し、漠北のウイグルの本拠地を経て帰国した悟空の記事で、彼はウイグルの「単于（可汗を指す）」が仏法を信じなかったので、インドから携えてきたサンスクリット経典をビシュバリクに置いてきた、と伝えている[56]。

第6節　トルコ=マニ教からトルコ仏教へ

763年の牟羽可汗の改宗により、マニ教がその後、一時的中断はあるものの、東ウイグル帝国の国教的地位を獲得していったことは、全ての先学が認める所である[57]。私自身はマニ教はウイグル族の間へこれ以前より浸透していたであろうと考えているが、この点は暫く措く。重要なのは、8世紀後半から9世紀前半において東ウイグル帝国が東部天山地方に勢力を及ぼし[58]、その地方のマニ教教団を保護した結果、ここにいたイラン人（もちろん多くはソグド人）マニ教徒が

相当の力を注いでマニ経典のトルコ語訳を行なったという事実である。残念ながらトゥルファン出土の古トルコ語マニ教文献にはほとんど紀年がないが，少なくとも半分近くはこの時期のものとみなしても異論は出ないであろう。ほとんどの古トルコ語マニ教文献が ñ/n-言語で書かれていただけでなく，その原典もほぼ例外なく中期イラン語（ソグド語，中世ペルシア語，パルティア語）であったと認められている。それゆえその中には「ソグド語仲介形式」の宗教用語は枚挙にいとまない程多く含まれている。

ところで本稿第2節に列記した ñ/n-言語の古トルコ語仏典，即ち「ソグド仮説」の根拠となった「古い」仏典群の四つの特徴のうちの三つ（借用語におけるソグド語色；横書きの冊子本型式；特殊な句読点）までもが，いずれも実はマニ教トルコ語文献の方ではしばしば見られるものだったのである。もちろんマニ教文献の方に一般的な ñ/n-言語で書かれているという最大の特徴も忘れてはならない。既にガバインは ⓟ のソグド文字（正式体）で書かれた古トルコ語諸種仏典断片を発表した際，それらの特徴がウイグル文字仏典ではなくウイグル文字マニ経典のそれであることから，それらのソグド文字仏典が「ソグド的かつマニ教的伝統」の下で書写されたと判定したが(59)，この判定はそのまま ⓐ から ⓟ までの全体についても当てはまることなのである。

古トルコ語仏教文献のうちの初期のものがソグド的雰囲気を濃厚に有している事実を，ラウトはトルコ仏教の揺籃がソグド仏教であるという「ソグド仮説」で説明しようとした。しかしながらこの仮説をよく検討してみると様々の矛盾が露呈してきた。ではどうすれば矛盾はなくなるか。それには先ず，ソグド人によるウイグルへのマニ教伝道は8世紀後半より顕著になるという誰しもが認める説に基づき，トルコ族の間へソグド人が初めて組織的に伝えた宗教は仏教ではなくマニ教であるという立場を堅持することである。そうすれば8世紀後半に千載一遇のチャンスに巡り会ったソグド人マニ教徒の主導の下，先ずマニ教トルコ語並びにマニ教トルコ語文献が成立し，その圧倒的影響の下，仏教の長い伝統を持つ天山地方で仏教トルコ語並びに仏教トルコ語文献が形成されてきたとごく自然に考えられ，初期のトルコ語仏教文献が濃厚なソグド語色を持つという事実も，また現存のトルコ語仏教文献を生み出したトルコ仏教の成立に中核的役割を果たしたのはトカラ仏教であるとする我々の「トカラ仮説」も，同時に無理なく説明できるのである。

例えば，もう一度 čxšapt を取り上げよう。この語は古トルコ語では「律法，戒律」の他にもう一つ別の意味を持っており，むしろトルコ人一般にはその方が重要かもしれない。即ち čxšapt ay と熟して暦の「12月」を意味する。これまでこの用例は突厥やウイグルの諸碑文にもマニ教文献にも在証されず，その初出は1202年のウイグルの暦であるとされ，ためにバザンやクラークはこれが仏教的環境あるいは中国語「臘月」の影響の下に現われてきたものと考えた[60]。しかし私はオルデンブルク将来のルーン文字トルコ語文書（O.1；トゥルファン出土）の中にこの用例を発見した[61]。ルーン文字で書かれている事は，この文書が相当に古いものであることを示し，恐らく8-10世紀のものであろう[12]。さらに興味深いことに，本文書にはあの「マニ教的句読点」まで使われていた。従来知られているトゥルファン出土のルーン文字文書はほとんどがマニ教徒のものである[62]。一方，ヘニング（W. B. Henning）は既にこの čxšapt ay に対応する表現がソグド語マニ教文献の中にあり，それ故これはマニ教徒によってソグド語から翻訳されたものであるという極めて合理的な解釈をしているのである（吉田豊氏の教示による）[63]。これらを総合してみれば，čxšapt ay という表現が，ソグド人や中国人の仏教徒ではなく，ソグド人マニ教徒によってトルコ人間にもたらされたことは明白である。[13]

次に『天地八陽神呪経』について考察してみよう。本経の古トルコ語訳（原典は漢文）には様々な写本や版本が残っているが，既に第1節で述べたように，小田はその中でロンドン写本（第2節の@）が最も古いとし，我々もこれをパレオグラフィーの面から確認した。「尻尾の長短による語末の -q/-γ の区別」の有無についての調査は，@のロンドン本が *Uigurica*, III, pp. 79-81 の写本[14] や1008年の棒杭文書（cf. 後註89）[15] などと共に仏教文献中の例外的存在であること，つま

---

[12] 本書第16論文の後註12で言及する吉田豊の研究によれば，古ウイグル語で čxšapt ay すなわち語義的には「戒月」が実際の暦で「12月」を指すようになれるのは，10世紀も遅い時期から後ということになろう。

[13] その後，ハミルトンが発表したウイグル語のマニ教徒の暦により，10世紀末〜11世紀初頭に čxšapt ay が「12月」の意味で使われていたことが確定した［Hamilton 1992b; cf. 吉田 1989, pp. 165-168 & n. 21］。一方，ベゼクリク出土のマニ教ソグド語書簡Bでは，pwšnw m'x 「プシュヌ月（＝正月）」の直前に cxš'pt m'x があって，これが「12月」を指していることが確認された［吉田 2000a, pp. 91-92, 98-99；吉田 2000b, pp. 156-157, 159-160］。

[14] *Uigurica*, III, pp. 79-81 とは①『十業道譬喩譚』の中に含まれる T. II. S. 89φ であるが，それが例外的に古い伝統を保持している写本であることを書き忘れた。

りマニ教文献に近いことを明らかにしてくれた⁽⁶⁴⁾。一方，既に小田は内容的分析を通じて，ロンドン本ⓐが最も古いことを証明しただけでなく，ⓐのもつ諸表現にはイラン的思想の影響が認められ，そこに「仏教徒とマニ教徒の遭遇」のあったことを看破していた⁽⁶⁵⁾。また 1987 年 4 月，私は北京図書館所蔵敦煌文書「冬 61」を調査し，表が漢文の『天地八陽神呪経』であるこの巻子本⁽⁶⁶⁾の裏に修理のために貼られたウイグル文書が，マニ教教団の高僧 mar xruxšida ada maxistak「師 = 太陽 = アダ = マヒスタク」⁽⁶⁷⁾に宛てられた丁寧な手紙の断片であることを見出した⁽⁶⁸⁾。長大で紙も上質な仏典や戸籍類と違い，一片の手紙が，商品たる反古紙として売られた可能性はまずないから，このマニ教徒の手紙は漢文の『天地八陽神呪経』を護持・愛誦⁽⁶⁹⁾していた人の手近にあったものと考えられる。とすれば，本経とマニ教徒との間には何らかの関係があったことが予想される。そもそもマニ教は「光」の宗教であり，『天地八陽神呪経』もその名の示す通り「光」の経典なのである⁽⁷⁰⁾。

さらに，中央アジアにおける仏教・マニ教（グノーシス的宗教）・キリスト教その他の「シンクレティズム」の問題を精力的に扱っているクリムカイト (H.-J. Klimkeit) の成果も我々にとって有利に働く⁽⁷¹⁾。氏は『天地八陽神呪経』に関する先の小田説に賛成するだけでなく⁽⁷²⁾，トルコ仏典中に見える「清浄な戒律 arïγ čxšapt」または「清浄な規律 arïγ šazïn」，「清浄な教法 arïγ nom」などの言い方や，仏陀を「父」と呼ぶこと，衆生を「人間の息子 yalnguq oγlï」とか「生き物の息子 tïnlγ oγlï」と表わすことが全然インド的ではなく，イラン的マニ教的なものであることを指摘し，「初期のトルコ仏教はマニ教的形跡を示している」という⁽⁷³⁾。さらにまたマニ経典『祈禱と懺悔の書』などで弥勒 (Skt. Maitreya ; Uig. Maitri) とマニが同一視されている事実や⁽⁷⁴⁾，古層のトルコ仏典 *Maitrisimit* に「光の使者 yaruq yaltrïγlγ yalavačï」という非インド的表現の見えていることにも言及する⁽⁷⁵⁾。[16]

以上のような諸点に立脚するならば，古トルコ文の『天地八陽神呪経』(ⓐ) や *Maitrismit* (ⓑ) が最初期のトルコ仏典として出現し，砂に埋もれて現代にまで残されたのは単なる偶然とは言えまい。やはりこれらはマニ教的環境の中，既

---

[15] 棒杭文書については，その後もしばしば言及したが，今は本書収載の第 19 論文を参照するのが至便である。
[16] Cf. 小田 1990a, p. 41.

に成立していたマニ教トルコ語とその文献を手本にして初めてトルコ仏典が翻訳されるという時に，選ばれるべくして選ばれたものといえるであろう．トルコ仏典を生み出す必要性を一番強く感じたのは，当のトルコ人自身を除けば，マニ教徒ウイグル人の支配下に入った天山地方のトカラ人（大部分が仏教徒）や仏教徒漢人であったはずであるから，選ばれた原典がトカラ語や漢語であったのは当然である．第2節に列挙した ⓐ〜ⓟ のうち，ⓐⓑ はもとより，その他の『善悪二王子経』ⓓⓔ，『十業道譬喩譚』ⓙ，『アータヴァカ夜叉譬喩譚』ⓚ，『アラネーミ＝ジャータカ』ⓛ，そしておそらくは ⓜⓞⓟ 等々，トカラ語ないしは漢語から訳されたものがその大半を占めているのも，そうした事情とうまく合致するのである[76]．

第7節　トカラ仏教からトルコ仏教へ

　ñ/n-言語のトルコ語仏典の中にトカラ語を原典とするものが目立ったという事実を，古トルコ（ウイグル）仏教用語として定着したインド来源語彙の主流は「トカラ語仲介形式」であるとした庄垣内正弘の金字塔的論文［庄垣内 1978］の結論と重ね合わせてみれば，仏教トルコ語が一応の完成をみるのは，まだトカラ語が，口語としてはともかく，少なくとも文語としては命脈を保っていた時代と考えられる．しかし，だからといって必ずしもそれが西ウイグル王国成立以前ということにはならない．なぜならトカラ語は，9世紀頃にはもう廃れていたであろうというこれまでの一般的常識と違って，実はそれは10世紀以後も確実に生きていたと思われるからである．例えば TTT IX として発表されたマニ経典「父マニへの賛歌（Hymnus an den Vater Mani）」はトカラ語 B（＝クチャ語）と古トルコ語併用で書かれているが，その古トルコ語は新しい y-言語なのである．おまけにこれは仏典の特徴である「貝葉型」の写本であり，これまでとは逆にマニ教側が改めて仏教側の影響を蒙った形跡を示している[17]．これらの点からみて，このマニ経典が10世紀（ないし11世紀）に属することが容易に承認されよう[77]．また発表者のガバイン／ウィンター両氏も紙質などからこれを10世紀のものとみ

---

[17] これ以外にも「中世イラン語の非仏教的貝葉写本」が複数存在することをレックがつい最近明らかにしたので，その論文を紹介しておく［Reck 2014］．

ている(78)。さらについ最近中谷英明氏より得た情報によれば，トカラ語はモンゴル期にまで仏教文語として生き残っていた可能性さえ出て来たのである。というのは，私が敦煌の元代窟（ペリオ編号第 181・182 窟）出土と推定したギメ美術館所蔵のブラーフミー断簡のうち 2 葉はサンスクリット語[18]，そして 1 葉がトカラ語だったからである(79)（トカラ語写本はピノー G. Pinault が解読中と聞く）[19]。つまり「トカラ仮説」は 9 世紀に限られず，10 世紀（さらにそれ以後）でも十分成り立つわけである(80)。

　かつてガバインは，ソグド人仏教徒のみならずトカラ人仏教徒までもがトルコ族のもとに仏教伝道団を送ったと考えていたが，現在ではトルコ族がトカラ仏教の強い影響を受けるのはウイグルの西遷後（9 世紀後半以降）に違いない，と考えを変えている(81)。女史は「ソグド仮説」の側に留まっているので，トカラ人（並びに漢人）によるトルコ族への仏教布教活動を「第二波」と表現している。その点は納得できないが，少なくともトカラ人が西ウイグル王国成立以前にトルコ族の間へ布教団を送り込んでいたという旧説を撤回した点は評価すべきである。

　古トルコ語仏教文献が古トルコ語マニ教文献の圧倒的影響下において初めて出現したという私の考えが正しいならば，そのような現象が起こった地域は，仏教的伝統のないモンゴリアではありえず，東部天山地方に違いない。また時代的には，東ウイグル帝国のマニ教尊崇によりこの地域に相当量の古トルコ語マニ教文献の蓄積をみる以前ではありえず，どんなに早くても 9 世紀前半であり，本格的

---

[18] そのうち少なくとも 1 葉は木版印刷であった。そのことは，本稿の註 79 に言及しておいた森安 1985「ウ文献」p. 96 を参照すれば分かるようになっていたが，サンスクリット語で木版印刷だからモンゴル時代のものとほぼ断定できる点については書き漏らしていたので，ここに補記する。

[19] 「ウイグル人によって実用されたトカラ語」と題するピノー論文［Pinault 2007］がようやく出版されたことを，荻原裕敏氏より教えていただいた。それによると，このトカラ語 A 写本断簡からは，数人のトルコ（ウイグル）人寄進者名と弥勒信仰が読み取れるので，仏典の奥書と見なされる。ただしピノーがその写本年代を「9 世紀頃（遅くとも 10 世紀初め）」(pp. 357-358) と判断しているのは，私が論証したウイグル仏教クロノロジー（cf. 森安 1985「教理問答」& 1989「源流」& 2007「西ウ仏教」）からはまったく受け入れられない。ギメ美術館所蔵のモンゴル時代窟（つまりペリオ編号 181・182 窟）出土品であろうという私の推定をいったんは差しおくとしても，このトカラ語 A 写本は早くて 10 世紀（それも後半），恐らくは 11 世紀に比定する方が蓋然性ははるかに高いであろう。本文中で「トカラ語はモンゴル期にまで仏教文語として生き残っていた可能性」さえあると述べた点は，2013 年 12 月 14 日に大阪大学で開催された中央アジア学フォーラムにおける荻原裕敏のトカラ語 A 世俗文書に関する最新報告で示された年代論と比較して，言い過ぎであると気付いたので，

になるのは 9 世紀後半〜10 世紀（西ウイグル王国時代前期）ということ[20]になろう[82]。ゆえに我々は、テキン（Ş. Tekin）の *Maitrismit* 8 世紀成立説はもとより[83]、これを修正したラウトの Ur-*Maitrismit* 8 世紀成立説[84]にも強い疑念をさしはさまざるをえない。つきつめて言えば、トルコ学界では依然として主流である、9 世紀以前（とくに 8 世紀）に既に「西突厥語」の仏典が存在し、仏教トルコ語が成立していたという説[85]には根本的に従えないということである。第 5 節の最後に紹介した慧超と悟空の記事を、ここでもう一度思い出していただきたい。

今や我々は、トルコ人仏教徒は西ウイグル国時代になってはじめて大きな勢力を持ち、多くの古トルコ語仏典を作り出したという意味で、「ウイグル仏教」とか「ウイグル仏典」という旧称を改めて復活させてよいであろう[86]。

では、新しい y-言語だけのトルコ仏典が出現してくるのはいつからであろうか。今はこれについて詳論することは避けるが、先に見たように 10 世紀（ないし 11 世紀）に作られたと思われる貝葉型のマニ教典が y-言語であったことに鑑み、それは 10 世紀（それも遅く）に始まり、11 世紀に本格化したと言って大過ないであろう（ただしこのことは 11 世紀に ñ/n 的要素をもつ文献が書かれなかったことを意味しない）。例えば元来は ñ/n-言語であった *Maitrismit* が、ハミ本ではほぼ完全に y-言語に書き直されていることが既にラウトによって明らかにされている。同氏はこのハミ本を 11 世紀のものとみなしている[87]。実際その序章に残された紀年を、バザンの「高昌ウイグルの暦は中国の宋朝や元朝の公式の暦に忠実に従っている」[88]という言葉に従い、中国式伝統に立つものと仮定して検討してみると、それは 1067 年である可能性が極めて高いことが判明した[89]。『慈恩伝』その他を漢語からウイグル語に翻訳した高僧 Šïngqo Šäli Tutung の活躍した 10 世紀末〜11 世紀前半[90]には、おそらく y-言語だけに整理された文献が特に仏教徒の間で一般化する傾向にあったのであろう。以後、西ウイグル王国ではトカラ語

ここに撤回する。それでも同氏によれば、トゥルファン出土でトカラ語 B で書かれた仏教文献の 4 断片には、写本のフォーマットや言語的特徴などから、やはり私の想定する遅い時期に属する可能性が指摘されるということである。それに関しては同氏による正式発表を俟つこととしたい。

[20] 本稿の続編ともいうべき森安 2007「西ウ仏教」＝本書第 18 論文では、最古層のトルコ語仏典の成立時期として、9 世紀の前半〜中葉を排除した。つまり、古トルコ語仏典の出現は 10 世紀であり、どんなに早くても 9 世紀後半というのが、私が最終的に辿り着いた結論である。この点、小田壽典の一連の研究で示される見解とは微妙なずれがある。本稿の〔書後 1〕を参照。

原典に替わって漢文からウイグル語（y-言語）に訳される仏典が増加の一途をたどり[91]，それと同時に，マニ教壁画の上に新しい壁面を作り仏教壁画を描いて仏教窟としたベゼクリク千仏洞中の二つの二重窟[92]が象徴しているように，仏教がマニ教を凌駕し，駆逐していったのである。

註
(1) Radloff 1911.
(2) Gabain 1938, pp. 393-395；Gabain 1950, pp. 21-23；Gabain 1970, pp. 121-122；Gabain, ATG, pp. 3-7；庄垣内 1982a, p. 39.
(3) Sinor 1939a；Sinor 1939b, pp. 561-572.
(4) Hazai / Zieme 1970.
(5) Clauson 1962, pp. 117-118.
(6) 庄垣内 1982a, p. 52.
(7) Röhrborn 1983, p. 295.
(8) 庄垣内 1982a．なお，この庄垣内論文の註3に引用するエルダル論文も時代別分類を試みる。
(9) Röhrborn 1983.
(10) Laut, FTB, p. 10.
(11) Sims-Williams 1975, pp. 132-134；Sims-Williams 1981b.
(12) Sims-Williams 1975, p. 132.
(13) Sims-Williams 1981a, pp. 350-351, 355 (n. 26). Cf. Zieme 1983, pp. 158-159.
(14) 小田 1978a, pp. 116-112 & 107-106（逆頁）；小田 1983c, pp. 162-164；小田 1984a, pp. 93-95；小田 1986, p. 73.[21]
(15) ロンドン本の図版＝ Hamilton, MOTH, pp. 331-350；京都本の図版＝羽田 1915, 図版12枚；北京本の図版＝黄文弼『吐魯番考古記』図版106-107（pp. 112-113）。
(16) Erdal 1979；庄垣内 1980, pp. 260-261, 268-269；庄垣内 1982a, pp. 53-56；Maue / Röhrborn 1985, p. 77；Laut, FTB, p. 11.
(17) 庄垣内 1982a, p. 55；Laut, FTB, pp. 10-11.
(18) 庄垣内 1980, pp. 260-261；庄垣内 1982a, p. 55.
(19) Gabain 1950, p. 9；Gabain 1964, p. 173；Laut 1983, p. 88；MOTH, p. 1.
(20) 予め注意を喚起しておけば，この第3と第4の特徴はマニ教文献にはよく見られるものである。そこで一般に第4の特徴の句読点を「マニ教的句読点」という。Cf. Le Coq 1909b, p. 1204；Le Coq, MM, p. 15；Gabain 1950, p. 16；Gabain 1964, p. 178；Zieme 1974a, p. 263. 但し，これがマニ教文献にのみ使用されたというのは言い過ぎである［森安 1985「ウ文献」p. 18］。[22]
(21) この指摘自体は既に庄垣内 1982a, p. 55でなされており，ラウトも FTB, p. 10, n. 3でその

---

[21] 追加情報：小田 2000；小田 2010.
[22] Cf. Clark 1997, p. 100, n. 43 & p. 108.

ことを注記している。
(22) ラウトはFTB発表以前に，『仏陀伝』を扱った論文の中でこの「ソグド仮説」の萌芽といえる考えを発表している。Cf. Laut 1983, pp. 92-93.
(23) 庄垣内 1978; Moerloose 1980. Cf. Röhrborn 1981, pp. 338-339.
(24) 森安 1985「教理問答」pp. 32-36, 51, 54. 勿論，古トルコ仏教の源流の一つに中国（漢人）仏教のあることも忘れてはならない。後註91参照。
(25) 羽田 1923b; 護 1976, p. 15.
(26) Gabain 1954a.
(27) Kljaštornyj / Livšic 1972.
(28) Kljaštornyj / Livšic 1972, pp. 78, 86.
(29) Bazin 1975.
(30) Kljaštornyj 1975, p. 122.
(31) Tryjarski 1981, p. 350.
(32) Gabain 1983, p. 618.
(33) Gabain 1954a, pp. 167-168; Gabain 1983, pp. 617-618; Laut, FTB, pp. 93-119, 143-148.
(34) Cf. Gabain 1973b; Ries 1980; Klimkeit 1977; Klimkeit 1980a; Klimkeit, MAC; Klimkeit 1983a; Klimkeit 1983b; Klimkeit 1986a; Scott 1985; Heissig / Klimkeit 1987.
(35) Clauson, ED, p. 412.
(36) 庄垣内 1978, p. 101a & n. 36; Sims-Williams 1983, pp. 133, 137, 141; 森安 1985「教理問答」註31 (pp. 33-34).
(37) Clauson, ED, p. 777.
(38) Laut, FTB, pp. 97, 145.
(39) Bazin 1975, p. 41; Laut, FTB, pp. 4-5.
(40) 吉田豊氏の教示による [cf. Sims-Williams 1976, p. 44; Sims-Williams 1981c, p. 239; 吉田 1992, p. 107, n. 28]。
(41) Gauthiot 1911a, pp. 82, 85-86, 90; 羽田 1958a, pp. 18-22; 羽田 1923b, p. 504.
(42) Cf. 井ノ口 1975, p. 264; 庄垣内 1980, p. 259. 但し現在では庄垣内氏もソグド語仏典からの古トルコ（ウイグル）語訳の存在に否定的意見である（口頭の教示による）。
(43) 護はこの見解を支持する。護 1972, p. 82; 護 1976, pp. 16-17; 護 1977, p. 120.
(44) またソグド文字（正式体）で書かれた古トルコ語仏典でも s(a)ngram が使われている [cf. Gabain 1976, p. 75]。勿論ウイグル文字の仏典でも全て sangram / sangrïm である。
(45) Kljaštornyj / Livšic 1972, p. 70.
(46) 護 1972, p. 85; Bazin 1975, pp. 40-41; 護 1976, p. 24.
(47) Bazin 1975, p. 44; 護 1976, p. 25; Gabain 1983, p. 617. 但しガバインは初めは文字通り「突厥語」とみなしていた [Gabain 1954a, p. 164; 石濱 1961, p. 38]。
(48) Cf. Beal 1911, p. 45; 佐藤（圭）1987, p. 26;『大正蔵』50, p. 227c. 玄奘が伝えたのは7世紀前半の情況であるが，8世紀前半についても慧超が「ソグディアナ諸国は火祆につかえていて仏法を識らず，ただサマルカンド国に一寺があり一僧がいるのみである」と伝えている [cf. Fuchs 1939, pp. 452, 467a-b; 羽田 1941, pp. 623-624;『大正蔵』51, p. 978b]。
(49) Cf. リトビンスキー 1972, p. 1042 (p. 79); Emmerick 1983, pp. 960-961; 吉田 1985. リトビンスキーは必ずしも賛成していないが，ウェ＝バルトリドは早くから「仏教はすでにイスラ

ム侵入以前に，サマルカンドやその周辺から追いはらわれていた」と述べていた［長沢和俊（訳）『中央アジア史概説』角川文庫，1966, p. 19］。但し当時の中央アジアの情報伝達者としてのソグド人により，「仏教・仏僧・仏教信者・寺院」などというごく表面的な知識や用語（いわば社会常識）がトルコ人の間にもたらされたと考えることは不自然ではなく，それまで否定するつもりはない［cf. 森安 1985「教理問答」p. 33, n. 33］。

(50) Gabain 1954a, pp. 165-166；石濱 1961, p. 39.
(51) 但し護は突厥第二帝国では仏教というものの存在すら知られていなかったと言っているわけではない。Cf. 護 1976, pp. 22-23.
(52) 羽田 1923b, pp. 491-492；山崎 1942, p. 12；Gabain 1954a (cf. Bazin 1975, p. 42)；護 1972, p. 83；護 1974, p. 4；護 1976, pp. 18-21；護 1977, pp. 121-123.
(53) Gabain 1952, p. 22；Gabain 1961, pp. 506-507.
(54) 護 1974, p. 4；護 1977, pp. 123-124. ところで Klimkeit 1983b は「ウイグルとマニ教」について論じた最新の論文の一つであるが，依然としてマニ教以前に仏教ありとした旧説を踏襲している［p. 229；Scott 1985, pp. 110-111］。またアスムッセンは，ウイグル文マニ教文書 T. M. 276 a & b から，牟羽可汗のマニ教改宗（763 年）以前，ウイグルの支配者層が仏教と全く関係を持っていなかったと正しく判断しながら，一般民衆の間には仏教が広まっていたと考え，マラッツィもこれに従った［Asmussen 1963, p. 126；Asmussen 1965, p. 147；Marazzi 1979, p. 241］。しかしそこには何の根拠も無いことを注意しておきたい。
(55) Cf. Fuchs 1939, pp. 453, 467c；羽田 1941, p. 624；『大正蔵』51, p. 978c.
(56) Cf. Lévi / Chavannes 1895, p. 366；小野 1984, p. 78c；『大正蔵』51, p. 981a. なお，慧超や悟空の伝えるパミール以南〜以西のトルコ族の仏教と，本稿の主題であるパミール以東のトルコ族の仏教とは何ら関係が無かったとみるべきで，この点私は山崎の考えを是とし，リトビンスキー等の見方を否とする。Cf. 山崎 1942, pp. 11-12；リトビンスキー 1972, pp. 1049-1048 (pp. 72-73)；森安 1985「教理問答」p. 33, n. 30.
(57) Cf. Chavannes / Pelliot 1913, pp. 177-199, 261-303；田坂 1964；Marazzi 1979, pp. 240-244；Klimkeit 1983b, pp. 228-231；Lieu 1985, pp. 193-198.
(58) 森安 1979；Moriyasu 1981.
(59) Gabain 1976, p. 76.
(60) Bazin 1974, pp. 433-434, 538＝Bazin 1991, pp. 294, 363；Clark 1975, pp. 288-291. クラークは Chavannes / Pelliot, Taqizadeh 等の説にも言及し，かなり詳細に論ずるが，私は氏の考えに従えない。
(61) Radloff 1910, pp. 1025-1028 & plate.
(62) Cf. Le Coq 1909a.[23]
(63) Henning, BBB, p. 9.
(64) またロンドン本にはルーン文字の識語が付いている。Cf. 森安 1985「ウ文献」pp. 30-31.
(65) 小田 1978a, pp. 113-107（pp. 6-12）；小田 1984a, pp. 93-94.[24]
(66) Cf. 小田 1986, p. 64, n. 21.
(67) 中世ペルシア語で「太陽」を意味する xruxšida の読みと解釈は，熊本裕氏の教示による。アダはマニの高弟の名前でその後もしばしば使われたらしい［cf. MOTH, No. 7, p. 60］。マヒ

---

[23] Cf. 森安 1997「ルーン」pp. 55-56, n. 38 & p. 61.
[24] 追加情報：小田 2001；Oda 2002；小田 2010. Cf. 小田 2000, pp. 115-116.

スタクはマニ教ヒエラルキー第三位の高僧のこと。[25]
(68) 本文書の存在およびこれが北京の敦煌本に含まれる唯一のウイグル文書らしいことについては，高田時雄氏の教示を得た。
(69) 実物は相当に使い込まれ，各所に裏貼りが必要だったほどに傷んでいる。
(70) Cf. 小田 1978a, pp. 116-115, 109-107（pp. 3-4, 10-12）.
(71) Klimkeit 1977-1987 のほぼ全て。但し同氏もラウトの「ソグド仮説」に無批判に追従している［Klimkeit 1986a, p. 46］。
(72) Klimkeit 1986a, p. 48. 特に注記はないが，MAC, p. 33 でも同様である。
(73) Klimkeit 1986a, pp. 46-50. 但し「十戒」を「身口意」の三つに分けることや［p. 46］，「内」と「教法」，「外」と「国家」とを対応させること［p. 48］までもが非インド的であり，これまたマニ教的だというのは，いき過ぎであろう。また別の論文では「中央アジア仏教についていえば，とりわけトルコ語文献は終始マニ教の影響の跡を示している」ともいう［Klimkeit 1983a, p. 247］。
(74) Klimkeit 1986a, p. 29 ; Klimkeit 1986b, pp. 227, 232 ; Klimkeit 1987, p. 64. Cf. Ries 1980, p. 291 ; Scott 1985, p. 104.
(75) Klimkeit 1986a, p. 46. 因みに佐藤（圭）はウイグル文の *Maitrismit* と『天地八陽神呪経』の背景にゾロアスター教の影響を認めようとして独自の論を展開する［佐藤（圭）1961］が，私はこれに従えない。
(76) 但し，たとえ漢語から訳されたものにトカラ語色がなく，ソグド語色ばかりであったとしても，それは私の説と抵触しない。もしある漢文仏典がトルコ語に訳された時代が，トカラ仏教の全面的影響下に「ウイグル仏教」が成立する以前（cf. 第7節），即ち9世紀前半（ないしは後半）であったならば，そういうことは十分あり得る。一方，『パンチャタントラ』（ⓒ）や『仏陀伝』（ⓕⓖⓗ）の原典は，トカラ語でも漢語でもなかったらしい。これらはこの時代ではなく，もっとずっと以前に東イラン～西北インドでマニ教と仏教が遭遇した際にマニ教に取り入れられたもので，中期イラン語のマニ経典から直接翻訳されたトルコ語マニ経典であるという。しかしこれらはかなり早い時期に仏典として「流用」された可能性も低くないので，「古層」のトルコ語仏典として一緒に列挙した次第である。例えばツィーメは『パンチャタントラ』に二つのグループがあり，一つはマニ教徒のもの，そしてもう一つは仏教徒のものと考えている［Geissler / Zieme 1970］。『仏陀伝』をマニ経典とみなすことについては，cf. Le Coq 1909b, pp. 1202-1205（p. 1205 の Müller の註）; Bang 1931, p. 7 ; Laut 1983, p. 92 ; Klimkeit 1987, p. 74 & n. 87.
(77) y-言語で且つ貝葉型のマニ経典としては，もう一つ TTT III に発表された「マニへの大賛歌（Der große Hymnus auf Mani）」がある。この表紙には唐代ではなく宋代のものと思われる中国風の絵（ミニアチュール）が描かれており［Le Coq, *Manichaica*, III, pp. 46-47 ; BSMA, II = MM, pl. 7c ; Klimkeit, MAC, p. 40, No. 29］，やはり10-11世紀のものであることを示唆している。ところでこの「マニへの大賛歌」［TTT III］と「父マニへの賛歌」［TTT IX］とは実は同一写本の「はなれ」である［cf. Clark 1982］。これは貝葉に y-言語で書かれているという点で，マニ経典としては特異なものであり，当然後期のものである。また「四生」「五道

---

[25] 本文に mar xruxšida ada maxistak「師＝太陽＝アダ＝マヒスタク」とあるのは原文通りであるが，その後『マニ教史』pp. 200, 204 で Mar Xwarxšēd Zāda(g) maxistak「マール・フワルフシェード＝ザーダ・マヒスタク」と読み替えた。

(五趣)」「三毒」「三悪道」「輪廻」「涅槃」など仏教の概念や用語を多く含んでいることでも際立っており [cf. Klimkeit 1987, pp. 67-69]，仏教色が極めて濃厚である。これは単にシンクレティズム（宗教混淆）が進んだためというより，むしろ西ウイグル王国宮廷の仏教への傾斜という歴史的現実に直面して危機感をつのらせたマニ教徒側が，積極的に仏教に接近し，仏教徒をも取り込もうとした（かつて唐でも同じ事を試みた）結果とみるべきであろう。これに対してクラークは，この写本に仏教の影響が強くみられるのは，この写本の寄進者がもと仏教徒であり，その後マニ教に改宗したからであるとみなすが [Clark 1982, pp. 156-159]，余りに幼稚な考え方ではなかろうか。彼の考えでは「四生」や「五道」や「三悪道」がこの写本に現われる理由さえ説明できない [Clark 1982, p. 191] のである[26]。

(78) TTT IX, pp. 3, 6. ただし，これをさらに10世紀の第1四半世紀にまで限定しようとする試みには無理があり，とても賛成できない。Cf. Clark 1982, p. 160.
(79) Cf. 森安 1985「ウ文献」p. 96 ; Nakatani 1986, p. 305.
(80) Cf. 森安 1985「教理問答」p. 55.
(81) Gabain 1974b, p. 246 ; Gabain 1983, p. 618.
(82) 一般には仏教国としてのイメージの強い西ウイグル王国であるが，10世紀まではマニ教が強い勢力を保っており，それが衰退に転ずるのは11世紀以降のことである。これについては，既に口頭発表は済ませてあり（1988年8月，白馬合宿研究会及び同9月，乾燥アジア史談話会），いずれ活字で発表するつもりである[27]。
(83) Cf. 森安 1985「教理問答」p. 55, 註120 ; Ş. Tekin 1970, pp. 131-132 ; Ş. Tekin 1976a ; Ş. Tekin, BTT 9, pp. 8-9 ; Laut, FTB, pp. 59-60.
(84) FTB, pp. 59-60, 162-163. クリムカイトもそれに従う [Klimkeit 1986a, p. 46]。
(85) 換言すれば，天山地方のトルコ仏教の起源をウイグルより前に置く説で，我が国では羽田亨に代表され，欧米ではラウトは勿論，多くの学者がこの説に与している [cf. 羽田 1958a, p. 32 ; 羽田 1923b, pp. 496-497, 500-501, 506-509 ; 山崎 1942, pp. 4-6 ; 佐藤（圭）1961, pp. 118, 122 ; Gabain 1961, p. 507 ; Clauson 1962, pp. 108-109]。但し我が国では先に言及した護のほか，山田や佐口もこの考えをとっていないように思われる [cf. 山田 1971c, p. 446 ; 佐口 1973, pp. 2-5]。それでも正面から羽田説と対決する論を展開したものはない。因みに，羽田説の中核となった古トルコ語仏典のコロフォン中にみえる Türk 語と Uyɣur 語を別物とみる考えは，ハミルトンによって批判され [TP 46, 1958, p. 442]，既に論拠を失っている。
(86) Cf. 森安 1985「教理問答」pp. 32-33, 52-53, 62.
(87) FTB, pp. 75-78, 114-116, 163.
(88) Bazin 1974, p. 310.
(89) 多魯坤／斯拉菲爾／克由木 1985, p. 80 によれば，ハミ本 Maitrisimit にみえる紀年は *alqatmïš ayqa küsänčig künkä ödrülmiš ädgü ödkä qutluɣ qivliɣ qoluqa qutluɣ qoyn yïl žün üčünč ay iki otuzqa* であり，多魯坤らは「在良月黄道吉日特定的善妙而吉祥如意幸福的羊年閏三月二十二日」と訳している [p. 89][28]。この紀年法は1008年の棒杭文書 [Bazin 1974, pp. 326-330 ; 森

---

[26] 行論の都合上，この第17論文の要旨を第16論文第4節にまとめたが，特にこの註77の内容はほとんどそのまま取り込んだことをお断りしておく。但しそちらには史料が追加されている。
[27] これが，森安 1991『マニ教史』である。
[28] 多魯坤／斯拉菲爾／克由木 1985, p. 61 では，この紀年を8-9世紀としていたが，2年後に単

安 1980「ウイ敦」pp. 334, 337] や 1022 年の『金光明最勝王経』(Šïngqo Šäli Tutung 訳) の序文 [TTT VII, pp. 54, 80-81 ; Bazin 1974, pp. 339-340 ; 森安 1985「教理問答」pp. 58-59] の紀年法とよく似ているだけでなく，9-13 世紀の中国暦の中に，羊年の三月が閏月になっているのは 1067 年しかない。

(90) Cf. 黄盛璋 1984, pp. 11-14 ; 森安 1985「教理問答」pp. 58-60 ; 庄垣内 1987, pp. 96-98.
(91) 「トルコ仏教の源流」という本稿の主要テーマからみれば当然「漢人仏教からトルコ仏教へ」という一節を設けるべきであるが，これについては既に森安 1985「教理問答」，第 8 節「西ウイグル仏教と漢人仏教」があるので，そちらを参照されたい。
(92) 1987 年現在の吐魯番文管所の新編号の第 27・38 窟である。これらはそれぞれ Grünwedel 編号の第 17・25 窟に当る。Cf. Hackin 1936, pp. 8-9, 18-22, pls. I, XII-XIII. なお，この両窟を含むベゼクリクのマニ教窟については別に報告を予定している[29]。(当面は，1988 年 6 月 30 日付『朝日新聞』(全国版)文化欄所載の私の記事を参照。)

〔原付記〕
　本稿と密接な関係をもつ論文が本稿執筆後に出版されたので，追記しておく：小田 1988「ウィグル文八陽経写本の s/š 字形に関する覚書」[30]。なお，本稿作成にあたっては，いつもながら，ヤントン（YTS）各メンバーから貴重な助言を得た。厚く感謝する。

〔書後1〕
　古トルコ語仏典の起源（古層のトルコ語仏典の年代）と「トカラ仮説」を柱とする本稿［森安 1989「源流」］と密接に関わるのは，小田壽典の一連の研究である。もちろん本稿自体が 1970-1980 年代の小田の業績を先行研究として取り込んでいるが，文献目録に掲げたその後の小田の著作が重要となる。内容が多岐に亘るため，それらにいちいちコメントはできないが，基本的に本稿の趣旨を認めるものの［cf. 小田 1990a, pp. 42-43］，細部ではまだかなり見解の相違が見られる。本稿の〔補記20〕を参照。なお，本稿の趣旨を受け継ぎ，さらに発展させるものとして，百濟 1995 を特筆しておきたい。
　一方，本稿［森安 1989「源流」］と同年出版の L. バザン「六―八世紀のテュルク人と仏教」（濱田正美訳，『東方学』78, 1989, pp. 141-154）は，トルコ仏教の起源に関する部分においては本稿で取り上げた Bazin 1975 の内容をほぼそのまま引き継いでいるので，残念ながら同様に本稿での批判を当てはめざるを得ない。また本稿の翌年に出版された Klimkeit 1990a は，内容的に本稿と深い関係にあるが，当然ながら本稿を見ていない。それもあってか，やはりガバイン・ラウト説を引き継いでいる。

　行本として出版された伊斯拉菲爾／多魯坤／阿不都克由木 1987, pp. 2-3 でも同じ見解を繰り返している。その点を拙稿で敢えて批判しなかったのは，対案として 1067 年説を提唱すれば事足りると考えたからである。

[29] これが，森安 1991『マニ教史』の第 1 章である。
[30] ウイグル文の字形に関する論文としては，その後さらに，沖 1996 が出た。

なお，郗仲平による本稿の中文摘訳が『敦煌学輯刊』1996-1, pp. 114-135 に掲載されている。

〔書後 2〕
　本稿の結論への賛否については，次のものを参照されたい：吉田 1993b, p. 133；Yoshida 2002b, pp. 196-197；笠井 2006, p. 24, n. 7；吉田 2007a, pp. 63, 75, 77-78, 82（n. 34）；吉田 2010, pp. 201-202. 概ね，日本国内ではラウトのソグド仮説に対する私のトカラ仮説が受け入れられているが，欧米学界では必ずしもそうではない。特に本稿をMoriyasu 1990 として仏訳した時に，全体が長文だったため，その第 7 節を削除してしまったことがよくなかったと反省している。1997 年に UBL という便利なウイグル仏典解説目録を出版したエルヴェルスコグ（J. Elverskog）でさえ，その序文を読む限り森安説を正しく理解していない。とはいえ，個別具体的に本稿の註 77 で述べた貝葉型マニ経典成立の歴史的背景については，ヴィルケンスがクラーク説を退け，森安説に与してくれている［Wilkens 2008, pp. 210-211］。中国ではウイグル学者の耿世民が，ラウトのソグド仮説ではなく，森安説と同じ見方であると明言している［『西域文史』6, 2011, p. 255, n. 6］。
　なお，欧米の東洋学界で高級概説書として定評ある Handbook of Oriental Studies シリーズの 1 冊として 2007 年に刊行された A. Heirman / S. P. Bumbacher (eds.), *The Spread of Buddhism* (Leiden / Boston : Brill) 所収の X. Tremblay, "The Spread of Buddhism in Serindia : Buddhism among Iranians, Tocharians and Turks before the 13th Century." は，日本の東洋学界の水準から見れば全く期待はずれであった。それに対して我が国では，いまだに価値を失っていない井ノ口泰淳ほか（編）『アジア仏教史 中国編Ⅴ シルクロードの宗教』（東京，佼正出版社，1975）に加えて，奈良康明／石井公成（共編）『新アジア仏教史 5 中央アジア　文明・文化の交差点』（東京，佼成出版社，2010）が出版されたので，共に活用されたい。

18
西ウイグル仏教のクロノロジー
―――ベゼクリクのグリュンヴェーデル編号第8窟(新編号第18窟)の壁画年代再考―――

はじめに[1]
第1節　ベゼクリク第8窟壁画に見える寄進者たち
第2節　ベゼクリク第8窟重修の理由と時期
第3節　シャジン＝アイグチという称号の出現
第4節　10世紀の西ウイグル仏教界の最高位者「都統」
第5節　西ウイグル仏教におけるトカラ人高僧
第6節　西ウイグル仏教に占める北庭の位置
第7節　ウイグル仏教美術の年代論―――ラッセル＝スミス説への反批判

はじめに

　まず最初に，ウイグル仏教史ないしマニ教史のクロノロジーに関する私のこれまでの研究による主張点を，箇条書きにして列挙する。

● テーゼ1）西ウイグル王国初期（9世紀中葉～10世紀）に支配層であるウイグル人の間で優勢だった宗教はマニ教である。ただしウイグルのマニ教はモンゴル時代まで生き残ったのではなく，11世紀後半頃に仏教に圧倒されてほぼ消滅した。
　　［テーゼ1：『マニ教史』第3章（pp. 127-174）; Moriyasu 2000 "WestU", pp. 342-347 ; Moriyasu 2003 "FourL", pp. 063-100 ; GUMS, chapter 3（pp. 149-209）］

---

[1] 原論文は百濟康義教授の追悼記念号に捧げられたもので，「はじめに」の前に献辞があり，そこに同教授の著作のうちから，ウイグル仏教文化研究の同志として私との交友関係に言及するものを列挙してあった。本書の原文主義により註番号を変えないため，献辞は削除するが，献辞に付随していた関連論文の列挙を本稿では後註1とする。

●テーゼ2）西ウイグル王国初期に仏教を支えたのは，それ以前から東部天山地方に居住していたトカラ人・漢人その他（多分，少数のソグド人やトルコ人も含まれよう）の多言語話者の仏教徒であり，最初期のウイグル語仏典を生み出したのは彼らである。

●テーゼ3）ウイグル仏教の実質的な開始は 10 世紀終わり頃であるが，モンゴロイドでトルコ（Türk＝テュルク）系ウイグル語話者であるウイグル人の大部分が仏教に改宗し，ウイグル仏教が繁栄するのは 11 世紀に入ってからである。ただし，9 世紀末〜10 世紀中葉からトカラ人・漢人・ソグド人仏教徒によってウイグル語仏教文献が作られ始めたり，ウイグル人を含むトルコ人のごく一部が仏教に改宗していた可能性については，これを否定しない。

　　　［テーゼ 2 ＆ 3：森安 1985「教理問答」pp. 32-37, 51-62；森安 1989「源流」第 7 節（pp. 19-21）；『マニ教史』pp. 147-160；Moriyasu 2003 "FourL", pp. 096-099；森安 2004「金花」pp. 709, 712-713；GUMS, pp. 174-192］

●テーゼ4）初期のウイグル語仏教文献は，先行するウイグル語マニ教文献の強い影響を受けて成立した。

●テーゼ5）古トルコ仏教とウイグル仏教は本来はまったく別の概念であるが，現存の古トルコ語仏典は全て西ウイグル時代になってから成立したウイグル仏典である。トルコ仏教の源流と最古のトルコ語仏典の出現に関しては，「ソグド仮説」を捨てて「トカラ仮説」を採るべきである。私の立場からは，古トルコ語仏典とウイグル仏典はほとんど同義となる[(2)]。

　　　［テーゼ 4 ＆ 5：森安 1989「源流」；Moriyasu 1990 ＋ Moriyasu 2003 "FourL"］

●テーゼ6）ベゼクリク千仏洞のいわゆるウイグル風仏教壁画の年代は 10 世紀終わり頃を上限として，大部分は 11-12 世紀である。（もちろんモンゴル時代の追加補修もある。）

　　　［テーゼ 6：森安 1985「教理問答」pp. 52-54；『マニ教史』pp. 30-34, 150（n. 73）；森安 2000「沙ウ」pp. 34-35；Moriyasu 2000 "WestU", pp. 341-342 & footnote 13；Moriyasu 2003 "FourL", pp. 035-037；GUMS, pp. 32-38, 178-179 (n. 73)］

●テーゼ7）10 世紀において敦煌の河西帰義軍節度使政権（実質的には敦煌王国）と西ウイグル王国との間の交流はきわめて繁密であり，11 世紀前半には西ウイグルが敦煌地方を支配した事実がある。

　　　［テーゼ 7：森安 1980「ウイ敦」pp. 331-335；森安 1985「教理問答」p. 36；森

安 1987「贈り物」; Moriyasu 2000 "Sha-chou"; 森安 2000「沙州」; Moriyasu 2000 "WestU", pp. 337-340, 348-352］

●テーゼ8）ウイグル文字の書体による時代判定は可能である。楷書体はいつの時代にもあるが、半楷書体は古く（10-11世紀前後）、草書体は新しい（13-14世紀のモンゴル時代とそれ以降）。

［テーゼ8：森安 1994, pp. 63-83; Moriyasu 2000 "WestU", p. 345; Moriyasu 2003 "UiInsc." pp. 461-462; Moriyasu 2003 "FourL", pp. 087-089; 森安 2004「通貨」pp. 7-15; Moriyasu 2004 "Currency", pp. 228-229, 232-233, 235］

　以上のテーゼにつき、改めて解説を加えると、次のようになろう。
　古トルコ民族の間に仏教が普及した時期や最古のトルコ語仏典が出現した時期と担い手について、欧米にはいまだに突厥あるいは西突厥時代のソグド人に遡ると想定する学者が少なくない。これを「ソグド仮説」という。しかし、私はそのような旧説に反駁し、トルコ民族に本格的に仏教を布教したのは突厥・西突厥・東ウイグル時代のソグド人ではなく、西ウイグル時代のトカラ人と漢人であるとし、これを「トカラ仮説」と名付けた［森安 1989「源流」; Moriyasu 1990］。より正確には「シノ=トカラ仮説」とでもいうべきであったかもしれない。突厥時代にソグド人ないし漢人によって仏教が一時的に流入したため、ごく基礎的な仏教関連用語がソグド語や漢語から古トルコ語中に入って定着したことは、私もこれを認める［森安 1985「教理問答」p. 33, n. 31］。しかし、パミール以東のトルコ民族の中で初めて本格的に仏教を信仰したのは突厥でも西突厥でも東ウイグルでもなく、西ウイグルなのである。
　注意すべきは、西ウイグル王国仏教とウイグル仏教とは截然（せつぜん）と区別しなければならないということである。仏教は西ウイグル王国（9世紀中葉～13世紀初頭）建国当初から盛んであったが、それを支えたのは前代以来の住民であり、新王国の被支配層となったトカラ人・漢人たちであった。なかには少数のソグド人やトルコ人も混じっていたかもしれない。しかし、王国の支配階級を構成するモンゴロイドでトルコ系ウイグル語を話した狭義のウイグル人と、元来はコーカソイドでイラン系ソグド語を話したソグド人とは、東ウイグル帝国（744-840年）後半期の状況を引き継ぎ、西ウイグル王国建国当初はほとんどマニ教徒であったのである。彼ら支配層が大挙して仏教に改宗していき、いわゆるウイグル仏教が成立す

るのはどんなに早くても 10 世紀後半であり，本格的になるのは 11 世紀に入ってからである。

　敦煌地方に存在したいわゆる沙州ウイグルは，あくまで西ウイグルの一部に過ぎない。沙州ウイグルは独立勢力であり，後には甘州ウイグルもこれに合流して沙州ウイグル王国という独立政権が樹立されたという，中国人研究者の見方は成り立たない。

　ウイグル文字の書体の区別と書体による時代判定に関して，私が独自の見解を発展させてきた軌跡については，Moriyasu 2000 "WestU", p. 345；Moriyasu 2003 "UiInsc." pp. 461-462；森安 2004「通貨」p. 8 & footnotes 34-36 を参照されたい。「楷書・半楷書・半草書・草書」という四つの書体に関する定義は，日本語では森安 1994, pp. 63-83 が最も詳しいが，その後さらに補正を加えているので，現時点では英語版の Moriyasu 2003 "UiInsc." も必ず参照していただきたい。さらに四つの書体の具体例一覧表は Moriyasu 2003 "FourL", pp. 088-089 & Moriyasu 2004 "Currency", pp. 232-233 にある。当然ながら書体の判定は相対的なものである。なぜなら書体には個人差もあり，「半楷書体」の判定基準を誰からも異論が出ないように定義するのは困難だからである。私自身の中でも「ぶれ」てきたし［森安 1994, p. 67, n. 5］，また当初から自信の持てないものに対しては，「半草書体」というグレーゾーンを設けてきた。半草書体というのは，あくまで臨時に設けたもので，将来的には半楷書体と草書体に分離吸収される可能性がある。

第 1 節　ベゼクリク第 8 窟壁画に見える寄進者たち

　地獄図があったことで有名なベゼクリクのグリュンヴェーデル（A. Grünwedel）編号第 8 窟（現地最新編号第 18 窟）の主室内部を飾ったウイグル仏教壁画は，今ではほとんどが剝ぎ取られたり，破壊されてしまった。それを復元する手段として残されている図像資料は，次の通りである：Le Coq, BSMA, IV, Tafeln 17-20 の大判のカラー写真 2 枚と大判のモノクロ写真 2 枚；Le Coq, BSMA, V, Tafel 22 のカラー写真 2 枚；Grünwedel, ABK, Figs. 531, 532, 534, 535 のモノクロ写真 4 枚，Figs. 531, 533 のスケッチ数枚；Andrews, *Catalogue of Wall-Paintings*, pls. XIX, XXIII の大判写真 2 枚（カラーは XXIII のみ）；『新疆石窟』pls. 37-41 のカラー写

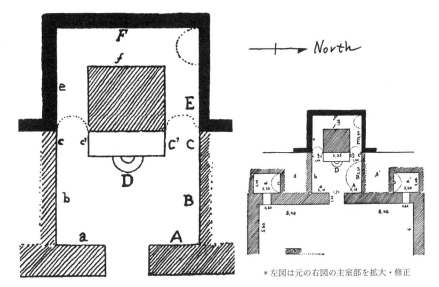

図1　ベゼクリクのグリュンヴェーデル編号第8窟内部見取図

真5枚；『中国壁画全集』pls. 64, 65, 99-101 のカラー写真5枚。このようにばらばらになった図像を元通りに再構成するためには，Grünwedel, ABK, pp. 253-259 の記述が必須であるが，併せて Le Coq, BSMA の各図版に付された解説も参照する価値がある。

　まず，Grünwedel, ABK, p. 253, Fig. 529 ［＝ Le Coq, BSMA, IV, p. 26 ＝ Le Coq, BSMA, V, p. 20］にある第8窟全体の平面図を御覧いただきたい（図1）。この図では上が西であり，右が北である。本稿ではこれに従って，主室の壁面を次のように呼ぶ。ただし，壁の一部を示すアルファベット記号のC（大文字シー）とC'（大文字シーダッシュ）は，グリュンヴェーデル自身が誤って本文の説明と逆になっているので，ここでは修正しておく。前室から主室への入り口に当たる短い廊下を甬道というが，甬道に立って奥（西）を向いた状態で，すぐ右手にあるのが袖壁A，同じく左手にあるのが袖壁aである。袖壁は主室の中心柱前面に当たる正壁と向き合っている。主室の側壁のうち北側の壁を手前から奥に B, C, E, 南側の壁を手前から奥に b, c, e と区分する。袖壁と向き合って正面に見えるのが中心柱前面の正壁と本尊台座D，正壁の右側で北側壁Cと向き合うのがC'，正壁の左側で南側壁cと向き合うのがc'である。側壁のうちC, cは中心柱との

間に回廊を形成するが，中心柱の裏側をf，それと向き合う最奥壁をFとする。

　正壁は破損が激しいが，鹿が描かれている [cf. ABK, p. 257, Fig. 533a＝『新疆石窟』pl. 39] ので，半円形の台座の上にあった本尊は，ベナレスの鹿野園で説法する仏陀の座像であったのだろうという [ABK, p. 256]。北側壁Bの大画面 [BSMA, IV, Tafel 18 ＝ ABK, Fig. 535] の下方中央には礼拝する姿の長者・須菩提が描かれ，反対側の南側壁bの大画面 [BSMA, IV, Tafel 17 ＝ ABK, Fig. 534] には熾盛光仏変相図が描かれている(3)。北側壁Bに隣接する北側壁Cにあるのが有名な地獄図 [BSMA, IV, Tafel 19] であり，ちょうどそれと対象の位置に当たる南側壁cには地蔵(4)の肖像がある。いうまでもなく地獄における救済者が地蔵であるから，この配置には意味がある。

　そして正面中央にあった本尊がよく見える位置にある二つの袖壁A，aの中央にはそれぞれ大きな仏陀が描かれている [ABK, Figs. 531 & 532]。これも誓願図なのかどうかは判断に苦しむが，特に注目されるのが，仏陀の前で跪いている人物と，それらの下方に並んでいる供養人（寄進者）の群像である [BSMA, V, Tafel 22 a & b]。幸い，これらの供養人には題銘の付いているものが多く，これらは西ウイグル仏教史解明のための重要な鍵となるので，本稿で取り上げることにする。西ウイグル王国の構成員にはウイグル人だけでなく，多数の漢人・トカラ人・ソグド人その他がいたはずであるが，本窟の供養人たちがモンゴロイドでウイグル語を母語とする狭義のウイグル人であることは，その容貌や服装，そしてそれぞれに付された題銘などからまず疑いないところであろう。

　グリュンヴェーデルによれば，第8窟には二度の大改修の痕跡が見られ，壁画も3期に分けられるという。そしてそこにある誓願図は第2期のもので，それが第3期に場所を移し替えられて生き残ったという。しかし，ABKにもBSMAにも第8窟出土の誓願図が掲載されていないので不思議に思っていたところ，それは現地に部分的に残っているらしく，その写真が『新疆石窟』pls. 40-41として発表されていることを，龍谷大学大学院生の森下知美氏の教示によって知り得た。そして彼女とともにABKの記述を再検討した結果，側壁Cと側壁C'の表示が逆であることを発見したのである。それゆえ，2枚の誓願図の位置について，ABK, p. 258の中程にc'，C'とあるのが正しく，それより7行下と次頁p. 259の上から5行目に共にC，C'とあるのは間違いである。そして地獄図のある側壁Cに対して細い回廊を挟んで向き合っている正壁右側壁C'に描かれているのが，

18 西ウイグル仏教のクロノロジー

誓願図の中でも特徴的な燃燈仏授記である。

　ベゼクリク千仏洞は，岩壁をくり抜いた本当の石窟を主体とする南半部と，岩壁の前部に日干しレンガで建造された部分が主体をなす北半部とに分かれる。第8窟は隣接する第9窟とともにベゼクリク千仏洞北半部のほぼ中央に位置し，しかも全体の中でも最大の規模を誇っており，最も重要な寺院の一つであることは疑いない[5]。第8窟最奥部にはキジル風の千仏や「ラテルネンデッケ」が描かれているから，起源は南半部と同様に古いものである[6]。第8窟は各時代の有力者によって造営され，何度も大小の改修を重ねて，最後まで生き延びたのであろう。20世紀初頭にドイツやイギリスの探検隊が発掘し，本国に将来したそこからの壁画のうち，供養人の肖像を描いている袖壁A，aは，最後の大改修時期（グリュンヴェーデルのいう第3期）のものである。ではその時の供養人，すなわち改修費用を拠出した寄進者とは，誰であったのだろうか。石窟改修には巨額の資金が必要であるから，当然ながら王族・貴族・大商人ぐらいしか候補にはなりにくいはずである。

　実はその手がかりは，この袖壁A，aの最下段に描かれている多数の供養人（寄進者）像に付随するウイグル語銘文にある。なぜなら，そこにあるウイグル銘文は草書ではなく，縦長の短冊状の枠の中に楷書で丁寧に書かれているので，後のモンゴル時代に多くなる草書体の落書きではなく，壁画制作時のものとみられるからである。

　これらの供養人像とウイグル銘文は既にBSMA, V, Tafel 22として出版されている。しかしそのTafel 22はピントがかなりぼやけていて，そこからウイグル銘文を読み取るのは至難の業である。ルコックが大部分の銘文についてテキスト転写をしてくれてはいるが，その「読み」には若干の不安がある。ただ幸いなことに，寄進者の中心人物と思しき男性，すなわちTafel 22aの中央にいて，壁画上方にある仏陀像の蓮華座を下から両手で支える人物に付随する銘文だけは，鮮明な写真がルコックの別の出版物 Le Coq, *Bilderatlas zur Kunst und Kulturgeschichte Mittel-Asiens*, Fig. 161 の中にある。それによれば次のように読める。

Inscription No. I
　01) tängrim qutï sambodu šazïn ayγučï
　02) -nïng tuγmïš atasï nomčï bilgä

03) ///// tutuŋ bäg körki bu ärür :
　　天神の恩寵（ある者）シャジン＝アイグチ三宝奴の生みの父たるノムチ
　　＝ビルゲ //////// 都統殿の肖像はこれである。

シャジン＝アイグチ šazïn ayɣučï とは，語義的には "commander or minister of the (Buddhistic) doctrine" であるが，実際にはウイグル仏教界の最高指導者の称号である（第3節参照）。そのシャジン＝アイグチが，この壁画制作時には Sambodu すなわち「三宝奴」という名前だったことだけでなく，寄進者のリーダーがその三宝奴の実父の Nomčï Bilgä //////// Tutung であったことが判明するのである。そうであれば，Tafel 22b の下段左方に居並ぶ女性群のリーダーで，やはり仏像の蓮華座を支える女性が，Nomčï Bilgä //////// Tutung の妻であり，三宝奴の実母である可能性が高くなろう。そういう視点でその女性のすぐ脇にある銘文を見直せば，多分，次のように復元できるであろう。Tafel 22 の銘文部分の状態はとても悪いので，この復元はルコック自身が原物に就いて調べたはずの「読み」にある程度の信頼を置いて行なわざるをえない。

Inscription No. II
Le Coq, BSMA, V, p. 22, Nr. 1 :
　　tngrim qutï šazik aiqučï ning ... qačar tngrim ....
Moriyasu :
　01) tängrim qutï šazïn ayɣučï-nïng *tuɣmïš*
　02) *ögi küsän* qačar tängrim
　03) *-ning* körki bu ärür :
　　天神の恩寵（ある者）シャジン＝アイグチの生みの母たるキュセン＝カチャル＝テングリムの肖像はこれである。

さて，以上二つの銘文 No. I & No. II と並んで私が注目するもう一つの銘文は，BSMA, V, Tafel 22b の下段左方に居並ぶ女性群の間で，中央のリーダー的存在から数えて6番目と7番目（最後尾から数えると4番目と5番目）の2女性の中間に位置しているものである。これまた銘文写真の状態が悪いので，ルコックの読みに依拠しつつ修正する。

Inscription No. III

Le Coq, BSMA, V, p. 23, Nr. 6：

tngrim qutï ning almïš vrxar idkükä baɣlɣ bolmïš körpät (?) vošin (?) savïɣ birlä

Moriyasu：

01) tängrim qutï-nïng almïš varxar iḍgükä
02) bašlaɣ bolmïš körpät vušin sävinä birlä
    天神の恩寵（ある者）の受け取った寺院を荘厳するために，先頭になってきたキョルペット夫人セヴィネと共に。

　冒頭の tängrim qutï「天神の恩寵（を蒙った者）」という表現は，一般に聖なる神格や人物を指すので，すぐには誰か特定できないが，本窟の袖壁 A，a に残る寄進者像全体は一度にまとめて描かれたものであるという前提に立つなら，銘文 No. III のそれを銘文 No. I & No. II のそれと同じもの，すなわちシャジン＝アイグチとみなすのがもっとも合理的であろう。そういうふうに考えて私は，以上の三つの銘文を総合的に把握し，Tafel 22 に描かれた多数の供養人男女を，西ウイグル王国仏教界の最高位であるシャジン＝アイグチに上りつめた三宝奴の両親とその一族であると断定する。

　ところで三宝奴という法名は確かに漢語に由来するが，だからといってこのシャジン＝アイグチを漢人と見る必要はどこにもない。父の本名は銘文が破損していて分からないが，母親の名前はウイグル語 Küsän Qačar Tängrim であり，本稿で紹介できない他の親族たちの名前のうち［cf. BSMA, V, pp. 21-23］，俗人の場合は多くがウイグル語，僧形の人物の場合は漢語が目立つ。本稿の「はじめに」で述べたように，そもそも西ウイグル王国支配下に入ったトカラ人・漢人仏教徒たちが元来はマニ教徒であったウイグル人支配者層を仏教に改宗させる努力を積み重ねた結果，トカラ仏教と漢人仏教がいわゆるウイグル仏教の母胎となったのであり，したがってウイグル語に借用された仏教用語には，すでにマニ教を通じて流入していたソグド語ないしソグド語を経由したサンスクリット語の外には，トカラ語と漢語が圧倒的に多くなった。その結果，たとえウイグル語を母語とする狭義のウイグル人であっても，出家した時の法名には漢語か，トカラ語経由のサンスクリット語が好んで採用されたらしい。厳密な統計を取ったわけではないので確実ではないが，私の印象としてはそうである。そのような現象は，先行するウイグル＝マニ教団において採用されたマニ教僧侶の法名が，マニ教会の聖典言

語である中世ペルシア語であった事実[7]と比べても十分に納得できよう。

第2節　ベゼクリク第8窟重修の理由と時期

　銘文 No. III の内容をいま少し分析してみよう。前節の結論に誤りがないなら，シャジン＝アイグチが almïš「受け取った」寺院とは第8窟そのものにほかならず，それを彼が西ウイグル国王から恩賜されたということであろう。そしてそれを iḍ-＝it- するためにキョルペット夫妻が先頭に立って努力したというのである。ウイグル語 it- の原義は「組織する，作る」であるが，「飾る，荘厳(しょうごん)する」という意味も派生している［cf. ED, pp. 36-37］。これは，すでに造営されている石窟寺院の壁画塗り替えなどの修復作業を示す言葉として最適である。そこで私は，第8窟は一族出身の三宝奴がシャジン＝アイグチになった際にウイグル国王から恩賜されたものであり，第8窟の第3期の壁画はそれを記念して一族が醵金し，大改修を施した結果であると推定する。

　そういう記念碑的意義のある壁画であるならば，必ずやシャジン＝アイグチ自身も描かれていてしかるべきである。となれば，その候補としては袖壁Aの中でとりわけ目を引く人物，すなわち BSMA, V, Tafel 22b の右側の男性僧侶群の上に，蓮華座に跪いている姿で描かれている立派な装束の人物が第一に挙げられよう。グリュンヴェーデルもルコックもこれをウイグル王ないし君長とみなしたが，私はむしろこれこそがシャジン＝アイグチ三宝奴であると考えるのである。しかし美術史家に尋ねたところ，これは女性ではないかという意見もあった。もしそうであるならば，第二の候補を求めねばならない[8]。Tafel 22b の下段右方に居並ぶ6人の僧形の人々が女性の比丘尼であるならば，その上に描かれている第一候補も女性であって，私見を撤回せねばならないが，私の目には6人とも男性に見える。わずかにしか判読できない銘文［cf. BSMA, V, Nos. 1-7 in the middle of p. 23］では決定的な証拠はないが，その6人の後ろにいる3人が俗人男性である（うち2人は男性にしか与えられないイナル ïnal という称号を持つ）ことからも，その蓋然性は高いといえよう。

　さらにこの推定を裏付けてくれるのが，この人物の後方に錫杖を持っている僧形の人物の存在と，それに附属する銘文である。その銘文をルコックは読んで

ないが，これは次のように読めることを，ベルリンのツィーメ（P. Zieme）教授より御教示いただいた。

Inscription No. IV
tayaq kö**rkit**güči körp**ät** körki
錫杖を顕示しているキョルペットの肖像

実はツィーメ＝メモでは人名部分は Körp [...] となっていたのであるが，私は銘文 No. III と比べてこれを Körpät と復元する。つまりこの僧形の人物を，銘文 No. III を持つ女性の夫であり，シャジン＝アイグチ一族だけでなく，広く一般からも醵金を募るために勧進帳を持って行脚した者と考えるのである。一般の人々にとっても，こういう寄付をすることは仏教的な功徳を積むよい機会であるから，喜んで協力してくれたことであろう。

次にシャジン＝アイグチ三宝奴の実父である Nomči Bilgä //////// Tutung は，在家の俗人なのか，出家した僧侶なのかという問題を考えてみたい。本窟に居並ぶ多数の供養人像には俗人の服装をした者と僧形とがおり，両者の区別はいかにも截然としていたように見える。三宝奴の父は妻を持ち，子をなしたわけだから，一般的には俗人と考えられ，彼が俗人の服装をして描かれていることに不思議はない。しかしながら翻って彼の名称が Nomči Bilgä //////// Tutung であったことを想起すると，そう単純には割り切れない。

ウイグル仏教世界では結婚して妻子・財産を持ついわゆる「家産僧」が広範に存在し，かなり大きな社会的役割を担ったことは，*tutung* という称号について集中的に検討した小田壽典によって既に指摘されている通りである[9]。元来は漢語「都統」からの借用語である *tutung* は，ウイグル仏教前期には高僧に対する尊称であったが，後期には単なる人名構成要素に転化した。三宝奴の生みの父 Nomči Bilgä //////// Tutung もこの *tutung* という称号を持っているが，注意すべきは欠落している本名の前にあるノムチ＝ビルゲ *nomči bilgä* という名称構成要素である。

ノムチ＝ビルゲという複合語が最初に比定されるのは，目下のところでは 1022 年に作成されたという記載のあるウイグル文『金光明最勝王経』の序文であり，そこには次のように書かれている。"yänä ymä nomči bilgä-lärdä inča äšidtimiz"「さらにまた私たちはノムチ＝ビルゲ（複数）より以下のように（いい話を）聴いた」[Zieme 1989a, pp. 237, 239]。これを，1008 年に作られた第一棒杭文

書に見える同様の表現［Moriyasu 2001, pp. 161, 162 並びに本書 pp. 690-691］と比較すれば，*nomčï bilgä* が *nomluγ bilgä baxšï*「（仏）法を備えた賢き博士」に対応することは容易にみてとれる。また1347年に印刷された仏典集成の奥書には"*adïn ažun-qa sanlïγ* **uluγ** *'äš-ä atam nomčï bilgä küntük tay-ši ačari*"「他の世界に属している（＝逝去した）私の曾祖父であるノムチ＝ビルゲのキュンテュク Küntük 大師阿闍梨」［BTT 13, pp. 167-168, Text 46, line 35］という表現がある。

　以上の用例を見てみると，ノムチ＝ビルゲというのは，どちらかといえばかなりの学識を備えた僧侶に対して与えられる尊称のように思われる。それなのにその称号を持つ三宝奴の父が，僧形になっていないのはどうしてなのだろうか。

　一方，三宝奴の父とまったく同じ構成要素からなる名称を持つ人物が，モンゴル時代に印刷されたウイグル仏典の奥書に現われる。*atam nomčï bilgä toyïnčoγ tutung bäg*「我が父，*Nomčï Bilgä Toyïnčoγ Tutung* 殿」。この場合，トインチョグが本名である。この奥書を持つ印刷仏典は現在ではばらばらになっており，奥書部分はベルリン＝ブランデンブルク科学アカデミーに U 4791（T. M. 36）という番号で所蔵されているが，その離れである扉絵が MIK III 4 & MIK III 7624 という所蔵番号で同じベルリンのインド美術館（つい最近，アジア美術館と改称[2]）にあることがツィーメによって見つけ出された[(10)]。その扉絵には3人の肖像とその名前の短縮形が印刷されており，それを奥書と対照させることによって，この仏典を印刷させた寄進者本人の名前は *Buyančoγ Baxšï*「ブヤンチョグ博士」，その父親はノムチ＝ビルゲ *Toyïnčoγ Tutung*，母親は *Oγul Yitmiš Tängrim* であることが判明する。しかしながら，扉絵では男性1人だけが僧形であり，あとの男性1人と女性1人とは俗人の服装である。残念ながら，その僧形の男性が博士の号を持つブヤンチョグ本人なのか，それともノムチ＝ビルゲである父親なのかは，決定できない。

　私はノムチ＝ビルゲは固有名詞ではなく普通名詞であり，僧侶を指す場合が多いが，俗人であって仏教に深い知識を持っていた人を尊敬して指す場合も少なくなかったのではないかと考えている。ちなみに中国本土には隋で「翻経学士」と

---

[2] ベルリン国立インド美術館 Museum für Indische Kunst の名称が Museum für Asiatische Kunst アジア美術館に変わったため，その略号も MIK から MAK に変わることになるのであろうが，同館所蔵の文物分類記号としての MIK は幾多の論文・著書で頻繁に使われているので，本書では一貫してそれを維持している。

[13-14]

なった費長房や，唐で「翻経大徳」と「翰林待詔」を兼ねた利言のように[11]，1人の人物が官界と仏教界にまたがって活躍した例がある。あるいは日本の平清盛とか武田信玄のように在俗で出家した権力者である「入道」のような存在を指し示したのであろうか[12]。在家か出家かという問題は，仏教が鎮護国家的な役割を担ったと思しき時代におけるウイグル仏教徒の実態と密接に関わるものであり，今後，他の仏教文化圏との比較も含めて，さらなる考察が必要である。ここでは問題提起に留めておきたい。

さて本筋に戻って，次に第8窟重修の時期を検討したい。第8窟に描かれたシャジン＝アイグチとその両親の一族は，いつの時代の人々であろうか。その手がかりは三つある。まず上記の銘文のパレオグラフィに見える後期性が注目される。具体的には，qに2点が付いているのみならず，γにさえ2点が付いている，つまり本来はq/γを区別するためにqにのみ付された記号が，ダブル＝アレフと区別するためにγにまで転用されていること，さらにšにも2点が付き，nにも1点が付いていることから，西ウイグル時代（9世紀中葉〜13世紀初頭）でも遅い時代かモンゴル時代（13世紀〜14世紀中葉）であることを強く示唆する。またit-をid-としているようなt/dの混同も後期の特徴である。第二に，側壁C上の地獄図全体の画面構成から，そこに描かれていた輪廻が「五道（五趣）」ではなく「六道（六趣）」であると推定されることである[13]。既に森安1985「教理問答」pp. 35-36で史料を列挙して詳しく述べたように，西ウイグル王国初期の仏教には大乗的な漢人仏教よりも説一切有部の伝統を引くトカラ仏教の影響が強く，五道が優勢だったのである[14]。それが，漢人仏教の影響が強まるにつれて徐々に六道に取って代わられていく。もちろんこの場合の漢人仏教とは，唐代以来，東部天山地方に生き続けた漢人たちの仏教と，10世紀頃に西ウイグル王国と敦煌の帰義軍節度使政権との交流が活発化した結果として敦煌から新たに流入した仏教の両方を指している。10世紀前後の敦煌地方では，文字史料においても絵画資料においても圧倒的に六道が優勢であったことも，既に指摘した通りである〔森安1985「教理問答」pp. 25-31〕。第三に，上記の文献学的・美術史的な根拠とまったく違う自然科学的な根拠があげられる。すなわち，同時期に描かれたはずの側壁C上の地獄図に対し，所蔵機関であるベルリンのインド美術館がカーボン14による検査を実施したところ，A. D. 1140±30という測定結果が出されたことである[15]。

以上より，この第 8 窟の最後の大改修は 12 世紀に行なわれたとみなすのが，もっとも妥当である。既に私は森安 1985「教理問答」以来，ベゼクリクのウイグル風仏教壁画の年代を古く見積もってきた美術史学界の動向を批判し，上記のテーゼ 6 の如く主要部分を 11-12 世紀としてきたが，ここでその考えはいっそう補強されたわけである。つまり第 8 窟より将来された BSMA, IV, Tafeln 17-20 や BSMA, V, Tafel 22 についてルコックが "Alter: 9.-10. Jhdt."「時代：9-10 世紀」と見なしたのは全て誤りであった。

これまで漢籍側にもイスラム側にも史料が皆無であったため，ウイグル史の中でも 12 世紀は暗黒時代とみなされてきた。しかし実はそうではなかったのである。12 世紀においても西ウイグル王国がシルクロードで繁栄していたと想定せずに，シャジン＝アイグチ一族の寄進にかかるこのように豪華なベゼクリク壁画の存在を理解することは不可能なのである。

では，そもそもシャジン＝アイグチというウイグル語の称号はいつまで遡れるのか。次節ではそれを検討してみよう。

第 3 節　シャジン＝アイグチという称号の出現

シャジン＝アイグチの称号が頻出するのは，西ウイグル国王が自ら進んでチンギス汗に臣属を申し出た 13 世紀初頭以後のモンゴル帝国時代になってからである。『元史』をはじめとする漢文史料では「沙津愛護（or 兀／忽）持（or 赤）」と音写されるが，モンゴル語では *Uyiɣur-un šajin-u ejen* "master of the (Buddhistic) doctrine among the Uighurs" に対応することをリゲティ（L. Ligeti）が明らかにした[16]。またモンゴル時代のウイグル文奴隷解放文書に見えるシャジン＝アイグチは，トゥルファン地方のウイグル社会で高い地位を占めていた[17]。一方，モンゴル帝国期～元朝時代に隆盛を誇ったウイグル仏教は，1320-1330 年代にシャジン＝アイグチであったプラジュニャーシュリー（Skt. Prajñāśrī; Uig. Piratyaširi; Chin. 般若室利／必蘭納識里／必剌忒納失里／必剌牙室利）がモンゴル諸王の安西王・月魯帖木兒の謀反に連座して誅殺されたため，かなりの打撃を蒙ったらしい[18]。プラジュニャーシュリー以外にも，沙津愛護持の称号を授けられたウイグル人としては，南的沙[19]と天蔵[20]が知られている。プラジュニャーシュリー

は「高昌総統」とも記され，南的沙については「国朝沙津愛護持（漢名総統）」と記されるから[21]，ウイグル語の沙津愛護赤は漢語の「総統」に対応するのである。総統とは，元朝において最大の地方行政組織である「路」をいくつか統括して置かれた釈教都総統所の筆頭のことである。つまり元朝仏教界においては，中央にいる「帝師」「国師」に次ぐ高位の指導者なのであるから，高昌総統は必然的にウイグル仏教界の最高指導者ということになる。これらの事実から，シャジン＝アイグチがウイグル仏教界の最高指導者を意味することに疑念をさしはさむ余地はない。[3]

　こうしたシャジン＝アイグチの称号が，いつから出現するのかについては明証がない。しかしながら私がトゥルファン・敦煌から出土した全ウイグル文書の書体を楷書・半楷書・半草書・草書の四つに分類し，少なくとも半楷書は古い時代に属するとしたテーゼ（「はじめに」のテーゼ 8）に則れば，シャジン＝アイグチが西ウイグル時代まで遡ることは明らかである。なぜなら，ベルリンに所蔵される二つの半楷書体ウイグル文字文書 U 5304, U 5319 には，明らかにこのシャジン＝アイグチが現われるからである。

　U 5304（T II D 148b）は仏教教団の経営に関わると思しき文書の断片（縦横 21.5×15cm）であるが，その紙の特徴（色は beige rosé, 粗い漉き縞があって不均質，ソバカス状の斑点あり，中手の厚い方，中下質）は，私の経験では 10 世紀頃のマニ教文書に見られたものである。末尾に当たる 8-9 行目には sangazin šilavanti bošuɣ bitig al////////////// aɣï-larïn šazïn ayɣučï z'm kši **ačari** //////// 「サンガジン（< Skt. Saṃghasena）律師は解放文書を受領・・・・・その財物をシャジン＝アイグチの Z'm kši [ačari] が・・・・・」とある。kši ačari は第 5 節で改めて取り上げるが，元来はトカラ仏教で高僧を指す術語である。人名の Z'm は漢語である可能性もあるが，私はこれを "delicate, distinguished, respectable" を意味するソグド語であろうと推測する［cf. Gharib, *Sogdian Dictionary*, p. 454］。

　もう一つの文書 U 5319（T III M 205c）は，既に学界でよく知られているムルトルク Murutluq 阿蘭若所領安堵状である。ムルトルクとは近現代のムルトゥク Murtuq のことである。また「阿蘭若」(Uig. *aryadan / aranyadan* < Skt. *araṇyāyatana*

---

[3] 『通制條格』に引用される 1276 年のクビライ聖旨に見える哈児沙 (Qarša) 沙津愛忽赤と，チャガタイ＝ウルス発行のモンゴル語免税特許命令文書に見えるシャジン＝アイグチ šasin aiɣuči の例を追補しておく［cf. 松井 2004a, pp. 25, 27 ; 松井 2008a, p. 32］。

or *ārya-dhāna*)[4]あるいは略して「蘭若」とは，一般に寺院よりは規模が小さく，しかも人里離れた閑静な場所に建てられることが多い仏僧修行用の建築物である。町中(まちなか)の寺院に比べて獲得できる布施は少なく，僧侶自身が畑仕事にも従事するなど自給自足的傾向が強かったといわれる。本文書は，ムルトルクにあったそうした阿蘭若の一つに対し，経営責任者の交替と従来通りの自治権を認可するために西ウイグル政府より発行された朱印付きの公式文書である。

本文書の古文書学的情報とテキスト・翻訳については，すでに Zieme 1981a, pp. 254-258 & pl. XXII 並びに森安『マニ教史』pp. 134-136 に詳しく述べたので繰り返さない。ただ 1 点だけ重大な修正箇所が見つかったので，報告しておく。それはテキスト 2 行目の pintso tutung-qa と読んでいたところであるが，これは正しくは pintso tutung-ïγ とすべきである[(22)]。格語尾を与格から対格に読み替えたわけであるが，これによって全体の文脈はすっきりした。つまり旧体制ではこの阿蘭若の経営責任者は 1 人の「尊者」であったのが，新体制ではリグイ都統・グイツォ律師・ピンツォ都統という 3 人に替わったのである。ピンツォ都統は，もとの責任者であった「尊者」と異父兄弟であり，ゆくゆくはその跡継ぎになるべき立場にいた（少なくとも彼の個室を受け継いでいる）が，当面はリグイ都統に委ねられると記されているから，恐らくまだ若年であったのだろう。シャジン＝アイグチの高い立場を諒解する上で必要なので，ここに改めて全体の修正訳を提出する。

 T III M 205c (U 5319)

  ・・・の人のために，尊者の異父兄弟たるピンツォ都統をリグイ都統に委任して，尊者より後，ムルトルク阿蘭若をリグイ都統，グイツォ律師，ピンツォ都統あわせて 3 人が主宰せよと我等は言った。この命令の通り，尊者より後，リグイ都統を頭とする 3 人がムルトルク阿蘭若から移動することなく留まって（常住して），夏も冬も安居して，冥想と善行を行ない，我等（西ウイグル王国中枢）に福徳を与えて居住せよ。この阿蘭若に属する田地とブドウ園に対し，シャジン＝アイグチや郷村のベグたちをはじめ誰も干渉するな。この三つの僧集団こそが管轄せよ。尊者の独房はピンツォ都統が所有せよ。

---

[4] Cf. DTS, p. 53a ; Zieme 1974b, p. 297, n. 5 ; Zieme 1981a, pp. 246-247 ; UW, 3, p. 176 ; 庄垣内／トゥグーシェワ／藤代 1998, p. 235 ; 松井 2013a, p. 41.

他の誰であれ干渉するな。リグイ都統に対し僧団からも俗人集団からも何らの税も夫役も課すことなく世話をし続けよ。それゆえにこの保持すべき文書を我等は授与させた。

本文書は半楷書体であるだけでなく，語末の尻尾の長短による -q / -γ の区別さえ明確にあるので，西ウイグル王国時代前半のものであることは確実である。しかも bkčan (< Tokh. A pākäccāṃ, Tokh. B pakaccāṃ), lin piryan (< Tokh. lem paryāṃ) というトカラ語からの借用語が目立つ。どう見ても10-11世紀に属すべきものである。しかし，次節で論証するように，10世紀の西ウイグル仏教界の最高位の者はまだシャジン＝アイグチではないので，本文書は必然的に11世紀のものということになる。すなわち，シャジン＝アイグチという称号は11世紀に出現したと考えられるのである。

第4節　10世紀の西ウイグル仏教界の最高位者「都統」

では10世紀の西ウイグル仏教界の最高位者は，ウイグル語のシャジン＝アイグチではないとすれば，なんと呼ばれていたのか。その手がかりになるのが敦煌出土の2件の漢文文書，すなわちパリ国立図書館所蔵のペリオ将来文書 P. 3672 Bis と，ロンドン英国図書館所蔵のスタイン将来文書 S. 6551 である。

P. 3672 Bis については既に私が詳しい研究を発表したので [森安 1987「贈り物」]，冒頭の一文を翻訳した上で，本稿にとって必要な点のみをここに紹介しよう。

> 賞紫金印檢校廿二城胡漢僧尼事内供奉骨咄祿沓密施鳴瓦(うが)伊難支都統大德面語
> 国王より紫衣と金印を賞賜され，二十二の城邑にいる胡人・漢人の僧侶・尼僧にかかわる事を検校（＝監督）し，宮廷内の道場を司る，骨咄祿・沓密施・鳴瓦・伊難支（ウイグル語で Qutluγ Tapmïš Ögä Ïnanč クトルグ＝タプミシュ＝オゲ＝イナンチ）という名称をもつ都統である大德（＝高僧）からの御手紙（＜対面して語るごとき書状）

P. 3672 Bis は漢文で書かれているが，実はウイグル語の称号を持っている西ウ

イグル王国の高僧から敦煌に住む友人3人に宛てられた本物の手紙である。それはまさしく10世紀のある時点で,彼が西ウイグル王国高昌地区(トゥルファン盆地)の「胡漢の僧尼」の統領を任され,喜びの絶頂に達した時に高昌から発信されたものである。彼は賜与された金印に朱をつけて手紙の3箇所に押印した。その印文は「恩賜都統」である。

「はじめに」で示したテーゼ2・3の通り,9世紀中葉に建国された西ウイグル王国の住民はウイグル人・漢人・トカラ人・ソグド人その他であり,彼らはそれぞれの母語を話しており,西ウイグル王国仏教はトカラ仏教と漢人仏教を基盤にして生長しつつあった。この手紙の漢字の字体は見事であり,その差出人はウイグル語の称号を持っているとはいえ,彼が漢人であることを疑うのは難しい。敦煌に住む3人の友人も皆漢人であるのだから,なおさらである。ウイグル王がトゥルファンの仏教教団の最高位者の証(あかし)として彼に授けた金印の印文も,ウイグル語ではなく漢文であった。

「胡漢」の「胡」とは伝統的には漢人以外の北方〜西方の異民族を広く指すから,トカラ人・ソグド人のほかにウイグル人でもあり得る。しかし10世紀の西ウイグル王国で仏教徒の胡人という場合は,まだトカラ人ないしソグド人が主であって,ウイグル人はあくまで従の地位しか占めていなかった。その根拠の多くは既に拙著『マニ教史』[森安 1991 ; GUMS]で述べたので,繰り返さない。

S. 6551は『仏説阿弥陀経講経文』であり,それは既に張広達・栄新江によって紹介され,私も言及した[23]。張広達・栄新江は,それまでこの文書の内容をコータン王国に関わるものとしていた見解を退け,西ウイグル王国に関するものであることを論証した。この文書には10世紀の西ウイグル王国の支配者階級の称号のみならず,仏教教団に属する者たちの称号もほぼ網羅されていて貴重である。本稿にとって重要なのは,後者の最高位が複数形ではあるが「都統」または「僧統大師」となっている点である。しかもその僧統大師(複数)は,僧俗複合のヒエラルキーにおいて「可汗天王」・「天公主鄧林(テングリム)(複数)」・「天特懃(テギン)(複数)」の下ではあるが,宰相・高級官僚たちよりは上に位置している[24]。西ウイグル王国の領域は,およそ北庭・高昌・ハミ・焉耆・亀茲という五つの区域に分けられるから,少なくとも各地区に1人の都統がいたことであろう。[5]

---

[5] サンクトペテルブルグ所蔵のウイグル文書 SI 4b Kr 222 は,uluγ tutung「大都統」から Liu sičü「劉寺主」へ宛てられた手紙(yarlïγ ヤルリグ)である[cf. Тугушева 1996b, no. 7 ; 松井

ここで即座に思い出されるのが，北庭ビシュバリク出身のシンコ＝シェリ都統 Šïngqo Šäli Tutung のことである。この人物はウイグル仏教初期を代表する訳経僧であり，いくつもの漢文仏典や『大慈恩寺三蔵法師伝』をウイグル語に翻訳した。その活躍年代は 10 世紀末〜11 世紀初頭であり，その出自はウイグル人ではなく漢人ということで，学界の見方はほぼ固まりつつある(25)。おそらく彼は，北庭地区を統轄する都統であったのだろう。

　都統という称号の由来について，これまではハミルトン説が受け入れられている。それは 9-10 世紀の敦煌の帰義軍節度使政権下で仏教教団の最高指導者を意味した「都僧統」という称号の略称であるというものである(26)。テーゼ 7 のように 10 世紀の敦煌とトゥルファンの政治的・文化的・経済的・宗教的交渉は極めて緊密であるから(27)，その可能性は低くない。しかし，私はもう一つの可能性を想定している。実はクチャのクムトラ千仏洞から出土した東京国立博物館所蔵の壁画銘文に「大唐［荘］厳寺上座四鎮都統律師悟道」とあるのである。これは既に栄新江によって紹介されており(28)，明らかに 8 世紀前半にまで遡る。栄新江の読めなかった僧侶名は，私が実見したところでは「悟道」である。これが唐代の安西四鎮の漢人仏教界のトップなのである。後に西ウイグル王国の支配下に入った東部天山地方の大量の漢人住民の間では唐代の文化的伝統が強く生き残っているから，仏教界のトップを都統と呼ぶ伝統も唐支配期にまで遡るとみなしても不都合はあるまい。ならば，都統の称号が，敦煌仏教の影響によって 10 世紀に初めてトゥルファンに伝播したとみる必要はなくなる。

　いずれにせよ，10 世紀段階では西ウイグル仏教界の最高位の称号は都統であって，まだシャジン＝アイグチではないのである。

第 5 節　西ウイグル仏教におけるトカラ人高僧

　西ウイグル王国仏教界において漢人僧侶が重要であったことは疑いなく，前節で言及したトゥルファンの骨咄禄沓密施鳴瓦伊難支都統や北庭ビシュバリクのシ

2004a, p. 62, n. 19；松井 2010, p. 36；森安 2011「書式前編」p. 15〕。松井太は，都統に関する本節の主張を基本的に受け入れた上で，朱印の大きさに着目し，この大都統は，私が 5 人いると推測した都統のさらに上位者である可能性を示唆した。

ンコ゠シェリ都統は，その代表的人物であるといえよう。しかしながらそれとともにトカラ人仏教僧侶の果たした役割も忘れてはならない。

　初期のウイグル仏教文献を代表する『マイトリシミット』*Maitrisimit*（「弥勒会見記」という意味）や『十業道物語』がトカラ語からウイグル語に翻訳された事実は余りにも有名であり，ウイグル語に借用されたインド語起源の仏教用語の多くはトカラ語経由であるとする庄垣内のテーゼも想起される[29]。では10世紀の西ウイグル仏教界で活躍したはずのトカラ人仏教の高僧達は，なんという称号で呼ばれていたのであろうか。それが，本節で取り上げるケシ゠アチャリ k(e)ši ačari である。k(e)ši はトカラ語 kässi "master" から直接の借用であり[30]，ačari はサンスクリット語 ācārya からソグド語を経由しての借用である。複合語である k(e)ši ačari を敢えて和訳すれば「尊師阿闍梨」となろう。

　次に引用するのは，シンコ゠シェリ都統の活躍年代に極めて近いか重なっている1019年，新しい仏教寺院を建造するに際して，記念のために制作された第三棒杭文書の一節（lines 17-18）である[31]。[6]

　　（前略）bu ädgülüg iš-kä qïnt*u*rdačï šazïn ●●●●L●● tängri šïlavanti keši ač**ari** bu vrxar sangramig itgükä bilig birdäči külüg yirčimiz tängri ka**la**n*a*ba**t**ri kši ačari・（後略）
　　（前略）この善事業に勧進させる者＝シャジン ●●●●L●● である Tängri Šilavanti keši ača[ri]。この寺院・伽藍を建造するために知識を与える者＝我らの名声ある導師である Tängri Kalanabadri kši ačari。（後略）

　この文脈では，ウイグル王族たちに仏教徒となって仏像や寺院を寄進する善行・功徳を説いた重要人物として，2人の kši ačari が見えているのである。また第四棒杭文書でも同じような文脈で，////●K'YW kši ačari が現われる。こちらは冒頭の紀年の部分に欠落があって正確な年代は分からないが，半楷書体であることや年月日の表記の仕方が1008年の第一棒杭文書および1019年の第三棒杭文書と同様であるので，やはりそれらと近い時代のものであるにちがいない。

　私が見つけることが出来た kši ačari の現われる半楷書体の文書は，U 5304（T II D 148b），U 5320（T II D 149f），U 5321（T II D 147a）の3点である[32]。U 5304 の9行目に Z'm kši [ačari] とあることについては既に第3節で言及した通り

---

[6] この棒杭文書のテキストと和訳は，原論文では Moriyasu 2001 に基づいていたが，ここでは本書第19論文で提示する最新のテキストと解釈に従っている。

であるが,さらにその2行目にPunyabadri kši [ačari], 3行目にkši ačariと見える。U 5320（T II D 149f）は手紙文であり,既にUSp, No. 92として発表されているが,読み誤りも少なくない。ここには関連する5-7行目を引用する。"bizing vrxar-aγ suvaγu yiti qanglï saman "M•[　　]däki kši ačari-qa birzün"「我らの寺院に漆喰（壁）を塗る[7]ための車7台分の麦藁を,・・・にいるkši ačariに与えよ」。また,U 5321（T II D 147a）は官布施入リストともいうべきもので,これもUSp, No. 74として発表されている[33]。その2行目を私はČïxbadri kši ačariと読む。

最後に楷書体で丁寧に書かれた仏典に目を転じると,その奥書にkši ačariが現われるのは,いずれもトカラ語からウイグル語に翻訳されたものばかりである。すなわちいくつも残っている奥書から知られる通り,『マイトリシミット』のインド語からトカラ語への翻訳者は焉耆 Agnidiš（= Skt. Agnideśa）生まれの Aryač(i)ntri bodisvt kši ačariであり,トカラ語からウイグル語（原文はトルコ語）[34]への翻訳者はイルバリクIl-balïq生まれのPr(a)t(an)yarakšit(i) kši ačariである[35]。さらに『マイトリシミット』のムルトゥク本の奥書には,それが書写されたのは,ちょうど「tngri KL'NP'TRY kši a[ča]riをはじめとする40人の闍梨 šäli たちが [Ta]ysang[8] 阿蘭若で夏安居に入っていた時」であったと記されている[36]。一方,従来より『十業道物語』のトカラ語からウイグル語への翻訳者として知られていた Šilazin（= Skt. Śīlasena）が[37],一般大衆教化用ではなく僧侶用の高度な仏典注釈書をトカラ語からウイグル語に翻訳したこと,並びにその奥書にはŠ[ilaz]in kši ačariとあって,やはり「尊師阿闍梨」であったことが笠井幸代によって明らかにされた[38]。

ところで8世紀から14世紀に及ぶ古トルコ語文献を,言語学的に分類する試みとして,1938年以来のガバイン（A. von Gabain）による3分類（*ny*-Dialekt, *n*-

---

[7] suva- の第一義は「水をやる,灌漑する」なので,原論文では「寺院を灌漑する」と訳していたが,ここではその派生的な意味である「（壁などに）漆喰を塗る」を採用した。Cf. ED, p. 785a.

[8] 原論文では[Ta]všang(?)としていたが,その後,これは正しくは[Ta]ysangと読み,高昌故城の西北で,アスターナ墓地の付近にある台蔵塔に位置比定されるべきことに気付いた [cf. Ольденбургъ 1914, pp. 29-31 = オリデンブルグ 1999, pp. 42-44]。この点,私はツィーメ・レールボーンの考えを踏まえたハミルトン説を見落としていたのであるが,さらに最近では松井太が大蔵／太倉／台蔵とも絡めて考察しているので,参照されたい [Hamilton 1984, pp. 429-430；松井 2011, p. 159 & n. 15]。Cf. 新疆考古文物研究所「台蔵塔遺址考古発掘報告」『新疆文物』2011-2, pp. 64-77, + 1 pl. in colour.

Dialekt, *y*-Dialekt) が有名であったが，1980 年代からはこれを方言差ではなく時代差とする見解が優勢となった[39]。ラウト（Jens P. Laut）はこれを *ny*-Texte と *y*-Texte とし，前者を "präklassisch"，後者を "uigurische Koine" とみなして "klassisch" と呼んだ [Laut 1986 = FTB]。ただし両者は截然と分けられるものではなく，多くの中間形態があることに注意したい。私は本当の方言ではないことを承知しつつも，時代順に「ny/n-方言→ mix-方言→ y-方言」と呼ぶことにする。

では，『マイトリシミット』のトカラ語からウイグル語への初訳はいつ行なわれたのであろうか。『マイトリシミット』にはムルトゥク本・センギム本・ハミ本という三つの写本が現存しているが，そのうちで最古といわれるのはムルトゥク本である[40]。そしてそのムルトゥク本の奥書には，上記のようにトカラ人と思われる高僧 tngri KL'NP'TRY kši a[ča]ri が見えるが，それを第三棒杭文書にウイグル仏教界の重鎮の一人として現われる tngri KL('NP'TR)Y kši ačari と同一人物だと最初に推測したのは，Ş. テキンであった[41]。しかし彼は，その当時はまだ，第三棒杭文書を東ウイグル帝国の牟羽可汗の時代に比定していたために，両者を 8 世紀に年代付けることになり，非常に無理があって，ラウト・ツィーメ両氏によって論駁された[42]。確かにその非難は正当であったが，その後，第三棒杭文書を 1019 年に比定する私の説[43]を受け入れたハミルトンは，再び両者を同一人物と見なすべきことを主張した [Hamilton 1984, pp. 428-431]。ラウトはこのハミルトンの考えを認めないが [Laut 1986, p. 60]，私はそうではない。むしろこの比定を積極的に承認することによって，ウイグル仏教史に新たな年代論をうち立てることができると信じるのである。

『マイトリシミット』の 3 写本のうち，ラウトが分析の対象としたのは分量の多いセンギム本とハミ本である。そしてセンギム本について彼は，それが *ny*-Texte の特徴を持ってはいるものの，*ny*-Texte そのものではないと見なし[44]，ハミ本についてはすでに *y*-Texte になっていることを認めた上で，私やハミルトンの提唱した 1067 年成立説[45]を受け入れる。彼自身は現存する 3 写本のうちでムルトゥク本が最も古いとみているにもかかわらず，その奥書に見える tngri KL'NP'TRY kši a[ča]ri を，1019 年制作の第三棒杭文書に現われる tngri KL('NP'TR)Y kši ačari と同一視することは頑なに拒絶している。それは彼にはウイグル語訳『マイトリシミット』の原本の出現を 9 世紀，さらには 8 世紀にまで遡らせたいという意図がある[46]からである。

これに対して，最初期のウイグル仏典の出現は10世紀（特に後半）であるという主張を展開してきた私には，両者を同一視することによって，『マイトリシミット』の3写本のうちで最古といわれるムルトゥク本でさえ，その成立を10世紀末からさほど遡らせる必要がなくなると思われる。そうであれば，ムルトゥク本の原本たる『マイトリシミット』のトカラ語からの初訳本の出現も，10世紀の枠内に納まることになり，私の主張に矛盾はなくなるのである。この点では，小田壽典が「センギム写本そのものが翻訳原本に近いと考えたい」[小田 2000, p. 151] というのが，私の年代論と符合している(47)。

第6節　西ウイグル仏教に占める北庭の位置

『マイトリシミット』のインド語からトカラ語への翻訳者 Āryač(i)ntri ＝ Skt. Āryacandra アーリヤチャンドラ「聖月」は焉耆（Agnidiš ＝ Argi / Ark ＝ Solmï ＝ Karashār）生まれであるが，トカラ語からウイグル語への翻訳者 Pr(a)t(an)yarakšit(i) ＝ Skt. Prajñārakṣita プラジュニャーラクシタはイルバリク Il-balïq 生まれである [前註35参照]。ではこのイルバリクとはどこのことであろうか。かつてミュラー・ジーク・ガバインらはこれを単純に天山北麓のイリ河流域にあるイリ（伊犂，伊寧，クルジャ）と結び付けたが(48)，そこはウイグル仏教となんらの関わりもなく，この比定は余りに奇矯である。やはり，このような説を斥けたハミルトンの言うとおり，イルバリクは「国城・国都」を意味するのであろう(49)。そうするとそれは焉耆か高昌かビシュバリク（北庭）のどれかということになる。なぜなら西ウイグル王国の首都は9世紀中葉段階では焉耆にあり，10世紀からは首都（夏都）がビシュバリク，冬都が高昌，となったからである(50)。もし『マイトリシミット』の初訳が9世紀にまで遡るのであれば，焉耆の可能性も排除できないが，私の考えでは10世紀なので，それはないと思う。さらに，もしĀryacandra と Prajñārakṣita の出身地が同じ焉耆なら，なぜ片方では Agnidiš といい，片方で Il-balïq というのか，説明が付かない。ウイグル仏教文献の出土状況から見れば，多くの人は高昌に軍配をあげたかろう。実際，ハミルトンもそのように考えたが(51)，私はむしろこれをビシュバリクであるとみる。

では，古来，仏教が栄えたオアシス都市であり，仏教遺跡や出土仏典も極めて

多いトゥルファンの主邑・高昌ではなく，天山北麓の草原地帯にあるビシュバリクとみなす積極的根拠は何か。それは同時代ではなく後世の明代の史料ではあるが，別失八里を亦力把力・亦刺八里・亦刺八力に比定する記事があるからである(52)。この比定は榎一雄によるが(53)，その比定のために引用される『殊域周咨録』巻 15 の撒馬兒罕之条には確かに「別失八里即<u>亦力把力</u>」とある。一方，同書・同巻の亦力把力之条には「古の何の国なるかを知らず。疑うらくは即ち焉耆・亀茲の地なり」とあって，一瞬振り出しに戻ったような錯覚にも陥るが，その直後には「<u>国名別失八里。世祖立宣慰司，以万戸綦公直為宣慰使</u>」とある。これが元朝の世祖クビライの命令で綦公直がウイグリスタン経営のため，北庭＝ビシュバリクに赴いた時の記事であることに疑念の余地はないので(54)，やはりビシュバリクが Il(a)-balïq と呼ばれたというのは事実とみてよい[9]。〔原補註〕

ところで北庭地方を仏教後進地と見るのは，恐らくまちがいである。北庭を可汗浮図城と結びつけ，しかもその浮図の由来を仏塔や千仏洞に求める考えは，今では完全に否定された。しかし 8 世紀初頭にここに北庭都護府が置かれてからは，安西四鎮などと同様，龍興寺が建立された。それが唐一代はおろか，はるか後世のモンゴル時代まで連綿と続いていたことは，長春真人『西遊記』の伝えるところである(55)。8 世紀末にはガンダーラから梵語仏典を携えて帰国途中の悟空がここに滞在し，龍興寺の僧と共にコータン出身の三蔵法師・尸羅達摩（Skt. Śīladharma「戒法」）に請うて『廻向輪経』一巻と『十地経』九巻の計十巻を漢訳した。その時には当然ながら尸羅達摩が訳主として梵文を漢文に訳したが，筆受に大震，潤文に法超，証義に善信，証梵文并訳語には法界（悟空の法号）自身が当たった

---

[9] もう一つ重要な史料を指摘するのを失念していたので，ここに補足する。それは金朝の使節・烏古孫仲端が，1220～1221 年，モンゴルのムハリ国王，さらには西征中のチンギス汗に謁見するために訪れた際の中央アジア旅行記ともいうべき『北使記』である。そこには，「又幾万里，至<u>回紇国之益離城</u>，即回紇王所都」とある。Cf. 劉祁（撰），崔文印（点校）『帰潜志』巻 13 所収，北京，中華書局，1983，p. 167 ; E. Bretschneider, *Mediaeval Researches from Eastern Asiatic Sources*. Vol. 1, London, 1888 (Repr. 1967), p. 28. 確かに『北使記』には没速魯蛮回紇や印都回紇まで現われ，回紇は必ずしも旧西ウイグル王国のみだけでなく，西方の旧カラハン朝～西遼のムスリム地域を中心とする東トルキスタン西部～西トルキスタン～西北インドまでも含むため，ブレットシュナイダーは益離城を Ili-balik と復元しながらも，それをヘラートに比定する。しかし『北使記』には，「惟だ<u>和・沙洲の寺像は中国の如く，漢字の仏書を誦す</u>」［『帰潜志』巻 13, p. 169］という記事もあって，明らかに旧西ウイグル王国の仏教文化を伝えており，回紇の王都である益離城を，西ウイグルの首都とみなして不都合はないと，私は考える。

のである(56)。このような整然とした訳経体制は中原と異なるところがなく、それが可能であるほどに北庭には学僧が揃っていたのである。コータン出身の尸羅達摩はこの訳経完成後にはコータンに帰ったというから(57)、彼は中原を目指していたわけではないらしい。彼が北庭に来たそもそもの理由は不明ながら、北庭がそれ相応の仏教の拠点になっていたからであることに疑いはあるまい。

また980年代に宋朝の使者として西ウイグル王国を訪れた王延徳は、高昌には唐代に創建された50以上の仏寺があり、多くの漢文仏教文献を所蔵していたことを伝えるだけでなく、北庭にも高台寺と応運泰寧之寺があり、しかも後者は唐代初期の創建であると報告している(58)。

1979年以降、ジムサルの北方12キロの地にある北庭故城のすぐ西方で、大きな遺跡が発掘され、それが西ウイグル時代の壁画をもつ仏教寺院であることが徐々に明らかになってきた。いまではその全容を2冊の報告書で知ることができるが、もとは大仏があり、相当に立派な仏教寺院であったことは明らかである(59)。長春真人『西遊記』には単に龍興寺ではなく龍興西寺と記されているから、もしかしたらこの遺跡こそが、唐代よりモンゴル時代まで続いた龍興寺そのものであるのかもしれない。

以上のような歴史的背景を考慮すれば、恐らく10世紀にイルバリクすなわち北庭生まれのトカラ人であるプラジュニャーラクシタが『マイトリシミット』をトカラ語からウイグル語へ翻訳し、10世紀末〜11世紀初にシンコ゠シェリ都統なる漢人高僧が北庭に出現し、漢文仏典を盛んにウイグル語訳したのが、決して偶然ではなかったことが理解されよう。

10世紀〜11世紀初頭にはまだ狭義のウイグル人が仏教高僧になる状況にはなっておらず、10世紀の西ウイグル仏教界を支えた僧侶たちはほとんどがトカラ人と漢人の僧侶たちであったというのが、私の見解である［テーゼ2・3］。そしてその最高指導者は時にはトカラ人の kši ačari であり、時には漢人の都統であった。彼らは支配者層である狭義のウイグル人たちをマニ教から仏教に改宗させるべくさまざまな努力をしたが、とりわけ際立ったのが仏典の翻訳であった。主としてトカラ人仏僧はトカラ語からウイグル語に、一方の漢人仏僧は漢語からウイグル語に仏典を翻訳していった。少なくとも現存する古層のトルコ語仏典は、トカラ語から訳された『マイトリシミット』・『十業道物語』・『アラネーミ゠ジャータカ』、漢文から訳された『天地八陽神呪経』・『金光明最勝王経』・『無量寿経』・

『観音経』(『妙法蓮華経』の一部)・『千眼千臂観世音菩薩陀羅尼神呪経』・『千手千眼観世音菩薩大圓満無礙大悲心陀羅尼経』・『妙法蓮華経玄賛』，そして恐らく漢文から訳された『善悪二王子経』・『仏陀伝』・『妙法蓮華経』などのウイグル仏典であるとする見解に対して，学界に異論はない。

　トカラ人たちは異教徒にも分かりやすい物語性の強い作品として『十業道物語』や『アラネーミ＝ジャータカ』を選び，またマニと弥勒（Skt. Maitreya ; Uig. Maitri）が同一視されていたという事情から『マイトリシミット』を選んだ。『マイトリシミット』は演劇性も高いので，マニ教徒ウイグル人に布教するには最適であったろう。弥勒信仰は確実にウイグル仏教の一要素となった。一方の漢人は，支配者となったウイグル人たちの信奉していたマニ教が光を重視する宗教であることに鑑み，光明に関わる仏典，例えば『天地八陽神呪経』『金光明最勝王経』『無量寿経』などを選んだ。前二者が光明に関わることはそのタイトルからも理解できようが，『無量寿経』が阿弥陀仏および光明と深く関わる点については百済 1995 を参照されたい。百済 1995 は 10 世紀のウイグル仏教には漢人仏教に由来する阿弥陀信仰があったことを見事に論証したが，さらに百済 2004 ではそれを補完する珍しいウイグル仏典を紹介してくれた。なお『金光明最勝王経』には鎮護国家の目的があるが，多分同じ目的で『法華経』(『観音経』はその一部) や新来の密教経典『千眼千臂観世音菩薩陀羅尼神呪経』が選ばれたのであろう。

　注意していただきたいのは，これらのウイグル仏典が，10 世紀に，その原典であるトカラ語や漢語から翻訳される形で出現したからといって，その時既に大量のウイグル人仏教徒が存在したことにはならない，という点である。しかしながら，こうしたトカラ人・漢人仏教側の努力が実って，10 世紀後半から徐々に仏教がウイグル人支配者階級にも浸透していき，仏教徒の数が増えていった。そして 11 世紀に入ると，その傾向が加速し，狭義のウイグル人の間からも仏教僧侶になる者が現われるようになった。そういう背景において遂にウイグル仏教界の最高指導者を都統でも kši ačari でもなく，純粋ウイグル語でシャジン＝アイグチと言うようになったのである。

　実は先に 1019 年に作られた第三棒杭文書のテキスト再読を発表した時点では未解決のままに残した第 17 行目の šazïn ●●●●L●● を，今は恐らくは šazïn [ayïγ]1[i] と復元できるのではないかと考えている。その意味は šazïn ayγuči とほとんど同じである。-°γlï, -γuči は共に Deverbal Noun であるが，職掌を示す称号

として相応しいのは後者である。目下の私は，1019年からそれほど遅れることなくシャジン＝アイグチという語がウイグル仏教界最高位の称号として定着したものと考えている。恐らく，都統という称号は後にはウイグル語として一般化するが，10世紀前後にはまだあくまで漢語であって，10世紀の西ウイグル王国仏教界で活躍したのが漢人であった間はそれでよかったが，11世紀になって狭義のウイグル人が大挙して仏教徒化した暁には，純粋ウイグル語の称号が期待されたのであろう。

第7節　ウイグル仏教美術の年代論——ラッセル＝スミス説への反批判

　日本ではトカラ仮説がほぼ受け入れられているが，欧米の文献学者の間ではまだそうではない[60]。ソグド仮説を完全に潰せなかったのは，森安1989「トルコ仏教の源流」をMoriyasu 1990として仏訳した時に，全体が長文だったため，その第7節を削除してしまったこと，ならびにウイグル＝マニ教史の知識が欧米学界で一般化していなかったからであろう（森安『マニ教史』1991年刊の独訳出版はようやく2004年末である）。

　一方，欧米の美術史学者の間では，ベゼクリクをはじめとするトゥルファンのウイグル仏教壁画の出現年代を10世紀末以降（主流は11-12世紀）にもってくる森安説［テーゼ6］は大筋で受け入れられつつある。例えばラッセル＝スミスやグラーチである。

　ラッセル＝スミスの新刊本［Russell-Smith 2005, *Uygur Patronage in Dunhuang*］は，私にとって大変魅力的である。というのは，私が10世紀における西ウイグル王国と敦煌の河西帰義軍節度使政権との間の密接な関係の存在を初めて主張したのに対し，文献史学の方面から栄新江がさらに多くの史料を挙げて補足してくれたが，それを今度は彼女が美術史の方面から明解に論証してくれたからである。しかしながら一つだけ大きな誤解がある。彼女は，トゥルファンのウイグル仏教壁画は従来の通説よりもはるかに遅いものであるという私の説を基本的に受け容れながらも，10世紀にはトゥルファンでウイグル仏教美術が成立しており，その強い影響が敦煌にも及んでいると主張する。つまり，私がウイグル仏教は本格的には10世紀終わり頃からしか始まらないというのに対して，彼女はウイグル仏

教美術はどんなに遅くとも960年代までには出来上がっていたと反論するわけである[61]。

蔵経洞より出土した敦煌幡画の多くは確かに10世紀のものであるから，そこにトゥルファンの西ウイグル＝マニ教・仏教美術との密接な関係が見られるのであれば（それは私も認める），同じく10世紀のトゥルファンに既にウイグル仏教美術は成立していなければならないという論法である。しかしながら私は西ウイグル王国仏教とウイグル仏教とを厳しく弁別しているのであり，9世紀後半〜10世紀の西ウイグル王国に大量の仏教徒が存在したことを否定したことは一度もない。言い換えれば，10世紀前半の西ウイグル王国で新しい仏教美術が形成される可能性を否定したことはない。西ウイグル王国の首都は9世紀中葉には焉耆地区にあり，10世紀に北庭に移ったが，同時に高昌も冬の首都としての地位を獲得した。10世紀中葉までの西ウイグル仏教の担い手の大多数はトカラ系及び漢人系の西ウイグル国人であり，ウイグル語を母語とする狭義のウイグル人の間ではまだマニ教が優勢であって，彼らまでが仏教に傾斜していくのは10世紀後半からであり，仏教化が完成するのは11世紀に入ってからであるというのが，私の従来の主張である［テーゼ1・2・3］。

そうであれば，10世紀のトゥルファンに既にウイグル仏教美術が成立していたとしても，それは西ウイグル王国においてマニ教美術の強い影響を受けた仏教美術の新しい流派が出現したということであり，そのパトロンは必ずしも「狭義の」ウイグル人仏教徒に限られない。西ウイグル王国内のトカラ人仏教徒や漢人仏教徒やソグド人仏教徒であっても構わない。

トゥルファンと敦煌の間の仏教や美術の伝播は，決して一方向でのみ考えるべきではない。千手千眼観音あるいは十一面観音などに代表される密教的要素などは，おそらく敦煌からトゥルファンに伝播したことであろう。ラッセル＝スミスが論証した敦煌における新しい流派（ウイグル流派）の出現は，その逆を想定させるものの，そう単純ではなかったかも知れない。例えば，唐代以来のトゥルファンにあった仏教美術と，西ウイグル王国成立後に新たに流入したマニ教美術やトカラ仏教美術とが融合し（これは森美智代氏の示唆に基づく），新しい仏教美術の流派が誕生し，それが10世紀前半の敦煌に伝播する。10世紀の敦煌には，帰義軍節度使政権との婚姻関係などもあって比較的早くに仏教に改宗した甘州ウイグル王国のウイグル王族がいたから，彼らがこの新しい流派の仏教美術のスポン

サーとなり，特にチベットやコータンなどから伝わった密教美術の影響を受けて再び変容したものが，10世紀後半以降にトゥルファンに逆流する。あくまで私の想像にすぎないが，今後，美術史家はこういう可能性も踏まえて，より精密な研究に挑んでいただきたいと念願する次第である。

註

(1) Cf. 百済 1983, pp. 200-204；Kudara 1990, pp. 167, 169；百済 1992a；百済 1994, pp. 28-34；百済 1995, pp. 11-14 & n. 20. [10]
(2) しかし，古トルコ仏教とウイグル仏教は同義とはならない。なぜなら，ウイグル仏教成立以前に，突厥第一帝国時代のモンゴリアの突厥や，アフガン＝トルキスタンのヒンドゥークシュ地方の突厥やハラジュといった古トルコ族の間に仏教が浸透した事実があるからである。これに関する参考文献は多いので，とりあえずは次のものを参照：羽田 1923b；山崎 1942；護 1977；森安 1989「源流」；桑山（編）1992；稲葉 2004.
(3) 南側壁bの中央にある獅子座に座る仏陀をABK, p. 258では阿弥陀とみたが，その後，松本榮一が『燉煌画の研究』pp. 82-89においてこの画面全体を薬師浄土変相と断定したことによって，一般にその見方が流布してきた。しかしラッセル＝スミスの最新本［Russell-Smith 2005, pp. 104-110］では，それを熾盛光仏として議論を展開している。龍谷大学の入澤崇教授に個人的に伺ったところ，新説にほぼ賛成であるが，既に松本も本図に星宿（九曜）が見えることには触れており，いうなれば本図を異形の薬師浄土変相図と認識していたようなので，薬師如来の要素を熾盛光仏が包含した，あるいは薬師浄土変相図を借りてこの熾盛光仏変相図ができたと理解してはどうか，との意見を頂いた。
(4) BSMA, IV, pl. 20；ABK, p. 258で不空羂索観音 Amoghapāśa としているのは誤り。
(5) ベゼクリク遺跡全体の平面プランとしてよく引用されるのがABK, p. 224, Fig. 494であるが，実はこのプランはデフォルメされていて正確ではない。むしろ森安『マニ教史』Fig. 1 & Fig. 2でも引用した次のものを参照すべきである：Stein, *Innermost Asia*, Plan 30；『新疆石窟』「伯孜克里克石窟平面示意図」。
(6) 熊谷 1955, p. 193ではグリュンヴェーデルに従って千仏をラテルネンデッケより遅れるものと見ているが，おおまかに3期に分けるだけなら，ラテルネンデッケと千仏は共に第1期に属するものとすべきであろう。
(7) 吉田豊教授よりの教示による，cf. BBB, p. 11；Colditz 1992, *AoF* 19-2, p. 331；TuMW, pp. 84, 124.
(8) 第二の候補は，袖壁aの中で仏陀の前に跪いている僧形の人物である。しかし実は，それに付随すると思しき銘文は剥ぎ取られることなく，今も現地にそのまま残っている。ツィーメ教授の協力を得てそれを解読した結果は，次の通りである。
 01) *a*tamïz särig tutuŋ bäg-ning yanïndaq*ï*
 02) *u*luɣ **s**üü-kä **t**soyïrqatïp üč

---

[10] 上の〔補記1〕を参照。

03) *sol*mï balïq-**taqï b**odïnuɣ bilgil t*u*t

04) /•••/• •••[   ] *t*arïɣ-a-n*ï*ng körki

我々の父である Särig Tutung Bäg の側にいて，偉大なる恩寵（＝皇帝陛下）の慈悲によって「3 ソルミ城にいる人々を差配せよ」[と命じられた]////////ダルガ（チ）の肖像

注目すべきは uluɣ süü「陛下」と tsoyïrqa- / soyurqa- という術語である。前者は一般的にはモンゴル皇帝を指すものであり，後者はモンゴル期以降に顕著となるいわゆるソユルガル制に関わっている。全体的に判断して，どうやらこれはモンゴル時代に書き加えられたものと考えざるをえない。とすれば，この銘文のみならず，それが付属する僧侶もやはりモンゴル時代に描き直されたものとみなすのが妥当であろう。この絵画の下の層にシャジン＝アイグチの本来の肖像が塗り込められて見えなくなった可能性も完全には否定できないが，蓋然性は極めて低かろう。

(9) 小田 1987a, pp. 61, 62, 63, 67, 73.

(10) Zieme 1996. ただし本論文では，正しくは MIK III 7624 とあるべきところがなぜか MIK III 23 となって誤っている。

(11) Cf. 大内 1983, pp. 11-12, 24-26；Bagchi 1937, pp. 340-345.

(12) シャジン＝アイグチ三宝奴の実父である Nomčï Bilgä////////Tutung の肖像に関連して，美術史の専門家である森美智代氏から次のようなコメントをいただいた：「この供養者は剃髪し，白い大衣を伏肩にまとっており，一見すると僧形にみえる。しかし大衣の下には，前開きが右寄りで襟首と前立てに縁のついた，俗人が着用するウイグル式ガウンをつけている。このようなガウンはウイグル俗人供養者像の男女共に見受けられ，女性は BSMA, V, pl. 22b の俗人女性供養者群にみられるようにそのまま着ており，男性は他の例をみると上から腰帯をつけ，腰帯からさらに様々な装飾を下げている [cf. BSMA, III, pls. 14, 15, 17]。問題の人物像は腰帯装飾をつけていないが，それは半分僧形であるために装飾を廃していると理解される。このような俗形とも僧形ともつかない特異な服制は，この人物の右手に坐す供養者数人も同様である。」すなわち，ノムチ＝ビルゲを入道のようなものとする私の推測と符合するのではないかという示唆である。確かに，BSMA, V, p. 21 でルコックはこの人物のすぐ右隣（向かって左側）の供養者に付随する銘文を "inimz nomčï bilgä tulïy tutuk bäg ////" と読み，一方，ツィーメ教授は "inim(i)z nomčï bilgä tolïy tutung kö[rki]"「我らの弟であるノムチ＝ビルゲ Tolïy 都統の肖像」と読み直しているので，この教示にはますます重みが増す。特記して感謝したい。

(13) グリュンヴェーデルもルコックも五道とみなすが [ABK, p. 258；BSMA, IV, p. 28]，私はこれを六道とみなす。なぜなら，メイン＝テーマである地獄図の上部には，右側に畜生道と人道，左側に餓鬼道と阿修羅道とが対称的に描かれているのであり，最上部の破損部に天道があったと考えるからである。グリュンヴェーデルとルコックは，私が阿修羅道とみるものを天道とするが，そうすると画面構成が不自然になる。

(14) そこには五道の見えるテキストとして，例えば 1019 年の第三棒杭文書，ほぼ同時代の第四棒杭文書，トヨク碑文などを挙げておいた。その後に判明したものとしては，1067 年の *Maitrisimit* ハミ写本がある。Cf. 森安 1989「源流」pp. 20-21 & n. 89 in pp. 26-27；Moriyasu 2001, pp. 152, 188, 190；Geng / Klimkeit / Eimer / Laut 1988, pp. 50, 51；GUMS, p. 225. さらに注意すべきは，10 世紀頃の西ウイグルのものである敦煌蔵経洞出土のウイグル仏教文献 8

件［cf.『マニ教史』p. 145］の中に，六道はまったく見えないのに対して，五道は次の3件に見えるという事実である：Pelliot ouïgour 1, line 64 [MOTH, No. 1, pp. 6, 10]；Or. 8212 (122), lines 9, 25 [MOTH, No. 3, pp. 28-30]；Pelliot tibétain 1292, line 3 ［森安 1985「教理問答」p. 5］.
(15) 森安 2000「沙ウ」pp. 34-35, 補註2；Moriyasu 2000 "WestU", p. 341, footnote 13.
(16) Ligeti 1961, pp. 242-243；Ligeti 1973, pp. 9-10.
(17) Cf. SUK, 2, Em01；梅村 1977b, pp. 04-06, 08, 023.
(18) Cf. 野上 1978, pp. 30-35；ツィーメ／百濟 1985, pp. 46-47, 58；小田 1984b, p. 23；百濟 1984b, pp. 80-84, 89.
(19) Cf. Franke 1956, pp. 89-90.
(20) 天蔵は有名な安蔵の高弟である．Cf. Moriyasu 1982, p. 10 = 森安 1983, p. 220.
(21) Cf. Franke 1956, p. 90；百濟 1984b, p. 81.
(22) ツィーメが Zieme 1981a, *AoF* 8, p. 254 のテキスト註で "Das Suffix *-qa*, das man dem Zusammenhang nach annehmen kann, ist kaum erkennbar." と述べており，私も『マニ教史』p. 134 ではそれに従ったが，原文書を調査したところ，それは *-iy* と読むべきであることが判明した．
(23) 張広達／栄新江 1989；森安 1991『マニ教史』pp. 159-160.
(24) 張広達／栄新江 1989, pp. 30-31.
(25) Cf. Hamilton 1984, pp. 431-432, 435-437；森安 1985「教理問答」pp. 58-60；Róna-Tas 2003, p. 455. ローナタシュ（A. Róna-Tas）はシンコ＝シェリ都統の人物・作品・年代に関する研究史を，欧文で発表された分については簡潔にまとめているが，彼は日本語が読めないため，私の研究は抜け落ちている．
(26) Hamilton 1984, pp. 432-434.
(27) Cf. 森安 1980「ウイ敦」，森安 1987「贈り物」，その他；Hamilton, MOTH, introduction；栄新江 1991；Rong 2001a.
(28) 栄新江 2003, p. 406.[11]
(29) 庄垣内 1978, pp. 88-89, 94, 105；庄垣内 1980, pp. 278-280. Cf. 森安 1985「教理問答」p. 34, n. 33.
(30) Cf. W. Couvreur, "Le caractère Sarvāstivādin-Vaibhāṣika des fragments tochariens A", *Le Muséon* 59, p. 605；Zieme 1975b, p. 199, n. 53；H. W. Bailey, *Dictionary of Khotan Saka*, Cambridge University Press, 1979, p. 67.
(31) Moriyasu 2001, pp. 184, 187, 189.
(32) BTT 5, pl. XLI に写真が掲載される U 5874（T III M 173）は，kši ačari から出された手紙であるが，半楷書体か半草書体か判断が難しいので，ここには含めない．
(33) 森安 2004「通貨」p. 11 では U 5321 を「半草書体」と判定した．しかし私は同論文 p. 8, n. 36 において，「半草書体」というのはあくまで臨時に設けたグレーゾーンであり，将来的には「半楷書体」か「草書体」に分類されるべきものである，と述べておいた．現在ではこれを「半楷書体」と判定すべきであると考えている．
(34) これを狭義の突厥語ではなく，西ウイグル時代のウイグル語とみなしてよいことについて

---

[11] この英文版ともいうべきものが同じ 2003 年に学会で発表されたが，出版はかなり遅れた．その Rong 2010, p. 215 も参照．本論文は，唐代の西域における漢人仏教に関する興味深い研究である．

は，早くにハミルトンの見解がある［Demiéville / Hamilton 1958, p. 442］．
(35) Cf. Müller 1907, p. 959 & pl. IX（T II S 2）; Müller / Sieg 1916, p. 414 & pl. II ; Ş. Tekin 1976b, p. 160 ; BTT 9-1, p. 214 ; 小田 1990a, pp. 38-39.
(36) Cf. Ş. Tekin 1970, pp. 131-132 ; BTT 9-1, pp. 9, 260-261 ; Hamilton 1984, pp. 429-430 ; Laut 1996, p. 131.
(37) Müller / Gabain 1931, pp. 678-679.
(38) 笠井 2006, pp. 32-34.
(39) Cf. 森安 1989「源流」pp. 1-3 ; Moriyasu 1990, pp. 147-150.
(40) Cf. Laut 1986, FTB ; Laut 1996, p. 122, n. 7 ; Geng / Klimkeit / Laut 1998, p. 12.
(41) Ş. Tekin 1970, pp. 131-132 ; BTT 9-1, pp. 8-9.
(42) Laut 1986, FTB, pp. 59-60 ; Zieme 1992, pp. 20-21 ＝ツィーメ（小田訳）1993, p. 222 ; Laut 1996, p. 132, n. 49.
(43) 森安 1980「ウイ敦」pp. 334-335 & n. 55 ; Moriyasu 2000 "WestU", p. 344 ; Moriyasu, 2001, pp. 152-153 & n. 14.
(44) Laut 1986, FTB, p. 75 で，ラウト自身さえセンギム本を ny-Texte の特徴を持つが，ny-Texte そのものではないと見なしている．小田 2000, p. 170, n. 102 では，Doerfer 理論によればむしろそれは y-Texte のはずであるとして，注意を喚起している．
(45) Cf. 森安 1989「源流」pp. 20-21 & n. 89（pp. 26-27）; 小田 1990a, p. 40a ; Zieme in OLZ 85-1, 1990, p. 67, n. 10 ;『マニ教史』p. 185 ; Laut 1996, p. 122, n. 6 ; Geng / Klimkeit / Laut 1998, p. 13 & footnote 1 ; Moriyasu 2003 "FourL", p. 097 ; GUMS, p. 225.
(46) Cf. Laut 1986, FTB, pp. 162-163 ; Geng / Klimkeit / Laut 1998, p. 12.
(47) さらに小田壽典 2000 年論文で展開される『天地八陽神呪経』の年代論とも，本節の結論はうまく対応するように思われるが，本稿ではそれについて論じる余裕はない．
(48) Cf. Müller / Sieg 1916, p. 417 ; Gabain / Scheel 1957, p. 20.
(49) Demiéville / Hamilton 1958, p. 443.
(50) 焉耆については，cf. 森安 1977「西遷」pp. 112-118, 123 ; 森安 1985「教理問答」p. 35 ;『マニ教史』p. 141 ; GUMS, pp. 165-166. 北庭については，cf. Abe 1954 ; 安部 1955.
(51) Demiéville / Hamilton 1958, p. 443. Gabain / Hartmann 1961, p. 11 では，これに従って高昌としている．しかし，Ş. Tekin 1976b, p. 339 および Ş. Tekin 1980, BTT 9-1, p. 214 では再び旧説に戻り，イリとしている．
(52) 厳従簡（著），余思黎（点校）『殊域周咨録』（中外交通史籍叢刊）北京，中華書局，1993, pp. 484, 493-494.
(53) 榎 1972, pp. 144, 146-147, 148, and n. 13 in p. 155.
(54) Cf. 佐口 1943, pp. 35-36.
(55) Cf. 小野 1984, p. 60.
(56) Cf. Lévi / Chavannes 1895, p. 365 ; 白須 1974, pp. 46-47 ; 小野 1984, p. 78.
(57) 白須 1974, p. 55 が『宋高僧伝』巻 3 によって指摘している．
(58) 王明清『揮塵録』前録，巻 4, pp. 37-38 ;『宋史』巻 490, pp. 14112-14113 ; Julien 1847, pp. 58-59, 62, 63.
(59) 中国社会科学院考古研究所『北庭高昌回鶻仏寺壁画』瀋陽：遼寧美術出版社，1990 ; 中国社会科学院考古研究所『北庭高昌回鶻仏寺遺址』瀋陽：遼寧美術出版社，1991. Umemura

1996＝梅村 1999 に本寺院の仏教壁画に見えるウイグル国王の肖像と銘文についての考察があり，そこに本遺跡発見に至る経緯も解説されている．

(60) UBL の序文を見るかぎりでは，エルヴェルスコグ（J. Elverskog）も森安説を正しく理解していない．

(61) "At the same time evidence presented in this study also proves that Uygur Buddhist art must have been formed by the 960s at the very latest. This is earlier than the general suggestion of Takao Moriyasu and Jorinde Ebert." [Russell-Smith 2005, p. 230.]

〔原補註〕脱稿後に気付いたのであるが，このイリバリク（亦力把力，他）はモグール汗国という遊牧集団全体を指してもいるので，これを傍証として使うのはあるいは不適切だったかもしれない．しかし，私の推測が正しければ，逆に明代中央アジア史に一石を投じることになるので，この部分をそのまま残しておいた．

〔書後〕

　本稿［森安 2007「西ウ仏教」］と密接な関係のある国際シンポジウム「シルクロードの仏教文化——ガンダーラ・クチャ・トルファン」が 2012 年 11 月に龍谷大学で開催され，2013 年にその第 II 部の報告書『トルファンの仏教と美術——ウイグル仏教を中心に』（龍谷大学アジア仏教文化研究センター）が出版された．私自身は公務があってそのシンポジウムに参加できなかったが，第 II 部の発表者であるツィーメ・コンチャック・ラッセル＝スミス・橘堂晃一 4 氏はいずれも本書収載の拙稿もしくはその欧文版を活用し，議論の基礎とされている．わけても本稿第 7 節で取り上げたラッセル＝スミス説への批判に対しては，女史自身がそれを半ば認めつつも反批判を行なっている［Russell-Smith 2013］．その議論は真に生産的なものであるだけでなく，4 人の発表すべてが新知見に富んでいるので，是非とも報告書全体を参照されたい．

19

西ウイグル王国史の根本史料としての棒杭文書

はじめに
第1節　棒杭文書に関する研究史と基礎情報
第2節　棒杭文書の年代比定
第3節　第一棒杭文書のウイグル文テキスト
第4節　第三棒杭文書のウイグル文テキスト
第5節　第二棒杭文書漢文テキストの再解読
第6節　棒杭文書の使用目的
おわりに

はじめに

　本稿は，今や編年も確定して西ウイグル王国史を再構成する上で必須の根本史料となった3本のいわゆる「棒杭文書」について，ここに至るまでの研究成果を踏まえつつ，新たに書き下ろすものである。基礎になるのは，1974年に『史学雑誌』の研究ノートとして発表した拙稿「ウィグル仏教史史料としての棒杭文書」(『史学雑誌』83-4, pp. 38-54) と2001年に英文で発表した "Uighur Buddhist Stake Inscriptions from Turfan." (*De Dunhuang à Istanbul. Hommage à James Russell Hamilton*, Turnhout : Brepols, pp. 149-223) である。以下，本稿ではそれぞれ森安1974「棒杭」，Moriyasu 2001 "Stake" と略称する。

　文字通りの研究ノートであった和文版は，もともと東京大学大学院在学中に池田温教授ゼミのレポートとして提出したもので，文章や考証に二十歳代半ばの未熟さが露呈しているだけでなく，今となっては多くの修正点を含むので，そのままの再版は憚られる。かたや英文版の方はウイグル語テキストに対する詳細な語

註を含むが，文献学的なレファランスが多いので，その全てを繰り返し和訳するのも無駄である。それゆえここに，西ウイグル王国の歴史史料として今後の研究者が利用しやすい形で，両者を合体することとした。結果として，和文版はもはや無効となるが，英文版の方は，本稿に含めない情報や多数の語註があるだけでなく，ウイグル語のテキストに文字転写／翻字（transliteration）と音素転写（transcription）を併用し，語彙索引も付いているので，今後とも有効である。

第 1 節　棒杭文書に関する研究史と基礎情報

　20 世紀初頭，ドイツのトゥルファン探検隊が，西ウイグル王国の冬都であった高昌ないしその付近の遺跡で墨書銘文のある 3 本の八角形の棒杭を入手し，ベルリンに将来した。これが本稿でいう棒杭文書であり[1]，現在はベルリンのアジア美術館 Museum für Asiatische Kunst（旧称はインド美術館 Museum für Indische Kunst）に保管されている。いずれも西ウイグルの王族・貴族が仏教寺院に建物を寄進するに当たって，その由来を書き記し，建物内部のしかるべき場所に打ち立てて奉納したものである。3 本のうち 2 本には古ウイグル語（古代トルコ語の一方言），1 本には漢文の銘文が書かれていた。西ウイグル王国の成り立ちから見ても，古ウイグル語と漢語は共に王国の公用語といってさしつかえない。最も有名な高昌故城アルファ遺跡 Ruin α（アルファ寺院址 Tempel α ともいう）出土のウイグル文棒杭文書を発見したのは第一次ドイツ＝トゥルファン探検隊の隊長であったグリュンヴェーデル（A. Grünwedel）であり，彼は最初の報告書にその出土状況と，ロシアのラドロフ（W. Radloff）に依頼した解読結果を掲載した［*Bericht*, pp. 57-58, 60, 193-195］。

　次いでミュラー（F. W. K. Müller）が "Zwei Pfahlinschriften aus den Turfanfunden." と題する有名な論文で，3 本の棒杭文書をまとめて出版した［Müller 1915］。本稿では，ミュラーの紹介順序に従って，表題の示す通り本文にあり，図版も付いている 2 本をそれぞれ第一棒杭（ウイグル語），第二棒杭（漢文）と呼び，補遺にあるもう 1 本を第三棒杭（ウイグル語）と呼ぶことにする。森安 1974「棒杭」は第二棒杭文書の，そして Moriyasu 2001 "Stake" は第一・第三棒杭文書の再解読を目指したものであるが，それ以前には第二棒杭文書について岑仲勉 1947 とい

う短い紹介論文があるだけであった。

　森安 1974「棒杭」の発表以来，私は棒杭文書の原物を実見調査することを切望したが，原物は第二次世界大戦中に連合軍の空爆で焼失したとも云われていた。真相は分からないが，いずれにせよ大戦以後，ベルリンから行方不明になっており，長らく念願は叶わなかった。ところが，1999年に在外研究でベルリンに約8ヵ月滞在し，主にベルリン＝ブランデンブルグ科学アカデミーに所蔵されるトゥルファン出土のウイグル文書を調査していた時，思いがけずその機会が訪れた。当時はベルリンのインド美術館が改修工事のため閉館中であったが，たまたま館長のヤルディツ（Marianne Yaldiz）女史並びに研究員のバッタチャリア（Chhaya Bhattacharya-Haesner）女史より，倉庫に所蔵されるトゥルファン出土の幡画や織物類に書き残されたウイグル語銘文を解読する仕事を依頼され，毎週一度，倉庫の中に入って作業をしていた。そして，ちょうどその頃，行方不明であった棒杭文書がインド美術館に戻ってくるという幸運に恵まれたのである。館長の許可を得て，実物をルーペで子細に眺めながら再解読に当たったところ，文献学的にいろいろな新発見があり，その成果をまとめたのが Moriyasu 2001 "Stake" である。そしてそれは若き日のパリ留学時代の恩師・ハミルトン（J. Hamilton）博士の記念論文集に掲載された。

　ところがその後，今度はハミルトン博士自身が，インド美術館に依頼して赤外線写真を作成し，それに基づいて，第三棒杭文書で私が読み取れなかった箇所に修正を迫る論文 Hamilton 2004 を発表された。これは短いとはいえ，赤外線写真の拡大版も掲載していて重要であり，本稿ではハミルトン新読部分と比較対照して，Moriyasu 2001 をさらに修正している。

　なお，この間に，中国の楊富学がほとんど Müller 1915，森安 1974 の両者に基づく論文を繰り返し発表しているが［楊富学 1991；1998a, pp. 257-276；1998b「第四章　寺廟的興建」pp. 176-197］，もはや古くなった読み方をそのまま孫引きしていてなんら参考に値しないどころか，次節で見るように第一棒杭文書の年代については誤った見解を墨守している。〔補註〕

　以下には，1999年にベルリンで行なった原物調査の成果も踏まえて，その基礎情報を列挙する。ただし，ポプラの一種とか胡楊とかいわれる材質までは，目視では判断できなかった。なお，長年の議論を経てようやく定まった棒杭文書の年代については次節で詳しく論じるが，ここでは結論を先取りしておく。

●第一棒杭文書：所蔵番号 MIK III 4672

　半楷書体のウイグル文字⁽²⁾で書かれたウイグル語，西暦 1008 年（戊申の歳）作成。第一次探検隊がイディクート＝シャーリ（カラホージャ）すなわち高昌故城のアルファ寺院址⁽³⁾で発掘。

　長さ 83 cm（従来の報告ではすべて 84 cm）の細長い八角錐形，上端が最も太くて直径 10.3-11.3 cm，先の尖った下端の直径 0.6-0.8 cm。第三棒杭よりは軽い感じであるが，今でもやや重みのある材木。表面はきわめて滑らか。

　上端部には，木槌で地中に打ち込んだ時にできたと思しき跡があるが，その凹みないし亀裂はそれほどひどくない。尖端も第三棒杭よりはるかによく保存されている。全体として損傷が少なく，表面に書かれたウイグル文字の保存状態もいいのは，第三棒杭より柔らかい土中に打ち込まれたか，もしくは打ち込みの儀式がごく形式的なものであったことを窺わせる。

　寄進者の筆頭は Tängrikän Tigin Silig Tärkän 公主王女と，彼女の夫とみなされる Külüg Ïnanč 沙州将軍である。

　当初は八面に各 2 行ずつ書こうとしたが，後ろにいくとスペースが足りなくなったらしく，第五面と第六面では短い行が 1 行ずつ追加され，第七面では例外的に 4 行も書かれており，全部で 20 行となる。さらに下端の随所に追記がある。

　第一〜二面の写真が森安孝夫編『シルクロードと世界史』[Moriyasu 2003 "FourL"]の巻頭カラー図版 pl. X, fig. 31 に，第六〜八面の写真が Müller 1915 に掲載されている。

●第二棒杭文書：所蔵番号 MIK III 7295

　楷書体の漢字で書かれた漢文，西暦 983 年（癸未の歳）作成。恐らく第二次探検隊のルコック（A. von Le Coq）がセンギムのウイグル農民より購入。出土地は，銘文中に「新興谷」と明記される場所，すなわちセンギム＝アギズ（Sängim-Ayïz；センギム城西方にある小渓谷）内の仏教寺院址とみてよい。

　長さ約 49 cm の細長い八角形，上端の推定直径は 6.5-7.0 cm，下端の最先端はほぼ長方形になっており，縦横 0.5×0.8 cm である。表面はほぼ滑らか。

　上端は焼け焦げているが，ごく一部（具体的には本稿第 5 節の漢文テキストの 10 行目と 11 行目の間）は上端まで残存し，そこに焼けた跡はないので，本来の長さは保存されている⁽⁴⁾。焼け焦げのため，上端に木槌の跡があったかどうかは不明

であるが，縦に 2 本の亀裂があり，尖端にわずかな「めくれ」も認められるので，やはり地中に打ち込まれたと思われる。ただし，第一棒杭と同じように，表面に書かれた漢字の保存状態はよい。

寄進者の筆頭は英利耶嚧地蜜施天特銀（＝Il Yarutmïš Tängri Tigin）という王子，その妻の天公主居邪蜜施登林（＝Tängri Qunčuy Küsämiš Tängrim）であり，そこにその子供たちが続いている。

楷書体の漢字は能筆であるが，後半ではややくずれている。基本的に八面に各 2 行ずつ書かれているので，全部で 16 行とみなすべきである。下段で幅が狭まってくると 1 行しか書かれないが，それは必ず各面上段の 2 行目に続くものである。従って，ミュラーが発表した漢文テキスト［Müller 1915, p. 18］の行数の付け方は修正すべきである。具体的には下段にある 3 行目と 8 行目をなくして，後ろの数字を追い込み，18 行を 16 行とすればよい。前稿の森安 1974 でもミュラーに従っていたが，本稿ではそれを修正する。

Müller 1915 には第二〜四面の図版が掲載されただけであったが，幸いなことに，『トゥルファン古写本展（現代書道二十人展第 35 回記念）』（東京，朝日新聞社，1991）の図版 10 に，全面を写真 4 枚に分けて撮影したもの（うち 1 枚はカラー）が掲載されている。また森安孝夫編『シルクロードと世界史』［Moriyasu 2003 "FourL"］の巻頭カラー図版 pl. X, fig. 32 にも，第四〜五面の写真がある。

●第三棒杭文書：所蔵番号 MIK III 7279

半楷書体のウイグル文字で書かれたウイグル語，西暦 1019 年（己未の歳）作成。第三次探検隊が高昌故城内の南辺にある遺跡のどこか[5]で発掘。

長さ約 81 cm の八角形であるが，第一棒杭のような八角錐形ではなくやや丸みのある紡錘形で，上端の直径約 5.5 cm，上半部の最も太い部分の直径約 10 cm，先の尖った下端の直径 1.7-2.0 cm。今でもかなり重量感があって堅い材木。表面は滑らか。

上端部には，木槌で地中に打ち込んだ時にできたと思しき跡があるが，その凹みはそれほどひどくない。下端の尖端部はつぶれて直径約 2 cm の円形に変形し，その周辺は上方にめくれ上がっている。表面に書かれたウイグル文字の保存状態は第一棒杭よりはるかに悪く，墨色が薄くなって読みにくくなっている。特に下半部に擦り取られて読めなくなっている箇所が多い[6]のは，第一棒杭より硬い土

中に強い力で打ち込まれたことを窺わせる。にもかかわらず全体として亀裂がわずか 2 箇所と少ないのは，木材の材質がよかったからだろう。

　寄進者の筆頭は Tarduš Tapmïš Yayatyar(?) 長史の Yälü Qaya とその妻 Tängrikän Körtlä 可敦王女であり，そこにその子供たちが続いている。

　当初は八面に各 3 行ずつ書こうとしたが，後ろにいくとスペースが足りなくなったらしく，第五・七・八面では 4 行ずつ書かれており，全部で 27 行となる。さらに下端や行間の随所に追記がある。

　第六〜七面の写真が森安孝夫編『シルクロードと世界史』[Moriyasu 2003 "FourL"] の巻頭カラー図版 pl. X, fig. 33 にあるが，残念ながら文字が小さくて読みにくい。保存状態の悪さにもよるが，逆に文字の墨色が薄かったり擦り取られている部分を赤外線写真撮影したもののごく一部が，Hamilton 2004 に拡大図版として掲載されている。

第 2 節　棒杭文書の年代比定

　第二棒杭を西暦 983 年の西ウイグル時代のものとみる点では最初から東西の学者の見解は一致していたが（後述），第一・第三棒杭に関してかつてはこれを東ウイグル時代のものと推定するミュラー[7]・ガバイン (A. von Gabain)[8]・プリツァク (O. Pritsak)[9] 等と，西ウイグル時代のものとみる安部[10]・ハミルトン[11] 等との間に見解の相違がみられた。この点に関して私は 1972 年に提出した卒業論文で詳細に検討したことがあるが，その後の歴史学・暦学・言語学・古文字学諸方面における研究の進展により，もはや西ウイグル時代の前半に比定するのが正しいことを改めて論ずる必要はなくなった。とりわけ卒論から 2 年後の 1974 年にバザン (L. Bazin) の古代トルコ暦に関する博士論文が世に出て（タイプ打ち簡易製本で学界に流布；正式出版は 1991 年），中国起源の六十干支には一般的な第一式のほかに特殊な第二式があり，それが古代ウイグルやチベットや日本にまで流布していたという衝撃的な事実が認識されるようになってからは，第一・第三棒杭の紀年問題は大きな展開を見せた。

　詳細はバザンの書に譲るが [Bazin 1974, pp. 299-300 ; Bazin 1991, pp. 239-240]，簡単に言えば第一式・第二式とも十二支に当たる動物の種類と順番に違いはないが，

十干に当たる五行の要素の順番に違いがあるのである。両式の存在があまり漢字文化圏の人（日本の東洋史学者も含む）に気づかれなかったのは，中国・日本などで常用される漢字の字面上では，甲子・乙丑・丙寅・丁卯で始まり壬戌・癸亥で終わる60箇の組み合わせが両式で全く同じであるためである。しかし，第一式では甲子・乙丑・丙寅・丁卯はそれぞれ「きのえ（木の兄）・ネズミ」「きのと（木の弟）・ウシ」「ひのえ（火の兄）・トラ」「ひのと（火の弟）・ウサギ」となるが，第二式ではそれが「かのえ（金の兄）・ネズミ」「かのと（金の弟）・ウシ」「ひのえ（火の兄）・トラ」「ひのと（火の弟）・ウサギ」と変わってしまい，全体で60箇のうち16箇で両式は同じであるが，44箇は違っているのである。第二式は暦や占いの専門家などが使ったものであり，字面が全く同じであるから漢字文化圏の人々の日常生活にはなんら支障を及ぼさなかったのであろうが[12]，ウイグル語やチベット語の世界では十干の五行の要素をそれぞれの言語に翻訳して使うため，逆にウイグル語やチベット語で書かれた紀年を逐語訳して，漢字の干支に比定して紀年を決定しようとする時，第二式を知らなければ60分の44の確率で齟齬が生じるのである[13]。

まず，第一棒杭文書冒頭にある紀年の主要部である *topraq qutluɣ bičin yïl* は逐語訳すれば「土の元素を持つサル（猿）の歳」になるが，これは偶然にも第一式・第二式同じなので，単純に「つちのえ・サル」すなわち「戊申」の歳に当てられる。西ウイグル時代前半で「戊申の歳」になるのは，888年，948年，1008年，1068年であるが，バザンは紀年を示す別の要素 *toquzunč ay tört otuz-qa purvapulguni yultuz-qa*「第九月の二十四日に，Pūrva-phālgunī 星座の時に」による星宿（Skt. nakṣatra）と月の位置関係の計算を加味して948年と決定し，1008年の可能性も残した［Bazin 1974, pp. 326-332］。なお，それより先，まだ第二式の存在など認識されていなかった段階ではあるが，ハミルトンはこれを948年に比定していた［OECD, p. 143］。

一方，第三棒杭文書1行目にある紀年 *ot qutluɣ qoyn yïl* は逐語訳すれば「火の元素を持つヒツジ（羊）の歳」になる。これを不用意に第一式に当てれば「ひのと・ヒツジ」すなわち「丁未」の歳となってしまい，従来の研究者は多くこれに惑わされて誤った考証を行なってきた。例えばハミルトンは丁未と戊申が連続する点に着目し，第二棒杭が983年と決定していること，第一棒杭が948年の可能性が高いことを考慮して，これを947年に比定した［OECD, pp. 142-143］。しかる

に第二式の「ひのと・ヒツジ」とは,正しくは漢字の「己未」の歳に対応するのである。実は銘文テキスト自体で ot の直前に ki という単語が入っていて ki ot qutluγ qoyn yïl となっており,それは正しく「己という火の元素を持つヒツジの歳」と訳されるべきだったのである。かつてミュラーはこの ki を「気」の音写とみて五元素に対応させたが［Müller 1915, pp. 24-25］,それは誤りで,実は「己」の音写だったのである。西ウイグル時代前半で「己未の歳」になるのは,899年,959年,1019年,1079年であり,バザンは899年を第一候補とみなした［Bazin 1974, pp. 321-326, 332］。

次に私自身の考証の変遷を辿ることにする。まず,第一棒杭の紀年である「戊申の歳」について,森安 1974「棒杭」の註19では,次のように述べた。

> 本文で上述したように,この第一棒杭文書を牟羽可汗（在位759-779年）時代のものとみる諸学者は,ここに現われる「戊申の歳」を768年に比定するわけである。しかし本文書の第3行目からは,この「戊申の歳」がある君主の治世の第2年目でもあらねばならないことが明らかである。しかし実際には768年は牟羽可汗の治世の第9-10年目にあたる。私は,その治世の第2年目が戊申の歳である可汗が東ウイグル帝国には存在しなかったこと自体,本棒杭が東ウイグル帝国時代のものではないなによりの証拠ではないかと考える。

そしてバザン・ハミルトン両氏の薫陶を受けたパリ留学中に執筆した森安 1980「ウイグルと敦煌」では,西ウイグルと敦煌（沙州帰義軍政権）との外交関係を考察した後の本文で,第一棒杭文書第5行に本棒杭の寄進者が「沙州将軍」という称号を持って現われていること,及び第三棒杭文書第2-3行において西ウイグルの領域が東は沙州,西はヌッチ Nuč とバルスハン Barsxan に至るまでと明記されている事実の両方を勘案して,第一棒杭の紀年としては948年よりもむしろ1008年の方を採るべきであり,同時に第三棒杭についても899年ではなく1019年と見なすべきであろうと述べた［森安 1980, pp. 334-335］。その際,第三棒杭に現われる可汗の称号中に Arslan「獅子」と Köl Bilgä「智恵は海の如き」という要素が含まれることと,1020年に中国に遣使してきた亀茲王（実は西ウイグル王）「可汗師子王智海」との関連も指摘しておいた。そしてさらに,註55において,ウイグルの西方領域に当たるヌッチが,ミュラーが比定したタシケント付

近のヌッチケント＝筴赤建［Müller 1915, p. 26, n. 2；『大唐西域記』巻 1, p. 10；『大唐西域記校注』p. 81；水谷『西域記』p. 24］では遠すぎるという自説に不利な点を敢えて指摘し，第一棒杭が 948 年，第三棒杭が 959 年である可能性もわずかながら残しておいた［森安 1980, pp. 337-338］。

この森安説を受けてハミルトンは，まず第三棒杭について 1019 年説に賛成し［Hamilton 1984, p. 428］，続いて 1986 年出版の大著 MOTH の序文では第一棒杭の紀年問題にまで言及し，バザン説とも比較して第一棒杭を 1008 年とする結論に達している［MOTH, pp. XVII-XVIII］(14)。

森安 1991『マニ教史』ではウイグルの仏教＝マニ教二重窟出現の背景を論じるため，再び第一棒杭の紀年を論じる必要に迫られ，以上の経緯を次のようにまとめた。

> このバザン説は確かに画期的なものであった。しかしその後私はこの第一棒杭文書を歴史学的に取り上げ，その男性の施主の持つ「沙州将軍」なる称号に着目しつつ考察を加えた結果，948 年よりも 1008 年の方がはるかに当時の情勢に合致するとの見解に達し，初めて 1008 年説を提唱した。ただこの段階で私自身はナクシャトラ（Skt. nakṣatra）の計算法を知らず，一抹の不安を拭い去ることが出来なかったが，現在ではやはり矢野（道雄）氏に精密な計算をしていただき，バザン氏の計算と違って 948，1008，1068，1128，1188 年はいずれも同程度の可能性があるとの回答を得ている。他方，ハミルトン氏も私の説に言及しつつ，改めてフランスのインド学者ビヤール氏にナクシャトラの計算を依頼した結果として，以前の氏自身の 948 年説を撤回し，1008 年説に与している。今や 1008 年説は不動のものとなったと言ってよいであろう。［『マニ教史』p. 151］

奇しくもこの同じ 1991 年に，バザンの新版が出版されたが，そこでは森安 1980, Hamilton 1986（＝MOTH）の説を受け入れて旧版を訂正し，第一棒杭を 1008 年，第三棒杭を 1019 年に比定している［Bazin 1991, pp. 254-258］。

その後，1999 年に私はベルリンのインド美術館（現アジア美術館）所蔵の 3 本の棒杭文書を子細に調査する機会に恵まれたが，その際，第三棒杭のヌッチ Nuč は古文字学的にはウッチ Uč と読むべきであることを発見した。実はウイグル文字の特徴から，Nuč と Uč は極めて混同しやすく，これがウッチであれば当時の

西ウイグル王国の西辺の都市として妥当であると山田信夫が既に1971年の論文で述べていた[15]。そのことを森安 1980, p. 337 では敢えて無視していたが，Moriyasu 2001 ではそれを正当に評価した[16]。このウッチとは近代のウッチ＝トゥルファン（古名：温宿）であり，天山南麓のクチャ（亀玆）とカシュガル（疏勒）の中間にあるアクス（姑墨）のやや西方にあったオアシス都市である[17]。そこはベデル峠を挟んで天山北麓のバルスハン（イシック湖東南岸にあった上バルスハン）と対応する位置にあり [cf. CTD, I, p. 300]，共に西ウイグルの西部国境を守備する要衝であったと思われる。西隣のカラハン朝が台頭してきた段階で西ウイグル領が遠くヌッチケントまで広がっていたとは考えにくいが，ウッチまでなら真に妥当なのである。なぜなら，ヌッチケントより東にあるベラサグンを主邑として発展したカラハン朝は，南進してカシュガルを占領し，1006年にはコータン（于闐）王国まで滅亡させたが，この時点で東方への領土拡大は一旦中断しているからである。代田貴文によれば，以後は1040年頃まで内戦期に入り，その後，カラハン朝の西ウイグルへの侵略が再開され，遅くとも1070年頃以降，完全にクチャを領有したという[18]。確かに，カラハン朝出身のカーシュガリーが1070年代に著述した百科事典ともいうべき『トルコ語アラビア語辞典』では，クチャは西ウイグル王国の主要部には含まれておらず[19]，西の辺境か係争地帯と認識されている[20]。いずれにせよクチャよりさらに西方のウッチについて言えば，1079年にまだ西ウイグル領であった可能性はなく，従って第三棒杭文書が1079年である可能性もないということである。

　こうして私は自分が最初に提唱した説の弱点をほとんど克服し終えたのであるが，ほぼ同時期にまた一つ大きな展開があった。それは吉田豊による3通のベゼクリク出土ソグド語マニ教徒手紙文（ソグド語書簡 A, B, C）の出版である [TuMW including 吉田／森安 2000]。それによって第一・第三棒杭文書の登場人物を再検討するきっかけが与えられ，その成果は，Moriyasu 2001 "Stake" の中にも反映された。しかし，それは幾つかの語註に分けて英語で発表され，趣旨が不明瞭であった点は否めなかったので，ここで再度整理し直すことにする。

　キーワードはイル＝オゲシ *il ögäsi* である。これについては，Moriyasu 2001, pp. 175-177 でやや詳しく論じたが，語義的には「国家の顧問・長老・統領」であり，実際には可汗や王子たちを補佐する「宰相，総理大臣，首相」という地位になる。すなわち非王族で，臣下の最高位に当たるものである。ただ注意したい

のは，東ウイグル帝国でも西ウイグル王国でも，このイル＝オゲシが複数（若干名）いたことであり，第三棒杭文書にも 2 名のイル＝オゲシ (*ll.* 03, 17) が登場している。

さて，第一棒杭文書 18 行目に見える *qočo balïq bägi alp totoq ögä* は「高昌市長のアルプ＝トトク＝オゲ」と解釈できる。*qočo balïq bägi* を「高昌市長」と訳す根拠については，Moriyasu 2001, pp. 178-179 を参照されたい。この要人は，1008 年の時点では高昌市長であったが，第三棒杭文書の 3-4 行目の *il ögäsi alp totoq ögä・qutluɣ qočo ulušuɣ bašlayur ärkän*「イル＝オゲシ (*il ögäsi* 宰相) のアルプ＝トトク＝オゲが幸ある高昌国を統率しておられる間に」という文言より判明する通り，1019 年までにはイル＝オゲシ (*il ögäsi* 宰相) の地位に昇進するとともに，「高昌国二十二城」と総称される地方，すなわちトゥルファン盆地全体を統領する役割を与えられるまでに出世していたのである [Moriyasu 2001, pp. 192-193 & n. 106]。

一方，第三棒杭文書 17 行目には，*il ögäsi ata ögä il qaya*「イル＝オゲシ (*il ögäsi* 宰相) でアタ＝オゲ (称号) のイル＝カヤ (本名)」なる人物が登場する。アタ＝オゲという称号を見てすぐに想起されるのは，宋王朝から西ウイグル王国に派遣された使者・王延徳の旅行記『高昌行記』の記事である。そこには「時四月，獅子王避暑於北廷，以其舅阿多于越守国」とあって，彼は 982 年に既に夏都・北庭 (＝北廷) に避暑に出かけたアルスラン (＝獅子) 可汗[21]の代理として冬都・高昌を守護していた阿多于越に面会している[22]。この阿多于越 [*ˑâ-tâ ji̯u-ji̯wɒt GSR 1m＋3a＋97a＋303e] はまちがいなく *ata ögä* の音写であり，語源的には「父なる顧問・長老・統領」の意味となる。漢籍が外国人の人名と称号を混同するのはよくあることである。この人物の称号中に「父」が入っているのは，彼がアルスラン (＝獅子) 可汗の「舅」すなわち妻である皇后 (可敦) の実父だったからであろう。

私はこの 982 年の阿多于越が，1019 年の第三棒杭文書 17 行目のアタ＝オゲと同一人物であるとは考えないが，後者がイル＝オゲシで本名がイル＝カヤであったことに注目したい。イル＝オゲシは多くても若干名であるから，このイル＝カヤが，第一棒杭文書 15 行目に見える *il ögäsi isig ädgü totoq ögä il qaya*，すなわち「イル＝オゲシ (*il ögäsi* 宰相) のイシグ＝エドギュ＝トトク＝オゲ (称号) のイル＝カヤ (本名)」と同一人物である可能性は決して小さくない。つまり 1008 年に

はイシグ＝エドギュ＝トトク＝オゲという称号であったものが，1019年までに娘を可汗に輿入れさせることによって，アタ＝オゲと呼ばれるようになったと推定するわけである。

　吉田豊によって初めて学界に紹介された3通のベゼクリク出土ソグド語書簡A，B，Cは，ソグド語文献としては最末期のもので，トルコ＝ウイグル語の影響を強く受けており，しかもマニ教徒の書いたものである。それらは仏教＝マニ教二重窟の狭間から5通のウイグル語書簡と一緒に発見された。吉田は，森安との共同研究の結果として，それらの年代が10世紀前後であり，11世紀後半にまでは下らないと見通した上で，さらに細かくこれを11世紀初頭に年代比定した。そしてこれらのソグド語書簡に見える人物名のいくつかが第一・第三棒杭文書のそれらと重なり合う点に着目し，書簡Aの123行目に見えるアルプ＝トトク＝オゲ[23]が，第一棒杭文書の「高昌市長のアルプ＝トトク＝オゲ」であり，第三棒杭文書の「イル＝オゲシのアルプ＝トトク＝オゲ」である可能性の高いことを指摘した［Yoshida 2002a, pp. 234-235］。

　この吉田の見解をさらに敷衍するならば，書簡Cの28行目に見えるイシグ＝エドギュ＝トトク＝オゲ[24]が，第一棒杭文書の「イル＝オゲシのイシグ＝エドギュ＝トトク＝オゲ（称号）のイル＝カヤ（本名）」であり，第三棒杭文書の「イル＝オゲシでアタ＝オゲ（称号）のイル＝カヤ（本名）」である蓋然性も高くなろう。とすれば，ソグド語書簡Cは1008年前後から1019年以前の間に書かれたことになる。これは書簡Bを吉田が1010年か1014年と推定した年代論［Yoshida 2002a, p. 235］とも合致する。

　このような次第で，第一棒杭を1008年，第三棒杭を1019年とする説はもはや動かしがたい鉄案であると確信している。一部には未だに学界動向に疎くて旧説に従っている者もいるが[25]，今や森安・ハミルトン新説は広く受け入れられていると断言できよう[26]。

　さて以上で3本の棒杭文書がすべて同地域・同時代に属し，かつ同種のものであるという前提条件は整ったので，次節以下では，まずは全体がほぼ完全に読める第一棒杭文書を見た後，それと比較しつつ，欠損部の多い第二・第三棒杭文書を再解読していくことにする。

第3節　第一棒杭文書のウイグル文テキスト

第一棒杭文書のテキストの解釈と語註については，Moriyasu 2001 "Stake" がそのまま使えるので，ここではまず本書全体の転写方式（e を使用しないことに注意）に統一したテキストと，最新の和訳だけを提示する。

第一面

01) ymä qutadmïš qutluɣ topraq qutluɣ bičin yïl-qa ödrülmiš ädgü ödkä qutluɣ qoluqa
　　 さて，幸多くして幸いなる土の元素を持つサル（＝戊申）の歳に，選ばれし良い時に，運ある時に，

02) toquzunč ay tört otuz-qa purvapulguni yultuz-qa kün ay tängri-täg küsänčig körtlä yaruq
　　 第九月の二十四日に，Pūrva-phālgunī 星座の時に，我らの Kün Ay Tängritäg Küsänčig Körtlä Yaruq

第二面

03) tängri bögü tängrikänimiz köl bilgä tängri ilig-ning orunqa olurmïš ikinti yïlïnga biz üč ärdini-kä
　　 Tängri Bögü Tängrikän〔＝日月神の如く好ましく美しく輝ける，聖天 Bögü〕が智海天王(27)の御位に即きし第二の年に，私たち，三宝（＝仏教）に対し

04) ayïnčsïz ävrilinčsiz süzük köngül-lüg upasanč tängrikän tigin silig tärkän qunčuy tängrim
　　 ゆるぎなく変わらぬ清浄な心をもてる優婆夷 Tängrikän Tigin Silig Tärkän 公主王女(28)と

第三面

05) upasi külüg ïnanč šaču sangun biz ikigü nomluɣ bilgä baxšï-lar-dïn inčä äšidtimiz kim qayu tïnlïɣ
　　 優婆塞 Külüg Ïnanč 沙州将軍との私たち二人は，仏法に精通した賢き博

士たちから，次のように聴いた：「もしある者が

06) yaɣaq qartïnča vrxar itsär buɣday ävininčä burxan körkin DYN+solatsar qaz üyüri ävini-ning yitinč ülüšinčä

　　クルミの殻ほどの大きさの寺院を建てれば，小麦の粒ほどの大きさの仏像を装備（？）すれば，芥子の粒の七分の一ほどの大きさの

第四面

07) širir ursar yignäčä sutup čäkür turɣursar tükäl barm buyan bulur tip・ol buyan küčintä üstün täŋri yirintä

　　舎利を安置すれば，針のような仏塔の尖塔（第7節で利柱＝相輪と解釈する）を立てれば，最高の功徳（福徳）を獲得することになる」と。（さらに）「その功徳の力によりて，上方は天上世界（＝五道のうちの天道）において（も），

08) altïn yalŋuq ät'özintä köŋül-täki-täg mäŋgi toŋa täginip kiningä burxan qutïnlïq kölük üzä nirvanlïɣ

　　下方は人間の肉身（＝五道のうちの人間道）において（も），心にあるような（＝思い通りの）至福と喜びを享受して，後に仏果に達するためのヤーナ（乗り物）によりて，涅槃の

第五面

09) qonuqluqta qonar tip・bu muntaɣ türlüg uluɣ ädgü-lärig äšidmiš-kä biz ikigü tüz köŋül-lüg bolup bu vrxar itgü

　　境地に住することになる」と。このような類いの非常によいことなどを聴いた時に，私たちは二人とも平安な心持ちになって，この寺院を建造するために

10) šat ïɣač toqïyu tägintimiz bu buyan küčintä kiningä tüzün maitri burxanïɣ tuš bolalïm・maitri burxantïn burxan qutïŋa

　　šat木（＝剎木）を打ち奉った。この功徳の力によりて，私たちは後世に精妙なる弥勒仏と邂逅しますように。（そして）弥勒仏から，仏果に至るための

11) tüzün alqïš bulalïm・ol alqïš küčintä yüz kalp üč asanki altï paramit
　　妙なる授記（一種の予言，vyākaraṇa）を私たちが獲得しますように。その授記の力によりて百劫の間，三阿僧祇の間，六波羅蜜を

第六面
12) tošɣurup kiningä burxan yirtinčüdä bälgürmäkimiz bolzun・bizingä iyin⁽²⁹⁾ ögirdäči tängrikän küži tängrim・künüi tängrim・tängrikän körtlä tängrim・
　　満たして（成就して？），その後，仏の世界に私たちの現われる（＝生まれ変わる）ことがありますように。我らに随喜する者⁽³⁰⁾：〈寄進者夫妻の妻側の親族と思しき男女の王族男女の王族 15 人の列挙〉（No. 1）Tängrikän Küži Tängrim,（No. 2）Künüi Tängrim,（No. 3）Tängrikän Körtlä Tängrim,

13) tärkän qunčuy bütürmiš tängrim・qutadmïš tängrim・qunčuy tängrim・arvïq tängrim・känč tängrim・arïɣ tängrim・ašmïš tängrim küsämiš tängrim
　　（No. 4）Tärkän Qunčuy Bütürmiš Tängrim,（No. 5）Qutadmïš Tängrim,（No. 6）可敦王女,（No. 7）Arvïq Tängrim,（No. 8）Känč Tängrim,（No. 9）Arïɣ Tängrim,（No. 10）Ašmïš Tängrim,（No. 11）Küsämiš Tängrim,

14) turmïš qatun tängrim・ärdini qatun tängrim・körtlä tängrim・ay čäčäk tängrim・
　　（No. 12）Turmïš 可敦王女,（No. 13）Ärdini 可敦王女,（No. 14）Körtlä Tängrim,（No. 15）Ay Čäčäk Tängrim.

第七面
15) il ögäsi isig ädgü totoq ögä il qaya・isig ädgü totoq är tonga・ygän külüg sangun käd tuɣmïš・uzun öngü quz qonaq・känč
　　〈男性の大臣・貴顕の列挙〉（No. 1）イル＝オゲシ（il ögäsi 宰相）の Isig Ädgü Totoq Ögä（称号）の Il Qaya（本名）,（No. 2）Isig Ädgü Totoq（称号）の Är Tonga（本名）,（No. 3）Ygän Külüg Sangun（称号）の Käd Tuɣmïš（本名）,（No. 4）Uzun Öngü Quz Qunaq,（No. 5）Känč

17) tang arslan sangun・il bägädmiš sangun・bürt bay・qutluɣ bayutmïš・il qatmïš・ït saman bägü・totoq sïnandu sangun・
　　Tang Arslan Sangun,（No. 6）Il Bägädmiš Sangun,（No. 7）Bürt Bay,

(No. 8) Qutluɣ Bayutmïš, (No. 9) Il Qatmïš, (No. 10) Ït Saman Bägü, (No. 11) Totoq Sïnandu Sangun,

16) külüg ïnanč totoq iktü・sarïɣ baš ṭarqan・yanga sangun・
(No. 12) Külüg Ïnanč Totoq Iktü, (No. 13) Sarïɣ Baš Tarqan, (No. 14) Yanga Sangun,

＊墨色もやや薄い追記
第七面下端, 15') tuɣmïš tarqan・
(No. 15) Tuɣmïš Tarqan,
第六面下端, 12'～13') ït ṭarqan
(No. 16) Ït Tarqan,
第五面下端, 09') ïnal ygän
(No. 17) Ïnal Ygän ;

18) qočo balïq bägi alp totoq ögä・ 〈space of 7 cm long〉 ・ïnanč ädgü ögli-lär il almïš sangun・yangačuq・äsän　tura totoq・mänglig sïngqur・
(No. 18) 高昌市長の Alp Totoq Ögä. 〈空格あり〉信頼すべき善友たち〈恐らく親戚・友人たちの列挙〉: (No. 1) Il Almïš Sangun, (No. 2) Yangačuq, (No. 3) Äsän, (No. 4) Tura Totoq, (No. 5) Mänglig Sïngqur.

第八面
19) iš ayɣučï avluč tarqan・ädgü ygän sangun・čoɣï tiräk ïɣaččï mängü・titigči qaymïš・vapdu tiräk・ygän sïngqur sangun・bitkäči bäg arslan
〈仕事人たちの列挙〉: (No. 1) 幹事 (iš ayɣučï) Avluč Tarqan, (No. 2) Ädgü Ygän Sangun, (No. 3) Čoɣï Tiräk, (No. 4) 木匠 (ïɣaččï) Mängü, (No. 5) 泥匠 (titigči) Qaymïš, (No. 6) Vapdu Tiräk, (No. 7) Ygän Sïngqur Sangun, (No. 8) 書記 (bitkäči) Bäg Arslan.

20) qamaɣun burxan qutïn bulzun-lar・qungqaučï boɣunču・　〈space of 15 cm long〉　külüg bars öktü tiräk bitkäči・bäg arslan
(ここに列挙される)すべての人々が仏果をみつけますように！ (No. 9) 箜篌師 (qungqaučï) Boɣunču, 〈空格あり〉 (No. 10) Külüg Bars Öktü Tiräk,

(No. 11＝repeat of *l*. 19) 書記（*bitkäči*）Bäg Arslan.

第一面下端

01'-02') unu qara　　satmïš tarqan　　toqumïš　　qutadmïš

（No. 12）Unu Qara と（No. 13）Satmïš Tarqan が（この刹柱を）打ち建てたり。幸いなるかな，

第四面下端

07'-08') qutadmïš・

幸いなるかな。

第4節　第三棒杭文書のウイグル文テキスト

　第一棒杭文書と違って，第三棒杭文書のテキストの読みについては，Moriyasu 2001 "Stake" が大幅に Müller 1915 を改善することが出来た。それゆえ，基本的には Moriyasu 2001 が使えるが，第1節の研究史で述べたように，ハミルトン新論文［Hamilton 2004］が提示した赤外線写真による解読の進展によって，テキストの主要部分である第2行目と，第19行以下の人名列挙部分にかなり訂正の必要が生じてきた。そこで，ここでは本書の転写方式に統一しつつ前稿テキストを修正した上で，最新和訳を提示し，Moriyasu 2001 にはない新しい語註も追加する。

第一面

01）qutluγ ki⁽³¹⁾ ot qutluγ qoyn yïl・iki*nti* ay・üč yangï-qa：k*ün a*y t*ä*ngridä *q*ut bulmïš・uluγ

　　幸いなる己という火の元素を持つヒツジ（＝己未）の歳，第二月，三日に，Kün Ay Tängridä Qut Bulmïš Uluγ

02）qut ornanmïš・alpïn ärdämin il tutmïš alp ars*l*an qutluγ kö*l* bi/gä tängri il*ig*⁽³²⁾ *on* u*γγu*r *x*an⁽³³⁾ '*///••*MYŠ⁽³⁴⁾・öng*t*ün šačiu

　　Qut Ornanmïš Alpïn Ärdämin Il Tutmïš Alp Arslan［＝日月神よりカリスマを得たる，偉大なるカリスマを備えたる，勇気と男気により国を維持した

る，勇敢な獅子たる，〕幸運なる智海天王が，十姓ウイグル汗／／／／／／／／／／／，東は沙州，

03) kidin uč barsxan-qatägi illänü ärksinü yarlïqayur uɣurda ／／／／•N P／／／ tängri-kän(?) ••••••／／／ il ögäsi alp totoq

西はウッチ Uč（＝Uč-Turfan）とバルスハン Barsxan に至るまで支配を及ぼし給える時に，／／／／／／／テングリケン／／／／／／／イル＝オゲシ（il ögäsi 宰相）の Alp Totoq

第二面

04) ögä・qutluɣ qočo ulušuɣ bašlayur ärkän :   : män üč ärdänikä ••／•［　］••［　］N süzük kirtgünč

Ögä が幸ある高昌国を統率しておられる間に，〈空格あり〉私，三宝（＝仏教）に対し／／／／／／／／／／清浄な信

05) köngüllüg upasi tarduš tapmïš yayatɣar(?) čangšï・yälü qaya・amraq yutuzum upasanč tängrikän körtlä qatun tängrim・

心を持った優婆塞 Tarduš Tapmïš Yayatɣar(?) 長史たる Yälü Qaya が，［我が］愛する妻たる優婆夷 Tängrikän Körtlä 可敦王女，

06) amraq qïzïmïz yügätmiš qatun tängrim・oɣulumuz ／／•／／•••'K ïnal birlä・TWX／／•／／／／／／／／•••／／ bilgä tängri tängrisi

我らが愛する娘 Yügätmiš 可敦王女，［我らが］息子／／•／／•••'K Ïnal と共に，／／／／／／／／／／／／／／／賢き神の中の神である

第三面

07) burxan-nïng・yarlïqamïš braxman čadiški sudur ičintäki・vrxar sangram itmäkn-ing uluɣ •／／／LW•／／•••／／／／••••• SYN

仏陀のお説きになった Braxman Čadiški 経の中にある，寺院・伽藍を建てることの偉大なる／／／／／／／／／／／／／／／を

08) äšidip・bilip uqup yana ymä bu ät'öz-nüng yoqïn quruɣïn・qazɣanmïš qamaɣ äd tavar-nïng bäksizin mängüsüzin

聴いて，知って理解して，さらにまたこの身体の無であり空であること

を，獲得した全財産の堅固でも永遠不滅でもないことを（＝無情であることを）

09) saqïnïp ažuntïn ažunqa iltü barγuluq qazγanč bolzun・yana ymä burxan qutïnga **täng**ri yir*ï*ntä tu*γ*mïš bol*zu*n tip törttin

考慮しつつ，「趣から趣へと（我々を）連れて行くための利益(りやく)となれかし！ さらにまた仏果に向けて天上世界（＝五道のうちの天道）［に生まれ］ますように！」と言って，四

第四面

10) yïngaqtïn k*ä*ltäči bardačï tüzün bursong quvraγ-qa maitri körkin・y*m*ä bu /////
/••••••••/////*lï*γ(?) č*a*n*d*r*a*d*a*s vrxar

方から往来する聖なる仏僧集団のために弥勒像を，またこの ///////
////////////////Čandradas 寺院・

11) sangram・itgäli unand*ï*m*ï*z・bu ädgülüg išim*ï*zkä anumoṭit iy*ï*n ögi*r*d*ä*č*i* äk*ä*m*ï*z *ta*p*mï*š tängrim・i*či*m*ïz*(?) tay ögä bädütmiš・

伽藍を建造することに私たちは同意した。この私たちの善事業に対して随喜する者：我らの姉（No. 1）Tapmïš Tängrim, 我らの［兄］（No. 2）Tay Ögä Bädütmiš,

12) yängämïz arïγ qatun tängrim・singlim*ï*z küsätmiš tängrim・amratmïš tängrim・yitmiš *qatun tängrim*・///•• ••••N tängrim・il YW••••MYŠ tängrim・ädgürmiš tängrim・il qu*ta*d*m*ï*š*

我らの義理の姉（No. 3）Arïγ 可敦王女(35), 我らの妹たち（No. 4）Küsätmiš Tängrim, (No. 5) Amratmïš Tängrim, (No. 6) Yitmiš 可敦王女, (No. 7) ///•• ••••N Tängrim, (No. 8) Il YW••••MYŠ Tängrim, (No. 9) Ädgürmiš Tängrim, (No. 10) Il Qutadmïš,

第五面

13') il yïγmïš tängrim・•••• *a*lp *tängrim*

　　（No. 11) Il Yïγmïš Tängrim, (No. 12) •••• Alp Tängrim,

13) küdägümüz alp sïngqur tigin・il ičgärmiš tigin・alp toγrïl tigin・il basmïš tigin il

itmiš tigin・oγul ïnanč ögä qaymïš・

我らの婿たち（No. 13）Alp Sïngqur Tigin,（No. 14）Il Ičgärmiš Tigin,（No. 15）Alp Toγrïl Tigin,（No. 16）Il Basmïš Tigin,（No. 17）Il Itmiš Tigin,（No. 18）Oγul Ïnanč Ögä Qaymïš,

14) köl arïγ čangšï・inimiz tängridä bolmïš ïnal・qadïnïmïz qutadmïš tängrim・alp sangun ögä alp + yaruq・taγayïmïz qumar tiräk tigin il ašmïš tigin

（No. 19）Köl Arïγ Čangšï[36], 我らの弟たち（No. 20）Tängridä Bolmïš Ïnal, 我らの舅たち（No. 21）Qutadmïš Tängrim,（No. 22）Alp Sangun Ögä Alpyaruq, 我らの母方の伯叔父たち（No. 23）Qumar Tiräk Tigin,（No. 24）Il Ašmïš Tigin,

15) ygänlärimiz・ašmïš tängrim・qutluγ tuγmïš tigin・ay tuγmïš sangun・saγlaq sangun・bütürmiš ïnal・il ičgärmiš ïnal・taz ïnal・kün arïγ ïnal・alp

我らの甥たち（No. 25）Ašmïš Tängrim,（No. 26）Qutluγ Tuγmïš Tigin,（No. 27）Ay Tuγmïš Sangun,（No. 28）Saγlaq Sangun,（No. 29）Bütürmiš Ïnal,（No. 30）Il Ičgärmiš Ïnal,（No. 31）Taz Ïnal,（No. 32）Kün Arïγ Ïnal,（No. 33）Alp

15') süngü ïnal

（No. 35）Süngü Ïnal

16) ay ayaz ïnal arïγ ayaz ïnal・bu vrxarda olurdačï paža šäli [   ]
•••••[   ]••••

Ay Ayaz Ïnal,（No. 34）Arïγ Ayaz Ïnal. この寺院に住持する予定の者：住持する予定の者：般若闍梨（Paža šäli）/////////////////////
///////////////

第六面

17) il ögäsi ata ögä il qaya sïγïr tarqan ögä qaymïš・qamïl ögä ïnal bürt・bu ädgülüg iš-kä qïnturdačï šazïn ••••L•• tängri šïlavanti keši ačari

イル=オゲシ（il ögäsi 宰相）でアタ=オゲ（称号）の Il Qaya（本名）と Sïγïr Tarqan Ögä（称号）の Qaymïš（本名），カムル（伊州）大臣の Ïnal Bürt

(本名)。この善事業に勧進させる者：šazïn ●●●●L●●(37)である Tängri Šilavanti クシ＝アチャリ(38)。

18) bu vrxar sangramig itgükä bilig birdäči külüg yirčimiz tängri ka̠la̠na̠ba̠tri kši ačari・qadïn ičilärimi̠z yaša ta̠rqan・a̠rs̠lan bars tiräk

この寺院・伽藍を建造するために知識を与える者：我らの名声ある導師である Tängri Kalanabadri クシ＝アチャリ。我らの姻戚の兄たち：(No. 1) Yaša Tarqan,（No. 2）Arslan Bars Tiräk,

19) PWTMZ (?) ta̠rqan・čina tiräk qumar a̠rs̠lan čangšï・surya sangun・navašinki (?) čangšï・pïnxa sïnxa ta̠rqan・bizingä iyi̠n ögi̠rdäči XY●●●●/// ta̠rqan yanga・bars ●●●●● bi̠li̠g bars sangun・

(No. 3) PWTMZ (?) Tarqan,（No. 4）Čina Tiräk Qumar Arslan Čangšï,（No. 5）Surya Sangun,（No. 6）Navašinki (?) Čangšï,（No. 7）Pïnxa Sïnxa Tarqan. 我らに随喜する者：(No. 1) XY●●●●/// Tarqan Yanga,（No. 2）Bars ●●●●●,（No. 3）Bilig Bars Sangun,

第七面
20) alp sïngqur ta̠rqan vap čangšï・il ïnanč tiräk・kün birmiš ta̠rqan・qutlu̠y ba̠rs ta̠rqa̠n・ïna̠l a̠rs̠lan ta̠rqan・ta̠γa̠y taš sangun

（No. 4）Alp Sïngqur Tarqan Vap Čangšï,（No. 5）Il Ïnanč Tiräk,（No. 6）Kün Birmiš Tarqan,（No. 7）Qutluγ Bars Tarqan,（No. 8）Ïnal Arslan Tarqan,（No. 9）Taγay Taš Sangun,

20'-21') küži tängrim・ïnal baš

（No. 10）Küži Tängrim,（No. 11）Ïnal Baš,

21) il qutadmïš tiräk süktiki (?) sangun・bäg bars sangun・qočo buyruqï il ärdäm to̠to̠q ygän sï̠ngqu̠r・ilïmγa totoq qu̠tru̠lmïš・kösü̠nlig iktü ta̠rqan・

（No. 12）Il Qutadmïš Tiräk Süktiki (?) Sangun,（No. 13）Bäg Bars Sangun,（No. 14）高昌のブイルク官 Il Ärdäm Totoq Ygän Sïngqur,（No. 15）Ilïmγa Totoq（財務都督）Qutrulmïš,（No. 16）Kösünlig Iktü Tarqan.

22) iyi̠n ögirdäči ädgü öglilärimi̠z・●●SYX tängrim・sanmïš qunčuqï・urï qunčuqï・

19　西ウイグル王国史の根本史料としての棒杭文書　　699

X'•••/// qunčuqï・mäng toγrïl (?) qunčuqï・qutluγ TW•••• qun**č**uqï・YWK•• tängrim・

　　随喜する我らの善友たち：(No. 1) ••SYX Tängrim, (No. 2) Sanmïš Qunčuqï, (No. 3) Urï　Qunčuqï, (No. 4) X'•••/// Qunčuqï, (No. 5) Mäng Toγrïl (?) Qunčuqï, (No. 6) Qutluγ TW•••• Qunčuqï, (No. 7) YWK•• Tängrim,

22'〜23') qanturmïš ïnal・

　　(No. 8) Qanturmïš Ïnal,

23) yïvmïš qun**č**uqï・il tüzmiš SW••••・altmïš'aq sangun・šabi buyruq・ögirmiš tiräk b*ar*s t*a*rqan・'••//MYŠ t*a*rqan XW•　••••n [　　　] s*a*ngun iš •••••••••

　　(No. 9) Yïvmïš　Qunčuqï, (No. 10) Il　Tüzmiš　SW••••, (No. 11) Altmïš'aq Sangun, (No. 12) Šabi Buyruq, (No. 13) Ögirmiš Tiräk Bars Tarqan, (No. 14) '••//MYŠ Tarqan XW•　••••n, (No. 15) ///////Sangun. 事業［を推進する？］

第八面

24) ič*tin*ki　orunčï-lar　u*t*mïš　ïnanč　totoq・käd　ygän　totoq・qutluγ　bay t*a*rqan・　　　・MW•••'N T••••// b*u*y*a*n ädgü qïlïnč-nïng ••••in yaqasïn・

　　内侍たち：(No. 1) Utmïš Ïnanč Totoq, (No. 2) Käd Ygän Totoq, (No. 3) Qutluγ Bay Tarqan. 〈空格あり〉 //////////////善行の成果としての福徳の分け前 (hend. ?) を

25) ävirär biz・kim bizingä bu yaruq yirtinčü yir suvuγ körküti birmiš atma (?) puma (?)・*qa*ngïmïz quvïz apa tay ögä bäg ögümüz tängrikän qutluγ tuγmïš

　　我々は廻向します，我々にこの輝ける地上世界を見せてくれた ////////// 我らの父たる Quvïz Apa Tay Ögä Bäg と我らの母たる Tängrikän Qutluγ Tuγmïš

26) tängrim・ulatï qa+qadaš y*gän* taγay・qam*a*γ tört tuγum biš yol ičintäki tirig tïn*lïγ* ödüš[39] özlüg tïn*lïγ* oγl*a*nïnga tüz*ü* öng ülüg bulmaqï

　　Tängrim, そしてさらに（亡くなった）親戚縁者や甥舅たち，すべての四

生・五道の中にいる生きとし生ける者たちへ。あまねく（福徳の）分け前を得ること

27) bolzun alqu tïnl*ïy* oγlanï barča üstün tängri yirintäki ulatï nirvan*lïy* inčgülüg mängi-kä tägmäk*l*äri bolzun・b*iz* burxan b*o*lal*ï*m・

あれかし。すべての衆生は，すべて上方の天上世界（＝五道のうちの天道）にいる者を筆頭に，涅槃なる平安の至福へと到達することあれかし！我らは成仏いたしましょう。

＊棒杭の第一面から第三面の先端（下端）近くに一本の横線が引かれて，それより上部の本文とは切り離されて，以下に列挙する文言が書かれている。02' 行目と 04' 行目の最先端は，文字を書いた後に，先端をさらに尖らすべくカットされている事実は，地中に打ち込むことが意図されていたことを如実に示している。

第一面下端

01') bu vrxar-da *ämgän*miš(?) uz-*la*r süzük *kö*nglin iš b*ir*d*i*

この寺院にて苦労した？匠たちは，清らかな心をもって仕事をやった。

02') titigči atsïz・suvači[40] bäg bars DR••CY L'''D////

（No. i）泥匠（*titigči*）Atsïz，（No. ii）漆喰塗装匠（*suvači*）Bäg Bars / ////////////，

03') ïγačči bäg ygän・

（No. iii）木匠（*ïγačči*）Bäg Ygän，

第二面下端

04') ïγačči qutluγ sïngqur・iš tavratγučï qutluγ •////•//

（No. iv）木匠（*ïγačči*）Qutluγ Sïngqur．事業の推進者（No. 5）Qutluγ •////•//

05') tarqan・qutadmïš ygän tarqan・qumar ygän・qum**ar**

Tarqan，（No. 6）Qutadmïš Ygän Tarqan，（No. 7）Qumar Ygän，（No. 8）Qumar

06') alpï totoq・tayšï・

Alpï Totoq,（No. 9）Tayši,

第三面下端

07')　bäg bars・qutluγ bars・quz qaya・••••　••••••

　　　（No. 10）Bäg Bars,（No. 11）Qutluγ Bars,（No. 12）Quz Qaya,（No. 13）••••　••••••

08')　bägi・taz atbay・ïnal čor・ygän・bägät・

　　　Bägi,（No. 14）Taz Atbay,（No. 15）Ïnal Čor,（No. 16）Ygän,（No. 17）Bägät,

09')　yaxšiči yorγa yirči yanga・

　　　（No. v）錠前匠（yaxšiči）Yorγa,（No. vi）道案内人（yirči）Yanga.

第5節　第二棒杭文書漢文テキストの再解読

　本節では森安 1974「棒杭」を前稿と称することにしたい。前稿の主眼は，あくまで漢文の第二棒杭文書の解読にあったが，単に漢文の難しさによるのみならず，文章が途切れ途切れになっているため，直接それを行なうことは困難であった。そこで順序としてまずウイグル文棒杭文書の性格及び内容の検討から始め，それとの比較によって第二棒杭文書の解釈を試みたわけである。本稿の前節までは，前稿の前置き部分が，その後の研究の長足の進展によって深められ，詳しくなった結果なのである。そこで本節では，前稿の本体部分を基本的に踏襲しつつ，不要となった箇所を削除し，必要な修正を加えて，現段階の読解案を提示したい。

　第1節と前註4で述べたように，1999年の実見調査で頭部の焼失部分が意外と小さかったことなどが判明したため，漢文テキストの復元は以前より容易になった。また，前稿では解釈できなかったいくつもの箇所を，この度，辛嶋静志・創価大学教授の御教示により解決することができたので，特記して感謝したい。なお，本稿中の仏教用語の解説は，主に中村元『仏教語大辞典』（東京書籍），及び中村元ほか（編）『岩波仏教事典』によるが，一々断らない。

　さて，第3節で見た第一棒杭文書のテキストをその内容に従って段落に分ける

と，次のようになる。これはミュラーの分け方 [Müller 1915, p. 5] とはやや異なっている。

- I（第1-3行）：日付と支配者名。
- II（第3-9行）：実名の明記される寄進者（この場合は夫婦で妻が王族）が，いかに小さいものであれ，寺院や仏像や仏塔（ストゥーパ）等を建造することは，自分の来世にとって大きな功徳（福徳）となるということを，経典に精通した博士たちより聴く〔寄進者と発願理由〕。
- III（第9-10行）：そこで寄進者は寄進（この場合は寺院建造）を決意する〔発願内容＝具体的寄進内容〕。
- IV（第10-12行）：寄進に対する一種の功徳として，弥勒仏との邂逅や来世で仏の世界に生まれ変わることを願う〔発願目的〕。
- V（第12-20行）：この寄進事業に随喜・賛同する多数の人々（寄進者の親族である王族から，親戚もしくはそれ以外の高位高官・友人たち，実際の工事関係者たちまで）の名前を列挙し，皆が最終的に成仏することを祈願する〔随喜者も含む祈願文〕。
- VI（追加行）：追記

第4節で見た第三棒杭文書も，その内容をみるとI-IIは同じ，III-Vも順序は必ずしも同じではないが，全体としてはほぼ同内容である。

- I（第1-4行）：日付と支配者名。
- II（第4-9行）：実名の明記される寄進者（この場合は夫婦とその子2人，妻が王族）が，仏典に書かれている寺院を建造することの功徳を聴いたり，現世における財物が永遠不滅でないことなどを考慮した〔寄進者と発願理由〕。
- III（第9行）：寄進に対する一種の功徳として来世での幸福（天上世界に生まれ変わること）を願う〔発願目的〕。
- IV（第9-11行）：そこで寄進者は寄進（この場合は弥勒像と寺院の建造）を決意する〔発願内容＝具体的寄進内容〕。
- V（第11-27行）：この寄進事業に随喜・賛同する多数の人々（寄進者の親族である王族や高位高官から，関係僧侶，その他の高位高官・友人たち，実際の工事関係者たちまで）の名前を列挙し，本寄進による福徳を既に逝去している両

親や親戚縁者に廻向すると共に，皆が最終的に成仏することを祈願する〔随喜者も含む祈願文〕。

VI（追加行）：追記

以上のことを踏まえつつ，これから第二棒杭文書の解釈を試みてみよう。最初に16行全体の漢文テキストを提示し，その後，行ごとに解釈を加えていく。ミュラーのドイツ語訳をいちいち対照していることは勿論であるが，煩わしいので，その旨の注記は省く。

凡例
　　□＝欠損した漢字
　　[ ]＝欠損した漢字を推定
　　( )＝残画のあるものを復元
　各面に2行ずつゆえ第何面かの指示はしない。

01)　[維?] 歲次癸未之載五月廿五日辛巳
02)　[祇] 樹給孤賣園二主齊脩衆聖所居經云喜沙造塔感輪王寶
03)　□□□建　　英利耶嚧地蜜施天特銀　天公主居邪蜜施登林
04)　□□□（見）支都信登林　英利篤蜜施郎君　見支篤蜜施郎君
05)　□□□（堅?）看此五蘊幻化六入空聚為将生死
06)　□□□財物甓坐谷内憩息發勝上之心敬造新興谷内高勝巖崿福德之處
07)　□□□（誓?）将千年不朽萬代長新先願聖天万壽聖化无窮
08)　□□□（主?）皆之万歲手執金戟而定四方五穀豐登万姓安樂外免惡賊裏
09)　□□□□□□轉三寶永興□□永事天特銀助成（施?主?）
10)　□□□□□　猗奴　摩薬　多思　英利都蜜施　為天特銀
11)　□□功德願天特銀壽命延長福命威增河沙比壽海滴无窮
12)　[天] 神雍衛　[由?] 此功德願五人世世生生値遇四果聖仁
13)　[於?阿?] 蘭若處居住伽藍施与園林池沼床臥踏息飲食
14)　□（供）養不失善心憶念之意引将弥勒下生之時弥勒會
15)　□□□從僕百人聞四諦法斷絕三界煩惱根原證得聖果
16)　□□□依處安至天上遠獲菩提一時成仏

704　第四篇　マニ教・仏教史篇

01)　[維?] 歳次癸未之載五月廿五日辛巳

　冒頭の欠損部は最大でも2文字分で，実際には1文字しか書かれていなかったかもしれない。1文字と仮定して，紀年を表わす際に頻用される発語の「維（これ）」を推補しておく。この年次についてはミュラーは不明としたが，ペリオ[41]・岑仲勉[42]・ガバイン[43]・ハミルトン[44]・安部[45]・バザン[46]等はすべて983年とした。『三正綜覧』や『両千年中西暦対照表』で仮に6-12世紀の「癸未之載」[47]の「五月二十五日」の干支をみてみると，確かに983年のが庚辰で辛巳とは1日ちがいであり[48]，これが最も近いものである[49]。ここで使われていた暦が中国のものと同じであったかどうか疑問を持たれるかもしれないが，981-984年に西ウイグル王国を訪れた宋使・王延徳が，彼らは「開元七年暦」を用いていた，と伝えており［『輝塵録』前録，巻4, p. 37＝『宋史』巻490, p. 14111］，これにバザンが考証を加えている[50]。

02)　[祇] 樹給孤賣園二主齊脩衆聖所居經云喜沙造塔感輪王寶

　冒頭の欠損部は最大でも2文字分で，実際には1文字しか書かれていなかったかもしれない。以下に見るように1文字は確実に補える。「園」と「所」は異体字が使われていて，前者はクニガマエの中に「表」である。ミュラーは前半を「Anāthapiṇḍada（給孤獨）は園を売った・・・二主はすべての聖人たちの居所をひとしく修復した」と独訳した。給孤獨長者とは仏陀の大外護者となった中印度舎衛城の富豪のこと。孤獨な貧者に食を給したのでこの名があり，仏陀の説法に感動し，祇陀（Jeta）太子と協力して祇園精舎（Jetavana）を建て，釈尊らを招いたという故事がある。又，この精舎を祇樹給孤獨園ともいうが，それは給孤獨が祇陀所有の樹林を買い取って仏に献じた僧園の義である。それゆえ「樹」の前に「祇」字があったのはほぼ確実である。しかるに「賣」は文字通り「売る」と解すると，上の故事と合わないので，これは「獨」と同音（*duk）である「讀」または「瀆」のつもりで誤記されたものとみなしたい。それゆえ前半全体は「祇樹給孤獨園の二主，即ち祇陀太子と給孤獨の二人が，衆聖の居住所を一緒に建造した」と解すべきであろう。

　後半について前稿では，ミュラー訳に従って喜沙を人名とみなし，「経（典）に曰く，喜沙は塔を造り」までは分かるが，あとは分からないとした。ただ，それに加えて，ミュラーが「輪王」を天下を統治する輪宝をはたらかす理想的帝王

たる転輪聖王（チャクラヴァルティン）と解釈した[51]のは当たっているかもしれないと述べつつ，ペリオが喜沙についてはまったく別の解釈を行なっていることも紹介しておいた。なぜならペリオは問題の箇所を"[Celui qui,] en jouant (喜) avec du sable (沙), a fait un *stūpa*, a acquis comme rétribution les joyaux du *cakravartin*."と訳し，且つそれに"Il s'agit de l'histoire célèbre de l'enfant qui, en jouant, fait un *stūpa* de sable, et obtient par là de renaître roi universel."という説明を加えていた[52]からである。しかし，ペリオはただ「有名な話」というだけで，出典を明記しておらず，私にはそのような説話を載せた仏典が本当にあるのかどうか判定できなかった。ところが今度，辛嶋氏に問い合わせた結果，これはアショーカ王施土とか童子泥土供養とか言われる有名な話であることが判明したので，以下に御教示の内容を要約して示したい。

釈迦が王舎城で托鉢した時，砂遊びをしていた子供たちの内の一人が，遠くから光を放つ釈迦が歩いてくるのを見て喜びに堪えず，布施の心を起こした。そこで親の布施を真似て砂を仏の鉢に入れ小麦粉だといって布施したところ，仏は感銘し，その子が来世に偉大な王（転輪聖王）になると予言した。それが後のアショーカ王であり，彼は仏教を興隆し，仏舎利を分かちて八万四千塔を建てることになる〈cf.『賢愚経』巻 3,『大正蔵』4, No. 202, p. 368c ;『雑譬喩経』,『大正蔵』4, No. 204, p. 501a ;『阿育王伝』巻 1,『大正蔵』50, No. 2042, p. 99b-c ;『阿育王経』巻 1,『大正蔵』50, No. 2043, p. 131c〉。この話はガンダーラ美術のポピュラーなテーマの一つとなっている[53]。ただし，子供が塔を造って転輪聖王になるという話は見つからないので，あるいはペリオも，このアショーカ王の話と,『法華経』方便品の有名な「乃至童子戯　聚沙為仏塔　如是諸人等　皆已成仏道」〈『大正蔵』9, No. 262, p. 8c〉を混同したのかもしれない。いずれにせよ，この 2 行目後半は「経に云う，喜びて沙もて塔を造り，輪王宝を感ず，と」と読むか，「喜」は「聚」の誤写であるとみなして，「経に云う，砂を聚めて塔を造り，輪王宝を感ず，と」と読むべきであろう。ここで使われる動詞の「感」は「果報として受ける」という意味であるので，砂で仏塔を造ったという善行により，生まれ変わって「転輪聖王の宝を果報として受けた」という話になろう。

この行（そして恐らく次行の首部をも含む）がウイグル文の方の II の発願理由に対応していることは，給孤独の故事や「経ニ云フ」という一句などによって明白である。

03） □□□建　　英利耶嚧地蜜施天特銀　　天公主居邪蜜施登林
04） □□□（見）支都信登林　　英利篤蜜施郎君　　見支篤蜜施郎君

　3行目と4行目冒頭の破損部は共に2〜3文字分である。2度ずつ現われる「英」と「篤」は異体字が使われている。前者については後で改めて説明するが，後者は竹カンムリの部分が草カンムリになっている。3行目の「建」と「英利」の間に2文字分の空白があるのは，棒杭の表面がえぐれていて字が書けないからであり，空格ではない。

　ウイグル語棒杭文書の構成と比較するまでもなく，この2行が寄進者の名称であることは明らかだから，以下にこれらの名称中にみえる古ウイグル語を検討してみよう。「天」は tängri に音義ともに対応するもの，「特銀」は tigin / tegin，「登林」は tängrim のそれぞれの音訳であることは明白である。「公主」は本来漢語であるが，トルコ語に借用されて qunčuy となったことは周知の通りである。tigin / tegin が王子を意味するのは言うまでもないが，一方の王女（王子の妻を含む）に対応するはずの tängrim にはさまざまな意味・用法がある。前稿の段階ではこれについて認識が曖昧であったが，最近のウイグル手紙文に関する拙稿で問題点を整理し直したので，そちらを参照されたい［森安 2011「書式前編」pp. 29-31］。既に本稿の第3・4節ではその整理結果に従っているが，ここで「天公主居邪蜜施登林」を王女ないし王子の妻たらしめているのは正に「天公主」の3文字であって，「登林」ではないことに注意されたい。

　「見支」を känč「若い」，「耶嚧地蜜施」を yarutmïš「輝かしくした，光あらしめた」，「居邪蜜施」を küsämiš「望んだ，熱望した」，「篤蜜施」を toγmïš / tuγmïš「生まれた」の音写とみたミュラー及びハミルトンの見解[54]はいずれも妥当であろう。ミュラーが不明とした「都信」をハミルトンが tüzün / tözün「高貴な，気高い」とみた[55]のも正しいように思われる。

　ところで問題は残された「英利」の解釈である。実は「英」は他の漢字と混同されやすい異体字で書かれていたため，ミュラーにも岑仲勉にも混乱があったが，ハミルトンはこれを「英」と読み，「英利」= el / il「国，国民」としたのである[56]。前稿ではその正否を判断するのに手間取っていたが，敦煌文書において漢字をチベット文字で音写したいくつもの実例と比較すれば[57]，もはや「英」が他言語の i / e を音写したことを疑う必要はない。それゆえ私はハミルトン説に従いたい。

以上のハミルトンらの見解が正しいものとして，もう一度この第3-4行目にみえる5人の名前を列挙してみると，次のようになる。

第3行
　英利耶嚧地蜜施天特銀
　　Il Yarutmïš Tängri Tigin（国を輝かせし神聖なる王子）
　天公主居邪蜜施登林
　　Tängri Qunčuy Küsämiš Tängrim（神聖なる公主，熱望する王女）
第4行
　見支都信登林
　　Känč Tözün Tängrim（若く気高き王女）
　英利篤蜜施郎君
　　Il Tuɣmïš Lang-kiun（国に生まれし若君）
　見支篤蜜施郎君
　　Känč Tuɣmïš Lang-kiun（幼く生まれし若君＝弟の方の若君）

最初の人物が帯びた名称はいかにも王国の皇太子もしくはそれに次ぐ者にふさわしいものであり[58]，並列される女性の名前もその妃のものとみて決しておかしくはない。さらに後続の3人の名称は明らかに若者らしく，上記夫妻の子供たちとみなせる。tängrim は王族ではあっても，それだけで男女の区別は付けられないが，ここでは tözün という女性によく用いられる形容詞があるので，女子と見なして「王女」と訳すことにする。このような眼でこの5人をみると，その並び方が第三棒杭文書の5-6行目にみえる人物の並び方と非常によく似ているのに気が付こう。そこには寄進者の「家族」が主人の "Tarduš Tapmïš Yayatyar(?) 長史の Yälü Qaya" を筆頭に，妻の "Tängrikän Körtlä 可敦王女"，娘の "Yügätmiš 可敦王女"，息子の "//•//•••'K Ïnal" の順に列挙されていた。この漢文棒杭文書第3行の2人を西ウイグル王国の皇太子ないしそれに準ずるものの夫妻，第4行の3人をその娘及び息子たちとみるとその並び方は全く同じであり，さらに各々がそれぞれの棒杭文書全体の中で占める位置もほぼ同じである。それゆえここに問題になっている5人はやはり本棒杭の寄進者の「家族」であると見られる。

05) □□□（堅?）看此五蘊幻化六入空聚為将生死
　冒頭の破損部は2〜3文字分である。五蘊（ごうん）も六入（ろくにゅう）も高度な哲学的内容を持つ仏

教専門用語である。蘊とは積み集められたものの意，または全体を構成する部分の意。われわれ人間存在は，一つの物質面（色＝身体）と四つの精神面（受・想・行・識）という五つの側面から構成されるという見方に基づき，これら五蘊以外に独立した「我(が)」はないとする。ここでの五蘊は人間存在そのものと見られる。一方の六入は，ここでは六根（眼・耳・鼻・舌・身・意）のことで，視覚・聴覚・嗅覚・味覚・触覚という五つの感覚器官に，認識・思考する心を加えたものである。前稿ではただ，「前後はわからないが，現実世界の無常をいい，仏教への帰依を説く文句の一部であることは疑いない」と述べるにとどめておいたが，今度，ここでもまた辛嶋氏より示教を賜った。それを踏まえて本行の一文を，「此の五蘊は幻化，六入は空聚であり，為に生死（の繰り返しである輪廻）を将く（＝導く）を看て」と読むこととしたい。

第三棒杭文書を見直すと，現世の財物は（幻のように）無であり空であって永遠不滅ではないゆえに，それに執着しないという内容はⅡに含まれている。それゆえ，やや変則的ではあるが，この漢文版では第3-4行の寄進者を挟んで，第2行と第5行，さらに第6行冒頭の「□□□財物」までが，ウイグル語棒杭文書のⅡ〔寄進者と発願理由〕に対応しているとみなしたい。そこで，第6行冒頭まで含めて，この箇所を「この五蘊は幻術師が現出した幻であり，六根（感覚器官）はあたかも無人の聚落のように実体のないものであって，（そのように空しいものの）為に輪廻へと導かれるのを看て，財物を・・・（喜捨した？）」という意味に取りたい。

06) □□□財物蹔坐谷内憩息發勝上之心敬造新興谷内高勝巖崿福德之處

冒頭の破損部は2〜3文字分であり，「財物」まで含む4〜5文字分を前行に繋げる。「蹔」は「暫」の異体とみなせるし，「坐」も異体字が使われている。試みに，「しばらく谷内に坐(ざ)して憩息し，勝上の心を発し，敬いて新興谷内の高勝たる巖崿に福徳の処を造(つく)らんとす」と読むこととするが，あるいは「新興谷内の高い崖の上の福徳之処に（寺院か何かを）造らん」としたとも考えられる。さらに言うならば，「造」には「つくる（建造する）」のほかに「いたる（至る）」という読みもあるので，「敬いて新興谷内の高勝・巖崿たる福徳の処に造(いた)らんとす」と読むことも不可能ではない。

福徳之処とは言うまでもなく寺院や僧院（サンガーラーマやヴィハーラ），ない

しそれに類するものとみられよう。山の上や崖の上などの閑静で見晴らしのよい地に寺院や僧院が造られることは，仏教の歴史の上ではかなり普遍的であった。例えば575年トゥルファン盆地の某所に建てられた寧朔将軍麴斌造寺碑陽の第20行目には「乃於所領城西顕望之処，罄捨玦財，建（茲霊刹），因形定・・・」とみえるし[60]，また小谷仲男はガンダーラ地方の山間の高所に建てられた寺院址の写真を紹介している[61]。新興谷に関しては岑仲勉[62]及び嶋崎昌[63]に詳しい考証があるのでここには繰り返さないが，上述した本棒杭文書の購入経緯からしても，新興谷をセンギム＝アギズ Sängim-Aγïz / Singim-Aγïz とみる結論に誤りはなかろう。

07) □□□（誓?）将千年不朽萬代長新先願聖天万壽聖化无窮

冒頭の破損部は2～3文字分である。その次の文字は「誓」か「擔（＝担）」か「檐（ひさし）」か決めかねるが，いずれにせよ前行に繋がるものであろう。「将」は「もって」とも読めるが，「ねがわくは，願う」の意もあるので，前半は「千年間も朽ちず，万代にわたって常に新しく（長新＝不朽）ありますように」と訳せよう。そしてもちろん，この文の主語は本棒杭が奉納され，かつ第6行で問題となっている寺院である。後半は「先ず第一には聖天の万歳の長きに生きながらえんことを，そしてその（聖天の）徳化のきわまりなきことを願う」と訳せる。ここにいう「聖天」は，字面だけからは釈尊や上天の神（即ちテングリ）も思い浮かべられようが，その寿命の永からんことを願っていることからみて，これは現に生きている人物に相違ない。先に挙げた寧朔将軍麴斌造寺碑の碑陰第2行及び第13行にみえる「明王殿下」が当時の高昌国王と考えられることと，さらには森安1987b「敦煌と西ウイグル王国」（本書第7論文）の主要史料であるP.3672 Bisの9行目に見える「聖天」と彼此参照すれば，この「聖天」が当時の西ウイグル国王（qaγan 可汗，tängri ilig 天王，ないし ïduq qut イドゥククト＝イディクート）を指していることに疑問の余地はなかろう。

08) □□□（主?）皆之万歳手執金戟而定四方五穀豊登万姓安楽外免悪賊裏

冒頭の破損部は3～4文字分である。ただし「主」は或いは「玉」か。「皆之万歳」は意味的には「万民の万歳」を願っているのであろうが，文脈上は浮いているように思われる。というのは，直後の「手には金戟を執りて四方を平定せられんことを（願う）」という文の主体は，前行の「聖天」に相違ないと考えるから

である。ここはミュラー訳では"(Mögen sie) in den Händen den goldenen Speer(?) haltend, die vier Weltgegenden in Ordnung halten."となっているが，主語の sie が何を指しているのかよく分からない。ミュラーの訳文中には sie が頻出するが，それらは必ずしも明白ではない。後半が「五穀の豊かに登(みの)らんことを(願う)。万姓は安楽にして，外は悪賊を免れ，裏(うち)は・・・・・ことを(願う)」と訳せることは明らか。つまり国家の安泰を願う文言である。これはウイグル文の棒杭文書には見られなかったものであるが，西ウイグルの仏教文献中の表現としてそれほど珍しいものではなかろう。この部分に関しガバインは「"外"即ち草原地帯での"略奪者"のことがいまだに心配して述べられている。・・・・・人々は遊牧的な諸関係(Verhältnisse)をもはや理解していない。都市と草原地帯とは再び分離されていたのだ！」という独創的な見解を示しているが[64]，これは，私にはいささか穿ちすぎのように思われる。「外＝草原の遊牧地帯」「裏(うち)＝トゥルファン盆地の城郭都市や農耕地帯」とみる見方の誤りであることは，王延徳の行紀中に，西ウイグルの王族たちが北庭付近の草原地帯でいまだに馬の放牧をさせていたと記されていることよりしても明らかであろう。

09) □□□□□轉三寶永興□□永事天特銀助成（施？主？）
　冒頭の破損部は 5～6 文字分である。「転」は解釈不明。「三宝を転じて」と読むよりむしろ「～～～転，三宝（仏・法・僧）の永く興り，□□の永く事えんことを［願う］」と読むのであろう。いずれにせよ本行前半は，仏教興隆を願ったものだろう。後半の「天特銀」が Tängri Tigin で第 3 行目にみえる英利耶嚧地蜜施天特銀と同一であり，本棒杭寄進者の一人（むしろその代表者）であることは明らか。しかし文意がとれない。「施主」は無理に読めなくもないが，「捐□」かもしれない。「施主」ならば Skt. dānapati であり，ここでは寺院建造のための筆頭寄進者である天特銀その人を指していると考えられよう。ミュラーは"Mögen wir lange dienen dem göttlichen Tägin und den hilfreichen Gönnern (Dānapati)・・・・・・・・・."と訳し，「助成」を形容辞とみているがどうであろうか。それに突然 wir が出てくるのも不可解である。私はこの行と次行前半は，ウイグル文の「随喜する者」，すなわち本寄進事業に賛同して援助する人々が列挙される文脈に対応していると推定しているが，まだ十分な解釈はできない。

10) □□□□□ 猯奴　摩薬　多思　英利都蜜施　為天特銀

「猯」は「狗」の異体字である。「猯奴」の前には1文字分の空格があり，さらにその前に4～5文字分の残画があるが，読めない。岑仲勉は狗奴・摩薬・多思・英利都蜜施を人名とみ，この4人は天特銀の奴属であったのだろうと言っている[65]。ミュラー・岑仲勉の言うように多思・摩薬がそれぞれトルコ語のTaš「石」・Mayaq「糞」の音写だとすると，そのようなことが言えるかもしれない。狗奴は，その原語は不明でも字面からいかにも卑しい者の名にふさわしい。しかしながら，英利都蜜施というのは例えば Il Itmiš「国（民）を集めた」, Il Tutmïš「国（民）を保持した」，あるいは Iltmiš「持参した（者）」などと復元され，奴婢の名前としてはいささか不自然である。もしかしたら，この英利都蜜施は3行目にみえる英利耶嚧地蜜施の不完全音写形ないし省略形，もしくは天特銀となる前の旧称であって，「英利都蜜施が（英利耶嚧地蜜施）天特銀となり」と読むべきなのかもしれない。本行冒頭の欠損部にもう1～2人の名前があったのか，それとも前行に繋がる文言があったのか判断できないが，少なくとも狗奴・摩薬・多思の3人と，英利都蜜施以下とは切り離して考えた方がよいのではなかろうか。

11) □□功徳願天特銀壽命延長福命威增河沙比壽海滴无窮

冒頭の「功徳」の前の欠損部は最大でも2文字分で，実際には1文字しか書かれていなかったかもしれない。前稿では，ミュラーがこの箇所に "auf Grund" を補って訳しているのに影響されて，「功徳」の前に恐らく「由此」の2字があったのだろうと述べたが，今はむしろ前行後半から連続して，「英利都蜜施が（英利耶嚧地蜜施）天特銀となり，（この棒杭文書の奉納＝寺院の修築という）功徳を［行なった］」という方向で解釈したい。いずれにせよ，その功徳以下の文は，「願わくは天特銀の寿命が延長し，彼の幸福，彼の生命，彼の威信（権威）が増加せんことを。彼の寿命は（ガンジス）河にある（無数の）沙粒にも比すべく，海のしずくの如く窮まりなきほどまで」と読めるであろう。

12) ［天］神雍衛　［由？］此功徳願五人世世生生值遇四果聖仁

冒頭の欠損部は1文字分らしいので，「天」を補ってみたい。さらに「雍」はミュラーの言う通り「擁」の音通で，「擁衛」で「かばい護る」という動詞ととれば，「［天］神雍衛」は前行に繋がって，「海のしずくの如く窮まりなきほどまで，天神が（天特銀を）かばい護ってくださいますように」となろう。その後に

1文字分の空格があり，「□此功徳」と続くが，その□には「由」ないしその意に近い文字があったと思われる。なぜならこの言いまわしは第一棒杭文書の7行目に ol buyan küčintä「その功徳の力によりて」，10行目に bu buyan küčintä「この功徳の力によりて」とあったのと対応すると思われるからである。「此の功徳」とはもちろん，本棒杭文書の奉納，すなわち寺院（の一部？）を建造もしくは修築することである。「世世生生」は「何度生まれ変わっても」ぐらいの意味であろう。「値遇」は「出会う，遭遇する」の意であり，「四果」は「四向四果」即ち仏道修行の段階及び到達した境地に対してつけられた名称であって，これをすべて終えれば再び迷いの世界に流転することなく涅槃に入ることができるという。辛嶋氏によれば，「四果聖仁」とは「四果聖人」と読み替えることが可能で，そのような境地に達した聖人（仏教の修行者）のことであるという。それゆえこの部分は，「この功徳の力によって五人（＝天特銀一家）が何度生まれ変わっても，四果の聖人に出遭いますように願う」と解釈できるであろう。

13）［於？阿？］蘭若處居住伽藍施与園林池沼床臥踏息飲食

冒頭の破損部は1～2文字分である。「与」と「園」は異体字。ミュラーは「蘭若」に「阿」を補って「阿蘭若」とみたが，阿蘭若＝蘭若であり，阿はなくても同じ意味になる。阿蘭若とは Skt. araṇya の音写で，森林から転じて，閑静で比丘が修行するのに好適な所をいい，さらに修行僧の住む庵の意にもなるという。そこでミュラーの訳文を和訳してみると，「（前欠）隠遁の場所（阿蘭若）を［彼らに与えた？］。彼らを伽藍に住まわせた。彼らに庭園と森林，湖と池，寝床と休息所，食物と飲物を施与した・・・」となる。ただしこの訳では，施与した人は誰なのか，さらにその施与を受けた「彼ら」とは誰かが全く明らかでなかった。ところが，前行の「四果聖仁」を「四果聖人」とみなせば，「（天特銀一家5人が出遭うであろう四果の聖人を）人里離れた閑静な場所にて，伽藍に居住させ，（彼らに）園林・池沼や椅子・寝台や飲料・食料を布施しましょう」と解釈できる。「踏息」はベンチ類を意味する「榻具」の誤写・誤読かと疑われたが，実際にはそうではなかったことになる。

本行が仏教でいうところの「供養」にかかわりのある内容をもつことは，「施与」とか「床臥」・「飲食」等の語句より明らかである。初期仏教教団では，衣服・飲食・臥具・湯薬を主なものとして僧団に施与され（四事供養），後には塔

廟・仏像，さらには房舎・土地等まで施与するようになったといわれるが，先にも引用した寧朔将軍麴斌造寺碑の碑陰の記載によると，麴斌は単に寺院を建設せしめただけでなく，その寺院が経済的に独立してやっていけるようにと多くの土地をあわせ寄進している(66)。

センギム＝アギズ（新興谷）のあるトゥルファン地方は元来水資源の乏しいところである。それゆえこの地方の農業にとって灌漑の問題が非常に重要な地位を占めていることは，従来研究発表された多くのトゥルファン文書よりも確かめられている。即ちトゥルファン地方の土地は水があってはじめて「土地」としての価値を持ち得ると言えよう。本行は，本棒杭文書の寄進者であり，かつそれが寄進・奉納された寺院の建設推進者でもある人物たち，即ち天特銀一家5人が，寄進の対象となった寺院ないしはそこに住む僧たちに対し，以後の寺院経営の経済的基盤となるようにと施与した灌漑用水付きの土地のことを言っているものに相違ない。そして同時に，僧たちの衣・食・住に関しても援助を与えることを述べたものであろう。トヨク出土の或るウイグル文仏教碑文は，廃墟となっていた寺院を修築したことを伝えて，棒杭文書と似たような内容を持つが，寺院経営を維持するための土地を寄進したことを明記する文章に先立って，*bu vrxar sangramta olurtačï bursang quvray-qa liv kiä aš qïa bolzun* (*ll.* 14-15)「この寺院に居住することになる仏僧集団に食糧あれかし！」という文言が見えている(67)。この食糧が，本行末の「飲食」に対応するのであろう。

14) □（供）養不失善心憶念之意引将弥勒下生之時弥勒會

「養」の前の文字はわずかに残画があり，それは「供」と矛盾しないので，確信を持って「(供)養」と復元できる。文脈からして，この「供養」は前行に係るはずであり，1文字欠けているのは「[充](供)養」とでも復元すべきであろうか。「善心」とは仏教の十善業を行なう心のことであろう。「憶念」は，何かを記憶して忘れない心の働きをいうが，ここでは「善心」と並んでいるので，三宝への信仰心を忘れないことであろうか。しかるに「引将」をどう読むべきか明らかでない。ミュラーの読み方に従って訓点を打てば，「不ㇾ失㆓善心・憶念之意㆒，引将㆓弥勒下生之時㆒。弥勒會」となる。つまり「将」を7行目と同じくここでも「願う，望む，欲する」の意にとっている。しかし「引」をどう読んだかは明確でないし，「善心」・「憶念」もそれぞれ "tugendhafte Gesinnung," "beständiges

Gedenken" と訳すだけでその内容に関しては一切触れていない。本行を解釈するためには，まず何よりも先に「弥勒下生之時」の一句に着目せねばならないが，当然ながらこれは弥勒信仰と関わっている。

いわゆる弥勒信仰とは，兜率天に住している弥勒 Maitreya（仏にならずに菩薩でいる）が，仏（釈迦）の涅槃後56億7千万年を経てこの世に下生して成道し（ここで仏となる），龍華樹下に三会の説法をなして，仏による救いに洩れた一切衆生を済度する，というものである。このような未来仏としての弥勒信仰は中央アジア(68)・中国等に広く行なわれたものであり，ここトゥルファン地方においても流布していたことは，ウイグル文の第一・第三棒杭文書（それぞれの第10行目）のみならず，トゥルファン出土の古ウイグル語文献中に maitri burxan「弥勒仏」や maitri bodisvt / bodistv「弥勒菩薩」が頻出する(69)ことよりみても明らかである。そのことと，第一棒杭文書の内容（とくに10行目とその付近）とを合わせ考えるなら，この行の内容も自ずから推測される。恐らく本行は，天特銀一家5人が種々の「供養」を実行した上で「善心・憶念之意を失わず」にずっといて，遂に弥勒仏が下生する時には龍華樹下の三会によって自分たちの救われんことを願ったものであろう。「引将」は「引導；導く，もたらす」の意味であろうという辛嶋氏の教示を容れて，本行後半は「（これらの善行が）弥勒が下生した時に弥勒と出会うという結果をもたらしますように」と解釈しておく。

15) □□□従僕百人聞四諦法斷絶三界煩悩根原證得聖果

冒頭の破損部は2〜3文字分である。まず最初の「従僕百人」に対しミュラーは"[Lücke : möchten sie zu seinen] fünfhundert Gefolgsleuten gehören"（弥勒の）という解釈を加えたが，これは余りに大胆であろう。それに明らかに「百人」とあるのを"fünfhundert（五百人）"としたのも奇妙である。ウイグル語で書かれた仏教徒の懺悔文の中には弥勒の他に496人の賢劫が兜率天の内院で修行していたと記されているから(70)，この辺から「五百」という数が出てきたのであろうか。「聞」以下の訳は比較的易しい。「四諦の法を聞いて，三界の煩悩の根原を断絶し，聖果を証得せん（ことを願う？）。」「四諦」とは四つの真理で，釈迦が最初に説いた仏教の根本教説。「三界」とは欲界・色界・無色界の三つの総称で，生物が輪廻する境域のこと。「証得」は正智で如実に心理を証し得悟することを言う。「聖果」は第12行の「四果」とほぼ同内容だろう。ただこの文の主語が明らかでない。

もし「従僕百人」が主語であるとするならば，本行は次の末行と合わせてウイグル文棒杭文書のV〔随喜者も含む祈願文〕(本稿 pp. 702-703 参照)に対応し，この「従僕百人」は寄進者に従う随喜者ということになろう。

16) □□□依處安至天上遠獲菩提一時成仏

冒頭の破損部は2～3文字分である。「依処」は文字通り「依るところ」であろうが，これだけでは何を意味するのか分からない。もしかして「帰依処」かと思って棒杭を見直しても，そうは読めなかった。「天上」とは漠然たる意味ではなく，ここでは地獄道・餓鬼道・畜生道・人間道・天道とある所謂「五道」中最善の世界のことを指していると思われる[71]。それは，ウイグル文の第一棒杭文書7行目と第三棒杭文書9行目の「天上世界」が五道のうちの天道とみなされただけでなく，第三棒杭文書27行目の「すべての衆生は，すべて上方の天上世界（＝五道のうちの天道）にいる者を筆頭に，涅槃なる平安の至福へと到達することあれかし！ 我らは成仏いたしましょう」という表現が，まさにこの箇所と対応しているからである。ミュラーが「遠權」と読んでいたところを，私は「遠獲」と読みかえる。要するにこの行も寄進者と随喜者たちが先ずは天上界に到達し，そこでさらに修行をつんで菩提の境地に入り，遠い将来には遂に「仏」に成らんことを願っているものであろう。よって本行は「安んじて天上に至り，遠く菩提を獲て，一時に成仏せん」と読むこととする。

さてここまでで，一応全文の解釈を終えたことになる。そこで今一度全文を振り返ってみることにするが，それに先だって一つの仮説を立ててみようと思う。その仮説とは，この文章が一人称で書かれているのではないか，というものである。通常の紀功碑なら第三者の立場から記されるのが一般的であろうが，この棒杭文書は一種の祈願文である。事実，ウイグル文の第一及び第三棒杭文書はともに一人称で書かれていたし，さらに古代トルコ族の間においては紀功碑さえ一人称で語られるという独特の伝統の生まれたことが，突厥のオルホン碑文とキルギスのイェニセイ碑文を比較検討した護雅夫によって論証されている[72]。

1行目は日付なので関係なし。2-3行目の内容を，3-4行目の天特銀一家（あるいは天特銀だけ）が聴き，5行目で諸行無常という仏教的世界観を知って，6行目の寺院建造を決意する。その寺院が永く存続することを7行目前半で願い，7行目後半と8行目前半では彼らの国王の長寿と威信の拡大等を願う。8行目の後

半では国家の安泰を願っている。9行目前半では仏教のますます盛んになること
を願っているらしいが，9行目後半から11行目冒頭まではやや不明。11-12行目
では天特銀自身の長寿と幸福を祈願し，12-13行目では天特銀一家5人のさらな
る仏教的供養への決意を表明するが，それと同時に6行目で寄進することにした
寺院の経済基盤を整備することを述べているらしい。そして14行では寄進者一
家が弥勒下生の時に弥勒に出会えることを願い，15-16行では寄進者一家のみな
らず随喜者たちも最終的に救済され，成仏することを祈願している。

　以上，漢文棒杭文書も一人称で書かれていると仮定して，全文の解釈を試みた。
今後一層精緻なる考証によって修正されんことを期して，最後にこれとウイグル
文棒杭文書の内容・形式Ⅰ-Ⅴ（本稿 pp. 702-703を参照）との比較を試みれば，
およそ次のようになろう。

　　01）日付………………………………Ⅰに対応
　　02）………………………………………┐
　　03-04）寄進者（夫婦で共に王族）………├Ⅱ〔寄進者と発願理由〕に対応
　　05-06）………………………………………┘
　　06-07 & 13）……………………………Ⅲ〔発願内容＝具体的寄進内容〕に
　　　　　　　　　　　　　　　　　　　　　対応
　　07-08）国王（可汗）と国家の安泰祈願……Ⅳ〔発願目的〕に対応？
　　09-10）………………………………………やや不明
　　11-14）寄進者一家の仏教的救済を祈願……Ⅳ〔発願目的〕に対応
　　15-16）………………………………………Ⅴ〔随喜者も含む祈願文〕に対応

第6節　棒杭文書の使用目的

　第一棒杭はグリュンヴェーデルによって高昌故城のアルファ寺院址内のA室
と呼ばれる部屋の，さらにその内陣であるCella G（小房G）で発見された。発見
者のグリュンヴェーデルによれば，それはCella Gの床面のほぼ中央で，壁で塗
り込められるように，しっかりと地面に突きささっていたという[73]。第1節で
述べた通り3本の棒杭はいずれも八角形の細長いものであり，こういう種類の棒

杭が多くの寺院に奉納されたであろうことは想像にかたくないが，その使用目的について，これまで二つの説があった。

一つは，礼拝像（＝仏像）の支柱もしくは土台の固定具であるとするものであり，もう一つは「地下の悪魔を封じる杵」とするものである。後者はミュラーが初めて提唱したものであるが [Müller 1915, p. 3]，前者はそれより早い1906年にグリュンヴェーデルが推定した説である [Bericht, p. 60]。ただ不思議なことにミュラー論文では，グリュンヴェーデルは自分と同じ考えである(74)とする一方，ルコックが前者の説であることを紹介しているのである。確かに第一棒杭の場合，それが内陣の中央に立っていて長さも83 cmであるということ，そしてさらにその内陣の壁面には菩薩・天神や悪魔や寄進者たちの肖像が描かれていたというから(75)，それらの目線の集中すると思しき棒杭出土地点に主尊たる礼拝像（＝仏像）があったはずとグリュンヴェーデル [Bericht, p. 60] やルコックが推測したのも無理はない。

それに対してミュラーはこれらを地下にいると考えられた悪魔たちの魔力に向けて地中に打ち込まれた杭，即ち「悪魔封じの短剣」であるとみた(76)。それは，同じくトゥルファンで発見されたトルコ語訳の仏典の断簡の中に，「種々の悪魔によって為されし魔法を我は断ち切らん。しっかりと釘づけにせん (qazγuq toqïyur mn)」という一文が見え，且つ，この断簡と対応する漢訳の『仏説大白傘蓋総持陀羅尼経』にも「彼等一切及一切魔所造明呪以此決断将杵撃之」とあるのを根拠としての断定であった。即ち氏は陀羅尼経中の「杵」をトルコ語訳仏典断簡中のqazγuq（現代アナトリア＝トルコ語ではkazık；「木釘」「せん」の意）と同一とみたわけである。古代トルコ語のqazγuqが氏の推定したような意味に使われたことは他でも在証されるし(77)，「杵」には棒状の武器という意味もあるので，上のミュラー説は非常に魅力的であった(78)。

その結果，当初は礼拝像（＝仏像）の支柱もしくは土台の固定具であると見ていたルコック自身も，言及はしていないが明らかにMüller 1915を参照して自説を修正しており，1923年発表のMM, p. 29では両者を折衷する案を採っている。すなわち，それは仏像の土台を床面に固定する合わせ釘であり，同時に地下の悪魔を封じる杭の役目も果たしている，と述べている。その後，半世紀を経ても，クリムカイト（H.-J. Klimkeit）はルコック説をほぼそのまま踏襲している(79)。

しかしながら，ここで注意すべきは，第3節で見たように，第一棒杭文書第

9-10 行に,「この寺院を建造するために šat ïyač (= šat 木) を打ち奉った。この功徳の力によって,私たちは後世に精妙なる弥勒仏と邂逅しますように」と明記されていた事実である。早くにペリオが指摘したとおり,この「šat 木」が本棒杭自体を指していることは文脈から疑いない。ペリオはまた,この šat は,語源はともかく,漢語の「刹」からの借用語だろうと推定した [Pelliot 1929, p. 253]。私もそれに従い,この šat 木を「刹木」と和訳することにした。

ではその「刹」とはどういう意味であろうか。この漢字は kṣ-, ch- などもともと漢語にない発音を持つ外来語を音写するために,中国で作られた文字である。瞬間という意味の「刹那,刹時」,国土を表わす「刹土」,クシャトリアの「刹帝利」のほか,仏教用語としては,仏塔(ストゥーパ)の頂上部である「刹柱」=「相輪」として使われた。そしてその「刹柱」が仏塔の中心を貫く「中心柱,心柱」や寺前に掲げる幡竿である「刹竿」という意味となり,最終的には「刹」だけで「仏塔」や仏塔のある立派な「仏寺」全体を指すようになったと思われる[80]。

もう一つ注意すべきは,第一棒杭文書でこの「刹木」が現われる直前の第7行に, yignäčä sutup čäkür turɣursar「針のような仏塔の尖塔を立てれば」とあることである。ウイグル語の sutup がサンスクリット語の stūpa「仏塔」に対応することは疑いないが, čäkür は解釈が難しい。ただ, Moriyasu 2001, pp. 169-170 で示したように,ウイグル語の čäkür / čakur は確かに漢語の「表柱」「刹」「相輪」の訳語として使われている。一方,「針のような」という比喩は,「阿摩勒やリンゴの果実ほどの大きさ(実は姫リンゴや梅の大きさ)の仏塔に,針のような刹柱もしくは相輪を立て,そこにナツメなどの葉ほどの傘蓋を付け,麦(粒)ほどの仏像,芥子(粒)ほどの仏舎利を置けば,多大な功徳(福徳)を得られる」という文脈で,種々の漢訳仏典[81]に見えるが,しかのみならずチベット語・モンゴル語仏典にさえも見られる。それゆえ,私はここの sutup čäkür を「仏塔の尖塔(刹柱=相輪)」と解釈した。そうすると,同じ棒杭文書の中で,漢語「刹」に当たるウイグル語が重複して併存することになるが, šat が漢語「刹」の音写という間接的借用であったのに対し, čäkür / čakur はおそらくトカラ語などの中央アジア現地語からの直接的借用語であると考えれば,矛盾しないであろう。ただし両者が全く同じ意味で使われたわけではない。

そもそもインドにおけるストゥーパは,死ではなく生命を象徴するものであっ

た。近年では，ストゥーパは宇宙軸としての柱の信仰に由来し，その柱が倒れないように土饅頭で支える形に発展したものを仏教徒が取り入れたので，仏塔の中軸部を貫く木柱（もしくはそれに替わるパイプ状の空洞）も，地下の水界から地上を経て天空にまで伸びていく宇宙軸・宇宙木であるという説が有力視されている[82]。たとえそれが間違っているとしても，仏舎利を保護する仏塔にとって，建築物として最も重要な部分が，中心軸となる利柱（我が国では多く心柱と言う）であることは，インド・中央アジア・中国・韓国・日本の仏塔の記述や考古学的知見を比較・参照[83]してみて疑う余地はあるまい。もし起源が宇宙軸・宇宙木であるならば，当然ながらその中心柱と頂上の相輪は繋がっていなければならず，中国や日本で両者が共に「刹」あるいは「刹柱」と呼ばれたのも肯ける[84]。

しかるに中国や日本では，地中に打ち込む「刹」もあったようなのである。それを示唆するのが，村田治郎によって指摘された「打刹」という表現である。村田は原文を引用しないが，南北朝時代の文献に見えるこの「打刹」を，「仏塔を建てるはじめに先ず木の心柱すなわち刹を掘立てる」ことと解釈した[85]。それに関連して，7世紀の仏教百科事典ともいうべき『法苑珠林』に引用されている，次のような3世紀の西晋時代の伝承記事が注目される。

忽ち中夜に於いて土の下より鐘の声を聞く。即ち其の処に遷記し，木を剡りて刹と為す。三日間にして忽ち宝塔及び舎利，地従り涌出す。
〈『法苑珠林』巻38,『大正蔵』53, No. 2122, p. 585b〉

どうやら「打刹」とは，仏塔建造に先だって，塔基の位置を表示するために「刹」と呼ばれた小木柱を立てることだったようである[86]。もちろんその際には僧俗が一堂に会して，盛大な儀式も行なわれたに相違ない[87]。

ところで，私が多くの論著で実証し，最終的に森安 2007「西ウ仏教」でまとめたようなウイグル宗教史，とりわけマニ教時代から仏教時代への大きな流れと，šat が漢語「刹」の音写であることを考慮すれば，この「打刹」という仏教行事が，トゥルファンの漢人仏教を通じてウイグルに流入したと推定してよかろう。その結果として，第一棒杭文書第10行の *šat ïyač toqï-*「刹木を打つ」とか，他のウイグル語仏典に見える *šat tuɣ yumzuɣ tik-*「刹と幡を突き立てる」という表現が生まれたものと思う[88]。しかし翻ってみれば，ウイグル人たちが集団としてマニ教から仏教に改宗するのは，10世紀第4四半世紀～11世紀前半に顕著な現象

であった。そして，初期ウイグル仏教にはマニ教の影響が色濃く見られるようになったのである。例えば，マニ教の救済思想や光明思想を反映し，弥勒を重視した *Maitrisimit*『弥勒会見記』という弥勒関係の仏典や，光明に関わる『天地八陽神呪経』『金光明最勝王経』を最初期にウイグル語訳したこと，初期のウイグル仏典にはマニ教徒の使っていた経典の体裁や語彙が多く受け継がれたこと，などが挙げられる。アルファ寺院址の内陣 Cella G からは，白衣白冠の典型的なマニ僧 2 人の描かれた壁画断片が出土しているが[89]，そもそも第一棒杭自体が，アルファ寺院址をマニ教から仏教へというウイグル宗教史上の一大転換期を特徴づける仏教＝マニ教二重寺院であると断定する際の，大きな証拠となるものだったのである[90]。

ところで，前稿 Moriyasu 2001 の時点では見落としていたのであるが，棒杭文書の出土状況をもう一度検討してみると，第一棒杭の出土したアルファ寺院址の内陣 Cella G では，奥壁・側壁から壁画が床面に崩落して瓦礫として山積していたほか，床面自体にあたかもそこが池か湖か海であるかのような壁画が描かれていたという[91]。床面は現地で発掘時にほとんど破壊されたが，幸いに回収された断片 BSMA 3, pls. 24-25 を見れば，波間に蓮の花や芽が浮かび，そこに 2 種類の角のある龍頭が顔を出し，翼のある鹿（一種の麒麟？）やガチョウのような水鳥が泳ぎ戯れている様子が窺えるし，グリュンヴェーデル・ルコックの報告に拠れば，その他にも水陸両生の海馬のような動物に乗った少年や蓮の円板（蓮弁？）上の老人が描かれていたという。

上述のストゥーパが宇宙軸・宇宙木に由来するという説の代表者であるアーウィン（J. Irwin）によれば，ストゥーパ（の原型）は宇宙やあらゆる生命の起源である「原水」の上に浮かんでいなければならず，その「原水」は蓮とか「生命の樹」で象徴されることが多く，しかもその葉の間ではさまざまな動物や人間や鳥などが遊んでいるものであるという[92]。そうであれば，これは Cella G の床面の様子とまさに符合するのである。ということは，突き刺さっていた第一棒杭である「刹木」を宇宙軸そのものとみなし，周囲の床面が「原水」を表現するものであったことになる。これはマニ教から仏教に改宗したばかりのウイグル人にとって，かなり容易に受け入れられる観念であったはずである。

というのは，マニ教では「生命の樹」が重要な信仰対象であったからである。森安『マニ教史』第 1 章第 7 節でそれに言及したので繰り返さないが，主題とな

ったベゼクリクのグリュンヴェーデル編号第25窟の三本幹の樹木を「生命の樹」と断定しながらも，その根元にあり，2羽の孔雀の頭部が描かれた半円状の物体の解釈については，①闇の国，②マニの玉座，③水盤とする説を紹介し，結論は曖昧なままに保留しておいた［『マニ教史』pp. 24-27, pls. I, II, VI］。しかし今や，それはまさしく「生命の樹」を育む「生命の水」の象徴としての，動物の戯れる池であったと断定できよう。グラーチが指摘するように，トゥルファン出土のマニ教文献中の細密画には池のモチーフが繰り返し見られるのであり，前節で言及したベゼクリク出土ソグド語書簡Aの細密画［cf.『マニ教史』pl. XVII b］にも，それがあったのである[93]。

　アルファ寺院址が1008年直前までマニ教寺院であり，それを仏教寺院に大改造する際に第一棒杭文書である「刹木」が地中に打ち込まれた事に疑念の余地はない。そしてその「刹木」は，生命の根源である「原水」すなわち「生命の水」の上に浮かぶ「生命の樹」であった。つまりこれは仏教的には仏塔の本体である「刹柱」であった。とすれば，棒杭文書の使用目的としてかつて提示された二つの説のうち，礼拝像（＝仏像）の支柱もしくは土台の固定具であるとする説はもはや完全に否定される。第1節で見たように，すべての棒杭に木槌で地中に打ち込まれた痕跡はあるが，その形状から見て，地上にある仏像を固定するような働きはそもそも無理と思われた。しからばもう一方の，地下の悪魔を封じる杭であるとする説は，いかがであろうか。もちろん，これまでの考察が正しければ，これをそのまま認めるわけにはいかない。しかしながら，ミュラーが比較の対照として挙げたチベット仏教の風習や，日本における地鎮祭のような儀式のことを考慮すると，無下にこれを否定するのも難しいように思われる。

　上記の通り，čäkür / čakur は仏塔の上部の相輪（尖塔部）を指していたのに対し，šat は3本の棒杭の実際の形状と，第一棒杭文書第9-10行の文面から明白なように，木槌のようなもので地中に打ち込まれた部分を指していた。しかも第3・4・5節で見たように，いずれの棒杭にもびっしりと寺院建造という寄進行為（仏教的善行）に至った由来を説明する文章が書かれていたのである。それゆえに，建物内部の重要な場所に打ち立てて奉納されたと考えるのが自然である。

　それに加えて，中国における「打刹」のあり方，それを模したはずの日本古代の仏塔建設の記事などを勘案して，現時点で私は次のように結論したい。すなわちウイグル仏教の棒杭文書とは，仏塔ないし仏寺の建設（改修・増築を含む）に

当たり，その縁起・由来を書き記し，僧俗が一堂に会するその起工式に際して，工事の中心の位置を表示しつつ，木槌で地中に打ち込まれたもので，それは仏塔の中心軸（刹柱）の象徴であると同時に，建設予定地の清浄化，もしくは地下の悪魔を封じる役目をも果たすものであった。

前節までで3本の棒杭文書の最新の解読結果を提示したが，その内容から明らかなように，これらの棒杭は，西ウイグル王国の王族・貴族が仏教寺院に建物を寄進（新築・増築・再建・改修）するに当たって，その縁起・由来を書き記して後世に伝えようと意図したものなのである。

おわりに

本稿の対象となった棒杭文書とまったく同じ形状と内容をもつものがもう1本，ウルムチの新疆維吾爾自治区博物館に所蔵されている。これは1965年にトゥルファン市周辺の安楽城遺址から発見され，第四棒杭文書と名付けてもよいものである。既に写真とテキストも発表されているが［cf. 伊斯拉菲爾 1996；Moriyasu 2001, pp. 156-157］，表面の摩損が激しいためもあって，テキストは不十分である。十全なテキストを復元するには，赤外線写真撮影などが必須であるが，今後の研究進捗のために是非ともやっていただきたい。

Stein, *Serindia*, III, p. 1190 によれば，カラシャール地方にあったショルチュク北方ミンオイ仏教寺院址にて，"an octagonal post with a line in Brāhmī on each side" すなわち各面に1行ずつブラーフミー文字の書かれた八角柱を発見したとある。これは恐らくトカラ語の書かれた棒杭文書であろうと推測されるのであるが，残念ながらその後どこにもそれ以上の報告を見つけることができない。

さらに，棒杭文書と似たような内容を持つ紙の文書断片が，1980年代にトゥルファン盆地のトヨクで発見され，その内容がつい最近の2009年になって発表された［陳／伊斯拉非爾 2009；榮新江 2009a＝2009b］。榮新江はこれを，実際に地中に埋められた棒杭文書を，埋める直前に抄写したものとみなしている［榮新江 2009a, p. 189＝2009b, p. 14］。「西州回鶻造仏塔記」と名付けられた本文書には，冒頭の紀年部分（破損があって年代決定はできない）に，従来知られていなかった西ウイグル可汗の称号が見え，また牧主（＝西州牧守）という肩書きでトゥルファ

ン盆地を押さえていた当時の「宰相」が,「摂西州四府五県事」という称号も帯びていたことなど,注目すべき内容を含んでいる。この「宰相」がイル=オゲシであることは,杜牧『樊川文集』巻 20「西州迴鶻授驍衛大将軍制」[p. 304] との比較で間違いなかろう。そこに現われる「西州牧守・頡于伽思・倶宇合逾越密施莫賀都督宰相・安寧」[94] は 851 年頃に西ウイグル可汗の命を受けて西州すなわちトゥルファン地方を統治していた[95]ソグド系ウイグル人である。

　第 2 節で私は,1008 年に qočo baliq bägi「高昌市長」であったアルプ=トトク=オゲという人物が,1019 年には「イル=オゲシ (il ögäsi 宰相)」として qutluγ qočo uluš「幸ある高昌国」を統率するほどに出世したことを述べ,qočo baliq「高昌市」と qočo uluš「高昌国」を厳密に区別した。それに対して,両者を同一とする見方もまだ存在するのである。しかし,新出の「西州回鶻造仏塔記」によってトゥルファン盆地にいた宰相は「西州四府五県」を統治していたことが確実になったのだから,もはや疑問の余地はない。荒川正晴教授の教示によれば,この表現は唐代にまで遡り,前庭府 (高昌県)・岸頭府 (交河県)・天山府 (天山県)・蒲昌府 (蒲昌県と柳中県) という四折衝府・五県のことだというから,明らかにトゥルファン盆地全体に対応しているのである。

　私は以前より,西ウイグル王国は大きく見て五つほどの領域に分かれており,それぞれに可汗の代理人がいたのではないかと推定していた。その五つとは,現地の地理と唐代の行政区画とを考慮すれば,おそらく①高昌地区 (トゥルファン盆地全体),②北庭地区 (現在のウルムチ～ジムサ周辺の東部天山北麓),③伊州 (ハミ=カムル) 地区,④焉耆 (ソルミ,カラシャール) 地区,⑤亀茲 (クチャ=キュセン) 地区である。あるいは遊牧民の存在を重視すれば,⑥ユルドゥズ地区があったかもしれない。そしてそれぞれに軍事・行政の責任者として,王族の王子もしくは非王族のイル=オゲシのどちらかがいたのではないかと想定していた。上述した点は,ささやかながらその推定を裏付けてくれるのではなかろうか。

　西ウイグル仏教史に限らず西ウイグル史にはまだまだ空白部が多いが,棒杭文書が西ウイグル史を再構成する上で必須の根本史料であることは万人の認めるところである。今後の研究は,少なくとも本稿で示した年代考証と棒杭文書の使用目的に関する新説を踏まえた上で,進展していってくれることを切に望んでいる。

註

(1) Cf. Moriyasu 2001 "Stake", p. 149, fn. 1.
(2) 本書第 11 論文＝森安 2004「通貨」pp. 7-8，並びに第 18 論文＝森安 2007「西ウ仏教」p. 3 でそれまでの軌跡をまとめたように，私は全てのウイグル文字ウイグル語文献の書体を，楷書体・半楷書体・半草書体・草書体という四つのカテゴリーに分けることを提案しながら，いずれの時代にもあり得た楷書体のものを除けば，書体によって次の二大グループに分けることができると主張してきた。即ち半楷書体で書かれた古いグループ（10-11 世紀頃）と，草書体で書かれた新しいグループ（13-14 世紀＝モンゴル時代）である。換言すれば，半楷書体のものは西ウイグル時代に，草書体のものはモンゴル時代に年代比定されるということである。勿論，ウイグル文字文献を書体のみによって時代判定することは絶対的ではあり得ず，半楷書体は「古さ」の必要条件であって，十分条件ではない。
(3) 高昌故城アルファ遺跡が，私のいわゆる仏教＝マニ教二重寺院であったことと，その歴史的背景については，cf. 森安『マニ教史』pp. 147-154 ; Moriyasu 2000 "WestU", sections 5-8.
(4) それゆえ，森安 1974「棒杭文書」pp. 52-53, n. 34 で，もっと多くの文字が焼失しているかもしれないと推定していたのは，誤りであった。
(5) Müller 1915, p. 22 には "in der südlichen Stadtmauer von Chotscho"「高昌の南側の城壁で」とあり，第三棒杭の本体頭部には直に書かれた "III D aus dgl. Mauer a. d. Südsite" というメモがある。後者のⅢとは第 3 回トゥルファン探検隊の意味，D とは Dakianus-šahri すなわち高昌故城のことであるが，その「南遺跡の壁」がどこか具体的には特定できない。
(6) ミュラーが第三棒杭文書を本文に取り上げずに補遺に回しただけでなく，下半部でテキストの見逃しが多いのは，このためである。
(7) Müller 1915, pp. 4-5, 26 ; *Uigurica*, I, p. 48.
(8) Gabain 1949, pp. 56-58.
(9) プリツァクの説は前註 8 のガバイン論文の中で，彼からガバインへの私信の形で述べられたものが紹介されている。なお，ミュラー・ガバイン・プリツァクのような大学者でさえ棒杭文書を東ウイグル時代のものと考えたのは，当時の学界状況からして致し方ないところであった。然るに，つい最近になって第三棒杭文書を東ウイグル時代の 791 年（辛未年＝貞元七年）とみなす説［李樹輝 in『西域文史』4, 2009］が出されたのは，まことに嘆かわしい限りである。
(10) 安部『西ウ』pp. 367-368.
(11) Hamilton, OECD, pp. 142-143.
(12) 占いのためには年よりも日の方が重要であり，具注暦では六十干支が毎日明記されている。その具注暦で第二式が使われていることは，敦煌トゥルファン文書中の多くの実例や，藤原道長の『御堂関白記』などで，容易に確認される。
(13) 例えば敦煌出土のチベット語文書 P. t. 1188 の *then-phug lo bdun lčags-mo yos-bu'i lo*「てんぷく 7 年，かのと（鉄の女）・ウサギの歳」について，これを単純に第一式にすると「辛卯の歳」となるが，第二式では「癸卯の歳」となる。「てんぷく 7 年」は「天復七年（907）」か「天福七年（942）」のいずかに相違ないが，前者は丁卯，後者は壬寅である。しかるに「天福八年（943）」はまさしく癸卯に当たるので私は本文書の紀年を 943 年と断定した［森安 1980「現況」pp. 65-66 ; 森安 2000「朱印」p. 83, n. 141］。一年の誤差は，敦煌文書中によく見られる現象である。例えば S. 2687 では「大漢天福十三年丁未歳」となっているが，

正しくは「大漢天福十二年丁未歳」（947年）である［cf. 藤枝 1973, p. 421］。山口瑞鳳氏はこうした私の見方に従わず，あくまで本文書を丁卯の「天復七年（907）」とみたが［山口 1985, pp. 515-516 & n. 5 on p. 520］，その後，ウライは私と同じ見解に達した［Uray 1988, p. 523］。

(14) ただしハミルトンは，Köl Bilgä を「智海」に比定した森安説を一部誤解して，第一棒杭と第三棒杭に現われる2人の可汗を同一人物と見なしているが，それに対する批判は森安『マニ教史』p. 184 を参照。この誤解は後々まで尾を引くことになる，cf. Sundermann 1991, p. 287 ; Sundermann 1992a, pp. 65-70, 84 ; Zieme 1992c, p. 324 ; Sundermann 1994, p. 248. この誤解については栄新江 2009a & b でも指摘されるが，幸いなことに既にズンダーマンの個人論文集で修正補記が加えられた，cf. Sundermann 2001, pp. 435, 483, 484, 512.

(15) 山田 1971a, p. 476 = 山田 1989, p. 201.

(16) Moriyasu 2001, p. 192. なお森安 1980 と同じく，華濤 2000a, pp. 123-124, 129-130 でも山田説の存在を知りながら確実な証拠がないとしてそれを無視し，ヌッチをタシケント付近ではなくスイアブ付近に求めた。しかし今やヌッチにこだわる必要はなくなった。

(17) Cf. Pelliot 1923b, p. 131. また，このウッチは 982 年に書かれた『世界境域志』= Ḥudūd では Ūj として現われ，カルルク領となっている［cf. Minorsky, HA, pp. 98, 294-295］。

(18) 代田 1976, pp. 260-261, 267-268. なお，代田 2001, pp. 19-22 では第三棒杭文書のヌッチをウッチと読み替えた山田信夫説に賛同しつつ，当時のカラハン朝の情勢に論及しており，参照に値する。ただしそこで，件の棒杭文書が「解読者ミュラーによって 947 年に比定」［p. 19］されたとするのは，全くの誤解であり，それを前提に論が組み立てられていることには注意が必要である。

(19) CTD, I, pp. 139-140, 及び p. 82 の後ろにある折り込み地図。Cf. 安部『西ウ』p. 480 の後ろにある折り込み地図；『マニ教史』pp. 138-139 = GUMS, pp. 162-163.

(20) CTD, I, pp. 279, 302, 308 ; CTD, II, pp. 217, 230, 334. Cf. 安部『西ウ』pp. 481-484；代田 1976, p. 266.

(21) 982 年当時の西ウイグル可汗がアルスランと名乗っていたことは確かである［cf. 森安『マニ教史』p. 183 = GUMS, p. 222-223］。

(22) 『輝塵録』前録，巻 4, p. 38 = 『宋史』巻 490, p. 14112；cf. Julien 1847, p. 61；OECD, p. 147；安部『西ウ』pp. 344-345.

(23) TuMW, pp. 14, 27, 86；吉田／森安 2000, pp. 149, 154.

(24) TuMW, pp. 120, 136；吉田／森安 2000, pp. 161, 163, 178.

(25) 特に楊富学は，私が第一棒杭を 1008 年に比定した際，あるいは 948 年の可能性も残っていると留保していた点を捉え，その部分をことさらに強調して自説に有利に援用しているが，それはまさに曲解であって，遺憾としか言いようがない［楊 1981 = 楊 1998a, pp. 257, 269 = 楊 1998b, p. 190；楊 2011, pp. 381-382；cf. Moriyasu 2001 "Stake," p. 153, n. 15］。本文で詳述したように，私は一時保留していた 948 年説をその後の研究の進展によって明確に否定しており，結果としては一貫して 1008 年説を主張してきたことになる。一方，華濤 2000a, pp. 127-128；華濤 2000b, p. 26 では第三棒杭を 947 年（丁未）とみなし，劳心 2002, pp. 85-86 では，第一棒杭を 1008 年としながらも，第三棒杭を 1019 年とする森安説を批判して 1007 年（丁未）としているのは，いずれも六十干支の第二式を理解していないからである。なお，銭伯泉「《王延徳歴叙使高昌行程所見》的箋証和研究」（『西域研究』2010-4, pp.

23-34) pp. 31-32 でも第三棒杭に論及しているが，相変わらずヌッチと読む旧説を踏襲するだけでなく，西ウイグル国と高昌ウイグル国は別であると主張するなど，年代比定に関わる冒頭4行のテキストの解釈に大きな混乱が見られる。

(26) Moriyasu 2001 "Stake," p. 153, n. 15 にズンダーマン・ツィーメ・梅村坦ほかの諸氏の論文を列挙したが，その後さらに最近では栄新江・グラーチ両氏の賛同も得ている [栄新江 2009, p. 185 = 栄新江 2009b, p. 10 ; Gulácsi 2010]。特にグラーチ論文では，彼女独自のマニ教絵画の年代論形成に，一連の森安論文を活用してくれている。その年代論は，いわゆる貝葉型写本を除き（これについては本書第16論文の第4節と註38を参照），ほとんど首肯できるものである。なお，Rybatzki 2000, pp. 262, 266-267 では第一・第三棒杭文書に対する我々の年代比定をほぼ認めているが，Moriyasu 2001 より前に発表されたこともあって，残念ながら本問題における私の貢献は無視されている。

(27) *köl bilgä tängri ilig* の前半 *köl bilgä* は「海（の如き大きな）智恵」，後半 *tängri ilig* は「天王」に対応し，両者を合わせた「智海天王」が特定の国王を指すのではなく，西ウイグル国王の汎称であるという私の見方は，森安 1991『マニ教史』[pp. 183-184 & n. 100 on p. 161] 以来一貫して変わっていない。ただ前稿 Moriyasu 2001 では第三棒杭文書の冒頭に見える国王の称号の対応箇所を *köl bilgä tängri xan* と読んでいたためやや明快さに欠ける憾みがあったが，本稿では Hamilton 2004 によって *köl bilgä tängri ilig* と修正することが出来たので，より一層私の主張は明瞭になった。後註32を参照されたい。

(28) この4行目の *qunčuy tängrim*「公主王女」や 12-14 行に見える tängrim 号を有する多数の人々，さらには第三棒杭文書の5行目と6行目の *qatun tängrim*「可敦王女」をはじめ 11 行目以下に頻出する tängrim 号を有する人々を全て王族とみなす点については，森安 2011「書式前編」の第6章，pp. 29-31 にて論じている。ただし，そこでも述べたように，tängrim 号だけでは男女の区別は付かないので，「公主王女」「可敦王女」のような明白な場合以外は，翻訳せずに tängrim のままにしておく。

(29) Moriyasu 2001（英語版），p. 160 では transliteration を 'YYN としていたが，それはミスプリで，正しくは 'YYYN であった。

(30) 「随喜」の意味については，cf. Moriyasu 2001, pp. 193-194.

(31) ミュラーはこの *ki* を漢語の「気」とみなし，火の要素を持てるヒツジの歳を単純に六十干支の第一式の「丁未＝ひのとヒツジ」と解釈した。しかし第二式によれば，これは正しくは「己未」なのである。この点については，本稿第2節で解説した。

(32) ミュラーや森安がこれまで *tängri xan* と読んでいた箇所を *tängri ilig* と読み直したのはハミルトンの功績である [Hamilton 2004, p. 121]。ただしこの *tängri ilig* は行間に付記されたものであり，ハミルトンは *tängri ilig köl bilgä* とするが，正しくは *köl bilgä tängri ilig* である。それは *tängri ilig* が付記された位置から見ても明らかであるが，第一棒杭文書との比較からも傍証される。なお，このハミルトンによる新読によって，森安 1991『マニ教史』pp. 183-184＝GUMS, pp. 223-225 で展開した「智海天王」すなわち「智恵海の如き天王」についての考証が，いっそう論旨一貫するものになった。前註27を参照されたい。

(33) *on uyyur xan* もハミルトンの新読箇所である。

(34) この箇所をハミルトンは 'WRN'NMYŠ＝ornanmïš "be installed" と復元し，全体を「Köl Bilgä 天王が十姓ウイグル汗として在位していた（時に）」と解釈する。しかし，同じ行の ornanmïš の長さが 3.5cm であるのに対して，こちらは 4.5cm もあり，別の単語と思われる。

私にはむしろ '•///•WRMYŠ or '•///T'MYŠ に見えるが，成案はなかったところ，ツィーメ教授から "TY 'WRMYŠ=atï urmïš と読んではどうかとの示唆をいただいた。
(35) No. 2 の妻と考えられる。
(36) Nos. 13-19 は Nos. 4-12 の夫たちと考えられる。
(37) 実はこの šazïn •••L•• は，11世紀からモンゴル支配時代までウイグル仏教界の最高指導者の称号として現われるシャジン＝アイグチ šazïn ayɣučï（Ch. 沙津愛護持）の先行形態として，šazïn [ayïɣ]l[ï] と復元できるのではないかという考えを，既に森安 2007「西ウ仏教」＝本書第 17 論文，第 6 節の末尾で示しておいた。シャジン šazïn というウイグル語はトカラ語経由で借用されたサンスクリット語 śāsana「教え，教義」であり［cf. DTS, p. 521；庄垣内 2008, p. 646］，ayɣučï と ayïɣlï は共に ay-「言う」という動詞から派生して動作主を表わす連体形である。それゆえどちらも語義的には "commander or minister of the (Buddhistic) doctrine" となりえるのである。ただし，šazïn ayɣučï が頻出するのに対して，šazïn ayïɣlï は他では在証されていない。
(38) この kši ačari が 10-11 世紀の西ウイグル仏教界で重要な位置を占めたトカラ人仏僧の最高位の称号であること，敢えて和訳すれば「尊師阿闍梨」となることについては，森安 2007「西ウ仏教」第 5 節を参照。
(39) この ödüš の原義は「湿った」である。öz「魂；肉身，自身」を形容して ödüš özlüg となり，tirig tïnlïɣ と同じように「生き生きとした生物」を表わす文学的表現になっているらしい。
(40) Moriyasu 2001 "Stake," p. 188, n. 101 にノートしておいた suvačï の読みの方を採用する。ツィーメ教授の教示によれば，ota-「草を刈る；薬草を扱う」から otačï「薬師；医者」が派生するように，suva-「水をやる，灌漑する；漆喰を扱う」から派生した「漆喰塗装匠＝左官屋」と解釈できるという。
(41) Pelliot 1929, p. 254.
(42) 岑仲勉 1947, p. 118.
(43) Gabain 1949, p. 62；Gabain 1955, p. 199.
(44) Hamilton, OECD, p. 151, etc.
(45) 安部『西ウ』p. 368.
(46) Bazin 1974, pp. 333-336；Bazin 1991, pp. 260-262.
(47) 西暦 503・563・623・683・743・803・863・923・983・1043・1103・1163 年。
(48) 他はすべて最低で 5 日以上のずれを生じている。なお，藤枝 1973「敦煌暦日譜」によれば，同時期の沙州帰義軍政権下の敦煌で使われた暦には，中国本土と 1 日ちがいのものがよく見られる。
(49) ペリオは筆蹟や音韻の上からみても 983 年とみるのが妥当であるとした［Pelliot 1929, p. 255］。ただし，私の見る限り，それほど実証的とは思えない。
(50) Bazin 1974, pp. 337-338；Bazin 1991, pp. 262-264.
(51) 確かに『大唐西域記』の序文［p. 2；水谷『西域記』p. 8］には，「輪王」という形で現われる。
(52) Pelliot 1929, p. 255.
(53) Cf. 福山泰子 2009「アジャンター石窟寺院にみる授記説話図について——五，六世紀におけるガンダーラ美術の影響の一事例として」『仏教芸術』304, p. 9 ff.；田辺勝美「ガンダー

ラ美術の図像学的研究(4)：成道後の釈尊の安楽座像と新出カーピシー派彫刻の制作年代」『古代オリエント博物館研究紀要』29 / 30, 2011, p. 91.
(54) Hamilton, OECD, pp. 152, 153, 160, 157.
(55) Hamilton, OECD, p. 158.
(56) Hamilton, OECD, p. 151.
(57) Cf. 羽田（亨）1923a, p. 403 & 『羽田論集・下』第11図の中ほど；Poussin / Enoki 1962, p. 268；Pulleyblank 1971, p. 135.
(58) 因みにガバイン［Gabain 1955, pp. 199-200］は，この天特銀を西ウイグル王国の君主とみなして，それが可汗とか王 ilig の称号を帯びていないのは，西ウイグルが遼に臣属していたからであると言うが，その見方は正しくない。
(59) この「城西」が「新興県城西」であることは碑陰の第7行より明らか。
(60) 寧朔将軍麹斌造寺碑を参照せよ。黄文弼『吐魯番考古記』(1954) 所収。
(61) 『アジア文化』9-2, 1972, 巻頭グラビア。
(62) 岑仲勉 1947, p. 118.
(63) 嶋崎 1959, pp. 123-127. ただし嶋崎がこの論文の註56で，「この刻文は一面は漢文，他面はウィグル文で，はじめ F. Müller がとりあげ，（以下略）」と述べているのは全くの誤解である。そのような棒杭文書は存在しない。恐らくペリオの説明を誤って受けとったのであろう。Cf. Pelliot 1929, p. 253.
(64) Gabain 1949, p. 62. オアシス地帯とステップ地帯との融和がウイグルの西遷によって一時実現されたが，ウイグルが農耕国家的色彩を濃くしてくるにつれて「再び」両地帯は分離していった，とガバインは言っている。
(65) 岑仲勉 1947, p. 119.
(66) とくに第12行目の記載「有上所條，悉（用）（奉）施，永充齊供」に注目せよ。
(67) Ş. Tekin 1976b, pp. 228, 230；耿世民 1981, pp. 80-81. なお，両者で行数の数え方と年代比定に違いがある。テキンは東ウイグルの牟羽可汗時代とするが，それは全く無理で，耿世民のように西ウイグル時代とみなければならない。
(68) いわゆるトカラ語文書中にも「弥勒」の名はよく現われる。Cf. 羽田（亨）1911, p. 353；W. Thomas, *Tocharisches Elementarbuch*, II, Heidelberg, 1964, pp. 35-37；Müller / Sieg 1916；Ji Xianlin / Winter / Pinault 1998.
(69) Cf. Müller 1907；Müller, *Uigurica*, II, p. 88；Müller, *Uigurica*, III." p. 57；Bang / Gabain, TTT IV, pp. 440-443；Ş. Tekin, BTT 9；Zieme, BTT 13；Kasai, BTT 26.
(70) Müller, *Uigurica*, II, pp. 79, 88；Bang / Gabain, TTT IV, pp. 440-443.
(71) 西ウイグル前期の仏教では六道より阿修羅道を除いた五道が一般的だったことは，既に森安 1985「教理問答」pp. 32-36 で論証したところであるが，その際，第三棒杭文書も有力な証拠となっていた。
(72) 護 1984, 第Ⅳ章「草原文学の源流」。
(73) Grünwedel, *Bericht*, p. 60；cf. Le Coq, MM, p. 29.
(74) 恐らく *Bericht*, p. 60 でグリュンヴェーデルが，トゥルファンの他の場所で陀羅尼の書かれた多角形の小さい楔形の木釘のようなものをいくつも発見し，それを近代のチベット仏教徒の風習と結びつけていることを，ミュラーは念頭に置いていたのであろう。
(75) Grünwedel, *Bericht*, pp. 57-58. ただし壁画は大破しており，瓦礫の中から回収・復元され

た悪魔以外は，足下部分が残存するだけであった．
(76) Müller 1915, p. 3 ; Müller, *Uigurica*, II, pp. 61-62, 102.
(77) Clauson, ED, p. 682.
(78) 護雅夫もこの説を採ったようで，ある概説に棒杭文書の写真を掲載し，そのキャプションで「悪魔封じの木釘」と説明している［護 1960, p. 192］．
(79) Klimkeit 1982a, p. 25.
(80) 本パラグラフの「刹」の記述は前稿 Moriyasu 2001, pp. 171-174 に依拠しているので，レファランスは一切省く．その後，音韻学的により厳密な考察を加えた辛嶋 2007, pp. 446-451 によって，梵語では「仏塔上部で幾重にも重ねられた傘蓋に似た円盤状のもの」を意味した chattra が，中央アジアのコータン語・トカラ語で ksattra となり，それが漢語で「刹」と音写されたこと，そしてその形状も東アジアに伝播するまでにいわゆる「相輪」に変化したことが明らかにされた．なお，この点に関する私からの問い合わせに対し，辛嶋氏からは，「刹」の原語は常に chattra / ksattra であるとは限らず，それが yasti「柱」に対応する例も見つかったというコメントを戴いた．
(81) Cf. Müller 1915, pp. 14-15 ; Moriyasu 2001, p. 169 に引用する『大正蔵』のレファランス．
(82) Cf. Irwin 1979 ; Irwin 1980 ; 宮治 1990, pp. 63-64, 73.
(83) Cf. 村田 1959, pp. 2-3, 17-18, 20-21 ; Irwin 1979 ; 宮治 1990, pp. 59-62 ; 濱島 1984 ; 大理州文管所／下関市文化館「下関市仏図塔実測和清理報告」『文物』1986-7, pp. 50-55 ; 新羅・皇龍寺の九層木塔の「刹柱本記」in 文化財研究所『皇龍寺遺跡発掘報告書Ⅰ』ソウル，民族文化，1984, pp. 334-346.
(84) 我が国の仏塔では相輪の下端部が，心柱とよばれる中央の柱に繋がっているが，地面すれすれのところで切断されていて，地中には達していない．しかしそれは地震の多い我が国で考案された免震技術上の工夫であって，本来ならば地中に突き刺さっていたはずである．
(85) 村田 1959, pp. 17-18, 20-21. ただし村田は出典を挙げていないので，ここに『続高僧伝』と『広弘明集』の対応箇所を指摘しておく，cf.『大正蔵』50, p. 510c ; 50, p. 518a ; 50, p. 669a ; 50, p. 671a ; 52, p. 213b ; 52, p. 217a ; 52, p. 218b. なお，これらの記事には「打刹」と「行道」が同時に並行して現われる点に注意したい．ただ注意すべきは，「打刹」には別の意味もあるらしい点である．それは『歴代名画記』巻5・顧愷之の条に見えるもので，そこではどうやら「刹柱を打ち鳴ら」しているようなのである［cf. 長廣敏雄訳注，平凡社，東洋文庫305, 1977, p. 324］．
(86) 小杉一雄『中国仏教美術史の研究』東京，親樹社，1980, pp. 18-34 ; 宮治 1990, p. 59. ただ一言コメントすれば，小杉説は刹をいつでも心柱とみなす通説への反駁でもあった．
(87) これが前註85で示した「行道」である．後世の日本の例から推測して，おそらく道路でのパレード（行列，御練り）を伴う盛大な儀式であったのだろう．
(88) 庄垣内 1979, p. 012, Frag. II, *l*. 10＝Zieme, BTT, 13, Text 12 E, *l*. 37. 但し，この解釈はツィーメによる［BTT 13, pp. 76-77］．tuγ は漢語「纛」の音写語である．yumzuγ は不明であるが，ツィーメは tuγ の同義語とみなしている．
(89) *Bericht*, p. 58 ; MM, pp. 29-30 （特に図面），pl. 1b ;『ドイツ・トゥルファン探検隊西域美術展』朝日新聞社，1991, pl. 113 （p. 167）．
(90) 森安『マニ教史』pp. 150-154.
(91) *Bericht*, pp. 59-60 ; BSMA 3, pp. 51-52 & pls. 24-25, cf. MM＝BSMA 2, p. 29.

(92) Irwin 1979, p. 828. Cf. 宮治 1990, p. 63. 本文で使用した「原水」という訳語は宮治に従ったものである。なお，この宮治論文 pp. 76-85 では，インドのストゥーパの装飾原理として，(1)水，(2)植物，(3)動物，(4)神々，(5)女神とミトゥナを挙げ参考になるが，とりわけ (3)動物の項で，「マカラはエネルギーを秘めた水を象徴し，原水にも等しい存在である」とか，龍蓋付きの蛇（コブラ）として表されるナーガが水と関係深く，生命エネルギーの源泉とみなされたと指摘する点が興味深い。
(93) Gulácsi 1997, p. 197.
(94) 『樊川文集』点校者の陳允吉は，原文の放首を牧首に改めたというが，それ以外にも頡干伽思は頡于伽思に改めるべきことを忘れ，しかもこの長い称号を 3 人分と見ているのは誤りである。陳国燦や栄新江は正しく 1 人分と理解しており［陳国燦 1986, p. 617；栄新江 2009a, p. 188＝栄新江 2009b, p. 13］，それを受けて私なりにこの称号を分解すれば，「西州牧守という実職に就いており，頡于伽思（il ögäsi）の位にあり，倶宇合（külüg alp）逾越密施（ögütmiš）莫賀都督（baɣa totoq）という勲階を持つ宰相の安寧」となる。
(95) 西州牧守を，建国途上にある西ウイグル王国の君長から派遣されて西州を統治していた者とするのは安部や私の考えであるが［『西ウ』pp. 248-250；本書第 5 論文＝森安 1977「西遷」p. 118］，栄新江はこの西州牧守を，東ウイグル帝国時代にトゥルファン地方を統治するために派遣されていた遺臣とする［『帰義軍史』pp. 353-354］。いずれが正しいかの判断は，今後の研究に委ねたい。なお，これに関連して陳国燦 1986, p. 617 は，東ウイグル帝国の滅亡前後に，吐蕃が再び西州を占領した可能性を示唆するが，これも森安の考えとは相容れない［森安 1973；森安 1979＝本書第 4 論文］。

〔補註〕本稿脱稿後に，棒杭文書の年代について Moriyasu 2001 "Stake" を把握して森安説を認めている研究者が中国にもいることを，初めて知った［付馬 2014, p. 18］。

あとがき

　自分も含めて人間の記憶というものがいかに曖昧であるかは，拙著『シルクロードと唐帝国』（講談社，2007年）の「あとがき」で冒した重大なミスにより，身を以て痛感した。この私の初めての概説書は，その大部分が私のオリジナルな研究成果に基づいており，いずれも史料的裏付けがあるが，「あとがき」は自分の記憶だけで簡単に執筆した。その時，私は今上天皇が日韓民族の祖先には強い繋がりのあることを表明されたのは，天皇訪韓の際であったと書いてしまった。実際には日韓共催のサッカー・ワールドカップを翌年に控えた2001年12月の記者会見での御発言であった。拙著の原稿は幾人かが査読したのであるが，誰もその誤りに気付かず，読者からの葉書で指摘されて愕然とした次第である。
　家内には「よくそれで歴史学者をやっているわね」と呆れられるほど，私は普段からあまり記憶力のいい方ではないが，この誤りは二重の意味でショックであった。一つは，過去の人間が書き残した史料には記憶違いや思い込みが多々あるはずだから，文献史学に信頼を置くことはできないという言語論的転回論者の言い分を容認する結果になってしまったことである。そしてもう一つは，この自らのミスによって，拙著全体への信頼を落としてしまったことである。
　言語論的転回論者の指摘を受けるまでもなく，歴史学界には古くから「孤証は証拠にあらず」という教訓がある。つまりある事件なり人物像なりを復元するには，複数の史料が必要ということであり，できれば視点の異なる立場から書かれた文献や文書がある方が望ましいということである。私は恩師の1人である榎一雄教授からこの言葉を教わって以来，それを肝に銘じ，可能な限り複数の言語からなる史料を組み合わせる努力を積み重ねてきた。本書はその成果を改めて世に問うものであり，上述した拙著『シルクロードと唐帝国』の典拠となった論文のほぼすべてがここに収載されている。
　なお，この『シルクロードと唐帝国』は，かつて恩師・護雅夫教授と間野英二・京都大学教授との間にあったいわゆるシルクロード史観論争を私が引き継ぐ

という一面も有していた。この問題については既に森安孝夫編『中央アジア出土文物論叢』(朋友書店, 2004 年) に寄せた「序文——シルクロード史観論争の回顧と展望」で, 学問的議論は尽くしたつもりであるので, 本書においては序文 vii 頁とその註 11, 12 でごく簡単に事実経過を述べるに留めておいた (但し本文 436, 475-476, 488 頁の脚註・註 1・原補註 1 にも言及あり)。しかし本書の編集作業を三校まで終え, 索引を作成する段階になって, 私の世界史再構成の柱になる「中央ユーラシア (世界)」と「中央ユーラシア型国家」については一応の定義をしているものの, もう一つの柱である「シルクロード」については一言で定義した箇所がないことに気付いた。自分としては 2004 年の『中央アジア出土文物論叢』の序文, 2007 年の『シルクロードと唐帝国』の第 1 章, 2011 年の『ソグドからウイグルへ』の序文, 同じく 2011 年の「内陸アジア史研究の新潮流と世界史教育現場への提言」第 IV 節などで, 繰り返し主張してきたつもりであった。しかし, 本書にはそれらを一切収載しなかったので, ここに改めてそれらに共通する主旨を補足しておかねばならない。

　要するに私は, シルクロードを線ではなく面で把握し, シルクロードをシルクロード＝ネットワークに覆われた地域とみなし, しかもシルクロードという術語に前近代 (近代以前) という時代性を持たせ,「シルクロード世界」という歴史世界を提唱しているのである。既に私は『シルクロードと唐帝国』68 頁で,「シルクロードとは別の言葉でいえば《前近代中央ユーラシア》のことなのである」と明言しておいた。今や歴史世界としての「中央ユーラシア世界」は, いくつかの高校世界史教科書や大阪大学歴史教育研究会編『市民のための世界史』にも載せられており, 学界のみならず教育界にも浸透しつつあると言ってよい。そこで, ここではさらに一歩を進め,「シルクロード世界とは前近代中央ユーラシア世界のことである」と定義したいのである。つまり中央ユーラシア世界とシルクロード世界は表裏一体なのであり, それゆえそこが東西南北と縁の薄い「完結した小世界」であるはずはない。また, シルクロード貿易の本質は軽くて高価な奢侈品貿易であり, そこに重くても自分で動く馬と奴隷が加わるのである。

　本書に収載された実証論文は全てそうしたシルクロード世界のうちの東部〜中央部を研究対象としたものである。私が一貫してそこを研究対象としてきたのは, 明治維新以来の東洋史学の中でもその領域が花形であって膨大な蓄積があっただけでなく, 直接的には榎一雄・護雅夫・池田温という恩師やハミルトン・ツィー

メという海外の先達に恵まれ，さらにアジア文化研究会（東京一円）やヤントン（京阪神）をはじめとする勉強会に集った同世代の研究仲間たちからも多大の学恩を蒙ることができたからである。特に年下ながら吉田豊教授の学識にはおおいに助けられた。もちろん東京一極集中の流れに抗して大阪に留まり，研究者育成に邁進する中で，教え子たちと共に歩むことができたことも大きな要因である。幸い大阪大学・東洋史からは，十数名の中央ユーラシア史研究者が巣立っていった。その全員の名前が，本書のどこかに一度は現われているのは，私の密かな誇りなのである。本書はそのような学問的歩みをしてきた私のシルクロード史学の一つの到達点であり，世界に冠たる我が国の内陸アジア史学がさらに発展するための道標となることを切に願っている。

振り返って見れば，私が人生でもっともよく勉強できたのは東京大学の院生時代と，それに続く30歳から2年間のパリ留学の時期であった。そして発表論文に質的変化を生じさせた二大転機は，ペリオ将来敦煌文書を大量に精査できた留学時代と，大阪大学に赴任後，ヤントンという研究会でソグド語・コータン語・チベット語・漢語を専門とする同年輩の文献学者と深く交わり，切磋琢磨できた時期である。さらにヤントンの活動期と重なる1980年代後半の河西回廊～新疆東部現地調査，その後1990年代後半に私がリーダーとなった科研費チームによるモンゴル現地調査における多彩な成果と経験が，私の学問の幅を広げてくれた。そして，これらすべての上に立つ研究成果を，2003年にパリのコレージュ＝ド＝フランスにおける4回連続講演で吉田豊教授と共に披露できたのは，我が学問人生のハイライトと言えるが，それに続いて現役を引退する年にこのように大部な本書を出版できることは，この上ない喜びである。

最後に，本書出版の機会を与えてくださった日本学術振興会と名古屋大学出版会に衷心より感謝する次第である。本書の刊行は，平成26年度科学研究費補助金（研究成果公開促進費「学術図書」）の交付を受けたものである。

2014年 師走 大阪にて

森安 孝夫

初出一覧 （付．本書中での引用略号＊）

第一篇　東ウイグル・唐・吐蕃鼎立時代篇

1. 「ウイグルから見た安史の乱」『内陸アジア言語の研究』17, 2002 / 9, pp. 117-170, ＋2 pls.
　　　　　　　　　　　　　　　　　　　　　　　　　　　　　＊森安　2002「安史」
2. 「チベット語史料中に現われる北方民族——DRU-GU と HOR」『アジア・アフリカ言語文化研究』14, 1977 / 12, pp. 1-48.
　　　　　　　　　　　　　　　　　　　　　　　　　　　　　＊森安　1977「Hor」
3. 「吐蕃の中央アジア進出」『金沢大学文学部論集（史学科篇）』4 (1983), 1984 / 3, pp. 1-85, ＋2 pls.
　　　　　　　　　　　　　　　　　　　　　　　　　　　　＊森安　1984「吐蕃の中ア」
4. 「増補：ウィグルと吐蕃の北庭争奪戦及びその後の西域情勢について」, 流沙海西奨学会（編）『アジア文化史論叢』3, 東京, 山川出版社, 1979 / 8, pp. 199-238.
　　　　　　　　　　　　　　　　　　　　　　　　　　　＊森安　1979「増補：北庭戦」

第二篇　西ウイグル・敦煌王国・河西ウイグル時代篇

5. 「ウィグルの西遷について」『東洋学報』59-1 / 2, 1977 / 10, pp. 105-130.
　　　　　　　　　　　　　　　　　　　　　　　　　　　　　＊森安　1977「西遷」
6. 「ウイグルと敦煌」, 榎一雄（編）『講座敦煌 2 敦煌の歴史』東京, 大東出版社, 1980 / 7, pp. 297-338.
　　　　　　　　　　　　　　　　　　　　　　　　　　　　　＊森安　1980「ウイ敦」
7. 「敦煌と西ウイグル王国——トゥルファンからの書簡と贈り物を中心に」『東方学』74, 1987 / 7, pp. 58-74.
　　　　　　　　　　　　　　　　　　　　　　　　　　　　　＊森安　1987「贈り物」
8. 「沙州ウイグル集団と西ウイグル王国」『内陸アジア史研究』15, 2000 / 3, pp. 21-35.
　　　　　　　　　　　　　　　　　　　　　　　　　　　　　＊森安　2000「沙ウ」

第三篇　シルクロード篇

9. 「唐代における胡と仏教的世界地理」『東洋史研究』66-3, 2007 / 12, pp. 1-33.
　　　　　　　　　　　　　　　　　　　　　　　　　　　　　＊森安　2007「唐代胡」
10. 「シルクロードのウイグル商人——ソグド商人とオルトク商人のあいだ」,『岩波講座世界歴史 11 中央ユーラシアの統合（九〜一六世紀)』東京, 岩波書店, 1997 / 11, pp. 93-119.
　　　　　　　　　　　　　　　　　　　　　　　　　　　　＊森安　1997「ウイグル商人」
11. 「シルクロード東部における通貨——絹・西方銀銭・官布から銀錠へ」, 森安孝夫（編）『中央アジア出土文物論叢』京都, 朋友書店, 2004 / 3, pp. 1-40.　　＊森安　2004「通貨」
12. 「敦煌出土元代ウイグル文書中のキンサイ緞子」, 榎博士頌寿記念東洋史論叢編纂委員会（編）『榎博士頌寿記念東洋史論叢』東京, 汲古書院, 1988 / 11, pp. 417-441, incl. 2 pls.
　　　　　　　　　　　　　　　　　　　　　　　　　　　　　＊森安　1988「キンサイ」
13. 「元代ウィグル仏教徒の一書簡——敦煌出土ウィグル語文献補遺」, 護雅夫（編）『内陸アジア・西アジアの社会と文化』東京, 山川出版社, 1983 / 6, pp. 209-231.
　　　　　　　　　　　　　　　　　　　　　　　　　　　　　＊森安　1983「元代ウ書簡」

第四篇　マニ教・仏教史篇

14. 「東ウイグル＝マニ教史の新展開」『東方学』126, 2013 / 7, pp. 142-124（逆頁).
　　　　　　　　　　　　　　　　　　　　　　　　　　　　＊森安　2013「東ウ＝マニ教」

15 「西ウイグル王国時代のマニ教隆盛——マニ教寺院経営の実態」…コレージュ＝ド＝フランス「ウイグル＝マニ教史特別講義」[Moriyasu 2003 "FourL"] 第3回分を日本語に直して増補・修正したものと，博士論文『マニ教史』[森安 1991] 第2章の中核史料である「マニ教寺院経営令規文書」のテキスト・和訳の最新版を合体した。
16 「西ウイグルにおけるマニ教の衰退と仏教の台頭」…コレージュ＝ド＝フランス「ウイグル＝マニ教史特別講義」[Moriyasu 2003 "FourL"] 第4回分を日本語に直し大幅な補訂を加えた。
17 「トルコ仏教の源流と古トルコ語仏典の出現」『史学雑誌』98-4, 1989 / 4, pp. 1-35.
＊森安 1989「源流」
18 「西ウイグル仏教のクロノロジー——ベゼクリクのグリュンヴェーデル編号第8窟（新編号第18窟）の壁画年代再考」『仏教学研究』62 / 63（合併号), 2007 / 3, pp. 1-45.
＊森安 2007「西ウ仏教」
19 「ウィグル仏教史史料としての棒杭文書」『史学雑誌』83-4, 1974 / 4, pp. 38-54, 並びに "Uighur Buddhist Stake Inscriptions from Turfan." In : L. Bazin / P. Zieme (eds.), *De Dunhuang à Istanbul. Hommage à James Russell Hamilton*, (Silk Road Studies, 5), Turnhout (Belgium) : Brepols, 2001 / 3, pp. 149-223. …両論文を基礎にしているが，新たな書き下ろしである。

漢籍使用版本一覧

正史と『資治通鑑』『続資治通鑑長編』は全て中華書局標点本。
『通典』＝杜佑（撰），王文錦ほか（点校）『通典』（全5冊），北京，中華書局，1988年。
『唐会要』＝王溥（撰）『唐会要』（全2冊），上海，上海古籍出版社，1991年。
『曲江集』＝張九齢（撰），熊飛（校注）『張九齢集校注』（全3冊），（中国古典文学基本叢書），北京，中華書局，2008年。（ただし，原論文で四部叢刊本『唐丞相曲江張先生文集』を使用している場合は，その記載も残しておく。）
『会昌一品集』＝傅璇琮／周建国（校箋）『李徳裕文集校箋』石家庄，河北教育出版社，1999年。
『樊川文集』＝杜牧（著），陳允吉（校点）『樊川文集』上海，上海古籍出版社，1978年。
『大唐西域記』＝玄奘（撰），章巽（校点）『大唐西域記』上海，上海人民出版社，1977年。
『大唐西域記校注』＝玄奘／辯機（原著），季羨林ほか（校注）『大唐西域記校注』（中外交通史籍叢刊），北京，中華書局，1985年。
『大慈恩寺三蔵法師伝』＝慧立／彦悰（著）『大慈恩寺三蔵法師伝』（中外交通史籍叢刊），北京，中華書局，1983年。
『釈迦方誌』＝道宣（著）『釈迦方誌』（中外交通史籍叢刊），北京，中華書局，1983年。
『慧超伝』＝桑山正進（編）『慧超往五天竺国伝研究』京都，京都大学人文科学研究所，1992年。
『元和郡県図志』＝李吉甫（撰），賀次君（点校）『元和郡県図志』（全2冊），（中国古代地理総志叢刊），北京，中華書局，1983年。
『太平寰宇記』＝『太平寰宇記』（全2冊），（宋代地理書四種之一），文海出版社，1962年。
『文苑英華』＝李昉，等（編）『文苑英華』（影印本，附：作者姓名索引，全6冊），北京，中華書局，1966年。
『輝麈録』＝王明清（撰）『輝麈録』（宋代史料筆記叢刊），北京，中華書局，1961年。
『冊府元亀』＝王欽若，等（編）『冊府元亀』。全巻が揃っている明版（北京，中華書局，全12冊，1960年）を基本とするが，宋版（北京，中華書局，全4冊，1989年）が残っている場合は，その頁数も併記する。ただし，宋版がある場合，漢文テキストは宋版を主としつつも双方を勘案して復元する。その際，『冊府元亀 校訂本』（南京，鳳凰出版社，全12冊，2006年）も参考にするが，必ずしもそれに依拠しない。
『宋会要輯稿』＝徐松（輯）『宋会要輯稿』（前北平図書館影印本，全8冊），北京，中華書局，1957年初版，1997年復刻。
『契丹国志』＝葉隆礼（撰），賈敬顔ほか（点校）『契丹国志』上海，上海古籍出版社，1985年。
『大正蔵』＝『大正新脩大蔵経』

略 号 表

漢字・カタカナ（画数順）

『マニ教史』＝森安孝夫『ウイグル＝マニ教史の研究』1991.
『大正蔵』＝『大正新脩大蔵経』
『元朝史』＝前田直典『元朝史の研究』1973.
『中国壁画全集』＝中国壁画全集編輯委員会『中国壁画全集 新疆6 吐魯番』瀋陽，遼寧美術出版社／新疆人民出版社，1990.
王／陳＝王堯／陳践『敦煌本吐蕃歴史文書』1980.
『古チ』＝佐藤長『古代チベット史研究（上・下）』全2巻，1958-1959.
『古ト研』＝護雅夫『古代トルコ民族史研究 I, II, III』全3巻，1967-1997.
伊瀬『西域』＝伊瀬仙太郎『中国西域経営史研究』1968.
『西ウ』＝安部健夫『西ウィグル国史の研究』1955.
『西域記』＝水谷真成（訳注），玄奘（著）『大唐西域記』1971.
『羽田論集・上』＝羽田亨『羽田博士史学論文集 上巻 歴史篇』1957.
『羽田論集・下』＝羽田亨『羽田博士史学論文集 下巻 言語・宗教篇』1958.
『吐蕃王国』＝山口瑞鳳『吐蕃王国成立史研究』1983.
『英蔵敦煌』＝中国社会科学院歴史研究所，他（編）『英蔵敦煌文献（漢文仏経以外部份）』全15巻，成都，四川人民出版社，1990-2009.
『法蔵敦煌』＝上海古籍出版社／法国国家図書館（編）『法国国家図書館蔵敦煌西域文献』全34巻，上海，上海古籍出版社，1995-2005.
『岩佐遺稿』＝岩佐精一郎『岩佐精一郎遺稿』1936.
松田『天山』＝松田壽男『古代天山の歴史地理学的研究（増補版）』1970.
前田『河西』＝前田正名『河西の歴史地理学的研究』1964.
『真蹟釈録』＝唐耕耦／陸宏基（編）『敦煌社会経済文献真蹟釈録』全5巻，北京，書目文献出版社，1986〜1990.
『秘史』＝村上正二（訳注）『モンゴル秘史』全3巻，（東洋文庫 163, 209, 294），東京，平凡社，1970, 1972, 1976.
『帰義軍史』＝栄新江『帰義軍史研究――唐宋時代敦煌歴史考索』1996.
『新疆石窟』＝新疆維吾爾自治区博物館／新疆人民出版社（編）『新疆石窟 吐魯番伯孜克里克石窟』上海，新疆人民出版社／上海人民美術出版社，出版年不明．
『慧超伝』＝桑山正進（編）『慧超往五天竺国伝研究』1992.
『騎馬民族史』＝『騎馬民族史 正史北狄伝』全3巻，（東洋文庫 197, 223, 228），東京，平凡社，1971-1973.
『籍帳』＝池田温『中国古代籍帳研究――概観・録文』1979.

ローマ字（アルファベット順）

ABK＝Grünwedel 1912, *Altbuddhistische Kultstätten in Chinesisch-Turkistan*.
AD＝Karlgren 1923, *Analytic Dictionary of Chinese and Sino-Japanese*.
ADAW＝Abhandlungen der Deutschen Akademie der Wissenschaften zu Berlin, Klasse für Sprachen, Literatur und Kunst.

AEMA = *Archivum Eurasiae Medii Aevi.*
AM = *Asia Major.*
Ancient Khotan = Stein 1907, *Ancient Khotan.*
AO = *Acta Orientalia*, Copenhagen.
AoF = *Altorientalische Forschungen*, Berlin.
AOH = *Acta Orientalia Academiae Scientiarum Hungaricae*, Budapest.
APAW = Abhandlungen der Preußischen Akademie der Wissenschaften, Phil.-hist. Klasse, Berlin.
ATG = Gabain 1974a, *Alttürkische Grammatik*, 3. Auflage.
BAISS = *Bulletin de l'Académie Impériale des Sciences de St.-Pétersbourg.*
BBAW = Berlin-Brandenburgische Akademie der Wissenschaften.
BBB = Henning 1936b, *Ein manichäisches Bet- und Beichtbuch.*
BEFEO = *Bulletin de l'École Française d'Extrême Orient.*
Bericht = Grünwedel 1906, *Bericht über archäologische Arbeiten in Idikutschari und Umgebung im Winter 1902-1903.*
BL = British Library 英国図書館（大英図書館），ロンドン。
BM = British Museum 大英博物館，ロンドン。
BN = Bibliothèque Nationale de France フランス国立図書館，パリ。
BQ 碑文 = 突厥文のビルゲ可汗 Bilgä Qaγan 碑文
BSMA = Le Coq 1922-1926, *Die buddhistische Spätantike in Mittelasien*, I-V.
BSOAS = *Bulletin of the School of Oriental and African Studies.*
BSOS = *Bulletin of the School of Oriental Studies.*
BTT = Berliner Turfantexte.
BTT 3 = Tezcan 1974, *Das uigurische Insadi-Sūtra.*
BTT 5 = Zieme 1975, *Manichäisch-türkische Texte.*
BTT 8 = Kara / Zieme 1977, *Die uigurischen Übersetzungen des Guruyogas "Tiefer Weg".*
BTT 9 = Ş. Tekin 1980, *Maitrisimit Nom Bitig.*
BTT 11 = Sundermann 1981, *Mitteliranische manichäische Texte kirchen-geschichtlichen Inhalts.*
BTT 13 = Zieme 1985, *Buddhistische Stabreimdichtungen der Uiguren.*
BTT 26 = Kasai 2008, *Die uigurischen buddhistischen Kolophone.*
CAJ = *Central Asiatic Journal.*
CBBMP = Hamilton 1971, *Le conte bouddhique du Bon et du Mauvais Prince en version ouïgoure.*
CDT = Spanien / Imaeda (eds.), *Choix de documents tibétains conservés à la Bibliothèque Nationale*, I-II.
Ch., Chin. = Chinese.
Ch/U = Chinese / Uighur の略。20世紀初頭にドイツのトゥルファン探検隊によって将来され，現在はベルリン＝ブランデンブルグ科学アカデミーに所蔵される文書のうち，表面が漢文（多くは仏典）で裏面がウイグル文であるもの。
Chotscho = Le Coq 1913, *Chotscho.*
CTD = Dankoff / Kelly 1982-85, *Maḥmūd al-Kāšγarī, Compendium of the Turkic Dialects*, I-III.
DLIT = Atalay 1939-43.
DMMPP = Durkin-Meisterernst 2004, *Dictionary of Manichaean Middle Persian and Parthian.*
DMSB = Sims-Williams / Durkin-Meisterernst 2012, *Dictionary of Manichaean Sogdian and Bactrian.*
Doc. Turcs = Chavannes 1903, *Documents sur les Tou-kiue (Turcs) Occidentaux.*
DTH = Bacot / Thomas / Toussaint 1940-46, *Documents de Touen-houang relatifs à l'histoire du Tibet.*

DTS = Наделяев et al. 1969, *Древнетюркский Словарь*.
DTSTH = Sims-Williams / Hamilton 1990, *Documents turco-sogdiens du IXe-Xe siècle de Touen-houang*.
ED = Clauson 1972, *An Etymological Dictionary of Pre-Thirteenth-century Turkish*.
ed., eds. = editor (s), edited, edition.
EnIs = *The Encyclopedia of Islam*.
Erdal, GOT = Erdal 2004, *A Grammer of Old Turkic*.
ETY = Orkun 1936-41, *Eski Türk Yazıtları*, I-IV.
fig (s). = figure (s).
fn. = footnote (s).
FTB = Laut 1986, *Der frühe türkische Buddhismus und seine literarischen Denkmäler*.
G. = Giles, *Descriptive Catalogue of the Chinese Manuscripts from Tunhuang in the British Museum*.
GOT = T. Tekin 1968, *A Grammer of Orkhon Turkic*.
GSR = Karlgren 1957, *Grammata Serica Recensa*.
GUMS = Moriyasu 2004, *Die Geschichte des uigurischen Manichäismus an der Seidenstraße*.
HA = Minorsky 1937 (2nd ed. : 1970), *Ḥudūd al-'Ālam. 'The Regions of the World'*.
hend. = hendiadys.
HJAS = *Harvard Journal of Asiatic Studies*.
HSP = Henning 1977, *Selected Papers*.
Ḥudūd = Cf. HA.
IIJ = *Indo-Iranian Journal*.
IUCD = Clark 1975, *Introduction to the Uyghur Civil Documents of East Turkestan (13th-14th cc.)*.
JA = *Journal Asiatique*.
JAH = *Journal of Asian History*.
JAOS = *Journal of the American Oriental Society*.
Jap. = Japanese.
JRAS = *Journal of the Royal Asiatic Society*.
JSFOu = *Journal de la Société Finno-Ougrienne*.
Khot. = Khotanese.
KT, IV = Bailey 1961, *Khotanese Texts*, Vol. IV : Saka Texts from Khotan in the Hedin Collection.
KT 碑文 = 突厥文のキョルテギン Köl Tegin 碑文
l., ll. = line (s).
lit. = literally.
MAC = Klimkeit 1982a, *Manichaean Art and Calligraphy*.
Manichaica, I-III = Le Coq 1912-22, *Türkische Manichaica aus Chotscho*, I-III.
MIK = Museum für Indische Kunst, Berlin.
MM = Le Coq 1923, *Die manichäischen Miniaturen*.
MOTH = Hamilton 1986, *Manuscrits ouïgours du IXe-Xe siècle de Touen-houang*.
MRDTB = *Memoirs of the Research Department of the Tōyō Bunko*, Tokyo.
New EnIs = *The Encyclopedia of Islam, New Edition*.
NF. = Neue Folge.
No., Nos. = Number (s).
no., nos. = number (s).
NS. = New Series, Neue Serie.

OECD＝Hamilton 1955, *Les Ouïghours à l'époque des Cinq Dynasties*＝Hamilton 1988 (2nd ed. with additions).
OLZ＝*Orientalistische Literaturzeitung.*
Or.＝Oriental の略。ロンドンの British Library に所蔵される東洋関係の文献ないし文書。
OTA＝敦煌編年記（P. t. 1288 & India Office 750 & Or. 8212-187; DTH, pp. 7-75 の Annales）
OTAAT＝Dotson 2009, *The Old Tibetan Annals. An Annotated Translation of Tibet's First History.*
OTC＝敦煌年代記（P. t. 1287；DTH, pp. 91-171 の Chronique）
Ot. Ry.＝Otani of Ryukoku の略。京都の龍谷大学大宮図書館に「西域文化資料」として所蔵される大谷探検隊将来西域出土文書のこと。
OTWF＝Erdal 1991, *Old Turkic Word Formation.*
P.＝Pelliot の略。パリの国立図書館に所蔵されるペリオ将来敦煌文書。ただし，P. のみで Pelliot chinois すなわちペリオ将来敦煌出土漢文文書の略号である場合が多い。
p., pp.＝page(s).
P. ou.＝Pelliot ouigour の略。パリの国立図書館に所蔵されるペリオ将来敦煌出土ウイグル語文書。
P. t.＝Pelliot tibétain の略。パリの国立図書館に所蔵されるペリオ将来敦煌出土チベット語文書。
pl., pls.＝plate(s).
r＝recto（紙表）。
Repr.＝Reprint.
S.＝Stein の略。ロンドンの British Library に所蔵されるスタイン将来敦煌文書。
SDAW＝Sitzungsberichte der Deutschen Akademie der Wissenschaften zu Berlin, Klasse für Sprachen, Literatur und Kunst.
SDTV＝Bailey 1968, *Saka Documents. Text Volume.*
Serindia＝Stein 1921, *Serindia*, I-V.
SIAL＝*Studies on the Inner Asian Languages (Nairiku Ajia gengo no kenkyū)*, (Kōbe /) Toyonaka : Chūō Yūrasia-gaku kenkyūkai.
Sino-Iranica＝Laufer 1919, *Sino-Iranica.*
Skt.＝Sanskrit.
Sogd.＝Sogdian.
SPAW＝*Sitzungsberichte der Preussischen Akademie der Wissenschaften*, Phil.-hist. Klasse, Berlin.
SUK＝Yamada et al. 1993, *Sammlung uigurischer Kontrakte.*＝山田ほか 1993『ウイグル文契約文書集成』
Tib.＝Tibetan.
TLTD＝Thomas 1935-63, *Tibetan Literary Texts and Documents concerning Chinese Turkestan*, I-IV.
TMEN＝Doerfer 1963-75, *Türkische und mongolische Elemente im Neupersischen*, I-IV.
TP＝*T'oung Pao.*
TTT＝Türkische Turfan-Texte.
TTT I＝Bang / Gabain 1929a.
TTT II＝Bang / Gabain 1929b.
TTT III＝Bang / Gabain 1930a.
TTT IV＝Bang / Gabain 1930b.
TTT VI＝Bang / Gabain / Rachmati 1934.
TTT VII＝Rachmati / Eberhard 1937 (not 1936).
TTT VIII＝Gabain 1954b.

TTT IX = Gabain / Winter 1958.
TTT X = Gabain / Kowalski 1959.
TuMW =新疆吐魯番地区文物局（編）『吐魯番新出摩尼教文献研究』北京，文物出版社，2000,
(incl. 吉田／森安 2000a & 吉田 2000c).
Turfan-Forschung, I-III. = *Sprachwissenschaftliche Ergebnisse der Deutschen Turfan-Forschung*, I-III.
3 vols., Leipzig, 1972-1985.
U = Uighur の略。20世紀初頭にドイツのトゥルファン探検隊によって将来され，現在はベル
リン=ブランデンブルグ科学アカデミーに所蔵される文書のうち，主要面がウイグル
文であるもの。
UAJ = *Ural-Altaische Jahrbücher*.
UBL = Elverskog 1997, *Uygur Buddhist Literature*.
UBr = Tezcan / Zieme 1971, "Uigurische Brieffragmente."
UDKP =庄垣内／トゥグーシェワ／藤代 1998 『ウイグル文 Daśakarmapathāvadānamālā の研究』。
Uig. = Uighur.
Uigurica, I-III = Müller 1908 & 1911 & 1920.
Uigurica, IV = Müller / Gabain 1931.
USp = Radloff 1928, *Uigurische Sprachdenkmäler*.
UW = Röhrborn 1977-98 (to be continued), *Uigurisches Wörterbuch. Sprachmaterial der vorislamischen türkischen Texte aus Zentralasien*.
v = verso（紙背）。
VOHD = Verzeichnis der orientalischen Handschriften in Deutschland.
vol., vols. = volume(s).
VSUA = Veröffentlichungen der Societas Uralo-Altaica.
VWTD = Radloff 1893-1911, *Versuch eines Wörterbuches der Türk-Dialecte*, I-IV.
ZAS = *Zentralasiatische Studien*.
ZDMG = *Zeitschrift der Deutschen Morgenländischen Gesellschaft*.
ZRG = *Zeitschrift für Religions- und Geistesgeschichte*.

文献目録

日本人名はローマ字，中国人名はピンインにして，全てアルファベット順に並べた。
出版年は初出年であるが，本書で再録版を引用した場合はそちらの頁数を明記した。

Abe, Takeo 安部 健夫
- 1954 "Where was the Capital of the West Uighurs ?" In : *Silver Jubilee Volume of the Zinbun-kagaku-kenkyūsho*, Kyoto : Kyoto University, pp. 435-450.
- 1955 『西ウィグル国史の研究』京都，彙文堂書店。
- 1972 『元代史の研究』東京，創文社。

Adachi, Kiroku 足立 喜六（訳註）
- 1942 『大唐西域求法高僧伝』東京，岩波書店。（再版：東京，岩波書店，1984.）

Akabame, Masayoshi 赤羽目 匡由
- 2004 「都管七国六瓣銀盒銘文の一考察──唐後期の渤海認識にふれて」『人文学報』346, pp. 127-155.

Akagi, Takatoshi 赤木 崇敏
- 2003 「曹氏帰義軍時代の外交関係文書」，森安孝夫（編）『シルクロードと世界史』（大阪大学 21 世紀 COE プログラム「インターフェイスの人文学」報告書，第 3 巻），豊中，大阪大学文学研究科，pp. 131-157.
- 2005 「河西帰義軍節度使張淮鼎──敦煌文献 P. 2555 piece 1 の検討を通じて」『内陸アジア言語の研究』20, pp. 1-25.
- 2008 「唐代前半期の地方文書行政──トゥルファン文書の検討を通じて」『史学雑誌』117-11, pp. 75-102.
- 2010 「十世紀敦煌の王権と転輪聖王観」『東洋史研究』69-2, pp. 59-89.
- 2012 "The Genealogy of the Military Commanders of the *Guiyijun* from Cao Family," In : I. Popova / Liu Yi (eds.), *Dunhuang Studies : Prospects and Problems for the Coming Second Century of Research*, St. Petersburg : Slavia Publishers, pp. 8-13.
- 2013 「甲午年五月十五日陰家婢子小娘子栄親客目」『敦煌写本研究年報』7, pp. 241-266.

Akimoto, Taiji 秋本 太二
- 1939 「高仙芝の西征──特に其の小勃律征討に就いて」『史学会誌』（京城帝国大学）15, pp. 13-32.

Allsen, Th. T.
- 1983 "The Yüan Dynasty and the Uighurs of Turfan in the 13th Century." In : M. Rossabi (ed.), *China among Equals. The Middle Kingdom and Its Neighbors, 10th-14th Centuries*, Berkeley / Los Angeles / London : University of California Press, pp. 243-280.

Andrews, F. H.
- 1948 *Wall Paintings from Ancient Shrines in Central Asia Recovered by Sir Aurel Stein.* 2 vols., London.

Aoki, Takeshi 青木 健
- 2010 『マニ教』（講談社選書メチエ 485），東京，講談社。

Arakawa, Masaharu 荒川 正晴
- 1986 「麴氏高昌国における郡県制の性格をめぐって」『史学雑誌』95-3, pp. 37-74.
- 1990 「トゥルファン出土「麴氏高昌国時代ソグド文女奴隷売買文書」の理解をめぐって」

『内陸アジア言語の研究』5, pp. 137-153.
- 1992 「唐の対西域布帛輸送と客商の活動について」『東洋学報』73-3/4, pp. 31-63.（分解再録：荒川 2010, 第 9 章第 1 節 & 第 3 節。）
- 1994 「トゥルファン出土漢文文書に見える ulaγ について」『内陸アジア言語の研究』9, pp. 1-25.（分解再録：荒川 2010, 第 1 章第 2 節 & 第 6 章第 1 節。）
- 1997 「唐帝国とソグド人の交易活動」『東洋史研究』56-3, pp. 171-204.（分解再録：荒川 2010, 第 7 章第 2 節 & 第 3 節。）
- 1999 「ソグド人の移住聚落と東方交易活動」『岩波講座世界歴史 15 商人と市場』東京，岩波書店，pp. 81-103.
- 2004 「唐代前半の胡漢商人と帛練の流通」『唐代史研究』7, pp. 17-59.（分解再録：荒川 2010, 第 7 章第 4 節 & 第 9 章第 1～3 節 & 第 10 章第 2 節。）
- 2010 『ユーラシアの交通・交易と唐帝国』名古屋，名古屋大学出版会。

Arat, R. R.
- 1964 "Der Herrschertitel *Iduq-qut.*" *UAJ* 35, pp. 150-157, ＋1 pl.
- 1965 *Eski Türk Şiiri.* Ankara. (Repr.：Ankara, 1991.)

Asmussen, J. P.
- 1963 "Die Iranier in Zentralasien. Kultur- & religionshistorische Bemerkungen." *AO* 27-3/4, pp. 119-127.
- 1965 *X^uāstvānīft. Studies in Manichaeism.* (Acta Theologica Danica, 7), Copenhagen：Prostant Apud Munksgaard.

Atalay, B. (ed.)
- 1939-43 *Divanü Lûgat-İt-Türk.* (Tercümesi, I-III & Endeks). Ankara.

Ayidar, Mirkamali　阿依達爾・米爾卡馬力
- 2013 「安蔵与回鶻文《華厳経》」『西域研究』2013-3, pp. 74-86, incl. 2 pls.

Bacot, J. / P. Pelliot
- 1956 J. Bacot, (notes par P. Pelliot), "Reconnaissance en Haute Asie Septentrionale par cinq envoyés ouigours au VIIIe siècle." *JA* 244-2, pp. 137-153, ＋4 pls.

Bacot, J. / F. W. Thomas / Ch. Toussaint
- 1940-46 *Documents de Touen-houang relatifs à l'histoire du Tibet.* Paris：Paul Geuthner.

Bagchi, P. Ch.
- 1929-37 *Deux lexiques sanskrit-chinois. Fan-yu tsa-ming de Li-yen et Fan-yu ts'ien-tseu-wen de Yi-tsing.* 2 vols., (Sino-Indica. Publications de l'Université de Calcutta, Tom. II-III), Paris：Paul Geuthner.

Bai, Bin / Shi, Jinbo　白 濱／史 金波
- 1979 「《大元粛州路也可達魯花赤世襲之碑》考釈——論元代党項人在河西的活動」『民族研究』1979-1, pp. 68-80.

Bai, Yudong　白 玉冬
- 2011a 「8 世紀の室韋の移住から見た九姓タタルと三十姓タタルの関係」『内陸アジア史研究』26, pp. 85-107.
- 2011b 「10 世紀から 11 世紀における「九姓タタル国」」『東洋学報』93-1, pp. 90-116.
- 2011c 「十世紀における九姓タタルとシルクロード貿易」『史学雑誌』120-10, pp. 1-36.

Bailey, H. W.
- 1939 "Turks in Khotanese Texts." *JRAS* 1939-1, pp. 85-91.
- 1942 "Kaṇaiska." *JRAS* 1942-1, pp. 14-28, 250.

1948 "The Seven Princes." *BSOAS* 12-3/4, pp. 616-624.
1949 "A Khotanese Text concerning the Turks in Kanṭṣou." *AM,* NS. 1-1, pp. 28-52.
1951 "The Staël-Holstein Miscellany." *AM,* NS. 2-1, pp. 1-45.
1961 *Khotanese Texts,* Vol. IV : Saka Texts from Khotan in the Hedin Collection. Cambridge u.a. : Cambridge University Press, 1961.
1964 "Śrī Viśa Śūra and the Ta-uang." *AM,* NS. 11-1, pp. 1-26.
1968 *Saka Documents. Text Volume.* London.

Bang, W.
1909 "Zu den köktürkischen Inschriften und den türkischen Turfan-Fragmenten." *Wiener Zeitschrift für die Kunde des Morgenlandes* 23, pp. 415-419.
1925 "Manichaeische Hymnen." *Le Muséon* 38, pp. 1-55.
1931 "Manichäische Erzähler." *Le Muséon* 44, pp. 1-36.

Bang, W. / A. von Gabain
1929a "Türkische Turfan-Texte, I : Bruchstücke eines Wahrsagebuches." *SPAW* 1929, pp. 241-268, +2 pls. (Repr. : *Turfan-Forschung*, II, pp. 3-30, pls. I-II.)
1929b "Türkische Turfan-Texte, II : Manichaica." *SPAW* 1929, pp. 411-430, +4 pls. (Repr. : *Turfan-Forschung*, II, pp. 31-50, pls. III-VI.)
1930a "Türkische Turfan-Texte, III : Der große Hymnus auf Mani." *SPAW* 1930, pp. 183-211, +2 pls. (Repr. : *Turfan-Forschung*, II, pp. 51-79, pls. VII-VIII.)
1930b "Türkische Turfan-Texte, IV : Ein neues uigurisches Sündenbekenntnis." *SPAW* 1930, pp. 432-450. (Repr. : *Turfan-Forschung*, II, pp. 80-98.)

Bang, W. / A. von Gabain / G. R. Rachmati
1934 "Türkische Turfan-Texte, VI : Das buddhistische Sūtra *Säkiz yükmäk.*" *SPAW* 1934, pp. 93-192, +1 pl. (Repr. : *Turfan-Forschung*, II, pp. 190-289, pl. XI.)

Banguoğlu, T.
1958 "Uygurlar ve Uygurca üzerine." *Türk Dili Araştırmaları Yıllığı Belleten* 1958, pp. 87-113.

Barthold, W. = Barthold, V. V. = Бартольд, В. В.
1899 "Die alttürkischen Inschriften und die arabischen Quellen." In : W. Radloff, *Die alttürkischen Inschriften der Mongolei.* Zweite Folge, St. Petersburg, 29 pp. (Repr. : Osnabrück, 1987.)
1928 *Turkestan down to the Mongol Invasion, Second Edition.* London.
1934 "Tibet." *The Encyclopaedia of Islam*, Vol. IV-3, Leyden : Brill / London : Luzac, pp. 741-743.
1945 *Histoire des Turcs d'Asie Centrale.* Adptation française par Mme M. Donskis, Paris.
1956 *Four Studies on the History of Central Asia,* Vol. I (incl : History of the Semirechyé). Tr. by V. and T. Minorsky, Leiden : E. J. Brill.
1962 *Four Studies on the History of Central Asia,* Vol. I (incl : A History of the Turkman People). Tr. by V. and T. Minorsky, Leiden : E. J. Brill.
1968a *Turkestan down to the Mongol Invasion, Third Edition.* London.
1968b "Древнетюркские надписи и арабские источники." In : *В. В. Бартольд Сочинечия*, V, Москва, pp. 284-311.

Baumann, Brian
2013 "By the Power of Eternal Heaven : The Meaning of *Tenggeri* to the Government of the Pre-Buddhist Mongols." In : *Les astres et le destin. Astrologie et divination en Asie Orientale,* Saint-Denis : Presses Universitaires de Vincennes, pp. 233-284.

Баяр, Д.
  2004 "Новые археологические раскопки на памятнике Бильгэкагана." *Археология, Этнография и Антропология Евразии* 20 (2004-4), pp. 73-84.

Bazin, L.
  1974 *Les calendriers turcs anciens et médiévaux*. (Thèse présentée devant l'Université de Paris III, le 2 déc. 1972), Lille : Université de Lille III, Service de Reproduction des Thèses, 1974.
  1975 "Turcs et Sogdiens : Les enseignements de l'inscription de Bugut (Mongolie)." In : *Mélanges linguistiques offerts à Émile Benveniste*, Paris, pp. 37-45.
  1991 *Les systèmes chronologiques dans le monde turc ancien*. (Bibliotheca Orientalis Hungarica, 34), Budapest : Akadémiai Kiadó / Paris : Éditions du CNRS.

Beal, S.
  1884 *Si-yu-ki. Buddhist Records of the Western World*. 2 vols., London. (Repr. : Delhi 1981.)
  1911 *The Life of Hiuen-tsiang*. London. (Repr. : Delhi, 1973.)

Beckwith, Ch. I.
  1977 "Tibet and the Early Medieval *Florissance* in Eurasia. A Preliminary Note on the Economic History of the Tibetan Empire." *CAJ* 21, pp. 89-104.
  1980 "The Tibetan Empire in the West." In : A. Michael / Aung San Suu Kyi (eds.), *Tibetan Studies in Honour of Hugh Richardson*, Warminster, pp. 30-38.
  1987 *The Tibetan Empire in Central Asia. A History of the Struggle for Great Power among Tibetans, Turks, Arabs, and Chinese during the Early Middle Ages*. Princeton : Princeton University Press.
  1991 "The Impact of the Horse and Silk Trade on the Economies of T'ang China and the Uighur Empire : On the Importance of International Commerce in the Early Middle Ages." *Journal of the Economic and Social History of the Orient* 34, pp. 183-198.

BeDuhn, J. D.
  1996 "The Manichaean Sacred Meal." In : R. E. Emmerick et al. (eds.), *Turfan, Khotan und Dunhuang*, Berlin : Akademie Verlag, pp. 1-15.
  2000 *The Manichaean Body in Discipline and Ritual*. Baltimore / London : The Johns Hopkins University Press.

Bhattacharya-Haesner, Ch. (ed.)
  2003 *Central Asian Temple Banners in the Turfan Collection of the Museum für Indische Kunst, Berlin*. Berlin : Dietrich Reimer Verlag.

Blake, R. P.
  1937 "The Circulation of Silver in the Moslem East Down to the Mongol Epoch." *HJAS* 2, pp. 291-328.

Boodberg, P. A.
  1979 *Selected Works of Peter A. Boodberg*. Ed. by A. P. Cohen, Berkeley / Los Angeles / London : University of California Press.

Boyce, M.
  1960 *A Catalogue of the Iranian Manuscripts in Manichean Script in the German Turfan Collection*. Berlin : Akademie Verlag.
  1975 *A Reader in Manichaean Middle Persian and Parthian. Texts with Notes*. (Acta Iranica, 9), Téhéran / Liège : Bibliothèque Pahlavi, Leiden : Brill.

Boyle, J. A.

1958 *The History of the World-Conqueror by 'Alā-ad-Dīn 'Ata-Malik Juvainī*. 2 vols., Manchester : Manchester University Press.
1971 *The Successors of Genghis Khan. Translated from the Persian of Rashīd al-Dīn*. New York / London : Columbia University Press.

Bushell, S. W.
1880 "The Early History of Tibet." *JRAS*, NS. 12, pp. 435-541.

Cai, Jiayi 蔡 家藝
2001 「沙陀族歷史雜探」『民族研究』2001-1, pp. 71-80.

Cen, Zhongmian 岑 仲勉
1947 「吐魯番木柱刻文略釈」『中央研究院歷史語言研究所集刊』12, pp. 117-119.（再録：同氏『金石論叢』上海，上海古籍出版社，1981, pp. 453-456.）
1958 『突厥集史』上下，全2巻，北京／上海，中華書局。
1972 『西突厥史料補闕及考證』（復刻版）京都，中文出版社。（初版：北京，中華書局，1958.）
1977 『通鑑隋唐紀比事質疑』香港，中華書局香港分局。
1979 『唐史餘瀋』上海，上海古籍出版社。（初版：1960.）

Ceng, Wenwu 曾 問吾（原著）；野見山 温（訳補）
1945 『支那西域経綸史（上）』京都，東光書林。

Chang, Kun
1960 "An Analysis of the Tun-huang Tibetan Annals." *Journal of Oriental Studies* 東方文化, 5, 1959/1960, pp. 122-173.

Chavannes, Éd.
1897 "Voyageurs chinois chez les Khitan et les Joutchen." *JA* 1897, mai-juin, pp. 377-442.
1902 *Dix inscriptions chinoises de l'Asie Centrale d'après les estampages de M. Ch.-E. Bonin*. Paris.
1903 *Documents sur les Tou-kiue (Turcs) Occidentaux*. St.-Pétersbourg. (Repr. : Paris, 1941 & Taipei, 1969.)
1907 "Chinese Documents from the Sites of Dandān-Uiliq, Niya and Endere." In : A. Stein, *Ancient Khotan*, I, Oxford 1907, pp. 521-547.
1913 *Les documents chinois découverts par Aurel Stein dans les sables du Turkestan Oriental*. Oxford.
1941 *Documents sur les Tou-kiue (Turcs) Occidentaux. Recueillis et commentés suivi de Notes Additionnelles*. Paris : Adrien Maisonneuve. (Repr. : Taipei, 1969.)

Chavannes, Éd. / P. Pelliot
1911-13 "Un traité manichéen retrouvé en Chine." *JA* 1911 nov.-déc., pp. 499-617 ; (Deuxième partie) *JA* 1913 jan.-fév., pp. 99-199 & mars-avril, pp. 261-394, +2 pls.

Chen, Guocan 陳 国燦
1985 「唐朝吐蕃陥落沙州城的時間問題」『敦煌学輯刊』1985-1, pp. 1-7.（再録：陳国燦 2012, pp. 597-609.）
1986 「八・九世紀間唐朝西州統治権的転移」，陳国燦 2012, pp. 610-620.（初出：『魏晋南北朝隋唐史資料』8, 1986.）
1996 「安史乱後的唐二庭四鎮」『唐研究』2, pp. 415-436.
2008 「唐代的"神山路"与撥換城」『魏晋南北朝隋唐史資料』24, pp. 197-205.
2012 『陳国燦吐魯番敦煌出土文献史事論集』上海，上海古籍出版社。

Chen, Guocan / Israfel, Y. 陳 国燦／伊斯拉菲爾 玉蘇甫

2009 「西州回鶻時期漢文《造仏塔記》初探」『歴史研究』2009-1, pp. 174-181.

Chikusa, Masaaki 竺沙 雅章
1961a 「敦煌の寺戸について」『史林』44-5, pp. 40-73.（修訂再録：『中国仏教社会史研究』1982, pp. 427-476.）
1961b 「敦煌の僧官制度」『東方学報』31, pp. 117-198.（再録：『中国仏教社会史研究』1982, pp. 329-425.）
1982 『中国仏教社会史研究』京都，同朋舎出版。

Clark, L. V.
1973 "The Turkic and Mongol Words in William of Rubruck's *Journey* (1253-1255)." *JAOS* 93-2, pp. 181-189.
1975 *Introduction to the Uyghur Civil Documents of East Turkestan (13th-14th cc.).* (Indiana University Ph. D. dissertation, 1975), Ann Arbor : Xerox University Microfilms.
1982 "The Manichean Turkic *Pothi-Book*." *AoF* 9, pp. 145-218.
1997 "The Turkic Manichaean Literature." In : Mirecki, P. / J. BeDuhn (eds.), *Emerging from Darkness. Studies in the Recovery of Manichaean Sources,* (Nag Hammadi and Manichaean Studies, 43), Leiden / New York / Köln : Brill, pp. 89-141.
2000 "The Conversion of Bügü Khan to Manichaeism." In : R. E. Emmerick et al. (eds.), *Studia Manichaica. IV. Internationaler Kongreß zum Manichäismus,* Berlin, Akademie Verlag, pp. 83-123, incl. 3 pls.
2009 "Manichaeism among the Uygurs : The Uygur Khan of the Bokug Clan." In : J. D. BeDuhn (ed.), *New Light on Manichaeism. Paper from the Sixth International Congress on Manichaeism,* Leiden / Boston : Brill, pp. 61-71.

Clauson, G.
1931 "The Geographical Names in the Staël-Holstein Scroll." *JRAS* 1931, pp. 297-309.
1957 "À propos du manuscript Pelliot tibétain 1283. *JA* 245-1, pp. 11-24.
1962 *Turkish and Mongolian Studies.* (Prize Publication Fund, 20), London : The Royal Asiatic Society of Great Britain and Ireland.
1971 "A Late Uyğur Family Archive." In : C. E. Bosworth (ed.), *Iran and Islam in Memory of the Late Vladimir Minorsky,* Edinburgh University Press, pp. 167-196.
1972 *An Etymological Dictionary of Pre-Thirteenth-century Turkish.* Oxford : Clarendon Press.

Cleaves, F. W.
1949 "The Sino-Mongolian Inscription of 1362 in Memory of Prince Hindu." *HJAS* 12-1/2, pp. 1-133, +27 pls.

Csongor, B.
1960 "Some Chinese Texts in Tibetan Script from Tun-huang." *AOH* 10-2, pp. 97-140.

Czeglédy, K.
1972 "On the Numerical Composition of the Ancient Turkish Tribal Confederations." *AOH* 25-1/3, pp. 275-281.
1973 "Gardīzī on the History of Central Asia (746-780 A.D.)." *AOH* 27-3, pp. 257-267.
1984 "The Foundation of the Turfan Uyghur Kingdom." In : L. Ligeti (ed.), *Tibetan and Buddhist Studies,* I, Budapest : Akadémiai Kiadó, pp. 159-163.

Dankoff, R.
1983 *Yūsuf Khāṣṣ Ḥājib, Wisdom of Royal Glory (Kutadgu Bilig). A Turko-Islamic Mirror for Princes.* Chicago / London : The University of Chicago Press.

Dankoff R. / J. Kelly (eds.)
  1982-85 *Maḥmūd al-Kāšyarī, Compendium of the Turkic Dialects (Dīwān Luγāt at-Turk)*. 3 vols., Cambridge : Harvard University Printing Office.
Dardess, J. W.
  1973 "From Mongol Empire to Yüan Dynasty : Changing Forms of Imperial Rule in Mongolia and Central Asia." *Monumenta Serica* 30 (1972-1973), pp. 117-165.
Das, S. Ch. (ed.)
  1908 *Pag Sam Jon Zang*. Calcutta.
De Blois, F.
  2006 "Glossary of Technical Terms and Uncommon Expressions in Arabic (and in Muslim New Persian) Texts Relating to Manichaeism." In : F. de Blois / N. Sims-Williams (eds.), *Texts from Iraq and Iran (Texts in Syriac, Arabic, Persian and Zoroastrian Middle Persian)*, (Corpus Fontium Manichaeorum, Subsidia, *Dictionary of Manichaean Texts*, Vol. II), Turnhout : Brepols, pp. 21-88.
De la Vaissière, É. ドゥ＝ラ＝ヴェスィエール，エチエンヌ
  2002 *Histoire des marchands sogdiens*. (Bibliothèque de l'Institut des Hautes Etudes Chinoises, 32), Paris.
  2004 *Histoire des marchands sogdiens*. (Bibliothèque de l'Institut des Hautes Études Chinoises, 32), Deuxième édition révisée et augmentée, Paris.
  2005 *Sogdian Traders. A History*. Tr. by J. Ward, (Handbook of Oriental Studies, Section 8 : Central Asia, Volume 10), Leiden / Boston : Brill.
  2007 「サマルカンドにおける世界の王，トルコ人」，羽田正（編）『ユーラシアにおける文化の交流と転変』東京，東京大学東洋文化研究所，pp. 105-119.
Demiéville, P.
  1952 *Le concile de Lhasa*. Paris. (Repr. : Paris : Collège de France, 1987.)
Demiéville, P. / J. Hamilton
  1958 "Review of A. von Gabain / H. Scheel, *Maitrisimit (I). Faksimile der alttürkischen Version eines Werkes der buddhistischen Vaibhāṣika-Schule*, Wiesbaden 1957." *TP* 46-3/4/5, pp. 433-445.
Denwood, Philip
  2009 "The Tibetans in the West, Part I." *Journal of Inner Asian Art and Archaeology* 3 (2008), pp. 7-21.
  2010 "The Tibetans in the West, Part II." *Journal of Inner Asian Art and Archaeology* 4 (2009), pp. 149-160.
Divitçioğlu, S.
  2003 "The Mystery of the Az People (VIII Century)." *AEMA* 12 (2002-2003), pp. 5-14.
Dodge, B.
  1970 *The Fihrist of al-Nadīm. A Tenth-Centry Survey of Muslim Culture*. New York / London.
Doerfer, G.
  1963-75 *Türkische und mongolische Elemente im Neupersischen*, I-IV. Wiesbaden : Franz Steiner Verlag.
  1965 "Die Literatur der Türken Südsibiriens." In : L. Bazin et al. (eds.), *Philologiae Turcicae Fundamenta*, II, Wiesbaden, pp. 862-885.
  1991 "Bemerkungen zur chronologischen Klassifikation des älteren Türkischen." *AoF* 18, pp.

170-186.

 1993 *Versuch einer linguistischen Datierung älterer osttürkischer Texte.* (Turcologica, 14), Wiesbaden.

Dohi, Yoshikazu　土肥 義和
 1980 「帰義軍(唐後期・五代・宋初)時代」,榎一雄(編)『講座敦煌 2 敦煌の歴史』東京,大東出版社, pp. 233-296.
 1988 「敦煌発見唐・回鶻間交易関係漢文文書断簡考」,『中国古代の法と社会　栗原益男先生古稀記念論集』東京,汲古書院, pp. 399-436.

D'Ohsson　ドーソン(著);Saguchi, T.　佐口 透(訳注)
 1968-79 『モンゴル帝国史』全6巻,(東洋文庫 110, 128, 189, 235, 298, 365),東京,平凡社。

Dolkun, K. / Umemura, H. / Moriyasu, T.　多魯坤 闞白爾／梅村 坦／森安 孝夫
 1990 「ウイグル文仏教尊像受領命令文書研究——USp. No. 64 などにみえる"čuv"の解釈を兼ねて」『アジア・アフリカ言語文化研究』40, pp. 13-34, incl. 2 pls.

Dolqun, K. / Israfel, Y. / Qeyum, Kh.　多魯坤 闞白爾／斯拉菲爾 玉素甫／克由木 霍加
 1985 「回鶻文《弥勒会見記》序章研究」『新疆文物』1985-1, pp. 58-94.

Dotson, B.
 2009 *The Old Tibetan Annals. An Annotated Translation of Tibet's First History.* Wien : Verlag der Österreichischen Akademie der Wissenschaften.

Drompp, M. R.
 1988 "A T'ang Adventurer in Inner Asia." *T'ang Studies* 6, pp. 1-23.
 2002 "The Uighur-Chinese Conflict of 840-848." In : N. di Cosmo (ed.), *Warfare in Inner Asian History (500-1800)*, Leiden / Boston / Köln : Brill, pp. 73-103.
 2005 *Tang China and the Collapse of the Uighur Empire. A Documentary History.* (Brill's Inner Asian Library, 13), Leiden / Boston : Brill.

Dunlop, D. M.
 1973 "Arab Relations with Tibet in the 8th and Early 9th Centuries A.D." *İslâm Tetkikleri Enstitüsü Dergisi* 5-1/4, pp. 301-318.

Durkin-Meisterernst, D.
 2003 "Late Features in Middle Persian Texts from Turfan." In : L. Paul (ed.), *Persian Origins — Early Judaeo-Persian and the Emergence of New Persian*, (Iranica, 6), Wiesbaden : Harrassowitz Verlag, pp. 1-13.
 2004 *Dictionary of Manichaean Middle Persian and Parthian.* (Corpus Fontium Manichaeorum, Subsidia, *Dictionary of Manichaean Texts*, Vol. III : *Texts from Central Asia and China*, Part 1), Turnhout : Brepols.

Ecsedy, H.
 1964 "Uigurs and Tibetans in Pei-t'ing (790-791 A.D)." *AOH* 17-1, pp. 83-104.

Egami, Namio　江上 波夫(編)
 1987 『世界各国史 16 中央アジア史』東京,山川出版社。

Egami, Namio / Li, Yiyou　江上 波夫／李 逸友(監修)
 1996 『北方騎馬民族の黄金マスク展』東京,旭通信社。

Elverskog, J.
 1997 *Uygur Buddhist Literature.* (Silk Road Studies, 1), Turnhout : Brepols.

Emmerick, R. E.
 1967 *Tibetan Texts concerning Khotan.* (London Oriental Series, 19), London / New York /

Toronto : Oxford University Press.
- 1983 "Buddhism among Iranian Peoples." In : E. Yarshater (ed.), *The Cambridge History of Iran*, Vol. 3-2, Cambridge & c., pp. 949-964.

Emmerick, R. E. / M. I. Vorob'ëva-Desjatovskaja
- 1993 *Saka Documents Text Volume VII : the St. Petersburg Collections*. London : School of Oriental and African Studies.
- 1995 *Saka Documents Text Volume III : the St. Petersburg Collections*. London : School of Oriental and African Studies.

Enoki, Kazuo　榎　一雄
- 1941 「難兜国に就いての考」, 『加藤博士還暦記念東洋史集説』東京, 富山房, pp. 179-199. (再録:『榎一雄著作集』1, 1992, pp. 251-264.)
- 1942 「ササン朝末期の王統に関する両唐書波斯伝の記載に就いて」, 『榎一雄著作集』3, 1993, pp. 193-209. (初出:『北亜細亜学報』1, 1942.)
- 1944 「唐代の払菻国に関する一問題——波斯国酋長阿羅憾丘銘の払菻国」, 『榎一雄著作集』3, 1993, pp. 210-243. (初出:『北亜細亜学報』3, 1944.)
- 1964 「仲雲族の牙帳の所在地について」『鈴木俊教授還暦記念東洋史論叢』東京, pp. 89-102. (再録:『榎一雄著作集』1, 1992, pp. 149-161.)
- 1965 「エフタル民族の人種論について」, 『榎一雄著作集』1, 1992, pp. 462-501. (初出:『東方学』29, 1965.)
- 1972 「傅安の西域奉使について」, 『榎一雄著作集』3, 1993, pp. 144-156. (初出:『東方学会創立25周年記念東方学論集』東京, 東方学会, 1972.)
- 1980 『講座敦煌 1 敦煌の自然と現状』東京, 大東出版社。
- 1981 "A History of Central Asian Studies in Japan." *Acta Asiatica* 41, pp. 95-117.
- 1992-94 『榎一雄著作集』全12巻, 東京, 汲古書院。

Erdal, M.
- 1979 "The Chronological Classification of Old Turkish Texts." *CAJ* 23-3/4, pp. 151-175.
- 1988 "Uigurica from Dunhuang." *BSOAS* 51-2, pp. 251-257.
- 1991 *Old Turkic Word Formation. A Functional Approach to the Lexicon*. (Turcologica, 7), 2 vols., Wiesbaden : Otto Harrassowitz.
- 2004 *A Grammer of Old Turkic*. (Handbook of Oriental Studies, Section 8, Vol. 3). Leiden / Boston : Brill.

Esin, E.
- 1976 "Notes on the Manichean Paintings of Eastern Turkistan." In : *The Memorial Volume of the VIth International Congress of Iranian Art and Archaeology*, Teheran, pp. 49-80.

Fan, Wenli　樊　文礼
- 2000 『唐末五代的代北集団』北京, 中国文聯出版社。

Feng, Peihong　馮　培紅
- 2012 「Дх-1335《帰義軍都虞候司奉判令追勘押衙康文達牒》考釈」In : I. Popova / Liu Yi (eds.), *Dunhuang Studies : Prospects and Problems for the Coming Second Century of Research*, St. Petersburg : Slavia Publishers, pp. 49-54.
- 2013 『敦煌的帰義軍時代』(敦煌講座書系), 蘭州, 甘粛教育出版社。

Flügel, G.
- 1862 *Mani, seine Lehre und seine Schriften. Ein Beitrag zur Geschichte des Manichäismus aus dem Fihrist*. Leipzig : F. A. Brockhaus.

Francke, A. H.
- 1926 *The Chronicles of Ladakh and Minor Chronicles.* (Antiquities of Indian Tibet, Vol. II), Calcutta.

Franke, H.
- 1956 *Beiträge zur Kulturgeschichte Chinas unter der Mongolenherrschaft. Das Shan-kü sin-hua* 山居新話 *des Yang Yü.* Wiesbaden : Franz Steiner.
- 1964 "Mittelmongolische Kalenderfragmente aus Turfan." *Sitzungsberichte der Bayerische Akademie der Wissenschaften,* phil.-hist. Klasse, 1964-2, München, 45 pp. + 5 pls.
- 1978 "A Sino-Uighur Family Portrait : Notes on a Woodcut from Turfan." *The Canada-Mongolia Review* 4-1, pp. 33-40, +2 pls.
- 1994a "Chinesische Quellen über den uigurischen Stifter Dhanyasena." In : K. Röhrborn / W. Veenker (eds.), *Memoriae Munusculum. Gedankband für Annemarie von Gabain,* (VSUA 39), Wiesbaden : Harrassowitz Verlag, pp. 55-64.
- 1994b "A Note on Multilinguality in China under the Mongols : The Compilers of the Revised Buddhist Canon 1285-1287." In : Ed. H. Kaplan / D. W. Whisenhunt (eds.), *Opuscula Altaica,* Bellingham : Western Washington University, pp. 286-298.
- 1996 "Chinesische Nachrichten über Karunadaz und seine Familie." In : R. E. Emmerick et al. (eds.), *Turfan, Khotan und Dunhuang,* Berlin : Akademie Verlag, pp. 80-93.

Fu, Ma 付 馬
- 2014 「回鶻時代的北庭城――德蔵 Mainz 354 号文書所見北庭城重建年代考」『西域研究』2014-2, pp. 9-22.

Fuchs, W.
- 1939 "Huei-ch'ao's Pilgerreise durch Nordwest-Indien und Zentral-Asien um 726." *SPAW* 30 (1938), pp. 424-469.

Fujieda, Akira 藤枝 晃
- 1941-43 「沙州帰義軍節度使始末（一〜四・完）」『東方学報（京都）』12-3（1941）, pp. 58-98 ; 12-4（1942a）, pp. 42-75 ; 13-1（1942b）, pp. 63-94 ; 13-2（1943）, pp. 46-98.
- 1961 「吐蕃支配期の敦煌」『東方学報』31, pp. 199-292.
- 1964 「敦煌千仏洞の中興」『東方学報』35, pp. 9-139.
- 1973 「敦煌暦日譜」『東方学報』45, pp. 377-441.
- 1977 「敦煌オアシスと千仏洞」『敦煌・シルクロード』（毎日グラフ別冊）, 毎日新聞社, pp. 63-67.

Fujimoto, Katsuji 藤本 勝次（訳注）
- 1976 『シナ・インド物語』（関西大学東西学術研究所 訳注シリーズ 1）, 吹田, 関西大学出版・広報部.

Fujita, Toyohachi 藤田 豊八
- 1913 「ユール氏註マルコ・ポーロ紀行補正二則」, 藤田 1932, pp. 69-77.（初出：『東洋学報』3-3, 1913.）
- 1932 『東西交渉史の研究 南海篇』東京, 岡書院.（再版：東京, 荻原星文館, 1943.）
- 1933 『東西交渉史の研究 西域篇及附篇』東京, 岡書院.（再版：東京, 荻原星文館, 1943.）

Fujiyoshi, Masumi 藤善 真澄
- 1966（2000）『安禄山――皇帝の座をうかがった男』（中公文庫 648）, 東京, 中央公論新社, 2000.

1972 『安禄山と楊貴妃――安史の乱前後』東京, 清水書院。
Furuhata, Tōru 古畑 徹
1992 「いわゆる「小高句麗国」の存否問題」『東洋史研究』51-2, pp. 30-55.
2008 「渤海王大欽茂の「国王」進爵と第六次渤海使――渤海使王新福による安史の乱情報の検討を中心に」『集刊東洋学』100, pp. 79-96.
Fussman, G.
1978 "Inscription de Gilgit." *BEFEO* 65-1, pp. 1-64, +32 pls.
Gabain, A. von
1938 "Briefe der uigurischen Hüen-tsang-Biographie." *SPAW* 1938, pp. 371-415.
1949 "Steppe und Stadt im Leben der ältesten Türken." *Der Islam* 29-1/2, pp. 30-62.
1950 "Alt-türkisches Schrifttum." SDAW 1948, No. 3, 24 pp.
1952 "Die Frühgeschichte der Uiguren : 607-745." *Nachrichten der Gesellschaft für Natur- und Völkerkunde Ostasiens* 72, pp. 18-32, 48-49.
1954a "Buddhistische Türkenmission." In : *Asiatica. Festschrift Friedrich Weller*, Leipzig : Otto Harrassowitz, pp. 161-173.
1954b "Türkische Turfan-Texte, VIII." ADAW 1952, No. 7, 105 pp. +2 pls.
1955 "Alttürkische Datierungsformen." *UAJ* 27-3/4, pp. 191-203.
1961 "Der Buddhismus in Zentralasien." In : B. Spuler et al. (eds.), *Handbuch der Orientalistik*, Abt. 1, Bd. 8, Absch. 2, *Religions-geschichte des Orients in der Zeit der Weltreligionen*, Leiden / Köln, pp. 496-514.
1964 "Alttürkische Schreibkultur und Druckerei." In : L. Bazin et al. (eds.), *Philologiae Turcicae Fundamenta*, II, Wiesbaden, pp. 171-191.
1970 "Historisches aus den Turfan-Handschriften." *AO* 32, pp. 115-124.
1973a *Das Leben im uigurischen Königreich von Qočo (850-1250).* (VSUA 6), 2 vols., Wiesbaden : Otto Harrassowitz.
1973b "Kṣitigarbha-Kult in Zentralasien, Buchillustrationen aus den Turfan-Funden." In : H. Härtel et al. (eds.), *Indologen-Tagung 1971. Verhandlungen der Indologischen Arbeitstagung im Museum für Indische Kunst (Berlin) 7.-9. Oktober 1971*, Wiesbaden, pp. 47-71.
1974a *Alttürkische Grammatik*, 3. Auflage. (Porta Linguarum Oientalium, NS. 15), Wiesbaden.
1974b "Die Qočo-Uiguren und die nationalen Minderheiten." In : G. Hazai / P. Zieme (eds.), *Sprache, Geschichte und Kultur der altaischen Völker. Protokollband der XII. Tagung der PIAC 1969 in Berlin*, Berlin : Akademie-Verlag, pp. 241-249, +4 pls.
1976 "Alt-türkische Texte in sogdischer Schrift." In : Gy. Káldy-Nagy (ed.), *Hungaro-Turcica. Studies in Honour of Julius Németh*, Budapest : Loránd Eötvös University, pp. 69-77, incl. 2 pls.
1977 "Iranische Elemente im zentral- und ostasiatischen Volksglauben." *Studia Orientalia* 47, (*Pentti Aalto, Sexagenario Dedicata*), Helsinki, pp. 57-70.
1983 "Irano-Turkish Relations in the Late Sasanian Period." In : E. Yarshater (ed.), *The Cambridge History of Iran*, Vol. 3-1, Cambridge &c., pp. 613-624.
Gabain, A. von / R. Hartmann
1961 *Maitrisimit. Faksimile der alttürkischen Version eines Werkes der buddhistischen Vaibhāṣika-Schule, II.* Berlin : Akademie Verlag.
Gabain, A. von / T. Kowalski
1959 "Türkische Turfan-Texte, X : Das Avadāna des Dämons Āṭavaka." ADAW 1958, No. 1, 60 pp.

Gabain, A. von / H. Scheel
  1957 *Maitrisimit. Faksimile der alttürkischen Version eines Werkes der buddhistischen Vaibhāṣika-Schule, (I).* Wiesbaden : Franz Steiner Verlag.

Gabain, A. von / W. Winter
  1958 "Türkische Turfan-Texte, IX : Ein Hymnus an den Vater Mani auf "Tocharisch" B mit alttürkischer Übersetzung." ADAW 1956, No. 2, 44 pp. + 2 pls.

Gauthiot, R.
  1911a "De l'alphabet sogdien." *JA* 1911 jan.-fév., pp. 81-95.
  1911b "Quelques termes techniques bouddhiques et manichéens." *JA* 1911 juillet-août, pp. 49-67.

Geissler, F. / P. Zieme
  1970 "Uigurische Pañcatantra-Fragmente." *Turcica* 2, pp. 32-70.

Geng, Shimin 耿 世民
  1980 「回鶻文亦都護高昌王世勳碑研究」『考古学報』1980-4, pp. 515-529, incl. 1 pl.
  1981 「回鶻文『土都木薩理修寺碑』考釈」『世界宗教研究』1981-1, pp. 77-83.
  1991 "Notes on an Ancient Uighur Official Decree Issued to a Manichaean Monastery." *CAJ* 35, pp. 207-223.

Geng, Shimin / J. Hamilton
  1981 "L'insciption ouïgoure de la stèle commémorative des Iduq Qut de Qočo." *Turcica* 13, pp. 10-54, incl. 3 pls.

Geng, Shimin / H.-J. Klimkeit
  1985 "Zerstörung manichäischer Klöster in Turfan." *ZAS* 18, pp. 7-11, incl. 1 pl.

Geng, Shimin / H.-J. Klimkeit / H. Eimer / J. P. Laut
  1988 *Das Zusammentreffen mit Maitreya. Die ersten fünf Kapitel der Hami-Version der Maitrisimit.* 2 vols., (Asiatische Forschungen, 103), Wiesbaden : Otto Harrassowitz.

Geng, Shimin / H.-J. Klimkeit / J. P. Laut
  1987 "Manis Wettkampf mit dem Prinzen. Ein neues manichäisch-türkisches Fragment aus Turfan." *ZDMG* 137-1, pp. 44-58, +2 pls.
  1998 *Eine buddhistische Apokalypse. Die Höllenkapitel (20-25) und die Schlußkapitel (26-27) der Hami-Handschrift der alttürkischen* Maitrisimit. (Abhandlungen der Nordrhein-westfälischen Akademie der Wissenschaften, 103), Opladen / Wiesbaden.

Geng, Shimin / Zhang, Guangda 耿 世民／張 広達
  1980 「唆里迷考」『歴史研究』1980-2, pp. 147-159.（再録：張広達 1995, pp. 31-55.）

Gernet, J.
  1966 "Location de chameaux pour des voyages, à Touen-houang." In : *Mélanges de Sinologie offerts à M. Paul Demiéville*, I, Paris, pp. 41-51, +4 pls.

Gibb, H. A. R.
  1923 *The Arab Conquests in Central Asia.* New York. (Pepr. : New York, 1970.)

Giles, L.
  1957 *Descriptive Catalogue of the Chinese Manuscripts from Tun-huang in the British Museum.* London : The Trustees of the British Museum.

Golden, P. B.
  1990 "The Karakhanids and Early Islam." In : D. Sinor (ed.), *The Cambridge History of Early Inner Asia*, Cambridge &c. : Cambridge University Press, pp. 343-370.
  1992 *An Introduction to the History of the Turkic Peoples.* (Turcologica, 9), Wiesbaden : Otto

Harrassowitz.
  1998 *Nomads and Sedentary Societies in Medieval Eurasia.* (Essays on Global and Comparative History), Washington, D.C., American Historical Association.
Gotō, Masaru　後藤　勝
  1954 「唐朝の西域南道経営」，東京教育大学東洋史学研究室（編）『東洋史学論集 3』東京, pp. 141-156.
Grünwedel, A.
  1906 *Bericht über archäologische Arbeiten in Idikutschari und Umgebung im Winter 1902-1903.* München (1905).
  1912 *Altbuddhistische Kultstätten in Chinesisch-Turkistan. Bericht über archäologische Arbeiten von 1906 bis 1907 bei Kuča, Qarašahr und in der Oase Turfan.* Berlin : G. Reimer. (Repr. : Kyoto, 臨川書店 Rinsen Book Co. 1998.)
Gulácsi, Zs.
  1997 "Identifying the Corpus of Manichaean Art among the Turfan Remains." In : P. Mirecki / J. BeDuhn (eds.), *Emerging from Darkness. Studies in the Recovery of Manichaean Sources*, Leiden / New York / Köln : Brill, pp. 177-215.
  2000 "Rules of Page Arrangement in Manichaean Illuminated Book Fragments." In : R. E. Emmerick et al. (eds.), *Studia Manichaica. IV. Internationaler Kongreß zum Manichäismus*, Berlin : Akademie Verlag, pp. 270-307.
  2001 *Manichaean Art in Berlin Collections. A Comprehensive Catalogue of Manichaean Artifacts Belonging to the Berlin State Museums of the Prussian Cultural Foundation, Museum of Indian Art, and the Berlin-Brandenburg Academy of Sciences.* Turnhout (Belgium) : Brepols.
  2003 "Dating the "Persian" and Chinese Style Remains of Uygur Manichaean Art : A New Radiocarbon Date and Its Implications for Central Asian Art History." *Arts Asiatique* 58, pp. 5-33.
  2010 "Narrowing the Dates of Uygur Manichaean Art." In : T. Irisawa (ed.), *"The Way of Buddha" 2003 : The 100th Anniversary of the Otani Mission and the 50th of the Research Society for Central Asian Cultures*, Kyoto : Ryukoku University, pp. 197-214.
Guo, Pingliang　郭　平梁
  1980 「阿史那忠在西域──《阿史那忠墓志》有関部分考釈」,『新疆歴史論文続集』pp. 182-193.
Hackin, J.
  1936 *Recherches archéologiques en Asie Centrale (1931).* Paris : Les éditions d'art et d'histoire.
Haenisch, E.
  1954 "Mongolica. Der Berliner Turfan-Sammlung, I : Ein buddhistisches Druckfragment vom Jahre 1312." ADAW 1953, No. 3, 22 pp. +24 pls.
  1959 "Mongolica. Der Berliner Turfan-Sammlung, II : Mongolische Texte der Berliner Turfan-Sammlung in Faksimile." ADAW 1959, No. 1, 5 pp. +45 pls.
Haloun, G. / W. B. Henning
  1952 "The Compendium of the Doctrines and Styles of the Teaching of Mani, the Buddha of Light." *AM*, NS. 3-2, pp. 184-212, +4 pls.
Hamada, Masami　濱田　正美
  1998 「モグール・ウルスから新疆へ」『岩波講座世界歴史 13 東アジア・東南アジア伝統社会の形成』東京，岩波書店，pp. 97-119.

Hamashima, Masashi 濱島 正士
　1984　「塔における心柱立と棟上」『国立歴史民俗博物館研究報告』4, pp. 1-17.
Hambis, L.
　1945　*Le chapitre CVII du Yuan Che. Les généalogies impériales mongoles dans l'histoire chinoise officielle de la Dynastie Mongole*. Avec des notes supplémentaires par P. Pelliot, ⟨*T'oung Pao*, Supplément au Vol. 38⟩, Leiden : E. J. Brill.
　1948　"Note sur les *Tuyuγun." *JA* 1948-2, pp. 239-241.
　1958　"Käštim et Ges-dum." *JA* 246-3, pp. 313-320.
Hamilton, J.
　1955　*Les Ouïghours à l'époque des Cinq Dynasties d'après les documents chinois*. (Bibliothèque de l'Institut des Hautes Études Chinoises, Vol. X), Paris. (Repr. : 2nd ed. with additions, pp. I-IX, Paris 1988.)
　1958　"Autour du manuscrit Staël-Holstein." *TP* 46-1/2, pp. 115-153.
　1969　"Un acte ouïgour de vente de terrain provenant de Yar-khoto." *Turcica* 1, pp. 26-52, incl. 2 pls.
　1971　*Le conte bouddhique du Bon et du Mauvais Prince en version ouïgoure*. Paris : Éditions Klincksieck.
　1975　"Le colophon de l'ïrq bitig." *Turcica* 7, pp. 7-19, +1 pl.
　1977a　"Nasales instables en turc khotanais du Xe siècle." *BSOAS* 40-3, pp. 508-521.
　1977b　"Le pays des Tchong-yun, Čungul, ou Cumuḍa au Xe siècle." *JA* 265-3/4, pp. 351-379, +1 map.
　1984　"Les titres *šäli* et *tutung* en ouïgour." *JA* 272-3/4, pp. 425-437.
　1986　*Manuscrits ouïgours du IXe-Xe siècle de Touen-houang*. 2 vols., Paris : Peeters.
　1988　Second edition (with the addition, pp. I-IX) of *Les Ouïghours à l'époque des Cinq Dynasties d'après les documents chinois*. Paris : Collège de France, Instituts des Hautes Études Chinoises.
　1990　"L'inscription trilingue de Qara Balgasun d'après les estampages de Bouillane de Lacoste." In : A. Haneda (ed.), *Documents et archives provenant de l'Asie Centrale*, Kyoto : Dōhōsha, pp. 125-133.
　1992a　"Étude nouvelle de la lettre *Pelliot ouigour 16 Bis* d'un bouddhiste d'époque mongol." In : A. Cadonna (ed.), *Turfan and Tun-huang. The Texts. Encounter of Civilizations on the Silk Route*, (Orientalia Venetiana, 4), Firenze : Leo S. Olschki Editore, pp. 97-121, +5 pls.
　1992b　"Calendriers manichéens ouïgours de 988, 989 et 1003." In : J.-L. Bacqué-Grammont / R. Dor (eds.), *Mélanges offerts à Louis Bazin par ses disciples, collègues et amis*, (Varia Turcica, 19), Paris, pp. 7-23, incl. 5 pls.
　1996　"On the Dating of the Old Turkish Manuscripts from Tunhuang." In : R. E. Emmerick et al. (eds.), *Turfan, Khotan und Dunhuang*, Berlin : Akademie Verlag, pp. 135-145, incl. 2 pls.
　2004　"Remarks concerning Turfan Stake Inscription III." In : D. Durkin-Meisterernst et al. (eds.), *Turfan Revisited*, Berlin : Dietrich Reimer Verlag, pp. 121-124.
Hamilton, J. / Niu, Ruji
　1998　"Inscriptions ouïgoures des grottes bouddhiques de Yulin." *JA* 286-1, pp. 127-210, incl. 20 pls.
Haneda, Akira 羽田 明
　1971　「ソグド人の東方活動」『岩波講座世界歴史（旧版）6 古代6』東京，岩波書店，pp. 409-434.（再録：羽田 1982, pp. 322-348.）

1978 「タリム盆地のトルコ化について」『月刊シルクロード』4-2, pp. 52-56.
1982 『中央アジア史研究』京都, 臨川書店.

Haneda, A. / Yamada, N.　羽田 明／山田 信夫
1961 「大谷探検隊将来ウイグル字資料目録」, 西域文化研究会（編）『西域文化研究 4 中央アジア古代語文献』京都, 法蔵館, pp. 171-206, +many pls.

Haneda, Tōru　羽田 亨
1911 「漢訳の仏典について」,『羽田論集・下』1958, pp. 348-357.（初出:『芸文』2-2, 1911.）
1913a 「唐故三十姓可汗貴女阿那氏之墓誌」,『羽田論集・下』1958, pp. 365-384, +2 pls.（初出:『東洋学報』3-1, 1913.）
1913b 「波斯国酋長阿羅憾丘銘」,『羽田論集・下』1958, pp. 385-395.（初出:『東洋学報』3-3, 1913.）
1915 「回鶻文の天地八陽神呪経」,『羽田論集・下』1958, pp. 64-142, +12 pls.（初出:『東洋学報』5-1/2/3, 1915.）
1916 「西遼建国の始末及び其の年紀」,『羽田論集・上』1957, pp. 432-457.（初出:『史林』1-2, 1916.）
1919 「九姓回鶻と Toquz Oγuz との関係を論ず」,『羽田論集・上』1957, pp. 325-394.（初出:『東洋学報』9-1, 1919.）
1923a 「漢蕃対音千字文の断簡」,『羽田論集・下』1958, pp. 396-419, +1 pl.（初出:『東洋学報』13-3, 1923.）
1923b 「トルコ族と仏教」,『羽田論集・下』1958, pp. 490-512.（初出:『宗教研究』5-18, 1923.）
1930 「唐光啓元年書写沙州・伊州地志残巻に就いて」,『羽田論集・上』1957, pp. 585-605.（初出: 石橋五郎（編）『小川博士還暦記念史学地理学論叢』京都, 弘文堂, 1930.）
1931 『西域文明史概論』京都／東京, 弘文堂書房.（再録: 間野英二解題『西域文明史概論・西域文化史』東洋文庫 545, 東京, 平凡社, 1992.）
1936 「蒙古の斡脱銭に就いて」『史学雑誌』47-2, pp. 149-151.
1941 「慧超往五天竺国伝逸録」,『羽田論集・上』1957, pp. 610-629.（初出: 京都帝国大学文学部（編）『紀元 2600 年記念史学論文集』京都, 内外出版, 1941.）
1953 「トルコ文華厳経の断簡」,『羽田論集・下』1958, pp. 183-205, +1 pl.（初出:『関西大学東洋学術研究所論叢 6 石濱先生還暦記念論文集 1』大阪, 関西大学東西学術研究所, 1953, pp. 1-29.）
1957 『羽田博士史学論文集 上巻 歴史篇』京都, 京都大学文学部東洋史研究会.
1957a 「唐代回鶻史の研究」『羽田論集・上』1957, pp. 157-324.
1958 『羽田博士史学論文集 下巻 言語・宗教篇』京都, 京都大学文学部東洋史研究会.
1958a 「回鶻文字考」『羽田論集・下』1958, pp. 1-38.

Hansen, O.
1930 "Zur soghdischen Inschrift auf dem drei sprachigen Denkmal von Karabalgasun." *JSFOu* 44-3, 39 pp.

Hao, Chunwen　郝 春文；辻 正博（訳）
2002 「中国国家図書館蔵未刊敦煌文献研読箚記」, 高田時雄（編）『草創期の敦煌学』東京, 知泉書館, pp. 127-147.（中国語原文:『敦煌研究』2004-4.）

Hatachi, Masanori　畑地 正憲
1974 「北宋・遼間の貿易と歳贈とについて」『史淵』111, pp. 113-140.

Hatate, Hitomi 旗手 瞳
- 2014 「吐蕃による吐谷渾支配とガル氏」『史学雑誌』123-1, pp. 38-63.

Hayashi, Toshio 林 俊雄
- 1992 「ウイグルの対唐政策」『創価大学人文論集』4, pp. 111-143.
- 1996 「天山北麓の仏教遺跡」『ダルヴェルジンテパ DT25 1989～1993 発掘調査報告』創価大学シルクロード研究センター, pp. 154-178.
- 2002 "Uigur Policies toward Tang China." *MRDTB* 60, pp. 87-116.

Hazai, G. / P. Zieme
- 1970 "Zu einigen Fragen der Bearbeitung türkischer Sprachdenkmäler." *AO* 32, pp. 125-140.

He, Shizhe / Sun, Xiushen 賀 世哲／孫 修身
- 1982 「瓜沙曹氏与敦煌莫高窟」, 敦煌文物研究所（編）『敦煌研究文集』蘭州, 甘粛人民出版社, pp. 220-272.

Heissig, W.
- 1961 *Mongolische Handschriften, Blockdrucke・Landkarten*. (Verzeichnis der Orientalischen Handschriften in Deutschland, 1), Wiesbaden : Franz Steiner Verlag.

Heissig, W. / H.-J. Klimkeit (eds.)
- 1987 *Synkretismus in den Religionen Zentralasiens*. (Studies in Oriental Religions, 13), Wiesbaden : Otto Harrassowitz.

Henning, W. B.
- 1936a "Neue Materialien zur Geschichte des Manichäismus." *ZDMG* 90, pp. 1-18. (Repr. in HSP, I, pp. 379-396.)
- 1936b *Ein manichäisches Bet- und Beichtbuch*. APAW 1936, No. 10, 143 pp. (Repr. in HSP, I, pp. 417-557.)
- 1938 "Argi and the "Tokharians"." *BSOS* 9-3, pp. 545-571. (Repr. in HSP, I, pp. 573-599.)
- 1940 *Sogdica*. (James G. Forlong Fund, 21), London. (Repr. in HSP, II, pp. 1-68.)
- 1945 "The Manichaean Fasts." *JRAS* 1945, pp. 146-164, +1 pl. (Repr. in HSP, II, pp. 205-223.)
- 1952 "A Farewell to the Khagan of the Aq-Aqatārān." *BSOAS* 14-3, pp. 501-522. (Repr. in HSP, II, pp. 387-408.)
- 1977 *W. B. Henning — Selected Papers*. 2 vols., (Acta Iranica, 14 & 15), Téhéran / Liège : Bibliothèque Pahlavi, Leiden : Brill.

Hino, Kaizaburō 日野 開三郎
- 1952 「銀絹の需給上より見た五代・北宋の歳幣・歳賜（上・下）」『東洋学報』35-1, pp. 1-25 ; 35-2, pp. 44-83.（再録：日野 1984, pp. 441-500.）
- 1959 「突厥毗伽可汗と唐・玄宗との対立と小高句麗国」『史淵』79, pp. 1-33.
- 1965a 「唐代の波斯銭について」『石田博士頌寿記念東洋史論叢』東京, pp. 367-381.（再録：日野 1982b, pp. 231-243.）
- 1965b 「唐代の回紇銭」『東方学』30, pp. 38-49.（再録：日野 1982b, pp. 245-259.）
- 1970 「唐代嶺南における金銀の流通」『続・唐代邸店の研究』九州大学文学部東洋史研究室, pp. 416-508.（再録：日野 1982b, pp. 285-363.）
- 1982a 『日野開三郎東洋史学論集 4 唐代両税法の研究本篇』東京, 三一書房。
- 1982b 『日野開三郎東洋史学論集 5 唐・五代の貨幣と金融』東京, 三一書房。
- 1984 『日野開三郎東洋史学論集 10 北東アジア国際交流史の研究（下）』東京, 三一書房。

Hinüber, O. von
- 1980 "Die Kolophone der Gilgit-Handschriften." In : O. von Hinüber et al. (eds.), *Studien zur*

　　　 Indologie und Iranistik, Festschrift Paul Thieme, H. 5/6, Reinbek, pp. 49-82.
　1983　"Die Bedeutung des Handschriftenfundes bei Gilgit." *ZDMG*, Suppl. Vol. 21, pp. 47-66.
Hoernle, A. F. R.
　1902　*A Report on the British Collection of Antiquities from Central Asia*, Part II, Calcutta. (Extr.: *Journal of the Asiatic Society of Bengal* 70, 1901), 55＋31＋7 pp., 13 facs. pls, 3 tables.
Hoffmann, H.
　1950a　"Die Qarluq in der tibetischen Literatur." *Oriens* 3, pp. 190-208.
　1950b　"Tibets Eintritt in die Universalgeschichte." *Saeculum* 1, pp. 258-279.
　1971　"The Tibetan Names of the Saka and the Sogdians." *Asiatische Studien / Études Asiatiques* 25, pp. 440-455.
Honda, Minobu　本田 実信
　1991　『モンゴル時代史研究』東京，東京大学出版会。
Hori, Sunao　堀 直
　1975　「明代のトゥルファーンについて」『待兼山論叢（史学篇）』8, pp. 13-37.
Hori, Toshikazu　堀 敏一
　1951　「唐末諸叛乱の性格——中国における貴族政治の没落について」『東洋文化』7, pp. 52-94.
　1999　「中唐以後敦煌地域における税制度」，唐代史研究会（編）『東アジア史における国家と地域』（唐代史研究会報告 8），東京，刀水書房，pp. 316-336.
Hoyanagi, Mutsumi　保柳 睦美
　1968　「西域の歴史時代における自然の変動」『史苑』28-2, pp. 1-50.
　1976　『シルク・ロード地帯の自然の変遷』東京，古今書院。
Hua, Tao　華 濤
　1989　「喀喇汗朝王室族属問題研究」『元史及北方民族史研究集刊』12/13, pp. 107-116.（再録：華濤 2000a, pp. 198-214.）
　1996　「北庭之戦前后回鶻与大食的関係」，南京大学元史研究室（編）『内陸亜洲歴史文化研究——韓儒林先生紀念文集』南京，南京大学出版社，pp. 457-465.
　2000a　『西域歴史研究（八至十世紀）』上海，上海古籍出版社。
　2000b　「北庭之戦后的回鶻・吐蕃和葛邏禄」『中亜学刊』5（1996），2000, pp. 141-151.
　2000c　「高昌回鶻与契丹的交往」『西域研究』2000-1, pp. 23-32.
　2008　"The Muslim Qarakhanids and Their Invented Ethnic Identity" In: É. De la Vaissière (ed.), *Islamisation de l'Asie Centrale*, (Cahier de Studia Iranica, 39), Paris, pp. 339-350.
Huang, Chengzhang　黄 盛璋
　1984　「回鶻訳本《玄奘伝》残巻五，玄奘回程之地望与対音研究」『西北史地』1984-3, pp. 9-32.
Huang, Wenbi　黄 文弼
　1954　『吐魯番考古記』（中国科学院考古研究所，考古学特刊，第三号），北京，中国科学院。
　1964　「亦都護高昌王世勲碑復原并校記」『文物』1964-2, pp. 34-39, ＋1 pl.
　1981　『西北史地論叢』上海，上海人民出版社。
Humbach, H.
　1983　"Phrom Gesar and the Bactrian Rome." In: P. Snoy (ed.), *Ethnologie und Geschichte. Festschrift für Karl Jettmar,* Wiesbaden: Franz Steiner Verlag, pp. 303-309.
　1987　"New Coins of Fromo Kēsaro." In: G. Pollet (ed.), *India and the Ancient World. Professor P. H. L. Eggermont Jubilee Volume,* (Orientalia Lovaniensia Analecta, 25), Leuven:

Departement Oriëntalistiek, pp. 81-85, +3 pls.

Ichimaru, Tomoko 市丸 智子
- 2002 「元代貨幣の貫文・錠両単位の別について——黒城出土及び徽州契約文書を中心として」『社会経済史学』68-3, pp. 3-24.

Ikeda, On 池田 温
- 1965 「8世紀中葉における敦煌のソグド人聚落」『ユーラシア文化研究』(北海道大学) 1, pp. 49-92.
- 1968 「中国古代物価の一考察——天宝元年交河郡市估案断片を中心として (1) (2)」『史学雑誌』77-1, pp. 1-45 ; 77-2, pp. 45-64.
- 1972 「丑年十二月僧龍蔵牒——九世紀初敦煌の家産分割をめぐる訴訟文書の紹介」, 山本博士還暦記念東洋史論叢編纂委員会 (編)『山本博士還暦記念東洋史論叢』東京, 山川出版社, pp. 25-38.
- 1973 「中国古代の租佃契 (上)」『東洋文化研究所紀要』60, pp. 1-112.
- 1975 「沙州図経略考」, 榎博士還暦記念東洋史論叢編集委員会 (編)『榎博士還暦記念東洋史論叢』東京, 山川出版社, pp. 31-101.
- 1979 『中国古代籍帳研究——概観・録文』東京, 東京大学東洋文化研究所.
- 1980 「敦煌の流通経済」, 池田温 (編)『講座敦煌 3 敦煌の社会』東京, 大東出版社, pp. 297-343.
- 1990 『中国古代写本識語集録』東京, 東京大学東洋文化研究所.

Imaeda, Yoshirō et al. (eds.)
- 2007 *Tibetan Documents from Dunhuang.* (Old Tibetan Documents Online Monograph Series, 1), Tokyo : Research Institute for Languages and Cultures of Asia and Africa, Tokyo Universiy of Foreign Studies.

Inaba, Minoru 稲葉 穣
- 2001 「安史の乱時に入唐したアラブ兵について」『(龍谷大学) 国際文化研究』5, pp. 16-33.
- 2004 「アフガニスタンにおけるハラジュの王国」『東方学報』76 (2003), pp. 382-313 (逆頁).

Inaba, Shōjū / Satō, Hisashi 稲葉 正就／佐藤 長 (共訳)
- 1964 『フゥラン・テプテル Hu Lan Deb Ther——チベット年代記』京都, 法蔵館.

Inokuchi, Taijun 井ノ口 泰淳
- 1960 「ウテン語資料による Viśa 王家の系譜と年代」『龍谷大学論集』364, pp. 27-43.
- 1984 「シルクロードの密教」, 高井隆秀ほか (編)『講座密教文化 1 密教の流伝』京都, 人文書院, pp. 147-164.
- 1975 「出土仏典の種々相」, 井ノ口泰淳ほか (編)『アジア仏教史 中国編 V シルクロードの宗教』東京, 佼正出版社, pp. 199-274.

Inoue, Masao 井上 正夫
- 1996 「遼北宋間の通貨問題——太平銭偽造の経緯について」『文明のクロスロード Museum Kyushu』51, pp. 3-10.
- 2000 「国際通貨としての宋銭」『アジア遊学』18, pp. 19-29.

Irwin, J.
- 1979 "The Stūpa and the Cosmic Axis : The Archaeological Evidence." *South Asian Archaeology* 1977, pp. 799-845, incl. 30 figures.
- 1980 "The Axial Symbolism of the Early Stūpa : An Exegesis." In : A. L. Dallapiccola (ed.), *The Stūpa. Its Religious, Historical and Architectual Significance*, Wiesbaden, pp. 12-38, +6 pls.

Ise, Sentarō　伊瀬 仙太郎
　　1968　『中国西域経営史研究』東京，巌南堂書店。（初版：東京，1955.）
Ishida, Mikinosuke　石田 幹之助
　　1922　「ルコック氏「高昌古址発見，トルコ文摩尼教遺文攷」第二冊」，石田 1973, pp. 299-308.（初出：『東洋学報』12-3, 1922. 改題して再録）
　　1925　「敦煌発見『摩尼光仏教法儀略』に見えたる二三の言語に就いて」，石田 1973, pp. 285-298.（初出：『白鳥博士還暦記念東洋史論叢』東京，岩波書店，1925.）
　　1932　『欧人の支那研究』東京，共立社。（再版：日本図書，1948.）
　　1941　『長安の春』東京，創元社。（再版：講談社学術文庫 403, 1979.）
　　1967　『増訂　長安の春』（解説：榎一雄），（東洋文庫 91），東京，平凡社。
　　1973　『東亜文化史叢考』東京，（財）東洋文庫。
Ishihama, Juntarō　石濱 純太郎
　　1961　「西域古代語の仏典——研究の回顧と展望」，西域文化研究会（編）『西域文化研究 4 中央アジア古代語文献』京都，法蔵館，pp. 9-48.
Ishikawa, Iwao　石川 巌
　　1998　「古代チベット語 chab srid および chu srid の語義」『内陸アジア史研究』13, pp. 35-54.
　　2002　「羊同の地理比定に関する研究動向」，『アジア史論叢』=『中央大学アジア史研究』26, pp. 279-298.
　　2003　「吐蕃帝国のマトム（rMa grom）について」『日本西蔵学会会報』49, pp. 37-46.
Ishizuki, Aki　石附 玲
　　2011　「唐前半期の農牧接壤地帯におけるウイグル民族——東ウイグル可汗国前史」，森安孝夫（編）『ソグドからウイグルへ』東京，汲古書院，pp. 237-265.
Israfel, Y.（Israpil, Y.）　伊斯拉菲爾 玉蘇甫
　　1995　「回鶻文領銭收拠一件」『内陸アジア言語の研究』10（1994）, pp. 9-11, +1 pl.
　　1996　「回鶻文中心木」『内陸アジア言語の研究』11, pp. 61-66, +2 pls.
Israfel, Y. / Dolqun, K. / Abduqeyum, Kh.　伊斯拉菲爾 玉素甫／多魯坤 闞白爾／阿不都克由木 霍加
　　1987　『回鶻文弥勒会見記 1』烏魯木斉，新疆人民出版社。
Iwami, Kiyohiro　石見 清裕
　　1987　「唐の突厥遺民に対する措置」，石見 1998, pp. 109-147.（初出：『日野開三郎博士頌寿記念論集　中国社会・制度・文化史の諸問題』福岡，中国書店，1987.）
　　1990　「天宝三載「九姓突厥契苾李中郎墓誌」」，石見 1998, pp. 205-225.
　　1998　『唐の北方問題と国際秩序』東京，汲古書院。
　　2010　「中国隋唐史研究とユーラシア史」，工藤元男／李成市（編）『アジア学のすすめ 3 アジア歴史・思想論』（早稲田大学アジア研究機構叢書），東京，弘文堂，pp. 23-42.
Iwao, Kazushi　岩尾 一史
　　2000　「吐蕃のルと千戸」『東洋史研究』59-3, pp. 1-33＝pp. 605-573（逆頁）。
　　2006　「Pelliot tibétain 1078 bis よりみた吐蕃の土地区画」，『日本敦煌学論叢』第 1 巻，pp. 1-26.
　　2013　「古代チベット帝国の千戸とその下部組織」『東方学報』88, pp. 358-343（逆頁）。
　　2014　「古代チベット帝国の外交と「三国会盟」の成立」『東洋史研究』72-4, pp. 1-33＝pp. 748-716（逆頁），
Iwasa, Seiichirō　岩佐 精一郎
　　1936　『岩佐精一郎遺稿』（和田清 編），東京，岩佐傳一発行。

Jagchid, S.
- 1989 "The "Uighur Horses" of the T'ang Dynasty." In : W. Heissig / K. Sagaster (eds.), *Gedanke und Wirkung. Festschrift zum 90. Geburtstag von Nikolaus Poppe*, Wiesbaden : Otto Harrassowitz, pp. 175-188.

Jettmar, K.
- 1977 "Bolor — A Contribution to the Political and Ethnic Geography of North Pakistan." *ZAS* 11, pp. 411-448.
- 1980 "Bolor — Zum Stand des Problems." *ZAS* 14-2, pp. 115-132, +3 pls.
- 1981 "Zu den Fundumständen der Gilgit-Manuskripte." *ZAS* 15, pp. 307-322.

Ji, Xianlin 季 羨林 / W. Winter / G.-J. Pinault
- 1998 *Fragments of the Tocharian A Maitreyasamiti-Nāṭaka of the Xinjiang Museum, China.* (Trends in Linguistics, Studies and Monographs, 113), Berlin / New York : Mouton de Gruyter.

Jiang, Boqin 姜 伯勤；池田 温（訳）
- 1986 「敦煌・吐魯番とシルクロード上のソグド人（2）」『東西交渉（季刊）』5-2, pp. 26-36.

Julien, S.
- 1847 "Notices sur les pays et les peuples étrangers, tirées des géographies et des annales chinoises, III : Les Oïgours, I. *Kao-tch'ang-hing-ki* 高昌行記." *JA* 1847, jan., pp. 50-66; mars, pp. 189-210.
- 1853 *Histoire de la vie de Hiouen-thsang et de ses voyages dans l'Inde depuis l'an 629 jusqu'en 645, par Hoeï-li et Yen-thsong*. Paris.

Kamalov, A. K. = А. К. Камалов
- 2001a "Turks and Uighurs during the Rebellion of An Lu-shan Shih Ch'ao-yi (755-762)." *CAJ* 45-2, pp. 243-253.
- 2001b *Древние Уйгуры, VIII–IX вв.* Алматы : Наш Мир.

Kara, G.
- 1976 "Petites inscriptions ouigoures de Touen-houang." In : Gy. Kaldy-Nagy (ed.), *Hungaro-Turcica. Studies in Honour of Julius Németh*, Budapest : Loránd Eötvös University, pp. 55-59, incl. 2 pls.
- 1981 "Weiteres über die uigurische *Nāmasaṃgīti*." *AoF* 8, pp. 227-236, +4 pls.

Kara, G. / P. Zieme
- 1977 *Die uigurischen Übersetzungen des Guruyogas "Tiefer Weg" von Sa-skya Paṇḍita und der Mañjuśrīnāmasaṃgīti*. (BTT 8), Berlin : Akademie Verlag.

Karashima, Seishi 辛嶋 静志
- 2007 「漢訳仏典の言語の研究」『創価大学・国際仏教学高等研究所・年報』10, pp. 445-460.

Karlgren, B.
- 1923 *Analytic Dictionary of Chinese and Sino-Japanese*. Paris. (Repr. : Taipei, 1973.)
- 1957 *Grammata Serica Recensa*. Stockholm. (Repr. : 1961.)

Kasai, Yukiyo 笠井 幸代
- 2004 "Ein Kolophon um die Legende von Bokug Kagan." 『内陸アジア言語の研究』（*SIAL*）19, pp. 1-27, +2 pls.
- 2006 「トカラ語より翻訳された未比定のウイグル語仏典註釈書」『内陸アジア言語の研究』21, pp. 21-47.
- 2008 *Die uigurischen buddhistischen Kolophone*. (BTT 26), Turnhout : Brepols.

2011 「古ウイグル語仏典奥書——その起源と発展」, 森安孝夫 (編)『ソグドからウイグルへ』東京, 汲古書院, pp. 301-334.
2012 "The Outline of the Old Turkish Commentary on the *Vimalakīrtinirdeśa-Sūtra*." In : I. Popova / Liu Yi (eds.), *Dunhuang Studies*, St. Petersburg : Slavia Publishers, pp. 106-111.
2014 "The Chinese Phonetic Transcriptions of Old Turkish Words in the Chinese Sources from 6th-9th Century : Focused on the Original Word Transcribed as *Tujue* 突厥." SIAL 29, pp. 57-134.

Katayama, Akio 片山 章雄
1981 「Toquz Oγuz と「九姓」の諸問題について」『史学雑誌』90-12, pp. 39-55.
1999 「タリアト碑文」, 森安孝夫・オチル (共編)『モンゴル国現存遺蹟・碑文調査研究報告』豊中, 中央ユーラシア学研究会, pp. 168-176.

Katō, Kyūzō 加藤 九祚
1986 「チュルク系諸民族の歴史民族学的研究」『民博通信』32, pp. 2-41.
1997 『中央アジア北部の仏教遺跡の研究』(シルクロード学研究 4), 奈良, (財) なら・シルクロード博記念国際交流財団／シルクロード学研究センター。

Katō, Shigeshi 加藤 繁
1925-26 『唐宋時代に於ける金銀の研究』全 2 巻, (東洋文庫論叢 6), 東京, (財) 東洋文庫。
1991 『中国貨幣史研究』(東洋文庫論叢 56), 東京, (財) 東洋文庫。

Kawasaki, Hirotaka 川崎 浩孝
1993 「カルルク西遷年代考——シネウス・タリアト両碑文の再検討による」『内陸アジア言語の研究』8, pp. 93-110.

Kikuchi, Hideo 菊池 英夫
1969 「西域出土文書を通じてみたる唐玄宗時代における府兵制の運用 (上)」『東洋学報』52-3, pp. 22-53.
1980 「隋・唐王朝支配期の河西と敦煌」, 榎一雄 (編)『講座敦煌 2 敦煌の歴史』東京, 大東出版社, pp. 99-194.

Kitahara, Kaoru 北原 薫
1980 「晩唐・五代の敦煌寺院経済」, 池田温 (編)『講座敦煌 3 敦煌の社会』東京, 大東出版社, pp. 371-456.

Kitamura, Takashi 北村 高
1981 「元朝色目人「亦黒迷失」の仏教活動」『木村武夫教授古稀記念 僧伝の研究』京都, pp. 253-274.
1987 「「孟速思一族供養図」について」『神女大史学』5, pp. 83-105, incl. 2 pls.
1999 「安蔵と仏教——元初の一ウィグル人官僚」『東洋史苑』52/53, pp. 1-12.

Kitsudō, Kōichi 橘堂 晃一
2010 「東トルキスタンにおける仏教の受容とその展開」, 奈良康明／石井公成 (共編)『文明・文化の交差点』(新アジア仏教史 5 中央アジア), 東京, 佼成出版社, pp. 67-112.
2013 "Liao Influence on Uigur Buddhism." In : I. Galambos (ed.), *Studies in Chinese Manuscripts : From the Warring States Period to the 20th Century*, Budapest : Eötvös Loránd University, Institute of East Asian Studies, pp. 225-247.

Klein, W.
2000 *Das nestorianische Christentum an den Handelswegen durch Kyrgyzstan bis zum 14. Jh.* (Silk

Road Studies, 3), Turnhout : Brepols.

Klimburg, M.
1982 "The Setting : The Trans-Himalayan Crossroads." In : D. E. Klimburg-Salter (ed.), *The Silk Route and the Diamond Path : Esoteric Buddhist Art on the Trade Routes*, Los Angeles, pp. 25-37.

Klimkeit, H.-J.
1977 "Manichäische und buddhistische Beichtformeln aus Turfan. Beobachtungen zur Beziehung zwischen Gnosis und Mahāyāna." *ZRG* 29, pp. 193-228.
1979 "Qut : Ein Grundbegriff in der zentralasiatischen Religionsbegegnung." In : *Humanitas Religiosa. Festschrift für Haralds Biezais*, Stockholm, pp. 252-260.
1980a "Stūpa and Parinirvāṇa as Manichaean Motifs." In : A. L. Dallapiccola et al. (eds.), *The Stūpa. Its Religious, Historical and Architectural Significance*, Wiesbaden, pp. 229-237.
1980b "Der dreistämmige Baum. Bemerkungen zur manichäischen Kunst und Symbolik." In : *Kulturwissenschaften. Festgabe für Wilhelm Perpeet zum 65. Geburtstag*, Bonn, pp. 245-262.
1982a *Manichaean Art and Calligraphy*. (Iconography of Religions, 20), Leiden.
1982b "Manichaean Kingship : Gnosis at Home in the World." *Numen* 29-1, pp. 17-32.
1983a "Gottes- und Selbsterfahrung in der gnostisch-buddhistischen Religionsbegegnung Zentralasiens." *ZRG* 35-3, pp. 236-247.
1983b "Das manichäische Königtum in Zentralasien." In : K. Sagaster et al. (eds.), *Documenta Barbarorum. Festschrift für Walter Heissig zum 70. Geburtstag*, (VSUA 18), Wiesbaden : Harrassowitz, pp. 225-244.
1986a *Die Begegnung von Christentum, Gnosis und Buddhismus an der Seidenstraße*. Opladen.
1986b "Jesus' Entry into Parinirvāṇa : Manichaean Identity in Buddhist Central Asia." *Numen* 33-2, pp. 225-240.
1987 "Buddhistische Übernahmen im iranischen und türkischen Manichäismus." In : W. Heissig et al. (eds.), *Synkretismus in den Religionen Zentralasiens*, (Studies in Oriental Religions, 13), Wiesbaden, pp. 58-75.
1989 *Hymnen und Gebete der Religion des Lichts*. Opladen.
1990a "Buddhism in Turkish Central Asia." *Numen* 37-1, pp. 53-69.
1990b "The Donor at Turfan." *Silk Road Art and Archaeology* 1, pp. 177-201, incl. 5 pls.
1993 *Gnosis on the Silk Road. Gnostic Texts from Central Asia*. San Francisco : Harper Collins.
1999 "The Significance of the Manichaean Texts in Turkish." In:『耿世民先生70寿辰紀念文集』北京, 民族出版社, pp. 225-245.

Kljaštornyj (Klyashtorny / Klyashtornyj), S. G.
1961 "Sur les colonies sogdiennes de la Haute Asie." *UAJ* 33-1/2, pp. 95-97.
1975 "Einige Probleme der Geschichte der alttürkischen Kultur Zentralasiens." *AoF* 2, pp. 119-128.
1982 "The Terkhin Inscription." *AOH* 36-1/3, pp. 335-366, incl. 17 pls.
1988 "East Turkestan and the Kaghans of Ordubalïq." *AOH* 42-2/3, pp. 277-280.
2000 "Manichaean Monasteries in the Land of Arghu." In : R. E. Emmerick et al. (eds.), *Studia Manichaica. IV. Internationaler Kongress zum Manichäismus*, Berlin, pp. 374-379.

Kljaštornyj, S. G. / V. A. Livšic
1972 "The Sogdian Inscription of Bugut Revised." In : *AOH* 26-1, pp. 69-102, incl. 8 pls.

Kōchi, Haruhito 河内 春人
1995 「東アジアにおける安史の乱の影響と新羅征討計画」『日本歴史』561, 1995-2, pp.

18-33.

Komai, Yoshiaki　駒井　義明
1961　『蒙古史序説』京都，彙文堂書荘。

Konow, S.
1947　"The Khotanese Text of the Staël-Holstein Scroll." *AO* 20-2, pp. 133-160.

Kotwicz, W.
1925　"Quelques données nouvelles sur les relations entre les Mongols et les Ouigours." *Rocznik Orientalistyczny* 2（1919-1924），Lwów, pp. 240-247.

Kudara, Kōgi　百済　康義
1982　「ウイグル訳『阿毘達磨順正理論』抄本」『仏教学研究』38, pp. 1-27.
1983　「妙法蓮華経玄賛のウイグル訳断片」，護雅夫（編）『内陸アジア・西アジアの社会と文化』東京，山川出版社，pp. 185-207, incl. 2 pls.
1984a　「ウイグル訳『阿毘達磨倶舎論』初探——藤井有鄰館所蔵断片」『龍谷大学論集』425, pp. 65-90
1984b　「*Prajñāśrī* とウイグル語 *Upāliparipṛcchā*」『日本仏教学会年報』50, pp. 67-89.
1986　「天理図書館蔵ウイグル語文献」『ビブリア』86, pp. 180-127（逆頁）．
1990　"Pelliot Ouigour 218: Its Significance." In: A. Haneda (ed.), *Documents et archives provenant de l'Asie Centrale. Actes du Colloque Franco - Japonais organisé par l'Association Franco - Japonaise des Études Orientales*, Kyoto: Dōhōsha, pp. 167-174.
1992a　「ベゼクリク壁画から見た西域北道仏教の一形態——第九号窟の法恵像をめぐって」及び座談会「キジルを中心とする西域仏教美術の諸問題」『仏教美術研究（上野記念財団助成研究会報告書）』22, 京都国立博物館，pp. 1-6 & pp. 15-25.
1992b　「ウイグル訳『円覚経』とその註釈」『龍谷紀要』14-1, pp. 1-23, incl. 9 pls.
1994　「東トルキスタンの仏教と文化——中央アジア仏教研究への一道標」『仏教学研究』50, pp. 15-37.
1995　「敦煌第17窟出土ウイグル訳『無量寿経』断片」『龍谷紀要』17-1, pp. 1-16.
2004　「漢文『太山経』とウイグル訳 Tayšanki——トルファン地方の阿弥陀仏関係の偽経」『龍谷大学論集』463, pp. 2-20, incl. 4 pls.

Kudara, Kōgi / Oda, Juten　百済　康義／小田　壽典
1983　「ウイグル訳八十華厳残簡——付．安蔵と四十華厳」『仏教文化研究所紀要』22, 龍谷大学，pp. 176-205, incl. 6 pls.

Kumagai, Nobuo　熊谷　宣夫
1955　「ベゼクリク第八号窟寺将来の壁画——主としてその千仏像について」『美術研究』178, pp. 186-195.

Kumamoto, Hiroshi　熊本　裕
1985　「Hagauṣṭa. sūlī.」『IBU 四天王寺国際仏教大学文学部紀要』17, pp. 1-22.
1996　"The Khotanese Documents from the Khotan Area." *MRDTB* 54, pp. 27-64.

Kuroda, Akinobu　黒田　明伸
1999　「貨幣が語る諸システムの興亡」『岩波講座世界歴史 15 商人と市場』東京，岩波書店，pp. 263-285.
2003　『貨幣システムの世界史』（世界歴史叢書），東京，岩波書店。

Kuwabara, Jitsuzō　桑原　隲蔵
1915　「宋末の提挙市舶使西域人蒲寿庚に就いて (1)」『史学雑誌』26-10, pp. 1-35.
1923　『宋末の提挙市舶西域人・蒲寿庚の事蹟』上海，東亜攻究会。（再録：『桑原隲蔵全集』

      5, 1968, pp. 1-241.)
  1968   『桑原隲蔵全集』全5巻＋別冊総索引，東京，岩波書店。
Kuwata, Rokurō 桑田 六郎
  1928   「回紇衰亡考」『東洋学報』17-1, pp. 111-136.
Kuwayama, Shōshin 桑山 正進
  1982a   「東方におけるサーサーン式銀貨の再検討」『東方学報』54, pp. 101-172.
  1982b   「迦畢試国編年史料稿（下）」『仏教芸術』140, pp. 80-117.
  1985   「バーミヤーン大仏成立にかかわるふたつの道」『東方学報』57, pp. 109-209.
  1987   『大唐西域記』（大乗仏典 中国・日本篇 9），東京，中央公論社。
  1990   『カーピシー＝ガンダーラ史研究』京都，京都大学人文科学研究所。
Kuwayama, Shōshin 桑山 正進（編）
  1992   『慧超往五天竺国伝研究』京都，京都大学人文科学研究所。（再版：京都，臨川書店，1998.）
Lalou, M.
  1939-61 *Inventaire des manuscrits tibétains de Touen-houang conservés à la Bibliothèque Nationale (Fonds Pelliot tibétain)*, I-III. Paris : Adrien Maisonneuve.
Lao, Xin 勞 心
  2002   「從敦煌文獻看9世紀后的西州——兼論吐魯番出土回鶻文木杵文書年代和沙州回鶻的興衰」『敦煌研究』2002-1, pp. 81-88.
Laufer, B.
  1919   *Sino-Iranica. Chinese Contributions to the History of Civilization in Ancient Iran*, (Field Museum of Natural History, Publication 201, Anthropological Series, Vol. 15-3), Chicago.
Laut, J. P.
  1983   "Ein Bruchstück einer alttürkischen Buddhabiographie." *UAJ*, NF. 3, pp. 88-101.
  1986   *Der frühe türkische Buddhismus und seine literarischen Denkmäler.* (VSUA 21), Wiesbaden.
  1996   "Höllische Fehler." In : M. Hahn et al. (eds.), *Suhṛllekhāḥ. Festgabe für Helmut Eimer*, (Indica et Tibetica, 28), Swisttal-Odendorf : Indica et Tibetica Verlag, pp. 121-136, incl. 2 pls.
  2002   "Gedanken zum alttürkischen Stabreim." In : M. Ölmez / S.-Ch. Raschmann (eds.), *Splitter aus der Gegend von Turfan*, Istanbul / Berlin : Şafak Matbaacılık, pp. 129-138.
Le Coq, A. von
  1909a   "Köktürkisches aus Turfan. Manuskriptfragmente in köktürkischen »Runen« aus Toyoq und Idiqut-Schähri [Oase von Turfan]." *SPAW* 1909, pp. 1047-1061.
  1909b   "Ein christliches und ein manichäisches Manuskriptfragment in türkischer Sprache aus Turfan." *SPAW* 1909, pp. 1202-1218.
  1912a   "Ein manichäisches Buch-Fragment aus Chotscho." In : *Festschrift für Vilhelm Thomsen*, Leipzig, pp. 145-154, +1 pl. (Repr. : *Turfan-Forschung*, III, 1985, pp. 539-548, pl. XXII.)
  1912-22 *Türkische Manichaica aus Chotscho*, I-III. I=APAW 1911 (published in 1912), No. 6, 61 pp. +4 pls. ; II=APAW 1919, No. 3, 15 pp. +2 pls. ; III=APAW 1922, No. 2, 49 pp. +3 pls. (Repr. : *Turfan-Forschung*, I, pp. 391-511, pls. VI-XIV.)
  1913   *Chotscho. Facsimile-Wiedergaben der wichtigeren Funde der Ersten Königlich Preussischen Expedition nach Turfan in Ost-Turkistan*. Berlin. (Repr. : Graz, 1979.)
  1922-26 *Die buddhistische Spätantike in Mittelasien, Ergebnisse der Kgl. Preussischen Turfan-Expeditionen*. 5 vols., Berlin. (Repr. : Graz, 1973-1974.)
  1923   *Die manichäischen Miniaturen.* (*Die buddhistische Spätantike in Mittelasien*, II), Berlin.

  (Repr. : Graz, 1973.)
 1925 *Bilderatlas zur Kunst und Kulturgeschichte Mittel-Asiens.* Berlin. (Repr. : Graz, 1977.)
Leurini, C.
 2013 *The Manichaean Church. An Essay Mainly Based on the Texts from Central Asia.* (Serie Orientale Roma, n.s. 1), Roma : Scienze e Lettere.
Lévi, S. / Éd. Chavannes
 1895 "Voyages des pélerins bouddhistes. L'itinéraire d'*Ou-k'ong* (751-790)." *JA* 1895 sept.-oct., pp. 341-384.
Li, Fang-kuei
 1958 "Notes on Tibetan *Sog.*" *CAJ* 3, pp. 139-142.
Li, Zhengyu　李 正宇
 1997 「吐蕃論董勃藏修伽藍功德記両卷的発現, 綴合及考證」『敦煌吐魯番研究』2（1996）, pp. 249-257.
Lieu, S. N. C.
 1985 *Manichaeism in the Later Roman Empire and Medieval China. A Historical Survey.* Manchester : Manchester University Press.
 1992 *Manichaeism in the Later Roman Empire and Medieval China.* 2. edition, revised and expanded. Tübingen : J. C. B. Mohr.
Ligeti, L.
 1961 "Sur quelques transcriptions sino-ouigoures des Yuan." *UAJ* 33-3/4, pp. 235-244.
 1966 "Un vocabulaire sino-ouigour des Ming. Le *Kao-tch'ang-kouan Yi-chou* du Bureau des Traducteurs." *AOH* 19, pp. 117-199, 257-316, incl. many pls. (pp. 289-316).
 1971 "À propos du «Rapport sur les rois demeurant dans le Nord»." In : *Études tibétaines dédiées à la mémoire de Marcelle Lalou*, Paris : Adrien Maisonneuve, pp. 166-189.
 1972 *Monuments préclassiques 1 : XIIIe et XIVe siècles.* (Monumenta Linguae Mongolicae Collecta, II), Budapest : Akadémiai Kiadó.
 1973 "À propos d'un document ouigour de l'époque mongole." *AOH* 27-1, pp. 1-18.
Lin, Meicun / Chen, Ling / Wang, Haicheng　林 梅村／陳 凌／王 海城
 1999 「九姓回鶻可汗碑研究」『欧亜学刊』1, pp. 151-171.
Lin, Wushu　林 悟殊
 1987 『摩尼教及其東漸』北京, 中華書局。
Litvinsky, B. A. ＝ リトビンスキー；水谷幸正（訳）
 1972 「西トルキスタンの仏教」, 佐藤密雄博士古稀記念論文集刊行会（編）『佐藤博士古稀記念 仏教思想論集』東京, 山喜房仏書林, pp. 1076-989（逆頁）。
Liu, Anzhi　劉 安志
 2011 『敦煌吐魯番文書与唐代西域史研究』北京, 商務院書館。
Liu, Hongliang　柳 洪亮
 1984 「唐天山県南平郷令狐氏墓誌考釈」『文物』1984-5, pp. 78-79.
 1985 「安西都護府初期的幾任都護」『新疆歴史研究』1985-3, pp. 40-43.
 1986 「安西都護府治西州境内時期的都護及年代考」『新疆社会科学』1986-2, pp. 123-125.
 1987 「柏孜柯里克新発現的《楊公重修寺院碑》」『敦煌研究』1987-1, pp. 62-63, ＋1 pl.
 1991 「高昌碑刻述略」『新疆文物』1991-4, pp. 59-60.
Liu, Mau-tsai
 1958 *Die chinesischen Nachrichten zur Geschichte der Ost-Türken (T'u-küe).* 2 vols., (Göttinger

Asiatische Forschungen, 10), Wiesbaden : Otto Harrassowitz.

Лившиц, В. А.
1981 "Согдийцы в Семиречье : Лингвистические эпиграфические свидетельства." In : *Письменные памятники и проблемы истории культуры народов востока*, Москва, pp. 76-85. (再録 : *Красная Речка и Бурана* (*Материалы и исследования Киргизской археологической экспедиции*), Фрунзе : Илим, 1989, pp. 78-85.)
1996 "Согдийские тексты, документы и эпиграфика." In : *Источниковедение Кыргызстана* (*с древности до XIX в.*), Бишкек : Илим, pp. 215-273.
2008 *Согдийская эпиграфика Средней Азии и Семиречья*. Санкт-Петербург.

Lu, Li　陸　離
2012 「敦煌吐蕃文書中的"色通（Se tong）"考」『敦煌研究』2012-2, pp. 66-72.
2013 『敦煌的吐蕃時代』（敦煌講座書系），蘭州，甘粛教育出版社。

Лурье, П. Б.
2013 "О следах манихеизма в Средней Азии." In : *Согдийцы, их предшественники, современники и наследники.* (*Труды Государственного Эрмитажа* 62), Санкт-Петербург, pp. 219-251, English summary : pp. 486-488.

Ma, Feihai　馬　飛海（総主編）；陳　源／姚　世鐸／蔣　其祥（主編）
1991 『中国歴代貨幣大系 3 隋唐五代十国貨幣』上海，上海古籍出版社。

Ma, Xiaohe　馬　小鶴
2008 『摩尼教与古代西域史研究』（西域歴史語言研究叢書），北京，中国人民大学出版社。
2012 「摩尼光仏新考——福建霞浦民間宗教文書研究」『西域文史』2, pp. 285-308.

MacDonald, A.
1962 "Note sur la diffusion de la "Théorie des quatre fils du ciel" au Tibet." *JA* 250-4, pp. 531-548.

Mackerras, C.
1969 "Sino-Uighur Diplomatic and Trade Contacts (744 to 840)." *CAJ* 13-3, pp. 215-240.
1972 *The Uighur Empire according to the T'ang Dynastic Histories. A Study in Sino-Uighur Relations 744-840*. Canberra : Australian National University Press.
1990 "The Uighurs." In : D. Sinor (ed.), *The Cambridge History of Early Inner Asia*, Cambridge &c. : Cambridge University Press, pp. 317-342.
2000 "Relations between the Uygur State and China's Tang Dynasty, 744-840." In : D. Christian / C. Benjamin (eds.), *Realms of the Silk Roads : Ancient and Modern*, (Silk Road Studies, 4), Turnhout (Belgium) : Brepols, pp. 195-207.

Maeda, Masana　前田　正名
1962 「甘州回鶻集団の成立に関する論考」『史学雑誌』71-10, pp. 1-26.
1964 『河西の歴史地理学的研究』東京，吉川弘文館。

Maeda, Naonori　前田　直典
1944 「元代の貨幣単位」，前田 1973, pp. 19-39.（初出：『社会経済史学』14-4, 1944.）
1948 「十世紀時代の九族達靼——蒙古人の蒙古地方の成立」『東洋学報』32-1, pp. 62-91.（再録：前田『元朝史』1973, pp. 233-263.）
1973 『元朝史の研究』東京，東京大学出版会。

Maejima, Shinji　前嶋　信次
1965 「安史の乱時代の一二の胡語」，石田博士古稀記念事業会（編）『石田博士頌寿記念東洋史論叢』pp. 411-423.
1958-59 「タラス戦考」，前嶋信次『東西文化交流の諸相』東京，誠文堂新光社，1971, pp.

129-200.（初出：『史学』31-1/4, 1958 & 32-1, 1959.）

Maejima, Shinji / Terada, Hideo　前嶋 信次／寺田 穎男
1942　『中央アジアの過去と現在』東京，博文館．

Малявкин, А. Г.
1972a　"К вопросу о расселении Уйгуров после гибели Уйгурского каганата." Известия Сибирского Отделения Академии Наук СССР 1-1, pp. 29-35.
1972b　"Уйгуры и Тибетцы в Ганьсу во 2-ой половине IX века." In : *Центральная Азия и Тибет*, (История и культура Востока Азии, Том I), Новосибирск, pp. 78-83.
1974　*Материалы по истории Уйгуров в IX-XII вв.* (История и культура Востока Азии, Том II), Новосибирск : Наука.
1983　*Уйгурские государства в IX-XII вв.* Новосибирск : Наука.

Малов, С. Е.
1952　*Енисейская письменность Тюрков*. Москва / Ленинград : Издательство Академии Наук СССР.

Mano, Eiji　間野 英二
1978　「中央アジア史とシルクロード──シルクロード史観との訣別」『朝日アジアレビュー』33，1978 年春季号，pp. 30-36.

Marazzi, U.
1979　"Alcuni problemi relativi alla diffusione del manicheismo presso i Turchi nei secoli VIII-IX." *Annali. Istituto Orientale di Napoli* 39-2, pp. 239-252.

Marks, T. A.
1978　"Nanchao and Tibet in Southwestern China and Central Asia." *The Tibet Journal* 3-4, pp. 3-26.

Martinez, A. P.
1983　"Gardīzī's Two Chapters on the Turks." *AEMA* 2 (1982), pp. 109-217, incl. many pls. (pp. 176-217).

Maspero, H.
1953　*Les documents chinois de la troisième expédition de Sir Aurel Stein en Asie Centrale*. London.

Matsuda, Hisao　松田 壽男
1936　「絹馬交易覚書」，『松田壽男著作集』2, 1986, pp. 140-153.（初出：『歴史学研究』6-2, 1936.）
1937　「吐谷渾遣使考（上）（下・完）」『史学雑誌』48-11, pp. 49-85；48-12, pp. 37-71（再録：『松田壽男著作集』4, 1987, pp. 68-126.）
1941　「崑崙国攷」，『松田壽男著作集』4, 1987, pp. 251-275.（初出：『国学院雑誌』47-1, 1941.）
1959　「絹馬交易に関する史料」，『松田壽男著作集』2, 1986, pp. 154-179.（初出：『遊牧社会史探究』1, 1959.）
1970　『古代天山の歴史地理学的研究（増補版）』東京，早稲田大学出版部．（初版：『古代天山の歴史地理学的研究』東京，早稲田大学出版部，1956.）
1971　『アジアの歴史──東西交渉からみた前近代の世界像』（同時代ライブラリー 122），岩波書店，1992.（初版：日本放送出版協会，1971. 再版：『松田壽男著作集』5, 1987.）
1986-87　『松田壽男著作集』全 6 巻，東京，六興出版．

Matsuda, Hisao / Kobayashi, Hajime / Kimura, Nichiki　松田 壽男／小林 元／木村 日紀

1935 『中央アジア史・インド史』(世界歴史大系 10),東京,平凡社。

Matsuda, Kōichi　松田 孝一
1979 「元朝期の分封制——安西王の事例を中心として」『史学雑誌』88-8, pp. 37-74.

Matsui, Dai　松井 太
1998a 「モンゴル時代ウイグリスタン税役制度とその淵源——ウイグル文供出命令文書にみえる käzig の解釈を通じて」『東洋学報』79-4, pp. 026-055.
1998b 「ウイグル文クトルグ印文書」『内陸アジア言語の研究』13, pp. 1-69, ＋14 pls.
1999 「モンゴル時代ウイグリスタンの税役制度と文書行政」1998 年度大阪大学大学院文学研究科提出,課程博士論文。
2002 「モンゴル時代ウイグリスタンの税役制度と徴税システム」,松田孝一(編)『碑刻等史料の総合的分析によるモンゴル帝国・元朝の政治・経済システムの基礎的研究』大阪国際大学, pp. 87-127, incl. 6 pls.
2003 「ヤリン文書——14 世紀初頭のウイグル文供出命令文書 6 件」『人文社会論叢(人文科学篇)』(弘前大学) 10, pp. 51-72, incl. 6 pls.
2004a 「モンゴル時代のウイグル農民と仏教教団——U 5330(USp 77)文書の再検討から」『東洋史研究』63-1, pp. 1-32＝pp. 202-171(逆頁), incl. 2 figs.
2004b 「モンゴル時代の度量衡——東トルキスタン出土文献からの再検討」『東方学』107, pp. 166-153(逆頁)。
2004c "Unification of Weights and Measures by the Mongol Empire as Seen in the Uighur and Mongol Documents." In : D. Durkin-Meisterernst et al. (eds.), *Turfan Revisited*, Berlin : Dietrich Reimer Verlag, pp. 197-202.
2006 "Six Uigur Contracts from the West Uigur Peiord (10th-12th Centuries)."『人文社会論叢(人文科学篇)』(弘前大学) 15, pp. 35-60, incl. 6 pls.
2008a 「東西チャガタイ系諸王家とウイグル人チベット仏教徒——敦煌新発現モンゴル語文書の再検討から」『内陸アジア史研究』23, pp. 25-48.
2008b "A Mongolian Decree from the Chaghataid Khanate Discovered at Dunhuang." In : P. Zieme (ed.), *Aspects of Research into Central Asian Buddhism. In Memoriam Kōgi Kudara*, (Silk Road Studies, 16), Turnhout : Brepols, pp. 159-178, incl. 2 pls.
2008c "Revising the Uigur Inscriptions of the Yulin Caves." *SIAL* 23, pp.17-33.
2009 "Mongol Globalism Attested by the Uigur and Mongol Documents from East Turkestan."『人文社会論叢(人文科学篇)』(弘前大学) 22, pp. 33-42.
2010 「西ウイグル時代のウイグル文供出命令文書をめぐって」『人文社会論叢(人文科学篇)』(弘前大学) 24, pp. 25-53.
2011 「古ウイグル語文献にみえる「寧戎」とベゼクリク」『内陸アジア言語の研究』26, pp. 141-175, incl. 7 pls.
2013a 「敦煌諸石窟のウイグル語題記銘文に関する箚記」『人文社会論叢(人文科学篇)』(弘前大学) 30, pp. 29-50, incl. 3 pls.
2013b "Uigur *käzig* and the Origin of Taxation Systems in the Uigur Kingdom of Qočo." *Türk Dilleri Araştırmaları* 18 (2008), pp. 229-242.

Matsukawa, Takashi　松川 節
1995 「書評：*Die Mongolica der Berliner Turfansammlung*」『東洋史研究』54-1, pp. 105-122.

Matsumoto, Eiichi　松本 栄一
1937 『燉煌画の研究』全 2 巻,東京,東方文化学院。(再版：京都,同朋舎出版,1985.)

Maue, D.

1996 "Zu den uigurischen und iranischen Brāhmī-Handschriften der Berliner Turfanfunde." In : R. E. Emmerick et al. (eds.), *Turfan, Khotan und Dunhuang,* Berlin : Akademie Verlag, pp. 211-220.

2008 "Three Languages on One Leaf : on IOL Toch 81 with Special Regard to the Turkic Part." *BSOAS* 71-1, pp. 59-73, incl. 2 figs.

Maue, D. / K. Röhrborn

1980 "Zur alttürkischen Version des Saddharmapuṇḍarīka-Sūtra." *CAJ* 24- 3/4, pp. 251-273.

1984-85 "Ein "buddhistischer Katechismus" in alttürkischer Sprache und tibetischer Schrift (I-II)." *ZDMG* 134-2, pp. 286-313 & 135-1, pp. 68-91.

Meng, Fanren 孟 凡人

1985 『北庭史地研究』烏魯木斉, 新疆人民出版社。

Menges, K. H.

1959 "Die türkischen Sprachen Süd-Sibiriens, III : Tuba, 1." *CAJ* 4-2, pp. 90-129.

Mibu, Taishun 壬生 台舜

1963 「我が国に伝わる最古のチベット語文書」,『岩井博士古稀記念典籍論集』東京, 大安, pp. 679-684.

Minorsky, V.

1937 *Ḥudūd al-'Ālam. 'The Religions of the World.' A Persian Geography 372 A.H.- 982 A.D.* With the preface by V. V. Barthold. London. (2nd ed. : London 1970.)

1942 *Sharaf al-Zamān Ṭāhir Marvazī on China, the Turks and India.* Arabic Text (circa A. D. 1120) with an English Translation and Commentary. London.

1948 "Tamīm ibn Baḥr's Journey to the Uyghurs." *BSOAS* 12-2, pp. 275-305.

Михайлова, А. И.

1951 "Новые эпиграфические данные для истории Средней Азии IX в." *Эпиграфика Востока* 5, pp. 10-20.

Miyabayashi, Shōgen / Katō, Eiji 宮林 昭彦／加藤 栄司 (訳注)

2004 義浄『南海寄帰内法伝』京都, 法蔵館。

Miyaji, Akira 宮治 昭

1990 「ストゥーパのシンボリズムとその装飾原理」『南都仏教』64, pp. 52-111, incl. many pls. (pp. 98-111).

Miyazaki, Ichisada 宮崎 市定

1943a 『五代宋初の通貨問題』京都, 星野書店。(再録:『宮崎市定全集』9, 東京, 岩波書店, 1992, pp. 13-291.)

1943b 「トルキスタン史・近古」,『支那周辺史 (下)』東京, 白揚社, pp. 171-207. (再録: 「宋元時代の西域」『アジア史研究』2, 京都大学文学部東洋史研究会, 1959, pp. 388-415 ;『宮崎市定全集』20, 1992, pp. 380-405.)

1965 「十字軍の東方に及ぼした影響」『オリエント』7-3/4, pp. 1-15. (再録:『アジア史論考』下巻, 朝日新聞社, 1976, pp. 48-62 ;『宮崎市定全集』19, 1992, pp. 82-96.)

Miyazawa, Tomoyuki 宮澤 知之

1998 『宋代中国の国家と経済』東京, 創文社。

2001 「元代後半期の幣制とその崩壊」『鷹陵史学』27, pp. 53-92.

Mizutani, Shinjō 水谷 真成 (訳注)

1971 玄奘 (著)『大唐西域記』(中国古典文学大系 22), 東京, 平凡社。

Moerloose, E.

1980 "Sanskrit Loan Words in Uighur." *Journal of Turkish Studies* 4, pp. 61-78.

Mori, Masao 護 雅夫
- 1960 「ウイグルの発展」，江上波夫（編）『東西文化の交流』（図説世界文化史大系 26），東京，角川書店，1960, pp. 192-199.
- 1961 「ウイグル文消費貸借文書」，西域文化研究会（編）『西域文化研究 4 中央アジア古代語文献』京都，法藏館，pp. 221-254.（再録：護『古卜研』III, 1997.）
- 1967 『古代トルコ民族史研究』I，東京，山川出版社.
- 1970 「内陸アジア世界の展開 I 総説」『岩波講座世界歴史（旧版）9 中世 3』東京，岩波書店，pp. 3-17.
- 1972 「突厥帝国内部におけるソグド人の役割に関する一資料——ブグト碑文」『史学雑誌』81-2, pp. 77-86.（再録：護『古卜研』II, 1992, pp. 200-215.）
- 1974 「モンゴリア出土五銖銭の突厥文字銘文考」『考古学ジャーナル』92（3月号），pp. 2-5.（改題再録：護『古卜研』II, 1992.）
- 1976 「突厥碑文箚記——突厥第二可汗国における「ナショナリズム」」『東洋史研究』34-4, pp. 1-31.（改題再録：護『古卜研』II, 1992.）
- 1977 「古代トルコ民族と仏教」『現代思想』5-14（12月号），pp. 114-124.
- 1980 「ふたたび征服王朝について」『月刊シルクロード』6-2, pp. 11-15.
- 1981 "The T'u-chüeh Concept of Sovereign." *Acta Asiatica* 41, pp. 47-75.
- 1983 「突厥における君主観」，護雅夫（編）『内陸アジア・西アジアの社会と文化』東京，山川出版社，pp. 95-132.（再録：護『古卜研』II, 1992, pp. 343-383.）
- 1984 『草原とオアシスの人々』（人間の世界歴史 7），東京，三省堂.
- 1992 『古代トルコ民族史研究』II，東京，山川出版社.
- 1997 『古代トルコ民族史研究』III，東京，山川出版社.

Mori, Shikazō 森 鹿三
- 1970 「新出敦煌石室遺書特に寿昌県地鏡について」，同氏『東洋学研究 歴史地理篇』（東洋史研究叢刊 23），京都，同朋舎，pp. 309-324.

Moribe, Yutaka 森部 豊
- 2002 「唐前半期河北地域における非漢族の分布と安史軍淵源の一形態」『唐代史研究』5, pp. 22-45.（再録：森部 2010, 第 2 章.）
- 2010 『ソグド人の東方活動と東ユーラシア世界の歴史的展開』（関西大学東西学術研究所研究叢刊 36），吹田，関西大学出版部.
- 2011a 「安禄山女婿李献誠考」『東西学術研究所創立六十周年記念論文集』吹田，関西大学出版部，pp. 243-267.
- 2011b 「増補：7～8 世紀の北アジア世界と安史の乱」，森安孝夫（編）『ソグドからウイグルへ』東京，汲古書院，pp. 175-205.
- 2012 「「安史の乱」三論」，森部豊／橋寺知子（編）『アジアにおける文化システムの展開と交流』吹田，関西大学出版部，pp. 1-34.
- 2013 『安禄山——「安史の乱」を起こしたソグド人』（世界史リブレット，「人」018），東京，山川出版社.

Moriyasu, Takao 森安 孝夫
- 1973 「ウィグルと吐蕃の北庭争奪戦及びその後の西域情勢について」『東洋学報』55-4, pp. 60-87.
- 1974 「ウィグル仏教史史料としての棒杭文書」『史学雑誌』83-4, pp. 38-54.
- 1977 「Hor」「チベット語史料中に現われる北方民族——DRU-GU と HOR」『アジア・アフ

リカ言語文化研究』14, pp. 1-48.
1977 「西遷」 「ウィグルの西遷について」『東洋学報』59-1/2, pp. 105-130.
1979 「増補：北庭戦」 「増補：ウィグルと吐蕃の北庭争奪戦及びその後の西域情勢について」, 流沙海西奨学会（編）『アジア文化史論叢』3, 東京, 山川出版社, pp. 199-238.（原論文：森安 1973.）
1980 「ウイ敦」 「ウイグルと敦煌」, 榎一雄（編）『講座敦煌 2 敦煌の歴史』東京, 大東出版社, pp. 297-338.
1980 「現況」 「イスラム化以前の中央アジア史研究の現況について」『史学雑誌』89-10, pp. 50-71.
1980 "La nouvelle interprétation des mots *Hor* et *Ho-yo-hor* dans le manuscrit Pelliot tibétain 1283." *AOH* 34-1/3, 1980, pp. 171-184.
1981 "Qui des Ouigours ou des Tibétains ont gagné en 789-792 à Beš-balïq ?" *JA* 269-1/2, *Numéro spécial Actes du Colloque international (Paris, 2-4 octobre 1979) : Manuscrits et inscriptions de Haute Asie du Ve au XIe siècle*, pp. 193-205.
1982 「渤海から契丹へ——征服王朝の成立」,『東アジア世界における日本古代史講座 7 東アジア世界の変貌と日本律令国家』東京, 学生社, 1982, pp. 71-96.
1982 "An Uigur Buddhist's Letter of the Yüan Dynasty from Tun-huang. (Supplement to "Uigurica from Tun-huang")." *MRDTB* 40, 1982, pp. 1-18.
1983 「元代ウ書簡」 「元代ウィグル仏教徒の一書簡——敦煌出土ウィグル語文献補遺」, 護雅夫（編）『内陸アジア・西アジアの社会と文化』東京, 山川出版社, pp. 209-231.
1984 「吐蕃の中ア」 「吐蕃の中央アジア進出」『金沢大学文学部論集（史学科篇）』4 (1983), pp. 1-85, +2 pls.
1985 「教理問答」 「チベット文字で書かれたウィグル文仏教教理問答（P. t. 1292）の研究」『大阪大学文学部紀要』25, pp. 1-85, +1 pl.
1985 「ウ文献」 「ウィグル語文献」, 山口瑞鳳（編）『講座敦煌 6 敦煌胡語文献』東京, 大東出版社, pp. 1-98, incl. 4 pls.
1987 「チベット」 「中央アジア史の中のチベット——吐蕃の世界史的位置付けに向けての展望」, 長野泰彦／立川武蔵（共編）『チベットの言語と文化（北村甫教授退官記念論文集）』東京, 冬樹社, pp. 44-68.
1987 「贈り物」 「敦煌と西ウイグル王国——トゥルファンからの書簡と贈り物を中心に」『東方学』74, pp. 58-74.
1988 「キンサイ」 「敦煌出土元代ウィグル文書中のキンサイ緞子」,『榎博士頌寿記念東洋史論叢』東京, 汲古書院, pp. 417-441, incl. 2 pls.
1989 「源流」 「トルコ仏教の源流と古トルコ語仏典の出現」『史学雑誌』98-4, pp. 1-35.
1989 「箚記（一）」 「ウィグル文書箚記（その一）」『内陸アジア言語の研究』4 (1988), pp. 51-76.
1990 「箚記（二）」 「ウィグル文書箚記（その二）」『内陸アジア言語の研究』5 (1989), pp. 69-89.
1990 "L'origine du Bouddhisme chez les Turcs et l'apparition des textes bouddhiques en turc ancien." In : A. Haneda (ed.), *Documents et archives provenant de l'Asie centrale. Actes du colloque franco-japonais, Kyoto, 4-8 octobre 1988*, Kyoto : Dōhōsha, pp. 147-165.
1991 『ウイグル＝マニ教史の研究』,『大阪大学文学部紀要』31/32 合併号, 豊中, 大阪大学文学部.（別刷：京都, 朋友書店, 1991.）
1992 「箚記（三）」 「ウィグル文書箚記（その三）」『内陸アジア言語の研究』7 (1991), pp.

43-53.
1994 「箚記（四）」「ウイグル文書箚記（その四）」『内陸アジア言語の研究』9, pp. 63-93.
1996 "Notes on Uighur Documents." *MRDTB* 53 (1995), pp. 67-108.
1996 「中央ユーラシアから見た世界史」『あうろーら』4, 大阪, 21世紀の関西を考える会, pp. 26-38.
1997 「文字考」「ウイグル文字新考——回回名称問題解決への一礎石」,『東方学会創立五十周年 東方学論集』東京, 東方学会, pp. 1238-1226（逆頁）.
1997 「ルーン」「大英図書館所蔵ルーン文字マニ教文書 Kao. 0107 の新研究」『内陸アジア言語の研究』12, pp. 41-71, +4 pls.
1997 「斡脱」「オルトク（斡脱）とウイグル商人」, 森安孝夫（編）『近世・近代中国および周辺地域における諸民族の移動と地域開発』（平成7・8年度科学研究費補助金基盤研究 (B) (2) 研究成果報告書）, 豊中, 大阪大学文学部, pp. 1-48.
1997 「ウイグル商人」「《シルクロード》のウイグル商人——ソグド商人とオルトク商人のあいだ」,『岩波講座世界歴史 11 中央ユーラシアの統合』東京, 岩波書店, pp. 93-119.
1998 「補考」「ウイグル文契約文書補考」『待兼山論叢（史学篇）』32, pp. 1-24, incl. 2 pls.
1999 「シネウス遺蹟・碑文」, 森安孝夫・オチル（共編）『モンゴル国現存遺蹟・碑文調査研究報告』豊中, 中央ユーラシア学研究会, pp. 177-195.
2000 「沙ウ」「沙州ウイグル集団と西ウイグル王国」『内陸アジア史研究』15, pp. 21-35.
2000 「欧州」「欧州所在中央アジア出土文書・遺品の調査と研究」『東方学』99, pp. 122-134.
2000 「朱印」「河西帰義軍節度使の朱印とその編年」『内陸アジア言語の研究』15, pp. 1-121, +1 table, +10 pls. in color & 5 pls. in black and white.
2000 "Sha-chou" "The Sha-chou Uighurs and the West Uighur Kingdom." *Acta Asiatica* 78, pp. 28-48.
2000 "čxšapt" "On the Uighur *čxšapt ay* and the Spreading of Manichaeism into South China." In : R. E. Emmerick et al. (eds.), *Studia Manichaica. IV. Internationaler Kongreß zum Manichäismus,* Berlin, Akademie Verlag, pp. 430-440.
2000 "WestU" "The West Uighur Kingdom and Tun-huang around the 10th-11th Centuries." *Berichte und Abhandlungen der Berlin-Brandenburgischen Akademie der Wissenschaften* 8, pp. 337-368, incl. many pls. (pp. 358-368).
2001 "Stake" "Uighur Buddhist Stake Inscriptions from Turfan." In : L. Bazin / P. Zieme (eds.), *De Dunhuang à Istanbul. Hommage à James Russell Hamilton,* (Silk Road Studies, 5), Turnhout (Belgium) : Brepols, pp. 149-223.
2002 「安史」「ウイグルから見た安史の乱」『内陸アジア言語の研究』17, pp. 117-170, +2 pls.
2002 "Čiqtim" "On the Uighur Buddhist Society at Čiqtim in Turfan during the Mongol Period." In : M. Ölmez / S.-Ch. Raschmann (eds.), *Splitter aus der Gegend von Turfan, Festschrift für Peter Zieme, anlaßlich seines 60. Geburtstags,* (Türk Dilleri Araştırmaları Dizisi, 35), Istanbul / Berlin : Şafak Matbaacılık, pp. 153-177.
2003 "UiInsc." "Uighur Inscriptions on the Banners from Turfan Housed in the Museum für Indische Kunst, Berlin." In : Ch. Bhattacharya-Haesner (ed.), *Central Asian Temple Banners in the Turfan Collection of the Museum für Indische Kunst, Berlin,* Berlin : Dietrich Reimer Verlag, pp. 461-474.

2003 "FourL"　"Four Lectures at the Collège de France in May 2003. History of Manichaeism among the Uighurs from the 8th to the 11th Centuries in Central Asia."「コレージュ＝ド＝フランス講演録」In：森安孝夫 T. Moriyasu (ed.),『シルクロードと世界史』*World History Reconsidered through the Silk Road*,（大阪大学 21 世紀 COE プログラム「インターフェイスの人文学」報告書，第 3 巻），Osaka, Osaka University, pp. 23-111, + 15 pls. in colour.

2004 「通貨」「シルクロード東部における通貨──絹・西方銀銭・官布から銀錠へ」，森安孝夫（編）『中央アジア出土文物論叢』京都，朋友書店，pp. 1-40.

2004 「金花」「亀茲国金花王と硇砂に関するウイグル文書の発見」,『三笠宮殿下米寿記念論集』東京，刀水書房，pp. 703-716, incl. 1 pl.

2004 "Currency"　"From Silk, Cotton and Copper Coin to Silver. Transition of the Currency Used by the Uighurs during the Period from the 8th to the 14th Centuries." In：D. Durkin-Meistererst et al. (eds.), *Turfan Revisited — the First Century of Research into the Arts and Cultures of the Silk Road*, Berlin：Dietrich Reimer Verlag, pp. 228-239, incl. 2 pls.

2004 GUMS　*Die Geschichte des uigurischen Manichäismus an der Seidenstraße. — Forschungen zu manichäischen Quellen und ihrem geschichtlichen Hintergrund*. Übersetzt von Christian Steineck, (Studies in Oriental Religions, 50), Wiesbaden：Harrassowitz Verlag.

2007 『シルクロードと唐帝国』（興亡の世界史 5），東京，講談社．

2007 「西ウ仏教」「西ウイグル仏教のクロノロジー──ベゼクリクのグリュンヴェーデル編号第 8 窟（新編号第 18 窟）の壁画年代再考」『仏教学研究』62/63（合併号），pp. 1-45.

2007 「唐代胡」「唐代における胡と仏教的世界地理」『東洋史研究』66-3, pp. 1-33＝pp. 538-506（逆頁），incl. 1 pl.

2008 "Chronology of West Uighur Buddhism：Re-examination of the Dating of the Wall-paintings in Grünwedel's Cave No. 8 (New：No. 18), Bezeklik." In：P. Zieme (ed.), *Aspects of Research into Central Asian Buddhism. In Memoriam Kōgi Kudara*, (Silk Road Studies, 16), Turnhout：Brepols, pp. 191-227.

2011 「書式前編」「シルクロード東部出土古ウイグル手紙文書の書式（前編）」"Epistolary Formulae of the Old Uighur Letters from the Eastern Silk Road (Part 1)."『大阪大学大学院文学研究科紀要』51, 2011 / 3, pp. 1-86.（和文版：pp. 1-31 ＋和英文献目録 in pp. 70-86.）

2011 「提言」「内陸アジア史研究の新潮流と世界史教育現場への提言」『内陸アジア史研究』26, 2011 / 3, pp. 3-34.

2011 「書式後編」「シルクロード東部出土古ウイグル手紙文書の書式（後編）」，森安孝夫（編）『ソグドからウイグルへ』東京，汲古書院，pp. 335-425.

2011 「ソグド研究動向」「日本におけるシルクロード上のソグド人研究の回顧と近年の動向（増補版）」，森安孝夫（編）『ソグドからウイグルへ』東京，汲古書院，pp. 3-46.

2013 「東ウ＝マニ教」「東ウイグル＝マニ教史の新展開」『東方学』126, pp. 142-124（逆頁）．

2013 「黄文弼発現的《摩尼教寺院経営令規文書》」（白玉冬 訳），栄新江（編）『黄文弼所獲西域文献論集』北京，科学出版社，pp. 136-176.

Moriyasu, Takao / Ochir, Ayudai　森安 孝夫／ A. オチル（共編）
　1999　『モンゴル国現存遺蹟・碑文調査研究報告』豊中，中央ユーラシア学研究会．

Moriyasu, T. / Suzuki, K. / Saitō, Sh. / Tamura, K. / Bai Yudong　森安 孝夫／鈴木 宏節／齊藤

　　　　茂雄／田村　健／白　玉冬
　　2009　「シネウス碑文訳注」『内陸アジア言語の研究』24, p. 1-92, ＋10 pls.
Moriyasu, T. / Yoshida, Y.　森安　孝夫／吉田　豊
　　1998　「モンゴル国内突厥ウイグル時代遺蹟・碑文調査簡報」『内陸アジア言語の研究』13, pp. 129-170.
Moriyasu, T. / Yoshida, Y. / Katayama, A.　森安　孝夫／吉田　豊／片山　章雄
　　1999　「カラ＝バルガスン碑文」, 森安孝夫・オチル（共編）『モンゴル国現存遺蹟・碑文調査研究報告』豊中, 中央ユーラシア学研究会, pp. 209-224.
Moriyasu, T. / P. Zieme
　　1999　"From Chinese to Uighur Documents." *SIAL* 14, pp. 73-102, ＋7 pls.
Moses, L. W.
　　1976　"T'ang Tribute Relations with the Inner Asian Barbarian." In : J. C. Perry / B. L. Smith (eds.), *Essays on T'ang Society*, Leiden 1976, pp. 61-89.
Moule, A. C.
　　1957　*Quinsai*. Cambridge : Cambridge University Press.
Müller, F. W. K.
　　1907　"Beitrag zur genaueren Bestimmung der unbekannten Sprachen Mittelasiens." *SPAW* 1907, pp. 958-960, ＋1 pl.
　　1908　*Uigurica* (I). APAW 1908, No. 2, 60 pp. ＋2 pls. (Repr. : *Turfan-Forschung*, I, pp. 3-60 & pls. I-II.)
　　1911　*Uigurica*, II. APAW 1910, No. 3, 110 pp. ＋3 pls. (Repr. : *Turfan-Forschung*, I, pp. 61-168 & pls. III-V.)
　　1912　"Der Hofstaat eines Uiguren-Königs." In : *Festschrift für Vilhelm Thomsen*, Leipzig, pp. 207-213. (Repr. : *Turfan-Forschung*, III, pp. 191-197.)
　　1913　*Ein Doppelblatt aus einem manichäischen Hymnenbuch (Maḥrnâmag)*. APAW 1912, No. 5, 40 pp. ＋2 pls. (Repr. : *Turfan-Forschung*, III, 1985, pp. 151-190, pls. VII-VIII.)
　　1915　*Zwei Pfahlinschriften aus den Turfanfunden*, APAW 1915, No. 3, 38 pp. ＋1 pl. (Repr. : *Turfan-Forschung*, III, pp. 459-496 & pl. XIV.)
　　1922　*Uigurica*, III. APAW 1920, No. 2, 93 pp. (Repr. : *Turfan-Forschung*, I, pp. 169-259.)
Müller, F. W. K. / A. von Gabain
　　1931　"Uigurica, IV." *SPAW* 1931, pp. 675-727.
Müller, F. W. K. / E. Sieg
　　1916　"Maitrisimit und »Tocharisch«." *SPAW* 1916, pp. 395-417, ＋1 pl. (Repr. : *Turfan-Forschung*, III, pp. 415-437, pl. XI.)
Murai, Kyōko　村井　恭子
　　2008　「九世紀ウイグル可汗国崩壊時期における唐の北辺政策」『東洋学報』90-1, pp. 33-67.
Murakami, Masatsugu　村上　正二
　　1951　「蒙古史研究の動向」『史学雑誌』60-3, pp. 45-54.
　　1970-76　『モンゴル秘史』全3巻, 東京, 平凡社。
　　1980　「征服王朝論」『月刊シルクロード』6-2, pp. 6-10.
Murakami, Shinkan　村上　真完
　　1984　『西域の仏教　ベゼクリク誓願画考』東京, 第三文明社。
Muraoka, Hitoshi　村岡　倫
　　2006　「モンゴル帝国の真実――現地調査と最新の史料研究から」, 天地哲也／臼杵勲／菊

  池俊彦（編）『北方世界の交流と変容』東京，山川出版社，pp. 134-155.
 2010 「モンゴル高原から中央アジアへの道——13世紀のチンカイ城を通るルートをめぐって」，『北東アジアの歴史と文化』札幌，北海道大学出版会，pp. 393-411.
Murata, Jirō 村田 治郎
 1959 「仏舎利をまつる建築」『仏教芸術』38, pp. 1-22.
Murayama, Shichirō 村山 七郎
 1959 "Sind die Naiman Türken oder Mongolen ?" *CAJ* 4-3, pp. 188-198.
Naba, Toshisada 那波 利貞
 1941-42 「中晩唐時代に於ける燉煌地方仏教寺院の碾磑経営に就きて（上・中・下）」『東亜経済論叢』1-3, pp. 23-51；1-4, pp. 87-114；2-2, pp. 165-186.
 1974 『唐代社会文化史研究』東京，創文社。
Наделяев, B. M. et al. (eds.)
 1969 *Древнетюркский Словарь*. Ленинград：Наука.
Nagasawa, Kazutoshi 長澤 和俊
 1956 「吐蕃の河西進出と東西交通」『史観』47, pp. 71-81.（再録：長澤 1979, pp. 245-261.）
 1957 「遼の西北路経営について」『史学雑誌』66-8, pp. 67-83.（再録：長澤 1979, pp. 305-332.）
 1962 「近年における内陸アジア史の研究動向」『史学雑誌』71-12, pp. 51-68.
 1965 慧立・彦悰（撰），長澤和俊（訳）『玄奘法師西域紀行』（東西交渉旅行記全集 6），東京，桃源社。
 1979 『シルク・ロード史研究』東京，国書刊行会。
Naitō, Midori 内藤 みどり
 1988 『西突厥史の研究』東京，早稲田大学出版部。
Nakamura, Hiroichi 中村 裕一
 1976 「敦煌・吐魯番出土唐代告身四種と制書について——唐公式令研究（三）」『大手前女子大学論集』10, pp. 93-170, +6 pls.（再録：同氏『唐代官文書研究』京都，中文出版社。)
 1991a 『唐代制勅研究』東京，汲古書院。
 1991b 『唐代官文書研究』京都，中文出版社。
Nakamura, Jun 中村 淳
 1994 「モンゴル時代の「道仏論争」の実像——クビライの中国支配への道」『東洋学報』75-3/4, pp. 229-259.
 2008 「2通のモンケ聖旨から——カラコルムにおける宗教の様態」『内陸アジア言語の研究』23, pp. 55-92.
Nakamura, Jun / Matsukawa, Takashi 中村 淳／松川 節
 1993 「新発現の蒙漢合璧少林寺聖旨碑」『内陸アジア言語の研究』8, pp. 1-92, +8 pls.
Nakamura, Kentarō 中村 健太郎
 2006 「ウイグル文「成宗テムル即位記念仏典」出版の歴史的背景」『内陸アジア言語の研究』21, pp. 49-91.
 2007 「ウイグル語仏典からモンゴル語仏典へ」『内陸アジア言語の研究』22, pp. 71-118.
 2009 「14世紀前半のウイグル語印刷仏典の奥書に現れる「Könčög イディククト王家」をめぐって」『内陸アジア言語の研究』24, pp. 131-171.
Nakata, Mie 中田 美絵
 2006 「唐朝政治史上の『仁王経』翻訳と法会」『史学雑誌』115-3, pp. 38-63.

2007 「不空の長安仏教界台頭とソグド人」『東洋学報』89-3, pp. 33-65.
2010 「唐代徳宗期『四十華厳』翻訳にみる中国仏教の転換――『貞元録』所収「四十華厳の条」の分析より」『仏教史学研究』53-1, pp. 21-42.
2011 「八世紀後半における中央ユーラシアの動向と長安仏教界――徳宗期『大乗理趣六波羅蜜多経』翻訳参加者の分析より」『関西大学東西学術研究所紀要』44, pp. 153-189.

Nakatani, H.
1986 "Un fragment xylographique de l'*Upāli-sūtra* conservé au Musée Guimet." *Bulletin d'Études Indiennes* 4, pp. 305-319.

Niimi, Madoka 新見 まどか
2012 「唐代後半期における「華北東部藩鎮連合体」」『東方学』123, pp. 20-35.

Nishida, Yūko 西田 祐子
2011 「『新唐書』回鶻伝の再検討――唐前半期の鉄勒研究に向けて」『内陸アジア言語の研究』26, pp. 75-139.
2014 「武則天期「鉄勒四部の南徙」再考――『新唐書』の基礎的分析を通じて」『内陸アジア史研究』29, pp. 1-16.

Nogami, Shunjō 野上 俊静
1978 『元史釈老伝の研究』京都，朋友書店。

Noonan, Th. S.
1991 "The Onset of the Silver Crisis in Central Asia." *AEMA* 7 (1987-1991), pp. 221-248.

Obermiller, E.
1931-32 *History of Buddhism (Chos-ḥbyuṅ) by Bu ston*. Heidelberg.

Oda, Juten 小田 壽典
1978a 「トルコ語本八陽経写本の系譜と宗教思想的問題」『東方学』55, pp. 118-104（逆頁）.
1978b "Uighuristan." *Acta Asiatica* 34, pp. 22-45.
1983a "New Fragments of the Buddhist Uighur Text *Säkiz yükmük yaruq*." *AoF* 10-1, pp. 125-142.
1983b "Remarks on the Indic "lehngut" of the *Säkiz yükmäk yaruq sūtra*." In : K. Röhrborn et al. (eds.), *Sprachen des Buddhismus in Zentralasien*, Wiesbaden, pp. 65-72.
1983c 「龍谷大学図書館蔵ウィグル文八陽経の断片捨遺」，護雅夫（編）『内陸アジア・西アジアの社会と文化』東京，山川出版社，pp. 161-184.
1984a 「ウイグル文八陽経「大谷氏所蔵断片」追考」『豊橋短期大学研究紀要』1, pp. 91-100.
1984b 「1330年の雲南遠征余談」『内陸アジア史研究』1, pp. 11-24.
1986 「偽経本「天地八陽神呪経」の伝播とテキスト」『豊橋短期大学研究紀要』3, pp. 61-74.
1987a 「ウィグルの称号トゥトゥングとその周辺」『東洋史研究』46-1, pp. 57-86.
1987b 「龍谷大学図書館蔵ウイグル文八陽経写本の版本断片」『豊橋短期大学研究紀要』4, pp. 25-38.
1988 「ウィグル文八陽経写本の s/š 字形に関する覚書」『豊橋短期大学研究紀要』5, pp. 21-32.
1990a 「初期トルコ語仏典の年代に関する課題――『マイトレヤとの邂逅』の場合」『豊橋短期大学研究紀要』7, pp. 35-44.
1990b 「ウィグル文トゥリ文書研究覚書」『内陸アジア史研究』6, pp. 9-26.
1991a "On *baš bitig*, *'ydyš bitig* and *čïn bitig*.—Notes of the Uighur Documents Related to a Person Named Turï —." *Türk Dilleri Araştırmaları* 1, pp. 37-46.

1991b 「トルコ語「観音経」写本の研究」『西南アジア研究』34, pp. 1-32, incl. 2 pls.
1998 「ブク・ハン伝説のウイグル仏教写本一断片――トゥグーシェヴァ発表によせて」『愛大史学―日本史・アジア史・地理学』7, pp. 57-67, incl. 1 pl.
2000 「トルコ語仏教写本に関する年代論――八陽経と観音経」『東洋史研究』59-1, pp. 114-171.
2001 「トルコ語「八陽経」のマニ教的表現について」『豊橋創造大学紀要』5, pp. 1-12.
2002 "On Manichaean Expressions in the *Säkiz yükmäk yaruq*." In : M. Ölmez / S.-Ch. Raschmann (eds.), *Splitter aus der Gegend von Turfan*, Istanbul / Berlin : Şafak Matbaacılık, pp. 153-177.
2003a 「カラハン朝の起源はカルルク族か，ウイグル族か」『愛大史学―日本史・アジア史・地理学』12, pp. 1-41.
2003b "Indian Buddhist Missions to Uighuristan, based on Chinese Sources." In : S. Bretfeld / J. Wilkens (eds.), *Indien und Zentralasien : Sprach- und Kulturkontakt*, (VSUA 61), Wiesbaden : Harrassowitz Verlag, pp. 25-43.
2010 『仏説天地八陽神呪経一巻　トルコ語訳の研究』2巻，京都，法蔵館。

Ögel, B.
1964 *Sino-Turcica. Çingiz Han ve Çin'deki Hanedanının Türk Müşavirleri*. Taipei.

Okada, Hidehiro　岡田 英弘
1990 「中央ユーラシアの歴史世界」，護雅夫／岡田英弘（編）『民族の世界史 4 中央ユーラシアの世界』東京，山川出版社，pp. 1-21.
1991 「中央ユーラシア史の可能性」『アジア・アフリカ言語文化研究所通信』71, pp. 53-58.
1992 『世界史の誕生』（ちくまライブラリー 73），東京，筑摩書房。（再版：ちくま文庫，1999.）

Okazaki, Seirō　岡崎 精郎
1972 『タングート古代史研究』京都，京都大学文学部東洋史研究会。

Okazaki, Takashi　岡崎 敬
1973 『東西交渉の考古学』東京，平凡社。（増補版：1980.）

Oki, Mie　沖 美江
1996 「9～11世紀におけるウイグル文字の諸特徴――時代判定への手がかりを求めて」『内陸アジア言語の研究』11, pp. 15-60.

Okudaira, Masahiro　奥平 昌洪
1922 「回鶻銭」『貨幣』43, pp. 1-8.
1938 『東亜銭志』東京，岩波書店。

Ольденбургъ, С. Ф.　オリデンブルグ，セルゲイ F.
1914 *Русская Туркестанская Экспедиція 1909-1910 года*. Санктпетербургъ.
1999 加藤九祚（訳）『ロシア第一次東トルキスタン調査団報告 1909-1910』東京，オリデンブルグ刊行会。

Ono, Katsutoshi　小野 勝年
1984 「空海の将来した『大唐貞元新訳十地等経記――『悟空入竺記』のこと」『密教文化』148, pp. 48-80.

Onogawa, Hidemi　小野川 秀美
1940 「鉄勒の一考察」『東洋史研究』5-2, pp. 1-39.
1942 「河曲六州胡の沿革」『東亜人文学報』1-4, pp. 193-226.
1943a 「突厥碑文訳註」『満蒙史論叢』4, pp. 249-425, +2 pls.

1943b 「蒙古史中世（突厥回鶻時代）」,『支那周辺史（上）』東京, 白揚社, pp. 335-427.
Orkun, H. N.
　　1936-41　*Eski Türk Yazıtları*, I-IV. İstanbul.
Ōshima (Suzuki), Ritsuko　大島（鈴木）立子
　　1980　「敦煌の歴史――元時代」『講座敦煌 2 敦煌の歴史』東京, 大東出版社, pp. 363-397.
Otagi, Matsuo　愛宕 松男
　　1970　「遼王朝の成立とその国家構造」『岩波講座世界歴史（旧版）9 中世 3』東京, 岩波書店, pp. 19-40.
　　1973　「斡脱銭とその背景――十三世紀モンゴル＝元朝における銀の動向」『東洋史研究』32-1, pp. 1-27；32-2, pp. 163-201.（再録：愛宕 1989, pp. 133-200.）
　　1989　『愛宕松男東洋史学論集 5 東西交渉史』東京, 三一書房。
Ōtani, Shōshin　大谷 勝眞
　　1913　「窣利に就きて（一・二）」『史学雑誌』24-11 & 24-12, pp. 1427-1452 & pp. 1563-1585.
　　1925　「安西四鎮の建置とその異同に就いて」, 池内宏（編）『白鳥博士還暦記念東洋史論叢』東京, 岩波書店, pp. 271-292.
Ōuchi, Fumio　大内 文雄
　　1983　「歴代三宝紀の一研究」『仏教史学研究』25-2, pp. 1-33.
Özertural, Z.
　　2008a　*Der uigurische Manichäismus. Neubearbeitung von Texten aus Manichaica I und III von Albert v. Le Coq.* (VSUA 74), Wiesbaden : Harrassowitz Verlag.
　　2008b　"Punya und Punya-Übertragung im uigurischen Manichäismus." *ZAS* 37, pp. 111-118.
　　2008c　"Weitere buddhistisch-uigurische Texte mit präklassischen Merkmalen." *UAJ*, NF. 22, pp. 94-108.
　　2013　"Hundert Jahre *agduk*." *UAJ*, NF. 25 (2012/2013), pp. 228-230.
Pan, Zhonggui　潘 重規
　　1983-84　『敦煌変文集新書』上下 2 巻, 台湾, 中国文化大学中文研究所。
Pelliot, P.
　　1906　"La ville de Bakhouân dans la géographie d'Idrîcî." *TP* 7, pp. 553-556.
　　1908　"Une bibliothèque médiévale retrouvée au Kan-sou." *BEFEO* 8, pp. 501-529.
　　1912　"Les noms tibétains des T'ou-yu-houen et des Ouigours." *JA* 1912 nov.-déc., pp. 520-523.
　　1914a　"Sur l'origine du nom de Fou-lin." *JA* 1914 mars-avril, pp. 497-500.
　　1914b　"Notes à propos d'un catalogue du *Kanjur*." *JA* 1914 juillet-août, pp. 111-150.
　　1914c　"Les grottes des Mille Bouddhas." *JRAS* 1914, pp. 421-426.
　　1916　"Le «*Cha tcheou tou tou fou t'ou king*» et la colonie sogdienne de la région du Lob Nor." *JA* 1916 jan.-fév., pp. 111-123.
　　1920-24　*Les grottes de Touen-Houang*. 6 vols. (Mission Pelliot en Asie Centrale, I), Paris : Librairie Paul Geuthner.
　　1921　"Notes sur les T'ou-yu-houen et les Sou-p'i." *TP* 20, pp. 323-331.
　　1923a　"La théorie des quatre Fils du Ciel." *TP* 22, pp. 97-125.
　　1923b　"Note sur les anciens noms de Kučā, d'Aqsu et d'Uč-Turfan." *TP* 22, pp. 126-132.
　　1925　"Les mots à *h* initiale aujourd'hui amuie dans le mongol des XIIIe et XIVe siècles." *JA* 1925 avril-juin, pp. 193-263.
　　1929　"Neuf notes sur des questions d'Asie Centrale." *TP* 26, pp. 201-266.

1930a "Le prétendu mot *"iascot"* chez Guillaume de Rubrouck." *TP* 27, pp. 190-192.
1930b "Les mots mongols dans le Korye Să 高麗史." *JA* 217, pp. 253-266.
1931 "Bibliographie : Arthur Waley, *A Catalogue of Paintings Recovered from Tun-huang by Sir Aurel Stein.*" *TP* 28, pp. 383-413.
1959-73 *Notes on Marco Polo*, I-III. (Ouvrage posthume de Paul Pelliot), Paris : Imprimerie Nationale / Adrien Maisonneuve.
1961 *Histoire ancienne du Tibet.* (Ouvrage posthume de Paul Pelliot, Vol. 5), Paris : Imprimerie Nationale.
1981-92 *Grottes de Touen-Houang. Carnet de notes de Paul Pelliot.* 6 vols. (Mission Paul Pelliot, Documents conservés au Musée Guimet, XI), Paris : Collège de France / Instituts d'Asie (Instituts d'Extrême-Orient) / Centre de Recherche sur l'Asie Centrale et la Haute Asie.
2002 *Les routes de la région de Turfan sous les T'ang, suivi de L'histoire et la géographie anciennes de l'Asie Centrale dans* Innermost Asia. Édités par Jean-Pierre Drège, Paris : Institut des Hautes Études Chinoises du Collège de France.

Petech, L.
1947 "Il Tibet nella Geografia Musulmana." *Rendiconti della Classe di Scienze morali, storiche e filologiche dell'Accademia Nationale dei Lincei,* Ser. III, Vol. II, 1-2, pp. 55-70.
1966 "Tibet." In : *Handbuch der Orientalistik*, Erste Abt., Bd. V, Abschn. 5 : *Geschichte Mittelasiens*, Leiden / Köln, pp. 311-347.
1967 "Glosse agli *Annali* di Tun-huang." *Rivista degli Studi Orientali* 42, pp. 241-279.
1977 *The Kingdom of Ladakh.* Roma.

Pinault, G.-J.
2007 "Le tokharien pratiqué par les Ouïgours : à propos d'un fragment en tokharien A du Musée Guimet." In : J.-P. Drège / V. D'Olivier (eds.), *Études de Dunhuang et de Turfan*, Genève : Droz, pp. 327-366.

Pinks, E.
1968 *Die Uiguren von Kan-chou in der frühen Sung-Zeit (960-1028).* (Asiatische Forschungen, 24), Wiesbaden : Otto Harrassowitz.

Potanin, G. N. ポターニン, G. N.（著）；東亜研究所（訳）
1945 『西北蒙古誌 2 民俗・慣習編』東京, 龍文書局。

Poussin, L. de la Vallée / K. Enoki
1962 *Catalogue of the Tibetan Manuscripts from Tun-huang in the India Office Library.* Oxford.

Pritsak, O.
1951 "Von den Karluk zu den Karachaniden." *ZDMG* 101, pp. 270-300.

Pulleyblank, E. G. プーリィブランク, E. G.
1952a "A Sogdian Colony in Inner Mongolia." *TP* 41, pp. 317-356.
1952b 「安禄山の出自について」『史学雑誌』61-4, pp. 42-57.
1952-53 「安禄山の叛乱の政治的背景（上・下）」『東洋学報』35-2, pp. 92-111 ; 35-3/4, pp. 122-147.
1954 "The Date of the Staël-Holstein Roll." *AM,* NS. 4-1, pp. 90-97.
1971 "Late Middle Chinese, Part II." *AM,* NS. 16-1/2, pp. 121-168.
1976 "The An Lu-shan Rebellion and the Origins of Chronic Militarism in Late T'ang China." In : J. C. Perry / B. L. Smith (eds.), *Essays on T'ang Society*, Leiden 1976, pp. 33-60.
1991 *Lexicon of Reconstructed Pronunciation in Early Middle Chinese, Late Middle Chinese, and*

Early Mandarin. Vancouver.

Rachewiltz, I. de
- 1983 "Turks in China under the Mongols : A Preliminary Investigation of Turco-Mongol Relations in the 13th and 14th Centuries." In : M. Rossabi (ed.), *China among Equals*, Berkeley / Los Angeles / London : University of California Press, pp. 281-310.

Rachmati, G. R. / W. Eberhard
- 1937 "Türkische Turfan-Texte, VII." APAW 1936, No. 12, 124 pp. +6 pls.

Radloff, W.
- 1892 *Atlas der Alterthümer der Mongolei.* 1. Lieferung, Sankt-Petersburg.
- 1893-1911 *Versuch eines Wörterbuches der Türk-Dialecte,* I-IV. St. Petersburg. (Repr. : 's-Gravenhage, 1960.)
- 1894-99 *Die alttürkischen Inschriften der Mongolei.* 1. Lieferung 1894; 2. Lieferung 1894; 3. Lieferung 1895; Neue Folge 1897; Zweite Folge 1899. St. Petersburg. (Repr. in 2 vols. : Osnabrück 1987.)
- 1910 "Alttürkische Studien, III : 1) Ein Fragment in türkischer Runenschrift. 2) Manichäisch-uigurisches Fragment aus Turfan." *BAISS* 1910, pp. 1025-1036, +1 pl.
- 1911 "Alttürkische Studien, V." *BAISS* 1911, pp. 427-452.
- 1912 "Alttürkische Studien, VI." *BAISS* 1912, pp. 747-782.
- 1928 *Uigurische Sprachdenkmäler.* Materialien nach dem Tode des Verfassers mit Ergänzungen von S. Malov herausgegeben. Leningrad, 1928. (Repr. : Osnabrück : Biblio Verlag, 1972.)

Ramstedt, G. J.
- 1909 "Mongolische Briefe aus Idiqut-Schähri bei Turfan." *SPAW* 1909, pp. 838-848, +1 pl.
- 1913 "Zwei uigurische Runeninschriften in der Nord-Mongolei." *JSFOu* 30-3, 63 pp. +3 pls.

Rao, Zongyi 饒 宗頤
- 1982 「李白出生地——碎葉」, 同氏『選堂集林 史林 中』台北，明文書局，pp. 614-655.

Raschmann, S.-Ch.
- 1995 *Baumwolle im türkischen Zentralasien.* (VSUA 44), Wiesbaden.

Reck, Ch.
- 2014 "Nichtbuddhistische mitteliranische Pustakablätter." In : J. P. Laut / K. Röhrborn (eds.), *Vom Aramäischen zum Alttürkischen,* Berlin / Boston : De Gruyter, pp. 167-178.

Reeves, J. C.
- 2011 *Prolegomena to a History of Islamicate Manichaeism.* (Comparative Islamic Studies), Sheffield / Oakville : Equinox.

Rhodes, N.
- 1997 "Tang Dynasty Coins Made in Xinjiang." In : *Studies in Silk Road Coins and Culture. Papers in Honour of Professor Ikuo Hirayama on His 65th Birthday*, Kamakura : The Institute of Silk Road Studies, pp. 181-186, incl. 1 pl.

Richardson, H. E.
- 1952 *Ancient Historical Edicts at Lhasa and the Mu Tsung / Khri Gtsug Lde Brtsan Treaty of A.D. 821-822 from the Inscription at Lhasa.* London.

Ries, J.
- 1980 "Bouddhisme et manichéisme. Les étapes d'une recherche." In : *Indianisme et bouddhisme. Mélanges offerts à Mgr Étienne Lamotte,* Louvain-La-Neuve, pp. 281-295.

Roerich, G. N.

1933　*Sur les pistes de l'Asie centrale*. Paris.
1949-53　*The Blue Annals*, I-II. Calcutta.

Röhrborn, K.
1977-98　(to be continued) *Uigurisches Wörterbuch. Sprachmaterial der vorislamischen türkischen Texte aus Zentralasien*. Parts 1-6, Wiesbaden : Franz Steiner Verlag.
1981　"Zum Wanderweg des altindischen Lehngutes im Alttürkischen." In : H. R. Roemer / A. Noth (eds.), *Studien zur Geschichte und Kultur des Vordern Orients. Festschrift für B. Spuler*, Leiden, pp. 337-343.
1983　"Zu einem dialekt-differenzierenden Lautübergang im Alttürkischen." *Materialia Turcica* 7/8 (1981/1982), pp. 295-305.
1996　*Xuanzangs Leben und Werk, Teil 5 : Die alttürkische Xuangzang-Biographie VIII*. (VSUA 34-5), Wiesbaden : Harrassowitz Verlag.
2011　"Zum Schrifttum der westtürkischen Manichäer." In : Z. Özertural / J. Wilkens (eds.), *Der östliche Manichäismus. Gattungs- und Werksgeschichte*, (Abhandlungen der Akademie der Wissenschaften zu Göttingen, NF. 17), Berlin / Boston : De Gruyter, pp. 161-167.

Róna-Tas, A.
1983　"Tibet." In : K. Sagaster et al. (eds.), *Documenta Barbarorum. Festschrift für Walther Heissig zum 70. Geburtstag*, (VSUA 18), Wiesbaden : Harrassowitz, pp. 324-330.
1991　*An Introduction to Turkology*. (Studia Uralo-Altaica, 33), Szeged.
2003　"New Publications on Uygur Texts Translated from Chinese." *AOH* 56-2/4, pp. 451-459.

Rong, Xinjiang　栄 新江
1986　「帰義軍及其与周辺民族的関係初探」『敦煌学輯刊』1986-2, pp. 24-44.
1990　「新出吐魯番文書所見西域史事二題」, 北京大学中国中古史研究中心（編）『敦煌吐魯番文献研究論集』5, 北京, 北京大学出版社, pp. 339-354.
1991　「公元十世紀沙州帰義軍与西州廻鶻的文化交往」, 漢学研究中心（編）『第二届敦煌学国際研討会論文集』（漢学研究中心叢刊）, 台北, pp. 583-603.（補訂再録：栄新江 1996『帰義軍史研究』第 11 章・第 4 節）
1992　「于闐在唐朝安西四鎮中的地位」『西域研究』1992-3, pp. 55-64.
1993　「関于曹氏帰義軍首任節度使的几箇問題」『敦煌研究』1993-2, pp. 46-53.
1994a　「于闐王国与瓜沙曹氏」『敦煌研究』1994-2, pp. 111-119.
1994b　『英国図書館蔵敦煌漢文非仏教文献残巻目録（S. 6981-13624）』（香港敦煌吐魯番研究中心叢刊 4）, 台北, 新文豊出版公司。
1996a　『帰義軍史研究――唐宋時代敦煌歴史考索』（中国伝統文化研究叢書）, 上海, 上海古籍出版社。
1996b　「敦煌蔵経洞的性質及其封閉原因」『敦煌吐魯番研究』2, 1996, pp. 23-48.
1998　「安禄山的種族与宗教信仰」『北京大学百年国学文粋・史学巻』北京, 北大出版社, pp. 762-769.
2000　「摩尼教在高昌的初伝」, 新疆吐魯番地区文物局（編）『吐魯番新出摩尼教文献研究』北京, 文物出版社, pp. 215-230.（再録：同氏『中古中国与外来文明』北京, 三聯書店, 2001, pp. 369-385.）
2001a　"The Relationship of Dunhuang with the Uighur Kingdom in Turfan in the Tenth Century." In : L. Bazin / P. Zieme (eds.), *De Dunhuang à Istanbul. Hommage à James Russell Hamilton*, (Silk Road Studies, 5), Turnhout : Brepols, pp. 275-298.
2001b　「敦煌帰義軍曹氏統治者為粟特后裔説」『歴史研究』2001-1, pp. 65-72.（再録：栄新

江 2001d.）
　2001c　（張銘心／広中智之訳）「敦煌帰義軍節度使曹氏出自攷──ソグド後裔説をめぐって」『内陸アジア史研究』16, pp. 1-12.
　2001d　『中古中国与外来文明』北京, 生活・読書・新知三聯書店。
　2003　「慧超所記唐代西域的漢化仏寺」『冉雲華先生八秩華誕寿慶論文集』台北, 法光出版社, pp. 399-407.
　2009a　「《西州回鶻某年造仏塔功徳記》小考」, 張定京／阿不都熱西提・亜庫甫（編）『突厥語文学研究──耿世民教授八十華誕紀念文集』北京, 中央民族大学出版社, pp. 182-190.
　2009b　（植松知博訳）「「西州回鶻某年造仏塔功徳記」小考」『西北出土文献研究』7, pp. 7-18, incl. 1 pl.
　2010　"The Network of Chinese Buddhist Monasteries in the Western Regions under Tang Control." In : T. Irisawa (ed.), *"The Way of Buddha" 2003 : The 100th Anniversary of the Otani Mission and the 50th of the Research Society for Central Asian Cultures*, Kyoto : Ryukoku University, pp. 215-220.
　2013　「大中十年唐朝遣使冊立回鶻史事新証」『敦煌研究』2013-3, pp. 128-132.
Rong, Xinjiang / Yu, Xin　栄 新江／余 欣
　2005　「沙州帰義軍史事繫年（大中六年～咸通二年）」『敦煌吐魯番研究』8, pp. 71-88.
　2008　「沙州帰義軍史事繫年（咸通十四年～中和四年）」『敦煌学』27, pp. 255-273.
Rong, Xinjiang / Zhu, Lishuang　栄 新江／朱 麗双
　2011　「11世紀初于闐仏教王国滅亡新探──兼談喀喇汗王朝的成立与発展」『西域文史』6, pp. 191-203.
Rubinacci, R.
　1974　"Il Tibet nella Geografia d'Idrīsī." In : *Gururājamañjarikā. Studi in Onore di Giuseppe Tucci*, Vol. 1, Napoli : Instituto Universitario Orientake, pp. 195-220, +2 pls.
　1977　"More on the Town of Bākhwān in Idrīsī's Geography." *Studi Magrebini* 9, pp. 17-25, +2 pls.
Russell-Smith, L.
　2005　*Uygur Patronage in Dunhuang. Regional Art Centres on the Northern Silk Road in the Tenth and Eleventh Centuries.* (Brill's Inner Asian Library 14), Leiden / Boston : Brill.
　2013　"The Formation of Uygur Buddhist Art." =「ウイグル仏教美術の生成」In : 龍谷大学アジア仏教文化研究センター（編）『トルファンの仏教と美術──ウイグル仏教を中心に』京都, 龍谷大学, pp. 85-135, incl. 7 pls. in colour.
Rybatzki, V.
　2000　"Titles of Türk and Uigur Rulers in the Old Turkic Inscriptions." *CAJ* 44-2, pp. 205-292.
Sadakata, Akira　定方 晟
　1971　「慧超往五天竺国伝和訳」『東海大学紀要　文学部』16, pp. 2-30.
Saguchi, Tōru　佐口 透
　1942　「十四世紀に於ける元朝大カーンと西方三王家との連帯性について──チャガタイ・ウルス史研究に寄せて」『北亜細亜学報』1, pp. 151-214.
　1943　「モンゴル人支配時代のウイグリスタン（上・下）」『史学雑誌』54-8, pp. 1-71 ; 54-9, pp. 72-97.
　1972a　「回鶻伝（旧唐書・新唐書）」,『騎馬民族史』2（東洋文庫 223）, 東京, 平凡社, pp. 299-462.
　1972b　「サリク─ウイグル種族史考」,『山本博士還暦記念東洋史論叢』東京, 山川出版社,

pp. 191-202.
1973 「ウィグリスタン仏教史論」『アジア文化』9-3, pp. 2-12.

Saitō, Masaru 齋藤 勝
1999 「唐・回鶻絹馬交易再考」『史学雑誌』108-10, pp. 33-58.

Saitō, Shigeo 齊藤 茂雄
2013 「突厥第二可汗国の内部対立──古チベット語文書（P. t. 1283）にみえるブグチョル（'Bug-čhor）を手がかりに」『史学雑誌』122-9, pp. 36-62.
2014 「唐後半期における陰山と天徳軍」『関西大学東西学術研究所紀要』47, pp. 71-99.

Saitō, Tatsuya 斉藤 達也
1991 「突騎施の台頭と唐の砕葉放棄について」『史滴』12, pp. 34-53.
1993 「『曲江集』所収の西域関係勅書の起草時期」『早稲田大学大学院文学研究科紀要別冊 史学・哲学編』19（1992）, pp. 135-147.

Sakai, Toshiaki 酒井 敏明
1962 「パミールをめぐる交通路」『史林』45-5, pp. 63-88.

Sakajiri, Akihiro 坂尻 彰宏
2012a 「大英博物館蔵甲戌年四月沙州妻鄧慶連致粛州僧李保祐状」『敦煌写本研究年報』6, pp. 155-167.
2012b 「杏雨書屋蔵敦煌秘笈所収懸泉索什子致沙州阿耶状」『杏雨』15, pp. 374-389.
2014 「公主君者者の手紙──S. 2241 の受信者・発信者・背景について」『敦煌写本研究年報』8, pp. 47-68.

Sakamoto, Kazuko 坂本 和子
2012 『織物に見るシルクロードの文化交流　トゥルファン出土染織資料──錦綾を中心に』東京, 同時代社.

Samolin, W.
1964 *East Turkistan to the Twelfth Century. A Brief Political Survey.* (Central Asiatic Studies, 9), The Hague / London / Paris : Mouton & Co.

Satō, Hisashi 佐藤 長
1958-59 『古代チベット史研究（上・下）』全 2 巻,（東洋史研究叢刊 5）, 京都, 京都大学文学部東洋史研究会.（再版：京都, 同朋舎, 1977.）
1973 「吐蕃伝（旧唐書・新唐書）」,『騎馬民族史』3（東洋文庫 228）, 東京, 平凡社, pp. 103-291.
1977 『古代チベット史研究（上・下）』全 2 巻,（東洋史研究叢刊 5）, 京都, 同朋舎.
1978 『チベット歴史地理研究』東京, 岩波書店.

Satō, Keishirō 佐藤 圭四郎
1961 「西アジアにおける仏教流伝の痕跡（下）」『文化』25-4, 東北大学文学部, pp. 116-139.
1978 「北宋時代における回紇商人の東漸」,『星博士退官記念中国史論集』山形, pp. 89-106.（再録：佐藤 1981, pp. 325-343.）
1979 「唐代商業の一考察──高利貸付について」,『加賀博士退官記念中国文史哲学論集』東京, 講談社, pp. 561-583.（再録：佐藤 1981, pp. 298-324.）
1981 『イスラーム商業史の研究──坿東西交渉史』（東洋史研究叢刊 33）京都, 同朋舎.
1987 「ソグド地方における仏教流伝」『仏教文化研究所紀要』26, 龍谷大学, pp. 12-27.

Satō, Takayasu 佐藤 貴保
2003 「西夏法典貿易関連条文訳註」, 森安孝夫（編）『シルクロードと世界史』（大阪大学

21世紀COEプログラム「インターフェイスの人文学」報告書，第3巻），豊中，大阪大学文学研究科，pp. 197-255.

Satō, Taketoshi 佐藤 武敏
1977 『中国古代絹織物史研究 上』東京，風間書房。
1978 『中国古代絹織物史研究 下』東京，風間書房。

Schurmann, H. F.
1967 *Economic Structure of the Yüan Dynasty. Translation of Chapters 93 and 94 of the Yüan shih.* (Harvard-Yenching Institute Studies, 16), Cambridge, Massachusetts: Harvard University Press.

Scott, D. A.
1985 "Manichaean Views of Buddhism." *History of Religions* 25-2, pp. 99-115.

Sekine, Akio 関根 秋雄
1978 「カシュミールと唐・吐蕃抗争——とくに小勃律国をめぐって」『中央大学文学部紀要 史学科』23, pp. 99-118.

Senga, Toru
1992 ""Northern" Neighbors of the Khazars around 750 A.D." *UAJ* 64, pp. 59-72.

Seo, Tatsuhiko 妹尾 達彦
1999 「中華の分裂と再生」『岩波講座世界歴史 9 中華の分裂と再生』東京，岩波書店，pp. 3-82.
2001 『長安の都市計画』（講談社選書メチエ 223），東京，講談社。
2014 「東アジア都城時代の形成と都市網の変遷——四〜十世紀」，中央大学人文科学研究所（編）『アフロ・ユーラシア大陸の都市と国家』八王子，中央大学出版部，pp. 73-217.

Sertkaya, O. F.
2002 "Uygur para belgelerindeki kişi ve yer adları üzerine [=Zu Personen- und Ortsnamen in uigurischen Gelddokumenten]." (Handout for the Symposium entitled Turfan Revisited, Berlin 8th-13th September 2002), Istanbul, 16 +7 pp.
2004 "Zu Personen- und Ortsnamen in uigurischen Gelddokumenten." In: D. Durkin-Meisterernst et al. (eds.), *Turfan Revisited*, Berlin: Dietrich Reimer Verlag, pp. 316-317.

Shi, Molin / Chen, Guocan 石 墨林（編著）；陳 国燦（校訂）
2012 『唐安西都護府史事編年』烏魯木斉，新疆人民出版社。

Shiba, Yoshinobu 斯波 義信
1958 書評「C・A・ムール「キンサイ」」『東洋学報』40-4, pp. 105-113.
1968 『宋代商業史研究』東京，風間書房。
1983 "Sung Foreign Trade: Its Scope and Organization." In: M. Rossabi (ed.), *China among Equals,* Berkeley / Los Angeles / London: University of California Press, pp. 89-115.

Shimazaki, Akira 嶋崎 昌
1959 「高昌国の城邑について」，嶋崎 1977, pp. 113-147.（初出：『中央大学文学部紀要』17, 1959.）
1963 「可汗浮図城考（上・下）」『東洋学報』46-2, pp. 1-35；46-3, pp. 31-65.（再録：嶋崎 1977, pp. 171-252.）
1977 『隋唐時代の東トゥルキスタン研究』東京，東京大学出版会。

Shimo, Hirotoshi 志茂 碩敏
2013 『モンゴル帝国史研究正篇　中央ユーラシア遊牧諸政権の国家構造』東京，東京大学

Shirasu, Jōshin　白須 淨眞
　1973　「吐蕃支配期の東西交通——関隴朝貢道の途絶と西域朝貢使」『東洋史苑』6, pp. 20-36.
　1974　「敦煌における『廻向輪経』の伝承」『仏教史学研究』17-1, pp. 34-69.
Shiratori, Kurakichi　白鳥 庫吉
　1904　「大秦国及び拂菻国に就きて」,『白鳥庫吉全集』7, 1971, pp. 125-203.（初出：『史学雑誌』15-4, 15-5, 15-8, 15-10, 15-11, 1904.）
　1911-13　「西域史上の新研究」,『西域史研究』上 =『白鳥庫吉全集』6, 1970, pp. 57-227.（初出：『東洋学報』1-3, 1911 & 2-1, 1912 & 3-1, 1913 & 3-2, 1913.）
　1917　「罽賓国考」,『西域史研究』上 =『白鳥庫吉全集』6, 1970, pp. 295-359.（初出：『東洋学報』7-1, 1917.）
　1919　「室韋考」,『白鳥庫吉全集』4, 1970, pp. 339-473.（初出：『史学雑誌』30-1, 30-2, 30-4, 30-6, 30-7, 30-8, 1919.）
　1924　「粟特国考」,『白鳥庫吉全集』7, 1971, pp. 43-123.（初出：『東洋学報』14-2, 1924.）
　1929　「『高麗史』に見えたる蒙古語の解釈」,『白鳥庫吉全集』3, 1970, pp. 393-484.（初出：『東洋学報』18-2, 1929.）
　1931　「大秦伝に現はれたる支那思想」,『白鳥庫吉全集』7, 1971, pp. 237-301.（初出：『桑原博士還暦記念東洋史論叢』京都，弘文堂，1931.）
　1931-44　「拂菻問題の新解釈」,『白鳥庫吉全集』7, 1971, pp. 403-592.（初出：『東洋学報』19-3, 1931 ; 20-1, 1932 ; 29-3/4, 1944.）
　1969-71　『白鳥庫吉全集』全 10 巻, 東京, 岩波書店。
　1970　「支那本土周囲諸民族」,『白鳥庫吉全集』4, pp. 549-739.
Shirota, Takafumi　代田 貴文
　1976　「カラハン朝の東方発展」『中央大学大学院研究年報』5, pp. 255-270.
　2001　「カラ＝ハーン朝史研究の基本的諸問題」『中央大学附属高校教育・研究紀要』15, pp. 1-32.
Shōgaito, Masahiro　庄垣内 正弘
　1974　「ウイグル語写本・大英博物館蔵 Or. 8212（109）について」『東洋学報』56-1, pp. 044-057.
　1976a　「ウイグル語写本・大英博物館蔵 Or. 8212-108 について」『東洋学報』57-1/2, pp. 017-035.
　1976b　「ウイグル語写本・'観音経相応'——観音経に関する 'avadāna'」『東洋学報』58-1/2, pp. 01-037.
　1978　「'古代ウイグル語'におけるインド来源借用語彙の導入経路について」『アジア・アフリカ言語文化研究』15, pp. 79-110.
　1979　「中村不折氏旧蔵ウイグル語文書断片の研究」『東洋学報』61-1/2, pp. 01-029, +4 pls.
　1980　「ウイグル語仏典について」, 樋口隆康（編）『続・シルクロードと仏教文化』東京, 東洋哲学研究所, pp. 249-282.
　1982a　「古代トルコ語 n 方言における ï/i の低母音化について」『神戸市外国語大学論叢』33-3, pp. 39-57.
　1982b　『ウイグル語・ウイグル語文献の研究 I』（神戸市外国語大学研究叢書，12），神戸, 神戸市外国語大学外国学研究所。
　1984　「『畏兀児館訳語』の研究——明代ウイグル口語の再構」『内陸アジア言語の研究』1

(1983), pp. 50-172.
- 1987 「ウイグル文献に導入された漢語に関する研究」『内陸アジア言語の研究』2 (1986), pp. 17-156.
- 1995 「ウイグル文字音写された漢語仏典断片について——ウイグル漢字音の研究」『言語学研究』14, pp. 65-153, +9 pls.
- 1997 「ウイグル文字音写された漢語仏典断片について——ウイグル漢字音の研究（続）」『西南アジア研究』46, pp. 1-31, incl. pls.
- 2008 『ウイグル文アビダルマ論書の文献学的研究』京都，松香堂。

Shōgaito, M. / L. Tugusheva / S. Fujishiro　庄垣内 正弘／リリヤ＝トゥグーシェワ／藤代 節
- 1998 『ウイグル文 Daśakarmapathāvadānamālā の研究』*The Daśakarmapathāvadānamālā in Uighur from the Collection of the St. Petersburg Branch of the Institute of Oriental Studies, Russian Academy of Sciences.* 京都，松香堂。

Sims-Williams, N.
- 1975 "Notes on Sogdian Palaeography." *BSOAS* 38-1, pp. 132-139.
- 1976 "The Sogdian Fragments of the British Library." *IIJ* 18, pp. 43-82.
- 1981a "The Sogdian Sound-System and the Origins of the Uyghur Script." *JA* 269-1/2, pp. 347-360, +1 pl.
- 1981b "Remarks on the Sogdian Letters γ and x." Append. to : W. Sundermann, *Mitteliranische manichäische Texte kirchengeschichtlichen Inhalts,* (BTT 11), Berlin : Akademie Verlag, pp. 194-198.
- 1981c "The Sogdian Fragments of Leningrad." *BSOAS* 44-2, pp. 231-240.
- 1983 "Indian Elements in Parthian and Sogdian." In : K. Röhrborn et al. (eds.), *Sprachen des Buddhismus in Zentralasien,* Wiesbaden, pp. 132-141.

Sims-Williams, N. / D. Durkin-Meisterernst
- 2012 *Dictionary of Manichaean Sogdian and Bactrian.* (Corpus Fontium Manichaeorum, Subsidia, *Dictionary of Manichaean Texts*, Vol. III : *Texts from Central Asia and China*, Part 2), Turnhout : Brepols.

Sims-Williams, N. / J. Hamilton
- 1990 *Documents turco-sogdiens du IXe-Xe siècle de Touen-houang.* (Corpus Inscriptionum Iranicarum, Part II : Inscriptions of the Seleucid and Parthian Periods and of Eastern Iran and Central Asia, Vol. III : Sogdian), London : School of Oriental and African Studies.

Sinor, D.
- 1939a "On Turkish Buddhism in Central Asia." *Kőrösi Csoma-Archivum*, Supplementary Volume 1 (1935-1939), pp. 391-396.
- 1939b "À propos de la biographie ouigoure de Hiuan-tsang." *JA* 1939 oct.-déc., pp. 543-590.
- 1985 "Some Components of the Civilization of the Türks (6th to 8th Century A.D.)" In : G. Jarring et al. (eds.), *Altaistic Studies. Papers at the 25th Meeting of the Permanent International Altaistic Conference at Uppsala June 7-11 1982*, Stockholm, pp. 145-159.
- 1990 "Introduction : The Concept of Inner Asia." In : D. Sinor (ed.), *The Cambridge History of Early Inner Asia*, Cambridge &c. : Cambridge University Press, pp. 1-18.

Skaff, J. K.
- 1998 "Sasanian and Arab-Sasanian Silver Coins from Turfan : Their Relationship to International Trade and the Local Economy." *AM,* 3rd. ser. 11-2, pp. 67-115.
- 2000 "Barbarians at the Gates ? The Tang Frontier Military and the An Lushan Rebellion." *War and*

Society 18-2, pp. 23-35.
Skjærvø, P. O.
   2002 *Khotanese Manuscripts from Chinese Turkestan in the British Library. A Complete Catalogue with Texts and Translations.* London : British Library.
   2009 "The End of Eighth-Century Khotan in Its Texts." *Journal of Inner Asian Art and Archaeology* 3 (2008), pp. 119-144, incl. 6 pls.
Spanien, A. / Y. Imaeda
   1978-79 *Choix de documents tibétains conservés à la Bibliothèque Nationale.* 2 vols., Paris : Bibliothèque Nationale.
Stein, M. A.
   1907 *Ancient Khotan. Detailed Report of Archaeological Explorations in Chinese Turkestan.* Oxford : Clarendon Press. (Repr. : New York, 1975.)
   1921 *Serindia. Detailed Report of Explorations in Central Asia and Westernmost China.* 5 vols., Oxford : Clarendon Press.
   1928 *Innermost Asia. Detailed Report of Explorations in Central Asia, Kan-su and Eastern Īrān.* 4 vols., Oxford : Clarendon Press.
Stein, R. A.
   1951 "Mi-ñag et Si-hia, géographie historique et légendes ancestrales." *BEFEO* 44, pp. 223-265.
   1959 *Recherches sur l'épopée et le barde au Tibet.* (Bibliothèque de l'Institut des Hautes Études Chinoises, 13), Paris : Presses Universitaires de France.
スタン R. A. Stein（著）；山口 瑞鳳／定方 晟（訳）
   1971 『チベットの文化』東京，岩波書店。（原書：R. A. Stein, *La civilization tibétaine*, Paris, 1962.）
Steinhardt, N. Sh.
   2001 "Beiting : City and Ritual Complex." *Silk Road Art and Archaeology* 7, pp. 223-262.
Sugahara, Mutsumi　菅原　睦
   2001 「ウイグル語で書かれた甘蔗王にまつわる一説話の研究」『京都大学言語学研究』20，pp. 225-241.
Sugiyama, Masaaki　杉山　正明
   1982 「豳王チュベイとその系譜」『史林』65-1, pp. 1-40.（修正再録：杉山 2004, pp. 242-287.）
   1983 「ふたつのチャガタイ家」，小野和子（編）『明清時代の政治と社会』京都，京都大学人文科学研究所，pp. 651-700.（修正再録：杉山 2004, pp. 288-333.）
   1992 『大モンゴルの世界　陸と海の巨大帝国』（角川選書 227），東京，角川書店。
   1993 「世界史と遊牧民」，板垣雄三（編）『世界史の構想』（地域からの世界史 21），東京，朝日新聞社，pp. 177-197.
   1995 『クビライの挑戦　モンゴル海上帝国への道』（朝日選書 525），東京，朝日新聞社。
   1996a 『モンゴル帝国の興亡　上・下』（講談社現代新書 1306 & 1307），東京，講談社。
   1996b 『耶律楚材とその時代』（中国歴史人物選 8），東京，白帝社。
   1997a 『遊牧民から見た世界史　民族も国境も越えて』東京，日本経済新聞社。
   1997b 「中央ユーラシアの歴史構図──世界史をつないだもの」『岩波講座世界歴史 11 中央ユーラシアの統合』東京，岩波書店，pp. 3-89.
   2000 『世界史を変貌させたモンゴル──時代史のデッサン』（角川叢書 13），東京，角川書店。

2004 『モンゴル帝国と大元ウルス』京都, 京都大学学術出版会。
2005 『疾駆する草原の征服者　遼・西夏・金・元』(中国の歴史 8), 東京, 講談社。
Sugiyama, Masaaki / Kitagawa, Seiichi　杉山 正明／北川 誠一
1997 『大モンゴルの時代』(世界の歴史 9), 東京, 中央公論社。
Sun, Kaidi　孫 楷第
1936 「燉煌写本張義潮変文跋」『図書季刊』3-3, pp. 97-105.
1937 「燉煌写本張淮深変文跋」『中央研究院歴史語言研究所集刊』7-3, pp. 385-401.
Sundermann, W.
1973 *Mittelpersische und parthische kosmogonische und Parabeltexte der Manichäer,* (BTT 4), Berlin : Akademie Verlag.
1981 *Mitteliranische manichäische Texte kirchengeschichtlichen Inhalts.* (BTT 11), Berlin : Akademie Verlag.
1984 "Probleme der Interpretation manichäisch-soghdischer Briefe." In : J. Harmatta (ed.), *From Hecataeus to Al-Ḫuwārizmī,* Budapest, pp. 289-316.
1985a "Ein übersehenes Bild Manis." *AoF* 12-1, pp. 172-174. [Repr. : Sundermann 2001, *Manichaica Iranica,* pp. 849-851.]
1985b *Ein manichäisch-soghdisches Parabelbuch.* (BTT 15), Berlin : Akademie Verlag.
1986-87 "Studien zu kirchengeschichtlichen Literatur der iranischen Manichäer, I-III." *AoF* 13, pp. 40-92, 239-317; *AoF* 14, pp. 41-107. [Repr. : Sundermann 2001, *Manichaica Iranica,* pp. 217-426.]
1991 "Completion and Correction of Archaeological Work by Philological Means : The Case of the Turfan Texts." In : *Histoire et cultes de l'Asie centrale préislamique,* Paris, pp. 283-288. [Repr. : Sundermann 2001, *Manichaica Iranica,* pp. 427-436.]
1992a "Iranian Manichaean Turfan Texts concerning the Turfan Region." In : A. Cadonna (ed.), *Turfan and Tun-huang. The Texts. Encounter of Civilizations on the Silk Route,* (Orientalia Venetiana, 4), Firenze : Leo S. Olschki Editore, pp. 63-84. [Repr. : Sundermann 2001, *Manichaica Iranica,* pp. 461-484.]
1992b *Der Sermon vom Licht-Nous.* (BTT 17), Berlin : Akademie Verlag.
1994 "Iranische Personennamen der Manichäer." *Die Sprache* 36-2, pp. 244-270.
1995 "Dīnāvarīya." In : *Encyclopaedia Iranica,* VII-4, pp. 418-419. [Repr. : Sundermann 2001, *Manichaica Iranica,* pp. 533-536.]
1996 *Iranian Manichaean Turfan Texts in Early Publications (1904-1934).* (Corpus Inscriptionum Iranicarum, Supplementary Series Vol. 3), London.
1997 *Der Sermon von der Seele.* (BTT 19), Turnhout : Brepols.
2000 "Verehrten die Manichäer einen dreistämmigen Baum ?" *Iranzamin. Echo der iranischen Kultur,* XII. Jahrgang, Ausgabe N. F. 6/7 (1999/2000), pp. 211-216, incl. 2 pls.
2001 *Manichaica Iranica. Ausgewählte Schriften von Werner Sundermann.* (Serie Orientale Roma, 89), 2 vols., Roma : Istituto Italiano per l'Africa e l'Oriente.
2001a "A Manichaean Liturgical Instruction on the Act of Almsgiving." In : P. Mirecki / J. BeDuhn (eds.), *The Light and the Darkness, Studies in Manichaeism and Its World,* Leiden / Boston / Köln, pp. 200-208, incl. 1 pl.
2001b "Der Manichäismus an der Seidenstraße. Aufstieg, Blüte und Verfall." In : U. Hübner et al. (eds.), *Die Seidenstraße. Handel und Kulturaustausch in einem eurasiatischen Wegenetz,* Hamburg : EB-Verlag, pp. 153-168.

2003 "Ein manichäischer Lehrtext in neupersischer Sprache." In : L. Paul (ed.), *Persian Origins — Early Judaeo-Persian and the Emergence of New Persian*, (Iranica, 6), Wiesbaden : Harrassowitz Verlag, pp. 243-274, incl. 5 pls.

Surapir, Yusuf　斯拉菲爾　玉素甫
　　Cf. Israfel, Y.

Suwa, Gijō　諏訪　義讓
　1937　「『于闐國懸記』漢譯攷」『支那佛教史學』1-4, pp. 79-88.

Suzuki, Kōsetsu　鈴木　宏節
　2006　「三十姓突厥の出現――突厥第二可汗国をめぐる北アジア情勢」『史学雑誌』115-10, pp. 1-36.
　2011　「唐代漠南における突厥可汗国の復興と展開」『東洋史研究』70-1, pp. 35-66.

Suzuki, Ryūichi　鈴木　隆一
　1983　「吐谷渾と吐蕃の河西九曲」『史観』108, pp. 47-59.

Szerb, J.
　1983　"A Note on the Tibetan-Uigur Treaty of 822/823 A.D." In : E. Steinkellner / H. Tauscher (eds.), *Contributions on Tibetan Language, History and Culture*, Vol. 1, Wien, pp. 375-386.

Takakusu, Junjirō　高楠　順次郎
　1914　「梵語千字文の著者」『仏書研究』3, pp. 1-5.

Takata, Tokio　高田　時雄
　1988　『敦煌資料による中国語史の研究――九・十世紀の河西方言』東京, 創文社.
　2000　"Multilingualism in Tun-huang." *Acta Asiatica* 78, pp. 49-70.

Takeuchi, Tsuguhito　武内　紹人
　1986　"The Tibetans and Uighurs in Pei-t'ing, An-hsi (Kucha), and Hsi-chou (790-860 A.D)."『近畿大學教養部研究紀要』*Kinki daigaku kyōyōbu kenkyū kiyō* 17-3, pp. 51-68.
　1993　"Old Tibetan Loan Contracts." *MRDTB* 51, pp. 25-83.
　1995　*Old Tibetan Contracts from Central Asia*. Tokyo : Daizō shuppan.
　2002　「帰義軍期から西夏時代のチベット語文書とチベット語使用」『東方学』104, pp. 124-106（逆頁), incl. 4 pls.
　2004　"The Tibetan Military System and Its Activities from Khotan and Lob-nor." In : S. Whitfield (ed.), *The Silk Road : Trade, Travel, War and Faith*, London : British Library, pp. 50-56.
　2009　「古チベット文献研究の現段階」『東洋史研究』67-4, pp. 123-129.

Tanaka, Mineto　田中　峰人
　2011　「甘州ウイグル政権の左右翼体制」, 森安孝夫（編）『ソグドからウイグルへ』東京, 汲古書院, pp. 267-299.

Tang, Zhangru　唐　長孺
　1948　「白衣天子試釋」『燕京學報』35, pp. 227-238.
　1962　「関於帰義軍節度的幾種資料跋」『中華文史論叢』1, pp. 275-298.

Tanigawa, Michio　谷川　道雄
　1954　「「安史の乱」の性格について」『名古屋大学文学部研究論集』VIII, 史学 3, pp. 77-92.
　1980　「北朝末～五代の義兄弟結合について」『東洋史研究』39-2, pp. 38-57.

Taqizadeh, S. H. / W. B. Henning
　1957　"The Dates of Mani's Life." *AM*, NS. 6-1, pp. 106-121. (Repr. in HSP, II, pp. 505-520.)

Tardieu, M.　タルデュー，ミシェル（著), 大貫　隆／中野　千惠美（訳)
　2002　『マニ教』（文庫クセジュ 848), 東京, 白水社.

Tasaki, Chiharu　田先 千春
- 2006　「古代ウイグル語文献に見える baγ について——トゥルファンの棉布の規格に関する一考察」『東洋学報』88-3, pp. 01-026.

Tazaka, Kōdō　田坂 興道
- 1940a　「回紇に於ける摩尼教迫害運動」『東方学報（東京）』11-1, pp. 223-232.
- 1940b　「中唐に於ける西北辺疆の情勢に就いて」『東方学報（東京）』11-2, pp. 171-211.
- 1941　「漠北時代に於ける回紇の諸城郭に就いて」『蒙古学報』2, pp. 192-243.
- 1964　『中国における回教の伝来とその弘通』全 2 巻，（東洋文庫論叢 43），東京，（財）東洋文庫。(上巻，pp. 464-499＝「唐代の回紇の宗教は回教にあらず」)

Tekin, Ş.
- 1970　"Zur Frage der Datierung des uigurischen Maitrisimit. Über die neu entdeckte Abschrift des Textes aus Hami." *Mitteilungen des Instituts für Orientforschung* 16-1, East Berlin, pp. 129-132.
- 1976a　"Die uigurische Weihinschrift eines buddhistischen Klosters aus den Jahren 767-780 in Tuyoq." *UAJ* 48, pp. 225-230, ＋1 pl.
- 1976b　*Uygurca metinler II : Maytrisimit.* (Atatürk Üniversitesi yayınlar 263, Edebiyat Fakültesi yayınlar 54), Ankara : Sevinç Matbaası.
- 1980a　*Maitrisimit Nom Bitig. Die uigurische Übersetzung eines Werkes der buddhistischen Vaibhāṣika-Schule.* (BTT 9), 2 vols., Berlin : Akademie Verlag.
- 1980b　*Buddhistische Uigurica aus der Yüan-Zeit.* (Asiatische Forschungen, 69), Wiesbaden : Otto Harrassowitz.

Tekin, T.
- 1968　*A Grammer of Orkhon Turkic.* (Uralic and Altaic Series, 69), Bloomington : Indiana University / The Hague : Mouton.

Тенишев, Э. Р.
- 1965　"Хозяйственные записи на древнеуйгурском языке." In : *Исследования по Грамматике и Лексике Тюркских Языков*, Ташкент, pp. 37-67, ＋10 pls.

Teramoto, Enga　寺本 婉雅
- 1931　「我が国史と吐蕃との関係」『大谷学報』12-4, pp. 44-83（657-696），＋2 pls.
- 1974　『于闐国仏教史の研究』東京，国書刊行会。（原版：『于闐国史』京都，丁字屋書店，1921.）

Tezcan, S.
- 1974　*Das uigurische Insadi-Sūtra.* (BTT 3), Berlin : Akademie Verlag.
- 1991　"Gibt es einen Namen Kök-Türk wirklich ?" In : I. Baldauf et al. (eds.), *Türkische Sprachen und Literaturen. Materialien der ersten deutschen Turkologen-Konferenz Bamberg, 3.-6. Juli 1987*, (VSUA 29), Wiesbaden : Otto Harrassowitz, pp. 357-375.

Tezcan, S. / P. Zieme
- 1971　"Uigurische Brieffragmente." In : L. Ligeti (ed.), *Studia Turcica,* (Bibliotheca Orientalis Hungarica, 17), Budapest : Akadémiai Kiadó, pp. 451-460, ＋6 pls.
- 1990　"Antiislamische Polemik in einem alttürkischen buddhistischen Gedicht aus Turfan." *AoF* 17-1, pp. 146-151, ＋1 pl.

Thierry, F.
- 1997　"On the Tang Coins Collected by Pelliot in Chinese Turkestan (1906-1909)." In : *Studies in Silk Road Coins and Culture. Papers in Honour of Professor Ikuo Hirayama on His 65th*

　　　　Birthday, Kamakura : The Institute of Silk Road Studies, pp. 149-179.
　1998　"Les monnaies de Boquq qaghan des Ouïgours (795-808)." *Turcica* 30, pp. 263-278.
Thilo, Th.
　1968　"Fragmente chinesicher Haushaltsregister aus Dunhuang in der Berliner Turfan-Sammlung." *Mitteilungen des Instituts für Orientforschung* 14-2, pp. 303-313.
Thomas, F. W.
　1935-63　*Tibetan Literary Texts and Documents concerning Chinese Turkestan*, I-IV. (Oriental Translation Fund, NS. 32, 37, 40, 41), London.
　1936　"Some Words Found in Central Asian Documents." *BSOS* 8, pp. 789-794.
　1937　"A Buddhist Chinese Text in Brāhmī Script." *ZDMG* 91, pp. 1-48.
Thomas, F. W. / G. Clauson
　1927　"A Second Chinese Buddhist Text in Tibetan Characters." *JRAS* 1927, pp. 281-306.
Thomas, F. W. / S. Konow
　1929　"Two Medieval Documents from Tun-huang." *Oslo Etnografiske Museums Skrifter* 3, pp. 121-160, incl. 7 pls.
Thomsen, V.
　1912　"Dr. M. A. Stein's Manuscripts in Turkish «Runic» Script from Miran and Tun-huang. *JRAS* 1912, pp. 181-227, +3 pls.
Toda, Shigeki　戸田 茂喜
　1940　「吐谷渾の西蔵名と支那史伝」『東洋学報』27-1, pp. 63-104.
Tonami, Mamoru　礪波 護
　1990　「唐代社会における金銀」『東方学報』62, pp. 233-270.
Tongerloo, A. van
　1984　"Buddhist Indian Terminology in the Manichaean Uygur and Middle Iranian Texts." In : W. Skalmowski et al. (eds.), *Middle Iranian Studies*, Leuven, pp. 243-252.
　1997　"Manichaean Female Deities." In : L. Cirillo / A. van Tongerloo (eds.), *Atti del Terzo Congresso Internazionale di Studi "Manicheismo e Oriente Cristiano Antico"*, (Manichaean Studies, 3), Turnhort : Brepols, pp. 361-374.
Torii, Ryūzō　鳥居 龍蔵
　1924　『人類学及人種学上より見たる北東亜細亜』,『鳥居龍蔵全集』8, 東京ほか, 朝日新聞社, 1976, pp. 1-258.（初出：東京, 岡書院, 1924.）
Tremblay, X.
　2001　*Pour une histoire de la Sérinde. Le manichéisme parmi les peuples et religions d'Asie Centrale d'après les sources primaires*. (Sitzungsberichte der Österreichischen Akademie der Wissenschaften, Phil.-hist. Klasse, 690), Wien.
Trombert, E.
　1995　*Le crédit à Dunhuang. Vie matérielle et société en Chine médiévale*. (Bibliothèque de l'Institut des Hautes Etudes Chinoises, 29), Paris.
　2000　*Les manuscrits chinois de Koutcha. Fonds Pelliot de la Bibliothèque Nationale de France*. Paris : Institut des Hautes Études Chinoises du Collège de France.
　2013　"The Demise of Silk on the Silk Road : Textiles as Money at Dunhuang from the Late Eighth Century." *JRAS*, 3rd ser. 23-2, pp. 323-347.
Tryjarski, E.
　1981　"Die alttürkischen Runen-Inschriften in den Arbeiten der letzten Jahre." *AoF* 8, pp. 339-352.

Tucci, G.
- 1950 *The Tombs of the Tibetan Kings.* Roma.

Тугушева, Л. Ю.＝Tuguševa, L. Ju.＝Tugusheva, L. Yu.
- 1980 *Фрагменты уйгурской версии биографии Сюань-цзана.* Москва : Наука.
- 1984 "Некоторые дополнения к чтению древнеуйгурских деловых документов." *Письменные Памятники Востока 1976-1977*, Москва : Наука, pp. 240-246, ＋4 pls.
- 1991 *Уйгурская версия биографии Сюань-цзана.* Москва : Наука.
- 1996a "Early Medieval Uighur Records from East Turkestan." *Manuscripta Orientalia* 2-3, pp. 8-15, incl. 4 pls.
- 1996b "Несколько уйгурских документов из рукописного собрания Санкт-Петербургского филиала ИВ РАН." *Петербургское Востоковедение* 8, pp. 215-238, incl. 11 pls.
- 1996c "Ein Fragment eines frühmittelalterlichen uigurischen Textes." In : R. E. Emmerick et al. (eds.), *Turfan, Khotan und Dunhuang*, Berlin : Akademie Verlag, pp. 353-359, incl. 1 pl.

Twitchett, D. C.
- 1970 *Financial Administration under the T'ang Dynasty.* 2nd edition, Cambridge.

Uchida, Ginpū　内田　吟風
- 1968 「初期葛邏禄（Karluk）族史の研究」，『田村博士頌寿東洋史論叢』京都，田村博士退官事業会，pp. 57-70（再録：内田 1975, pp. 495-509.）
- 1975 『北アジア史研究　鮮卑柔然突厥篇』京都，同朋舎。

Uebach, H.
- 1991 "Dbyar-mo-taṅ and Goṅ-bu Ma-ru. Tibetan Historiographical Tradition on the Treaty of 821/823." In : E. Steinkellner (ed.), *Tibetan History and Language. Studies Dedicated to Uray Géza on His Seventieth Birthday*, Wien, pp. 497-526.

Uemura, Seiji　植村　清二
- 1961 「乃蛮小考」，『和田博士古稀記念東洋史論叢』東京，講談社，pp. 151-161.

Ueyama, Daishun　上山　大峻
- 1972 「曇倩訳『金剛壇広大清浄陀羅尼経』——八世紀安西における未伝漢訳経典」『龍谷大学論集』399, pp. 60-82, incl. 1 pl.（修訂再録：『敦煌仏教の研究』1990, pp. 460-469.）
- 1990 『敦煌仏教の研究』京都，法蔵館。

Umemura, Hiroshi　梅村　坦
- 1977a 「違約罰納官文言のあるウイグル文書——とくにその作成地域と年代の決定について」『東洋学報』58-3/4, pp. 01-040.
- 1977b 「13世紀のウイグリスタンの公権力」『東洋学報』59-1/2, pp. 01-031.
- 1980 「住民の種族構成——敦煌をめぐる諸民族の動向」，池田温（編）『講座敦煌　3　敦煌の社会』東京，大東出版社，pp. 197-223.
- 1984 「内陸アジアの遊牧民——ウイグル族における時間と空間」，永田雄三／松原正毅（編）『イスラム世界の人々——3　牧畜民』東京，東洋経済新報社，pp. 109-149.
- 1987a 「イナンチ一族とトゥルファン—ウイグル人の社会」『東洋史研究』45-4, pp. 90-120.
- 1987b 「ウイグル文書「SJ Kr. 4/638」——婚礼・葬儀費用の記録」『立正大学教養部紀要』20, pp. 35-87, incl. 10 pls.
- 1996 "A Qočo Uyghur King Painted in the Buddhist Temple of Beshbalïq." In : R. E. Emmerick et al. (eds.), *Turfan, Khotan und Dunhuang*, Berlin : Akademie Verlag, pp. 361-378, incl. 3 pls.
- 1999 「増補・天山ウイグル王の肖像をめぐって」，高木豊／小松邦彰（編）『鎌倉仏教の様相』東京，吉川弘文館，pp. 422-459.

2002 「ペテルブルク所蔵ウイグル文書 SI 4b Kr. 71 の一解釈——人身売買および銀借用にかかわる文書」『内陸アジア言語の研究』17, pp. 203-221, +2 pls.

Unno, Kazutaka　海野 一隆
1956 「世界区分説としての四主説——シナおよび日本での受容」『東洋地理学史研究　大陸篇』大阪, 清文堂出版, 2004, pp. 18-30.（初出：『田中秀作教授古稀記念地理学論文集』京都, 柳原書店, 1956.）

Uno, Nobuhiro　宇野 伸浩
1989 「オゴデイ・ハンとムスリム商人——オルドにおける交易と西アジア産の商品」『東洋学報』70-3/4, pp. 71-104.

Uray, G.
1962 "Old Tibetan *dra-ma draṅs*." *AOH* 14-2, pp. 219-230.
1968 "Notes on a Chronological Problem in the *Old Tibetan Chronicle*." *AOH* 21-3, pp. 289-299.
1979 "The Old Tibetan Sources of the History of Central Asia up to 751 A.D. : A Survey." In : J. Harmatta (ed.), *Prolegomena to the Sources on the History of Pre-Islamic Central Asia*, Budapest : Akadémiai Kiadó, pp. 275-304.
1980 "Khrom : Administrative Units of the Tibetan Empire in the 7th-9th Centuries." In : A. Michael / Aung San Suu Kyi (eds.), *Tibetan Studies in Honour of Hugh Richardson*, Warminster, pp. 310-318.
1981 "L'emploi du tibétain dans les chancelleries des états du Kan-sou et de Khotan postérieurs à la domination tibétaine." *JA* 269-1/2, pp. 81-90.
1988 "New Contributions to Tibetan Documents from the Post-Tibetan Tun-huang." In : H. Uebach / J. M. Panglung (eds.), *Tibetan Studies. Proceedings of the 4th Seminar of the International Association for Tibetan Studies*, München, pp. 515-528.

Vásáry, I.
1971 "*Käm*, An Early Samoyed Name of Yenisey." In : L. Ligeti (ed.), *Studia Turcica*, (Bibliotheca Orientalis Hungarica, 17), Budapest : Akadémiai Kiadó, pp. 469-482.

Venturi, F.
2008 "An Old Tibetan Document on the Uighurs : A New Translation and Interpretation." *JAH* 42-1, pp. 1-35.

Wang, Bingcheng　王 秉成
1992 「吉木薩爾発現的回鶻文銅幣」『新疆文物』1992-1, pp. 5-7, +1 pl.

Wang, Dafang　王 大方
1998 「敖漢旗羊山1号遼墓"西瓜図"」『内蒙古文物考古』1998-1, pp. 39-43.

Wang, Riwei　王 日蔚
1935 「葱嶺西回鶻考」『禹貢半月刊』4-5, pp. 1-10.

Wang, Xiaofu　王 小甫
1992 『唐・吐蕃・大食政治関係史』北京, 北京大学出版社.
1997 「七八世紀之交吐蕃入西域之路」,『慶祝鄧広銘教授九十華誕論文集』石家荘, 河北教育出版社, pp. 74-85.

Wang, Yao / Chen, Jian　王 堯／陳 踐
1979 「敦煌古蔵文本《北方若干国君之王統叙記》文書紹介（附訳文）」『中国史研究動態』1979-12, pp. 8-11.
1980 『敦煌本吐蕃歴史文書』北京, 民族出版社.
1983 『敦煌吐蕃文献選』成都, 四川民族出版社.

Wang, Yongxing 王 永興
　2010 『唐代経営西北研究』（欧亜歴史文化文庫），蘭州，蘭州大学出版社。
Wang, Yuan-yuan 王 媛媛
　2012 『従波斯到中国：摩尼教在中亜和中国的伝播』北京，中華書局。
Wang, Zhongmin 王 重民
　1935 「金山国墜事零拾」『北平図書館館刊』9-6, pp. 1-28.
Warnke, I.
　1981 "Ein uigurisches Kolophon aus der Berliner Turfan-Sammlung." In : K. Röhrborn / H. W. Brands (eds.), *Scholia. Beiträge zur Turkologie und Zentralasienkunde [Festschrift A. von Gabain],* Wiesbaden : Otto Harrassowitz, pp. 215-220, +2 pls.
Weber, D.
　2000 *Iranian Manichaean Turfan Texts in Publications since 1934.* (Corpus Inscriptionum Iranicarum, Supplementary Series Vol. 4), London.
Wei, Jiang 衛 江
　1975 「砕葉是中国唐代西部重鎮」『文物』1975-8, pp. 7-12.
Wei, Liangtao 魏 良弢
　1983 「喀喇汗王朝与宋・遼及高昌回鶻的関系」『中亜学刊』1, pp. 212-223.
　1986 『喀喇汗王朝史稿』烏魯木斉，新疆人民出版社。
Wen, Xin 文 欣
　2007 「吐魯番新出唐西州徴銭文書与垂拱年間的西域形勢」『敦煌吐魯番研究』10, pp. 131-163.
　2008 「于闐国"六城"(*kṣa au*) 新考」『西域文史』3, pp. 109-126.
Whaley, M. A.
　2001 "An Account of 13th Century Qubchir of the Mongol "Great Courts"." *AOH* 54-1, pp. 1-84.
Wilkens, J.
　2000a *Alttürkische Handschriften, Teil 8 : Manichäisch-türkische Texte der Berliner Turfansamm-lung.* (VOHD, Bd. XIII, 16), Stuttgart : Franz Steiner Verlag.
　2000b "Ein manichäisch-türkischer Hymnus auf den Licht-Nous." *UAJ,* NF. 16 (1999/2000), pp. 217-231.
　2008 "Musings on the Manichaean "Pothi" Book." *SIAL* 23, pp. 209-231.
　2009a "Ein Bildnis der Göttin Ötükän." In : 張定京／阿不都熱西提・亜庫甫（編）『突厥語文研究——耿世民教授80華誕紀念文集』北京，中央民族大学出版社，pp. 449-461.
　2009b "Ein manichäischer Alptraum ?" In : D. Durkin-Meistererernst et al. (eds.), *Literarische Stoffe und ihre Gestaltung in mittelitearischer Zeit.* Wiesbaden : Dr. Ludwig Reichert Verlag, pp. 319-348.
　2014 "Charakteristika alttürkischer Übersetzungen aus dem Parthischen." In : J. P. Laut / K. Röhrborn (eds.), *Vom Aramäischen zum Alttürkischen. Fragen zur Übersetzung von manichäischen Texten,* Berlin / Boston : De Gruyter, pp. 135-164.
Winter, W.
　1963 "Tocharians and Turks." In : D. Sinor (ed.), *Aspects of Altaic Civilization,* (Uralic and Altaic Series, 23), Bloomington / The Hague, pp. 239-251. (Repr. : W. Winter, *Studia Tocharica,* Poznán, 1984, pp. 27-38.)
Wittfogel, Karl A. / Fêng Chia-shêng
　1949 *History of Chinese Society, Liao (907-1125).* (Transactions of the American Philosophical

Society, 36), Philadelphia : The American Philosophical Society.
Wu, Qiyu　呉 其昱
 1992　「敦煌漢文写本概観」，池田温（編）『講座敦煌 5 敦煌漢文文献』東京，大東出版社，pp. 1-142.
Wu, Yugui　呉 玉貴
 1987　「唐代安西都護府史略」『中亜学刊』2, pp. 76-135.
 1998　『突厥汗国与隋唐関係史研究』（唐研究基金会叢書），北京，中国社会科学出版社。
Wu, Zhen　呉 震
 1975　「従吐魯番出土"氾徳達告身"談唐砕葉鎮城」『文物』1975-8, pp. 13-17.
Wylie, T. V.
 1962　*The Geography of Tibet according to the 'Dzam-Gling-Rgyas-Bshad*. Roma.
Хетагуров, Л. А.
 1952　*Рашид-ад-Дин. Сборник Летописей*, Том I. Москва / Ленинград.
Xiang, Da　向 達
 1933　「唐代長安与西域文明」，向達 1957『唐代長安与西域文明』pp. 1-116.（初出：『燕京学報』専号 2，1933.）
 1957　『唐代長安与西域文明』北京，生活・読書・新知三聯出版社。（横組み再版：石家庄，河北教育出版社，2001.）
Xie, Jing / Xie, Shengbao　謝 静／謝 生保
 2007　「敦煌石窟中回鶻・西夏供養人服飾辨析」『敦煌研究』2007-4, pp. 80-85.
Xie, Zhiliu　謝 稚柳
 1955　『敦煌藝術叙録』上海，古典文学出版社。（再版：上海，上海古籍出版社，1996.）
Yabuki, Keiki　矢吹 慶輝
 1935　『摩尼教』（岩波講座 東洋思潮 13），東京，岩波書店。
 1988　『マニ教と東洋の諸宗教』（校訂・解説：芹川博通），東京，佼成出版社。
Yakup, A.
 2006　*Dišastvustik. Eine altuigurische Bearbeitung einer Legende aus dem Catuṣpariṣat-sūtra*. (VSUA 71), Wiesbaden : Harrassowitz Verlag.
 2011　"An Old Uyghur Fragment of the Lotus Sūtra from the Krotkov Collection in St. Petersburg." *AOH* 64-4, pp. 411-426, incl. 2 pls.
Yamada, Nobuo　山田 信夫
 1951　「九姓回鶻可汗の系譜――漠北時代ウイグル史覚書」『東洋学報』33-3/4, pp. 90-113.（再録：山田 1989，pp. 107-127.）
 1963　「ウイグル売買契約書の書式」，西域文化研究会（編）『西域文化研究 6 歴史と美術の諸問題』京都，法蔵館，（横組み）pp. 29-62, +1 pl.（再録：SUK, 1, pp. 33-69, with editorial notes in pp. 70-71.）
 1963　"*Tamgha*- and *Nishan*-Form of Uighurian Contract Discovered in East Turkestan." In : *Proceedings of the 25th Meeting of International Orientalists Congress in 1960*, III, Moscow, pp. 321-323. (Repr. in SUK, 1, pp. 387-389.)
 1965　「ウイグル文貸借契約書の書式」『大阪大学文学部紀要』11, pp. 87-216, +6 pls.（再録：SUK, 1, pp. 75-209, with editorial notes in pp. 210-212.）
 1968　「回鶻文斌通（善斌）売身契三種」『東洋史研究』27-2, pp. 79-104, +2 pls.（再録：SUK, 1, pp. 560-588, with editorial notes in p. 559.）
 1971a　「トルキスタンの成立」，『岩波講座世界歴史（旧版）6 古代 6』東京，岩波書店，pp.

463-490.（再録：山田 1989, pp. 189-213.）
- 1971b 「トルコ族とソグド商人」，山田信夫（編）『ペルシアと唐』（東西文明の交流 2），東京，平凡社，pp. 276-335.
- 1971c 「中央アジアの新しい役割」，山田信夫（編）『ペルシアと唐』（東西文明の交流 2），東京，平凡社，pp. 432-449.
- 1972 「ウイグル文奴婢文書及び養子文書」『大阪大学文学部紀要』16, pp. 161-268, ＋12 pls. （再録：SUK, 1, pp. 239-358, with editorial notes in pp. 359-360.）
- 1976 「カイイムトゥ文書のこと」『東洋史研究』34-4, pp. 32-57.（再録：SUK, 1, pp. 514-540, with editorial notes in p. 513.）
- 1978 「タムガとニシャン」，日本オリエント学会（編）『足利惇氏博士喜寿記念オリエント学インド学論集』東京，国書刊行会，pp. 345-357.（再録：SUK, 1, pp. 484-496.）
- 1989 『北アジア遊牧民族史研究』東京，東京大学出版会．

Yamada, Nobuo; edited and revised by Oda, J. / Zieme, P. / Umemura, H. / Moriyasu, T. 　山田 信夫（著）；小田 壽典／P. ツィーメ／梅村 坦／森安 孝夫（共編）
- 1993 『ウイグル文契約文書集成』 *Sammlung uigurischer Kontrakte.* 全 3 巻，吹田 Suita, 大阪大学出版会 Osaka University Press.（This work is written both in Japanese and in German.）

Yamaguchi, Zuihō　山口 瑞鳳
- 1966-67 「古代チベット史考異（上）（下）」『東洋学報』49-3, pp. 1-39；49-4, pp. 40-96.
- 1968 「蘇毗の領界」『東洋学報』50-4, pp. 1-69.
- 1969 「白蘭と Sumpa の rLaṅs 氏」『東洋学報』52-1, pp. 1-61.
- 1977 「「吐蕃」の国号と「羊同」の位置」『東洋学報』58-3/4, pp. 55-95.
- 1980 「吐蕃支配時代」，榎一雄（編）『講座敦煌 2 敦煌の歴史』東京，大東出版社，pp. 195-232.
- 1981 「沙州漢人による吐蕃二軍団の成立と mKhar tsan 軍団の位置」『東京大学文学部文化交流研究施設研究紀要』4（1980）, pp. 13-47.
- 1983 『吐蕃王国成立史研究』東京，岩波書店．
- 1985 「吐蕃支配期以後の諸文書」，山口瑞鳳（編）『講座敦煌 6 敦煌胡語文献』東京，大東出版社，pp. 511-521.

Yamamoto, Meishi　山本 明志
- 2011 「13・14 世紀モンゴル朝廷に赴いたチベット人をめぐって——チベット語典籍史料から見るモンゴル時代」『待兼山論叢（史学篇）』45, pp. 27-52.

Yamamoto, Tatsurō　山本 達郎
- 1938 「Drug-gu (Dru-gu, Drug) に就いて」『東洋学報』26-1, pp. 1-43.

Yamamoto, Tatsurō / Ikeda, On　山本 達郎／池田 温
- 1987 *Tun-huang and Turfan Documents concerning Social and Economic History, III, Contracts.* Tokyo: Tōyō bunko.

Yamashita, Shōji　山下 将司
- 2011 「唐のテュルク人蕃兵」『歴史学研究』881, pp. 1-11.
- 2014 「唐の「元和中興」におけるテュルク軍団」『東洋史研究』72-4, pp. 1-35.

Yamazaki, Hiroshi　山崎 宏
- 1942 「北朝・隋唐時代の柔然・突厥仏教考」『史潮』11-4, pp. 1-13.（再録：同氏『支那中世仏教の展開』京都，法蔵館，1971.）

Yang, Fuxue (Fu-hsüeh)　楊 富学
- 1991 「吐魯番出土回鶻文木杵銘文初釈」『甘粛民族研究』1991-4, pp. 26-85.（再録：楊富学

1994 "On the Sha-chou Uighur Kingdom." *CAJ* 38-1, pp. 80-107.
1994 「9-12 世紀的沙州回鶻文化」『敦煌学輯刊』1994-2, pp. 90-100.
1995 "Two New Uighur Coins." *East and West* 45, pp. 375-380.
1998a 『西域敦煌宗教論稿』蘭州, 甘粛文化出版社。
1998b 『回鶻之仏教』烏魯木斉, 新疆人民出版社。
2005 「少数民族対古代敦煌文化的貢献」『敦煌学輯刊』2005-6, pp. 85-99.
2007 「関于回鶻摩尼教史的几个問題」『世界宗教研究』2007-1, pp. 138-146.
2011 「再論沙州回鶻国的成立」, 樊錦詩／栄新江／林世田（主編）『敦煌文献・考古・芸術綜合研究 紀念向達先生誕辰 110 周年国際学術研討会論文集』北京, 中華書局, pp. 365-385.
2012 「敦煌莫高窟第 464 窟的断代及其与回鶻之関係」『敦煌研究』2012-6, pp. 1-18.
2013 『回鶻与敦煌』（敦煌講座書系）, 蘭州, 甘粛教育出版社。

Yang, Fuxue / Niu, Ruji 楊 富学／牛 汝極
1987 「牟羽可汗与摩尼教」『敦煌学輯刊』1987-2, pp. 86-93.（修訂版：楊富学『西域敦煌宗教論稿』蘭州, 甘粛文化出版社, 1998, pp. 11-30.）
1995 『沙州回鶻及其文献』蘭州, 甘粛文化出版社.

Yang, Ming 楊 銘
1997 『吐蕃統治敦煌研究』台北, 新文豊出版公司。
2012 『唐代吐蕃与西北民族関係史研究』（欧亜歴史文化文庫）, 蘭州, 蘭州大学出版社。

Yoshida, Jun-ichi 吉田 順一
1973 「北アジアの歴史的発展とウイットフォーゲルの征服王朝理論」『遊牧社会史探究』46, pp. 1-7.

Yoshida, Yutaka 吉田 豊
1985 「ソグド語文献」, 山口瑞鳳（編）『講座敦煌 6 敦煌胡語文献』東京, 大東出版社, pp. 187-204.
1987 「漢訳マニ経文献における漢字音写された中世イラン語について（上）」『内陸アジア言語の研究』2 (1986), pp. 1-15, +list.
1988 「カラバルガスン碑文のソグド語版について」『西南アジア研究』28, pp. 24-52.
1989 「ソグド語雑録 (II)」『オリエント』31-2 (1988), pp. 165-176.
1990 "Some New Readings of the Sogdian Version of the Karabalgasun Inscription." In : A. Haneda (ed.), *Documents et archives provenant de l'Asie Centrale*, Kyoto : Dōhōsha, pp. 117-123.
1991 「新疆維吾尓自治区新出ソグド語資料——1990 年調査旅行報告」『内陸アジア言語の研究』6 (1990), pp. 57-83.
1992 「ソグド語仏典解説」『内陸アジア言語の研究』7 (1991), pp. 95-119.
1993a "Review of N. Sims-Williams / J. Hamilton, *Documents turco-sogdiens du IXe-Xe siècle de Touen-houang*, London 1990." *Indo-Iranian Journal* 36-4, pp. 362-371.
1993b 「中世イラン語と古代チュルク語——マニ教文献中の奥書 2 種」『内陸アジア言語の研究』8, pp. 127-133.
1994 「ソグド文字で表記された漢字音」『東方学報』66, pp. 380-271（逆頁）, incl. 2 pls.
1997 「ソグド語資料から見たソグド人の活動」『岩波講座世界歴史 11 中央ユーラシアの統合』東京, 岩波書店, pp. 227-248.
2000a cf. 吉田／森安 2000a in TuMW.
2000b cf. 吉田／森安 2000b in『内陸アジア言語の研究』15.

2000c 「柏孜克里克摩尼教粟特文書信的格式」In : TuMW, pp. 250-279.
2000d 「オアシスの道――玄奘は何語で旅をしたか」『月刊言語』2000-6, pp. 39-43.
2002a "Manichaean Sogdian Letters Discovered in Bäzäklik." *Annuaire de la Section des Sciences Religieuses de l'École Pratique des Hautes Études*, Tome 109 (2000-2001), pp. 233-236.
2002b "In Search of Traces of Sogdians 'Phoenicians of the Silk Road'." In : *Berichte und Abhandlungen der Berlin-Brandenburgischen Akademie der Wissenschaften* 9, pp. 185-200.
2003 "Buddhist Influence on the Bema Festival ?" In : C. G. Cereti et al. (eds.), *Religious Themes and Texts of Pre-Islamic Iran and Central Asia*, Wiesbaden : Dr. Ludwig Reichert Verlag, pp. 453-458.
2004 「シルクロード出土文献における言語変化の年代決定――ウイグル語文献中の借用形式の例から」『大阪外国語大学言語社会学会誌』= *Ex Oriente* 11, pp. 3-34.
2006 『コータン出土8―9世紀のコータン語世俗文書に関する覚え書き』(神戸市外国語大学研究叢書 38),神戸,神戸市外国語大学.
2007a 「トルファン学研究所所蔵のソグド語仏典と「菩薩」を意味するソグド語語彙の来源について 百濟康義先生のソグド語仏典研究を偲んで」『仏教学研究』第 62・63 合併号,pp. 46-87.
2007b 「ソグド人とトルコ人の関係についてのソグド語資料2件」『西南アジア研究』67, pp. 48-56.
2009 "The Karabalgasun Inscription and the Khotanese Documents." In : D. Durkin-Meisterernst et al. (eds.), *Literarische Stoffe und ihre Gestaltung in mittelitearischer Zeit. Kolloquium anlässlich des 70. Geburtstages von Werner Sundermann*, Wiesbaden : Dr. Ludwig Reichert Verlag, pp. 349-362.
2010 「出土資料が語る宗教文化――イラン語圏の仏教を中心に」,奈良康明／石井公成(共編)『文明・文化の交差点』(新アジア仏教史 5 中央アジア),東京,佼成出版社, pp. 165-215.
2011a 「ソグド人と古代のチュルク族との関係に関する三つの覚え書き」『京都大学文学部研究紀要』50, pp. 1-41, incl 2 pls.
2011b "Some New Readings in the Sogdian Version of Karabalgasun Inscription." In : M. Ölmez (ed.), *Ötüken'den İstanbul'a = From Ötüken to İstanbul*, Istanbul, pp. 77-86.
2012a 「旅順博物館所蔵のソグド語資料」,旅順博物館／龍谷大学(共編)『中央アジア出土の仏教写本』京都,pp. 39-53.
2012b "New Turco-Sogdian Documents and Their Socio-linguistic Backgrounds." In : Academia Turfanica (ed.), *The History behind the Languages. Essays of Turfan Forum on Old Languages of the Silk Road*『語言背后的歷史』Shanghai, 上海古籍出版社, pp. 48-60, incl. 1 pl.
2013 「バクトリア語文書研究の近況と課題」『内陸アジア言語の研究』28, pp. 39-65.

Yoshida, Y. / Moriyasu, T. 吉田 豊／森安 孝夫
1989 「麴氏高昌国時代ソグド文女奴隷売買文書」『内陸アジア言語の研究』4 (1988), pp. 1-50.
2000a 吉田「粟特文考釈」(pp. 3-199) & 森安「回鶻文考釈」(pp. 200-212) in TuMW.
2000b 「ベゼクリク出土ソグド語・ウイグル語マニ教徒手紙文」『内陸アジア言語の研究』 15, pp. 135-178.

Zeisler, B.
2010 "East of the Moon and West of the Sun ? Approaches to a Land with Many Names, North of

Ancient India and South of Khotan." In : R. Vitali (ed.), *The Earth Ox Papers* (= *The Tibet Journal*, Autumn 2009 vol. XXXIV no. 3―Summer 2010 vol. XXXV no. 2), pp. 371-463.

Zhang, Chengzhi　張 承志；梅村 坦（訳註）
- 1981　「王延徳の高昌―北庭経路考」『アジア・アフリカ言語文化研究』22, pp. 139-157.

Zhang, Guangda　張 広達
- 1988　「唐滅高昌国後的西州形勢」『東洋文化』68, pp. 69-107.（再録：張広達 1995, pp. 113-173.）
- 1995　『西域史地叢稿初編』上海，上海古籍出版社．

Zhang, Guangda / Rong, Xinjiang　張 広達／栄 新江
- 1987　"Sur un manuscrit chinois découvert à Cira près de Khotan." *Cahiers d'Extrême-Asie* 3, Kyoto, pp. 77-92.
- 1988　「《唐大暦三年三月典成銑牒》跋」『新疆社会科学』1988-1, pp. 60-69.（再録A：張広達／栄新江 1993, pp. 140-154. 再録B：張広達／栄新江 2008, pp. 106-117.）＊これは Zhang / Rong 1987 の中文版である．
- 1989　「有関西州回鶻的一篇敦煌漢文文献――S 6551 講経文的歴史学研究」『北京大学学報（哲学社会科学版）』1989-2, pp. 24-36.（再録：張広達 1995, pp. 217-248.）
- 1993　『于闐史叢考』上海，上海書店出版社．
- 1997　「8 世紀下半葉至 9 世紀初的于闐」，張広達／栄新江 2008, pp. 240-263 ＋補記 pp. 264-266.（初出：『唐研究』3, 1997.）
- 2008　『于闐史叢考（増訂本）』（西域歴史語言研究叢書），北京，中国人民大学出版社．

Zhang, Mingxin / Chen, Hao　張 銘心／陳 浩
- 2010　「唐代郷里制在于闐的実施及相関問題研究――以新出貞元七年和田漢文文書為中心」『西域研究』2010-4, pp. 1-10.

Zhang, Riming　張 日銘；姚 継徳／沙 徳珍（訳）
- 2002　『唐代中国与大食穆斯林』銀川，寧夏人民出版社．

Zhang, Tieshan（張 鉄山）／ P. Zieme
- 2011　"A Memorandum about the King of the *On Uygur* and His Realm." *AOH* 64-2, pp. 129-159, incl. 2 pls.

Zhao, Heping　趙 和平
- 1997　『敦煌表状箋啓書儀輯校』（敦煌文献分類録校叢刊），南京，江蘇古籍出版社．

Zhou, Yiliang / Zhao, Heping　周 一良／趙 和平
- 1995　『唐五代書儀研究』（唐研究基金会叢書），北京，中国社会科学出版社．

Zhu, Lishuang　朱 麗双
- 2013　"A Preliminary Survey of Administrative Divisions of Tibetan-ruled Khotan." In : B. Dotson et al. (eds.), *Scribes, Textes, and Rituals in Early Tibet and Dunhuang*, Wiesbaden : Dr. Ludwig Reichert Verlag, pp. 43-52.

Zieme, P.
- 1974a　"Ein uigurisches Turfanfragment der Erzählung vom guten und vom bösen Prinzen." *AOH* 28-2, pp. 263-268, incl. 1 pl. [Repr.: Zieme 2009, *Fragmenta Buddhica Uigurica*, pp. 361-367.]
- 1974b　"Ein uigurischer Landverkaufsvertrag aus Murtuq." *AoF* 1, pp. 295-308, incl. 1 pl.
- 1975a　*Manichäisch-türkische Texte.* (BTT 5), Berlin : Akademie Verlag.
- 1975b　"Zur buddhistischen Stabreimdichtung der alten Uiguren." *AOH* 29-2, pp. 187-211.
- 1975c　"Ein uigurischer Text über die Wirtschaft manichäischer Klöster im uigurischen Reich." In :

L. Ligeti (ed.), *Researches in Altaic Languages*, Budapest, pp. 331-338.
1976a "Zum Handel im uigurischen Reich von Qočo." *AoF* 4, pp. 235-249.
1976b "Sïngqu Säli Tutung — Übersetzer buddhistischer Schriften ins Uigurische." In : W. Heissig et al. (eds.), *Tractata Altaica*, Wiesbaden : Otto Harrassowitz, pp. 767-775, incl. 2 pls.
1977 "Drei neue uigurische Sklavendokumente." *AoF* 5, pp. 145-170, +4 pls.
1980 "Uigurische Pachtdokumente." *AoF* 7, pp. 197-245, +10 pls.
1981a "Uigurische Steuerbefreiungsurkunden für buddhistische Klöster." *AoF* 8, pp. 237-263, +4 pls.
1981b "Bemerkungen zur Datierung uigurischer Blockdrucke." *JA* 269-1/2, pp. 385-399. [Repr. : Zieme 2009, *Fragmenta Buddhica Uigurica*, pp. 512-527.]
1983 "Die Berliner Expeditionen nach Turfan und Zentralasienkunde heute." *Das Altertum* 29-3, pp. 152-160, incl. 6 figs.
1985 *Buddhistische Stabreimdichtungen der Uiguren*. (BTT 13), Berlin : Akademie Verlag.
1989a "Die Vorrede zum alttürkischen Goldglanz-Sūtra von 1022." *Journal of Turkish Studies (TUBA)* 13, pp. 237-243.
1989b "Titulaturen und Elogen uigurischer Könige." In : K. Sagaster / H. Eimer (eds.), *Religious and Lay Symbolism in the Altaic World and Other Papers*, Wiesbaden, pp. 443-450.
1991a "Der Essenz-Śloka des Saddharmapuṇḍarīka-Sūtras." In : *Varia Eurasiatica. Festschrift für Professor András Róna-Tas*, Szeged, pp. 249-269, incl. 9 pls. [Repr. : Zieme 2009, *Fragmenta Buddhica Uigurica*, pp. 432-453.]
1991b *Die Stabreimtexte der Uiguren von Turfan und Dunhuang. Studien zur alttürkischen Dichtung*. Budapest : Akadémiai Kiadó.
1992a *Religion und Gesellschaft im Uigurischen Königreich von Qočo. Kolophone und Stifter des alttürkischen buddhistischen Schrifttums aus Zentralasien*. (Abhandlungen der Rheinisch-Westfälischen Akademie der Wissenschaften, 88), Opladen.
1992b "Alternative Übersetzungen in alttürkischen buddhistischen Werken." In : Ch. Fragner / K. Schwarz (eds.), *Festgabe an Josef Matuz. Osmanistik - Turkologie - Diplomatik*, (Islamkundliche Untersuchungen 150), Berlin : Klaus Schwarz Verlag, pp. 343-353.
1992c "Manichäische Kolophone und Könige." In : G. Wießner / H.-J. Klimkeit (eds.), *Studia Manichaica. II. Internationaler Kongreß zum Manichäismus*, Wiesbaden : Otto Harrassowitz, pp. 319-327.
1996 "Donor and Colophon of an Uigur Blockprint." *Silk Road Art and Archaeology* 4 (1995/96), pp. 409-424, incl. 5 pls. [Repr. : Zieme 2009, *Fragmenta Buddhica Uigurica*, pp. 495-511.]
1997 "A Turkish Text on Manichaean Cosmogony." In : L. Cirillo / A. van Tongerloo (eds.), *Atti del Terzo Congresso Internazionale di Studi "Manicheismo e Oriente Cristiano Antico"*, (Manichaean Studies, 3), Turnhort : Brepols, pp. 395-409.
1998 "Zur Interpretation einer Passage des alttürkischen Maitreya-Lobpreises (BT III, 1014-1047)." In : N. Demir / E. Taube (eds.), *Turkologie heute*, (VSUA 48), Wiesbaden, pp. 317-324.
2003 "A New Fragment of the Old Uighur Vīmalakīrtinirdeśasūtra." *SIAL* 18, pp. 143-150.
2009 S.-Ch. Raschmann / J. Wilkens (eds.), *Fragmenta Buddhica Uigurica. Ausgewählte Schriften von Peter Zieme*. Berlin : Klaus Schwarz Verlag.
2010 "The Manichaean Turkish Texts of the Stein Collection at the British Library." *JRAS*, 3rd ser. 20-3, pp. 255-266.

2011a "Were the Xiongnu Identical with the Türk ?" In : M. Ölmez (ed.), *Ötüken'den İstanbul'a = From Ötüken to Istanbul*, Istanbul, pp. 37-52.
2011b "Notes on the Religions in the Mongol Empire." In : A. Akasoy et al. (eds.), *Islam and Tibet — Interactions along the Musk Routes*, Farnham / Burlington : Ashgate, pp. 177-187.
2012 "Some Notes on the Ethnic Name *Taŋut* (*Tangut*) in Turkic Sources." In : Тангуты в Центральной Азии. Сборник статей в честь 80летия профессора Е. И. Кычанова, Москва, pp. 461-468.
2013a "Ein alttürkischer Maitreya-Hymnus und mögliche Parallelen." In : Y. Kasai et al. (eds.), *Die Erforschung des Tocharischen und die alttürkische Maitrisimit*, (Silk Road Studies, 17), Turnhout : Brepols, pp. 403-416.
2013b ""Toyın körklüg" : An Old Uigur Buddha Poem." *SIAL* 28, pp. 7-37.
2014 "The West Uigur Kingdom : Views from Inside." *Horizons* 5-1, pp. 53-81, incl. 1 pl. in colour.
forthcoming "Mānīstān "Kloster" und manichäische Kolophone." In : *Memorial Volume for Werner Sundermann*. 印刷中

Zieme ツィーメ，ペーター（著）；小田　壽典（訳）
1993-98 「高昌ウイグル王国の宗教と社会——中央アジア出土古代トルコ語仏教文献の識語と施主」『豊橋短期大学研究紀要』（『豊橋創造大学短期大学部研究紀要』）10, pp. 213-224 ; 11, pp. 135-146 ; 12, pp. 185-192 ; 13, pp. 99-112 ; 14, pp. 123-138 ; 15, pp. 85-98.

Zieme 茨黙（著）；王　丁（訳）
2009 「有関摩尼教開教回鶻的一件新史料」『敦煌学輯刊』2009-3, pp. 1-7, incl. 1 pl.

Zieme, P. / G. Kara
1979 *Ein uigurisches Totenbuch*. (Asiatische Forschungen, 63), Wiesbaden : Otto Harrassowitz.

ツィーメ，ペーター／百濟　康義
1985 『ウイグル語の観無量寿経』京都，永田文昌堂，1986 年刊。

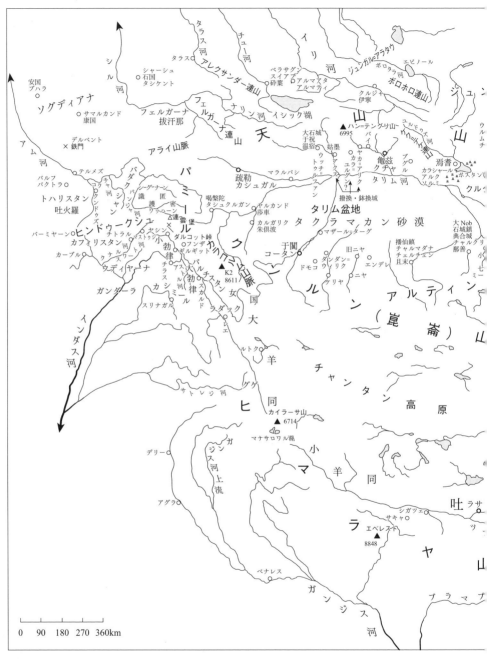

付地図1　中央ユーラシア東部の主要地名（特に「吐蕃の中央アジア進出」用）

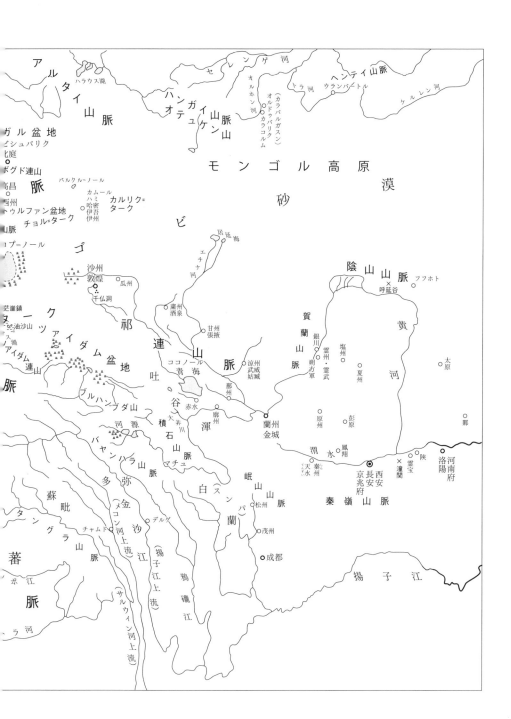

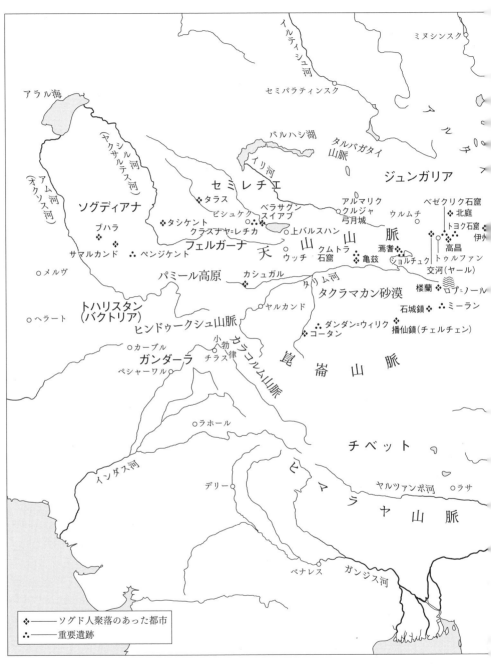

付地図2　ウイグル・突厥・ソグド関係遺跡と地名

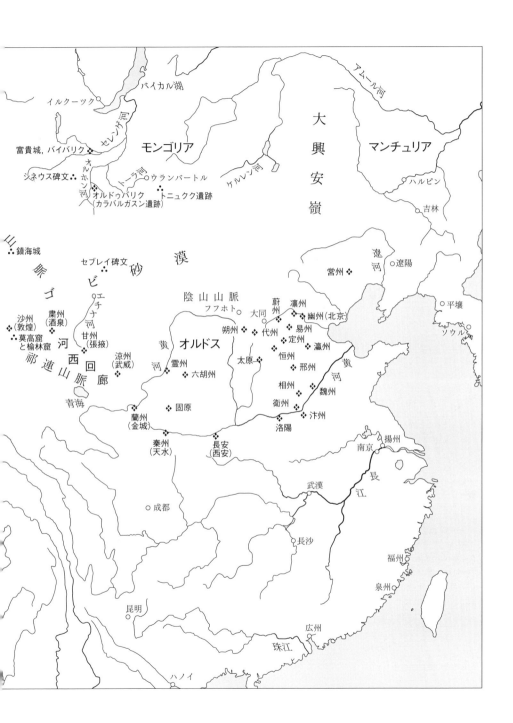

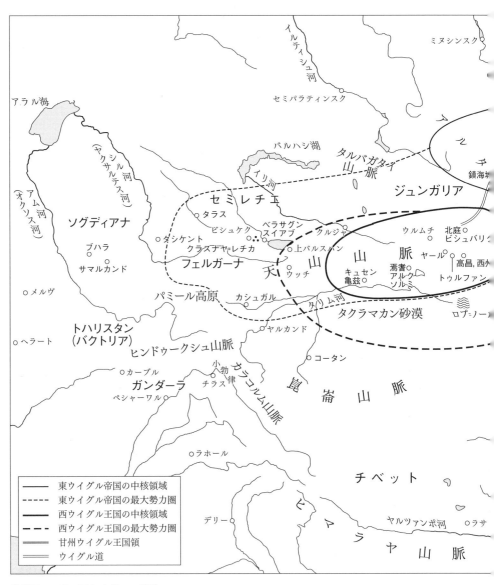

付地図3　東・西ウイグルの領域

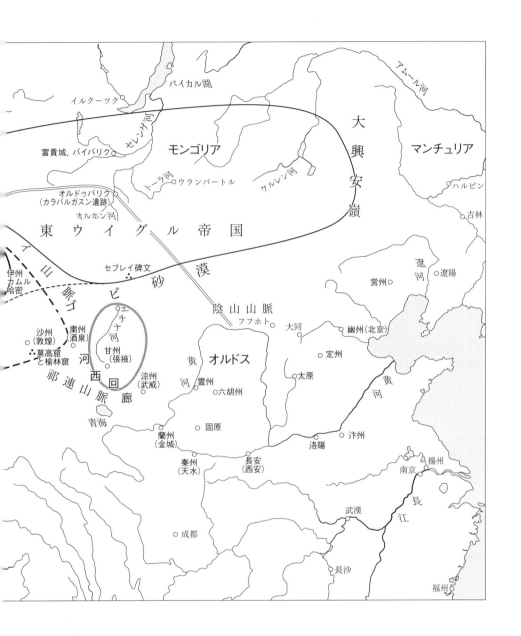

図表一覧

口絵 1　ウイグル仏教誓願図（ベゼクリク千仏洞，グリュンヴェーデル編号第 9 窟）［Le Coq, *Chotscho*, Berlin 1913, pl. 22 より］
口絵 2　美麗なマニ教写本 T II D 171（MIK III 198）verso［ベルリン国立アジア美術館蔵］

第 1 論文
図 1　Mainz 345 recto ··· 8
図 2　Mainz 345 verso ·· 9

第 2 論文
図 A　Hor 王が北方に派遣した 5 人の密偵の経路に関する基礎情報 ···················· 79
図 B　Khe-rged・Ye-dre・Gud と Hor との相対関係 ··· 84
図 C　都播と鞠とキルギスの相対関係 ·· 85
図 D　都播と鞠とキルギスの地理上の位置 ·· 86
図 E　カルルク・バスミル・ウイグルの領域に関する通説 ······························ 89
図 F　バスミルの想定最大領域とバヤルク別部の想定 ······································ 90
図 G　駁馬国とケシュティムとキルギスの相対関係 ··· 93
図 H　Hor 王が北方に派遣した 5 人の密偵の経路復元図（その 1）················· 97
図 H'　Hor 王が北方に派遣した 5 人の密偵の経路復元図（その 2）················· 98
図 I　蕃漢対照東洋地図の一部抜粋 ·· 101
図 J　Hor の意味の歴史的変遷 ··· 112

第 3 論文
図 1　突厥・唐・吐蕃三者間の関係 ·· 168
図 2　高仙芝軍の勃律攻撃路 ··· 180
図 3　『通典』による唐・吐蕃・トゥルギシュ・カルルク・ウイグル分界図 ···· 186
図 4　エンデレ寺院址の落書き銘文 ·· 190
図 5　British Library, Or. 6405［A. F. R. Hoernle, *A Report on the British Collection of Antiquities from Central Asia*, II, Calcutta, 1902 より］ ····························· 194
図 6　唐による于闐支配の文書行政見取り図 ··· 196
図 7　イスラム地理書による唐・吐蕃・ウイグル・カルルク分界図 ·············· 221

第 5 論文
図 1　西ウイグル王国の都市名 ·· 292

第 6 論文
図 1　莫高窟第 61 窟内部図 ··· 319

第 9 論文
図 1　蕃漢対照東洋地図の写本［寺本 1931 年論文の口絵より］ ··················· 384

図 2　蕃漢対照東洋地図の漢字転写［寺本 1931 年論文，p. 76 より］ ················ 385

第 10 論文
表 1　貨幣単位対照リスト ··· 414
図 1　10 世紀前後のウイグル＝ネットワーク ····································· 421
図 2　ベゼクリク石窟のウイグル仏教壁画に見えるソグド系ウイグル商人
　　　（口絵 1 の右下部分） ·· 425
図 3　13-14 世紀（モンゴル時代）のウイグル＝ネットワーク ················· 428

第 11 論文
表 1　ウイグル文書中に見える貨幣単位の一覧表 ······················· 447-451

第 12 論文
図 1　Pelliot 編号 181 窟出土ウイグル文書 No. 193 A 面 ······················· 494
図 2　Pelliot 編号 181 窟出土ウイグル文書 No. 194 A 面 ······················· 494
図 3　Pelliot 編号 181 窟出土ウイグル文書 No. 193 B 面 ······················· 495
図 4　Pelliot 編号 181 窟出土ウイグル文書 No. 194 B 面 ······················· 495
図 5　ウイグル＝ネットワークの復元案 ··· 503

第 13 論文
図 1　Pelliot ouigour 16 Bis（from P. 4521）のアイコピー ····················· 513
図 2　Pelliot ouigour 16 Bis（from P. 4521）の合成写真 ························ 514

第 16 論文
図 1　T II D 171（MIK III 198）の部分拡大図 ··································· 595

第 17 論文
図 1　ソグド語から古トルコ語への導入経路 ···································· 627

第 18 論文
図 1　ベゼクリクのグリュンヴェーデル編号第 8 窟内部見取図 ··············· 649

付地図 1　中央ユーラシア東部の主要地名（特に「吐蕃の中央アジア進出」用）
付地図 2　ウイグル・突厥・ソグド関係遺跡と地名
付地図 3　東・西ウイグルの領域

索　引

　1) 本索引の作成に当たっては，あくまで本書活用の便宜を旨とし，煩瑣な網羅主義は放棄する。頻出する王朝名・国名（中国歴代王朝・東ウイグル帝国・モンゴル帝国など），中国の省名・自治区名・大都市名，中央ユーラシアの広域地名（トルキスタン・モンゴリア・チベット・ソグディアナ・トゥルファンなど）や山脈・砂漠・河川・湖沼・盆地名などの重要地名，時代の指標としての皇帝名，正史をはじめとする主要漢籍名は原則として採らない。ただし特別な説明・言及がある場合は例外である。
　2) 古今東西の民族名や言語名についても，本書で頻出するもの（例えば突厥・ウイグル・トルコ・ソグド・チベット・契丹・モンゴルなど）については省略した。但し，これらの民族・言語名が出土文書に現われており，それが本論で取り上げられている場合（例えば第2論文の P. t. 1283 に見える Dru-gu＝トルコ，Ho-yo-hor＝ウイグル，Ge-tan＝契丹など）は，当然ながら索引に採ることとする。
　3) 頻出するが索引として利用価値の低い術語（例えば馬・絹・絹織物・銅銭・オアシス都市・遊牧国家・可汗・仏教・マニ教・ウイグル文字など）については，定義やまとまった説明がある箇所のみを採用する。
　4) 第二次世界大戦以前の内陸アジア探検従事者は例外として，近現代の内外の研究者名を含められなかったのは主に時間的制約ゆえであり，その点は諒とされたい。
　5) 索引は総合索引・アルファベット索引・出土文書索引の3種類に分ける。総合索引には主要漢籍以外の東西文献の書名や碑文名を入れるが，壁画銘文は出土文書索引に含まれる。但しアルファベット索引は，本文中に日本語表記や和訳のないものを中心とし，あくまで補助的なものとする。

総合索引

五十音順。但し濁音・半濁音は清音の後，長母音記号は無視。検索の便に配慮して五十音順は必ずしも厳密ではない。

ア

アイマック　492, 496
青鼠・青ネズミの毛皮　55, 87
阿耆尼　→カラシャール
アケメネス朝ペルシア　589
アクス Aqsu＝姑墨（cf. 撥換）　183, 207, 213, 221, 244, 545, 603, 687
アクベシム　609
阿薩蘭回鶻＝アルスラン＝ウイグル　351, 363, 364
阿悉吉薄露　157, 158
阿史徳 (A-sha-ste)　51, 72
阿史那（氏，部）　51, 72
阿史那懐道，阿史那昕，阿史那元慶　204
阿史那賀魯　133, 134, 203
阿史那献　164, 204
阿史那斛瑟羅　157, 158, 204, 210
阿史那施（バスミル）　64
阿史那社爾　138

阿史那車薄　135, 150, 209
阿史那従礼　14, 36, 37, 42, 66
阿史那承慶　13, 37, 42
阿史那俀子（cf. トン＝ヤブグ可汗）　153-157, 159, 210, 211
阿史那（闕啜）忠節　152, 154, 160, 162, 209
阿史那都支　135, 144, 148, 149, 208
阿史那弥射　134, 139, 204
阿史那歩真　134, 139, 204
アショーカ王　705
アスターナ（古墓群，墓地）　344, 665
アタ＝オゲ＝阿多于越 ata ögä　688
遏換健塞波塞　passim in pp. 574-583
幹脱　→オルトク
アッバース朝　383, 425
阿跌　→エディズ
阿図什　458, 459
阿咄欲　335
アーナンダ（安西王）　496
阿熱　257

索引（総合索引）　813

アフタダン avtadan＝拂多誕（マニ教団の主教）　ix, 25, 27, 44, 45, 246, 267, 273 ; passim in No. 15 ; 593, 601, 605
阿拂胤薩　　passim in pp. 574-583
アブル＝フィダー　　499, 501
阿摩支　193, 194, 197, 198, 219
阿弥陀信仰　670
アミール＝クタイバ（畏密屈底波）　213
アムド　77, 111, 114, 123
綾，綾錦，白綿綾，白花綿綾　313, 315
阿羅憾　389
アラブ（人）　127, 433, 442, 468, 472
アリクブゲ＝阿里不哥　520, 521, 528, 532
アーリヤチャンドラ Āryacandra＝Aryačintri bodisvt kši ačari　665, 667
阿了達　163
アルク，アルギ Ark, Argi　→カラシャール
アルグ Arɣu，黄金のアルグ国，アルグ＝タラス，黄金のアルグ＝タラス国　594, 596, 598-600, 603, 604, 606, 607, 609, 613, 614, 619
アルスラン　→獅子／師子（ライオン）
アルスラン・イル＝ティルギュグ＝アルプ＝ブルグチャン＝アルプ＝タルカン＝ベグ　596, 598, 615
アルタイ系諸民族　41
アルプ＝トトク＝オゲ　594, 688, 689, 693, 695, 723
アルマリク　609
安（国，姓）(cf. ブハラ）　392, 423
安慶緒　13, 14, 15, 16
安史の乱　passim in No. 1 ; 128, 230, 231, 311, 379, 401, 402, 406, 425, 442, 477
安西（時にクチャ）　14 ; passim in Nos. 4 & 5 ; 303, 327
安西ウイグル　276-282, 304
安西城　172
安西節度使　182, 188, 191, 216, 243, 378, 379
安西繰　→繰
安西都護，安西都護府　28 ; passim in Nos. 3 & 4 ; 281, 282, 457
安西道　189, 201, 269
安西四鎮，四鎮　36 ; passim in No. 3 ; 230, 281, 293, 379
安蔵，安蔵博士　passim in No. 13 ; 675
安息　403
アン＝ナディーム　ix, 601, 609
安寧　723, 730
安楽城遺址　722
安禄山　passim in No. 1 ; 188, 191, 308
安和子　104, 123

イ

イェニセイ碑文＝キルギス碑文　88, 257, 715
イゲンケント　613
伊吾　→ハミ
韋皐　264
イシグ＝エドギュ＝トトク＝オゲ　594, 688, 689, 692
イシック湖，イシック＝クル　94, 139, 255, 256, 332, 602, 603, 607, 687
伊州　→ハミ
伊州ウイグル　298
伊州使　302
移職伽達干　237, 270
イスパサグ ispasag＝薩波塞 (cf. アフタダン)　25, 45, 246, 247, 267, 273, 589, 593
イスフィジャブ　602, 609
イスラム（教，勢力，世界，王朝，帝国，文明圏）　ii, 5, 166, 328, 346, 381, 383, 386, 399-401, 408, 412, 415, 416, 453, 454, 464, 465, 467, 599-601
イスラム（側の）史料　122, 250, 291, 296, 389, 408, 415, 422, 537, 607
イスラム化　ii, 114, 425, 532, 533, 600, 603
イスラム教徒＝ムスリム (cf. ムスリム商人)　ii, ix, 249, 407, 409, 415, 416, 429, 433, 468, 472, 474
伊西庭節度留後使判官朝散大夫試太僕卿　260, 261
伊西北庭節度使　→北庭節度使
遺跡 α，遺跡アルファ，寺院 α（高昌故城）　28, 586-588, 591, 592, 679, 681, 716, 720, 721, 724
遺跡 K（高昌故城）　587, 588, 594, 610
韋待價　151
移地健　→牟羽可汗
乙毗射匱可汗　137
逸標苾　253
イディクート ïduq qut＝亦都護　22, 43, 341, 342, 460, 532, 533
イディクート＝シャーリ（カラホージャ）　681
イドリーシー　122, 221
イブン＝アル＝ファキーフ　247
イブン＝バットゥータ　499
イブン＝フルダーズベ　284
異牟尋　270
イムキ Yimki 祭　45-46, 266
イリ　667, 676
イリバリク＝亦力把力・亦刺八里・亦刺八力　668, 677

イル＝オゲシ（il ögäsi，宰相）＝頡於迦思
　　315, 445, 560, 561, 594, 687-688, 692, 695, 697,
　　723
イル＝オゲシ＝Il Ögäsi＝頡于伽斯／頡于伽思／
　　頡於迦斯（後の懷信可汗）　30 ; passim in
　　No. 4 ; 371
イル＝オゲシ頡于伽şu（西州牧首）　286, 723,
　　730
イル＝オゲシでアタ＝オゲのイル＝カヤ　594,
　　688, 689, 697
イル＝オゲシのアルプ＝トトク＝オゲ　594,
　　688
イル＝オゲシのイシグ＝エドギュ＝トトク＝オゲ
　　のイル＝カヤ　594, 688, 689, 692
イル＝オゲシのサングン＝オゲ＝ビルゲ＝ベグ
　　373
イルキン irkin＝俟斤　59, 90
イルテベル iltäbär＝頡利發／俟利發　29, 90,
　　203
イルバリク（cf. イリバリク）　665, 667, 669
印欧語族，インド＝ヨーロッパ系民族（語族）
　　v, 41, 133, 166, 409
匈葛戸　241
『インサディ＝スートラ』　ix
尹子奇　43
インド語漢語對訳字書（＝梵漢辞典）　377-380,
　　402

ウ・ヴ

ウイグリスタン　x, 408, 426, 437, 438, 452, 467,
　　474, 475, 488, 531
ウイグル Uighur／Uyγur＜Huyγur，迴紇／廻紇／
　　回鶻，畏兀児／維吾爾（cf. Ho-yo-hor/Ho-
　　yo-'or）　passim
ウイグル可汗国　→東ウイグル帝国
ウイグル窟　357
ウイグル国人（cf. 旧西ウイグル国人）　iii
ウイグル＝コネクション　428, 432, 502-504,
　　509, 533
ウイグル商人（cf. 西州旧賈，西州商人）　371,
　　407, 409, 416, 421-431, 443, 444, 463-468, 474,
　　486, 504, 622
ウイグル道＝迴紇路／回紇路　230, 231, 237,
　　252, 264, 290
ウイグル都督（'U-yi-kor do-tog＝Uyγur totoq）
　　54, 65
ウイグル＝ネットワーク，ウイグル人ネットワー
　　ク　419-422, 427-429, 432, 434, 503, 508,
　　509, 533
ウイグルの銅銭　456-462

ウイグルの貨幣単位「ヤストゥク yastuq・スティ
　　ル sïtïr・バキル baqïr・ヴン vun」　413-414,
　　446, 451, 470-472, 481
ウイグル文契約文書（さらには俗文書全体）の時
　　代判定法　416, 445-446
ウイグル＝マネー　→回鶻銭
ウイグル文字　passim（但しウイグル文字の源
　　流については 628 頁を参照）
ウイグル文字ウイグル語文献の分類　479
ウイグル文字の 4 書体と書体（半楷書・草書）に
　　よる時代判定　444-446, 474, 479-480, 647,
　　648, 724
烏介可汗　290
嫗厥律　85
烏古孫仲端　668
烏質勒　160, 209, 210
于術　241, 269, 273, 274
烏仗那，烏萇／烏茛　→ウディヤーナ
ウスルーシャナ　267, 273
烏蘇米施可汗　64, 253
ウチュケン　→オテュケン
ウチュル 'Wcwr　244, 245, 273
鬱延　→ウディヤーナ
ウッチ Uč＝ウッチ＝トゥルファン＝温宿
　　213, 221, 244, 273, 327, 544, 545, 555, 556, 603,
　　686, 687, 695, 725
ウッチの慕闍（or 辺境の慕闍）　544, 545, 556
尉遅勝，尉遅珪　188
尉遅信　193, 194, 196-198, 219, 225
尉遅眺　171
尉遅伏師　219
尉遅曜（Viśa' Vāhaṃ）　188, 198, 199, 219
ウディヤーナ＝鬱延，烏仗那，烏萇／烏茛
　　165, 387, 388, 395
于闐　→コータン
『于闐国懸記』『コータン国懸記』Li'i yul (gyi) luṅ-
　　bstan-pa　100, 155, 198
馬　passim
ウマイヤ朝　41, 383, 393, 439
ウラク　249
ウルムチ　230, 288, 291, 292, 348
ウルムチという地名の初出　292, 348
ヴァフマン　→ワフマン
ヴン vun＝分（バキル baqïr＝銭の十分の一；重
　　量・貨幣単位＝約 0.4g）　471, 481

エ

営州　82
永昌（甘粛省武威市永昌鎮）　500, 526
睿息（マニ僧）　34, 540, 547

英武威遠毗伽可汗（＝磨延啜）　15
曳落河　13, 42, 48
捜刺　42
英利耶嚧地蜜施天特銀　682, 707
亦黒迷失（イグミシュ）　503
駅逓馬，駅逓，駅伝馬，駅馬，駅伝制　6, 247-249, 313, 379, 468
亦都護　→イディクート
亦都護高昌王世勲碑（1334 年）　343, 526, 533
亦力把力・亦刺八里・亦刺八力　668, 677
益離城　668
エズルア神（＝偉大なる父＝光明の父＝マニ教の最高神）　553, 557, 611
エチナ（河，地方）　iii, 226, 293, 305, 306, 310
慧超（cf.『往五天竺国伝』）　140, 206, 218, 393, 631, 637, 639, 640
エディズ Ädiz（阿跌／跌跌），エディズ王朝　30, 34, 45, 371, 460, 549-552
n-言語，ñ/n-言語，n-方言　445；passim in No. 17；604
エフタル，ハイタル＝嚈噠＝挹怛（He-ba-dal）　4, 52, 72, 73, 134, 212, 388
塩引　473
焉耆　→カラシャール
塩州　297
塩州刺史　251
臙脂　313
嚈噠　→エフタル
円珍（智証大師）　382, 383
エンデレ　184, 188-191, 201, 220
円仁（慈覚大師）　379, 403
塩漠念，塩漠＝Yämäk / Yimäk（cf. キーマーク）　92, 93, 122

オ

オアシス，オアシス都市，オアシス都市国家　passim
オアシスの道　475
応運泰寧之寺　669
王延徳　290, 291, 304, 453, 669, 704, 710
王円籙　491
王君㚟　171, 172, 212
王孝傑　136, 152-154, 210
王斛斯　215, 216
『往五天竺国伝』（慧超伝）（P. 3532）　139, 170, 206, 390, 392, 394, 403, 439, 440, 631
黄金のテント　→金帳
王宰　281, 297
王端章　287, 301
王通信　315

王方翼　149, 209
王名遠　389
欧陽脩　345
王郎子　104
大谷探検隊　373, 408, 528
オグズ Oγuz (cf. トクズ＝オグズ，八姓オグズ)　91, 93
オグラグ　546, 556
オゴデイ発布漢碑文（1235 年）　433
オスマン朝　41
嘔末　278, 279, 305
嘔禄登利邏汨没密施合倶録毗伽懷建可汗　300
オテュケン／オティケン Ötükän / Ötikän, オテュケン山＝烏徳鞬山／都斤山，オテュケン地方　i, iii, 10, 18, 21-24, 26, 33, 43, 98, 121, 203, 246, 247, 253, 267, 421, 537, 548, 553
オテュケン国　24
オテュケンのカリスマ　18, 21-24, 26
オドリック　499, 500, 506
オルデンブルグ（С. Ф. Ольденбургъ）　408
オルドゥ＝ケント　596, 613, 614
オルドゥバリク Ordu-balïq　14, 30, 95, 105, 243, 244, 247, 249, 256-259, 443, 546
オルトク／オルタク＝ortoq / ortuq, ortoqluq / ortuqluq＝斡脱　407-411, 415, 416, 419, 426, 427, 429・・・定義：「パートナー，仲間＞農地共有（者，関係），商業共同経営（者，関係）」
オルトク商人，オルタク商人，斡脱商人　407-409, 422, 429, 430, 432, 434, 468, 472, 473, 488
オルトク銭＝斡脱銭　422, 432, 472, 473
オルホン国（東ウイグル帝国）　544, 545, 547
オルホン碑文　→突厥碑文
オン＝オク（十箭）(cf. 十姓)　253
オンギ碑文　496
恩賜都統　339, 662
温宿　→ウッチ＝トゥルファン

カ

何（国，姓）(cf. クシャーニヤ)　398
回回　413, 415, 416, 427, 430, 431, 433, 472
回回銀　472, 473
回回字　416, 433, 434
回回商人 (cf. ムスリム商人)　413, 416, 433, 472, 487
回回石頭　412, 413
懷建可汗　301
戒月（＝第十二月）　593, 607
開元通宝　440, 470, 484, 487
懷信可汗　27, 30, 31, 34, 44, 45, 443, 460；pas-

sim in No. 14
懐仁可汗　→闕毗伽可汗
回鶻／迴紇／廻紇（＝ウイグル）　passim
迴鶻王＝Dru-gu rgyal-po　107, 394
回鶻葛啜王子　392
回鶻銀　472, 473
迴骨国＝Hor　101, 391, 395, 401
回鶻銭（ウイグル＝マネー；実態はソグド＝マネー）　409, 422, 431-432, 437, 442, 443, 479
『会昌一品集』（李徳裕）　424
海東の盛国　2
開封＝汴京　463-465, 467, 499, 500
『華夷訳語』　497, 498
價栄実　313
カエサル　399, 404
可汗 qaγan　passim
可汗師子王智海　→智海
河曲　14
郭昕　230
郭慶璵　154, 163, 164
郭元振　158-161
郭孝恪　138
郭子儀　14, 15, 36, 42
廓州　163, 288
啝厮囉　363, 365
郭知運　163
河西，河西回廊（＝甘粛回廊）　passim
河西一路 Ha-se byaṅ-ṅos　106, 107
河西ウイグル　No. 6 の第 2 節に専論
河西ウイグル王国　→甘州ウイグル王国
河西帰義軍節度使　→帰義軍節度使
河西節度使　172, 178, 212, 214, 379
河朔三鎮　128
可薩突厥　95
カシミール＝筒失密＝迦葉弥羅＝迦湿蜜＝迦閃弭＝Kaśamira　139, 165, 170, 181, 217, 231, 393, 395, 404
瓜州，瓜沙州　105, 124, 172, 173, 181, 199, 263, 288, 305, 307, 312, 314-318, 325, 344, 362-364, 370, 372
瓜州刺史　331
河州　104, 105, 157
カシュ　596, 613, 614
カーシュガリー Maḥmūd al-Kāšγarī　ii, x, 91, 93, 123, 342, 453-455, 461, 462, 481, 487, 592, 603, 687
カシュガル Kashghar / Kāšγar ＝疏勒／䟽勒＝佉沙, 迦師　ii, x ; passim in No. 3 ; 231, 241, 271, 273, 282, 405, 545, 557, 687
火焼城　161

哥舒翰　14, 379
葛邏支　14, 43
葛邏禄，葛禄　→カルルク
葛勒可汗　→磨延啜
喝槃陀　→タシュクルガン
河東節度使　13, 297
カーピシー　140, 383, 395, 399, 438
迦畢試国　→カーピシー
カプガン可汗　→黙啜可汗
カーブル　383, 399, 404
カーブルシャー　399, 400, 404
貨幣（実物貨幣，商品貨幣，手交貨幣，法定貨幣，標準貨幣，補助貨幣，秤量貨幣，貨幣体系，貨幣単位，高額貨幣）（cf. 通貨，銅銭，金銀銭，銀錠，鈔，ほか）passim in No. 11
貨幣経済（cf. 銅銭経済，銀経済圏）　422, 457, 462
貨幣・重量単位「錠・両・銭・分」（1 錠＝ 50 両＝ 500 銭＝ 5000 分）　413-414, 470-471
カーボン 14 測定　→放射性炭素年代測定
カムランチュイン　548
カムル Qamul / Qamïl　→ハミ
花門山，花門山堡　290, 305
火薬革命　v
カラカングリ（＝黒車）　545, 546, 556
カラキタイ（＝西遼）　341, 429, 475, 487, 488
カラシャール Karashār / Qarašahr ＝阿耆尼＝Agnidiś＝焉耆＝アルク Ark ＝アルギ Argi ＝ソルミ Solmï　ii, iii, x, 27, 44 ; passim in No. 3 ; 231, 241, 242, 244, 258, 259, 263, 273 ; passim in No. 5, 300, 303, 304, 325, 327, 348, 361, 393, 394, 438, 541, 546, 565, 586 ; passim in No. 18 ; 722, 723
カラバルガスン遺跡（＝オルドゥバリク）　28, 44, 243, 247
カラバルガスン碑文　20, 21, 30-34, 46, 241, 263, 266, 269, 272, 273 ; passim in No. 14 ; 560, 631
カラハン朝（時に大食国）　ii, v, x, 5, 40, 113, 328, 332, 416, 425, 432, 433, 453, 454, 456, 458, 459, 474, 481, 484, 487, 592, 599-601, 603, 604, 609, 687, 725
カラホージャ，カラコージョ　341, 681
カラホト　432
カリフ　346
仮父子，義子，仮子　128, 316, 330
訶黎布失畢　138
カルガリク＝朱倶波　134, 137, 183, 211
カルナダス＝迦魯納答思　523-525
カルピニ，プラノ＝カルピニ　91, 121
カルルク Qarlïq, Gar-log, 葛邏禄／葛禄（cf. 三

姓カルルク）　30, 37, 40, 58, 59, 64, 65, 67, 71, 73, 74, 79, 89, 90, 92, 97-99, 122, 123, 133, 186, 187, 221 ; passim in No. 4 ; 277, 281, 282, 285, 291, 557, 594, 600, 603, 607, 624, 725
カルルク西遷　253, 254, 255, 268
漢（人，語，文，族）　passim
貫雲石　→セヴィンチ＝カヤ
瀚海都督　65
幹事（iš ayɣučï）　passim in No. 15（但し 572-573 頁に定義あり）; 693
韓思忠　153, 154
甘沙州ウイグル，甘沙州回鶻　293, 323, 324, 359, 360, 369, 372
韓洙　316
甘州＝Qamčiu＝張掖　iii, 103, 129, 161, 171, 181, 199, 250, 260, 261, 277-279 ; passim in No. 6 ; 361, 364, 421, 502, 503, 600
甘州ウイグル王国，甘州ウイグル　passim（但し序文 iii 頁に定義あり；No. 6 の第 3 節・第 4 節に専論あり）
甘州（ウイグル）可汗　passim in No. 6
甘州ウイグル人女性供養人像　356
観音，千手千眼観音，十一面観音　347, 352-353, 672
貫バキル quan baqïr＝貫文（＝貫銭）　448, 456-458, 460, 461, 473
官布＝quanpu / qanpu / qunpu　313, 437, 445, 447-449, 451, 452, 461, 462, 474, 475, 564, 565
『陥虜記』『陥北記』（胡嶠）　58, 85, 91, 95, 121, 345, 351

ガ

蓋嘉運　176, 177
賀薩労城　182
ガズナ朝　v, 5, 425, 433
ガル（Mgar）一家　147, 150, 156, 159, 164, 202, 221
ガル＝タグ＝リスン，ガル＝タグ　154, 155, 210, 221
ガルダン汗　114
ガル＝チンリン＝ツェンロ，ロン＝チンリン，論欽陵，大ロン＝チンリン　75, 150-152, 155, 156, 207, 208, 221
ガル＝ツェンニェン＝グントン，勃論賛刃　153, 155, 211, 221
ガル＝ツェンニャ＝ドムブ，ロン＝ツェンニャ，大論ツェンニャ　75, 146-148, 156, 221
ガル＝ツェンワ（？），賛婆　155, 221
ガルディージー　268, 282, 284, 286, 289, 294-296, 341, 453, 467, 487, 580

ガル＝トンツェン＝ユルスン，禄東賛　102, 221
賀魯（Ha-li）　51, 72
鑑真　391
ガンダーラ，建駄羅　140, 383, 393, 399, 404, 439, 440

キ

帰義軍節度使，帰義節度使，河西帰義軍節度使，沙州帰義軍節度使（政権，敦煌王国）　i, 278, 279, 288, 291 ; passim in No. 6 ; 347, 348 ; passim in No. 8 ; 394, 457, 646, 663, 671, 672
帰義軍節度使新鋳印　318
帰義軍節度使之印　349
鞠（䩸）　84-86, 90, 120, 131
麹氏高昌国，高昌国　133, 585
麹斌造寺碑　709, 713, 728
麹文泰　438
綦公直　668
亀茲　→クチャ
亀茲ウイグル，亀茲回鶻（cf. 西ウイグル王国）　iii, 326, 363, 364
耆寿　309
キジル風千仏　651
喜蔵都通　486
キッシュ（cf. 史国，史姓）　609
契丹，Qïtay, Ge-taṅ　13, 40, 54, 67, 71, 79, 87, 95, 97, 98, 128, 418
絹，絹織物　passim
騎馬遊牧民，騎馬民族　passim
羈縻（州，府，都督府）（支配，政策）　130, 327
キーマーク Kīmāk（cf. 塩漠念，塩漠）　122, 248
キャラヴァン（＝arqïš＝隊商），キャラヴァン貿易　249, 312-315, 318, 343, 417-420, 422, 423, 433, 516, 593
弓月（部，城）　135, 139-141, 144, 147, 207, 209
九姓　→九姓鉄勒
九姓胡　39, 258
九姓タタル　37, 71, 87, 434
九姓廻鶻　253
九姓鉄勒，九姓突厥，九姓（cf. トクズ＝オグズ）　37, 38, 65, 76, 98, 118, 158, 253, 315, 549
九姓 Dru-gu　54, 65, 76, 79
旧西ウイグル国人　i, ii, 430, 433, 502, 525, 527, 533
キュムシュ kümüš「（秤量貨幣としての）銀」　446
キュリ＝チョル碑文　28

羌，羗，羌胡（cf. 白蘭羌）　148, 234-236, 239, 278
教義の長　25, 246, 267, 537, 553
匈奴　v, 47, 130, 285, 294, 376, 398, 441
教道首 xrōhxwān　243
曲子城　215
佉沙，迦師（＝カシュガル）　181, 219, 273
居邪蜜施登林　682, 707
巨人（族，国）　57, 58, 79, 84, 85, 91, 97, 98
キョル＝テギン，闕特勤　214
キョル＝テギン碑文　→突厥碑文
キルギス Kirghiz / Qïrγïz, Gir-tis / Hir-tis / Hir-kis ＝堅昆＝結骨＝黠戛斯／葛々斯／紇扢斯 i, 30, 37, 57, 58, 71, 74, 79, 83-93, 97, 98, 120, 163, 211, 214, 240, 241, 247, 252, 256, 257, 268, 276, 280, 290, 293, 299, 361, 390, 392
キルギス碑文　→イェニセイ碑文
金印　338-340, 662
金貨，金銭　438, 454, 483
金銀器，金器，銀器　15, 303, 408, 414, 438, 439, 441, 462, 467, 471, 477, 478, 487
金銀銭，金銀（地金，インゴットとして）　438-440, 453, 455, 461-467, 470, 477 478, 485
金銀比価　414, 463, 465, 466, 475, 482, 486, 487
金国　→ Altun Il
キンサイ＝行在＝臨安＝杭州　passim in No. 12（第3節に専論あり）
金山白衣天子（金山白衣王）　307, 322
金沙嶺，金莎領　282, 290, 295
金城　→蘭州
金城公主　159, 168
金帳，金門宮殿　248
金帛　477, 478
欽陵，チンリン　→ガル＝チンリン＝ツェンロ

ギ

義子　→仮父子
祇樹給孤独園　704
義浄　379, 381, 387, 403
牛師奨　161
牛蹄（国），牛蹄突厥　58, 79, 91, 95
鄴　15
玉　313, 314, 346, 359, 408, 422, 441, 453, 478
魚皮　53, 81, 82
魚皮韃子　81, 82
ギリヤーク　81
ギルギット（cf. 小勃律）　140, 164, 170, 174, 180, 204, 214, 216, 393
銀　passim in No. 11
銀器　→金銀器

銀経済，銀経済圏　442, 470, 473, 475
銀山道，銀山磧　284, 294, 438
銀錠（cf. ヤストゥク，スティル，バキル，バーリシュ，スケ，キュムシュ）　413-415, 437, 446, 452, 453, 470-472, 474, 481, 483
銀銭，銀貨（cf. ササン銀銭，ソグド銀銭，承安重宝，大朝通宝）　438, 439, 453, 454, 476, 478, 483, 486
銀建て　470, 473, 475
銀（kümüš）と官布（quanpu）の相補分布　451, 452
銀動向（ユーラシア）　463-469, 474

ク

空海（弘法大師）　382, 383
クシャン朝，クシャーナ朝　4, 41
クシャーニヤ（cf. 何国）　398, 401
『クタドグ＝ビリク』　481
百済（Beg-tse）　53, 79, 81, 98, 128
クチャ Kucha / Kuča / Kučā / 'Kwč / Kucīna ＝亀茲／屈支（cf. Küsän）　ii, iii, x, 28, 29, 69；passim in No. 3；231, 241, 243, 244, 269, 271, 273, 282-284, 288, 292, 325-327, 341, 361, 378-380, 395, 421, 438, 476, 545, 546, 603, 662, 663, 687, 723
屈支　→クチャ
クテシフォン　386, 389
クビライ汗＝世祖　468, 474, 499, 509, 519, 521, 524, 532, 668
クプチル，クプチル税　468, 469, 487
クムトラ千仏洞　663
クラスナヤ＝レチカ遺跡　602, 609
クランサイ・テレクサイ渓谷　598
クリルタイ　413
クル＝テギン Kür-tegīn　282, 283, 295, 296
クル＝テギン伝説　281-284, 296
クレメンツ（D. Klementz）　408

グ

倶位　→マストゥジ
グチュグル　→ Ku-čhu-'ur
グリュンヴェーデル（A. Grünwedel）　408, 592, 679, 716, 717, 720
グリュンヴェーデル編号第4窟・第8窟　371
倶録莫賀達干（ウイグル使者）　16

ケ

奚，He, He-tse＝タタビ Tatabï, Dad-pyi　13, 42, 52-54, 79, 80, 95, 97, 98, 128, 214, 250
継往絶可汗　134, 135, 139, 143, 144, 209, 210

景教，景教徒　→ネストリウス派キリスト教（現今の学界では東方教会と言う方にシフトしつつある）
『経行記』（杜環）　94
京兆　17, 19
闕婆＜闕娑＝Kēsaro　399, 400
契苾（部）　65, 129
契苾何力　138
闕賓，Karpiśaya（カーピシー）　134, 163, 176, 380, 383, 395, 399
慶福　315
契約文書　5
毛皮　55-57, 84, 87, 96, 408, 441
ケサル＝ゲセル（王，英雄伝説，物語）　114, 398-400, 406
ケシ＝アチャリ＝尊師阿闍梨　→kši ačari, keši ačari
ケシュティム／ケスティミ Käštim / Käšdim / Kïštïm / Куштеми / Кестеми / Kistym＝ゲスドゥム Ges-dum＝可史擔／史擔／客思的音／克失的迷　59, 88-90, 92, 93, 97, 98, 121, 122
頡于伽斯／頡于伽思／頡於伽斯　→イル＝オゲシ
頡于伽思倶宇合逾越密施莫賀都督宰相　286
黠戞斯　→キルギス
頡吉里匍　179
揭師　181, 182, 217
闕侯斤・都曼　134
傑謝鎮　193-197, 219, 220
闕啜　→阿史那（闕啜）忠節
闕特勤　→キョル＝テギン
闕毗伽可汗 Köl Bilgä Qayan＝懐仁可汗（cf. 骨力裴羅）　37, 64, 65
頡利發　→イルテベル
『ケペガトゥン』　101, 113, 123
ケム河＝剣海　85, 87-90, 120
ケム＝ケム＝ジュート　88
ケムチク＝カヤ碑文　88
ケムチク河　88
ケレイト（族，人）　55, 427, 433, 434
獫狁　397, 398
祆教　→ゾロアスター教
堅昆　→キルギス
建駄羅　→ガンダーラ
建中通宝　457
遣唐使　402
絹馬交易，絹馬貿易　270, 437, 441, 477, 478
剣南節度使　264
犬人国　91, 97

ゲ

月直　574, 575, 580, 581
月魯帖木兒（安西王）　658
ゲルマン諸王国　4
玄照　140
玄奘（cf.『大唐西域記』『大慈恩寺三蔵法師伝』）　137, 138, 378, 397, 401, 404, 438, 630
原人（マニ教）　613
玄宗　passim in No. 1 ; 170, 179, 182, 188, 214
厳荘　13
現地通貨　→通貨
ゲンラム＝タグラ＝ルゴン Ṅan-lam stag-sgra klu-goṅ＝馬重英　102, 103

コ

胡　passim（但し No. 9 として専論あり）
「胡＝ソグド（人，語）」の等式　No. 9 の第 2～5 節
胡＝Sog-po ソグポ（ソグド）　107, 394
胡＝Soγdaq　404
胡＝Sulī＝蘇哩／孫隣＝ソリ（ソグド）　379, 395
古渭砦　458
康（国，姓）（cf. サマルカンド）　178, 393, 423, 630
古ウイグル（語，人，民族）　passim（但し序文 i 頁に定義あり）
康艷典　162
『皇華四達記』（賈耽）　602
交河，交河郡（cf. ヤールホト）　185-187
交河（金河）公主　172
康居　163, 630
高句麗　→渤海
皇慶寺　508
興胡（cf. ソグド商人）　422, 440, 477
洪皓　346
杭州＝臨安　passim in No. 12 ; 525
杭州泰和楼大街　508
高尚　13
高昌＝Qočo コーチョー＝西州＝チーナーンチカンド Čīnānčkanδ, チーナーンジカット Čīnānj-kath（支那人の町）　ii, iii, x, 27-29, 44 ; passim in Nos. 3 & 4 & 5 ; 300, 303, 307, 308, 325, 341, 342, 348-352, 355, 361, 363-365, 503, 509, 546, 549, 552, 570, 580, 586, 593, 599, 601, 606, 662, 667, 672, 676, 679, 688, 693, 695, 723
高昌ウイグル　→西ウイグル王国
高昌国　→麴氏高昌国

高昌故城（cf. 遺跡アルファ, 遺跡 K）　iv, 326,
　　342, 349, 361, 590, 679, 682
高昌市長 = qočo balïq bägi　688, 693, 723
高昌総統　659
黄姓トゥルギシュ（突騎施）　332
興昔亡可汗　134, 135, 139, 209
高仙芝　179-182, 188, 192, 216
康僧会・康僧鎧・康巨・康道和・康孟詳　630
康待賓・康順子の乱　6, 40
高台寺　669
黄頭ウイグル　304, 327, 328, 332
黄頭室韋　332
黄頭女真　332
黄頭突厥　332
広平王・俶（後の代宗）　15
弘法寺（燕京）　486
光明の父（＝マニ教の最高神）　68, 553
高麗 Ke'u-li　→渤海
紅刺 = al nal（赤いルビー）　413-415
広林　260, 261
香料（香水, 焚香料, 香辛料）　408, 422, 441,
　　463
呼延谷　14, 42
コーカソイド　ii, 77, 85, 111, 397, 424, 433, 647
胡姫　376, 377, 396, 397（ここで「ソグド人の
　　（若くて美しい）女性」と定義）
胡嶠　58, 85, 91, 95, 345, 351
尅韓王禄勝　327
国際通貨（地域間決済通貨）　→通貨
刻絲・尅絲・緙絲（綴れ織り）　510
黒歯国　81
黒車子　58, 287, 301, 556
『黒韃事略』　433
胡国 Huo-kuog（＝ソグド国, ソグディアナ）
　　125, 387, 392-393, 395, 396, 631
胡国（宝主の国）　397
固城　209
胡人採宝譚　426
胡旋舞　397
コソゴル湖　86
姑臧　→涼州
古代ウイグル　→古ウイグル
コータン Khotan = Korttana =矯喋多曩=于闐=
　　Odon　ii, x, 14, 36, 100 ; passim in No. 3 ; 231,
　　256, 260, 261, 273, 274, 282, 288, 319, 320, 322,
　　331, 348, 349, 379, 380, 388, 395, 400, 404, 421,
　　476, 687
コータン皇帝の第三女李氏　320, 321, 330
コーチョー Qočo　→高昌
国教　→マニ教の国教化

紇扢斯　→キルギス
骨啜特勤（ウイグル王子）　15
骨都禄　→骨咄禄
骨都禄沓密施鳴瓦伊難支都統　337, 340, 661,
　　663
骨咄（コッタル, 地名）　165
骨咄禄, 骨禄（Qutluɣ, 人名）　166-168, 214
骨咄禄将軍　30
骨都禄葉護可汗（突厥）　64
骨力裴羅 Qutluɣ Boyla（cf. 闕毗伽可汗）　37, 64,
　　254
姑墨　→アクス
小麦（粉）の消費量　583-585
胡蜜国　→ワッハーン
胡名　380
コルラ（尉犂）　183
呼嚧喚 = xroxan, xrōhwān, xrwhxw'n　passim in
　　No. 15（但し特に 573, 580-582 頁を参照）
胡禄達干　177
古論　387
渾　65, 129
崑陵都護, 崑陵都護府　134
崑崙／昆崙／崐崙／骨崙　387, 388, 403, 405

ゴ

合羅川　279, 280, 293
合羅川回鶻　279, 293
呉越国　402
悟空　199, 231, 290, 631, 637, 640, 668
『悟空入竺記』　200, 220, 292
五胡　376
五銖銭　440
五臺山　319, 403, 508
兀単　→ Udan
五咄陸部　134, 144, 204
五道（＝五趣）　641, 642, 657, 674, 675, 700, 715,
　　728
五弩失畢部　134, 135, 139, 144, 204
語末の尻尾の長短による -q/-ɣ の区別　445,
　　620-621, 633, 661
護密　→ワッハーン
護輸　171
ゴール朝　433
ゴルド（ホジェン）族　81, 82

サ

西域北道, 西域南道　→天山南路
崔希逸　178
崔知辯　140
細䌷　→䌷

歳幣銀　464-467, 485
細密画（＝ミニアチュール）　12, 346, 606, 610, 611, 641
『西遊記』（長春真人）　668, 669
砕葉（＝スイアブ Suy-ab），砕葉鎮　135, 136, 149, 152-154, 157, 158, 203, 255, 293, 609, 725
砕葉川　282
サイラム　609
索勲　307
朔方節度使　14
ササン銀銭　486
ササン朝，ササン朝ペルシア　4, 386, 388, 399, 404, 487
ササン朝亡命政権　149, 388, 389, 400
沙州（cf. 敦煌）　passim
沙州ウイグル，沙州回鶻　passim in Nos. 6 & 8 （No. 6 の第5節，並びに No. 8 に専論あり）; 434, 476, 648
沙州ウイグル期（敦煌壁画）　356, 358, 361
沙州ウイグル論争　373
沙州回鶻活剌散可汗　324
沙州帰義軍節度使（正しくは河西帰義軍節度使）→帰義軍節度使
沙州刺史　317
沙州将軍（第一棒杭文書の Šaču Sangun）　326, 361, 373, 681, 685, 686, 690
沙州鎮国王子　→鎮国王子
沙州北亭可汗王　→北亭可汗王
沙州文殊舎利塔寺　503
沙州留後　317
佐承珍　301
沙陀，沙陀突厥　5, 40, 232, 234, 238, 250, 297
薩毗（城，沢）　162, 188, 213
利木（＝šat 木），利柱　691, 718-722, 729
サトク＝ボグラ汗　600
サマルカンド（cf. 康国，康姓）　162, 393, 400, 601, 602, 604, 609, 630, 639, 640
サーマン朝　425
サムイェ寺　102, 103
サムイェ碑文　103
サモイェード　85, 120
サリク＝ウイグル　328
三帰依文　605
三国会盟　226-227, 405
三十姓　66
三姓カルルク，三姓葛邏禄，カルルク三部族（cf. カルルク）　37, 61, 164, 213, 253, 546, 607
三ソルミ　674
『三朝北盟会編』　433

贊婆　→ガル＝ツェンワ（？）
贊普　→ツェンポ
三宝奴 Sambodu　651-656, 674

ザ

ザイトゥン Zaitun / Zayton　507
財務都督　563, 564, 569, 572, 698
『ザムリンゲシェ』　109-110, 174

シ

史（国，姓）（cf. キッシュ）　392
支汗那　→チャガニヤン
識匿国　→シグナン
色目人の筆頭（準モンゴル）　430, 437, 472, 476
司空　15
シグナン＝シグニク Shig-nig, 尸棄尼＝識匿国　166, 180, 192, 221, 439
思結（部）　65, 129, 134, 144
『至元法宝勘同総録』　520, 524
獅子／師子＝ Arslan アルスラン，獅子王／師子王　327, 361, 596, 598, 685, 688, 694-695, 725
師子国（スリランカ）　391
史思明　passim in No. 1
『資治通鑑』『新唐書』の信頼性　223
熾盛光仏変相図　650
史朝義　16, 30, 32, 33, 36, 38
史朝清　16
七曜日　380, 389
室韋（cf. タタル Tatar）　13, 42, 81, 82, 87, 131, 250
直歳　580, 582
悉諾邏恭禄（タグラ＝コンロ）　172, 215
失里忙伽羅　181
シティル（sitür）　→スティル
シナ，支那　→チーナ
『シナ・インド物語』（アブーザイド）　486
シネウス碑文　19, 23, 28, 30, 46, 71, 87, 120, 252-253, 268, 543, 607
シノ＝トカラ仮説（トカラ仮説の言い換え）　647
娑夷橋　179, 180, 217
謝䫻国（ザブリスタン）　439
舎衛　387
『釈迦方誌』（道宣）　389, 397
『釈迦牟尼如来像法滅尽之記』（法成）　100
柘羯　42
娑葛　160, 161, 163, 209
綽（Ji-ke）　52
奢侈品（高級絹織物・錦・金銀器・真珠・玉・ラ

ピスラズリ・ルビー・琥珀・ガラス・香料・薬品・毛皮・象牙・鼈甲・珊瑚など）passim
シャジン＝アイグチ šazïn ayɣuči ＝沙津愛護持／沙津愛護赤　520, 528；passim in No. 18；727
沙鉢略咥利失可汗　285, 295
シャーフ＝ウィスプフル（マニ僧）　593
シャフルヤール＝ザーダグ（拂多誕）　593
射摩（Zha-ma）可汗　51, 57, 59, 72
シャマニズム，シャマン　ii, vii, 24, 28, 68, 118
舎利吐利（Shar-du-li）　51, 72
シャンシュン Zhaṅ-zhuṅ（＝羊同）　102, 137, 138, 146, 147, 205
シャン＝チスムジェ Zhaṅ-khri-sum-rje＝尚綺心児　104-106, 251, 257, 258
朱印，朱方印　337-339, 560, 561
周以悌　160, 162
衆熨　→チュングル
周懐義　251
『集史』（ラシード＝アッディーン）　88, 120, 499, 506
修利　→ソグド＝Sulī / Sūlī
宗叡　403
種榲　→チュングル
粛州＝Sügčü / Suɣču＝酒泉　29, 129, 171, 181, 185, 199, 212, 306, 325, 328, 331, 362, 363, 370, 419, 421, 526
粛宗　passim in No. 1；477
朱俱波　→カルガリク
繻子　507
酒泉　→粛州
朱邪執宜　250
朱邪赤心　297
朱邪尽忠　250
鈔 čao，宝鈔，交鈔（cf. 中統宝鈔）　452, 455, 473-475, 480, 488
承安重宝（銀銭）　470
尚綺心児　→シャン＝チスムジェ
尚恐熱　→論恐熱
尚結心　263, 269
小月氏　113, 403
肆葉護可汗　285
小殺　173, 253
承宗　171
昭蘇県石人ソグド銘文　28
蕭図玉　331
商人（ソグド商人，ウイグル商人，ペルシア商人，オルトク商人，ムスリム商人，回回商人，sart，など）　passim

少寧国公主　46
商販之人　302
『松漠紀聞』　324, 351, 362, 424, 432
小勃律＝Bru-zha ブルシャ（cf. ギルギット）　137, 169-171, 174-181, 188, 214-217
昭礼可汗　242, 243, 266, 553-554
食事（マニ教）　579, 586
燭龍莽布支（チョグロ＝マンポジェ）　172, 174, 215
処月　133
『書史会要』（陶宗儀）　416
且末／沮沫（cf. チェルチェン）　133, 138, 141, 145, 183
処密　→チュムル
処木昆　210
ショルチュク　273, 274, 722
白樺　53, 55, 56, 83, 87, 98
新羅　128, 393, 401
尸羅達摩　668, 669
シルクロード　passim（但し歴史世界としてのシルクロード世界の定義については，本書436頁脚註1，475-476頁註1のみならず「あとがき」を参照）
シルクロード史観論争　vii, xi (n. 12), 488, 731-732
シルクロード＝ネットワーク　422
シルクロード貿易（cf. 貿易）　v, 36, 39, 396, 416, 422, 432, 547
秦嘉興　189, 191, 201, 220
シンコ＝シェリ都統 Šïngqo Šäli Tutung　637, 643, 663, 664, 669, 675
新興谷　→センギム＝アグズ
シンシャン，神山（堡，館，路）　201
秦州　361, 458
真珠，珠　346, 408, 418, 421, 422, 441
新城　601, 602
振武　250, 251
潯陽郡夫人翟氏　319, 330
秦嶺・淮河線　iv
秦隴路招安蕃落使　365

ジ

寺院 α　→遺跡 α
寺戸　259, 260, 261, 263, 264
地獄絵，地獄図　347, 371, 592, 650, 657
地蔵（壁画）　650
ジムサ（吉木薩爾 Jimsar）　459, 723
ジャイハーニー　284
麝香　421
ジャンバリク　x

索引（総合索引） 823

絨錦，戎錦　→ジュンキム
重修文殊寺碑＝ノム＝タシュ太子碑文（1326年）　526
柔然　129, 130
十姓（cf. オン＝オク）　64, 133-135, 143, 148, 149, 156, 158, 160, 204, 209, 210, 231, 252, 255, 611
十姓ウイグル　695
十姓可汗　161, 204
十二姓 'Bug-čhor　→'Bug-čhor 十二部　→突厥十二部
重量単位「1両・10銭」（唐代）　470
重量単位「1両・10銭・100分」（宋代）　470
重量単位「錠・両・銭・分」　→貨幣・重量単位「錠・両・銭・分」
ジュワイニー　341
順化可汗　312-314, 316, 322
ジュンキム žünkim ＝絨錦／戎錦／狨錦　421, 431, 453, 569
錠（銀の重量による貨幣単位＝約2kg）　passim in Nos. 10 & 11（特に414, 446 頁を参照）
上京（遼の首都）　345
瓢桃　338-340, 343, 344, 346, 352
『浄徳集』（呂陶）　467
常楽　172, 215
女国（＝スヴァルナゴトラ）　137, 139, 140, 205
人主の国（東方，シナ）　397, 401
仁裕　313

ス・ズ

スイアブ　→砕葉
西瓜（スイカ）　343-347, 351, 354, 586
ズィムトゥ Zimtu　552
スヴァルナゴトラ　→女国
スキー（使用）民族　94, 95, 98
スキタイ的動物文様　111
『宿曜経』　380, 389
スグディーク（Suγδīk）　→ソグド
スケ sükä（モンゴル語「斧」の派生語，銀の重量による貨幣単位＝約2kg）　413, 414, 471
スタイン（M. A. Stein）　184, 188, 193, 408, 491, 531
スタイン探検隊　161, 193
スティル／セティル／シティル stïr / sïtïr（ヤストゥク yastuq ＝錠の五十分の一；重量・貨幣単位＝約40 g）　passim in Nos. 10 & 11（特に414, 446 頁を参照）; 496, 497
スマトラ島　387, 403

セ

西伊州　133
西夏（王国）　i, iii, v, 5, 40, 113, 327, 356-358, 362, 364, 365, 370, 372, 373, 424, 425, 432, 441, 464, 466, 467, 474, 485, 504, 508, 509
『西夏紀』，『西夏書事』　358, 370
西漢金山国　307, 308, 310, 312
誓願図　371, 424, 425, 592, 650-651
西胡　267
青塞堡　251
聖者　→選良者
西州　→高昌
西州ウイグル，西州回鶻　→西ウイグル王国
西州亀茲（cf. 西ウイグル王国）　326
西州旧賈，西州商人（cf. ウイグル商人）　364, 365
西州国（cf. 西ウイグル王国）　432
西州長史兼判前庭県事　260, 261
西州地図　365
西州牧首（正しくは西州牧守）　286, 722, 723, 730
西州四府五県　272
西城　250, 251, 253
精絶　183
西走（派）ウイグル　276, 277 290, 300
清鎮　288
聖天，聖天可汗，大聖天可汗（cf. 天可汗，大聖廻鶻天可汗）　308, 319, 320, 337-342, 709
青唐　365, 371, 458
西桐／西同　303
成徳軍節度使　128
征服王朝（cf. 中央ユーラシア型国家）　x ; passim in No. 1 ; 424, 476
生命の樹　720-721
西遼　→カラキタイ
西涼府　178, 503
セヴィンチ＝カヤ（小雲石海涯），貫雲石　424
『世界境域志』 Ḥudūd al-'Ālam　81, 122, 291, 603, 607, 609, 725
世界史の八段階　vii
石（国，姓）（cf. タシケント）　182, 423, 424
石敬瑭　317
席元慶　179
磧口　253
石城鎮（＝チャルクリク）　162, 163
磧西節度使　172
石定番　14
石仏慶　424
石騾国　392

赤嶺の分界碑　216
説一切有部　657
薛弘宗　287
摂西州四府五県事　723
薛仁貴　207
折羅漫山，時羅漫山（バルクル嶺）　186, 290
『雪楼集』（程鉅夫）　496, 519, 520, 533
セティル（stïr）　→スティル
『セベメロン』　125
セミレチエ　64, 67, 210, 268, 277, 392, 400, 403, 594, 599-603, 607, 613
セルジューク朝　v, 41, 425, 433
銭（両の十分の一；重量・貨幣単位＝約4g）　passim in Nos. 10 & 11（特に414, 446頁を参照）
センギム　681
センギム＝アグズ Sängim Aghïz＝新興谷　681, 708, 709, 713
苫国　95
泉州　507
鮮卑　129, 130, 404
鮮卑拓跋部　37
宣府鎮　501
選良，選良者　→マニ僧

ゼ

禅覚　382
鄯州　199, 258, 287, 288, 371
鄯善（cf. チャルクリク）　133, 138, 141, 183, 217
善無畏　164

ソ

曹（国，姓）（＝カブーダン）　392, 423
曹延恭　316, 322
曹延瑞　331
曹延晟　331
曹延禄　316, 321-323, 330, 360, 508
曹議金／曹義金　278, 279, 308, 311, 313, 314, 316, 320-322, 325, 330, 335
宗掲国（ツォンカ）　391
曹継叔　140
曹賢順＝曹順　323, 324, 326, 356, 360, 362
曹元深　316
曹元忠　316-318, 320-323, 331, 508
曹元徳　316, 317, 322, 329
草原ウイグル帝国　→東ウイグル帝国
草原の道　475
僧興　316
駄職　277

草書体（ウイグル文字）で書かれた新しいグループ（13-14世紀＝モンゴル時代）　444, 451, 474
曹仁貴　311, 316, 329-330
宋銭　458, 461
曹琮　364
曹宗寿　323, 360
宗楚客　160
総統　659
葱嶺，葱嶺守捉，葱嶺鎮　137, 174, 179, 180, 186, 192, 218
爪哇国，爪国　390
素迦　182
蘇海政　134, 135, 139, 206
蘇干湖盆地　303
速利　→ソグド＝Sulī / Sūlī
ソグダク　→ソグド
ソグディアナ，ソグド本国　passim（但し425頁に定義あり）
ソグド（人，語，系，民族）　passim
ソグド＝スグディーク（Suγδīk）＝ソグダク（Soγdaq）＝ Sog-dag＝粟弋＝粟特　154, 210, 211, 380, 404, 602
ソグド＝Sulī / Sūlī＝窣利＝蘇哩＝速利＝修利　379, 380, 387, 403
ソグド仮説　passim in No. 17；646, 647, 671
ソグド系ウイグル人，ソグド系ウイグル商人　424, 425, 433, 442, 723
ソグド系突厥，ソグド系トルコ人　6, 40, 396, 397, 442
ソグド語仲介形式　623, 626, 629, 632
ソグド資本，ソグド金融資本，ソグド＝マネー　426, 432, 442
ソグド商人（cf. 興胡）　70, 71, 113, 145, 162, 409, 424-426, 428-432, 439-441, 444, 477
ソグド人聚落　184
ソグド人女性　→胡姫
ソグド＝トルコ共生関係　599, 602
ソグド＝ネットワーク　129
ソグド＝マネー　→ソグド資本
ソグド文字　passim（但し特に620, 628頁を参照）
蘇失利之　178-180
蘇州　501
窣利　→ソグド＝Sulī / Sūlī
蘇定方　134
鼠尼施（部）　139
蘇農（So-ni）　52, 72
蘇毗 So-byi　100, 137, 206
租庸調制　440, 452, 458

素羅汗山　155
蘇哩　→ソグド＝Sulī / Sūlī
蘇麟陀逸之　176
ソルミ Solmï　→カラシャール
疏勒／踈勒　→カシュガル
蘇禄　66, 163, 171, 172, 175, 178, 192, 389
孫孝哲　13
ソンツェン＝ガムポ　102, 118, 136-140, 222
孫隣　→胡＝Sulī

ゾ

蔵経洞　→敦煌蔵経洞
象主の国（南方、インド）　397, 401
賊頭跋論　210
粟特　→ソグド＝スグディーク（Suγδīk）
粟弋　→ソグド＝スグディーク（Suγδīk）
ゾロアスター教（＝祆教、火祆教）　5, 393, 400, 630, 639, 641

タ

太尉　330
大海道　350
太原　14, 16, 38, 47, 281
太師　330
大食、大寔、大石＝タジク Ta-zhig / Ta-zig / Ta-chig, sTag-gzhig / sTag-zig（ウマイヤ朝、アッバース朝、カラハン朝など）　14, 36, 61, 66, 67, 75, 77, 113, 163, 164, 166, 169, 173-175, 177-179, 182, 183, 187, 191, 200, 213, 216, 227, 231, 252, 253, 273, 328, 359; passim in No. 9; 425, 432, 439, 546
大秦　401, 403
大石城　164
大磧路　259
台蔵塔 Taysang　665
大朝通宝（銀銭）　468, 469, 486
太傅　330
太保　306, 308, 310, 329, 330
大暦元宝　457
太和公主, 太和長公主　251
多亥阿波（ウイグル使者）　15
拓跋（タブガチ）国家　129
拓跋懐光　288
タシケント＝シャーシ（cf. 石国, 石姓）　249, 601, 602, 685, 725
タシュクルガン＝喝槃陀（cf. 葱嶺守捉）　134, 174, 180
タジク　→大食
タジクとドルグの王たるブグチョル（Ta-zig taṅ Dru-gu'i rgyal-po 'Bug-čor）　398

タタビ　→奚
タタル Tatar, 韃靼／達靼／達怛／達担 (cf. 室韋, Khe-rged)　82, 87, 99, 131, 280, 304, 327, 431, 434
達姤（達魯古）, 達末婁（大莫婁・豆莫婁）　82
佗鉢可汗　624, 629
タバリー al-Ṭabarī　212, 267, 273
多弥　111, 137
タブガチ（古ウイグル語で中華王朝を指す）(cf. Tavγač, tavγač)　129, 421
多満達干　214
タミーム＝イブン＝バフル　122, 247-249, 255, 256, 537
タムガ tamγa（焼き印＞印, 印章）, タムガ書式　419, 420, 445
タラス Talas, 怛邏斯　67, 249, 255, 268, 392, 594, 598, 602, 603, 607, 609
タラス河畔の戦い　67, 182, 187, 188, 191, 253, 268
多攬（ウイグル将軍）　14
タリアト碑文　23, 28, 30, 46, 543
タングート＝党項＝ミニャク Mi-ñag　i, iii, 38, 40, 66, 113-114, 148, 251, 267, 281, 297, 325, 327, 364, 504, 508, 509, 526, 527
単書　338
怛邏斯　→タラス

ダ

大宛　→フェルガナ
大王（托西大王・瓜沙州大王・敦煌大王）　311-313, 315, 316, 330
大漢（大漠）　84-86
大月氏　41
大元ウルス　ix
大元粛州路也可達魯花赤世襲之碑（1361年）　526
大元勅賜追封西寧王忻都公神道碑（1362年）　500, 527
『大慈恩寺三蔵法師伝』（漢文）　138, 404, 438, 630
大聖迴鶻天可汗　309
大石谷　250
代宗　16, 17, 30, 34, 38
大ソグド文化圏　392
大都（北京）　473, 480, 503, 523, 524
『大唐西域記』（玄奘）　137, 387, 388, 397, 403, 438, 686, 722
『大唐西域求法高僧伝』（義浄）　403
大突厥　386, 395, 404
大非川　142, 207, 208

大福大迴鶻國中書門下頡於迦思諸宰相之寶印
　　560
代北　281
大勃律（＝バルティ，バルチスタン Baltistan）
　　137, 140, 164, 170, 179-182, 191, 192, 216
大摩尼　44, 45
打利　719, 721, 729
『ダライ＝ラマ五世伝』　114
ダレル　140
段秀実　182
ダンダン＝ウィリク Dandān-uiliq　193, 197,
　　199, 219, 220, 225

チ

チェルチェン（cf. 且末，播仙鎮）　137, 141,
　　142, 184, 191, 304, 327
智海，智海天王，可汗師子王智海　327, 361,
　　484, 685, 690, 695, 725, 726
チギル Čigil（族）＝熾俟　94, 594, 596, 598,
　　600, 607, 615, 619
チギル＝ケント，チギル＝バリク　596, 613,
　　614
チク Čik（族）　30, 37, 71, 87, 120, 131
郗宗莒　278
チソン＝デツェン，乞黎蘇籠獵贊　165, 191,
　　200, 202, 222
チデ＝ソンツェンの墓碑銘　108
チデ＝ツクツェン，棄隷蹜贊　75, 159, 160, 163,
　　183, 191, 222
チトラル　181
チ＝ドゥーソン，器弩悉弄　146, 156, 159, 166,
　　206, 222
チーナ＝漢国＝Cīnadeśa（支那泥舍）＝至那／支
　　那＝シナ（China, Chine, etc.）（cf. Ṣīn, Ṣīnī）
　　vi, 221, 395, 398, 464
チーナーンチカンド，チーナーンジカット　→高
　　昌
チベット（人，語，族，民族，帝国，高原）（cf.
　　吐蕃）　passim
チマクル　142
チムケント　609
チャーカル chākar　42
チャガタイ＝ウルス，チャガタイ汗家　ix, x,
　　525, 659
チャガニヤン（支汗那）　27, 392, 400
チャルクリク（cf. 石城鎮）　137, 188
仲雲　→チュングル
中央ユーラシア　passim（但し序文 iv 頁に定
　　義あり）
中央ユーラシア型国家　v, vii, x-xi（定義あり），

248, 315
中央ユーラシア史の世界史的意義　vi
中央ユーラシア世界　→中央ユーラシア（但し特
　　に序文とあとがき，さらに 48 頁の書後 3 を
　　参照）
中央ユーラシア的勢力　2-3, 4, 6, 40（n. 2）
忠貞可汗　232
中都　529
中統鈔，中統宝鈔 čungdung baočao　413-415,
　　471, 474, 480
チュー河　253, 256
チュムル＝Čumul＝処密　421
チュルク　→テュルク（No. 3）or トルコ（No. 3
　　以外）
チュングル＝Čungul＝仲雲／衆熨／種榅　304,
　　421
繰，細繰，白繰，安西繰　313, 315, 451
趙頤貞　171, 172, 215
張掖　→甘州
張懷寂墓誌銘　210
張季顒　287
張議潮／張義潮　278, 279, 287, 288, 290, 295,
　　297, 300-302, 306-308, 310, 328, 394
長慶会盟　105
張玄表　161
趙彦賓　260, 261
張孝嵩　163
張琮　359
張鎮高　
張三城　284, 294
聽衆＝nγošak / niγošak（cf. マニ教徒）　70, 243,
　　244, 273, 286, 580, 581, 583, 587-588（重要），
　　593, 616
趙秀琳　272
『長春真人西遊記』　433
張承奉　307-311
張思礼　170
張嵩　170, 171
張大慶　302
張忠志（＝李宝臣）　52, 53, 98, 127-128
蝶結び（蝶ネクタイ）型句読点　→マニ教的句読
　　点
張淮深　106, 279, 302, 303, 307, 394
直歳　→しっすい
チラ，質邏，策勒　197
チンカイ＝鎮海，田鎮海　427, 433, 434
鎮海屯田（称海屯田），鎮海城（チンカイ＝バル
　　ガスン）　434
チンギス汗　i, 434, 437, 468, 658, 668
陳元弘　301

鎮国 il tutmïš / Il Tutmïš　331, 362, 366, 484
鎮国王子　324, 326, 362, 364-366, 370
陳執中　364
チンリン，欽陵　→ガル＝チンリン＝ツェンロ

ツ

通貨（国際通貨，現地通貨）　passim in No. 11
通貨用官布 yunglaqlïq quanpu　447
通貨用銀 yunglaqlïq kümüš　449
通貨用鈔 yunglaqlïq čao　450, 473
通貨用の財物 yunglaqlïq tavar　448
通貨用棉布 yunglaqlïq böz　448
ツェンポ＝贊普（吐蕃帝王）　75 ; passim in No. 3 ; 250
ツングース　82, 83

テ

丁謂　463, 464
鄭拠　199
『貞元新定釈教目録』（円照）　391, 402
帝徳（ウイグル将軍）　15
庭州　→北庭
定住化，定着化（農民・都市民化）　ii, 39, 276, 409, 423, 426
ティムール朝　41
丁零，丁令　113
手紙の書式　354, 372, 420, 432-433
狄銀　309, 335
翟バルス　313
テス碑文　28, 46, 543
『輟耕録』（陶宗儀）　412, 416
鉄門（地名として2箇所あり）　121, 399
鉄利（鉄驪）　82
鉄勒（cf. 九姓鉄勒）　76, 129, 138, 203
『テプテルゴンポ』　125
テュルク　→トルコ（但し No. 3 ではテュルクを使用）
テュルクシャー　399
テルメズ　212
テレングト，テレウト Teleut　88, 91
甜瓜（メロン）　344, 346, 568, 585-587
碾磑　565
天可汗　241, 308, 309
天哥里干（＝tängrikän）　343
典合城（＝チャルクリク）　145
天山ウイグル王国　→西ウイグル王国
天山北路　230, 249
天山南路（北道，南道＝西域北道，西域南道）　44, 245, 259, 262, 271, 273, 402
天竺，Indudeśa（インド）　231, 380, 382, 387, 391, 395
天竺名　380
天枢　401
天蔵　520, 658, 675
天徳，天徳軍　250, 251, 280
天特銀（一家）　706, 707, 710-716, 728
天特勤之印　561
天睦可汗　334
天霊　343
転輪聖王，転輪聖王観　312, 705

デ

泥熟俟斤　153, 154
泥孰莫賀設　285
泥熟没斯城　153, 154
田元献　172
田鎮海　→チンカイ
田揚名　157, 158
ディーナール dīnār 金貨　454
ディルハム dirham 銀貨　454, 464
泥涅師　→ナルセス
デーワシュティーチュ（ソグド王，サマルカンドの領主）　393

ト

唐，唐朝，唐王朝，唐帝国　passim
頭韻四行詩の起源　522-523
湯嘉恵　164
唐休璟　151, 152
トゥグリ，トゥグリスタン，トゥフリ，トゥフリスタン，トカラ，トカリスタン　44, 394, 545, 546, 552, 556, 596, 598, 615
党項　→タングート
唐弘夫　278
『唐国史補』（李肇）　44
唐故三十姓可汗貴女阿那氏之墓誌　118
トゥーズ城市 Tūdhkath　593, 601, 604
トゥーン城市 Tūnkath　601, 609
陶宗儀　412
唐蕃会盟（cf. 三国会盟）　104, 216
唐蕃会盟碑　49, 218, 226
踏布合祖　280
トゥフリ，トゥフリスタン　→トゥグリ，トゥグリスタン
東方教区　25-27, 45, 273, 545, 546, 581, 582
東方教区の慕闍，東方にいる大慕闍　597, 600, 614
『梵唐消息』　378, 379
トゥルギシュ Türgiš = Du-rgyus / Dur-gyis = 突騎施　61, 66, 67, 74-76, 92, 93, 122 ; passim in

No. 3 ; 241, 253, 256, 257, 282, 399, 400, 546, 609, 619, 624
トゥルギシュ銭, 突騎施銭　478, 479
トゥルパン Turpan (＝トゥルファン, 吐魯番) 586
トゥルファン＝吐魯番　passim
トゥルファンという地名の初出 (cf. Turpan) 292, 348
トゥルファン文書　passim (但し特に iv 頁と 479 頁註 33 を参照)
トカラ, トカリスタン　→トゥグリ, トゥグリスタン
トカラ仮説　624, 632, 636, 643, 644, 646, 647, 671
トカラ語仲介形式　623, 635
トカラ人　iii, 44, 394, 409, 424, 604, 605, 635 ; passim in No. 18
都貨邏／覩貨邏, 覩佉羅, 吐火羅　→トハラ, トハリスタン
吐火羅葉護　182, 388
杜環　94
都管七国六瓣銀盒銘文　405
䖝 (とく), トク tuγ, tog　20, 42, 54, 117, 729
特勤 (cf. 闕特勤, 骨啜特勤, 天特勤, 龐テギン) → tigin / tegin
トクズ＝エルシン　121
トクズ＝オグズ Toquz Oγuz (九姓オグズ)＝トグズグズ Tuγuzγuz　120, 122, 221, 247-249, 267-268, 295, 315, 341, 603
トグズグズ可汗　247-249, 282, 283, 289, 295, 296
徳宗　38
特勒は特勤 tigin / tegin の誤り　292
特龐勒・特肜勒　→龐テギン
杜暹　171, 172
突騎施　→トゥルギシュ
突厥, 東突厥, 西突厥 (cf. 'Bug-čhor)　passim
突厥九姓　→九姓突厥
突厥降戸　158
『突厥語』　381, 406
突厥十二部＝'Bug-čhor 十二部, 十二姓 'Bug-čhor　51, 66, 72, 98, 118, 129-130
突厥第一帝国 (可汗国)　28, 45, 624-626, 629, 631, 673
突厥第二帝国 (可汗国)　28, 37, 64, 65, 72, 74, 118, 129, 130, 158, 163, 192, 210, 299, 399, 624, 626, 631, 640
突厥碑文＝オルホン碑文 (ホショーツァイダム碑文, キョル＝テギン碑文, ビルゲ可汗碑文, トニュクク碑文)　28, 80, 88, 117, 119-121,

175, 211, 215, 380, 622, 624, 715
突厥別部, 西突厥別部　399, 400
突厥名称問題　74
咄悉匐 (左廂察)　210
咄陸可汗　285
突律似都督 Töliš Totoq　312, 314
都統 tutung　337, 339-341, 343, 350, 655, 660-663, 669, 671
都督 totoq　passim
吐屯 (トドン)　203
トナカイ, トナカイ飼養　56, 84, 85, 120
トニュク　29, 46, 537
トニュクク碑文　28
トハラ, トハリスタン (旧バクトリア)＝都貨邏／覩貨邏／覩貨羅, 覩佉羅／兜佉羅, 吐火羅＝Tukhara　27, 43, 44, 127, 134, 140, 164, 181, 182, 200, 380, 386, 388, 389, 393, 395, 399, 400, 403, 404, 438
都播＝Gud　56, 79, 83-87, 97, 120
吐蕃／土蕃／特蕃＝Bod, 吐蕃帝国　passim (特に第 2, 3, 4 論文に頻出)
吐蕃／土蕃／特蕃の原語 Bod と発音など　107, 390, 394
土蕃天子 Bod gyi btsan-po　107, 394
吐蕃の長安占領　103
トフシ (族)　603
トヨク, 丁谷　292, 587, 722
トヨク碑文 (ウイグル文)　343, 350, 674, 713
吐谷渾, 土谷, 吐渾, 退渾, 逮混＝アシャ 'A-zha　38, 54, 55, 83, 99, 101, 104, 107, 111, 128, 129 ; passim in No. 3 ; 268, 278, 279, 305, 306, 390, 394, 404, 424
トランスオクシアナ　221, 392, 393, 399, 403
トルキスタン＝Dru-gu yul (トルコ国)　127 (古代トルキスタンの定義)
トルキスタン化　v, 304
トルコ (テュルク) Türk / Türük (人, 語, 系, 民族, 国)　passim
『トルコ語アラビア語辞典』 (cf. カーシュガリー) x, 91, 453, 454, 592, 602, 603, 687
吐魯番 (＝トゥルファン)　ii
トンキャブ mThoṅ-khyab＝通頬　102
敦煌 (cf. 沙州)　passim
敦煌の吐蕃への陥落年代 (沙州陥蕃年代)　200, 269, 274
敦煌王国 (cf. 河西帰義軍節度使行政権)　i
敦煌郡王・承采　14
敦煌千仏洞＝敦煌莫高窟　308, 318, 333, 356-358, 365, 366, 372, 373, 519, 526
敦煌蔵経洞 (敦煌文物研究所編号第 17 窟＝ペリ

索引（総合索引） 829

オ編号第163窟） 348, 349, 365-367, 420, 423, 490, 491, 526, 530, 623, 672
敦煌蔵経洞の封閉年代 367
敦煌莫高窟第61窟（壁画銘文） 318-321, 331, 333, 508
敦煌莫高窟第148窟 373
敦煌莫高窟第409窟（供養人像） 356, 357, 373, 510
敦煌幡画 672
敦煌文書（cf. もう一つの敦煌文書） passim （但し特に iv 頁と 479 頁註 33 を参照）
屯城（ミーラン） 186, 187, 217
頓莫賀達干（タルカン） 31, 38, 39, 47, 70, 538
トン＝ヤブグ可汗（cf. 阿史那俟子） 155, 157-159, 212

ド

ドイツ＝トゥルファン探検隊 7, 41, 436, 679, 681, 682, 724
潼関 14, 15
同城（エチナ） 129
道人 630
道宣 389, 397, 401
銅銭（cf. ウイグルの銅銭，五銖銭，開元通宝，トゥルギシュ銭） passim in No. 11
銅銭経済 440, 443, 457, 458, 473
銅銭建て 469, 473
道仏論争 532
僮僕都尉 285, 295
同羅 13, 14, 37, 42
同羅楡禄 278
土隗口 331
ドモコ 197, 199
ドラクマ 487
奴剌（Lo-lad） 38, 52, 72
ドルグ →Dru-gu
奴隷（cf. ソグド文女奴隷売買契約文書） 42, 396, 397, 421, 587, 658, 732
緞子 498, 501, 502, 505, 507
曇倩 260

ナ

ナイマン，乃満（cf. Ku-ču-'ur） 86, 87, 120
ナウィー城市 Nawīkath 601, 609
ナサフ 609
ナフレーグ＝ローシャン 41
ナムリ＝ソンツェン 75
ナルセス＝泥涅師 149, 388
『南海寄帰内法伝』 387, 403
南詔＝'Jan, lJan 105, 106, 123, 227, 231, 264,

270, 274, 405
南走（派）ウイグル 276, 278, 424
南的沙 658, 659
難泥 214
南蛮人（Mon-ba） 53, 79, 81

ニ

ニゴシャク nγošak / niγošak →聴衆
西アジア文明圏 v, vi
西ウイグル王国，西ウイグル＝西州ウイグル，西州回鶻，西州亀茲，西州国＝高昌ウイグル＝亀茲ウイグル，亀茲回鶻 passim（但し序文 iii 頁に定義あり）
錦，錦繡（cf. 波斯錦；ジュンキム） 15, 303
西受降城 173
西千仏洞（敦煌） 357, 358, 365, 371-373
西千仏洞第13窟 373
西千仏洞第16窟（供養人像） 357, 371
西突厥 →突厥
ニシャン印（略花押），ニシャン書式 446
二重窟 →仏教＝マニ教二重窟
廿二城，22城，22の町，22の村 283, 337, 339-342, 688
二重幡 606, 610
『入唐新求聖教目録』 379
二庭 231
『日本国見在書目録』 381
ニヤ 304, 327
乳香 346
人魚族 81

ヌ

ヌッチ Nuč 327, 332, 603, 685, 686, 725, 726
ヌッチケント＝筦赤建 686, 687

ネ

寧国公主 15, 30
ネストリウス派キリスト教（＝景教）（教徒，世界） ii, 386, 389, 400, 408, 415, 416, 433, 468, 472, 473, 488, 601, 609, 634
燃燈仏授記 651

ノ

農牧接壤地帯 x, 130, 297, 383, 405
納職 →ラプチュク
納縛波（＝ノブ Nop ＝ Lop ロプ） 206
ノム＝タシュ太子碑文 →重修文殊寺碑
ノムチ＝ビルゲ nomči bilgä 651, 655, 656, 674

ハ

裴安之　219
背逆ウイグル，背乱ウイグル　295, 301, 303
裴行倹　149, 208
駁＝曷刺「ブチの，まだらの」＝ Ha-la ＝ Ala（cf. Khalač ＝ 遏羅支）　121-122
白衣天子　307-309
白素稽　145
白縺　→縺
駁馬国＝曷刺国＝ Ha-la-yun-log ＝ Ala-Yundluγ　62, 74, 79, 91-94, 97, 98, 121-122
白蛮　391
白服突厥　232, 234, 238, 258
白蘭，白蘭羌＝ Sum-pa　102, 111, 113, 137, 206
ハザル（ハーザル）帝国　5, 48
波斯 Pārs, Pārasi, Persia　134, 380, 388, 390, 391, 395, 397, 398, 400, 404
波斯錦（cf. 錦）　507
波斯国　388-390
『波斯国字様』　381, 406
波斯国大酋長阿羅憾丘銘　389
波斯銭　422, 432
波斯都督府　388, 389
波斯名　380, 389
播仙鎮，播仙城（＝チェルチェン）　145, 162, 188
八蛮　391
八姓オグズ　37, 71, 87, 120
ハミ Hami ＝哈密＝カムル Qamul / Qamïl ＝伊州, 伊吾　ii, iii, 133, 185, 186, 203, 258, 263, 269, 285, 287, 290-292, 297, 299-303, 307, 325, 350, 419, 421, 503, 662, 697, 723
播密川／播蜜川　180, 218
ハラジュ　399, 400, 404, 673
ハリースターン（の戦い）　66
反イスラム＝反タジク　400
反イスラム的ウイグル仏教詩　ix
半楷書体（ウイグル文字）　423, 444-445, 480, 648
半楷書体で書かれた古いグループ（10-11世紀頃）　444
半草書体（ウイグル文字）　480, 648
般若（密教僧）　231

パ・バ

バイバリク Bay-balïq（富貴城）　30, 31, 96, 443
貝葉型マニ教写本（Pothi-Book）　41, 604-606, 610, 635, 637, 641, 644
バイルク　→バヤルク
梅録啜　173
馬価　453
馬価絹　237, 270, 477
バキル baqïr（1）（スティル sïtïr ＝両の十分の一；重量・貨幣単位＝約 4g）　passim in Nos. 10 & 11（特に 414, 446, 456-458 頁を参照）
バキル baqïr（2）＝銅銭の起源　456, 461
バキルバリク＝ Ba-ker pa-leg ＝ Baqïr balïq（銅の町）　51, 73, 78, 96, 98, 115, 123, 128
莫賀延磧，莫賀延磧尾　258
莫高窟　→敦煌莫高窟
『パクサムジョンサン』　103, 123
バクトリア　44
バグダッド　346
馬脛国，馬蹄国　94
馬主の国（北方）　397, 402
馬重英　→ゲンラム＝タグラ＝ルゴン
パスパ（パクパ），パスパ（パクパ文）文字　524, 526
バスミル Basmïl, Ba-smel, 抜悉蜜／抜悉密／抜悉弥　29, 37, 58, 59, 64, 65, 71, 74, 79, 87-90, 96-99, 211, 252, 253, 268, 537, 619, 624
撥換，撥換城，鉢換，鉢浣国（cf. アクス）　142, 143, 161, 164, 175, 199, 201, 207, 221, 244
抜汗那　→フェルガナ
抜悉密　→バスミル
抜塞幹部　135, 139, 144
パミール　passim（但し cf. 播密川）
バーミヤーン　140, 393
バヤルク Bayarqu ／バイルク Bayïrqu, Ba-yar-bgo, 抜野古／抜也古／抜曳固　59, 88-90, 97, 98, 104, 121
婆羅門（インド）　148, 160, 391, 398
バーリシュ bāliš（ペルシア語「枕」の派生語，銀の重量による貨幣単位＝約 2kg）　413, 414, 472
バルスハン（上・下）　221, 249, 283, 327, 332, 603, 609, 685, 687, 695
バルチスタン（cf. 大勃律）　164, 180, 182, 204, 206, 208
パルティア　4
蕃漢対照東洋地図，吐漢対照西域地図　101, 109; passim in No. 9（第 3 節に専論）
蕃漢対照東洋地図の年代　391-392
パンジャ　166, 181, 192

ヒ

東アジア文明圏　v, vi
東ウイグル帝国　passim（但し序文 iii 頁に定

義あり）
東突厥　→突厥
東ローマ帝国　→拂林／拂菻
卑失（Par-sil）　52, 72
呬摩呾羅　388
卑路斯　→ペーローズ

ビ

毗伽可汗　→ビルゲ可汗
毗伽公主　14
毗沙都督府，毗沙都督　143, 145, 188, 198
ビシュバリク Biš-balïq（＝五城）＝別石八里／別失八里＝パンジカンド Panžkanδ, パンジカント Paṃjäkaṃtha, パンジーカット Panjīkath（cf. 北庭）　x, 243, 244, 283, 284, 289, 292, 296, 300, 332, 341, 348, 362, 420, 421, 459, 496, 503, 520, 521, 586, 593, 605 ; passim in No. 18
ビルゲ可汗＝毗伽可汗　168, 172, 173, 214
ビルゲ可汗碑文　→突厥碑文
ビルゲ可汗廟　478
ビルゲ＝ベク　246
緝銭　457, 458

フ

『フィフリスト』　ix, 601, 602, 609
馮嘉賓　160, 161
父子軍　13
『フゥランテプテル』　123, 125
フェルガーナ＝抜汗那／抜漢那／跛賀那＝鏺汗＝大宛　14, 36, 127, 154, 157, 163, 164, 221, 241, 271, 273, 383, 400, 557
普鞠可汗　548, 556
不空（密教僧）　178, 379-381, 402, 406
匐俱（小可汗）　210
伏闍雄　145, 198, 208
藤原佐世　381
拂多誕　→アフタダン
拂梯泉　→鸊鵜泉
拂林／拂菻＝フローム（Fröm / Hröm）＝プロム（'Phrom）＝フロム（Khrom）＝東ローマ帝国　179, 327, 386, 389, 390, 398-401, 406
浮図城，可汗浮図城　345, 346, 668
浮図川　234
扶風　15
府兵制　35, 130
夫蒙霊詧　379
フランク王国　4, 5, 41
夫里嘗伽羅　181
フルム（忽懍, Khulm）　386, 389
フワル＝ザーダグ　593

フン帝国　4
邠寧　287

ブ・プ

武威　→涼州
ブクク　→ボクグに統一修正
ブクハン／ブク＝ハン（cf. ボクグ汗 Boquγ xan） passim in No. 14
ブクハン伝説／ボクグ汗伝説　537, 538, 547-548, 551, 556
ブクハン問題　538, 539
ブグチョル　→'Bug-čhor
ブグチョル十二部　→'Bug-čhor 十二部
ブグト碑文　28, 624, 625, 629, 630
仏教，仏教徒　passim
仏教草書体ソグド文字　625, 628
仏教ソグド語　626-628
仏教＝マニ教二重窟・寺院　590-592, 606, 610, 638, 689, 720, 724
仏塔，ストゥーパ　691, 702, 705, 718-722, 729
ブドウ，葡萄，蒲萄，干し葡萄　346, 421, 586
ブドウ園，葡萄園　410, 565, 568, 569, 586, 660
ブドウ酒，葡萄酒，蒲萄酒，ワイン　493, 497
『プトン仏教史』　123
ブハラ（cf. 安国，安姓）　400, 602
ブミン可汗　46
プラジュニャーシュリー＝Prajñāśrī 般若室利＝Piratyaśiri 必蘭納識里／必剌忒納失里／必剌牙室利　658
プラジュニャーラクシタ＝Prajñārakṣita＝Pratanyarakṣiti kši ačari　665, 667, 669
ブラーフミー文字＝悉曇文字，梵字　378, 402, 619, 629, 630, 636, 722
歩利設　285, 295
ブルシャ Bru-zha　→小勃律
プロムのケサル（'Phrom / Phrom Ge-sar）　398, 400, 404
ブワイフ朝　425
分 vun（銭の十分の一；重量・貨幣単位＝約 0.4 g）　471, 481
文バキル bun baqïr（銅銭 1 枚＝1 文；貫バキルの千分の一）　457, 460, 461
文成公主　140, 222

ヘ・ペ・ベ

米懐玉　288
米国（＝マイムルグ）　393
平盧節度使　13
鸊鵜泉，拂梯泉　250, 251
ペゴロッティ　499, 502

ベゼクリク（千仏洞，石窟，壁画）　iv, 259, 331, 349, 356, 361, 366, 371, 373, 424-425, 508, 587, 590, 592, 593 ; passim in No. 18（但し 651 頁に注意）
ベゼクリク遺跡平面図　673
ベゼクリク＝ウイグル仏教壁画の年代　371, 646, 657, 658, 671-672
ベゼクリク千仏洞グリュンヴェーデル編号第4窟の壁画断片　371, 592
ベゼクリク千仏洞グリュンヴェーデル編号第8窟　passim in No. 18
ベゼクリク千仏洞グリュンヴェーデル編号第8窟の地獄絵 MIK III 8453　371, 592, 650, 657
ペチェネーグ＝Be-ča-nag＝Bečenek　62, 79, 91, 93, 97, 98, 546, 556
ヘディン（S. Hedin）　408
ベデル峠　603, 687
ヘトゥム（アルメニア王）の旅行記　91, 121
ベーマ祭　579, 586
ベラサグン　551, 594, 602, 607, 687
ペリオ（P. Pelliot）　184, 408, 490, 491, 531
ペリオ編号第181窟＆第182窟（敦煌研究院編号第464・465窟，敦煌莫高窟）　passim in No. 12 ; 525, 527, 530-532
ペルシア　→波斯，アケメネス朝ペルシア，ササン朝ペルシア
ペルシア商人　422, 425, 426
ペルシア人，ペルシア女性　127, 376, 426, 433, 468, 472
ペーローズ＝卑路斯　149, 388
汴京　→開封

ホ

包銀制　469, 487
法月＝達磨戦涅羅 Dharmacandra　178, 378, 402
彭原　14
放射性炭素年代測定（＝カーボン14測定）　371, 373, 592, 598, 608, 657
豊州　250
宝主の国（西方）　397, 401
鳳翔　14, 15
法（ほう）　100
封思業　157, 158
封常清　182, 188, 379
宝珍　272
龐テギン（龐特勤／龐特勒／厖特勒／厖勒／厖歴）　passim in No. 5
保義可汗　30, 31, 44, 241-243, 266, 286, 300, 304, 537, 538, 550, 553-554
『北使記』　433, 668

北斉の後主　629
北庭，北廷（cf. ビシュバリク）　iii, 14, 163, 169, 175, 190, 199, 200, 202 ; passim in Nos. 4 & 5 ; 300, 307, 308, 325, 326, 341, 361-363, 524, 546, 631 ; passim in No. 18 ; 688, 710, 723
北亭可汗王　324, 326, 362-364
北庭故城　349, 669
北庭節度使，伊西北庭節度使　169-170, 230, 232, 234, 244, 256
北庭争奪戦　45, 103, 105 ; passim in No. 4 ; 288, 457, 604
北庭都護，北庭都護府　163, 164, 176, 177 ; passim in No. 4
ホショーツァイダム碑文　→突厥碑文
ホータン　→コータン
ホラーサーン，ホラサン　177, 178, 273, 389
ホラズム　416, 425, 432, 433, 468, 470, 472
ホラズム銀貨　470
ホラズムの西瓜　346
ホル Hor（人，王，語，国）　passim in No. 2（但し115頁にホル Hor の定義あり）
『翻胡語』　381, 406
『翻梵語』　379

ボ

牟羽可汗（移地健），牟羽ハン Bögü xan，牟羽王　passim in No. 1 ; 68, 69, 71, 118, 254, 255, 266 ; passim in No. 14 ; 604, 631, 640
『牟羽可汗マニ教改宗始末記』　→出土文書索引 U 72 & U 73
貿易（キャラヴァン貿易，絹馬貿易，シルクロード貿易，中継貿易，東西貿易，遠隔地貿易，朝貢貿易，官営貿易，貿易立国ほか）　passim
茫崖鎮　162, 188
棒杭文書　viii, 24, 185, 304, 326-327, 331, 332, 335, 342, 343, 358, 361, 363, 366, 373, 545, 591, 592, 594, 603, 608-609, 633, 642, 655, 664, 670, 674 ; passim in No. 19
棒杭文書の年代比定（最終決定版）　683-689
ボクグ汗，ボクグ可汗＝Boquɣ xan，Boquɣ qaɣan（cf. ブクハン／ブク＝ハン）　27, 29, 44, 46, 245, 459, 460 ; passim in No. 14
ボクグ可汗銅銭　459, 460, 479, 484, 557
卜古可罕　548, 556
ボグド連山　267
僕固，僕骨　14, 38, 549
僕固懐恩　14-16, 30, 35, 38, 47
僕固俊　44, 282, 286-291, 295-297, 301
僕固場　16

僕固天王　289, 297
僕骨　→僕固
僕羅　210
渤海＝高麗 Ke'u-li＝高句麗＝ Mug-lig＝ Moukri
　＝ Bökli＝貊＋li(g)　2, 16, 52, 53, 79-82,
　97, 98, 125-126, 128, 401, 405
没謹忙　169, 170, 178, 214
勃特没　182
没落官　260, 261
勃律＝ボロル（cf. 大勃律，小勃律）　137, 139,
　140, 165, 170, 176, 181, 205, 206, 214
勃論贊刃　153, 155, 221
募兵制　40, 130
ボルチュ河　253
ボハラ　→ブハラ
梵漢辞典　→インド語漢語対訳字書
『梵語千字文』　378, 379, 403
『梵語雑名』　80, 178, 378-381, 388, 394-396, 406
梵語の定義　378

マ

マイトレヤ　→弥勒
磨延啜＝葛勒可汗　passim in No. 1 ; 71, 252-255,
　543
麻号来＝麻来兮　178
マザール＝ターグ　199, 200, 209, 220, 273
マスウードベイ（馬思忽惕）　469
マストゥジ＝倶位　165, 181
靺鞨　82, 83
末摩尼法　267
マニ Mani＝摩尼　passim
マニ寺，マニ教寺院　27 ; passim in No. 15 ; 591,
　599, 609, 721
マニの誕生年（西暦 216 年）　242
マニの死没年（西暦 274 年）　247
マニ教＝摩尼教　passim
マニ教高僧（慕闍，アフタダン，マヒスタク）
　ix, 10, 12, 18, 19, 25-29, 43-46, 245-247, 267,
　273, 346, 400, 537, 544, 545, 547, 549, 552,
　557 ; passim in No. 15 : 593, 599, 601, 603-606,
　614
マニ教寺院経営令規文書　→出土文書索引 K
　7709
マニ教的句読点（＝蝶結び・蝶ネクタイ型句読
　点）　11, 552, 623, 633, 638
マニ教徒＝ nγošak / niγošak＝聴衆（マニ教の一
　般信徒，俗信徒）　passim（但し特に 587-
　588 頁を参照）
マニ教のウイグルへの公伝　26, 28, 31, 540, 541,
　547

マニ教の国教化，国教的地位　ii, 31, 45, 538,
　540, 547, 550, 551, 555, 558, 588, 591, 592, 631
マニ教ヒエラルキー（五階級）　593
『摩尼光佛教法儀略』　→出土文書索引 P. 3884
マニ僧，マニ教僧侶＝選良，選良者＝ dindar /
　dintar＝ elect　31, 33, 39, 43, 68-70, 243,
　283, 294 ; passim in Nos. 14 & 15 ; 591, 593, 614,
　615, 653, 720
マーニー＝ワフマン（拂多誕）　593
マヒスタク mxistak / maxistak（マニ教団第三位
　の長老，法堂主）　25, 29, 44-46, 245-247,
　267, 537, 549, 552, 557, 581, 593, 599
マフムード＝ヤラワチ（牙老瓦赤）　469, 487
マフルナーマグ Mahrnāmag（マニ教賛美歌集残
　巻）　→出土文書索引 M 1
マリア（聖母）　ix
マリニョーリ　499
マルコ＝ポーロ　499
マール・アリヤーマン＝ブフル（慕闍）　593
マール・アンモ　29
マール・イショヤズド・マヒスタク　595, 599,
　616
マール・シャード＝オルメズド　541
マール・ナーズグ＝ヤズド慕闍　581
マール・マーニー　33
マール・ネーウ＝マーニー（ニウ＝マニ）・マヒ
　スタク　25, 246, 267, 553, 557
マール・ネーウ＝ルワーン慕闍　18, 25, 27, 33
マール・フワルフシェード＝ザーダ・マヒスタク
　641
マルワージー Marvazī　122, 342
マール・ワフマン＝ヒヤル＝ヤズド　596, 597
マール・ワフマン＝フワルフシェード　597,
　599, 608, 609, 614
マーワラーアンナフル，マー＝ワラー＝アンナフ
　ル　464
マンソン＝マンツェン　138, 222
マンポジェ＝キチュン　75
マンポジェ＝スム　75

ミ

ミスカル　486, 487
ミニアチュール　→細密画
南アジア文明圏　v
妙徳寺（西州）　260, 261
ミーラン　137, 184, 187, 191, 198, 217, 220
弥勒（仏，菩薩）＝マイトレヤ，弥勒信仰　ix,
　670, 691, 696, 702, 713, 714, 716, 718, 720, 728

ム

ムカッファー父子（？）　284
ムグ山，ムグ山城　393
ムグ文書　478
ムーサー Mūsā　212
ムスリム　→イスラム教徒
ムスリム商業圏　430
ムスリム商人　ix, 402, 407, 409, 416, 425, 427, 430, 432, 433, 470, 472, 473, 486-488
ムハマッド使徒　ix
ムルトゥク＝ムルトルク　659, 660
ムンスズ　509

メ

メシア　ix
メナンドロス　478
メロン　→甜瓜（メロン）
棉布 böz（cf. 官布）　448-449, 452, 453, 461, 462, 474

モ

蒙塵　14, 18, 20, 21, 26, 32, 33, 36
蒙速速（＝孟速思）　503, 509
『蒙韃備錄』　427, 428
濛池都護，濛池都護府　134, 210
もう一つの敦煌文書・敦煌学　490-492, 504, 530
莽布支　→燭龍莽布支
木杆可汗　624, 629
黙棘連　→ビルゲ可汗
黙矩（右廂察）　210
黙啜，黙啜可汗＝カプガン可汗　117-118, 160, 164, 168, 210, 214, 399
黙啜突厥（cf. 'Bug-čhor）　117
木馬突厥　94, 95, 120
木活字（ウイグル文）　490, 491, 525
モジャク možak ＝慕闍（マニ教団の教導師，使徒）　ix, 10, 12, 18, 19, 25-29, 43-45, 246, 273, 400, 537, 544, 545, 547, 549, 552 ; passim in No. 15 ; 593, 601, 603-606, 614
モンケ　532
モンゴル（人，語，族，民族，帝国，高原）　passim
モンゴル指標　446, 447, 451, 474
モンゴル帝国　passim（但しモンゴル帝国を中央ユーラシア型国家の完成形とみなす点については，特にv頁参照）
モンゴルの貨幣単位「シジル sijir・バキル bakir・ウェン wen」　472
モンゴル仏教　429
モンゴル文字　429
モンゴロイド　i, ii, 646, 647, 650
文殊山　328
モン人，閩　390
文書（もんじょ）の定義　12, 479
文書行政　5, 6

ヤ

薬師浄土変相図　673
ヤークート　247
ヤグマ（族）　603
ヤグラカル Yaɣlaqar / Yaɣlaqïr ＝薬羅葛，夜落紇　＝ Yag-le-ker　30, 31, 54, 65, 96, 281, 324, 359, 360, 371, 421, 460, 549-551
夜落紇密礼遏　359
ヤザド＝アーマド　242, 243, 541
ヤシン　180, 216, 217
ヤストゥク yastuq（ウイグル語「枕」の派生語，銀の重量による貨幣単位＝約 2 kg）　passim in Nos. 10 & 11（特に 414, 446 頁を参照）
ヤズディギルド三世　388
耶律阿保機　290, 345, 610
耶律大石　487
ヤール，ヤールホト（cf. 交河）　570, 586, 587
ヤルカンド（莎車）　183
ヤルマク（yartmaq / yaratmaq / yarmaq）　454, 455
ヤンギバリク　x
ヤントン（YTS）　242, 244（cf.『マニ教史』p. 5）

ユ

幽州（薊城，范陽，漁陽，燕京）　13, 191
宥州　251, 267
挹怛（He-ba-dal）　→エフタル
遊牧，遊牧生活，騎馬遊牧生活　passim
遊牧国家（騎馬遊牧民が支配層である国家）　passim
遊牧民，騎馬遊牧民，遊牧騎馬民族　passim
百合根＝ gro-ma　56, 84, 117
楡林窟　357, 358, 365, 366, 372, 373
楡林窟第 39 窟　373
ユルドゥズ　285, 291, 723

ヨ

雍王・适（後の徳宗）　16, 47
楊骨蓋靡是　362
楊貴妃　14
楊国忠　6, 14, 35

葉護（カルルク） 254, 257
葉護（ウイグル太子） 15, 16, 477
揚州 440
楊襲古 232, 234, 258, 259
瑶池都督 133
羊同，楊同（cf. シャンシュン） 137, 139, 140, 148, 205
ヨーロッパ文明圏 v, vi
四キュセン 69
四主説，四天子説 113, 397-402, 404
四大文明 v
四鎮 →安西四鎮
四鎮節度留後 230
四鎮都統律師・悟道 663
四天子説 →四主説
四トゥグリ（cf. トゥグリ） 596, 615

ラ

来済（庭州刺史） 134
ラクダ，駱駝，橐駝 60, 300, 418, 421, 424, 432
裸国 81
ラシード，ラシード＝アッディーン 88, 91, 120, 341, 427, 499
『ラダック王統記』 114
剌 →ルビー
ラプチュク（＝納職，ナプチク） 285, 287, 290-292, 300-302, 306
羅旅伊陀骨咄禄多毗勒莫賀達摩薩爾 164
ランダルマ 123, 289

リ

李継遷 325, 327
利言＝真月 178, 378, 379, 403, 657
李元昊 362
李元忠 230
李行緯 173
李遮匐 135, 148, 149, 208
李濬 287
李世民（後の太宗） 37
立機，立機細繰 313, 421, 451
利貞 260, 261, 263
李藃 363
李徳明（趙徳明） 325, 432
李徳裕 424, 555
李白孚 260-263
李泌 227, 478
李文悦 251
李宝臣 →張忠志
龍王 107, 394
劉渙 365

劉元鼎 104, 105, 257
龍興寺，龍興西寺 668, 669
柳谷 250, 251, 267
劉少晏 306
劉世清 629
劉清潭 16
龍族 306
両（錠の五十分の一；重量・貨幣単位＝約40g） passim in Nos. 10 & 11（特に414, 446頁を参照）
涼（梁）国夫人翟氏 330
涼州＝姑臧＝武威 66, 155, 156, 158, 159, 161, 171, 181, 199, 250, 305, 306, 361, 364, 379
両税法 440, 458
両僧団（マニ教） 564, 565, 568, 584
呂休璟 163, 164, 378
呂休琳 378
呂守素 160, 161
呂陶 467
麟州 297
輪臺／輪台 287, 288, 291

ル

ルクチュン，柳中 292
ルコック（A. von Le Coq） 408, 592, 681, 717, 720
ルビー＝剌 lal, nal 412-416

レ

霊塩節度使 278
霊州（＝霊武） 14, 36, 208, 316
霊州安慰使 302
霊州節度使 310
冷泉 153, 154
『歴史の美しさ』『歴史の飾り』 → Zayn al-Akhbār
烈考 →朱邪尽忠
連雲堡 180, 181

ロ

婁師徳 155
楼蘭 133, 183, 188, 308
六胡州 14
六州胡，Altï čuv Soγdaq 42, 158, 211, 380
六十干支の第二式 334, 683-685, 724, 725
六城 193-198, 219, 220
禄東贊 →ガル＝トンツェン＝ユルスン
六道＝六趣 657, 674, 675
ロプ地方 passim in No. 3；256
ロプ＝ノール，ロプ湖 137, 258, 259, 263, 304,

308, 325, 425
論乞利悉耶　170
論恐熱＝尚恐熱　287, 288, 297
論莽熱　274
ロン＝ツェンニャ　→ガル＝ツェンニャ＝ドムブ
ロン＝チンリン　→ガル＝チンリン＝ツェンロ

ワ

y-言語, y-方言　604, 606 ; passim in No. 17
ワークワーク　81
和州, 和州回鶻　351, 364
和戎城　158
ワッサーフ　499, 501
ワッハーン＝護密, 胡蜜国　164-166, 179, 180, 215, 221, 439

アルファベット索引

A

Aγduq　608, 615-616
Agnidiš　→焉耆　→カラシャール
Altï čuv Soγdaq　→六州胡
Altun Il　367
Ark, Argi　→アルク, アルギ　→焉耆　→カラシャール
arqïš　→キャラヴァン
Aryačintri bodisvt kši ačari　→アーリヤチャンドラ
Ay tängridä qut bulmïš alp bilgä qaγan　242
Az　283
Azal　283, 284
'A-zha アシャ　→吐谷渾

B

Bākhwān　221
bäläk / biläk　418-420, 423
Ban-'jag　166, 192, 213
baqïr　→バキル
Ba-ker pa-leg（Baqïr balïq＝銅の町）　→バキルバリク
Barskhan / Barsxan　249
Be-ča-nag　→ペチェネーグ
Beg-tse　53, 79, 81, 97
birgim　423
bitig　420
bitkäči　616
B.n.čul　283, 284
Bögü / Bügü, bögü, bögü ilig（cf. 牟羽）　24
Bökli　→渤海
bölön　214
Boquγ xan　→ボクグ汗
böz　→棉布
'Bug-čhor / 'Bug-čor ブグチョル＝黙啜, 黙啜突厥　51, 53, 58, 59, 64, 66, 72-76, 78-80, 95, 97, 117, 118, 129-130, 169, 383
'Bug-čhor 十二部　→突厥十二部
Buγuγ, buγuγ　→ Boquγ　→ボクグ
bun baqïr　→文バキル
burxan　630

C / Č

Če-dog-pan　211
čigši / Čigši　185
Čïnānčkanδ　243-245
Čïnānjkath　283, 341
ctβ'r twγr'ystny「四トゥグリスタン」　→トゥグリスタン
čxšapt　627, 633
čxšapt ay　607, 633

D

Da-sre 族　53, 79, 81, 82, 97
dindar / dintar　→マニ僧；稀に仏僧
Do-le-man 族　54, 82, 83, 97
δrm　627
Drug　→ Dru-gu
Dru-gu（＝ Türk ~ Türük）, Drug, Gru-gu　passim in No. 2（特に 76 頁でトルコ系民族の総称であると定義）; 383, 398-400
Dru-gu 国, Dru-gu yul　60, 73-76, 127, 146, 147, 150, 152, 157, 173-175, 177, 211
Dru-gu 語　60, 61, 63, 73, 74, 78, 96, 115
Dru-gu rgyal-po　→迴鶻王
Dru-gu'i rgyal-po　→タジクとドルグの王たるブグチョル
Du-rgyus / Dur-gyis　→トゥルギシュ（突騎施）
δyn'wr / dēnāwar　294

F

Fromo Kēsaro　399, 400, 404

G / Γ

Ga-ra-byi-gir 族　54, 79, 82
Ges-dum 族　→ケシュティム
Ge-taṅ　→契丹
Gog　166, 180, 181, 192, 217
gro-ma　→百合根
Gru-gu　→ Dru-gu
γw'n（γuan）「罪」（ソグド語）　46
Gud　→都播
Gu-zan 国　75, 150, 151, 209

H

Ha-la-yun-log　→駁馬国
He, He-tse　→奚
Ho-yo-hor, Ho-yo-'or（＝ウイグル）　54, 61, 62, 67, 74, 77, 79, 94, 95, 97, 99, 100, 108, 110, 113, 115
Hor　passim in No. 2（但し 115 頁に Hor の定義あり）
Hor ＝ ウイグル起源説　100-108
Hor ＝ 胡説　109-110
Hor ＝ 匈説　110
Hor ser　332
Ḥudūd al-'Ālam　→『世界境域志』
Huyγur　→ Uyγur　→ウイグル
Hve'i-hor / Hve-hur　108, 113, 124
hwr's'n p'ygws　26

I

ičräki　185, 286
Iduq Čor　244
ïduq qut　→イディクート
il ögäsi　→イル＝オゲシ
Il-ögäsi Kadoš　243
Il-ögäsi Ötür Ögä　243
il ötükän　18, 21-24
Il Tutmïš, il tutmïš　→鎮国
iš ayγučï（幹事）　passim in No. 15

J / J̌

'J̌an, lJan　→南詔
J̌i-ma-gol (-khol)　141, 142, 207
J̌i-'ur　51, 78, 96, 115, 123

K

kägdä　423
Kāš　244, 273
Kāše xšēδ = k'šy xšyδ　243, 273
Käm　120

Ke'u-li　→渤海
Khalač ＝ 遏羅支（cf. 駮, 駁馬国）　122
Khaṅ-maṅ-zigs　104
Khe-rged　55, 79, 83, 84, 87, 94, 97, 131
khos-dpon / khod-dpon　102
khrom　208
Khyeṣa　273
Köl Bilgä Qaγan　→闕毗伽可汗
kši ačari, keši ačari　659, 664-666, 669, 670, 675
Ku-čhu-'ur, Gücü'üt, グチュグル（ナイマン部）　57, 79, 83, 84, 86, 87, 97, 120
Külüg Ïnanč 沙州将軍　681, 690
Kümüš-taγ　284
kümüš　446
Kün Ay Tängritäg Küsänčig Körtlä Yaruq Tängri Bögü Tängrikän　690
Kün Ay Tängridä Qut Bulmïš Uluγ Qut Ornanmïš Alpïn Ärdämin Il Tutmïš Alp Arslan　694
Kür-tegïn　282
Küsän (cf. クチャ)　69, 151, 209, 421, 652, 653
'Kwč　243, 244
'Kwčyk sirtuši　243

L

lal　→ルビー
Li 国（コータン）　165, 166, 200
ltaṅ-yo　147

M

Maḥrnāmag　→出土文書索引 M 1 参照
manohmēd rōšn　24
Mār Wahman Xwarxšēd　→マール・ワフマン＝フワルフシェード
Mar Xwarxšēd Zāda(g) maxistak　641
mar nyw mani maxistak　25
mkhos　146, 147
M.k.sh. mïghnāthūr　283, 284
Mon-ba　53, 79, 81, 97, 119, 390
Mug-lig　→渤海
mxistak　→ maxistak
myakir　86

N

nal　→ルビー
Nawīkath　602
Ne-shag　62, 67-68, 118, 546
nγošak / niγošak　→マニ教徒
niγošakpat（聴衆の長＝マニ教信者代表）　243-245
niγošakpatanč　244

nizvani 627
nom, nwm, nomos 627
nom qutï 43
nom uluγï →教義の長
Nūshajān 249

O

Odon →于闐 →コータン
oγur 423
ögä (cf. il ögäsi) 185 ; passim in No. 19
Og-rag, Oγraq / Uγraq / Oγrāq 61, 65, 79, 93, 94, 97, 122
ortoq-luq →オルトク／オルタク
ötüg 21

P

Paṃjäkaṃtha 292
Panjīkath 283, 289, 296
Panžkanδ 243, 244
Parwān 244
Parwānč jaβγu 244
Pe-har 102, 103, 123
Piratyaśiri →プラジュニャーシュリー
Pratanyarakṣiti kši ačari →プラジュニャーラクシタ
pū rkā kāṃ（bur xaγan）630

Q

qïngsay tavar（キンサイ緞子）493, 497-498, 502
qočo uluš ikii otuz balïq qutïï waxšikii 342
qor 492, 493
quan baqïr →貫バキル
quanpu / qanpu / qunpu →官布
qubčïr →クプチル（税）
qunčuy（公主）706
qut waxšik 43, 342

R

Rustāq, rustāq 248, 601

S / Š

saṃgha 625, 629
saṃghārāma 629
sangun (cf. 沙州将軍) 18, 185, 243, 362, 445, 570 ; passim in No. 19
šat 木 →利木
Sängim Aghïz →センギム＝アグズ
sart 70
šaxan 570

Secū 292, 348
Se-tong 303
Shig-nig →シグナン＝シグニク
Sīkat 283, 284
Sīn, Sīnī (cf. シナ) 248, 602
Šïngqo Šäli Tutung →シンコ＝シェリ都統
sïtïr / stïr →スティル
Sog, Sog-po 77, 107, 114, 394
Sog-dag / Sog-gdag 154, 210
Soγdaq →ソグド
Solmï →カラシャール
Suγδïk →ソグド
Sum-pa →白蘭
syrṭwšyy 243

T

tängri（マニ僧として）553, 557
Tängri Šilavanti keši ačari 664
Tängri Kalanabadri kši ačari = tngri KL'NP'TRY kši ačari 664, 666, 698
tängrikän →天哥里干
Tängrikän Körtlä 可敦王女 683, 695
Tängrikän Tigin Silig Tärkän 公主王女 681, 690
tängrim（登林；王族のマーカーとして）704, 705, 726
Tarduš Tapmïš Yayatγar(?) 長史の Yälü Qaya 683, 695
Tarqan Ögä 243, 697
tarta 431
tartma kümüš 455
taš böz, tas böz 493, 497
tat 602
tavar 497-498
Tavγač, tavγač, tawγāč (cf. タブガチ) 10, 11, 17, 19, 21, 69, 544, 547, 602
taysangun sirtuš 244
Tayšingdu（大乗都）492, 496
Ta-zhig →大食
tigin / tegin (cf. 特勤, 狄銀, 特銀) 185, 292, 366, 370, 371, 706
tiräk 185 ; passim in No. 19
Ton Ya-bgo 可汗 75
Toquz Oγuz →トクズ＝オグズ, 九姓鉄勒；西ウイグル
Toxsi 94
toyïn 630
to ñïṃ 630
tudun 185
Tuγuzγuz →トグズグズ
Turpan（Turfan の原型）421

tutung　→都統

U

Uč　244, 273
üč mxistak olurmaq　45
üč solmï balïq　673-674
Udan＝兀單　548, 556
Ud-ha-dag-leg, Ud-adaɣlïɣ「牛の足を持つ（民）」
　　94, 95
Uighur / Uyɣur　→ウイグル
uluɣ süü　674
Uyɣur（人名要素として）　245, 286
ülüš, ülüš-lüg　410, 411

V

vun　→分
vuu＝buu＝部　517

W

waxšik　628
'Wcwr　→ウチュル

X

xoan（聖卓）　566, 567
xroxan, xrōhxwān, xrwhxw'n　→呼嚧喚

Y

Yaɣlaqar / Yaɣlaqïr　→ヤグラカル
Yaɣlaqar Ïnal　245
Yaɣma　94
Yāqūt　→ヤークート
yarmaq / yartmaq / yaratmaq　→ヤルマク
yaruq yaltrïɣlïɣ yalavačï　634
Yazdāmad　→ヤザド＝アーマド　Yazad-Āmad
Ye-dre 七部族　56, 79, 83, 84, 87, 94, 97, 131
Ygän Apa　244
Yir Bayarqu　121
Yu-gur　103, 112
yunglaqlïq böz　→通貨用棉布
yunglaqlïq čao　→通貨用鈔
yunglaqlïq kümüš　→通貨用銀
yunglaqlïq quanpu　→通貨用官布
yunglaqlïq tavar　→通貨用の財物

Z / Ž

Zayn al-Akhbār『歴史の美しさ』『歴史の飾り』
　　（cf. ガルディージー）　282, 341, 580
Zhaṅ-khri-sum-rje　→シャン＝チスムジェ
Zhaṅ-khri-sum-bzher　104
Zīndīq 教（cf. マニ教）　248
žünkim　→ジュンキム

出土文書索引（壁画銘文を含む）

イナンチ・オズミシュ＝トグリル文書群（ウイグル俗文書）　446
延載元（694）年氾徳達告身　153
エンデレ発見寺院壁上の落書き銘　184, 188-190, 201, 220
オルトク関係を示すウイグル文契約文書
　　土地売買（Sa14）　410
　　家産分割（WP04）　410
　　オルトク契約（Mi26）　411-412, 414, 416, 426
カイムトゥ文書群（ウイグル俗文書）　446
貨幣単位の見えるウイグル俗文書の一覧表
　　447-451
官布の語が見える敦煌出土漢文文書
　　P. 2040 v, P. 2704 c, P. 2992 v III, P. 3214 v, P. 3234 v, P. 3236, P. 3257, P. 3324 v, P. 3579, S. 4504 v, S. 4920　451
『観音経』（ウイグル文）　622, 670
杭州の商店が扱った金箔の包み紙

Ch 1064（T II M 1046）, Ch 1103（T III M 137-i）, Ch 1875（T II M 1047）　508
古層のトルコ語仏典（ウイグル仏典）　622, 632-635, 641
コータン地区出土文書群　272-273
『金光明最勝王経』（ウイグル文）　643, 655, 669, 670, 720
『沙州図経』　162, 210, 302
『十業道譬喩譚』『十業道物語』　622, 633, 635, 664, 665, 669, 670
『寿昌県地鏡』（cf.『沙州図経』）　145, 162, 268
『神会語録沙門宝珍題記（仮題）』　272
西州回鶻造仏塔記　722, 723
『千眼千臂観世音菩薩陀羅尼神呪経』　670
『善悪二王子経』（ウイグル文）　622, 635, 670
ソグド語古代書簡（310 年代）　439
ソグド文女奴隷売買契約文書（639 年）　396, 438-439
『大慈恩寺三蔵法師伝』『慈恩伝（玄奘伝）』（ウイ

グル文）　19, 21, 347, 404, 454, 637, 663
『天盛旧改新定禁令』（西夏語）　432
『天地八陽神呪経』（ウイグル文）　620-622, 633, 634, 641, 669, 670, 676, 720
トゥリ文書群（ウイグル俗文書）　446
土地共有を示すウイグル文契約文書
　　土地売買（Sa02, Sa03, Sa06, Sa07, Sa08, Sa09, Sa10, Sa11, Sa12, Sa16）　409
　　小作（RH05）　409
　　土地共同使用（RH11）　409
　　家畜賃貸（RH13）　409
　　棉布借用（Lo15）　409
　　土地譲渡（Mi25）　409
敦煌千仏洞壁画銘文　308, 318-321
敦煌蔵経洞出土のウイグル文書　365-367, 621
敦煌蔵経洞出土のソグド語・ウイグル語併用文書　433
敦煌編年記 OTA（チベット語）　74-76, 125, 127 ; passim in No. 3（特に 224-225 頁参照）
敦煌年代記 OTC（チベット語）　74-76, 124, 156, 165, 200, 224-225
貝葉型マニ教写本（*Pothi-Book*）　41, 604-606, 610, 635, 637, 641, 644
　　「マニへの大賛歌」［TTT III］　605, 610, 631
　　「父マニへの賛歌」［TTT IX］　605, 635, 641
莫高窟ペリオ編号第 181 窟 & 第 182 窟（敦煌研究院編号第 464・465 窟）出土文書　passim in No. 12 ; 526, 527, 530, 531, 636
莫高窟ペリオ編号第 181 窟出土 No. 212（ウイグル語仏教徒願文, 1352 年）　526
莫高窟第 144 窟（ペリオ編号第 6 窟）モンゴル語銘文（1323 年）　526
莫高窟第 217 窟（ペリオ編号第 70 窟）ウイグル語銘文　526
『パンチャタントラ』　622, 641
ピントゥン文書群（ウイグル俗文書）　446
ベゼクリク壁画銘文　331
ベゼクリク千仏洞グリュンヴェーデル編号第 8 窟の壁画銘文　passim in No. 18
ベゼクリク千仏洞グリュンヴェーデル編号第 19 窟の壁画銘文　366
ベゼクリク二重窟出土書簡
　　ソグド語書簡 A, B, C　593, 601, 604, 633, 687, 689, 721
　　ウイグル語書簡 C, D, E, F, G　593
『法華玄賛』（ウイグル文）　349
『マイトリシミット』『弥勒会見記』（ウイグル文）　454, 605, 622, 634, 637, 641, 642 ; passim in No. 18 ; 720
『無量寿経』（ウイグル文）　622, 669, 670
モンゴル時代供出命令文書群　446
楡林窟ウイグル銘文　365, 366
楡林窟第 39 窟にあるウイグル男性貴人像銘文　373
81TB10 : 06-3a（ウイグル語歴史書断簡）　543-545, 547
BBB『祈禱と懺悔の書』　581, 582
BD11287 ＝ 臨 1416（北京，中国国家図書館蔵）　297
Ch/U 6666（T II 3015）v　517
Ch/U 7081　586
Ch/U 8188　556
冬 61 v（ウイグル文手紙）　634
Дх-1335　298
Дх-1462　226
Hedin 20（コータン語）　273
India Office 750　→敦煌編年記 OTA
IOL Khot S. 13（＝ Ch. 00269）（コータン語）　334
K 7709（マニ教寺院経営令規文書）　26, 447, 453 ; passim in No. 15
M 1（マフルナーマグ *Mahrnāmag*；マニ教賛美歌集残巻）　27, 45, 241-245, 267, 273, 286, 537, 540, 552-554, 560
M 112　591
M 919（T. M. 417）　21-24, 43, 342
M. I. xxxii, 006（ルーン文字）　184
Mainz 345　passim in No. 1 ; 539, 551, 552
MIK III 4　656
MIK III 4606　606
MIK III 4672（第一棒杭文書，ウイグル文）　681
MIK III 7279（第三棒杭文書，ウイグル文）　682
MIK III 7295（第二棒杭文書，漢文）　681
MIK III 7624　656, 674
MIK III 8259　597, 598, 608
Mr. tagh. 0634　201
O. 1（オルデンブルク将来のルーン文字トルコ語文書）　633
Or. 6405 ＝ Hoernle 1（ダンダン＝ウィリク出土）　193-196
Or. 8212-75 A&B（冊子本，ウイグル仏典）　527
Or. 8212-104　622
Or. 8212-108（冊子本，ウイグル仏典）　511, 522, 527
Or. 8212-109（冊子本，ウイグル仏典, 1350 年）

索引（出土文書索引）　841

Or. 8212-116　366
Or. 8212-118　622
Or. 8212-121　623
Or. 8212-123（ウイグル文手紙）　417-418
Or. 8212-180　518
Or. 8212-187　→敦煌編年記 OTA
Ot. Ry. 1415　481
Ot. Ry. 1984　366
Ot. Ry. 1985　586
Ot. Ry. 2718　481
Ot. Ry. 2728　411
Ot. Ry. 2782　481
Ot. Ry. 4570　496
Ot. Ry. 5292　496
P. 2009『西州図経』　294
P. 2049 v　349
P. 2132　272
P. 2155 v の第二　322
P. 2482　306
P. 2539 v　349
P. 2555　257
P. 2629 + 敦 0001　349
P. 2652 v　258
P. 2703「西天大師紹介状」　322
P. 2704　219
P. 2732　272
P. 2737　349
P. 2762「張淮深修功徳記, 蕃漢対照語彙集など」　106-107, 393-394
P. 2765「大蕃勅書令賜大瑟瑟告身尚起律心兒聖光寺功徳頌」（= P. t. 1070）　257-258
P. 2913　329
P. 2962「張議潮変文」　287, 295, No. 6 の第 1 節に専論
P. 2988 v　23
P. 2992 v の第一（帰義軍節度留後使より甘州ウイグル諸宰相への手紙）　314-316
P. 2992 v の第三（曹議金より甘州ウイグル順化可汗への手紙）　312-313, 322
P. 2998　368
P. 3049　366, 557
P. 3051 v　348
P. 3071　586, 605
P. 3156 付断片 4　348
P. 3451「張淮深変文」　No. 6 の第 1 節に専論, 305, 329
P. 3453　348
P. 3472　348
P. 3501 v　302, 348

P. 3509　622
P. 3532　→総合索引の『往五天竺国伝』
P. 3556　329
P. 3569　349
P. 3579 v　348
P. 3633「沙州百姓一万人上廻鶻天可汗書」　248, 308-310, 322, 328
P. 3644　431
P. 3672 Bis「賞紫金印檢校廿二城胡漢僧尼事内供奉骨都禄沓密施鳴瓦伊難支都統大徳面語」passim in No. 7 ; 661, 709
P. 3730　219
P. 3829　226
P. 3884『摩尼光佛教法儀略』　27, 559, 573-583
P. 3918『金剛壇広大清浄陀羅尼経』跋文　259-264, 271
P. 3931（書啓公文）　310
P. 4504 v　348
P. 4514　329
P. 4521（冊子本, ウイグル仏典 & 手紙文）　511-513, 519, 527, 528
P. 4638 v　349
P. 4660　329
P. 5007　289, 297, 298, 301
Pelliot chinois　→ P.
Pelliot ouïgour 1『アラネーミ = ジャータカ』　623, 635, 669, 670, 675
Pelliot ouïgour 6（ウイグル文手紙）　419
Pelliot ouïgour 12（ウイグル文手紙）　418-419, 518
Pelliot ouïgour 16 Bis (from P. 4521 ; ウイグル語手紙文)　513-519
Pelliot sogdien 2　70
Pelliot sogdien 8　47
P. t. 958　383, 398-401
P. t. 1070　→ P. 2765
P. t. 1082　334
P. t. 1166　104
P. t. 1188　248, 334, 531, 724
P. t. 1189　334
P. t. 1283　passim in No. 2（五人の Hor 人の報告を基にした北方民族誌）; 169, 390, 391, 546, 556
P. t. 1287　→敦煌年代記 OTC
P. t. 1288　→敦煌編年記 OTA
P. t. 1292『仏教教理問答』（チベット文字, ウイグル語）　348, 623, 675
P. t. 1294　103, 105
P. t. 2111　334
Pelliot tibétain　→ P. t.

S. 367 唐光啓元年書写『沙州・伊州地志』残巻
　　（cf. 『沙州図経』）　145, 162, 213, 269, 302
S. 389「粛州防戍都状」　306, 307
S. 542「吐蕃戌年六月沙州諸寺丁仕車牛役簿」
　　258, 263
S. 1284　349
S. 1366　349
S. 2266　302
S. 2589　305, 307
S. 2687　724
S. 3728　349
S. 4504 v　348, 451
S. 5139 v「涼州節院使押衙劉少晏状」　306
S. 5747　307
S. 5818　123
S. 5824　123
S. 6452　349
S. 6551『仏説阿弥陀経講経文』　248, 661, 662
S. 8444（天睦可汗）　334
SI D/17（ウイグル文ブクハン伝説の仏教ヴァージョン）　548
SI 4b Kr 222　662-663
SI Kr II 2/39　556
SI Kr IV 638（ウイグル文婚礼・葬儀費用記録）
　　455, 475, 486
So 14.865（T II Y 63）　70
Staël-Holstein 文書（コータン語）　291, 348
T I 576　→ U 5368
T II D 135（= MIK III 36 or 6371）　537, 551, 553
T II D 171（MIK III 198）　12, 557, 594-599, 604, 606, 608, 610-617
T II D 173a²　246
T. II. D. 173e　622
T II K Bündel Nr. D 173　→ U 1
T II S 2　676
T. II Y. 1　622
T II Y 19　→ U 560
T. II Y. 21 & 32　622

T. II Y. 37　622
T. II Y. 42　622
T II Y 63　→ So 14.865
T. III. M 208　→ U 4829
T III M. Kloster 2 Nr. 134（128/044）　455
T III M. Kloster 2 Nr. 134（103/018）　455
T. M. 14　→ U 4759
T. M. 36　→ U 4791
T. M. 176　342
T. M. 257a　623
T. M. 255　623
T. M. 276 a & b　→ U 72 & U 73
T. M. 301　366
T. M. 417　→ M 919
U 1 = T II K Bündel Nr. D 173　27, 29, 44-45, 245-246, 537, 539, 549, 550, 552, 554
U 36 + U 205e　29
U 72 & U 73（T. M. 276 a & b）『牟羽可汗マニ教改宗始末記』　24, 26, 29, 45, 46, 68-71, 537, 539, 541, 542, 550, 552, 554, 555, 640
U 111（= T II D 180）　39, 540, 541
U 168 II（= T II D 173 a²）　25, 44, 537
U 168 & U 169（= T II D 173 a & b）　25, 552
U 237 + U 296　29
U 560（T II Y 19）　484
U 971（T II S 20）　548
U 4190（T II S 132）　517
U 4632（T II D 148）　517
U 4759（T. M. 14）　523-524
U 4791（T. M. 36）　529, 656
U 4829（T. III. M 208）　522
U 5304（T II D 148b）　659, 664
U 5319（T III M 205c）ムルトルク阿蘭若所領安堵状　659-661
U 5320（T II D 149f）　664, 665
U 5321（T II D 147a）　664, 665, 675
U 5368（T I 576）ウイグル語漢文バイリンガルの土地売買契約文書　456
U 5874（T III M 173）　675

《著者略歴》

森　安　孝　夫
もり　やす　たか　お

　1948 年　福井県に生まれる
　1972 年　東京大学文学部東洋史学科卒業
　1981 年　東京大学大学院人文科学研究科博士課程東洋史学専攻単位取得退学
　　　　　金沢大学助教授，大阪大学教授などを経て
　現　在　近畿大学国際人文科学研究所教授，(財)東洋文庫客員研究員
　　　　　大阪大学名誉教授，博士（文学）
　主　著　『ウイグル＝マニ教史の研究』（『大阪大学文学部紀要』31/32 合併号，1991 年）
　　　　　『シルクロードと唐帝国』（講談社，2007 年）
　　　　　『中央アジア出土文物論叢』（編著，朋友書店，2004 年）
　　　　　『ソグドからウイグルへ』（編著，汲古書院，2011 年）
　　　　　『ウイグル文契約文書集成』（共編，大阪大学出版会，1993 年）他

東西ウイグルと中央ユーラシア

2015 年 2 月 10 日　初版第 1 刷発行

定価はカバーに表示しています

著　者　森　安　孝　夫
発行者　石　井　三　記
発行所　一般財団法人　名古屋大学出版会
〒464-0814　名古屋市千種区不老町 1 名古屋大学構内
電話(052)781-5027/FAX(052)781-0697

Ⓒ Takao Moriyasu, 2015
印刷・製本 ㈱太洋社
乱丁・落丁はお取替えいたします。

Printed in Japan
ISBN978-4-8158-0792-4

Ⓡ〈日本複製権センター委託出版物〉
本書の全部または一部を無断で複写複製（コピー）することは、著作権法上での例外を除き、禁じられています。本書からの複写を希望される場合は、必ず事前に日本複製権センター（03-3401-2382）にご連絡ください。

礪波護／岸本美緒／杉山正明編
中国歴史研究入門
A5・476 頁
本体 3,800 円

荒川正晴著
ユーラシアの交通・交易と唐帝国
A5・638 頁
本体 9,500 円

冨谷　至著
文書行政の漢帝国
―木簡・竹簡の時代―
A5・494 頁
本体 8,400 円

宮　紀子著
モンゴル時代の出版文化
A5・754 頁
本体 9,500 円

高田英樹訳
マルコ・ポーロ／ルスティケッロ・ダ・ピーサ　**世界の記**
―「東方見聞録」対校訳―
菊・822 頁
本体 18,000 円

小杉泰／林佳世子編
イスラーム　書物の歴史
A5・472 頁
本体 5,500 円

桝屋友子著
イスラームの写本絵画
B5・372 頁
本体 9,200 円

小杉泰／林佳世子／東長靖編
イスラーム世界研究マニュアル
A5・600 頁
本体 3,800 円